V&R Academic

Analysen und Dokumente

Band 48

Wissenschaftliche Reihe des Bundesbeauftragten für
die Unterlagen des Staatssicherheitsdienstes der ehemaligen
Deutschen Demokratischen Republik (BStU)

Vandenhoeck & Ruprecht

Christian Booß

# Im goldenen Käfig

Zwischen SED, Staatssicherheit,
Justizministerium und Mandant –
die DDR-Anwälte im politischen Prozess

Vandenhoeck & Ruprecht

Umschlagabbildung:
Angeklagter Fluchthelfer beim Prozess vor dem Stadtgericht Berlin im Oktober 1973.
(Foto: Leon Schmidtke)

Mit 18 Abbildungen und 22 Tabellen

Bibliografische Information der Deutschen Nationalbibliothek

Die Deutsche Nationalbibliothek verzeichnet diese Publikation in der Deutschen Nationalbibliografie; detaillierte bibliografische Daten sind im Internet über http://dnb.d-nb.de abrufbar.

ISSN 2198-1108
ISBN 978-3-525-35125-3

Weitere Ausgaben und Online-Angebote sind erhältlich unter: www.v-r.de

Die vorliegende Arbeit wurde im Sommersemester 2016 an der Juristischen Fakultät der Humboldt-Universität zu Berlin als Dissertation verteidigt.


Printed in Germany.

Druck und Bindung: Hubert & Co GmbH & Co. KG, Robert-Bosch-Breite 6, D-37079 Göttingen

Gedruckt auf alterungsbeständigem Papier.

# Inhalt

# 1. Vorangestellt: Schlaglicht auf die Justiz zum Ende der Ära Honecker

Im Jahr 1988 machten sich die höchsten Richter am Obersten Gericht der DDR Sorgen, »dass im westlichen Ausland der optische Eindruck entstehen könne, die Gerichte seien in Opposition zur Staatsmacht und Gesellschaft«[1]. Anlass war das Verhalten des Direktors des Stadtbezirksgerichtes Berlin-Lichtenberg, Jürgen Wetzenstein-Ollenschläger. Dieser wollte als Vorsitzender eines bedeutenden politischen Verfahrens stark abweichend zum Strafantrag der Staatsanwaltschaft urteilen. Wetzenstein-Ollenschläger hielt deren Antrag »angesichts der konkret bewiesenen Fakten des Versuchs der Zusammenrottung [... für] überhöht [... und könne ein so hohes Urteil] mit seinem Gewissen nicht vereinbaren«.[2] Die obersten DDR-Richter monierten, dass der stellvertretende Generalstaatsanwalt der DDR bei dem Richter angerufen und diesem mitgeteilt habe, »dass die Strafanträge auf höchster Ebene abgestimmt seien [..., um] auf das Gericht Druck auszuüben«. Akzeptabel fanden die obersten Richter, dass einer aus ihren eigenen Reihen versucht hatte, den Stadtbezirksrichter umzustimmen, auch wenn sie ihn »nicht zwingen«[3] könnten. »Die Staatsanwälte wären ›Schlitzohren‹«, [meinte ein Richter am Obersten Gericht laut einem IM-Bericht]. Er fühle sich durch Egon Krenz »bestätigt [...], der gesagt habe, ›Gericht bleibt Gericht‹«. Ein hoher Militärrichter meinte sogar, der Versuch der Einflussnahme erinnere ihn »an die Zustände in der sowjetischen Justiz«. Die obersten Richter zollten dem Stadtbezirksrichter schließlich ein gewisses Maß an Bewunderung,

1 HA XX-Information über Meinungsäußerungen leitender Kader des Obersten Gerichtes der DDR zu den Strafprozessen im Zusammenhang mit den versuchten Demonstrativhandlungen feindlich-negativer Kräfte am 17.1.1988; BStU, MfS, AIM 8192/91, Bd. 1, Bl. 222 f. Das Verfahren war eines der brisantesten gegen Ende der Ära Honecker. Es ging um Ostberliner Bürgerrechtler, die mit eigenen Forderungen am Rande der traditionellen SED-Kampfdemonstration zu Ehren der KPD-Gründer Rosa Luxemburg und Karl Liebknecht am 15.1.1988 demonstrieren wollten. Das MfS nutzte dies als Vorwand für eine Massenfestnahme gegen Ausreiseantragsteller und Oppositionelle. In 2 Pilotverfahren hatte die Staatsanwaltschaft 9 Monate gefordert, der Richter blieb bei seinem Votum und verhängte nur 6 Monate.

2 Ebenda. Die Information geht laut MfS-Akten auf einen Bericht des IMS »Altmann« zurück, der seinerzeit am Obersten Gericht der DDR, nach 1990 in der vergleichenden historischen Rechtsforschung tätig war. HA XX/1, TB mit IMS »Altmann« v. 1.2.1988. Booß, Christian: Der Vertreter der »Normalität« des DDR-Strafrechts. Zu den Stasiindizien zum Strafrechtsforscher Jörg Arnold. In: HuG 22 (2013) 1 (79), S. 70

3 BStU, MfS, AIM 8192/91, Bd. 1, Bl. 222 f., zugl. HuG 22 (2013) 1 (79), S. 70.

da er »Kreuz gezeigt habe«. Sie erwogen deswegen, ihn als Richter zum Obersten Gericht zu holen. »So ein Mann wie Wetzenstein gehöre an das Oberste Gericht.«[4]

4 Ebenda.

# 2. Einleitung

Im Februar 1990 fiel laut einer Zeitzeugenschilderung in der besetzten ehemaligen Rostocker Bezirksverwaltung des MfS eine Akte von einem Archivwagen.[1] Das hatte Folgen. Es waren Stasi-Akten zu Wolfgang Schnur. Dieser galt in der DDR jahrelang als angesehener Kirchenanwalt und in der friedlichen Revolution als oppositioneller Hoffnungsträger. Im Wahlkampf zur Volkskammer 1990 focht er sogar an der Seite von Helmut Kohl als Anwärter für das Amt des künftigen DDR-Ministerpräsidenten.[2] Als seine Akten entdeckt wurden, deren Inhalte vorher schon in anonymen Schreiben angedeutet waren,[3] endete nicht nur eine Karriere, sondern auch ein Tabu. Selbst nach der Besetzung von MfS-Bezirksverwaltungen im Dezember 1989 waren Meinungsführer in der DDR der Auffassung, die personenbezogenen Stasi-Akten sollten verschlossen bleiben. Andernfalls befürchtete man neuen Unfrieden. Angesichts der Gefahr, dass die Neupolitiker ebenso belastet sein könnten wie die ehemaligen Inhaber der Macht, hieß es: »Die Stunde Null ist vorbei. Die neue Demokratie wird jedoch keine, wenn wir uns nicht unserer Vergangenheit und deren Fragen stellen.«[4] Der Begriff »Aufarbeitung« der DDR-Geschichte wurde populär.[5]

Der Fall von Rechtsanwalt Schnur steht am Anfang der Aufarbeitung der personenbezogenen Stasiakten und stützt sich auf eine der umfangreichsten Akten zu einem Stasi-Kollaborateur.[6] Auf den ersten Blick offenbaren sie eine hohe emotionale Abhängigkeit, zumindest phasenweise eine geradezu sklavische Ergebenheit des Kirchenanwaltes gegenüber seinen Ansprechpartnern bei der Geheimpolizei und eine besonders enge Abstimmung in einzelnen rechtli-

1 Gerhard Rogge vom Untersuchungsausschuss Rostock auf einer Veranstaltung der BStU-Außenstelle Rostock am 3.12.2009. Der Untersuchungsausschuss wollte ursprünglich keine Personenakten bearbeiteten. Vgl. Booß, Christian: Von der Stasi-Erstürmung zur Aktenöffnung. Konflikte und Kompromisse im Vorfeld der Deutschen Einheit. 10.2.2011. In: www.bpb.de/geschichte/zeitgeschichte/deutschlandarchiv/54118/stasi-akten-konflikte-kompromisse?p=all#footnodeid29-29 (letzter Zugriff: 2.12.2014).

2 Das war 'ne Top-Quelle. In: Der Spiegel v. 12.3.1990.

3 Kobylinski vermutet ohne schlagenden Beleg, dass es die Führungsoffiziere von Schnur selbst waren, die ihm den Seitenwechsel übelnahmen. Kobylinski, Alexander: Der verratene Verräter. Wolfgang Schnur. Bürgerrechtsanwalt und Spitzenspitzel. Halle/S. 2015.

4 Bohley, Bärbel: Damit sich Geschichte nicht wiederholt. Keine Stasi-Mitarbeiter in die neue Volkskammer. In: TAZ v. 22.3.1990; zit. nach: Schuhmann, Silke: Vernichten oder Offenlegen? Zur Entstehung des Stasi-Unterlagen-Gesetzes. Berlin 1995, S. 70 f.

5 Dieser Begriff, in den 1950er-Jahren von Theodor W. Adorno geprägt, war in der Geschichtswissenschaft nur wenig gebräuchlich. Vgl. Booß, Christian: Was ist Aufarbeitung? In: HuG 15 (2006) 4 (56), S. 47–51.

6 BStU, MfS, BV Rostock, AIM 3275/90.

chen Betreuungsfragen. Was man dort in den Akten fand, hat das Bild über die Anwälte, die mit dem MfS kooperierten, vielleicht über die DDR-Anwaltschaft insgesamt, geprägt.

Die Fantasie wurde bereichert, als Enthüllungen weitere bekannte Namen ins Spiel brachten. Da Anwälte wie Wolfgang Schnur, Lothar de Maizière, Gregor Gysi, auch Rolf Henrich den Umbruch maßgeblich, wenn auch in unterschiedlichen Lagern, begleiteten, wähnten manche dieses als ein geradezu übermächtiges Marionettenspiel.[7] Deutlich nüchterner hat die historische Aufarbeitung der politischen Justiz am Beispiel von spektakulären Einzelfällen drehbuchartige Handlungsvorlagen des MfS präsentiert. In ihnen schienen auch die Anwälte einen nur geringen Spielraum zu haben oder Gefahr zu laufen, funktionalisiert zu werden bzw. selbst in die Mühlen des MfS zu geraten.[8] Derartige Wahrnehmungen haben, ob man es will oder nicht, die Sicht auf die DDR-Anwaltschaft nachhaltig beeinflusst. Selbst oder gerade Arbeiten, die versuchen zu differenzieren, sogar zu exkulpieren, arbeiten sich indirekt an solchen Vorurteilen ab.[9]

Um es vorwegzunehmen: Die Zahl der informellen Stasi-Kontakte von Rechtsanwälten war bei manchen Teilgruppen überraschend hoch. Andererseits wirkte sich dies in der Regel nicht im gleichen Maß auf den Alltag des Anwaltes, sein Verhalten gegenüber den Mandanten und im gerichtlichen Verfahren aus. Anwälte agierten weniger aufgrund von weisungsähnlichen Beziehungen, sondern vielmehr aus ihrer Rolle als »sozialistischer Anwalt« heraus. Die Frage, warum dies so war, gilt es zu klären.

## 2.1 Die Themenstellung der Arbeit

Der Fokus dieser Arbeit liegt auf dem Verhalten von Anwälten in vom MfS-ermittelten Strafverfahren während der Ära Honecker. Weil die Quellenlage bei der Berliner Anwaltschaft besser ist als in den Bezirken der DDR, werden vor allem Fälle, die das MfS in Berlin ermittelte, in den Blick genommen.

Der DDR-typische äußere Rahmen, in dem sich ein Anwalt betätigte, war nicht die Einzelkanzlei, sondern das Rechtsanwaltskollegium. In diesen Kollegien wurden infolge der allgemeinen Justiz-Umstrukturierung Anfang der 1950er-Jahre die meisten Anwälte im jeweiligen Bezirk zusammengefasst. Diese Organisationsform vereinte Funktionen einer Anwaltskammer mit denen einer genossenschaftlich verfassten Großkanzlei. Das Kollegium war als kollektives Gegenmodell zur »bürgerlichen« Anwaltschaft konzipiert, Anleihen wurden in

7 Reuth, Ralf Georg; Bönte, Andreas: Das Komplott. Wie es wirklich zur deutschen Einheit kam. München 1993.

8 Vollnhals, Clemens: Der Fall Havemann. Ein Lehrstück politischer Justiz. Berlin 1998.

9 Busse, Felix: Deutsche Anwälte. Berlin 2010, S. 467 ff. u. 437 ff.

der Sowjetunion genommen. Aus dieser Frontstellung heraus hat das Kollegium von vornherein polarisiert. Für Beobachter aus dem Westen diente es der »politische[n] Gleichschaltung«[10] und der »Zwangskollektivierung«[11], Anhänger dieser Organisationsform in der DDR betonten dagegen die Möglichkeiten der anwaltlichen Selbstbestimmung im Sozialismus.[12] Diese Kontroverse schimmert bis heute mehr oder minder durch alle Darstellungen der DDR-Anwaltschaft hindurch. Manchmal kommt dabei zu kurz, welchen Einfluss das Kollegium auf den Kernbereich der anwaltlichen Tätigkeit, das Mandat speziell im Strafprozess, überhaupt haben konnte.

Diese Arbeit ist keine Anwaltsgeschichte, es geht nicht darum, den Charakter des Kollegiums an sich zu bestimmen.[13] Es kann schon allein aus Gründen des schwierigen Quellenzugangs auch nicht die ganze Bandbreite anwaltlichen Tuns gleichermaßen beleuchtet werden.[14] In der damaligen Praxis dominierten Zivil-, Familien- und Arbeitsrechtsfälle. Selbst bei den anwaltlich betreuten Strafverfahren stand die allgemeine Kriminalität deutlich im Vordergrund. In dieser Arbeit wird der Versuch unternommen, die Rolle des »sozialistischen Anwaltes«[15] im politischen Strafprozess herauszuarbeiten. Zum einen, weil ein ausreichender Quellenfundus zur Verfügung steht, zum anderen, weil in diesem schmalen Sektor, wie in kaum einem anderen, der staatliche Machtanspruch und die Rechte des Individuums aufeinanderprallten.

10 Fricke, Karl Wilhelm: Praxis der Anwaltstätigkeit in der SBZ und in der DDR. In: Anwälte und ihre Geschichte/Hg. vom Deutschen Anwaltverein. Tübingen 2011, S. 469–492, hier 476.

11 Manche Autoren sprechen von »indirekten Zwangsmaßnahmen« bzw. »Druck« oder »subtile[n] Druckmittel[n]«. Eisenfeld, Bernd: Rolle und Stellung der Rechtsanwälte in der Ära Honecker im Spiegel kaderpolitischer Entwicklungen und Einflüsse des MfS. In: Engelmann, Roger u. a. (Hg.): Justiz im Dienste der Parteiherrschaft. Berlin 1999, S. 347–373, hier 347; Reich, Torsten: Die Entwicklung der Rechtsanwaltschaft in der DDR. In: Schröder, Rainer (Hg.): Zivilrechtskultur der DDR. Bd. 1; Zivilrechtskultur der DDR. Berlin 1999, S. 315–366, hier 324; Otterbeck, Franz Norbert: Das Anwaltkollektiv der DDR . Über die rechtliche Struktur und politische Funktion genossenschaftlicher Advokatur unter den Bedingungen sozialistischer Gesetzlichkeit. Köln 2000, S. 70.

12 Der ehemalige DDR-Anwalt Friedrich Wolff schildert aus eigener Erfahrung unterschiedliche Phasen anwaltlicher Betätigungsmöglichkeiten. Wolff, Friedrich: Ein Leben, vier mal Deutschland. Erinnerungen. Köln 2013, S. 114 f., 129 u. 175 ff.

13 Z. B. Otterbeck, der sich intensiv mit dem Genossenschaftscharakter auseinandersetzt; Otterbeck: Anwaltkollektiv der DDR.

14 Busse schätzt, dass nur 10–15 % der anwaltlichen Tätigkeit Strafverfahren betrafen und sich selbst bei profilierten Strafverteidigern nur 10 % davon als Verfahren mit politischem Hintergrund erwiesen. Busse: Deutsche Anwälte, S. 468.

15 Dieser Leitgedanke wurde in der zweiten Hälfte der 1950er-Jahre geprägt. Lorenz, Thomas: Die Rechtsanwaltschaft in der DDR. Berlin 1998, S. 241. Auf diesen in der Entstehungsphase des Kollegiums geprägten Begriff können sich, wenn auch mit unterschiedlichen Konnotationen, interessanterweise Vertreter unterschiedlicher Ansichten beziehen.

Landläufig wird bei den Verfahren, die das MfS ermittelte, mit Otto Kirchheimer mehr oder minder reflektiert von »politischer Justiz« gesprochen. Kirchheimer definiert diese dadurch, dass dem Geschehen im Gerichtssaal die Aufgabe zukommt, »auf die Verteilung der politischen Macht einzuwirken«.[16] In dieser Arbeit wird oft vorsichtiger von MfS-ermittelten Verfahren gesprochen. Die Gleichsetzung von MfS-ermittelten mit politischen Prozessen geht daran vorbei, dass das MfS auch hervorgehobene Fälle der allgemeinen Kriminalität an sich zog und die Polizei in minder schweren Fällen, beispielsweise kleineren Demonstrativdelikten, tätig wurde, die durchaus politische Bezüge trugen.

Ursprünglich sollte sich die Arbeit auf die Kollegiumsanwälte beschränken. Im Zuge des Quellenstudiums zeigte sich jedoch, dass entgegen den Appellen zur kollektiven Anwaltsarbeit unter Honecker Spezialkanzleien bzw. einzelne Anwälte mit Schwerpunkten an Bedeutung gewannen. Daher müssen diese stärker als geplant in den Blick genommen werden. Dies gilt insbesondere für Wolfgang Vogel, dessen Kanzlei und Unteranwälte.

Die Kriminalisierung von politischen Gegnern war eines der Hauptbetätigungsfelder des MfS.[17] Etwaige Interventionen in anderen Rechtsbereichen sind schlechter dokumentiert, ungleich schwieriger zu untersuchen und werden daher allenfalls am Rande berücksichtigt. Zur Untersuchung der politischen Strafverfahren wurden für diese Arbeit 1 804 Fälle aus den Jahren 1972, 1984 und 1988 in einer Datenbank erfasst, quantitativ und exemplarisch qualitativ in Hinblick auf das Anwaltsverhalten ausgewertet. Auch aus arbeitsökonomischen Gründen werden Akten herangezogen, die das MfS in Berlin, im Ministerium und in der Berliner Bezirksverwaltung ermittelte. Weil das Ministerium offenbar Fälle an sich zog, entspricht die Verteilung der Delikte nicht ganz dem DDR-Durchschnitt, weicht aber auch nicht so weit ab, dass die Ergebnisse nicht verallgemeinert werden könnten. Die in Berlin ermittelten Verfahren wurden entweder eingestellt oder der Staatsanwaltschaft übergeben und einem Gericht zur Entscheidung vorgelegt. Im Folgenden wird diese Stichprobe »Berliner Stichprobe 72-84-88« genannt.

Die Ergebnisse dieser Arbeit beziehen sich vorrangig auf die MfS-ermittelten Verfahren. Es ist von vornherein zu berücksichtigen, dass diese einen nur verhältnismäßig geringen Anteil an den Aktivitäten der DDR-Anwälte repräsentieren. Strafsachen machten ohnehin nur gut 14 Prozent ihrer Aufträge aus. Dem standen gegenüber: 36,8 Prozent (1977) bis 40,8 Prozent (1986) Zivilsachen und 37,2 (1977) bis 39,2 Prozent (1986) Familiensachen. Die Arbeitsrechtsvertretun-

16 Kirchheimer, Otto: Politische Justiz. Verwendung juristischer Verfahrensmöglichkeiten zu politischen Zwecken. Berlin 1965, S. 85.

17 Fricke, Karl Wilhelm: MfS intern. Macht, Strukturen. Auflösung der DDR-Staatssicherheit. Köln 1991, S. 61 ff.; Gieseke, Jens: Der Mielke-Konzern. Die Geschichte der Stasi 1945–1990. München 2006, S. 174 ff.; Engelmann, Roger; Joestel, Frank: Hauptabteilung IX: Untersuchung. Berlin 2015 (i. E.).

gen lagen in dieser Zeit bei unter 2 Prozent.[18] Auch innerhalb der Strafverfahren machten die MfS-ermittelten Verfahren nur einen Bruchteil aus. Im Vergleich zu 17 820 Strafsachen, die 1984 DDR-weit anwaltlich betreut wurden,[19] führte das MfS Untersuchungsvorgänge gegen 3 462 Personen.[20] Es zeigte sich an der Berliner Stichprobe, dass 27,3 Prozent dieser Verfahren eingestellt und bei den zur Anklage erhobenen 17 Prozent ohne Anwalt durchgeführt wurden.[21] Es ist also davon auszugehen, dass im Durchschnitt weniger als 19,4 Prozent der von Anwälten bearbeiteten Strafsachen und deutlich weniger als 2,8 Prozent aller ihrer Mandate[22] MfS-ermittelte Verfahren betraf. Gleichwohl sind für die Einschätzung eines Rechts- und politischen Systems diese Verfahren, in denen der Machtanspruch des Staates und das Schutzbedürfnis des Individuums in besonderer Weise aufeinander treffen, von hoher Bedeutung.

Es schälten sich frühzeitig zwei deutliche Befunde heraus: In der Mehrheit der Verfahren agierten die Anwälte nach Stereotypen. Im Einzelfall war jedoch nur äußerst selten nachweisbar, dass das MfS, die Partei oder eine mit ihnen verbundene Instanz auf die Anwälte unmittelbar einzuwirken versuchten. Diese Befunde führten zu einer Nachjustierung der forschungsleitenden Fragestellung: Wenn Anwälte bestimmten Mustern folgten, diese aber nicht auf einer Einzelfallabstimmung beruhten, mussten andere Einflüsse wirken: Die Auswahl der Anwälte, ihre Ausbildung, ihre Begrenzung durch Normen und ihre Einbindung in das Kollegium, aber auch dahinter wirkende Institutionen, das Justizministerium, die SED und das MfS waren zu untersuchen, schließlich die Spielräume, die ihnen Recht, faktische Gerichtskultur und die anderen Verfahrensbeteiligten vor Gericht, vor allem Staatsanwaltschaft und Richter, einräumten. Es mussten also Umwege gegangen werden; die zu untersuchenden Fragen weiteten sich auf die Stellung der Anwälte im System der politischen Justiz während der Ära Honecker aus. Die Analyse der Berliner Stichprobe wird in diesem Kontext interpretiert.

Das Recht und die Spielräume der Verteidigung charakterisieren zunächst nur die Arbeitsbedingungen einer Berufsgruppe. Doch besonders da, wo es um freiheitsbeschränkende oder freiheitsentziehende Maßnahmen geht, werfen die Arbeitsmöglichkeiten der Verteidigung auch ein Schlaglicht auf die Rechte des Individuums in der jeweiligen Gesellschaft, im jeweiligen Staatssystem. Insofern liefert diese Untersuchung nicht nur Erkenntnisse über eine Gruppe von Juristen, deren Umfang mit 609 Personen zum Ende der Ära Honecker ohnehin sehr

18 RdV, Protokoll vom 10.4.1987; BArch, DP1, 4736.

19 MdJ, Vorlage zur Ministerberatung am 30.5.1988; BArch, DP1, 21455.

20 HA IX/AKG; Einschätzung der Wirksamkeit der Untersuchungsarbeit im Jahre 1984, Januar 1985; BStU, MfS, HA IX Nr. 3711, Bl. 1–165, hier 4.

21 Von Verfahren gegen 499 Personen, Berliner Stichprobe-84.

22 Von 17 820 bzw. 121 496 Mandaten 1984. MdJ, Vorlage zur Ministerberatung am 30.5.1988; BArch, DP1, 21455.

klein war.[23] Die Erwartungen, die Staat und Partei gegenüber der Anwaltschaft hegten, und deren faktisches Verhalten sind Indikatoren für die Rechte des Einzelnen in der DDR und deren Entwicklung.

Statt mehreren theoretischen Ansätzen einen weiteren unvollkommenen hinzuzufügen, wird für die kleine Gruppe der Anwälte auf eine Metapher ausgewichen. Der »goldene Käfig« steht für die Beschränkungen anwaltlichen Handelns in der DDR, insbesondere in politischen Verfahren. Das Goldene hebt auf die Privilegien, vor allem die materiellen, ab, die das Gitter mehr als erträglich machten. Die Form des Kollegiums und der Anwaltsrekrutierung führten dazu, dass zu nicht geringen Teilen die Anwälte selbst aus Identifikation mit ihrem Staat und seiner Partei, aus Opportunismus oder aus Angst Privilegien zu verlieren, die Weite dieser Gitterstäbe mitbestimmten. Insofern erweist sich das Kollegium über das enge Thema der Arbeit hinaus durchaus als ein Modell, das auch in anderen gesellschaftlichen Bereichen Anwendung fand. Durch Teilpartizipation wurden kritische Stellungnahmen vonseiten der Anwaltschaft integriert, was über Dekaden stabilisierend wirkte.

Diese Arbeit ist im Wesentlichen als Dissertation an der rechtswissenschaftlichen Fakultät der Humboldt-Universität entstanden. Für die vorliegende geringfügig überarbeitete Veröffentlichung wurden dem Ursprungsmanuskript zwei Kapitel hinzugefügt, die über die Honecker-Ära hinausreichen. Zum einen werden die Rolle der Anwälte in der »Wende«[24] bzw. im Jahr der friedlichen Revolution beleuchtet, weil die DDR-Anwaltschaft und einzelne Persönlichkeiten aus dem engen Rahmen der rechtlichen Vertretung phasenweise mitgestaltend die Arena der Politik betraten. Zum zweiten wurde ein Kapitel hinzugefügt, das die Anwaltsrekrutierung und -überprüfung in der Transformationsphase der Deutschen Einigung zum Gegenstand hat. Hier wurde in der publizistischen Betrachtung auch manches zum Thema, was der alten DDR-Anwaltschaft nicht zuzurechnen ist. Andererseits entstanden die Probleme aus dem Justizapparat der Ära Honecker, der die Geschicke der Anwaltschaft auch in dieser Übergangsphase mitbestimmte. Beide Kapitel tragen retrospektiv zum Verständnis der Anwaltschaft in der Ära Honecker bei, zumal die Unterschiede zwischen den Anwälten deutlicher zutage traten, als das alles überwölbende Gefüge des SED-Staates brüchig wurde.

23 Einschließlich Einzelanwälten, Busse: Deutsche Anwälte, S. 392.

24 Dieser Begriff, der von Egon Krenz geprägt wurde, ist angemessen, da Anwälte zumindest phasenweisen dessen Kurs der DDR-Rettung unterstützten.

## 2.2 Literatur und Quellenlage

Die Literatur zur DDR-Anwaltschaft erscheint auf den ersten Blick zahlenmäßig begrenzt, auf den zweiten zahlreich und vielfältig. Denn in den kaum noch überschaubaren biografischen und autobiografischen Darstellungen von politisch Verfolgten, Fallschilderungen, Sachdarstellungen zur Justizgeschichte der DDR werden immer wieder einzelne Mandate oder die Bedingungen anwaltlicher Arbeit geschildert.

Bisher gibt es nur eine historische Monografie und eine rechtswissenschaftliche Dissertation zum Thema, die sich auf die Aktenzugänge nach der deutschen Vereinigung stützen. Die eine schildert detailreich, vor allem basierend auf Justiz- und Parteiakten, die Situation der Anwaltschaft in der Sowjetischen Besatzungszone (SBZ) und in Berlin nach 1945 und die Gründung der Kollegien in der DDR.[25] In einem ergänzenden Aufsatz wurden die Folgejahre angerissen.[26] Das MfS, das sich in den 1950er-Jahren erst im Aufbau befand, und die Praxis anwaltlicher Tätigkeit blieben weitgehend unberücksichtigt. Die rechtswissenschaftliche Dissertation zielt auf eine gesellschaftsrechtliche Einordnung des Kollegiums ab und blendet den heute möglichen Quellenzugang weitgehend aus.[27]

In der Zeit vor der Öffnung der DDR-Archive erschien eine Reihe von Arbeiten zur DDR-Anwaltschaft.[28] Diese mussten sich primär auf DDR-Veröffentlichungen stützen und nahmen von daher vorrangig den normativen Rahmen, vor allem das Berufsrecht, aber auch das materielle und das Prozessrecht in den Blick. Quellen waren die Gesetze der DDR sowie juristische Veröffentlichungen; besondere Berücksichtigung fand auch die Zeitschrift Neue Justiz. Da die SED keineswegs verheimlichte, sondern geradezu herausstrich, dass sie einen grundlegenden Wandel des Rechtssystems anstrebte, brachten schon diese Auswertungen der zugrundeliegenden rechtstheoretischen und rechtspolitischen Überlegungen deutliche Erkenntnisgewinne. Allerdings ist zu bedenken, dass in der DDR alle rechtswissenschaftlichen oder -politischen Veröffentlichungen einer politischen Steuerung unterlagen. Obgleich diese Schriften bei genauer Lektüre keineswegs eindimensional sind, spiegeln sie nur unzureichend oder gar nicht, was sich auf der Hinterbühne der Justiz abspielte. Insbesondere in den Jahren vor dem Mauerbau wurde die Literatur besonders von Juristen und poli-

25 Lorenz: Rechtsanwaltschaft.

26 Lorenz, Thomas: Die »Kollektivierung« der Rechtsanwaltschaft als Methode zur systematischen Abschaffung der freien Advokatur. In: Rottleuthner, Hubert (Hg.): Steuerung der Justiz in der DDR. Köln 1994, S. 409–428.

27 Otterbeck: Anwaltkollektiv der DDR.

28 Brand, Peter-Andreas: Der Rechtsanwalt und der Anwaltsnotar in der DDR. Köln 1985; Bruhn, Hans-Henning: Die Rechtsanwaltschaft in der DDR. Köln 1972.

tisch Verfolgten gespeist, die kritisch zur Justizentwicklung standen.[29] Derartige Informationen, so wertvoll sie auch sein mögen, waren bzw. wurden im Kalten Krieg Teil einer ideologischen Systemauseinandersetzung. Nach dem Mauerbau flossen solche Informationen zunächst spärlich, erst mit den Ausreise-, Reise- und Fluchtmöglichkeiten der 1970er- und 1980er-Jahre eröffneten sich neue Informationsmöglichkeiten, wobei angesichts der Entspannungspolitik das Skandalisierungsinteresse nachließ. Exemplarisch sei der Untersuchungsausschuss Freiheitlicher Juristen (UfJ) genannt,[30] der jahrelang Zeitzeugenschilderungen dokumentierte. Er begann als ein Verein von engagierten Juristen und wurde von der Bundesregierung und insbesondere dem amerikanischen Geheimdienst finanziell gefördert. Der UfJ ging 1969 im Gesamtdeutschen Institut des Bundesministeriums für gesamtdeutsche Fragen auf. Er wurde dadurch professionalisiert, als Teil einer Bundesbehörde mit Beginn der deutsch-deutschen Vertragspolitik aber auch politisch domestiziert. Der Wandel des Vereins beeinflusste die zeitgenössische Falldokumentation, was sich teilweise in der älteren Sekundärliteratur spiegelt.

Zur DDR-Anwaltschaft sind mehrere Überblicksaufsätze aus unterschiedlichen Kontexten heraus entstanden, die entsprechend unterschiedliche Akzente setzen. Manchmal engt der Anlass ihren Betrachtungswinkel allerdings ein. Über viele Jahre hat ein langjähriger Beobachter der politischen Justiz in der DDR, Karl Wilhelm Fricke, den Erkenntnisstand über die DDR-Anwaltschaft immer wieder zusammengefasst.[31] Im Rahmen einer Ausstellung des Bundesministeriums der Justiz wurden im Schnellgang, aber intensiv und kundig, Akten des DDR-Justizministeriums gesichtet.[32] Die neuere MfS-Forschung skizzierte erste Erkenntnisse zum MfS-Einfluss auf die Anwälte;[33] die Rechtsbeugungsverfahren gegen die Richter und Staatsanwälte, die in den Verfahren gegen den DDR-Dissidenten Robert Havemann aktiv waren, brachten weitere

29 Dokumente des Unrechts/Hg. vom Bundesministerium für Gesamtdeutsche Fragen. Berlin 1951 (mit Folgebänden bis 1964). Bd. 1 enthält ein Editorial von Dr. Theo Friedenau, dem Decknamen des UfJ-Leiters. Dahinter verbarg sich Horst Erdmann, der als Anwalt in der DDR tätig war, ohne allerdings über einen juristischen Abschluss zu verfügen. Das wurde von der DDR aufgedeckt, worauf Erdmann 1958 zurücktreten musste. Mampel, Siegfried: Der Untergrundkampf des Ministeriums für Staatssicherheit gegen den Untersuchungsausschuß Freiheitlicher Juristen in Westberlin. 4., neubearb. u. erw. Aufl. Berlin 1999, S. 15 f.

30 Hagemann, Frank: Der Untersuchungsausschuß Freiheitlicher Juristen 1949–1969. Frankfurt/M. 1994; Mampel: Untergrundkampf.

31 Zuletzt Fricke: Praxis der Anwaltstätigkeit, S. 469–492.

32 Gerlach, Christian: Die Rechtsanwaltschaft. In: Im Namen des Volkes? Über die Justiz im Staat der SED/Hg. vom Bundesministerium der Justiz. Leipzig. Wissenschaftlicher Begleitband zur Ausstellung des Bundesministeriums der Justiz. 1994, S. 141–148.

33 Eisenfeld: Rolle und Stellung, S. 347–373; Eisenfeld, Bernd: Das Ministerium für Staatssicherheit und die Anwaltschaft. In: Krach, Tillmann (Hg.): Anwaltsalltag in der DDR. Münster 2005, S. 33–62.

Erkenntnisse zu den in diesem Fall engagierten Anwälten.[34] Im Zuge eines ungewöhnlich umfangreichen empirischen Forschungsvorhabens zur Entwicklung des DDR-Zivilprozesses wurde auch der Beitrag der Anwaltschaft beleuchtet.[35] Ein längeres DDR-Kapitel in der handbuchartigen Darstellung zur Deutschen Anwaltschaft nach 1945 fasste unlängst Teile des Forschungsstandes zur DDR-Anwaltschaft zusammen.[36] Durchaus verdienstvoll hat der Autor mehrere DDR-Anwälte interviewt. Allerdings scheinen Auswahl und Darstellung nicht immer methodisch stringent. Nicht selten bestimmen die Selbstdarstellungen von ehemaligen Anwaltsfunktionären auch die insgesamt anwaltsfreundlichen Wertungen des Autors. Als stellvertretender Vorsitzender, dann Präsident des Deutschen Anwaltvereins (DAV), war er für die Integration der ostdeutschen Anwaltschaft zuständig und lehnte mit seinem Verband zunächst vehement Stasi-Überprüfungen ab.[37] In seinem Handbuch beschränkt er sich entsprechend auf veröffentlichte Stasi-Akten und wertete nur selektiv Justiz- und Kollegiumsakten aus.

In einigen weiteren Aufsätzen und Abhandlungen wird, mit kurzen Rückblenden verbunden, das Schicksal der DDR-Anwaltschaft im Einigungsprozess seit 1990 nachgezeichnet.[38] Was bis heute fehlt, ist eine Gesamtschau, die versucht, die normativen und institutionellen Aspekte zu integrieren, den »justizfremden« Partei- und MfS-Einfluss angemessen zu berücksichtigen und sich auf das Verhalten der Anwälte und ihre Möglichkeiten in politischen Prozessen zu beziehen.

### *Biografien*

Zu einzelnen Anwälten liegen Biografien, teils publizistischer, teils wissenschaftlicher Natur vor. Vorrangig wurden Anwälte portraitiert, die nicht in die Disziplin des Kollegiums eingebunden waren, vor allem solche, die im deutsch-deut-

34 Vollnhals: Fall Havemann; Rottleuthner, Hubertus (Hg.): Das Havemann-Verfahren. Das Urteil des Landgerichts Frankfurt/O. und die Gutachten der Sachverständigen H. Roggemann und H. Rottleuthner. Baden-Baden 1999.

35 Reich: Entwicklung der Rechtsanwaltschaft.

36 Busse: Deutsche Anwälte.

37 Booß, Christian; Bästlein, Klaus: Rezension. In: Der Tagesspiegel v. 27.6.2010; Booß, Christian: Schwierigkeiten mit der Wahrheit. Die Überprüfung der DDR-Rechtsanwälte und die Enquete des Landtages im Land Brandenburg, 2012. In: http://www.bpb.de (letzter Zugriff: 5.9.2014).

38 Ebenda; Dombek, Bernhard: Zusammenführung der Anwaltschaft Ost und West. In: Anwälte und ihre Geschichte/Hg. vom Deutschen Anwaltverein. Tübingen 2011, S. 523–543; Schümann, Dietrich: Ein Beitrag zur Geschichte der mecklenburgischen Anwaltschaft. München 2000.

schen Verhältnis einen sichtbaren Sonderstatus hatten.[39] Sofern in der Forschung an einzelnen Kollegiumsanwälten Interesse bestand, galt dieses primär der Entwicklung, die sie 1989 in hervorgehobene politische Ämter führte, sodass die juristischen Fragen in den Darstellungen eine sekundäre Rolle spielten.[40] Aufschlussreich, wenn auch der Natur der Sache nach sehr selektiv, sind Gutachten, Stellungnahmen und andere Ausarbeitungen, die im Zusammenhang mit Stasivorwürfen gegen Anwälte entstanden sind.[41] Sie orientieren sich primär an den rechtlichen Datenschutz- und Eignungskriterien des Stasi-Unterlagengesetzes bzw. an anderen rechtlichen Bestimmungen wie Abgeordnetengesetzen und dem Rechtsanwalts- und Notarüberprüfungs-Gesetz.[42] Nicht unerheblich sind in Einzelfällen und im Grundsatz die daran anknüpfenden gerichtlichen Auseinandersetzungen und ihre Reflexion in der Fachliteratur und Publizistik.[43] Die zweckgebundene Fokussierung dieser Darstellungen mag dem jeweiligen Anlass, meist der Überprüfung von Politikern oder Anwaltszulassungen, mehr oder minder gerecht werden, für die historische Betrachtung, rechts-, herrschafts- oder sozialwissenschaftlicher Art, greift diese enge Führung zu kurz.

Hilfreich zur Beurteilung von Personen, Mentalitäten, juristischen Arbeitsweisen- und justizpolitischen Entwicklungen sind Erinnerungen von DDR-Anwälten, seien sie im Rahmen von Anhörungen und Interviews geäußert oder als autobiografische Darstellungen hinterlassen. Das Anwaltsbild ist aufgrund der biografischen Prädisposition sehr unterschiedlich. Die einen haben die DDR verlassen[44] oder wurden zwangsweise aus der Anwaltschaft entfernt,[45] während

39 Rosskopf, Annette: Friedrich Karl Kaul. Anwalt im geteilten Deutschland 1906–1981. Berlin 2002; Whitney, Craig R.: Advocatus Diaboli. Wolfgang Vogel, Anwalt zwischen Ost und West. Berlin 1998; Pötzl, Norbert F.: Mission Freiheit, Wolfgang Vogel. Anwalt der deutsch-deutschen Geschichte. München 2014; Kobylinski: Verräter.

40 König, Jens: Gregor Gysi. Eine Biografie. Berlin 2005; Maizière, Lothar de: Anwalt der Einheit. Berlin 1996.

41 Abschlussbericht des 1. Untersuchungsausschusses [sog. Koko-Ausschuss] v. 27.5.1994, Deutscher Bundestag Drs. 12/7600; Bericht des Ausschusses für Wahlprüfung, Immunität und Geschäftsordnung zu dem Überprüfungsverfahren des Abgeordneten Dr. Gregor Gysi gemäß § 44 b Abs. 2 Abgeordnetengesetz, v. 29.5.1998, Deutscher Bundestag Drs. 13/10893, S. 1–50.

42 Gesetz zur Prüfung von Rechtsanwaltszulassungen, Notarbestellungen und Berufungen ehrenamtlicher Richter (ReNotPrüfG) v. 24. Juli 1992. In: BGBl., Teil I (1992) 36, S. 386 ff.

43 Marxen, Klaus u. a. (Hg.): Strafjustiz und DDR-Unrecht. Bd. 5/1 u. 5/2; Rechtsbeugung/unter Mitarb. von Boris Burghardt u. a. Berlin 2007. Eine interessante Sammlung eines Betroffenen zur Diskussion um Gregor Gysi bietet: http://www.buskeismus.de/faelle/fall_gysi.htm (letzter Zugriff: 27. 11.2014).

44 Gräf, Dieter: Im Namen der Republik. Rechtsalltag in der DDR. München 1988; Lange: Einbindung, S. 605–653.

45 Kögler, Brigitte: o. T. [Protokoll der 40. Sitzung. Die Lenkung der Justiz in der DDR. Zeitzeugenbefragung]. In: Materialien der Enquete-Kommission »Aufarbeitung von Geschichte und Folgen der SED-Diktatur in Deutschland« (12. Wahlperiode des Deutschen Bundestages)/ Hg. vom Deutschen Bundestag. Bd 4. Baden-Baden 1995, S. 147–152; Henrich, Rolf-Rüdiger: Die Justiz im totalitären Staat. Gerichtspraxis in der DDR. In: Im Namen des Volkes? Über die

andere als Anwaltsfunktionäre tätig waren und in dieser Rolle auch schon zu DDR-Zeiten »justizpropagandistisch« agierten.[46] Ohnehin sind solche Darstellungen ex post nie frei von Versuchen, die eigene Person zu stilisieren.[47] Dies gilt insbesondere dann, wenn auf einem Feld gestritten wird, auf dem heute noch um Deutungshoheit gerungen wird, wie es die Debatten um den Begriff »Unrechtsstaat« zeigen.[48]

### *Die Leidtragenden der DDR-Justiz – Betroffenendarstellungen*

Reichhaltige Anschauung zum Anwaltsverhalten bieten Darstellungen von Betroffenen. Sie füllen vor allem dort eine Lücke, wo Dokumente keine Auskunft geben, vernichtet oder nicht zugänglich sind. Allerdings ist zu berücksichtigen, dass sich keinesfalls alle äußern, die in die Fänge der rechtlichen MfS-Verfolgung gerieten. Ohne dies exakt quantifizieren zu können, scheinen sich doch eher jene zu artikulieren, die in U-Haft kamen, verurteilt und dann freigekauft wurden. Diejenigen, die sich mit dem MfS nolens volens arrangierten, kollaborierten, resignierten oder sich im Jargon des MfS »rückgewinnen«[49] ließen, blieben weitgehend stumm. Man soll diese Gruppe zahlenmäßig nicht überschätzen, aber es gab sie. Allein die hohe Zahl von MfS-Spitzeln in den Haftanstalten (Zelleninformatoren) ist ein irritierender Befund.[50] Zumindest für das Selbstverständnis des DDR-Justizpersonals und das MfS waren solche Differenzierungs- und Resozialisierungsversuche wichtig, denn das DDR-Recht baute, zumindest theoretisch, auf dem Erziehungsgedanken auf. Bei den Schilderungen der Betroffenen ist zu berücksichtigen, dass diese sich nach meist unerwarteter Verhaftung

Justiz im Staat der SED/Hg. vom Bundesministerium der Justiz. Leipzig. Wissenschaftlicher Begleitband zur Ausstellung des Bundesministeriums der Justiz. 1994, S. 209–219.

46 Wolff: Ein Leben; Wolff, Friedrich: Verlorene Prozesse. Meine Verteidigungen in politischen Verfahren 1953–1998. Berlin 2009; Gysi, Gregor: Das war's. Noch lange nicht! Autobiografische Notizen. Düsseldorf 1995; Maizière, Lothar de: Ich will, dass meine Kinder nicht mehr lügen müssen. Freiburg 2010.

47 Booß, Christian: Dichtung und Wahrheit. Wie Gregor Gysi von Heldentaten als DDR-Anwalt erzählt. In: HuG 23 (2014) 1 (80), S. 52–55.

48 Rot-Rot-Grün für Thüringen »Unrechtsstaat« DDR: Gysi rudert zurück. In: Der Tagesspiegel v. 3.10.2014, zugl.: http://www.tagesspiegel.de/politik/rot-rot-gruen-fuer-thueringen-unrechtsstaat-ddr-gysi-rudert-zurueck/10786570.html (letzter Zugriff: 27.11.2014).

49 Informationen über erfolgreiche Rückgewinnungen gelangten regelmäßig in MfS-Statistiken, konnten aber auch separate Erfolgsmeldungen rechtfertigen, z. B. der Bericht zur Wiedereingliederung eines zurückgekehrten Arztes: HA IX, Bericht über die Tätigkeit der Linie Untersuchung im Monat Januar 1989, 17.2.1989; BStU, MfS, HA IX Nr. 1073, Bl. 18–247, hier 46 f.

50 Schekahn, Jenny; Wunschik, Tobias: Die Untersuchungshaftanstalt der Staatssicherheit in Rostock. Ermittlungsverfahren, Zelleninformatoren und Haftbedingungen in der Ära Honecker. Berlin 2012.

und Isolation in einem emotionalen Ausnahmezustand befanden, der sie nicht unbedingt zu idealen Zeitzeugen für die Subtilitäten der Strafprozessordnung machte.[51] In einem zugespitzten Fall erklärte ein Angeklagter das Plädoyer seines Anwalts für belanglos, obwohl es faktisch eines der raren Freispruchplädoyers in MfS-ermittelten Verfahren war.[52] Die politisch geschulte und reflektierte Wahrnehmung des verhafteten Dissidenten Jürgen Fuchs führt dagegen zu einer bemerkenswert präzisen Haftdarstellung. Aber auch die ist schriftstellerisch stilisiert.[53] Anders als eine Zeit lang behauptet, sind die Wahrnehmungen der Betroffenen keineswegs wertlos für die Beurteilung der DDR-Justiz.[54] Die Darstellungen der Beschuldigten und Angeklagten sind ein Gradmesser für die Akzeptanz von Verfahren und damit für deren Legitimität, ohne die ein Rechtssystem nicht auskommt.[55] Und gerade im Verhältnis des Verteidigers zu »seinem« Mandanten, ist die Frage des Vertrauens entscheidend. Ob das Vertrauen missbraucht wurde, muss sich in berufsrechtlichen oder gar strafrechtlichen Verfahren, an objektivierbaren und rechtsstaatlichen Kriterien messen lassen.[56] Im Einzelfall ist es aber auch eine Sache des einzelnen Mandanten, ob er einen »Deal« mit der staatlichen oder gar MfS-Seite für sinnvoll und akzeptabel hält oder nicht. Dies kann letztlich nur der betroffene Mandant selbst beantworten. Insofern sind selbst emotionale Äußerungen von unmittelbar Betroffenen subjektive Tatsachen, die es entsprechend einzuordnen und zu würdigen gilt.

Insofern war es äußerst hilfreich, dass die Stiftung Gedenkstätte Berlin-Hohenschönhausen im Jahr 2010 den Zugang zu ihrer Zeitzeugendatenbank ermöglichte.[57] Die Zeitzeugeninterviews, die über die Jahre von unterschiedlichen Mitarbeitern der Stiftung gesichert wurden, scheinen bei den Nachfragen zur Prozesskultur und zum Anwalt nicht immer methodisch homogen. Aber gerade die offen abgefragten Interviewteile erlauben es, relativ unverstellt die Wahrnehmung der Inhaftierten auf einer empirisch breiten Basis kennenzulernen. Es ist freilich zu berücksichtigen, dass Stasi-Enthüllungen über Anwälte aus der Zeit seit 1990 die heutige Sicht erheblich beeinflussen können.[58]

51 Booß, Christian: Vom »Schwein Tolbe« und anderen Anwälten. Rechtsanwälte in der späten DDR aus der Sicht der politisch Verfolgten. In: HuG 19 (2010) 2 (68), S. 30–33.

52 Stiftung Gedenkstätte Berlin-Hohenschönhausen, Zeitzeugendatenbank, in der Arbeit zitiert als Interview Hohenschönhausen. H. S.

53 Fuchs, Jürgen: Gedächtnisprotokolle, Vernehmungsprotokolle. Reinbek 1978.

54 Hubertus Rottleuthner relativierte eine früher in diese Richtung gehende Aussage auf der Tagung der Stiftung Aufarbeitung …, 14.–16.9. in Berlin. Vgl. Der Umgang mit Recht und Justiz in der SBZ/DDR. Hg. von Andreas H. Apelt u. a. Berlin 2012.

55 Luhmann, Niklas: Legitimation durch Verfahren. Frankfurt/M. 1983, S. 29 ff.

56 Busse: Deutsche Anwälte, S. 526 ff.

57 In der Arbeit zitiert als: Interview Hohenschönhausen.

58 Ferber, Martin: Spitzels Opfer. Horst Dietrich. Ein Opfer des Stasi-Spitzels Wolfgang Schnur erzählt. In: Das gestohlene Leben. Dokumentarerzählungen über politische Haft und Verfolgung in der DDR/Red. Hussock, Peter. Bamberg 2008, S. 78–81.

### *Allgemeine Literatur zur Justiz der DDR*

Es kann an dieser Stelle nicht darum gehen, die Literatur zur DDR-Justizentwicklung in ihrer Gesamtbreite darzustellen. Es können nur einige wesentliche Züge herausgearbeitet werden. Die Umstrukturierung der Justiz in der SBZ bzw. frühen DDR und die Indienstnahme der Strafjustiz für politische Ziele sind gut dokumentiert.[59] Anders sieht es für die Zeit nach der zweiten Justizreform Anfang der 1960er-Jahre aus. Die Rechtswirklichkeit wird in verschiedenen Arbeiten eher gestreift.[60] Die Prozessempirie jener Jahre ist so dünn, dass im Grunde nicht zu entscheiden ist, ob es sich um eine nachhaltige Reform handelte oder ob die Strukturen, die in den 1950er-Jahren gelegt wurden, dominierten. Auch die Justizgeschichte der Ära Honecker ist bei genauem Hinsehen nur fragmentarisch erforscht. Die Gesamtschau auf alle Rechtsgebiete steht ebenfalls noch aus.[61]

Die Rechtsbetrachtung der Honecker-Ära ist stark von der juristischen Aufarbeitung im Rahmen von Großforschungsprojekten, Enqueten und Strafverfahren geprägt, die zum Teil durch staatliche Gutachteraufträge stimuliert wurden.[62] Dies hatte Folgen. Der Forschungsimpetus ist nach den 1990er-Jahren zunächst erlahmt. Eine Ausnahme bildet die hervorragende Studie von Johannes Raschka, der vor allem die strafrechtliche Entwicklung der 1970er- und 1980er-Jahre nachzeichnet und in die allgemeine politische Entwicklung der DDR einordnet.[63] Allerdings werden institutionelle Einflüsse im Strafverfahren, insbesondere des MfS, lediglich gestreift. Ohnehin decken seine Arbeiten nicht hinreichend die Prozesswirklichkeit ab.[64] Das Bild der Justiz in der Honecker-Ära ist nach wie vor stark von spektakulären Einzelfällen geprägt.[65]

59 Wentker, Hermann: Justiz in der SBZ/DDR 1945–1953. München 2001; Fricke, Karl Wilhelm: Politik und Justiz in der DDR. Köln 1979; Werkentin, Falco: Politische Strafjustiz in der Ära Ulbricht. Vom bekennenden Terror zur verdeckten Repression. Berlin 1997.

60 Stadelmann-Wenz, Elke: Widerständiges Verhalten und Herrschaftspraxis in der DDR. Vom Mauerbau bis zum Ende der Ulbricht-Ära. Paderborn 2009.

61 Schröder, Rainer: Geschichte des DDR-Rechts. Straf- und Verwaltungsrecht, forum historiae iuris (2004). In: http://www.forhistiur.de/zitat/0404schroeder.htm (letzter Zugriff: 11.9.2014).

62 Rottleuthner, Hubert (Hg.): Steuerung der Justiz in der DDR. Einflußnahme der Politik auf Richter, Staatsanwälte und Rechtsanwälte. Köln 1994; Marxen: Strafjustiz und DDR-Unrecht; Materialien der Enquete-Kommission »Aufarbeitung von Geschichte und Folgen der SED-Diktatur in Deutschland« (12. Wahlperiode des Deutschen Bundestages)/Hg. vom Deutschen Bundestag. Bd. 4. Baden-Baden 1995.

63 Raschka, Johannes: Justizpolitik und SED-Staat. Justizpolitik und Wandel des Strafrechts während der Amtszeit Honeckers. Köln 2000.

64 Noch am ehesten in Raschka, Johannes: Zwischen Überwachung und Repression. Politische Verfolgung in der DDR 1971 bis 1989. Opladen 2001.

65 Vollnhals: Fall Havemann; Passens, Katrin: MfS-Untersuchungshaft. Funktionen und Entwicklung von 1971 bis 1989. Berlin 2012; Herzberg, Guntolf; Seifert, Kurt: Rudolf Bahro. Glaube an das Veränderbare, eine Biografie. Berlin 2002.

Insofern bestand und besteht die Gefahr, dass gerade das Untypische zur Regel erklärt wird. Die alltägliche Realität im Gericht, wie sie sich in der Berliner Stichprobe spiegelt, kam in bisherigen Darstellungen meist zu kurz. Eine durchaus bemerkenswerte Ausnahme ist die Analyse von Inga Markovitz.[66] Ihre Studie ist mit spürbarer Empathie für das Gerichtspersonal, das sie interviewte und dessen Akten sie sichtete, verfasst. Sie liefert damit interessante aber, mangels genauerer Einordung, oft eher impressionistische Einblicke in den Alltag des Kreisgerichtes Wismar.[67] Einen großen Wurf wagte jüngst Moritz Vormbaum, der die Geschichte des politischen Strafrechts in die Darstellung der Strafrechtsentwicklung von SBZ und DDR einbettet und vergleichend zum NS-Recht und dem der Bundesrepublik deutet.[68]

Kontinuierliche Fortschritte gab es bei der Erforschung der Militärjustiz. Da diese teilweise in die institutionelle Forschung eingebunden oder stark an den Beständen des Freiburger Militärarchivs orientiert ist, wird nicht immer zufriedenstellend zwischen Militärjustiz im engeren und der politischen Justiz im Rahmen der Militärjustiz unterschieden.[69] Faktisch war ein Teil von MfS-ermittelten Verfahren in Militärgerichte ausgelagert, die besonders abgeschirmt werden sollten.

Die Forschungsergebnisse, die im Rahmen der kritischen Aufarbeitung der DDR-Geschichte entstanden, wirkten per se polarisierend. Mit Abgrenzung haben ehemalige DDR-Juristen reagiert.[70] Zwischen beiden »Lagern« fand nur selten ein Diskurs statt.[71] Nur in Einzelfällen ist es, wie im Fall des ehemaligen Richters am Obersten Gericht der DDR, Rudi Beckert, gelungen, Brücken zu schlagen.[72] Weil die Sicht der Insider vernachlässigt wurde, sind der Fachdiskussion möglicherweise interessante Aspekte verlorengegangen. Während manche

66 Markovitz, Inga: Gerechtigkeit in Lüritz. Eine ostdeutsche Rechtsgeschichte. München 2006.

67 Schröder, Rainer: Gerechtigkeit in (oder für?) Lüritz. Zu Markovits' Schilderung eines DDR-Gerichts, forum historiae juris. In: http://www.forhistiur.de/media/zeitschrift/0712schroeder.pdf (letzter Zugriff: 2.12.2014).

68 Vormbaum, Moritz: Das Strafrecht der Deutschen Demokratischen Republik. Tübingen 2015.

69 Wagner, Heinz Josef: Die Militärjustiz der DDR. Unter besonderer Berücksichtigung der Rechtsprechung der Militärgerichte. Berlin 2006; Wenzke, Rüdiger: Ab nach Schwedt! Die Geschichte des DDR-Militärstrafvollzugs. Berlin 2011; Bookjans, Jan Henrik: Die Militärjustiz in der DDR 1963–1990. Eine empirisch gestützte strafrechtliche Untersuchung. Regensburg 2006.

70 Heuer, Uwe-Jens (Hg.): Rechtsordnung in der DDR. Anspruch und Wirklichkeit. Baden-Baden 1995.

71 Eine Ausnahme dürfte die zitierte Enquete des Bundestages sein; Materialien der Enquete-Kommission »Aufarbeitung von Geschichte und Folgen der SED-Diktatur in Deutschland«. Bd. 4. Baden-Baden 1995.

72 Beckert, Rudi: Glücklicher Sklave. Eine Justizkarriere in der DDR. Berlin 2011; Enttäuschung über das Misslingen des Dialoges bei Wolff: Ein Leben, S. 232 ff.

Autoren meinen, dass das Rechtssystem bis spätestens 1974 seine endgültige Gestalt fand,[73] andere diese Strukturen sogar schon deutlich länger ausgeprägt sehen,[74] gab es in der Ära Honecker jedoch stärkere Veränderungen der Strafprozesskultur, als bisher angenommen.

Anders als beim materiellen Strafrechts gibt es zur Entwicklung des formellen Rechtes kaum Substanzielles.[75] Das Strafprozessrecht mag eine etwas sperrige und trockene Materie sein, sodass ihm insbesondere Historiker und Politologen weniger Beachtung schenken. Für die Untersuchung der Rechtskultur ist die strafprozessuale Entwicklung jedoch eigentlich wichtiger als das Strafrecht selbst: »Das Strafverfahrensrecht ist der Seismograf der Staatsverfassung.«[76] Überspitzt ausgedrückt, ist es zur Beurteilung eines Rechtssystems weniger entscheidend, wie groß der Strafrahmen ist. Wichtiger ist es, ob und wie ein Verdächtiger beschuldigt, inhaftiert, angeklagt und verurteilt wird; wie transparent und verlässlich die Verfahrensabläufe sind und welche Rechte der Verdächtigte, auch gegenüber seinem gesetzlichen Vertreter, dem Anwalt, hat. Ein Betroffener, für den es nicht unerheblich ist, ob und wie lange er »sitzt«, wird dies verständlicherweise anders sehen. Aber zur Beurteilung der Rechtskultur im Strafverfahren, zur Qualität des Rechtssystems, ja des politischen Systems an sich, sind Verfahrensfragen keine Nebensächlichkeiten, sondern essenziell. Insofern war es sinnvoll, sich, wo erforderlich, mit deutlichen Veränderungen im Verfahrensrecht zu beschäftigen.

Der vergleichsweise komfortable Zugang zu den MfS-Akten hat es nach 1992 erlaubt, hinter der rechtsförmigen Fassade eine Rechtspraxis zu analysieren, die mit Rechtsstaatlichkeit nichts gemein hat. Allerdings führte das gelegentlich zu einer Überakzentuierung der Rolle, die das MfS spielte. Keineswegs an ihr Ende gekommen ist die Kontroverse, ob der politische Prozess der Honecker-Ära eher direkt vom MfS gesteuert[77] oder ein Produkt struktureller Einbettung in das Gesamtsystem der Justiz war.[78] Beide Positionen, die als Reflektionen des Havemann-Prozesses entstanden oder zumindest formuliert wurden, werden kaum in Reinform vertreten. Es fehlen nichtsdestotrotz nach wie vor empirische Einzelbelege, um die Justizsteuerung in der Honecker-Ära en détail beschreiben zu können.

Erfreulicherweise ist in letzter Zeit eine Neubelebung des Interesses für die Justiz der DDR zu beobachten, die sich in mehreren Qualifikationsarbeiten,

73 Rottleuthner: Steuerung der Justiz, S. 26 f.

74 Werkentin: Politische Strafjustiz, S. 298 f.

75 Luther, Horst: Strafprozeßrecht. In: Heuer, Uwe-Jens (Hg.): Die Rechtsordnung in der DDR. Anspruch und Wirklichkeit. Baden-Baden 1995, S. 341–394.

76 Roxin, Claus: Strafverfahrensrecht. München 1998.

77 Vollhals betont den MfS-Einfluss auf den Fall Havemann. Vollnhals: Fall Havemann, S. 142.

78 Rottleutner: Steuerung der Justiz, S. 27 f.

insbesondere Dissertationen, ausdrückt.[79] Einzelaspekte, wie beispielsweise das Wirken des MfS in der Militärjustiz, werden genauer beleuchtet sowie Themen, die an die Strafverfolgung angrenzen, beispielsweise die Ausreisefrage oder die MfS-Zersetzungsstrategie.[80] Ein Schwerpunkt liegt in der Analyse der Abteilung des MfS, die für Strafermittlungen zuständig war. Je nach Ansatz wird der Akzent eher auf eine systematische oder theoretische Einordnung,[81] die institutionelle und rechtliche Entwicklung,[82] die Realität in der Untersuchungshaft[83] oder die Darstellung einzelner Haftanstalten[84] gelegt. In manchen Arbeiten wird die Tendenz zur außergerichtlichen verdeckten Repression überschätzt. Die neuen Arbeiten von Engelmann und Joestel zur Justizstatistik belegen deutlich, dass die Zahl der Strafverfahren über die Jahre erstaunlich stabil blieb, auch wenn sie sich in den 1980er-Jahren vor allem gegen Personen richteten, die die DDR verlassen wollten. Insofern wurde das repressive Repertoire des MfS durch die Zersetzungsmethoden eher erweitert und nicht substituiert. Auch von daher scheint es sinnvoll, in der vorliegenden Arbeit diese Massenverfahren genauer zu untersuchen.

### *Nicht gedruckte Quellen*

Die Kollegien wurden nach dem 3. Oktober 1990 offenbar weder als staatliche Einrichtung noch analog zu Parteien und Massenorganisationen eingestuft. Jedenfalls wurde der Status als »gesellschaftliches Organ der Rechtspflege« nicht so interpretiert, dass vonseiten der staatlichen Archive Akten zur DDR-Anwaltschaft systematisch gesucht und archiviert wurden. Es ist eher Glücksfällen geschuldet, dass im Landesarchiv Berlin ein Teilbestand zum Berliner Kollegium[85] und in der Stiftung Archiv der Parteien und Massenorganisationen der DDR

79 Spohr, Julia: In Haft bei der Staatssicherheit. Das Untersuchungsgefängnis Berlin-Hohenschönhausen 1951–1989. Göttingen 2015; Irmen, Helmut: Stasi und DDR-Militärjustiz. Der Einfluss des Ministeriums für Staatssicherheit auf Strafverfahren und Strafvollzug in der Militärjustiz. Berlin 2014.

80 Wölbern, Jan Philipp: Der Häftlingsfreikauf aus der DDR 1962/63–1989. Zwischen Menschenhandel und humanitären Aktionen. Göttingen 2014; Hürtgen, Renate: Ausreise per Antrag. Der lange Weg nach drüben. Eine Studie über Herrschaft und Alltag in der DDR-Provinz. Göttingen 2014; Pingel-Schliemann, Sandra: Zersetzen. Strategie einer Diktatur. Eine Studie. Berlin 2002.

81 Sélitrenny, Rita: Doppelte Überwachung. Geheimdienstliche Ermittlungsmethoden in den DDR-Untersuchungshaftanstalten. Berlin 2003.

82 Engelmann; Joestel: Hauptabteilung IX, i. E.

83 Spohr: In Haft.

84 Exemplarisch Beleites, Johannes: Schwerin, Demmlerplatz. Die Untersuchungshaftanstalt des Ministeriums für Staatssicherheit in Schwerin. Schwerin 2001.

85 LArch Berlin C Rep. 368.

im Bundesarchiv (SAPMO) ein Teilbestand zur »Dachorganisation« des Kollegiums, der Zentralen Revisionskommission (ZRK) sowie dem Rat der Vorsitzenden (RdV) überliefert sind.[86] Da die Kollegien im Zuge ihrer Berichterstattung zahlreiche Sitzungsprotokolle von zentralen, aber auch von regionalen Mitglieder- und Vorstandsversammlungen, von bestimmten Referaten und Grundsatzpapiere an das Ministerium der Justiz (MdJ) einschicken mussten, findet sich im entsprechenden Bestand des Bundesarchives eine reichhaltige Überlieferung.[87] Eine Abfrage in allen ostdeutschen Landesarchiven 2009 ergab, dass die Dokumentierung der Berliner Anwaltschaft am dichtesten ist. Dies war ein wichtiger Gesichtspunkt der Arbeit, hier den regionalen Schwerpunkt zu setzen.

Wesentlich schlechter sind die Aktivitäten der Bereiche Staat und Recht bzw. Sicherheit der SED-Bezirksleitungen (BL) bzw. Kreisleitungen (KL) überliefert, die sich mit Justiz- und auch mit Anwaltsfragen zu befassen hatten. Derartige Unterlagen finden sich im LArch Berlin vor allem für die letzten Jahre der Honecker-Ära nur bruchstückhaft.[88] In den anderen ostdeutschen Landesarchiven ist laut deren Auskunft die Lage nicht besser. Das gilt ebenso für die Unterlagen der Parteileitungen in den Kollegien. Es ist durchaus ein Defizit, dass der Parteieinfluss auf regionaler Ebene in der Regel nur insofern nachzuvollziehen ist, als er sich in Parallelbeständen spiegelt. Etwas besser ist die Aktendichte im zentralen Parteiapparat, insbesondere im Bereich Staat und Recht und den übergeordneten Parteiinstanzen. Aber auch hier scheinen die Akten nicht vollständig zu sein. Zu berücksichtigen ist des Weiteren die Praxis, dass wichtige Diskussionen, Weisungen und Entscheidungen nicht verschriftet und damit nicht überliefert wurden.[89]

Einen guten Überblick über die personelle, strukturelle und normative Entwicklung der DDR-Anwaltschaft, auch Disziplinarfälle, geben die Akten des MdJ. Insbesondere die fachlich zuständigen Bereiche für Rechtsanwälte und Notare sowie die Personalabteilung (Kaderabteilung) sind einschlägig. Lückenhaft sind in allen Beständen die Personalunterlagen, die offenbar im Zuge der politischen Veränderungen 1989/90 ausgedünnt bzw. den Betreffenden ausgehändigt wurden.[90] So konnten, um ein prominentes Beispiel zu nennen, die Personalunterlagen zu Friedrich Wolff nicht gefunden werden. Schon aus diesem Grund musste auf eine soziologische Untersuchung der Anwaltschaft bzw. des Berliner Kollegiums verzichtet werden. Auch die Akten der Generalstaatsan-

86 BArch, DY 64.

87 BArch, DP 1.

88 LArch Berlin C Rep. 902.

89 Zur Bedeutung des Instrukteurswesens vgl. Berghofer Wolfgang: Keine Figur im Schachspiel. Wie ich die »Wende« erlebte. Berlin 2014, S. 239 f.

90 Dombek: Zusammenführung der Anwaltschaft Ost und West, S. 523–543, hier 541.

waltschaft der DDR und des Obersten Gerichtes, speziell die zu den politischen Prozessen scheinen nicht vollständig überliefert.[91]

## *Akten und Vorgänge aus dem MfS*

Die MfS-Akten, insbesondere Überprüfungs-, Überwachungs- und IM-Akten, vermögen manche Lücke zu schließen und lassen Wirklichkeiten durchscheinen, die blasse Vermerke oder geglättete Protokolle eher verdecken. Sie legen offen, wie das MfS die Anwaltschaft wahrnahm, kontrollierte, überwachte, welchen Einfluss es nahm und warum. Hier sind vorrangig die Akten der ministeriellen HA XX und der Abteilung XX der Berliner BV, die für die Justiz zuständig waren, und die Akten der Linie IX heranzuziehen, die in Strafsachen ermittelten. Zur Ergänzung sind Reden und Weisungen des Ministers, Stellungnahmen aus anderen Abteilungen, insbesondere der Rechtsstelle, Überwachungsvorgänge sowie Spezialkarteien und diverse Sachakten einzubeziehen. Reichhaltige Anschauung über den Anwaltsalltag bieten darüber hinaus sogenannte Operativakten, die formalisierten Personendossiers, des MfS über MfS-Kollaborateure oder vom MfS überwachte Personen.

Insbesondere die Rechtsprechung der Pressekammer vor Hamburger Gerichten hat bei publizistischen Auswertungen zum Thema Rechtsanwälte und MfS ungewöhnlich hohe Anforderungen an die empirische Überprüfung von MfS-Akten gestellt.[92] Im Grunde müsste jeder in einer Quelle Erwähnte bzw. an ihrer Entstehung Beteiligte befragt werden. Um hier Grauzonen zu vermeiden, wurde entschieden, sich auf gedruckte Quellen zu beschränken, wie es dem traditionellen Historiker-Handwerk entspricht. Auf Interviews mit Anwälten wird daher verzichtet.

An dieser Stelle sei daher grundsätzlich, auch für die Stellen im Manuskript, wo dies nicht ausdrücklich festgehalten ist, vermerkt, dass schriftliche Quellen natürlich immer nur die Sichtweise des jeweiligen Verfassers bzw. die Sichtweise, die er dem Leser nahebringen will, spiegeln. Schlussfolgerungen, so methodisch geschult sie sein mögen, sind daher immer Interpretationen bzw. Wertungen dieser Darstellung. Das gilt auch und insbesondere für MfS- und speziell IM-Akten, ist aber für historische Darstellungen an sich nichts Besonderes.

Eine besondere Bedeutung für die Untersuchung der Strafverfahren haben die sogenannten archivierten Untersuchungsvorgänge, die AU-Vorgänge des MfS. Die MfS-Leitung hat aus Geheimhaltungsgründen mehrfach angewie-

91 So fehlen zum Großverfahren wegen der Luxemburg-Demonstration 1988 die meisten Akten im Bestand BArch, DP 3. Die Akten des OG wurden gezielt gesäubert. Beckert: Glücklicher Sklave, S. 129.

92 Vgl. OLG Hamburg, 24. Zivilkammer, Beschluss v. 30.6.2008, Az.: 324 O 421/08.

sen, dass auch die Handakten der Staatsanwaltschaft, die Gerichtsakten, die Rechtsmittelakten und die Haftvollzugsakten nach Abschluss des Verfahrens bzw. nach Ende der Haftzeit einzuziehen und zusammen mit den Ermittlungsakten des MfS zu archivieren seien.[93] Dies ist abgesehen von den Akten der Militärverfahren[94] im Grundsatz auch so praktiziert worden. Insofern liegen die Verfahrensakten weitgehend komplett in den MfS-Archiven. Bei deren Auswertung stellt sich jedoch der Eindruck ein, dass die Aktenführung nicht immer alle MfS-Aktivitäten spiegelt. Gerade Kontakte der Anwälte zu ihren Mandanten in der Untersuchungshaft sind sehr lückenhaft dokumentiert. Die Untersuchungsführer des MfS, die konkret die Ermittlungen durchführten, waren aus Geheimhaltungsgründen angewiesen, nur Akten an die Staatsanwaltschaft abzugeben, die keine Rückschlüsse auf die spezifischen Methoden des MfS zuließen.[95] Die für die Staatsanwaltschaft und die Gerichte bestimmten Akten wurden in der Regel am Ende der Ermittlungen zusammengestellt. Man kann sich des Eindrucks nicht erwehren, dass bei dieser Gelegenheit auch Akten aus der Ermittlungszeit entfernt wurden. So finden sich zum Beispiel fast keine Protokolle zu abgehörten Mandantengesprächen aus der U-Haft, was praxisfremd erscheint. Für die Phase der strafprozessualen Ermittlungen ist zusätzlich zu bedenken, dass diese oft mit geheimpolizeilichen Aktionen der MfS-Diensteinheiten verschränkt waren, die nicht förmlich mit gesetzlich normierten Strafermittlungen befasst waren. Geheimpolizeiliche Vorgänge, die dazu dienten, das Umfeld eines Inhaftierten auszuspähen oder zu beeinflussen, finden sich daher nicht oder nur spurenhaft in den Ermittlungsvorgängen wieder.

Für die Auswertung der Berliner Stichprobe erwiesen sich insbesondere die Protokolle der gerichtlichen Hauptverhandlung nach MfS-ermittelten Verfahren als aussagekräftig. Sie wurden von Protokollanten erstellt und von den Vorsitzenden Richtern abgezeichnet.[96] Sie geben zusammen mit der Anklage und dem Urteil den Prozessgegenstand, den Anklagevorwurf, das Urteil, Angaben zur Person des Angeklagten, die Namen der Prozessbeteiligten, den Gerichtsort und die Art des Senats wieder. Diese Unterlagen enthalten Angaben über den Gang des Verfahrens, die Aktivitäten des Anwaltes, den Strafantrag der Staatsanwaltschaft sowie über die Plädoyers der Anwälte und der Angeklagten. Insbe-

93 MdJ, Oberstes Gericht der DDR, Gemeinsame Anweisung über die Behandlung von Strafakten der Untersuchungsorgane des Ministeriums für Staatssicherheit, 31.7.1968; BStU, MfS, BdL/Dok. Nr. 9668, Bl. 2.

94 Offenbar wegen der doppelten Unterstellung der Militärstaatsanwaltschaft hatte das MfS lange Zeit keinen Durchgriff auf diese Akten. HA IX/8, Material aus Strafverfahren bei Justizorganen, 9.10.1978; BStU, MfS, Abt. XII Nr. 8365, Bl. 65–68.

95 MfS, Schreiben an Verw. Groß-Berlin des MfS, 20.3.1952; BStU, MfS, BdL/Dok. Nr. 2032, Bl. 1–5.

96 Beispielsweise StBG Pankow, Protokoll der Hauptverhandlung, 8.12.1983; BStU, MfS, AU 3637/84, Bd. 8, Bl. 59–72, hier 71.

sondere dort, wo eine Berufungsschrift, eine Prozesszusammenfassung Dritter oder gar ein Mitschnitt vorlagen, konnte stichprobenartig die Qualität der Verhandlungsmitschriften überprüft werden. Sie erweisen sich als vereinfachend, aber im Kern als zutreffend.[97]

Nach der Fertigstellung des Manuskriptes und nach dem Ende des Promotionsverfahrens wurde beim BStU die Akte von IMS »Max« rekonstruiert. Die Akte wurde im Herbst 1989 gleich vielen vom MfS zerrissen. In einer gemeinsamen Anstrengung eines Berliner Fraunhofer-Instituts (IPK) und dem BStU werden derzeit so vernichtete Akten per Computer virtuell rekonstruiert. Es erstand auch die Akte »Max« in einem Umfang von 6 Bänden mit je mehr als 150 Seiten wieder.[98] Die IM-Berichte von »Max« lesen sich teils wie eine romanhafte Ergänzung zu diesem Sachbuch. Hinter »Max« verbarg sich der im Jahr 1930 geborene Justizfunktionär Gerhard Schreyer. Schreyer, Sohn eines Arbeiters und späteren Volkspolizisten, studierte in Jena und Berlin Jura an der Universität.[99] Er avanciert Anfang der 1950er-Jahre am Kreisgericht Schwerin binnen zwei Jahren vom Referendar zum Kreisgerichtsdirektor. Über eine Justizverwaltungsstelle stieg er 1956 in das Justizministerium (MdJ) auf. Dort war er ab 1961 persönlicher Referent der Justizministerin Hilde Benjamin, dann wissenschaftlicher Mitarbeiter von Justizminister Kurt Wünsche, ab 1970 Abteilungsleiter Strafrecht und zugleich in der Parteileitung tätig. 1957 verpflichtete er sich dem MfS als »Max«[100] und schilderte das Innenleben des Justizministeriums, besonders den Leitungsbereich. Da er offenbar die in Justizdingen relativ unerfahrenen MfS-Führungsoffiziere in Personalfragen beriet, durchziehen die Akte zum Teil detaillierte bis pikante Schilderungen von persönlichen Eigenheiten, justiz- und justizpolitischen Auffassungen des Justizpersonals aus der Zeit des Übergangs von der Ära Ulbricht zur Ära Honecker. Hier erscheinen beispielsweise der Auf- und Abstieg von Justizminister Wünsche in einem anderen Bild als in der bisherigen Literatur. Nach dem Ausstieg aus dem MdJ war Schreyer einige Zeit für das Ministerium für Auswärtige Angelegenheiten der DDR im Menschenrechtsbereich der UN in Genf tätig. 1982 wechselte er in das Rechtsanwaltsbüro für internationale Zivilrechtsangelegenheiten (RBIZ), dessen Leiter er wohl 1983 wurde. Das RBIZ ist relativ unbekannt, obwohl es in gewisser Hinsicht das zivilrechtliche Pendant zur Kanzlei Vogel war. Aus der IM-Akte von »Max« erfährt man Näheres über offenbar teilweise rechtswidrige Praktiken von RBIZ-Anwälten, auch bisher unbekannte Details über Beziehungen zu Westanwälten und Bankhäusern. Es war schon aus drucktechnischen Gegebenheiten nicht möglich, alle Erkenntnisse aus dieser Akte in wünschenswertem Maße in

97 Booß: Dichtung und Wahrheit.
98 BStU, MfS, AIM 26904/91.
99 Auszug aus dem Personalbogen, 24.5.1952; ebenda, Bl. 11–13.
100 Verpflichtungserklärung, 11.9.1957; ebenda, Bl. 30.

das Manuskript einzuarbeiten. Wo nötig, wurden vor Drucklegung noch Ergänzungen und Korrekturen insbesondere in die Kapitel 3 und 4 eingearbeitet.

## 2.3 Zur Methode

Entsprechend den Unterfragestellungen wird nicht nach einer einheitlichen Methode verfahren. Bevor der Blick hinter die Rechtsfassaden genommen wird, müssen diese selbst erkundet werden. Deskriptive Darstellungen der historischen Entwicklung des Kollegiums und des Rechtssystems machen Veränderungen deutlich und leuchten den politischen und gesellschaftlichen Kontext aus. Statistisch-quantitative wechseln sich mit qualitativen Analysen von Gerichtsfällen ab. Neben eher strukturellen Aspekten der beteiligten Institutionen stehen biografische Abschnitte, die teils mithilfe von Kohortenbildungen typisiert wurden. Es geht in dieser Arbeit nicht darum, aus theoretischen Konstrukten zu deduzieren, sondern geradezu umgekehrt, die sozialen Beziehungen genauer in den Blick zu nehmen. Als übergreifend fruchtbar hat sich dabei erwiesen, was methodisch seit einiger Zeit unter dem Rubrum »Herrschaft als soziale Praxis« beschrieben wird. Herrschaft wird als eine prozesshafte Interaktion verstanden, die die »wechselseitige Abhängigkeit der Herrschenden und Beherrschten«[101] betont. In dieser Arbeit werden daher immer wieder an Beispielen von Konflikt- bzw. Aushandlungsfällen die realen Handlungsmöglichkeiten der Personen und Institutionen herausgearbeitet, statt sie aus dem gemutmaßten Status ihrer Rollen abzuleiten. Es zeigt sich, wie sehr auch das MfS auf Partner angewiesen war, um seine Interessen durchzusetzen, wenngleich seine Chancen in den Parteinetzwerken grundsätzlich nicht schlecht waren. Auch waren die Kollegien keineswegs nur passiv der staatlichen oder parteilichen Willkür ausgesetzt, sondern aktiver Teil eines komplexen Interaktionsprozesses.

### *Berliner Stichprobe*

Um zu prüfen, inwieweit sich die Prozesskultur in der Ära Honecker veränderte, worauf es in der Literatur einige Hinweise gibt,[102] werden aus den Berliner Fällen drei Jahresstichproben aus den Jahren 1972, 1984 und 1988 gezogen und als Berliner Stichprobe bezeichnet.

101 Basierend unter anderem auf Lindenberger, Thomas: Die Diktatur der Grenzen. Zur Einleitung. In: Lindenberger, Thomas (Hg.): Herrschaft und Eigen-Sinn in der Diktatur. Köln 1999, S. 13–43, hier 21 ff.; Herrschaft als soziale Praxis wird hier als methodische Hilfe nicht als Theorieersatz behandelt. So wird auch dem Parallelbegriff »Eigen-Sinn« nur bedingt gefolgt.

102 Luther: Strafprozessrecht; Markovitz: Lüritz, S. 283 ff.

Eigentlich war das Jahr 1971, als Erich Honecker zum ersten SED-Sekretär aufstieg, als Einstiegsjahr vorgesehen. Weil dieses Jahr zu wenige Fallakten für diese Art der Auswertung bot, musste auf das Folgejahr ausgewichen werden. Das Jahr 1984 wird gewählt, weil aus den Quellen lebhafte Diskussionen über strafprozessuale Fragen bekannt sind.[103] Da die vorletzten zwei Jahre der DDR schon im Zeichen des Systemwechsels standen, bietet sich nur 1988 als letztes Untersuchungsjahr an. Sowohl das Jahr 1972 als auch 1988 erweisen sich als nicht unproblematisch, da sie beide von Amnestien tangiert waren. Am Anfang der Ära Honecker stand die sogenannte »Krönungsamnestie«, an ihrem Ende die Amnestie von 1987, die den Besuch des Staatsoberhauptes in Bonn schmücken sollte.[104] Dies führte zu Verfahrenseinstellungen, die die Prozessrate vor allem 1988 deutlich drückte. Aber auch das Jahr 1984 erwies sich wegen des Anstiegs der Ausreisezahlen als ein ungewöhnliches. Auch 1984 wurden von den Verfahren 27,3 Prozent ohne Prozess eingestellt. Der größte Teil (70 %) dieser Einstellungen ist darin begründet, dass der Beschuldigte die DDR verlassen hatte.[105] Das trifft auch für einen nicht geringen Teil der Einstellungen 1972 und 1988 zu. Manche der Einstellungen folgten zudem politisch-taktischen Erwägungen nach dem Opportunitätsprinzip. Was also ist ein typisches Jahr der Honecker-Justiz? Es ist darauf hingewiesen worden, dass es in der DDR immer wieder geradezu hektische, fast tagespolitische Eingriffe in das Justizgeschehen gab.[106] Bei der Frage der Strafprozesskultur, dies war Hypothese und Arbeitsorientierung zugleich, geht es eher um langfristige Trends, die mit dem Wandel der Normen, der Institutionen, des Personals und Ausbildungsstandes einhergehen. Insofern ist zu erwarten, und dies hat sich auch bestätigt, dass solche Veränderungen jenseits von kurzfristigen Weichenstellungen sichtbar werden. Allein die deutliche Reduzierung des Aktenumfanges ist ein Indiz, das auf eine veränderte und knappere Prozesskultur hindeutet. Die durchschnittliche Bandanzahl eines Strafverfahrens sank 1972 von 8,3 auf 4,5 (1984) und schließlich auf 3,7 im Jahr 1988.[107]

### *Fallzahlen*

Für das Jahr 1972 werden 421 Beschuldigtenfälle ausgewertet, 1984 sind es 694 und 1988 insgesamt 689 Fälle.[108]

103 Vgl. die Ausführungen im Abschnitt Der sozialistische Strafprozess.
104 Raschka unter Bezug auf Werkentin; Raschka: Justizpolitik, S. 57 und 234 ff.
105 Berliner Stichprobe 84.
106 Werkentin: Politische Strafjustiz, S. 384 ff.
107 Berliner Stichprobe 72-84-88.
108 Ebenda.

| Jahr | Akten | Beschuldigte | Gerichtsprozesse | davon mit Anwalt |
|---|---|---|---|---|
| 1972 | 290 | 421 | 364 | 290 |
| 1984 | 499 | 694 | 503 | 404 |
| 1988 | 481 | 689 | 222 | 166 |
| Summen | 1270 | 1804 | 1089 | 860 |

Tabelle 1: Berliner Stichprobe im Überblick; Tabelle: Booß, Kilian 2014[109]

Da die Tatvorwürfe und das Urteil bei Verfahren mit mehreren Angeklagten nicht identisch sein mussten, wird pro Angeklagtem ein Datensatz angelegt. Selbst in den MfS-geführten Verfahren blieben nicht wenige Beschuldigte ohne anwaltliche Vertretung. Ein wachsender Anteil der Ermittlungsverfahren (von 13 % auf 37,5 %) wurde an Staatsanwaltschaften außerhalb von Berlin abgegeben. Die Besonderheiten der StPO der DDR erlaubten es, Verfahren am Ort der U-Haft durchzuführen, sodass das MfS den Gerichtsort faktisch nach Belieben festlegen konnte.[110] Es scheint in den späteren Jahren weniger darum gegangen zu sein, spektakuläre Fälle von Berlin fernzuhalten. Vielmehr scheint das Ministerium bestimmte Fälle zur Ermittlung nach Berlin gezogen und dann wieder abgegeben zu haben.

*Statistische Methodik*

Methodisch orientiert sich das Projekt an Verfahren, wie sie in der Rechtstatsachenforschung und Rechtssoziologie üblich sind. Um den Spielraum der Anwaltschaft ermessen zu können, wird ein Vergleich zwischen Strafantrag und dem Urteil angestellt. Das Ergebnis wird dann wiederum mit dem Anwaltsplädoyer verglichen. Derartige Vergleiche existieren auch für andere Rechtssysteme.[111] Analog zu explorativen quantitativen Verfahren, wie sie inzwischen in der Rechtstatsachenforschung erprobt sind, werden die Statistiken nicht nur deskriptiv ausgewertet. Vielmehr werden mithilfe von Prozessmerkmalen, deskriptiven Variablen, nahezu beliebig rund 100 Korrelationen gebildet und

109 Die auf diese Weise bezeichneten Grafiken und Tabellen wurden im Zuge der statistischen Auswertungen der Berliner Stichprobe von Thomas Kilian und dem Autor erarbeitet.

110 Beleites, Johannes: Abteilung XIV: Haftvollzug. Berlin 2004, S. 31 f.

111 Ein Überblick über ähnliche Auswertungen findet sich bei Rottleuthner: Havemann-Verfahren, S. 379 ff.; Rottleuthner, Hubert: Einführung in die Rechtssoziologie. Die Rechtswissenschaft. Darmstadt 1987.

als sogenannte Pseudohypothesen (wenn-dann-Beziehungen) überprüft.[112] Nur sinnhafte und statistisch signifikante Hypothesen haben letztlich Bestand. Vorbild ist konkret das von der Deutschen Forschungsgemeinschaft finanzierte Projekt »Zivilrechtskultur der DDR«, das an der Humboldt-Universität durchgeführt worden ist.[113] Der besseren Lesbarkeit willen wurden für diese Arbeit nur Ergebnisse übernommen, die sich sinnhaft in den Kontext einfügen.[114]

112 Oldenbürger, Hartmut-A.: Exploratorische, grafische und robuste Datenanalyse. In: Erdfelder, Edgar u. a. (Hg): Handbuch quantitativer Methoden. Weinheim 1998, S. 71–86.

113 Schröder, Rainer: Zivilrechtskultur der DDR. Berlin. Bd. 1; Zivilrechtskultur der DDR, 1999. Bd. 2; Zivilrechtskultur der DDR, 2000. Bd. 3; Zivilrechtskultur der DDR, 2001. Bd. 4; Vom Inkasso- zum Feierabendprozess. Der DDR-Zivilprozess, 2008.

114 Genaueres zur statistischen Methodik siehe Anlage 2.

# 3. Das Kollegium

## 3.1 Historischer Abriss: Entwicklung der Anwaltschaft in der DDR

»Die Institution der Verteidigung ist eine Waffe für uns«[1], proklamierte der Minister für Staatssicherheit gegen Ende der Ära Honecker. Über 30 Jahre zuvor war die Anwaltschaft in den Augen einer führenden Justizfunktionärin dagegen noch eine der »unterentwickeltsten Formen einer neuen Gestaltung«.[2] Diese galt es nach damaliger Auffassung der SED zu überwinden.

Das alte bürgerliche Modell war der Jurist, der mit der Richterbefähigung einen Anspruch auf eine Existenz als Einzelanwalt hatte und mit anderen in selbstverwalteten Anwaltskammern zusammengeschlossen war. Nach den liberalen Idealvorstellungen des 19. Jahrhunderts war der Anwalt eher staatsfern und handelte im Interesse seines Mandanten.[3] In den Augen der sozialistischen Funktionäre der DDR waren die bürgerlichen Anwälte jedoch Teil der Klassenjustiz und hatten sich mehr oder minder bereitwillig in den Dienst des Nationalsozialismus stellen lassen. Die organisatorische Antwort war das Kollegium mit sozialistischen Rechtsanwälten. Es stellte die Arbeitsmittel, wies wirtschaftlich genossenschaftliche Züge auf;[4] gleichzeitig regelte das Kollegium Angelegenheiten, die im Westen Deutschlands zur gleichen Zeit Standeskammern erledigten.[5] Das Kollektiv sozialistischer Anwälte sollte sich in ein Justizsystem einfügen, das auf Kooperation der Justizorgane setzte.[6] Die Frage, ob das Kollegium die Anwaltschaft wirklich kollektivierte oder nur eine andere Form war, das Mandat in Verantwortung des einzelnen Anwaltes auszuüben, wird seit den ideologischen Auseinandersetzungen des Kalten Krieges bis heute kontrovers diskutiert. Unter diesem Gesichtspunkt werden im Folgenden die historische Entwicklung und der rechtlich-institutionelle Charakter beleuchtet.

1 Erich Mielke, Schlusswort auf der Delegiertenkonferenz der SED-GO in der Hauptabteilung IX, 4.11.1988; BStU, MfS, ZAIG Nr. 4014, Bl. 1–59, hier 57.

2 Benjamin, Hilde: Fragen der Verteidigung und des Verteidigers. In: NJ 5 (1951) 2, S. 51–54.

3 Bruhn: Rechtsanwaltschaft, S.13 ff.; Lorenz: Rechtsanwaltschaft, S. 253 ff.

4 Busse: Deutsche Anwälte, S. 396 ff.

5 In der SBZ waren vorübergehend einige Kammern bzw. berufsständische Organisationen gegründet worden, die aber von vornherein nur eingeschränkte Rechte hatten. Lorenz: Rechtsanwaltschaft, S. 80 ff.

6 Ebenda, S. 84 ff.

Auf dem Gebiet der SBZ waren im Jahr 1945 ohne Berlin fast 2 750 Anwälte aus den Zeiten des Deutschen Reiches ansässig.[7] Sie betätigten sich ganz überwiegend als Einzelanwälte. Gegen Ende der Honecker-Ära waren diese »bürgerlichen« Advokaten in der DDR nahezu »ausgestorben«. Statt ihrer sollten rund 600 Anwälte, die gemeinschaftlich in 15 Kollegien zusammengefasst waren, die zuletzt 16,4 Millionen DDR-Bürger anwaltlich unterstützen.[8] Nichts markiert deutlicher den Bruch mit der Vergangenheit, als der drastische Rückgang der Anwaltszahlen. Dieser Einbruch war nicht nur auf die veränderten Zulassungsbedingungen im Rahmen der Entnazifizierung zurückzuführen. Der Umbau der Justiz unter stalinistischem Vorzeichen marginalisierte Anwälte, trieb sie in die Resignation oder in die Flucht. Altersbedingte Rückgänge wurden nicht kompensiert. Doch nicht nur die Anzahl der Anwälte änderte sich, sondern auch ihr juristisches, organisatorisches und ideologisches Umfeld. Statt der »freien Advokatur« des 19. Jahrhunderts galt schließlich die »sozialistische Anwaltschaft« als Leitbild.[9]

### 3.1.1 Neuzulassungen und Entnazifizierung nach 1945

Die Aussage, dass nach 1945 etwa die Hälfte der 1937 zugelassenen 3 163 Anwälte auf dem Gebiet Ostdeutschlands wieder zugelassen worden seien,[10] kann sich allenfalls auf eine Momentaufnahme beziehen.[11] Bis 1952 ging die Zahl auf ein Viertel des Vorkriegsniveaus zurück.[12] Anders als in den Westzonen erloschen in der Sowjetischen Besatzungszone (SBZ) die alten Anwaltszulassungen. Neuzulassungen erteilten staatliche Institutionen, zunächst die Landes- und Provinzialverwaltungen, seit 1952 die Justizverwaltungsstellen in den neu gegründeten Bezirken.[13] Die regional unterschiedlichen Regelungen[14] wurden 1946 mit Gründung der Deutschen Justizverwaltung der Sowjetischen Besatzungszone in Deutschland (DJV) erneut zur Disposition gestellt. Für die Zulassungen der Anwälte an Oberlandesgerichten war die DJV zuständig, seit 1949 das neu gebildete Ministerium der Justiz (MdJ).[15] Zunächst galt grund-

7 Ebenda, S. 288.

8 Statistisches Jahrbuch der DDR. Berlin 1990.

9 Bruhn: Rechtsanwaltschaft, S. 24 ff. u. 27 ff.; Lorenz: Rechtsanwaltschaft, S. 241 ff.

10 Otterbeck: Anwaltkollektiv der DDR, S. 44.

11 Die positive Bewertung bezieht sich darauf, dass unmittelbar nach Kriegsende aufgrund des Mangels an qualifiziertem Justizpersonal Anwälte eine Zeit lang nebenberuflich als ehrenamtliche Richter eingesetzt wurden. Brand: Rechtsanwalt, S. 26, FN 8; Otterbeck: Anwaltkollektiv der DDR, S. 44.

12 Lorenz: Rechtsanwaltschaft, S. 95.

13 Busse: Deutsche Anwälte, S. 240, 343; Otterbeck: Anwaltkollektiv der DDR, S. 34 ff.

14 Busse: Deutsche Anwälte, S. 340 f.; Otterbeck: Anwaltkollektiv der DDR, S. 34 ff.

15 Busse: Deutsche Anwälte, S. 342 f.

sätzlich das traditionelle Kriterium der Richterbefähigung weiter als Qualifikationsanforderung. Daher mangelte es 1952 nur 3,96 Prozent der Anwälte an einem akademischen Abschluss.[16] Das unterschied sie von den neuen Richtern und Staatsanwälten, die seit Mitte der 1940er-Jahre als sogenannte Volksrichter eine Schnellqualifikation erhalten hatten, was zu einer gewissen »Deprofessionalisierung«[17] des Justizpersonals führte. Allein diese Kluft führte zu Unsicherheit, Misstrauen und Vorurteilen von Justizfunktionären gegenüber den Anwälten.[18] Unabhängig von fachlichen Anforderungen, stand die Anwaltszulassung nach 1945 ganz im Zeichen der Entnazifizierung. Zahlen über Verstrickungen der Anwaltschaft während der NS-Zeit sind bis heute weder vollständig rekonstruiert noch vollkommen valide. In Berlin waren 1939 rund 93 Prozent der Anwälte Mitglied im Nationalsozialistischen Rechtswahrerbund, der formal der NSDAP angeschlossen war.[19] Es wird geschätzt, dass nur die Hälfte der »Rechtswahrer« im Deutschen Reich auch erklärtermaßen NSDAP-Mitglieder waren.[20] Vermutlich wurden in den SBZ- bzw. DDR-Statistiken diese Unterschiede nicht immer einheitlich beurteilt, was schwankende Angaben erklären würde. In Thüringen soll 1945 der Anteil der Anwälte, die nicht der NSDAP angehört hatten, bei nur 5,4 Prozent gelegen haben.[21] Demgegenüber erscheinen Angaben, dass 1946/47 nur rund 50 Prozent der Anwälte und juristischen Hilfsarbeiter[22] vormals NSDAP-Mitglieder gewesen sein sollen, als niedrig.[23]

Die Entnazifizierungsregeln veränderten sich ständig, bis 1946 eine »Provisorische Zulassungsverordnung für die Rechtsanwaltschaft in der Sowjetischen Besatzungszone Deutschlands« (ProvZulO) zentrale Kriterien festlegte.[24] Danach waren alle Mitglieder der NSDAP und ihrer Gliederungen von der Zulassung ausgeschlossen, »die sich mehr als ›nominell‹, also mehr als durch bloße Zahlung von Mitgliedsbeiträgen«[25] betätigt hätten. Außerdem hatten Bewer-

16 Ebenda, S. 345.

17 Wentker: Justiz, S. 580; Brand: Rechtsanwalt, S. 26; Busse: Deutsche Anwälte, S. 345.

18 Wolff, Friedrich: Der Weg zur sozialistischen Rechtsanwaltschaft. In: NJ 13 (1959) 19, S. 682–683.

19 Eigenberechnung nach Königseder, Angelika: Recht und nationalsozialistische Herrschaft. Berliner Anwälte 1933–1945. Bonn 2001, S. 191.

20 Diese Aussage bezieht sich auf 1944. Dölemeyer, Barbara: Die Gleichschaltung und Anpassung der Anwaltschaft. In: Anwälte und ihre Geschichte/Hg. vom Deutschen Anwaltverein. Tübingen 2011, S. 265–284, hier 282.

21 Busse: Deutsche Anwälte, S. 349 ff.: Nach Lorenz waren es 28,7 %. Lorenz: Rechtsanwaltschaft, S. 34.

22 Diese Hilfskräfte, in der Regel Anwälte ohne Zulassung, waren bei Anwälten angestellt.

23 Fricke: Praxis der Anwaltstätigkeit, S. 471.

24 Die Verordnung wurde aufgrund des Dualismus von DJV und Ländern erst allmählich auf Länderebene in Kraft gesetzt. Otterbeck: Anwaltkollektiv der DDR, S. 39; Bruhn: Rechtsanwaltschaft, S. 24 f.; Lorenz: Rechtsanwaltschaft, S. 22 f.

25 Zit. nach: Busse: Deutsche Anwälte, S. 351; Otterbeck: Anwaltkollektiv der DDR, S. 40 f.

ber den Nachweis einer »antifaschistischen Einstellung«[26] zu erbringen, was mehr oder minder willkürliche Ablehnungen ermöglichte. Zeitweise war sogar angedacht, alle ehemaligen NSDAP-Mitglieder, die vor dem 1. Mai 1937 beigetreten waren, von der Zulassung auszuschließen.[27] Doch mit der Auflösung der Entnazifizierungskommissionen erhöhte sich die Zahl der belasteten Anwälte stark, obwohl formal die alten Kriterien weiter galten.[28] Für Justizangehörige wurden allerdings die Entnazifizierungsregelungen mit Gründung der DDR 1949 nicht so stark gelockert wie in anderen Bereichen.[29] Laut Justizminister Max Fechner galt 1950 angeblich, dass »Bewerber, die der NSDAP oder ihren Gliederungen angehört haben, sowie ehemalige Offiziere der faschistischen Wehrmacht zur Rechtsanwaltschaft grundsätzlich nicht mehr zugelassen«[30] werden. Die Rhetorik war radikaler als eine Praxis, die auch den Juristenmangel der Nachkriegsjahre zu berücksichtigen hatte.[31] Offenbar haben DDR-Justizfunktionäre die Öffentlichkeit mehr oder minder bewusst über den Grad der Entnazifizierung getäuscht, was durchaus ein positives Echo fand.[32] Die Frage der NS-Belastung des Justizpersonals war für die Selbstlegitimation der DDR als antifaschistischer, »besserer« deutscher Teilstaat von hoher Bedeutung. Die Justizfunktionärin Hilde Benjamin[33] behauptete beschönigend, es wären »aktive Mitglieder der NSDAP und ihrer Gliederungen entfernt worden, aber nicht wenige konservative Kräfte verblieben«[34]. Nach internen Statistiken scheint demgegenüber der Anteil der NSDAP-belasteten Anwälte von 1946 (24,5 %) bis 1948 (41,7 %)[35] zunächst angestiegen und erst danach wieder ge-

26 Ebenda.

27 SMAD-Befehl Nr. 201, nach Busse: Deutsche Anwälte, S. 352.

28 SMAD-Befehl Nr. 35, nach Busse: Deutsche Anwälte, S. 352; Otterbeck nennt für die einzelnen Länder teilweise andere Ergebnisse, die sich aber insgesamt in den geschilderten Trend einfügen. Otterbeck: Anwaltkollektiv der DDR, S. 43 f.

29 Gerlach bezeichnet nur die Phase bis 1948 als die einer »energischen Entnazifizierungspolitik«. Gerlach: Die Rechtsanwaltschaft, S. 141.

30 Zit. nach: Busse: Deutsche Anwälte, S. 353.

31 Busse: Die Anwälte, S. 352 f.; Gerlach: Die Rechtsanwaltschaft, S. 141.

32 Brand, der in der Alt-Bundesrepublik ohne Kenntnis der DDR-Akten vor der Vereinigung schrieb, geht davon aus, dass die Anwaltschaft weitgehend von ehemaligen NSDAP-Mitgliedern gereinigt worden sei. Brand: Rechtsanwalt, S. 26. Man unterstellte der DDR eher eine politisch exzessive Entnazifizierung. Fricke: Praxis der Anwaltstätigkeit, S. 471; Gerlach: Die Rechtsanwaltschaft, S. 142.

33 Hilde Benjamin (1902–1989) zählte zu den wichtigsten Justizfunktionären der DDR, von 1953 bis 1967 Ministerin für Justiz, zuvor in der Justizverwaltung und 1949–1953 Vizepräsidentin des Obersten Gerichts und als solche mehrere Schauprozesse leitend. Vor dem Machtantritt der Nationalsozialisten engagierte sich Benjamin als Anwältin der Roten Hilfe Deutschlands, die vor allem kommunistische Angeklagte verteidigte. Feth, Andrea: Hilde Benjamin. Eine Biografie. Berlin 1997.

34 Benjamin, Hilde (Hg.): Zur Geschichte der Rechtspflege der DDR 1949–1961. Berlin 1980, S. 217.

35 Ohne die Länder Brandenburg und Mecklenburg.

fallen zu sein.[36] Ende 1952 waren von 781 in der DDR und Ostberlin zugelassenen Anwälten 22,7 Prozent ehemals Mitglieder der NSDAP.[37] Ihre Zahl überwog damit die Zahl der SED-Mitglieder noch deutlich.[38] Der Anteil der NSDAP-Mitglieder in den 1953/54 gerade gegründeten Kollegien war 1955 erstaunlicherweise sogar deutlich höher als bei den Einzelanwälten.[39] Die Erklärung liegt darin, dass NS-belastete Juristen eine Zeit lang nicht als Anwalt, sondern allenfalls als Hilfsjuristen tätig sein durften. Mit Gründung der Kollegien 1953/54 wurde ihnen aber die Chance eröffnet, durch Beitritt eine Anwaltszulassung zu bekommen. Der »freiwillige« Eintritt ins Kollegium galt als »Bekenntnis zum Sozialismus«[40] und als hinreichender Ausweis für einen Gesinnungswandel. Diesen Juristen sollte ein Integrationsangebot gemacht werden. Es wurde auf Anpassungsbereitschaft, wenn nicht auf Opportunismus gesetzt. Offenbar wurde bei Neuzulassungen großzügiger verfahren als bei der Bestätigung von Altzulassungen. Im Jahre 1964 fanden sich deutlich mehr ehemalige NSDAP-Mitglieder als Mitglieder des Rechtswahrerbundes in den Kollegien, sogar einige Dutzend ehemalige SA-Mitglieder.[41] Das spricht dafür, dass NS-Belastete aufgenommen wurden, die zu NS-Zeiten noch keine Anwälte waren.

Es ist fraglich, ob die Personalentwicklung überhaupt das Ergebnis stringenter Auswahlkriterien war.[42] Der Rechtsanspruch auf Zulassung, wie er in der Weimarer Republik galt, war faktisch abgeschafft.[43] Die Zulassung war eine reine Ermessensentscheidung, bei der sich die Verwaltung von willkürlich angenommenen Belastungsobergrenzen leiten ließ.[44] Manche Juristen gaben aus Alters- oder anderen persönlichen Gründen ihre Zulassung auf oder beantragten sie gar nicht erst. Viele flohen in Hinblick auf ihre Vergangenheit, oder weil sie die allgemeine politische und rechtspolitische Entwicklung ablehnten, in den Westen.[45] Letztlich war es eine Folge verschiedener Faktoren, dass der Anteil von ehemaligen NSDAP-Mitgliedern bei den Kollegiumsanwälten 1964 immer

36 Gerlach: Die Rechtsanwaltschaft, S. 141 f.

37 Busse: Deutsche Anwälte, S. 353; Otterbeck nennt für die einzelnen Länder teilweise andere Ergebnisse, die sich aber insgesamt in den geschilderten Trend einfügen. Otterbeck: Anwaltkollektiv der DDR, S. 43 f.; Busse: Deutsche Anwälte S. 351.

38 Parteimitgliedschaften 1952 bei Lorenz: Rechtsanwaltschaft, S. 95.

39 NSDAP-Anteil in den RAK 1955: 34,3 %, unter den Einzelanwälten: 22,2 %; ebenda, S. 78.

40 Wolff, Friedrich: Der Weg zur sozialistischen Rechtsanwaltschaft. In: NJ 13 (1959) 19, S. 682 f.

41 MdJ, Teilbericht zur Vorlage über die Lage der Rechtsanwaltschaft in der DDR, 10.8.1964, Statstik KollG; BArch DP1, 2875.

42 Reich: Entwicklung der Rechtsanwaltschaft, S. 316 f.

43 Schneider, Rolf: Der Rechtsanwalt, ein unabhängiges Organ der Rechtspflege. Berlin 1976, S. 38 ff.

44 Busse: Deutsche Anwälte, S. 345; Otterbeck: Anwaltkollektiv der DDR, S. 41 ff.

45 Otterbeck: Anwaltkollektiv der DDR, S. 86 f.; Fricke: Praxis der Anwaltstätigkeit, S. 473.

noch bei 32,4 Prozent lag.[46] Eine Quote, die der propagandistischen Selbststilisierung widersprach. Eine Akzentuierung des Elitenwechsels ist bei den Anwälten angesichts dieses Befundes übertrieben.[47]

Auch die in der Literatur vertretene Behauptung, es sei in der Nachkriegszeit bis 1949 lediglich um die Entnazifizierung bei gleichzeitiger Erhaltung vorhandener Strukturen gegangen,[48] greift zu kurz. Mit diesem Argument werden der dominante staatliche Einfluss und die deutliche Beschränkung anwaltlicher Selbstverwaltung verharmlost.[49] Durch die Folgen des Krieges, die rassische Verfolgung während der NS-Zeit, die Justizpolitik nach 1945 und die Reaktionen der Juristen hatte sich die Anwaltslandschaft auf dem Gebiet der SBZ bzw. DDR im Vergleich zur Weimarer Republik dramatisch geändert, schon bevor das Kollegium etabliert wurde. Im Jahre 1952 waren dort nur noch 781 Anwälte tätig.[50]

Der relativ hohe Anteil an formal NS-belasteten Anwälten zeigt, dass bei dieser Berufsgruppe zunächst eine andere Strategie als bei anderen juristischen Berufsgruppen zum Zuge kam. Statt sie wie Richter und Staatsanwälte zu ersetzen, ging es bei den Anwälten zunächst nur darum, sie »zu kontrollieren und zu leiten«.[51] Die SED zielte perspektivisch darauf ab, »die fortschrittlichen, demokratischen Kräfte in der Anwaltschaft heranzuziehen, zu fördern, auf der anderen Seite aber auch die reaktionären Elemente in ihrer Tätigkeit immer weiter einzuschränken«.[52] Mittelfristig war zumindest daran gedacht, durch neue Kader aus den Richterschulen, »die Besten und Erfahrensten zur Stärkung der Anwaltschaft«[53] abzuzweigen.

46 MdJ, Teilbericht zur Vorlage über die Lage der Rechtsanwaltschaft in der DDR, 10.8.1964, Statistik, KollG; BArch DP1, 2875.

47 Brand spricht davon, dass die Anwaltschaft nach 1945 weitgehend von ehemaligen NSDAP-Mitgliedern »gereinigt« wurde. Brand: Rechtsanwalt, S. 26; Auch Reich betont die Entmachtung alter Eliten. Reich: Entwicklung der Rechtsanwaltschaft, S. 316 f.

48 Lorenz: Rechtsanwaltschaft, S. 96.

49 Otterbeck: Anwaltkollektiv der DDR, S. 35 f.; Brand: Rechtsanwalt, S. 26 f.

50 Ohne Berlin. Lorenz: Rechtsanwaltschaft, S. 95.

51 Der Leiter der DJV und spätere Justizminister Max Fechner, zit. nach: Reich: Entwicklung der Rechtsanwaltschaft, S. 317; Max Fechner (1892–1973), in der Weimarer Republik ein Politiker der SPD, war in der DDR von 1949–1953 Justizminister. Wer war wer in der DDR? Ein Lexikon ostdeutscher Biografien. In: http://www.bundesstiftung-aufarbeitung.de/wer-war-wer-in-der-ddr-%2363%3B-1424.html (letzter Zugriff: 2.3.2015).

52 Max Fechner, zit. nach: Otterbeck: Anwaltkollektiv der DDR, S. 47.

53 Die damalige Personalreferentin der DJV, Hilde Benjamin, zit. nach: Lorenz: Rechtsanwaltschaft, S. 84.

### 3.1.2 Exkurs: Anwälte vor 1945: Das Ende der Weimarer Republik, der Nationalsozialismus

Gegen Ende der Weimarer Republik galt der Anwaltsberuf als überbesetzt. Der freie Zugang zum Anwaltsberuf hatte die Zahl der Anwälte landesweit Ende der 1920er-Jahre auf 19 208 Anwälte ansteigen lassen. In Berlin waren es 3 890 Anwälte im April 1933, darunter 1 835 jüdische.[54] Auf Anwaltstagen wurde vor einem »proletarisierten und radikalisierten Anwaltsstand«[55] gewarnt. Der Deutsche Anwaltverein (DAV) forderte 1932/33 Zulassungsbeschränkungen vom Reichsgesetzgeber. Schon aus solch kruden und wirtschaftlichen Gründen regte sich daher unter den Anwälten kein nennenswerter Widerstand gegen die Ausgrenzung von Anwälten aus rassischen oder politischen Gründen.[56]

Die Reichshauptstadt Berlin beheimatete vor dem Machtantritt des Nationalsozialismus die größte jüdische Gemeinde Deutschlands. Aufgrund von Diskriminierungen war die freie Advokatur traditionell ein »Haupttätigkeitsfeld« deutscher Juden gerade in Berlin, wo sie ungefähr die Hälfte aller Anwälte stellten.[57] Bald nach der nationalsozialistischen Machtübernahme, beginnend mit den Boykottaufrufen und einem Erlass vom März 1933, wurden sie Ziel antisemitischer Übergriffe und beruflicher Diskriminierungen. Fast 700 verloren bis zum Jahresende ihre Zulassung. Seit dem Herbst 1938 wurde den Verbliebenen mit der 5. Verordnung zum Reichsbürgergesetz faktisch die Ausübung ihres Berufes verboten. Vielen gelang es noch rechtzeitig Deutschland zu verlassen.[58] Annähernd 5 000 Juden gingen in den Untergrund, von denen ungefähr 1 400 das Ende des Nationalsozialismus in Berlin erlebten, darunter auch spätere Anwälte. Allein aus der Berliner Anwaltschaft wurden 299 Anwälte in der NS-Zeit ermordet oder kamen auf andere Weise infolge der politischen Umstände ums

54 Königseder: Nationalsozialistische Herrschaft, S. 15 u. 18; Schneider: Unabhängiges Organ, S. 38 ff.

55 Zit. nach: Krach, Tillmann: Viel Glanz und große Not. Die Lage der deutschen Anwaltschaft am Ende der Weimarer Republik. In: Anwälte und ihre Geschichte/Hg. vom Deutschen Anwaltverein. Tübingen 2011, S. 207–236, hier 225.

56 Ebenda, S. 226; Dölemeyer: Gleichschaltung, S. 267 u. 284; Ladwig-Winters, Simone: Vertreibung und Verfolgung jüdischer Anwälte. In: Anwälte und ihre Geschichte/Hg. vom Deutschen Anwaltverein. Tübingen 2011, S. 285–304, hier 304.

57 Da es hier um das Milieu und den Erfahrungshintergrund geht, werden in diesem Abschnitt keine definitorischen Unterschiede nach dem jüdisch-religiösen Recht oder gar nach den Kategorien der Nürnberger Rassegesetze gemacht, das verschiedene Arten von »Mischlingen« unterschied. Beschreibungen solcher Kategorien finden sich in Hartewig, Karin: Zurückgekehrt. Die Geschichte der jüdischen Kommunisten in der DDR. Köln 2000, S. 6; Ladwig-Winters, Simone: Anwalt ohne Recht. Das Schicksal jüdischer Rechtsanwälte in Berlin nach 1933. Berlin 2007, S. 8 u. 75.

58 Königseder: Nationalsozialistische Herrschaft; Schneider: Unabhängiges Organ, S. 40 ff.; Ladwig-Winters: Vertreibung, S. 292 ff. u. 299 ff.

Leben.[59] Die Gleichschaltung der Anwaltschaft im Nationalsozialismus verlief aufgrund der materiellen Situation von 1933 und obrigkeitsstaatlichen Tendenzen relativ problemlos. Dass förmliche NSDAP-Mitgliedschaften den Anwälten aufgenötigt werden mussten, wird heute eher bezweifelt.[60]

In der Weimarer Republik gab es eine liberale, eine sozialdemokratische und mit der Roten Hilfe Deutschlands[61] auch eine den Kommunisten nahestehende Anwaltstradition. Vor allem an letztere knüpfte die DDR vorgeblich an, wenn sie Anwälte wie Hans Litten,[62] Kurt Rosenfeld[63] und Martin Drucker[64] ehrte. Allerdings verdeckte diese Traditionsbildung, dass die Rechte der Anwälte in der Weimarer Republik andere waren als in der DDR.

### 3.1.3 Entwicklung in der Bundesrepublik und in den Westsektoren Groß-Berlins

Nach zonal und regional unterschiedlichen Entwicklungen vereinheitlichte sich das Anwaltssystem nach der Gründung der Bundesrepublik 1949. Die Struktur knüpfte an die Vorkriegszeit mit unabhängigen Anwaltvereinen, regionalen Kammern, Disziplinarkammern unter Beteiligung der Anwaltskammern und einem liberalen Zulassungsrecht an. Nur vorübergehend kam es zu einem

59 Ladwig-Winters: Anwalt ohne Recht, S. 80 ff. u. 90 f.; Benz, Wolfgang: Überleben im Dritten Reich. Juden im Untergrund und ihre Helfer. München 2003, S. 23.

60 Rüping, Hinrich: Die Freiheit der Advokatur im politischen Umbruch 1945. In: Anwälte und ihre Geschichte/Hg. vom Deutschen Anwaltverein. Tübingen 2011, S. 339–354; Schneider: Unabhängiges Organ, S. 41 f.; Krach: Viel Glanz, S. 229.

61 Die Rote Hilfe war eine von der KPD gesteuerte Organisation, die in der Weimarer Republik meist Angehörigen kommunistischer Organisationen in politischen Verfahren Rechtsschutz gewährte. Vor allem in Berlin übernahmen sozialdemokratisch, kommunistisch und liberal orientierte Anwälte, auch viele jüdische, bis 1933 derartige Rechtsvertretungen. Tischler, Carola: »Die Gerichtssäle müssen zu Tribunalen gegen die Klassenrichter gemacht werden«. Die Rechtsberatungspraxis der Roten Hilfe Deutschlands. In: Hering, Sabine u. a. (Hg.): Die Rote Hilfe. Die Geschichte der internationalen kommunistischen »Wohlfahrtsorganisation« und ihrer sozialen Aktivitäten in Deutschland (1921–1941). Opladen 2003, S.105–130.

62 Hans Litten (1903–1938), dem Berliner Anwalt gelang es, Adolf Hitler im Zeugenstand vorzuführen. Litten starb 1938 durch Suizid im KZ Dachau. Ladwig-Winters: Anwalt ohne Recht, S. 213 f. Der Sitz der Verwaltungsstelle des Berliner Kollegiums befand sich in der Littenstraße in Ostberlin.

63 Kurt Rosenfeld (1877–1943) war Anwalt in mehreren politischen Prozessen u. a. gegen Rosa Luxemburg. Rosenfeld emigrierte 1933. Die DDR-Anwaltschaft benannte eine Medaille nach ihm. Ladwig-Winters: Anwalt ohne Recht, S. 247 f.; Wolff: Ein Leben, S. 176 f.

64 Martin Drucker (1869–1947) war Anwalt in Leipzig und bis zum Umzug des DAV dessen Präsident. Nach 1933 durfte er aus rassischen Gründen nicht praktizieren. Er eröffnete nach dem Krieg in Leipzig wieder eine Kanzlei. Niether, Hendrik: Leipziger Juden und die DDR. Eine Existenzerfahrung im Kalten Krieg. Göttingen 2015, S. 251 u. 305; Busse: Deutsche Anwälte, S. 509.

Rückgang der Anwaltszahlen. Da die Entnazifizierung letztlich keinen Neuanfang brachte, überschritten die Zulassungen 1949 schon tendenziell die Zahlen des Vorkriegsstandes. Wegen der steigenden Bevölkerung war die Anwaltsdichte aber leicht rückläufig.[65] Regionalstudien zeigen, dass nach 1945 viele, auch Berliner Anwälte, ihre Berufskarriere ohne nennenswerte Unterbrechung fortsetzen konnten. Aufgrund der rückläufigen Entnazifizierung ist von »Kontinuitäten«[66] auszugehen. Manche Kanzleien hatten aus der Verdrängung ihrer jüdischen Kollegen sogar nachhaltig wirtschaftlichen Nutzen gezogen.

Nach dem Krieg machte die Zahl der Anwälte in Berlin nur noch circa ein Fünftel des Bestandes vom Ende der 1920er-Jahre aus[67], sie stieg vor der administrativen Spaltung der Stadt im Jahr 1949 auf etwa ein Drittel des Vorkriegsstands.[68] Die Interalliierte Militärkommandantur (IMK), die ab Mitte 1945 die Oberhoheit über die Stadt hatte, erklärte (wie die SBZ) zunächst alle Zulassungen für hinfällig. Die für die SBZ gültige ProvZuLO galt aufgrund des Alliiertenstatus in Groß-Berlin nicht.[69] Anwaltszulassungen erteilte der Vizepräsident des Kammergerichtes.[70] Wenn eine entsprechende Vorbildung vorlag, hatten Juristen, anders als in der SBZ, einen Rechtsanspruch auf eine Anwaltszulassung. Allerdings wurden die Entnazifizierungsregeln in Berlin sehr streng angewendet. Wenn Rechtsanwälte belastete ehemalige Kollegen als juristische Mitarbeiter beschäftigten, drohte ihnen der Zulassungsentzug.[71] Die politische Spaltung Berlins im Jahr 1949 hatte auch die Teilung der Justizorgane zur Folge.[72] In den Westsektoren der Stadt wurde die Entnazifizierung nun entsprechend den Westzonen großzügiger gehandhabt. Die Zulassungszahlen stiegen deutlich von 543 (1948) auf 914 Anwälte im Folgejahr.[73] Die Berliner Rechtsanwaltskammer existierte zwar bis 1953 als Gesamtberliner Anwaltsvertretung weiter,[74] verlor aber im Ostteil der Stadt ihre Funktion bei der Anwaltszulassung. Dort sprach seit der Spaltung die Abteilung Justiz des Magistrats die Zu-

65 Die Bundesrechtsanwaltsordnung (BRAO) trat 1959 in Kraft. Vgl. insgesamt Busse: Deutsche Anwälte, S. 17, 187 ff. u. 202 sowie Rüping: Advokatur, S. 352.

66 Erkenntnisse liegen für den OLG-Bezirk Celle vor. Rüping: Advokatur, S. 352.

67 Königseder: Nationalsozialistische Herrschaft, S. 15 u. 18. Andere Angaben für Berlin sind etwas niedriger. Ladwig-Winters: Anwalt ohne Recht, S. 13. Warum Otterbeck von der Hälfte spricht, ist unverständlich. Otterbeck: Anwaltkollektiv der DDR, S. 110.

68 Otterbeck: Anwaltkollektiv der DDR, S. 112.

69 Busse: Deutsche Anwälte, S. 367; Lorenz: Rechtsanwaltschaft, S. 56 f.

70 Busse: Deutsche Anwälte, S. 368. Laut Otterbeck war dies erst ab 1949 so geregelt. Otterbeck: Anwaltkollektiv der DDR, S. 110.

71 Busse: Deutsche Anwälte, S. 368–369.

72 Brand: Rechtsanwalt, S. 29; Busse: Deutsche Anwälte, S. 370; Reuß; Ernst: Berliner Justizgeschichte. Berlin 2000, S. 141 ff.

73 Busse: Deutsche Anwälte, S. 369.

74 Otterbeck: Anwaltkollektiv der DDR, S. 110.

lassungen aus.[75] Auf diese Weise existierten in Berlin damals drei Arten von Anwälten: Die meisten waren ausschließlich für den Westteil zugelassen, ein kleiner Teil lediglich für den Ostsektor, die übrigen hatten eine Zulassung für alle Berliner Gerichte.[76]

Die Situation spitzte sich zu, als in Westberlin 1952 die Rechtsanwaltsordnung (RAO) im Sinne einer »aktive[n] politische[n] Treuepflicht«[77] verändert wurde. Die Rechtsanwaltskammer protestierte gegen die Einschränkung des Berufsrechtes. Dieser Vorgang ist auch als »Lex Kaul« bekannt. Die Maßnahme richtete sich nicht zuletzt gegen den SED-nahen Ostberliner Einzelanwalt Friedrich Karl Kaul, der vor westlichen Gerichten politische Mandate für die DDR wahrnahm und in ostdeutschen Publikationen gegen die westlichen Gerichte zu Feld zog.[78] Mit den Westberliner Restriktionen von 1952 sollten nun Anhänger eines »totalitären Systems« von der Anwaltschaft ferngehalten werden.[79] Zu diesem Zeitpunkt hatten 455 Anwälte eine Zulassung für ganz Berlin, 737 für Westberlin und 19 nur für Ostberlin.[80] Der Magistrat von Ostberlin reagierte auf die Westberliner Beschränkungen 1953 mit einer Zulassungsverordnung, die ein Bekenntnis zu den »demokratischen Prinzipien [... und den] Zielen der DDR«[81] forderte. Alle bisherigen Zulassungen wurden aufgehoben. Von wenigen Ausnahmen abgesehen, waren nur noch Anwälte zugelassen, die ihren Wohnsitz und ihr Büro in Ostberlin hatten.[82] Die Büros der in Westberlin wohnenden Anwälte wurden requiriert. Darunter befand sich sogar die Kanzlei des Bruders von Karl Liebknecht.[83] Es durften aber noch einzelne Anwälte in beiden Teilen der Stadt vor Gericht auftreten, und manche Ostberliner Anwälte gehörten nach wie vor der in Westberlin ansässigen Anwaltskammer an. Sofern sie der SED nahestanden, waren sie für die DDR-Führung wichtige und damit exponierte Sendboten ihrer Interessen. Ostberlin konnte nicht daran gelegen sein, die wenigen Verbindungen im Rechtsverkehr zwischen Ost und West, die noch funktionierten, gänzlich zu kappen. Im Jahr 1973 waren zwölf

75 Busse: Deutsche Anwälte, S. 370.

76 Brand: Rechtsanwalt, S. 29.

77 Otterbeck: Anwaltkollektiv der DDR, S. 111.

78 Rosskopf: Friedrich Karl Kaul, S. 51 ff.

79 Zit. nach: Busse: Deutsche Anwälte, S. 371.

80 Otterbeck: Anwaltkollektiv der DDR, S. 112.

81 Zit. nach: Busse: Deutsche Anwälte, S. 371; Otterbeck: Anwaltkollektiv der DDR, S. 111; Bruhn: Rechtsanwaltschaft, S. 28 f.

82 Busse: Deutsche Anwälte, S. 371; Lorenz: Rechtsanwaltschaft, S. 59 f.; Otterbeck: Anwaltkollektiv der DDR, S. 111 f.; Brand: Rechtsanwalt, S. 27 f.

83 Brand: Rechtsanwalt, S. 34; Karl Liebknecht (1871–1919) war Mitbegründer der Kommunistischen Partei Deutschlands (KPD) und wurde im Januar 1919 aus politischen Gründen ermordet. Wer war wer in der DDR? In: http://www.bundesstiftung-aufarbeitung.de/wer-war-wer-in-der-ddr-%2363%3B-1424.html (letzter Zugriff: 12.1.2015).

Ostberliner Anwälte auch in Westberlin zugelassen, 1983 waren es noch acht.[84] Derartige Juristen waren, wie die Beispiele Wolfgang Vogel und Karl Friedrich Kaul zeigen, phasenweise die Einzigen, die die Kommunikation zwischen Regierungsstellen in beiden Teilen Deutschlands aufrecht hielten.[85] Grundsätzlich war 1953 die Spaltung der Berliner Anwaltschaft jedoch vollzogen. Von nun an sollten die Anwälte organisatorisch getrennte Wege in beiden Teilen der Stadt gehen.

### 3.1.4 Ideologisierung zur Zeit der DDR-Gründung und Kollegienbildung

Aufgrund der Juristenknappheit der Nachkriegsjahre konnten die politisch Verantwortlichen im Osten Deutschlands nicht noch die Anwaltschaft komplett ersetzen. Dies erklärt eine vorübergehend größere Duldsamkeit.[86] Ab Ende der 1940er-Jahre wurde die Zukunft der Rechtsanwälte ideologischer diskutiert, manche sprechen geradezu von einer justizpolitischen »Zäsur«.[87] Außenpolitische Faktoren führten zu einer stärkeren Blockbildung, die in der SBZ die Herausbildung eigener institutioneller Formen zur Folge hatte. In »Säuberungswellen«[88] wurden Anwälte sogar strafrechtlich oder durch Zulassungsentzug verfolgt. Die Gründungsverfassung der DDR bot keinerlei Schutz, sie regelte die Rechte der Anwaltschaft und des Verteidigers nicht.[89] Führende SED-Justizfunktionäre monierten damals, die Anwälte hätten sich noch nicht »aus dem Bannkreis der alten bürgerlichen Rechts- und Lebensvorstellung«[90] befreit. Maßgebliche Justizpolitiker forderten, dass Anwälte sich in den Neuaufbau, die Nationale Front (NF)[91] und den Kampf um den Frieden einzuschalten hätten

84 Busse: Deutsche Anwälte, S. 372; Brand: Rechtsanwalt, S. 29.

85 Brand: Rechtsanwalt, S. 30.

86 Wentker, Hermann: Die Neuordnung des Justizwesens in der SBZ/DDR 1945–1952/3. In: Engelmann, Roger u. a. (Hg.): Justiz im Dienste der Parteiherrschaft. Berlin 1999, S. 93–114, hier 114; Otterbeck: Anwaltkollektiv der DDR, S. 55.

87 Wentker: SBZ/DDR, S. 577; Brand: Rechtsanwalt, S. 31 f.; Lorenz: Rechtsanwaltschaft, S. 83 ff.

88 Busse: Deutsche Anwälte, S. 376.

89 Fricke: Praxis der Anwaltstätigkeit, S. 472. Benjamin verweist dagegen auf den Artikel 129. Dieser regelt jedoch lediglich, dass Angehörige aller Schichten des Volkes die Möglichkeit haben, die Befähigung zur Ausübung des Berufes als Richter, Staatsanwalt und auch Rechtsanwalt zu erlangen. Benjamin: Geschichte, S. 218.

90 Wolff, Friedrich: Der Weg zur sozialistischen Rechtsanwaltschaft. In: NJ 13 (1959) 19, S. 682.

91 In der Nationalen Front waren seit 1949 Parteien und Massenorganisationen zusammengeschlossen. Unter Anleitung der SED sollten sie deren Ziele mittragen. Die NF stellte auch ein festgelegtes Kontingent in den Parlamenten. Zimmermann, Hartmut (Hg.): DDR Handbuch. Köln 1985, S. 928 f.

und keine politische »Neutralität«[92] zeigen dürften. Die parteipolitische Entwicklung der Anwälte seit 1945 wurde listenmäßig erfasst.[93] Intern urteilte das Justizministerium scharf und ohne jedes Verständnis für die Funktion des Anwaltes: »Sie schwafeln noch vom ewigen Recht und klammern sich an die Buchstaben der Gesetze, Ziel: Arbeiter und Bauern in die Rechtsanwaltschaft und Ablösung dieser unpolitischen Menschen.«[94]

In dieser Zeit wurde sogar diskutiert, ob »wir überhaupt noch Verteidiger in unseren Prozessen«[95] brauchen. Es stand infrage, ob in einer sozialistischen Gesellschaft überhaupt Anwälte erforderlich seien.[96] Dem lag die ideologisch-theoretische Überlegung zugrunde, dass im Sozialismus schon der Staat alle Interessen des Einzelnen vertrete. Es herrschte ein justizpolitisches Klima, in dem die Anwaltschaft »nicht länger als dritte Säule der Rechtspflege«[97] neben den Gerichten und der Staatsanwaltschaft galt. Statt der Abschaffung stellte Hilde Benjamin schließlich die Organisationsfrage.[98] Justizminister Max Fechner artikulierte im Jahr 1950 die Idee von der Anwaltsgenossenschaft nach sowjetischem Vorbild.[99]

Erst nachdem die deutschlandpolitischen Optionen der Sowjetunion auf eine getrennte Entwicklung der DDR ausgerichtet und auf der II. Parteikonferenz der SED der planmäßige Aufbau der Grundlagen des Sozialismus verkündet worden war,[100] fielen Entscheidungen. Im Rahmen der umfangreichen Verwaltungs- und Justizreform von 1952 wurden auch die Weichen in Richtung einer

92 So der thüringische Justizminister Liebler; Liebler, Ralph: Probleme der Rechtsanwaltschaft. In: NJ 4 (1950) 8, S. 295 f.

93 Mollnau, Karl A.: Normierung der Anwaltstätigkeit in der DDR. In: Anwälte und ihre Geschichte/Hg. vom Deutschen Anwaltverein. Tübingen 2011, S. 493–522, hier 499.

94 Ca. 1953, zit. nach: Otterbeck: Anwaltkollektiv der DDR, S. 60.

95 Benjamin, Hilde: Fragen der Verteidigung und des Verteidigers. In: NJ 5 (1951) 2, S. 51–54, hier 51. Benjamin wirf die Frage eher rhetorisch auf, scheint sich aber auf reale Diskussionen zu beziehen.

96 Gerlach: Die Rechtsanwaltschaft, S. 142. Laut Reich wurde bei der Juristenausbildung gelehrt, dass die Anwaltschaft früher oder später verschwinden würde. Reich: Entwicklung der Rechtsanwaltschaft, S. 361.

97 Mollnau führt dies auf den sowjetischen Einfluss Wyschinskys und den Justizbeschluss des Politbüros von 1951 zurück. Mollnau: Normierung, S. 503. Andrei J. Wyschinski (1883–1954), Wyschinski war von 1935 bis 1939 Generalstaatsanwalt der UdSSR. In dieser Eigenschaft vertrat er persönlich in Schauprozessen die Anklage gegen führende Kommunisten. Mit seiner These vom »subjektiven Geständnis« statt eines Erfüllens eines objektiven Straftatbestands rechtfertigte er den Justizmissbrauch für politische Zwecke.

98 Benjamin, Hilde: Fragen der Verteidigung und des Verteidigers. In: NJ 5 (1951) 2, S. 51–54.

99 Busse: Deutsche Anwälte, S. 376; Brand: Rechtsanwalt, S. 32; Otterbeck: Anwaltkollektiv der DDR, S. 64 ff.

100 Mählert: Geschichte der DDR, S. 60 ff. u. 62 ff.; Weber: Die DDR, S. 32 ff. u. 42 ff.

»neuen Organisationsform«[101] der Anwaltschaft gestellt. Im Westen wurde dieses Vorgehen überspitzt und in offenkundiger Analogie zur Entwicklung in der DDR-Landwirtschaft als »Zwang zum Anwaltskollektiv«[102] kritisiert. Der Begriff »Kollektivierung der Anwaltschaft«[103] wird bis heute von vielen Autoren verwendet, eine Minderheit spricht vorsichtiger von »Kollegialisierung«[104] oder »Vergenossenschaftlichung«[105]. Vorgeblich setzte die SED auf freiwillige und spontane Zusammenschlüsse. Die Mehrheit der Anwälte war deutlich gegen eine derartige Neuerung. Daher wurden schließlich administrative Maßnahmen ergriffen.[106] Das Politbüro der SED leitete dem MdJ im März 1953 Eckpunkte für eine Anwaltsverordnung zu und bestätigte den Entwurf von Musterstatuten.[107] Der rechtliche Rahmen lehnte sich stark an das sowjetische Anwaltsrecht an.[108] Wenn meist von »Kollektivierung« und dem sowjetischen Vorbild[109] oder gar »Stalinisierung«[110] die Rede ist, werden jedoch relevante Unterschiede übersehen. Nachdem die entsprechenden Ministerratsbeschlüsse in Kraft getreten waren,[111] sprach das MdJ mit ausgewählten Anwälten, die Initiativkomitees

101 Wolff zitiert hier Hilde Benjamin. Vgl. Wolff, Friedrich: Der Weg zur sozialistischen Rechtsanwaltschaft. In: NJ 13 (1959) 19, S. 682 f. Bruhn: Rechtsanwaltschaft, S. 61 f. Im Rahmen dieser Reform wurden die Länder aufgelöst und durch Bezirksstrukturen mit Bezirks- und Kreisgerichten ersetzt, ein neues Gerichtsverfassungsgesetz und eine neue Strafprozessordnung in Kraft gesetzt. Reich: Entwicklung der Rechtsanwaltschaft, S. 321 f.; Brand: Rechtsanwalt S. 31 f.; Lorenz: Rechtsanwaltschaft, S. 102 ff.; Malycha, Andreas; Winters, Peter: Die SED. München 2009, S. 92 ff.

102 Derart zitierte das MdJ die Kritik aus dem Westen, namentlich die des UfJ. Helm, Rolf: Einjähriges Bestehen der Kollegien der Rechtsanwälte. In: NJ 8 (1954) 11, S. 343 f.

103 Busse: Deutsche Anwälte, S. 377; Gerlach: Die Rechtsanwaltschaft, S. 142; Otterbeck: Anwaltkollektiv der DDR, S. 64. Lorenz setzt den Begriff »Kollektivierung« teilweise distanzierend in Paranthese. Lorenz: Rechtsanwaltschaft, S. 97 ff.

104 Ursprünglich bei Reich: Entwicklung der Rechtsanwaltschaft, S. 316; zustimmend bei Mollnau: Normierung, S. 506.

105 Lorenz: Kollektivierung der Rechtsanwaltschaft, S. 97.

106 Mollnau: Normierung, S. 509; Reich: Entwicklung der Rechtsanwaltschaft, S. 316 ff.; Otterbeck: Anwaltkollektiv der DDR, S. 69; Brand: Rechtsanwalt, S. 33 f. Busse spricht mit Verweis auf zeitgenössische Quellen von heftigem »Widerstand«, was im Sinne eines politologischen Widerstandsbegriffes überhöht ist. Busse: Deutsche Anwälte, S. 377; Fricke: Praxis der Anwaltstätigkeit, S. 474.

107 Busse: Deutsche Anwälte, S. 378; Lorenz: Rechtsanwaltschaft, S. 107 f., Reich: Entwicklung der Rechtsanwaltschaft, S. 323.

108 Übersetzt und dokumentiert bei Bilinsky, Andreas: Die Organisation der sowjetischen Anwaltschaft. Berlin 1959, S. 35 ff.; Bruhn: Rechtsanwaltschaft, S. 21 ff.

109 Gerlach: Die Rechtsanwaltschaft, S. 142; Reich: Entwicklung der Rechtsanwaltschaft, S. 322 f.; Otterbeck: Anwaltkollektiv der DDR, S. 64 f.; Lorenz: Rechtsanwaltschaft, S. 99 ff.

110 Gerlach: Die Rechtsanwaltschaft, S. 142.

111 Verordnung über die Bildung von Kollegien der Rechtsanwälte vom 15. Mai 1953. In: DDR-GBl. (1953) 66, S. 725 (künftig als »VO 1953« bezeichnet); Musterstatut für Kollegien der Rechtsanwälte vom 15. Mai 1953; ebenda, S. 726.

bildeten.[112] »Fortschrittliche Rechtsanwälte«[113] ergriffen im Auftrag der Partei die Initiative. Sukzessive gründeten sich dann in den 14 neu gebildeten Bezirken und in Ostberlin Kollegien der Rechtsanwälte. Diese Neuorganisation der Anwaltschaft war insofern »keine Zwangskollektivierung«[114], als die alten Einzelanwälte nach den bestehenden Regelungen weiter existieren konnten. Immer wieder wurde das Prinzip der »Freiwilligkeit« des Beitritts zum Kollegium hervorgehoben.[115] Allerdings winkten den Kollegiumsanwälten Privilegien, zum Beispiel Steuererleichterungen, Aufträge, Pflichtmandate sowie Beraterverträge von volkseigenen Betrieben und staatlichen Institutionen, von denen die Einzelanwälte rechtlich ferngehalten wurden.[116] Andererseits durften die Einzelanwälte noch als Anwaltsnotare tätig sein, was ihnen eine finanzielle Absicherung brachte. Bei Eintritt in das Kollegium entfiel die Notarzulassung.[117]

Vielen Anwälten widerstrebte es, ihre Selbstständigkeit oder auch das Notariat aufzugeben. Der Aufbau der Kollegien verlief daher schleppend. Von den 840 in der DDR (ohne Berlin) zugelassenen Anwälten traten 1953/54 zunächst nur 143 (17 %) den frisch gegründeten Kollegien bei.[118] Als sich einige Wochen nach dem Tode Stalins der »Neue Kurs« abzeichnete,[119] hofften viele Anwälte auf eine andere Entwicklung. Die Justiz selbst zeigte Unsicherheiten, das Kollegium stand »auf der Kippe«[120]. Doch schon kurz nach dem Volksaufstand vom 17. Juni 1953 orientierte die neu ernannte Justizministerin Hilde Benjamin darauf, die Kollegien zu stärken und zu festigen,[121] und beendete alle Zweifel.

112 Reich: Entwicklung der Rechtsanwaltschaft, S. 323.

113 Wolff, Friedrich: Der Werdegang der sozialistischen Rechtsanwaltschaft in der DDR. In: NJ 33 (1979) 10, S. 433–435.

114 Busse: Deutsche Anwälte, S. 379.

115 Helm, Rolf: Zum einjährigen Bestehen der Kollegien der Rechtsanwälte. In: NJ 8 (1954) 11, S. 343 f.

116 VO 1953, § 3 u. 4; Busse: Deutsche Anwälte, S. 380. Manche Autoren sprechen von »indirekten Zwangsmaßnahmen« bzw. »Druck«. Eisenfeld: Rolle und Stellung, S. 347; Reich: Entwicklung der Rechtsanwaltschaft, S. 324; Otterbeck: Anwaltkollektiv der DDR, S. 70. Wenn insofern eine Analogie zur Zwangskollektivierung in der Landwirtschaft behauptet werden sollte, wäre dies angesichts der brutalen Methoden dort übertrieben. Schöne, Jens: Frühling auf dem Lande? Die Kollektivierung der DDR-Landwirtschaft. Berlin 2005.

117 Reich: Entwicklung der Rechtsanwaltschaft, S. 325; Busse: Deutsche Anwälte, S. 380.

118 Lorenz: Kollektivierung der Rechtsanwaltschaft, S. 417; Busse: Deutsche Anwälte, S. 381. Laut Gerlach waren es 165 Anwälte, möglicherweise unter Einschluss Ostberlins, dann wäre aber die Grundgesamtheit von 850 zu niedrig. Gerlach: Die Rechtsanwaltschaft, S. 142.

119 Der Neue Kurs wurde auf Drängen der Sowjetischen Führung eingeschlagen, um die Folgen des forcierten Aufbaus des Sozialismus zu mildern. Weber: Die DDR, S. 38; Hegedüs, András B. u. a. (Hg.): Satelliten nach Stalins Tod. Der »Neue Kurs«, 17. Juni 1953 in der DDR, Ungarische Revolution 1956. Berlin 2000.

120 Brand: Rechtsanwalt, S. 36; Mollnau: Normierung, S. 509; Reich: Entwicklung der Rechtsanwaltschaft, S. 324.

121 Helm, Rolf: Zum einjährigen Bestehen der Kollegien der Rechtsanwälte. In: NJ 8 (1954) 11, S. 343 f.

Die Kollegien wurden mit massiver staatlicher Hilfe, unter dem prägenden Einfluss von Parteimitgliedern, gegründet. Der Vorstand sollte nach Möglichkeit SED-dominiert, der Vorsitzende Parteimitglied sein.[122] Diese Einflussnahme erwies sich als strukturbestimmend für die weitere Entwicklung der Kollegien, während diese nominell als Selbstverwaltungsorganisationen der Anwaltschaft handelten.

### 3.1.5 Die Gründung des Ostberliner Kollegiums und Reaktionen in Westberlin

Die Gründung des Berliner Kollegiums zeigt, wie sehr die Behauptung, derartige Zusammenschlüsse seien freiwillig erfolgt, propagandistischen Charakter trug. Denn der Staat nahm starken Einfluss. Das Berliner Kollegium gehörte zu den ersten Gründungen zwischen Mai 1953 und Mai 1954.[123] Die Kollegiumsverordnung war trotz des gesonderten Alliiertenstatutes der Stadt rechtzeitig auf Ostberlin ausgedehnt worden. Kurz darauf, am 27. Mai, trat ein »Initiativkomitee« zusammen. Schon am 30. Mai wurde die förmliche Gründung vollzogen. Wie sehr die »neue Organisation« staatlich und parteilich geprägt war, verdeutlicht allein das Vorstandspersonal. Zwei von drei Mitgliedern waren Absolventen von Volksrichterschulen und SED-Mitglieder, die zuvor als Richter bzw. Staatsanwalt eingesetzt waren. Der Karriereverlauf des ersten Vorsitzenden, Ernst Brunner, ließ noch bis zum 23. Mai kaum den Schluss zu, dass dieser eine Anwaltskarriere anstrebte. Der Feinmechaniker, Jahrgang 1919, war Absolvent des ersten Berliner Richterlehrgangs, hatte ein zweijähriges Studium an der Parteihochschule des ZK der SED absolviert, und war dann Vorsitzender eines Strafsenats am Stadtgericht, um nur vier Tage später Vorsitzender des Initiativkomitees zu werden.[124] Die Frage des Vorsitzes wurde offenbar von der SED vorentschieden.[125] Ein gutes Jahr nach Beginn des Intermezzos im Anwaltskollegium wurde Brunner zum stellvertretenden Direktor des Stadtgerichtes Berlin, 1958 dessen Direktor, 1979 wechselte er zum Obersten Gericht.[126] Brunners

122 Busse: Deutsche Anwälte, S. 382. Busse ist durchaus plausibel der Auffassung, dass es der SED recht war, dass zunächst viele Anwälte den Kollegien fern blieben, weil deren Entstehen dadurch stärker beeinflusst werden konnte. Ebenda, S. 379.

123 Lorenz: Rechtsanwaltschaft, S. 130 ff.

124 Lorenz meint, Brunner war dessen Vorsitzender, Wolff beansprucht dieses Amt für sich. Lorenz: Rechtsanwaltschaft, S. 140; Wolff: Ein Leben, S. 109.

125 Wolff schildert, dass er zunächst nach Meinung der Partei nicht für den Vorstand infrage kam, während Brunner gegen seinen Willen Vorsitzender wurde. Wolff: Ein Leben, S. 109.

126 Otterbeck: Anwaltkollektiv der DDR, S. 79, FN 284; Lorenz: Rechtsanwaltschaft S. 140 f.; Rottleuthner: Steuerung der Justiz, S. 539. Im Jahr 1979 wurde Brunner Vorsitzender des 1. Strafsenates am OG.

Karriereverlauf ist geradezu typisch für einen höheren SED-Justizfunktionär der Aufbaugeneration. Sein Nachfolger als Kollegiumsvorsitzender wurde Friedrich Wolff. Wolff war zuvor als Hauptreferent in der Abteilung Justiz des Magistrates tätig, musste dieses Amt aber auf Beschluss der SED-Bezirksleitung aufgeben.[127] Laut einer MfS-Quelle trat er dem Kollegium im Parteiauftrag bei.[128] Wolff selbst spricht von weiteren Alternativen und hebt damit seinen persönlichen Entscheidungsspielraum hervor.

Von den 51 in Ostberlin zugelassenen Rechtsanwälten beteiligten sich nur vier an der Gründung des Kollegiums von »Groß-Berlin«. Nur ein Vorstandsmitglied, Willy Haase, war schon zuvor als Anwalt tätig.[129] Die übrigen der 22[130] bzw. 27[131] Erstmitglieder erhielten ihre Zulassung erst mit der Kollegiumsbildung. Sie verfügten in der Mehrzahl nur über eine verkürzte juristische Ausbildung ohne zweites Staatsexamen.[132] Acht der Gründungsmitglieder gehörten der SED an, 14 waren parteilos.

Wie sehr die Geschehnisse »von außen gesteuert«[133] waren, zeigt die staatliche Starthilfe. Der Magistrat von Berlin stellte dem Kollegium nicht nur einen Kredit zur Verfügung, sondern übergab ihm auch die Büros und das Inventar der in Westberlin wohnenden Anwälte, die durch die restriktive Verordnung vom April 1953 ihre Zulassung in Ostberlin verloren hatten. Das Personal und die Mandate wurden teilweise übernommen.[134] Weitere Zulassungen für die zunächst acht Zweigstellen wurden vom Justizministerium zunächst nicht befürwortet, obwohl es Interessenten gab. Das Kollegium sollte sich zunächst wirtschaftlich konsolidieren.[135] Es wirkt wie ein Omen, dass sich die finanzielle Lage der Kollegienanwälte erst mit der Übernahme von Pflichtmandaten für Angeklagte des Volksaufstandes vom 17. Juni entscheidend verbesserte.[136] Ohne den Alliiertenstatus von Berlin zu beachten, wurde festgelegt, dass auch das Berliner Kol-

127 Wolf beschreibt, dass man ihm die Wahl zwischen einer Wissenschafts- und Anwaltstätigkeit gelassen hätte und er sich für den Anwaltsberuf entschieden hätte. Wolff: Ein Leben, S. 109.

128 HV A/Ib, Auskunft, 23.11.1958; BStU, MfS, AIM 1056/61, Bl. 28–30.

129 Wolff: Ein Leben, S. 109 f.

130 Busse: Deutsche Anwälte, S. 381.

131 Hilde Benjamin in einem Bericht vom 11.8.1953. Zit. nach: Lorenz: Rechtsanwaltschaft, S. 138 f.; Otterbeck: Anwaltkollektiv der DDR, S. 79.

132 In Juristenkreisen wurde dieses das »Slansky-Examen« genannt, weil das zweite Examen durch einen politischen Aufsatz über den Prager Schauprozess gegen Slansky ersetzt worden war. Busse: Deutsche Anwälte, S. 381 unter Bezug auf Friedrich Wolff.

133 Lorenz: Rechtsanwaltschaft, S. 141.

134 Ebenda, S. 138 u. 141 f.; Busse: Deutsche Anwälte, S. 371; Otterbeck: Anwaltkollektiv der DDR, S. 78 f.; Brand: Rechtsanwalt, S. 34.

135 Lorenz: Rechtsanwaltschaft, S. 139.

136 Ebenda, S. 142. Die Verfahren nach dem 17. Juni unterlagen einer besonderen justizpolitischen Anleitung. Werkentin, Falco: Strafjustiz in der DDR. In: Rottleuthner, Hubert (Hg.): Steuerung der Justiz in der DDR. Köln 1994, S. 93–133, hier 108 ff.

legium dem Ministerium der Justiz der DDR »untersteht«[137]. Berliner Kollegiumsanwälte erhielten wie andere DDR-Anwälte vor sämtlichen DDR-Gerichten und dem Obersten Gericht der DDR Vertretungsbefugnis. Wie sehr das Kollegium von Anfang an als justizpolitisches Steuerungsinstrument gedacht war, zeigt ein Vorstandsbeschluss von 1953. Danach sollte der Vorstand vorübergehend dafür Sorge tragen, dass das Auftreten von Pflichtanwälten vor den Gerichten der DDR »in jeder Weise einwandfrei ist und zu keinerlei Beanstandungen Anlass gibt«.[138] Demnach sollte das Kollegium nicht nur auf das Verhalten, sondern auch auf die Auswahl der Pflichtanwälte einwirken.

### *Das Westberliner Ehrengerichtsverfahren zum Ostberliner Kollegium*

Ein zeittypisches Ereignis während des Kalten Krieges war das Verfahren um die Westberliner Zulassung des Ostberliner Anwalts Clemens de Maizière, dem Vater des letzten DDR-Ministerpräsidenten.[139] Das Kollegium stand nicht nur ideologisch auf dem Prüfstand, sondern erstmals urteilten Westberliner Juristen über diese Organisationsform. Das Verfahren hatte eine damals unbeabsichtigte Langzeitwirkung, die bis in die heutige Wahrnehmung des Kollegiums reicht.

Clemens de Maizière erhielt 1954 eine Zulassung als Anwalt in Westberlin und trat 1955 zusätzlich dem Ostberliner Kollegium bei. Die Generalstaatsanwaltschaft beim Westberliner Kammergericht war der Auffassung, dass die Mitgliedschaft im Ostberliner Kollegium eines Westberliner Anwaltes unwürdig sei. Er wäre auch nicht mehr in einem freien Beruf tätig. Die Generalstaatsanwaltschaft betrieb daraufhin den Ausschluss von de Maizière.[140] Sowohl das Ehrengericht der Rechtsanwaltskammer, als auch der für Standesfragen zuständige Senat des Kammergerichts[141] wiesen diesen Antrag zurück. Die Freiheit des Kollegiumsanwaltes sei zwar eingeschränkt aber nicht soweit, dass »ein Vertragsverhältnis zu dem einzelnen Klienten des Anwalts nicht mehr eintrete [… und] dieser nur als eine Art Sachverwalter im Auftrage des Kollegiums tätig werden kann«.[142] Nach Ansicht des Gerichtes waren also die freie Anwaltswahl und die

137 MdJ, Protokoll, 4.9.1953; zit. nach: Lorenz: Rechtsanwaltschaft, S. 142.

138 RAK Berlin, Beschluss des Vorstandes, 9.11.1953; zit. nach: ebenda, S. 144.

139 Zur Person von Clemens de Maizière vgl. Abschnitt operative Einflüsse des MfS.

140 Busse: Deutsche Anwälte, S. 442, 372; Otterbeck: Anwaltkollektiv der DDR, S. 111; Anfang der 1950er-Jahre gab es einen ähnlichen Versuch gegen den Ostberliner Einzelanwalt Friedrich Karl Kaul, der erfolglos blieb. Rosskopf: Friedrich Karl Kaul, S. 51 ff.

141 Brand: Rechtsanwalt, S. 29.

142 Ehrengericht der Rechtsanwaltskammer Berlin, Urteil, 15.12 1955; BStU, MfS, HA IX Nr. 13114, Bl. 105–114, hier 110.

eigenverantwortliche Mandatsausübung im Rahmen des Kollegiums grundsätzlich gewährleistet.[143]

Eine wichtige Rolle in dem mehrstufigen Ehrengerichtsverfahren spielte die Stellungnahme eines Ostberliner Anwaltes.[144] Dieser stellte den Beruf des Kollegiumsanwaltes als eine »auf selbstständiger geistiger Arbeit beruhende freiberufliche Tätigkeit in einer neuen Form der Organisation«[145] dar. Nach Eindruck des Ministeriums der Justiz in Ostberlin hatte das Gericht »den eidlichen Aussagen des sachverständigen Zeugen [...] Glauben geschenkt«[146]. Das Kollegium hatte Rechtsschutz gewährt.[147] Das MdJ selbst wollte über den Rechtsanwalt Friedrich Karl Kaul Einfluss auf den Verfahrensablauf nehmen.[148] Maßgebliche Ostberliner Anwälte versuchten Hand in Hand mit der staatlichen Justiz nicht nur ihre anwaltlichen Rechte in Westberlin durchzusetzen. Sie sollten offenbar in den ideologischen Auseinandersetzungen des Kalten Kriegs einen Prestigegewinn für ihre Alternative zur »bürgerlichen Anwaltschaft« erzielen. Das Kollegium wurde als die Voraussetzung für die »Verbesserung« der individuellen Tätigkeit des Anwaltes dargestellt und nicht zuletzt die bessere soziale Absicherung gegenüber der hergebrachten Form der Anwaltsorganisation hervorgehoben.[149] Zunächst schien das Ehrengerichtsverfahren die Entwicklung der Kollegien zu bedrohen. Ostberliner Anwälte befürchteten, ein Beitritt könnte ihre vergleichsweise lukrative Westzulassung gefährden.[150] Das Verfahrensergebnis führte zu dem erhofften Imagegewinn. Das »Selbstwertgefühl«[151] der Kollegiumsanwälte stieg. In der DDR-Fachzeitschrift Neue Justiz wurde das Westberliner Ehrengerichtsurteil wohlwollend ausgebreitet[152]. Es wird bis heute von ehemaligen DDR-Anwälten wie ein Gütesiegel für ihre vormalige Anwaltsorganisation zitiert.[153]

Die Westberliner Richter hatten auf wesentliche Merkmale des Kollegiumsanwaltes hingewiesen, die dem Bild vom vollkollektivierten Anwaltsfunktionär

143 Busse: Deutsche Anwälte, S. 442, 372; Otterbeck: Anwaltkollektiv der DDR, S. 111.

144 Wolff: Verlorene Prozesse, S. 118.

145 Die Stellungnahme von Rechtsanwalt Bernhardt Strodt wurde in den ausgewerteten Unterlagen nicht gefunden. Der Gutachter äußerte sich aber in der NJ. Strodt, Bernhard: Zu einem Urteil des Ehrengerichts der Rechtsanwaltskammer Berlin. In: NJ 10 (1956) 7, S. 213.

146 MdJ, Aktennotiz über die Berufungsverhandlung de Maizière, 27.9.1956; BArch, DP1, 20509.

147 Schumann, Andreas: Familie de Maizière. Zürich 2014, S. 132.

148 MdJ, Ehrengerichtsverfahren gegen RA de Maizière, 20.3.1956; BArch, DP1, 20509.

149 Strodt, Bernhard: Zu einem Urteil des Ehrengerichts der Rechtsanwaltskammer Berlin. In: NJ 10 (1956) 7, S. 213.

150 RAK Berlin, Brief an MdJ, 16.10.1956, S. 2; BArch, DP 1, 20509.

151 Wolff: Verlorene Prozesse, S. 117.

152 Strodt, Bernhard: Zu einem Urteil des Ehrengerichts der Rechtsanwaltskammer Berlin. In: NJ 10 (1956) 7, S. 213.

153 Wolff: Verlorene Prozesse, S. 117 f.

entgegenstanden. Indirekt taten sie den Ostberliner und DDR-Anwälten einen großen Gefallen. Jeder wusste nunmehr, dass der Prestigegewinn für die DDR und ihr Rechtssystem gefährdet waren, wenn die Freiheiten um das Mandat substanziell und sichtbar eingeschränkt würden. Dies dürfte einer der Gründe dafür gewesen sein, dass bis zum Ende der DDR ein grundsätzlicher Eingriff in das Mandatsverhältnis unterblieb. Überlegungen, auf die Handakten und damit auf das Mandatsverhältnis durchzugreifen und die Anwaltschaft stärker zu kontrollieren, gab es im MdJ indes immer wieder.[154] Manche aktuellen Anwaltsdarstellungen knüpfen in ihrer Beurteilung an den Richterspruch von 1956 an.[155] Hierbei wird übersehen, wie sehr die Selbstdarstellung der Ostberliner Anwälte vor dem Westberliner Ehrengericht interessengeleitet war. Sie bildete eher die Rechtslage und weniger die Realität ab.[156] Letztere war seit der Gründung der Kollegien von staatlichen und parteilichen Eingriffen in die Kollegiumsaktivitäten geprägt. Es ist daher unzulässig, das damalige Urteil zu übernehmen, ohne mithilfe der heutigen Aktenzugänge einen genaueren Blick auf die wirklichen Verhältnisse der Kollegiumsanwälte zu nehmen.

### 3.1.6 Justizpolitische Schwankungen und Anwaltsverfolgung in den 1950er-Jahren

Die Entwicklung seit Gründung der Kollegien war insbesondere in den 1950er-Jahren durch ein widersprüchliches Hin und Her von Impulsen zur »Entstalinisierung« und »Restalinisierung«[157] in der Justizpolitik geprägt. Lockerungen hatten nicht zu unterschätzende Auswirkungen auf den Alltag der Anwälte im Kollegium wie im Gerichtssaal. Andererseits wird zu Recht darauf verwiesen, dass die damalige negative Sicht auf die Anwälte dauerhaft »Weichen für eine restriktive anwaltsrechtliche Gesetzgebung«[158] stellte. Damit wurden allen Schwankungen zum Trotz während der Zeit des Stalinismus die Strukturen angelegt, die bis zum Ende der Honecker-Ära weiterwirkten. Von daher ist es

154 Zur Zeit des Rechtspflegeerlasses von 1963 gab es entsprechende Bestrebungen der Justizministerin Hilde Benjamin. Friedrich Karl Kaul hielt dem ZK-Apparat entgegen, dass dann die Westzulassungen gefährdet seien. Die SED hielt das MdJ daraufhin vom unmittelbaren Staatseingriff in das Mandatsverhältnis ab. Mollnau: Normierung, S. 520; Busse: Deutsche Anwälte, S. 442, 412 u. 445; Otterbeck: Anwaltkollektiv der DDR, S. 104; Brand: Rechtsanwalt, S. 38.

155 Busse: Deutsche Anwälte, S. 442. Lorenz betont die »Freiräume«, auch wenn es keine freie Advokatur im »klassischen Sinne« gegeben hätte. Lorenz: Rechtsanwaltschaft, S. 282 f.

156 Clemens de Maizière, Aktennotiz, o. D. (vermutl. September 1956); BStU, MfS, HA IX Nr. 13114, Bl. 51 f.

157 Die DDR. Eine Geschichte des »Arbeiter und Bauernstaates«. Berlin 2014; Werkentin: Politische Strafjustiz, S. 328.

158 Mollnau: Normierung, S. 497.

grundsätzlich problematisch, von »Liberalisierungs«-Tendenzen oder -phasen[159] zu sprechen, selbst wenn die Exponenten derartiger Tendenzen von ihren zeitgenössischen Gegnern des »Liberalismus« bezichtigt wurden.

Insbesondere nach dem XX. Parteitag der KPdSU von 1956 und im Umfeld des XXII. Parteitages 1961 keimten Diskussionen auf, von denen sich Anwaltsfunktionäre wie Friedrich Wolff eine deutliche Weitung anwaltlicher Spielräume erhofften.[160] Parteichef Ulbricht wusste aber insbesondere den Ungarn-Aufstand von 1956 zu nutzen, um seine Vorherrschaft gegenüber innerparteilichen Kritikern durchzusetzen, die ihm hätten gefährlich werden können.[161] Diese Auseinandersetzungen wurden auch bzw. gerade auf justizpolitischem Feld ausgetragen. Höhepunkt der Degradierung justizfachlicher Diskussionen war die Konferenz von Babelsberg in der Verwaltungshochschule. Dort machte Ulbricht vor Justizfunktionären drastisch deutlich, dass die Partei und keineswegs die Fachleute in justizpolitischen, ja sogar justizwissenschaftlichen Fragen das Sagen hätten.[162] Das äußerst restriktive justizpolitische Klima jener Jahre hinterließ tiefe Spuren auch hinsichtlich der Arbeitsbedingungen der Anwaltschaft.

Im Umfeld des V. Parteitages der SED von 1958[163] sollten die »Genossen Rechtsanwälte« prüfen, inwieweit der Parteiauftrag, »Keimformen einer sozialistischen Rechtsanwaltschaft aufzubauen«[164], umgesetzt sei. Auf einer Parteiversammlung des Berliner Kollegiums wurde auf Initiative der Justizministerin, Hilde Benjamin, beschlossen, von nun an diesem neuen Leitbild zu folgen.[165] Der »Typ eines neuen sozialistischen Rechtsanwalts« sollte herausgebildet werden, der intensiver im Kollektiv arbeiten und als »Helfer der Rechtsprechung, Miterbauer des Sozialismus«[166] auftreten sollte. Die Vorstände und besonders die Vorsitzenden sollten gestärkt werden und im Rahmen von Schulungen und

159 Für die 1980er-Jahre Markovitz: Lüritz, S. 171.

160 Helm, Rolf: Fragen der Entwicklung einer sozialistischen Rechtsanwaltschaft. In: NJ 12 (1958) 9, S. 293–301, hier 298 f.; Mollnau: Normierung, S. 511 f.

161 Malycha; Winters: Die SED, S. 139 ff.

162 Heuer: Rechtsordnung, S. 54 ff.

163 Mit dem V. SED-Parteitag 1958 gelang es Walter Ulbricht, seine Position gegen Parteikritiker zu festigen, wodurch eine dogmatische Richtung befördert wurde. Malycha; Winters: Die SED, 146 f.

164 Helm, Rolf: Fragen der Entwicklung einer sozialistischen Rechtsanwaltschaft. NJ 12 (1958) 9, S. 293–301, hier 299.

165 Hilde Benjamin hat auf der Parteiversammlung der Berliner Anwaltschaft 1958 die Forderung erhoben, den Typ des »sozialistischen Rechtsanwaltes« zu schaffen. Wolff, Friedrich: Der Weg zur sozialistischen Rechtanwaltschaft. In: NJ 13 (1959) 19, S. 683 f., hier 684; Reich: Entwicklung der Rechtsanwaltschaft, S. 331 f.; Lorenz: Rechtsanwaltschaft, S. 220 ff. u. 241 ff.; Otterbeck: Anwaltskollektiv der DDR, S. 92 f.; Brand: Rechtsanwalt, S.41 f.; Mollnau: Normierung, S. 316 ff.

166 Helm, Rolf: Fragen der Entwicklung einer sozialistischen Rechtsanwaltschaft. In: NJ 12 (1958) 9, S. 293–301, hier 301.

Aussprachen sowie bei Neuaufnahmen stärker auf die ideologische Ausrichtung der Kollegien achten.[167] Dies war kein reines Wortgefecht. Die Anwaltschaft wurde in der Folge verstärkt der »Anleitung und Kontrolle«[168] des MdJ unterworfen. Dazu diente eine Verschärfung des Anwaltsrechts.[169] Maßgebliche SED-Funktionäre forderten, die »Rudimente der bürgerlichen Advokatur endgültig zu überwinden und [...] noch bestehende bürgerliche Theorien auszumerzen«.[170] Zeittypisch reagierten Anwaltsfunktionäre mit dem öffentlichen Bekenntnis, die »sozialistische Bewusstseinsbildung zu fördern und die sozialistische Gesetzlichkeit zu festigen«.[171] Und sie gelobten eine »klare parteiliche Rechtsberatung, einwandfreies und prinzipienfestes Auftreten vor dem Gericht«.[172] Dies waren keineswegs Phrasen, sondern Erwartungen, die zunehmend ausdifferenziert wurden und letztlich in die Maßstäbe der Berufspflichten einflossen.

### *Beispiele von Anwaltsverfolgungen in den 1950er-Jahren*

In ideologisch besonders aufgeheizten Phasen in den 1950er-Jahren wurden Anwälte diszipliniert und strafrechtlich verfolgt.[173] Zwei Prozesskomplexe sollen die höchst unterschiedlichen und wechselhaften Bedingungen, denen die Anwälte in diesen Jahren ausgesetzt waren, illustrieren: Der Janka-Harich-Prozess und der Prozess gegen den Anwalt Herbert Schmidt aus Gera.

167 Bruhn: Rechtsanwaltschaft, S. 54 f.

168 Helm, Rolf: Fragen der Entwicklung einer sozialistischen Rechtsanwaltschaft. In: NJ 12 (1958) 9, S. 293–301, hier 298 u. 301.

169 Verordnung zur Änderung des Musterstatuts für die Kollegien der Rechtsanwälte vom 22. März 1958. DDR-GBl. Teil I (1958) 24, S. 311 (künftig als »VO 1958« bezeichnet); Gerlach: Die Rechtsanwaltschaft, S. 143; Reich: Entwicklung der Rechtsanwaltschaft, S. 332 f.

170 Streit, Joseph: Zur Vorbereitung einer zentralen Konferenz der Justizfunktionäre. In: NJ 14 (1960) 3, S. 73–75, hier 75.

171 Schulz, Albert-Friedrich: Einige Aufgaben der Rechtsanwaltschaft bei der sozialistischen Umgestaltung. In: NJ 14 (1960) 4, S. 122 f., hier 123.

172 Schulz, Albert-Friedrich: Für einen neuen Arbeitsstil in der Rechtsanwaltschaft. In: NJ 14 (1960) 3, S. 89 f., hier 89. Auch in einer Versammlung der Kollegiumsvorsitzenden wurde eine stärkere ideologische Ausrichtung besprochen. Reich folgt zu stark der heutigen Sicht von damals Beteiligten, wenn er meint, dass diese nur »das Schlimmste verhindern« wollten. Reich: Entwicklung der Rechtsanwaltschaft, S. 334.

173 Lorenz: Rechtsanwaltschaft, S. 271 ff.; Fricke: Praxis der Anwaltstätigkeit, S. 473.

## *Der Fall Herbert Schmidt*

Rechtsanwalt Schmidt wurde 1955 wegen des Vorwurfes der Boykotthetze und der Anstiftung zum Verlassen der DDR zu acht Jahren Haft verurteilt. Ihm wurde vorgeworfen, als Verteidiger die schriftliche Aussage eines Zeugen vorgelegt zu haben, der in den Westen geflohen war. Darin hatte der Zeuge seine belastende Aussage zurückgenommen und dargelegt, dass er vom MfS zu seiner Aussage erpresst worden war. Dass der Anwalt Kontakt zu einem Flüchtling und das Gericht mit diesem Beleg überrascht hatte, waren offenbar Anlässe, die Angelegenheit der Staatssicherheit zu übergeben, die den Anwalt daraufhin verfolgte. Das MfS warf Schmidt vor, »die Notwendigkeit politischer Prozesse«[174] nicht zu erkennen. Die Vorwürfe gegen ihn waren nicht nur von der Faktenlage, sondern auch juristisch konstruiert.[175] Im Zuge des kurzen »Tauwetters« nach dem Entstalinisierungsparteitag der KPdSU von 1956 kassierte das Oberste Gericht (OG) das Urteil. Verunsicherte Justizfunktionäre des Bezirksgerichtes Leipzig erkannten nun auf Freispruch mangels Beweisen.[176] Daraufhin griff die SED ein. Die Partei hatte nach dem Ungarnaufstand wiederum einen Linienschwenk vorgenommen.[177] Nunmehr wurde der »Liberalismus«[178] des OG kritisiert. Schmidt wurde 1958 erneut zu fünf Jahren Haft verurteilt, konnte sich aber der Strafverfolgung durch Flucht in den Westen entziehen.[179] Das Urteil in Abwesenheit entsprach dem, was die Justizministerin, Hilde Benjamin, im Vorfeld an das Politbüro berichtet hatte.[180] Der Anwalt Herbert Schmidt war keineswegs ein »geborener« Staatsfeind, sondern SED-Mitglied, sogar Vorsitzender des Erfurter Kollegiums.[181] Als Anwaltsfunktionär hatte er in die Bundesrepublik reisen und in der Neuen Justiz über seine Erlebnisse berichten dürfen.[182] Schmidt wurde Opfer einer Justiz die schwankte, sich von der stalinistischen Justiz abzusetzen oder diese zum Vorbild nehmen zu wollen.

174 Zit. nach: Bästlein: Fall Mielke, S. 193.

175 Der erste Vorwurf wegen Begünstigung im Amt war auf einen Anwalt nicht anwendbar. Der Tatbestand der »Boykotthetze« deckte, so unspezifisch er war, den Vorwurf einer Anstiftung zum Passvergehen, zum unerlaubtem Grenzübertritt gem. § 8 Paß-Gesetz, nicht ab. Als Vorwand für die Verurteilung dienten angebliche Äußerungen des Anwaltes gegenüber Mithäftlingen über Gefangenenmisshandlungen. Werkentin: Politische Strafjustiz, S. 336 ff.

176 Ebenda, S. 340.

177 Werkentin: Politische Strafjustiz, S. 336.

178 Zit. nach: Bästlein: Fall Mielke, S. 197.

179 Ebenda, S. 192 f.

180 Werkentin: Politische Strafjustiz, S. 345.

181 Bästlein: Fall Mielke, S. 193.

182 Werkentin: Politische Strafjustiz, S. 336 f.

*Die Janka-Harich-Verfahren*

Die Janka-Harich-Verfahren 1956/1957 zeigen, wie unterschiedlich die Rollen von Verteidigern und die staatliche Reaktion in ein und demselben Verfahrenskomplex sein konnten. Der Philosoph und Lektor des Aufbau-Verlags, Wolfgang Harich, war wegen eines Hochverrat-Vorwurfes verhaftet worden, da er mit anderen in der Tauwetterperiode darüber diskutiert hatte, SED-Parteichef Walter Ulbricht abzulösen.[183] Der Verlagsleiter, Walter Janka, und andere sollten in einem weiteren Schauprozess wegen Teilnahme an dieser Verschwörung verurteilt werden. Der Wahlverteidiger von Harich, Max Masius, musste in den Westen fliehen, um nicht selbst verfolgt zu werden. [184] Friedrich Wolff, der Verteidiger von Walter Janka, konnte dagegen unangefochten auf Freispruch plädieren.

Ausgangspunkt waren Aktivitäten des MfS, Max Masius' »Mitwirken an dem Prozess gegen Harich unmöglich zu machen«.[185] Harich war in der Haft vom MfS dazu gebracht worden, auszusagen und seine Schuld einzugestehen. Er sollte in den Schauprozessen einerseits als Angeklagter und andererseits als Kronzeuge agieren.[186] Ein offensiver Verteidiger hätte diesen Propagandaplan der DDR-Justiz gefährden können. Rechtsanwalt Masius galt als engagierter Anwalt. Er hatte zu NS-Zeiten selbst vor dem Volksgerichtshof Courage bewiesen.[187] Im Jahr 1945 war er der KPD beigetreten, galt der SED aber wegen seiner Westkontakte inzwischen als unzuverlässig. Harich erinnerte sich, dass das Mandat für Masius nur von kurzer Dauer war: »Gleich nachdem ich ihm [...] Vollmacht erteilt hatte, hieß es, er hätte sich ›krumme Dinger‹ zuschulden kommen lassen und sei daher nicht mehr zugelassen.«[188] Der Anwalt floh in den Westen. Die kompromittierenden Aussagen gegen Masius hatte sich das MfS zum Teil über den Anwalt Wolfgang Vogel besorgt, der mit Masius zusammen in einem Sabotageverfahren tätig war. Vogel soll laut MfS-Protokoll »über alle negative[n] Punkte des Masius«[189] berichtet haben. Auch das Berliner Rechtsanwaltskollegium war an der Verfolgung von Masius beteiligt. Die Kompromate zielten offenbar darauf ab,

183 Bästlein: Fall Mielke, S. 128 ff.

184 Booß, Christian: Der Schattenmann. Der frühe Wolfgang Vogel. In: HuG 20 (2011) 71, S. 60–65, hier 62 ff.

185 HA V/5, TB mit GM »Georg«, 25.1.1957; BStU, MfS, AIM 2088/57, T. A. (Teil Arbeitsvorgang/Arbeitsakte eines IM; zeitweilige, frühe Kennzeichnung des MfS, daher künftig vereinheitlichend mit Teil II – T. II – bezeichnet), Bd. 2, Bl. 54–57, hier 54.

186 Sieber, Sven: Walter Janka und Wolfgang Harich. Zwei DDR-Intellektuelle im Konflikt mit der Macht. Berlin 2008, S. 110 ff.; Bästlein: Fall Mielke, S. 131 f.

187 Pohl, Dieter: Justiz in Brandenburg 1945–1955. Gleichschaltung und Anpassung. München 2001, S. 146.

188 Harich, Wolfgang: Keine Schwierigkeiten mit der Wahrheit. Berlin 1993, S. 87.

189 Dass Vogel über die Hintergründe seiner Aussagen voll im Bilde war, ist damit nicht gesagt. HA V/5, TB mit GM »Georg«, 25.1.1957; BStU, MfS, AIM 2088/57, T. II, Bd. 2, Bl. 54–57, hier 54.

gegen Masius ein Disziplinarverfahren wegen angeblicher Abrechnungsunregelmäßigkeiten durchzuführen.[190] Für die Einleitung dieses Verfahrens war maßgeblich der RAK-Vorsitzende Friedrich Wolff verantwortlich.[191] Eine Kopie des Disziplinarvorganges befindet sich bezeichnenderweise in der Ermittlungsakte des MfS zum Janka-Harich-Verfahren.

Nach der Flucht von Masius lief der Prozess laut Harichs späterer Erinnerung erwartungsgemäß: »Die Staatsanwaltschaft drängte mich, einen anderen Verteidiger [...] zu akzeptieren.«[192] Dieser hätte im Prozess ohne Aktenkenntnis »still« vor ihm gesessen und am Ende lediglich für eine »gerechte Strafe« plädiert. Harich gestand, und wiederholte sein Geständnis als Zeuge im anschließenden Janka-Verfahren.[193]

Walter Janka sah sich, im Gegensatz zu Harich, als nicht schuldig an. Sein Versuch, Friedrich Karl Kaul, den Anwalt seiner Wahl, zu gewinnen, war zunächst gescheitert.[194] Für das Gerichtsverfahren bekam Janka dann Friedrich Wolff, der zuvor an der Disziplinierung von Masius mitgewirkt hatte. Janka erwartete von seinem Anwalt eine entlastende Prozessstrategie.[195] Wolff folgte seinem Mandanten, bezweifelte im Plädoyer, dass die Aussage von Harich »wahr« sei und forderte Freispruch.[196] »Das war Haltung«,[197] erinnerte sich Walter Janka später.

Welche Konstellation Wolff dieses Plädoyer ermöglichte, ist bis heute nicht nachvollziehbar.[198] Das Hauptverfahren war als Schauprozess inszeniert, in dem den Parteiintellektuellen kurz nach dem Ungarnaufstand demonstriert werden sollte, dass ein Aufbegehren gegen den SED-Vorsitzenden Walter Ulbricht zwecklos sei.[199] Entsprechend waren prominente Zeugen aufgeboten, im Publikum demonstrativ prominente Künstler und Schriftsteller wie Helene Weigel, Anna Seghers und Willy Bredel platziert worden.[200] Diese waren keineswegs von der Schuld Walter Jankas überzeugt und hatten offenbar nicht mit einem harten Urteil gerechnet.[201] Möglicherweise war das Freispruchplädoyer Ausdruck von solchen Widersprüchen innerhalb der Partei oder die Partei ließ Friedrich Wolff eine

190 Ebenda.

191 Friedrich Wolff, Schreiben an Max Masius, 21.2.1957; BStU, MfS, AU 89/57, Bd. 78.

192 Harich: Keine Schwierigkeiten, S. 88.

193 Ebenda.

194 Als Janka noch vor der Verhaftung Kaul kontaktierte, war dort HVA-Chef Markus Wolf zu Besuch, Kaul lehnte das Mandat ab. Bästlein: Fall Mielke, S. 135 f.

195 Loest, Erich: Prozesskosten. Bericht. Göttingen 2007, S. 121; Bästlein: Fall Mielke, S. 138.

196 OG, Protokoll der Hauptverhandlung, 23.7.1957; BStU, MfS, AU 89/57, Bd. 72, Bl. 55–130, hier 125.

197 Janka, Walter: Schwierigkeiten mit der Wahrheit. Reinbek 1990, S. 104.

198 Wolff: Verlorene Prozesse, S. 59 ff.

199 Fricke: Politik und Justiz, S. 352 ff.

200 Teilnehmerliste, 22.7.1957; BStU, MfS, AU 89/57, Bd. 2, Bl. 299–301.

201 Dies bezeugen Berichte von Klaus Gysi, dem Vater von Gregor Gysi, der für das MfS vom Prozess berichtete. HA V/1/II, TB mit GI »Kurt«, 27.7.1957; BStU, MfS, AIM 3803/65, T. II, Bd. 2, Bl. 138 f.

gewisse Freiheit, um dem Prozess vor den kritischen Parteiintellektuellen einen wenigstens verfahrensmäßig korrekten Anschein zu geben. Die Beweislage im Sinne der Anklage war durch das Harich-Geständnis hinreichend »gesichert«. Einen Beleg für eine abgestimmte Verhandlungsstrategie fand sich in den gesichteten Akten jedoch bislang nicht. Auf die Karriere von Wolff scheint sich sein Verhalten im Fall Janka aber nicht grundsätzlich negativ ausgewirkt zu haben. Das Freispruchplädoyer von Friedrich Wolff gilt bis heute als Mythos für ein mutiges Verteidigerplädoyer unter DDR-Bedingungen.[202] Angesichts des Schicksals von Max Masius ist allerdings offen, ob dieses Plädoyer nicht doch besser in die wechselhafte Strategie der SED-Justizpolitik der 1950er-Jahre passte, als bislang angenommen.

Angestoßen durch den XX. und den XXII. Parteitag der KPdSU kam es in der DDR zu widersprüchlichen Entstalinisierungsimpulsen,[203] die sich auch auf die Justiz auswirkten und bei verschiedenen Juristen Hoffnungen auslösten. Die ersten Diskussionen über eine mögliche Wiederbelebung der Verwaltungsgerichtsbarkeit und der strafprozessualen Rechte, waren angesichts der Entwicklung in Ungarn zeittypisch schroff als »Erscheinungsformen des Liberalismus und Revisionismus«[204] zurückgewiesen worden. Anfang der 1960er-Jahre drängte jedoch der Staatsrat der DDR unter Walter Ulbricht selbst den Einfluss des Justizministeriums zurück.[205] Die Rechtspflegeerlasse des Staatsrats von 1961 und 1963 leiteten eine Phase der stärkeren Anerkennung der einzelnen Justizorgane ein. Entgegen dem vom harten justizpolitischen Kurs in den 1950er-Jahren geprägten Image, hörte Ulbricht in den 1960er-Jahren offenbar auch justizfachlichen Rat an. So äußerte sich Justizminister Kurt Wünsche Ende der 1960er-Jahre einem IM-Bericht zufolge respektvoll über den Parteichef. Ulbricht wolle »nicht, daß man Luft um ihn macht, hat f[ür] jeden offenes Ohr, hat sich auch seine [Wünsches] Meinung angehört u[nd] geduldet. Es wird schlimm, wenn U[lbricht] stirbt, wer wird Autorität ersetzen.«[206] Die Rechtspflegeerlasse erweiterten direkt und indirekt auch die Rechte der Anwaltschaft. In den Diskussionen soll sogar MfS-Chef Erich Mielke dafür plädiert haben, die bisherige Kontrolle und Aufsicht durch das MdJ in der bisherigen Form zu lockern und statt ihrer anwaltliche Selbstverwaltungsorgane zu schaffen.[207] Auch

202 Zit. nach: König, Jens: Gregor Gysi, S. 168 f.

203 Auf diesen Parteitagen der KPdSU wurde vorsichtige Kritik an den Herrschaftspraktiken des Stalinismus geübt, was zu Hoffnungen aber auch zu Gegenreaktionen in der DDR führte. Malycha; Winters: Die SED, S. 126 ff.

204 Helm, Rolf: Fragen der Entwicklung einer sozialistischen Rechtsanwaltschaft. In: NJ 12 (1958) 9, S. 293–301, hier 298 f.

205 Raschka: Justizpolitik, S. 40 ff.; Rottleuthner: Steuerung der Justiz, S. 26; Künzel: Justizsteuerung, S. 212 ff.

206 Notiz, o. D. (vermutl. 1968); BStU, MfS, AIM 26904/91, Beifügung 3, Bl. 113 f.

207 Mollnau zitiert aus dem Sitzungsvermerk des MdJ für die Ministerin Hilde Benjamin. Mollnau: Normierung, S. 517 f.

die Anwälte selbst konnten sich äußern.[208] Sie forderten mehr »Selbstständigkeit [... und] Unabhängigkeit von den Weisungen des MdJ [... und die] Verstärkung ihrer Rechte im Strafprozess«[209]. Das ging offenbar unteren Rängen im MfS zu weit. Sie führten Anfang der 1960er-Jahre mit einem IM des Berliner Kollegiums »ständig politische Diskussionen [...], um zu verhindern, dass verschiedene Aufweichungserscheinungen unter den R[echtsanwälten ...] auf ihn übergreifen«.[210]

So weitgehend, wie von Anwälten erhofft, fielen die Zugeständnisse letztlich nicht aus. Im Rechtspflegeerlass von 1963 wurde der Begriff »Organ der Rechtspflege« vermieden und die Kollegien stattdessen als »gesellschaftliche Einrichtung der sozialistischen Rechtspflege«[211] bezeichnet. Diese Änderung wird meist als unwichtig abgetan, der Rechtspflegeerlass sogar als negative Entwicklung dargestellt.[212] Anwaltsfunktionäre sahen dagegen eine »bedeutende Auswirkung«[213] auf die Anwaltschaft, einem Urteil, dem sich mehrere Autoren heute tendenziell anschließen.[214] Eine eindeutige Lockerungstendenz ist in der Tat nicht auszumachen. Schon 1964 versuchte die halb entmachtete Justizministerin die Anwälte noch stärker, bis in das Mandat hinein, zu kontrollieren.[215] Letztlich wurde dieses Ansinnen vom ZK der SED jedoch unterbunden, nachdem prominente Anwälte dort vorstellig wurden.[216] Es ist nicht einfach zu entscheiden, ob es sich bei den unterschiedlichen Definitionen der Anwaltschaft und der Anwaltsrechte um bloße Phrasen[217] oder um echte Weichenstellungen

208 Mollnau: Normierung, S. 518.

209 »Schwarz«; BStU, MfS, HA XX Nr. 6894, Bl. 290.

210 HA V/1/I, Perspektivplan für GI »Lutz«, 29.5.1962; BStU, MfS, AIM 9759/84, T. I., Bl. 90–93.

211 Aufgaben und Arbeitsweise der Rechtspflegeorgane. Rechtspflegeerlass des Staatsrates der Deutschen Demokratischen Republik über die grundsätzlichen Aufgaben und die Arbeitsweise der Organe der Rechtspflege vom 4. April 1963/hg. vom Ministerium der Justiz. Berlin 1963, Sechster Abschnitt, Abs. 1.

212 Fricke sieht die »unabhängige und eigenständige Anwaltschaft [...] endgültig verworfen«. Fricke: Praxis der Anwaltstätigkeit, S. 479. Eisenfeld sieht die Ideologisierung vorangetrieben. Eisenfeld: Rolle und Stellung, S. 349. Reich sieht eine »Verstärkung der Feind-Feind-Strategie«. Reich: Entwicklung der Rechtsanwaltschaft, S. 335. Die Möglichkeit, Kollegiumskompetenzen wieder auf Kammern zu verteilen, wurde in der Tat verworfen. Lorenz: Rechtsanwaltschaft, S. 230 ff.; Bruhn: Rechtsanwaltschaft, S. 59 ff.

213 Wolff, Friedrich: Der Beschluss des Staatsrates vom 30. Januar 1961 und die Aufgaben der Rechtsanwaltschaft. In: NJ 15 (1961) 8, S. 277.

214 Brand: Rechtsanwalt, S. 38; Otterbeck: Anwaltskollektiv der DDR, S. 100 ff.

215 Reich: Entwicklung der Rechtsanwaltschaft, S. 337; Gerlach: Die Rechtsanwaltschaft, S. 143.

216 Busse: Deutsche Anwälte, S. 442, 372; Otterbeck: Anwaltskollektiv der DDR, S. 111; Rosskopf: Friedrich Karl Kaul, S. 51 ff.

217 Die meisten Autoren sehen im Begriff »gesellschaftliche Einrichtung« der Rechtspflege keine wesentliche Neuerung. Reich: Entwicklung der Rechtsanwaltschaft, S. 363 u. 337; Otterbeck: Anwaltskollektiv der DDR, S. 101; Brand: Rechtsanwalt, S. 38; anders argumentier-

handelte. Nach den Anfeindungen der Jahre zuvor, widmete der Rechtspflegeerlass den Anwälten immerhin einen ganzen Abschnitt, in welchem sie angehalten wurden, »die Rechte und berechtigten Interessen der Rechtssuchenden«[218] wahrzunehmen. Die Erlasse der »zweiten Justizreform«[219] entfalteten wohl eine eher zögerliche Langzeitwirkung. Die merklichen Änderungen für die Anwälte vollzogen sich letztlich nicht auf dem Gebiet des Berufsrechts, das nicht weiterentwickelt wurde,[220] sondern vor allem auf dem Gebiet des Straf-, Strafprozess- und Verfassungsrechtes, das 1968 neu formuliert und fixiert wurde.[221] Mit dieser Verregelung wurden teilweise Praktiken kodifiziert, die sich zugunsten der Anwälte in den Jahren zuvor herausgebildet hatten.[222]

Der Rechtspflegeerlass von 1963 hatte eine wichtige organisatorische Nebenwirkung, die in der Regel übersehen wird[223], aber für den Alltag der Kollegien eine erhebliche Bedeutung hatte. Mit den Kompetenzverlagerungen vom MdJ auf den Staatsrat bzw. das Oberste Gericht wurden die Justizverwaltungsstellen in den 14 Bezirken und in Ostberlin abgeschafft.[224] Damit entfiel der regionale Unterbau des MdJ. Die Kontrolle und Aufsicht über die Anwaltschaft konnte nur noch vom Ministerium ausgeübt werden, was indirekt die Spielräume der Anwaltschaft erweiterte.

### 3.1.7 Die Anwaltschaft ab 1953 – Kollegiumsmitglieder und Funktionäre

Die Gesamtzahl der ostdeutschen Anwälte ging zwischen Kriegsende und Anfang der 1970er-Jahre kontinuierlich und deutlich zurück. Drastische Auswirkungen hatte nach Kriegsende der Beginn der Entnazifizierung. Deutliche Einbrüche sind Ende der 1940er-Jahre, dann wieder ab Mitte der 1950er-Jahre zu

ten Anwälte, die eine größere Gesellschafts- und damit Mandantennähe sahen. Otterbeck: Anwaltskollektiv der DDR, S. 95; Rechtsanwälte beraten über die Durchsetzung des Staatsratsbeschlusses vom 30. Januar 1961. In: NJ 15 (1961) 13, S. 462 f.

218 Aufgaben und Arbeitsweise der Rechtspflegeorgane. Rechtspflegeerlass des Staatsrates der Deutschen Demokratischen Republik über die grundsätzlichen Aufgaben und die Arbeitsweise der Organe der Rechtspflege vom 4. April 1963/Hg. vom Ministerium der Justiz. Berlin 1963, Sechster Abschnitt, Abs. 1.

219 Fricke: Bautzen II, S. 461 ff.

220 Otterbeck: Anwaltskollektiv der DDR, S. 104; Gerlach: Die Rechtsanwaltschaft, S. 143.

221 Werkentin, Falco: Politische Justiz in der DDR. Erfurt 2012, S. 69 ff.; Werkentin: Politische Strafjustiz, S. 285 ff.

222 Vgl. dazu Abschnitte zur normativen Entwicklung des Strafprozessrechts.

223 Die meisten Autoren heben hervor, dass sich an der Kompetenz des MdJ gegenüber den RAK kaum etwas änderte. Mollnau: Normierung, S. 519; Reich: Entwicklung der Rechtsanwaltschaft, S. 336; Brand: Rechtsanwalt, S. 38.

224 Künzel: Justizsteuerung, S. 215; Bruhn: Rechtsanwaltschaft, S. 69.

verzeichnen. In den 1960er-Jahren schwand die Zahl der Anwälte deutlich langsamer. In der ersten Hälfte der 1970er-Jahre erreichte die Zahl der DDR-Anwälte mit circa 550 ihren Tiefpunkt, um dann bis 1989 langsam auf knapp über 600 zu steigen. Das 1952 formulierte Ziel, dass die Zahl der Anwälte zur Zahl der Richter durchschnittlich in einem Eins-zu-eins-Verhältnis stehen solle, wurde in der Ära Honecker nicht umgesetzt.[225]

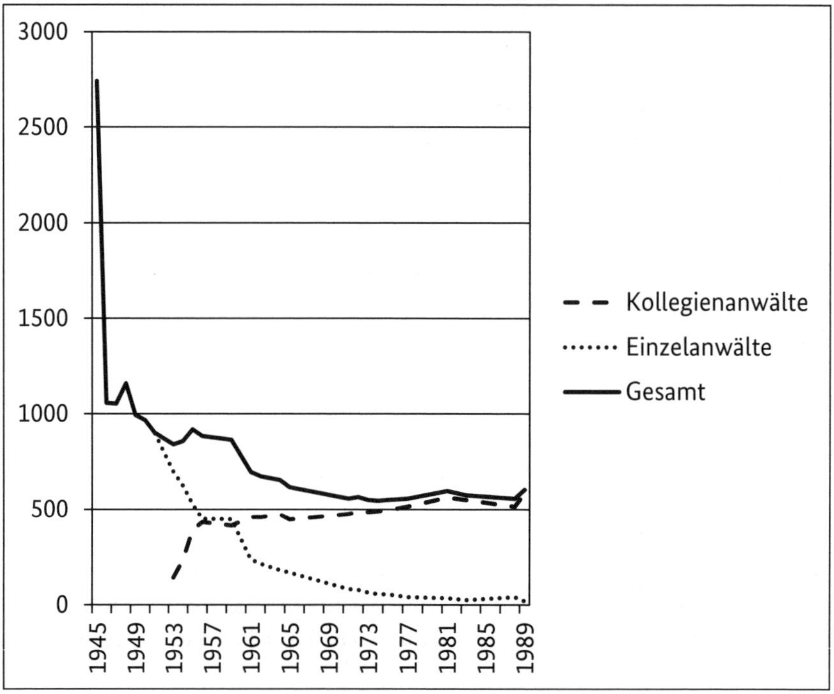


Abbildung 1: Entwicklung der ostdeutschen Anwaltschaft von 1945–1989; Grafik: Booß 2014[226]

Es sind die starken Einbrüche bei den Einzelanwälten, aus denen die zahlenmäßigen Rückgänge bei der Gesamtanwaltschaft resultieren. Innerhalb der ersten 20 Nachkriegsjahre geht deren Zahl um 83 Prozent zurück, gemessen an 1945 sogar um 94 Prozent. Dennoch sinkt die Zahl der Einzelanwälte weiter. Im Verhältnis zur Gesamtzahl scheinen die Einzelanwälte zu Beginn der Ära Honecker fast bedeutungslos. Es verblieben deutlich unter 100 Einzelanwälte

225 Lorenz: Rechtsanwaltschaft, S. 93 f.

226 Zahlen nach Busse: Deutsche Anwälte, S. 395; Lorenz: Kollektivierung der Rechtsanwaltschaft, S. 426; Brand: Rechtsanwalt, S. 166, Zahlen siehe Anhang.

und 1989 waren es nur noch 20. Gemessen an der Ausgangssituation von 1945 oder gar an Vorkriegszahlen könnte man fast von einem Aussterben des Einzelanwaltes sprechen. Es ist allerdings unzutreffend, dass die Einzelanwaltschaft vollkommen an »Relevanz [...] verlor«[227], wie gelegentlich behauptet wird. Vor allem in Ostberlin konzentrierten sich gegen Ende der DDR noch elf Einzelanwälte in sieben Kanzleien,[228] die teilweise sogar eine hervorgehobene Funktion innehatten. Die meisten hatten mit dem Einzelanwalt alten Typs nichts gemein, sondern nahmen Spezialaufgaben im Interesse von Staat, MfS und Partei wahr. Auf den ersten Blick liegt die Vermutung nahe, dass die Einzelanwälte infolge von politischen Eingriffen dezimiert wurden.[229] In der Tat sind Phasen der starken ideologischen Auseinandersetzung auch Phasen des starken Rückganges der Einzelanwälte. Aber weder der Zuwachs bei den Kollegien noch die Zahlen von Anwaltsfluchten Richtung Westen erklären allein den stark rückläufigen Trend.[230] Es wirkte in erster Linie die »biologische Lösung«[231]. Die Anwaltschaft nach 1945 war überaltert.[232] Viele Anwälte gaben aus Altersgründen auf.[233]

Die Zahl der Anwälte, die in den Westen floh, war vergleichsweise hoch. Die Spitzen in den Jahren 1953–1955 und 1958–1960 fallen mit der Kollegiumsgründung beziehungsweise mit ideologischen Offensiven zusammen. Nach statistischen Angaben des DDR-Justizministeriums verließen von 1949 bis zum Mauerbau circa 400 Anwälte die DDR.[234] Zeitgenössischen westlichen Angaben zufolge waren es sogar über 800.[235]

Nimmt man diese Zahlen, scheint es fraglich, ob traditionelle Einzelanwälte wirklich in großer Zahl in die neuen Kollegien gelockt werden konnten.[236] Der

227 Lorenz: Rechtsanwalt S. 250; Fricke: Praxis der Anwaltstätigkeit, S. 477.

228 Verzeichnis der Rechtsanwälte, S. 9.

229 So die Vermutung vor Öffnung der DDR-Archive. Brand: Rechtsanwalt, S. 36.

230 Der Rückgang der Einzelanwaltszahlen übersteigt in den meisten Jahren die Zahl der Kollegiumszuwächse und Fluchten zusammen.

231 Eisenfeld: Rolle und Stellung, S. 347.

232 Mollnau: Normierung, S. 494; Busse: Deutsche Anwälte, S. 362.

233 Lorenz: Rechtsanwaltschaft, S. 250; Gerlach: Die Rechtsanwaltschaft, S. 142.

234 Von 1949 bis 1951 waren es 104 Anwälte. Mollnau: Normierung, S. 498. Zwischen 1950 und 1961 bis zum Mauerbau flohen 308. Lorenz: Rechtsanwaltschaft, S. 250. Laut anderen Angaben flüchteten von 1954 bis 1962 insgesamt 704 RA. Werkentin: Politische Strafjustiz, S. 330; Eisenfeld: Rolle und Stellung, S. 348; Fricke: Praxis der Anwaltstätigkeit, S. 473.

235 Eigenberechnung auf Basis der Anwaltszahl von 1 057 RA im Jahr 1946. Lorenz: Rechtsanwaltschaft, S. 288; Busse: Deutsche Anwälte, S. 360. Während das MdJ ein Interesse daran haben musste, niedrige Fluchtzahlen auszuweisen, war es bei den DDR-Kritikern außerhalb der SBZ bzw. DDR, die derartige Informationen sammelten, umgekehrt. Vermutlich beziehen die hohen Zahlen aus dem Westen Juristen mit ein, die keine Anwaltszulassung mehr hatten oder nie eine erhalten hätten.

236 Lorenz meint, dass dominant Einzelanwälte in die Kollegien wechselten. Lorenz: Rechtsanwaltschaft, S. 260 f.

Rückgang der Zahlen für Einzelanwälte ist insgesamt und in den meisten Einzeljahren deutlich größer als der Zuwachs bei den Kollegien. Gerade das Gründungsjahr der Kollegien 1953/54 zeigt, dass beim ersten großen Aufwuchs der Kollegien die Zahl der Anwälte insgesamt, und zwar gegenläufig zum vorher typischen Trend, zunahm. Ein großer Teil des Personals der Gründergeneration der Kollegien kann also nicht aus der alten Anwaltschaft gekommen sein, sondern wurde, wie am Beispiel Berlin gezeigt, aus dem übrigen Justizpersonal gewonnen bzw. rekrutiert. Offenbar wurden jüngere Anwälte und Juristen geworben, die sich auf diese Weise bessere Startchancen erhofften und formbarer erschienen. Dafür spricht auch der Altersdurchschnitt. In den Kollegien lag er 1955 bei 45 Jahren, bei den Einzelanwälten bei 63 Jahren.[237] Bis 1956 unterstützten Staat und Partei ihr neues Anwaltsmodell personell und organisatorisch, um es zu stabilisieren. Die 15 Kollegien wuchsen innerhalb von vier Jahren auf 433 Mitglieder. Im Jahr 1956 galt der organisatorische Aufbau als »im Wesentlichen abgeschlossen«.[238] Seither nahm die Zahl der Kollegiumsmitglieder zwar stetig aber vergleichsweise langsam zu. Im Vergleich zur Zahl der Gesamtanwaltschaft vergrößerte sich der Kollegiumsanteil weiterhin deutlich. Im Jahr 1956 kam es ungefähr zum Gleichstand, Mitte der 1960er-Jahre organisierte das Kollegium zwei Drittel aller Anwälte, ab 1975 über 90 Prozent, ein Anteil, der bis auf 97 Prozent im Jahr 1989 stieg. Dieser Gesamttrend hatte seine Ursache mehr im Einbruch bei den Einzelanwälten als im wirklichen Zuwachs bei den Kollegien.

Die Zahlenentwicklung spricht also gegen die vereinfachende These von einer »Kollektivierung« oder »Gleichschaltung«[239] der DDR-Anwaltschaft. Die traditionellen Anwälte wurden eher verdrängt oder ausgetrocknet. Die Kollegien bestanden aus einem Kern von wenigen »fortschrittlichen« Anwälten. Diese zogen jüngere Juristen aus anderen juristischen Berufen oder unter den Neuausgebildeten an, die aus eher vordergründigen Motiven beitraten. Laut einem IM-Bericht waren insbesondere die Universitätsabgänger »in politischer Hinsicht [...] völlig desinteressiert«[240], was wohl bedeutete, dass sie sich nicht demonstrativ zur SED-Politik bekannten. Wie schon erwähnt, konnten sich auch NS-Belastete durch einen Beitritt exkulpieren. Laut einer IM-Einschätzung waren als dritte Gruppe die »negativen Kräfte [...], die meist ›ältere[n] Anwälte‹«[241] vertreten. Die Kollegien stellen sich also weniger als das Produkt einer erzwunge-

237 Helm, Rolf: Einige Lehren aus der Entwicklung der Kollegien der Rechtsanwälte. In: NJ 9 (1955) 12, S. 363–366; Busse: Deutsche Anwälte, S. 395.

238 Helm, Rolf: Einige Lehren aus der Entwicklung der Kollegien der Rechtsanwälte. In: NJ 9 (1955) 12, S. 363–366, hier 365.

239 Fricke: Praxis der Anwaltstätigkeit, S. 476; Eisenfeld: Rolle und Stellung, S. 347.

240 Verw. Gr.-Bln/I, TB mit GI »Jura«, 30.11.1958; BStU, MfS, AIM 1056/61, Bl. 47.

241 HA V/1, Einschätzung, 26.9.1961; BStU, MfS, AIM 9759/84, T. I, Bl. 100–102, hier 101.

nen Kollektivierung mit anschließender ideologischer Umerziehung dar, sondern entstanden eher infolge einer personellen Auswahl und Rekrutierung von »mutmaßlich willfährige[n] Neuzugänge[n]«.[242] Die alte Anwaltschaft wurde sukzessiv und faktisch ausgeschaltet. Mit dieser Methode versuchten sich die DDR-Justizverantwortlichen, von der Gleichschaltung im Nationalsozialismus abzusetzen und ihrem Anwaltsmodell auch international Reputation zu verschaffen. Wie das de Maizière-Verfahren zeigt, war dieser Versuch keineswegs gänzlich erfolglos.

### *SED-Mitgliedschaften*

Auch die Entwicklung der SED-Mitgliedschaften im Kollegium spricht für eine anfängliche Personenauslese, der eine langsame kontinuierliche Neurekrutierung folgte. Im Vergleich zur Gesamtanwaltschaft im Jahr 1952 war der Anteil der SED-Mitglieder in den Kollegien schon drei Jahre später mehr als doppelt so hoch. In den Folgejahren stieg er mehr oder minder kontinuierlich von über 30 Prozent auf fast 70 Prozent bis zum Jahr 1988. Der Anteil von Mitgliedschaften bei den Blockparteien und vor allem an Parteilosen sank entsprechend stark.

| **Jahr** | **SED** | **CDU** | **LDPD** | **NDPD** | **parteilos** |
|---|---|---|---|---|---|
| 1947 | 12,9 % | k. A. | k. A. | – | 55,4 % |
| 1952 | 16,6 % | k. A. | k. A. | k. A. | k. A. |
| 1955 | 34,1 % | k. A. | k. A. | k. A. | k. A. |
| 1961 | 39,4 % | k. A. | k. A. | k. A. | k. A. |
| 1964 | 39,8 % | 5,9 % | 11 % | 10 % | 33,3 % |
| 1971 | 46,8 % | k. A. | k. A. | k. A. | 23 % |
| 1973 | 49,5 % | k. A. | k. A. | k. A. | k. A. |
| 1975 | 53,3 % | k. A. | k. A. | k. A. | k. A. |
| 1978 | 57,1 % | k. A. | k. A. | k. A. | k. A. |
| 1981 | 59,4 % | k. A. | k. A. | k. A. | k. A. |
| 1982 | 61 % | k. A. | k. A. | k. A. | k. A. |

242 Otterbeck: Anwaltskollektiv der DDR, S. 87.

| Jahr | SED | CDU | LDPD | NDPD | parteilos |
|---|---|---|---|---|---|
| 1985 | 65,5 % | 2,1 % | 4,9 % | 4,6 % | 23 % |
| 1988 | 69 % | k. A. | k. A. | k. A. | k. A. |

Tabelle 2: Entwicklung der Parteimitgliedschaften[243] in den Rechtsanwaltskollegien[244]

*Bedeutung der Vorstände*

Die Gründungsinitiative mit »fortschrittlichen« Juristen, die anschließend in die Vorstandsposten einrückten, war entscheidend für das Zustandekommen der Kollegien und prägte deren weitere Entwicklung. Die Parteigruppe bildete den »festen Kern« bei der Entwicklung vom »Ich zum Wir«[245]. Sie sollte diejenigen fachlich und ideologisch anleiten und vorantreiben, die aus pragmatischen Gründen in die Kollegien kamen. Die Vorstände galt es möglichst überall mit SED-Mitgliedern zu besetzen und jeweils ein SED-Vorstandsmitglied zum Vorsitzenden zu wählen.[246] Die Vorstände mit dem Vorsitzenden an der Spitze bildeten zumindest in Berlin über die Jahre eine Ingroup, die sich seit dem Entstehen der Kollegien nur langsam veränderte. Es gab die vielfältigsten, auch privaten und persönlichen Querverbindungen. Diese Gruppierung dominierte aufgrund der von ihnen beeinflussten Überlieferung und ihrer Publizistik das Bild von der DDR-Anwaltschaft, das sich zum Teil bis heute in der Literatur niederschlägt.[247]

243 Alle Anwälte, 1947 u. 1952 stellen Vergleichswerte zur Beurteilung der Kollegiumssituation ab 1955 dar. Die NDPD wurde erst 1948 gegründet.

244 Busse: Deutsche Anwälte, S. 363; Lorenz: Rechtsanwaltschaft, S. 274; Eisenfeld: Rolle und Stellung, S. 355; ZRK, Auszüge aus der Kaderstatistik, 1.1.1976; BArch, DP1, 3310; MdJ, Konzeption zur Arbeit mit den Kollegien, 9.2.1979, S. 8 f.; BArch, DP1, 4711; MdJ, Auswertung der Jahresstatistik, 20.5.1986, S. 1 f.; Barch, DP1, 21455; MdJ, Auswertung der Jahresstatistik, 4.4.1985; BArch, DP 1, 4447. Die Mitgliedschaft von Juristen in der 1948 gegründeten Bauernpartei (DBD) war offensichtlich nicht relevant.

245 Wolff, Friedrich: Der Weg zur sozialistischen Rechtsanwaltschaft. In: NJ 13 (1959) 19, S. 682 f.

246 Busse: Deutsche Anwälte, S. 382; Lorenz: Rechtsanwaltschaft, S.274 ff.

247 Viele Anwaltsdarstellungen benutzen NJ-Artikel als wichtige Primärquelle.

| Jahr | Vorsitz | Stellv. | Stellv. | Stellv. | Stellv. | Stellv. |
|---|---|---|---|---|---|---|
| 1959 | Wolff | Häusler | Strodt | Eckert | Haase | – |
| 1962 | Wolff | Häusler | Strodt | Eckert | Haase | – |
| 1964 | Wolff | Häusler | Strodt | Eckert | Haase | – |
| 1967 | Wolff | Häusler | Strodt | Eckert | Haase | – |
| 1969 | Wolff | Häusler | Strodt | Eckert | Haase | – |
| 1970 | Wolff | Häusler | Strodt | Eckert | Puwalla | – |
| 1971 | Häusler | Puwalla | Strodt | Eckert | Haase | – |
| 1972 | Häusler | Puwalla | Strodt | Eckert | Haase | – |
| 1974 | Häusler | Puwalla | Mettin | Eckert | Gysi | – |
| 1976 | Häusler | Puwalla | Mettin | Eckert | Gysi | – |
| 1978 | Häusler | Puwalla | Worner | – | Gysi | Winde |
| 1980 | Häusler | Puwalla | Worner | Eckert | Gysi | Winde |
| 1982 | Häusler | Puwalla | Worner | – | – | Winde |
| 1984 | Wolff | Kulick | Worner | Eckert | Maizière | Weise |
| 1986 | Wolff | B. Puwalla | Worner | Eckert | Maizière | Weise |
| 1988 | Gysi | B. Puwalla | Worner | Wetzenstein | Maizière | – |

Tabelle 3: Vorstandsmitglieder des Berliner Kollegiums[248]

### 3.1.8 Die Veränderung des Anwaltsbildes ab den 1960er-Jahren

Das Anwaltsbild wandelte sich bis in die Honecker-Ära stark. Es ist nicht schwierig, seit Mitte der 1940er-Jahre, insbesondere in den ideologisierten Phasen der SBZ/DDR-Geschichte, Stellungnahmen von Funktionären zu finden, die die alten Anwälte als »Träger kleinbürgerlichen und bürgerlichen Bewusstseins«[249] abtaten. Mehr oder minder deutlich wurden solche »bürgerlichen« Anwälte in die

248 Nach Vorstandsbeschlüssen, LArch Berlin C Rep. 368, 327; Karteien Karton 2.

249 Helm, Rolf: Fragen der Entwicklung einer sozialistischen Rechtsanwaltschaft. In: NJ 12 (1958) 9, 298–301, hier 300.

Nähe des Kapitalismus oder gar des Faschismus gerückt.[250] Bei manchen derartigen Einschätzungen schwang unverkennbar persönliche Betroffenheit mit. Von den wenigen qualifizierten DDR-Justizfunktionären in hervorgehobener Verantwortung gehörten einige vor 1933 zu den Anwälten der Roten Hilfe, die Arbeiter und Arbeiterfunktionäre, insbesondere die der KPD, rechtlich vertreten hatten. Sie galten nach dem Machtantritt Hitlers als prokommunistisch und wurden aus politischen Gründen alsbald Opfer beruflicher Diskriminierung und Verfolgung. Das trifft auf die spätere Justizministerin Hilde Benjamin und auf ihren Abteilungsleiter Rolf Helm zu,[251] der in den Jahren der Kollegiumsgründung für die Anwaltschaft zuständig war. In Entscheidungen beider flossen sicher persönliche Erfahrungen ein, auch im Hinblick auf Anwälte, die einst zu ihrer eigenen oder der Verfolgung von Anwaltskollegen geschwiegen hatten. Die Ressentiments gegen die »bürgerlichen« Anwälte nahmen sogar eine Zeit lang zu. Weil sich die personellen Veränderungen bei anderen juristischen Berufsgruppen schneller und radikaler vollzogen und die Neujuristen von vornherein negativ gegenüber den Anwälten eingestimmt waren, vergrößerte sich zunächst die »ideologische Kluft«.[252]

Anfang der 1960er-Jahre setzte ein Wandel im Rechtsanwaltsbild ein, Wolff spricht von einer »Wende in der Entwicklung der Rechtsanwaltschaft und ihrer Stellung in der Rechtspflege der DDR«[253]. Justizminister Kurt Wünsche bescheinigte den Kollegiumsanwälten 1968, sie hätten »die in sie gesetzten Erwartungen voll erfüllt und [... nähmen] einen geachteten Platz innerhalb unserer Rechtspflege und in unserer sozialistischen Gesellschaftsordnung ein«.[254] Gegenüber den 1940er- und 1950er-Jahren war ihr Status grundsätzlich gefestigt. Für Wünsches Nachfolger, Hans-Joachim Heusinger, gehörten die Anwälte »untrennbar zu unserer Rechtsordnung«[255]. Bei diesem eher positiven Bild blieb es

250 Helm, Rolf: Einige Lehren aus der Entwicklung der Kollegien der Rechtsanwälte. In: NJ 9 (1955) 12, S. 363–366.

251 Rolf Helm (1896–1979), eigentlich Rudolf, war von 1953–1958 als Abteilungsleiter im MdJ zuständig für Rechtsanwälte und Notare. Vorher hatte er u. a. als Generalstaatsanwalt von Groß-Berlin und Direktor der zentralen Richterschule in Potsdam-Babelsberg maßgeblich an Aufbau und Umstrukturierung der Justiz mitgewirkt. Vor 1933 war das KPD-Mitglied Stadtverordneter in Dresden und als Rechtsanwalt für die Rote Hilfe tätig. Nach 1933 wurde er mehrfach aus politischen Gründen in Haft genommen. Wer war wer in der DDR? In: www.bundesstiftung-aufarbeitung.de/wer-war-wer-in-der-ddr-%2363%3B-1424.html (letzter Zugriff: 9.1.2015); Helm, Rolf: Anwalt des Volkes. Erinnerungen. Berlin 1978.

252 Wolff, Friedrich: Der Weg zur sozialistischen Rechtsanwaltschaft. In: NJ 13 (1959) 19, S. 682 f.

253 Wolff, Friedrich: Der Werdegang der sozialistischen Rechtsanwaltschaft in der DDR. In: NJ 33 (1979) 10, S. 433–435, hier 435.

254 Kurt Wünsche. 15 Jahre Kollegien der Rechtsanwälte. In: NJ 22 (1968) 12, S. 360 f., hier 361.

255 Hans-Joachim Heusinger. Sozialistischer Rechtsanwalt. Fester Bestandteil der sozialistischen Rechtsordnung 1980. In: NJ 35 (1981) 1, S. 4 f., hier 4.

bis Ende der DDR. Lediglich in zugespitzten Situationen oder hinter vorgehaltener Hand galten die Anwälte im MdJ als eine »nicht ganz zuverlässige [...] Truppe«.[256]

### *Verrechtlichungsimpuls: Das Kollegiumsgesetz von 1980*

Das Jahr 1980 brachte für die Anwaltschaft der DDR einen erneuten Verrechtlichungsschub. Im Verhältnis zu anderen Bereichen der Justiz war ihr berufsspezifisches Recht bislang relativ gering normiert. Vorschläge für Neuregelungen waren in den 1960er- und 1970er-Jahren letztlich verworfen worden. Die Aufhebung des Rechtspflegeerlasses im Jahr 1973 hatte sogar eine Regelungslücke gerissen. Das System[257] aus Kollegiumsanwälten, verbliebenen Einzelanwälten bzw. neuen Spezialanwälten, das sich seit Ende der 1960er-Jahre herausgebildet hatte, harrte darauf, rechtlich gefasst zu werden. Die genauen Ursachen für die Novellierung stehen nicht fest. Vermutet werden außenpolitische Motive, um internationale Kritik abfedern zu können.[258] Vielleicht gab auch nur das Sowjetische Anwaltsgesetz von 1979 den entscheidenden Anstoß.[259] Nach seiner Außerkraftsetzung war die DDR vorübergehend der einzige Staat des Warschauer Paktes, der über keine entsprechenden Regelungen verfügte. Als das neue Anwaltsgesetz verabschiedet wurde, traten fast zeitgleich Anordnungen für Einzelanwälte und andere Spezialanwälte in Kraft.[260]

Die meisten Anliegen, die Anwälte selbst anregten, kamen allerdings nicht zum Tragen.[261] Bremser war nicht zuletzt der zentrale Parteiapparat der SED, der zum Beispiel das Recht auf geheime Vorstandswahlen aus den Entwürfen streichen ließ.[262] Letztlich war jedoch die ausgehandelte Praxis des Anwaltsle-

256 Gerlach: Die Rechtsanwaltschaft, S. 146.

257 Mollnau spricht von »funktionaler Komplementarität«. Mollnau, Marcus: Gründe und Hintergründe des DDR-Rechtsanwaltsgesetzes. In: forum historiae iuris. 1.9.1997, S. 5, http://www.forhistiur.de/1997-09-mollnau/?l=de (letzter Zugriff: 15.12.2014).

258 Mollnau bezieht sich auf die ZK-Vorlage für Erich Honecker. Es ist allerdings durchaus möglich, dass die Fachleute mit derartigen Argumenten nur den SED-Chef für ihr justizpolitisches Vorhaben gewinnen wollten. Gründe und Hintergründe des DDR-Rechtsanwaltsgesetzes. In: forum historiae iuris. 1.9.1997, S. 6 u. 7, http://www.forhistiur.de/1997-09-mollnau/?l=de (letzter Zugriff: 15.12.2014); Otterbeck: Anwaltskollektiv der DDR, S. 130; Reich: Entwicklung der Rechtsanwaltschaft, S. 352 f.

259 Otterbeck: Anwaltskollektiv der DDR, S. 130; Reich: Entwicklung der Rechtsanwaltschaft, S. 346 ff.; Mollnau: Hintergründe, S. 7.

260 Ebenda, S. 3.

261 Ebenda, S. 7 ff.

262 Das Musterstatut lässt die Frage der geheimen Wahl offen, vgl. dort § 7 Abs. 1e; Musterstatut der Kollegien der Rechtsanwälte der Deutschen Demokratischen Republik vom 17. Dezember 1980. DDR-GBl. Teil I (1981)1, S. 4 (künftig als MSt 1980 bezeichnet); Mollnau: Hintergründe, S. 10.

bens bestimmend, weniger die gesetzgeberische Neuschöpfung. Die geheimen Wahlen wurden in den Folgejahren nach zähem Ringen mit dem MdJ schließlich in allen Kollegien eingeführt.[263] Demgegenüber wurde der Staatseingriff durch das Kollegiumsgesetz nur verbal eingeschränkt. In der Konsequenz änderte das Kollegiumsgesetz nichts Grundsätzliches an der Stellung und Funktion der Rechtsanwälte.[264] Die Charakterisierung als »Organ«, »gesellschaftliches Organ« oder »Genossenschaft« vermied man.[265] Das neue Kollegienrecht wurde allerdings nicht, wie ursprünglich geplant, lediglich in Form einer Verordnung, sondern als Gesetz verabschiedet. Damit war das Anwaltsrecht ähnlich verortet wie das Berufsrecht für Staatsanwälte und Richter. Mit dieser mittelbaren Aufwertung kam man den Anwälten, wenn auch eher symbolisch, entgegen.[266] Für dieses Zugeständnis hatte die Anwaltschaft politisch auf mehreren Ebenen agieren und einflussreiche Fürsprecher einschalten müssen.[267]

## 3.2 Einzelanwälte und Sonderformen

Ende der 1960er-Jahre kam es zu einer gewissen Renaissance von Anwaltskanzleien außerhalb der Kollegien. Entsprechend der kollektivistischen Auffassung wurden seit der Kollegiumsgründung Einzelanwälte nur in absoluten Ausnahmefällen zugelassen.[268] Zeitgenössische Autoren prognostizierten daher, dass diese Form verschwinden würde.[269] Zum Teil bis heute hat sich die These von der »geringe[n] Wertigkeit«[270] oder »Bedeutungslosigkeit«[271] des Einzelanwaltes in der DDR gehalten.[272] Dass die Einzelanwaltschaft vollkommen an »Relevanz [...] verlor«[273], lässt sich allenfalls vertreten, wenn man die Gesamtzahl der Anwälte bzw. der Mandate als Bezugspunkt wählt. Wenn man dagegen berücksichtigt, dass diese Kanzleien in bestimmten Bereichen anwaltlicher Tätigkeit eine

263 Gerlach: Die Rechtsanwaltschaft, S.144 f.; Busse: Deutsche Anwälte, S. 403.

264 Mollnau: Normierung, S. 521; Mollnau: Hintergründe, S. 10; Gerlach: Die Rechtsanwaltschaft, S. 144; Otterbeck: Anwaltskollektiv der DDR, S. 131 f.

265 Otterbeck schlussfolgert überzogen, dass das Kollegium als vorstaatliche Einrichtung einen »Schutzzaun« gegen staatliche Weisungen darstellte. Otterbeck: Anwaltskollektiv der DDR, S. 131.

266 Mollnau: Hintergründe, S. 8; Otterbeck bestreitet eine »gesellschaftliche Aufwertung«. Otterbeck: Anwaltskollektiv der DDR, S. 131.

267 Gerlach: Die Rechtsanwaltschaft, S. 144; Reich: Entwicklung der Rechtsanwaltschaft, S. 346 ff. u. 352 ff.; Wolff: Verlorene Prozesse, S. 225 f.

268 Busse: Deutsche Anwälte, S. 502; Gerlach: Die Rechtsanwaltschaft, S. 142; Brand: Rechtsanwalt, S. 64; Liebernickel: Erpressung Ausreisewilliger, S. 44.

269 Bruhn: Rechtsanwaltschaft, S. 109.

270 Brand: Rechtsanwalt, S. 64; Liebernickel: Erpressung Ausreisewilliger, S. 44 f.

271 Lorenz: Kollektivierung der Rechtsanwaltschaft, S. 426.

272 Lorenz: Rechtsanwaltschaft, S. 250; Fricke: Praxis der Anwaltstätigkeit, S. 477.

273 Lorenz: Rechtsanwaltschaft, S. 250.

fast monopolartige Stellung erreichten, kommt man zu dem Schluss, dass sich hier eine neue Arbeitsteilung unter den Anwälten herausbildete. Dies wird besonders an der Entwicklung der Kanzlei Vogel deutlich.

Die Analyse der Berliner MfS-ermittelten Verfahren 1972-84-88 zeigt, wie stark andere Berliner Anwälte zwischen 1972 und 1984 durch diese Kanzlei verdrängt wurden. Dieser Trend ist noch ausgeprägter, wenn man die Nicht-Berliner Anwälte hinzuzählt. Aus Berlin abgegebene Ermittlungsverfahren wurden oft von Rechtsbeiständen betreut, die als Unteranwälte mit Vogel verbunden waren.[274]

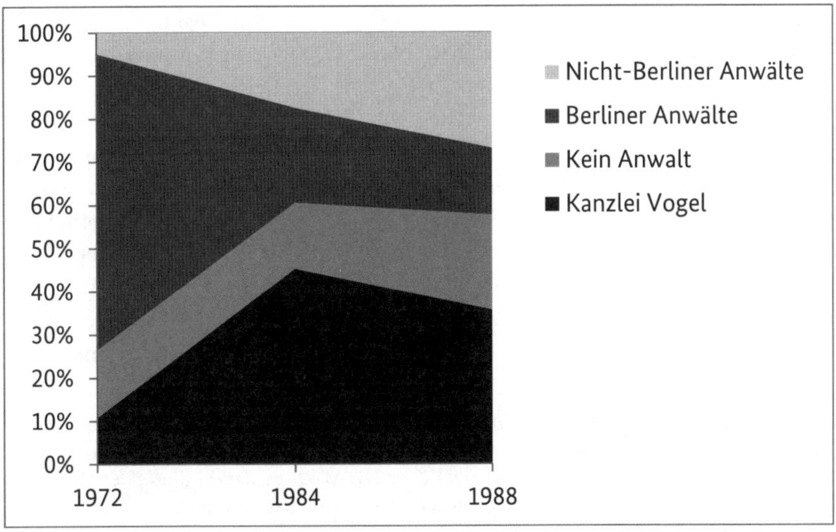


Abbildung 2: Entwicklung des Fallaufkommens in Berliner MfS-ermittelten Verfahren nach Anwaltsgruppen 1972–1988; Berliner Stichprobe 72-84-88; Booß, Kilian

*Neugründungen von Sonderkanzleien*

Kanzleigründungen außerhalb der Kollegien begannen 1967 mit der Einrichtung des Rechtsanwaltsbüros für internationale Zivilrechtsangelegenheiten. Im Folgejahr schied Wolfgang Vogel aus dem Berliner Kollegium aus und durfte

274 In der Berliner Stichprobe 1972-84-88 wurden die 6 Nicht-Berliner Anwälte mit den meisten Fällen 1988 sämtlich vom MfS als Unteranwälte von Vogel ausgewiesen. Der einzige Nicht-Berliner Anwalt, der herausfiel, war Wolfgang Schnur, der ab Mitte der 1970er-Jahre selbst Einzelanwalt und enger Kooperationspartner des MfS war. BStU, MfS, HA IX Nr. 2958, Bl. 1; Berliner Stichprobe 1972-84-88.

eine Kanzlei gründen, die sich zur größten dieser Art in der DDR entwickeln sollte.[275] Im Jahr 1970 wurden zwei weitere Einzelanwälte zugelassen, die stark auf zivil- und wirtschaftsrechtliche Fragen orientiert waren und eng mit dem MfS zusammenarbeiteten. Im Jahr 1977 konnte sich Wolfgang Schnur außerhalb des Kollegiums in Rostock niederlassen, 1989 wechselte er nach Ostberlin.[276] Diese Kanzleien neuen Typs hatten wenig mit den »bürgerlichen« Einzelanwälten gemein, die ihre Zulassung noch vor 1953 erhalten hatten und nur noch geduldet wurden. Vorbilder waren parteinahe Berliner Einzelanwälte, die seit 1945 im Interesse der SED in beiden Stadthälften agieren durften, wie die Kanzlei von Ingeburg Gentz und die von Friedrich Karl Kaul. Entsprechend dem Leitbild vom Kollegiumsanwalt, stand zunächst zur Diskussion, ob diese Kanzleien nach dem Ausscheiden ihrer Namensgeber aufgelöst werden sollten. Mitte der 1970er-Jahre wurde eine Zweigstelle des Berliner Kollegiums unter Friedrich Wolff mit Vertrauensanwälten von SED und MfS aufgebaut, die Spezialaufgaben übernehmen sollte. Offenbar war dies der Versuch, besonders geheimhaltungsbedürftige Aufgaben durch weniger exponierte Kollegiumszweigstellen wahrnehmen zu lassen.[277] Auch die 1979 in Marzahn eingerichtete Zweigstelle betreute diskret Mandate insbesondere für MfS-Mitarbeiter.[278] Als Gegenleistung wurde die Zweigstelle vom MfS materiell gefördert.[279] Es galten offenbar besondere Sicherheitsanforderungen an das Personal.[280] In den 1950er- und 1960er-Jahren hatten auch Anwälte wie Clemens de Maizière[281] und Wolf-

275 Brand: Rechtsanwalt, S. 38, 61 ff. u. 83 ff.; Gerlach: Die Rechtsanwaltschaft, S. 141 u. 144; Reich: Entwicklung der Rechtsanwaltschaft, S. 340; Fricke: Praxis der Anwaltstätigkeit, S. 478; Otterbeck: Anwaltskollektiv der DDR, S. 217; Wölbern, Jan Philipp: Der Häftlingsfreikauf aus der DDR 1962/63–1989. Zwischen Menschenhandel und humanitären Aktionen. Göttingen 2014, S. 128 ff.

276 Der angeblich letzte Einzelanwalt, der in Berlin etabliert werden sollte, weil er das Vertrauen des MfS genoss, das Kollegium die Aufnahme aber ablehnte, war der Kreisgerichtsdirektor aus Berlin-Lichtenberg, Jürgen Wetzenstein-Ollenschläger. Busse: Deutsche Anwälte, S. 502, FN 743. Es handelt sich aber eher um eine Zulassung aus der Umbruchszeit 1989/90.

277 Busse: Deutsche Anwälte, S. 414.

278 BV Bln/XX/1, TB mit IMS »Ernst«, 19.6.1979; BStU, MfS, AIM 15047/83, T. II, Bd. 1, o. Zählg; MfS/Rechtsstelle, Auszeichnungsvorschlag, 9.11.1983; BStU, MfS, RS Nr. 57, Bl. 3 f.

279 Neben anderen Belegen findet sich eine Art Leasing-Nutzungsvertrag mit dem MfS über Bürotechnik in den Unterlagen. MfS/RS, Nutzungsvertrag, 14.1.1983; BStU, MfS, RS Nr. 57, Bl. 113.

280 RA […], Schreiben an die Parteileitung der GO der SED des Kollegiums der Rechtsanwälte, 10.2.1982; BStU, MfS, RS Nr. 57, Bl. 123–125, hier 123.

281 Clemens de Maizière sollte im Auftrag des MfS Westberliner Kirchenkreise politisch beeinflussen oder im Auftrag der Staatsanwaltschaft und mit Wissen des MfS und des ZK den Generalbundesanwalt Wolfgang Immerwahr Fränkel wegen mutmaßlicher NS-Verstrickungen anzeigen und hielt mit Wissen des MdJ, des MfS und der SED Kontakte zur Rechtsschutzstelle der Bundesregierung. MdJ, Vermerk, o. D. (vermutl. 1976); BStU, MfS, HA XX Nr. 6893, Bl. 215; HA V/1, Maßnahmen gegen den Bundesanwalt Fränkel, 14.8.1962; BStU,

gang Vogel[282], die über Zulassungen in Westberlin verfügten, diskret Aufträge aus dem Berliner Kollegium heraus erledigt.

Während zunächst Anwälte mit Westzulassungen oder über Korrespondenzanwälte im Westen grenzübergreifende Angelegenheiten direkt betreuten, sollten diese Aufgaben zunehmend von Spezialkanzleien übernommen werden, die mit Anwälten in Westdeutschland und Westberlin zusammenarbeiteten. Die ersten Gründungen fallen mit dem Beginn der neuen Ostpolitik in der Bundesrepublik, der deutsche-deutschen Vertragspolitik und der sich daraus ergebenden Dynamisierung der politischen und wirtschaftlichen Beziehungen zusammen.[283] Geheimhaltungs- und Steuerungsinteresse von Partei, Staat und MfS führten dazu, dass sich in Berlin gegen Ende der DDR noch eine signifikante Anzahl von elf Einzelanwälten in sieben Kanzleien konzentrierte.[284]

Die geringe Normierung der Einzelanwaltschaft legte die Zulassung und Disziplinargewalt allein in die Hände des MdJ. Das blieb so, auch nachdem 1980 eine Verordnung für Einzelanwälte erlassen worden war.[285] Während Einzelanwälte nach 1953 vielfach diskriminiert wurden, entfielen 1981 die meisten Tätigkeitsbeschränkungen.[286] Nominell blieb die höhere Besteuerung, diese wurde aber bei den Einzelkanzleien neuen Typs umgangen. Durch staatliche Zuweisungen und materielle Unterstützung, in Einzelfällen durch das MfS direkt, wurden solche Nachteile ausgeglichen und Dienstleistungen für Partei, staatliche Institutionen und das MfS verdeckt honoriert.[287] Gegenüber den alten Einzelanwälten war der Status nun durch lukrative Sonderaufgaben »grundlegend verbessert«.[288]

MfS, HA XX Nr. 6893, Bl. 191; Verw. Gr.-Bln/XX/4, Information, 7.3.1975; BStU, MfS, Verw. Gr.-Bln, AIM 6647/88, Bd. 5, Bl. 222. Wolfgang Fänkel wurde 1962 wegen Dokumenten, die die DDR vorlegte, vom Dienst suspendiert. Nicht geküßt. In: Der Spiegel 31/1962.

282 Booß: Schattenmann, S. 60–65.

283 Weber: Die DDR, S. 84 ff.

284 Verzeichnis der Rechtsanwälte, S. 9. Das kollegiumsartig konstruierte Rechtsanwaltsbüro für internationale Zivilrechtsbeziehungen wurde nicht mitgerechnet. Zu den Einzelanwälten existiert eine Ausarbeitung von Annette Weinke für die Treuhandanstalt, die bislang jedoch nicht öffentlich zugänglich ist.

285 Anordnung über die Aufgaben und die Tätigkeit der Einzelanwälte, v. 18.12.1980. DDR-GBl., Teil I (1981) 1, S. 10.

286 Die Einzelanwälte unterlagen lange Zeit weiterhin mit einigen Modifikationen der Rechtsanwaltsverordnung von 1978. Busse: Deutsche Anwälte, S. 502 f.; Liebernickel: Erpressung Ausreisewilliger, S. 44 f., Lorenz: Kollektivierung der Rechtsanwaltschaft, S. 426; Brand: Rechtsanwalt, S. 64 f.

287 Beschlussempfehlung und Bericht des 1. Untersuchungsausschusses nach Artikel 44 des Grundgesetzes. Bericht des KoKo-Untersuchungsausschusses. Bonn 1994 (Verhandlungen des Deutschen Bundestages. Drucksachen; 12/7600), S. 131.

288 Eisenfeld: Rolle und Stellung, S. 355.

Die Einrichtung derartiger Kanzleien erfolgte »aus politischen Gründen«[289] auf Beschluss der Partei, wenn es ein besonderes Interesse bei Spezialaufgaben gab.[290] Ökonomische und Geheimhaltungsinteressen führten dazu, dass derartige Kanzleien zumeist auch eine Notarzulassung erhielten. So stellte das MfS 1976 beim MdJ den Antrag, die Rechtsanwälte Wünsche, Vogel und Irmscher als Einzelnotare zuzulassen. Zwei von ihnen sollten »bestimmte Aufträge und Interessen des Gen[ossen] Minister« erfüllen.[291] Dies war eine Anomalie gegenüber den Kollegiumsanwälten.[292] Das Hauptinteresse an derartigen Kanzleien dürfte in folgenden Punkten bestanden haben:[293]

- Abschirmung juristischer Angelegenheiten von Geheimnisträgern, insbesondere von hohen SED-Funktionären und MfS-Mitarbeitern,
- ökonomische Interessen des Staates und des MfS an Deviseneinkünften,[294]
- politisch und rechtspropagandistisch relevante Aktivitäten in der Bundesrepublik,
- die Herstellung diskreter politischer und diplomatischer Kanäle,
- die Vertretung und der Austausch von inhaftierten Agenten,
- die Etablierung und Betreuung von Auslandsfirmen mit verdeckter DDR- bzw. MfS-Beteiligung.[295]

Mandate konnten von der SED, staatlichen Stellen oder dem MfS vergeben bzw. von diesen vermittelt werden. Insbesondere dort, wo das MfS als Auftraggeber tätig war, konnten nachrichtendienstliche Erkenntnisse abfallen.[296] Dies scheint aber eher ein Beifang gewesen zu sein. Die Anbindung dieser Anwälte an das MfS konnte, musste aber keineswegs, als inoffizieller Mitarbeiter for-

289 So der stellvertretende Minister im MdJ, Hans Breitbarth, zit. nach: Busse: Deutsche Anwälte, S. 502.

290 Mollnau: Normierung, S. 520; Gerlach: Die Rechtsanwaltschaft, S. 142; Brand: Rechtsanwalt, S. 64; Eisenfeld: Rolle und Stellung, S. 355; Lange: Einbindung, S. 631; Liebernickel: Erpressung Ausreisewilliger, S. 46.

291 HA IX/8/AG R, Zulassung von Einzelnotaren, 30.6.1976; BStU, MfS, HA IX Nr. 2137, Bl. 106 f., hier 106.

292 Busse: Deutsche Anwälte, S. 503 f.; Otterbeck: Anwaltskollektiv der DDR, S. 219 f.; Brand: Rechtsanwalt, S. 147 ff.

293 Inhaltliche Gemeinsamkeiten aus den eingesehenen Dokumenten und der Literatur zu den unten geschilderten Einzelkanzleien.

294 Volpert, Heinz; Schalck-Golodkowski, Alexander: Zur Vermeidung ökonomischer Verluste und zur Erwirtschaftung zusätzlicher Devisen im Bereich Kommerzielle Koordinierung des Ministeriums für Außenwirtschaft der Deutschen Demokratischen Republik. JHS, Dissertation, Mai 1979. BStU, MfS, JHS Nr. 24672, Bl. 92.

295 Ebenda, Bl. 123 ff.

296 Bericht über die Unterredung mit Rechtsanwalt Genossen Irmscher nach seiner Rückkehr aus der BRD, o. D. (vermutl. 1983); BStU, MfS, HA II Nr. 18798, Bl. 14–19.

malisiert sein. In Einzelfällen gibt es den Verdacht auf eine Verletzung[297] internationaler Devisenbestimmungen. Es wurde schon immer gemutmaßt, dass eines der Hauptmotive für die Einrichtung der Spezialkanzleien deren Abschirmung war.[298] Die Handakten und Finanzen der Einzelanwälte waren der Revision durch das Kollegium entzogen. De jure lag das Kontrollrecht beim MdJ. Es wurde jedoch 1975 festgelegt, dass die »Kontrolle bestimmter Anwälte (Einzelanwälte) nur durch die Organe erfolgt, für die diese tätig sind, also durch uns (das MfS)«.[299] Aufgrund der starken Abhängigkeit ist zu Recht die Frage aufgeworfen worden, ob dort, wo Kanzleien von der Partei oder dem Staat initiiert wurden, überhaupt von Anwälten die Rede sein kann, oder ob sie nicht vielmehr als »staatlich Beauftragte«[300] anzusehen sind.

Die Einzelkanzleien waren nicht die einzigen juristischen Vertretungen, die zu einer Spezialisierung der Anwaltschaft führten. Wer in das Kollegium eintrat, durfte nicht zugleich als Notar tätig sein. Das Notariat wurde, von wenigen Einzelanwälten abgesehen, seit 1952 grundsätzlich von staatlichen Stellen wahrgenommen.[301] Im Zivilprozess war der Anwaltszwang aufgehoben.[302] Für Patentfragen waren in zwei Büros zusammengefasste Patentanwälte zuständig. Größere Betriebe verfügten zudem über eigene Wirtschaftsjustiziariate. DDR-weit handelte es sich um 3000 bis 4000 Juristen, die dem Leitungsbereich der Betriebe zugerechnet wurden und vor Vertragsgerichten auftraten.[303] Ab 1976 durften diese sogar kleinere, private Rechtsangelegenheiten von Mitarbeitern regeln.[304] Arbeitsgerichtssachen waren für Anwälte bis 1976 tabu. Arbeitsrechtsfälle und kleinere Strafdelikte wurden vor allem in den 1960er-Jahren vor sogenannten gesellschaftlichen Gerichten verhandelt.[305] Seit den 1950er-Jahren

297 Konten von DDR-Bürgern in der Bundesrepublik und in Westberlin sollten als Sperrkonten eigens vor dem Zugriff der DDR-Staatsorgane geschützt werden. Nur in kleinen Summen durfte Geld abgehoben und transferiert werden. Zimmermann: DDR-Handbuch, S. 1250 u.1532. Die DDR versuchte sich dagegen durch Einsatz von Kurieren in den Besitz dieser Devisen zu bringen, insbesondere die Anwälte Wünsche und Irmscher und das RBIZ waren daran beteiligt.

298 Brand: Rechtsanwalt, S. 65; Liebernickel: Erpressung Ausreisewilliger, S. 46.

299 Zit. nach: Eisenfeld: Rolle und Stellung, S. 355.

300 Liebernickel: Erpressung Ausreisewilliger, S. 46.

301 Busse: Deutsche Anwälte, S. 503 f.; Otterbeck: Anwaltskollektiv der DDR, S. 219 f.; Brand: Rechtsanwalt, S. 147 ff.

302 Reich: Entwicklung der Rechtsanwaltschaft, S. 342 ff.; Brand: Rechtsanwalt, S. 39.

303 HA IX/8/AG R, Betr. Absprache MdJ am 16.4.1975, 17.4.1975; BStU, MfS, HA IX Nr. 1634, Bl. 162–165, hier 163; Busse: Deutsche Anwälte S. 505 ff., Brand: Rechtsanwalt, S. 68 ff. u. 74 ff.

304 Otterbeck: Anwaltskollektiv der DDR, S. 218 f.; Reich: Entwicklung der Rechtsanwaltschaft, S. 338 ff. u. 343; Brand: Rechtsanwalt, S. 68 ff.

305 Reich: Entwicklung der Rechtsanwaltschaft, S. 339 ff.; Otterbeck, Franz Norbert: Freier Beruf im Sozialismus? Rechtsanwälte in der DDR und ihr Berufsspektrum. In: NJ 59 (2005) 10, S. 442–444, hier 443; Brand: Rechtsanwalt, S. 39.

war der Kollegiumsanwalt, der mit Ausnahme von bestimmten Bereichen des Arbeits- und Wirtschaftsrechtes als Generalist tätig sein sollte, das Leitbild für die Anwaltschaft. Faktisch waren die wenigen Hundert Kollegiumsanwälte in der Ära Honecker in ein spezialisiertes Rechtsberatungs- und -vertretungssystem eingebunden.[306] Dieses Anwaltssystem schränkte den Handlungsraum der Kollegiumsanwälte von vornherein ein. Dies sollte sich auch auf die politischen Strafverfahren auswirken.

### 3.2.1 Das Rechtsanwaltsbüro für internationale Zivilrechtsangelegenheiten (RBIZ)

Im Jahr 1967 wurde in Ostberlin das Rechtsanwaltsbüro für internationale Zivilrechtsangelegenheiten (RBIZ) gegründet. In den Anfangsjahren wurde es nach seinem ersten Vorsitzenden, Manfred Hofmann, als »Büro Hofmann« bezeichnet.[307] Das RBIZ war für Zivil-, Handels-, Familien- und Arbeitsrechtsmandate zuständig, die mit dem Ausland verbunden waren. Es sollte die Interessen staatlicher Organe, Wirtschaftsbetriebe und Privatpersonen im Ausland wahrnehmen.[308] Ein Schwerpunkt lag auf der Ermittlung von Erbansprüchen von DDR-Bürgern im Ausland. Faktisch sollten DDR-Bürger gezwungen werden, sich des RBIZ zu bedienen, wenn sie Vermögensansprüche im Ausland geltend machen wollten. Ausländern wurde geraten, sich dieser Institution zu bedienen, wenngleich man sich davor scheute, dies verbindlich zu machen.[309] Das RBIZ war nach außen hin als rechtlich eigenständiges Kollegium konzipiert und basierte auf eigenen Statuten,[310] war also eine von den Kollegien abgetrennte Sonderorganisation. Ein derartig zentralisiertes Kollegium existierte auch in der Sowjetunion und der ČSSR.[311] Die Stellung des Vorsitzenden war wesentlich stärker als in Kollegien, er konnte zunächst selbst neue Mitglieder einstellen und disziplinarisch belangen.[312] Später wurde die Frage der Neumit-

306 Mollnau: Hintergründe, S. 3.

307 Busse: Deutsche Anwälte, S. 504.

308 Anordnung über die Bestätigung des Statuts des Rechtsanwaltsbüros für internationale Zivilrechtsvertretungen, 18.8.1967. In: DDR-GBl. Teil II (1967) 79, S. 563 (künftig i. d. F. vom 18.12.1980 als »RBIZ-Statut 1980« bezeichnet), § 3.

309 Vermerk zum Statutenentwurf für das RBIZ. 5.8.1980; BStU, MfS, HA IX Nr. 16360, Bl. 2–5, hier 2.

310 Zu den Kollegien gibt es auf den ersten Blick viele statutenmäßige Parallelen. Brand: Rechtsanwalt, S. 61 f.

311 Brand: Rechtsanwalt, S. 61; Otterbeck: Anwaltskollektiv der DDR, S. 217 f.

312 Anordnung über die Bestätigung des Statuts des Rechtsanwaltsbüros für internationale Zivilrechtsvertretungen, 18.8.1967. In: DDR-GBl. Teil II (1967) 79, S. 563, § 8 Abs. 1d; ebenda, § 18 Abs. 1. Erst mit der Verordnung von 1980 kam den Mitgliedern ein Kooptions-

gliedschaft in den Statuten verschleiert.[313] Dem Vorsitzenden kam ein fachliches Weisungsrecht zu.[314] Dass der Vorsitzende in der Literatur als der »einzige im umfassenden Sinne freie Anwalt in der DDR«[315] bezeichnet wird, verkennt seine Unterstellung unter das Amt für Rechtsschutz. Nominell konnten die Anwälte Mandate frei entgegennehmen,[316] doch traditionell konnte der Vorsitzende Empfehlungen aussprechen.[317] So waren die Mitglieder des RBIZ faktisch keine freien Anwälte und bezogen feste Gehälter.[318] Deutlich wurde nach dem VIII. Parteitag der SED im Jahr 1971 formuliert, dass die Wahrnehmung von Vermögensinteressen im Ausland Sache des Staates und nicht der Anwälte sei.[319] De jure unterstand das RBIZ der Kontrolle und Aufsicht des MdJ,[320] de facto wurde es vom Amt für den Rechtsschutz des Vermögens der DDR kontrolliert und angeleitet,[321] das dem Ministerrat unterstand und dessen Aufgabe es war, für die DDR Vermögenswerte zu sichern. Faktisch war das RBIZ also eine staatliche Einrichtung und keine Anwaltsgemeinschaft. Es ist offenkundig, dass durch das RBIZ Mandate mit Auslandsbezug besser zu kontrollieren waren.[322] Kaum zu bestreiten ist allerdings, dass es auch um fiskalische Interessen ging.[323] In einer Geheimanweisung des Ministerrates wurde dem RBIZ die Aufgabe der »Erschließung zusätzlicher Deviseneinnahmen für unseren Staat«[324] zugewiesen. Gerade bei Erbschaften war es das Interesse der DDR, diese ins Land zu holen, wobei dem Staat wie bei den Anwaltshonoraren der Umtauschgewinn zufiel. Die Anwaltsgebühren wurden zum Teil an den Staat abgeführt.[325]

recht zu. Allerdings waren auch dem die üblichen Filter aus Partei, MdJ und MfS vorgeschaltet. Otterbeck: Anwaltskollektiv der DDR, S. 218.

313 Das Statut regelt die Aufnahme nicht mehr explizit.

314 RBIZ-Statut 1980, § 7 Abs. 2.

315 Otterbeck: Anwaltskollektiv der DDR, S. 218.

316 RBIZ-Statut 1980, § 11.

317 Ebenda, § 15.

318 Gregor Gysi: Zur Kritik des Präsidenten der Westberliner Anwaltskammer an den Rechtsanwälten im Rechtsanwaltsbüro für internationale Zivilrechtsangelegenheiten, o. D. (vermutl. 1988); BStU, MfS, RS Nr. 192, Bl. 31–33, hier 31.

319 Hans Breitbarth: Notizen über die Ergebnisse der Leitungsberatung am 1.3.1973 über Fragen der Rechtsanwaltschaft, Abschrift, 8.3.1973; BStU, MfS, HA XX Nr. 7363, Bd. 1, Bl. 134 f.

320 RBIZ-Statut 1980, § 20 Abs. 1.

321 Präsidium des Ministerrates, Beschluss, 30.5.1973; BStU, MfS, HA IX Nr. 16360, Bl. 41–56, hier 46; Brand: Rechtsanwalt, S. 61.

322 Busse: Deutsche Anwälte, S. 504.

323 Busse hält das für nicht nachgewiesen. Ebenda.

324 Präsidium des Ministerrates, Beschluss, 30.5.1973; BStU, MfS, HA IX Nr. 16360, Bl. 41–56, hier 44.

325 Gregor Gysi: Zur Kritik des Präsidenten der Westberliner Anwaltskammer an den Rechtsanwälten im Rechtsanwaltsbüro für internationale Zivilrechtsangelegenheiten. o. D. (vermutl. 1988); BStU, MfS, RS Nr. 192, Bl. 31–33, hier 31. Ohne Kenntnis der hier geschilderten Hintergründe wird in der Literatur meist vom Statutenwortlaut ausgegangen und behaup-

Das RBIZ war mit 35 Angestellten und 13 ausgebildeten Rechtsanwälten die größte Kanzlei der DDR, wenn man diesen Begriff gelten lassen will.[326] Im Jahr 1986 erwirtschaftete das Büro über 3 Millionen DM und Honorare in Höhe von rund 5 Millionen DM für die DDR und erfüllt damit das geplante »Kampfprogramm«.[327] Die Anwälte des RBIZ waren vergleichsweise privilegiert.[328] Sie hatten eine Reisekadergenehmigung für das westliche Ausland. Entsprechend wurden sie vom MfS überprüft und mit ausgewählt.[329] Der Anteil der Anwälte mit IM-Erfassungen war hoch. Von den zehn Anwälten, die 1989/90 ins Berliner Kollegium überwechselten,[330] waren sieben als inoffizielle Mitarbeiter oder analog erfasst.[331] Allerdings ist die Art dieser Beziehungen wegen der Aktenverluste selten genauer nachvollziehbar.

Durch eine Rekonstruktion von zerrissenen MfS-Akten konnte die IM-Akte des Nachfolgers von Büroleiter Hoffman, Gerhard Schreyer, rekonstruiert werden. Der war dem MfS seit 1957 als Informant »Max« zu Diensten.[332] Wenn die ihm zugeschriebenen Berichte staatskritische Äußerungen von Kollegen wiedergeben, wirken diese denunziatorisch. Über den Leiter des Büros, Manfred Hoffmann, hieß es, er lästere über das SED-Politbüro, während er sich »servil und devot«[333] gegenüber Honecker verhalte. Dessen Mitglieder seien dorthin nicht durch Verdienste, sondern wegen gegenseitiger Freundschaften und Bekanntschaften aufgestiegen. Das wirkt, als ob »Max« gezielt Informationen zu Hoffmann an das MfS gab, um seine eigene Karriere zu befördern. Hoffmann wurde schließlich von der Aufgabe entbunden, weil er am Rande einer Konferenz zu lockere Ansichten über die SED-Führung geäußert hätte.[334] Diese Ansichten waren auch vom IM berichtet worden.

Laut »Max« zugeschriebenen Überlieferungen waren RBIZ-Anwälte in zweifelhaften Machenschaften verstrickt. Einzelne sollen sich zulasten der DDR, aber auch von Mandanten bereichert haben. Dazu sollen fingierte Honorar-

tet, die beteiligten Anwälte hätten ihre Honorare frei vereinbaren und hohe Einnahmen erzielen können. Brand: Rechtsanwalt, S. 62; Busse: Deutsche Anwälte, S. 504.

326 HA XX/1, Information, 22.11.1988; BStU, MfS, AIM 26904/91, Beifügung 5, Bl. 243–245.

327 Anonym (vermutl. Gerhard Schreyer), Einschätzung der Ergebnisse der Arbeit des Rechtsanwaltsbüros im Jahre 1986, 17.12.1986; ebenda, Beifügung 5, Bl. 103–111, hier 104.

328 Verzeichnis der Rechtsanwälte.

329 HA XX, Stellungnahme zur Eingabe des [...], 7.4.1982; BStU, MfS, AP 55344/92, Bl. 166–168, hier 166.

330 Anwaltsverzeichnis 1990. Deutsche Demokratische Republik/Deutscher Anwaltverein (Hg.). Essen 1990.

331 Eigenberechnung laut MfS-Erfassungen der einzelnen Anwälte in den MfS-Akten.

332 Verpflichtungserklärung, 11.9.1957; BStU, MfS, AIM 26904/91, Bl. 30.

333 HA XX/1, Tonbandabschrift, 26.5.1983; BStU, MfS, AIM 26904/91, Beifügung 4, Bl. 142.

334 Bericht, 30.9.1983; ebenda, Beifügung 4, Bl. 180–182.

rechnungen geschrieben worden sein, die niedriger waren als die, die mit den Westmandanten abgerechnet wurden. Die Differenz würden die Anwälte in die Tasche stecken. Dazu freilich benötigten sie die Hilfe von Anwälten in der Bundesrepublik und Westberlin, wo es offenbar, namentlich genannt, genügend Willige gab. Bei den RBIZ-Anwälten galt angeblich das Motto »wer will uns eigentlich nachweisen, ob wir 6 Prozent oder nur 2 Prozent unserem Kontaktanwalt geben. Wenn Du mit Deinem Kontaktanwalt klarkommst, erfährt hier [in der DDR] niemand, was Du verdienst.«[335] RBIZ-Anwälte sollen an sogenannten »Geldschleppereien«, also devisenrechtlich problematischen Geldtransfers über die DDR-Grenze, beteiligt gewesen sein.[336] Die Akte von IM »Max« gibt erstmals genaueren Einblick in diese Praktiken. Um der Gefahr entgegenzuwirken, dass die DDR ihre Einwohner unter Druck setzte, Vermögen aus der Bundesrepublik und Westberlin mit Umtauschverlusten in die DDR zu transferieren, war die jährliche Transfermenge für jeden DDR-Bürger begrenzt worden. Einzelne RBIZ-Anwälte umgingen diese devisenrechtliche Bestimmung offenbar mehrfach. Zum einen ließen sie sich offenbar von ihren Partnern im Westen besonders hohe Honorare zahlen, die der Erbmassen entnommen wurden. Für derart Honorare galten die Transferbeschränkungen nicht und die konnten in die DDR überwiesen werden. Zum Zweiten wurde Geld offenbar in Aktentaschen illegal über die Grenze gebracht, was in Berlin nicht sonderlich schwer war. Der MfS-Informant selbst berichtete von »›halblegale[n]‹ Transaktionen«,[337] bei denen mithilfe einer norddeutschen Bank Gelder von Konten in die DDR überführt werden sollten. Andere Büromitglieder formulierten drastischer, durch die Anwälte würden »ständig die Gesetze und Devisenbestimmungen der BRD verletzt«.[338] Selbst der erste Leiter Hoffmann soll dieserart Aufgabe, »Devisen zu realisieren, als ›unwürdige Geldtransporte‹«[339] abgelehnt haben, sicher auch ein Grund ihn abzulösen.

MfS-Abteilungen stellten über die HA XX/1 routinemäßig Anfragen zu Vermögensverhältnissen von einzelnen Mandanten des RBIZ. Die gesichteten Akten vermitteln den Eindruck, dass diese Anfragen mit der gleichen Routine be-

335 HA XX/1, Information zum Treff mit IMS »Max« am 22.12.1982; ebenda, Beifügung 4, Bl. 67–69, hier 68.

336 Gregor Gysi: Zur Kritik des Präsidenten der Westberliner Anwaltskammer an den Rechtsanwälten im Rechtsanwaltsbüro für internationale Zivilrechtsangelegenheiten. o. D. (vermutl. 1988); BStU, MfS, RS Nr. 192, Bl. 31–33, hier 31.

337 Handschriftl. Vermerk, 6.7.1986; ebenda, Beifügung 4, Bl. 57–67, hier 64.

338 HA XX/1, Information zum Treff mit IMS »Max« am 8.9.1982; ebenda, Beifügung 4, Bl. 5.

339 HA XX/1, Information zum Treff mit IMS »Max« am 8.9.1982; ebenda, Beifügung 4, Bl. 3.

antwortet wurden.[340] Das RBIZ informierte das MfS in Einzelfällen, wenn es von Vermögenswerten erfuhr, die Bürger am Staat vorbei sichern wollten.[341]

Immer wieder gab es Versuche, möglichst alle ausländischen Zivilmandate beim RBIZ zu konzentrieren.[342] Die Kollegiumsanwälte wurden entsprechend angehalten, die Zuständigkeiten des RBIZ zu respektieren. Diese wollten auf diese Mandate aber nicht völlig verzichten. Ein Monopol konnte nie umgesetzt werden.[343] Seine konsequente oder gar rechtliche Durchsetzung hätte das Ansehen dieser Institution und der Anwaltschaft als Ganzes beschädigt. Da das RBIZ und dessen Anwälte im Westen nur mit Misstrauen bedacht wurden und die DDR-Anwälte ein Interesse an den lukrativen Mandanten hatten, plädierten die Berliner Anwälte in den 1980er-Jahren für dessen Auflösung.[344] Angeblich wurde das RAK Berlin durch einen Studienkollegen Gregors Gysis über die zwielichtigen Praktiken im RBIZ informiert.[345] ZK-Abteilungsleiter Klaus Sorgenicht war deswegen ungehalten und entschied laut dem MfS-Informanten, »dass die angestrebte ›Liberalisierung‹« zugunsten des RAK Berlin nicht umgesetzt werde.[346] Es blieb alles beim Alten und erst im Zuge der Umstrukturierung der Anwaltschaft 1989/90 wurde das RBIZ in das RAK Berlin eingegliedert. Eine Reihe von RBIZ-Anwälten trat bis zu dessen Auflösung schon der offenbar eigens geschaffenen Zweigstelle Berlin-Mitte III bei.[347]

### 3.2.2 Büro Ingeburg Gentz

Ingeburg Gentz unterhielt eine Anwaltskanzlei, die enge Beziehungen zur SED-Parteispitze und zu sowjetischen Diplomaten pflegte. Sie hatte noch zu Zeiten der Weimarer Republik Rechtswissenschaften studiert. Damals SPD-Parteimitglied, trat sie 1945 der KPD, schließlich der SED bei. Als 1945 zugelassene Notarin beurkundete sie die Gründungsversammlungen aller SED-Parteibetriebe wie zahlreiche Transaktionen von Parteivermögen. Auch für persön-

340 Mehrere Korrespondenzen dieser Art in: BStU, MfS, HA XX Nr. 4347.

341 HA XX, Schreiben an BV Magdeburg, 30.6.1986; BStU, MfS, HA XX Nr. 7347, Bl. 331.

342 Hans Breitbarth: Notizen über die Ergebnisse der Leitungsberatung am 1.3.1973 über Fragen der Rechtsanwaltschaft, Abschrift, 8.3.1973; BStU, MfS, HA XX Nr. 7363, Bd. 1, Bl. 134–135.

343 Brand: Rechtsanwalt, S. 63 f.; Busse: Deutsche Anwälte, S. 505.

344 Gregor Gysi: Zur Kritik des Präsidenten der Westberliner Anwaltskammer an den Rechtsanwälten im Rechtsanwaltsbüro für internationale Zivilrechtsangelegenheiten, o. D. (vermutl. 1988); BStU, MfS, RS Nr. 192, Bl. 31–33, hier 31.

345 Information zum TB mit IMS »Max«, 22.12.1988; ebenda, Beifügung 5, Bl. 258–260.

346 Handschriftl. Vermerk, 19.3.1989; ebenda, Beifügung 5, Bl. 287–293, hier 288.

347 Otterbeck: Anwaltskollektiv der DDR, S. 218; Anwaltsverzeichnis 1990. Deutsche Demokratische Republik/Deutscher Anwaltverein (Hg.). Essen 1990.

liche Angelegenheiten, Scheidungen oder Nachlassabwicklungen von hohen SED-Funktionären, wie Otto Grotewohl, oder anderen Prominenten, wie Bert Brecht, wurde sie in Anspruch genommen.[348] Aus dieser Zeit entstammt ihre Anwaltszulassung in den Westsektoren Berlins.[349] Trotz dieser exponierten Stellung hegte das MfS ihr gegenüber zeitweise Misstrauen. Ingeburg Gentz war mit der Familie von Walter Janka befreundet und stand 1956 seiner Beschuldigung wegen »Staatsverrats« äußerst kritisch gegenüber.[350] Wegen ihrer zahlreichen Westkontakte, auch zu US-Diplomaten, wurde sie eine Zeit lang wegen des Verdachts auf »feindliche Tätigkeit«[351] überwacht, der sich allerdings nicht bestätigte. Offenbar auf Drängen des MfS sollten die Aktivitäten der Kanzlei beschränkt werden. Das MdJ wollte die Möglichkeiten der Anwältin, in den Westen zu reisen, einschränken.[352] Nach einer Absprache von Erich Mielke mit Erich Honecker im Jahr 1976 war vereinbart, die Kanzlei nach dem Rückzug von Ingeburg Gentz abzuwickeln, ihre Aufgaben an das staatliche Notariat bzw. eine vertrauenswürdige Zweigstelle des Berliner Kollegiums zu verteilen. Im Jahr 1981 änderte Erich Honecker seine Entscheidung[353] und ermöglichte es, dass die Kanzlei durch den Sohn von Ingeburg Gentz, Jürgen, und später dann durch dessen Tochter, Ute, weiterbetrieben wurde. Dem Votum lag nicht zuletzt zugrunde, dass die Kanzlei sowjetische diplomatische Vertretungen juristisch betreute und der DDR Devisen aus Nachlässen im Ausland einbrachte,[354] allein 2,4 Millionen DM in einem Jahr.[355] Zum anderen hatte sich Jürgen Gentz 1975 dem MfS als IM »Werner Ulrich« verpflichtet.[356] Er sollte über Mandanten berichten, die die DDR verlassen oder Erbschaften an der DDR vorbei in Anspruch nehmen wollten. Ausweislich von MfS-Protokollen war Gentz »gewissenhaft«[357] für das MfS tätig, vorrangig beim Beschaffen von Informationen über Personen in OV-Vorgängen und deren Beziehungen nach Westen und beim Verdacht des ungesetzlichen Verlassens der DDR. Mehrere Hauptab-

348 Vermerk vom 23.7.1976; BStU, MfS, AIM 6892/86, Teil I, Bd. 3, Bl. 9–16, hier 9 u. 16.

349 Bericht vom 24.2.1965; BStU, MfS, HA XX Nr. 182, Bl. 13–15, hier 13.

350 HA II/3, Schlussbericht, 18.12.1972. BStU, MfS, AOP 2177/3, Bd. 3b, Bl. 169–171, hier 170.

351 Ebenda

352 (Vermutl. MdJ), Vermerk über eine Aussprache mit Rechtsanwältin und Notarin Ingeburg Gentz, o. D. (vermutl. 1974); BStU, MfS, HA XX Nr. 7354, Bl. 135–137.

353 HA XX, Vermerk, 30.9.1981; BStU, MfS, HA XX Nr. 6529, Bl. 412 f.

354 Ingeburg Gentz, Schreiben an Erich Honecker, 14.9.1981; BStU, MfS, AIM 6892/86, Teil I, Bd. 3, Bl. 68–71, hier 69.

355 Ingeburg Gentz, Schreiben an das MdJ, 24.1.1974; BStU, MfS, HA XX Nr. 7354, Bl. 142 f., hier 142.

356 Jürgen Gentz, Verpflichtungserklärung, 21.4.1975; BStU, MfS, AIM 6892/86, Teil I, Bd.1, Bl. 9.

357 HA XVIII/8/2, Einschätzung über den IMS »Werner Ulrich«, 21.10.1976; ebenda, Teil I, Bd. 1, Bl. 365–367, hier 367.

teilungen befürworteten zudem, dass er auch seine Tätigkeit als Notar fortsetzen sollte.[358] Auch der Leiter des Außenhandelsbereiches Kommerzielle Koordinierung, Alexander Schalck-Golodkowski[359] und schließlich die Abteilung Staat und Recht beim ZK der SED sprachen sich für ihn aus,[360] sodass Erich Honecker letztlich seine Entscheidung von 1976 revidierte. Die Kanzlei existierte noch zur Zeit der deutschen Einheit und kam im Zusammenhang mit der Verschiebung von SED-Parteigeldern nach Österreich in die Diskussion.[361]

### 3.2.3 Büro Friedrich Karl Kaul

Lange Zeit prägte Friedrich Karl Kaul im Westen wie im Osten das Bild des DDR-Anwalts. Jahrelang trat er als publizistischer Rechtsberater in der DDR-Fernseh-Serie »Prof. Kaul antwortet« auf. Auch sonst war er mit Fachartikeln, mit Hörspielen und Kriminalgeschichten öffentlichkeitswirksam tätig.[362] Seine Bekanntheit als Anwalt verdankte er spektakulären Prozessvertretungen in der Bundesrepublik, die er im Auftrag der SED erledigte. Obwohl höchst umstritten, galt er im Westen als »Staranwalt der DDR«.[363]

Nach dem Krieg war Kaul neben der Berliner Rechtsanwältin Ingeburg Gentz zunächst das einzige KPD- bzw. SED-Mitglied, das über eine Anwaltszulassung für alle Berliner Gerichte und damit auch für die Gerichte im Westen Deutschlands verfügte. Wegen dieser Zulassung war er für die DDR zunächst unentbehrlich und durfte durch SED-Beschluss nach der Gründung der An-

358 HA XVIII, Schreiben an HA XX v. 15.9.1981; ebenda, Teil I, Bd. 3, Bl. 67.

359 Ministerium für Außenhandel, der Staatssekretär, Alexander Schalck-Golodkowski. Schreiben an MdJ. 31.7.1980. Der Bereich Kommerzielle Koordinierung (Koko) gehörte formell zum Außenhandel, wurde aber faktisch von der SED-Spitze gesteuert. Ein wesentliches Unternehmensziel war es, den Devisenbedarf der DDR zu decken. Koko war auch eng mit dem MfS verbunden, das zur Kontrolle eine eigene AG zum Bereich Kommerzielle Koordinierung (AG BKK) unterhielt. Führungspersonal, allen voran der Leiter von Koko, Alexander Schalck-Golodkowski, war dem MfS hauptamtlich verpflichtet. Wer war wer in der DDR? In: http://www.bundesstiftung-aufarbeitung.de/wer-war-wer-in-der-ddr-%2363%3B-1424.html (letzter Zugriff: 19.12.2014); Buthmann, Reinhard: Arbeitsgruppe Bereich Kommerzielle Koordinierung. Berlin 2004.

360 HA XX. Vermerk. 30.9.1981. BStU, MfS, HA XX Nr. 6529, Bl. 412 f.

361 Förster, Andreas: Finny und die Katze retten den Millionenschatz der Novum. In: Berliner Zeitung vom 13.10.1994.

362 Die biografischen Fakten, sofern nicht anders angegeben, nach Wer war wer in der DDR? In: http://www.bundesstiftung-aufarbeitung.de/wer-war-wer-in-der-ddr-%2363%3B-1424.html (letzter Zugriff: 19.12.2014).

363 Rosskopf, Annette: Strafverteidigung als ideologische Offensive. Das Leben des Rechtsanwalts Friedrich Karl Kaul (1906–1981). Berlin 1998. In: www.s6.rewi.hu-berlin.de/fhi /articles (letzter Zugriff: 6.10.2009), S. 5; Whitney: Advocatus Diaboli, S. 103.

waltskollegien bis zu seinem Tod als Einzelanwalt tätig sein.[364] Kaul trat in der Bundesrepublik seit 1951 vor allem in Staatsschutzverfahren gegen KPD-Mitglieder auf und vertrat die KPD vor dem Bundesverfassungsgericht, nachdem diese in der Bundesrepublik verboten worden war. Beginnend mit dem Frankfurter Ausschwitzprozess von 1963 übernahm er Nebenklagen für DDR-Bürger und NS-Opfer in NS-Verfahren.[365] Kaul konnte die Aufgabe als Opfer-Anwalt besonders glaubwürdig vertreten, da er selbst zu den Überlebenden des Holocaust zählte. Aus rassischen Gründen, seine Mutter war Jüdin, durfte er 1933 sein Referendariat nicht abschließen. Wegen seines politischen Engagements war er von 1935 bis 1937 in Konzentrationslagern interniert. Nur prominenter Fürsprache verdankte er es, nach Südamerika ausreisen zu können. Später wurde er in den USA als »feindlicher Ausländer« interniert.[366]

Kaul, 1906 in Posen geboren, entstammte eigentlich einer großbürgerlichen Familie. Erfahrungen mit der Weltwirtschaftskrise und politischen Prozessen in Berlin veranlassten den angehenden Juristen, sich mit kommunistischen Ideen auseinanderzusetzen. Er wurde Mitarbeiter der Roten Hilfe. Nach dem Krieg zog er nach Ostberlin, wo er sich in den Dienst der SED stellte.[367] Seine politischen Mandate im Westen wurden vom ZK beauftragt, gesteuert und bezahlt. Dazu gehörte das Wiederaufnahmeverfahren gegen die mutmaßlichen Mörder des einstigen KPD-Vorsitzenden Ernst Thälmann.[368] Hier verhandelte Kaul mit Honecker persönlich, wie er schon Ulbricht Vorschläge zu politischen Aktionen gemacht hatte, die mit juristischen Mitteln ausgefochten werden sollten.[369] Seine Reise nach Israel als Prozessbeobachter beim Eichmann-Prozess war mit dem SED-ZK abgestimmt.[370] Das Interesse der Staatspartei der DDR beschränkte sich nicht auf die juristische Seite dieser Verfahren, sie wollte diese propagandistisch inszenieren oder auswerten. Auf diese Weise sollte die kapitalistische Bundesrepublik in die Defensive gebracht, die DDR als antifaschistischer Staat eine Legitimation erhalten. Ansprechpartner für seine Parteiaufträge waren vor allem Paul Verner,[371] der jahrelang die Westarbeit der SED leitete,

364 Rosskopf: Ideologische Offensive, S. 5.

365 Ebenda, S. 7 u. 11.

366 Ebenda, S. 4.

367 Ebenda, S. 2 f. u. 5.

368 Rosskopf: Friedrich Karl Kaul, S. 223 ff. Ernst Thälmann (1886–1944) war mit Unterbrechungen seit 1924 KPD-Vorsitzender und wurde nach langer Haft im KZ Buchenwald ermordet. Wer war wer in der DDR? In: http://www.bundesstiftung-aufarbeitung.de/wer-war-wer-in-der-ddr-%2363%3B-1424.html (letzter Zugriff: 23.9.2014).

369 Rosskopf: Friedrich Karl Kaul, S. 221 ff.

370 Ebenda, S. 190 ff.

371 Verner, Paul (1911–1986) war in den 1950er-Jahren Leiter der Westabteilung des ZK der SED, auch nach seinem Aufstieg ins Sekretariat und als Kandidat des Politbüros war er für Westpropaganda zuständig. Wer war wer in der DDR? In: http://www.bundesstiftung-aufarbeitung.de/wer-war-wer-in-der-ddr-%2363%3B-1424.html (letzter Zugriff: 23.9.2014).

und das Büro von Albert Norden, der für die Propaganda zuständig war.[372] Ab 1965 leitete Kaul ein eigens für ihn gegründetes Institut für zeitgenössische Rechtsgeschichte an der HUB, das der Auswertung seiner Prozesse in der Bundesrepublik diente.[373]

In seiner Kanzlei, insbesondere bei der inhaltlichen und juristischen Vorbereitung der NS-Verfahren, wurde er von jüngeren DDR-Fachleuten und Juristen unterstützt. Sie behielten einen Sonderstatus. Edgar Irmscher durfte sich später als Einzelanwalt selbstständig machen. Günter Ullmann und Winfried Matthäus führten die Kanzlei als Einzelkanzlei nach Kauls Tod fort. Joachim Noak trat im Parteiauftrag der besonders abgeschirmten Kollegiumszweigstelle von Friedrich Wolff bei. In diesem Sinne ist die Kanzlei Kaul die Keimzelle der meisten Sonderanwälte in der DDR.[374] Kaul polemisierte in ostdeutschen Prozessberichten gegen die westdeutsche und Westberliner Justiz, die er als »Klassenjustiz« und »Kriegstreiber« bezeichnete. Er griff dabei Richter und Staatsanwälte persönlich an. Der Versuch der Westberliner Generalstaatsanwaltschaft, ihm mittels der »Lex Kaul« die Zulassung entziehen zu lassen, scheiterte noch an einer Verfassungsbeschwerde.[375] Doch im Jahr 1961 schloss ihn der BGH wegen seiner SED-Nähe in einer Staatsschutzsache vom Mandat aus. Dies führte zu entsprechenden Nachfolgeentscheidungen anderer Gerichte und damit zu einer empfindlichen Einschränkung seiner Anwaltstätigkeit.[376] Erst nach einem mehrjährigen Rechtsstreit wurde Kaul wieder zugelassen. Inzwischen hatten sich jedoch die deutsch-deutschen Beziehungen verändert. Nicht mehr die ideologische Konfrontation um jeden Preis stand auf der Tagesordnung. Die SED untersagte Kaul, spektakuläre Mandate in ihrem Auftrag zu übernehmen.[377] Während er in der Vergangenheit an Freikaufaktionen mitgewirkt hatte,[378] ließ ihm die SED seit Mitte der 1960er-Jahre auf diesem Feld immer weniger Aufträge zukommen.[379] Kauls Rolle als Anwalt in Ost-West-An-

372 Albert Norden (1904–1982) ging, weil er mit rassischer und politischer Verfolgung rechnen musste, während der NS-Zeit ins Exil. In der DDR stieg er bis ins Politbüro auf und gehörte zu den Propaganda und Westpolitik der SED prägenden Politikern. Wer war wer in der DDR? In: http://www.bundesstiftung-aufarbeitung.de/wer-war-wer-in-der-ddr-%2363%3B-1424.html (letzter Zugriff: 23.9.2014); Rosskopf: Ideologische Offensive, S. 7.

373 Rosskopf: Friedrich Karl Kaul, S. 294 ff.

374 Noak war, noch als Assistent an der HUB, an der Erstellung eines Weißbuches gegen den UfJ beteiligt, das das MfS zusammengestellt hatte. Mampel: Untergrundkampf, S. 70 ff.

375 Rosskopf: Friedrich Karl Kaul, S. 51 ff.

376 Pötzl: Basar, S. 97.

377 Die SED untersagte die Vertretung in einem Beleidigungsprozess gegen Franz Josef Strauß. Durch Entscheidung Honeckers durfte er in einer Haftbeschwerde der RAF nur privat kollegial tätig werden. Rosskopf: Ideologische Offensive, S. 12 f.

378 Dazu kooperierte er mit dem Anwalt Achim von Winterfeld und den Generalbundesanwalt Max Güde. Rosskopf: Ideologische Offensive, S. 9.

379 Dies lag möglicherweise an Kauls grobschlächtiger Verhandlungsweise. Vgl. einen Fall bei Whitney: Advocatus Diaboli, S. 112.

gelegenheiten wurde zunehmend von dem diplomatischer agierenden Wolfgang Vogel übernommen, wodurch eine regelrechte Rivalität entstand.[380] Es hieß, beide »seien sich Spinne-Feind«.[381] Kaul war verärgert, »weil das MfS alle [...] diffizilen Sachen jetzt an den RA Vogel vergibt«.[382] Mandate von Bundesbürgern sollten angesichts der deutsch-deutschen Annäherung selbst nach Auffassung des einstigen Kaul-Gönners, Albert Norden, von »fortschrittlichen« bundesdeutschen statt DDR-Anwälten übernommen werden.[383] Indirekt stand also Kauls Kanzlei Pate bei der Gründung der Einzelkanzlei von Vogel 1968, die quasi in Abgrenzung zu Kauls agitatorischem Stil aufgebaut wurde.[384] In der Phase der Verhandlungspolitik wurde die »Symbolfigur des kalten Krieges« zu einem »politischen Fossil«.[385]

### 3.2.4 Günter Ullmann

Zwei Anwälte, die Friedrich Karl Kaul in seiner Kanzlei unterstützt hatten, durften diese nach dessen Tod 1981 außerhalb des Kollegiums fortführen. Günter Ullmann gehörte der Kanzlei seit 1969 an. Zuvor war er als Richter in Leipzig und Mitarbeiter des MdJ[386] tätig. Er vertrat und assistierte Kaul in NS-Verfahren in der Bundesrepublik. Zum MfS hatte Ullman laut MfS-Akten eine »langjährige offizielle enge Verbindung.«[387] Es sind schriftliche Berichte des Anwalts an die Rechtsstelle überliefert, die die Funktion eines Justiziariates im MfS einnahm. Manche seiner Berichte erinnern dennoch an IM-Berichte. Ullmann vertrat beispielsweise die DDR-Spitzensportlerin Katarina Witt bei Auslandsverträgen. Zu den Vertragsverhandlungen und teilweise sehr privaten Details aus dem Leben der Sportlerin finden sich Angaben in den Akten.[388] Das MfS wurde auch durch Ullmann informiert, dass das Hamburger Magazin Der Stern die DDR um Unterstützung bat.[389] Das Magazin hatte behauptet, dass

380 Pötzl: Basar, S. 148 ff.; Whitney: Advocatus Diaboli, S. 103 f.

381 HA XX/1, Bericht, 1.4.1971; BStU, MfS, AIM 26904/91, Beifügung 3, Bl. 307 f., hier 307.

382 So eine Kolportage aus seiner Kanzlei; ebenda.

383 HA XX/1, Abschrift vom Tonband, 17.6.1971; ebenda, Beifügung 3, Bl. 326 f.

384 Pötzl: Basar, S. 136 ff.; Whitney: Advocatus Diaboli, S. 141.

385 Rosskopf: Ideologische Offensive, S. 13.

386 Personalbogen, 19.6.1972; BStU, MfS, AP 72631/92, Bl. 1–6, hier 1.

387 MfS/RS, Vermerk, 10.11.1982; BStU, MfS, RS Nr. 56d, Bl. 541; Knabe, Hubertus: Die Rechtsstelle des MfS, Berlin 1999, S. 13, FN 26.

388 Günter Ullmann: Notiz über eine Unterredung mit Katarina Witt am 22.8.1988; BStU, MfS, RS Nr. 56c, Bl. 254–257. Die Gesprächsnotiz enthält den handschriftlichen Zusatz »vertraulich!«. Ebenda, Bl. 254.

389 Günter Ullmann: Schreiben an Udo Lemme, 1.4.1985; BStU, MfS, RS Nr. 56b, Bl. 350; auch die Korrespondenz mit dem Stern-Anwalt befindet sich in dieser Akte.

einst KZ-Baupläne von Heinrich Lübke, dem späteren Präsidenten der Bundesrepublik Deutschland, abgezeichnet waren. Das MfS, das schon bei der ursprünglichen Diskreditierungskampagne gegen Lübke mitgewirkt hatte,[390] versuchte diesmal im Hintergrund die Hilfe für den Stern zu organisieren, die mithilfe der DDR-Generalstaatsanwaltschaft über die Kanzleien von Ullmann und von Heinrich Senfft in Hamburg angeboten wurde.[391] Ullmann vertrat auch MfS-Mitarbeiter in Zivilrechts- und Familienrechtsangelegenheiten, zum Beispiel in Scheidungssachen. Er war in Kooperation mit dem MfS an der Rückführung von DDR-Bürgen, die die DDR illegal verlassen hatten, beteiligt.[392] Dank einer Initiative des MfS beim Finanzministerium genoss Ullmann Steuervorteile.[393] Der Anwalt quittierte Direktzahlungen »zur Unterhaltung [von] Rechtsanwaltsbüros«, die vom MfS stammten.[394] Ullmann trat auch als Verteidiger in MfS-ermittelten Strafverfahren auf.[395]

Wegen seiner Dienstreisen in die Bundesrepublik hatte das MfS den Anwalt eine Zeit lang auskundschaften lassen. Aufgrund mehrerer detaillierter IM-Berichte war bekannt, dass Ullmann in diesen Jahren eine durchaus distanzierte Einstellung zum MfS hatte. Es sei ein »Staat im Staate«.[396] In der Strafpolitik bestimmten wahrscheinlich Mielke und Honecker, »die Staatsanwaltschaft offenbar nicht«.[397] Obwohl das MfS ihn zunächst intern eher negativ beurteilte,[398] bescheinigte es ihm, offenbar aus Respekt vor seiner Tätigkeit bei Kaul, eine »positive Einstellung«[399]. In manchen Bereichen des MfS blieb allerdings eine Reserviertheit gegenüber Ullmann bestehen.[400]

390 Leide, Henry: NS-Verbrecher und Staatssicherheit. Die geheime Vergangenheitspolitik der DDR. Göttingen 2005, S. 82.

391 Staadt, Jochen; Voigt, Tobias; Wolle, Stefan: Feind-Bild Springer. Ein Verlag und seine Gegner. Göttingen 2009, S. 263 ff.

392 MfS/RS, Vermerk, 10.11.1982; BStU, MfS, RS Nr. 56d, Bl. 541.

393 Beschlussempfehlung 1. Untersuchungsausschuss, S. 131.

394 Möglicherweise wurden sie über das MdJ ausgezahlt. Ein Quittungsbeleg enthält einen Namen eines hochrangigen MdJ-Mitarbeiters; MfS/RS, Schreiben an Abt. Finanzen, 7.11.1983; BStU, MfS, RS Nr. 1187, Bl. 226; Ullmann, Quittung v. 3.11.1988; ebenda. Bl. 231.

395 HA IX, Anwaltskartei; BStU, MfS, Karteien; Marxen: Strafjustiz und DDR-Unrecht. Bd. 5/1, S. 297 ff.

396 Zit. nach: HA XX/1, Tonbandabschrift [Bericht eines IM], 12.11.1971; BStU, MfS, RS Nr. 56a, Bl. 424 f., hier 425.

397 Zit. nach: HA XX/1, Bericht [eines IM]. 28.12.1970; ebenda, Bl. 475–478, hier 475.

398 HA XX/1, F-10-Suchauftrag, 9.7.1975; BStU, MfS, HA XX Nr. 7354, Bl. 270 f.

399 HA XX/1, Abschlussbericht, 6.3.1974; BStU, MfS, RS Nr. 56a, Bl. 431.

400 HA XX/1, Schreiben an HA XX/10, 15.12.1982; BStU, MfS, AP 72631/92, Bl. 25 f.

### 3.2.5 Winfried Matthäus

Unter der Leitung von Friedrich Karl Kaul wurde 1965 an der Humboldt-Universität ein Institut für zeitgenössische Rechtsgeschichte gegründet. Es sollte unter anderem das Prozessmaterial zu Kauls Nebenklagevertretungen in NS-Verfahren publizistisch aufbereiten. Sein wichtigster Mitarbeiter war der Historiker Dr. Winfried Matthäus.[401] Unter dem Einfluss Kauls absolvierte der später ein Jurastudium an der HUB und wurde schließlich 1973 Rechtsanwalt in dessen Kanzlei.[402] Nach dem Tode Kauls führte er mit seinem Kollegen die Tradition der Kanzlei fort, übergab die Nebenklage zur Wiederaufnahme des Verfahrens gegen die mutmaßlichen Mörder des ehemaligen KPD-Vorsitzenden Ernst Thälmann an den bundesrepublikanischen Rechtsanwalt Heinrich Hannover und betreute das Verfahren mit ihm zusammen.[403] Der Auftrag, im Namen der Witwe Rosa Thälmann zu agieren, kam hier vom ZK der SED.[404] Wegen dieser Bindung an das ZK berichtete das MfS dem Abteilungsleiter für Staat und Recht im ZK über Ullmann[405] und vermutlich auch über Matthäus.[406] Matthäus war wie Ullmann, nicht als IM, sondern über einen Sicherungsvorgang bei der Rechtsstelle des MfS erfasst.[407] Diese Registrierung signalisiert im Fall der Rechtsstelle eine enge juristische Arbeitsbeziehung. Im Jahr 1982 schlug die Rechtsstelle vor, Matthäus auszuzeichnen und bestätigte ihm eine »langjährige und umfangreiche offizielle Verbindung«.[408] Seine anwaltliche Tätigkeit sei stets darauf gerichtet, »die Sicherheitsinteressen des MfS voll durchzusetzen und in Vermögensangelegenheiten der DDR ökonomische Vorteile zu verschaffen«.[409] Matthäus sollte unter anderem MfS-Angehörige und deren Familienmitglieder in Erbschaftsangelegenheiten in nichtsozialistischen Staaten vertreten und bei dieser Gelegenheit das MfS informieren, wenn »Probleme, Rückfragen bzw. sicherheitspolitische Aspekte bedeutsam werden« und wenn die Erbschaft verfügbar sei.[410] Er soll auch »notarielle Beurkundungen und andere Handlungen vorgenommen [haben, die laut MfS] von politisch-operativ bedeutsamem Inter-

401 Er legte eine Dissertation über »Die industriemäßig betriebene Massenvernichtung im Nazisystem als nach dem internationalen Strafrecht zu verfolgendes Delikt eigener Art« vor. Berlin 1974; vgl. Knabe: Rechtsstelle, S. 13, FN 26.

402 Rosskopf: Friedrich Karl Kaul, S. 295 f.; Personalbogen vom 27.1.1978; BStU, MfS, AP 7221/92 , Bl. 1–8, hier 3.

403 Rosskopf: Friedrich Karl Kaul, S. 223 ff.

404 Klaus Sorgenicht: Schreiben an Paul Verner, 18.7.1983; BArch, DY 30, 22276.

405 HA XX/1, Schreiben am HA XX/10, 15.12.1982; BStU, MfS, AP 72631/92, Bl. 25 f.

406 Personalbogen vom 27.1.1978; BStU, MfS, AP 7221/92 , Bl. 1–8, hier 1.

407 SIVO XV 2032/80; BStU, MfS, Karteien.

408 Zit. nach: Knabe: Rechtsstelle, S. 13, FN 26.

409 Zit. nach: ebenda.

410 Vermerk vom 11.3.1983; BStU, MfS, RS Nr. 886, Bl. 93.

esse«[411] waren. In MfS-ermittelten Strafverfahren scheint er so gut wie nicht tätig gewesen zu sein.[412] Der Anwalt erhielt Steuervorteile, die vom MfS mit den Finanzbehörden ausgehandelt worden waren.[413] Nach 1990 vertrat er in den Prozessen zu den Todesschüssen an der Mauer den ehemaligen DDR-Verteidigungsminister Heinz Keßler[414] und das ehemalige Politbüromitglied Harry Tisch in einem Untreueverfahren.[415]

### 3.2.6 Einzelanwalt Edgar Irmscher

Im Jahr 1970 erhielt Edgar Irmscher die Zulassung, als Einzelanwalt tätig zu sein, 1976 wurden ihm Notariatsbefugnisse übertragen. Zuvor hatte er in der Kanzlei von Friedrich Karl Kaul gearbeitet.[416] Hohe Loyalität gegenüber der SED und enge MfS-Kontakte verhalfen ihm zu einer Nachkriegskarriere aus bescheidenen sozialen Verhältnissen zu einem der wichtigsten Kontaktanwälte des MfS.

Edgar Irmscher, Jahrgang 1929, wuchs in einer Pflegefamilie auf und war von seinem Stiefvater, einem Maurer, im kommunistischen Sinne erzogen worden. Als technischer Zeichner ausgebildet, arbeitete er nach dem Krieg als Landarbeiter, wurde dann Instrukteur einer FDJ-Kreisleitung. Aufgrund der »Schikane und Antreiberei bei dem Großbauer[n]«[417] trat er schon 1947 der SED bei. Über die Erweiterung seiner Schulbildung in einer ABF wurde ihm Anfang der 1950er-Jahre ein Jurastudium ermöglicht.[418] Partei und FDJ erteilten ihm Aufträge zu Propaganda-Einsätzen in Westberlin und er galt bei der Fakultätsparteileitung »als der beste und zuverlässigste Genosse«.[419] Unter dem Decknamen »Mecki« wurde er 1957 das erste Mal vom MfS verpflichtet und wollte zur »Vernichtung und Unschädlichmachung unserer Feinde«[420] seinen Beitrag leisten. Er berichtete laut Führungsoffizier über »falsche [...] ideologische [...] Meinun-

411 Zit. nach: Knabe: Rechtsstelle, S. 13, FN 26.

412 HA IX, Anwaltskartei; BStU, MfS, Karteien.

413 Beschlussempfehlung 1. Untersuchungsausschuss, S. 131.

414 »Sie wirft den Schatten bei Nacht«. In: Der Spiegel 22/1991.

415 Lichtflur und Marmor. In: Der Spiegel 5/1991.

416 MfS/RS, Abschluss einer Vereinbarung mit Gen. Rechtsanwalt Irmscher, o. D. (vermutl. Anfang der 1980er-Jahre); BStU, MfS, RS Nr. 53, Bl. 185 f.

417 Verw. Gr.-Bln/V, Abschrift vom Lebenslauf, 6.9.1957; BStU, MfS, AIM 3010/63, T. P, (Teil Personal/Personalakte eines IM; zeitweilige, frühe Kennzeichnung des MfS, daher künftig vereinheitlichend mit Teil I – T. I – bezeichnet) Bd. 1, Bl. 14–17, hier 16.

418 Ebenda, Bl. 13 u. 14–17.

419 Verw. Gr.-Bln/Abt. V/6, Überwachungs-Vorgang, Abschrift, 16.10.1957; ebenda, T. I, Bd. 1, Bl. 21 f., hier 22.

420 Edgar Irmscher, Verpflichtung, 17.12.1957; ebenda, Teil I, Bd. 1, Bl. 40; Beschlussempfehlung 1. Untersuchungsausschuss, S. 131.

gen«[421] von Dozenten und Studenten, bis er selbst wegen Westkontakten ins Fadenkreuz von Verdächtigungen geriet. Den Plan, ihn als hauptamtlichen Kader zu rekrutieren, ließ das MfS deswegen fallen und der GI-Vorgang wurde abgelegt, weil er »nicht Gewähr einer zuverlässigen Zusammenarbeit«[422] bot.

In den 1960er-Jahren war Irmscher zunächst »mit Parteiauftrag«[423] für das Büro von Friedrich Karl Kaul tätig. Im Jahr 1969 erfolgte eine Anwerbung durch die Militäraufklärung zur Aufdeckung »agenturischer Verbindungen«.[424] Schließlich wurde 1978 die Zusammenarbeit dieser Diensteinheit mit ihm eingestellt, da er »die ihm objektiv gegebenen Möglichkeiten nicht im Interesse der Zusammenarbeit ausschöpfte«.[425] Irmscher hatte sich den profanen Hilfsdiensten für die militärische Aufklärung des MfNV entzogen, indem er darauf verwies, er sei »mit dem für das Büro Kaul zuständigen Genossen des MfS seit vielen Jahren befreundet«.[426] Der Freund war kein geringerer als der Leiter der MfS-Rechtsstelle (RS), Hans Filin.[427] Dieser hatte sich mit Unterstützung von Minister Mielke erfolgreich dafür eingesetzt, dass Irmscher nach dem Ausstieg aus dem Büro Kaul eine Zulassung als Einzelanwalt bekam. Für das MfS sollte er »vertrauliche Zivil- und Familienrechtssachen vor Gerichten der DDR« vertreten sowie als »Partner [... für] Korrespondenzanwälte«[428] in Westdeutschland und Westberlin tätig sein. Es ist behauptet worden, dass Irmscher auch als »Vertrauensanwalt«[429] der HV A gehandelt habe. Für eine förmliche Anwerbung gibt es jedoch keinen Beleg, nicht einmal ein plausibles Zeitfenster.[430] Es ist aber durchaus möglich, dass Irmscher aus seinen MfS-Anbindungen heraus Dienstleistungen erbrachte, von der die HV A ihren Nutzen hatte. So sollte Irm-

421 Verw. Gr.-Bln/Abt. V/6, TB mit KP Irmscher, 13.11.1957; BStU, MfS, AIM 3010/63, T. I, Bd. 1, Bl. 26 f., hier 26.

422 Verw. Gr.-Bln/V, Abschlussbericht, 12.12.1962; ebenda, T. I, Bd. 2, Bl. 140 f., hier 141. Ein Untersuchungsausschuss des Deutschen Bundestages vermutete, dass Irmscher bereits zu diesem Zeitpunkt an die HV A übergeben wurde. Beschlussempfehlung 1. Untersuchungsausschuss, S. 131.

423 Zit. nach: VA/1. Verw./UA 14, Bericht über die Kontaktierung des Gen. Irmscher, 13.3.1969; BStU, MfS, AVA 446/83, Bl. 7 f., hier 8.

424 Edgar Irmscher, Verpflichtung, 8.5.1969; ebenda, Bl. 23.

425 HA II/6, Auskunftsbericht, 8.9.1983; BStU, MfS, HA II Nr. 2441, Bl. 1–4, hier 3.

426 VA/1. Verw./UA 14, Bericht über die Kontaktierung des Gen. Irmscher, 13.3.1969; BStU, MfS, AVA 446/83, Bl. 7 f., hier 7.

427 Gieseke, Jens (Hg.): Wer war wer im Ministerium für Staatssicherheit. Kurzbiografien des MfS-Leitungspersonals 1950–1989. Berlin 1995.

428 MfS/RS, Vermerk, 3.7.1969; BStU, MfS, RS Nr. 53, Bl. 142 f., hier 142.

429 Aussage von Alexander Schalck-Golodkowski, vgl. Beschlussempfehlung 1. Untersuchungsausschuss, S. 131.

430 Mit Ende der Registrierung bei der HA I wegen der Erfassung für die Verwaltung Aufklärung wurde Irmscher in einem Sicherungsvorgang (SIVO) der RS registriert, was u. a. bewirkte, dass er nicht von anderen DE des MfS als IM registriert werden konnte. MfS/RS, SIVO XV/2032/80; BStU, MfS, Abt. XII Nr. 4042.

scher mit der »Wahrnehmung der rechtlichen Interessen des Außenhandels der DDR«[431] betraut werden und war für Firmen tätig, die zum Bereich Kommerzielle Koordinierung (Koko) gehörten. Er soll neben anderen Anwälten seine Einzelaufträge von den Leitern der Koko bekommen haben, die mit HV A-Firmen befasst waren und selbst als hauptamtliche Offiziere des MfS, sogenannte OibE, verpflichtet waren.[432]

Ab 1983 war Irmscher an die Rechtsstelle des MfS gebunden. Die RS ließ Irmscher nicht nur politische, sondern auch massive materielle Unterstützung bei der Gründung seines Einzelanwaltsbüros zukommen. Die Rechtsstelle gewährte dem Anwalt laut MfS-Unterlagen ein fünfstelliges Darlehen zur Bürogründung.[433] Für die anwaltliche Tätigkeit zugunsten des MfS war ein monatlicher Festbetrag von 1 800 Mark vorgesehen,[434] unbeschadet der üblichen Gebühren und Honorare. Die technische Büroausstattung »übernehmen wir auf jeden Fall«[435], formulierte die Rechtsstelle. Selbst für Steuervergünstigungen engagierten sich hohe MfS-Offiziere bei der Spitze des Finanzministeriums.[436] Ab 1985 ersetzte der Bereich Koko Irmscher und anderen Anwälten einen Teil ihrer Steuerabführungen. Den Grund sah der damalige Koko-Verantwortliche darin, »dass diese Anwälte in enger Verbindung zum MfS standen, bzw. Aufträge für das MfS erledigten«.[437] Unabhängig davon, wie hoch die faktische Unterstützung im Einzelnen war, zeigt sie die Bedeutung, die das MfS diesem Anwalt zumaß. Des Weiteren wird deutlich, in welcher Abhängigkeit sich der Anwalt umgekehrt gegenüber dem MfS befand, was sich keineswegs auf das Geschäftliche beschränkte. Im Jahr 1976 bekam er »mit Unterstützung des MfS« die Notariatsbefugnis, die »fast ausschließlich im Interesse des MfS«[438] ausgeübt wurde. Trotz dieser engen beruflichen Beziehung war Irmscher an die Rechtsstelle nicht als IM gebunden.[439] Dennoch wurden im selben Jahr wie selbstverständlich unter dem Klarnamen von Irmscher In-

431 Bericht über die Unterredung mit Rechtsanwalt Genossen Irmscher nach seiner Rückkehr aus der BRD, o. D. (vermutl. 1983); BStU, MfS, HA II Nr. 18798, Bl. 14–19, hier 16.

432 Beschlussempfehlung 1. Untersuchungsausschuss, S. 130.

433 MfS/RS, Darlehensvertrag, 8.4. 1971; BStU, MfS, RS Nr. 53, Bl. 191.

434 MfS/RS, Vereinbarung, Entwurf, o. D.; ebenda, Bl. 187 f.

435 MfS/RS, Ökonomische Sicherstellung des Rechtsanwaltsbüros Irmscher, 17.11.1969; ebenda, Bl. 194-196, hier 194.

436 MfS/RS, Vermerk, 31.3.1970; ebenda, Bl. 206.

437 Manfred Seidel nach Beschlussempfehlung 1. Untersuchungsausschuss, S. 131. Schon zuvor hatten die Anwälte Gelder auf einem anderen Wege erhalten, der aber bei anderen Anwälten Argwohn und Kritik hervorrief. Ebenda.

438 MfS/RS, Abschluss einer Vereinbarung mit Gen. Rechtsanwalt Irmscher, o. D. (vermutl. Anfang der 1980er-Jahre); BStU, MfS, RS Nr. 53, Bl. 185 f.

439 MfS/RS, SIVO XV/2032/80; BStU, MfS, Abt. XII Nr. 4042. Die RS war keine »operative« Diensteinheit des MfS und führte daher keine IM.

formationen über einen prominenten DDR-Künstler, der die DDR verlassen wollte, im MfS weitergegeben, die der Anwalt vertraulich erhalten hatte.[440]

Anfangs wurde erwartet, dass Irmschers Kanzlei das Anwaltsbüro von Wolfgang Vogel entlasten würde.[441] Für die MfS-Rechtsstelle sollte er Mitarbeiter des MfS in Scheidungs- und Westerbschaftsangelegenheiten vertreten. Damit sollte er vertrauliche DDR-Mandanten abdecken, die zuvor die Kanzlei Kaul betreut hatte.[442] Im Bereich Koko nahm er ebensolche Mandate wahr.[443] Die Erbschaftsmandate für MfS-Mitarbeiter wurden von der Rechtsstelle des MfS betreut. Bei diesen Mandanten ging es dem MfS nicht nur um die Abschirmung der eigenen Mitarbeiter gegenüber westlichen Geheimdiensten, sondern um staatliche finanzielle Interessen. West-Erbschaften nahm der DDR-Staat in Form der Devisen für sich in Anspruch und fand die Ost-Erben überwiegend mit speziell konditionierten DDR-Geld-Konten ab.[444] Der Anwalt war dabei nach MfS-Angaben mit dem »Transport größerer DM-Beträge aus Westberlin in die Hauptstadt der DDR« betraut.[445] Angeblich wurden auf diesem Wege auch Erbschaften aus dem Westen zugunsten der Kirche in die DDR transferiert.[446] Die Abteilung Finanzen des MfS leitete die Beträge in westlichen Währungen an die DDR-Staatsbank weiter. Für seine grenzübergreifende Tätigkeit war Irmscher als Reisekader mit einem Mehrfach-Visum ausgestattet[447] und erhielt Avisierungen der Rechtsstelle, die für ihn den Grenzübertritt erleichterten.[448] Die Aktivitäten Irmschers blieben der Westseite nicht verborgen. Mehrfach versuchte der BND Irmscher anzuwerben.[449] Die Vorfälle führten zu diplomatischen Protesten der DDR.[450]

440 Leiter der Rechtsstelle, Information zum »Fall Biermann«, 26.11.1976; BStU, MfS, RS Nr. 53, Bl. 146 f., hier 146; vgl. darüber hinaus Abschnitt zum Einfluss des MfS.

441 MfS/RS, Vermerk, 24.7. o. J. (vermutl. um 1983); BStU, MfS, RS Nr. 53, Bl. 428.

442 MfS/RS, Vermerk, 3.7.1969; ebenda, Bl. 142 f.

443 Beschlussempfehlung 1. Untersuchungsausschuss, S. 130.

444 Hier ein Beleg dafür, dass der DM-Wert bei der Abt. Finanzen des MfS verbleiben, während der MfS-Mitarbeiter in Mark der DDR ausgezahlt werden sollte. MfS/RS, Vermerk, 17.8.1984; BStU, MfS, RS Nr. 232, Bl. 37.

445 Bericht über die Unterredung mit Rechtsanwalt Genossen Irmscher nach seiner Rückkehr aus der BRD, o. D. (vermutl. 1983); BStU, MfS, HA II Nr. 18798, Bl. 14–19, hier 18.

446 Bearbeitung und Realisierung von Erbschaftsangelegenheiten, o. D.; BStU, MfS, RS Nr. 53, Bl. 368–371, hier 370. Der nicht zugeordnete Bericht in Ich-Form spricht nur von der Kirche, und lässt offen, welche gemeint ist. Aus dem Kontext ersichtlich handelt es sich offenbar um einen Erfahrungsbericht von Irmscher.

447 Bericht über die Unterredung mit Rechtsanwalt Genossen Irmscher nach seiner Rückkehr aus der BRD, o. D. (vermutl. 1983); BStU, MfS, HA II Nr. 18798, Bl. 14–19, hier 16.

448 Vgl. beispielsweise MfS/RS, Avisierung, o. D. (vermutl. Januar 1987); BStU, MfS, HA VI, Avisierungskartei.

449 Beschlussempfehlung 1. Untersuchungsausschuss, S. 131.

450 Auszug aus einem Vermerk über ein Gespräch des stellv. Leiters der Abt. BRD im MfAA, Gen. Schindler, mit dem stellvertretenden Leiter der BRD-Vertretung, [Franz Jürgen] Staab, am 3.7.1986, o. D.; BStU, MfS, HA II Nr. 35157, Bl. 10–12.

Irmscher trat gelegentlich, aber verhältnismäßig selten, als Verteidiger in Strafprozessen auf, in denen das MfS ermittelt hatte.[451] Im Dezember 1989 war er mit Manfred Wünsche Verteidiger für seinen Auftraggeber aus dem Bereich Koko, der von der Generalstaatsanwaltschaft der DDR festgenommen wurde, weil er unter dem dringenden Verdacht stand, Devisen in das Ausland verbracht und diese damit dem Staatshaushalt der DDR entzogen zu haben.[452] Irmscher beurkundete im Januar 1990 als Notar eine Firmenumgründung aus dem Koko-Bereich, bei der offenbar Vermögen dem Zugriff des Staates entzogen werden sollte.[453]

### 3.2.7 Einzelanwalt Manfred Wünsche

Manfred Wünsche war zunächst in Karl-Marx-Stadt als Richter und Anwalt tätig, bevor er 1971 in Ostberlin eine Zulassung als Einzelanwalt erhielt. Beim MfS wurde seine Kanzlei als »Büro d[es] Ministerrates Berlin, Rechtsanwaltsbüro«, er als »pol[itischer] Mitarbeiter«[454], also wie ein Staatsangestellter, geführt. Durch die HV A wurde er als »parteiverbundener, zuverl[ässiger und] klassenbewusster Genosse«[455] eingeschätzt. Seit 1979 war er für die HV A »positiv erfasst«,[456] was oft aber nicht immer ein Synonym für eine IM-Erfassung ist. Welcher Art diese Beziehung war, ist anhand der für dieses Projekt gesichteten Akten nicht genauer nachvollziehbar. Er wurde von einem Ausschuss des Deutschen Bundestages als einer der »Vertrauensanwälte«[457] des MfS und laut schriftlichen Belegen und Zeugenaussagen als IM der HV A eingeschätzt, der bei juristischen Fragen bezüglich des sogenannten nichtsozialistischen Wirtschaftsgebiets und der Erstellung von Sicherheitsanalysen herangezogen wurde.[458]

Intensiv war dieser Einzelanwalt für den Bereich KoKo des Ministeriums für Außenhandel tätig,[459] für diesen unternahm er zahlreiche Reisen in den Westen, wozu das MfS die Grenzpassagen erleichterte.[460] Wünsche kooperierte dort

451 HA IX, Anwaltskartei; BStU, MfS, Karteien.

452 Beschlussempfehlung 1. Untersuchungsausschuss, S. 130.

453 Ebenda, S. 130 f.

454 HAXX/AKG,VSH, o. D.; BStU, MfS, Karteien.

455 Ebenda.

456 HA XX/1, Vermerk, o. D. (vermutl. 1980er-Jahre); BStU, MfS, HA XX Nr. 7354.

457 Im Gefolge einer Aussage von Alexander Schalck-Golodkowski, vgl. Beschlussempfehlung 1. Untersuchungsausschuss, S. 130.

458 Ebenda, S. 131.

459 HA XVIII, Vermerk, 19.8.1983; BStU, MfS, AG BKK Nr. 1356, Bl. 23.

460 Diverse Avisierungen, z. B. Avisierung vom 18.3.1980; BStU, MfS, HA VI, Avisierungskartei.

vor allem eng mit Personen, die Verbindungen zum MfS hatten.[461] Die Tätigkeit Wünsches für den Bereich KoKo umfasste insbesondere die Zusammenarbeit mit Religionsgemeinschaften der DDR, die Abwicklung von Erbschaftsangelegenheiten und Grundstücksgeschäften sowie die Durchführung spezieller internationaler Devisentransaktionen. Ferner trat er als Anwalt von mit der HV A verbundenen Firmen auf. Er beurkundete auch Unternehmensgründungen des Bereichs KoKo.[462]

Als Anwalt war er unter anderem mit der juristischen Betreuung der katholischen Kirche und der Caritas betraut und hatte schon von daher eine Bedeutung im deutsch-deutschen Geldgeschäft.[463] Angeblich soll Wünsche dabei geholfen haben, mithilfe des MfS Kirchengelder aus der Bundesrepublik bzw. Westberlin vorbei an offiziellen Devisentransferregelungen in die DDR zu bringen.[464] Der Anwalt erhielt Steuervorteile, da ihm Steuerzahlungen vom Bereich Koko ersetzt wurden. Nach Auffassung des damals Verantwortlichen wurde er begünstigt, weil er eng mit dem MfS verbunden war bzw. Aufträge für das MfS erledigte.[465] Wünsche wurde vom MfS auch als Pflichtverteidiger in Militärverfahren empfohlen[466] und war gelegentlich als Verteidiger in MfS-ermittelten Verfahren tätig.[467]

Ende 1989 war Wünsche einer der Anwälte des stellvertretenden KoKo-Leiters, Manfred Seidel, als dieser wegen des Verdachtes auf Untreue festgenommen worden war. Nach der deutschen Vereinigung 1990 wurde Wünsche selbst mehrfach verdächtigt, in Untreuehandlungen bei Umgründung und Liquidation von Koko/HV A-Firmen und in das Verschieben von SED-Parteigeldern verwickelt gewesen zu sein. Laut einem Gerichtsurteil musste er in einem Fall treuhänderisch gehaltene Gesellschafteranteile an die Bundesrepublik Deutsch-

461 Laut einer Aussage wurde er vom stellv. Leiter des Bereiches Koko, Manfred Seidel, direkt angeleitet. Beschlussempfehlung 1. Untersuchungsausschuss, S. 130.

462 Ebenda, S. 131.

463 Förster, Andreas: Stasi Anwalt Manfred Wünsche starb in Berlin. Dubiose Geldgeschäfte bis kurz vor dem Tod. In: Berliner Zeitung vom 12.8.1994; Kösters, Christoph: Caritas in der SBZ/DDR 1945–1989. Paderborn 2001, S. 517.

464 Bearbeitung und Realisierung von Erbschaftsangelegenheiten, o. D.; BStU. MfS, RS Nr. 53, Bl. 368–371, hier 370. Der nicht zugeordnete Bericht in Ich-Form spricht nur von der Kirche und lässt offen, welche gemeint ist. Aus dem Kontext ersichtlich handelt es sich offenbar um einen Erfahrungsbericht des Anwaltes Edgar Irmscher.

465 Beschlussempfehlung 1. Untersuchungsausschuss, S. 131.

466 HA XX/1, Vermerk, o. D. (vermutl. 1980er-Jahre); BStU, MfS, HA XX Nr. 7354.

467 HA IX, Anwaltskartei; BStU, MfS, Karteien.

land abtreten.[468] Wünsche war im Fall der KoKo-Gelder geständig und gab 31 Millionen DM zurück.[469] Er starb 1994.[470]

### 3.2.8 Das System Vogel

Wolfgang Vogel trat dem Berliner Kollegium kurz nach dessen Gründung 1954 auf Empfehlung eines hohen ZK-Mitarbeiters bei. Zu dieser Zeit war er auch dem MfS als inoffizieller Mitarbeiter verpflichtet.[471] Zuvor war er nach einem Referendariat als Richter im Range eines Hauptreferenten im MdJ tätig gewesen.[472] Mit Rückendeckung des MfS beantragte Vogel dann eine Anwaltszulassung in Westberlin.[473] Um diese Perspektive nicht zu gefährden, stellte Vogel damals seinen Antrag auf Eintritt in die SED zurück und trat erst 1981 auf Drängen Honeckers ein.[474]

Vogel, der mit der Familie aus Schlesien geflüchtet war, hatte nach dem Krieg durch ein Studium an den Universitäten von Jena und Leipzig ein juristisches Staatsexamen erworben. Dies ermöglichte ihm, ab 1957 im Westen zugelassen zu werden.[475] Auf Basis dieser Tätigkeit kam Vogel in Kontakt mit der sogenannten Rechtsschutzstelle der Bundesregierung.[476] Diese betreute Inhaftierte in der DDR. Aus derartigen Beziehungen entwickelten sich über die Jahre teilweise spektakuläre Ost-West-Austauschaktionen von inhaftieren Agenten.[477] Vogel vermittelte die ersten größeren Freikaufaktionen, in denen Häftlinge aus der DDR gegen materielle Leistungen der Bundesrepublik ausgelöst wurden.[478] Insgesamt wurde unter maßgeblicher Beteiligung Vogels circa 250 000 Menschen die Ausreise ermöglicht. Fast 32 000 Häftlinge wurden freigekauft und

468 Beschlussempfehlung 1. Untersuchungsausschuss, S. 131.

469 Wolfgang Hoffmann: DDR-Regierungskriminalität. Generalstaatsanwalt rechnet nicht mit Anklage gegen den früheren Devisenbeschaffer. Schalck ist nicht zu fassen. In: Die Zeit vom 14.8.1992.

470 Förster, Andreas: Stasi Anwalt Manfred Wünsche starb in Berlin. Dubiose Geldgeschäfte bis kurz vor dem Tod. In: Berliner Zeitung v. 12.8.1994.

471 Wolfgang Vogel (1925–2008). Daten, sofern nicht anders angegeben nach Wer war wer in der DDR? In: http://www.bundesstiftung-aufarbeitung.de/wer-war-wer-in-der-ddr-%2363%3B-1424.html (letzter Zugriff: 19.12.2014); Pötzl: Mission Freiheit, S. 35 ff., Fricke: Praxis der Anwaltstätigkeit, S. 487.

472 Pötzl: Mission Freiheit, S. 18.

473 Booß: Schattenmann, S. 60–65; Pötzl: Mission Freiheit, S. 38.

474 Pötzl: Basar, S. 275, 62, 40 u. 19.

475 Fricke: Praxis der Anwaltstätigkeit, S. 487 ff.

476 Die Rechtsschutzstelle bestand aus Anwälten in Westberlin die im Auftrage und bezahlt von der Bundesregierung Rechtshilfe für Menschen organisierten, die in der SBZ bzw. der DDR in Haft saßen. Busse: Deutsche Anwälte, S. 478 ff.; Wölbern: Häftlingsfreikauf, S. 126 f.

477 Pötzl: Basar, 84 ff.

478 Wölbern: Häftlingsfreikauf, S. 8 u. 81 ff.; Pötzl: Basar, S. 135 ff.

mehr als 150 Agenten ausgetauscht.[479] Ende der 1960er-Jahre, in einer Zeit, in der Politikerkontakte zwischen beiden deutschen Staaten noch keineswegs üblich waren, wurde der Anwalt zum »Briefträger«[480] zwischen Spitzenpolitikern des geteilten Deutschlands, wie Herbert Wehner, Helmut Schmidt und Erich Honecker.[481] Dieser Draht entwickelte sich über Jahre geradezu zum »main channel«[482] der deutsch-deutschen Politik. Da seine Tätigkeit kaum noch mit dem typischen Profil eines DDR-Anwaltes kompatibel war, entstanden Reibungen mit dem Berliner Anwaltskollegium.[483] Auf Empfehlung seines Gönners, des Generalstaatsanwalts der DDR, Joseph Streit, durfte Vogel 1968 entgegen dem üblichen Trend in Berlin-Lichtenberg eine neue Einzelkanzlei gründen.[484] Ein tieferer Grund für die Abspaltung Vogels vom Kollegium dürfte gewesen sein, dass Einzelanwälte nicht vom Kollegium überprüft wurden und damit besser abgeschirmt werden konnten.[485]

Vogels Kanzlei, später in der Reilerstraße, entwickelte sich immer mehr zu einer Anlaufstelle für Personen, die die DDR verlassen wollten. Der Anwalt wurde auch bei Botschaftsbesetzungen als Vermittler eingesetzt.[486] Seine Kanzlei wuchs schnell. Anfang der 1970er-Jahre übernahm der durch Strafverteidigungen profilierte Dieter Starkulla Vertretungen für Vogel und trat schließlich dessen Kanzlei bei.[487] Klaus Hartmann, der zuvor im Büro Akten aufgearbeitet hatte, qualifizierte sich durch ein Fernstudium und nahm nun ebenso anwaltliche Aufgaben wahr.[488] Die Kanzlei verfügte schließlich über 17 Mitarbeiter[489] und war damit die größte Einzelkanzlei in der DDR. Vogel hatte Unteranwälte in den 14 Bezirken der DDR, die von ihm beauftragt wurden. Es wird behauptet, dass diese Unteranwälte vom MfS überprüft und sogar ausgesucht wurden.[490] Letzteres basiert jedoch auf einer schwachen Beleglage. Das MfS hatte auf jeden Fall ein Interesse daran, gerade diese Anwälte unter Kontrolle zu hal-

479 Manche gehen von 34 000 freigekauften Häftlingen aus. Pötzl: Basar, S. 7 f.; Die Zahl 32 000 basiert auf Wölbern: Häftlingsfreikauf, S. 542.

480 Pötzl: Basar, S. 251.

481 Whitney: Advocatus Diaboli, S. 157 ff.; Wölbern: Häftlingsfreikauf, S. 216 u. 274 ff.

482 Pötzl gebraucht diesen Begriff an Abgrenzung zum Back-Channel. Pötzl: Mission Freiheit, S. 239.

483 Pötzl: Basar, S. 197.

484 Ebenda; Whitney: Advocatus Diaboli, S. 135; Wölbern: Häftlingsfreikauf, S. 130.

485 Brand: Rechtsanwalt, S. 65 f.

486 Pötzl: Basar, S. 495 ff.; Whitney: Advocatus Diaboli, S. 267 ff. u. 290.

487 RAK Berlin, Protokoll der Vorstandssitzung, 22.11.1972; BArch; DP1, 4470.

488 ZKG, Zusammenfassung der vorläufigen Aufklärungsergebnisse zur Sicherung des Objektes »Rubin«, 25.2.1987; BStU, MfS, ZKG Nr. 25326/91, Bl. 135–210.

489 Wölbern: Häftlingsfreikauf, S. 130. Nach Reich waren es 20 Mitarbeiter. Reich: Entwicklung der Rechtsanwaltschaft, S. 354.

490 Wölbern: Häftlingsfreikauf, S. 129.

ten.[491] Nicht wenige der zuletzt 27 Unteranwälte wurden als IM geführt,[492] einzelne in einer sehr engen Anbindung.[493]

## *Vogel und das MfS*

Über Vogels Verhältnis zum MfS ist viel spekuliert worden. Er hatte sich 1953, zu der Zeit noch im MdJ tätig, zur inoffiziellen Zusammenarbeit mit dem MfS verpflichtet, möglicherweise aus einer Zwangslage heraus. Er berichtete zunächst unter dem Decknamen »Eva«, dann als »Georg«[494] teilweise akribisch über Kollegen, Mandate und Westkontakte. Die Behauptung, dass Vogel die »ostdeutsche Variante des Marsches durch die Institutionen«[495] beschritt, verharmlost den Grad seiner engen Beziehung zum MfS. Der Abbruch des MfS-Vorganges 1957[496] war nur eine »Finte«[497], um seine Westkontakte nicht aufs Spiel zu setzen. Heinz Volpert, der MfS-Offizier, der seine Akte schloss, blieb bis zu seinem Lebensende 1986 der Verbindungsoffizier des MfS zu Vogel. Volpert stieg in dieser Zeit zum Sonderoffizier für Freikauffragen im Sekretariat von Erich Mielke auf.[498] Es gibt jedoch entgegen zahlreicher Spekulationen aus dieser Zeit keinen Hinweis auf eine förmliche Registrierung Vogels als hauptamtlicher Mitarbeiter oder IM.[499] Die MfS-Offiziere legten allerdings auch in späteren Jahren brisante Informationen Vogels weiterhin unter dem Stichwort »Georg« ab.[500] Vogel selbst hat an seiner Kanzlei vorbei im MfS Gesprächsvermerke schreiben lassen, die dann im MfS oder an die SED-Führung weitergeleitet wurden.[501] Es ist ferner bekannt, dass Vogel ab 1983 vom MfS regelmäßig hohe Pauschalvergütungen für seine Dienstleistungen erhielt.[502] In bestimmten Situationen, etwa bei Botschaftsbesetzungen, wurden ihm weisungsähnliche Vorgaben für sein Verhalten gemacht.[503] Wenn also das Verhältnis von Vogel zu Heinz Volpert durch-

491 HA IX, RA Absprache mit MdJ, 17.4.1975; BStU, MfS, HA IX Nr. 1634, Bl. 162–169, hier 168.

492 Wölbern: Häftlingsfreikauf, S. 129.

493 Booß, Christian: Sündenfall der organisierten Rechtsanwaltschaft. Die DDR-Anwälte und die Ausreiseantragsteller. In: DA 44 (2011) 4, S. 525–535, hier 528 f.

494 SfS/HA V/5, Beschluss, 27.5.1955; BStU, MfS, AIM 2088/57, T. I, Bl. 25; Booß: Schattenmann, S. 60–65.

495 Reich: Entwicklung der Rechtsanwaltschaft, S. 354.

496 SfS, Beschluss über das Abbrechen der Verbindung, 14.3.1957; BStU, MfS, AIM 2088/57, T. I, Bl. 34.

497 Pötzl: Basar, S. 57; Booß: Schattenmann, S. 60–65.

498 Wölbern: Häftlingsfreikauf, S. 141 ff.

499 Whitney: Advocatus Diaboli, S. 328.

500 Pötzl: Basar, S. 441; Whitney: Advocatus Diaboli, S. 282.

501 Ebenda, S. 158.

502 Wölbern: Häftlingsfreikauf, S. 130.

503 Booß: Sündenfall, S. 525–535.

aus Merkmale einer IM-Beziehung trägt,[504] wäre es angesichts seiner exponierten Stellung eher eine Bagatellisierung, ihn als inoffiziellen Mitarbeiter des MfS zu bezeichnen.

### *Freikaufverhandlungen*

In Freikaufangelegenheiten verfügte Vogel zunächst über einen staatlichen Auftrag. Dieser wurde 1969, eventuell schon früher, nominell über den Generalstaatsanwalt der DDR ausgestellt.[505] Formell und real war die Staatsanwaltschaft durchaus am Freikauf beteiligt. Volpert rühmte sich allerdings, dass diese Vollmacht eine MfS-Legendierung sei.[506] Laut Markus Wolf wurde Vogel von Volpert und Erich Mielke persönlich »instruiert«.[507] Vogel nahm regelmäßig an Dreiergesprächen mit Erich Mielke bei Erich Honecker nach Politbürositzungen teil.[508] Vogels Rivale Friedrich Karl Kaul verbreitete in Anwaltskreisen sogar das Gerücht, dass Vogel schon seit dem Krieg Kontakte zum sowjetischen Geheimdienst gehabt hätte,[509] und deswegen zum »Star-Anwalt und MfS-Anwalt aufgebaut« worden sei. Kaul war in der DDR-Spitze extrem gut vernetzt, hatte insbesondere auch zu Erich Mielke einen persönlichen Draht.[510] Die KGB-Anbindung von Vogel ist bislang aber nicht verifizierbar. Seit 1973 war Vogel vom Ersten Sekretär der SED, Erich Honecker, zu dessen persönlichem Beauftragten in humanitären Fragen berufen worden.[511] Damit hatte er trotz intensiver Arbeitsbeziehungen zum MfS eine höhere Anbindung.

In den 1950er- und 1960er-Jahren unterhielten mehrere Anwälte in Ost und West Beziehungen zueinander, um auch heikle deutsch-deutsche Fragen zu klä-

504 Nach dem Stasi-Unterlagengesetz wird die Bereitschaft zur Informationsübermittlung als ein Kriterium inoffizieller Tätigkeit genannt. Vgl. § 6 (4) Nr. 2, Gesetz über die Unterlagen des Staatssicherheitsdienstes der Deutschen Demokratischen Republik i. d. F. v. 1.3.2012 (StUG). In: BGBl., Teil I (2012) 12, S. 442. Ein weiteres Merkmal wäre die Konspiration des Verhältnisses. Ob im Westen die Identität von Volpert und damit der MfS-Kontakt von Vogel wirklich bekannt waren ist umstritten. Pötzl: Basar, S. 493 f.; Wölbern: Häftlingsfreikauf, S. 136; Koch Alexander: Der Häftlingsfreikauf. Eine deutsch-deutsche Beziehungsgeschichte. München 2014, S. 227 ff.

505 Whitney: Advocatus Diaboli, S. 143.

506 Wölbern: Häftlingsfreikauf, S. 132 ff.

507 Ebenda, S. 143; Pötzl: Basar, S. 219 ff.

508 Koch: Der Häftlingsfreikauf, S. 224.

509 HA XX/1, Bericht von »Max«, 1.4.1971; BStU, MfS, RS Nr. 56a, Bl. 482 f.

510 HA XX/1, Tonbandaufnahme IMS »Max« am 23.9.1970; BStU, MfS, AIM 26904/91, Beifügung 3, Bl. 218–221.

511 Wölbern: Häftlingsfreikauf, S. 133 u. 52 ff.; Liebernickel: Erpressung Ausreisewilliger, S. 47 f.

ren.[512] Vogel wurde zunehmend bevorzugt.[513] Als 1972 der Grundlagenvertrag zwischen der DDR und der Bundesrepublik in Kraft gesetzt werden sollte,[514] stand eine Weile in Rede, ob überhaupt noch Anwälte und Freikaufzahlungen erforderlich seien und nicht beide Regierungen derartige Probleme auf direktem Wege lösen könnten. Vogel verlor sogar eine Zeit lang sein Verhandlungsmandat.[515] Erst bei einem Treffen des SPD-Fraktionsvorsitzenden Herbert Wehner mit Erich Honecker wurde 1973 festgelegt, dass es beim Kontakt Wolfgang Vogels mit seinem Westberliner Anwaltskollegen Jürgen Stange, der Bundesregierung und Herbert Wehner bleiben sollte. Faktisch erhielt Vogel danach ein Monopol für diese Fragen. Möglicherweise wollte die DDR-Seite den Kontakt zu Stange erhalten, der einen DDR-freundlichen Verhandlungsstil zeigte und Vogel mit Insiderinformationen über die bundesdeutsche Seite versorgte.[516] Im Zuge seiner Beauftragungen verhandelte Vogel im Interesse der DDR über pauschale und einzelne Freikaufsummen.[517] Es war das Ziel der DDR, die an Devisenmangel litt, durch den Freikauf generell und im Einzelfall möglichst hohe Einkünfte zu erzielen. Es stellt sich daher grundsätzlich die Frage, wie die Anwälte der Kanzlei Vogel angesichts dieses Generalauftrages gleichzeitig den Interessen der einzelnen Mandanten gerecht werden konnten. Ein Mandant in Haft musste in der Regel ein Interesse an baldiger Haftverschonung oder -entlassung haben, unabhängig von Geldzahlungen. Faktisch kassierte Vogel von drei Sei-

512 Die nordrheinwestfälischen Anwälte Diether Posser und dessen damaliger Sozius, Gustav Heinemann, unterhielten seit der Verteidigung in westdeutschen Kommunistenprozessen der 1950er-Jahre Kontakte zu Friedrich Karl Kaul und waren auch bei frühen Freikauf- bzw. Austauschverhandlungen von politischen Gefangenen und bei der Familienzusammenführung aktiv. Später hatten sie im Fall Heinz Brandt auch Kontakte zu Friedrich Wolff. Andresen, Knud: Widerspruch als Lebensprinzip. Der undogmatische Sozialist Heinz Brandt (1909–1986). Bonn 2007, S. 255 u. 279; Rosskopf: Friedrich Karl Kaul, S. 138 ff., 169 ff. u. 180 ff.

513 Ebenda, S. 180 ff.

514 Mit dem Grundlagenvertrag zwischen der Bundesrepublik und der DDR von 1972 nahmen beide Staaten diplomatische Beziehungen zueinander auf. Der Vertrag, der maßgeblich von SPD-Politiker Egon Bahr ausgehandelt wurde, war Kernstück der Neuen Ostpolitik, aber in der Bundesrepublik so umstritten, dass er erst 1973 in Kraft treten konnte. Weber: Die DDR, S. 84 f.; Malycha; Winters: Die SED, S. 229 ff.

515 Dies geht auf Gespräche von Egon Bahr mit Politbüromitglied Paul Verner zurück. Diese Orientierungsdiskussionen nach Unterzeichnung des Grundlagenvertrages führten zu den sogenannten »Kofferfällen«, die eine Zeit lang keine Ausreisegenehmigung bekamen. Wölbern: Häftlingsfreikauf, S. 281 ff.; Koch: Der Häftlingsfreikauf, S. 243 ff.; Whitney sieht in den »Kofferfällen« eine Reaktion Honeckers auf die Drohung der CDU/CSU, das Inkrafttreten des Grundlagenvertrages zu verhindern, unterstreicht damit aber auch die Wichtigkeit des Kontaktes Vogel – Wehner bei der Lösung der Krise. Whitney: Advocatus Diaboli, S. 153 ff. u. 157 f.; Pötzl bestreitet neuerdings vehement, dass Bahr den Konflikt ausgelöst hätte. Pötzl: Mission Freiheit, S. 224 ff.

516 Koch spekuliert auf sehr dünner Aktenbasis sogar darüber, dass Stange Zuträger für das MfS gewesen sein könnte. Koch: Der Häftlingsfreikauf, S. 249 ff.

517 Whitney: Advocatus Diaboli, S. 190; Wölbern: Häftlingsfreikauf, S. 294 ff.

ten: vom MfS, dem Mandanten und für seine Dienstleistung beim Freikauf, wofür er die Hälfte eines bundesdeutschen Honorars für Gnadenerlassverfahren mit der Bundesregierung abrechnen konnte.[518] Die Frage einer Interessenskollision aufzuwerfen, entsprach aber offensichtlich nicht der damaligen komplizierten deutsch-deutschen Gemengelage.

Die DDR-Führung tat hinter den Kulissen vieles, um Vogels Monopol auch in der DDR durchzusetzen. In der Berliner Stichprobe zeigte sich, dass im Jahr 1984 von den drei Anwälten in Vogels Berliner Kanzlei 43,1 Prozent der Fälle vertreten wurden.[519] Hinzu kamen Fälle, die von seinen Unteranwälten außerhalb Berlins betreut wurden. Insofern kann man seit Mitte der 1970er-Jahre durchaus von einem System Vogel im Rahmen eines arbeitsteiligen Anwaltssystems sprechen.

### 3.2.9 Wolfgang Schnur

Wolfgang Schnur war einer der seltenen Anwälte, die außerhalb Ostberlins eine Neuzulassung als Einzelanwalt im Bezirk Rostock erhielten.[520] Vor 1978 war er zunächst auf Rügen, dann in Rostock in einer Zweigstelle des Kollegiums tätig. Die Einzelzulassung verdankte Schnur nicht zuletzt einer ungewöhnlich engen Beziehung zum MfS. Das Flüchtlingskind, 1944 in Stettin geboren, war zunächst in der Annahme, dass seine Eltern verstorben seien, bei Pflegeeltern aufgewachsen. Auf der Suche nach seinen familiären Wurzeln verbrachte er eine Zeit in der Bundesrepublik, bat dann, wie er pathetisch schrieb, die DDR »um Asyl«.[521] Über eine FDJ-Funktion im Einzelhandel wurde er Mitarbeiter der FDJ-Kreisleitung Bergen. Dem MfS verpflichtete er sich 1965, weil aus dem Westen »versucht wird, unseren sozialistischen Aufbau zu stören«.[522] Im gleichen Jahr beantragte er die Aufnahme in die SED.[523]

Schon mit Patronage des MfS, das sich von Anfang an für seine kirchlichen Kontakte interessierte, durfte er von 1967 an der HUB Jura studieren. Systematisch wurde er gefördert, um zunächst Mandate aus Kirchenkreisen zu betreuen. Schnur wurde zu einem der Anwälte, die Wehrdienstverweigerer, Friedensakti-

518 Ebenda, S. 130; Whitney: Advocatus Diaboli, S. 190 ff. Pötzl stellt die Entlohnung durch das MfS neuerdings infrage. Pötzl: Basar, S. 437 f.

519 Berliner Stichprobe 1984.

520 Soweit nicht anders angegeben folgen die biografischen Fakten Wer war wer in der DDR? In: http://www.bundesstiftung-aufarbeitung.de/wer-war-wer-in-der-ddr-%2363%3B-1424.html (letzter Zugriff: 19.12.2014); Süß, Walter: Staatssicherheit am Ende. Warum es den Mächtigen nicht gelang, 1989 eine Revolution zu verhindern. Berlin 1999, S.699 ff.; Kobylinski: Verräter.

521 Wolfgang Schnur, Lebenslauf, 24.2.1969; BStU, MfS, BV Rostock, AIM 3275/90, T. I, Bd. 1, Bl. 34–36, hier 35.

522 Wolfgang Schnur, Verpflichtung, 4.6.1965; ebenda, T. I, Bl. 1.

523 Wolfgang Schnur, Lebenslauf, 28.3.1983; ebenda, T. I, Bd. 1, Bl. 46–49, hier 48.

visten, Oppositionelle und Ausreiseantragsteller aus Kirchenkreisen anwaltlich betreuten. Seine Einzelzulassung erhielt er in der Zeit, als die Ausreisebewegung anschwoll und die kirchliche Friedensbewegung aufgrund der atomaren Nachrüstungsdebatte an Dynamik gewann. Wegen seiner, in der Untersuchungshaft und im Gerichtssaal demonstrativ hervorgekehrten christlichen und menschenrechtsorientierten Grundhaltung, fassten gerade viele Christen persönliches Vertrauen zu ihm. Die Strategen der Kirchenlinie des MfS akzeptierten das, weil es ihnen vor allem darum ging, mithilfe von Schnur Personen des »Politischen Untergrunds« (PUT) auszuhorchen und die Kirchenleitungen auf Distanz zum politischen Untergrund zu halten. Dafür nahmen sie in Kauf, dass sich andere, die nicht eingeweiht waren, dauernd über das Verhalten Schnurs in Prozessen beschwerten bzw. Vorbehalte gegen ihn äußerten.[524] Angeblich musste das MfS deswegen seine Kontakte zu Schnur gegenüber hohen Justizvertretern der DDR offenlegen.[525] In den Jahren 1980 bis 1983 wurde Schnur wegen zeitweiliger Eigenmächtigen im OV »Heuchler« einer intensiven Überwachung unterworfen, weil ihm Teile des MfS »Unehrlichkeit«[526] und zweifelhafte Westkontakte unterstellten. Doch bald wurde die Zusammenarbeit umso intensiver fortgesetzt, die Anbindung wurde noch enger. Schnur berichtete buchstäblich Tag und Nacht bis an die Grenze der psychischen und physischen Erschöpfung.[527] In der zweiten Hälfte der 1980er-Jahre wurde Schnur systematisch aufgebaut, um zunächst die Leitung der evangelischen Kirche im Norden der DDR zu infiltrieren. Sodann sollte er in den Gremien des Bundes der evangelischen Kirche Fuß fassen.[528] Ihm war vom MfS aufgegeben, Kirchenvertreter abzuschöpfen, in der Kirche keine »antisozialistische[n] Reaktionen zuzulassen [und eine Tätigkeit als] politische Organisation« zu verhindern.[529] Dazu sollte er eng mit dem Kirchenjuristen Manfred Stolpe zusammenarbeiten, der seinerseits unter dem Code »Sekretär« ebenfalls bei der Linie XX/4 des MfS registriert war.[530] In

524 HA XX/4, Einsatz des IM »Torsten« der BV Rostock im Bezirk Karl-Marx-Stadt, 22.12.1983; ebenda, T. I, Bd. 1, Bl. 100–102.

525 Sarge, Günther: Im Dienste des Rechts. Der oberste Richter der DDR erinnert sich. Berlin 2013, S. 211.

526 BV Rostock/XX/4, Vorschlag zur Wiederaufnahme der Zusammenarbeit mit dem IM »Torsten«, 15.9.1983; BStU, MfS, BV Rostock, AIM 3275/90, T. I, Bd. 1, Bl. 51 f., hier 51.

527 Schnur wurde wegen seines breiten Aufgabenspektrums untypisch sowohl von Offizieren in Berlin als auch in Rostock geführt. Bis August absolvierte er im Jahr 1988 allein 63 Treffen mit den zwei Führungsoffizieren in Rostock und Berlin. BV Rostock/XX/4, Einschätzung der Zusammenarbeit mit dem IMB »Dr. Ralph Schirmer«, 31.8.1988; ebenda, T. I, Bd. 1, Bl. 259.

528 BV Rostock/XX/4, Aktenvermerk, 6.6.1989; ebenda, T. I, Bd. 1, Bl. 260 f.

529 HA XX/4, Einsatz des IM »Torsten« der BV Rostock im Bezirk Karl-Marx-Stadt, 22.12.1983; ebenda, T. I, Bd. 1, Bl. 100–102, hier 102.

530 Manfred Stolpe (Jg. 1936), war seinerzeit Konsistorialpräsident des Konsistoriums der evangelischen Kirche Berlin-Brandenburg. Wer war wer in der DDR? In: http://www.bun-

den letzten Jahren der DDR war Schnur vom MfS auch auf Oppositionelle in »Leitposition« angesetzt und spielte eine wichtige Rolle bei den Berliner Konflikten von Oppositionellen mit dem Staat, in denen die evangelische Kirche vermittelnd tätig war.

Die Rolle als Kirchenberater dominierte zunehmend die Funktion als Anwalt in Einzelverfahren. Aus einem gewissen Misstrauen heraus und weil Schnurs Bindungen an die Regionalkirche im Norden der DDR nicht gefährdet werden sollten, war das MfS lange Zeit nicht bereit, Schnurs Bitte um einen Umzug nach Berlin nachzugeben.[531] Auch Wolfgang Vogel machte Stimmung gegen Schnur, da er in ihm einen Konkurrenten sah.[532] Erst Mitte 1989 bekam Schnur die von ihm ersehnte Zulassung für Berlin.[533] Hier sollten nach Auffassung des MdJ Gregor Gysi und Lothar de Maizière durch »Einflussnahme«[534] Schnur einhegen.

## 3.3 Die rechtliche Form des Kollegiums: Die Selbstverwaltungsorgane

Abgesehen von einigen Sonderformen und wenigen verbliebenen traditionellen Einzelanwälten unterstanden die meisten DDR-Anwälte in der Ära Honecker dem Kollegiumsrecht. Nominell waren die Kollegien eine eigenständige juristische Person,[535] die durch »Zusammenschluss von Rechtsanwälten«[536] auf Basis eines freiwilligen Eintritts in das Kollegium[537] entstanden. Doch schon die rechtliche Ebene garantierte bei genauer Betrachtung einen starken staatlichen Einfluss.[538] Optisch wurden die Selbstverwaltungsrechte und -organe deutlich vorangestellt, um die angeblichen Freiheiten der Anwälte in diesen »neue[n]

desstiftung-aufarbeitung.de/wer-war-wer-in-der-ddr-%2363%3B-1424.html (letzter Zugriff: 12.1.2015).

531 BV Rostock/XX/4, Aktenvermerk, 6.6.1989; BStU, MfS, BV Rostock, AIM 3275/90, T. I, Bd. 1, Bl. 260 f., hier 261.

532 Dies behauptete zumindest Schnur gegenüber dem MfS. Information zum Büro Näumann/Westberlin, o. D. (vermutl. Mai 1989); ebenda, T. II, Bd. 14, Bl. 77 f., hier 77.

533 Insofern wurde Schnur als »später« Berliner Anwalt zwar in die Berliner Statistiken aufgenommen, aber nur am Rande berücksichtigt.

534 MdJ, Stand der Beziehungen zum Staatssekretär für Kirchenfragen, 13.7.1989; BArch, DP1, 23182.

535 [Musterstatut] Verordnung über die Bildung von Kollegien der Rechtsanwaltschaft [mit] Musterstatut für Kollegien der Rechtsanwälte vom 15. Mai 1953. In: DDR-GBl. (1953) 66, S. 726 (künftig als »MSt 1953« bezeichnet), hier § 1 Abs. 2.

536 MSt 1953, § 1 Abs.1.

537 MSt 1953, § 3 Abs. 1.

538 MSt 1953, §§ 30 ff.; Gesetz über die Kollegien der Rechtsanwälte der DDR vom 17.12.1980. In: DDR-GBl. Teil I (1981)1, S. 1 (künftig als »KollG 1980« bezeichnet), hier §§ 13 f.

Formen der Organisation«[539] herauszustellen. Die Statuten von 1980 garantierten sogar, dass die Mitglieder »demokratisch mitzubestimmen«[540] hätten. Das hat bis heute einzelne Autoren dazu verleitet, auf die »innergenossenschaftliche [...] Demokratie« oder »Selbstverwaltung«[541] zu verweisen, was aber die staatlichen Erwartungshaltungen und Einflussmöglichkeiten bagatellisiert. Trotz Verpflichtung auf die sozialistische Rechts- und Gesellschaftsordnung[542] waren die Rechte der Mitglieder jedoch nicht so gering, dass sie wie manche meinen, »nur auf dem Papier«[543] standen.

### 3.3.1 Kollegium und Mandat

Das Mandat, das ein Bürger der DDR einem Anwalt übertragen wollte, war durch die »neue Organisationsform« des Kollegiums de jure nicht berührt. Mit der Formulierung im Musterstatut von 1953, »dem Rechtsuchenden steht die Wahl des Rechtsanwalts frei«,[544] war nominell die freie Anwaltswahl garantiert. Der Anwalt war ferner gehalten »den Rechtsuchenden persönlich zu vertreten«.[545] Das Anwaltsrecht der 1980er-Jahre hob die freie Wahl unter den Kollegiumsanwälten an prominenter Stelle noch hervor.[546] Die Verpflichtung das Mandat »eigenverantwortlich und grundsätzlich persönlich auszuführen«[547] wurde akzentuiert und als Vertrag des einzelnen »Mitglied[s] mit dem Auftraggeber«[548] dargestellt. Das Verbot, zum »Nachteil des Auftraggebers«[549] tätig zu werden, betonte die Bindung des einzelnen Kollegiumsanwaltes an seinen Mandanten. Nur in besonders geregelten Ausnahmefällen durfte ein Anwalt einen Auftrag ablehnen oder eine übernommene Vertretung niederlegen.[550] Angesichts der geringen Zahl der Anwälte kam diese Klausel dem Rechtsschutzbedürfnis des Einzelnen grundsätzlich entgegen.

539 Verordnung über die Bildung von Kollegien der Rechtsanwaltschaft [mit] Musterstatut für Kollegien der Rechtsanwälte vom 15. Mai 1953. In: DDR-GBl. (1953) 66, S. 725 (künftig als »VO 1953« bezeichnet), hier Präambel.

540 MSt 1980, § 6.

541 Busse zitiert zustimmend Hilde Benjamin und einen Funktionär der SED-BL Berlin; Busse: Deutsche Anwälte, S. 400, FN 170.

542 KollG 1980, § 1 Abs. 2, § 2 Abs. 1 u. 2; MSt 1980, § 2, § 5 Abs. 1.

543 Gerlach: Die Rechtsanwaltschaft, S. 142.

544 MSt 1953, § 21.

545 MSt 1953, § 24.

546 KollG 1980, § 1 Abs. 3.

547 MSt 1980, § 15 Abs. 2.

548 MSt 1980, § 14 Abs. 1.

549 MSt 1980, § 15 Abs. 1.

550 MSt 1980, § 16.

Dass der Ratsuchende die Beziehung zu seinem Anwalt im Prinzip frei ausgestalten konnte und dieser seinem Mandanten grundsätzlich verpflichtet war, befreite den Kernbereich anwaltlicher Tätigkeit vom Geruch der Kollektivierung. Das verfehlte, wie am Fall des Zulassungsverfahrens von Clemens de Maizière aufgezeigt, selbst bei westlichen Juristen seine Wirkung nicht. Rechtliche Einschränkungen wie die Hilfestellung des Zweigstellenleiters für den Anwaltssuchenden,[551] wirkten harmlos. Wie selbstverständlich war formuliert, dass der Auftraggeber »Gegenstand und Umfang«[552] des Auftrages regele. Selbst das Verbot, ein Mandat zu übernehmen, wenn die »Vornahme ungesetzlicher oder pflichtwidriger Handlungen«[553] verlangt werde, wirkte auf den ersten Blick plausibel. In einem Rechtssystem, das der Definition von Ungesetzlichkeiten und Pflichtwidrigkeiten einen breiten und politisch beeinflussbaren Spielraum zumaß und ein Arsenal von Sanktionsmöglichkeiten bereithielt, waren derartige Formulierungen jedoch geeignet, den Anwalt zu verunsichern und von vornherein zur Vorsicht zu mahnen.

### 3.3.2 Die Mitgliederversammlung

Entsprechend dem demonstrativen Selbstverwaltungscharakter war laut Berufsrecht die Mitgliederversammlung (MV) das »höchste Organ«[554] des Kollegiums. Sie umfasste alle Vollanwälte. Die Anwaltsanwärter, die Praktikanten bzw. Assistenten[555] und die Mitarbeiter[556] waren im Kollegium nur angestellt.

Die MV tagte in der Regel einmal im Monat, eine Praxis, die 1980 auch rechtlich fixiert wurde.[557] Obwohl als oberstes Organ grundsätzlich für alles entscheidungsberechtigt, waren die explizit erwähnten Rechte enger gefasst. Damit blieb offen, ob die Rechte der Mitgliederversammlung durch die Rechte anderer Organe, insbesondere des Vorstandes und des Vorsitzenden, beschränkt wurden.[558] So kam der Mitgliederversammlung zwar das Recht zu, den Vorstand und die Revisionskommission zu wählen, diesen Weisungen zu erteilen und deren Berichte entgegenzunehmen. Auch hatte sie den Haushaltsplan und den Personalbestand zu bestätigen und über die Geschäftsordnung zu

551 MSt 1953, § 21.

552 MSt 1980, § 15 Abs. 3.

553 MSt 1980, § 17.

554 MSt 1953, § 10.

555 Die Anwaltsanwärter, die Praktikanten, ab 1980 Assistenten, die in der Regel ein Jahr praktizierten, bevor über ihre Aufnahme entschieden wurde, waren angestellt. KollG 1980, § 12.

556 MSt 1953, § 19 Abs. 2.

557 MSt 1980, § 7 Abs. 3; Busse: Deutsche Anwälte, S. 398.

558 Bruhn sieht mindere Rechte der MV gegenüber dem LPG-Recht. Bruhn: Rechtsanwaltschaft, S. 67.

beschließen.[559] Die Aufnahme von neuen Mitgliedern[560] und die meisten Disziplinarverfahren[561] konnten jedoch in der Zeit zwischen den Mitgliederversammlungen vom Vorstand beschlossen werden. Die Leiter von Zweigstellen der Kollegien setzte ohnehin der Vorstand ein.[562] Es war also keineswegs eindeutig, ob die MV in diesen Fällen allenfalls Einspruchsrechte besaß.[563] Auf jeden Fall konnte der Vorstand Entscheidungen präjudizieren, zumindest beeinflussen. Das Kollegiumsgesetz von 1980 verschob die Gewichte weiter zulasten der Mitgliederversammlung. Sie wurde »in einigen gravierenden Punkten ihrer Kompetenz beraubt«.[564] Das Gesetz selbst kaschierte dies, indem dort die meisten Rechte als Rechte des Kollegiums definiert wurden.[565] Erst die Statuten und andere nachgeordnete Rechtsordnungen machten deutlich, wie die Zuständigkeiten zwischen den Organen wirklich verteilt waren. Neue Kollegiumsmitglieder aufzunehmen, wurde nun Sache des Vorstandes.[566] Die Durchführung der Disziplinarverfahren bis hin zum Ausschluss war Vorstandsangelegenheit.[567] Gegen derartige Entscheidungen des Vorsitzenden und Vorstandes konnten Mitglieder nur noch Beschwerde einlegen, über die im Konfliktfall die Mitgliederversammlung entschied.[568] Dem Vorstand kam bei wichtigen Personalfragen eine Schlüsselstellung zu. Da die Neuzulassung zum Anwaltsberuf in der Regel mit der Mitgliedschaft in einem Kollegium verknüpft war,[569] steuerten die Vorstände de jure die meisten Anwaltszulassungen in der DDR. Da der Vorstand die Neuanwälte auf die durchaus unterschiedlich attraktiven Zweigestellen verteilte, deren Leiter er auch beauftragte, entschied er maßgeblich über die Karrierechancen der Anwälte.[570] Wenn Juristen nicht aufgenommen wurden, gab es anfangs noch den Weg der Beschwerde beim MdJ.[571] Später, mit dem Kollegiumsgesetz entfiel diese Möglichkeit.[572]

559 MSt 1953, §10.

560 MSt 1953, § 4. Busse leitet daraus nicht nachvollziehbar ein Recht der MV ab, über die Mitglieder zu entscheiden. Busse: Deutsche Anwälte, S. 398.

561 MSt 1953, § 28 Abs. 1.

562 MSt 1953, § 20.

563 Wenn der Vorstand einen Ausschluss aus dem Kollegium beschlossen hatte, war die MV Einspruchsinstanz. MSt 1953, § 29 Abs. 3.

564 Brand: Rechtsanwalt, S. 53 f.; Busse: Deutsche Anwälte, S. 398.

565 Zum Beispiel die Aufnahme von Neumitgliedern, KollG 1980, § 10.

566 MSt 1980, § 8 Abs. 1c.

567 MSt 1980, § 8 Abs. 1l in Verbindung mit der Disziplinarverfahrensordnung vom 27.2.1981, § 2 Abs. 2; Busse: Deutsche Anwälte, S. 398.

568 MSt 1980, § 24 Abs. 1 u. 2.

569 VO 1953, § 3.

570 MSt 1953 § 16 Abs. 1–2 u. § 20; KollG 1980, § 8 Abs. 1d, g.

571 MSt 1953, § 6 Abs. 2.

572 Brand: Rechtsanwalt, S. 54.

### 3.3.3 Der Vorstand

Die wichtigste Rolle bei der Leitung des Kollegiums kam laut Berufsrecht zunächst dem jeweiligen Vorstand zu. Das MdJ sah ihn als »Helfer und politische Berater der Kollegien«.[573] Entsprechend dem kollektivistischen Zeitgeist war der Vorstand zunächst als »reines Kollegialorgan«[574] konstruiert, dem die Geschäftsführung oblag.[575]

Gewählt wurde der Vorstand alle zwei Jahre im Rahmen von hervorgehobenen Mitgliederversammlungen (MV), den Jahreshauptversammlungen. Er umfasste in den früheren Jahren drei bis fünf Personen,[576] später konnte er aus drei bis sieben Anwälten bestehen.[577] Die Vorstände wurden lange Zeit in offener Abstimmung gewählt, was ein konformes Abstimmungsverhalten begünstigte. Noch 1984 wählten fünf Kollegien ihre Vorstände offen, erst ab 1988 wurde die geheime Vorstandswahl nach langen Auseinandersetzungen mit dem MdJ in allen Kollegiums-Geschäftsordnungen verankert.[578]

### 3.3.4 Der Vorsitzende

Der Vorsitzende wurde nicht von der Mitgliederversammlung, sondern vom Vorstand gewählt. Er ragte aus der kollektiven Leitung heraus, zumal er von der Tätigkeit als Rechtsanwalt teilweise freigestellt werden und für seine Tätigkeit eine finanzielle Aufwandsentschädigung bekommen konnte.[579] Das MdJ selbst konnte nur im Notfall direkt in das Kollegium eingreifen, wenn es das Ansehen des Kollegiums als glaubhafte Alternative zur Einzelanwaltschaft nicht aufs Spiel setzen wollte. Deswegen kam der Person des Vorsitzenden als Ansprechpartner des MdJ eine Schlüsselrolle zu. In der Praxis wurden dem Vorsitzenden »Einzelentscheidungsbefugnisse«[580] übertragen, damit sich der Vorstand auf die »politische und fachliche Anleitung der Arbeit«[581] konzentrieren konnte. Der Versuch, die Vorsitzenden in den 1950er-Jahren analog zum sowjetischen Direk-

573 Helm, Rolf: Zum einjährigen Bestehen der Kollegien der Rechtsanwälte. In: NJ 8 (1954) 11, S. 343 f., hier 344.

574 Busse: Deutsche Anwälte, S. 405; Brand: Rechtsanwalt, S. 54.

575 Otterbeck: Anwaltskollektiv der DDR, S. 176.

576 MSt 1953, § 13.

577 MSt 1980, § 8 Abs. 2.

578 Busse: Deutsche Anwälte, S. 403; Gerlach: Die Rechtsanwaltschaft, S. 145.

579 RAK Berlin. Vorstand. Referat zu Organisation und Arbeitsweise der Rechtsanwaltskollegien der DDR. 8.8.1978. S. 4; LArch Berlin C Rep. 368 Nr. 225.

580 Ebenda, S. 5.

581 Ebenda.

torensystem hauptamtlich mit dieser Aufgabe zu betrauen, scheiterte am Protest der Anwälte.[582]

Das Kollegiumsgesetz von 1980 kehrte die Stellung des Vorsitzenden rechtlich stärker hervor und legte Aufgabenbereiche fest, in denen seine Entscheidungen als »verbindlich«[583] galten. Das Kollegium tendierte damit zum »Prinzip der Einzelleitung«[584], in der die Geschäftsführung weitgehend an den Vorsitzenden überging.[585] Wie stark sich der Vorsitzende abstimmte, war eine Frage seines Naturells und der konkreten Umstände.[586] Verwaltungsaufgaben wie Einstellung und Entlassung von Personal, die Betreuung des Haushaltsplanes und die Leitung der zentralen Verwaltungsstelle des Kollegiums wurden zunächst vom Vorstand,[587] in späteren Jahren stärker vom Vorsitzenden verantwortet.[588] Auch wenn die Rolle des Vorsitzenden erst 1980 detaillierter umrissen wurde, beschrieb das Kollegiumsgesetz damit im Wesentlichen nur die vormalige Praxis. Zu den Aufgaben des Vorsitzenden gehörte die »Leitung des Kollegiums«[589] nach den Beschlüssen der Mitgliederversammlung und des Vorstandes.[590] Er vertrat das Kollegium im Rechtsverkehr[591] und war der arbeits- und disziplinarrechtliche Vorgesetzte der Mitarbeiter und Assistenten des Kollegiums.[592] Die überragende Rolle des Vorsitzenden wurde dadurch unterstrichen, dass ihm die »Zusammenarbeit des Kollegiums [...] mit den staatlichen Organen und den gesellschaftlichen Organisationen«[593] zukam. Damit verfügte der Vorsitzende über eine Art Monopolstellung bei den Kontakten insbesondere zum Justizministerium, das für die Kontrolle bzw. Anleitung des Kollegiums verantwortlich war. Schon diese Zusammenarbeit verschaffte ihm Informationsvorsprünge und

582 Das Kollegium Karl-Marx-Stadt hatte allerdings gegen Ende der DDR einen hauptamtlichen Vorsitzenden. Die Vergütung für eine 50%ige Entlastung lag im RAK Berlin zwischen 1 000 und 1 800 Mark der DDR. Busse: Deutsche Anwälte, S. 409; Otterbeck: Anwaltskollektiv der DDR, S. 177 f.; Bruhn: Rechtsanwaltschaft, S. 69 f.

583 KollG 1980, § 9. Abs. 2.

584 Busse: Deutsche Anwälte, S. 405. Angesichts der verbliebenen Vorstandsrechte ist der Begriff Einzelleitung überakzentuiert.

585 Brand: Rechtsanwalt, S. 56; Otterbeck überakzentuiert, wenn er die Rolle des Vorsitzenden mit der des eines Direktors im sowjetischen Anwaltskollegium vergleicht. Otterbeck: Anwaltskollektiv der DDR, S. 177 f.

586 Busse folgt Wolff, der behauptet, dass der Vorstand der »alleinige Bestimmer« war. Busse folgert daraus eine faktische Kollegialität auch in späteren Jahren. Busse: Deutsche Anwälte, S. 405.

587 MSt 1953, § 16.

588 MSt 1980, § 9.

589 KollG 1980, § 9 Abs. 2a.

590 KollG 1980, § 9. Abs. 2c.

591 KollG 1980, § 9 Abs. 1.

592 KollG 1980, § 9 Abs. 2d u. e.

593 KollG 1980, § 9 Abs. 2h.

eine zusätzliche Autorität, die ihn aus der Gruppe des Vorstandes und der Mitglieder deutlich hervorhob.

Die Erwartungen der staatlichen Vertreter an den Vorsitzenden waren hoch. Er sollte zunächst der »beste Propagandist für die Interessen der Rechtsanwälte«[594] sein, was immerhin seiner rechtlichen Rolle als dem gewählten Vorsitzenden einer selbstverwalteten Organisation entsprach. Darüber hinaus war er als »Instrukteur [...] verantwortlich [...] für die demokratische politische Entwicklung des Kollegiums [... und] die Sorge um eine richtige Beschlussfassung in den Vorstandssitzungen und Mitgliederversammlungen [... und] die Kontrolle der Durchführung dieser Beschlüsse«[595]. Der Begriff »Instrukteur«, der Parteisprache der SED entlehnt,[596] machte geradezu verräterisch deutlich, wie sehr Staat und Partei dem Vorsitzenden eine Transmissionsfunktion zudachten, die »richtige« Beschlüsse sichern sollte. In späteren Jahren, insbesondere nach dem Westberliner Rechtsstreit um die Zulassung von Clemens de Maizière, wurden solche Erwartungen nicht mehr offenherzig formuliert. Das publizierte Berufsrecht der Anwälte schwieg sich ohnehin über die Rolle der in der DDR vorherrschenden Partei aus. Auch die Kontakte zu anderen Justizorganen oder dem MfS lagen primär in der Hand des Vorsitzenden, ohne dass dies in den Normativen differenziert offengelegt worden wäre. Der Vorsitzende sollte den Mitgliedern sogar ursprünglich für ihre »Prozessführung [...] die nötigen Hinweise«[597] entsprechend der politischen und gesellschaftlichen Situation in seinem Bezirk geben. Diese Vorstellung, 1954 vom seinerzeit zuständigen Abteilungsleiter im

594 Helm, Rolf: Zum einjährigen Bestehen der Kollegien der Rechtsanwälte. In: NJ 8 (1954) 11, S. 343 f., hier 344.

595 Ebenda.

596 Instrukteure aus dem ZK, den SED-BL und KL sollten andere Institutionen im Sinne der Partei politisch anleiten und durch Berichte an die Partei differenzierte Lagebilder erstellen, die der Partei erlaubten, mit politischen oder repressiven Mitteln im Einzelfall zu reagieren. Schulz, Joachim: Der Funktionär in der Einheitspartei. Berlin 1956, S. 191 ff.: Auch andere Parteien, Organisationen und Institutionen verfügten über ein solches Instrukteursystem, um die Parteilinie durchzusetzen. Zu späteren Zeiten ist auch von Brigadeeinsätzen die Rede (hier dargestellt am Beispiel der CDU). Schwießelmann, Christian: Zwischen Fremdsteuerung und Mitverantwortung: Innenansichten der CDU im Norden der DDR. In: http://www.kas.de/upload/ACDP/HPM/HPM_16_09/HPM_16_09_6.pdf (letzter Zugriff: 7.7.2014). Amos zählt zu den Instrukteuren oder politischen Mitarbeitern alle Funktionäre, die fachlich-inhaltliche Tätigkeit verrichteten, u. a. Sektorenleiter, Abteilungsleiter und deren Stellvertreter. Es mag sein, dass das Wort auch allgemein im Sinne von Anleitung Instruktion gemeint war. Aber gerade im ZK-Apparat gab es eine kleine Gruppe von »Instrukteuren«, die geheime schriftliche oder mündliche Weisungen der Parteispitze überbrachten. Amos, Heike: Politik und Organisation der SED-Zentrale 1949–1963. Struktur und Arbeitsweise von Politbüro, Sekretariat, Zentralkomitee und ZK-Apparat. Münster 2003, S. 88; Berghofer, Wolfgang: Keine Figur im Schachspiel. Wie ich die »Wende« erlebte. Berlin 2014.

597 Helm, Rolf: Zum einjährigen Bestehen der Kollegien der Rechtsanwälte. In: NJ 8 (1954) 11, S. 343 f., hier 344.

MdJ formuliert,[598] zeigt, wie sehr das Ministerium hoffte, die Anwaltschaft über die Person des Vorsitzenden formen zu können.

Allerdings dürfte manches Ziel eher den Wunschvorstellungen der Justizfunktionäre entsprochen haben. Das Berufsrecht räumte dem Vorsitzenden nur geringe Möglichkeiten ein, unmittelbar auf den Kernbereich anwaltlicher Tätigkeit, das Mandat, direkt einzuwirken. Die Statuten von 1980 erlaubten ihm, die Abwicklung von Aufträgen über Vertretungsregelungen zu sichern, wenn Anwälte verhindert oder aus dem Kollegium ausgeschieden waren.[599] Allerdings stand gerade das Berliner Kollegium, insbesondere dessen langjähriger Vorsitzender Friedrich Wolff, solchen Vertretungsregelungen eher kritisch gegenüber.[600] Langfristig gravierender waren indirekte Einwirkungsmöglichkeiten.

### 3.3.5 Kontroll- und Disziplinargewalt

Das Anwaltsmandat wurde grundsätzlich vom einzelnen Anwalt ausgeübt.[601] Dennoch verfügten Vorstand und Vorsitzender über Kontrollrechte, die die Handhabung des Mandates tangierten. Da Rechtsanwaltskammern in der DDR und in Ostberlin spätestens seit 1953 keine Rolle mehr spielten[602] und eine separate Standesgerichtsbarkeit fehlte, lagen die Kontroll- und Disziplinargewalt, sofern nicht vom Justizministerium ausgeübt,[603] bei den Kollegien selbst. Das Fehlen einer Gewaltenteilung in der DDR spiegelte sich in einer geringen Funktionsdifferenzierung in den Kollegien. Das Kollegium, vertreten durch den Vorstand und den Vorsitzenden, stellte nicht nur den wirtschaftlich-organisatorischen Rahmen für die anwaltliche Tätigkeit, sondern nahm ebenso die Kontrolle und quasi judikative Disziplinargewalt wahr.

Dem Vorstand oblagen zunächst die »Kontrolle der Tätigkeit der Mitglieder« und die »Überwachung und Festigung der Arbeitsdisziplin«[604]. Dabei wirkte unterstützend der jeweilige Zweigstellenleiter mit, der vom Vorstand eingesetzt war.[605] Das Berufsrecht von 1980 fasste diese Aufgabe konkreter als Kontrolle der »Erfüllung der anwaltlichen Pflichten durch die Mitglieder«[606] und die »Be-

598 Rottleuthner: Steuerung der Justiz, S. 549.

599 MSt 1980, § 9 Abs. 1 f.

600 RAK Berlin. Protokoll über die Jahreshauptversammlung. 23.3.1973. BArch, DP 1, 2972.

601 Otterbeck: Anwaltkollektiv der DDR, S. 177 f.; Brand spricht dagegen von einer Weisungsbefugnis gegenüber dem einzelnen Anwalt. Diese bezog sich aber auf die Rahmenbedingungen anwaltlicher Tätigkeit im Kollegium. Brand: Rechtsanwalt, S. 57.

602 Lorenz: Rechtsanwaltschaft, S. 60.

603 Der Zulassungsentzug durch das MdJ war geregelt in: KollG 1980, § 14.

604 MSt 1953, § 16 Abs. 7 u. 8.

605 MSt 1953, § 20.

606 MSt 1980, § 8 Abs. 1 f.

arbeitung und Auswertung von Eingaben und Beschwerden«.[607] Hinter dieser vagen Formulierung verbarg sich vor allem die »Anwaltsrevision«. In regelmäßigen Abständen wurden Fallakten, die Handakten des einzelnen Anwaltes, überprüft. Diesen Durchgriff auf die Mandatsvorgänge verschleierten die Regelungen, die im Gesetzesblatt der DDR veröffentlicht waren. Bis heute führt dies zur Verwirrung in Darstellungen zur DDR-Anwaltsgeschichte.[608] Nur in MdJ- und RAK-internen Papieren wurde präzisiert: die »Kontrolle der Tätigkeit des Mitglieds erfolgt durch Revisionen des Vorstands«[609]. Stichprobenartig wurden die Akten jedes Anwaltes durch Vorstandsmitglieder, zunächst einmal im Jahr[610], später circa alle zwei Jahre einer Revision unterzogen, bei jüngeren Anwälten und bei besonderen Anlässen häufiger.[611] Zusätzlich war es grundsätzlich Sache des Vorstandes, Eingaben und Beschwerden zu bearbeiten, die gegen den einzelnen Anwalt vorgebracht wurden.[612] Da der Vorsitzende die Vorstandssitzung vor- und nachzubereiten hatte,[613] gingen Beschwerden und Eingaben von Institutionen und Einzelpersonen bei ihm ein, sodass der Vorsitzende zumindest über die Erstmaßnahmen entschied. Dies konnte zu einer Vorlage der Handakten sogar während laufender Verfahren führen. Die Kontrolle des einzelnen Anwaltes durch die Leitung des Kollegiums war in den Statuten und gesetzlichen Regelungen nur kursorisch geregelt, was in der Praxis einen breiten Spielraum ermöglichte, nach außen hin aber die Vorstellung vom individuellen Mandat kaum trübte.

Die Forderung nach »politisch-ideologischer Erziehung«[614] der Anwälte durch den Vorsitzenden klang pathetisch. In der Praxis wurde der Erziehungsauftrag durch Fortbildungen und Aussprachen nach Revisionen, Beschwerden, Eingaben und Disziplinarverfahren vollzogen: »In der Regel erfolgt die erzieherische Einflussnahme auf das Mitglied durch Aussprachen im Vorstand oder Kritik in

607 MSt 1980, § 8 Abs. 1i.

608 Otterbeck meint, dass die Aktenkontrolle der Anwälte durch die Revisionskommission vorgenommen wurde. Otterbeck: Anwaltskollektiv der DDR, S. 176 f.; ähnlich Brand: Rechtsanwalt, S. 57 ff. Jedoch ist Busse zuzustimmen, der diese Kompetenz bei den Vorständen sieht. Busse: Deutsche Anwälte, S. 410. Da der Begriff »Revision« sowohl für Prüfungen der Revisionskommission als auch für die Aktenüberprüfungen verwendet wurde, liegt hier offenbar die Quelle des Missverständnisses. Die Aufgaben und die Personen waren auch nicht in jedem Fall so scharf getrennt, wie die Statuten suggerieren. Brand geht daher sogar von einer »doppelten Kontrolle« aus. Brand: Rechtsanwalt, S. 59.

609 RAK Berlin, Vorstand. Referat zu Organisation und Arbeitsweise der Rechtsanwaltskollegien der DDR. 8.8.1978. S. 9; LArch Berlin C Rep. 368 Nr. 225.

610 Wolff: Verlorene Prozesse, S. 118 f.

611 RAK Berlin, Vorstand. Referat zu Organisation und Arbeitsweise der Rechtsanwaltskollegien der DDR. 8.8.1978. S. 9; LArch Berlin C Rep. 368 Nr. 225.

612 KollG 1980, § 8 Abs. 1i.

613 KollG 1980, § 9 Abs. 2b.

614 MSt 1980, § 8 Abs. 1b.

der Mitgliederversammlung.«[615] Umstritten ist bis heute, wie eng die anwaltliche Kontrolle in der DDR auf Basis dieser Vorschriften war. Während manche in der Revision der Anwaltsakten eine »Überwachung des einzelnen Rechtsanwalts und seiner Arbeit«[616] beziehungsweise eine faktische Aufhebung des Anwaltsgeheimnisses sehen,[617] relativieren andere den Zugang zu den Handakten. Nur Anwälte hätten in die Akten gesehen, die selbst nicht berechtigt waren, ihr Wissen weiterzugeben.[618] Dass die Aktenrevision in den öffentlich zugänglichen Regularien der Anwaltschaft nur in Floskeln beschrieben wurde, zeigt dass dieser Punkt von den Verantwortlichen selbst als heikel eingeschätzt wurde. Dies ist ein Indiz dafür, dass gerade hier der Kern der anwaltlichen Beeinflussung durch die Kollegien lag, dass die Vorstände auf diesem Wege »die Herausbildung sozialistischer Rechtsanwaltspersönlichkeiten«[619] zu fördern versuchten.

*Revision der Kollegien*

Die in den Statuten erwähnte Revision durch eine von der MV separat gewählte Revisionskommission zielte analog zu ähnlichen Revisionen im Genossenschaftswesen der DDR[620] vorrangig auf die Einhaltung von Statut und Geschäftsordnung sowie die Haushaltsführung des Vorstandes und der Zweigstellen.[621] Das Akteneinsichtsrecht bezog sich hierbei primär auf die Vorstände und Zweigstellen.[622] In manchen Fällen konnte die Revisionskommission auch herangezogen werden, um einzelne Anwälte zu kontrollieren.[623] Die einige Jahre nach der Gründung der Kollegien eingerichtete zentrale Revisionskommission (ZRK) hatte zunächst nur die Aufgabe, die Vorstände der Kollegien zu kontrollieren.

615 RAK Berlin, Vorstand. Referat zu Organisation und Arbeitsweise der Rechtsanwaltskollegien der DDR, 8.8.1978, S. 15. LArch Berlin C Rep. 368 Nr. 225.

616 Brand: Rechtsanwalt, S. 59.

617 Otterbeck: Anwaltskollektiv der DDR, S. 57.

618 Busse: Deutsche Anwälte, S. 433.

619 RAK Berlin, Vorstand. Referat zu Organisation und Arbeitsweise der Rechtsanwaltskollegien der DDR. 8.8.1978. S. 4; LArch Berlin C Rep. 368 Nr. 225.

620 Kommentar zum Musterstatut der LPG Tierproduktion vom 28.7.1977/Krauß, Erich u. a. (Bearb.). Berlin 1981, § 67.

621 MSt 1953, § 10, § 18.

622 KollG 1980, § 10 Abs. 3.

623 KollG 1980, § 10 Abs. 2; RAK Berlin, Vorstand. Referat zu Organisation und Arbeitsweise der Rechtsanwaltskollegien der DDR. 8.8.1978. S. 6; LArch Berlin C Rep. 368 Nr. 225.

*Das Disziplinarverfahren*

Bei den DDR-Anwaltskollegien lag die Disziplinargewalt, wenn nicht das Ministerium selbst auf diesem Gebiet eingriff.[624] Der Vorstand war berechtigt, Verwarnungen, Rügen und strenge Rügen auszusprechen. Letztere konnten durch Geldstrafen verschärft werden.[625] Bei schweren Verstößen drohte sogar der Ausschluss,[626] der faktisch die DDR-weite Entziehung der Anwaltszulassung bedeutete. Das Anwaltsrecht von 1980 räumte dem MdJ explizit das Recht ein, Anwälten bei einer »schwere[n] Verletzung der Pflichten«[627] die Zulassung zu entziehen. Beschwerdeinstanz war nach Vorprüfung durch den Vorstand die Mitgliederversammlung,[628] in zweiter Stufe das MdJ.[629] Dem Gesetzestext nach wurde die Freiheit der Kollegien sich disziplinarrechtlich selbst zu verwalten gestärkt, aber die Einspruchsrechte des Einzelnen geschwächt: Und über allem schwebte die Möglichkeit des Staatseingriffes, um als Ultima Ratio Juristen aus der Anwaltschaft entfernen zu können.

### 3.3.6 Zentrale Gremien: Zentrale Revisionskommission und der Rat der Vorsitzenden

Zur Kontrolle der Kollegien hatte sich seit 1957 gegen ursprüngliche Bedenken der Justizministerin eine Zentrale Revisionskommission (ZRK) herausgebildet.[630] Im Kern bestand sie aus den 15 Vorsitzenden der Einzelkollegien. In den ersten Jahren leitete das MdJ die Vorsitzenden noch direkt in Arbeitsbesprechungen im Ministerium an. In der Tauwetterphase 1956 wuchs die Forderung nach einem eigenverantworteten Gremium. Um dem entgegenzukommen und gleichzeitig das Entstehen einer selbstverwalteten Dachorganisation der Anwaltschaft zu verhindern, konzedierte das MdJ die ZRK. Sie hatte die »Aufgabe, die Kollegien hinsichtlich der Einhaltung der gesetzlichen Bestimmungen und des Statuts zu kontrollieren mit dem Ziel, die einheitliche Entwicklung der Kolle-

624 KollG 1980, § 14.
625 MSt 1953, § 28.
626 MSt 1953, § 29; analog MSt 1980 § 22, § 8 Abs. 1l. Fälle aus der Ulbricht-Zeit in: Lorenz: Rechtsanwaltschaft, S. 271 ff.
627 KollG 1980, § 14.
628 MSt 1980, § 24 Abs. 1 u. 2.
629 Laut Busse in der Disziplinarverfahrensordnung, Busse: Deutsche Anwälte, S. 446 f.
630 Hilde Benjamin etablierte schließlich einen Anwaltsbeirat beim Justizministerium, der aber nie eine größere Bedeutung erlangte und 1980 endgültig abgeschafft wurde. Busse: Deutsche Anwälte, S. 419 u. 422; Otterbeck: Anwaltskollektiv der DDR, S. 90 ff., Brand: Rechtsanwalt, S. 88.

gien zu fördern«.[631] Die ZRK wählte eine Leitung mit einem Vorsitzenden und tagte in der Regel einmal im Quartal. Pro Jahr wurden fünf Kollegien kontrolliert, also jedes alle drei Jahre. Der Vorsitzende des Rates war als ranghöchster Anwaltsfunktionär bevorzugter Ansprechpartner des Ministeriums, des ZK-Apparates und anderer staatlicher Organe, insbesondere der Justizorgane. Wolff schildert im Nachhinein wie der Ton des Justizministeriums in der Ära Honecker zwar konzilianter wurde, die Einmischungsversuche aber zunahmen.[632]

Mit der Zeit wuchsen die Aufgaben und auch Ansprüche der Anwälte an das zentrale Gremium. Die ZRK organisierte mehrtägige Weiterbildungsseminare für die Anwaltschaft, unter anderem zu Fragen der Berufsethik. Im Laufe der Jahre wurden immer mehr Anwälte zu Aufgaben der ZRK hinzugezogen und Ausschüsse für Fachfragen gebildet.[633] Der Anspruch, die Anwaltschaft selber anzuleiten, war eine Quelle steter Auseinandersetzungen mit dem MdJ.[634] Mit dem Kollegiumsgesetz von 1980 wurde die ZRK in den Rat der Vorsitzenden der Kollegien der Rechtsanwälte (RdV) umbenannt, seine Rolle relativiert aber immerhin rechtlich fixiert.[635] Der RdV war berechtigt, aus den Erfahrungen der Kollegien »Maßnahmen« anzuregen und »Empfehlungen«[636] zu geben. Dazu benötigte er aber die Zustimmung des MdJ. Von einer Richtlinienkompetenz der Anwälte kann also nicht die Rede sein. Diese Regelung war im Gegenteil ein wichtiges Einfallstor, durch das das MdJ seine »Anleitung«[637] über die Kollegien ausüben konnte.

### 3.3.7 Einwirkungsmöglichkeiten des Staates

Die in der Gründungsphase der Kollegien erlassene Verordnung von 1953 erweckt den Eindruck, als ob sich das Justizministerium der DDR auf eine Art Rechtsaufsicht beschränken würde. Die staatslenkende Partei, die SED, wurde im Berufsrecht gar nicht erst erwähnt. Das MdJ hatte unter Mitwirkung »fortschrittlicher Rechtsanwälte«[638] eine Gebührenordnung zu erstellen, die Geschäftsordnung zu bestätigen[639] und konnte weitere Durchführungsbestim-

631 RAK Berlin, Vorstand. Referat zu Organisation und Arbeitsweise der Rechtsanwaltskollegien der DDR. 8.8.1978. S. 11a; LArch Berlin C Rep. 368 Nr. 225.

632 Wolff: Ein Leben, S. 180 f.

633 Busse: Deutsche Anwälte, S. 420.

634 Ebenda, S. 421; Lorenz: Rechtsanwaltschaft, S. 235 ff.

635 Der Auffassung Brands, dies sei die Nachfolge des Beirates, kann nicht zugestimmt werden, allenfalls dass Funktionen des Beirates auf den RdV übergingen. Brand: Rechtsanwalt, S. 85.

636 KollG 1980, § 1 Abs. 2 u. 3.

637 KollG 1980, § 13.

638 VO 1953, § 5.

639 VO 1953, § 33.

mungen erlassen.[640] Die »Aufsicht über das Kollegium«[641] konnte man noch als zugespitzte Form der Rechtsaufsicht interpretieren. Diese gab dem MdJ das Recht, jeden Beschluss der Mitgliederversammlung und des Vorstandes aufzuheben, der den Gesetzen oder dem Statut des Kollegiums »widerspricht«.[642] Das MdJ war ferner Beschwerdeinstanz bei Disziplinarmaßnahmen,[643] Ausschlüsse bedurften ohnehin der Bestätigung durch den Minister der Justiz.[644] Darüber hinaus hatte das MdJ allerdings das Recht, Vorstände und einfache Mitglieder abzuberufen[645], womit der Ausschluss aus dem Kollegium einherging.[646]

Die staatliche Kontrolle wurde durch Veränderungen des Musterstatutes, vor allem 1958, noch weiter verschärft.[647] Das MdJ nahm sich nun das Recht, Mitglieder in das Kollegium aufzunehmen, die zuvor vom Kollegium abgelehnt wurden, nachdem davor schon die Qualifikationsvoraussetzungen abgesenkt worden waren. Damit wurde eines der wichtigsten Selbstverwaltungsrechte, die Neuaufnahme von Kollegiumsmitgliedern, ausgehöhlt.[648] Seit 1958 mussten dem MdJ auch alle Beschlüsse von Vorstand und Mitgliederversammlung innerhalb einer Woche vorgelegt werden.[649] Gleichzeitig eröffnete eine Art Generalklausel dem Ministerium, anstelle des Kollegiums »erforderliche Maßnahmen selbst [zu] treffen [... beziehungsweise dem Kollegium] bindende Weisungen für die weitere Beschlussfassung«[650] vorzugeben. Damit hatte sich das Ministerium auf der berufsrechtlichen Ebene weitgehende Eingriffsbefugnisse in die Selbstverwaltung gesichert, die wie ein Damoklesschwert über den Entscheidungen der Kollegien schwebten und zur Anpassung zwangen.[651]

Das Kollegiumsgesetz von 1980 nahm die Befugnisse des Ministeriums scheinbar etwas zurück. Der erste MdJ-Entwurf zielte noch auf ein förmliches staatliches Weisungsrecht, den Anwälten gelang es jedoch in monatelangen Diskussionen dieses Ansinnen etwas einzudämmen.[652] Die Aufnahme von Kollegiumsmitgliedern war auf dem Papier nun wieder eine Sache der Selbstverwal-

640 VO 1953, § 7.
641 MSt 1953, §§ 30 ff.
642 MSt 1953, § 31.
643 MSt 1953, § 28 Abs. 4.
644 MSt 1953, § 29 Abs. 4.
645 MSt 1953, § 32.
646 Busse: Deutsche Anwälte, S. 454.
647 Lorenz: Rechtsanwaltschaft, S. 109 f. u. 225 ff.
648 Das MSt 1953, § 4 regelte die Aufnahme von Neumitgliedern durch den Vorstand bzw. die MV. Lorenz: Rechtsanwaltschaft, S, 109.
649 [Musterstatut] Anordnung zur Änderung des Musterstatuts in d. F. v. 22. März 1958. DDR-GBl. Teil I (1958) 24, S. 311 (künftig als »MSt 1958« bezeichnet), hier § 30 Abs. 2.
650 MSt 1958, § 31 Abs. 2.
651 Lorenz: Rechtsanwaltschaft, S. 110.
652 Mollnau: Hintergründe, S. 7 ff.

tungsorgane.[653] Manche schlussfolgern daraus, die Anwaltschaft habe sich von einem »direkten Weisungsrecht«[654] des MdJ frei machen können. Auch eine Ersatzvornahme war nicht mehr explizit vorgesehen.

Es ist kein Zufall, dass Autoren die sich stark an Selbstzeugnissen von Anwaltsfunktionären orientieren, die Kontrolle durch das MdJ als »gescheitert«[655] ansehen beziehungsweise den Genossenschaftscharakter und somit den tendenziellen Selbstverwaltungscharakter der Kollegien betonen.[656] Demgegenüber interpretieren Autoren, die stärker die Eingriffsmöglichkeiten des MdJ in Betracht ziehen, die Kollegien als »Staatsanstalt aber zugleich ausgestattet mit einigen korporativen Strukturelementen«[657]. Im Gesetz von 1980 war nämlich von der »Anleitung«[658] der Kollegien durch das MdJ die Rede und nicht mehr nur von »Kontrolle« wie 1953. Über ministerielle »Hinweise und Empfehlungen«[659] behielt der Staat bei entsprechender Handhabung die Möglichkeit eines faktischen Weisungsrechtes. Auch die »Durchsetzung sozialistischer Kaderprinzipien«[660] durch MdJ-Einwirkung ist im Gesetz hervorgehoben. Um den Charakter der staatlichen Aufsicht beurteilen zu können, müssen die normative Ebene verlassen und die reale Einflussnahme von Staat und Partei und die Rolle der handelnden Personen untersucht werden.[661]

### 3.3.8 Zweigstellen und Verwaltung der Kollegien

Das Musterstatut widmete den Zweigstellen relativ viel Aufmerksamkeit. Die Kompetenzen des Zweigstellenleiters wurden in gleich mehreren Abschnitten definiert.[662] Dass dieses Thema in den Statuten von 1980 nur noch gestreift wurde[663] ist in Umsetzungsschwierigkeiten begründet. Idealerweise wurden in jedem Verwaltungskreis kollektive Zweigstellen nach sowjetischem Vorbild angestrebt. In Großstädten wie Ostberlin gab es analog Zweigstellen in den Stadtbezirken. Doch in der Praxis wurde selbst das bescheidene Ziel von mindestens

653 KollG 1980, § 10.

654 Otterbeck: Anwaltskollektiv der DDR, S. 131; Reich: Entwicklung der Rechtsanwaltschaft, S. 350 f.

655 Busse: Deutsche Anwälte, S. 452.

656 Lorenz: Rechtsanwaltschaft, S. 277. Lorenz zitiert resümierend Gregor Gysi. Ebenda, S. 283.

657 Otterbeck: Anwaltskollektiv der DDR, S. 145; Bruhn bestreitet den Selbstverwaltungscharakter. Bruhn: Rechtsanwaltschaft, S. 80.

658 KollG 1980, § 13.

659 MSt 1980, § 8 Abs. 1a.

660 KollG 1980, §13 Abs. 1b.

661 Vgl. Abschnitt zu Institutionen hinter dem Kollegium.

662 MSt 1953, § 20.

663 MSt 1980, § 8 Abs. 1 f.

zwei Anwälten pro Zweigstelle nie flächendeckend erreicht. Im Jahre 1970 teilten sich nur 43 Prozent der Anwälte in der DDR zu zweit eine Zweigstelle.[664] Noch 1978 bestand ein großer Teil der Zweigstellen aus einem Mitglied,[665] 1984 waren es 236 von 359 Zweigstellen (66 %), ein Zustand, der sich bis zuletzt kaum änderte.[666] Diese meist in ländlichen Kreisen beheimateten Einzelzweigstellen widersprachen nicht nur der kollektivistischen Leitidee, sie ähnelten vielmehr herkömmlichen Anwaltskanzleien.[667] Die Situation in Großstädten, insbesondere in Berlin, wich von dieser Entwicklung ab. Hier gab es von Anfang an mehrköpfige Zweigstellen.[668] Im Jahr 1987 existierten hier 17 Zweigstellen mit je zwei bis sechs Anwälten.[669]

Zur Verwaltung der Finanzen, der Liegenschaften, des Personals und zur Unterstützung der Selbstverwaltungsorgane verfügte jedes Kollegium über eine zentrale Verwaltungsstelle am Sitz des Bezirksgerichtes.[670] In Berlin befand sich die Verwaltungsstelle im Gebäude des Stadtgerichtes in der Littenstraße.[671] Die technischen Kräfte, Sekretärinnen und andere wurden von dem Sekretär des Kollegiums angeleitet. Dieser hatte auch insofern eine wichtige Funktion, als dass er für die Personalunterlagen zuständig war.[672] Diese Form spiegelte sich im Kleinen in den Zweigstellen. In Berlin standen in den 1970er-Jahren grundsätzlich jedem Anwalt eine Schreibkraft und ein eigenes Zimmer zu, sodass die Akten im Prinzip beim Anwalt zu führen waren.[673] Bis 1984 kamen 1,3 Sekretärinnen auf je einen Anwalt.[674] Raummangel war neben dem Mangel an qualifizierten Juristen ein Dauerproblem.

### 3.3.9 Das Anwaltseinkommen

Die Gebühren und Honorare, die DDR-Anwälte nehmen durften, waren in einer Gebührenordnung festgelegt. Diese wurde vom MdJ erlassen und mehrfach überarbeitet.[675] Die Kostenangelegenheiten sollten durch die Zweigstellen

664 Busse: Deutsche Anwälte, S. 411.

665 RAK Berlin, Vorstand. Referat zu Organisation und Arbeitsweise der Rechtsanwaltskollegien der DDR. 8.8.1978. S. 3 LArch Berlin C Rep. 368 Nr. 225.

666 Busse: Deutsche Anwälte, S. 411; Otterbeck: Anwaltskollektiv der DDR, S. 193 f.

667 Busse: Deutsche Anwälte, S. 413.

668 RAK Berlin. Mandatsstatistik. Dezember 1953; Larch Berlin C Rep. 368 Nr. 275.

669 Verzeichnis der Rechtsanwälte, S. 6 f.

670 MSt 1953, § 19 Abs. 1.

671 Verzeichnis der Rechtsanwälte, S. 5.

672 Lorenz: Rechtsanwaltschaft, S. 259.

673 RAK Berlin, Vorstand. Referat zu Organisation und Arbeitsweise der Rechtsanwaltskollegien der DDR. 8.8.1978. S. 9; LArch Berlin C Rep. 368 Nr. 225.

674 Busse: Deutsche Anwälte, S. 415.

675 MSt 1953, § 23.

abgewickelt werden.[676] Die Praxis sah wohl eher so aus, dass der jeweilige Anwalt mit seinem Personal die Rechnungen ausfertigte und die Zweigstelle beziehungsweise das Kollegium abrechneten. Ausnahmen gab es bei Mandanten im Ausland, wo der Anwalt die Einnahmen auf eigenen Devisenkonten verbuchen lassen konnte, aber gegenüber dem Kollegium angeben musste. Von den Honoraren und Gebühren der Anwälte wurde ein bestimmter Prozentsatz, zunächst circa 30 Prozent[677], später bis zu 40 Prozent[678] zur Deckung der Verwaltungsgebühren des Kollegiums abgezogen. Der Rest wurde an den jeweils einzelnen Anwalt ausgekehrt, der sein Einkommen zu versteuern und Sozialabgaben zu zahlen hatte.

Was zunächst wie individuelle Honorare und Gebühren wirkte, die technisch über das Kollegium abgewickelt wurden, definierte das spätere Anwaltsrecht als »Eigentum des Kollegiums«[679]. Einnahmeverluste, die ein Einzelanwalt verschuldete, galten als statutenwidriges Verhalten, das potenziell Sanktionen nach sich ziehen konnte. Das Kollegium haftete andererseits für Schadenersatzansprüche an Mandanten, sofern diese nicht vorsätzlich verursacht waren.[680] Die Kollegiumsmitglieder waren wegen des relativ hohen Anteiles der Abführungen bzw. des Haftungsrechtes selbst materiell an einer generell effektiven und einträglichen Arbeit des Einzelnen interessiert. Auch dieser Hebel konnte für Disziplinierungen genutzt werden.

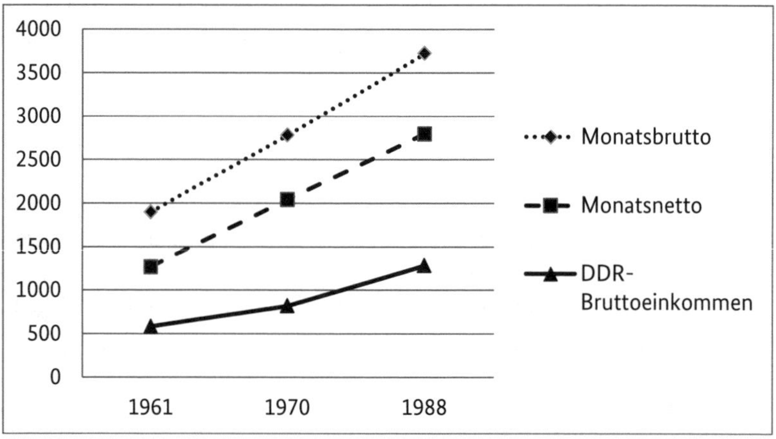


Abbildung 3: Durchschnittsmonatsverdienste von Kollegiums-Anwälten im Vergleich zum statistischen Durchschnitts-Bruttoeinkommen in der DDR (in Mark)[681]

676 MSt 1953, § 22.
677 MSt 1953, § 26.
678 Busse: Deutsche Anwälte, S. 499 f.
679 MSt 1980, § 19 Abs. 2.
680 MSt 1980, § 20 Abs. 1 u. 2.
681 Nach Angaben von Busse: Deutsche Anwälte, S. 500; Statistisches Jahrbuch der DDR. Berlin 1989.

Entsprechend der Zahl und Art der persönlichen Mandate konnte das Anwaltseinkommen leistungsbezogen sehr unterschiedlich ausfallen. Im Jahr 1972 existierten Monatseinkommen von 604 bis zu 5 816 Mark der DDR.[682] Bedeutsamer aber als diese Differenz ist, dass die Anwälte im Durchschnitt mehr als das Dreifache von DDR-Angestellten und Arbeitern, etwa das Dreifache eines Richters der ersten Instanz, sogar noch mehr als die ersten Sekretäre der Bezirksleitung der SED verdienten.[683]

Die Ausstattung der Zweigstellen und der Kollegiumsverwaltung mit Personal, Literatur und Technik, die Aufwandsentschädigungen für die Selbstverwaltungsorgane, Reise- und Sozialzuschüsse und Aufwendungen für repräsentative Veranstaltungen waren vom Einkommen der Anwaltschaft insgesamt, damit aber von der Tüchtigkeit der Einzelnen abhängig. Insofern waren finanzielle Aspekte ein wichtiger Punkt bei Revisionen und ein weiterer Hebel, um auf den einzelnen Anwalt und seine Mandatsbearbeitung einzuwirken.

## 3.4 Das Kollegium als eigenes Modell nach sowjetischem Vorbild

Bei der Gründung der Kollegien stand das sowjetische Modell Pate. Eine Juristendelegation, zu der auch Hilde Benjamin gehörte, bereiste die Sowjetunion vor der Kollegiumsgründung.[684] Allerdings fallen wesentliche Unterschiede auf, denn die sowjetische Anwaltschaft war insgesamt stärker kollektiviert. Die sowjetischen Kollegien wurden 1922 gegründet, nachdem die zaristische Anwaltschaft ab 1917 mit dem »Dekret Nr. 1« vorübergehend vollkommen aufgehoben worden war.[685] Während die Kollegien phasenweise noch Züge einer Anwaltskammer trugen,[686] durften nach 1939, mit wenigen Ausnahmen in abgelegenen Orten, nur noch Anwälte praktizieren, die in Anwaltskollektiven auf Kreisebene (Rayon) zusammengeschlossen waren. Das lief auf eine faktische Zwangskollektivierung hinaus,[687] die ab 1928 von einer regelrechten Kampagne gegen bür-

682 Zahlen aus dem Bezirk Karl-Marx-Stadt. MdJ: Zusammenfassung und Schlussfolgerungen aus der Analyse des Entwicklungsstandes der Kollegien der Rechtsanwälte. S. 8; BArch, DP1, 2969.

683 Busse: Deutsche Anwälte, S. 496 ff.; Schröder: Zivilrechtskultur. Bd. 4. Berlin 2008, S. 28.

684 Mollnau: Normierung, S. 508, FN 56.

685 Bilinsky: Sowjetische Anwaltschaft, S. 5 ff.; Kohn, Karl: Die Rechtsanwaltschaft in der Sowjetunion. In: NJ 4 (1950) 6, S. 192 f.

686 Bilinsky: Sowjetische Anwaltschaft, S. 8 ff.; Bruhn: Rechtsanwaltschaft, S. 21 ff.; Otterbeck spricht für diese Phase irreführend von »anwaltlicher Existenzform«. Otterbeck: Anwaltskollektiv der DDR, S. 64.

687 Bilinsky: Sowjetische Anwaltschaft, S. 12 ff.

gerliche Anwälte begleitet war.[688] Sogar die Frage, ob Anwälte überhaupt notwendig seien, stand im Raum. In Veranstaltungen und Publikationen wurden Anwälte mit dem Etikett »Wolfsrudel«[689] diffamiert. Im Vorfeld der Kollektivierung wurde die verbliebene Anwaltschaft politisch überprüft und durch »systematische Säuberungen«[690] ausgedünnt. Die Anwaltskollektive (Konsultationen) waren auf Bezirksebene (Oblast) in Kollegien zusammengefasst, die aus den sozialistischen Äquivalenten der Anwaltskammern hervorgingen. Die Advokaten verwalteten diese Kollegien de jure selbst. Doch die Mitglieder kamen nur zweimal im Jahr zusammen. Die Geschäfte regelten faktisch ein Präsidium und der Vorsitzende.[691] Vor Ort, in den Konsultationen, führte ein »Senior«[692] die Geschäfte. Der wurde vom Präsidium ernannt und war in größeren Konsultationen hauptamtlich tätig. Während die Anwälte überwiegend parteilos waren, wurden die Präsidiumsmitglieder und Leiter der Konsultationen von der kommunistischen Partei gestellt,[693] waren also überwiegend hauptamtliche Parteifunktionäre. Sie sollten durch diverse Maßnahmen zur »Hebung des ideologisch-politischen Niveaus und der juristischen Qualifikation«[694] beitragen und die »Kontrolle«[695] der anwaltlichen Tätigkeit gewährleisten.

Die Geschichte der DDR-Kollegien wirkt teilweise wie eine Nachinszenierung der sowjetischen Entwicklung. Ende der 1960er-Jahre wurde die Kontrolle in den sowjetischen Kollegien den DDR-Anwälten sogar noch einmal explizit als Vorbild vorgehalten. In der Sowjetunion sei Schwerpunkt »das Auftreten der Rechtsanwälte in den gerichtlichen Verhandlungen [...]. Die Untersuchungsgruppe analysiert eine Anzahl von Plädoyers und Auskünften, bespricht sie kameradschaftlich mit den betreffenden Anwälten und gibt begründete Empfehlungen«.[696]

Die Selbstverwaltung in der Sowjetunion war von vornherein staatlich beschränkt. Die Volkskommissariate, später die Ministerien der Justiz in den Unionsgliederungen, hatten die »Organisation der Anwaltskollegien und die

688 Lorenz setzt den Zeitpunkt der Kollektivierung entsprechend früher, von 1928 bis Mitte der 1930er-Jahre an. Lorenz: Rechtsanwaltschaft, S. 99 ff.

689 Bilinsky: Sowjetische Anwaltschaft, S. 11.

690 Ebenda, S. 13.

691 Das Gesetz über die Anwaltschaft vom 16. August 1939, zit. nach: Bilinsky: Sowjetische Anwaltschaft, S. 35–44 (künftig als »Anwaltsgesetz-SU 1939« bezeichnet), hier Abschnitt III, S. 39 ff.

692 Kohn, Karl: Die Rechtsanwaltschaft in der Sowjetunion. In: NJ 4 (1950) 6, S. 192–193, hier 192. In der Übersetzung der Verordnung von 1939 heißt es »Leiter der Konsultationen«. Anwaltsgesetz-SU 1939, hier § 22.

693 Bilinsky: Sowjetische Anwaltschaft, S. 10.

694 Anwaltsgesetz-SU 1939, § 18.

695 Ebenda.

696 Keil, Helmut: Einige Probleme der Leitungstätigkeit sowjetischer Rechtsanwaltskollegien. In: NJ 23 (1969) 19, S. 677 f., hier 677.

allgemeine Leitung ihrer Tätigkeit«[697] zu gewährleisten. Vorschläge zur Vollverstaatlichung der Anwaltschaft gab es in der Sowjetunion immer wieder, sie wurden aber letztlich ebenso verworfen wie in der DDR. Die staatlichen Rechte waren aber umfassender. Insbesondere bei den Aufnahmen hatten die Justizbehörden in der Sowjetunion ein faktisches Vetorecht.[698] In politischen Prozessen wegen »konterrevolutionärer Delikte« wurden nur Anwälte zugelassen, die vom Kollektiv vorgeschlagen, vom NKWD geprüft und vom Volkskommissariat bestätigt worden waren.[699]

Viele Regelungen aus der sowjetischen Kollegienorganisation und zu den Aufgaben der Kollegien finden sich teils wortgleich im Anwaltsrecht der DDR wieder. Allerdings war das DDR-Kollegium eher eine Adaption als eine Kopie. Die Stellung der bezahlten und parteilich gebundenen Anwaltsfunktionäre und des Staates waren in der Sowjetunion seit 1939 expliziter gefasst und stärker als in der DDR. Der wesentliche Unterschied bestand in der Zuteilung der Mandate. Dies wurde in DDR-Publikationen verschleiert.[700] Dem »Senior« in der sowjetischen Zweigstelle war, »die Verteilung der Sachen unter die Anwälte übertragen«.[701] Nur mit Zustimmung der Leitung konnte sich ein Sowjetbürger also »seinen« Anwalt auswählen. Damit waren auch die Einkünfte des sowjetischen Anwaltes vom Wohlwollen des »Seniors« abhängig, während der DDR-Anwalt einen individuellen Anreiz für Mandate behielt, was ihn stärker auf den Mandanten orientierte.[702] Das sowjetische Anwaltskollektiv war sowohl bei Verteilung des Arbeits- als auch des Gebührenaufkommens stärker vergemeinschaftet als die DDR-Kollegien, zusätzlich waren der staatliche Einfluss und der von Partei und NKWD stärker. Insofern erscheint es zwar berechtigt, das sowjetische Modell ökonomisch als sozialistische Anwaltsgenossenschaft zu bezeichnen.[703] Es war aber eine Genossenschaft mit stark autoritären und etatistischen Zügen. Den Kern der freien Advokatur, die freie Anwaltswahl und das freie Man-

697 Anwaltsgesetz-SU 1939, § 2.

698 Anwaltsgesetz-SU 1939, § 12.

699 Bilinsky: Sowjetische Anwaltschaft, S. 14. Das NKWD, das Volkskommissariat für Innere Angelegenheiten, hatte bis nach dem Zweiten Weltkrieg auch die Funktion einer Staatspolizei inne. Eine Geheimpolizei im Sinne einer Staatssicherheit wurde erst deutlich später in Form des Ministeriums für Staatssicherheit (MGB) gegründet und nach einigen Jahren in Komitee für Staatssicherheit (KGB) umbenannt. Gieseke, Jens: Mielke-Konzern. Die Geschichte der Stasi 1945–1990. München 2001, S. 9 f.

700 Kohn vermeidet in seinem grundlegenden Aufsatz in der NJ den Begriff »Mandat« und spricht nur von der Verteilung der Arbeit entsprechend der Qualifikation. Kohn, Karl: Die Rechtsanwaltschaft in der Sowjetunion. In: NJ 4 (1950) 6, S. 192 f., hier 192.

701 Anwaltsgesetz-SU 1939, § 22; Bilinsky: Sowjetische Anwaltschaft, S. 16; Kohn, Karl: Die Rechtsanwaltschaft in der Sowjetunion. In: NJ 4 (1950) 6, S. 192 f., hier 192.

702 Bruhn: Rechtsanwaltschaft, S. 71.

703 Otterbeck: Freier Beruf, S. 443; Otterbeck spricht von dem Kollegium als »Staatsanstalt, aber zugleich ausgestattet mit einigen korporativen Strukturelementen«. Otterbeck: Anwaltskollektiv der DDR, S. 145.

dat, hatte die Sowjetunion jedoch abgeschafft. In diesem entscheidenden Punkt wich die DDR vom großen Vorbild ab. Offenbar wurden, wie in anderen Bereichen der Justizreform[704], aufgrund der besonderen deutschen Situation Konzessionen an die eigene Bevölkerung und das internationale Renommee gemacht.

### 3.4.1 Abgrenzung von der bürgerlichen Advokatur

Die Justizfunktionäre, die für die Anwaltschaft zuständig waren, wollten sich bewusst von der bürgerlichen freien Advokatur absetzen. Der Begriff »Freiheit der Advokatur« wurde in Deutschland im 19. Jahrhundert als Teil der bürgerlich-liberalen Emanzipation vom Obrigkeitsstaat populär.[705] Freiheit der Advokatur wurde verstanden als Freiheit vom Staat, als Freiheit der Zulassung und Freiheit von richterlicher Disziplinaraufsicht.[706] Dazu gehörten die Selbstverwaltung mit eigener Ordnungsgerichtsbarkeit, die freie Wahl und Unabhängigkeit bei Mandaten.[707] Diese Prinzipien gingen im Wesentlichen in die Reichsanwaltsordnung (RRAO) von 1878 ein,[708] die in Teilen bis 1980 auch noch in der DDR galt.[709] Das Anwaltsrecht änderte sich bis zum Ende der Weimarer Zeit kaum. Allerdings wurde durch die Rechtsprechung des Reichsgerichts in den 1920er-Jahren die Stellung der Anwaltschaft als »Organ der Rechtsprechung« in die Nähe der Gerichte und der Staatsanwaltschaft gerückt, wenn auch gleichzeitig ihre Unabhängigkeit betont wurde.[710] Mit der freien Advokatur war die Existenz als »freiem Beruf« in Einzel- oder Gemeinschaftskanzleien verbunden, ein Status der sich von Angestellten und Beamten unterschied. Die freien Anwälte waren zwangsweise Mitglieder in selbstverwalteten Kammern nach Oberlandesgerichtsbezirken, die weitgehend selbstständig innerhalb eines staatlich vorgegebenen Rahmens bei Zulassungen mitbestimmten und mit eigenen Ehrengerichten über Disziplinarmaßnahmen befanden.[711] Der Staat beschränkte sich auf Aufsichtsfunktionen. Gegen Disziplinarentscheidungen der selbstverwalteten Ehrengerichtsbarkeit konnte der Rechtsweg beschritten werden. Wer über

704 Wentker: SBZ/DDR, S. 605.

705 Ein wichtiger theoretischer Wegbereiter war Rudolf Gneist: Freie Advocatur. Berlin 1867.

706 Schneider: Unabhängiges Organ.

707 Lorenz: Rechtsanwaltschaft, S. 255.

708 Allgemeine Deutsche Rechtsanwaltsordnung (Reichsanwaltsordnung) vom 1. Juli 1878. In: RGBl. (1878) 23, S. 177–198, Lorenz: Rechtsanwaltschaft, S. 253 ff.

709 KollG 1980, § 18 Abs. 2 u. 11.

710 Man spricht seither auch von »Organtheorie«. Brand: Rechtsanwalt, S. 17 f.

711 Ebenda.

eine Richterbefähigung verfügte, besaß im Grundsatz einen Rechtsanspruch auf eine Anwaltszulassung.[712]

Im Nationalsozialismus wurde diese Konstruktion scheinbar kaum angetastet. Der Staat unter Führung der NSDAP schränkte 1933 und 1935 allerdings das Zulassungsrecht nach rassistischen und politischen Kriterien ein und übertrug es schließlich auf das Reichsjustizministerium.[713] Die Kammern wurden unter dem Dach einer Reichsrechtsanwaltskammer gleichgeschaltet und deren Präsidenten vom Justizministerium ernannt. Das Disziplinarrecht wurde bis 1943 dem Beamtendisziplinarrecht gleichgestellt.[714] Der Deutsche Anwaltverein (DAV) ging im Bund Nationalsozialistischer Deutscher Juristen, später NS-Rechtswahrerbund, auf.[715] Von einer obrigkeitsstaatlichen Mentalität der verbliebenen Anwälte war es oft nur ein Schritt zur Ideologie des »Rechtswahrers« im Nationalsozialismus, der sich als Teil der »Volksgemeinschaft« dem Staat gegenüber verpflichtet fühlte.[716] Die Anwaltschaft wurde zum Organ der nationalsozialistischen Rechtspflege, die schließlich im »gleichen Treueverhältnis zum Staat«[717] stand wie der Beamte und damit den Status als freien Beruf trotz wirtschaftlicher Unabhängigkeit verlor. Nach der Zulassung hatte der Anwalt einen Treueid auf Adolf Hitler abzuleisten. Nichtachtung nationalsozialistischer Auffassungen konnten berufsrechtlich geahndet werden.[718] »Es kann [...] freier Anwalt nur der sein, dem seine Blutzugehörigkeit zum deutschen Volk, die nationalsozialistische Weltanschauung Gewissen geworden ist.«[719]

*Das Kollegiumsmodell als Alternative*

Mit dem Modell einer sozialistischen Anwaltschaft lief die DDR Gefahr, in die Nähe der ideologisierten Justizpolitik des Nationalsozialismus gerückt zu werden. Man versuchte sich daher gleichzeitig von der Idee der »freien Advokatur« in der kapitalistisch-bürgerlichen Ordnung, aber auch von dem Gleichschaltungsmodell der NS-Zeit zu unterscheiden. Es sollte ein alternatives Modell ge-

712 Schneider: Unabhängiges Organ, S. 40 f.; Brand: Rechtsanwalt, S. 20 ff.; Otterbeck: Anwaltskollektiv der DDR, S. 53 ff.; Lorenz: Rechtsanwaltschaft, S. 262 f.

713 Über Zulassungen entschied der Reichsminister der Justiz im Einvernehmen mit dem Reichsführer des Bundes Nationalsozialistischer Deutscher Juristen. Rechtsmittel gab es nicht. Schneider: Unabhängiges Organ, S. 40; Brand: Rechtsanwalt, S. 20; Lorenz: Rechtsanwaltschaft, S. 15 f.; Otterbeck: Anwaltskollektiv der DDR, S. 51 ff.

714 Schneider: Unabhängiges Organ, S. 41.

715 Dölemeyer: Gleichschaltung, S. 265–294.

716 Rüping: Advokatur, S. 339–353; Schneider: Unabhängiges Organ, S. 41 f.; Krach: Viel Glanz, S. 207–236, hier 229.

717 Schneider: Unabhängiges Organ, S. 42.

718 Brand: Rechtsanwalt, S. 20; Otterbeck: Anwaltskollektiv der DDR, S. 54 f.

719 Zit. nach: Schneider: Unabhängiges Organ, S. 42.

schaffen werden, das in den ideologischen Auseinandersetzungen des Kalten Krieges ansatzweise Bestand haben konnte. Konzessionen bei der Frage der Anwaltswahl und des Einzelmandates waren die Antwort auf dieses Dilemma. Offenbar sah man sich gezwungen, deutsche Rechtstraditionen stärker zu respektieren, Konzessionen an die Juristen im eigenen Lande und an die Öffentlichkeit im Osten und Westen zu machen.[720] Andererseits wollten die Justizfunktionäre der DDR nicht zu viel aus der Hand geben. Unverhohlen wurde anfangs propagiert, dass »Gegner«[721] der DDR nicht als Anwälte tätig werden dürfen. Da nur Kollegiumsanwälte bestimmte Pflichtmandate übernehmen durften, waren die verbliebenen »bürgerlichen« Einzelanwälte von vornherein ausgeschlossen. Von freier Advokatur kann daher nicht die Rede sein.

Bei der Einschätzung der Kollegiumsgründungen wird denn auch zumeist der Kollektivierungsprozess hervorgehoben. Übersehen wird bei der rein negativen Wertung des Kollegiums, dass zumindest Parteigänger der SED es als »Ausdruck des Vertrauens«[722] ansahen, dass der Staat 1953 die Zulassungs- und Disziplinarfragen grundsätzlich wieder auf die Anwaltschaft übertrug. Das Kollegium nahm damit Funktionen wahr, die im Kaiserreich und während der Weimarer Republik bei den Kammern lagen. Diese eigenartige Verzahnung von Kammerfunktionen mit denen einer großen Gemeinschaftskanzlei schaffte auch Identifikationsangebote und war zumindest für einen Teil der Anwaltschaft nicht unattraktiv. Wenn man die Fiktion von einem eigenen Modell mit anwaltlichen Freiheiten aufrechterhalten, gleichzeitig aber wesentliche Abläufe in der Hand behalten wollte, mussten Staat und Partei diesen Einfluss über die Vorstände und Vorsitzenden oder die Parteimitglieder ausüben. Indirekte und verdeckte Formen der Kontrolle und Einflussnahme spielten eine große Rolle. Auch das MfS hatte von Anfang an Anwälte als Informanten geworben.[723] Eine weitere Steuerungsmöglichkeit bestand in rechtsideologisch Vorgaben, die zu faktisch berufsrechtlichen Normen wurden.

720 Dazu gehörten auch Anleihen bei der Diskussion um die Anwaltsgenossenschaft der Weimarer Republik. Mollnau: Normierung, S. 495 ff. u. 507 f.

721 Benjamin, Hilde: Fragen der Verteidigung und des Verteidigers. In: NJ 5 (1951) 2, S. 51–54, hier 52.

722 Häusler, Gerhard: Die Entwicklung der sozialistischen Rechtsanwaltschaft in der DDR. In: NJ 27 (1973) 12, S. 340–344, hier 341.

723 HA V/5/1, Bericht über die durchgeführte Werbung eines GI, 30.1.1958; BStU, MfS, AIM 2528/61, T. I, Bl. 23–26, hier 24.

### 3.4.2 Das Leitbild vom sozialistischen Rechtsanwalt

Im Jahr 1958 wurde eine neue Phase proklamiert, in der die Anwaltschaft einen »großen Schritt vorwärts«[724] in Richtung auf das »kollektive Büro, das kollektive Mandat und die kollektive Abrechnung«[725] machen sollte. Dieser Impetus wurde zwar nie vollständig realisiert, ging aber einher mit der Geburt des neuen Leitbildes vom sozialistischen Anwalt.[726] Nachdem eine gesamtdeutsche Perspektive unrealistisch und Anfang der 1950er-Jahre der Aufbau des Sozialismus in nur einem deutschen Teilstaat konsequent betrieben wurde, war konsequenterweise nicht mehr vom »demokratischen Bewusstsein«[727] oder vom »fortschrittlichen«[728] Anwalt, sondern vom »sozialistischen Anwalt« und der »sozialistischen Gesetzlichkeit« die Rede. Vom Kollegiumsanwalt wurde nunmehr »ein klares politisches Bewusstsein«[729] erwartet. Das Kollegiumsgesetz von 1980 verpflichtete die Anwaltschaft entsprechend der Verfassung, den Gesetzen und den Rechtsvorschriften auf das nunmehr etablierte Rechtssystem. Es wurde erwartet, dass die Anwälte für die »Einhaltung und Durchsetzung des sozialistischen Rechts«[730] eintreten.

Die Verpflichtung auf die »sozialistische Gesetzlichkeit« beinhaltete per se etwas anderes als die Bindung an das Gesetz.[731] Nach einer klassischen Formel von Hilde Benjamin ging es um die »Einheit von strikter Einhaltung der Gesetzlichkeit und Parteilichkeit«[732]. Gemeint war also das parteilich interpretierte Recht.[733] Diese Bipolarität konnte je nach Rechtsgebiet, politischer Brisanz und Zeitströmung stärker in Richtung Gesetzestext oder in Richtung der politischen Machtausübung tendieren. Diese Paradoxie löste sich scheinbar in der sozialistischen Staatsauffassung auf. Wie Benjamin formulierte, ging es im Sozialismus »nicht mehr in erster Linie um den Schutz des Individuums gegen-

724 Helm, Rolf: Fragen der Entwicklung einer sozialistischen Rechtsanwaltschaft. In: NJ 12 (1958) 9, S. 293–301, hier 299.

725 Ebenda.

726 Otterbeck: Anwaltskollektiv der DDR, S. 92 f.; Reich: Entwicklung der Rechtsanwaltschaft, S. 331 f.; Lorenz: Rechtsanwaltschaft, S. 220 ff. u. 241 ff.; Brand: Rechtsanwalt, S. 41 f.; Mollnau: Normierung, S. 316 ff.

727 VO 1953, Präambel.

728 Ebenda.

729 Helm, Rolf: Einjähriges Bestehen der Kollegien der Rechtsanwälte. In: NJ 8 (1954) 11, S. 343 f., hier 344.

730 KollG 1980, § 1 Abs. 2; MSt 1980, § 5 Abs. 1.

731 Bruhn: Rechtsanwaltschaft, S. 42 ff.; Brand: Rechtsanwalt, S. 11 f.; Busse: Deutsche Anwälte, S. 426. Es ist problematisch, wie Busse zu behaupten, der sozialistische Anwalt wäre an das »positive Recht« gebunden. Gerade der Begriff des positiven Rechtes zielt auf eine Priorität eines Normensystems, nicht auf deren politische Interpretation ab. Ebenda, S. 424.

732 Benjamin, Hilde: Die sozialistische Einheitspartei Deutschlands. Eine Partei der Gesetzlichkeit. In: NJ 15 (1958) 12, S. 509 f.; Busse: Deutsche Anwälte, S. 426.

733 Reich: Entwicklung der Rechtsanwaltschaft, S. 365.

über dem Staat [...], diese Momente müssen zurücktreten gegenüber der für unsere Strafjustiz entscheidenden Aufgabe des Schutzes unserer Ordnung und der Gesellschaft«[734]. Noch drastischer schrieb ein für Personalfragen zuständiger Hauptsachbearbeiter aus dem MdJ, dass »wenn [die Anwälte] die Interessen ihres Mandanten nur unter Verletzung der Interessen des Staates vertreten können, den Interessen des Staates der Vorrang zu geben ist«.[735]

### 3.4.3 Ideologie von der Interessensidentität und Justizpädagogik

Die Auffassung von der Identität staatlicher und individueller Interessen fußte, sofern man nicht reinen Machtpragmatismus unterstellt, auf Staatsvorstellungen des späteren Lenin. Der Staat sei eine »Maschine« in den Händen der Arbeiter, damit sie im Interesse aller Unterprivilegierten »jede Ausbeutung ausmerzen«.[736] Während Lenin ursprünglich noch das Absterben des Staates vor Augen hatte, führten ökonomische und politische Widrigkeiten dazu, dass der revolutionäre Theoretiker zur Absicherung der revolutionären Errungenschaften in der Sowjetunion immer stärker auf die Staatsmacht, auch die Justiz in der Verfügung der Partei setzte: »In dem Maße, wie zur Hauptaufgabe der Staatsmacht [...] die Verwaltung wird, wird zur typischen Erscheinungsform der Unterdrückung und des Zwanges nicht die Erschießung an Ort und Stelle, sondern das Gericht.«[737] Die Ideologie von der angeblichen Interessensidentität von Staat, Gesellschaft und Individuum blieb im Grundsatz bis zum Ende der DDR ein Dogma der Staatstheorie. Allerdings wurde diese Interessenidentität in unterschiedlichen Phasen der DDR-Justizgeschichte verschieden interpretiert, was die Anwaltsrealität und damit auch die der Mandanten verändern konnte.[738]

Friedrich Wolff betonte zur Zeit der sogenannt zweiten Justizreform Anfang der 1960er-Jahre, der Anwalt »tritt für die Wahrung der persönlichen Rechte seines Mandanten auf der Grundlage der Gesetze ein und mobilisiert die gesellschaftlichen Kräfte, um die Entfaltung der Persönlichkeit des von ihm vertretenen Bürgers durchzusetzen«.[739] Wolff bestritt zwar vorsichtigerweise einen Ge-

734 Benjamin, Hilde: Fragen der Verteidigung und des Verteidigers. In: NJ 5 (1951) 2, S. 51–54, hier 53.

735 Wirthig, Max: Zur Frage der Rechtsanwaltschaft. In: NJ 4 (1950) 10, S. 393 f., hier 393; Lorenz: Kollektivierung der Rechtsanwaltschaft, S. 88.

736 Lenin, Wladimir I.: Über den Staat. 1919. In: Lenin: Werke. Bd. 29. Berlin 1970, S. 479.

737 Lenin, Wladimir I.: Die nächsten Aufgaben der Sowjetmacht. In: Lenin: Werke. Bd. 27. Berlin 1970, S. 256.

738 Brand: Rechtsanwalt, S. 38; Otterbeck: Anwaltskollektiv der DDR, S. 101. Beide Autoren sehen kaum einen Wandel in dieser Zeit.

739 Wolff, Friedrich: Der Beschluss des Staatsrates vom 30. Januar 1961 und die Aufgaben der Rechtsanwaltschaft. In: NJ 15 (1961) 8, S. 277.

gensatz zum Staat. Er setzte sich mit dieser Betonung der Mandanteninteressen aber deutlich von früheren Positionen ab, die die Dominanz staatlicher Interessen in den Vordergrund gespielt hatten. Auf einmal galt, dass die »abweichende Ansicht des Verteidigers über die Erreichung des Untersuchungszwecks diesen selbst niemals gefährden«[740] könne. Noch einige Jahre zuvor war vom MdJ öffentlich kritisiert worden, dass ein Anwalt im Hauptverfahren an frühere, entlastende Aussagen seines Mandanten erinnerte, »statt der Wahrheitsfindung«[741] zu dienen.[742]

Ob die Rolle des Anwaltes eher aufseiten des Staates und seiner Prozessvertreter angesiedelt wurde oder ob er der »sozialistischen Gesetzlichkeit« dadurch diente, dass er den Einzelnen effektiv verteidigte, waren zwei Pole einer Grundauffassung.[743] Gemeinsam war beiden Ansichten, dass der »Gegensatz zwischen dem Verteidiger auf der einen und dem Gericht und Staatsanwalt auf der anderen Seite doch kein antagonistischer [ist]; die Gegensätzlichkeit ihrer Stellung und Aufgabe löst sich vielmehr durch die Gemeinsamkeit ihrer Stellung als ›Organe der Rechtspflege‹«[744]. Aufgrund der angeblichen Minderung der Interessensgegensätze im Sozialismus sei für den DDR-Anwalt die Zeit der scharfen Zusammenstöße vor Gericht »überwunden«[745]. Der nichtkonfrontative Prozess, in dem die Justizorgane eher als Partner und weniger als Gegner auftraten, wurde zum Prozess-Leitbild.

### *Justizpädagogische Rolle*

Die Anwälte wurden nicht nur auf die sozialistische Rechtsordnung verpflichtet. Sie sollten auch für diese werben, zur »Weiterentwicklung des sozialistischen Rechtsbewusstseins der Bürger«[746] beitragen und »die Bürger zur freiwil-

740 Fritze, Werner; Meyer, Edmund: Für eine aktive Mitwirkung des Verteidigers im Ermittlungsverfahren. In: NJ 15 (1961) 8, S. 280–282, hier 281.

741 Helm, Rolf: Fragen der Entwicklung einer sozialistischen Rechtsanwaltschaft. In: NJ 12 (1958) 9, S. 293–301, hier 299.

742 Die VO 1953 nennt in der Präambel die »Erforschung der Wahrheit und der Rechtsfindung« als Ziel. Das KollG 1980 spricht neutraler von der »Verteidigung der Beschuldigten und Angeklagten«. KollG 1980, § 3 Abs. 1b.

743 In der Präambel der VO von 1953 war noch vorrangig genannt, dass Rechtsanwälte »das Recht auf Verteidigung von Angeklagten« zu verwirklichen und den Mandanten in anderen Rechtsangelegenheiten zu vertreten hätten. VO 1953, Präambel. Im Kollegiumsgesetz von 1980 erscheint die Mandantenvertretung nachrangig nach der Verpflichtung der Anwaltschaft bzw. der einzelnen Anwälte auf die Rechtsordnung der DDR. KollG 1980, § 2 Abs. 1.

744 Benjamin, Hilde: Fragen der Verteidigung und des Verteidigers. In: NJ 5 (1951) 2, S. 51–54, hier 54.

745 Ebenda.

746 KollG 1980, § 2 Abs. 1.

ligen und bewussten Einhaltung«[747] des sozialistischen Rechts anhalten. Diese Erziehungsfunktion des Anwaltes zieht sich wie ein »roter Faden«[748] durch das DDR-Anwaltsrecht. Die justizpädagogische Rolle sollte auf mehreren Ebenen wahrgenommen werden:

- durch Rechtsberatung,
- durch die Orientierung des Mandanten auf die Einhaltung des geltenden Rechts,
- durch die Werbung für die Anerkennung des rechtskräftigen Urteils,[749]
- durch Rechtspropaganda in Publizistik und vor Teilöffentlichkeiten.[750]

Der Staat hoffte, dass der Anwalt das Vertrauen, das seine Mandaten ihm entgegenbrachten, in ein Vertrauen in das sozialistische Rechtssystem ummünzen könnte. Durch das Anwaltsrecht und dessen Auslegung wurden die gesellschaftspolitischen Erwartungen Teil der anwaltlichen Berufspflichten. Im Extremfall konnten auf Verstöße Sanktionen folgen. Hilde Benjamin meinte Anfang 1951 offen, Verteidiger, die sich »versteckt als Gegner unserer Ordnung zeigen [, dürfen …] deshalb gar nicht mehr Verteidiger sein«.[751]

Die rechtlichen Normen erwähnten unter dem Stichwort Berufspflichten nur scheinbar selbstverständliche Sachverhalte,[752] wie die rasche Erledigung von Mandantenaufträgen und die Wahrung der Rechte der Bürger.[753] Da die Anwälte auf die Gesetze in ihrer jeweils herrschenden Interpretation verpflichtet waren, lag hier das Einfallstor für die justiz- und gesellschaftspolitischen Erwartungen. Die Disziplinarkriterien wiesen eine geringe Normenschärfe auf. Kommentare, verbindliche Auslegungen der Statuten- und Pflichtwidrigkeit gab es nicht. Die erste Disziplinarverfahrensordnung wurde erst 1981 erlassen,[754] ein verbindlicher und öffentlicher Berufspflichtenkatalog erschien im Sommer 1989,[755] ein Rechtsanwaltshandbuch erst 1990[756] als sich die Anwaltschaft schon im völligen Umbruch befand. Anhaltspunkte für die Anwaltspflichten gaben allenfalls interne Papiere und Diskussionen, deren Verbind-

747 KollG 1980, § 2 Abs. 2; analog MSt 1980, § 5 Abs. 2.

748 Brand: Rechtsanwalt, S. 46; Bruhn: Rechtsanwaltschaft, S. 46 ff.

749 Brand: Rechtsanwalt, S. 45 ff.

750 Gerlach: Die Rechtsanwaltschaft, S. 143 f.; Reich: Entwicklung der Rechtsanwaltschaft, S. 362; Otterbeck: Anwaltskollektiv der DDR, S. 92 f.

751 Benjamin, Hilde: Fragen der Verteidigung und des Verteidigers. In: NJ 5 (1951) 2, S. 51–54, hier 52.

752 MSt 1953, § 27 Abs. 1; MSt 1980, § 22 Abs. 1.

753 MSt 1953, § 1 Abs. 1.

754 Busse: Deutsche Anwälte, S. 446 f. Wolff berichtet von einer internen Verfahrensordnung seit 1970. Wolff: Verlorene Prozesse, S. 119.

755 Berufspflichten des Rechtsanwalts in der DDR. Beschluss des Rates der Vorsitzenden der Kollegien der Rechtsanwälte in der DDR v. 30.6.89. In: NJ 43 (1989) 12, S. 478–480.

756 Gysi, Gregor (Hg.): Handbuch für Rechtsanwälte. Berlin 1990.

lichkeit aber nicht immer gegeben war.[757] Auch Beiträge von maßgeblichen Anwälten, vor allem in der Neuen Justiz, wirkten orientierend.[758] Die Unbestimmtheit der Anforderungen an den sozialistischen Anwalt bot gleich mehrere Vorteile: Es mussten keine öffentlichen Leitlinien formuliert werden, die die Justizpolitik der DDR hätten angreifbar machen können. Die diesbezüglichen Unsicherheiten der Anwälte schwächte ihre Position und machte sie für Auslegungen der Berufspflichten durch staatliche Stellen, die Partei oder Kollegiumsfunktionäre empfänglich. Insofern erscheint die relative Unbestimmtheit anwaltlicher Pflichten nicht, wie behauptet als ein Manko,[759] sondern geradezu als ein Charakteristikum für die berufsrechtliche Einrahmung des Anwaltes in der DDR. Was erlaubt war und was nicht, zeigte sich nicht zuletzt erst in exemplarischen Konflikten.

Die im Gesetzblatt der DDR und in der Neuen Justiz veröffentlichten Anwaltsnormen führten zu einem Spannungsfeld. Da wurden einerseits der Einsatz für den Mandanten gefordert und andererseits die Verpflichtung des Anwalts auf die sozialistische Rechtsordnung formuliert. Diese Widersprüchlichkeit hat bis heute zu konträren Interpretationen geführt. Einige meinen, dass die SED die DDR-Anwaltschaft »zu einem Instrument der Machterhaltung«[760] gemacht hätte. Dagegen stimmen andere Autoren ehemaligen DDR-Anwälten zu, die meinen, die Wahrung der sozialistischen Gesetzlichkeit sei nur eine »Leerformel«[761] gewesen, die die Anwälte »dialektisch gut verpackt«[762] unterlaufen hätten. Es wurde sogar das Bild entworfen, Anwälte und Partei hätten an einem Strang, aber an gegensätzlichen Enden eines Stranges gezogen.[763] Eine Antwort ist letztlich nur nach einem Blick auf die Wirklichkeit von Kollegien und Anwaltsalltag möglich.

757 Lorenz: Rechtsanwaltschaft, S. 264 ff.

758 Ein regelmäßiger Autor war z. B. Gerhard Pein, zeitweilig Vorsitzender des RAK Erfurt, aber auch Friedrich Wolff, Gerhard Häusler und Gregor Gysi nahmen in der NJ zu grundsätzlichen Anwaltsfragen Stellung. Gerhard Pein (o. T.) In: NJ 14 (1960) 12, S. 397–400.

759 Lorenz: Rechtsanwaltschaft, S. 264 ff.; S. 271 ff. Gerlach behauptet unzutreffend, ein Berufspflichtenkatalog sei erst nach der Maueröffnung erlassen worden. Gerlach: Die Rechtsanwaltschaft, S. 146; Busse: Deutsche Anwälte, S. 441 f.

760 Brand: Rechtsanwalt, S. 50.

761 RA Hans-Joachim Vormelker nach Busse: Deutsche Anwälte, S. 427.

762 Ebenda, S. 427.

763 Ebenda, S. 431.

# 4. Die Institutionen zur Steuerung und Kontrolle der Anwaltschaft

## 4.1 Das Ministerium der Justiz

Es war die Aufgabe des Justizministeriums die Anwaltschaft anzuleiten und zu kontrollieren. Basierend auf der Selbstwahrnehmung von Anwälten, vor allem Anwaltsfunktionären, ist die These vertreten worden, dass das Ministerium der Justiz (MdJ) »zu einer wirklichen Kontrolle gar nicht in der Lage war«,[1] da die Anzahl des Personals nicht ausgereicht hätte, diese Aufgabe auszufüllen. Dem steht gegenüber, dass die Zahl der Anwälte in einem überschaubaren Rahmen blieb, zudem die Fluktuation in der Anwaltschaft und in den Aufsichtsapparaten verhältnismäßig gering war. Die Zusammenarbeit war ohnehin elastisch und keineswegs nur von oben nach unten ausgerichtet wie exemplarische Kontroversen zeigen.

### 4.1.1 Ministerial-Apparat und Aufgaben

Es ist eine Unterschätzung des Steuerungspotenzials des MdJ, wenn unterstellt wird, das Ministerium hätte nur eingereichte Unterlagen auswerten und Jahresversammlungen besuchen können. Die Zahl der zuständigen Mitarbeiter wird mit zwei[2] beziehungsweise sieben[3] zu niedrig angegeben. Die zweite Zahl bezieht sich vermutlich auf die Struktur der Abteilung 4 Mitte der 1970er-Jahre.[4] Eine Besetzungsliste der späteren HA VII von 1985 weist einschließlich Hauptabteilungsleiter acht Personen aus, die mit den staatlichen Notariaten und den Rechtsanwälten befasst waren.[5] Die hohe Personalkontinuität im Ministerium, die sich auch im ZK, beim MfS und in den Kollegien spiegelte, erleichterte naturgemäß Kontrolle und Einflussnahme. Neben der Anwaltsabteilung im MdJ war die 20-köpfige Hauptabteilung I, ehedem für Personalfragen zuständig und maßgeblich an Ausbildungs- und Nachwuchsfragen von Anwälten

1 Busse: Deutsche Anwälte, S. 452.

2 Ebenda, S. 452.

3 Eisenfeld: Staatssicherheit, S. 40.

4 MdJ, Anlage zur Hausverfügung Nr. 5/74, Strukturbilder; BStU, MfS, HA XX Nr. 7358, Bl. 63–95, hier 93.

5 Besetzungsliste des MdJ, 31.5.1985; BStU, MfS, HA XX Nr. 7357, Bl. 567–593, hier 585.

beteiligt.[6] Nicht zu unterschätzen sind die Aktivitäten des oberen Leitungsbereiches. Da das MdJ in den 1960er-Jahren Kompetenzen eingebüßt hatte,[7] gab es bis hin zum Minister genügend Raum, sich selbst mit Einzelfragen der Anwaltschaft zu beschäftigen. Der Minister wünschte über jede Neuzulassung eines Anwaltes persönlich informiert zu werden.[8]

Das Aufgabenspektrum des MdJ war, was die Anwälte betraf, relativ breit gefächert. Es reichte von Fragen der Gestaltung der Ausbildung, der Bedarfsplanung, der Universitätsabsolventenlenkung, der Einwirkung auf die Neurekrutierung von Anwälten, der Vorbereitung von Wahlen zu den Selbstverwaltungsgremien, der Bearbeitung von Eingaben und Beschwerden, der Begleitung und Beeinflussung von Disziplinarverfahren bis hin zu Entlassungen in Einzelfällen. Das Ministerium entwickelte die berufsrechtlichen Regelungen für die Kollegien und war an der Ausgestaltung des formellen und materiellen Rechts, das den Arbeitsalltag der Anwälte prägte, beteiligt. Die Anleitung und Kontrolle der Kollegien wurden durch gemeinsame Vorbereitung und Begleitung von Sitzungen der Zentralen Revisionskommission (ZRK)[9] und zentralen Sonderveranstaltungen, durch Abstimmung von Grundsatzpapieren, gelegentliche »operative Untersuchungen« oder Kader-»Instruktionen«[10] vor Ort ausgeübt. Auch vorgelagerte Einigungen über Beschlussvorlagen und die Lektüre der Protokolle von Vorstandssitzungen und Mitgliederversammlungen dienten der Anleitung. Publizistische Beiträge von Anwälten im Rahmen der »Rechtspropaganda« wurden im Vorfeld abgestimmt, zumindest angezeigt. Internationale beziehungsweise diplomatische Kontakte waren genehmigungspflichtig.[11] Die Rechtsanwaltsanleitung war in den internen Statuten und Arbeitsordnungen des MdJ geregelt.[12]

Das administrative Potenzial zur Kontrolle der Anwaltschaft wurde 1963 durch Auflösung der Justizverwaltungsstellen in den Bezirken geschwächt.[13] Seither wurden gelegentlich Direktoren der Bezirksgerichte vom MdJ in die Verantwortung genommen,[14] anwaltliches Handeln oder einzelne Anwälte zu beurteilen, aber eine wirkliche Anleitungsfunktion hatten diese nicht. Die Anleitung

6 Vgl. Personalauswahl und Absolventenlenkung im Abschnitt Anwaltskarriere.

7 Raschka: Justizpolitik, S. 40.

8 MdJ, Horn: Übersicht über das Verfahren bei Einstellung eines Rechtsanwalts, 22.8.1985; BArch, DP 1, 4470.

9 Die spätere Bezeichnung des Gremiums war Rat der Vorsitzenden.

10 MdJ, Vermerk über die Instruktion beim Vorstand des Kollegiums Frankfurt, 27.11.1980; BArch, DP 1, 4183.

11 Busse: Deutsche Anwälte, S. 452 ff. Die Tätigkeiten des MdJ werden in dieser Arbeit an verschiedenen Stellen differenzierter beschrieben und belegt.

12 Künzel: Justizsteuerung, S. 229, FN 196.

13 Ebenda, S. 215.

14 MdJ, Vermerk, Wahlberichtsversammlungen der Kollegien der Rechtsanwälte, Entwurf o. D. (vermutl. 1980); BArch, DP1, 4291.

lag seit dieser Zeit bis zum Ende der DDR ausschließlich beim Ministerium. Für DDR-Verhältnisse entstand eine erstaunliche Asymmetrie der unmittelbaren Anleitung bezirklicher Kollegien durch ein zentrales Berliner Justizorgan. Diese strukturelle Schwäche in den Steuerungsmechanismen versuchte das Führungspersonal dadurch auszugleichen, dass loyales Personal in den Kollegien als Kooperationspartner herangezogen wurde. Die Anleitungsstrukturen waren für die Kontrolleffektivität des Ministeriums mitentscheidend und daher immer wieder Thema zwischen Ministerium und Anwaltschaft.

### *Der Minister*

Der ehemalige Facharbeiter Hans-Joachim Heusinger war von 1955 bis 1960 schon als Funktionär beim Zentralvorstand der Liberal-Demokratischen Partei Deutschlands (LDPD) tätig und erwarb an der Deutschen Akademie für Staats- und Rechtswissenschaften ein juristisches Diplom im Fernstudium. Er schien eher für eine Funktionärs- als für eine juristische Karriere qualifiziert.[15] Seinen Doktortitel erhielt er von der Akademie ehrenhalber, nachdem er schon 15 Jahre lang als Justizminister tätig war.[16] Heusinger saß dem Volkskammer-Ausschuss für Industrie, Bauwesen und Verkehr vor, als er 1972 ins Justizministerium berufen wurde. Offenbar war es erwünscht, dass der neue Blockparteipolitiker weniger qualifiziert und selbstbewusst war als sein Amtsvorgänger Kurt Wünsche.

Ein enger Mitarbeiter, der dem MfS als IM »Max« aus dem MdJ berichtete, schilderte Wünsche als einen hoch kompetenten aber »überheblichen«[17] Justizkader. Damit war nicht nur gemeint, dass sich Wünsche abfällig über SED- und Justizfunktionäre äußerte, die aufgrund ihrer Schnellausbildung nach 1946 weniger bewandert waren als Volljuristen. Überheblichkeit meinte auch Tendenzen, sich über die Partei zu erheben. So lehnte er es in einem Fall ab, sich mit dem Sektorenleiter für Justiz im ZK zu konsultieren, weil dieser eine »ängstliche Natur [sei], die 1 000 Bedenken habe«.[18] Dessen Vorgänger im ZK und späteren Generalstaatsanwalt, Joseph Streit, bezeichnete Wünsche als »unüberlegt und oftmals primitiv«.[19] Der IM garnierte seine Kolportagen mit Schilderungen von Barbesuchen und angeblichen moralischen Verfehlungen des Justizmi-

15 Die biografischen Daten, sofern nicht anders vermerkt entstammen: Wer war wer in der DDR? In: http://www.bundesstiftung-aufarbeitung.de/wer-war-wer-in-der-ddr-%2363%3B-1424.html (letzter Zugriff: 15.1.2015).

16 HA XX/1, Information v. 6.11.1987; BStU, MfS, HA XX Nr. 7355, Bl. 367.

17 HA XX/1, TB mit IMS »Max«, 3.9.1969; BStU, MfS, AIM 26904/91, Beifügung 3, Bl. 176.

18 HA XX/1, Bericht, 20.8.1971; ebenda, Beifügung 3, Bl. 337–342, hier 364.

19 Abschrift, Zur Situation im MdJ; ebenda, Beifügung 3, Bl. 66.

nisters, die beim MfS offenbar auf besonderes Interesse stießen.[20] Als Wünsches Ministerium Anfang der 1970er-Jahre Schwierigkeiten hatte, ein neues Zivilgesetzbuch zu schaffen, das nach Vorstellungen der SED knapp und allgemein verständlich sein sollte, Wünsche seinen Entwurf trotzdem über das Fernsehen ankündigte, waren seine Tage gezählt. Wünsche hatte zudem, kurz bevor Honecker 1971 SED-Parteichef wurde, geäußert, dieser sei »etwas zu farblos und große Teile [der Bevölkerung und Partei] zweifeln, dass er all diesen Aufgaben, die ein 1. Sekretär zu erfüllen hat, gewachsen sei«.[21] Es war wohl die selbstbewusste Haltung gegenüber der führenden Partei, die den LDPD-Mann scheitern ließ. Das revidiert oder relativiert die bisherige Sicht auf den Sturz von Wünsche.[22] Der beflissene IM schlug gleich nach dessen politischem Ende vor, einen intellektuell schwächeren LDPD-Mann im MdJ zu installieren, der »andererseits jedoch kompromisslos und ohne Prüfung die Parteibeschlüsse durchsetzt«.[23] Das MfS wollte diesen Gedanken an die zuständigen Kaderverantwortlichen weiterleiten. Wie es scheint, entsprach der neue LDPD-Justizminister, Heusinger, genau der vorgeschlagenen Rolle.

Offenkundig zog sich durch die Geschichte des MdJ der Konflikt zwischen den sogenannten Intelligenzlern und den Arbeiterkadern. Dahinter verbargen sich intellektuelle wie mentale Unterschiede zwischen an Universitäten ausgebildeten Juristen und denen, oft ehemaligen Arbeitern, die an Richterakademien zu Volksrichtern gemacht wurden. Minister Wünsche und offenbar auch andere, mokierten sich in »eher straffem [gemeint wohl »schroffen«] Maße zur Arbeit absoluter Arbeiterkader«, besonders habe er sich über Ausdrucksweise, Sprach- und Schreibstil aufgeregt.[24] Andere, immerhin der Kaderleiter und der Parteisekretär, hielten dem Minister entgegen, »dass diese Arbeiterkader [...] nicht die Möglichkeiten hatten, so intensive Studien und Schulungen wie er selbst durchzuführen, [...] aber jederzeit klassenbewusst und treu die Sache der Partei und der Regierung realisiert haben«.[25] Dieser Konflikt zwischen einem eher bildungsmäßigen und einem parteigebundenen Standesdünkel scheint nicht nur im MdJ geherrscht zu haben, sondern war offenbar ein struktureller Konflikt,

20 HA XX/1, Einiges zum Persönlichkeitsbild des Ministers Dr. Wünsche – Abschrift vom Tonband, 24.8.1971; ebenda, Beifügung 3, Bl. 343–347.

21 HA XX/1, Bericht, 20.8.1971; ebenda, Beifügung 3, Bl. 339.

22 Der zufolge trat Kurt Wünsche wegen Konflikten über die Verstaatlichung privater und halbstaatlicher Betriebe unvorhergesehen zurück. Die IM-Akte »Max« legt dagegen nahe, dass Wünsche diese Maßnahme gerade verteidigte. Vgl. HA XX/1, Information, 25.2.1972; ebenda, Beifügung 3, Bl. 379–381; Wer war wer in der DDR? In: www.bundesstiftung-aufarbeitung.de/wer-war-wer-in-der-ddr-%2363%3B-1424.html (letzter Zugriff: 15.1.2015); Kaiser, Monika: 1972. Knockout für den Mittelstand. Berlin 1990, S. 14 ff.

23 HA XX/1, Treffbericht, 5.9.1972; BStU, MfS, AIM 26904/91, Beifügung 3, Bl. 434 f.

24 HA XX/1, TB mit IMS »Max«, 3.9.1969; ebenda, Beifügung 3, Bl. 175–186, hier 177.

25 Ebenda.

der die gesamte Justizfunktionärs-Elite der DDR durchdrang.[26] Das macht freilich plausibel, warum die »Arbeiterkader« ein hohes Maß an Identifikation mit dem Staat und der Partei zeigten, die ihnen ihren Aufstieg geebnet hatten. Heusinger nahm von 1972 bis 1980 parallel die Funktion des stellvertretenden Vorsitzenden der LDPD wahr. Mit dem Ministerposten war eher der Arithmetik der Blockpolitik Genüge getan, als dass ein profilierter Jurist an die Spitze des Justizministeriums gerückt wäre. Offenbar stellte er eine Verlegenheitslösung dar. Denn noch zwei Jahre zuvor befand die Kaderabteilung des ZK der SED, dass er für eine Ministerialposition nicht geeignet sei.[27] Die SED suchte 1972 aber einen willfähigeren Mann als seinen Vorgänger für die Ministeriumsspitze.[28]

### *Die Staatssekretäre*

Trotz seiner loyalen und im Grunde völlig vom Wohlwollen des ZK abhängigen Stellung war Heusinger nach dem Stellvertreter-System eingerahmt. Die Hauptabteilungen und Abteilungen waren dem direkten Zugriff des Ministers entzogen, da Staatssekretäre beziehungsweise Stellvertreter zwischengeschaltet waren.[29] Das Justizministerium war zu Beginn der Honecker-Ära wieder aufgewertet worden, um stärker auf die Justiz einwirken zu können. Fast zeitgleich wurde 1974 mit Herbert Kern der für Justizfragen zuständige Funktionär aus dem ZK-Apparat als Staatssekretär ins MdJ entsandt. Auf diese Weise sollten der Parteieinfluss auf das Rechtswesen und die Rechtsprechung zugleich verstärkt werden.[30] Kern unterstand die wichtige Kaderabteilung, die sich um den Juristennachwuchs und allgemeine Personalfragen kümmerte. Allein darüber konnte er Einfluss auf die Rechtsanwaltschaft nehmen. Ohnehin lief ein Teil der wichtigsten Abstimmungen des Ministeriums mit dem ZK-Apparat direkt über den Staatssekretär.[31] Kern gehörte wie sein Minister und andere leitende Justizfunktionäre dieser Zeit jener Nachkriegsgeneration an, die aus bescheidenen Verhältnissen, meist der Facharbeiterschaft stammend über einen Volksrichterlehrgang

26 Die IM-Akte »Max« enthält dazu weitere Beispiele aus dem ZK, dem Obersten Gericht und der Anwaltschaft.

27 HA XX/1, Vermerk v. 14. 3.1970; BStU, MfS, HA XX Nr. 7355, Bl. 405.

28 Raschka: Justizpolitik, S. 83; Kaiser: 1972. Knockout, S. 16.

29 Raschka: Justizpolitik, S. 83; Künzel: Justizsteuerung, S. 236; Sélitrenny: Doppelte Überwachung, S. 136 f. Vollnhals spricht sogar von Misstrauen gegenüber den Blockparteimitgliedern. Vollnhals, Clemens: »Die Macht ist das Allererste«. Staatssicherheit und Justiz in der Ära Honecker. In: Engelmann, Roger u. a. (Hg.): Justiz im Dienste der Parteiherrschaft. Berlin 1999, S. 238–240.

30 Raschka: Justizpolitik, S. 85 f.

31 Vollnhals, Clemens: Der Schein der Normalität. Staatssicherheit und Justiz in der Ära Honecker. In: Suckut, Siegfried u. a. (Hg.): Staatspartei und Staatssicherheit. Berlin 1997, S. 239.

und ein Fernstudium an der Deutschen Akademie für Staats- und Rechtsfragen eine juristische Minimalqualifikation erworben hatte. Immerhin war Kern 1957 zum Dr. jur. promoviert worden.[32] Diese Ausbildung brachte ihn zunächst in die Funktion eines Staatsanwaltes, dann ins ZK, schließlich als »Aufpasser«[33] in das MdJ.

Bezeichnend für das Verhältnis von Staatssekretär und Minister war die Kommunikation bei relevanten Strafverfahren. Das MfS informierte den Staatssekretär, dieser die zuständige ZK-Abteilung. Diese entschied, ob der Justizminister »nach Erfordernis«[34] zu informieren sei. Erst 1987 wurde Kern abgelöst,[35] obgleich das MfS schon seit Längerem Informationen über dessen angebliche moralische Verfehlungen und übermäßigen Alkoholkonsum gesammelt hatte.[36]

Als Staatssekretär wurde Kern durch den etwas jüngeren Siegfried Wittenbeck ersetzt, der schon seit 1982 als stellvertretender Minister tätig war.[37] Wittenbeck verkörperte zumindest von der juristischen Qualifikation her fast einen Generationswechsel im MdJ. Er studierte Jura an der Leipziger Karl-Marx-Universität und wurde 1966 an der Deutschen Akademie für Staats- und Rechtswissenschaft über die »Aufgaben und die Arbeitsweise der Strafsenate im System der Leitung der Strafrechtsprechung des Obersten Gerichts« in einer Gemeinschaftsarbeit promoviert.[38] Ab 1964 machte das SED-Mitglied im Obersten Gericht, zuletzt als Stellvertreter des 1. Vizepräsidenten und Leiter der Grundsatzabteilung, Karriere. Er verfügte also über eine weit bessere Ausbildung und filigranere Rechtserfahrung als sein Vorgänger und selbst der Minister. Wie sein Dissertationsthema andeutete, arbeitete er intensiv im Bereich der »Anleitung« unterer Gerichtsinstanzen als Oberinstrukteur, als zeitweiliger Leiter der Inspektionsgruppe beim Obersten Gericht und als Oberrichter. Das MfS hob gerade diese Anleitungstätigkeit gegenüber Bezirks- und Kreisgerichten als »äußerst positiv«[39] hervor und lobte sein »hohes fachliches Wissen sowie politische Klarheit und Standhaftigkeit«[40].

32 Die biografischen Daten stammen, sofern nicht anders vermerkt, aus Feth: Hilde Benjamin, S. 151 f.; Rottleuthner: Steuerung der Justiz, S. 555 f.

33 Vollnhals: Schein der Normalität, S. 226.

34 HA IX/8, Information zu zentral ermittelten Verfahren vor dem Stadtgericht von Groß-Berlin, 16.12.1975; BStU, MfS, HA IX Nr. 3866, Bl. 126.

35 HA IX/AKG, Information zu Veränderungen im Ministerium der Justiz, 27.10.1987; BStU, MfS, HA IX Nr. 16349, Bl. 22 f.

36 HA XX/1, IM-Bericht, Abschrift, 27.3.1980; BStU, MfS, HA XX Nr. 7355, Bl. 720; HA XX/1, Information zum Staatssekretär des MdJ, 7.7.1980; ebenda, Bl. 722 f.

37 HA XX/1, Stellungnahme v. 22.7.1987; BStU, MfS, AP 35896/92, Bl. 231. Biografische Daten, sofern nicht anders angegeben aus: Rottleuthner: Steuerung der Justiz, S. 585.

38 Breithaupt, Dirk: Rechtswissenschaftliche Biografie DDR. Berlin 1993, S. 548.

39 HA XX/1, Auskunftsbericht v. 13.4.1978; BStU, MfS, AP 35896/92, Bl. 157–164, hier 159.

40 HA XX/1, Stellungnahme v. 22.10.1987; ebenda, Bl. 231.

### *Der stellvertretende Minister*

Der Bereich Notariate und Rechtsanwälte zählte nicht direkt zum Staatssekretärsbereich, sondern zu einem der zwei Stellvertreterbereiche unter dem NDPD-Funktionär Hans Breithbarth.[41] Breithbarth, Jahrgang 1928, kam 1970 in diese Funktion. Nach dem Studium der Rechtswissenschaften in Jena stieg er an Gerichten bis zum Oberrichter am Bezirksgericht in Erfurt auf, wo er nebenher für die NDPD im Bezirkstag saß.[42] Offenbar diente auch diese Stellenbesetzung primär dazu, eine Blockparteiquote im Regierungsapparat zu wahren. Ein IM-Bericht meinte, Breitbarth habe »weder von seinem Persönlichkeitsbild noch von seinen politischen und fachlichen Fähigkeiten her das Niveau«[43] eines stellvertretenden Ministers. Breitbarths Vermerke und Ansprachen an die Anwälte lassen ihn als jemanden erscheinen, der die SED-Justizlinie buchstabengetreu umzusetzen suchte.[44] Sein Minister bescheinigte ihm ein »Bestreben, die Beschlüsse der Partei konsequent in der Arbeit umzusetzen und unter vorbehaltloser Anerkennung der führenden Rolle der Partei der Arbeiterklasse gute, kameradschaftliche und vertrauensvolle Beziehungen der Zusammenarbeit zu den zuständigen Parteiorganen zu unterhalten«.[45]

### *Abteilungsleiter und Hauptabteilungsleiter*

Im Bereich des MdJ, der die Anwälte betreute, herrschte in der Ära Honecker trotz mehrfacher Umstrukturierungen ein hohes Maß an Personalkontinuität. Anfang der 1970er-Jahre wurde die Abteilung Notariate und Rechtsanwälte aus der Hauptabteilung II, die sich mit den Gerichten befasste, als eigenständige Abteilung herausgelöst[46] und später zur Hauptabteilung VII aufgewertet.[47] 1987 wurde der Bereich für Staatliche Notariate und Rechtsanwälte abgetrennt und zur eigenen Abteilung umformiert.[48] Über alle Umstrukturierungen hin-

41 Künzel: Justizsteuerung, S. 237; Raschka: Justizpolitik, S. 84; Vollnhals: Die Macht, S. 242.

42 Rottleuthner: Steuerung der Justiz, S. 539.

43 HA XX/1, Einschätzung der Leitungstätigkeit im MdJ, 7.3.1974; BStU, MfS, AIM 26904/91, Beifügung 3, Bl. 450–454, hier 450.

44 MdJ, Entwurf eines Ministerschreibens, 22.8.1973; BArch, DP 1, 2968.

45 Hans-Joachim Heusinger: Beurteilung des Stellvertreters des Ministers der Justiz, Kollegen Hans Breitbarth, 21.1.1983, S. 1; BArch, DP, 1 8461.

46 Künzel: Justizsteuerung, S. 236 f.

47 MdJ, Bericht über die Abberufung des Mitglieds des Kollegiums der Rechtsanwälte Suhl, Rechtsanwalt Elze, 25.1.1979; BStU, MfS, HA IX Nr. 16349, Bl. 22.

48 HA IX/AKG, Information zu Veränderungen im Ministerium der Justiz, 27.10.1987; ebenda, Bl. 23.

weg wurde der Bereich überwiegend von Erich Wirth, Jahrgang 1923,[49] geleitet. Wirth wechselte 1964 von der Position eines Oberrichters am Bezirksgericht Leipzig, wo er sich als strenger Richter profiliert hatte, ins MdJ.[50] Im MdJ stieg er zum Abteilungsleiter auf. Zuvor war er im MdJ zehn Jahre lang bis 1971 Parteisekretär des Ministeriums. Er blieb auch danach noch als 2. Sekretär in der Parteileitung[51] und damit direkt in die Nomenklatur des ZK eingebunden. Bei seiner Karriere und seiner verhältnismäßig starken Stellung im Ministerium dürfte eine Rolle gespielt haben, dass der ehemalige Handlungsgehilfe Wirth denselben Volksrichterlehrgang wie Staatssekretär Herbert Kern besucht hatte.[52] Wirth war ein typischer Parteikader im MdJ. Er wurde als parteiverbunden, »treu«, beflissen und verschwiegen eingeschätzt, aber auch als jemand, dem es »schwerfällt schnell Probleme zu erfassen«.[53] Der Einfluss von Wirth wurde geschmälert, als ihm von Ende der 1970er-Jahre bis 1987 mit Klaus Horn ein Hauptabteilungsleiter übergeordnet wurde. Wirth intrigierte bei der Partei und der Hausleitung des MdJ gegen seinen Vorgesetzten. Als ihn das ZK deswegen ermahnte, nutzte Wirth seine Kanäle zum MfS, um Horn zu diskreditieren.[54] Klaus Horn allerdings war bei ZK und MfS gut angesehen. Er hatte an der Moskauer Lomonossow-Universität ein Jura-Studium absolviert, später mit einer Gemeinschaftsdissertation promoviert und ein Studium an der Parteihochschule der KPdSU absolviert.[55] Parallel machte er als Richter Karriere, zuletzt als Direktor des Bezirksgerichtes Frankfurt/O.[56] Schon in dieser Funktion zählte er zur Nomenklatur der Abteilung SuR des ZK der SED.[57] Das MfS schätzte ihn als einen der »Partei treu ergebene[n] Justizfunktionär«.[58] Horn vertrat einen eher autoritären Standpunkt gegenüber Anwälten. Noch als Gerichtsdirektor wies er die Beschwerde einer Anwältin über eine Akteneinsichtsverweigerung in

49 HA XX/1, Index; BStU, MfS, AIM 6577/74, T. II, Bd. 1, Bl. 4.

50 In einem Verfahren gegen einen Volkspolizisten, der der Spionage verdächtigt wurde, ging Wirth 1957 deutlich über den Strafantrag der Staatsanwaltschaft hinaus. Irmen: DDR-Militärjustiz, S. 140 ff.

51 Eisenfeld: Staatssicherheit, S. 40; HA XX/1, Einschätzung, 4.8.1972; BStU, MfS, AIM 26904/91, Beifügung 3, Bl. 432 f.

52 Verzeichnis der Teilnehmer des 5. Richterlehrjahrganges des Landes Brandenburg; BArch, DP1, 1047.

53 HA XX/1, Einschätzung der Leitungstätigkeit im MdJ, 7.3.1974; BStU, MfS, AIM 26904/91, Beifügung 3, Bl. 450–453, hier 453.

54 Erich Wirth: Einschätzung des Genossen Horn, 6.1.1983; BStU, MfS, AP 29902, Bl. 44–48.

55 Hans Breitbarth, Beurteilung v. 1.3.1982; ebenda, Bl. 39–41.

56 Rottleuthner: Steuerung der Justiz, S. 552.

57 Kadernomenklatur des Zentralkomitees der SED, 7.6.1977, S. 192; BArch DY 30/JIV 2/3, 2605.

58 HA XX/1, Auskunftsbericht v. 16.9.1985; BStU, MfS, AP 29902, Bl. 118–124, hier 122.

einem Kreisgericht brüsk zurück. Das Ansinnen, dass eine Akteneinsicht »jeder Zeit möglich sein muss, wird von mir nicht geteilt«[59].

Nachdem Wirth aus Altergründen ausgeschieden und Horn im MdJ versetzt worden war, übernahm Udo Rodig (Jg. 1950) die Abteilung Rechtsanwälte. Rodig entstammte einer KPD-orientierten Familie. Er selbst trat kurz vor seinem Jura-Studium an der Humboldt-Universität Berlin der SED bei.[60] Rodig machte Karriere als Richter und stieg bis zum stellvertretenden Bezirksdirektor in Cottbus auf. Er wurde als »Kader mit Leitereigenschaften« eingeschätzt und für eine wissenschaftliche Qualifikation an der Akademie für Gesellschaftswissenschaften beim ZK der SED vorgesehen.[61] Mit Befürwortung des MfS wurde er schließlich ins MdJ übernommen[62] und avancierte 1988 zum Abteilungsleiter Rechtsanwälte.

Entsprechend ihrer SED- beziehungsweise Nomenklaturkader-Karrieren drängten Horn und Wirth die Vorstände der Rechtsanwaltskollegien, sich insbesondere in Personalfragen mit den SED-Bezirksleitungen abzustimmen.[63] Wenn es ihnen opportun erschien, setzten sich die Leitungskader des MdJ mit Parteiinstanzen im Bezirk oder dem ZK in Verbindung, um direkt Entscheidungen herbeizuführen.[64] Im Jahr 1983 wollte das Kollegium Berlin einen Kreisrichter aus dem Kollegium Potsdam aufnehmen. Staatssekretär Kern lehnte ab. Der Richter habe politisch »falsche Urteile gesprochen, in deren Ergebnis es zu Eingaben und Anfragen bei der SED-KL gekommen sei«.[65] Dieses Präjudiz wurde von der SED-BL gegenüber dem Berliner Kollegium verstärkt. Die Bezirksleitung äußerte Bedenken, »sodass eine Aufnahme nicht infrage kommt«.[66] Wurde hier vom MdJ Hand in Hand mit der SED schon im Vorfeld einer möglichen Kollegiumsentscheidung ein Veto eingelegt, konnten auf diese Art auch Kollegiumsentscheidungen abgeschwächt werden. Als 1973 das RAK Halle eine Anwältin wegen schwerer Abrechnungsmängel ausschließen wollte, setzte Erich Wirth auf Empfehlung des ZK eine mildere Disziplinarmaßnahme durch. Die

59 BG Frankfurt/O., Schreiben an eine Rechtsanwältin, 24.10.1975, S. 2; BArch, DP1, 3890.

60 BV KMS, Vorschlag zur Bestätigung als Reservist zur personellen Ergänzung, 14.12.1974; BStU, MfS, BV Karl-Marx-St., KS III 462/84, Bl. 21–25.

61 MdJ, Zwischenbericht über den Stand der Arbeit an der Schaffung einer einsatzbereiten Kaderreserve, 31.10.1979; BArch, DP 1, 3217.

62 BV KMS, Einschätzung v. 12.10.1984; BStU, MfS, BV Karl-Marx-St., KS III 462/84, Bl. 4 f.

63 MdJ, Schreiben an RAK Gera, 12.8.1975; BArch, DP 1, 2967. In dieser Akte befinden sich weitere Aufnahmevorgänge aus 1975/76.

64 Erich Wirth: Einschätzung des Genossen Horn, 6.1.1983; BStU, MfS, AP 29902, Bl. 44–48, hier 44.

65 HA XX, Bericht über ein mit dem Staatssekretär des MdJ, Gen. Kern geführtes Gespräch, 31.12.1983; BStU, MfS, HA XX Nr. 7357, Bl. 364 f., hier 365.

66 RAK Berlin, Protokoll der Vorstandssitzung, 19.10.1983, S. 4; BArch, DP 1, 4279.

Anwältin hätte unter anderem in politischen Strafverfahren »ihre politischen Aufträge [...] vorbildlich«[67] erfüllt. Daher hätte der für die Justiz zuständige ZK-Genosse darum gebeten, dass das MdJ »diesen Standpunkt akzeptiere [...] und [...] gegenüber dem Vorstand zum Ausdruck bringen möge«[68]. Schon die Wortwahl macht deutlich, dass es nicht um Rechtsaufsicht, sondern um eine parteiliche Einflussnahme ging. Das MdJ übte ein politisches Wächteramt aus.

Auch die Bedeutung der Hauptabteilung Kader und Schulung im MdJ, die lange von Alfred Wolff geleitet wurde, darf nicht unterschätzt werden. Für die Nachbesetzung der seiner Meinung nach schwach besetzten Funktion hatte Minister Kurt Wünsche einst eigene Vorstellungen. Aber »ihm sei [...] klar, dass diese Funktion [von] der Partei besetzt werde«.[69] Die Partei entschied diese wichtige Besetzung, die nicht nur das Personal des MdJ einsetzte, sondern auch Zulassung und Karrieren von Justizstudenten, Notaren und Richtern beeinflussen konnte, prompt und naturgemäß im eigenen Interesse.

### 4.1.2 Konflikte um die zentralen Anwaltsgremien und Berufspflichten

Das zentrale Anwaltsgremium, die Zentrale Revisionskommission, später Rat der Vorsitzenden (RdV), war ein Selbstverwaltungsgremium in dem sich das MdJ rechtlich starke Eingriffsrechte gesichert hatte. In der Praxis drängte der Justizminister darauf, dass jede Sitzung der ZRK-Leitung durch einen Vertreter des MdJ begleitet wurde.[70] Es hatte sich in den 1980er-Jahren eingespielt, dass in der Regel der Abteilungs- beziehungsweise Sektorenleiter Rechtsanwälte und eine Vertreterin der SED-ZK-Abteilung Staats- und Rechtsfragen (SuR) den Sitzungen beiwohnten.[71] Das MdJ schrieb den Anwälten vor, welche Beschlusspapiere vor Verabschiedung in der ZRK beim MdJ eingereicht und genehmigt werden mussten.[72] Hervorgehobene Sitzungen, insbesondere die Jahressitzung und Wahlsitzungen, wurden vom Minister, zumindest von seinem Stellvertreter, besucht. Über den Charakter des zentralen »Organs« der Anwälte gab es periodisch grundsätzliche Kontroversen. Zum Zeitpunkt, als das Kollegiumsgesetz verabschiedet werden sollte, definierte der zentrale SED-Apparat den RdV

67 MdJ, Vermerk v. 10.7.1973; BArch, DP 1, 2963.

68 Ebenda.

69 HA XX/1, Bericht, 24.8.1971; BStU, MfS, AIM 26904/91, Beifügung 3, Bl. 348 f.

70 MdJ, Vermerk v. 8.3.1977; BArch, DP1, 3310.

71 Vgl. beispielsweise MdJ, Schreiben an die Vorsitzenden der RAK, 14.11.1984; BArch, DP 1, 4735.

72 ZRK, Einladung zur Leitungssitzung der ZRK am 7.9.1974; BArch, DP 1, 2969.

als »Beratungsorgan«[73] für das MdJ. Der amtierende Ratsvorsitzende, Gerhard Häusler, sah diesen demgegenüber als »Anleitungsorgan«[74] der Anwaltschaft, sein Nachfolger Friedrich Wolff sah darin dessen »geistiges Zentrum«[75]. Einig waren sich beide Seiten darin, dass das Gremium der »Erziehung zur sozialistischen Anwaltspersönlichkeit«[76] diene. Mit dieser Formulierung versuchten die Anwälte das eigenständige Profil des RdV zu stärken, indem sie anboten, den Rat als Transmissionsriemen für normative Vorstellungen aus dem Partei- und Staatsapparat zu nutzen.

Selbst wenn die Anwälte im Rat versuchten, eigene Vorschläge zu formulieren, zeigt die Praxis, dass sie den Rahmen zu respektieren hatten, der »von oben« gesetzt war. Symptomatisch dafür ist einer der seltenen offenen Konflikte. Während einer Tagung des Rates der Vorsitzenden im Jahr 1985 forderte der Vorsitzende Friedrich Wolff, dass dort, wo ein staatlicher Kläger auftrete, auch ein Verteidiger tätig werden müsse. Diese an sich nicht neue Auffassung hatte Wolff mit der DDR-kritischen Formulierung angespitzt, es sei »ein Skandal, dass wir diese Situation dulden. Damit bleiben wir hinter den Forderungen der 48er Revolution zurück«.[77] Der zuständige Abteilungsleiter fertigte umgehend einen Vermerk über die »völlig spontan und unbeherrscht«[78] formulierte Kritik Wolffs. Der Minister der Justiz beraumte ein Treffen mit Wolff im Beisein einer ZK-Vertreterin an, wo diesem dargelegt werden sollte, dass sein Standpunkt »unrichtig«[79] sei. Schon im Vorfeld lenkte Wolff ein, er sei »in einigen Punkten missverstanden worden«.[80] Er wurde belehrt, dass kein neuer »Anwaltszwang« einzuführen sei, da »Waffengleichheit« vor Gericht »unter sozialistischen Verhältnissen tiefgründiger« zu untersuchen sei.[81] Die MdJ-Funktionäre vertraten damit die traditionelle Linie der Interessensidentität von Staat und Individuum. Wolff wurde damit indirekt ein bürgerliches Anwaltsverständnis unterstellt.

73 Klaus Sorgenicht: Hausmitteilung an Paul Verner, 12.6.1980, Anlage S. 4; BArch DY 30/IV 2/2.036/57.

74 MdJ, Stellungnahme zum Referat des Genossen Häusler vorgesehen für die Tagung des Rates des Vorsitzenden am 22.5.1981, S. 1; BArch, DP1, 4736.

75 Friedrich Wolff: Thesen zum Rechenschaftsbericht an den RdV vom 5.12.1986, S. 3; BArch, DP1, 4736.

76 Ebenda.

77 Zit. nach: MdJ, Vermerk über die Tagung des Rates der Vorsitzenden am 27.9.1985, 4.10.1985, S. 2 f.; BArch, DP 1, 4474.

78 Ebenda.

79 Hans-Joachim Heusinger: Handschriftlicher Vermerk, 10.10.1985; MdJ, Vermerk über die Tagung des Rates der Vorsitzenden am 27.9.1985, 4.10.1985, S. 4; ebenda.

80 MdJ, Information zur Vorbereitung auf das Gespräch mit Rechtsanwalt Dr. Wolff am 13.10.1985, S. 1; BArch, DP 1, 4477.

81 Die Stichworte sind im Text in Parenthese angegeben. MdJ, Information zur Vorbereitung auf das Gespräch mit Rechtsanwalt Dr. Wolff am 13.10.1985, S. 2; ebenda.

Angesichts dieser verbalen Drohkulisse versicherte Wolff, dass er seinen Standpunkt »noch einmal überlegen«[82] wolle.

Den Anstoß zu dieser Kontroverse gab eine anwaltliche Vertretung Jugendlicher.[83] Jugendliche konnten vor Kreis- beziehungsweise Stadtbezirksgerichten zu Haftstrafen verurteilt werden, ohne dass ihnen ein Anwalt zur Seite stand.[84] Jugendliche wurden stattdessen durch einen Jugendbeistand vom Jugendamt vertreten. Dies konnte ein Schöffe, ein Rechtspraktikant oder Student aber auch ein Mitglied einer Konflikt- oder Schiedskommission sein, mithin ein juristischer Laie, der Gefahr lief die Situation für die Betroffenen zu verschlimmern.[85] Die Kritik an dieser Situation ebbte trotz des taktischen Rückzugs von Wolff nicht grundsätzlich ab.[86] Aber erst 1989, als sich der gesellschaftliche Wandel schon abzeichnete, gab es erste Anzeichen dafür, dass die Anwälte für ihre Anregungen Ansprechpartner im MdJ finden würden.[87] Die Anwälte brachten also immer wieder eigene Vorstellungen vor, die aber von den juristisch-politischen Wächtern im MdJ ausgebremst werden konnten.

Manche Autoren meinen, die zentralen Selbstverwaltungsorgane der Anwälte hätten sich zu einer »sozialistischen Standesvertretung«[88] oder »Dachorganisation«[89] entwickelt oder sie behaupten, diese dienten der »Tarnung«[90] oder wirkten

82 MdJ/HA VII, Information zur Vorbereitung auf das Gespräch mit Rechtsanwalt Dr. Wolff am 13.10.1985, S. 1; ebenda.

83 MdJ, Vermerk über die Tagung des Rates der Vorsitzenden am 27.9.1985, 4.10.1985, S. 3; ebenda.

84 Der § 72 Abs. 2 StPO/DDR stellte die Analogie zum Verteidigerzwang bei Erwachsenenstraftaten in § 63 Abs. 2 StPO/DDR her. Dort ist ein Verteidigerzwang nur bei Verfahren in erster Instanz vor dem Bezirksgericht oder einem Obersten Gericht oder im Falle physischer oder psychischer Mängel oder Sprachdefiziten vorgeschrieben. Die Verteidigerbestellung von Rechtswegen war bei Jugendlichen nur dann erweitert, wenn dem Erziehungsberechtigten seine Rechte entzogen waren bzw. die Schwierigkeit des Verfahrens bzw. die Persönlichkeit des Jugendlichen eine anwaltliche Vertretung geboten erscheinen ließen. § 72 Abs. 2 StPO-DDR 1974. Gesetz zur Änderung der Strafprozeßordnung der DDR (StPO) v. 19.12.1974. In: DDR-GBl. Teil I (1974) 64, S. 597.

85 Gräf, Dieter: Das Recht auf Verteidigung in der DDR. Interview. In: Helwig, Gisela (Hg.): Jugendkriminalität in beiden deutschen Staaten. Köln 1985, S. 135–141, hier 137.

86 Luther, Horst: Das Recht auf Verteidigung in Strafverfahren gegen Jugendliche. In: NJ 40 (1986) 8, S. 334 f. Luther warb äußerst vorsichtig für eine Ausweitung der anwaltlichen Vertretung von Jugendlichen und bezog sich explizit auf Wolff. Ebenda, S. 334, FN 1. Luther und Wolff hatten auch schon gemeinsam publiziert. Luther, Horst; Wolff, Friedrich: Das Recht auf Verteidigung im sozialistischen Strafverfahren. In: Staat und Recht 27 (1978) 2, S. 144–152.

87 MdJ, Brief an den Vorsitzenden des RAK, 27.3.1989; BArch, DY 64/41.

88 Otterbeck: Anwaltkollektiv der DDR, S. 90.

89 Busse: Deutsche Anwälte, S. 420.

90 Ebenda, S. 419.

gar als »illegale Anwaltskammer für die DDR«[91]. Das war, wie am aufgezeigten Beispiel plastisch wird, offenbar eine Stilisierung ex post. Der MdJ-Einfluss setzte dem anwaltlichen Handeln in den Selbstverwaltungsgremien enge Grenzen. Allerdings werden auch die Charakterisierung des RdV als »reine Hilfsorganisation«[92] des MdJ oder reines Gremium der Zusammenarbeit mit dem MdJ kaum gerecht.[93] Zweifelsohne entwickelten die Anwälte dort durchaus auch eigene Vorstellungen zum Beispiel, wenn es um die Unabhängigkeit des Anwaltes und des Anwaltsmandates ging.[94] Die zentralen Gremien waren ein Ort, wo sich das MdJ mit grundsätzlich ähnlich gesinnten Anwaltsfunktionären, meist Mitgliedern der SED, austauschen konnte.[95] In dieser Interaktion hatte das MdJ das letzte Wort, der Staatseinfluss war in den 1980er-Jahren für die Betroffenen spürbar stärker.[96] Aber es war dem Ministerium und der SED wichtig, Richtlinien abzustimmen.[97] Auf diese Weise konnten Verselbstständigungstendenzen der Anwälte eingedämmt werden. Und Anweisungen »von oben« schienen als von den Anwälten entwickelt. So konnten Selbstverwaltungsillusionen sogar bei den Anwälten selbst wachsen, die dadurch motiviert wurden, »ihre« Regeln um- und durchzusetzen.

### *Diskussion zu den Berufspflichten*

Exemplarisch kann die Steuerung der Anwaltschaft in den 1980er-Jahren auch an der Entwicklung eines Kanons für Berufspflichten nachvollzogen werden. Die Berufspflichten blieben trotz ihrer Bedeutung in Disziplinarverfahren unscharf. Im Zuge einer stärkeren Verrechtlichung legte der Justizminister dem Vorsitzenden des Rates der Vorsitzenden 1986 die Fixierung eines Berufspflichtenkanons nahe.[98] Die Mehrheit der Anwälte sah es zunächst nicht als notwendig an, den eigenen Handlungsspielraum zu verengen, »weil die Materie hin-

91 Der ehemalige DDR-Anwalt Bernhard Strodt dem zustimmend, zit. nach: Busse: Deutsche Anwälte, S. 421.

92 Der ehemalige DDR-Anwalt Roland J. Lange, zit. nach: Lorenz: Kollektivierung der Rechtsanwaltschaft, S. 421, FN 66.

93 Brand: Rechtsanwalt, S. 88.

94 Vortrag während des zentralen Seminars der ZRK in Leipzig, 10.11.1972; BArch DY 64/22.

95 Busse: Deutsche Anwälte, S. 408.

96 Wolff: Verlorene Prozesse, S. 225; Otterbeck bestreitet den stärkeren Staatseinfluss, sieht im Kollegium sogar einen »Schutzraum«. Otterbeck: Anwaltkollektiv der DDR, S. 131. Dagegen sieht Gerlach, dass das MdJ die »Zügel« anzog. Gerlach, S. 145.

97 Reich: Entwicklung der Rechtsanwaltschaft, S. 351.

98 MdJ, Stellungnahme zum Dokument des RdV, 13.7.1989, S. 2; BArch, DP1, 21738.

reichend geregelt wäre«.[99] Besonders problematisch erschien die Formulierung: »Der Rechtsanwalt hat den Anschein der Verletzung von Berufspflichten zu vermeiden.«[100] Die Festschreibung einer derart diffusen Norm hätte der Willkür bei Disziplinarentscheidungen unter dem Deckmantel einer rechtlichen Selbstbindung Tür und Tor geöffnet.

In der Folgezeit diskutierte der neue RdV-Vorsitzende Gysi mit dem MdJ Kompromisse. Ein zu »starker Bezug auf die sozialistischen gesellschaftlichen Verhältnisse«[101] sollte vermieden werden, vorsichtiger wurden die Anwaltspflichten nur noch unter Bezug auf die Verfassung und das »sozialistische Recht«[102] definiert. Auch international sollte dem Eindruck entgegengewirkt werden, dass »die Pflichten noch weiter ausgedehnt werden können«.[103] In vielen Mitgliederversammlungen, Rats- und Vorstandssitzungen gelang es schließlich dem MdJ und insbesondere Gregor Gysi, dem Vorsitzenden der Redaktionskommission, die Mehrheit der Rechtsanwälte davon zu überzeugen, dass ein Berufspflichtenkatalog »zeitgemäß und sinnvoll«[104] sei. Die Vertreterin des ZK der SED benannte deutlich die Funktion derartiger Aussprachen: Den Anwälten werde schon durch die »Beratung bewusst [...], wie sie ihre Arbeit gestalten müssen«.[105] Staat und Partei setzten darauf, dass im scheinbar selbstbestimmten Diskussionsprozess der Anwälte die berufsrechtlichen Normen ihre Wirkung entfalten würden. Was in den Musterstatuten grobschlächtig als »Erziehung« formuliert ist, wurde auf diese Weise konkret. Anpassung wurde durch Teil- beziehungsweise Scheinpartizipation am Normenentstehungsprozess erreicht. Der Entwurf zu den Berufspflichten wurde nach mehrfacher Überarbeitung mit dem MdJ im Beisein von Gregor Gysi und einer Vertreterin des ZK der SED vom Minister der Justiz gutgeheißen. Selbst die Veröffentlichungsmodalitäten in der Neuen Justiz wurden vorab festgelegt.[106] Erst nach dieser Prozedur stimmte der Rat der Vorsitzenden der Anwaltskollegien zu. Dieser Beschluss hatte de jure nur den

99 Von den 15 Kollegien gaben 4 erst gar keine Stellungnahme ab, von den übrigen 11 reagierten 6 ablehnend. Friedrich Wolff: Stellungnahme der Kollegien zu dem Entwurf »Berufspflichten der Mitglieder der Kollegien«, 19.7.1988, S. 1; BArch, DP1, 21738.

100 Zit. nach: Friedrich Wolff: Stellungnahme der Kollegien zu dem Entwurf »Berufspflichten der Mitglieder der Kollegien«, 19.7.1988, S. 2; ebenda.

101 Das Schreiben richtete sich auch an das MdJ und die ZK-Abt. SuR. Dr. Gregor Gysi: Schreiben an alle Vorsitzenden, 25.7.1988; BArch, DP1, 21738.

102 Berufspflichten des Rechtsanwalts in der DDR. Beschluss des Rates der Vorsitzenden der Kollegien der Rechtsanwälte in der DDR v. 30.6.89. In: NJ 43 (1989) 12, S. 495–499, hier 495.

103 MdJ, Standpunkt zum Berufspflichten-Entwurf vom 15.12.1988, S. 2; BArch, DP1, 21738.

104 MdJ, Stellungnahme zum Dokument des RdV, 13.7.1989, S. 2; ebenda.

105 Vermerk über die Tagung des RdV am 9.10.1987; BArch, DP1, 4736.

106 MdJ, Niederschrift über die Ministerberatung vom 14.8.1989, S. 1; BArch, DP1, 21738.

Charakter einer Empfehlung für die 15 Einzelkollegien. Sie wurden vom MdJ »aufgefordert«[107], zuzustimmen und es herrschte kein Zweifel, dass sie dem folgen würden. Als die Berufspflichten Mitte 1989 in der Neuen Justiz veröffentlicht wurden,[108] erweckte dies den Anschein, als handele es sich um eine rein selbstbestimmte Angelegenheit der Anwälte.

Der Berufspflichtenkatalog sollte am 1. Januar 1990 in Kraft treten, entfaltete angesichts der gesellschaftlichen Umbrüche kaum mehr eine praktische Wirkung. Das Beispiel zeigt jedoch, wie die Anregung des MdJ bei eher taktischen Modifizierungen mithilfe der anwaltlichen Gremien durchgesetzt und ausgefüllt werden konnte. Im Ergebnis wurden konkretere Kriterien festgeschrieben, was zu größerer Transparenz führte. So wurden die Unabhängigkeit und Pflicht zur Verschwiegenheit[109] des Anwaltes explizit betont und der Anwalt verpflichtet, auf Wunsch des Mandanten Rechtsmittel einzulegen, auch wenn er selbst von der Sinnfälligkeit einer solchen Maßnahme nicht überzeugt sein sollte.[110] Die Berufspflichten schrieben jedoch auch problematische Auffassungen fort: Dem Anwalt wurde untersagt, Beweismittel zu verwenden, das die »Wahrheit verfälscht«[111] oder dass er »den Mandanten zur freiwilligen und bewussten Einhaltung des Rechts und zur Vorbeugung von Rechtsverletzungen«[112] anhalten sollte. Mit solchen Regelungen wurde erstmals eine »verbindliche Grundlage«[113] für Disziplinarmaßnahmen geschaffen. Sogar das damals aktuelle Disziplinarverfahren gegen den dissidenten Anwalt Rolf Henrich fand indirekt Eingang in die Formulierungen.[114] Nunmehr konnte man sich auf Regeln beziehen, die sich die Kollegien scheinbar selbst auferlegt hatten. DDR-typisch waren die Berufspflichten so elastisch formuliert, dass sie entsprechend den politischen Ge-

107 MdJ/Abt 7, Stellungnahme zum Dokument des RdV, 13.7.1989, S. 3; BArch, DP1, 21738.

108 Berufspflichten des Rechtsanwalts in der DDR. Beschluss des Rates der Vorsitzenden der Kollegien der Rechtsanwälte in der DDR v. 30.6.89. In: NJ 43 (1989) 12, S. 495–499. Kurioserweise wird als Beschlussdatum der 30.6.1989 genannt. Zu diesem Zeitpunkt befand sich der Berufspflichtenkatalog noch in der Abstimmung mit den Einzelanwälten und dem MdJ und es wurden noch Änderungen vorgenommen. MdJ, Stellungnahme zum Dokument des RdV, 13.7.1989; BArch, DP1, 21738.

109 Berufspflichten des Rechtsanwalts in der DDR. Beschluss des Rates der Vorsitzenden der Kollegien der Rechtsanwälte in der DDR v. 30.6.89. In: NJ 43 (1989) 12, S. 495–499, hier 495, I.5.

110 Ebenda, S. 495, II.19.

111 Ebenda, S. 495, II.20.

112 Ebenda, S. 495, I.2.

113 MdJ, Stellungnahme zum Dokument des RdV, 13.7.1989, S. 3; BArch, DP1, 21738.

114 Henrichs kritisierte Buchpublikation gab den Anlass für das Nebentätigkeitsverbot im Berufspflichtenkanon. Einige ergänzende Bemerkungen für StM Breitbarth zur Behandlung der Berufspflichten der Rechtsanwälte der DDR, 2.8.1989; BArch, DP1, 23182. Berufspflichten des Rechtsanwalts in der DDR. Beschluss des Rates der Vorsitzenden der Kollegien der Rechtsanwälte in der DDR v. 30.6.89. In: NJ 43 (1989) 12, S. 495.

gebenheiten genügend Interpretationsmöglichkeiten offen ließen. Der höchst umstrittene Passus, dass ein Anwalt »jede Situation [vermeidet], aus der sich der Verdacht einer Berufspflichtverletzung ergibt«,[115] blieb trotz Protesten aus der Anwaltschaft im Berufspflichtenkanon erhalten.

### 4.1.3 Justizpolitische Inanspruchnahme der Anwaltschaft: Der Fall Henrich

Die DDR-Anwaltschaft, insbesondere deren Funktionäre, wurden immer wieder für justizpolitische und justizpropagandistische Aktionen zugunsten der DDR genutzt. Im Zuge der Dialogpolitik der SED und des Wiener KSZE-Prozesses häuften sich in den 1980er-Jahren die Kontakte mit internationalen Anwaltorganisationen. Der ehemalige Vorsitzende des Rates der Vorsitzenden, Gregor Gysi, behauptet zwar gelegentlich, er hätte unter einer »verweigerten Reisefreiheit«[116] zu leiden gehabt. In Wirklichkeit besuchte er Anwaltstagungen in Wien[117], Istanbul[118], München und andere Veranstaltungen im Westen. Derartige Auslandkontakte unterlagen der Kontrolle des MdJ[119], das erwartete, dass sich die Anwälte an den außenpolitischen Leitlinien der DDR orientierten, die mit dem Ministerium für Auswärtige Angelegenheiten (MfAA) und dem ZK der SED abgestimmt waren.[120] So wurden DDR-Anwälte, die mit der Justizpraxis der DDR wohl vertraut waren, genutzt, gegen die Erfassungsstelle zu argumentieren, die die politische Strafverfolgung in der DDR dokumentierte.[121] Weitere Punkte waren Forderungen nach Respektierung der DDR-Staatsbürgerschaft und der Abschluss eines Rechtshilfeabkommens.[122] Wie vom MdJ

115 Ebenda, S. 495, I.10.

116 Gysi schreibt nur von einer Reise nach Paris. Gysi: Das war's, S. 59.

117 Gregor Gysi: Schreiben an das ZK der SED, Abt. SuR, 13.2.1989; BArch DY 64, ZA mit Österreich.

118 RdV, Gregor Gysi: Bericht über eine Reise nach Istambul in der Zeit vom 2.–8.4. o. J. (vermutl. 1989), 11.4.1989; BArch, DP 1, 21740.

119 KollG 1980, § 13 Abs. 1d.

120 Direktive für die Teilnahme einer Delegation der Vereinigung der Juristen der DDR am 45. Deutschen Anwaltstag der BRD vom 3.–5.5.1989 in München; BArch DY 64/45.

121 Nach einem Vermerk Gysis gelang es ihm, in München den Vizepräsidenten des DAV, Felix Busse, für dieses Vorhaben zu gewinnen. Der DAV wurde demnach bei der Bundesregierung vorstellig. RAK Berlin, Gregor Gysi: Schreiben von dem 1. Vizepräsidenten und Generalsekretär der VdJ, 18.3.1989, S. 1; BArch DY 64/45.

122 Der Kanon entsprach den sogenannten Geraer Forderungen, die Erich Honecker 1980 gegenüber der Bundesrepublik formuliert hatte bzw. sich daraus ergebenden Weiterentwicklungen. Schroeder, Klaus: Der SED-Staat. Partei, Staat und Gesellschaft 1949–1990. München 1998, S. 694 f.

üblicherweise erwartet,[123] lieferte zum Beispiel der Ratsvorsitzende Gysi über derartige Reisen ausführliche Gesprächsberichte, die teilweise beim MdJ dokumentiert wurden,[124] teilweise an das ZK der SED gerichtet waren.[125] In ihnen wurden auch »Meinungsverschiedenheiten« oder »Differenzen«[126] zwischen den unterschiedlichen Anwaltsorganisationen der Bundesrepublik herausgearbeitet.

Im Mai 1989 wurden DDR-Anwälte erstmals zum Deutschen Anwaltstag nach München eingeladen. Das MdJ hatte entschieden, dass die Anwälte offiziell als Delegation der Vereinigung der Juristen der DDR (VdJ) reisen sollten. Leiten sollte die Delegation der stellvertretende Vorsitzende des VdJ, Friedrich Wolff.[127] Als Mitglieder waren Wolfgang Vogel, Gregor Gysi und der Vorsitzende eines Bezirkskollegiums vorgesehen. Auf dem Anwaltstag drohte die Disziplinierung von Rolf Henrich zum Thema zu werden, der wegen seines DDR-kritischen Buches im März 1989 aus der Anwaltschaft entfernt wurde. Anwaltsorganisationen aus der Bundesrepublik hatten besorgte Schreiben an die DDR-Anwaltsvertretung geschickt.[128] Zur Vorbereitung des Anwaltstages gab es laut einem MfS-Protokoll im Vorfeld ein Gespräch zwischen dem Justizminister, einer Vertreterin des ZK und Gregor Gysi. Zum Fall Henrich sei eine »Argumentationsdisposition in München«[129] besprochen worden. Nach dem Anwaltstag lag im MdJ ein Reisebericht vor, höchstwahrscheinlich aus der Feder von Friedrich Wolff,[130] der das Treffen mit der Spitze des Deutschen Anwaltvereins (DAV) schildert. Zum Fall Henrich »sprachen wir alle und erklärten, dass er mit einem Buch und den darin vertretenden Auffassungen über die Justiz in der

123 MdJ, Direktive für das Auftreten des Vorsitzenden des Rates der Vorsitzenden der Kollegien der DDR, Dr. Gregor Gysi, auf der Konferenz der Präsidenten der europäischen Rechtsanwaltskammern in Wien, S. 2; BArch, DP 1, 1708.

124 Gregor Gysi: Bericht über eine Reise einer Delegation des Rates in die BRD (Saarland), 27.11.1989; BArch DY 64, ZA Rechtsanwaltskammer Saarland.

125 RdV, Gregor Gysi: Schreiben an das ZK der SED, SuR; 13.2.1989; BArch DY 64, ZA mit Österreich.

126 RdV, Gregor Gysi: Bericht über politische Gespräche am Rande der 17. Europäischen Präsidentenkonferenz, 10.2.1989, S. 7; BArch DY 64, ZA mit Österreich.

127 Direktive für die Teilnahme einer Delegation der Vereinigung der Juristen der DDR am 45. Deutschen Anwaltstag der BRD vom 3.–5.5.1989 in München; BArch DY 64/45; MdJ, Disposition für das Gespräch des Ministers mit dem Vorsitzenden des RdV Dr. Gysi am 2.5.1989; BStU, MfS, HA XX Nr. 7357, Bl. 37–40, hier 38 f.

128 Republikanischer Anwältinnen- und Anwälteverein e.V. (RAV), Schreiben an den RdV-Vorsitzenden Gregor Gysi, 18.4.1989; BArch, DP 1, 7111.

129 Das Protokoll wurde auf Basis der Angaben eines Ministeriumsmitarbeiters erstellt. Das Gespräch war für den 2.5. vorgesehen. MdJ, Disposition für das Gespräch des Ministers mit dem Vorsitzenden des RdV Dr. Gysi am 2.5.1989; BStU, MfS, HA XX Nr. 7357, Bl. 38 f.; Vermerk, Gespräch Minister – Gysi, 4.5.1989; BStU, MfS, HA XX Nr. 7364, Bl. 11–14, hier 11.

130 Der Kopf enthält das Kürzel »W«. Ein weiterer Bericht bezieht sich auf diesen und benennt Wolff als Autor. Bericht über die Reise zum 45. Anwaltstag in München vom 3.–7.5.1989; BArch DY 64/45; RAK Berlin, Gregor Gysi: Schreiben von dem 1. Vizepräsidenten und Generalsekretär der VdJ, 18.3.1989, S. 1; BArch DY 64/45.

DDR sich selbst die Möglichkeit genommen hätte, seine Funktion als Organ der Rechtspflege zu erfüllen«.[131] Der Spitze des DAV wurde erläutert, dass Henrich keine Rechtsmittel eingelegt habe. Außerdem verwiesen die DDR-Anwälte darauf, dass Henrich laut seinem Buch schon lange mit dem Sozialismus gebrochen, dies aber nie offengelegt habe. Damit wurde suggeriert, dass der Anwalt seine Mandanten falsch orientiert habe, die ihn »zu einem erheblichen Teil deswegen als Anwalt gewählt hätten, weil er sich als besonders fortschrittlicher und zuverlässiger Genosse [...] dargestellt hätte«. In der Vorbesprechung der Reise im MdJ war laut Stasi-Vermerk als Argument zu Henrich abgesprochen worden: »Vertrauensverhältnis zu Mandanten vorgetäuscht, d. h. Mandanten getäuscht – das ist unmöglich«.[132] Offenbar konnten die DDR-Anwälte ihre Gesprächspartner vom DAV mit derartigen Argumenten beeindrucken, ein Protest des DAV gegen die Disziplinierung des politisch profilierten Anwalts und Dissidenten ist in den gesichteten Unterlagen nicht nachweisbar. Laut Wolff ließen die DAV-Vertreter im Gegenteil erkennen, »dass sie nach diesen Darstellungen den Fall Henrich anders beurteilten«.[133] Der DAV bot den Gesprächspartnern aus der DDR verschiedene Versionen für eine Antwort an. »Wir entschieden uns für die kürzeste. [...] Sie lautete in etwa: Wir haben uns mit dem Fall beschäftigt und haben nichts weiter dazu zu sagen. Alle anwesenden Vorstandsmitglieder des DAV [...] erklärten weiter, sie würden bei eventuellen Fragen dieselbe Antwort geben.«[134] Felix Busse, damals Vorstandsmitglied des DAV, betonte immer wieder die Eigenständigkeit der DDR-Anwälte gegenüber staatlichen Eingriffen.[135] Wenn man den Akten Glauben schenken kann, wurde er damals selbst »Opfer« der staatlichen Steuerung von Anwälten.[136] Die Kritik des DAV am Vorgehen gegen Henrich wurde offenbar erfolgreich erstickt.

Vom Berliner Kollegiumsvorsitzenden Gregor Gysi lag ein ergänzender Bericht zur München-Reise vor, der offenbar in Kenntnis des Wolff'schen Berichtes und in »Absprache«[137] mit diesem erfolgte. Darin wird ergänzend ein weiteres Gespräch mit einer Vertreterin des Republikanischen Anwältinnen- und Anwältevereins (RAV) der Bundesrepublik zum Thema Henrich geschildert. Laut Darstellung Gysis habe er die Fragen so beantwortet, »dass sie zum Abschluss des Gesprächs meinte, diesbezüglich keine offenen Fragen mehr zu haben. Man sei auch

131 Bericht über die Reise zum 45. Anwaltstag in München vom 3.–7.5.1989, S. 3 f.; ebenda.

132 Vermerk, Gespräch Minister – Gysi, 4.5.1989; BStU, MfS, HA XX Nr. 7364, Bl. 11.

133 Bericht über die Reise zum 45. Anwaltstag in München vom 3.–7.5.1989, S. 4; BArch DY 64/45.

134 Ebenda.

135 Busse: Deutsche Anwälte.

136 Felix Busse war 1981–1999 Mitglied des Vorstands des Deutschen Anwaltvereines (DAV), ab 1988 als Vizepräsident und ab 1994 als Präsident. Busse: ebenda, Klappentext.

137 RAK Berlin, Gregor Gysi: Schreiben von dem 1. Vizepräsidenten und Generalsekretär der VdJ, 18.3.1989, S. 1; BArch DY 64/45.

nicht an einer publizistischen Auswertung dieses Falles [...] interessiert.«[138] Der Vorfall war aus noch anderem Grunde pikant. In München traf Friedrich Wolff auf den damaligen Vizepräsidenten des DAV, Felix Busse. Wolff war damals Vertrauensanwalt der HV A und sollte im Bedarfsfall die Verteidigung von im Westen festgenommenen Spionen durch westliche Anwälte organisieren.[139] Gegenstand derartiger Betreuungen war offenkundig nicht allein die Verteidigung der Spione, sondern auch zu verhindern, dass sie redeten oder überliefen. Felix Busse war ein bundesrepublikanischer Anwalt, dem die HV A offenbar solche Mandate zutraute. Zumindest findet er sich in einer HVA-Aufstellung von Westanwälten, die offenbar als Vertrauensanwälte angesehen wurden.[140] Busse räumt ein, »(schätzungsweise in den 1970er-Jahren) von einem befreundeten Bonner Anwaltsbüro gebeten [worden zu sein], vertretungsweise bis zur Verfügbarkeit des dortigen Kollegen für wenige Tage eine Vertretung für eine Frau zu übernehmen, die in Köln-Ossendorf unter der Beschuldigung einsaß, für die Stasi spioniert zu haben«. Er sei »mit Stellen der Stasi niemals [in Kontakt gekommen ... und auch] niemals von Personen oder Stellen im Westen im Auftrag staatlicher Stellen der DDR angesprochen worden«.[141] Dass beide, Wolff und Busse, in Unterlagen der HV A verbucht waren, dürften sie bei ihren Treffen in München jedenfalls kaum überblickt haben.

Im Kontrast zum Fall Henrich engagierte sich der RdV-Vorsitzende, Gregor Gysi, laut anderen Reiseprotokollen beispielsweise bei internationalen Treffen für türkische Rechtsanwälte, die Verfolgungen ausgesetzt waren, weil sie kommunistische Funktionäre verteidigt hatten.[142] Dieses Engagement mag der ureigenen Motivation von Anwälten wie Gysi und Wolff entsprochen haben, aber es erfolgte auch auf Geheiß des MdJ,[143] ohne dessen Einwilligung Auslandsreisen nicht möglich waren. Auch wenn die anschließenden Reiseprotokolle den Erfolg der Anwälte herausstreichen sollten, legen sie den Schluss nahe, dass sich die Anwaltsfunktionäre an den justizpolitischen Forderungen der DDR, insbesondere nach Schließung der Erfassungsstelle in Salzgitter orientierten und nicht erfolglos für diese Position warben.[144]

138 Ebenda.

139 Müller-Enbergs: Hauptverwaltung A, S. 152 ff.

140 BStU, MfS, Kartei, Vorgang SIVO XV 641/66; Müller-Enbergs: Hauptverwaltung A, S. 152 f.

141 Felix Busse, Mail an den Autor vom 14.11. und 12.12.2016.

142 Gregor Gysi: Bericht über eine Reise einer Delegation des Rates der Vorsitzenden der Kollegien der Rechtsanwälte in der DDR in die Republik Österreich in der Zeit 9.–13.7.1989, S. 3 f.; BArch DY 64/ZA mit Österreich. Es ging um die Verteidiger der Spitzenfunktionäre der türkischen KP, Haydar Kutlu und Nihat Sargin, die seit ihrer Rückkehr in die Türkei unter Anklage standen und von der Todesstrafe bedroht waren. Wolff: Verlorene Prozesse, S. 209 ff.

143 Direktive für die Teilnahme einer Delegation der Vereinigung der Juristen der DDR am 45. Deutschen Anwaltstag der BRD vom 3.–5.5.1989 in München, S. 1, BArch DY 64/45.

144 So gegenüber dem DAV. RdV, Gregor Gysi: Bericht über politische Gespräche bei der 17. Europäischen Präsidentenkonferenz, 10.2.1989, S. 9; BArch DY 64/ZA mit Österreich.

## 4.2 Die SED

### 4.2.1 Auffassung vom Recht und justizpolitischer Kurs unter Honecker

Die Staatspartei SED machte in der Ära Honecker unverhohlen ihren Machtanspruch gegenüber der Justiz deutlich. Sozialistisches Recht ist »Ausdruck der Macht der Arbeiterklasse«[145] formulierte Erich Honecker 1971 zu Beginn seiner Amtszeit als Erster Sekretär des ZK der SED auf dem VIII. Parteitag. Nach dem klassischen Rechtsverständnis der SED wurde das Recht »instrumentell [...]«[146] als ein Mittel der Machtsicherung verstanden. Selbst in der offen zugänglichen juristischen Fachzeitschrift der DDR, der Neuen Justiz, schrieb ein maßgeblicher ZK-Funktionär 1982 nur unwesentlich differenzierter, das Recht sei keine »abstraktive Normativität«, sondern »Produkt gesellschaftlicher Verhältnisse, sozialer Auseinandersetzungen und Interessen«, ein »Instrument in dieser gesellschaftlichen Bewegung«.[147] Hinter den verschlossenen Türen des MfS formulierte Erich Mielke 1979 drastischer, die »Macht ist das allererste. [...] Ein bedeutendes Mittel, die Macht auszuüben, sie zu stärken und zu festigen ist das sozialistische Recht«.[148] Die Auffassung, wonach in der DDR die Partei der Werktätigen alle Bereiche der Verwaltung beherrschen sollte, entsprach der klassischen leninistischen Staatsauffassung. Da die Gewaltenteilung als bürgerlich abgelehnt wurde, galt die Indienstnahme auch für die Justiz, die als Teil der Verwaltung angesehen wurde.[149]

In den Anwaltsnormen war, wie dargestellt, die eigentlich bestimmende Kraft im Staate, die SED, gar nicht erwähnt. Erst mit der »sozialistischen Verfassung«[150] von 1968 hatte die marxistisch-leninistische Partei ihren Führungsanspruch rechtlich verankert und mit dem Artikel 1 eine generalklauselartige »Suprematie«[151] über den sozialistischen Staat und damit auch über das Justizwesen erhalten. In dem weniger bekannten, aber im Gesetzblatt publizierten Staatsanwaltsgesetz von 1977, wurde die Rolle der SED für ein Justizorgan offenbar. Die Staatsanwaltschaft sollte im Rahmen ihrer »Gesetzlichkeitsaufsicht«

145 Honecker, Erich: Bericht des Zentralkomitees an den VIII. Parteitag der SED. Berlin 1971, S. 67.

146 Vollnhals: Die Macht, S. 228.

147 Sorgenicht, Klaus: Einige Erfahrungen aus der Staats- und Rechtspraxis. In: NJ 86 (1982) 11, S. 479–482, hier 481.

148 Erich Mielke: Referat am 2. Beratungstag der zentralen Dienstkonferenz zum 3. Strafrechtsänderungsgesetz, 6.7.1979; BStU, MfS, BdL/Dok. Nr. 6616, Bl. 1–176, hier 4.

149 Lenin, Wladimir I.: Die nächsten Aufgaben der Sowjetmacht. In: Lenin: Werke. Bd. 27, Berlin 1970, S. 256.

150 Mampel, Siegfried: Die sozialistische Verfassung der Deutschen Demokratischen Republik . Kommentar. Frankfurt/M. 1982.

151 Ebenda, S. 98.

darüber wachen, dass die »sozialistische Gesetzlichkeit« in »Verwirklichung der Beschlüsse der Partei der Arbeiterklasse [...] strikt [...]«[152] eingehalten werde. Die optische Hervorhebung des Selbstverwaltungscharakters im Anwaltsberufsrecht stand in einem gewissen Spannungsverhältnis zum Primat der Partei in der DDR-Verfassung. Dieser Gegensatz wurde durch informelle Praktiken und geheime zumindest nur einer beschränkten Öffentlichkeit bekannte Regelungen und ein Personengeflecht gefüllt, die die grundsätzliche Vorherrschaft des Parteiwillens auch über die Kollegien sichern sollten. Der Parteieinfluss wurde über die SED-Mitglieder im Kollegium, die Parteigruppe, die SED-Mitglieder im Vorstand, insbesondere die Person des Vorsitzenden und durch das MdJ, vor allem über seine Nomenklaturkader, ausgeübt. Über allem thronten die Partei, der zentrale Parteiapparat und die Bezirksleitungen der SED.

Nach den Prinzipien des demokratischen Zentralismus war das Verhältnis von oben und unten grundsätzlich und eindeutig geklärt.[153] Dennoch finden sich an der Spitze des SED-Parteiapparates nur wenig konkrete Spuren zu den Kollegiumsanwälten. Die Partei gab »Grundlinien«[154] vor, die in der Regel die Anwaltschaft nicht unmittelbar tangierten. Auf dem programmatischen VIII. Parteitag zu Beginn der Ära Honecker war der neue Erste Sekretär den »reformfeindlichen Kräften«[155] an der SED-Spitze entgegengekommen.[156] Im Bericht Honeckers für den Parteitag machte die Justizpolitik nur wenige Zeilen aus, eine neue Rechtspolitik existierte allenfalls in »Konturen«.[157] Dennoch folgerte die Leitung des MdJ in einem streng intern gehaltenen Geheimpapier, der Parteitag habe ein Mehr an staatlicher »Leitung und Führung«[158] in der Justiz gefordert, der sich auch die Rechtsanwaltskollegien unterwerfen müssten.

Der Machtantritt Honeckers brachte einen »neuen justizpolitischen Kurs«[159], welcher sich mittelbar auf die Anwaltschaft auswirkte. Komplementär zu der seit dem VIII. Parteitag propagierten »Einheit von Wirtschafts- und Sozialpolitik«

152 Zit. nach: Wagner, Heinz Josef: Die Militärjustiz der DDR. Unter besonderer Berücksichtigung der Rechtsprechung der Militärgerichte. Bd. 1. Berlin 2006, S. 28.

153 Der demokratische Zentralismus ist das zentrale kommunistische Führungsprinzip bei dem trotz demokratischer Elemente die Parteiführung die Entscheidungen dominiert. Zimmermann: DDR-Handbuch, S. 268.

154 Vollnhals: Die Macht, S. 232.

155 Kaiser beschreibt, wie Honecker seit der Ablösung Chruschtschows eine reformfeindliche Fraktion um sich scharte, die Ulbricht schließlich ablöste. Kaiser, Monika: Machtwechsel von Ulbricht zu Honecker. Berlin 1997, S. 459 ff.

156 Honecker: Bericht des Zentralkomitees, S. 66 ff.

157 Raschka: Justizpolitik, S. 49.

158 Hans Breithbarth: Notizen über die Ergebnisse der Leitungsberatung am 1.3.1973 über Fragen der Rechtsanwaltschaft, Abschrift, 8.3.1973; BStU, MfS, HA XX Nr. 7363, Bd. 1, Bl. 134 f., hier 135.

159 Raschka: Justizpolitik, S. 47.

sollte der Staat für die »Geborgenheit der Bürger«[160] durch »Schutz ihres Lebens und der Gesundheit sowie ihres Eigentums«[161] sorgen. Die in der frühen Honecker-Zeit propagierte Auffassung von »Rechtliche[r] Sicherheit«[162] hatte weniger mit Verfahrenssicherheit, im Sinne von Abwehrrechten der Bürger vor staatlicher Willkür zu tun. Im Gegenteil sollten »die Rechte und rechtlich begründeten Ansprüche der Bürger durch den Staat gewährt und durchgesetzt werden, dass alle Rechtsverletzungen konsequent bekämpft werden«.[163] Der Staat wurde als Garant von Strafanspruch und Kriminalitätsbekämpfung gesehen.[164] »Rechtssicherheit« in diesem Sinne bedeutete ganz im Lenin'schen Sinne, dass der Staat »auf jede Gesetzesverletzung, insbesondere auf jede Straftat [...] unausweichlich eine angemessene staatliche Reaktion«[165] folgen lassen müsse. Als Gegenleistung erwartete der Staat von seinen Bürgern »das Recht einzuhalten und bewusste Disziplin zur festen Gewohnheit werden zu lassen«.[166] Die Rechtspflege war damit Teil eines Erziehungsprozesses zur »freiwilligen Einhaltung der sozialistischen Rechtsnormen und der strikten Wahrung der sozialistischen Gesetzlichkeit«.[167] Sozialer Wohlstand und eine strikte Gesetzesdurchsetzung waren die zwei Seiten eines paternalistischen Staatsverständnisses,[168] wonach der Staat für das Wohl und die Sicherheit seiner Bürger zu sorgen habe.[169] Diese Grundauffassung führte vor allem in den 1970er-Jahren zu einer faktischen, schließlich rechtlich normierten Strafrechtsverschärfung durch Strafrechtsänderungsgesetze und durch Korrekturen an der Strafprozessordnung.[170] Dies hatte indirekt restriktive Auswirkungen auf die Verteidigungsrechte.[171] Strafverschärfung bei gleichzeitig stärkerer Betonung »rechtlich [...] fixierter Regelungen«[172]

160 Kern, Herbert; Sarge, Günter: Die Aufgaben der Gerichte nach dem X. Parteitag der SED. In: NJ 35 (1981) 7, S. 290–292, hier 291.

161 Ebenda

162 Raschka: Justizpolitik, S. 48.

163 Hans Joachim Heusinger. 20 Jahre Kollegien der Rechtsanwälte. In: NJ 27 (1973) 12, S. 339 f., hier 340.

164 Raschka: Justizpolitik, S. 48 ff.

165 Kern, Herbert; Sarge, Günter: Die Aufgaben der Gerichte nach dem X. Parteitag der SED. In: NJ 35 (1981) 7, S. 290–292, hier 291.

166 Heusinger, Hans Joachim: Das neue Gerichtsverfassungsgesetz. Wichtige Grundlage für die weitere Erhöhung der Wirksamkeit der Gerichte. In: NJ 28 (1974) 20, S. 601 f., hier 601.

167 Heusinger, Hans Joachim: Weiter voran auf dem bewährten Kurs des IX. Parteitages der SED. In: NJ 32 (1978) 1, S. 2–4, hier 4.

168 Weinke, Annette: Strafrechtspolitik und Strafrechtspraxis in der Honecker-Ära. In: Ansorg, Leonore u. a. (Hg.): »Das Land ist still – noch!«. Köln 2009, S. 37–55.

169 Raschka spricht zu Recht von einem »Integrationsangebot«. Raschka: Justizpolitik, S. 87.

170 Raschka: Justizpolitik, S. 49 ff.

171 HA XX/1, TB mit IMS »Dolli«, 1979; BStU, MfS, AIM 8228, T. II, Bd. 1, Bl. 114.

172 Raschka: Justizpolitik, S. 48.

und der »sozialistischen Gesetzlichkeit«[173] waren die zwei Grundcharakteristiken der neuen Rechtspolitik Honeckers.

### *Honeckers Apparat*

Der Mann an der Spitze der SED befasste sich, wie am Kollegiumsgesetz von 1980 ersichtlich, auch persönlich mit Gesetzesvorhaben. Der Gesetzentwurf war vom zentralen Parteiapparat maßgeblich beeinflusst[174] und wurde letztlich vom Generalsekretär abgezeichnet.[175] Dann erhielt er, vom Politbüro abgesegnet, durch einen Volkskammerbeschluss eine parlamentarische Fassade. Die zu diesem Anlass vorgetragene Volkskammerrede des Justizministers war zuvor mit Honeckers Parteiapparat abgestimmt worden.[176] Das System war gerade in Rechts- und Sicherheitsfragen so stark auf den Generalsekretär zugeschnitten, dass er sogar mit Detailfragen befasst wurde.[177] Honecker wurden beispielsweise im Jahr 1976, im Zuge der Auseinandersetzungen um die Ausbürgerung des Liedermachers Wolf Biermann, Meldungen über Aktivitäten der Anwälte des Dissidenten Robert Havemann zugeleitet.[178] Es ist davon auszugehen, dass Honecker auch in die Entscheidungen zur anwaltlichen Vertretung Havemanns maßgeblich einbezogen, zumindest informiert war.[179]

### *Die ZK-Sekretäre*

Grundsätzlich waren die ZK-Sekretäre unterhalb der Ebene des Generalsekretärs, speziell die Sekretäre für Staats- und Rechtsfragen, die politisch Zuständigen in Justizfragen. Da Honecker bis zur Ablösung von Ulbricht diesen Bereich selbst betreut hatte, pflegte er in machtrelevanten Fragen oft persönlich zu entscheiden.[180] Insofern verwundert es nicht, dass Themen zu den Kollegiums-

173 Honecker: Bericht des Zentralkomitees, S. 66 ff.

174 Mollnau: Hintergründe.

175 Paul Verner: Hausmitteilung an den Generalsekretär, 4.7.1980, Paraphe von Erich Honecker v. 7.7.1980; BArch DY 30/24926.

176 Hans-Joachim Heusinger: Entwurf, Ausführungen des Ministers vor der Volkskammer, 24.11.1980, S. 167 f.; BArch, DP 1, 23192.

177 Zur Frage, welche Anwälte die Ständige Vertretung der Bundesrepublik Deutschland besuchen durften. Klaus Sorgenicht: Hausmitteilung an Erich Honecker, 14.11.1978; BArch DY 30/22274.

178 ZAIG, Information Nr. 817/76, 25.11.1976; BStU, MfS, ZAIG Nr. 3629, Bl. 39–44, hier 43.

179 Information der Abteilung Staats- und Rechtsfragen des ZK v. 4.12.1976; BArch DY 30/IV 2/1/530.

180 Raschka: Justizpolitik, S. 26.

anwälten in den Büros der drei nacheinander zuständigen Sekretäre Friedrich Ebert[181], Paul Verner[182] und Egon Krenz[183] kaum Spuren hinterlassen haben. Egon Krenz brachte nach Konsultation mit dem MfS bei Honecker den Vorschlag ein, den Dissidenten und Anwalt Rolf Henrich wegen seiner Buchveröffentlichung in der Bundesrepublik nicht strafrechtlich zu verfolgen.[184] Krenz war es auch, der im Sommer 1989 mit dem damals höchsten Anwaltsfunktionär der DDR, Gregor Gysi, zusammentraf um mit diesem über eine Weiterentwicklung der Justiz zu sprechen.[185] Derartige Aktivitäten deuteten jedoch schon eher auf das Ende der Ära Honecker hin.

Friedrich Wolff, lange Zeit der bedeutendste Anwaltsfunktionär der DDR, traf nach eigenen Angaben nur einmal mit einem Politbüromitglied zusammen und das gegen Ende der DDR in einer außenpolitischen Frage.[186] Als die Kollegiumsanwälte 1980 ihren Einfluss bei der Konzipierung des Kollegiumsgesetzes geltend machen wollten, schalteten sie Wolfgang Vogel ein. Dieser verfügte über einen besseren Zugang zur Machtspitze als Wolff und andere.[187] Friedrich Karl Kaul hatte ebenso Zugang zu hohen ZK-Funktionären,[188] denn er und Vogel agierten als Einzel- beziehungsweise als Spezialanwälte im Staats- oder Parteiauftrag.

### 4.2.2 Die ZK-Abteilung für Staats- und Rechtsfragen

*Der ewige Abteilungsleiter*

Der Schwerpunkt, zumindest für Routinen, die die Anwälte betrafen, lag bei der einflussreichen Abteilung für Staats- und Rechtsfragen (SuR) des Zentralkomitees der SED.[189] Ein Mann leitete diese Abteilung von 1954 bis 1989: Klaus

181 Sekretär von 1971, BArch Onlinefindbuch, Einleitung Büro Friedrich Ebert im ZK der SED. In: http://www.argus.bstu.bundesarchiv.de/dy30beb/index.htm (letzter Zugriff: 19.1.2014).

182 Sekretär ab 1979, BArch Onlinefindbuch, Einleitung Büro Paul Verner im ZK der SED. In: Ebenda (letzter Zugriff: 19.1.2014).

183 Sekretär von 1983–1989. Vgl. Wer war wer in der DDR? In: http://www.bundesstiftung-aufarbeitung.de/wer-war-wer-in-der-ddr-%2363%3B-1424.html (letzter Zugriff: 15.1.2015).

184 Süß: Staatssicherheit am Ende, S. 139, FN 342.

185 RAK Berlin, Protokoll der Vorstandssitzung v. 5.9.1989, S. 1; BArch, DP1, 21744; König: Gregor Gysi, S. 244.

186 Mit dem Politbüromitglied Herrmann Axen. Wolff: Ein Leben, S. 192.

187 Wolff: Verlorene Prozesse, S. 225.

188 Paul Verner hatte für das ZK der SED in den 1950er-Jahren Friedrich Karl Kaul mit Mandaten in der Bundesrepublik, speziell im Zusammenhang mit dem KPD-Verbot, beauftragt. Das geschah aber in seiner Eigenschaft als ZK-Abteilungsleiter für gesamtdeutsche Fragen. Rosskopf: Friedrich Karl Kaul, S. 104 u. 41.

189 Schröder: Zivilrechtskultur. Bd. 4, S. 38.

Sorgenicht.[190] Die Justizpolitik des zentralen SED-Parteiapparates war personell durch ein hohes Maß an Kontinuität geprägt. Der Mann aus dem Apparat war selbstbewusst genug, um persönlich eine Letztzustimmung bei Honecker zu erwirken.[191] Es ist davon auszugehen, dass Sorgenicht, der sich in sowjetischer Kriegsgefangenschaft dem Nationalkomitee Freies Deutschland[192] anschloss, das Vertrauen der sowjetischen Kontaktpartner der DDR genoss. Nach dem Krieg hatte Sorgenicht in verschiedenen Funktionen die Innenverwaltung in Mecklenburg aufgebaut. Nach dem Studium an der Parteihochschule der KPdSU in Moskau 1953/54 nahm er die hohe Position im SED-Apparat ein, die er erst zum Ende der SED-Herrschaft im November 1989 aufgeben musste. Der wichtigste Mann für die Justiz im ZK-Apparat kam also noch im Stalinismus in seine Funktion. Er war an der Umgestaltung und parteilichen Ausrichtung der Justiz in den 1950er-Jahren beteiligt.[193] Persönlich hatte er bei politischen Verfahren, sogar bei Todesurteilen,[194] die vorgerichtliche Entscheidung auf der politischen Ebene mit herbeigeführt.[195] Der »ewige« Sorgenicht wirkte einerseits an den Justizreformen Ulbrichts in den 1960er-Jahren mit, gehörte dann aber auch zu denen, die sie wieder eindämmen wollten und drängte nach dem Machtantritt Honeckers auf Strafverschärfungen, wo immer sich die Gelegenheit dazu bot.[196] Seine juristische Qualifikation als Diplom-Staatswissenschaftler erwarb er erst während seiner ZK-Tätigkeit 1955 bis 1959 durch ein Fernstudium an der Deutschen Akademie für Staats und Rechtswissenschaft »Walter Ulbricht« (DASR) in Potsdam. Im Jahr 1968 wurde er zum Dr. rer. pol. promoviert. Sein Einfluss in Rechtsfragen wurde durch seine Mitgliedschaften in der Volkskammer,[197] dort als Mitglied des Verfassungs- und Rechtsausschusses, und im Staatsrat[198] unterstrichen.

190 Klaus Sorgenicht (1923–1999), die wesentlichen Lebensdaten, sofern nicht anders angegeben, stammen aus Wer war wer in der DDR? In: http://www.bundesstiftung-aufarbeitung.de/wer-war-wer-in-der-ddr-%2363%3B-1424.html (letzter Zugriff: 15.1.2015) sowie Werkentin: Politische Strafjustiz, S. 37.

191 Sorgenicht: Hausmitteilung an Erich Honecker, 14.11.1978; BArch DY 30/22274.

192 Im Nationalkomitee Freies Deutschland (NKFD) schlossen sich mit sowjetischer Planung und Unterstützung Offiziere und Soldaten in der sowjetischen Gefangenschaft unter Anleitung deutscher kommunistischer Emigranten zusammen, um gegen Hitler-Deutschland vorzugehen. Zimmermann: DDR-Handbuch, S. 939.

193 Werkentin: Politische Strafjustiz, S. 311.

194 Ebenda, S. 109.

195 So war er maßgeblich an der Vorabstimmung im Verfahren gegen Walter Janka beteiligt. Werkentin: Politische Strafjustiz, S. 315 f.

196 Raschka: Justizpolitik, S. 42 u. 49 f.

197 Mitgliedschaft von 1958 bis zum März 1990.

198 Mitglied von 1963 bis Januar 1990.

*Die Sektorenleiter Justiz*

Einfluss konnte Sorgenicht auch über »seine« Sektorenleiter für Justiz ausüben. Die Abteilung SuR war faktisch in zwei Bereiche, Staatsfragen und Rechtsfragen, geteilt. Joseph Streit war von 1954 bis 1961 Sektorenleiter für Justiz und wurde 1962 circa eineinhalb Jahre nach dem Tod des Generalstaatsanwaltes Melsheimer in dieses wichtige Amt delegiert. Das Weiterwirken der Parteibeziehung und die Dominanz der politischen Qualifikation für diesen Posten charakterisiert diese Entscheidung trefflich: «Unsere Bemühungen aus dem Kreis der im Justizapparat tätigen Genossen einen geeigneten Vorschlag zu finden, sind fehlgeschlagen. [...] Wir unterbreiten daher den Vorschlag, den Genossen Josef Streit für die Funktion des Generalstaatsanwalts freizustellen.«[199]

Nach Joseph Streit rückte mit Herbert Kern ein Mitarbeiter der Abteilung in die Funktion des ZK-Sektorenleiters. Der wechselte 1974 auf ähnliche Weise wie sein Vorgänger als Staatssekretär in das Justizministerium. Dort diente er als direkter Ansprechpartner für das ZK[200] im steten Dialog mit seinem ehemaligen Vorgesetzten Sorgenicht und seinem Nachfolger als Sektorenleiter, Siegfried Heger. Siegfried Heger kam aus einer Bezirksstaatsanwaltschaft in den ZK-Apparat und nahm diese Schlüsselfunktion für Justizpolitik der SED von 1975 bis zum Abbau des ZK-Apparates 1989 wahr.[201]

*Apparat und Aufgaben der Abteilung Staats- und Rechtsfragen*

Es wäre verkürzt, wenn nur die Möglichkeiten des »Durchgriff[s]«[202] von oben nach unten betont würden. Der ZK-Apparat war schon aufgrund seiner geringen personellen Kapazitäten auf die Kooperation kompetenter, wie loyaler Partner in den Justizorganen angewiesen. Im Jahr 1972 umfasste die ganze Abteilung einschließlich Abteilungsleiter nur 19 politische Mitarbeiter, 1989 waren es immerhin 26 Mitarbeiter.[203] Zeitweise bestand der Sektor Justiz, nur aus vier Mitarbeitern.[204] Als politische Mitarbeiter des Sektors Justiz die mit Anwaltsfragen befasst waren, werden in den 1970er- und 1980er-Jahren regelmäßig genannt: Raoul Gefroi,[205] ein ehemaliger Richter am Obersten Gericht,[206] Heinz

199 Vorlage an das Politbüro v. 5.10.1962, S. 74 f., hier 75; BArch DY 30/IV 2/11/v 5497.

200 Die Rolle als »Aufpasser« erscheint zu passiv. Vollnhals: Schein der Normalität, S. 236.

201 Rottleuthner: Steuerung der Justiz, S. 549.

202 Vollnhals: Die Macht, S. 233.

203 Rottleuthner: Steuerung der Justiz, S. 46.

204 Raschka nennt keinen Zeitpunkt. Raschka: Justizpolitik, S. 26.

205 Schreiben an Genossen Witteck, Berlin, 19.11.1979; BStU, MfS, AIM 9564/86, Bl. 52 f.

206 Rottleuthner: Steuerung der Justiz, S. 545.

Wostry, Absolvent der Moskauer KPdSU-Parteischule und zuletzt bei der Generalstaatsanwaltschaft[207] sowie Ursula Jung, die Egon Krenz aus der Abteilung Staat und Recht beim Zentralrat der FDJ in den ZK-Apparat gefolgt war.[208] Diese Karriereverläufe zeigen die fließenden Grenzen zwischen richterlicher Gewalt, staatsanwaltlicher Exekutive und Partei.

Im Verhältnis zum Aufgabenspektrum[209] waren die personellen Mittel der ZK-Abteilung begrenzt. Allein der Sektor Justiz war für die Generalstaatsanwaltschaft, das Oberste Gericht, juristische Vereinigungen, Fachpublikationen, Ausbildungsstätten sowie das Ministerium der Justiz zuständig und damit indirekt für die Anwaltschaft der DDR.[210] Diese ZK Abteilung hatte eine »zentrale Bedeutung«[211] bei der Steuerung der Rechtspflege. Schon die Aufzählung macht deutlich, dass die Anwaltschaft nur wenig Aufmerksamkeit des ZK beanspruchte.[212] Die stichprobenartige Sichtung von Sektorenleitersitzungen der Abteilung zeigt, dass das Thema kaum auf der Agenda stand.[213]

Der zentrale SED-Apparat gab Impulse für Gesetzesvorhaben und Regelungen oder musste grundsätzlichen Regelungen seine Zustimmung erteilen. Die Abteilung Staats- und Rechtsfragen konnte konkrete »Weisungen« an das Justizministerium geben.[214] In seltenen, politisch brisanten Konfliktfällen intervenierte der ZK-Apparat beim MdJ, beim Kollegium und den Anwälten oder schickte sogar einen Vertreter in die Parteiversammlung des Kollegiums,[215] obwohl dies regelhaft eine Angelegenheit der SED-Bezirksebene war. Gregor Gysi schildert ZK-Kontakte bei brisanten Mandaten.[216] Aber dies waren eher Einzel-

207 Ebenda, S. 585; Vollnhals: Schein der Normalität, S. 218.

208 Rottleuthner: Steuerung der Justiz, S. 554.

209 Die Abteilung war u. a. für die Volkskammer, das Ministerium des Inneren, die örtlichen Volksvertretungen und ihre Räte, das Sekretariat des Staatsrates, das Büro des Ministerrates, mehrere Ausbildungsinstitutionen, Verlage und Fachzeitschriften verantwortlich.

210 Dieses Aufgabenfeld umfasste u. a. die Vorbereitung der Richterwahlen, die Abstimmung von Richtlinien des OG, Auswertung der Berichte der Justizorgane, Amnestien, Konferenzen und Lehrgänge mit Justizfunktionären, Beratungen mit den Leitern der Abteilung für Staats- und Rechtsfragen in den Bezirksleitungen der SED und Vorschläge für Strafpolitik. Rottleuthner: Steuerung der Justiz, S. 46 u. 48 f.

211 Ebenda, S. 49.

212 Ebenda, S. 46 ff.

213 BArch DY 30/22354.

214 Zur Privatreiseregelung für Anwälte. HA XX/1, Information über ein Gespräch mit Gen. Heger, Sektorenleiter der Abt. SuR des ZK, 16.7.1986; BStU, MfS, HA XX Nr. 6529, Bl. 409.

215 Bericht über die Diskussion zur Abberufung des Genossen Dr. Götz Berger als Rechtsanwalt im Rechtsanwalts-Kollegium von Groß-Berlin, 7.12.1976; BStU, MfS, HA XX Nr. 6886, Bl. 168.

216 Gysi, Gregor: Stellungnahme vom 9. August hinsichtlich der vom Bundesbeauftragten für die Unterlagen des Staatssicherheitsdienstes der ehemaligen DDR überreichten gutachterlichen Stellungnahme vom 25. Mai 1995. In: Gysi: Das war's, S. 316–336, hier 328; Bericht des Ausschusses für Wahlprüfung, Immunität und Geschäftsordnung zu dem Überprüfungsver-

interventionen, die durch die Prominenz der Mandanten motiviert waren. Der Routine entsprach es, wenn sich MdJ und Anwaltsfunktionäre mit dem ZK in Grundsatz- und Einzelfragen konsultierten. Gewöhnlich saß ein Vertreter des ZK dabei, wenn sich die Vorsitzenden aller Kollegien bei Jahresversammlungen mit dem Justizminister trafen,[217] die Kontrolle von Parteiwahlen durch das ZK war üblich. Durch den Personalzuwachs in der Abteilung SuR erhöhten sich in den 1980er-Jahren offenbar Kontroll- und Abstimmungsdichte.[218] So saß die ZK-Mitarbeiterin Ursula Jung bei zahlreichen Versammlungen wie selbstverständlich dabei oder wurde telefonisch in Entscheidungsfindungen einbezogen. Die »Kontrolleurin«[219] wurde ex post seitens der Anwälte allerdings als nicht sehr kompetent eingestuft, möglicherweise um den Einfluss des ZK zu bagatellisieren. Immerhin hatte Gregor Gysi genügend Vertrauen zu ihr, dass er sie 1989 nach seinem Wechsel in den zentralen Parteiapparat der SED eine Zeit lang zu seiner Vertrauensperson machte.[220]

### 4.2.3 Das Wichtigste: Die Kaderpolitik

Der im Vergleich zu seinen vielfältigen Führungsaufgaben kleine zentrale Parteiapparat musste sich auf zuverlässiges Personal im Staatsapparat und in gesellschaftlichen Organisationen verlassen können, wenn er dem eigenen Interessenspektrum gerecht werden wollte. Kaderfragen seien das Allerwichtigste,[221] wurde immer wieder hervorgehoben. Damit die Justiz im Sinne der SED-Herrschaft funktionierte, wurde insbesondere in der Ära Honecker eine »systematische Kaderpolitik«[222] betrieben. Nicht nur der Anteil der SED-Mitglieder unter den Kollegiumsanwälten wurde in die Höhe getrieben, das Augenmerk galt insbesondere der vorausschauenden Kaderpolitik für das Leitungspersonal, die Parteisekretäre, Vorstände und Vorsitzenden.

fahren des Abgeordneten Dr. Gregor Gysi gemäß § 44b Abs. 2 Abgeordnetengesetz, 29.5.1998. Bonn 1998. (Verhandlungen des Deutschen Bundestages. Drucksachen; 13/10893), S. 1–50, hier 12 u. 32.

217 Protokoll der Tagung des Rates der Vorsitzenden vom 27.9.1985; BArch, DP1, 4472.

218 ZK/Abt. SuR, Konzeption für die Vorbereitung und Durchführung der Parteiwahlen in den Grundorganisationen, Juli 1985, S. 6; BArch DY 30/22302.

219 Wolff: Ein Leben, S. 176.

220 Gysi: Das war's, S. 88; Booß, Christian: Der Sonderparteitag der SED im Dezember 1989. In: DA 42 (2009) 6, S. 998; Wolff: Ein Leben; S. 176.

221 Zit. nach: Vergau, Jutta: Aufarbeitung von Vergangenheit. Marburg 2000, S. 113.

222 Vollnhals: Schein der Normalität, S. 227.

*Exkurs: Nomenklaturkader*

Wie in den übrigen Herrschaftsbereichen stützte sich die SED in der Justiz und bei den Anwälten vor allem auf Nomenklaturkader. Die Nomenklatur war das »Rückgrat der SED-Diktatur und sicherte deren Überleben«.[223] Die Liste mit den wichtigsten Herrschaftsfunktionen der DDR umfasste mehrere 100 000 Personen,[224] die der Parteikontrolle persönlich untergeordnet waren, darunter fast 9 500 ZK-Nomenklaturkader.[225] Sie verlängerten den ZK-Apparat in die staatlichen, wirtschaftlichen und gesellschaftlichen Institutionen hinein, wie die Beispiele von Joseph Streit und Herbert Kern anschaulich zeigen. Im Beschluss über die Arbeit mit den Kadern hatte das Sekretariat des Zentralkomitees am 7. Juli 1977 allgemeine Prinzipien und Anforderungen für Nomenklaturkader formuliert. Dazu gehörten die »unbedingte Treue zur Arbeiterklasse, ihrer Partei«[226], der »Kampf gegen alle Erscheinungen der bürgerlichen Ideologie«[227] und die »Wahrung von Partei- und Staatsgeheimnissen«.[228] Allein diese Essentials machen deutlich, wie sehr sich diese Gruppierung wie ein Orden gegenüber der übrigen Gesellschaft abschottete. In der Regel war ein einjähriges Studium an einer Parteischule oder -hochschule in der DDR, wenn nicht gar in Moskau, Voraussetzung für eine höhere Nomenklaturkaderposition. Es ist davon auszugehen, dass ein nicht geringer Teil von Nomenklaturkadern vor ihrem Karrieresprung mit dem MfS inoffiziell kooperierten – nach ihrer Ernennung wurde eine »offizielle« Zusammenarbeit erwartet.[229] Das MfS überprüfte im Auftrag der Partei kaderpolitische Entscheidungen.[230] Das stalinistische No-

223 Schroeder: SED-Staat, S. 411.

224 Nach einigen Angaben ca. 339 000 Anfang der 1980er-Jahre, nach anderen 250 000; Weber: Die DDR, S. 99; Wagner, Matthias: Ab morgen bist du Direktor. Das System der Nomenklaturkader in der DDR. Berlin 1998; Vergau: Aufarbeitung, S. 213 f.

225 Angabe von 1986: Kadernomenklatur des Zentralkomitees der SED, S. 2; BArch DY 30/J IV 2/3/4052; Kadernomenklatur des Zentralkomitees der SED, S. 154; BArch DY 30/J IV 2/3/4052. Nach Schröder waren es 10 000 im Jahre 1986. Schröder: Der SED-Staat. Nach Wagner waren es 5 068. Wagner: Kadernomenklatursystem, S. 152.

226 Beschluss des Sekretariats des Zentralkomitees über die Arbeit mit den Kadern, 7.7.1977, S. 4; BArch DY 30/J IV 2/3 2605.

227 Ebenda.

228 Ebenda, S. 5.

229 Booß, Christian; Pethe, Susan; unter Mitarb. von Michalek, Karin: Der Vorgang »Rote Nelke«. Geheimakten des MfS zu hohen SED-Funktionären. In: Booß, Christian; Müller-Enbergs, Helmut: Die indiskrete Gesellschaft. Studien zum Denunziationskomplex und zu inoffiziellen Mitarbeitern. Frankfurt/M. 2014, S. 49–69; Wagner, Matthias: Das Stasi-Syndrom. Berlin 2001, S. 180.

230 Schlussbericht der Enquete-Kommission »Überwindung der Folgen der SED-Diktatur im Prozess der deutschen Einheit« (Verhandlungen des Deutschen Bundestags. Drucksachen; 13/11000), S. 39. Vollnhals betont die Bedeutung des MfS bei der Kaderauswahl und Personalpolitik gerade im Justizwesen. Vollnhals: Die Macht, S. 236. Sélitrenny leitet unzutreffend die Kaderüberprüfung vom MfS-Statut ab. Dieses bezieht sich nur auf die MfS-eigenen Kader.

menklaturkadersystem wurde unter Honecker bürokratisch perfektioniert, um den Parteieinfluss zu sichern. Die Kaderpolitik war mit den Fünfjahresrhythmen der Wirtschaftspläne und der Parteitage synchronisiert. Ausgehend vom Beschluss des ZK-Sekretariates der SED von 1977 (»Über die Arbeit mit den Kadern«) gingen von den Parteitagen von 1981 und 1986 Impulse für die Kaderprogramme aus,[231] die bis in die Anwaltschaft hineinreichten.[232]

*Kaderpolitik im MdJ*

Die im MdJ maßgeblich an Anleitung und Kontrolle der Anwälte beteiligten Personen waren Nomenklaturkader oder Personen, die über eine besondere Beziehung zur SED und zum MfS verfügten. Das war eines der wichtigsten Einfallstore, um die Prädominanz der Partei durchzusetzen.

Nomenklaturkader des Politbüros der SED waren die Minister der Justiz,[233] obwohl diese in den 1970er- und 1980er-Jahren Mitglied einer Blockpartei, der LDPD, waren. Die zwei Staatssekretäre und zwei stellvertretenden Minister des MdJ zählten zur Nomenklaturebene des ZK-Sekretärs für Staats- und Rechtsfragen.[234] Mehrere Hauptabteilungsleiter des MdJ bedurften immerhin noch der Bestätigung durch die Abteilung Staats- und Rechtsfragen beim ZK der SED als Kontrollnomenklaturkader, auch wenn die Personalkompetenz und damit das Vorschlagsrecht im Ministerium lagen. Dazu gehörten vor allem der für das Personalwesen zuständige Hauptabteilungsleiter Kader und Schulung[235] und zwei weitere. Ohnehin waren 1977 alle Hauptabteilungs- und Abteilungsleiter im Justizministerium Mitglieder der SED, bei den ihnen unterstehenden Sektorenleitern betrug die Rate immer noch 94,1 Prozent.[236] In den 1980er-Jahren erhöhte sich der Zahl der Hauptabteilungsleiter, die der Kontrollnomenklatur des ZK unterstanden auf vier.[237] Sie umfasste also fast die gesamte Füh-

Sélitrenny: Doppelte Überwachung, S. 153 f.; Wolle, Stefan: Die heile Welt der Diktatur. Alltag und Herrschaft in der DDR 1971–1989. Berlin 1998, S. 106.

231 Wagner: Kadernomenklatursystem, S. 154 f.

232 MdJ, Programm für die kadermäßige Stärkung der Kollegien der Rechtsanwälte zur Erfüllung der Aufgaben des X. Parteitages (Kaderprogramm 1981–1986); BArch, DP1, 23158.

233 Kadernomenklatur des Zentralkomitees der SED, 3.12.1986, S. 148; BArch DY 30/J IV 2/3, 4052.

234 Ebenda, S. 151.

235 Kadernomenklatur des ZK der SED, 7.6.1977, S. 193; BArch DY 30/J IV 2/3, 2605.

236 Vollnhals: Die Macht, S. 234.

237 Kadernomenklatur des ZK der SED, 3.12.1986, S. 153; BArch DY 30/J IV 2/3, 4052.

rungsebene.[238] Im MdJ existierte, wie in allen vergleichbaren Institutionen[239] auch eine SED-Grundorganisation, deren Parteisekretär ebenfalls zur ZK-Nomenklatur gehörte.

Fünf Spitzenpositionen im MdJ konnten also im Prinzip durch Beschluss des Politbüros beziehungsweise ZK-Sekretariates besetzt werden,[240] bei den untergeordneten Funktionen wurde bei der Stellenbesetzung ein »gegenseitiges Einverständnis«[241] mit dem MdJ angestrebt, wobei der zentrale Parteiapparat letztlich entscheiden konnte. Die Nomenklaturkader und hohen Funktionäre im MdJ suchten die Nähe zum Parteiapparat und wirkten auf die Vorstände der Kollegien ein, eine enge Abstimmung mit Parteiinstanzen zu wahren. Zahlreiche Vermerke, die den Minister erreichten, wurden von ihm mit dem Hinweis »Abstimmung mit dem ZK« oder »ZK informieren« oder »Abstimmung mit Partei«[242] abgezeichnet.

### *Kaderpolitik unter den Funktionären in der Anwaltschaft*

Neben der sozialen und politischen Zusammensetzung des Kollegiums standen insbesondere das jeweilige und das ersetzende Leitungspersonal im Fokus von Kaderanalysen und Plänen. Das galt für die Spitzenfunktionen der Anwaltskollegien, also Funktionen, die nominell Selbstverwaltungsfunktionen der Kollegien waren. Die vorausschauende Personalpolitik für das Spitzenpersonal umfasste die eigentlichen Nomenklaturkader aber auch Reservekader die bei Ausfällen bereitstehen sollten. Nachwuchskader waren für den mittelfristigen Ersatz auszuwählen.[243] Solche Vorentscheidungen legten fest, welcher SED-Funktionär für die ideologische Anleitung und Kontrolle dieser Kader zuständig war. Die Nomenklaturkader befanden sich im Prinzip in einem politischen Unterstellungsverhältnis unter dem SED-Funktionär, der sie als Nomenklaturvorgesetzter bestätigt hatte.[244]

Entsprechend der Nomenklatur wurde 1970 die Nachfolge bei der Ablösung von Friedrich Wolff von Führungsfunktionen innerhalb der Kollegiumskörper-

238 Das MdJ hatte seit Mitte der 1970er-Jahre neben der Kaderhauptabteilung 5 weitere Hauptabteilungen. Eine genaue Zuordnung der Nomenklaturfunktionen zu den Hauptabteilungen ist auf Grundlage der vorliegenden Quellen nicht möglich. Rottleuthner: Steuerung der Justiz, S. 237.

239 Rottleuthner: Steuerung der Justiz, S. 52 f.

240 Beschluss des Sekretariats des Zentralkomitees über die Arbeit mit den Kadern, 7.6.1977, S. 47; BArch DY 30/J IV 2/3, 2605.

241 Ebenda, S. 48.

242 Hans Joachim Heusinger: Vermerk v. 19.4.1985; BArch, DP1, 4400.

243 Wagner: Kadernomenklatursystem, S. 154 f.

244 Ebenda, S. 151.

schaften mit dem ZK besprochen.[245] Der Vorgang zur Nominierung von Gregor Gysi zum Vorsitzenden des Berliner Kollegiums und Vorsitzenden des Rates der Vorsitzenden von 1988 ist relativ gut dokumentiert. Die Initiative ging von der Fachebene, dem MdJ aus, das Entwicklung und Stimmung im Berliner Kollegium in seine Überlegungen einbezog. Vor der Nominierung im Kollegium musste das MdJ jedoch Klaus Sorgenicht wegen dessen erforderlicher Zustimmung anschreiben, »weil Kontrollnomenklaturfunktion des ZK« zu beachten war.[246] Entgegen der berufsrechtlichen Ebene lag die Letztentscheidung der Vorauswahl der Kollegiumsvorsitzenden beim ZK, das MdJ bereitete diese Entscheidung nur vor. Um den rechtlichen Gegebenheiten Genüge zu tun, mussten aber die Anwälte, insbesondere die Parteimitglieder, »mitspielen«. Die Nomenklatur war geheim, und dieses Geheimnis sollte durch »Selbstverwaltungsentscheidungen« der Kollegien verschleiert werden. Der Vorsitzende der ZRK beziehungsweise des Rates der Vorsitzenden der Kollegien der Rechtsanwälte war schon seit 1977 ZK-Kontrollnomenklaturkader im Bereich der Abteilung SuR des ZK der SED.[247] Im Jahr 1986 waren dann alle 15 Vorsitzenden[248] als Kontrollnomenklaturkader der Abteilung SuR des ZK der SED eingeordnet.[249] Insofern ist das Bild, Anwälte und SED hätten zwar am selben Seil, aber jeweils an dessen anderem Ende gezogen, falsch.[250] Zumindest die Vorsitzenden waren Teil der herrschenden Dienstklasse. Diese war freilich so groß, dass ihre Mitglieder unterschiedliche Interessen und Gesichtspunkte repräsentierten und diese in gewissen Grenzen auch repräsentieren durften. Interne Diskussionen konnten durchaus kontrovers verlaufen, sofern sie in bestimmten Bahnen blieben und die Letztentscheidungskompetenz von Partei und Generalsekretär respektiert wurden. Es wäre verkürzt, diese Art der Abstimmung lediglich als eine von Befehl und Gehorsam getragene darzustellen, bei der »alle die Gesellschaft bewegenden Impulse von diesem Zentrum kommen mussten«[251].

Die Nomenklaturkaderverantwortung für den Justizbereich, also auch für die Anwälte, lag formell beim ZK-Abteilungsleiter SuR persönlich,[252] beim Altfunktionär Klaus Sorgenicht. Dieser wollte in den 1980er-Jahren den Vertei-

245 MdJ, Vermerk zum Vorsitzenden des RAK Berlin und der ZRK Friedrich Wolff v. 19.8.1970, S. 5; BArch. DP1, 2565.

246 MdJ/Abt. VII, Mitteilung an Staatssekretär Siegfried Wittenbeck, 1987; BArch, DP1, 4736.

247 Kadernomenklatur des ZK der SED, 1977, S. 195; BArch DY 30/J IV/2/3/2605.

248 Die Kadernomenklatur nennt nur 14, weil der Vorsitzende des Rates ebenfalls einem Kollegium vorstand.

249 Kadernomenklatur des ZK der SED, 1986, S. 154; BArch DY 30/J IV 2/3/4052.

250 Gregor Gysi nach Busse: Deutsche Anwälte, S. 431.

251 Wagner: Kadernomenklatursystem, S. 156.

252 Beschluss des Sekretariats des Zentralkomitees über die Arbeit mit den Kadern, 7.7.1977, S. 13; BArch DY 30/J IV 2/3 2605.

digern mehr Spielräume zugestehen.[253] Es war derselbe Klaus Sorgenicht, der Ende der 1950er-Jahre und Anfang der 1970er-Jahre dem »Liberalismus« im Justizwesen den Kampf angesagt hatte. Es gehörte zu den »Paradoxien«[254] des DDR-Justizwesens, dass Altfunktionäre eine neue Generation von Juristen heranzogen, die an den Universitäten parteilich, aber fachlich ungleich besser als sie selbst ausgebildet war. Dies musste langfristig zu Spannungen führen, obwohl im Konfliktfall jedem klar war, wer letztlich das Sagen hatte.

*Beispiel: Konflikt um einen Nomenklaturposten in der Anwaltschaft*

In den 1980er-Jahren drängte die Abteilung SuR beispielsweise auf die Ablösung des RAK-Vorsitzenden in Rostock, Burghardt Gelhoff.[255] Das MfS vor Ort und die Bezirksparteiebene hatten als Ersatz den Parteisekretär des Kollegiums empfohlen. Auch das MfS in Berlin favorisierte seit einiger Zeit den regionalen Personalvorschlag.[256] Zunächst folgte die ZK-Abteilung SuR dieser Empfehlung. Doch im Bezirkskollegium gab es aus Sicht des Justizministeriums noch weitere Probleme. Erst kurz zuvor war ein Vorsitzender ausgeschlossen worden und ein anderer hatte die DDR verlassen: »Angesichts der künftig zu bewältigenden ideologischen Arbeit und konsequenten politischen Leitung des Kollegiums muss ein erprobter und fähiger Genosse«[257] das Kollegium übernehmen, so das Fazit eines Besuches von MdJ und ZK-Vertretern vor Ort. Daher plädierte das Justizministerium dafür, Heinz Hoinkes, einen Richter, als Vorsitzenden des Rechtsanwaltskollegiums zu gewinnen.[258] Obwohl sie ursprünglich anders votiert hatten, nahmen die ZK-Abteilung und die Bezirksleitung der SED die Impulse anderer Nomenklaturkader auf und stimmten zu. Das MfS wurde vom MdJ laufend informiert, gehörte aber offenbar nicht zu den dominanten Entscheidern.[259] Im Kollegium Rostock führten die externe Lösung und starke Ein-

253 Klaus Sorgenicht: Hausmitteilung an Egon Krenz v. 20.7.1984; BArch DY 30/IV 2/2.039/217.

254 Rottleuthner: Steuerung der Justiz, S. 59 f.

255 HA XX/1, Information über ein Gespräch mit Gen. Heger, Sektorenleiter der Abt. SuR des ZK, 16.7.1986; BStU, MfS, HA XX Nr. 6529, Bl. 409.

256 Rudi Mittig: Information über das Verhalten des Vorsitzenden des Kollegiums der Rechtsanwälte des Bezirkes Rostock an die BV Rostock, 28.3.1984; BStU, MfS, HA XX Nr. 6889, Bl. 85–87, hier 87.

257 MdJ, Bericht über den operativen Einsatz der Genossen Jung und Dr. Horn im Bezirk Rostock, 18.7.1986; ebenda, Bl. 65.

258 MdJ, Vermerk v. 30.6.1986; ebenda, Bl. 53 f.

259 Der Hauptabteilungsleiter des MdJ informierte die HA XX/1. MdJ, Bericht über den operativen Einsatz der Gen. Jung und Dr. Horn im Bezirk Rostock, 18.7.1986; ebenda, Bl. 64.

mischung der SED in die Selbstverwaltungskompetenzen zu Unmut.[260] Aber die Entscheidung wurde letztlich umgesetzt und von den Anwälten in den Mitbestimmungsgremien mitgetragen, die Selbstverwaltungsorgane der Anwälte geradezu als Selbstmanipulationsgremium missbraucht.

### 4.2.4 Die Kaderpolitik im Rechtsanwaltskollegium Berlin

Da die Kollegien nach Bezirken organisiert waren, pflegten sie vor allem Beziehungen zur stufengleichen Parteiinstanz, der jeweiligen SED-Bezirksleitung. Wie diese, insbesondere die Bezirksleitung Berlin, ihre Aufgabe wahrnahmen, ist nur rudimentär nachvollziehbar.[261] Auf Bezirksebene waren für die Justiz teils die Abteilungen für Sicherheit,[262] teils die Abteilungen für Staat und Recht zuständig.[263] Die hatten in Berlin in den 1970er-Jahren nur den Status einer Arbeitsgruppe.[264] Dort und ähnlich in manch anderer Bezirksleitung war nur ein politischer Mitarbeiter für Justizangelegenheiten zuständig.[265] Es ist behauptet worden, dass die Justizfragen zu den nachrangigen Themen der Bezirksleitungen gehörten.[266] Dem steht allerdings gegenüber, dass dieser Bereich gewöhnlich beim ersten Sekretär der SED-BL angebunden war.[267]

Der Vorsitzende des Rechtsanwaltskollegiums Berlin gehörte zur Nomenklatur der SED-Bezirksleitung Berlin.[268] Als Friedrich Wolff 1970 seine Ämter niederlegte, mussten nicht nur eine Abstimmung mit ZK-Sekretär Paul Verner gesucht sondern auch ein Beschluss des Sekretariats der Bezirksleitung Berlin herbeigeführt werden.[269] Der Parteisekretär des Rechtsanwaltskollegiums unterstand nur der Kontrollnomenklatur der Bezirksleitung,[270] da er eigentlich zur

260 MdJ, Zwischenbericht über die Situation im Kollegium Rostock, 18.7.1986; ebenda, Bl. 58.

261 Akten zur Anwaltschaft sind in den infrage kommenden Abteilungen für die 1970er- und 1980er-Jahre bislang nicht auffindbar. Auskunft und Recherche im LArch Berlin 2011/12.

262 RAK Gera, Kaderprogramm, 1980; BArch, DP1, 4183, Bl. 1–6, hier 1.

263 Rottleuthner: Steuerung der Justiz, S. 54 f.; Raschka: Justizpolitik, S. 27.

264 Kadernomenklatur der Bezirksleitung Berlin der SED, 25.7.1977, S. 113 ff.; LArch Berlin IV E-2/3 065.

265 So der ehemalige 2. Sekretär der BL, Helmut Müller, im Gespräch mit dem Autor am 10.11.2014.

266 Raschka: Justizpolitik, S. 27.

267 Kadernomenklatur der Bezirksleitung Berlin der SED, 25.7.1977, S. 113 ff.; LArch Berlin IV E-2/3 065.

268 SED-BL Berlin, Vorlage für das Sekretariat der Bezirksleitung Berlin der SED, 12.2.1982, Bl. 39; LArch Berlin IV E-2/3 065.

269 MdJ, Vermerk zum Vorsitzenden des RAK Berlin und der ZRK Friedrich Wolff, 19.8.1970; BArch, DP1 2565.

270 SED-BL Berlin, Vorlage für das Sekretariat der BL Berlin der SED, 28.10.1987; LArch Berlin BPA 03692.

Nomenklatur der SED-Kreisleitung von Berlin Mitte gehörte.[271] In politisch relevanten Fragen trat nicht die Kreisleitung, sondern die Bezirksebene der SED in Gestalt von »Instrukteuren« in Erscheinung. Dieses Personal wurde in den 1970er- und 1980er-Jahren neutraler als »politische Mitarbeiter« bezeichnet.[272]

Es wurde dargestellt, wie stark die Partei 1953 an der Auswahl des Gründungspersonals des Berliner Kollegiums beteiligt war. Das Wegdelegieren von Staatskadern in die Kollegien, wie bei den ersten Vorsitzenden Brunner und Wolff der Fall, ist ein klares Indiz für eine Parteinomenklatur-Entscheidung, selbst wenn das Nomenklatursystem damals noch nicht so ausdifferenziert war wie in der Honecker-Ära. Die SED-BL war spätestens seit der zweiten Hälfte der 1970er-Jahre bei Neueinstellungen von Anwälten zu konsultieren. In relevanten Disziplinarfällen, insbesondere wenn Parteimitglieder betroffen waren, wurden die Kreisleitung beziehungsweise Bezirksleitung eingeschaltet. Von den vier Disziplinarfällen, die in knapp eineinhalb Jahren Anfang der 1980er-Jahre gegen SED-Mitglieder durchgeführt wurden, zogen zwei eine Parteistrafe nach sich.[273] Es ist aber auch nachweisbar, dass die Bezirksleitung mit Unterstützung des ZK zugunsten eines verdienten Parteimitglieds eingreifen konnte und über das MdJ ein Disziplinarverfahren mildernd manipulierte.[274] Nicht nur in Konfliktsituationen,[275] sondern routinemäßig nahm in Berlin der zuständige politische Mitarbeiter »an allen Sitzungen«,[276] den meist monatlich stattfindenden Parteiversammlungen und den etwas häufigeren Sitzungen der Parteileitung des Kollegiums teil. Offizielle Berichte der Berliner Parteistruktur behaupten, das Verhältnis zum »Instrukteur« der Bezirksleitung sei »sehr eng«[277]. Die ältliche Bezeichnung »Instrukteur« suggeriert ein Unterordnungsverhältnis. Instrukteure wurden auch als »bürokratischer Außendienst der SED«[278] bezeichnet, die als Beauftragte der Sekretäre und ihrer Abteilungen die »eigentliche operative Anleitung übernehmen«[279] sollten. In Wirklichkeit scheint die Zusammenarbeit

271 SED-KL Berlin Mitte, Kadernomenklatur der Kreisleitung Berlin-Mitte, 29.1.1980; LArch Berlin IV D-4/04/104.

272 Genannt werden v. a. Helge Sattler und Fritz Marquardt. Wolff: Verlorene Prozesse, S. 224; HV A/AG S, Schreiben an BV Bln/XX, 23.4.1982; BStU, MfS, AIM 19094/85, Bd. 1, Bl. 102.

273 Parteileitung des Kollegiums, Rechenschaftsbericht, 15.3.1982; BStU, MfS, HA XX Nr. 6886, Bl. 10–27, hier 20 f.; ZPKK, Beschluss v. 26.8.1982; BArch DY 30/26144.

274 MdJ, Vermerk v. 10.7.1973; BArch, DP1, 2963.

275 Information zum Verlauf der Diskussion auf der Mitgliederversammlung der Grundorganisation der SED im Kollegium der Rechtsanwälte Berlin, 12.4.1984; BStU, MfS, HA XX Nr. 7364, Bl. 403–408, hier 403.

276 Bericht des RAK Berlin zur Vorbereitung der ZRK-Revision v. 15.2.1974, S. 17; BArch DY 64, 103.

277 Bericht über die Revision des RAK Berlin, 15.1.1971, S. 18; BArch, DP1, 2655.

278 Schulz: Funktionär, S. 191

279 Ebenda, S. 191 f.

vor allem gegen Ende der Ära Honecker keineswegs spannungsfrei gewesen zu sein. Den Abgesandten der Berliner Bezirksleitung stellten die Anwälte als »etwas schwieriger Charakter«[280] dar. Er wurde in Juristenkreisen der »heilige Antonius« genannt. Andere Berliner Anwälte, selbst solche mit SED-Parteibuch, nannten Fritz Marquardt mit Spitznamen »Pater Ignatius«,[281] was immerhin eine Anspielung auf die Inquisition war. Die ganze Art des SED-Funktionärs wirkte auf die in der Regel besser qualifizierten Anwälte »manchmal sehr komisch und erhaben und [... er] versteht [...] es blendend, andere Genossen mit Worten zu verletzen«.[282] Einem anderen Abgesandten der Bezirksleitung, Helge Sattler, wurde von einem Berliner Anwalt in einer Sitzung »Schematismus«[283] vorgeworfen. Solche nicht unbedingt respektvollen Äußerungen resultierten weniger aus grundsätzlichen Vorbehalten gegenüber der Partei. Es liegt auf der Hand, dass die elitären Berliner Anwälte[284] gegenüber den einfachen Mitarbeitern aus dem mittleren Parteiapparat angesichts ihrer Bildung und ihren vielfältigen eigenen Kontakten zu Partei, Justiz und zum MfS-Apparat einen gewissen Dünkel entwickelten. Derartige Aperçus dürfen nicht darüber hinwegtäuschen, dass dennoch Parteidisziplin erwartet wurde. Ermahnungen, dass eine mit der Bezirksleitung abgestimmte Frage für die »Genossen«, also die SED-Mitglieder im Kollegium »bindend«[285] sei, zeigen, dass auch die Bezirksleitung, wenn es drauf ankam, den »Genossen Anwälten« deutlich machte, wer der Letztentscheidende war. Inwieweit insbesondere die SED-Berlin in einzelne Rechtsverfahren eingriff, ist ein weitgehend ungeklärtes Kapitel. Nachgewiesen reagierte die Bezirksleitung in manchen Fällen direkt, wenn sie über ein unakzeptables Verhalten eines Anwaltes vor Gericht informiert wurde. Der Vorstand des RAK Berlin gab solch einen »Hinweis der Bezirksleitung über die Arbeitsweise«[286] an den Vorsitzenden mit der Aufforderung weiter, die Sache mit dem Betreffenden »direkt«[287] zu klären. In einzelnen Fällen mussten sich Anwälte in einer Partei-

280 Verw. Gr.-Bln/XX/1, TB mit GI »Ludwig«, 26.1.1968; BStU, MfS, AIM 1129/89, T. II, Bd. 1, Bl. 126.

281 Wolff: Verlorene Prozesse, S. 224. Gemeint war wohl Ignatius von Loyola (1491–1556).

282 Verw. Gr.-Bln/XX/1, TB mit GI »Ludwig«, 26.1.1968; BStU, MfS, AIM 1129/89, T. II, Bd. 1, Bl. 126.

283 HV A/AG S, Schreiben an BV Bln/XX v. 23.4.1982; BStU, MfS, AIM 19094/85, Bd. 1, Bl. 102.

284 Die Parteileitung sah das Berliner Kollegium als ein, wenn nicht das »führende [...] Kollegium der DDR«. Parteileitung des Kollegiums, Rechenschaftsbericht v. 15.3.1982; BStU, MfS, HA XX Nr. 6886, Bl. 10–27, hier 20.

285 RAK Berlin, Schreiben an MdJ v. 29.7.1975; BArch, DP1, 3303.

286 Das Protokoll macht keine näheren Angaben über die Beschwerde. RAK Berlin, Protokoll der Vorstandssitzung v. 12.1.1977, S. 5; BArch, DP 1, 3288.

287 Ebenda.

versammlung für ihr Auftreten als Verteidiger verantworten, was durch die Bezirksleitung der SED »aktiv unterstützt«[288] wurde.

### *Parteigruppe und Grundorganisation im Rechtsanwaltskollegium Berlin*

Die Parteiorganisation des Berliner Kollegiums gehörte zwar zur SED-Kreisleitung des Stadtbezirkes Mitte. Diese schien sich aber eher um organisatorische und grundsätzliche ideologische Fragen gekümmert zu haben.[289] Diese Kreisleitung wies allerdings einen Sonderstatus auf. In einem besonderen Bereich waren die Parteisekretäre wichtiger Institutionen der Hauptstadt der DDR angebunden. Dieser Bereich kooperierte unmittelbar mit dem ZK.[290] Vom Parteisekretär des Kollegiums zum ZK war es also im Prinzip nur ein kurzer Schritt. Die für diese Arbeit gesichteten Akten spiegeln aber eine weitaus alltäglichere Kooperation. So forderte die Kreisleitung den Parteisekretär[291] des Kollegiums auf, die Teilnahme an der traditionellen Kampfdemonstration zum Gedenken an Karl Liebknecht und Rosa Luxemburg 1988 zu organisieren. Das war durchaus pikant, da mehrere Berliner Anwälte kurz darauf Bürgerrechtler und Ausreiseantragsteller vertreten sollten, die nach Auffassung der SED diese Demonstration hatten stören wollen. Die Kreisleitung lud den Parteisekretär des Kollegiums zu Vorträgen mit anderen Justizfunktionären ein. Dort wurden sie ideologisch geschult, um ihr Wissen in monatlichen SED-Versammlungen, dem sogenannten Parteilehrjahr, ins Kollegium zu kommunizieren. So erhielt er folgende Beschreibung der Aufgaben der Justizorgane:

> Sie bestehen aus dem Schutz der sozialistischen Ordnung und des friedlichen Lebens der Bürger, Abwehr und Zerschlagung aller staatsfeindlichen Aktivitäten des ›Imperialismus, [...] Angriffe gegen unsere sozialistische Ordnung, gegen das sozialistische Eigentum, gegen Gesundheit und Leben der Bürger sind konsequent zu ahnden, die Rechte der Bürger im Großen wie im Kleinen sind zu wahren.[292]

288 Dies bezieht sich auf den sogenannten Tunnelprozess. Siehe auch Fallbeispiele im Abschn. Der sozialistische Strafprozess. BV Bln/XX, Information v. 20.8.1984; BStU, MfS, AIM 1129/89, T. II, Bd. 2, Bl. 324 f.

289 Parteileitung des Kollegiums, Rechenschaftsbericht v. 15.3.1982; BStU, MfS, HA XX Nr. 6886, Bl. 10–27, hier 16.

290 So der ehemalige 2. Sekretär der SED-BL, Helmut Müller, im Gespräch mit dem Autor am 10.11.2014.

291 Parteisekretär des RAK Berlin war Anfang 1988 Gregor Gysi, der aber in diesen Dokumenten nicht explizit erwähnt wird. SED-KL Berlin-Mitte, Schreiben an den Parteisekretär der GO 335, 30.10.1987; LArch Berlin C Rep. 368 Nr. 303.

292 Referat des Gen. Helmut Müller, 2. Sekretär der SED-BL, auf einer Parteiaktivtagung der AG für Staats- und Rechtsfragen, o. D. (vermutl. 29.9.1971), S. 14; LArch Berlin C Rep. 902 Nr. 2206.

Der Parteisekretär hatte von seiner Einstufung als Nomenklaturkader der Kreisleitung her formal eine schwächere Stellung als der Vorsitzende, der bei der SED-BL und als der Vorsitzende des RdV, der beim ZK angebunden war. Im Berliner Kollegium hatten die Partei, der Parteisekretär und die Parteileitung faktisch eine starke Position. Der Parteieinfluss war im Berliner Kollegium größer als in manchen anderen Kollegien in der Provinz. Ende der 1970er-Jahre lag der Anteil der SED-Mitglieder im Kollegium in Berlin bei 68 Prozent, während er im DDR-Durchschnitt 60 Prozent ausmachte. Von den Berliner Vorstandsmitgliedern waren 80 Prozent in der SED, DDR-weit waren es nur 68,6 Prozent. Der Anteil der Zweigstellen, in denen SED-Mitglieder tätig waren, lag in Berlin bei 73 Prozent, in einem Bezirk wie Suhl bei nur 46,7 Prozent. Im Jahr 1981 waren in allen Berliner Anwalts-Zweigstellen schon mindestens 50 Prozent der Mitglieder Genossen der SED. Die »Verteilung der Parteikräfte«[293], so meinte der damalige RAK-Vorsitzende, genüge zur Erfüllung der politischen Aufgaben.

In der zweiten Hälfte der 1970er-Jahre wurden in den Kollegien SED-Grundorganisationen gegründet, die Basis der Parteiorganisation.[294] Ihr Einfluss wird selbst in kleinen organisatorischen Fragen deutlich. Das Parteilehrjahr, die regelmäßigen von der SED verordneten Schulungsmaßnahme für SED-Mitglieder, wurde mit der Mitgliederversammlung des Berliner Kollegiums zusammengelegt, sodass auch Nicht-Parteimitglieder in dessen Genuss kamen.[295] Ohnehin gab es unter den Parteilosen und Blockparteimitgliedern auch »Kommunisten ohne Parteibuch«,[296] die die Ziele der Parteileitung unterstützten. In einem Rechenschaftsbericht der Parteileitung von 1982, der vermutlich vom damaligen Parteisekretär Friedrich Wolff stammt, hieß es selbstbewusst, weil konträr zu den berufsrechtlichen Regeln die den Selbstverwaltungsorganen die Verantwortung zuwiesen, dass die Parteileitung die »führende Rolle der Partei im Kollegium«[297] einnehme. »Wir entscheiden, wer aufgenommen wird, wer welche Funktion bekleidet, welche Pflichten zu erfüllen sind, wie Pflichtverletzungen bestraft werden und vieles andere mehr.«[298] Die Parteigruppe bestand zu diesem Zeitpunkt aus 46 Rechtsanwälten beziehungsweise acht Mitarbeitern. Das entsprach einem Organisationsgrad von 74,2 Prozent beziehungsweise 8,6 Prozent.[299] An den 13 Mitgliederversammlungen der Partei des Jahres 1981 hatten 71 Prozent

293 Gerhard Häusler: Kaderprogramm des RAK Berlin, 22.12.1981, S. 5; BArch, DP1, 23180; Eisenfeld: Rolle und Stellung, S. 355 ff.

294 MdJ, Entwurf Kaderprogramm für die Kollegien der Rechtsanwälte, 1977, S. 305; BArch, DP1, 23192; Zimmermann: DDR-Handbuch, S. 1185.

295 RAK Berlin, Protokoll der MV v. 12.10.1988; BArch, DP1, 21743.

296 Parteileitung des Kollegiums, Rechenschaftsbericht v. 15.3.1982; BStU, MfS, HA XX Nr. 6886, Bl. 10–27, hier 13.

297 Ebenda.

298 Ebenda.

299 Eigenberechnung nach Parteileitung des Kollegiums; ebenda, Bl. 15.

der Mitglieder teilgenommen, was von der Kreisleitung als zu gering kritisiert wurde.[300] Höher war die Teilnahme an den Parteiwahlen. Sie lag bei den Kollegien im Durchschnitt bei 95 Prozent. Einstimmigkeit bei der Wahl der Parteileitung wurde erwartet. Letztlich ging es um die Akklamation einer Nomenklaturentscheidung der übergeordneten Parteiebene. Etwaige Abweichungen wurden genau registriert.[301] Dies erzeugte einen starken Konformitätsdruck. Ziel sei es, »in jedem Fall die Politik der Partei durchzusetzen«[302] und das Kollegium als »sozialistische Organisation der Rechtsanwaltschaft der Hauptstadt zu festigen«.[303] Die Parteileitung sah sich in eins mit der Mitgliedschaft. Diese feinsinnige Erklärung beinhaltete eine doppelte Botschaft. Sie deutet darauf hin, dass die Berliner Anwaltschaft, auch oder gerade die Parteimitglieder, durchaus meinungsfreudig waren und selbstbewusste Parteisekretäre oder Vorsitzende dies auch gelegentlich kommunizierten.[304] So gab es die Praxis, dass sich Mitglieder der Parteileitung mit einzelnen Parteimitgliedern zu persönlichen Aussprachen trafen,[305] um deren Meinung zu Personal-, Sach- oder politischen Fragen zu erkunden. Dieses Ritual diente aber auch der Absicherung der Parteidisziplin. Ein geschickter Parteisekretär konnte die kritische Stimmung unter seinen Mitgliedern jedoch als Argument gegenüber dem MdJ oder der übergeordneten Parteiebene einsetzen. Die Übereinstimmung von Parteileitung und Mitgliedschaft konnte auch bedeuten, dass die Parteimitglieder, wenn es darauf ankam, die Nicht-SED-Mitglieder überstimmen konnten. Durch einen Sitzungs- und Entscheidungsablauf war gesichert, dass vor der Mitgliederversammlung der Vorstand tagte, in welchem die Parteimitglieder dominierten.[306] Zuvor fand die GO-Sitzung der Parteimitglieder statt, deren Sitzung wiederum von der Parteileitung vorbereitet war.[307] Auf diese Weise wurde strukturell der Parteieinfluss gesichert und geradezu lyrisch als »Kampf gegen ideologische Windstille«[308] interpretiert.

300 Ebenda, Bl. 16.

301 Sektor Justiz, Einschätzung der Ergebnisse der Parteiwahlen in den GO, 29.4.1987, S. 4; BArch DY 30/22302.

302 Parteileitung des Kollegiums, Rechenschaftsbericht v. 15.3.1982; BStU, MfS, HA XX Nr. 6886, Bl. 10–27, hier 29.

303 Ebenda.

304 RAK Berlin, Protokoll der Vorstandssitzung v. 22.3.1989, S. 1; BArch, DP1, 21744; Wolff: Ein Leben, S. 172.

305 Wolff: Ein Leben, S. 172.

306 Anfang 1989 waren zwei Drittel der Vorstandsmitglieder in der SED. RAK Berlin, Protokoll der Vorstandssitzung v. 22.3.1989; BArch, DP1, 21744.

307 Der Ablauf ist durch mehrere Protokolle z. B. aus den Jahren 1982–84 dokumentiert. Vgl. BArch, DP1, 4279.

308 MdJ, Konzeption zur Arbeit mit den Kollegien der Rechtsanwälte, 9.2.1979, S. 7; BArch, DP1, 4711.

Selbst wenn der zitierte Bericht, der der Berichterstattung an die übergeordnete Parteiebene diente, geschönt sein mag:[309] Die Parteileitung hatte in Berlin ein besonderes Gewicht. Dies war nicht nur der Hauptstadtfunktion und der engeren Verwobenheit der Anwälte mit Hauptstadt-Institutionen geschuldet, sondern lag auch an der überragenden Rolle von Friedrich Wolff und seinem Protegé, Gregor Gysi, in ihrer Funktion als Parteisekretäre. Nachdem Wolff nach über 20 Jahren den Vorsitz aufgeben musste, stieg er 1977 wieder zum Parteisekretär auf.[310] Im Jahr 1984 folgte ihm Gysi, um sich für die künftige Rolle des Vorsitzenden zu qualifizieren.[311] Wolff war damit lange Zeit eine Art Gegenspieler zum relativ farblosen Vorsitzenden Gerhard Häusler.[312] Der Vorsitzende war ohnehin als Mitglied der Parteileitung eingebunden, während der Parteisekretär wiederum kontrollierend und mitbestimmend an den Vorstandssitzungen teilnahm.[313] Der Rechenschaftsbericht von 1982 wirkt zwar stilisiert, scheint er im Kern treffend die Kräfteverhältnisse jener Jahre zu spiegeln.

### *Meinungsverschiedenheiten unter Parteimitgliedern*

Die Erhöhung des SED-Anteils in den Kollegien sollte zwar der Homogenisierung der Anwaltschaft dienen. Doch traten unter dem Dach der Parteidiskussionen durchaus Meinungsverschiedenheiten zutage. Im Parteilehrjahr mussten sich Anwälte Vorträge mit Themen wie »Die SED – Bewahrerin und Fortsetzerin der revolutionären Kampftradition der KPD«[314] anhören. Doch konnte es anlässlich einer Diskussion über die sozialistische Demokratie zur »lebhaften Diskussion« über die Rechte der Stadtbezirksverordneten kommen. Es wurde die Meinung vertreten, dass es notwendig sei, »die Prozesse der Entscheidungsfindung transparenter« zu machen.[315] Für ein offizielles Protokoll, das höheren Orts mitgelesen wurde, war dies eine relativ deutliche Meinungsäußerung.

Es gab Mitte der 1980er-Jahre derartige Spannungen im RAK Berlin, dass die SED-BL den schwerwiegenden Vorwurf der Fraktionsbildung erhob.[316] Die Sache entzündete sich zunächst harmlos an der Zuweisung zu einer Zweigstelle. Eine Anwältin hatte ihre Umsetzung in die Zweigstelle Friedrichshain I beantragt. Das war vom Vorstand zugunsten eines anderen Antrags abgelehnt wor-

309 Generell zur Berichterstattung vgl. Wolff: Verlorene Prozesse, S. 121 f.

310 Personalbogen v. 19.1.1978; BStU, MfS, AP 72720/92, Bl. 1–4, hier 1.

311 Vgl. Abschn. Die Vorsitzenden.

312 König: Gregor Gysi, S. 223; Eisenfeld: Rolle und Stellung, S. 357.

313 Referat zur Arbeitsweise der RAK, 8.8.1978, S. 17; BArch, DP1, 3468.

314 RAK Berlin, Protokoll der MV v. 12.10.1988; BArch, DP, 1 21744.

315 RAK Berlin, Protokoll der Vorstandssitzung v. 11.1.1989, S. 2; BArch, DP 1 1743.

316 HV A AG S, Schreiben an BV Bln, 23.4.1982; BStU, MfS, AIM 19094/85, T. I, Bd.1, Bl. 102.

den.[317] Die Anwältin ließ die Sache nicht auf sich beruhen und schaltete die Revisionskommission ein. Diese griff die Ablehnung durch den Vorstand an, weil der die Anwältin, die selbst dem Vorstand angehörte, angeblich ohne Rechtsgrundlage von der Abstimmung ausgeschlossen hätte.[318] Mit der Rückendeckung aus der Revisionskommission holte sich die Anwältin die Unterstützung der Mehrheit in einer Mitgliederversammlung.[319] Letztlich musste ihr der Wechsel in die Zweigstelle Friedrichshain I gestattet werden.[320] Das Justizministerium analysierte als Hintergrund der Auseinandersetzungen um die Personalbesetzungen der Zweigstellen einen Konflikt der »jungen Vorstandsmitglieder« gegen die »älteren Vorstandsmitglieder«[321]. Als Kern der Fronde wurden Anwälte der Zweigstelle Friedrichshain, die Gregor Gysi leitete, und deren Freunde ausgemacht. Andere Anwälte »sympathisiert[en]«[322] mit den jüngeren Vorstandsmitgliedern. Unter den Anwälten selbst war von der »Viererbande« um Gregor Gysi die Rede, die sich teilweise schon aus Studientagen kannte.[323]Auch das MfS hielt sich über einen IM über die verschiedenen Gruppierungen unter den Berliner Anwälten, die »Machtkämpfe« und »Cliquenwirtschaft«[324] auf dem Laufenden. Es ist möglich, dass entsprechende Informationen an die SED weitergeleitet wurden. Erkennbar griff das MfS in Konflikte, die eher Parteisache waren, nicht ein.

Dieser Konflikt entzündete sich am bürokratischen Stil des damaligen Vorstandes um den RAK-Vorsitzenden Gerhard Häusler. In Vorbereitung der Vorstandswahlen auf der Jahreshauptversammlung des RAK tagte die Parteiversammlung, in der sich eine »lebhafte Diskussion [...] gegen die Tätigkeit des Vorstandes, insbesondere gegen die Person des Gen[ossen] Häusler«[325], entwickelte. In der folgenden Wahlversammlung bekamen Häusler und ein weiterer Kandidat elf beziehungsweise neun Gegenstimmen.[326] Mehrere Parteimitglieder hatten die auf der Parteiebene erfolgten Vorabstimmungen für die Wahlen demonstrativ nicht akzeptiert. In einer der folgenden Parteiversammlung warf der politische Mitarbeiter der SED-BL den Abweichlern im Namen der Bezirks-

317 MdJ, Hausmitteilung an StM, 8.6.1982; BArch, DP1, 4279; RAK Berlin, Protokoll der Vorstandssitzung v. 17.3.1982, S. 4; BArch, DP1, 4279.

318 MdJ, Hausmitteilung an StM, 8.6.1982; BArch, DP1, 4279.

319 RAK Berlin, Protokoll der MV v. 14.4.1982, S. 2; BArch, DP1, 4279.

320 MdJ, Hausmitteilung an StM v. 8.6.1982, S. 3; BArch, DP1, 4279.

321 Ebenda.

322 Ebenda.

323 Wolff: Verlorene Prozesse, S. 224.

324 HA XX/1, TB mit IMS »Martin«, 3. 8.1985; BStU, MfS, AIM 1111/91, Bl. 103–105, hier 104.

325 IMK »Horst Koch«, Tonbandabschrift, 11.3.1982; BStU, MfS, AIM 18953/85, Bl. 225 f.

326 HV A AG S. Schreiben an BV Bln, 23.4.1982; BStU, MfS, AIM 19094/85, T. I, Bd. 1, Bl. 102.

leitung der SED Berlin vor, ihr Abstimmungsverhalten weise auf eine »fraktionelle Tätigkeit«[327] hin. Ein jüngeres Parteimitglied kritisierte daraufhin den Abgesandten der Bezirksleitung, seine Äußerungen seien »einäugig und es stecke keine Substanz dahinter«.[328] Die Bezirksleitung sah ihre Autorität herausgefordert, die »Einheit und Geschlossenheit [seien] nicht mehr gewährleistet«.[329] Den Anwälten wurden »Spielarten parlamentarischen Denkens und Verhaltens«[330] und mangelnde Parteidisziplin vorgeworfen. Das MfS war parallel durch mehrere Informanten über die Vorgänge im Wesentlichen informiert. Die Informationen wurden hausintern weitergereicht, es ist allerdings nicht erkennbar, dass das MfS eingegriffen hätte.[331] Die zugespitzten Vorwürfe der Bezirksleitung wogen schwer, dennoch reagierte die Partei in Berlin nicht autoritär wie im Fall des RAK Rostock, sondern flexibel und mittelfristig. Die SED hatte ein größeres Zutrauen, dass das Berliner Kollegium, voran seine Parteileitung, die Krise in den Griff bekommen würde. In den Folgejahren habe sich die Situation wesentlich gefestigt und verbessert, es gäbe nicht mehr »Erscheinungen von Gruppenbildung sowie andere negative politische Haltungen«[332]. Ein Anwalt schätzte Gysi persönlich, als den »politisch Vernünftigste[n]«[333] innerhalb der unruhigen Mitglieder ein.

Für die Vorstandswahlen 1984 sah sich das MdJ nach diesen Auseinandersetzungen in einer besonderen Verantwortung. Die »kadermäßige Vorbereitung der Wahlen [sollte] durch Konsultationen«[334] mit dem politischen Mitarbeiter des ZK, den zuständigen Mitarbeitern der SED-Bezirksleitungen und dem Vorsitzenden gesichert werden. Auch die Parteiwahlen wurden von einer politischen Mitarbeiterin des ZK kontrolliert.[335] Schon vorab wurde festgelegt, dass in Berlin der Vorsitzende Häusler wegen mangelnder Leitung, »wegen ungenügende[r] politische[r] Orientierung«,[336] nicht wieder mit Leitungsaufgaben betraut werden sollte. Zwei Anwältinnen, die zu den mutmaßlichen Abweichlerinnen

327 Ebenda.

328 Ebenda.

329 RAK Berlin, Protokoll der Parteileitungssitzung v. 11.5.1982; BArch, DP1, 4279.

330 Ebenda.

331 BV Bln/KD Marzahn, handschriftl. Weisung, o. D.; BStU, MfS, AIM 18953/85, Bl. 224; HV A/AG S; Schreiben an BV Bln, 23.4.1982; BStU, MfS, AIM 19094/85, T. I, Bd.1, Bl. 102.

332 RAK Berlin, Protokoll der Vorstandssitzung v. 23.1.1985. S. 2 f.; BArch, DP1, 4400.

333 BV Bln/XX, Information v. 20.8.1984; BStU, MfS, AIM 1129/89, T. II, Bd. 2, Bl. 324.

334 MdJ, Einschätzung über die durchgeführten Wahlversammlungen 1984 in den Kollegien der Rechtsanwälte, 24.5.1984, S. 9; BArch, DP1, 23190.

335 ZK/Abt. SuR, Konzeption für die Vorbereitung und Durchführung der Parteiwahlen in den Grundorganisationen, Juli 1985, S. 6; BArch DY 30/22302.

336 HA XX/1, Information über ein Gespräch mit Gen. Heger, Sektorenleiter der Abt. SuR des ZK, 16.7.1986; BStU, MfS, HA XX Nr. 6529, Bl. 409.

gehörten, sollten wegen »Nichtbewältigung ihrer Leitungsaufgaben«[337] nicht mehr in der Leitung des Kollegiums vertreten sein. Stattdessen wurde Friedrich Wolff erneut als Vorsitzender ausersehen, Gregor Gysi sollte als Parteisekretär amtieren und seine Loyalität unter Beweis stellen, um mittelfristig den Vorsitz übernehmen zu können. Von dieser Führungsstruktur erhoffte sich die inzwischen damit befasste Abteilung Staats- und Rechtsfragen des ZK »eine politische Stärkung«[338] des Berliner Kollegiums. Es wurde also eine Strategie, die Abstrafung und Integration mischte, praktiziert. SED und MdJ reagierten auf die Stimmungen im Kollegium und insbesondere unter den jüngeren Parteimitgliedern und befürworten einen Wechsel an der Spitze des Kollegiums. Mit Friedrich Wolff setze man auf einen Nachfolger, der sich bester Kontakte zur Partei erfreute und dessen Autorität selbst unter den jüngeren Rechtsanwälten unbestritten war, die ihn wegen seiner gelegentlichen Strenge jedoch spöttisch als »Ajatollah«[339] titulierten.

### 4.2.5 Justizpolitische Eingriffe in der Ära Honecker

Das juristische Führungspersonal zu Beginn der Ära Honecker orientierte auf eine intensivere Kriminalitätsbekämpfung. Von der neuen Justizpolitik erhoffte man sich auch positive Effekte für die prekäre wirtschaftliche Situation.[340] Leute, »die glauben, auf Kosten ihrer Mitmenschen ein parasitäres Leben führen zu können [...,] würden konsequent zur Verantwortung gezogen«.[341] Die »von den Werktätigen geschaffenen Werte [könnten] vor Verlusten durch Havarien oder Brände, mißbräuchliche Nutzungen, Schludereien oder Diebstähle«[342] gesichert werden.

Die Orientierung der Rechtsauffassung an wirtschaftlichen Zielen ging so weit, dass die Rechtspflege selbst einem ökonomischen Denken unterworfen wurde. Anfang der 1970er-Jahre warb man kampagnenartig für eine rationelle Verfahrensdurchführung, bei der die justizreformerischen Ansätze der späten Ulbricht-Ära zurückgedrängt werden sollten. Im Jahr 1971 hielt der stellvertretende Justizminister Hans Breitbarth fest, dass das 14. Plenum des ZK der

337 MdJ, Einschätzung über die durchgeführten Wahlversammlungen 1984 in den Kollegien der Rechtsanwälte, 24.5.1984, S. 9; BArch, DP1, 23190.

338 HA XX/1, Information über ein Gespräch mit Gen. Heger, Sektorenleiter der Abt. SuR des ZK, 16.7.1986; BStU, MfS, HA XX Nr. 6529, Bl. 409.

339 Wolff: Verlorene Prozesse, S. 224.

340 Malycha, Andreas: Die SED in der Ära Honecker. München 2014, S. 50 ff.

341 Kern, Herbert; Sarge, Günter: Die Aufgaben der Gerichte nach dem X. Parteitag der SED. In: NJ 35 (1981) 7, S. 290–292, hier 291.

342 Ebenda.

SED dem MdJ die »Verringerung des Verwaltungsaufwandes im gesamten Arbeitsbereich«, vor allem bei Strafverfahren, aufgegeben habe. Ein Anlass dieser grundsätzlich motivierten Initiative war, dass 50 Richterstellen in den Kreisen nicht besetzt waren.[343] Was zunächst harmlos nach Verwaltungsrationalisierung klang, sollte sich alsbald auf die Gerichtsverhandlung auswirken. Das MdJ forderte von den Bezirksgerichten Erfahrungsberichte an. Die Gerichtsdirektoren listeten wirkliche oder vermeintliche Versäumnisse von Anwälten auf, die Verfahren verzögerten. Justizminister Heusinger hielt persönlich in einem Vermerk fest, dass Verfahrensverzögerungen »durch Terminschwierigkeiten und nicht erteilte Vertretungsvollmacht [… sowie] übermäßig lange Schriftsätze«[344] festzustellen seien. Der Justizminister stellte die Frage, »wie durch eine zentrale Information an die Kollegien Einfluss genommen werden kann«[345], um Veränderungen herbeizuführen.

Manche der Bemühungen wirkten auf den ersten Blick banal. Durch bessere Terminabstimmungen sollte Leerlauf vermieden werden. Dass sich solche Appelle in späteren Zeiten regelmäßig wiederholten, spricht dafür, dass eher die niedrige Zahl der Anwälte als der fehlende gute Wille der eigentliche Grund für immer wieder auftretende Terminprobleme war. Daher wurden die Anwälte angehalten, sich durch Kollegen vertreten zu lassen. Wäre die Idee vom »Kollektivmandat«,[346] die zu dieser Zeit propagiert wurde, realisiert worden, wäre das persönliche Mandat ausgehöhlt worden. Dass die Kollektivierung des Mandates letztlich nicht durchgesetzt wurde, war nicht allein den Vorbehalten der Anwälte geschuldet.[347] Die Grundkonzeption des Kollegiumsanwaltes mit individuellem Mandat wäre dadurch ins Wanken geraten und mit ihm das Ansehen der DDR-Anwaltschaft.

Brisant wurde die Kampagne, als parallel dazu die Gerichte gedrängt wurden, zügiger zu verhandeln. Im Jahr 1971 legte das MdJ Grundsätze für eine rationelle Gestaltung des gerichtlichen Verfahrens fest. Auf Zeugen könne verzichtet werden, wenn ein Geständnis vorläge.[348] Diese Vorgabe basierte auf einer Vorabsprache der obersten Rechtspflegeorgane. Sie verkürzte das Verfahren, indem sie die Beweisführung in den vorprozessualen Bereich legte und damit das Prinzip der Unmittelbarkeit der Beweisaufnahme im mündlichen Hauptverfahren aushöhlte. Die Rückläufe aus den Gerichten zeigten, welche Auswirkun-

343 RAK, Protokoll v. 16.1.1971, S. 3; BArch, DP1, 2655.

344 Hans-Joachim Heusinger, Aktennotiz v. 23.3.1973; BArch, DP1, 2968.

345 Ebenda.

346 MdJ, Bemerkungen zu den Thesen der RA für das ZRK-Seminar in Leipzig, 6.11.1972, S. 4; BArch, DP1, 2972.

347 Vortrag während des zentralen Seminars der ZRK in Leipzig, 10.11.1972, S. 10; BArch DY 64/22.

348 MdJ, Grundsätze für eine rationelle Gestaltung des gerichtlichen Verfahrens, 16.3.1971, S. 2; BArch, DP1, 2496.

gen derartige Vorgaben je nach Mentalität des Gerichtdirektors haben konnten. So schlug der Direktor des Bezirksgerichtes Halle Maßnahmen zur »wirksameren Kriminalitätsbekämpfung« vor. Da Anwälte häufig Vertagungsanträge stellen würden und ihr Nichterscheinen vor Gericht eine »häufig geübte Methode [... sei,] müsste der Angeklagte in solchen Fällen überzeugt werden, ohne Rechtsanwalt zu verhandeln«.[349] Insofern müssten bisherige Rechtsstandpunkte aufgegeben werden. Dieser Gerichtsdirektor plädierte also für eine Entkoppelung des verfassungsmäßig garantierten Rechtes auf Verteidigung[350] von dem Recht auf Vertretung durch einen Anwalt.[351] Wirksame Verteidigung konnte dieser Auffassung zufolge durch Selbstverteidigung ausgeübt werden. Derart rückwärtsgewandte juristische Positionen wurden von den obersten Justizorganen unter Leitung des Generalstaatsanwaltes aufgegriffen[352] und gingen in abgeschwächter Form sogar in die überarbeitete Strafprozessordnung von 1974 ein.[353] Der ergänzte § 65, Abs. 2 der StPO von 1974 sah nur noch für den Fall der obligaten Verteidigung eine Prozessverschiebung oder Unterbrechung der Hauptverhandlung auf Antrag des Angeklagten beziehungsweise seines neuen Verteidigers vor.[354] Mit geradezu rabulistischen Formulierungskünsten versuchte das MdJ, die Beschneidung der Verteidigungsmöglichkeiten zu bemänteln. Diese Reform werde »besser den Erfordernissen des Rechts auf Verteidigung bei konzentrierter Durchführung der Hauptverhandlung Rechnung«[355] tragen. Das Oberste Gericht beteiligte sich mit eigenen Vorschlägen an der Verfahrensrationalisierung.[356] Es kritisierte gegenüber dem MdJ, wie namentlich genannte Anwälte auf dem Wege der Kassation versuchten, Urteile vom OG aufheben zu lassen. Viele Kassationsanträge seien überflüssig, handwerklich schlecht und aus Sicht des OG unzulässig.[357] In Folge forderte der Justizminister von den Kollegien, die Vorwürfe des OG in Mitgliederversammlungen auszuwerten.[358] Der Druck aus dem Justizministerium blieb auch an diesem Punkt keineswegs folgenlos. In

349 Direktor Bezirksgericht Halle, Bericht an MDJ v. 24.4.1973; BArch, DP 1, 2968.

350 Verfassung der Deutschen Demokratischen Republik vom 6. April 1968. In: DDR-GBl. Teil I (1968) 8, S. 199 f., Art. 102 Abs. 2.

351 Direktor Bezirksgericht Halle, Bericht an MdJ v. 24.4.1973; BArch, DP1 2968.

352 Raschka sieht dies auch im Zusammenhang mit den ordnungspolitischen Maßnahmen im Vorfeld der X. Weltfestspiele 1973, zu deren Absicherung u. a. »beschleunigte Verfahren« beitragen sollten. Raschka: Justizpolitik, S. 69.

353 Das Kollegium für Strafsachen des Obersten Gerichts der DDR trug diesen Normierungsansatz inhaltlich mit. Mühlberger, Fritz (Mitgl. d. Präsidiums des OG): Gewährleistung des Rechts auf Verteidigung. In: NJ 27 (1973) 12, S. 634–637.

354 Gesetz zur Änderung der Strafprozeßordnung der DDR v. 19.12.1974. In: DDR-GBl. Teil I (1974) 64, S. 597 (künftig als »StPO-DDR 1974« bezeichnet), § 65 Abs. 1.

355 Willamowski, Horst (wiss. Mitarb. im MdJ): Ziel und Hauptrichtung der Änderungen der StPO. In: NJ 29 (1975) 4, S. 97–103, hier 98.

356 Ebenda, S. 97–103.

357 OG, Vermerk zu Kassationen v. 25.7.1973; BArch, DP1, 2968.

358 MdJ, Entwurf eines Ministerschreibens v. 22.8.1973; BArch, DP1, 2968.

Cottbus wurde die »Kritik an anwaltlichen Kassationsanregungen [...] als voll zutreffend eingeschätzt«[359]. Die relativ selbstbewusste Berliner Anwaltschaft war zwar grundsätzlich skeptisch gegenüber Bemühungen zur Verfahrensbeschleunigung. Der Vorstand hielt fest, dies dürfe sich »nicht zuungunsten der Qualität, vor allem der Wahrheitsfindung«[360], und nicht zulasten der Bürger auswirken. In der Frage der Kassation herrschte in der Mitgliederversammlung dennoch die Auffassung, »Kassation ist kein zusätzliches Rechtsmittel, deshalb ist der Rechtsanwalt nicht verpflichtet, dem Wunsche eines Mandanten [...] Folge zu leisten«.[361] Da im zweistufigen Rechtssystem der DDR der Kassation die Bedeutung einer zweiten Berufungsinstanz zukam, wurden die juristischen Möglichkeiten von Mandanten durch diese Auffassung beschnitten.

Auch die Stellungnahme des Erfurter Anwaltes Gerhard Pein in der Neuen Justiz plädierte für gewisse verfahrensökonomische Einschränkungen: »Bei Zeugen, die bereits im Ermittlungsverfahren oder in der Hauptverhandlung vernommen worden sind, wird eine persönliche Befragung durch den Verteidiger im Regelfall nicht erforderlich sein.«[362] Durch eine solch offiziöse Position konnte ein Insistieren auf einer derartigen Befragung geradezu als pflichtwidrig angesehen werden. So wurde eine Anwältin gefragt, warum sie »weitergehende Anträge gestellt hat«.[363] Einem anderen wurde vorgehalten, »die Beweisaufnahme auf nebensächliche Fragen ausgeweitet«[364] zu haben. Das Personal, das zu Beginn der Ära Honecker den »neue[n] justizpolitischen Kurs«[365] prägte, setzte sich zum Ziel, die Reformansätze Ulbrichts zurückzuschrauben. Diese Justizpolitik steht konträr zu der bis heute gelegentlich vertretenen These vom eher liberalen Anfang des SED-Chefs Erich Honecker.[366] Nach einem Politbürobeschluss von 1973 verabschiedeten sich Justizminister Heusinger, sein Staatssekretär Herbert Kern, der Vizepräsident des Obersten Gerichtes, ein Vertreter des MfS und Generalstaatsanwalt Joseph Streit vom Rechtspflegeerlass von

359 RAK Cottbus, Kassationsanregungen durch Rechtsanwälte, 8.10.1973; BArch, DP1, 2968.

360 RAK Berlin, Rechenschaftsbericht des Vorstandes des RAK Berlin für das Jahr 1973, S. 5; BArch, DP1, 2587.

361 RAK Berlin, Kassationsanregungen durch Rechtsanwälte, 13.9.1973; BArch, DP1, 2968.

362 Pein, Gerhard: Zur Tätigkeit des Verteidigers im sozialistischen Strafverfahren. In: NJ 26 (1972) 17, S. 508–511, hier 510.

363 RAK Berlin, Protokoll der Vorstandssitzung v. 17.11.1976, S. 6; BArch, DP1, 3288.

364 RAK Berlin, Protokoll der Vorstandssitzung v. 3. 9.1980. S. 4; BArch, DP1, 3675.

365 Raschka: Justizpolitik, S. 48.

366 Zur kritischen Auseinandersetzung mit dem Honecker-Bild in der zeitgenössischen DDR-Forschung vgl. Kaiser: Machtwechsel, S. 456 ff. Teilweise hat sich die Vorstellung vom liberalen Anfang bis heute erhalten. Bästlein spricht von der »glücklichsten Zeit« der SED-Führung. Bästlein: Fall Mielke, S. 68 f. Auch Passens sieht erst 1976 den eigentlichen »Wendepunkt«. Passens: MfS-Untersuchungshaft, S. 887 ff.

1963. »Erscheinungen des Liberalismus [, ...] Erscheinungen, die auf einen juristischen Perfektionismus hinausliefen«,[367] sollten sich erledigen. Die faktische Beschränkung der strafprozessualen Rechte wurde in der öffentlichen Darstellung zwar bemäntelt.[368] Die mehr oder minder subtilen Einwirkungen auf das Justizpersonal, auch die Anwälte, führten jedoch zu einem schleichenden Mentalitätswandel, der nach einer gewissen Aufbruchsstimmung in den 1960er-Jahren auf die Prozesskultur durchschlagen musste.

### *ZK-Apparat und Strafverfahren*

Der ZK-Apparat griff bis zum Ende der Ära Honecker in Einzel-Verfahren vor allem in politisch relevante Fälle ein. In den frühen 1950er-Jahren, insbesondere in den sogenannten Waldheimer Prozessen, waren die Gerichtsentscheidungen im zentralen Parteiapparat systematisch präjudiziert und die Vorgaben von willfährigen Richtern nur nachvollzogen worden.[369] Im Zuge einer tendenziellen Verrechtlichung auch im Bereich der politischen Justiz, der Herausbildung von Prozessroutinen, dem Heranziehen von parteiorientiertem Justizpersonal, das in Anleitungsapparate eingebettet war, überwogen Formen einer indirekten Steuerung der Justiz.[370]

Um im Einzelfall intervenieren zu können, musste der Apparat von diesem Kenntnis erlangen. »Steuerung durch Information«[371] war eine wesentliche Voraussetzung für eine politisch beeinflusste Justiz. Erich Honecker hatte noch als ZK-Sekretär anlässlich eines Verfahrens, das für außenpolitischen Ärger im Westen sorgte, angeordnet, dass der ZK-Apparat besser über Einzelverfahren auf dem Laufenden gehalten werden sollte.[372] Solche Informationen beschränkten sich keineswegs auf die Abstimmungen zwischen dem Generalsekretär Honecker und dem Minister für Staatssicherheit.[373] Durch ein Verfahren, das speziell auf die Belange des zentralen SED-Apparates zugeschnitten war, wurde dieser vorab mit Wochen- und Einzelmeldungen durch das Oberste Gericht und zusätzlich durch die Generalstaatsanwaltschaft über relevante Prozesse infor-

367 Zit. nach: Raschka: Justizpolitik, S. 73.

368 Willamowski, Horst (wiss. Mitarb. im MdJ): Ziel und Hauptrichtung der Änderungen der StPO. In: NJ 29 (1975) 4, S. 97–103, hier 98.

369 Werkentin: Politische Strafjustiz, S. 174 ff.

370 Rottleuthner spricht daher von »Steuerung« nicht von »Lenkung«, weil er die Anleitung in der späten DDR als eher »strukturelles Phänomen« ansieht. Rottleuthner: Steuerung der Justiz, S. 27.

371 Schröder, Rainer: Zivilrechtskultur der DDR. Bd. 4. Berlin 2008, S. 37.

372 Raschka: Justizpolitik, S. 79 ff. Es handelte sich um das Sabotageverfahren gegen die Geschäftsleute Seeberger und Arf, die wegen des Vorwurfs der Sabotage zu hohen Haftstrafen verurteilt worden waren.

373 Vollnhals: Schein der Normalität, S. 231.

miert.[374] Diese Übermittlung waren so hochgradig abgeschirmt, dass kaum anzunehmen ist, dass es sich um einen reinen Informationsstrang und nicht um einen Abstimmungsstrang des SED-Apparates mit seinen Vertrauten in den Justiz- und Ermittlungsorganen handelte. Justizminister Kurt Wünsche beklagte intern immer wieder, dass brisante politische Prozesse, wie beispielsweise der gegen die Söhne des Regimekritikers Robert Havemann, wegen ihrer Proteste gegen den Einmarsch der sowjetischen Truppen in der ČSSR ohne sein Wissen geführt würden. Auch wenn er es nicht akzeptieren wollte, war dem Minister der LDPD wohl bewusst, dass die SED einem Blockparteipolitiker in diesen Dingen nicht recht trauen wollte.[375] In der Praxis kam es aufgrund von Mehrfachzuständigkeiten immer wieder zu Schwierigkeiten und einer »Flut von Informationen«.[376] Die Berichterstattung hatte »formale Züge angenommen«,[377] was eine Einschätzung der einzelnen Prozessinformationen erschwerte. Dennoch wurde 1984 seitens des ZK noch einmal ausdrücklich bekräftigt: »Wir beabsichtigen, wie bereits früher geschehen, die Strafakten selbst zu überprüfen.«[378] An Meldungen der Generalstaatsanwaltschaft finden sich handschriftliche Kommentare aus der ZK-Abteilung wie »Strafantrag?«[379]. Das MfS warf die Frage auf, wie aus dem ZK-Apparat der »Rückfluß auf U[ntersuchungs]-Organ […] zu gewährleisten«[380] sei. An dieser verschraubten Formulierung wird deutlich sichtbar, dass das MfS vom zentralen Parteiapparat politische Weichenstellungen erwartete, die unmittelbar in die Untersuchungsarbeit des MfS einwirken sollten.

Der Skizze eines MfS-Offiziers zufolge[381] gab es mehrere parallele Berichtsstränge ins ZK. Sowohl das MdJ, als das Oberste Gericht sowie die Generalstaatsanwaltschaft lieferten Informationen zu relevanten Prozessen an die Abteilung SuR im ZK. Dies führte zu Unübersichtlichkeit und Konkurrenzsituationen. Die Informationen des MfS über Strafverfahren gelangten auf dem geschilderten Weg nur über die Generalstaatsanwaltschaft an den zentralen Parteiapparat.[382] Somit informierten die Justizorgane auch »über solche Tatsachen […,] zu welchen die Parteiführung durch den Minister für Staatssicherheit

374 Ebenda, S. 230 ff.; Raschka: Justizpolitik, S. 81 f.; Rottleuthner: Steuerung der Justiz, S. 30 f.

375 HA XX/1, TB mit IMS »Max«, 3.9.1969; BStU, MfS, AIM 26904/91, Beifügung 3, Bl. 175–186, hier 177.

376 Vermerk, o. D. (vermutl. 1983); BStU, MfS, HA IX Nr. 3866, Bl. 9.

377 HA IX, Carli Coburger: Schreiben an den Minister für Staatssicherheit, 23.6.1983; ebenda, Bl. 31–33, hier 31 f.

378 Klaus Sorgenicht: Hausmitteilung an Egon Krenz, 20.7.1984; BArch DY 30/IV 2/2.039/217.

379 Generalstaatsanwalt, Brief an ZK der SED, SuR, 29.1.1974; BArch DY 30/24929.

380 Vermerk, o. D. (vermutl. 1983); BStU, MfS, HA IX Nr. 3866, Bl. 7.

381 Ebenda, Bl. 9.

382 HA IX, Carli Coburger: Schreiben an den Minister für Staatssicherheit, 23.6.1983; BStU, MfS, HA IX Nr. 3866, Bl. 31–33, hier 31 f.

rechtzeitig und ausreichend unterrichtet sind«.[383] Minister Mielke hatte als Politbüromitglied unmittelbaren Zugang zu Erich Honecker und konnte dem Generalsekretär am ZK-Apparat vorbei Einzelentscheidungen vorlegen oder ihn zu beeinflussen versuchen.[384] Das MfS plädierte deswegen für eine Anweisung, »Berichterstattungen an das Justizministerium und das Oberste Gericht über das MfS zukünftig auszuschließen«.[385] Die MfS-Vertreter, die eine Monopolisierung der ZK-Information über MfS-ermittelte Strafverfahren anstrebten, scheiterten. Möglicherweise wollte Honecker mit diesem Informationssystem eine bessere »Kontrolle des MfS«[386] durchsetzen. Im Jahr 1983 ging ein Rundschreiben des MdJ an die Bezirksgerichte, dass alle MfS-ermittelten Strafverfahren als spezielle »Sofortmeldungen« über das MdJ zu melden seien.[387] Es blieb also bei einer Unterordnung des MfS bei den Berichtsroutinen, bei einem Nebeneinander und einer gewissen Konkurrenzsituation. Wobei das MfS für sich den Vorteil geltend machte, dass der Minister für Staatssicherheit seine Anliegen auch und gerade in Einzelverfahren bei der SED-Spitze persönlich vorbringen konnte.

Der Berichterstattung an das ZK vorgeschaltet war eine interne Berichterstattung auf der Ebene der Staatsanwaltschaft und der Gerichte, die ihre untergeordneten Instanzen anleiten konnten.[388] Diese Form der Lenkung durch die fachlichen Ermittlungs- und Justizorgane war subtiler und indirekter als in den 1950er-Jahren.[389] Dass Erich Honecker dessen ungeachtet auch in den 1970er- und 1980er-Jahren wichtige Einzelfälle präjudizierte und damit faktisch als »oberster Gerichtsherr«[390] auftreten konnte, ist hinreichend belegt.[391]

383 Ebenda, Bl. 32.

384 Vollnhals: Die Macht, S. 250.

385 HA IX, Carli Coburger: Schreiben an den Minister für Staatssicherheit, 23.6.1983; BStU, MfS, HA IX Nr. 3866, Bl. 33.

386 Ob Honecker Mielke wirklich »nicht völlig vertraute« wie Raschka schreibt, ist fraglich, da Honecker gerade mit Unterstützung Mielkes an die Macht gekommen war. Es ging wohl eher um die Durchsetzung des Primates der Politik gegenüber einer Apparatelogik des MfS. Raschka: Justizpolitik, S. 81.

387 MdJ, Hinweise zur weiteren Qualifizierung der Informationsarbeit, 1.2.1984; BStU, MfS, HA IX Nr. 3866, Bl. 23 f.

388 Siehe Absatz zur Justizsteuerung im Abschn. Der sozialistische Strafprozess.

389 Vollnhals: Schein der Normalität, S. 230–232.

390 Vollnhals: Die Macht, S. 253 f.

391 Raschka: Justizpolitik, S. 31; Vollnhals: Schein der Normalität, S. 241 u. 231.

### *Beispiel: Eingriff des ZK in einen politischen Prozess: Das Skinheadverfahren 1987*

Geradezu idealtypisch kann ein Eingriff in die Strafverfolgung durch den ZK-Apparat am Beispiel des Skinhead-Verfahrens nachvollzogen werden, das Ende 1987 für Furore sorgte. Eine Gruppe von Skinheads hatte im Oktober 1987 Besucher eines Rockkonzertes in der Ostberliner Zionskirche zusammengeschlagen. Zunächst waren vier der Täter zu ein bis zwei Jahren Haft verurteilt worden.[392] Dieser erste Prozess wurde gezielt unpolitisch geführt. Das MfS gab den Fall an die Volkspolizei ab, weil es ihn zunächst als »größere Schlägerei«[393] abtat. Das Delikt wurde vor dem Berliner Stadtbezirksgericht dann als »Rowdytum« abgehandelt.[394] Die SED-Bezirksleitung hatte gegen diese Strategie nichts einzuwenden, da man auf diese Weise die DDR vom Vorwurf neonazistischer Tendenzen unter Jugendlichen freisprechen wollte.[395] Während der Hauptverhandlung sollte aber das Grölen von NS-Parolen behandelt werden. Im ZK war der Vorfall bekannt.[396] Die Generalstaatsanwaltschaft von Berlin war im Vorfeld von Höchststrafen bis zu drei Jahren ausgegangen. Trotz konsequenter Prozessführung durch den Richter waren die NS-Parolen jedoch nicht individuell zuzuordnen. Wegen Beweisnot blieb der Staatsanwalt mit Strafanträgen bis zu zwei Jahren unter dem ursprünglichen Plan. Das Urteil lag teilweise noch unter den Anträgen der Staatsanwaltschaft.[397]

Ein Richtungswechsel deutete sich erst nach dem Verfahren an. Die westlichen Medien, insbesondere der Hörfunk, der in die DDR einstrahlte, griffen Informationen aus kirchlichen Kreisen auf. Sie berichteten schon seit dem Konzert über neonazistische Vorfälle in der DDR und stellten die Übergriffe vom Oktober in diesen Zusammenhang.[398] Ab dem Tag des Urteilsspruches kam es in der DDR zu Protesten.[399] Mit kritischem Unterton monierte die SED-Zeitung Neues Deutschland mit einer Überschrift »Geringe Freiheitsstrafen für Rowdys«[400] und hob hervor, dass die Angeklagten bei der Schlägerei Parolen aus der

392 Gerd Schulz: Schreiben an Egon Krenz, 3.11.1987; BArch DY 30/IV 2/2.039; Rottleuthner: Havemann-Verfahren, S. 374 f.

393 BV Frankfurt/O./KD Bernau, zum operativen Sachverhalt, o. D. (vermutl. 1987); BStU, MfS, BV Dresden, AIM 2916/89, Bl. 121.

394 Geringe Freiheitsstrafen für Rowdys. In: ND v. 4.12.1987, S. 8.

395 GStA der DDR, Vermerk zum Verlauf des Verfahrens gegen Busse u. a. v. 11.12.1987, S. 2; BArch, DP3, 393.

396 Gerd Schulz: Schreiben an Egon Krenz, 3.11.1987; BArch DY 30/IV 2/2.039. Das Schreiben enthält einen Vermerk, vermutl. von Krenz.

397 C. J. [Jordan, Carlo]: Unmaßgebliche Betrachtungen zum Berliner Skinhead-Prozess. In: Umweltblaetter v. 15.12.1987, S. 12–14, hier 13.

398 SFBeat, Abschrift v. 3.12.1987; BArch, DP 3, 393.

399 Vermerke über Eingaben bzw. Beschwerden; BArch, DP3, 393.

400 ND v. 4.12.1987, S. 8.

Nazizeit gerufen hatten. Die Berichterstattung in der FDJ-Zeitung Junge Welt signalisierte, dass es auch in der FDJ Unmut über die als zu niedrig empfundenen Urteile gab.[401] Selbst im Samisdat wurde eine höhere Bestrafung, sogar nach § 218 StGB wegen des Zusammenschlusses zur Verfolgung gesetzeswidriger Ziele, gefordert,[402] ein eigentlich berüchtigter Paragraf, der gegen Oppositionelle beziehungsweise Ausreiseantragsteller angewendet wurde.

Der ZK-Apparat nahm sich der Sache an. Am 3. Dezember 1987 traf der ZK-Sekretär Egon Krenz mit dem Generalstaatsanwalt und dem 1. Vizepräsidenten des Obersten Gerichtes zusammen.[403] Im Ergebnis sagte die Generalstaatsanwaltschaft zu, Protest mit dem Ziel einzulegen, die Strafen deutlich zu erhöhen.[404] Diesem Verfahren stimmte Erich Honecker am 4. Dezember zu.[405] Am 10. Dezember wurde die Generalstaatsanwaltschaft der DDR vom Abteilungsleiter SuR »beauftragt, das noch offene Ermittlungsverfahren unter Kontrolle zu halten«.[406] Am selben Tage wurde mit den Staatsanwälten über »den wirksamsten Abschluss des Gerichtsverfahrens«[407] Einvernehmen erzielt. Die Ausrichtung der Plädoyers und die Strafanträge gegen die vier Angeklagten wurden festgelegt. Der Präsident des Obersten Gerichtes der DDR versicherte dem ZK-Sekretär Egon Krenz daraufhin schriftlich: »Das Gericht wird den staatsanwaltschaftlichen Strafanträgen [...] folgen.«[408] Sogar für den Fall von Beweisschwierigkeiten waren Vorabsprachen zwischen Staatsanwaltschaft und Richterschaft erfolgt.[409] Am 18. Dezember wurde Erich Honecker darüber informiert, dass der Prozess am 22. Dezember wiederholt werde. Eine Pressemitteilung über die zu erwartenden Urteile inclusive Strafmaß war beigefügt. Erich Honecker segnete dieses Verfahren am 18. Dezember durch seine Paraphe ab.[410] Noch während der laufenden Hauptverhandlung berichtete der Generalstaatsanwalt dem ZK telefonisch, dass der Staatsanwalt den »Antrag gestellt [hat], der

401 Moldt, Dirk: »Keine Konfrontation!«. Die Rolle des MfS im Zusammenhang mit dem Überfall von Skinheads auf ein Konzert in der Berliner Zionskirche am 10. Oktober 1987. In: HuG 11 (2002) 4 (40), S. 14–25, hier 22.

402 C. J. [Jordan, Carlo]: Unmaßgebliche Betrachtungen zum Berliner Skinhead-Prozess. In: Umweltblaetter v. 15.12.1987, S. 12–14, hier 14.

403 Egon Krenz: Hausmitteilung des ZK an Erich Honecker v. 4.12.1987; BArch DY 30/ IV 2/2.039 219.

404 Günter Wendland: Schreiben an das Mitglied des Politbüros und Sekretär des Zentralkomitees der SED Egon Krenz, 4.1.21987; BArch DY 30/IV 2/2.039 219.

405 Vgl. Paraphe Honeckers auf Egon Krenz: Hausmitteilung des ZK an Erich Honecker, 4.12.1987; BArch DY 30/IV 2/2.039 219.

406 Klaus Sorgenicht: Hausmitteilung des ZK an Egon Krenz v. 10.12.1987; BArch DY 30/IV 2/2.039 219.

407 Ebenda.

408 OG, Der Präsident, Schreiben an Egon Krenz, 17.12.1987; BArch, DP3, 393.

409 Berichterstattung in Stadtgericht Berlin v. 15.1.1988; BArch, DP3, 393.

410 Egon Krenz: Hausmitteilung des ZK an Erich Honecker v. 18.12.1987; BArch DY 30/ IV 2/2.039/217.

vorgesehen war«.[411] Entsprechend erging am selben Tag das Urteil.[412] Nach den Absprachen von Generalstaatsanwaltschaft und Oberstem Gericht konnte das Neue Deutschland Ende Dezember »Strenge Strafen«[413] von bis zu vier Jahren gegen die Angeklagten vermelden. Das SED-Zentralorgan hob diesmal hervor, die Verfassung der DDR gebiete es, dass »in unserem Staat [...] konsequent gegen alle Erscheinungen faschistischen und rassistischen Charakters«[414] vorzugehen sei. Jetzt wurden auch die Folgeverfahren zwischen Generalstaatsanwaltschaft und ZK-Apparat abgestimmt.[415]

## 4.3 Das Ministerium für Staatssicherheit

Die »Stärke« des MfS im Vergleich zu anderen Institutionen des SED-Staates bestand darin, dass es eine Art Generalzuständigkeit für alles besaß, was potenziell Sicherheitsfragen der DDR tangierte beziehungsweise was von SED und MfS als sicherheitsrelevant angesehen wurde.[416] Von daher »kümmerte« sich das MfS auch um die Anwälte.[417] Nach der Verfasstheit des MfS konnte sich im Prinzip jeder Bereich des MfS mit Anwälten beschäftigen. Da diese Berufsgruppe aufgrund ihres Berufsbildes kommunikativ und in nahezu allen gesellschaftlichen Bereichen tätig war, ist die Streuung von Vorgängen, in denen das MfS Anwälte bearbeitete, sehr breit. Entsprechend dem Linien- und Territorialprinzip gab es innerhalb des MfS jedoch sogenannte »Sicherungsbereiche«,[418] deren »Linie« vom Ministerialbereich über entsprechende Strukturen in den Bezirken zumeist bis in die Kreisdienststellen reichte. Das Wort »Sicherung« leitete sich aus einem politisierten »Sicherheits«-Begriff ab, der »Klassencharakter«[419] trug und alles umfasste, was die »Grundlagen der sozialistischen Gesellschafts- und Staatsordnung«[420] bedrohen konnte.

411 Vermerk, o. D.; BArch DY 30/IV 2/2.039/217.

412 Günter Wendland: Schreiben an das Mitglied des Politbüros und Sekretär des Zentralkomitees der SED Egon Krenz, 23.12.1987; BArch DY 30/IV 2/2.039/217.

413 »Strenge Strafen für Rowdys«. In: ND v. 23.12.1987, S. 8.

414 Ebenda.

415 Dr. Günter Sarge: Schreiben an das Mitglied des Politbüros und Sekretär des Zentralkomitees der SED Egon Krenz, 15.1.1988; BArch DY 30/IV 2/2.039/217. Eine schematisierte Zusammenfassung des Verfahrens bei Rottleuthner: Zum Aufbau, S. 40 ff.

416 Gieseke hat davon ausgehend die Metapher vom «Mielke-Konzern« geprägt. Gieseke: Der Mielke-Konzern.

417 Eisenfeld: Rolle und Stellung, S. 359 f.; Fricke: Politik und Justiz, S. 15 f.

418 Gieseke: Der Mielke-Konzern, S. 136 ff.; Fricke: MfS intern, S. 32 f.

419 Stichwort »Sicherheit«. In: Suckut, Siegfried (Hg.): Das Wörterbuch der Staatssicherheit. Definitionen zur »politisch-operativen Arbeit«. Berlin 1996.

420 Stichwort »Staatliche Sicherheit«. In: Suckut: Wörterbuch.

Die folgende Darstellung konzentriert sich auf die systematisch für Anwälte zuständigen Diensteinheiten des MfS, die Linien XX/1, IX, die Rechtsstelle und die HV A IX/C. Andere Diensteinheiten waren für sehr spezielle Aufgaben, zum Beispiel Ausreisefragen[421] oder die Linie XIV mit Untersuchungshaftanstalten zu technisch ausgerichtet,[422] als dass sie hier genauer beleuchtet werden können.

*Der Minister*

Das MfS war als eines der »bewaffneten Organe« wie eine zentralistische Militärbürokratie aufgebaut.[423] Trotz Kollegialverfassung[424] überragte und dominierte der Minister für Staatssicherheit, Erich Mielke, als militärischer Einzelleiter »seinen« Apparat. Seine Vita vom Weddinger Arbeiterjungen über den KPD-Jungfunktionär zum angeblichen Spanienkämpfer,[425] die den in Moskau politisch-militärisch geschulten Kader 1957 an die Spitze der Staatssicherheit führte, schuf eine Art Mythos, der erst im November 1989 zerbarst.[426] Mielke prägte den Apparat auch im Alltag der Behörde stark. In den Aufbaujahren nahm er Einfluss auf die Personalangelegenheiten des MfS[427] und legte damit den Grundstein für manch jahrzehntelange Karriere bei der »Sicherheit«.[428] Mielke unterstanden nicht wenige Diensteinheiten und alle 15 Leiter der Bezirksverwaltungen persönlich.[429] Seine Stellung als Multifunktionär, Minister im Ministerrat, ZK-Mitglied, ab 1960 Mitglied des Nationalen Verteidigungsrates und der Volkskammer, vor allem ab 1976 Mitglied des Politbüros, ließ ihn fast allmächtig erscheinen. Seine formelle Macht fand allenfalls eine Grenze an Beschlüssen dieser zentralen Institutionen und letztlich an der Person des Gene-

421 Insbesondere Gegenstand der Tätigkeit der Zentralen Koordinierungsgruppe (ZKG). Wiedmann, Roland: Die Diensteinheiten des MfS 1950–1989. Eine organisatorische Übersicht. Berlin 2012, S. 481 ff.

422 Ebenda, S. 90 ff.

423 Sélitrenny: Doppelte Überwachung, S. 113 ff.

424 Wiedmann: Diensteinheiten, S. 415 ff.

425 Daten, sofern nicht anders angegeben, nach Wer war wer in der DDR? In: http://www.bundesstiftung-aufarbeitung.de/wer-war-wer-in-der-ddr-%2363%3B-1424.html (letzter Zugriff: 15.2.2014). Wann Erich Mielke was genau in Spanien tat, ist nicht eindeutig. Laut Walter Janka soll Mielke ihn 1937 im Dienst eines militärischen Untersuchungsorgans befragt haben, was Mielke 1992 bestritt. Später war er als Schulungsleiter in Stabs- und Adjutantenfunktionen tätig. Otto, Wilfriede: Erich Mielke. Berlin 2000, S. 67.

426 Süß, Walter: Staatssicherheit am Ende, S. 511 ff.; Gieseke: Der Mielke-Konzern, S. 240.

427 Bästlein: Fall Mielke, S. 34.

428 Gieseke hat die große Personalkontinuität innerhalb des MfS nachgezeichnet. Gieseke, Jens: Die hauptamtlichen Mitarbeiter der Staatssicherheit. Personal und Lebenswelt 1950–1989/90. Berlin 2000.

429 Organigramme des MfS von 1970 ff. In: Wiedmann: Diensteinheiten, S. 507 ff.

ralsekretärs der SED.[430] Zu Honecker pflegte Mielke ein besonderes Verhältnis. Honecker war neben Walter Ulbricht jahrelang sein Ansprechpartner als ZK-Sekretär für Sicherheit; Mielke hatte Honeckers Machtübernahme und die Entwicklung des neuen justizpolitischen Kurses unterstützt.[431] Zeugen schildern das Auftreten Mielkes gegenüber Honecker als devot.[432] Abgesehen von seiner Machtfülle stellt sich die Frage, ob ein vielbeschäftigter Mann wie Mielke, der nur über ein relativ bescheidendes Bildungsniveau verfügte[433] einen Apparat von zuletzt circa 91 000 Mitarbeitern leiten konnte.[434] Dies gilt insbesondere für juristische Fragen. Mielke griff immer wieder in Ermittlungen persönlich ein, der Untersuchungsbereich unterstand ihm direkt. Trotz seiner Gewieftheit und zuweilen bemerkenswert realistischen Einsichten in Machtfragen, kann man sich fragen, ob rechtliche Fragen, die mit zunehmender Verregelung im Laufe der Jahre immer subtiler wurden, fachlich nicht den Horizont Mielkes überschritten. Er war auf diesem Felde sehr auf seinen Stab und seinen Apparat angewiesen.[435] Seine zahlreichen Reden zum Thema Sicherheitslage und Justiz, die gelegentlich Anwaltsfragen streiften, arbeiteten Fachleute im MfS wochenlang vorher aus.[436] Wenn Mielke vom Manuskript abwich und spontan formulierte, kamen schon lange vor 1989 Sätze heraus, die syntaktisch inkorrekt und holperig vorgetragen wurden sowie einer oft martialischen Logik folgten. Es spricht für Mielkes Führungskompetenz, dass er etwaigen Vorbehalten entgegensteuerte. In Reden vor seinem juristisch geschulten Personal betonte er, dass er einer von ihnen sei und als »erster Vernehmer in der Untersuchungsarbeit«[437] Ermittlungen durchgeführt hätte. Er deutete an, wie er die Anliegen seiner Leute nach »oben« tragen würde.[438] Fast mit seiner Abhängigkeit vom Apparat koket-

430 Zum Primat der SED gegenüber dem MfS vgl. Gieseke: Der Mielke-Konzern, S. 98 ff.; Fricke: MfS intern, S. 13 ff.; Suckut, Siegfried: Generalkontrollbeauftragter der SED oder gewöhnliches Staatsorgan? Probleme der Funktionsbestimmung des MfS in den 1960er-Jahren. In: Suckut, Siegfried u. a. (Hg.): Staatspartei und Staatssicherheit. Berlin 1997, S. 151–167.

431 Malycha: Die SED, S. 65 f.; Raschka: Justizpolitik, S. 27 u. 42.

432 Pötzl: Mission Freiheit, S. 233 f.

433 Mielke war als Speditionskaufmann ausgebildet und hatte eine politisch-militärische Ausbildung an Moskauer Institutionen durchlaufen.

434 Gieseke: Der Mielke-Konzern, S. 104.

435 Kowalczuk, Ilko-Sascha: Endspiel. Die Revolution von 1989 in der DDR. München 2009, S. 423.

436 Die im Folgenden zitierten Reden enthalten in den Akten meist mehrere MfS-abgestimmte Vorentwürfe, so auch Mielke zu standrechtlichen Erschießungen von »Verrätern« des MfS. Erich Mielke: Referat im Kollegium des MfS, 19.2.1982; BStU, MfS, ZAIG Tb/1; Kowalczuk: Endspiel, S. 49

437 Erich Mielke: Ausführungen auf der Delegiertenkonferenz der Grundorganisation IX, 4.11.1988; BStU, MfS, HA IX Nr. 20714, Bl. 58–117, hier 114.

438 Ebenda, Bl. 57.

tierend, warf er nach einer juristisch ungewöhnlichen Ausführung rhetorisch die Frage auf, ob er »das Richtige« weitergegeben habe.[439]

Die Mitzeichnungen Mielkes in vielen Untersuchungsvorgängen der 1970er- und 1980er-Jahre lassen vermuten, dass er sich sehr auf Leute verließ, die er auf entsprechende Posten gehoben hatte. Während Erich Honecker des Öfteren detailliert Vorlagen aus dem MfS handschriftlich redigierte, selbst juristische Vorlagen änderte,[440] fanden sich bei Mielke in Stichproben meist zustimmende Paraphen.[441] Mielkes justizpolitische Ausführungen wirkten oft grobschlächtig. Sein justizpolitisches Credo, die »Macht ist das allererste«[442], entsprach dem instrumentellen leninistischen Rechtsverständnis der SED. Dennoch war er zu taktischen Differenzierungen durchaus in der Lage. Es war Mielke, der in der »Tauwetterphase« Anfang der 1960er-Jahre und auch in manchen Phasen der Ära Honecker mehr Rechte für die Anwaltschaft im Gericht forderte.[443] Offenbar hatte Mielke manchen Anwalt als nützlich empfunden.

### *Abstimmungen im MfS*

Da jedoch mit Justiz- und Anwaltsfragen mehrere Diensteinheiten des MfS befasst waren, war die Abstimmung zwischen diesen besonders wichtig; eine Aufgabe der Stellvertreter Mielkes und der Leiter der Diensteinheiten. Es gab zusätzlich Offiziere, die über ihren förmlichen Dienstgrad deutlich hinausgehend wichtige Scharnierfunktion, zwischen MfS und Justizorganen ausübten. Für Ausreisefragen, die mit der politischen Justiz eng verbunden waren, gab es im Stab von Mielke Offiziere mit Sonderaufgaben wie Heinz Volpert, in der für Strafermittlungen zuständigen HA IX war es jemand wie Manfred Enke.[444] Deren Aufgabe bestand darin, unterschiedliche Interessen abzugleichen und Letztentscheidungen des Ministers und der Partei vorzubereiten. Dabei ließ sich Volpert, der eng mit Alexander Schalck-Golodkowski verbunden war,[445] eher

439 Ebenda.

440 Klaus Sorgenicht: Hausmitteilung an Erich Honecker, 15.3.1977; BArch DY 30/22274.

441 Berliner Stichprobe 1984.

442 Erich Mielke: Referat des Genossen Minister am 2. Beratungstag der zentralen Dienstkonferenz zum 3. Strafrechtsänderungsgesetz, 6.7.1979; BStU, MfS, BdL/Dok. Nr. 6616, Bl. 1–176, hier 4.

443 Mollnau: Normierung, S. 517 f.

444 Wiedmann: Diensteinheiten, S. 302, 464 f.; Sélitrenny: Doppelte Überwachung, S. 436.

445 Volpert verfasste mit dem Leiter von Koko, Alexander Schalck-Golodkowski, eine Gemeinschaftsdissertation »Zur Bekämpfung der imperialistischen Störtätigkeit auf dem Gebiet des Außenhandels« beim MfS, die sich mit Möglichkeiten der Devisenbeschaffung für die DDR beschäftigte. Diese wurde von Erich Mielke persönlich betreut. BStU, MfS, JHS Nr. 24672;

von ökonomisch-außenpolitischen, Enke eher von strafpolitischen Gesichtspunkten leiten. Beide waren mittelbar und unmittelbar mit den Aktivitäten der Kanzlei Vogel verbunden.

### 4.3.1 Die HA XX/1 – Zuständigkeiten, Personal und Einwirkmechanismen

In der Ära Honecker waren für die Anwälte die HA XX/1 mit entsprechenden Gliederungen auf Bezirks- und Kreisebene zuständig. Die HA XX/1 selbst sollte die obersten Justizorgane »sichern«, Generalstaatsanwaltschaft, das Oberste Gericht und das MdJ.[446] Damit war sie Kontaktpartner des MdJ auch in Fragen der Anwaltschaft. Entsprechend dem Linienprinzip des MfS waren in den Bezirksverwaltungen die Abteilung XX beziehungsweise das Referat XX/1 und in den Kreisdienststellen Offiziere mit den Anwälten in den Bezirken beziehungsweise vor Ort befasst.[447] Angesichts der vielen Aufgaben der HA XX/1, die den zentralen Staatsapparat, das Gesundheitswesen, die Parteien und Massenorganisationen zu betreuen hatte,[448] spielten die Anwälte nur eine untergeordnete Rolle.[449] In den raren Vorgaben der Abteilung XX/1 für die Arbeit zu den Rechtsanwälten hieß es 1975, man solle mehr Reisekader auch unter den Rechtsanwälten werben.[450] Aus internen Anweisungen wurde geschlussfolgert, dass die HA XX/1 nur gelegentlich »einzelne Rechtsanwälte ins Visier«[451] genommen hätte. Diese Einschätzung verkennt, dass die HA in den 1970er-Jahren eine systematische Überprüfung der Anwaltschaft einleitete: »Zur langfristigen kadermäßigen Veränderung der politischen Situation unter den Rechtsanwälten ist mithilfe des MdJ wirksamer Einfluss auf die Zulassung und den Einsatz von Anwälten zu nehmen.«[452] Die Formulierung »mithilfe des MdJ« deutet darauf hin, dass das MfS nicht direkt, sondern indirekt über seine Partner im MdJ agierte.

Förster, Günter: Die Dissertationen an der »Juristischen Hochschule« des MfS. Eine annotierte Bibliografie. Berlin 1994, S. 37, FN 111.

446 Wiedmann: Diensteinheiten, S. 319 ff.

447 Gieseke: Der Mielke-Konzern, S. 133 ff.; Fricke: MfS intern, S. 22 ff. u. 31 ff.

448 Wiedmann: Diensteinheiten, S. 319 ff.

449 Hauptabteilung XX. Staatsapparat, Blockparteien, Kirchen, Kultur, »politischer Untergrund«/Auerbach, Thomas u. a. Berlin 2008, S. 49 ff.

450 HA XX, Planvorgabe für die Jahresplanung 1975, o. D. (vermutl. 1974); BStU, MfS, HA XX Nr. 5760, Bl. 71–92, hier 87.

451 Auerbach: Hauptabteilung XX, S. 49.

452 Arbeitsplan der HA XX/1 für das Jahr 1978, 12.1.1978; BStU, MfS, HA XX Nr. 2940, Bl. 1–26, hier 4.

*Personal*

Das zuständige Referat 1 der Abteilung 1 der HA XX[453] verzeichnete über die Jahre nur einen geringfügigen Personalzuwachs von acht Mitarbeitern im Jahre 1975 auf zehn im Jahre 1989.[454] Der »Sicherungsbereich« Justiz wurde im Zeitraum von 1965 bis 1975 »nur am Rande bearbeitet«[455]. Der zuständige Offizier musste sich 1971 noch um die ständige Verbindung zum Ministerium für Auswärtige Angelegenheiten, zum Büro des Ministerrates und des Staatsrates kümmern.[456] Personalwechsel beeinträchtigten zudem die Effektivität dieses Bereiches.[457] Vermutlich spielte das MfS im Bereich der Kaderpolitik des Justizapparates eine bisher unterschätzte Rolle als Personalberater. Die IM-Akte von IMS »Max« zeigt die Interessenlagen der HA XX/1 an Personen, deren politischer Auffassungen, Einstellung zur SED und deren »moralischen« Lebenswandel, was in der Regel außereheliche Beziehungen meinte. Dieses Wissen wurde offenbar gefiltert in Kaderüberlegungen von Staats- und Parteiapparat eingespeist. Ein Kaderleiter des MdJ meinte vorsichtig, dass er »in keiner Weise etwas gegen das MfS habe und auch jederzeit bereit ist, das MfS in seiner wirklichen Arbeit zu unterstützen, dass er aber einen besonderen Zorn gegen das frühere Verhalten des Genossen Roscher [von der HA XX/1] hätte, weil er nur immer den Eindruck hinterließ, dass er sich für bestimmte Intimitäten der Mitarbeiter interessierte«.[458] Eine erste Auswertung der deutlich negativen Charakterisierungen von Justizfunktionären durch den IM »Max« zeigt, das neben dem Justizminister auch andere in der Folge einen Karriereknick hinnehmen mussten: der Leiter des Rechtsanwaltsbüros für internationale Zivilrechtsangelegenhei-

453 Der Zuständigkeitsbereich umfasste 1971 etwa: das Ministerium für Auswärtige Angelegenheiten, den Staatsrat der DDR, den Apparat des Ministerrates der DDR, die Generalstaatsanwaltschaft der DDR, das Ministerium der Justiz, den Fremdsprachendienst Intertext, Staatsverlag, Staatsdruckerei, den Deutsche Städte- und Gemeindetag, die Vereinigung demokratischer Juristen (VdJ) und die Zeitschrift Sozialistische Demokratie. HA XX/1, Funktions- und Qualifikationsmerkmale des Leiters des Ref. 1 der Abt. 1 der HA XX, 12.10.1971; BStU, MfS, HA XX Nr. 5789, Bl. 266–268.

454 Auerbach: Hauptabteilung XX, S. 50 u. 59.

455 Ebenda, S. 49.

456 HA XX/1, Funktions- und Qualifikationsmerkmale des Offiziers für Sonderaufgaben des Ref. 1 der Abt. 1 der HA XX, 9.11.1971; BStU, MfS, HA XX Nr. 5789, Bl. 266–268, hier 266.

457 Auerbach: Hauptabteilung XX, S. 49. Der Darstellung, dass für den langjährigen Sachbearbeiter Eberhard Roscher kein Ersatz gefunden wurde, kann nicht gefolgt werden. Statt seiner führte Hans-Joachim Carl zahlreiche Rechtsanwaltsüberprüfungen durch. Während Roscher noch ein Universitäts-Staatsexamen als Diplomjurist abgeschlossen hatte, absolvierte der Facharbeiter Carl erst beim MfS eine Fachschuljuristenausbildung. Vgl. zu beiden BStU, MfS, HA KuSch, Kaderkarteikarte.

458 HA XX/1, TB mit IMS »Max«, 3.9.1969; BStU, MfS, AIM 26904/91, Beifügung 3, Bl. 175–186, hier 185.

ten, der Sekretär des VdJ und ein Abteilungsleiter im MdJ, der später zum Anwalt »degradiert« wurde.[459] Auch wenn Entscheidungswege bislang nicht vollständig nachvollziehbar sind, handelt es sich immer um parteirelevante Posten. Von daher ist zu vermuten, dass das MfS mit seinem IM-Wissen die SED beriet. Im MdJ schien man sich dessen bewusst zu sein. Manche Mitarbeiter wurden als »Lattenhorcher« verdächtigt, wie man Stasi-Informanten dort nannte.[460]

### *Offizier mit Scharnierfunktion: Jürgen Hardtmann*

Eine Konsolidierung in der HA XX/1/1 trat erst ein, als Mitte der 1970er-Jahre mit Jürgen Hardtmann ein junger, an der Humboldt-Universität Berlin ausgebildeter Diplomjurist, den Aufgabenbereich »zentrale Justizorgane« übernahm.[461] Gelegentlich von anderen Offizieren unterstützt, prägte er, der dem MfS eine geradlinige Karriere verdankte, dieses Aufgabenfeld bis Ende der 1980er-Jahre. Hardtmann organisierte die Überprüfungen von Anwaltschaft und Justizfunktionären in anderen Institutionen – ein nicht geringer Teil von Personalvorgängen ging über seinen Tisch. Durch große Disziplin und ein hohes Arbeitspensum gehörte er der Gruppe der »Netzwerker« im MfS an, die zwischen den Interessen des MfS und den Justizinstitutionen vermittelte. Aber die Fülle von Routineaufgaben wirft die Frage nach der Effektivität seiner Arbeit und Überwachungstiefe auf. Trotz positiver Bewertungen merkten MfS-interne Beurteilungen kritisch an, dass er stärker seinen »Zeitfonds effektiv [...] auf der Grundlage ihrer operativen Bedeutsamkeit«[462] planen solle. Der Mangel an geheimpolizeilicher Fokussierung war offenbar weniger ein individuelles, sondern in Wirklichkeit ein strukturelles Problem des Sicherungsbereiches. An Schwerpunkten waren dem Offizier aufgegeben: erstens die »Sicherung« der Objekte, der Schutz von Staats- und Dienstgeheimnissen, die Absicherung von Geheimnisträgern und Reisekadern, von wichtigen West-Verbindungen von Mitarbeitern der Objekte, zweitens die systematische Auswertung und Bearbeitung aller politisch-operativen Probleme nach der Mobilmachungsrichtlinie[463] für den

459 HA XX/1, Bericht, 11.12.1987; ebenda, Beifügung 3, Bl. 376–378; HA XX/1. Tonbandaufnahme IMS »Max«, 3.11.1970; ebenda, Beifügung 3, Bl. 241–245.

460 HA XX/1, TB mit IMS »Max«, 3.9.1969; ebenda, Beifügung 3, Bl. 184.

461 Hardtmann, 1948 geboren, hatte eine Ausbildung als Agrotechniker mit Abitur abgeschlossen. Über Wachdienstfunktionen während der Wehrdienstzeit stieg er zum operativen Mitarbeiter auf und wurde 1971 an die HUB delegiert. Die Arbeit in der Abteilung XX brachte ihn 1989 schließlich im Range eines Majors an die Spitze des Referates 3; BStU, MfS, HA KuSch, Kaderkarteikarte.

462 HA XX/1, Beurteilung v. 5.8.1985; BStU, MfS, HA XX Nr. 18256, Bl. 75–77, hier 75.

463 HA XX/1, Funktions- und Qualifikationsmerkmale, 31.3.1976; BStU, MfS, HA XX Nr. 5789, Bl. 92–95.

Kriegs- und Spannungsfall,[464] drittens die Arbeit mit den IM.[465] Das waren klassische, keineswegs justizspezifische, Abwehraufgaben.

Bei Erforschung und Bewertung der Arbeit des MfS standen in der Vergangenheit die inoffiziellen Mitarbeiter stark im Fokus,[466] die Bedeutung der »offiziellen« Zusammenarbeit wurde unterschätzt. Hardtmann führte im Bereich der Rechtsanwaltschaft nur einen, doch sehr auskunftsfreudigen IM[467] und war bei inoffiziellen Informationen überwiegend auf Zulieferungen aus anderen MfS-Bereichen angewiesen. Er selber sollte »gute offizielle Arbeitskontakte«[468] zu Leitern, Funktionären der Blockparteien und Massenorganisationen und anderen relevanten Personen in seinem Sicherungsbereich halten. Ziel der offiziellen Zusammenarbeit war, »die persönliche Verantwortung von Personen in leitenden Funktionen [...] zu unterstützen, [...] einen wirkungsvollen Beitrag zur Erhöhung der Sicherheit zu leisten«.[469] Die Formulierung »unterstützen« macht deutlich, dass das MfS keine Weisungsbefugnis gegenüber seinen »offiziellen« Partnern hatte, die in der Regel eigenverantwortlich handelten.[470]

»Offizielle« Kontakte bekamen im MfS eine »ständig zunehmende Bedeutung«[471], wie sich auch an überlieferten Wochenplänen von Jürgen Hardtmann zeigt.[472] Pro Woche traf er sich durchschnittlich mit ein bis drei IM. Etwa alle zwei Wochen hatte er einen Termin im Justizministerium, meist mit mehreren Gesprächspartnern nacheinander. Zusätzlich wurden offizielle Kontakte zu anderen Justizbehörden gepflegt. Auf 17 inoffizielle Treffen kamen zwölf offizielle, zum Teil mit mehreren Gesprächspartnern. Allein zwei der MdJ-Treffen in dieser Phase fanden explizit mit Mitarbeitern statt, die für die Anwaltschaft zustän-

464 Direktive 1/67 über Mobilmachung ..., vgl. Sélitrenny: Doppelte Überwachung, S. 124.

465 HA XX/1, Funktions- und Qualifikationsmerkmale, 31.3.1976; BStU, MfS, HA XX Nr. 5789, Bl. 92–95.

466 Im Handbuch zu HA XX ist dies ein stetes Thema. Auerbach: Hauptabteilung XX.

467 BStU, MfS, AIM 8228/91.

468 HA XX/1, Funktions- und Qualifikationsmerkmale, 31.3.1976; BStU, MfS, HA XX Nr. 5789, Bl. 94.

469 RL 1/68 über die Zusammenarbeit ... mit inoffiziellen Mitarbeitern ..., zit. nach: Müller-Enbergs, Helmut: Inoffizielle Mitarbeiter des Ministeriums für Staatssicherheit. Teil 1; Richtlinien und Durchführungsbestimmungen/Hg. von Müller-Enbergs, Helmut. 3., durchges. Aufl., Berlin 2001, S. 242–282, hier 246.

470 Booß, Christian: Kollege Judas? Oder: trau keinem über 40? In: HuG 19 (2010) 69, S. 52–55.

471 RL 1/68, zit. nach: Müller-Enbergs: Inoffizelle Mitarbeiter, Teil 1; Richtlinien, S. 242–282, hier 246.

472 HA XX/1, Wochenpläne zu Jürgen Hardtmann für die Zeit vom 30.1.1989 bis zum 9.4.1989; BStU, MfS, HA XX Nr. 7358, Bl. 10–50. Alle folgenden Belegführungen beziehen sich auf handschriftliche Berichte über Gespräche von Jürgen Hardtmann mit Personal des MdJ, abgelegt in einer Akte der HA XX.

dig waren, während sich der Offizier in diesem Zeitraum nur einmal mit seinem IM aus der Anwaltschaft traf. Offizielle Kontakte zu Kollegiumsanwälten unterhielt Hardtmann offenbar nicht. Die Bezugspersonen im MdJ waren laut seinen Handakten breit gestreut. Gespräche führte er mit dem Kaderleiter,[473] dem Verantwortlichen für Ordnung und Sicherheit,[474] mit dem Minister der Justiz,[475] dem Verantwortlichen für die Zeitschrift Neue Justiz,[476] mit einem Unterabteilungsleiter,[477] dem Parteisekretär[478] und mit dem Staatssekretär.[479] Selbstverständlich pflegte Hardtmann auch Kontakte zum Hauptabteilungsleiter[480] beziehungsweise dem Abteilungsleiter für die Anleitung der Rechtsanwälte.[481] Das offizielle Netz der HA XX/1 ins Justizministerium war eng geknüpft, die Kontakte mit dem dortigen Leitungspersonal Routine. Es dominierten Kontakte mit Nomenklaturkadern beziehungsweise Personen, die für Sicherheit und Ordnung verantwortlich waren. Die Zusammenarbeit mit den »offiziellen« Partnern wurde von Themen beherrscht wie »Vorkommnisse [...]« und »politische [...] Sonderaufgaben«, vor allem aber von personenbezogenen Überprüfungsaufgaben, dem Schwerpunkt der Handakten Hardtmanns.[482] Der Alltag hatte mit der romantischen Selbstdarstellung der geheimpolizeilichen Arbeit des MfS nur wenig zu tun. Hier wurden verhältnismäßig selten »Staatsfeinde« entdeckt oder komplexe geheimpolizeiliche Operationen durchgeführt. Im Vordergrund standen Überprüfungen, die im Jargon des MfS »Massenprozesse«[483] genannt wurden. Auffällig ist, dass weder in der Aufgabenzuweisung Hardtmanns noch in seinen offiziellen Kontakten zum MdJ Fragen eine Rolle spielten, die sich auf die Inhalte von MfS-ermittelten Strafprozessen bezogen. Es überwogen klassische Abwehraufgaben eines Apparates mit einem geheimpolizeilich weit gefassten Abwehrbegriff.[484]

473 BStU, MfS, HA XX Nr. 7357, Bl. 334 f.
474 Ebenda, Bl. 357–359.
475 Ebenda, Bl. 366 f.
476 Ebenda, Bl. 378–401.
477 Ebenda, Bl. 498.
478 Ebenda, Bl. 499.
479 Ebenda, Bl. 511.
480 HA XX/1, Vermerk über ein Gespräch mit dem Hauptabteilungsleiter im Ministerium der Justiz, 2.3.1984; BStU, MfS, HA XX Nr. 7361, Bl. 117–119.
481 BStU, MfS, HA XX Nr. 7357, Bl. 376.
482 Die Signaturen für die Akten wurden im Rahmen der Erschließung durch den BStU vergeben, orientieren sich aber an den Handakten der HA XX/1. Überprüfungsvorgänge zu Kollegien in der DDR sind enthalten in: BStU, MfS, HA XX Nr. 6887–6894.
483 MfS/Abt. XII, Schreiben an den Stellvertreter des Ministers Gen. GL Neiber, 18.4.1986; BStU, MfS, Abt. XII Nr. 6573, Bl. 34–37, hier 35.
484 Stichwort »Staatliche Sicherheit«. In: Suckut: Wörterbuch.

### 4.3.2 Die Abteilung XX/1 der BV Berlin – Personal und Aufgaben

Die für das Berliner Rechtsanwaltskollegium eigentlich zuständige Diensteinheit im MfS war die Abteilung XX/1 der Bezirksverwaltung Berlin. Im Jahr 1989 waren in der gesamten Abteilung XX knapp 130 Mitarbeiter tätig.[485] Das Referat XX/1 bestand aus fünf Mitarbeitern. Ein Mitarbeiter befasste sich mit dem Thema Justiz und keineswegs ausschließlich mit Anwälten, denn andere Justizinstitutionen wie Stadtgericht und die Generalstaatsanwaltschaft von Berlin gehörten ebenso zum Verantwortungsbereich.[486] Es ist davon auszugehen, dass die Kapazitäten auch in den Jahren zuvor begrenzt waren.[487]

Die Veränderungen lagen in einer allmählichen, keineswegs geradlinigen Anhebung des Qualifikationsniveaus der Mitarbeiter. Andererseits gab es personelle Diskontinuitäten und Defizite, wie die Abfolge der vier Führungsoffiziere von »Ludwig«,[488] einem der wichtigsten Anwalt-IM seit 1961 zeigt. Ein Führungsoffizier war ehedem Facharbeiter, einer war Angestellter, einer gar ungelernt. An der Hochschule des MfS wurden sie juristisch nachqualifiziert. Dem späteren Referatsleiter, Hans Gerischer, wurde nach einem Ein-Jahreslehrgang und einer Zusatzausbildung an der MfS-eigenen Juristischen Hochschule bei Potsdam der Titel eines Fachschuljuristen »zuerkannt«[489]. Der einzige Diplomjurist von der Humboldt-Universität musste wegen eines Disziplinarverfahrens seine Anwalts-IM wieder abgeben.[490] Ein Führungsoffizier gehörte während des Weltkrieges kurzzeitig einem Regiment der Waffen-SS an.[491]

Dieses Personal trat einem IM mit volljuristischer Ausbildung gegenüber,[492] der zudem wegen seiner jüdischen Wurzeln in der NS-Zeit diskriminiert und bedroht war[493] und sollte ein Kollegium sichern, dessen Mitglieder überwiegend über universitäre Abschlüsse verfügten. Selbst aus der Perspektive des Apparates wurden im Berliner MfS immer wieder Defizite in der Betreuung des Jus-

485 Telefonverzeichnis der Abt. XX, 21.9.1989; BStU, MfS, BV Bln, Abt. XX Nr. 2821, Bl. 42–44.

486 BV Bln/XX/1, Einarbeitungsplan, 9.2.1989; BStU, MfS, BV Bln, Abt. XX Nr. 6057, Bl. 39–42, hier 39.

487 Verw. Gr.-Bln/III, Aktenvermerk v. 29.10.74; BStU, MfS, AP 5702/76, Bl. 24; BStU, MfS, AIM 3065/83, T. I, Bd. 2, Bl. 176.

488 Werner Brüchert, Vorgangsheft; BStU, MfS, BV Bln, AS 19/88; BStU, MfS, HA KuSch, Kaderkarteikarte; Karl-Heinz Hansen, Vorgangsheft; BStU, MfS, BV Bln, AS 269/88; BStU, MfS, HA KuSch, Kaderkarteikarte; Harald Wittstock, Vorgangsheft; BStU, MfS, BV Bln, VGH Nr. 2580; Hans Gerischer, Vorgangsheft; BStU, MfS, BV Bln, VGH Nr. 1068.

489 BStU, MfS, HA KuSch, Kaderkarteikarte.

490 Harald Wittstock; BStU, MfS, HA KuSch, Kaderkarteikarte.

491 Karl-Heinz Hansen; BStU, MfS, HA KuSch, Kaderkarteikarte.

492 Hans-Gehard Cheim, Personalbogen, 13.2.1961; BArch, DP1, 20509.

493 Hans-Gehard Cheim, Lebenslauf, 13.2.1961; ebenda.

tizbereiches kritisiert. Im Jahr 1977 bemängelte ein zentraler Kontrolleinsatz in Berlin, dass Personen aus dem Justizsektor mit veralteten Informationen überprüft worden waren. Das Disziplinarverfahren gegen Harald Wittstock wurde 1982 wegen »mängelhafter Arbeitsergebnisse, Unehrlichkeit in d[er] Berichterstattung«[494] geführt, infolge von Personalveränderungen gingen der Abteilung mehrere Informanten verloren.[495] Die Hauptabteilung XX/1 im Ministerium äußerte Unzufriedenheit über die Arbeitsteilung mit der Bezirksverwaltung.[496] Eine MfS-interne Kontrollmaßnahme von 1988 bemängelte die IM- und Aktenführung sowie die Informantenüberprüfung.[497] Die Vorwürfe richteten sich zwar primär gegen das mit Kirchenfragen beschäftigte Nachbarreferat XX/4, betrafen aber auch die Bearbeitung der Anwaltschaft. Einer der kritisierten Aktenvorgänge, der des IMB »Czerni«, wird dem damaligen stellvertretenden Vorsitzenden des Berliner Kollegiums, Lothar de Maizière, zugeordnet.[498]

### *Beispiel: ein Anwaltsproblem*

Personalprobleme, vielleicht sogar eine Geringschätzung der Anwälte dürften Gründe dafür gewesen sein, dass die Anwaltschaft in den jährlichen Analysen der Abteilung kaum Beachtung fand. Ein Eintrag von 1983 beklagte »immer wieder Einzelerscheinungen von übersteigertem Verdienststreben unter den Rechtsanwälten«.[499] Die Notiz bezog sich auf zwei Anwälte, die ein fragwürdiges Ost-West-Geschäft anstoßen wollten. Einer der Anwälte hatte früher in einem Geheimverfahren einen abtrünnigen MfS-Offizier verteidigt. Dass er zudem mit »MfS-spezifischen Vorgängen«[500] vertraut war, beunruhigte das MfS. Die Geheimpolizei verfügte früh über Hinweise auf die Westaktivitäten der beiden Anwälte,[501] reagierte erkennbar aber erst, als die Anwaltschaft mit einem Disziplinarverfahren tätig wurde und ein Informant das MfS darüber ins Bild gesetzt hatte.[502] Die Bezirksverwaltung musste trotz eigener Informanten vom Ministerium über die Sache informiert werden.[503] Mehrere Diensteinheiten des

494 BStU, MfS, HA KuSch, Kaderkarteikarte.

495 Vorgangsheft; BStU, MfS, BV Bln, VGH Nr. 2580.

496 HA XX/1, Vermerk v. 15.7.1984; BStU, MfS, AIM 9759/84, Bl. 130.

497 Dienstbesprechung beim Leiter der BV Berlin am 24.1.1989, protokolliert im Arbeitsbuch von Hans Gerischer; BStU, MfS, BV Bln, Abt. XX Nr. 5695, Bl. 65 u. 71.

498 Süß, Walter: Staatssicherheit am Ende, S. 579 ff.

499 BV Bln/XX, Jahresanalyse, 3.10.1982; BStU, MfS, BV Bln, Abt. XX Nr. 3684, Bl. 117–127, hier 127.

500 HA II/1, Bericht v. 2.5.1981; BStU, MfS, AIM 3065/83, T. I, Bd. 2, Bl. 31–33, hier 33.

501 HA VIII, Ungeklärte Verbindung, 29.2.1980; BStU, MfS, AIM 6999/82, Bl. 214–242; BV Bln/XX/1, Information v. 26.8.1980; BStU, MfS, AIM 3065/83, T. I, Bd. 2, Bl. 118–119.

502 HV A IX/C, Vertraulicher Vermerk v. 13.4.1981; BStU, MfS, HA IX Nr. 13113, Bl. 37.

503 HA IX/8, Vermerk v. 6.5.1981; BStU, MfS, HA IX Nr. 1311, Bl. 31.

MfS waren sich einig, dass der Anwalt nicht aus der Anwaltschaft ausgeschlossen werden sollte. Man fürchtete, dass er sein Insiderwissen preisgeben könnte, außerdem wollte eine andere Diensteinheit des MfS ihn gerade als IM »Willi« anwerben. Deswegen sollte er möglichst im Kollegium gehalten und nur mit einem strengen Verweis gestraft werden.[504] Doch die SED-Bezirksleitung und die Parteileitung des Kollegiums plädierten letztlich für einen Ausschluss. Die MfS-Offiziere versuchten immerhin als Erfolg zu verbuchen, dass sich der Vorsitzende des Kollegiums und der Parteisekretär aufgrund ihrer »operativen Einflussnahme«[505] in der Diskussion um den Ausschluss des Anwaltes zurückgehalten hätten. Man unterließ, stärker auf die Anwaltschaft einzuwirken, um eine »Dekonspiration«[506] des Anwaltes zu vermeiden. Die Reichweite des MfS war also nicht unbegrenzt.

Als Reaktion auf einen kritischen Bericht der Innenrevision[507] reagierte die BV Berlin mit Personalveränderungen. Im Januar 1989 wurde für den Bereich »Justiz«[508] mit Uwe Berger ein Jurist eingestellt, der an der Humboldt-Universität studiert hatte. Er war ursprünglich für ein Forschungsstudium und die Personalreserve der SED-Bezirksleitung[509] vorgesehen,[510] sollte dann aber das Qualifikationsgefälle zwischen MfS-Offizieren und Anwälten ausgleichen.

Bis dahin wirken die dokumentierten direkten Kontakte zum Kollegium eher spärlich.[511] Es hat den Anschein, dass der Vorsitzende Gerhard Häusler, trotz hoher Loyalität zum SED-Staat, eine gewisse Distanz gegenüber direkten MfS-Einflüssen aus der BV zeigte und die Offiziere aus der BV vorzugsweise im Kontakt über die SED-BL oder das MdJ auf das Kollegium zugingen.[512] Er sollte über das MdJ gedrängt werden, dass er »in allen [unterstrichen] Kaderfragen von [... Rechtsanwälten] die Verbindung zum zuständigen Mitarbeiter der Abt. XX BV Berlin nutzen soll«.[513] Mit der Einstellung von Uwe Berger wan-

504 HA II, Bericht v. 2.5.1981; BStU, MfS, AIM 3065/83, T. I, Bd. 2, Bl. 31–33.

505 HA II, Aktenvermerk v. 8.5.1981; ebenda, Bl. 34.

506 Ebenda.

507 Süß: Staatssicherheit am Ende, S. 580.

508 BV Bln/XX/1, Arbeitsbuch von Hans Gerischer; BStU, MfS, BV Bln, Abt. XX Nr. 5695, Bl. 73.

509 BV Bln/XX/3, Unterstützungsersuchen, 28.10.1987: BStU, MfS, BV Bln, KS II 2617/91, Bl. 138.

510 BStU, MfS, BV Bln, Kaderkarteikarte.

511 BV Bln/XX, Schreiben an das MfS/XX/1, 8.1.1980; BStU, MfS, AIM 8228/91, Beifügung, Bl. 218; HA XX/1, handschriftl. Vermerk, Gen[osse] Häusler-Wittstock, 10.12.1979; BStU, MfS, AIM 8228/91, Bl. 248 f. Laut einem Informanten ist von einem Telefonat in einer Personalangelegenheit die Rede. Vermerk v. 18.12.1979, Anschreiben der HV A IX/C, 21.12.1970; BStU, MfS, AIM 8228/91, Beifügung, Bl. 203.

512 BV Bln/XX, Schreiben an das MfS/XX/1, 8.1.1980; BStU, MfS, AIM 8228/91, Beifügung, Bl. 218.

513 HA IX/8. Vermerk v. 6.5.1981; BStU, MfS, HA IX Nr. 1311, Bl. 31.

delte sich 1989 laut Aktenlage der Stil der Zusammenarbeit, das »Interesse an Schlüsselpositionen«[514] im Bereich Justiz wurde intensiviert. Das erklärt die Abfolge einer Reihe durch die Bezirksverwaltung dokumentierter Gespräche mit dem Kollegiumsvorsitzenden und dessen Stellvertreter.[515] Es ging in diesen Gesprächen nicht vordergründig um »Spitzelei«, sondern eher um eine sicherheitspolitische Tour d'Horizon, in der Interessen, auch gemeinsame, besprochen werden sollten.

### *Direkte Kontakte zum Berliner Kollegium*

In einem Spiegel-Interview von 1989 zu Fragen der Ausreise und Rechtsstaatlichkeit wagte sich der damalige Vorsitzende des Rates der Kollegiumsvorsitzenden, Gregor Gysi, an einigen Stellen etwas vor. Er sagte eine Änderung von restriktiven Passagen in der Reiseregelung von 1988 voraus. Auf den Einwurf der Spiegel-Redakteure, dass sich seine Auffassung mit der von Generalsekretär Erich Honecker decke, antwortete Gysi unbefangen: »... na, umso besser«.[516] In den Ohren von Apparatschiks musste eine solch lässige Ausdrucksweise wie eine Umkehrung der hergebrachten Ordnung klingen. Der Jungfunktionär Gysi versuchte sich offenbar abzusichern und die MfS-Offiziere präventiv auf seine Seite zu ziehen. Er habe das Interview ursprünglich gar nicht geben wollen, das sei eine ZK-Entscheidung gewesen, bei der Autorisierung des Interviews habe man ihn alleine gelassen.[517] Die Gesprächsüberlieferung in der Protokollierung des MfS-Offiziers enthielt allerdings Spitzen gegen einen Spiegel-Redakteur und Hinweise zu den Interviewstrategien und -zielen westlicher Medien. Das schien dem protokollierenden Offizier so interessant zu sein, dass er die Information an die Stasi-Hauptabteilung II/13 weitergeben wollte, die für die Überwachung der West-Korrespondenten in der DDR zuständig war.[518] Ähnlich verhält es sich mit der Information, die Gysi über das Auftreten von Ausreiseantragstellern ge-

514 BV Bln/XX/1, Arbeitsbuch von Hans Gerischer; BStU, MfS, BV Bln, Abt. XX Nr. 5695, Bl. 86 f.

515 Laut MfS-Akten gab es mindestens drei Gesprächskontakte: am 16.2.1989, am 29.3.1989 und am 12.10.1989. BV Bln/XX, Information zu Interview Gysis für den Spiegel und zur Konzeption westlicher Medien in diesem Zusammenhang; BStU, MfS, HA II/13 Nr. 2094, Bl. 1–3; BV Bln/XX/1, Information zu internationalen Aktivitäten des Vorsitzenden des Kollegiums der Rechtsanwälte Berlin, Dr. Gysi, 30.3.1989; BStU, MfS, HA XX Nr. 6886, Bl. 39; BV Bln/XX, Information zu Stimmungen und Meinungen im Rechtsanwaltskollegium Berlin zu den Ereignissen 1989 sowie zur Erklärung des Politbüros; BStU, MfS, BV Bln, Abt. XX Nr. 2471, Bl. 1 f.

516 Spiegel-Gespräch v. 13.3.1989. In: Der Spiegel 11/1989.

517 BV Bln/XX, Information zu Interview Gysis für den Spiegel und zur Konzeption westlicher Medien in diesem Zusammenhang; BStU, MfS, HA II/13 Nr. 2094, Bl. 1–3.

518 Wiedmann: Diensteinheiten, S. 258.

geben haben soll, die die DDR verlassen wollten. Sie würden »immer aggressiver und trete[n] in immer größerem Umfang bei den Anwälten auf«,[519] auch in seiner eigenen Sprechstunde. Dieses Dokument steht in einem gewissen Widerspruch zu Gysis Bekundung, er habe »zu keinem Zeitpunkt über Mandanten oder sonst jemanden wissentlich und willentlich an die Staatssicherheit berichtet«. Einzelne Mandanten wurden in diesem Protokoll freilich nicht benannt. Gysi ging es zu dieser Zeit darum, dem MfS und anderen zu verdeutlichen, dass die neue Reiseregelung und deren Anwendung für »großen Unmut«[520] sorge. Es war allerdings keineswegs gesichert, dass das MfS auf die Beseitigung von Missständen drängen würde. Es gibt im Gegenteil Beispiele, dass die Kanzleien von Anwälten, die Ausreiseantragsteller betreuten, überwacht wurden.[521]

Vor allem in Personalfragen waren die Kollegiumsvorsitzenden gehalten, die Abstimmung mit dem MfS zu suchen.[522] Es ist daher möglich, dass weitere Gespräche auf dieser Ebene stattfanden. Gregor Gysi sprach von »Dienstgesprächen«[523]. Im Jargon des MfS waren es im Unterschied zu »inoffiziellen« »offizielle« Kontakte. Allerdings waren diese MfS-Kontakte keineswegs so normal, dass sie sich in den Protokollen des Berliner Kollegiums gespiegelt hätten. Insbesondere Stasi-Personalüberprüfungen sollten möglichst geheim ablaufen und gegenüber den Betreffenden von den Leitern der jeweiligen Institution legendiert werden.[524] Insofern haftet auch vielen dieser »offiziellen« Kontakte der Nomenklaturkader der Kollegien etwas Informelles an.

### 4.3.3 Die HA IX – das Untersuchungsorgan, Struktur und Funktion

Die Hauptabteilung IX war im MfS für die strafrechtlichen Untersuchungen zuständig und damit mit Anwälten nur am Rande, in ihrer Eigenschaft als Strafverteidiger befasst. Abgesehen von den prozessvorbereitenden und begleitenden Aktivitäten nahm dieser Bereich rege an der Weiterentwicklung des Straf- und Strafprozessrechtes Anteil. Wenn es eigene Interessen betraf, interve-

519 BV Bln/XX/1, Information zu Fragen der Rechtssicherheit im Zusammenhang mit Reiseverordnung und gerichtlicher Nachprüfbarkeit von Verwaltungsentscheidungen, 26.3.1989; BStU, MfS, HA XX Nr. 6886, Bl. 340–342, hier 340.

520 Ebenda.

521 Booß: Sündenfall, S. 525–535.

522 MdJ, Schreiben an die Vorsitzenden der Kollegien der Rechtsanwälte, 17.3.1989; BArch, DP1, 21711.

523 Gregor Gysi im Interview. »Meine Stasi-Unterlagen entlasten mich«, 27.2.2013. In: http://www.rp-online.de/politik/deutschland/meine-stasi-unterlagen-entlasten-mich-aid-1.3223031 (letzter Zugriff: 19.1.2015).

524 Richtlinie 1/82 zur Durchführung von Sicherheitsüberprüfungen, 17.11.1982. In: Engelmann, Roger: Grundsatzdokumente des MfS. Berlin 1995, S. 397–421.

nierte die HA IX bei der Überprüfung des Justizpersonals. Auch in die Auswahl von Personen, die für die Übersiedlung in den Westen oder für Amnestien vorgesehen waren, war die HA IX einbezogen.[525]

Der Minister für Staatssicherheit hatte eine besondere Beziehung zu »seiner« Hauptabteilung. Die HA IX war die einzige Diensteinheit des MfS, die Erich Mielke von 1953 bis 1989 direkt unterstellt war.[526] Mielke oder einer seiner Stellvertreter unterzeichneten Verhaftungsbeschlüsse des MfS persönlich.[527] Nicht wenige Verfahrensvorschläge wurden ihm persönlich vorgelegt.[528] Nach der wöchentlichen Politbürositzung tagte fast regelmäßig jeden Dienstag eine Art Sicherheits-AG des Politbüros. Hier besprachen Honecker und Mielke im Vier-Augen-Gespräch sicherheitsrelevante Fragen und Vorlagen sowie Einzelfälle.[529] Allein durch die Berichterstattung an die SED-Führung konnte der Minister für Staatssicherheit Entscheidungen der Parteispitze über zu ergreifende Repressionsmaßnahmen präjudizieren. So besteht der Verdacht, dass das MfS 1988 durch eine verkürzte Information an die SED-Spitze die Zustimmung zu einer Massenfestnahme von Oppositionellen erhielt.[530] Auch die extrem negative Darstellung des Anwaltes Götz Berger in MfS-Berichten an die Parteiführung dürfte zu seiner harten Disziplinierung beigetragen haben.[531]

Minister Mielke kommunizierte die justizpolitische Generallinie und die aktuelle Linie der Partei nicht nur über Weisungen, sondern durch lange Reden auf Dienstkonferenzen in seinem Apparat. Er erwartete ein parteiliches Rechtsverständnis. Immer wieder schwor der Minister für Staatssicherheit seinen Apparat darauf ein, dass das MfS der Partei diene, dass es um den »höchsten politischen und politisch-operativen Nutzen«[532] gehe. Damit reagierte er darauf, dass die Partei, insbesondere Erich Honecker, aus Gründen außenpolitischer Rücksichtnahme gelegentlich anders über Verfolgungsmaßnahmen entschied, als es Rechtsauslegung und Sicherheitsphilosophie des MfS nahelegten. Mit der im-

525 Wiedmann: Diensteinheiten, S. 300 f.

526 Ebenda, S. 303.

527 In der Regel dürften dergleichen nicht die förmlichen Stellvertreter, sondern die Mielke unmittelbar unterstellten Leiter der BV bzw. der Leiter der HA IX abgezeichnet haben. Unverhau, Dagmar: Vom Lob der politisch-operativen Archivarbeit. Schulungsvortrag eines Offiziers der Abteilung XII des MfS von 1975. In: Archivalische Zeitschrift 81 (1998) 1, S. 157.

528 Berliner Stichprobe 72-84-88.

529 Bästlein: Fall Mielke, S. 69.

530 Das betraf die Festnahmen rund um die Liebknecht-Luxemburg-Demonstration im Januar 1988. Der brisante Zusammenhang von Ausreiseantragstellern und Oppositionellen war der SED nicht hinreichend berichtet worden. Kowalczuk: Endspiel, S. 262 ff.

531 ZAIG, Information 817/76, 25.11.1976, zit. nach: Suckut, Siegfried (Hg.): Die DDR im Blick der Stasi 1976. Die geheimen Berichte an die SED-Führung. Göttingen 2009, CD-Anlage.

532 Erich Mielke: Referat des Genossen Minister am 2. Beratungstag der zentralen Dienstkonferenz zum 3. Strafrechtsänderungsgesetz; 6.7.1979; BStU, MfS, BdL/Dok. Nr. 6616, Bl. 1–176, hier 22.

mer wiederkehrenden Formel von »politisch-operativen« Notwendigkeiten versuchte Mielke diese Steuerungsparadoxie zu harmonisieren.[533]

Geradezu justizanleitenden Charakter trugen Mielkes regelmäßige Reden vor zuständigen Mitarbeitern der SED-Bezirks- und Kreisleitungen und Parteisekretären von Bezirksstaatsanwaltschaften und Bezirksgerichten in der Parteischule von Kleinmachnow. Auch hier orientierte er nach einer düsteren Schilderung der Weltlage auf politische und rechtliche Präventivmaßnahmen. Als Ultima Ratio propagierte er die abschreckende Bestrafung konkret benannter Handlungen. Das Bedrohungsszenario ging von einer imperialistischen Offensive aus, die angeblich nicht vor einem Atomkrieg zurückschrecke,[534] und in Polen eine »konterrevolutionäre Entwicklung«[535] schüre. Mielke machte es in Zuspitzung der Situation zu einer Frage von Krieg und Frieden, wenn er die zuständigen SED-Funktionäre aufforderte, »als Angehörige der Justiz und Sicherheitsorgane, als Kommunisten«[536] staatsfeindliche Handlungen von Intellektuellen »unter allseitiger Nutzung der rechtlichen und anderer Möglichkeiten möglichst schon in ihrem Anfangsstadium zu unterbinden«.[537] Dies bedeutete nichts anderes, als das Recht zum Zwecke der Zurückdrängung abweichender Meinungen zu funktionalisieren.

### *Die Struktur der HA IX*

Die Ermittlungsabteilungen waren auf bestimmte Strafrechtsnormen spezialisiert.[538] Daneben untersuchte die Abteilung 7 Vorkommnisse der allgemeinen Kriminalität, die sie gegebenenfalls in die Kompetenz des MfS holte.[539]

533 Sélitrenny spricht sogar von Dichotomie, die sie allerdings durch die SED-Statuten aufgehoben sieht. Sélitrenny: Doppelte Überwachung, S. 111.

534 Erich Mielke: Vortrag vor Mitarbeitern für Justizfragen der Bezirks- und Kreisleitungen und den Parteisekretären der Bezirksstaatsanwaltschaften, 27.11.1981; BStU, MfS, HA IX, MF Nr. 11721, Bl. 5.

535 Ebenda, Bl. 14.

536 Ebenda, Bl. 30.

537 Ebenda.

538 In der Ära Honecker war die Verteilung der formalen Zuständigkeit für die Untersuchung von Deliktgruppen unter den Untersuchungsabteilungen der HA IX wie folgt vorgenommen: Es waren die Abteilung 1 für die Spionagebekämpfung, die Abteilung 2 für die Untersuchungen gegen den politischen Untergrund, die Abteilung 3 für Verbrechen gegen die Volkswirtschaft, die Abteilung 5 für Straftaten gegen MfS-Angehörige und inoffizielle Mitarbeiter, die Abteilung 6 für Fahnenfluchten und Armeestraftaten, die Abteilung 9 für Fluchthelfer und Republikflucht zuständig. Engelmann; Joestel: Hauptabteilung IX, i. E.; Sélitrenny: Doppelte Überwachung, S. 210; Vollnhals: Die Macht, S. 247; Passens, Katrin: MfS-Untersuchungshaft. Funktionen und Entwicklung von 1971 bis 1989. Berlin 2012, S. 28 ff.

539 Das konnte besonders bei Havarien und Bränden, die als Sabotage angesehen wurden oder bestimmten Tötungsdelikten der Fall sein.

Die Abteilung 11 war für NS- und Kriegsverbrechen zuständig, sammelte aber auch Informationen, um Persönlichkeiten im Westen wegen wirklicher oder vermeintlicher NS-Belastung zu diskreditieren.[540] Andere Abteilungen nahmen Servicefunktionen im Rahmen der HA IX wahr: Die AG S (Arbeitsgruppe Sonderaufgaben) prüfte Ausschlussgründe bei Häftlingsfreikäufen[541], die HA IX/AKG/AB AK, der Arbeitsbereich Koordinierung nahm unter anderem heimliche Tonaufzeichnungen in Haftanstalten zum Beispiel bei Anwaltstreffen vor,[542] die wichtige AKG nahm grundsätzliche Querschnittsaufgaben wahr. Eng kooperierte die HA IX mit der Linie XIV, die in ihrer jeweiligen Region für die U-Haftanstalten des MfS verantwortlich war, in denen auch die Verhöre der Linie IX stattfanden. In Berlin waren das für die Hauptabteilung IX die U-Haftanstalten in Hohenschönhausen (UHA I) und Lichtenberg (UHA II),[543] für die Abteilung IX der BV Berlin die U-Haftanstalt in der Pankower Kissingenstraße.[544]

Die Zahl der Mitarbeiter der Linie IX wuchs über die Jahre deutlich von 893 (1972) auf 1 215 (1989) Mitarbeiter an.[545] Im Ministerium waren zum Schluss 486,[546] in der BV Berlin 74 Mitarbeiter (1988) tätig.[547] Allein dieser Personalaufwand spricht gegen die Annahme, dass es in der späten DDR aufgrund verdeckter Verfolgungsmethoden zu einer Entkriminalisierung gekommen sei.[548]

Die Untersuchungsführer waren in den Anfangsjahren schlecht qualifiziert.[549] Mit der Zeit stieg das Qualifikationsniveau und lag schließlich deutlich über dem Durchschnitt des MfS.[550] Im Jahre 1965 verfügten nur 16,3 Prozent des Führungspersonals der HA IX über einen Studienabschluss,[551] 1983 waren es schon 83,6 Prozent,[552] aufgrund einer »zunehmenden Akademisierung«[553]

540 Sélitrenny: Doppelte Überwachung, S. 244 f.; Vollnhals: Die Macht, S. 247.

541 Sélitrenny: Doppelte Überwachung, S. 253 f.

542 Ebenda, S. 268; Beleites: Abteilung XIV, S. 11.

543 Passens: MfS-Untersuchungshaft, S. 28 f.

544 Beleites: Abteilung XIV, S. 58.

545 Passens: MfS-Untersuchungshaft, S. 28.

546 Wiedmann: Diensteinheiten, S. 303. Passens nennt 489 Mitarbeiter im Jahre 1988; Passens: MfS-Untersuchungshaft, S. 29.

547 Engelmann; Joestel: Hauptabteilung IX, i. E., S. 13.

548 Diese Annahme liegt der Typisierung von Passens zugrunde. Passens: MfS-Untersuchungshaft.

549 Engelmann: Staatssicherheitsjustiz, S. 147.

550 Engelmann; Joestel: Hauptabteilung IX, i. E., S. 14.

551 Die MfS-Statistik spricht durchgängig vom Staatsexamen, das in späteren Jahren in der juristischen Ausbildung durch das Diplom ersetzt wurde. HA IX, Qualifikationsstatistik, o. D.; BStU, MfS, HA IX Nr. 2726, Bl. 190–229, hier 211.

552 Ebenda, Bl. 229.

553 Martin unterscheidet zu wenig zwischen Ausbildungen an der JHS und Universitäten. Martin, Elisabeth: »Ich habe mich nur an das geltende Recht gehalten«. Herkunft, Arbeitsweise

besaß 1988 jeder zweite Untersuchungsführer eine Hochschulausbildung.[554] Ab 1987 war der Hochschulabschluss für den Untersuchungsführer obligatorisch. Nur 29 Prozent[555] der Untersuchungsführer 1988 legten ihren Abschluss an der MfS-eigenen Juristischen Hochschule ab, die übrigen an anderen Hochschulen beziehungsweise im Bereich Kriminalistik oder Rechtswissenschaften an der Humboldt-Universität Berlin.[556] Zusätzlich war der Abschluss einer Parteischule, die militärische Grundausbildung und ein Lehrgang für Untersuchungsführer an den MfS-eigenen Ausbildungsstätten Voraussetzung.[557] Es ist zu Recht darauf verwiesen worden, dass die Ausbildung der Untersuchungsführer stark ideologisiert war.[558] Dennoch zeigen Lehrmaterialien[559] und Mitschriften von JHS-Seminarteilnehmern,[560] dass dort im Grundsatz strafrechtliche und strafprozessuale Normen orientiert am Gesetz und den gängigen Kommentierungen gelehrt wurden. In Einzelfragen gab es allerdings MfS-spezifische Auslegungen, die auch die anwaltliche Vertretung tangierten. Ein steigender Anteil der Untersuchungsführer absolvierte in den 1970er- und 1980er-Jahren ein Studium inmitten von anderen »Rewi«-Studenten an den vergleichsweise stärker normenorientierten zivilen Universitäten.

### *Die Stellung der HA IX im Justizsystem*

Das Untersuchungsorgan des MfS hatte einen völlig anderen rechtlichen Status als die rein geheimpolizeilich agierenden Diensteinheiten des MfS. In den Anfangsjahren wurde es noch direkt von Offizieren der sowjetischen Geheimpolizei angeleitet, später wurde die Linie IX zu einer strafprozessualen Institution, die auf Staatsschutz- beziehungsweise Staatssicherheitsdelikte spezialisiert war.[561]

und Mentalität der Wärter und Vernehmer der Stasi-Untersuchungshaftanstalt Berlin-Hohenschönhausen. Baden-Baden 2014, S. 144 u. 149.

554 HA IX, Qualifikationsstatistik, o. D.; BStU, MfS, HA IX Nr. 2726, Bl. 190–229, hier 229. Nach Martin waren es 1989 schon 66 %, Martin unterscheidet kaum zwischen Ausbildungen an der JHS und Universitäten. Martin: Ich habe mich, S. 144.

555 Berechnungen nach Engelmann; Joestel: Hauptabteilung IX, i. E., S. 14, FN 41.

556 Gerber, Stefan: Zur Ausbildung der Diplomjuristen an der Hochschule des MfS (Juristische Hochschule Potsdam). Berlin 2000.

557 HA IX, Rahmenfunktions- und Qualifikationsmerkmale für Untersuchungsführer in der Linie Untersuchung des MfS, o. D. (vermutl. 1980er-Jahre); BStU, MfS, HA IX Nr. 2726, Bl. 24–26, hier 26.

558 Passens: MfS-Untersuchungshaft, S. 35 f.

559 Lehrbuch Strafprozessrecht/JHS (Hg.). Potsdam 1986; Lehrbuch Strafrecht. Besonderer Teil/JHS (Hg.). Potsdam 1986.

560 Derartige »Aufzeichnungsbücher für die Fachschulungen« von Lehrgangsteilnehmern enthält beispielsweise: BStU, MfS, HA IX Nr. 22097.

561 Vormbaum: Strafrecht, S. 603 ff.; Engelmann, Roger: Staatssicherheitsjustiz im Aufbau. Zur Entwicklung geheimpolizeilicher und justitieller Strukturen im Bereich der politi-

Explizit erhielt das MfS erst mit dem Staatsanwaltschaftsgesetz von 1963 den Status eines »staatlichen Untersuchungsorgans«.[562] Doch schon im Staatsanwaltschaftsgesetz von 1952 waren mehrere Untersuchungsorgane erwähnt, womit auch das MfS gemeint war. In der Strafprozessordnung von 1968 war das MfS dann im § 88 Abs. 2 neben dem Ministerium des Innern und der Zollverwaltung ganz selbstverständlich als drittes »Untersuchungsorgan« aufgeführt.[563]

Die Kommentierung des Strafprozessrechtes von 1987 wies dem MfS vor allem die Zuständigkeit für Verbrechen gegen die Souveränität der DDR, den Frieden, die Menschlichkeit und die Menschenrechte nach dem 1. Kapitel des Besonderen Teils des Strafgesetzbuches und bei Verbrechen gegen die DDR nach dem 2. Kapitel zu.[564] In der Praxis gingen die Kompetenzen weit darüber hinaus. Etwa 90 Prozent der Delikte hatten einen politischen Hintergrund und beriefen sich seit Ende der 1970er-Jahre zu rund drei Viertel auf Paragrafen, die im Zusammenhang mit Ausreise- und Fluchtbestrebungen angezogen wurden.[565] Damit wurden besonders Delikte ermittelt, deren Normen im Rahmen der 2. Strafrechtsänderung von 1977 im 8. Kapitel des Besonderen Teils zur Bekämpfung von Ausreisewilligen verändert worden waren.[566] Laut StPO-Kommentierung waren Straftaten des 3. bis 8. Kapitels eigentlich die Domäne kriminalpolizeilicher Ermittlungen.[567] Doch auch hier konnte das MfS tätig werden, wenn es der Ansicht war, dass das Delikt die Vorstufe zu einem Staatsverbrechen bilden oder in staatsfeindliche Handlungen umschlagen könnte.[568] Im Sinne einer politisch akzeptierten »Kompetenzkompetenz«[569] entschied das MfS über seine Zuständigkeit selbst. Die im Rahmen dieses Projektes untersuchte Stichprobe von MfS-ermittelten Verfahren zeigt diese breite Streuung, wenngleich der Schwerpunkt eindeutig bei Grenzdelikten und politischen Delikten, die meist mit Ausreisefragen verbunden waren, lag.[570]

schen Strafverfolgung 1950–1963. In: Engelmann, Roger u. a. (Hg.): Justiz im Dienste der Parteiherrschaft. Berlin 1999, S. 137; Engelmann; Joestel: Hauptabteilung IX, i. E.

562 Engelmann: Staatssicherheitsjustiz, S. 134 u. 140.

563 Strafprozeßordnung der Deutschen Demokratischen Republik – StPO vom 12.1.1968. In: DDR-GBl. Teil I (1968) 2, S. 97 (künftig als »StPO-DDR 1968« bezeichnet).

564 Strafprozessrecht der DDR. Kommentar/Hg. vom Ministerium der Justiz. Berlin 1987, zu § 88, S. 124 f.; Raschka, Johannes: Einschüchterung, Ausgrenzung, Verfolgung. Zur politischen Repression in der Amtszeit Honeckers. Dresden 1998, S. 30.

565 Vollnhals: Die Macht, S. 244; Raschka: Einschüchterung, S. 30.

566 Raschka: Justizpolitik, S. 111.

567 Strafprozessrecht Kommentar 1987, zu § 88, S. 124 f.

568 Vollnhals: Die Macht, S. 245 f.

569 Ebenda, S. 269.

570 Booß, Christian: Rechtsanwälte und politische Prozesse in der späten DDR. Eine quantitative Auswertung von MfS-ermittelten Prozessen 1984. In: Historical Social Research 37 (2012) 2, S. 227.

### 4.3.4 Die Untersuchungsmethodik der HA IX

Im Unterschied zu anderen Ermittlungsorganen stützte sich die HA IX nicht nur auf Methoden, die durch das Strafprozessrecht gedeckt waren, sondern auch auf geheimpolizeiliche Methoden.[571] Das alte geheimpolizeiliche Ideal bestand darin, geheime Überwachungsvorgänge so weit zu entwickeln, dass sie genügend Beweismaterial erbrachten, um sie offiziell als Strafermittlungen weiterführen zu können. Zwar traten spätestens Mitte der 1970er-Jahre verstärkt andere, verdeckte Formen der Repression neben die politische Strafverfolgung,[572] doch sollten die MfS-Überwacher nach wie vor die Kriminalisierbarkeit von staatsfeindlichen Handlungen als eine Option im Blick haben.[573] Die verdeckten Ermittlungen waren nicht Sache der Linie IX, sondern der sogenannt operativen Diensteinheiten. Stetig wurde appelliert, dass die geheimpolizeilich agierenden Hauptabteilungen mit der HA IX kooperieren sollen, um bei Bedarf einen möglichst reibungslosen Übergang zu einem Ermittlungsverfahren zu ermöglichen.[574] Dennoch beruhten im Jahr 1979 nur 27,4 Prozent aller eingeleiteten Ermittlungsverfahren, bei den zahlenmäßig geringen Staatsverbrechen waren es zwei Drittel, auf verdeckten Vorermittlungen.[575] Dieser geringe Anteil erklärt sich mit der hohen Zahl von in-flagranti-Ermittlungen nach Versuchen, die DDR legal oder illegal zu verlassen.[576] Dem Untersuchungsorgan standen in Kooperation mit der Staatsanwaltschaft die klassischen Strafverfolgungsmittel zur Verfügung. Durchsuchungen und Beschlagnahmen waren im Prinzip von der Staatsanwaltschaft anzuordnen, konnten bei Gefahr im Verzug vom Untersuchungsorgan eigenständig durchgeführt werden.[577] Es entsprach durchaus der Praxis, geheim zu durchsuchen, um dabei Hinweise zu finden, die eine strafprozessual gedeckte Durchsuchung rechtfertigten.[578] Die Untersuchungs-

571 Vormbaum bezeichnet die gesamte strafrechtlich relevante Arbeit des MfS als »extra-justizielle Kriminalitätsbekämpfung«. Vormbaum: Strafrecht, S. 598 ff.

572 Dazu sind v. a. Zersetzungs-Methoden zu rechnen, durch die Gruppen und Individuen politisch neutralisiert werden sollten. Das MfS-Lexikon. Begriffe, Personen und Strukturen der Staatssicherheit der DDR/Hg. vom BStU. Berlin 2012, Stichwort »Zersetzung«.

573 Erich Mielke: Vortrag vor Mitarbeitern für Justizfragen der Bezirks- und Kreisleitungen und den Parteisekretären der Bezirksstaatsanwaltschaften und der Bezirksgerichte, 27.11.1981; BStU, MfS, HA IX, MF Nr. 1172, S. 33 f.

574 Richtlinie 1/76 zur Entwicklung und Bearbeitung Operativer Vorgänge (OV). In: Engelmann: Grundsatzdokumente, S. 261, Punkt 6.

575 Vollnhals: Die Macht, S. 246.

576 Im Jahr 1988 basierten allein 27 % der Ermittlungsverfahren auf Festnahmen »befreundeter Staaten«, 9,05 % auf Festnahmen der DVP und 14,4 % auf Festnahmen durch das MfS »auf frischer Tat«. Joestel: Strafrechtliche Verfolgung, S. 25.

577 StPO-DDR 1968, § 109 Abs. 1.

578 MfS-Lexikon, Stichwort »Durchsuchung«.

führer konnten nicht nur zu Beginn, sondern auch während der offiziellen Ermittlungen auf die geheimpolizeilichen Praktiken ihrer Kollegen zurückgreifen.

Der für den Lehrstuhl Strafprozessrecht an der Juristischen Hochschule verantwortliche Professor, Horst Zank, beschrieb in einer umfangreichen Ausarbeitung mit Co-Autoren die »Kunst« der Verschränkung geheimer, nicht durch die Strafprozessordnung gedeckter, mit an sich legalen Methoden:

> Die Untersuchungsarbeit mit ihrer vorrangig offiziellen, in Wahrnehmung der strafprozessualen Befugnisse als Untersuchungsorgan durchgeführten Tätigkeit kann diese Aufgabe nur in Zusammenarbeit mit den operativen Diensteinheiten lösen. Nur dadurch kann die in der Regel erforderliche Kombination offizieller strafprozessualer Maßnahmen mit vorrangig inoffiziellen politisch-operativen Maßnahmen gewährleistet

werden.[579] Die zitierte Arbeit war vom Leiter der Sektion Rechtswissenschaft an der Hochschule des MfS und von Generalmajor Rolf Fister, dem Leiter der Hauptabteilung IX, betreut worden, kann also als Credo für die juristische Ausbildung an der JHS wie für die Praxis der HA IX angesehen werden. In internen Schulungsveranstaltungen des MfS wurde gelehrt, dass die »Bearbeitung von [… Ermittlungsverfahren] in der Regel mit der gleichzeitigen Realisierung pol[itisch]-op[erativ] bedeuts[amer] Maßnahmen verbunden« ist.[580] Das heißt, dass neben den strafprozessual gedeckten strafrechtlichen Ermittlungen des Untersuchungsorgans noch konspirative, geheimpolizeiliche Aktivitäten mitliefen.

Informationen der MfS-Untersuchungsführer aus den geheimpolizeilich arbeitenden Diensteinheiten sollten gegenüber den übrigen Verfahrensbeteiligten, vor allem gegenüber den Beschuldigten, geheim gehalten werden:

> Operative Erkenntnisse sind gegenüber Beschuldigten nicht zu verwenden. Es können Gefahren für die Konspiration entstehen, wenn Beschuldigte unter Berufung auf ihre strafprozessualen Rechte die Aufnahme der Darstellungen des Untersuchungsführers ins Protokoll anstreben oder im weiteren Verlauf des Strafverfahrens nach der Haftentlassung darüber anderen Personen Mitteilung machen.[581]

Wie den Betroffenen wurde Anwälten und der Staatsanwaltschaft Wissen vorenthalten, mit dem die Untersuchungsführer operierten. Traditionell sollten Untersuchungsvorgänge in einer bereinigten Form, die keine Rückschlüsse auf

579 Horst Zank u. a.: Forschungsergebnisse zum Thema: Grundlegende Anforderungen und Wege zur Gewährleistung der Einheit von Parteilichkeit, Objektivität, Wissenschaftlichkeit und Gesetzlichkeit in der Untersuchungsarbeit des MfS im Ermittlungsverfahren. September 1981; BStU, MfS, JHS Nr. 21912, Bd. 2, Bl. 4.

580 Arbeitsbuch von Frank Arlt, o. D. (vermutl. 1983); BStU, MfS, HA XXII Nr. 21911/1, Bl. 297.

581 Horst Zank u. a.: Forschungsergebnisse zum Thema: Grundlegende Anforderungen und Wege zur Gewährleistung … September 1981; BStU, MfS, JHS Nr. 21912, Bd. 1, Bl. 433.

konspirative Methoden des MfS zuließ, an die Staatsanwaltschaften und die Gerichte abgegeben werden.[582] Da Gerichtsakten vom Anwalt eingesehen werden durften und aus bestimmten Korrespondenzen der Staatsanwaltschaft »auch interne Dinge hervor[gehen], die wir diesen Rechtsanwälten nicht offenbaren wollen«[583], wurden bei der Staatsanwaltschaft spezielle »Begleitakten« angelegt, die den Anwälten gezielt vorenthalten wurden.

*Das Geständnis*

Eine wesentliche Aufgabe des Untersuchungsführers bestand darin, geheimpolizeilich erworbene, relevante Erkenntnisse zu »offizialisieren«, das heißt in einer gerichtsverwertbaren Form zu präsentieren. Das einfachste Beweismittel war das Geständnis des Beschuldigten.[584] Die meisten MfS-Ermittlungsverfahren begannen mit der Untersuchungshaft in den MfS-eigenen Haftanstalten. Ein großer Teil der Tätigkeit der Untersuchungsführer, etwa 30 Prozent, konzentrierte sich hier auf die Beschuldigtenvernehmungen.[585] Ermittlungen vor Ort wurden meist an andere Bereiche des MfS delegiert.[586] Das Geständnis behielt immer eine hohe Bedeutung. Allerdings war gegen Ende der DDR eine Beweisführung, die nur auf einem Geständnis vor der Hauptverhandlung basierte, zumindest rechtlich unzulässig.[587] Die Funktion des Geständnisses hatte sich gegenüber der stalinistischen Ära gewandelt. Es ging nicht mehr um das Abpressen von fabrizierten Geständnissen, sondern um das Geständnis als ein Beweismittel, das einen gesetzeskonformen und vor allem effizienten Prozess ermöglichte.

Die HA IX sollte zusätzlich als »operative Diensteinheit«[588] wirken. Die Untersuchungsführer waren angehalten, im Rahmen ihrer Ermittlungstätigkeit Informationsaktivitäten für die Abwehr und Aufklärung des MfS zu unternehmen. Ihre Arbeit sollte sich sowohl an den »Normen des sozialistischen Rechts«

582 SfS, Dienstanweisung Übergabe von Untersuchungsvorgängen an die Staatsanwaltschaft und Gerichte, 20.3.1952; BStU, MfS, BdL/Dok. Nr. 2032, Bl. 1–5, hier 1.

583 Zit. nach: Unverhau: Vom Lob, S. 159.

584 Horst Zank u. a.: Forschungsergebnisse zum Thema: Grundlegende Anforderungen und Wege zur Gewährleistung ... September 1981. BStU, MfS, JHS Nr. 21912, Bd. 1, Bl. 330 ff. Die Arbeit setzt sich mit Methoden der Gewinnung wahrheitsgemäßer Aussagen der Beschuldigten auseinander.

585 Ebenda, Bd. 1, Bl. 298, FN 1.

586 Für Observierungen und Ermittlungen war die Linie VIII zuständig. Schmole, Angela. Hauptabteilung VIII. Beobachtung, Ermittlung, Durchsuchung, Festnahme. Berlin 2008, S. 33 ff.

587 Buchholz, Erich: Strafrecht im Osten. Berlin 2008, S. 267 ff.; Arnold, Jörg: Die Normalität des Strafrechts der DDR. Freiburg 1995, S. 15 f.

588 Wiedmann: Diensteinheiten, S. 301.

als auch an den »Beschlüssen von Partei- und Staatsführung, dienstlichen Bestimmungen und Weisungen«[589] orientieren. Wegen des kurzen »Dienst«-Weges von Minister Mielke zur Parteispitze konnten die Untersuchungsführer im Einzelfall unter faktischer Weisung von Erich Honecker stehen. Diese Bipolarität der Arbeit der Untersuchungsführer stand in der Tradition des Diktums von der »sozialistischen Gesetzlichkeit«, bei der Gesetzesnorm und Parteilichkeit dialektisch verschränkt waren. Diese Steuerungsparadoxie führte in dem Maße zu Spannungen,[590] je höher das formaljuristische Bildungsniveau der Untersuchungsführer stieg und andererseits die politischen Opportunitätsentscheidungen zunahmen. Manch einem juristisch gut ausgebildeten Offizier wurde gegen Ende der DDR immer stärker bewusst, dass die ständigen Interventionen in die Normen, insbesondere durch Häftlingsfreikäufe und Amnestien die Geltung des sozialistischen Rechts unterhöhlten. Der general- und spezialpräventive Charakter, das Ziel jeden Strafrechtes, löste sich dadurch auf.[591] Mit derartigen Überlegungen argumentierten einzelne MfS-Juristen am Ende der Ära Honecker in ähnlicher Richtung, wie Rechtsmodernisierer an den Universitäten, in rechtswissenschaftlichen Einrichtungen und nicht zuletzt bei der Anwaltschaft.[592]

### *Das Abhören von Anwaltssprechern und Zellen-Informatoren*

Da die HA IX auf Strafermittlungen ausgerichtet war, konnten deren Mitarbeiter inoffizielle Mitarbeiter nur innerhalb der U-Haft führen. Das waren sogenannte Zellen-Informatoren (ZI), die über ihre Mithäftlinge berichten soll-

589 HA IX, Rahmenfunktions- und Qualifikationsmerkmale für Untersuchungsführer in der Linie Untersuchung des MfS, o. D. (vermutl. 1980er-Jahre); BStU, MfS, HA IX Nr. 2726, Bl. 24–26, hier 24.

590 Manchen Untersuchungsführern war die Ungesetzlichkeit ihres Handelns bewusst. Sélitrenny: Doppelte Überwachung, S. 413. Indizien sind auch Fälle von Empathie zwischen Untersuchungsführer und Beschuldigtem, die in einem Fall sogar zur Heirat nach 1990 führte. Kaiser, Regina; Karlstedt, Uwe: 12 heißt »Ich liebe dich«. Der Stasi-Offizier und die Dissidentin. Köln 2003. Der relativ junge Offizier, Joachim Groth, Jg. 1952, der gegen Robert Havemann, Rudolf Bahro und Bärbel Bohley ermittelte, musste den Dienst quittieren, weil er »charakterl[iche ...] Probleme, Selbstüberschätzung, Überheblichkeit und Arroganz« gezeigt hätte und eines Alkoholproblems bezichtigt wurde. BStU, MfS, HA KuSch, Kaderkarteikarte.

591 Booß, Christian: Haarrisse in der Mauer. Wie der Wiener KSZE-Prozess die Strafermittler des MfS verwirrte. In: Journal der juristischen Zeitgeschichte (2011) 3, S. 109–114.

592 MdJ, StM Breitbarth, Vermerk v. 1.6.1988, S. 4; BArch, DP1, 1743. Diese Debatten stehen z. T. im Zusammenhang mit dem Begriff eines »sozialistischen Rechtsstaates«. Zur Ambivalenz dieser Diskussion Raschka: Justizpolitik, S. 255 ff. u. 259 ff.; Heuer, Uwe-Jens; Lieberam, Ekkehardt: Rechtsverständnis in der DDR. In: Heuer, Uwe-Jens (Hg.): Die Rechtsordnung in der DDR. Baden-Baden 1995, S. 25–74, hier 72 ff.; Joseph, Detlef: Rechtswissenschaft in der DDR. In: Ebenda, S. 546–609, hier 604 ff.

ten.[593] Das Informantennetz war statistisch gesehen relativ eng. Angestrebt war ein Verhältnis von einem Informanten zu fünf Beschuldigten,[594] was nicht immer erreicht wurde. Es gab aber insbesondere im Ministerialbereich des MfS in Berlin Jahre, in denen das Verhältnis mit 1:2 (1985), 1:3 (1986), 1:4 (1987) deutlich höher lag.[595] Die HA IX durfte weder Anwälte als IM werben, noch externe Personen, die über Anwälte berichteten. Allerdings konnten sowohl Mandanten im Rahmen von Vernehmungen, als auch Zelleninformatoren über Anwaltskontakte befragt werden. Zu den inoffiziellen, strafprozessual nicht gedeckten, Praktiken der HA IX zählte das technische Abhören von Gefangenen und Besuchern. Die zuständige Service-Diensteinheit, die HA IX/AKG/AB AK, der Arbeitsbereich Koordinierung, zeichnete insgeheim auch sogenannte »Anwaltssprecher« im Auftrag der ermittelnden Diensteinheiten technisch auf.[596] In der apologetischen Literatur der ehemaligen MfS-Führung wird gern betont, dass die Tätigkeit der HA IX auf rechtlichen Vorschriften basierte, die auch in anderen Staaten üblich gewesen wären. In der Forschungsliteratur wird dagegen auf die Verschränkung von normativ geregelten Tätigkeiten mit informellen, illegalen Praktiken hingewiesen. Dieser Doppelcharakter ist ein wesentliches Indiz dafür, dass MfS-Ermittlungen trotz einer Tendenz zur Normenorientierung rechtsstaatlichen Ansprüchen in keiner Weise genügten.[597] Das macht es schlicht problematisch, von Verrechtlichung zu sprechen.

### 4.3.5 Grundsatzaufgaben und Netzwerker der HA IX

Minister Mielke ließ die Arbeit seiner Offiziere ständig und streng darauf kontrollieren, dass sie Gesetze, aber auch Regelungen des MfS und Parteiaufträge einhielten.[598] Die Kontrolle lag bei den Vorgesetzten, die sich über Ermittlungsstände informieren ließen und bei der Anleitungs- und Kontrollgruppe (AKG). Mit 83 Planstellen machte die AKG 1982, auch wegen der dort stattfindenden Informationsverarbeitung, fast ein Fünftel des Personalbestandes der HA IX

593 Sélitrenny: Doppelte Überwachung, S. 297 ff.; Schekahn; Wunschik: Untersuchungshaftanstalt Rostock.

594 Sélitrenny: Doppelte Überwachung, S. 305.

595 HA IX/AKG/AB AK, Jahresanalyse 1988 v. 30.1.1989; BStU, MfS, HA IX Nr. 519, Bl. 32–40, hier 41. In der Quelle stößt auf, dass die Werbungsrate unter den Gefangenen nicht mit der hohen Zahl nutzbarer ZI korrespondiert. Einen Hinweis auf die Ursache des Missverhältnisses liefert die Quelle nicht.

596 Sélitrenny: Doppelte Überwachung, S. 268.

597 Sélitrenny spricht von »Dichtomie« der Praktiken. Ebenda, S. 412. Ähnlich Gursky, André: Rechtspositivismus und konspirative Justiz als politische Strafjustiz in der DDR. Frankfurt/M. 2001, S. 296 ff.; Vollnhals: Die Macht, S. 246 ff.

598 Erich Mielke: Referat am 2. Beratungstag der zentralen Dienstkonferenz, 6.7.1979; BStU, MfS, BdL/Dok. Nr. 6616, Bl. 1–176, hier 10 ff.

aus.[599] Es ist ein deutliches Symptom für eine stärkere Orientierung an rechtlichen Normen sogar innerhalb des MfS, dass die AKG in der zweiten Hälfte der 1980er-Jahre 16 Prozent aller eingeleiteten Ermittlungsverfahren überprüfte. Kritiken bezogen sich einerseits auf die Untersuchungsplanung, die Dokumentation, die Vernehmungstaktik, andererseits auf die Beweisführung, die Informationsgewinnung und Rechtsanwendung.[600] Zumindest in den nach außen gerichteten Handlungen sollten Normen, denen sich die DDR in internationalen Verträgen unterworfen hatte, eingehalten werden. Das sollte die AKG sicherstellen. Insofern sind, anders als gelegentlich dargestellt,[601] Auswirkungen internationaler Abkommen, wie des KSZE-Prozesses, nachweisbar.

Innerhalb der AKG war die AG Recht (AG R, bis 1982 AG Recht im unmittelbaren Anleitungsbereich des Hauptabteilungsleiters) für die Rechtsauslegung, die Weiterentwicklung von Rechtsnormen und die Kontakte zu den obersten Justizorganen zuständig.[602] Wenn das MfS strafrechtlich etwas bewegen wollte, ging dies entweder über die Einflusskanäle des Ministers oder man nutzte die Expertise der AG in der AKG. Wegen der über lange Phasen geringen juristischen Qualifikation des MfS-Führungspersonals[603] war das MfS auf AKG-Grundsatzoffiziere angewiesen, wenn es in subtileren rechtlichen Fragen seinen Einfluss geltend machen wollte. MfS-Offizieren wie Oberstleutnant Konrad Lohmann[604] und Oberstleutnant Frank Osterloh[605] kam daher eine Bedeutung zu, die über ihre formale Stellung deutlich hinausreichte.

### *Netzwerker der HA IX: Konrad Lohmann*

Konrad Lohmann, Jahrgang 1929, gehörte zum Urgestein des Untersuchungsorgans, in dem er seit 1954 beschäftigt war.[606] Unmittelbar nach dem Krieg diente er in seiner Heimatstadt Wurzen der sowjetischen Geheimpolizei NKWD unter dem Decknamen »Drug« (dt. Freund) als inoffizieller Mitarbeiter.[607] Seine Rolle im MfS erklärt sich nicht zuletzt daraus, dass er bis in die 1960er-Jahre zu den wenigen Personen in Leitungsfunktionen der HA IX gehörte, die überhaupt

599 Engelmann; Joestel: Hauptabteilung IX, i. E., S. 57 f.; Sélitrenny: Doppelte Überwachung, S. 210 f. u. 265 ff.

600 Joestel: Strafrechtliche Verfolgung, S. 94; Engelmann; Joestel: Hauptabteilung IX, i. E., S. 59

601 Raschka: Justizpolitik, S. 304.

602 Engelmann; Joestel: Hauptabteilung IX, i. E., S. 55.

603 Engelmann: Staatssicherheitsjustiz, S. 147 ff.

604 Ab 1968; BStU, MfS, HA KuSch, Kaderkarteikarte.

605 Ab 1981; BStU, MfS, HA KuSch, Kaderkarteikarte.

606 BStU, MfS, HA KuSch, Kaderkarteikarte.

607 HA IX/8, Schreiben von Konrad Lohmann an HA KuSch v. 20.9.1979; BStU, MfS, KS 13445/90, Bl. 122.

über einen juristischen Hochschulabschluss verfügten.[608] Lohmann absolvierte die Karl-Marx-Universität in Leipzig und arbeitete dort eine Zeit lang als wissenschaftlicher Assistent.[609]

Nach einer Phase als Untersuchungsführer »unterstützte [er ...] wesentlich die Aneignung von Rechtskenntnissen durch die Mitarbeiter der Hauptabteilung IX«[610], indem er seine weniger qualifizierten Kollegen in Straf- und Strafprozessrecht schulte. Er wurde in der zweiten Hälfte der 1960er-Jahre Mitglied einer Expertenkommission, die die Strafprozessordnung von 1968 erarbeitete. In dieser Zeit wurde er dem Leiter der HA IX direkt unterstellt.[611] Anfang der 1970er-Jahre sollte er eine Dissertation zum Thema »Die Strafrechtsnormen zum Schutz der DDR« verfassen, an der Erarbeitung eines neuen Kommentars zum StGB und zur StPO mitwirken und zum Thema einen »Spezialkommentar« für das MfS verfassen.[612] Offenbar hegten seine Vorgesetzten die Erwartung, dass Lohmann die MfS-Interessen in die justizpolitischen Diskussionen hinter den Kulissen einbringen würde. Aber die vorgesehene Dissertation ist nicht nachweisbar,[613] ob der Spezialkommentar zustande kam ist fraglich.[614] Die Vorgesetzten von Lohmann mussten sich eingestehen, dass es ihm an der »nötigen Initiative und vor allem Ausdauer, am Schreibtisch zu arbeiten, sich ständig konzentriert und tiefgründig mit politisch-rechtlichen Grund- und Spezialfragen zu befassen und sich einen eigenen fundierten Standpunkt für zu lösende Probleme zu erarbeiten«[615], mangelte. Lohmann wurde daher 1982 von der Funktion des Leiters der Arbeitsgruppe Recht entbunden und als Offizier für Sonderaufgaben eingesetzt. Seine Stärke lag eher im Organisatorischen und der Pflege von Kontakten im Justizbereich. Daher behielt er eine exponierte Stellung und sollte weiterhin persönliche Arbeitskontakte zu den Leitern der zentralen Justizorgane halten. Er habe sich insbesondere bei der »aufwendigen Durchsetzung von Sicherheitserfordernissen bei Kaderentscheidungen der zentralen Justizorgane, bei der Durchsetzung des Geheimschutzes in den Justizorganen sowie bei der Klärung operativ bedeutsamer, teilweise sehr diffiziler Einzelprobleme«[616] bewährt. Lohmann bewies offenkundig als Netzwerker gegenüber den Justizinstitutio-

608 HA IX, Qualifikationsstatistik, o. D.; BStU, MfS, HA IX Nr. 2726, Bl. 190–229, hier 211.

609 BStU, MfS, KuSch, Kaderkarteikarte.

610 HA IX, Vorschlag zur Aufnahme in die Kaderreserve, 23.3.1964; BStU, MfS, DOS 3069/92, Bl. 48–50, hier 48.

611 Ebenda, Bl. 49.

612 Konrad Lohmann, Vorschlag, 26.10.1970; BStU, MfS, HA IX Nr. 8315, Bl. 292–294.

613 BStU, MfS, HA KuSch, Kaderkarteikarte; Förster: Dissertationen.

614 Für die Honecker-Ära ist bislang nur ein Lehrbuch der JHS von 1986/87 nachweisbar. MfS. Lehrbuch für die Hochschulausbildung. Das Strafverfahrensrecht. Potsdam 1987. In diesen Jahren gibt es weitere zum Strafprozessrecht.

615 HA IX/8, Beurteilung, 24.3.1980; BStU, MfS, DOS 3069/92, Bl. 25.

616 HA IX/AKG, Beurteilung, 30.7.1987; BStU, MfS, KS 13445/90, Bl. 93 f., hier 93.

nen Geschick. Lohmann war in den 1980er-Jahren in einer Arbeitsgruppe zur Erarbeitung des StPO-Kommentars und der zur Erarbeitung der neuen StPO vertreten. Dort saß er gemeinsam mit qualifizierten DDR-Fachjuristen, wie den Professoren Horst Luther, Karl-Heinz Beyer und Lothar Reuter von den drei justizprägenden DDR-Hochschulen Berlin, Leipzig und Jena oder erfahrenen Praktikern wie Rudi Beckert vom Obersten Gericht und Gregor Gysi, dem erfahrenen Berliner Strafverteidiger und damaligen Parteisekretär des Kollegiums in einem Gremium.[617] Protokolle legen nahe, dass der MfS-Vertreter in analytischen und grundsätzlichen Fragen wenig zu bieten hatte. Während andere Teilnehmer grundsätzliche Fragen der Rechtsstaatlichkeit und der Menschenrechte thematisierten und die juristische Praxis der DDR kritisierten, brachte Konrad Lohmann die »Beschleunigung des Verfahrens«[618] ein. Das war ein Topos aus den frühen 1970er-Jahren.[619] In dem Maße, in dem in Rechtsinstitutionen gut ausgebildete DDR-Juristen den Ton angaben, machten sich die Qualifikationsdefizite im MfS bemerkbar. Das MfS konnte allenfalls auf sonstigen Kanälen Rechtskorrekturen und sei es letztlich durch Erich Mielke in seiner Funktion als Politbüromitglied anmahnen, wenn es sich in Fachgruppen nicht genügend hatte durchsetzen können. Wie sich 1988 am 5. Strafrechtsänderungsgesetz zeigte, gelang das dem MfS aber keineswegs immer. Hier wurden »die Grenzen der politischen Polizei des SED-Staats sichtbar«.[620]

### *Frank Osterloh*

Die HA IX versuchte die juristische Kompetenz in Grundsatzfragen dadurch zu stärken, dass ab 1982 ein jüngerer Jurist die AG Recht übernahm. Frank Osterloh, Jahrgang 1941, absolvierte nach der Wehrdienstzeit, in den Jahren 1962 bis 1967 die Humboldt-Universität mit dem Abschluss als Diplomjurist. Über eine Tätigkeit als Untersuchungsführer bei der Militärstaatsanwaltschaft in Strausberg kam er 1971 zur HA IX und wurde dort bald für Grundsatzfragen eingesetzt.[621] Osterloh promovierte an der Hochschule des MfS in einer Kollektivarbeit mit anderen MfS-Rechtsexperten mit magna cum laude.[622] Aus der

617 Strafprozessrecht Kommentar 1987, zu § 88, S. 124 f., Impressum.

618 Protokoll über die Verteidigung der Studie zum ZO-Projekt »Grundlinien der weiteren Entwicklung des Strafverfahrens und des Strafverfahrensrechts in der entwickelten sozialistischen Gesellschaft« von der Arbeitsgruppe im Ministerium der Justiz, 11.12.1987, S. 5; BArch DY 64/41.

619 Zunahme der Ermittlungsverfahren von 1987/88 um 67,03 %. Joestel: Strafrechtliche Verfolgung S. 21.

620 Raschka: Justizpolitik, S. 262.

621 BStU, MfS, HA KuSch, Kaderkarteikarte.

622 Frank Osterloh; Helmut Möller; Peter, Jaskulski: »Politische und völkerrechtliche Aspekte der Arbeit des MfS zur offensiven Zurückweisung der von Staatsorganen bzw. Feind-

Position des Leiters der AG Recht stieg Osterloh bis 1989 zum stellvertretenden Leiter des Bereichs Grundsatzfragen der AKG der HA IX auf und wurde ab Sommer 1989 Parteisekretär der SED-GO der gesamten HA IX.[623] Es ist davon auszugehen, dass der Bereich Grundsatzfragen unter seinem Einfluss zur Jahreswende 1988/89 Positionen einer stärkeren Orientierung an rechtsstaatlichen Verfahrensweisen, einer Lockerung des Reiserrechts und Teilentkriminalisierung des Strafrechts einnahm.[624] Eine solche Rechtsmodernisierung, die besser Qualifizierte vertraten, trugen manche der Traditionalisten in der Linie IX kaum mit.[625] Die Diskussion wurde Anfang 1989 vorerst durch ein Diktum des Hauptabteilungsleiters, Rolf Fister, mit einem Kompromiss beendet: »Wenn innerstaatliche Entwicklungen, Entscheidungen und Handlungen stärker dem öffentlichen Interesse beziehungsweise der Kontrolle ausgesetzt sind, dann erfordert das, bei allen Maßnahmen, die den inoffiziellen konspirativen Bereich verlassen, die Nachprüfbarkeit der Gesetzlichkeit zu sichern.«[626] Fister plädierte also aus taktischen Gründen dafür, die sichtbaren Handlungen seiner Abteilung an rechtlichen Normen zu orientieren, während die traditionellen geheimpolizeilichen Methoden im Hintergrund praktiziert werden durften. Allerdings wagten auch die Modernisierer nicht, die verdeckten Methoden und den Strafanspruch des Staates, zum Beispiel bei Grenzverletzungen, generell infrage zu stellen. Insofern blieben die Versuche, die die DDR auf unterschiedliche Weise zu stabilisieren, ganz im Rahmen der Logik des MfS.

einrichtungen der BRD ausgehenden Einmischung in innere Angelegenheiten der DDR«, 14.5.1980; BStU, MfS, VVS JHS 001-234/80. Hier flossen Erfahrungen Osterlohs ein, die er im Untersuchungs-Vorgang gegen den Wehrdienstverweigerer Nico Hübner u. a., die zu hohen Haftstrafen verurteilt wurden, gesammelte hatte. Vgl. Knabe, Hubertus: Die Täter sind unter uns. Über das Schönreden der SED-Diktatur. Berlin 2008, S. 165; Beth, Armin: RIAS-Bericht über die Verurteilung von Rudolf Bahro und Nico Hübner v. 7.7.1978. In: http://www.chronik-der;mauer.de/index.php/de/Media/VideoPopup/field/audio_video/id/23967/oldAction/-Detail/oldModule/Chronical/year/1978 (letzter Zugriff: 14.2.2014).

623 Wiedmann, Roland: Die Organisationsstruktur des Ministeriums für Staatssicherheit 1989. Berlin 1995, S. 131 f.

624 HA IX/AKG AB Grundsatzfragen, Zu rechtlichen Konsequenzen aus dem abschließenden Dokument des Wiener Treffens, 20.2.1989; BStU, MfS, HA IX Nr. 16332, Bl. 6–74.

625 HA IX/AKG. Zu ersten Überlegungen, Konsequenzen und Schlussfolgerungen aus dem abschließenden Dokument des Wiener Treffens; ebenda, Bl. 71–74.

626 Zit. nach: Süß, Walter: Die Wiener KSZE-Folgekonferenz und der Handlungsspielraum des DDR-Sicherheitsapparates 1989. In: Peter, Matthias u. a. (Hg.): Die KSZE im Ost-West-Konflikt. München 2012, S. 219–232.

### 4.3.6 Die HV A IX und die HV A AG S

In der für die Auslandsaufklärung zuständigen Hauptverwaltung Aufklärung (HV A), war die HV A IX/C/10, seit 1980 die verselbstständigte AG S, unter anderem mit Anwaltsfragen befasst. Diese Arbeitsgruppe gehörte zunächst zur informationsverarbeitenden Diensteinheit HV A IX/C innerhalb der HV A IX, die überwiegend für die Gegenspionage im Westen, für bundesdeutsche und alliierte Dienste zuständig war.[627] Sie betreute im Westen inhaftierte Agenten des MfS und organisierte anwaltlichen Beistand. Dazu wurden westliche Anwälte erfasst, die als vertrauenswürdig galten.[628] Die Arbeitsaufgabe lag 1973 in der HV A IX/C/10, ging dann kurzzeitig in der HV A IX/C/2 auf, um schließlich als AG S weitergeführt zu werden.[629] Die Mitarbeiter verfügten in der Regel über eine juristische oder kriminalpolizeiliche Ausbildung, sodass die AG S ein juristisches Kompentezzentrum innerhalb des MfS darstellte. Mit Fritz Kobbelt, der zu den langgedienten HVA-Mitarbeitern gehörte, verfügte die AG über einen im MfS einflussreichen Vorgesetzten.[630]

Da die West-Anwälte nicht unmittelbar vom MfS mit Mandaten beauftragt werden konnten, wurden DDR-Anwälte zwischengeschaltet. Zwischen diesen Anwälten und der HV A bestand ein wie auch immer geartetes Vertrauensverhältnis.[631] Es wurden daneben Informationen ausgetauscht, die nicht zum Kernbereich der Aufgaben der HV A IX/C/10 gehörten. So sammelte die HV A IX/C/10 in bestimmten Situationen Informationen über die Berliner Anwaltschaft und reichte sie an andere Diensteinheiten weiter.[632] Diese wussten offenbar von den Bindungen der HV A IX zu bestimmten Anwälten, denn sie erwarteten geradestellungen und Informationen von der HV A zu bestimmten Vorgängen in der Berliner Anwaltschaft.[633]

627 Müller-Enbergs, Helmut: Hauptverwaltung A (HV A). Berlin 2008, S. 152.

628 SIVO XV 641/66. BStU, MfS, Kartei.

629 Müller-Enbergs: Hauptverwaltung A, S. 170.

630 Ebenda, S. 168 u. 177.

631 Busse: Deutsche Anwälte, S. 414; Müller-Enbergs: Hauptverwaltung A, S. 262.

632 Während westliche Anwälte überwiegend als KP registriert waren, wurden andere Kooperationspartner als IMS, IMB bzw. GMS registriert. HV A IX/C, Schreiben an HA VII, 15.4.1981. Das Schreiben enthält eine Information aus der Parteileitung des RAK Berlin zu Überlegungen zur Einleitung einer Disziplinarmaßnahme gegen einen IM. BStU, MfS, AIM 6999/82, Bl. 252.

633 HA IX/Grundsatzfragen, Stellungnahme v. 14.6.1985; BStU, MfS, HA IX Nr. 16365, Bl. 72.

### 4.3.7 Die Rechtsstelle des MfS

Die kleine Rechtsstelle (RS) des MfS, die wohl ab 1969 einer Anleitung durch den Leiter der ZAIG unterstand,[634] unterhielt Kontakt zu bestimmten Anwälten. Die fünf Offiziere für Rechtsfragen (1988) waren stark spezialisiert.[635] Geleitet wurde die Rechtsstelle in den 1970er- und 1980er-Jahren von Hans Filin beziehungsweise Udo Lemme.[636] Mitarbeiter der Rechtsstelle waren in verschiedene Gesetzgebungsvorhaben eingebunden und saßen für das MfS in verschiedenen interministeriellen Arbeitsgruppen. Sie befassten sich mit Grundfragen zur Bekämpfung der Kriminalität, doch die eigentliche Kompetenz in Strafrechtsfragen lag bei der HA IX.[637] Über rein strafrechtliche Fragen ging die HA IX hinaus, wenn sie beispielsweise Gutachten erstellte[638] oder sich mit der Kriminalistik-Ausbildung an der Humboldt-Universität Berlin befasste.[639]

Schwerpunktmäßig befasste sich die RS mit dem Internationalen Recht, mit Wirtschafts- und Zivilrecht. Allein einer der fünf Offiziere beriet MfS-Mitarbeiter in Fragen des Zivil-, Grundstücks-, Versicherungs-, Familien-, Erb-, Arbeits- und Dienstrechtes. Derartige Rechtsfragen ermöglichten es der Gegenpartei und deren Rechtsvertreter tief in die privaten und zum Teil dienstlichen Verhältnisse von MfS-Mitarbeitern hineinzusehen. Hier lag ein potenzielles Einfallstor für die Aktivitäten anderer Geheimdienste. Daher vermittelte die RS ihren Mitarbeitern Vertrauens-Notare und Rechtsanwälte.[640] West-Erbschaften zum Beispiel waren beim MfS-Vorgesetzten anzuzeigen, der die RS informierte. Diese benannte einen Vertrauensanwalt.[641] Die Rechtsstelle registrierte Anwälte, die im Auftrag oder mit Billigung des MfS Mandate wahrnahmen. Zeitweilig waren acht Berliner Anwälte auf diese Weise bei der RS erfasst.[642]

### 4.3.8 Einflussnahme des MfS auf Justiz und Anwaltschaft

An Beispielen soll gezeigt werden wie MfS-Bereiche untereinander beziehungsweise mit der Partei, dem MdJ und anderen Justizorganen zusammenarbeiteten, um ihre Interessen in Rechtsanwaltsfragen abzustimmen und durchzusetzen. In

634 Zentrale Auswertungs- und Informationsgruppe. Wiedmann: Diensteinheiten, S. 423 f.
635 Knabe: Rechtsstelle, S. 5 f.
636 Gieseke: Wer war wer, S. 17, 44.
637 Knabe: Rechtsstelle, S. 6 u. 9.
638 Z. B. zu Möglichkeiten einer Kriminalisierung kirchlicher Aktivitäten. Knabe: Rechtsstelle, S. 16 ff.
639 Ebenda, S. 12.
640 Ebenda, S. 7.
641 Diverser solcher Aufträge in: BStU, MfS, RS Nr. 283; BStU, MfS, RS Nr. 323.
642 SIVO XV 2032/80. BStU, MfS, Kartei.

einem Fall ging es um den Einfluss auf ein Gesetzgebungsverfahren, in einem anderen Fall um die Einsetzung eines Funktionärs im Interesse der Partei und der HV A im Berliner Kollegium.

*Beispiel: Die Anwaltszulassung von Walter Baur*

Walter Baur war von 1959 bis 1976 Generalsekretär der VdJ. Zunächst hatte ihn die HA XX/1 registriert. Diese hielt wegen seiner hohen Stellung als Nomenklaturkader nur »offiziellen« Kontakt zu ihm. Ab 1966 wurde Baur laut MfS-Darstellung von der HV A IX/C zur Absicherung und Unterstützung bestehender Verbindungen«[643] der HV A in den Westen übernommen. Seine internationalen Kontakte in der VdJ sollten genutzt werden. Nach einer Auslandsreise übergab Bauer laut einem HVA-Treffprotokoll Listen von Anwälten, »die er für eine Zusammenarbeit mit der DDR als geeignet einschätzt«[644]. Die HV A schätzte ihn als zuverlässigen, parteiverbundenen langjährigen inoffiziellen Mitarbeiter.[645] Aufgrund von sogenannt »moralischen Verfehlungen« im Privatbereich wurde Baur nach einer ZK-Entscheidung 1976 von seiner Funktion entbunden.[646] Das erfuhr der Offizier der HA IX, Konrad Lohmann, vom ZK-Sektorenleiter Justiz, Siegfried Heger. Heger war bekannt, dass Baur für das MfS tätig war, stimmte sich daher mit dem Organ vorher ab.[647] Baur setzte seiner Absetzung wenig Widerstand entgegen und bekundete Interesse daran, Anwalt zu werden. Die HV A bestärkte ihn darin, denn er könnte dann »für uns operativ wirksamer werden, als es bisher möglich war«[648]. Man sagte Baur jede mögliche Unterstützung zu. Es war geplant, Baur im neuen Büro Mitte-III des Berliner Kollegiums einzusetzen.[649] Aus diesem Büro heraus sollte er in einer »beruflichen und damit auch oper[ativen] Tätigkeit (z. B. […] als RA in sogen[annten] Staatsschutzdelikten in der BRD)«[650] tätig werden. Damit war offenbar die Vertretung von inhaftierten DDR-Spionen gemeint.[651] An der Einrichtung des sogenannten Büros Mitte-III waren laut MfS verschiedene staatliche und Parteiorgane interessiert. »Es ist kein ›Privatunternehmen‹ von uns«,[652] schrieb die HV A. Die Mitglieder

643 HA VIII, Personenauskunft, 20.6.1979; BStU, MfS, AIM 6999/82, Bd. I, Bl. 188 u. 189.
644 HV A IX/C, TB mit IM »Jurist«, 14.10.1975; ebenda, Bl. 107.
645 HV A IX/C, Schreiben an BV Potsdam, 16.9.1975; ebenda, Bl. 13.
646 HA VIII, Personenauskunft, 20.6.1979; ebenda, Bl. 188.
647 HV A IX/C, TB mit IM »Jurist«, 22.7.1975; ebenda, Bl. 86 f.
648 HV A IX/C, TB mit IM »Jurist«, 16.9.1975; ebenda, Bl. 103.
649 Das Büro wurde später als Büro Friedrichshain II gegründet. Vgl. Verzeichnis der Rechtsanwälte, S. 9; Rechtsanwaltsverzeichnis/hg. vom MdJ, 14.1.1980; BStU, MfS, HA XX Nr. 7288, Bl. 2–55, hier 4.
650 HV A IX/C, TB mit IM »Jurist«, 4.3.1976; BStU, MfS, AIM 6999/82, Bl. 135.
651 Müller-Enbergs: Hauptverwaltung A, S. 152 ff.
652 HV A IX/C, TB mit IM »Jurist«, 22.4.1976; BStU, MfS, AIM 6999/82, Bl. 160.

dieser Anwaltszweigstelle unterlagen den »strengen kaderpolitischen Auswahlprinzipien«[653] des ZK der SED. In diesem Zusammenhang wurden offenbar zwischen MfS und ZK Personalunterlagen von Anwälten abgeglichen.[654] Die Juristen, die im Büro Mitte-III arbeiten sollten, waren nach Vorstellungen des zentralen Parteiapparates auch als Anwälte »für Mitglieder der Parteiführung, beziehungsweise andere Genossen zur Regelung persönlicher Angelegenheiten« vorgesehen. Als Leiter des Büros war damals Friedrich Wolff designiert.[655] Wolff war von der HV A als »Wagner«[656] registriert.

Das MfS agierte nunmehr auf den verschiedenen Kanälen, um Baur eine Zulassung im Berliner Anwaltskollegium zu verschaffen. Konrad Lohmann von der HA IX sollte Baur über die HV A veranlassen, beim MdJ und dem Vorsitzenden des Rechtsanwaltskollegiums einen Aufnahmeantrag zu stellen.[657] »Wagner«, alias Friedrich Wolff sollte seinerseits von der HV A kontaktiert werden, um die Anwaltskarriere von Baur abzusichern.[658] Mit Durchschlägen der von Baur ausgefertigten Aufnahmeanträge wollte Lohmann dann beim Staatssekretär des MdJ, Herbert Kern, erreichen, dass Baur tatsächlich in der vom MfS gewünschten Zweigstelle im RAK Berlin eingesetzt würde.[659] In der Zwischenzeit führte Baur den Offizier der HA IX, Konrad Lohman, und einen Offizier der HA XX/1 bei seinem Nachfolger im Generalsekretariat des VDJ ein, »da sie künftig den offiziellen Kontakt zu ihm halten«[660]. Trotz seines Karriereknicks arbeitete der ehemalige Nomenklaturkader Baur weiter Hand in Hand mit dem MfS.

Im Berliner Kollegium stieß die Bewerbung von Baur auf unerwartete Schwierigkeiten. Der Vorsitzende des Kollegiums, Häusler, sah in ihm zwar einen »Gewinn«[661] für das Kollegium. Wegen fehlender Büroräume sei eine Aufnahme aber derzeit nicht möglich. Nachdem Baur auf die führende Rolle der Partei und die Unterstützung durch das ZK und die Berliner BL der SED hingewiesen hatte, erwiderte der RAK-Vorsitzende »dass er auch ein Disziplinarverfah-

653 Klaus Sorgenicht: Schreiben an Erich Honecker, Abschrift 1976; BStU, MfS, HA XX Nr. 15888, Bl. 338 f. Der Vorschlag wurde laut Abschrift am 22.12.1976 von Honecker abgezeichnet. Er stand in Verbindung mit der geplanten Abwicklung des Büros von Ingeburg Genz. Da es dazu letztlich nicht kam, ist nicht klar, ob dieser Vorschlag vollumfänglich realisiert wurde.

654 Personalbogen, 4.1.1978; BStU, MfS, AP 72708/90, Bl. 1–4.

655 RAK Berlin, Schreiben an Walter Baur, 26.3.1976, Anlage Ausbildungsplan; BStU, MfS, AIM 6999/82, Bl. 145.

656 Busse: Deutsche Anwälte, S. 414; Müller-Enbergs: Hauptverwaltung A, S. 262.

657 HV A IX/C, Aktennotiz v. 20.1.1976; BStU, MfS, AIM 6999/82, Bl. 131.

658 HV A IX/C, TB mit IM »Jurist«, 16.9.1975; ebenda, Bl. 103; HV A IX/C, TB mit IM »Jurist«, 3.4.1976; ebenda, Bl. 151.

659 HV A IX/C, Aktennotiz v. 20.1.1976; ebenda, Bl. 131.

660 HV A IX/C, TB mit IM »Jurist«, 4.3.1976; ebenda, Bl. 134.

661 Ebenda.

ren in Kauf nehmen würde, wenn er den ›Auftrag erhält‹«[662], Baur im Kollegium aufzunehmen. Doch schließlich gab der Vorsitzende nach. Die HV A protokollierte: »Über das Justizministerium (Gen. E[rich] Wirth) erfolgt eine Rücksprache mit Gen. Häusler – zugleich wird dabei die Raumfrage geklärt.«[663] Kurz nach dieser Notiz wurde Baur, zunächst als Praktikant, dann als Vollanwalt ins Berliner Kollegium aufgenommen.[664]

Das MfS hatte zusammen mit SED und MdJ »ihrem« Mann den Einstieg in seine künftige Anwaltskarriere geebnet. Dennoch zeigte sich der Jurist keineswegs so geschmeidig, wie es von ihm erwartet wurde. Der als IM »Jurist« Geführte weigerte sich teilweise, Mitanwälte zu charakterisieren, da »er kein Spitzel sei, der die Leute aushorche, es sei auch nie seine Aufgabe gewesen, als Informant tätig zu sein«.[665] Er verweigerte darüber hinaus schriftliche Auskünfte über die Westkontakte von ihm nahestehenden Personen.[666] Die HV A war dagegen der Auffassung, eine Arbeit im Büro-III habe »das Primat der Interessen des MfS zur Grundlage« und es sei zu klären, »ob der IM in jeder Beziehung unsere Linie vertrete«[667]. Da Baur nicht klein beigab, verzichtete die HV A auf die weitere Kooperation. Baur blieb allerdings Rechtsanwalt und wurde 1978 für die HA VIII als Deckadresse, umregistriert. Er wurde demnach mit »Fragen im Rechtsverkehr«[668] zwischen der DDR und der Bundesrepublik betraut. Aufgrund der Eigenwilligkeit des Juristen erbrachte der Eingriff von SED und MfS nicht das angestrebte Ergebnis. Dennoch zeigt diese Initiative, wie ZK und MfS dem Berliner Kollegium bei Bedarf in Personalfragen ihren Willen aufdrücken konnten. Zugleich wird deutlich, wie sehr Partei und MfS bestimmte Bereiche der Berliner Anwaltschaft, hier die von Wolff geleitete Zweigstelle (später Zweigstelle Friedrichshain II), für ihre Zwecke in Anspruch nehmen wollten.

### *Das MfS und das Entstehen des Kollegiumsgesetzes*

Das Beispiel des Kollegiumsgesetzes von 1980 zeigt, wie die Rechtsstelle, die HA IX und die HV A IX/C kooperierten. Zugleich offenbart dieses Beispiel die Schwächen der Erarbeitung juristischer Positionen im MfS. Im Jahre 1979/80

662 HV A IX/C, TB mit IM »Jurist«, 4.3.1976; BStU, MfS, AIM 6999/82, Bl. 135.

663 Ebenda, Bl. 136.

664 RAK Berlin, Schreiben an Walter Baur mit Ausbildungsvertrag, 24.3.1976; ebenda, Bl. 146–148.

665 HV A IX/C, TB mit IM »Jurist«, 23.5.1976; ebenda, Bl. 163. Offenbar ging es aber mehr um die Art der Auftragserteilung und die Qualität der Berichte, denn es finden sich in der Akte diverse handschriftliche Informationen über das Berliner Kollegium, die möglicherweise auf IM »Jurist« zurückgehen. Vermerk v. 5.1.1977; ebenda, Bl. 169–173.

666 HV A IX/C, TB mit IM »Jurist«, 23.5.1976; ebenda, Bl. 165.

667 HV A IX/C, TB mit IM »Jurist«, 3.4.1976; ebenda, Bl. 152.

668 HA VIII, Personenauskunft, 20.6.1979; ebenda, Bl. 190.

nahmen die Arbeiten an der neuen Verordnung über die Kollegien der Rechtsanwälte, dem späteren KollG, konkretere Formen an. Der Minister der Justiz übersandte seinem Ministerratskollegen Erich Mielke einen Entwurf zur interministeriellen Abstimmung.[669] Die Rechtsstelle leitete ihn an die HA IX/AG R zur Stellungnahme weiter.[670] Die AG R hatte sich schon monatelang zuvor bei der HV A IX/C eher informell mit Stellungnahmen zu diesem Thema versorgt.[671] Dort wurde gewarnt, einschränkende Formulierungen zu verwenden, die insbesondere im Ausland einen negativen Eindruck erwecken könnten.[672] Detailliertheit, Art und Inhalt der Stellungnahmen lassen darauf schließen, dass diese nicht allein in der HV A entstanden, sondern von Friedrich Wolff inspiriert waren, der als »Wagner« mit der HV A eng verbunden war.[673] Wolff drängte damals auf eine Aufwertung der Anwaltschaft[674] und versuchte, all seine Einflussmöglichkeiten geltend zu machen. Das MfS war offenbar einer seiner Kanäle. Auch wenn die HA IX nicht alles übernahm, was die HV A IX übermittelte, orientierte sie sich in ihrer Stellungnahme offenkundig am HV A-Papier.[675] Wie über das ZK hatte Wolff offenbar auch im MfS erfolgreiche Lobbyarbeit geleistet.[676] Die Schwächen der Arbeit der AG R in der HA IX, die in der Beurteilung von Konrad Lohmann anklangen, wurden hier deutlich. Der seinerzeit wichtigste Mann im Bereich des juristischen Grundsatzes versuchte »durch umfangreiche Konsultationen von Spezialisten« zu kompensieren, dass es ihm schwerfiel, im Interesse des MfS eigenständig »schöpferisch inhaltlich zu arbeiten«[677].

669 Hans-Joachim Heusinger: Schreiben an Erich Mielke, 3.4.1980; BStU, MfS, HA IX Nr. 16357, Bl. 82.

670 MfS/RS, Schreiben an HA IX, 9.4.1980; BStU, MfS, HA IX Nr. 16357, Bl. 81.

671 Stellungnahme zum Entwurf der Verordnung über die Kollegien der Rechtsanwälte, 2.4.1980; ebenda, Bl. 84.

672 Stellungnahme zum Entwurf des Gesetzes über die Kollegien der Rechtsanwälte, 26.8.1980; ebenda, Bl. 28.

673 In einer der Stellungnahmen wird in Ich-Form auf Aufsätze von Prof. Horst Luther hingewiesen. Derartige Aufsätze hatten Wolff und Luther gemeinsam verfasst. Luther, Horst; Wolff, Friedrich: Zur Frage, ob die Verteidigung eine persönliche Dienstleistung ist. In: NJ 33 (1979) 7, S. 308 f.; Stellungnahme zum Entwurf der Verordnung über die Kollegien der Rechtsanwälte. 2.4.1980; BStU, MfS, HA IX Nr. 16357, Bl. 85. Weitere Stellungnahmen sind in vergleichbarer Form verfasst und wurden in der HA IX mit dem Zusatz »HV A IX/C« abgelegt. Bemerkungen zum Entwurf der Verordnung über die Kollegien der Rechtsanwälte, 21.12.1979; ebenda, Bl. 88–90.

674 Wolff, Friedrich: Der Werdegang der sozialistischen Rechtsanwaltschaft in der DDR. In: NJ 33 (1979) 10, S. 433–435; Wolff: Verlorene Prozesse, S. 225; Gerlach: Die Rechtsanwaltschaft, S. 144.

675 HA IX, Schreiben an RS, 14.4.1980; BStU, MfS, HA IX Nr. 16357, Bl. 79 f.

676 Laut Wolff nutzte er die Kontakte von Wolfgang Vogel. Wolff: Verlorene Prozesse, S. 225; Gerlach: Rechtsanwaltschaft, S. 144.

677 HA IX/AKG, Beurteilung des Genossen OSL Lohmann, 30.7.1987; BStU, MfS, KS 13445/90, Bl. 93.

## *MfS und MdJ*

Das hervorgehobene Personal im MdJ verfügte nicht nur über enge Bindungen zum Partei-Apparat, sondern darüber hinaus oft über traditionell gute Beziehungen zum MfS. Erwartet wurde ohnehin ein »politisch-operatives Zusammenwirken«[678] in Sicherheitsfragen. Einige Justizfunktionäre wie Justizminister Hans-Joachim Heusinger hatten zu Beginn ihrer Karriere als IM mit dem MfS »ehrlich und zuverlässig«[679] kooperiert. Wegen seines Aufstieges in die Riege der Nomenklatura war eine verdeckte Arbeit nicht mehr möglich, dafür bestehe ein »ständiger offizieller Kontakt«[680].

Auch der langjährige Abteilungs- beziehungsweise Sektorenleiter, Erich Wirth, der für die Anwälte zuständig war, firmierte in den 1970er-Jahren, vermutlich bis zu seiner Verrentung 1988,[681] als IM »Ewald«.[682] Laut Karteikarten war er schon seit den 1950er-Jahren registriert, mehrere Berichte über Abläufe und Personen im MdJ liefen unter seinem damaligen Decknamen »Egon«.[683] Durch seine Wahl zum Parteisekretär erübrigte sich mit dieser Nomenklaturkaderposition die IM-Erfassung.[684] Im Jahr 1976 lieferte er dann zu allen Mitarbeitern seines Ministeriums eine handschriftliche Kurzeinschätzung.[685] Im Jahr 1972 wurde er zum Führungs-IM (FIM) »Ewald« umregistriert. In dieser Funktion sollte er vor allem einen IM »zur »inoffiziellen Absicherung«[686] der Verwaltung des Ministeriums für Auswärtige Angelegenheiten anleiten. Zusätzlich wurde er im Jahr 1973 im Rahmen von zwei Disziplinarverfahren gegen Berliner Anwälte inoffiziell eingesetzt.[687] Wirth war an diesem Vorgang inoffiziell wie offiziell als Ministeriumsmitarbeiter beteiligt. Es ist in der Literatur herausgestellt worden, dass in der für Rechtsanwälte zuständigen Fachabteilung drei

678 RL 1/82 zu Sicherheitsüberprüfungen. In: Engelmann: Grundsatzdokumente, S. 416 ff.

679 Zit. nach: Vollnhals, Clemens: Nomenklatur und Kaderpolitik. Staatssicherheit und die »Sicherung« der DDR-Justiz. In: Piazolo, Michael; Weber, Jürgen: Justiz im Zwielicht. München 1998, S. 228. Heusinger agierte damals unter dem Decknamen »Knebel«.

680 HA XX/3, Stellungnahme v. 21.9.1967; BStU, MfS, HA XX Nr. 6529, Bl. 479. Diese positive Einschätzung schützte Heusinger nicht davor, dass in seiner Verwandtschaft wegen Westkontakten Nachforschungen erfolgten, die mittelbar auch ihn tangierten. Ebenda, Bl. 474.

681 BStU, MfS, Kartei, F 22, Vorgang Nr. XV 1746/79.

682 Eisenfeld: Staatssicherheit, S. 40.

683 HA XX/1, TB mit AIM »Egon«, 15.2.1972; BStU, MfS, AIM 6577/74, Bl. 11; BStU, MfS, Kartei, F 22, Vorgang Nr. 9625/60.

684 HA XX/1, Einschätzung des Berichtes vom Genossen Wirth zum Genossen [...]. 27.5.1968; BStU, MfS, AIM 9508/70, T. II. Bd. 2, Bl. 238–244.

685 Einschätzungen der Mitarbeiter durch Gen. Wirth, Mai 1976; BStU, MfS, HA XX Nr. 7358, Bl. 204–241.

686 HA XX/1, TB mit FIM »Ewald« und IMS »Rudi Jahn«, 6.12.1972; BStU, MfS, AIM 6577/74, Bl. 24.

687 HA XX/1, TB mit FIM »Ewald«, 3.5.1973; ebenda, Bl. 33 f.

von sieben Mitarbeitern inoffizielle Mitarbeiter des MfS waren.[688] Diese Aussage muss zumindest für die Honecker-Zeit modifiziert werden. In der Tat stützten sich die HA XX beziehungsweise deren Vorläuferdiensteinheit HA V seit den 1950er-Jahren bei der Kontrolle des Staatsapparates auf IM.[689] Das MfS änderte in der Zeit danach offenbar seine Kooperationsstrategie. Die »offizielle Zusammenarbeit« gewann größere Bedeutung.[690] Laut einer Sicherheitsanalyse des MdJ von 1976 war keiner der 173 Beschäftigten inoffizieller Mitarbeiter, auch nicht in der Abteilung IV die sich mit der Anwaltschaft befasste.[691] Stattdessen konzentrierte man sich auf die »Abschöpfung offizieller Quellen« wie dem Kaderleiter, dem Leiter des Ministerbüros, dem Parteisekretär und einer Mitarbeiterin in der Kaderabteilung.

Ein bevorzugter Ansprechpartner des MfS in Sach- und Personalfragen war Staatssekretär Herbert Kern.[692] Die HA XX bescheinigte ihm, »dass er in seiner Funktion in vorbildlicher Weise die vielseitigen Aufgaben des MfS«[693] unterstützte. Als der stellvertretende Minister, Siegfried Wittenbeck, 1987 sein Nachfolger werden sollte, wurde diesem attestiert, dass er Anliegen des MfS »stets zuverlässig realisiert und unterstützt«[694] habe. Auch Hans Breitbarth stellte das MfS ein positives Zeugnis aus, als der stellvertretender Minister werden sollte; in seiner Zeit als Richter »arbeitete er mit der VP und dem MfS gut zusammen«.[695] Diese MfS-Einschätzungen zu Personen im MdJ sind Nomenklaturkader-Beurteilungen. Es ist davon auszugehen, dass diese zumindest summarisch den Nomenklaturvorgesetzten im SED-Apparat mitgeteilt wurden.[696]

688 Eisenfeld: Rolle und Stellung, S. 359.

689 Einer, der für die »Anleitung« der Anwälte zuständig war, lieferte unter dem Decknamen »Fliege« Informationen über Berliner Anwälte, bevor er sich 1969 dekonspirierte. GI »Fliege« war 1952 vom MfS angeworben und 1959 von der HA V/1, der späteren HA XX/1, übernommen worden, als er in das MdJ überwechselte. HA V/1, Perspektivplan, 21.5.1962; BStU, MfS, AIM 9508/70, T. I, Bd. 1, Bl. 67; HA XX/1, TB mit GI »Fliege«; ebenda, T. II, Bd. 2, Bl. 151–153; HA XX/1, Bericht über die Entpflichtung, 21.8.1969; ebenda, T. I, Bd. 1, Bl. 102–105.

690 RL 1/68. Zit. nach: Müller-Enbergs: Inoffizelle Mitarbeiter, Teil 1; Richtlinien, S. 246.

691 HA XX/1, Analyse zur politisch-operativen Situation im Ministerium der Justiz, 24.5.1976; BStU, MfS, HA XX Nr. 7358, Bl. 199.

692 Vollnhals: Nomenklatur, S. 226.

693 HA XX, Schreiben an BdL, 14.10.1985; BStU, MfS, HA XX Nr. 7355, Bl. 721.

694 HA XX/1, Stellungnahme v. 22.7.1987; BStU, MfS, AP 35896/92, Bl. 231; zit. nach: Eisenfeld: Staatssicherheit, S. 40.

695 HA XX/AKG, VSH-Karte; BStU, MfS, Kartei.

696 Booß; Pethe; Michalek: Rote Nelke, S. 49–69. Im Fall von Hans Breitbarth lag ein förmlicher Kaderauftrag der SED vor, kurz darauf wurde er stellvertretender Minister. Auch die Überprüfung von Siegfried Wittenbeck fand kurz vor seinem Aufstieg in die ZK-Nomenklaturebene des Staatssekretärs statt. In der Zeit zuvor hatte das MfS Negatives zum Lebenswandel des Amtsvorgängers Herbert Kern zusammengetragen, was möglicherweise dessen Ablösung beschleunigte. HA XX/1, IM-Bericht, Abschrift, 27.3.1980; BStU, MfS, HA XX Nr. 7355, Bl. 720; HAX/1, Information zum Staatssekretär des MdJ, 7.7.1980; ebenda, Bl. 722 f.; HA IX/

Eine gute Zusammenarbeit mit dem MfS war auf dieser Ebene offenbar ein Karrierekriterium. Unterhalb der Spitzenebene gab es eine gute »partnerschaftliche« Zusammenarbeit mit wichtigen Mitarbeitern des MdJ, die für die Anwaltschaft zuständig waren. Hauptabteilungsleiter Klaus Horn war seit den 1970er-Jahren im Blick der HA XX/1.[697] Das MfS wusste nur Positives über seine Entwicklung und seinen Klassenstandpunkt zu berichten. Zu dieser Einschätzung trug bei, dass eine enge Verwandte von Horn beim Berliner MfS beschäftigt war.[698] Im Austausch mit dem Sicherungsoffizier der HA XX/1, Hardtmann, und mit dem Leiter der AG R der HA IX, Lohmann, wählte Horn die vertraute »Du«-Form[699], die selbst unter Genossen verschiedener Institutionen und Hierarchiestufen nicht selbstverständlich war. Mehrfach übermittelte Horn dem MfS vertrauliche Informationen. Auf der Ebene unterhalb von Horn war die Kooperation ebenfalls eng. Der Abteilungsleiter für die Anwaltschaft, Erich Wirth, war nicht nur als IM, sondern auch als Justizfunktionär ein wichtiger Informant und Partner des MfS. Es ist nicht ganz einfach nachzuvollziehen, wann und warum ein Justizfunktionär wie Erich Wirth offiziell und wann er inoffiziell mit dem MfS kooperierte. Wirth leitete zum Beispiel Vermerke des RAK-Vorsitzenden Gregor Gysi über ein Gespräch mit einem Westberliner Anwalt und einen Vermerk über Westkonten von DDR-Anwälten offiziell an das MfS weiter. Eine Kopie der Vermerke ging an Konrad Lohmann von der HA IX. Devot erbat Wirth unter seinem Klarnamen sogar einen Rat, »welche Position wir einnehmen sollen.«[700] Telefonisch informierte Wirth die HA XX/1 über ein Disziplinarverfahren gegen zwei Berliner Anwälte, die einen Westbezug hatten.[701] In zwei anderen Disziplinarverfahren wirkte er dagegen laut MfS-Akten als IM »Ewald« mit. Ein Offizier der HA XX/1 hatte »Ewald« »instruiert [...]«,[702] wie er im Sinne des MfS in seiner Funktion als Vertreter des MdJ auf das Disziplinarverfahren einwirken sollte, um den Ausschluss der Anwälte aus dem Berliner Kollegium zu erreichen.

Ein interministerieller Austausch zu Themen, die das MfS zuständigkeitshalber betrafen, wurde offenbar als offiziell angesehen, während das manipulative

AKG, Information über Veränderungen im Ministerium der Justiz, 27.10.1987; BStU, MfS, HA IX Nr. 16349, Bl. 22 f.

697 BStU, MfS, Kartei, SIVO XV 766/73.

698 HA XX/1, Auskunftsbericht v. 16.9.1985; BStU, MfS, AP 29902, Bl. 121.

699 MdJ, Schreiben an Genossen Har[d]tmann, 3.7.1986; BStU, MfS, HA XX Nr. 6891, Bl. 63; MdJ, Schreiben an [Konrad] Lohmann, 1.3.1979, BStU, MfS, HA IX Nr. 16364, Bl. 62 f.

700 MdJ, Schreiben an den Genossen Münzner, 7.6.1988; BStU, MfS, HA XX Nr. 7364, Bl. 170. Günter Münzner war Referatsleiter in der HA XX/1/1; BStU, MfS, HA KuSch, Kaderkarteikarte.

701 HA XX/1, Vermerk v. 20.7.1981; BStU, MfS, HA XX Nr. 6893, Bl. 30.

702 HA XX/1, Bericht v. 4.4.1973; BStU, MfS, AIM 6577/74, Bl. 31–32; HA XX/1, TB mit FIM »Ewald«, 3.5.1973; ebenda, Bl. 33 f.

Einwirken des MfS in die Strukturen von MdJ und Anwaltschaft »inoffiziell« konspiriert wurde. Einen vertraulichen Vermerk des stellvertretenden Ministers zu den Anwälten leitete Wirth mit der Unterschrift »Ewald« weiter. Offenkundig lag keine Zustimmung des Vorgesetzten vor.[703] Auf Erich Wirth ging nach MfS-Angaben eine Liste mit Kurzeinschätzungen aller Berliner Anwälte zurück. Die verschickte die HA IX unter Angabe des Urhebers »Wirth« an die HA XX.[704] Allerdings wurde MfS-intern darauf hingewiesen, dass die Information nicht »offiziell ausgewertet werden« dürfe, da eine »inoffizielle Einschätzung«[705] der Anwälte zugrunde läge. Diese Einschätzung sei ausschließlich für den Staatssekretär des MdJ, Kern, und »für uns«[706] gefertigt. Selten wie hier wird deutlich, dass es jenseits der IM einen Kreis von eingeweihten Kooperationspartnern des MfS gab und die Konspiration gegenüber jenen galt, die in diese Kommunikation nicht einbezogen werden sollten.

Der Nachfolger von Wirth, Udo Rodig, war dem MfS wohl vertraut. Während des Jurastudiums war er von der Kaderabteilung des MfS angesprochen worden, die erwog, ihn als hauptamtlichen Mitarbeiter zu übernehmen.[707] Während dieser Zeit verfasste Rodig laut Akten Berichte über Mitstudenten, die sich in seiner MfS-Akte finden.[708] In einem Bericht über die Armeezeit schrieb er, »wir waren bereit[,] W[est]-Berlin zu erobern«[709]. Da ihm noch politische und charakterliche Reife fehlten, wurde er nach dem Studium nicht beim MfS eingestellt. Seine Bereitschaft, »inoffiziell mit dem MfS zusammenzuarbeiten, ist vorhanden«[710], protokollierte das MfS. Wegen seiner Richtertätigkeit kam er letztlich nicht zum Einsatz. Nachdem Rodig mit Rückendeckung des MfS ins MdJ übernommen wurde, bemühte er sich von Anfang an nachdrücklich um eine Kooperation mit der HA XX/1. In einem gemeinsamen Treffen wurde laut Protokoll besprochen, wie die offizielle Zusammenarbeit zwischen den Vorsitzenden der Kollegien in den Bezirken und der zuständigen Diensteinheit der jeweiligen BV auf Bezirksebene verbessert werden könne. »Rodig [ging] davon aus, dass die Zusammenarbeit […] zum beiderseitigen Vorteil wäre.«[711] Auf dieses Treffen ging die Anre-

703 Schreiben für Genossen Münzner, o. D. (vermutl. 1973); BStU, MfS, HA XX Nr. 7364, Bl. 133–136.

704 HA IX/AG R, Schreiben an HA XX/1, 1.3.1977; BStU, MfS, HA XX Nr. 6886, Bl. 37.

705 HA XX, Schreiben von BV Bln/XX, 12.7.1977; ebenda, Bl. 36.

706 HA IX/AG R, Schreiben an HA XX/1, 1.3.1977; ebenda, Bl. 37.

707 BV Karl-Marx-St., Einschätzung v. 12.10.1984; BStU, MfS, BV KMS, KS III 462/84, Bl. 4.

708 Handschriftl. Bericht, 18.9.1973; ebenda, Bl. 202 f.

709 Udo Rodig: Über meine pol[itisch]-ideologische Einstellung, 15.9.1973; ebenda, Bl. 61. Die Aussage wurde im Text durch die Formulierung gemildert »heute lächelt man darüber«. Ebenda.

710 BV Karl-Marx-St., Schreiben von HA XX, 2.8.1978; ebenda, Bl. 230.

711 HA XX/1, Vermerk über ein Gespräch mit dem Leiter der Abt. 7 des MdJ, 7.7.1988; BStU, MfS, HA XX Nr. 7357, Bl. 112.

gung des MfS zurück, bei den Vorstandswahlen in den Kollegien unkooperative Vorsitzende mithilfe des Einflusses des MdJ absetzen zu lassen.[712] Rodigs Mitarbeiter, Matthias Treffkorn, war von der Auslandsspionage Leipzig in der Zeit nach seinem Jura-Studium an der Humboldt-Universität Berlin als »Reservist zur personellen Ergänzung«[713] ausersehen worden. Ein Gespräch über einen Westverwandten wurde unter dem Decknamen KP »Wilhelm« protokolliert.[714] Wegen der Karriere als Richter und MdJ-Mitarbeiter sah das MfS »keine Möglichkeiten für einen operativen Einsatz« und archivierte die Akte.[715] Aufgrund dieses Personalangebotes fiel es dem MfS nicht schwer, Kooperationspartner zum Thema Anwaltschaft zu finden, jenseits inoffizieller Beziehungen.

### *Informelle Beziehungen unter Nomenklaturkadern*

Am engsten war das Kommunikationsnetzwerk unter den Nomenklaturkadern der Justiz- und Ermittlungsorgane. Höhere Nomenklaturkader im MfS verfügten über Handbücher zu Mitgliedern der obersten Nomenklaturebene.[716] Das gesamte Netzwerk der offiziellen Kontakte ging über die Nomenklatura hinaus und umfasste weitere Vertrauenspersonen, die sorgfältig ausgewählt wurden.[717] Die Kommunikation beschränkte sich keineswegs auf dienstliche Vorgänge im engeren Sinne, da der Sicherheitsbegriff des MfS politisiert und von daher entgrenzt war.[718]

Die offiziellen Kontakte wurden durch Beziehungspflege stabilisiert. Anlässlich des 30. Jahrestages der Bildung des MfS schlugen die HA IX und HA XX vor, 40 Personen aus dem Justizbereich »in Anerkennung ihrer hervorragenden Unterstützung bei der Erfüllung der dem MfS gestellten Aufgaben«[719] im Rahmen einer MfS-internen Festveranstaltung auszuzeichnen.[720] Diese Liste dürfte die wichtigsten offiziellen Gesprächspartner des MfS in den zentralen Justizorganen umfasst haben. Der damalige Generalstaatsanwalt Joseph Streit sollte mit dem Ehrentitel »Verdienter Mitarbeiter der Staatssicherheit« bedacht wer-

712 HA XX/1, Vorschlag für ein Schreiben an alle Leiter der Abt. XX der BV, o. D.; ebenda, Bl. 115.

713 BV Leipzig/XV, Verfügung zur Archivierung, 16.5.1980; BStU, MfS, BV Lpz, AP 1490/80, Bl. 136.

714 BV Leipzig/XV, Bericht über Kontaktaufnahme zu »Wilhelm«, 17.3.1976; ebenda, Bl. 123.

715 BV Leipzig/XV, Verfügung zur Archivierung, 16.5.1980; ebenda, Bl. 136.

716 Handbuch der Nomenklatur, 1.9.1986; BStU, MfS, Sekr. Neiber Nr. 896.

717 RL 1/82 zu Sicherheitsüberprüfungen, zit. nach: Engelmann: Grundsatzdokumente, S. 397 ff. u. 414 f.

718 Stichwort »Sicherheit« in Suckut: Wörterbuch.

719 HA IX und HA XX, Vorschlag v. 24.9.1979; BStU, MfS, HA XX Nr. 7358, Bl. 59–62.

720 HA XX/1, Vermerk v. 23.1.1980; ebenda, Bl. 53 f.

den, gefolgt von den ZK-Funktionären Klaus Sorgenicht und Siegfried Heger, Justizminister Heusinger und den Staatssekretären Kern und Ranke, die je ein »Ehrengeschenk des Ministers für Staatssicherheit« erhalten sollten. Für die »Verdienstmedaille« der NVA beziehungsweise »Medaille der Waffenbrüderschaft« waren drei Hauptabteilungsleiter des Justizministeriums, darunter der Kaderleiter, ferner der Parteisekretär, sowie der Sektorenleiter staatliche Notariate und der für die Rechtsanwälte zuständige Erich Wirth als stellvertretender Hauptabteilungsleiter vorgesehen.[721] Der Justizminister, Mitglied der LDPD, wurde auch an Jahrestagen und zu seinem 60. Geburtstag vom MfS mit Auszeichnungen beziehungsweise Geschenken bedacht.[722]

Auszeichnungen wie »Verdienter Jurist der Deutschen Demokratischen Republik« wurden offiziell von anderen Justizorganen vergeben, 1988 allein an 23 Personen. Bei der Festveranstaltung zur Verleihung der Auszeichnung »Verdienter Jurist« trug der ZK-Abteilungsleiter Klaus Sorgenicht eine Grußadresse des Generalsekretärs der SED vor. Untermalt wurde die Veranstaltung vom Bläserquintett des MfS-Wachregiments Feliks Dzierzynski.[723] Die Staatssicherheit schickte ihre Verbindungsoffiziere, die ihren Kontaktleuten gratulierten.[724] Der Kontakt zum MfS gehörte in diesen Kreisen zur »Kultur« des Berufsalltages. Unter den Ausgezeichneten des Jahres 1988 waren Heinz Wostry, ein Mitarbeiter des ZK der sich mit Anwaltsfragen befasste, und Rechtsanwalt Wolfgang Vogel.[725] Vogel erhielt 1969 an der Deutschen Akademie für Rechts- und Staatswissenschaft der DDR (DASR) in Babelsberg die Ehrendoktorwürde und wurde dort 1985 zum Professor für Strafprozessrecht ernannt. Aus diesem Anlass hielt er eine Rede vor wichtigen Vertretern der Justiz- und Ermittlungsorgane und Parteiverantwortlichen. Derartige Auszeichnungen, die zum Teil publizistisch verbreitet wurden,[726] signalisierten den Status des Ausgezeichneten im Hierarchiegefüge des SED-Staates.

Nicht nur der »Medaillenspiegel« wurde vom MfS genau verfolgt.[727] Auch die Fördermitgliedschaften für den Berliner Sportverein BFC Dynamo, der sich der besonderen Förderung von Erich Mielke erfreute,[728] wurden von der HA IX re-

721 HA IX und HA XX, Vorschlag v. 24.9.1979; ebenda, Bl. 59–62.

722 HA XX/1, Vermerk v. 19.11.1982; ebenda, Bl. 50; HA XX, Schreiben an das BdL, 6.3.1985; BStU, MfS, HA IX Nr. 16349, Bl. 64.

723 Oberstes Gericht der DDR, Konzeption, o. D. (vermutl. 1988); BStU, MfS, HA XX Nr. 7358, Bl. 27.

724 HA XX/1, Schreiben an Genossen Kienberg, 6.12.1986; ebenda, Bl. 46. Paul Kienberg war Leiter der HA XX.

725 Oberstes Gericht der DDR, Konzeption, o. D. (vermutl. 1988); ebenda, Bl. 30.

726 Konferenz an Akademie in Potsdam-Babelsberg. In: ND v. 18.10.1985.

727 GStA/Abt. Kader und Bildung, Übersicht über Auszeichnungen der Staatsanwälte, 6.1.1984; BStU, MfS, HA IX Nr. 10724, Bl. 93–101.

728 Leske, Hanns: Erich Mielke, die Stasi und das runde Leder. Der Einfluss der SED und des Ministeriums für Staatssicherheit auf den Fußballsport in der DDR. Göttingen 2004, S. 62;

gistriert. Die für die politische Justiz zuständige Hauptabteilung listete 1986 die den Verein fördernden Justizkader auf: unter anderem Justizminister Heusinger, Staatssekretär Herbert Kern, den Kaderleiter des MdJ, den Parteisekretär und Erich Wirth, vom ZK waren es Klaus Sorgenicht und seine Sektorenleiter.[729] Neben weiteren Justizvertretern waren auch einzelne Berliner Rechtsanwälte als BFC-Fördermitglieder verzeichnet, allerdings nicht alle mit regelmäßigen Zahlungen: Neben den drei Vorsitzenden der 1970er- und 1980er-Jahre, Häusler, Wolff und Gysi[730] waren es die Anwälte Cheim und Noak, die laut MfS-Unterlagen enge Verbindungen zum MfS unterhielten. Diese Fördermitgliedschaften innerhalb eines elitären Kreises erwecken nicht den Eindruck einer Freizeitbeschäftigung, sondern vielmehr den eines politisch-beruflichen Netzwerks. Man kooperierte »partnerschaftlich«, der Umgang wirkte wie unter gleichberechtigten Seelenverwandten. Dennoch lag die Letztentscheidung beim Parteiapparat. Beispielsweise wurde Justizminister Heusinger 1986 kurzfristig von einem Vertreter der HA XX/1 aufgesucht. Anlass war die Republikflucht eines Anwaltes aus dem Bezirk Rostock. Das MfS, immer darauf aus, Republikflüchtige zur Rückkehr in die DDR zu bewegen, wollte eine weitere Tätigkeit als Anwalt zusichern. Doch Minister Heusinger befürchtete einen Präzedenzfall und bestand, wie in solchen Fällen üblich, auf dem Ausschluss des Anwaltes aus dem Kollegium. Während des Gespräches »konnte nicht verhindert werden«[731], dass sich der Minister mit dem Sektorenleiter Justiz im ZK der SED telefonisch abstimmte. Der MfS-Offizier musste resigniert festhalten, dass »Gen[osse] Heger die Meinung von Minister Heusinger billigte«[732]. Der Minister hatte sich des Rückhaltes seines Nomenklaturbereiches versichert und damit den Vorschlag des MfS zurückgewiesen.

## 4.4 Gerichte und Staatsanwaltschaft

Die wichtigste institutionelle Einbindung der DDR-Anwälte kommt in den bisherigen Darstellungen oft zu kurz. Insbesondere im politischen Strafverfahren waren Staatsanwälte und Richter buchstäblich die entscheidenden Personen. Sie setzten den Rahmen anwaltlichen Handelns. An ihnen lag es, inwieweit der

Chronik des DDR-Sports. Berlin 2000, S. 126.

729 BFC-Liste, o. D. (vermutl. 1986); BStU, MfS, HA IX Nr. 10724, Bl. 59–61.

730 Gregor Gysi gab in einem Schreiben an den Spiegel vom 17.9.2009 an, dass er sich nicht erinnern könne, ob er die ihm angetragene Mitgliedschaft eingegangen sei. Laut einer MfS-Karteikarte trat er im November 1983 mit Unterschrift bei und zahlte bis Juli 1989 Beiträge. BStU, MfS, BFC Dynamo-Kartei.

731 HA XX/1, Vermerk über ein Gespräch mit dem Minister der Justiz, 16.7.1986; BStU, MfS, HA XX Nr. 6529, Bl. 389 f., hier 390.

732 Ebenda.

Anwalt Gehör fand. Und sie beschwerten sich, wenn der Anwalt ihrer Meinung nach die Grenzen des im sozialistischen Strafverfahren Zulässigen überschritt. Im Gerichtssaal traten Partei und MfS in der Regel nicht direkt auf, sie waren mittels der Justizfunktionäre präsent. Intensiver und früher als bei den Anwälten legte die Partei bei den Justizfunktionären Wert auf Kaderauslese, -schulung und eine Einbindung in die politische und fachliche Anleitung.

### 4.4.1 Volksrichter und Justizfunktionäre

Die den Verteidigern im Gerichtssaal gegenüberstehenden Richter hatten in den ersten Jahrzehnten der DDR oft einen vollkommen anderen Karrieregang genommen als die Anwälte. Da ein großer Teil der Nachkriegsrichter und Staatsanwälte ehedem der NSDAP angehört hatten[733] oder den politischen Erwartungen an die nunmehrige Funktion der Justiz nicht genügten, setzten die SMAD und die KPD, später die SED, auf einen »umfassenden Personalwechsel [... um den Preis einer] Deprofessionalisierung der Juristenschaft«.[734] Schon Anfang 1946 wurden »zuverlässige Antifaschisten« von politischen Organisationen vorgeschlagen und in sechsmonatigen, später einjährigen Lehrgängen zu Volksrichtern beziehungsweise Staatsanwälten ausgebildet.[735] Wegen des Juristenbedarfs setzte man die Volksrichterabsolventen sofort in der Praxis ein, erst ab 1953 standen vierjährige Studiengänge zur Verfügung.[736] Die Kurzzeitgeschulten mussten sich später durch mehrjährige Fernstudien und ein juristisches Examen weiterqualifizieren. Da die SED im Zuge ihrer »Justizpolitik durch Personalpolitik«[737] den Austausch bei der Richter- und Staatsanwaltschaft stärker forcierte als bei der Anwaltschaft, standen vor Gericht lange Zeit habituell eher bürgerliche Anwälte mit einer volljuristischen Ausbildung den Volksrichterjuristen gegenüber.

Die Personalrekrutierung bei Richtern und Staatsanwälten in der Nachkriegszeit führte zu einem deutlichen sozialen, politischen und qualifikatorischen Umbruch. Eine neue Schicht von Justizfunktionären bildete sich heraus. Im Jahr 1950 waren 58,1 Prozent der Richter und 73 Prozent der Staatsanwälte entsprechend ausgebildet worden.[738] Im Jahr 1952 hatten fast alle Direktoren der Bezirksgerichte und Leiter der Bezirksstaatsanwaltschaften Richterschulen durchlaufen. Sie verdankten dem SED-Staat einen Aufstieg, der ihnen nicht

733 Auf dem Territorium der späteren SBZ gehörten schon 1939 80 % der Richter und 78 % der Staatsanwälte der NSDAP an. Feth, Andrea: Die Volksrichter. In: Rottleuthner, Hubert (Hg.): Steuerung der Justiz in der DDR. Köln 1994, S. 351–377, hier 351.

734 Wentker: SBZ/DDR, S. 589.

735 Feth: Volksrichter, S. 357 f.

736 Ebenda, S. 376.

737 Schröder: Zivilrechtskultur. Bd. 4, S. 14 ff.

738 Feth: Volksrichter, S. 368 f.

vorherbestimmt schien. In den ersten Jahrgängen stammten 53 Prozent der Teilnehmer aus der Arbeiterschaft, über 50 Prozent verfügten nur über einen Volksschulabschluss.[739] Noch in den 1970er-Jahren stieg der Anteil der Richter aus Arbeiterfamilien, laut Statistik sogar auf 71,7 Prozent, wobei als Arbeiter auch partei- und staatstragende Gruppierungen galten.[740]

In den letzten Jahrzehnten der DDR kam es aufgrund einer kontinuierlichen und strengen Kaderplanung zu einem deutlichen Wandel bei der Rekrutierung von Richtern und Staatsanwälten.[741] Statt an Richterschulen und Akademien wurden sie gemeinsam mit angehenden Notaren und Anwälten an Hochschulen ausgebildet. Der Werdegang der prozessbeteiligten Juristen glich sich damit an. Die Studentenauslese und politisch-soziale Kontrolle während des Studiums nahmen seit Ende der 1960er-Jahre einen Verlauf, wie er ausführlich im Folgekapitel für die Anwälte geschildert wird.[742] Die Ausbildung von Staatsanwälten wurde ab 1972 an der Friedrich-Schiller-Universität in Jena konzentriert, wo sie einer starken Kontrolle unterlagen.[743] Potenzielle Führungskräfte wurden an Parteischulen oder -hochschulen delegiert, später wurde von jedem Kreisstaatsanwalt erwartet, dass er eine Bezirksparteischule oder gar Parteihochschule absolviert hatte.[744]

Die letzten Vertreter der Volksrichtergeneration schieden rechnerisch Mitte der 1980er-Jahre aus dem Amt. Sie waren bis dahin in Gerichten und dem übrigen Justizapparaten noch deutlich präsent.[745] In den letzten Jahren der DDR kam es zu einer massiven Personalverjüngung; 1989 war knapp die Hälfte der 1 052 Richter nicht länger als fünf Jahre in der Rechtspflege tätig, 104 wurden sogar das erste Mal gewählt, die meisten waren noch keine 35 Jahre alt. Die altersmäßige Zusammensetzung bei den Staatsanwälten wird ähnlich eingeschätzt.[746] Aufgrund der starken sozialen und politischen Vorauswahl und

739 Ebenda S. 358 ff.

740 Lochen, Hans-Hermann: »Nachwuchskader«. Zur Auswahl und Ausbildung von Juristen in der DDR. In: Im Namen des Volkes? Über die Justiz im Staat der SED/Hg. vom Bundesministerium der Justiz. Leipzig. Wissenschaftlicher Begleitband zur Ausstellung des Bundesministeriums der Justiz. 1994, S. 126.

741 Gräf, Dieter: Rekrutierung und Ausbildung der Juristen in der SBZ/DDR. In: Materialien der Enquete-Kommission »Aufarbeitung von Geschichte und Folgen der SED-Diktatur in Deutschland« (12. Wahlperiode des Deutschen Bundestages)/Hg. vom Deutschen Bundestag. Bd. 4. Baden-Baden 1995, S. 450.

742 Siehe Kapitel zur Anwaltskarriere.

743 Behlert, Wolfgang: Die Generalstaatsanwaltschaft. In: Rottleuthner, Hubertus: Steuerung der Justiz in der DDR. Einflussnahme der Politik auf Richter, Staatsanwälte und Rechtsanwälte. Köln 1994, S. 307.

744 Ebenda.

745 Beachte dazu, dass als Altersuntergrenze 25 Jahre vorgeschrieben waren. Feth: Volksrichter, S. 358.

746 Roenne, Hans Hubertus von: »Politisch untragbar …?«. Die Überprüfung von Richtern und Staatsanwälten der DDR im Zuge der Vereinigung Deutschlands. Berlin 1997, S. 13 u. 16.

Kontrolle werden dieser neuen Juristengeneration »Systemgläubigkeit und Anpassungsbereitschaft«[747] zugeschrieben. Einer MfS-Einschätzung zufolge waren Richter und Staatsanwälte in Berlin 1989 »politisch gefestigt und unantastbar«, zugleich würden sie aber in der letzten Zeit »politisch-ideologische Schwankungen« zeigen, weil sie einen niedrigeren Stellenwert hätten und schlechter bezahlt seien, als Mitarbeiter der Untersuchungsorgane.[748]

Die politische Einstellung dieser Justizfunktionäre bedarf noch einer genaueren Untersuchung. Trotz deren fester Einbindung in die SED finden sich immer wieder Hinweise auf eigenständige Auffassungen. So wurde vom langjährigen Präsidenten des Obersten Gerichtes, Heinrich Toeplitz kolportiert, er halte »leitende Funktionäre der zentralen Justizorgane [... für] politische Dummköpfe«.[749] Gemeint waren die maßgeblichen Vertreter in der ZK-Abteilung für Staat und Recht, denen der oberste Richter der DDR damit schlicht die Kompetenz absprach. Offenbar gab es gerade in Justizkreisen schon relativ früh Hoffnungen, dass die sich seit 1985 in der Sowjetunion abzeichnende Perestroika-Politik auch in der DDR Veränderungen bringen würde. Der Bezirksstaatsanwalt des Bezirkes Suhl schätze laut einer IM-Information ein, dass ein »Widerspruch zwischen Parteibasis, die Erneuerung in der S[owjetunion ...] begierig gutheiße [...] und dem nach wie vor autoritären Verhalten des 1. Bezirkssekretärs«[750] existiere.

### 4.4.2 Die Gerichtsorganisation

Die Gerichtsbarkeit auf regionaler Ebene lag bei Kreis- und Bezirksgerichten, denen ein Direktor vorstand.[751] Angeleitet wurden diese seit den 1960er-Jahren vor allem vom Obersten Gericht, seit 1974 zusätzlich vom MdJ.[752] Eigentlich verfügte die DDR über ein nur zweistufiges Gerichtssystem.[753] Da das OG im Rahmen von Kassationen fehlerhafte Urteile aufhob,[754] bestand faktisch ein dreistufiges Rechtssystem.

747 Die Empirie dieser Aussage ist nicht befriedigend. Lochen bezieht sich auf Erfahrungen eines nordrhein-westfälischen Richters bei Übernahmegesprächen nach 1990. Lochen: Nachwuchskader, S. 126. Ähnlich Gräf: Rekrutierung, S. 449 f.

748 BV Bln/XX/1, Information v. 7.9.1989; BStU, MfS, BV Bln, Abt. XX Nr. 6070, Bl. 14 f.

749 HA XX/1, Information, 24.10.1984; BStU, MfS, AIM 26904/91, Beifügung 4, Bl. 301 f.

750 Handschriftl. Vermerk, 9.11.1987; ebenda, Beifügung 5, Bl. 172–179, hier 178.

751 Raschka: Justizpolitik, S. 33.

752 Ebenda.

753 Schröder: Zivilrechtskultur. Bd. 4, S. 25.

754 Sarge: Im Dienste, S. 139 f. u. 146 f.

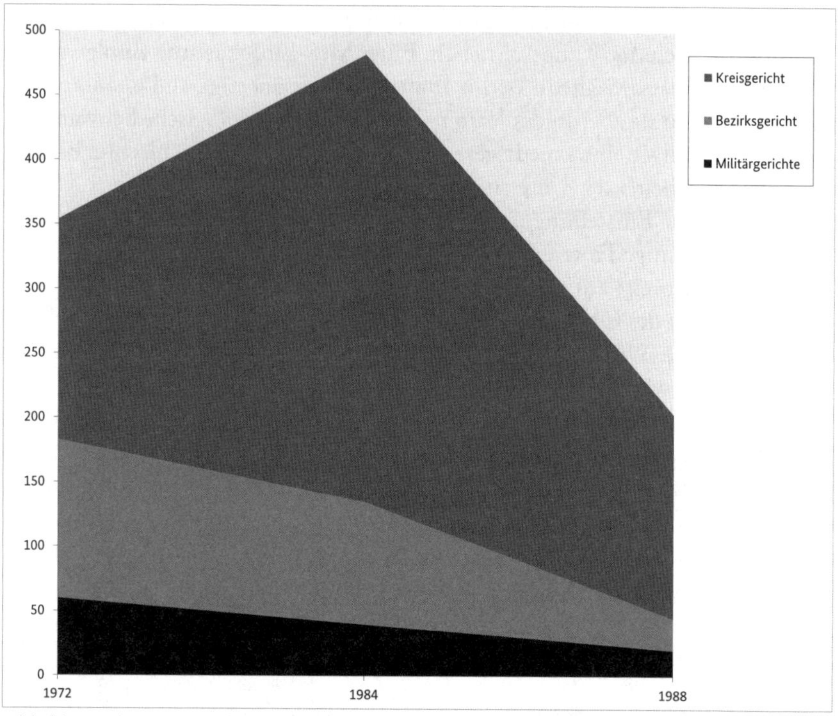


Abbildung 4: Entwicklung der Fallzahlen nach Gerichtstyp;[755] Booß, Kilian

Die politischen beziehungsweise die vom MfS-ermittelten Verfahren wurden vor besonderen Senaten abgehandelt. Der IA-Strafsenat des OG verhandelte Verfahren zu Staatsverbrechen nach dem 2. Kapitel des Strafgesetzbuches, der I b-Strafsenat Straftaten gegen die staatliche Ordnung nach dem 8. Kapitel des StGB. Ab 1977 wurden beide Senate im 1. Strafsenat zusammengefasst, der alle Straftaten nach dem 1., 2. und 8. Kapitel sowie alle vom MfS ermittelten Strafsachen verhandelte.[756] In den 1970er- und 1980er-Jahren fanden, anders als zu Zeiten der Schauprozesse in den 1950er-Jahren, kaum noch politische Verfahren in erster Instanz vor dem OG statt.[757] Diese Funktion übernahmen die IA-Senate der Bezirksgerichte, in Berlin das Stadtgericht. Zunehmend wurden MfS-ermittelte Verfahren auch an Kreis- beziehungsweise Stadtbezirksgerichte angegeben. Allein diese Verlagerung spricht für stärkere Routinen, man könnte sogar von einer Bagatellisierung der politischen Strafjustiz der DDR sprechen.

755 Berliner Stichprobe 72-84-88.
756 Raschka: Justizpolitik, S. 34.
757 Sarge: Im Dienste, S. 146.

### 4.4.3 Parteibindung und Nomenklatur

Politische Loyalität war bei Justizfunktionären mindestens so stark wie intellektuelle Fähigkeit gefragt. Fast 80 Prozent der ersten Volksrichterlehrgänge bestand aus SED-Mitgliedern.[758] In den 1970ern stieg die Zahl der Richter mit SED-Parteibuch auf über 90 Prozent an.[759] Im Jahr 1976 waren 93,9 Prozent der gewählten Bezirksrichter SED-Mitglieder, 1981 waren es 94,5 Prozent,[760] 1986 stieg deren Anteil sogar auf 96,3 Prozent[761]. Die 1 240 Staatsanwälte,[762] denen nach sowjetischem Vorbild eine starke Stellung im Rechtssystem zukam,[763] gehörten gegen Ende der DDR fast ausnahmslos der SED an.[764] Die Parteiabhängigkeit der Richter wurde dadurch gefördert, dass sie nicht auf Lebenszeit ernannt, sondern für eine fünfjährige Amtsperiode gewählt wurden. Formal wählte die jeweilige Ebene der Volksvertretung im Kreis beziehungsweise im Stadtbezirk, im Bezirk und auf DDR-Ebene die Volkskammer das Richterpersonal. Diese konnten die Richter jederzeit abberufen. Faktisch lag die Kaderauswahl der Richter jedoch in der Hand des MdJ, das in Absprache mit der SED die Auswahl traf.[765]

#### *Die Nomenklaturkader*

Die wichtigsten Justizfunktionäre waren SED-Nomenklaturkader.[766] Der Präsident des Obersten Gerichtes, zwei seiner Stellvertreter, die Direktoren der 14 Bezirksgerichte und des Stadtgerichtes Berlin gehörten zur Nomenklatur des ZK, alle Senatsvorsitzenden zählten zur Kontrollnomenklatur des ZK.[767] Präsident

758 Feth: Volksrichter, S. 358 ff.

759 Lochen: Nachwuchskader, S. 125.

760 Raschka: Justizpolitik, S. 33, FN 30.

761 Roenne: Politisch, S. 16.

762 Carsten, Ernst; Rautenberg, Erardo: Staatsanwaltschaft in Deutschland bis zur Gegenwart. Ein Beitrag zur Beseitigung ihrer Weisungsabhängigkeit von der Regierung im Strafverfahren. Baden-Baden 2012, S. 313.

763 Niethammer, Jens: Der Staatsanwalt in der DDR. Aufgaben und Tätigkeit auf dem Gebiet der Strafverfolgung. Hochschulschrift, Freie Universität. Berlin 1989, S. 26 ff.

764 Roenne: Politisch, S. 16. Rautenberg spricht von 90 %. Carsten; Rautenberg: Staatsanwaltschaft, S. 301.

765 Roenne: Politisch, S. 11 f.; Raschka: Justizpolitik, S. 33.

766 Amelin weist zu Recht auf deren Bedeutung hin, differenziert unzureichend zwischen der staatlichen und der SED-Nomenklatur. Amelin, Annette: Die Einflussnahme der Kreis- und Bezirksleitungen der SED auf die Zivil-, Familien- und Arbeitsrechtsverfahren der Kreis- und Bezirksgerichte. In: Schröder, Rainer (Hg.): Zivilrechtskultur der DDR. Bd. 2; Zivilrechtskultur der DDR. Berlin 2000, S. 59 ff.

767 Kadernomenklatur des Zentralkomitees der SED, 1986, S. 149, 152, 154; BArch DY 30/J IV 2/3/4052.

des OG war von 1960 bis 1986 Heinrich Toeplitz, der der CDU angehörte. Sein Nachfolger war Günter Sarge, SED-Mitglied, ab 1963 Vorsitzender des Militärkollegiums und ab 1977 einer der Vizepräsidenten des OG.[768] Die Folgen dieser politischen Anbindung beschrieb ein Richter aus dem Leitungsbereich des OG folgendermaßen:

> Keine wichtige Entscheidung erging, ohne dass sich die Leiter der staatlichen Institutionen der Zustimmung ihrer politischen ›Partner‹ im ZK und der SED vergewisserten. Dazu bestand ein direkter Draht zur Abteilung Staats- und Rechtsfragen, in wichtigen Fällen zum Politbüromitglied Egon Krenz oder dem Staatsratsmitglied Klaus Sorgenicht.[769]

Zum Zeitpunkt ihrer Wahl waren alle Richter des Stadtgerichtes Berlin Nomenklaturkader der SED-Bezirksleitung, bedurften also deren Zustimmung.[770] Diese Regelung galt analog für die Kreisebene.[771]

Die wichtigsten Staatsanwälte waren fachlich Teil der Kadernomenklatur der Generalstaatsanwaltschaft, die im Grundsatz die Personalhoheit ausübte.[772] Das betraf alle Staatsanwälte der Generalstaatsanwaltschaft, die Bezirksstaatsanwälte, deren Stellvertreter und die Abteilungsleiter auf Bezirksebene sowie alle IA-Staatsanwälte.[773] Generalstaatsanwalt der DDR war von 1962 bis 1986 Joseph Streit, dem Günter Wendland folgte.[774] Streit war direkt aus dem zentralen Parteiapparat in seine Funktion gewechselt und hatte vorzügliche Verbindungen zum SED-Apparat, zumal er ab 1963 dem ZK angehörte.[775] Ohnehin wurde der Generalstaatsanwalt auf Vorschlag des Staatsrates für die jeweilige Wahlperiode durch die Volkskammer gewählt. Streit war also Nomenklaturkader des Staatsrates und damit seit 1976 direkt beim Staatsratsvorsitzenden Erich Honecker angebunden.[776] Ähnlich wie die Richter unterstanden die wichtigsten Staatsanwälte politisch der Nomenklatur der SED. Der Generalstaatsanwalt der DDR, drei seiner Stellvertreter und der Generalstaatsanwalt von Berlin waren in die Nomenklatur des ZK eingeordnet, die Abteilungsleiter beim Gene-

768 Raschka: Justizpolitik, S. 34.

769 Beckert: Sklave, S. 127.

770 SED-BL Berlin, Vorlage für das Sekretariat der Bezirksleitung Berlin der SED, 28.10.1987, S. 33; LArch Berlin BPA 03692.

771 SED-KL Berlin Mitte, Kadernomenklatur der Kreisleitung Berlin-Mitte, 29.1.1980, S. 91; LArch Berlin IV D-4/04/104.

772 GStA der DDR, Kaderprogramm des Generalstaatsanwalts der DDR für den Zeitraum vom 1.1.1986 bis 31.12.1990, 27.12.1985; BArch, DP3, 721.

773 Raschka: Justizpolitik, S. 32.

774 Ebenda, S. 31 f.

775 Wer war wer in der DDR? In: http://www.bundesstiftung-aufarbeitung.de/wer-war-wer-in-der-ddr-%2363%3B-1424.html (letzter Zugriff: 20.12.2014).

776 Carsten; Rautenberg: Staatsanwaltschaft, S. 29; Niethammer: Staatsanwalt, S. 29.

ralstaatsanwalt und die 14 Bezirksstaatsanwälte der Kontrollnomenklatur des ZK.[777] Auf Bezirks- und Kreisebene bis hinunter zum stellvertretenden Kreisstaatsanwalt waren die Parteizuständigkeiten analog geregelt.[778] Staatsanwälte konnten jederzeit abberufen werden. Einzelne fristlose Abberufungen, auch aus politisch-ideologischen Gründen, sind für die 1980er-Jahre nachgewiesen.[779] Eine Sonderstellung hatte der Leiter der Militärstaatsanwaltschaft, der fachlich dem Generalstaatsanwalt, disziplinarisch dem Minister für Nationale Verteidigung unterstand.[780]

### 4.4.4 Das MfS und die Justizfunktionäre

Das MfS war an der Personalauswahl der Staatsanwälte zumindest indirekt beteiligt. Gelegentlich wird behauptet, das MfS hätte die Staatsanwälte der IA-Abteilungen sogar ausgewählt.[781] Das beruht möglicherweise auf einer Überinterpretation der Sicherheitsüberprüfungen.[782] Bis 1965 gab es ein Bestätigungsrecht des MfS beziehungsweise eine entsprechende Praxis.[783] Der Generalstaatsanwalt hatte allerdings die Primärverantwortung für seine Fach-Nomenklatur und besetzte die wichtigsten Stellen im Einvernehmen mit der SED.[784] Generalstaatsanwalt Joseph Streit ließ sich seinen Nachfolger direkt von Erich

777 Kadernomenklatur des Zentralkomitees der SED, 1986, S. 149, 152, 154; BArch DY 30/J IV 2/3/4052. Behlert übersieht die Kontrollnomenklatura von ZK bzw. BL und sieht die Bezirks- bzw. Kreis-Staatsanwälte nur auf der Ebene der SED-BL bzw. KL angesiedelt. Behlert: Generalstaatsanwaltschaft, S. 310 f.

778 SED-BL Berlin, Vorlage für das Sekretariat der Bezirksleitung Berlin der SED, 28.10.1987, S. 33; LArch Berlin BPA 03692; SED-KL Berlin-Mitte, Kadernomenklatur der Kreisleitung Berlin-Mitte, 29.1.1980, S. 91; LArch Berlin IV D-4/04/104.

779 Carsten; Rautenberg: Staatsanwaltschaft, S. 299 f.

780 Raschka: Justizpolitik, S. 32.

781 Lindheim, Thomas von: Bezahlte Freiheit. Der Häftlingsfreikauf zwischen beiden deutschen Staaten. Baden-Baden 2011, S. 98; Vollnhals: Die Macht, S. 236.

782 Vollnhals zitiert ein Dokument der BV Dresden im Rahmen einer Sicherheitsüberprüfung, wo von »Bestätigung« eines Staatsanwaltes die Rede ist. Wie sich im Rahmen der Rechtsanwaltsüberprüfungen zeigte, wählten gerade untere MfS-Instanzen derartige Formulierungen, die aber nicht ausschlossen, dass im Aushandlungsprozess der Institutionen letztlich andere Entscheidungen getroffen wurden. Vollnhals: Nomenklatur, S. 221. Engelmann zitiert eine SED-Quelle der 1950er-Jahre, wonach IA-Staatsanwälte vom MfS zu bestätigen seien. Engelmann: Staatssicherheitsjustiz, S. 161.

783 Engelmann; Joestel: Hauptabteilung IX, i. E., S. 91.

784 Im Kaderprogramm des GStA wurden die IA-Staatsanwälte nicht anders als andere aufgeführt. Als Abstimmungspartner wird die SED genannt. GStA der DDR, Kaderprogramm des Generalstaatsanwalts der DDR für den Zeitraum vom 1.1.1986 bis 31.12.1990, 27.12.1985; BArch, DP3, 721.

Honecker bestätigen.[785] Allerdings wurden die staatlichen Leiter, also auch die Generalstaatsanwaltschaft, bei Personalfragen in Sicherheitsfragen vom MfS beraten. Die Vorschläge für IA-Staatsanwälte sollen von den Bezirksstaatsanwälten beim Generalstaatsanwalt eingereicht worden sein. Dieser konsultierte das ZK. Es wird gemutmaßt, dass dieses das MfS einschaltete.[786] Insbesondere wenn das MfS eine formelle Zuständigkeit hatte, kam dies faktisch einem Vetorecht gleich. Das galt vor allem für die Überprüfung der Staatsanwälte mit GVS-Berechtigung, wo eine Abstimmung mit dem MfS rechtlich vorgeschrieben war.[787] In Berlin waren der Generalstaatsanwalt, seine Stellvertreter und alle Leiter und Stellvertreter, die Abteilungsleiter in IA-Verfahren der Generalstaatsanwaltschaft und alle Staatsanwälte der Stadtbezirksgerichte Lichtenberg und Pankow GVS-Kader.[788] Mit ihrer Überprüfung kam dem MfS zumindest ein indirekter Einfluss auf die Personalpolitik zu. Allerdings wurde in den Überprüfungsrichtlinien des MfS immer wieder betont, dass die eigentliche Verantwortung für Personalentscheidungen bei den jeweiligen staatlichen Leitern läge.[789]

Inwieweit das MfS inoffizielle und informelle offizielle Beziehungen zu Staatsanwälten und Richtern unterhielt, ist nicht systematisch untersucht. Für die Oberste Militärjustiz ist nachgewiesen, dass es aufgrund von hauptamtlichen MfS-Mitarbeitern, ehemaligen IM und engen offiziellen Kontakten ein besonders enges Verhältnis zum MfS gab.[790] Von möglichen Kandidaten für das Oberste Gericht waren 1981 rund 26 Prozent als IM, ehemalige hauptamtliche Mitarbeiter des MfS oder der HV A registriert.[791] Es gibt aus anderen Justizbereichen prominente Einzelbeispiele. Die langjährige Vorsitzende des wichtigsten Senats für politische Verfahren in Berlin, Gerda Klabuhn,[792] war von 1971 als GMS »Gerda« und später bis 1984 als IMS »Richter« für die Abteilung XX/1 der Bezirksverwaltung Berlin registriert.[793] Laut MfS-Unterlagen berichtete sie mehrfach zum politischen und juristischen Auftreten von Verteidigern vor Ge-

785 Joseph Streit: Schreiben an Erich Honecker, 23.1.1986, Zustimmende Paraphe von Erich Honecker, 23.1.1986; BArch DY 30/IV 2/2.039/217.

786 Behlert: Generalstaatsanwaltschaft, S. 332.

787 Beschluss des Ministerrates über Grundsätze zum Schutz der Staatsgeheimnisse der DDR, 6.6.1985; BStU, MfS, HA XVIII Nr. 5076, Bl. 1–47.

788 BV Bln/XX/1, Tabelle Staatsanwälte, 1988; BStU, MfS, BV Bln, Abt. XX Nr. 6065, Bl. 1.

789 Richtlinie 1/82 zu Sicherheitsüberprüfungen, 17.11.1982. In Engelmann: Grundsatzdokumente, S. 414.

790 Irmen: DDR-Militärjustiz, S. 119 ff.

791 HA XX, Entwicklungskader für das Oberste Gericht, 1981; BStU, MfS, HA XX Nr. 6740, Bl. 549–552.

792 Gerda Klabuhn war von 1962 bis 1986 Vorsitzende des IA-Senates am Stadtgericht Berlin und wurde nach 1990 wegen Rechtsbeugung verurteilt. Landgericht Berlin, Urteil v. 21.4.1994. In Marxen; Werle: Strafjustiz und DDR-Unrecht. Bd. 5/1, S. 178 u. 232 f.

793 Verw. Gr.-Bln/XX/1, Bericht zur Werbung eines GMS, 2.5.1971; BStU, MfS, AIM 2957/84, Bl. 38; BV Bln/XX/1, Abschlussvermerk v. 22.2.1984; ebenda, Bl. 167.

richt, denen sie »gewisse liberale Tendenzen« oder eine politisch »undurchsichtig[e]«[794] Haltung vorwarf. Bei der Generalstaatsanwaltschaft Berlin waren einzelne Staatsanwälte aus dem Bereich IA als IM registriert.[795] Auch wenn hier noch Forschungsbedarf besteht, scheint das MfS diese IM zur Kontrolle der Staatsanwaltschaft genutzt zu haben und stützte sich ansonsten stärker auf die offiziellen Kontakte.[796] So war der stellvertretende Leiter der Generalstaatsanwaltschaft von Berlin, Rolf Beinarowitz, längere Zeit als IM »Werner Linde« registriert. Er berichtete aus der Staatsanwaltschaft – der Vorgang wurde schließlich abgebrochen und auf »offizielle« Kontakte umgestellt.[797]

Dem Stellvertreterbereich der Generalstaatsanwaltschaft der DDR von Karl-Heinrich Borchert unterstand die für politische Verfahren zuständige IA-Abteilung unter Gernot Windisch und ab 1979, als Nachfolgerin, Eleonore Heyer.[798] Borchert zeichnete sich durch ein besonders enges Verhältnis zum MfS aus.[799] Ohnehin galt in der Ära Honecker der Begriff von der »Partnerschaft« der Sicherheits- und Justizorgane.[800] Die Verteidiger standen im Gerichtssaal also ausgewählten Justizkadern, nicht selten Nomenklaturkadern, gegenüber, die der SED verbunden und oft zum MfS in besonderer Beziehung standen oder diesem zumindest genehm waren.

### 4.4.5 Die Militärgerichtsbarkeit

Ein Teil der politischen Verfahren in der DDR, auch gegen Zivilpersonen, war faktisch in die Militärgerichte verlagert.[801] Die Militärgerichtsbarkeit wurde 1962 als gesonderter Strang der allgemeinen Gerichtsbarkeit gegründet. Die Justizfunktionäre der Militärjustiz waren dem jeweiligen Justizorgan, dem Verteidigungsministerium und dem Nationalen Verteidigungsrat unterstellt.[802]

794 Verw. Gr.-Bln/XX/1, TB mit GMS »Gerda«, 30.8.1974; ebenda, Bl. 117.

795 Wegen Aktenvernichtungen im Zuge der MfS-Auflösung derzeit nur teilweise rekonstruierbar. BStU, MfS, AIM 1382/82; BStU, MfS, AIM 5781/91.

796 Eine vorläufige Durchsicht nach Berliner Richtern und Staatsanwälten, die in den 1980er-Jahren in einschlägigen Verfahren tätig waren, zeigte nur wenige MfS-Erfassungen. Auch der Berliner Generalstaatsanwalt Dieter Simon war als IM registriert, jedoch lange vor seiner Berliner Amtszeit. BStU, MfS, BV Hle, AIM 3420/62.

797 BV Bln/XX/1, Beschluss v. 8.8.1981; BStU, MfS, AIM 15527/81, T. I, Bd. 1, Bl. 136; ebenda, T. II, Bd. 1.

798 Raschka: Justizpolitik, S. 31 f.

799 Vollnhals: Schein der Normalität, S. 230 f.

800 Carsten; Rautenberg: Staatsanwaltschaft, S. 283; Behlert: Generalstaatsanwaltschaft, S. 334.

801 Dies wird in der justizgeschichtlichen Literatur oft übergangen oder lapidar abgehandelt. Raschka: Justizpolitik; Werkentin: Politische Strafjustiz u. a.

802 Irmen: DDR-Militärjustiz, S. 47 ff.; Sélitrenny: Doppelte Überwachung, S. 141 f.

Höchste Geheimhaltung und die Militarisierung der Justiz Ende der 1970er-Jahre hatten zur Folge, dass die Militärgerichtsbarkeit ein besonders abgeschottetes Dasein führte, wenngleich im juristischen Sinne keine Sondergerichtsbarkeit darstellend.[803] Dies wirkte sich offenbar bei der Auswahl der Anwälte aus.

*Zuständigkeit und politische Abhängigkeit der Militärgerichtsbarkeit*

Die Militärgerichtsbarkeit war nicht nur für Delikte von Armeeangehörigen, Wehrersatzdienstleistenden und Reservisten zuständig, sondern auch für Gesetzesverstöße von hauptamtlichen Mitarbeitern und sogar von inoffiziellen Mitarbeitern des MfS.[804] Wegen der Kriegsfurcht, die den Warschauer Pakt damals beherrschte[805] und dem Interesse des militärisch-industriellen Komplexes, seine Macht international auszuweiten[806] wurde das Justizsystem Ende der 1970er-Jahre schon in Friedenszeiten auf den Kriegs- und Spannungsfall ausgerichtet. Im Zuge dieser Militarisierung erweiterten sich die Kompetenzen der Militärjustiz und erstreckten sich auf Angehörige des Zivilschutzes, das heißt des Roten Kreuzes, der Feuerwehr, des Luft- und Katastrophenschutzes, sofern ihnen Militärstraftaten zur Last gelegt wurden und um Geheimhaltungsinteressen besser wahren zu können.[807] Potenziell wurden damit rund 10 Prozent der Bevölkerung der Militärgerichtsbarkeit unterworfen.[808] Schon in »normalen« Zeiten konnten bestimmte Verfahren nach dem 1. und 2. Kapitel des DDR-Strafrechtes vor Militärgerichten verhandelt werden, unabhängig davon, ob es sich bei den Angeklagten um Mitglieder der sogenannt bewaffneten Organe, des Zivilschutzes oder um Zivilisten handelte. Das betraf insbesondere Delikte, in denen Staatsgeheimnisse, vor allem militärischer Art, Thema waren beziehungsweise Rückschlüsse auf Ermittlungen und Ermittlungsmethoden des MfS möglich waren. Für derartige Verfahren existierten spezielle IA-Senate bei Militärgerichten (MG) und Militärobergerichten (MOG). Diese behandelten Staatsschutzsachen wie Staatsverbrechen.[809] Das waren laut StGB Delikte wie Spionage, Diversion, Sabotage oder landesverräterischer Treubruch.[810] Die Abschirmung der IA-Verfahren übertraf die der klassischen Militärstrafverfahren noch.

803 Hinweis von Kilian Reske.

804 Irmen: DDR-Militärjustiz, S. 54–56.

805 Erich Mielke: Referat vor Mitarbeitern für Justizfragen der Bezirks- und Kreisleitungen der SED und für die Parteisekretäre der Bezirksstaatsanwaltschaften und der Bezirksgerichte, 27.1.1981; BStU, MfS, HA IX, MF Nr. 11721, Bl. 5 ff.

806 Raschka hebt einseitig v. a. auf den zweiten Aspekt ab. Raschka: Justizpolitik, S. 127 ff.

807 Irmen: DDR-Militärjustiz, S. 54 f.

808 Wagner: Militärjustiz, S. 31; Irmen: DDR-Militärjustiz, S. 55 f.

809 Wenzke: Schwedt, S. 86; Irmen: DDR-Militärjustiz, S. 48.

810 Das Delikt des Treubruchs (§ 99 StGB) hatte von 1968 bis 1979 Bestand. Irmen: DDR-Militärjustiz, S. 54.

Die Richter, Schöffen und Staatsanwälte der obersten Gerichte zählten zur Nomenklatur des Staatsrates beziehungsweise des Nationalen Verteidigungsrates und der Abteilung Sicherheit im ZK[811] und waren vom MfS überprüft.[812] Manche von ihnen hatten eine IM-Vergangenheit, einzelne waren sogar getarnte hauptamtliche MfS-Mitarbeiter, sogenannte Offiziere im besonderen Einsatz (OibE).[813] In der HA IX des MfS waren von den 13 ermittelnden Abteilungen mindestens sechs teilweise oder ausschließlich mit Delikten befasst, die vor Militärgerichten zu verhandeln waren.[814] Die MfS-Ermittler aller Abteilungen konnten den Militärs ohnehin im Stadium der Ermittlungen Verfahren entziehen, wenn sie der Ansicht waren, dass diese staatssicherheitsrelevant waren.[815] In den IA-Senaten der MOG und dem 1 b-Senat des Berliner MOG wurden Schöffen aus dem Bereich des MfS bestellt.[816] Die Schöffen, die im Prinzip Einzelrichter überstimmen konnten, waren also MfS-Mitarbeiter. Ohnehin gehörten Schöffen zum Zeitpunkt ihrer Wahl zur SED-Nomenklatur, mussten entsprechend überprüft und bestätigt werden.[817] Allein von daher war eine enge Verzahnung von MfS und Militärjustiz gegeben. Obwohl der Justizsektor ohnehin relativ klein bemessen war, umfasste die Zahl der juristischen Mitarbeiter der Militärjustiz nur 206 Personen, darunter waren 42 Militärrichter.[818] Die geringe Zahl von Justizfunktionären und die politische Brisanz vieler Verfahren führten offenbar dazu, dass im Bereich der IA-Militärjustiz eine Kultur der »kameradschaftlichen«[819] Abstimmung herrschte. Es dominierte eine »ununterbrochene [...] Leitungspyramide«.[820] In der Literatur zur Militärgerichtsbarkeit sind zahlreiche Beispiele für Prozessabsprachen belegt. Oft basierend auf Prozessvorschlägen des MfS wurde das Strafmaß vorab unter den Prozessbeteiligten mehr oder minder abgesprochen.[821] In Verfahren zu »Verratsdelikten« von MfS-Mitarbei-

811 Irmen: DDR-Militärjustiz, S. 71. Im Bereich des Militärs waren als operative, verdeckte Ermittler Mitarbeiter der HA I tätig. Wagner: Militärjustiz, S. 55 ff.

812 Vollnhals: Schein der Normalität, S. 223; Irmen: DDR-Militärjustiz, S. 53, 60 f., 70 u. 202 ff.

813 Irmen: DDR-Militärjustiz, S. 118 ff.

814 Das betraf die HA IX-Abt. 1, 2, 5, 6, 7 u. 9. Sélitrenny: Doppelte Überwachung, S. 217 ff.

815 Irmen: DDR-Militärjustiz, S. 68; Wagner: Militärjustiz, S. 28 ff.

816 Wagner: Militärjustiz, S. 386 f.; Irmen: DDR-Militärjustiz, S. 69.

817 SED-BL Berlin, Vorlage für das Sekretariat der Bezirksleitung Berlin der SED, 28.10.1987, S. 34; LArch Berlin BPA 03692.

818 Irmen: DDR-Militärjustiz, S. 59 ff.

819 Hier bezogen auf die MOG. Zit. nach: Irmen: DDR-Militärjustiz, S. 66.

820 Irmen: DDR-Militärjustiz, S. 46; Wagner: Militärjustiz, S. 12. Wagner verweist auf Steinke, der eine richterliche Unabhängigkeit in diesem Bereich verneint. Steinke, Jörg: Die Steuerung der Militärjustiz in der DDR. München 1997.

821 Irmen: DDR-Militärjustiz, S. 196 ff.; Wagner: Militärjustiz, S. 85 f. Das Verfahren Seeberger/Arff, in dem die Beschuldigten wegen Sabotage zu 15 Jahren verurteilt werden sollten, belegt Steuerungsdefizite in dieser Art der MfS-dominierten Justiz, die durch den Eingriff

tern wurden insbesondere Todesurteile vorab festgelegt und über den Generalsekretär der SED bestätigt.[822]

Es ist bezeichnend für die Entwicklung der Justiz unter Honecker, dass der Vorsitzende des Militärkollegiums, Generalmajor Günter Sarge, ein hoher SED-Nomenklaturkader, als einer der Vizepräsidenten des OG immer einflussreicher wurde, um dann schließlich 1986 Präsident des OG zu werden.[823] Diese Funktion hatte zuvor ein ziviler Jurist mit CDU-Parteibuch inne. In Sarges Zeit fällt zwar eine stärkere Verrechtlichung der Justiz, zugleich strukturierte der dynamische Sarge den Leitungsbereich des OG aber im Sinne einer besseren Kontrolle der unteren Gerichtsinstanzen um.[824]

### *Gerichtsaufbau*

Die unterste Instanz bildeten neun, später zehn Militärgerichte in Neubrandenburg, Rostock, Schwerin, Potsdam, Magdeburg/Stendal, Cottbus, Halle, Dresden, Erfurt und Berlin. Übergeordnet waren drei Militärobergerichte in Neubrandenburg, Berlin und Leipzig. Das Oberste Militärgericht hatte seinen Sitz in Berlin beim OG. Hier saß das Militärkollegium, das grundsätzliche Leitlinien für die Militärgerichtsbarkeit festlegte.[825] Im MdJ existierte eine eigene Hauptabteilung für Militärgerichte unter Günter Kalwert, der dem Staatssekretär im MdJ und dem Minister für Nationale Verteidigung unterstand.[826] Die Militärstaatsanwaltschaft war analog organisiert. Bei der Generalstaatsanwaltschaft der DDR wies der Militäroberstaatsanwalt ebenfalls eine doppelte Unterstellung auf.[827]

der Parteispitze korrigiert wurden. Raschka: Justizpolitik, S. 79 ff.; Irmen: DDR-Militärjustiz, S. 200 ff. Wenzke berichtet auch von Differenzen mit dem MfS und betont, dass kein Weisungsrecht bestand. Wenzke: Schwedt, S. 79 ff.

822 Bästlein: Fall Mielke, S. 173 ff.; Irmen: DDR-Militärjustiz, S. 267 ff.; Wagner: Militärjustiz, S. 280 ff.

823 Sélitrenny: Doppelte Überwachung, S. 141.

824 Raschka: Justizpolitik, S. 142 ff.; Sarge: Im Dienste, S. 127 ff.; Beckert: Sklave, S. 105 ff.

825 Irmen: DDR-Militärjustiz, S. 47 ff.; Wenzke: Schwedt, S. 81 ff.

826 Irmen: DDR-Militärjustiz, S. 62 f.; Raschka: Justizpolitik, S. 84 ff.; Künzel: Justizsteuerung, S. 232 ff.; Wagner: Militärjustiz, S. 33.

827 Irmen: DDR-Militärjustiz, S. 67 ff.; Wagner: Militärjustiz, S. 34 f.; Wenzke: Schwedt, S. 73 ff.

*Fallzahlen der IA-Militärgerichtsbarkeit*

Eine genaue Aufstellung der MfS-ermittelten Militärverfahren steht, da von DDR-Statistiken nicht immer erkennbar ausgewiesen, noch aus.[828] Im Jahr 1979 wurden acht Personen wegen Staatsverbrechen vor Militärgerichten verurteilt.[829] Zusätzlich ermittelte das MfS gegen 26 Beschuldigte wegen Fahnenflucht und sonstiger Militärdelikte.[830] Im Jahr 1970 wurden 72 Ermittlungsverfahren wegen Staatsverbrechen und anderer Delikte gegen die DDR eingeleitet, zwölf wegen mündlicher Hetze, sieben wegen Spionage, zwei wegen Republikflucht und 23 wegen Militärstraftaten.[831] Dem stehen, die Richtigkeit der Zahlen vorausgesetzt, durchschnittlich 1 551 MfS-Ermittlungsverfahren gegenüber.[832] Die reale Zahl der Personen, gegen die das MfS ermittelte oder die durch Militärgerichte abgeurteilt wurden, dürfte jedoch höher sein. In der 1984er Stichprobe der in Berlin vom MfS ermittelten Verfahren wurde ein Anteil von 16,5 Prozent vor Militärgerichten abgehandelt.[833]

## 4.5 Justizsteuerung durch Nomenklaturkader-Abstimmungen

Das zentrale Instrument zur Steuerung der Justiz in der DDR war ein Nomenklaturkader-Gremium: Die sogenannten Leiter- oder Stellvertreterberatungen[834] der obersten Justiz- und Ermittlungsorgane formten die konkrete Justizpolitik für die SED aus. Diese Leiter und Stellvertreter gehörten fast ausnahmslos zur obersten Führungsschicht der DDR, die, gleich welcher Blockpartei sie im Einzelnen zugehörig waren, als ZK-Nomenklaturkader politisch dem obersten Parteiapparat der SED unterstanden. Ein Teil des Personals war sogar Bestandteil der geheimen B-Struktur. Dafür wurden ab Ende der 1960er-Jahre sogenannte Mob-Kader ausgewählt, die im Kriegs- oder Spannungsfall unter unmittelba-

828 In den allgemeinen Statistiken fehlen die Zahlen, die MfS-Statistik weist nicht explizit alle Fälle aus, die von Militärgerichten verhandelt wurden. In der Literatur werden oft die Zahlen der vom MfS ermittelten Militärstraftaten aufgelistet. Diese beziehen sich aber nur auf das 9. Kapitel des StGB und beziehen nicht Staatsverbrechen oder andere Straftaten ein, die vor Militärgerichten verhandelt wurden. Bookjans: Die Militärjustiz, S. 62; Wagner: Militärjustiz, S. 351 ff.; Wenzke: Schwedt, S. 77.

829 Wenzke: Schwedt, S. 100.

830 HA IX, Analyse, November 1979; BStU, MfS, HA IX Nr. 3710, Bl. 2–108, hier 18.

831 Irmen: DDR-Militärjustiz, S. 58 f.

832 HA IX, Jahresbericht 1970, 15.2.1971; BStU, MfS, HA IX Nr. 5208, Bl. 1–53, hier 5.

833 Berliner Stichprobe 72-84-88: Möglicherweise sind diese Zahlen nicht vollständig, da die Militärstaatsanwaltschaften nach Verfahrensabschluss nicht alle ihre Akten zu Militärstraftaten (wie vom MfS erwartet) abgaben. Wagner: Militärjustiz, S. 57 u. 83 f.

834 Raschka: Justizpolitik, S. 28 f.; Engelmann; Joestel: Hauptabteilung IX, i. E., S. 16.

rer Anleitung des Staatsratsvorsitzenden die Justiz anleiten sollten.[835] Schon in Friedenszeiten sollten diese Kader als Vertreter der »Partnerorgane« »kameradschaftlich […]« zusammenarbeiten.[836] Diese Rollenzuweisung darf nicht darüber hinwegtäuschen, dass es zwischen dem Spitzenpersonal der DDR-Justiz erhebliche Spannungen gab. Die scheidende Justizministerin Hilde Benjamin prophezeite, dass die »Dreieinigkeit« aus Nachfolger Kurt Wünsche und dem OG-Präsidenten Heinrich Toeplitz und Generalstaatsanwalt Joseph Streit nicht gut miteinander könne, auch wenn sie das Gegenteil behaupteten. Streit sei ein »Giftzwerg«.[837] Besonders nach der sowjetischen Invasion in der ČSSR, die scharfe Strafmaßnahmen gegen Protestierende in der DDR nach sich zog, scheinen sich die Spannungen erhöht zu habe. Es kam zu »Streitereien«. Streit sei laut Wünsche »impulsiv, unberechenbar«.[838] Streit wiederum führte Wünsche beim Staatsratsvorsitzenden Walter Ulbricht vor. Eine in der Zeitschrift Neue Justiz zusammengefasste Lektion vor Führungskadern hätte in Westpublikationen zu der Schlussfolgerung geführt, dass das MdJ wieder einen größeren Einfluss auf die Rechtsprechung nehmen will.[839] Streit ermunterte Ulbricht einzugreifen, indem er schrieb, dass »Kollege Wünsche sich in eine Richtung entwickelt, die vollkommen fragwürdig ist«.[840] Ulbricht intervenierte prompt über den Vorsitzenden des Ministerrates.[841] Wünsche war offenbar verprellt und meinte ein Jahr später, dass die Zusammenarbeit mit Streit immer schlechter würde. Das liege daran, dass Streit »geistig als auch vom Persönlichkeitsbild her der Funktion des Generalstaatsanwaltes der DDR nicht gewachsen sei. Charaktereigenschaften des Neides und der Missgunst seien sehr stark ausgeprägt.«[842] Er schilderte einem Mitarbeiter, wie der Generalstaatsanwalt beim Umtrunk mit dem ungarischen Justizminister »betrunken auf allen vieren im Zimmer des ungarischen Ministers herumgekrochen« sei und er, Wünsche, ihn habe nach Hause schaffen müssen.[843] Da Wünsches Gesprächspartner Mitglied der Parteileitung des MdJ war, musste er damit rechnen, dass die Information weitergegeben wird. Nicht ahnen konnte er, dass der auch noch IM des MfS war.

835 Raschka: Justizpolitik, S. 140 ff.

836 Günter Sarge: Referat auf Tagung mit den stellvertretenden BG-Direktoren am 5.9.1984; BStU, MfS, HA IX Nr. 19502, Bl. 1–23, hier 15.

837 HA XX/1, TB mit GI »Max«, 8.8.1967; BStU, MfS, AIM 26904/91, Beifügung 3, Bl. 60–64, hier 64.

838 HA XX/1, TB mit IMS »Max«, 3.9.1969; ebenda, Beifügung 3, Bl. 175–186, hier 176.

839 GStA/Joseph Streit, Schreiben an den Vors. des Staatsrates der DDR, Walter Ulbricht, 20.6.1969; ebenda, Beifügung 3, Bl. 188 f.

840 Ebenda, Bl. 189.

841 Ulbricht handschriftl.: Vors[itzender] des Ministerrates »bitte diese Sache zu korrigieren«; ebenda, Bl. 188.

842 HA XX/1, Tonbandaufnahme IMS »Max« am 3.9.1970; BStU, MfS, AIM 26904/91, Beifügung 3, Bl. 210–213, hier 212.

843 Ebenda.

Ein Jahr später schien die Zusammenarbeit mit dem Generalstaatsanwalt besser zu funktionieren, dafür klagte Wünsche nun, dass Toeplitz »so krankhaft ehrgeizig und selbstbewußt«[844] sei. Derart Querelen, bei denen es um Eitelkeit, Macht und Einfluss ging, dürfen nicht den Blick darauf verstellen, dass sich die Justizkader in vielen Grundfragen sehr einig waren. Das zeigen beispielsweise ihre Äußerungen zum Einmarsch der Warschauer Pakt-Armeen in der ČSSR, die auch durch IM kolportiert wurden.[845] Dieses Gremium verkörperte geradezu die Einheit von sozialistischer Gesetzlichkeit und Parteilichkeit. Die Idee einer solchen Einrichtung geht auf Lenin zurück. In der DDR hatten Arbeitsgruppen aus hohen Staatsfunktionären schon seit den 1950er-Jahren immer wieder justizpolitische Vorschläge erarbeitet. In den 1960er-Jahren gelangte die Federführung an das Oberste Gericht. Erst 1973, mit Antritt Honeckers, wurden die Leiter- und Stellvertreterberatungen unter der Leitung der Generalstaatsanwaltschaft durch einen Politbürobeschluss formalisiert.[846]

Teilnehmer der Leiter- oder Stellvertreterberatungen waren in der Regel die Hausspitzen von MdJ, Oberstem Gericht, MdI, Zollverwaltung und dem MfS. Die Einladung oblag dem Generalstaatsanwalt der DDR. Das unterstreicht die wichtige Rolle, die die Generalstaatsanwaltschaft unter Joseph Streit bei der Justizlenkung in der Ära Honecker spielte. Das spiegelt sich in der Neuen Justiz, wo Streit die Grundsatzartikel zu den justizpolitischen Vorstellungen der SED verfasste. In gewisser Hinsicht kann man die Leiterberatungen, obwohl weitaus informeller konzipiert, als justizpolitisches Pendent zu Gremien wie dem Nationalen Verteidigungsrat ansehen.[847] Auch auf Kreis- und Bezirksebene waren die Leiter der Justiz- und Ermittlungsorgane mit den jeweiligen SED-Leitungen vernetzt.[848] Die Leiterberatungen wurden zeitgleich mit der neuen Justizpolitik Honeckers etabliert, stehen also im Zusammenhang mit einer Verschärfung der Strafrechtspolitik und einer stärkeren Parteikontrolle der Justiz. Selbstverständlich war daher ein Vertreter der ZK-Abteilung für Staats- und Rechtsfragen, meist der Sektorenleiter Justiz, bei den Sitzungen anwesend. Laut Lenin sollte ein derartiges Gremium »unter allerstrengster Überwachung und in allerengstem Kontakt«[849] zur Parteiführung arbeiten. Aus heutiger, rechtssoziologischer Sicht trugen die Leiterberatungen entscheidend dazu bei, die »Konformität des

844 HA XX/1, Bericht, 25.8.1971; BStU, MfS, AIM 26904/91, Beifügung 3, Bl. 350–352, hier 352.

845 HA XX/1, TB mit GI »Max«, 3.8.1968; ebenda, Beifügung 3, Bl. 127–133.

846 Raschka: Justizpolitik, S. 28; Vollnhals: Die Macht, S. 232.

847 Der Nationale Verteidigungsrat war ein Gremium aus hochrangigen SED-Funktionären, das im Kriegs- und Notstandsfall die bewaffneten Organe der DDR anleiten sollte und unter Leitung des Generalsekretärs stand, der im Notstandsfall den Oberbefehl hatte. Zimmermann: DDR-Handbuch, S. 937.

848 Schröder: Zivilrechtskultur. Bd. 4, S. 31 f.

849 Zit. nach: Raschka: Justizpolitik, S. 28.

Rechtsstabes zu sichern«[850]. In damaligen Worten sollte die »Gewährleistung eines einheitlichen und abgestimmten Handelns der Justiz- und Sicherheitsorgane«[851] hergestellt werden. Eine Rechtsgrundlage für die rechtsanleitende Funktion des Gremiums existierte nicht.[852] Jedoch war es nach der Auffassung der SED die Aufgabe von Staat und Partei, die »Einheitlichkeit der Rechtsprechung«[853] zu sichern.

Entsprechend weit gefächert waren die Kompetenzen dieser Beratungen: Gesetzesvorhaben, Rechtsauslegungen, untergesetzliche Rechtsvorschriften, Fragen der Schulung und Öffentlichkeitsarbeit bis hin zur Linie der Zeitschrift Neue Justiz wurden hier besprochen.[854] In Arbeitsgruppen, die bei unterschiedlichen Rechtspflegeorganen wie dem MdJ angebunden sein konnten, wurden einzelne Gesetzesvorhaben oder Kommentare interministeriell und mit Fachleuten aus der Wissenschaft und Praxis diskutiert, ausgearbeitet und abgestimmt.[855] Solche Vorschläge gingen dann in die Leiterberatung der obersten Justizfunktionäre. Von dort wurden die überarbeiteten Vorlagen über die Abteilung SuR des zentralen Parteiapparates an den Generalsekretär Erich Honecker geleitet. Dieser modifizierte derartige Vorschläge zuweilen handschriftlich und entschied, ob die Vorlage dem Politbüro, dem ZK-Sekretariat vorgelegt oder unmittelbar umgesetzt werden sollte.[856]

### *Vertretung des MfS in den Leiterberatungen*

In die Sitzungen der Leiterberatungen wurde gemäß seiner Stellung der Minister für Staatssicherheit eingeladen. Allerdings stand Mielke als Politbüromitglied in der Nomenklatur hierarchisch über den restlichen Mitgliedern dieses Gremiums. Wesentlicher war das Handicap, dass er als Einziger in diesem Kreis über keine juristische Ausbildung verfügte. Diesen Mangel teilt er mit den meisten seiner Stellvertreter.[857] Selbst der von 1964 bis 1973 amtierende Leiter der

850 Rottleuthner: Steuerung der Justiz, S. 10.

851 GStA DDR, Grundorientierung für die Tätigkeit der Leiterberatung in den Kreisen und Bezirken, 24.11.1987; BArch, DP3, 1219.

852 Gängel, Andreas: Das Oberste Gericht der DDR. Leitungsorgan der Rechtsprechung. In: Rottleuthner, Hubert (Hg.): Steuerung der Justiz in der DDR. Köln 1994, S. 280.

853 Rottleuthner: Steuerung der Justiz, S. 18.

854 OG, Niederschrift über die 68. Leiterberatung am 30.11.1971; BArch, DP3, 150.

855 Raschka: Justizpolitik, S. 29.

856 Die Vorlage zum 3. StÄG wurde von Honecker strafverschärfend redigiert. Klaus Sorgenicht: Hausmitteilung an Erich Honecker, 15.3.1977; BArch DY 30/22274.

857 Nur der deutlich jüngere Wolfgang Schwanitz, der 1986 in den Stellvertreterkreis des MfS nachrückte, hatte durch ein Fernstudium an der DASR Potsdam und der HUB einen Abschluss als Diplomjurist erlangt. Wer war wer in der DDR? In: http://www.bundesstiftung-aufarbeitung.de/wer-war-wer-in-der-ddr-%2363%3B-1424.html (letzter Zugriff: 20.12.2014).

HA IX, Walter Heinitz, hatte es nur im Fernstudium vom Mitarbeiter der politischen Polizei zum Diplomkriminalisten gebracht.[858] Heinitz und sein Nachfolger ließen sich daher meist durch den Grundsatzjuristen der HA IX, Konrad Lohmann, vertreten. Der Vertreter des MfS war in den regulären Sitzungen der Einzige, der nicht der ZK-Nomenklatura angehörte.[859] Das MfS war also in dem wichtigsten Justizlenkungsgremium der DDR deutlich unterhierarchisch vertreten.

### 4.5.1 Das Regelwerk aus »Standpunkten« und »Orientierungen«

Als Ergebnis der Leiterberatungen wurden gemeinsame »Standpunkte« oder »Orientierungen« der Justiz- und Ermittlungsorgane herausgegeben.[860] Jedes Organ kommunizierte sie intern.[861] Auch im MfS wurden verbindliche Absprachen weitergeleitet.[862] Ab 1977 gab das OG derartige Dokumente als »Informationen des OG« heraus.[863] Darin wurden Grundsatzdokumente des Plenums Präsidium und der Senate des OG einer begrenzten Zahl von Juristen zugänglich gemacht, die für die Gerichte rechtsverbindlichen Charakter hatten.[864] Diese »Informationen« erweckten nach außen hin freilich den Eindruck, als hätten hier Spruchkammern des OG oder Richtergremien wie das Präsidium quasi höchstrichterliche Rechtsinterpretationen geliefert. Prominente Entscheidungen des OG werden heute noch als Ergebnis »mehrjähriger Diskussionen zwischen Theorie und Praxis«[865] dargestellt.[866] Angeblich kam auf diese Weise

858 Engelmann; Joestel: Hauptabteilung IX, i. E., S. 16.

859 Neben Mielke gehörten dessen Stellvertreter, Hauptabteilungsleiter und die Leiter der Bezirksverwaltungen, deren erste Stellvertreter, zuweilen auch wichtige Abteilungsleiter zur Nomenklatura des ZK bzw. des von ihm gesteuerten Nationalen Verteidigungsrates. Booß; Pethe; Michalek: Rote Nelke, S. 60; Geheimakten des MfS zu hohen SED-Funktionären. In: Booß, Christian; Müller-Enbergs, Helmut: Die indiskrete Gesellschaft. Studien zum Denunziationskomplex und zu inoffiziellen Mitarbeitern. Frankfurt/M. 2014, S. 60.

860 Raschka: Justizpolitik, S. 28 f., Vollnhals: Die Macht, S. 231 f.

861 Sie wurden z. B. als MdJ-»Leitungsinformation« oder bei der GStA als »Arbeitsinformationen/methodische Anleitungen« im eigenen Arbeitsbereich weitergeleitet. Diese Vorschriften waren nur für den internen Dienstgebrauch gedacht. BArch, DP3, 888.

862 Diverse derartiger Absprachen in: BStU, MfS, HA IX Nr. 1610.

863 Gängel: Das Oberste Gericht, S. 276.

864 Ebenda, S. 279.

865 Luther: Strafprozeßrecht, S. 384.

866 Andere deuten an, dass derartige Beschlüsse in den Leitertagungen mit den anderen Organen vorbereitet waren. Gängel: Das Oberste Gericht, S. 280 f. Auch der ehemalige DDR-Staatsanwalt Gottfried Raab deutete das in der Enquetekommission des Bundestages an. Materialien der Enquete-Kommission »Aufarbeitung von Geschichte und Folgen der SED-Diktatur in Deutschland« (12. Wahlperiode des Deutschen Bundestages)/Hg. vom Deutschen Bundestag. Bd. 4. Baden-Baden 1995, S. 141.

auch die sogenannte »Beweisrichtlinie« des OG von 1988 zustande. Sie gilt zu Recht als bedeutsam, da sie den Schwerpunkt der Beweiserhebung vom Ermittlungsverfahren in die Hauptverhandlung legte und den Verfahrensbeteiligten eine stärkere Eigenverantwortung bei der Beweiswürdigung zusprach. In Wirklichkeit wurde diese Beweisrichtlinie des OG von 1988 vorab im Justizlenkungsgremium der Nomenklaturkader, den Leiterberatungen, vorbesprochen.[867] Das Regelwerk der Standpunkte und Orientierungen vor allem die seit 1977 regelmäßig erscheinenden Informationen des OG, trat in der DDR an die Stelle einer Rechtsfindung durch konkurrierende Urteile, höchstrichterliche Rechtsprechung, Kommentare und öffentliche Kontroversen. So gesehen charakterisierte die DDR eine harmonierende Rechtsfindung. Die »Informationen« galten in der DDR als »Vertrauliche Dienstsache«[868] und wurden in den 1970er- und 1980er-Jahren immer detaillierter.[869] So wurden beispielsweise 1985 auf acht Seiten einer solchen Orientierung die Tatbestandsmerkmale für die Beeinträchtigung staatlicher Tätigkeit nach § 214 StGB in Abgrenzung zu anderen Paragrafen des StGB erörtert beziehungsweise festgelegt.[870] Diese Orientierung war deutlich konkreter und facettenreicher als der offiziell zugängliche Kommentar von 1987.[871]

867 GStA, Entwurf, Plan der Beratungen der Leiter der Justiz und Sicherheitsorgane für das Jahr 1988, 4.1.1987; BArch, DP3, 264.

868 Beckert: Sklave, S. 113 f.; Roggemann, Herwig: Gutachterliche Stellungnahme. Lenkungsmechanismen in der DDR-Justiz insbesondere im Hinblick auf die Richter und Staatsanwälte in den siebziger Jahren. In: Rottleuthner, Hubertus (Hg.): Das Havemann-Verfahren. Das Urteil des Landgerichts Frankfurt (Oder) und die Gutachten der Sachverständigen H. Roggemann und H. Rottleuthner. Baden-Baden 1999, S. 276 f.

869 Es wurde eingewendet, dass die Vielzahl der Leitungsdokumente eher zu einer Unübersichtlichkeit statt zu einer Orientierung geführt hätte. Auch wird bezweifelt, dass diese Orientierungen ausreichend konkret waren. Allerdings konnten im Projekt von Rottleuthner derartige Orientierungen noch nicht systematisch ausgewertet werden. Auch wurden offenbar die Leiterberatungen in ihrer Abstimmungsfunktion unterschätzt. Gängel: Das Oberste Gericht, S. 272; Rottleuthner, Hubertus. In: Materialien der Enquete-Kommission »Aufarbeitung von Geschichte und Folgen der SED-Diktatur in Deutschland«. Bd. 4. Baden-Baden 1995, S. 135.

870 Orientierung zur Strafverfolgung bestimmter Straftaten gegen die staatliche und öffentliche Ordnung. Januar 1985. BStU, MfS, HA IX 10219, Bl. 36–64.

871 Z. B. werden in der Orientierung sehr konkret als »Drohung« eine Ankündigung von Kontakten zu ausländischen Einrichtungen oder Organisationen, öffentlichkeitswirksamer Aktionen, eines ungesetzlichen Grenzübertrittes, eines Selbstmordes bzw. der Verweigerung einer beruflichen Tätigkeit genannt. Im Kommentar fehlt diese Auflistung. Im MfS-Strafrechtslehrbuch der JHS aus dem Jahr zuvor fehlt z. B. die Androhung des Selbstmordes in der Merkmalsauflistung. Orientierung zur Strafverfolgung bestimmter Straftaten gegen die staatliche und öffentliche Ordnung, Januar 1985; BStU, MfS, HA IX Nr. 10219, Bl. 42 f.; Strafrecht der DDR. Kommentar/Hg. vom Ministerium der Justiz. Berlin 1987. S. 477 f.; MfS/JHS, Lehrbuch Strafrecht. Bd. 2. Potsdam 1986, S. 127 f.

Die Anwälte waren anfangs nur spärlich in die informell herrschende Rechtsauffassung eingeweiht. Die Vorsitzenden der Kollegien wurden über das MdJ teilweise mündlich informiert und konnten Teile ihres Wissens in Mitgliederversammlungen weitergeben. Lange konnten die »Informationen« außerhalb Berlins in den Bezirksstädten nur bei den Verwaltungsstellen von den Zweigstellenanwälten eingesehen werden.[872] Noch 1985 bemühte sich Friedrich Wolff um persönliche Exemplare für die Vorsitzenden.[873] Erst gegen Ende der DDR erhielten alle Anwälte ein Exemplar. Die Anwälte konnten seither in vielen Fällen antizipieren, wie die Staatsanwälte plädieren und die Richter entscheiden würden, durften aber ihren Mandanten die Gründe nicht offenlegen. Die dienstinternen Vorschriften im Prozess vor den Angeklagten zu zitieren war unzulässig.[874]

### *Generelle Bedeutung*

Die Leiter- und Stellvertreterberatungen waren ein informelles Gremium, das Hand in Hand mit dem zentralen Parteiapparat und dem SED-Generalsekretär die Leitlinien der Justizpolitik präjudizierten.[875] Die Volkskammer, Staatsanwaltschaft und Gerichte sowie die unteren Ebenen des MfS beziehungsweise des MdI vollzogen im Wesentlichen nur noch nach, was in diesen Gremien besprochen wurde.

Aus einer Leiterabstimmung ging zum Beispiel die berüchtigte Orientierung von 1984 hervor, mit der das Oberste Gericht, die Generalstaatsanwaltschaft, FDGB und das Staatssekretariat für Arbeit und Löhne die Kriterien für Kündigungen von Arbeitsverträgen für die Personen festhielten, die in den Westen übersiedeln wollten. Durch diese Abstimmung, die der Abschreckung von Übersiedlungsersuchenden diente, sollte erreicht werden, dass etwaige Kündigungen vor dem Arbeitsgericht Bestand hatten, ohne dass die wahren Gründe in den Prozessunterlagen genannt werden mussten.[876] Im Bereich des Strafrechts konnte nach den vorhergehenden Absprachen jedes Organ davon ausgehen, dass

872 Reich: Entwicklung der Rechtsanwaltschaft, S. 355.

873 RAK Berlin, Schreiben an MdJ, 22.1.1985, Minister stimmte am 4.4.1985 durch Paraphe zu; BArch, DP1, 4473.

874 Reich: Entwicklung der Rechtsanwaltschaft, S. 355.

875 Die Existenz und Bedeutung der Leitertagungen wurden erst mit der Aktenöffnung nach 1990 deutlich und waren in der Bundesrepublik vorher weitgehend unbekannt. Zimmermann: DDR-Handbuch.

876 Orientierung […] zur einheitlichen Behandlung arbeitsrechtlicher Probleme, die sich bei Versuchen von Bürgern der DDR, die Übersiedlung nach nichtsozialistischen Staaten und Westberlin zu erreichen […] ergeben können. Anlage 7, MfS-Dienstanweisung 2/83. Zit. nach: Lochen, Hans-Hermann; Meyer-Seitz, Christian (Hg.): Die geheimen Anweisungen zur Diskriminierung Ausreisewilliger. Dokumente der Stasi und des Ministeriums des Innern. Köln 1992, S. 194–204.

die entsprechend vorgegebenen Tatbestandsmerkmale beziehungsweise Strafmaßorientierungen aus diesem Kreis eingehalten würden.[877]

In ähnlicher Besetzung wurden Gesetzesinitiativen, wie Ende der 1970er-Jahre das 3. Strafrechtsänderungsgesetz besprochen.[878] Die Normative, die aus diesen Beratungen hervorgingen, ließen ihren Ursprung nicht klar erkennen. Das MfS trat meist nicht als Mit-Urheber solcher Standpunkte in Erscheinung, wurde aber bei entsprechenden Fragen konsultiert.[879] Entstehen und Art der Anwendung solch untergesetzlicher Normen lassen sie weniger als Rechtsauslegungen erscheinen, rücken sie vielmehr in die Nähe von Verwaltungsvorschriften. In diesen wurden Justizfunktionären und Ermittlern nur enge Spielräume zugestanden.[880] Die Rechtsauslegungen wurden schriftlich oder über entsprechende Leiterberatungen auf Bezirks- und Kreisebene nach unten kommuniziert. So gaben sie den einzelnen Beteiligten, also den Untersuchungsführern, Staatsanwälten und Richtern im Einzelverfahren einen sicheren und relativ engen Orientierungsrahmen. Selbst der Strafrahmen für bestimmte Delikte wurde auf diese Weise präjudiziert.[881] In vielen Fällen konnten die eingeweihten Verfahrensbeteiligten fast vorherberechnen, wie die anderen entscheiden würden. Nicht umsonst sprach ein ehemaliger Anwaltsfunktionär wie Friedrich Wolff im Nachhinein von Urteilen nach »Tarif«[882].

Vorabsprachen zu einzelnen Prozessen, wie in der politischen Justiz der frühen DDR üblich, erübrigten sich mit dieser »Homogenität in der Entscheidungspraxis«[883] weitgehend. In den Leiterberatungen wurden nachweislich Einzelfälle besprochen, wenn diese eine generelle Bedeutung hatten. So sicherte der GStA den anderen Organen einen Kassationsantrag zur Aufhebung eines Ur-

877 In diesem Fall ging es um die Festlegungen von OG und GStA mit dem MfS zur strafrechtlichen Mitverantwortung von Ehepartnern bei »öffentlicher Herabwürdigung« im Rahmen von Ausreiseanträgen. HA IX/AKG, Hinweis zur einheitlichen Anwendung des § 220 StGB, 22.10.1986; BStU, MfS, HA IX Nr. 5642, Bl. 2.

878 Vollnhals: Die Macht, S. 230.

879 Gängel: Das Oberste Gericht, S. 281, FN 125; Gemeinsamer Standpunkt zu Zeitwertbestimmung von Sachen, die durch Diebstahl, Betrug, oder vorsätzliche Sachbeschädigung erlangt, beschädigt oder zerstört wurden. In: Informationen des OG 5/1987, S. 3 ff. Im Original war das MfS beteiligt, in der bereinigten Fassung erschienen nur GStA, OG, MdJ und MdI als Autoren.

880 Booß, Christian; Kilian, Thomas: Ein Verwaltungsakt mit verteilten Rollen. Politische Prozesse in der späten DDR als organisierte Unterkomplexität. In: Journal der juristischen Zeitgeschichte 9 (2015), S. 47–57.

881 Zit. nach: Furian, Gilbert: Mehl aus Mielkes Mühlen. Politische Häftlinge und ihre Verfolger. Erlebnisse, Briefe, Dokumente. Berlin 2007, S. 171.

882 Wolff: Verlorene Prozesse, S. 219.

883 Rottleuthner nimmt diesen Begriff für weiter gefasste Justiz-Steuerungsprozesse. Rottleuthner: Steuerung der Justiz, S. 12.

teils gegen einen Skinhead zu. Zusätzlich wurde verabredet, dass Haftentlassungen von Skinheads einer Zustimmung aller beteiligten Organe bedürften.[884]

Die Grundsatzdokumente des OG schienen nach außen hin, anders als die Ergebnisse der Leitertagungen, rechtlich legitimiert.[885] Damit verfügten sie über eine weitreichende »präjudizierende«[886] Wirkung. Das betraf im Bereich der politischen Justiz vor allem Massenverfahren, bei denen nach einem vorab festgelegten Strickmuster Ausreiseantragsteller abgeschreckt werden sollten. Die Festlegungen in den Leitertagungen konnten sogar über Gesetzestexte hinausgehen. So wurde im Januar 1989 festgelegt, unmittelbar die mildere Regelung des 5. Strafrechtsänderungsgesetzes anzuwenden, obwohl das erst ein halbes Jahr später förmlich in Kraft treten sollte.[887] Die Unterabteilungen der HA IX wurden entsprechend angewiesen, diese Regelung jenseits formalen Rechtes »sofort anzuwenden«[888].

884 HA IX/AKG, Stellvertreterberatung am 19.4.1989, 20.4.1989; BStU, MfS, HA IX Nr. 3866, Bl. 1–3, hier 1.

885 Damals aktive DDR-Juristen betonen, die Legalität und Legitimität einer Einheitlichkeit der Rechtsprechung über derartige zentrale Vorgaben aus dem OG herzustellen. Buchholz: Strafrecht, S. 267 ff. Der ehemalige Strafrechtsprofessor Buchholz erörtert allerdings die Rechtssetzungswirklichkeit in den Leitervorabsprachen nicht. So auch der ehemalige Richter am OG, Jörg Arnold, der die Verfassungsmäßigkeit und die angebliche Stärkung der richterlichen Unabhängigkeit durch diese Anleitungsform des OG herausstreicht. Arnold: Normalität, S. 15 f.

886 Gängel: Das Oberste Gericht, S. 281.

887 GStA, MdJ, MdI, OG, Zollverwaltung, Gemeinsamer Standpunkt zur Anwendung von Bestimmungen des StGB bis zum Inkrafttreten des 5. StÄG am 1.7.1989, 5.1.1989; BStU, MfS, HA IX Nr. 13812, Bl. 4–6.

888 HA IX/Leiter, Schreiben v. 20.1.1989; BStU, MfS, HA IX Nr. 13912, Bl. 3.

# 5. Die Anwaltskarriere

Es gab keine typische Ausbildung der in den 1970er- und 1980er-Jahren amtierenden Berliner Rechtsanwälte, da sie je nach Altersjahrgang, entsprechend der Justiz- und Hochschulentwicklung, unterschiedliche Qualifikationen erwarben. Ältere Anwälte wie Götz Berger hatten noch in der Weimarer Republik studiert.[1] Die meisten erhielten nach 1945 in der SBZ beziehungsweise in der späteren DDR ihr juristisches Fachwissen an juristischen Ausbildungseinrichtungen, die »weitgehend das Schicksal der allgemeinen Hochschulentwicklung«[2] der DDR durchmachten. Da nur für einen Teil der Anwälte Personalangaben vorliegen, sind die einzelnen Bildungsgänge nicht komplett nachvollziehbar. Abgesehen von der Gründungsphase der Kollegien, als auch Juristen ohne Hochschulabschluss aufgenommen wurden, scheinen zumindest in Berlin nur einzelne Anwälte als »Quereinsteiger« eine Karriere über die Volksrichterausbildung in die Anwaltschaft gemacht zu haben.[3] Der größte Teil scheint ein nach DDR-Maßstäben juristisches Vollstudium absolviert zu haben. Von den 1988 im Anwaltsverzeichnis registrierten Personen, waren ohnehin circa 41 Prozent im Jahr 1947 oder danach geboren, also schon unter den Bedingungen der dritten Hochschulreform universitär ausgebildet worden.[4]

## 5.1 Die universitäre Ausbildung

Die Wiederaufnahme des Lehrbetriebes, später erste Hochschulreform genannt, stand im Zeichen der Entfernung von NS-belastetem Lehrpersonal und der ideologischen Aus- und Weiterbildung der Fachkräfte. Ein Zulassungsvorrang zum Studium für Arbeiter- und Bauernkinder änderte die soziale Zusammensetzung der Studentenschaft.[5] Trotz dieser Einflussnahmen waren die ersten Nach-

1 Wer war wer in der DDR? In: http://www.bundesstiftung-aufarbeitung.de/wer-war-wer-in-der-ddr-%2363%3B-1424.html (letzter Zugriff: 13.10.2014).

2 Breithaupt: Rechtswissenschaftliche, S. 1; weiter Kowalczuk, Ilko-Sascha: Geist im Dienste der Macht. Hochschulpolitik in der SBZ/DDR 1945–1961. Berlin 2003.

3 Im Rahmen dieser Arbeit konnten nicht zu allen Berliner Anwälten aussagekräftige Personalunterlagen gefunden werden. In den gesichteten Fällen waren Volksrichterkarrieren eher selten. Schröder, Steffen: Die Juristenausbildung in der DDR. In: Bender, Gerd u. a. (Hg.): Recht im Sozialismus. Analysen zur Normdurchsetzung in osteuropäischen Nachkriegsgesellschaften (1944/45–1989). Frankfurt/M. Bd. 2; Justizpolitik, 1999, S. 447 ff.; Breithaupt: Rechtswissenschaftliche, S. 37 ff.

4 Eigenberechnung nach Verzeichnis der Rechtsanwälte.

5 Gräf: Rekrutierung, S. 403.

kriegsjahre von einem Nebeneinander traditioneller Universitätsstrukturen und »antifaschistischen« Haltungen[6] gekennzeichnet. Die Studieninhalte folgten noch weitgehend der »traditionelle[n] Ausbildung«[7] von Juristen.

Die zweite Hochschulreform von 1951 führte zu einer Zentralisierung sowie zu einer verstärkt politisch-ideologischen Durchdringung der akademischen Bildung. Auch die Rechtswissenschaft sollte in den »Gesamtkomplex der Gesellschaftswissenschaften«[8] eingebaut werden. Das Fach Marxismus-Leninismus wurde mit einem Anteil von 20 Prozent an der Gesamtstundenzahl obligatorischer Bestandteil des Studiums. Fachkonferenzen, wie die Babelsberger Konferenz von 1958, führten zu einer Dogmatisierung der Rechtswissenschaft,[9] wenn nicht gar zu einer »Gleichschaltung der Jurisprudenz«.[10] Wichtiger Bestandteil des Studiums wurden nun im dritten Studienjahr Praktika in der Justizverwaltung und bei Gerichten. Weiterhin konnte das Studium nach einer zweijährigen Assessorenzeit mit einem Staatsexamen abgeschlossen werden.[11] Der fachliche Anteil in der Lehre wurde durch politische Anforderungen immer mehr zurückgedrängt.[12] Es sollte eine »neue Generation von Rechtspflegejuristen«[13] herangezogen werden. Nur vergleichsweise wenige Juristen, an der Humboldt-Universität circa 150 bis 200 pro Jahr, wurden ab Mitte der 1960er-Jahre herangezogen. Allein das Justizministerium beanspruchte über die Hälfte der Absolventen für den Bedarf der Rechtspflegeorgane.[14]

Die dritte Hochschulreform von 1967/68 führte schließlich zu einer »völligen Neugestaltung des Hochschulwesens«[15]. Die Fakultäten wurden abgeschafft und durch Sektionen ersetzt. Dem Rektor unterstanden auf Sektionsebene Direktoren mit Stellvertretern. Diese Umstrukturierung hatte ihre Wurzeln in ökonomischen Reformen Ulbrichts der 1960er-Jahre. Diese wissenschaftsgläubigen Vorstellungen kollidierten mit neuen Akzentsetzungen beim Machtantritt Honeckers. Die Expansion der universitären Qualifikation von Hochschulka-

6 Breithaupt: Rechtswissenschaftliche, S. 3.

7 Schröder: Juristenausbildung, S. 452 f.

8 Zit. nach: ebenda, S. 454.

9 Eckert, Jörn: Die Babelsberger Konferenz. Legende und Wirklichkeit In: Materialien der Enquete-Kommission »Aufarbeitung von Geschichte und Folgen der SED-Diktatur in Deutschland« (12. Wahlperiode des Deutschen Bundestages)/Hg. vom Deutschen Bundestag. Bd. 4. Baden-Baden 1995, S. 69–83, hier 79.

10 Breithaupt: Rechtswissenschaftliche, S. 5.

11 Schröder: Juristenausbildung, S. 455 ff;

12 Gräf: Rekrutierung, S. 428 ff.

13 Ebenda, S. 407.

14 Schröder: Juristenausbildung, S. 460 f.; Gräf: Rekrutierung, S. 407.

15 Breithaupt: Rechtswissenschaftliche, S. 7.

dern wurde Anfang der 1970er-Jahre gebremst und die Zulassungszahlen zum Teil sogar zurückgefahren.[16]

*Ausbildung nach der dritten Hochschulreform*

Die dritte Hochschulreform brachte für Juristen die Spezialisierung an unterschiedlichen Hochschulen mit sich.[17] Während Staatsanwälte in Jena und Wirtschaftsjuristen in Halle und Leipzig herangebildet wurden, sollte die Humboldt-Universität Berlin primär künftige Richter, Notare und Rechtsanwälte immatrikulieren. In einer Übergangsphase waren hier noch angehende Staatsanwälte eingeschrieben, außerdem delegierten die bewaffneten Organe, auch das MfS, Studenten.[18]

Der Anteil des Marxismus-Leninismus an den Studieninhalten wurde durch die dritte Hochschulreform noch verstärkt. Vor allem das zweijährige Grundstudium war ab 1968 von gesellschaftspolitischen und ideologischen Themen geprägt. Aber auch den späteren Studienjahren wurden Marxismus-Leninismus-Kurse hinzugefügt.[19] Im Jahr 1982 dienten noch ganze 55 Prozent der gesamten Studienzeit dem fachspezifischen Unterricht.[20] Die rechtsdogmatische Ausbildung hatte einen vergleichsweise geringen Anteil.[21] Die angehenden Staatsjuristen und Rechtsanwälte wurden einer »sozialistische[n] Rundumerziehung«[22] unterzogen. Ging es doch darum, Justizfunktionäre heranzubilden, die das Recht im Sinne der SED anwendeten.[23] Der Studienplan von 1982 formulierte als Ziel für die Rechtsstudenten:

> Ihre Erziehung und Ausbildung muss auf die Vermittlung eines festen Klassenstandpunktes und darauf gerichtet sein, dass sie ihre künftige Tätigkeit als politische Funktion auffassen, dass sie sich als sozialistischer Jurist im sozialistischen Staats- und Wirtschaftsapparat und einem politischen Funktionär und staatlichen

16 Ebenda, S. 11; Schulz, Tobias: »Sozialistische Wissenschaft«. Die Berliner Humboldt-Universität 1960–1975. Köln 2010, S. 178 ff.

17 Die Spezialisierung zeichnete sich schon Anfang der 1960er-Jahre ab. Gräf: Rekrutierung, S. 405.

18 Bericht über die Einsatzlenkung der Studenten des Studienjahres 1969/70, 29.6.1972, Bl. 1–7, hier 4; BArch, DP1, 5271.

19 Schulz: Sozialistische Wissenschaft, S. 250 ff.

20 Schröder: Juristenausbildung, S. 463; Stundenpläne für das Studium Rechtswissenschaft sind abgedruckt bei Schröder, S. 476; Gräf: Rekrutierung, S. 438 ff.

21 Mierau, Johannes: Die juristischen Abschluß- und Diplomprüfungen in der SBZ/DDR. Frankfurt/M. 2001, S. 199.

22 Markovitz, Inga: Die Juristische Fakultät im Sozialismus. In: Bruch, Rüdiger vom u. a. (Hg.): Geschichte der Universität Unter den Linden. 1810–2010. Bd. 6; Selbstbehauptung einer Vision/Hg. von Tenorth, Heinz-Elmar. Berlin 2012, S. 117.

23 Gräf: Rekrutierung, S. 449.

> Leiter entwickeln, der fähig und entschlossen ist, die sozialistische Staats- und Gesellschaftsordnung wirksam zu schützen und das sozialistische Recht als Hebel der gesellschaftlichen Entwicklung des Sozialismus und Kommunismus anzuwenden und die Rechte und Belange der Bürger zu wahren [...].[24]

Das Studium dauerte vier Jahre, wobei das vierte und das sechste Semester im Zeichen der Praktika standen. Ende der 1960er-Jahre wurden die bis dahin unterschiedlichen Abschlüsse zum »Diplom« vereinheitlicht.[25] Ab 1970 verkürzte sich die Assistentenzeit nach der Abschlussprüfung für Richter, Staatsanwälte, Notare und Rechtsanwälte auf ein Jahr. Anwalts-Assistenten, vorher Praktikanten genannt, standen unter Anleitung betreuender Anwälte in den Kollegien.[26] Während der Assistentenzeit konnten sie schon für Vertretungen vor Kreisgerichten zugelassen werden.[27] Am Ende dieser Periode mussten sie eine umfangreichere schriftliche Arbeit zu einem Rechtsgebiet verfassen und vor dem Anwaltskollegium verteidigen. Dann befanden die Mitglieder beziehungsweise der Vorstand über eine endgültige Aufnahme.[28]

Gelegentlich wird die Auffassung vertreten, dass in der Honecker-Zeit an der Sektion Rechtswissenschaft ein »vergleichsweise gelassener Pragmatismus«[29] geherrscht habe. Angesichts des bedeutenden ideologischen Studienanteils ist eine derartige Bewertung allenfalls in Relation zur »ideologischen Intensität der Ulbricht-Jahre«[30] haltbar. Mit der geringen Zahl an Absolventen sollte in der Sektion Rechtswissenschaft eine partei- und staatskonforme Funktionärselite herangebildet werden. Zu Recht wird in der Literatur auf die starke ideologische Verschulung des Studiums hingewiesen. Dabei darf nicht übersehen werden, dass die juristische Ausbildung an den Hochschulen sich qualitativ doch deutlich von der Schnellausbildung der Volksrichter abhob, die bis in die 1980er-Jahre in allen juristischen Institutionen präsent waren. Es ist naheliegend, dass Unsicherheit in juristischen Fragen empfänglicher für politische Beratung machte, während eine juristische Grundausstattung eher zu einem eigenständigen Urteil befähigte. Ohnehin ist ein gewisser Trend zu »einer Versachlichung und zu einer verminderten direkten Bezugnahme [...auf] den Marxismus-Leninismus«[31] in den Diplomabschlussarbeiten festzustellen. Auch wenn nicht ab-

24 Zit. nach: Schröder: Juristenausbildung, S. 463.

25 Schulz: Sozialistische Wissenschaft, S. 235 f.

26 KollG 1980, § 12.

27 Die Kollegien beantragten beim MdJ in der Regel nach einigen Monaten eine Auftrittsgenehmigung für Assistenten bei Gerichten. Derartige Genehmigungsverfahren finden sich in BArch, DP1, 2967.

28 Schröder: Juristenausbildung, S. 466 f.; Busse: Deutsche Anwälte, S. 383. Schriftliche »Leistungsnachweise« finden sich z. B. in BArch, DP1, 4481.

29 Markovitz: Juristische Fakultät, S. 114.

30 Ebenda.

31 Mierau: Juristische Abschluß-Prüfungen, S. 210.

schließend untersucht, erscheint es plausibel, dass zunehmend Juristen in den Gerichtssälen aufeinandertrafen, die von ihrer Ausbildung her unterschiedliche Rechtskulturen repräsentierten.

### 5.1.1 Rekrutierungen von Jura-Studenten in den 1970er- und 1980er-Jahren

Der Bedarf an Juristen für die Funktionen eines Richters, Notars oder Anwalts sollte seit den 1970er-Jahren regional ermittelt werden. Eine Schlüsselstellung bei der Rekrutierung kam zunächst den Kreis- und Bezirksgerichten zu.[32] Sie trafen, ähnlich wie bei der Delegierung durch die Betriebe in der Wirtschaft, die Erstauswahl zum Studium.[33] Zugangsvoraussetzung für das Hochschulstudium war das Abitur, das in der Regel nach einer zwölfjährigen Schulzeit an der Erweiterten Oberschule (EOS) abgelegt wurde.[34]

Schon vor dem eigentlichen Zulassungsverfahren hatten Jugendliche einen »langen Selektionsprozess«[35] hinter sich. Nur wer vom Lehrerkollektiv ausgewählt und durch den Kreisschulrat bestätigt eine Erweiterte Oberschule besuchen durfte, also etwa 15 Prozent eines Jahrgangs, hatte überhaupt eine Chance, am weiteren Auswahlprozess teilzunehmen. Schon in der 11. Klasse prüften Klassenlehrer und FDJ-Leitung der Schulen die fachliche und politische Befähigung, falls sich ein Schüler für ein rechtswissenschaftliches Studium interessierte oder das Bezirksgericht Bedarf signalisierte. Von den männlichen Bewerbern wurde in früheren Jahren erwartet, dass sie den Grundwehrdienst von 18 Monaten ableisteten. In den 1980er-Jahren reichte das nicht mehr aus. Eine Selbstverpflichtung zu drei Jahren Dienst wurde zur »Zulassungsnorm«[36]. Da durch den Wehrdienst bis zur Aufnahme des Studiums erhebliche Zeit verstreichen konnte, wurden die Gerichte verpflichtet, in der Zwischenzeit einen »Betreuungsnachweis« zu führen, der auch das »soziale Umfeld, die Ausprägung der Persönlichkeitseigenschaften«[37] berücksichtigen sollte. Wer den verlängerten Wehrdienst nicht leistete, riskierte den Entzug der Zulassung.

Die erste Eignungsprüfung nahm das Bezirksgericht vor. Das eigentliche Bewerbungsgespräch im Bezirksgericht erfolgte auf Einladung der Personalabtei-

32 ZRK, Protokoll v. 30.5.1974; BArch, DY 64/68; Wilhelm, Marion: »Wir sind Kinder unserer Zeit«. Qualitative Analyse narrativer Interviews von Justizjuristen der DDR. Berlin 2002, S. 33 f.

33 Lochen: Nachwuchskader S. 129; Gräf: Rekrutierung, S. 409 f.

34 Schröder: Juristenausbildung, S. 450; Gräf: Rekrutierung, S. 408 ff.

35 Lochen: Nachwuchskader, S. 128.

36 Jordan, Carlo: Kaderschmiede Humboldt-Universität zu Berlin. Aufbegehren, Säuberungen und Militarisierung 1945–1989. Berlin 2001, S. 206; Gräf: Rekrutierung, S. 401.

37 MdJ/HA I, Information, 1987; BStU, MfS, HA XX Nr. 7357, Bl. 713–717, hier 716.

lung des Justizministeriums.[38] Schon die Bewerbungsunterlagen zeigen, dass es nicht nur um das fachliche Können sondern um die politische Einstellung der Studienplatzbewerber ging.[39] In Verpflichtungserklärungen mussten sie versichern, keine Kontakte zum nichtsozialistischen Ausland zu unterhalten und solche in Zukunft zu vermeiden. In einem weiteren Schriftstück wurde die Unterwerfung unter die Berufslenkung erklärt. Absolventen konnten damit an jedes beliebige Gericht der DDR versetzt werden. Der Personalbogen, der den Grundstock der künftigen Kaderakte bildete, enthielt nicht nur die Personengrunddaten und Angaben zum Bildungsgang, sondern auch Informationen zu den Eltern, zu Mitgliedschaft beziehungsweise Wahlfunktionen in Parteien, gesellschaftlichen Organisationen, Staatsorganen und Einrichtungen. Damit wurde die Bereitschaft des Bewerbers, Mitglied der SED zu werden, geprüft.[40] Die Selbstbekundungen gleichen oft politischen Bekenntnissen. Eine 18-jährige schrieb, sie sei »in einer Epoche des ständig zunehmenden Einflusses des sozialistischen Weltsystems, des Erstarkens der progressiven Kräfte in der Welt«[41] geboren. Nachdem sie ihre Erziehung »im Sinn der Partei der Arbeiterklasse« und ihre Aktivitäten in der FDJ aufgezählt hatte, zeigte sie sich »beeindruckt [...], welches große Vertrauen die SED der Jugend«[42] entgegenbringe, um schließlich zu geloben, mit Vollendung des 18. Lebensjahres ihren Aufnahmeantrag in die SED zu stellen. Die Einschätzungen durch die Gerichtsdirektoren folgten offenbar einem Schema.[43] Die in den 1960er-Jahren noch verbreiteten Bemühungen, Juristen vornehmlich aus der Arbeiterklasse im sozialen Sinne zu rekrutieren, führten nicht zu einer ausreichenden Zahl von Bewerbern.[44] So weitete sich der Klassenbegriff und ermöglichte die Rekrutierung aus den Eliten.[45] In der Berliner Anwaltschaft der 1980er-Jahre waren mehrere der Anwälte Kinder von Anwälten.[46] Abgesehen von der sozialen Herkunft wurden gute beziehungsweise sehr gute fachliche Leistungen, gesellschaftliches Engagement zum Bei-

38 Lochen: Nachwuchskader, S. 128.

39 Bewerbungsunterlagen für 1976 finden sich z. B. in BArch, DP1, 5241.

40 Schröder: Juristenausbildung, S. 451.

41 Bewerbungsunterlagen, Mein Standpunkt zur SED, 27.4.1976; BArch, DP1, 5241.

42 Ebenda.

43 Diverse Bewerbungsunterlagen enthalten BArch, DP1, 5241; BArch, DP1, 5242; BArch, DP1, 5243.

44 Gängel, Andreas: Richter in der DDR. Wunschbild und Realitätsausschnitte. In: Rottleuthner, Hubert (Hg.): Steuerung der Justiz in der DDR. Köln 1994, S. 402; Schröder: Juristenausbildung, S. 240 ff.

45 Solga, Heike: Auf den Weg in eine klassenlose Gesellschaft? Klassenlagen und Mobilität zwischen Generationen in der DDR. Berlin 1995, S. 208.

46 Augenfällig sind die Karrieren von Jürgen und Ute Genz, die die Einzelanwaltsstelle der Mutter bzw. Großmutter Ingeborg Genz übernahmen. Auch bei den de Maizières folgte auf den Vater der Sohn als Anwalt. Andere Fälle können hier aus Datenschutzgründen nicht genannt werden.

spiel in der FDJ und eine Mitgliedschaft in Organisationen wie der DSF und dem FDGB, erwartet.[47] Kurioserweise prüfte das Berliner Bezirksgericht die Bereitschaft, »eine Tätigkeit in der materiellen Produktion aufzunehmen«, womit die Einstellung zur Arbeiterklasse abgefragt wurde.

Zunächst gab der Direktor eine Einschätzung und Empfehlung ab. Wenn sich das MdJ dieser Einschätzung anschloss, wurde der Bewerber zu Beginn der zwölften Klasse auf Initiative des Justizministeriums am Bezirksgericht zu einer schriftlichen Prüfung zu Studienmotivation und Fragen zum Gesellschafts- und Rechtssystem eingeladen.[48] Die Formulierungen machen deutlich, wie sehr es sich dabei um einen Gesinnungstest handelte: »Begründen Sie die Notwendigkeit der führenden Rolle der SED in Staat und Gesellschaft!«, »Worin sehen Sie den Sinn des Sozialismus?« oder »Beweisen Sie: ›Die sozialistische Demokratie ist millionenfach demokratischer als jede Form der bürgerlichen Demokratie.‹ (Lenin)«.[49] Die handschriftlichen Kommentare und Bewertungen der Prüfer aus der Personalabteilung des MdJ zeugen davon, dass diese noch größeren Wert auf die politische Motivation, die gesellschaftspolitischen Kenntnisse und ideologischen Überzeugungen der Bewerber legten als die Regionalgerichte. Eine typische Ablehnung aus dem MdJ lautete, die Bewerberin sei nicht in der Lage, die »politischen Zusammenhänge zu erkennen«.[50] Ein demonstrativ vorgetragener Berufswunsch »Rechtsanwalt« wirkte sich negativ aus. Eine Bewerberin aus Frankfurt/O. wurde abgelehnt, weil sie die Absicht hatte Anwältin zu werden, »um Menschen zu beraten und zu helfen«.[51] In den Augen der Staatsjuristen entsprach sie mit dieser einseitig auf den Mandanten bezogenen Berufseinstellung weder der Vorstellung von einer sozialistischen Anwältin noch zeigte sie damit Bereitschaft, sich an den Platz in der Gesellschaft zu stellen der ihr zugewiesen wurde. Die Unterlagen der Bewerbungsprüfungen verschiedener Jahrgänge zwischen 1976 und 1988 belegen, dass zahlreiche Bewerber im MdJ vor allem aus politischen Vorbehalten scheiterten. Erst nach einem weiteren erfolgreichen Einstellungsgespräch im MdJ galt der Oberschüler als vorimmatrikuliert.[52] Im Anschluss an die Vorimmatrikulation wurde mit dem Direktor des Bezirksgerichts ein Studienförderungsvertrag abgeschlossen. Dieser verpflichtete zur »politischen Wachsamkeit«[53]. Dem Bewerber wurde zur Betreuung ein Kreisrichter zugeordnet, der auch für das zweimonatige Vorpraktikum am Kreisgericht und für den Kontakt während der Wehrzeit verantwortlich war. Frauen absolvier-

47 Gräf: Rekrutierung, S. 401.

48 Lochen: Nachwuchskader, S. 128.

49 Prüfungsunterlagen verschiedener Bewerber für das Jahr 1988 enthält BArch, DP1, 5243.

50 MdJ, schriftlicher Eignungsnachweis, 10.6.1988, Bl. 6; BArch, DP1, 5242.

51 BG Frankfurt/O., Schreiben an MdJ, 15.4.1986; BArch, DP1, 5242.

52 Lochen: Nachwuchskader, S. 129; Gräf: Rekrutierung, S. 409.

53 Schröder: Juristenausbildung, S. 453; Lochen: Nachwuchskader, S. 129.

ten statt der Wehrzeit eine zweijährige Praxis-Phase an einem Gericht, bei der Staatsanwaltschaft oder in einem Betrieb.[54]

*Universitätszulassung*

Nachdem die Gerichte Kandidaten vorgeschlagen hatten, führten die Universitäten die eigentliche Zulassung durch. Der zentralen Zulassungskommission beim Direktor für Erziehung und Ausbildung arbeiteten auf Sektionsebene Auswahlkommissionen zu.[55] Diese bestanden aus dem Sektionsdirektor, der FDJ und Gewerkschaftsleitung, was eine Berücksichtigung politischer Auswahlgesichtspunkte garantierte.[56] Für die Juristen regelte eine Sondervereinbarung, dass sich Vertragsstudenten des MdJ keiner gesonderten Zulassungsüberprüfung unterziehen mussten. Die Zahl solcher Vertragsstudenten, die ein relativ gutes Stipendium erhielten, aber dafür stärker an das MdJ gebunden waren, war seit den 1960er-Jahren gestiegen.[57] Vertragsstudenten verpflichteten sich nicht nur zu »vorbildlicher Leistungsdisziplin, [… sondern auch dazu,] das sozialistische Recht im Interesse der Werktätigen anzuwenden, die sozialistische Gesellschaftsordnung zu schützen und die Rechte der Bürger zu wahren [...und als] politischer Funktionär«[58] aufzutreten. Auf diese Weise zog sich der Staat eine Justizfunktionärselite heran, die neben den Delegierten der bewaffneten Organe ein gewichtiges und besonders loyales Studentenkontingent an der Humboldt-Universität stellte. Nur »gefestigte sozialistische Persönlichkeiten«, die Staat und Sozialismus befürworteten, sollten Juristen werden dürfen.[59]

Trotz der Vorauswahl blieben der Universitätskommission noch genügend Entscheidungsfälle. Die Zahl der Zulassungen bemaß sich am vorab staatlich festgelegten Studienplatzkontingent. Die Zahl der Studienplätze war in den 1960er-Jahren auf 200 Studenten gestiegen. Dennoch war die Rate mit zwölf Jurastudenten auf 100 000 Einwohner niedriger als in der ČSSR, in Polen oder in Ungarn, ganz zu schweigen von den westlichen Ländern.[60] Mit dem Antritt

54 Ebenda; Gräf: Rekrutierung, S. 409.

55 Jordan: Kaderschmiede, S. 208.

56 Anordnung über die Bewerbung, Auswahl und Zulassung zum Direktstudium vom 1.7.1971 (Zulassungsordnung), § 5,1; BStU, MfS, BV Bln, Abt. XX Nr. 3187, Bl. 59–62.

57 Lochen meint, dass die Zulassungskommission für Jura-Studenten aus zwei Vertretern der Sektion, einem Vertreter des Justizministeriums und einem FDJ-Vertreter bestanden hätte. Lochen: Nachwuchskader, S. 129; Schröder: Juristenausbildung, S. 460.

58 Ebenda, S. 481; Gräf: Rekrutierung, S. 405 f.

59 Schröder, Rainer: Geschichte des DDR-Rechts: Straf- und Verwaltungsrecht, forum historiae iuris (2004). In: http://www.forhistiur.de/zitat/0404schroeder.htm (letzter Zugriff: 11.9.2014).

60 Schröder: Juristenausbildung, S. 460 f.; Lochen: Nachwuchskader, S. 129.

Honeckers reduzierten sich die Zulassungen.[61] Ende der 1980er-Jahre wurde rund ein Viertel der Bewerber für die inzwischen knapp 300 Plätze an der Sektion Rechtswissenschaft abgewiesen.[62] Die eigentliche Universitätszulassung war keineswegs von fachlichen Kriterien bestimmt. Wert gelegt wurde auf die »aktive Mitwirkung an der Gestaltung der sozialistischen Gesellschaft und die Bereitschaft zur aktiven Verteidigung des Sozialismus [und die …] Bereitschaft, alle Forderungen der sozialistischen Gesellschaft vorbildlich zu erfüllen« [63] und sich nach der Beendigung des Studiums der Absolventenlenkung zu unterwerfen. In geheimen Orientierungen des Rektors der Humboldt-Universität war deutlich von der »politischen Säuberungsarbeit«[64] der Auswahlkommissionen die Rede. Zunehmend gewann die Ableistung eines dreijährigen Wehrdienstes bei der Studienplatzvergabe an Bedeutung,[65] was manche als ein Indiz für die »Militarisierung« der Ausbildung ansahen.[66] Zunächst wurden Bewerber bevorzugt, die an ihrem Arbeitsplatz besondere Auszeichnungen erhalten hatten.[67] Einige Jahre später standen Studienbewerber an erster Stelle, die »Mitglieder und Kandidaten der SED mit guten fachlichen Leistungen sowie engagierte Bewerber aus politisch stabilen Elternhäusern«[68] waren. Die Tendenz zur Selbstrekrutierung[69] der Eliten wurde damit zur Norm.

### 5.1.2 Beteiligung des MfS an der Studentenauswahl

Schon bei dem ersten, stark politisierten Auswahlverfahren war das MfS beteiligt. In einem Gespräch sicherte der Leiter der Personalabteilung des MdJ, Willi Maser,[70] seinem Ansprechpartner in der HA XX des MfS 1977 zu, dass die »Auswahl der Studenten […], einschließlich Überprüfung und Abstimmung,

61 Schulz: Sozialistische Wissenschaft, S. 182 ff.

62 HUB, Bericht über die Zulassung zum Direkt- und Fernstudium Studienjahr 1985/86, 8.5.1986; BStU, MfS, BV Bln, Abt. XX Nr. 3187, Bl. 37–46, hier 43.

63 Anordnung über die Bewerbung, Auswahl und Zulassung zum Direktstudium vom 1.7.1971; ebenda, Bl. 59–62, hier 59.

64 Zit. nach: Jordan: Kaderschmiede, S. 207.

65 HUB, Maßnahme- und Terminplan der Auswahl- und Zulassungsarbeit zum Studienjahr 1982/83, Oktober 1981; BStU, MfS, BV Bln, Abt. XX Nr. 3187, Bl. 4–12, hier 4 f.

66 Jordan: Kaderschmiede, S. 206.

67 HUB, Maßnahme- und Terminplan … zum Studienjahr 1982/83, Oktober 1981; BStU, MfS, BV Bln, Abt. XX Nr. 3187, Bl. 4 f.

68 HUB, Orientierungen für die Auswahl- und Zulassungsarbeit, November 1986; ebenda, Bl. 100–104, hier 101.

69 Wehler, Hans-Ulrich: Deutsche Gesellschaftsgeschichte 1949–1990. München 2008, S. 412.

70 Rottleuthner: Steuerung der Justiz, S. 561. Maser wurde 1979 mit der »Medaille der Waffenbrüderschaft« in Bronze ausgezeichnet. BStU, MfS, HA XX, Bdl. Nr. 1007.

mit den zuständigen Organen (MfS)«[71] durch die Bezirksgerichte erfolge. Die Formulierung »zuständiges Organ« wurde an dieser Stelle ausnahmsweise explizit als MfS dekodiert. Am Stadtgericht Berlin beispielsweise versorgten Kontaktpersonen aus der Kaderabteilung die Abteilung XX/1 der Berliner BV des MfS mit Angaben zu den Bewerbern. Die BV überprüfte daraufhin die Kandidaten und deren Verwandte ersten Grades in den MfS-Karteien.[72] Offenbar waren Westkontakte ein wichtiges Kriterium und in der Regel gab es »keine Einwände zum Studium«.[73] Obwohl derartige Überprüfungen als »offiziell« statt »inoffizielle« eingestuft wurden, waren sie nicht rechtlich normiert und keineswegs so offen oder öffentlich, dass sie in den Bewerbungsunterlagen direkt benannt worden wären. Selbst in MdJ-internen Unterlagen ist verschleiernd vom »zuständigen Organ« die Rede.[74] Gegenüber den Betroffenen waren die MfS-Kontrollen zu verheimlichen und Vorentscheidungen mit Legenden zu verschleiern.[75] So wurde der 20-jährige Johannes Beleites durch »operative Einflussnahme« vom Bezirksgericht Leipzig nicht zugelassen. Die offizielle Begründung war die fehlende Bereitschaft, einen drei- beziehungsweise vierjährigen Wehrdienst »mit der Waffe«[76] abzuleisten. Der eigentliche Grund bestand darin, dass Beleites im OV »Blende«[77] verfolgt wurde. Er sei ein »maßgeblicher Inspirator/Organisator der PUT [politischen Untergrundes] in Leipzig [...und bereite die] »Schaffung eines Kommunikationszentrums in Leipzig mit dem Charakter der Umweltbibliothek in der Berliner Zions-Kirche«[78] vor. Die Leipziger BV bat ihre Kollegen von der HA XX/1 in Berlin, beim MdJ Einfluss zu nehmen, dass Beleites die Delegierung zum Jurastudium verwehrt bleibt. Beleites hatte sich wegen der Ablehnung mit einer Eingabe an das Ministerium gewendet, das im Verantwortungsbereich der HA XX/1 lag.

Soweit ersichtlich, trug das MfS in einzelnen Fällen entscheidend dazu bei, Studienbewerbungen zu blockieren, obwohl das aufgrund der politischen Vor-

71 MdJ, Vermerk v. 27.12.1977; BStU, MfS, HA XX Nr. 7357, Bl. 509.

72 BStU, MfS, BV Bln, Abt. XX Nr. 5644. Die Akte enthält zahlreiche Personalien von »Rewi«-Studienbewerbern an der Berliner Humboldt-Universität.

73 BV Bln/KD Mitte, Fernschreiben an BV Bln, 11.12.1985; BStU, MfS, BV Bln, Abt. XX Nr. 5644, Bd. 4/6, Bl. 319. In dem Band befinden sich diverse ähnliche Überprüfungen von Studienbewerbern.

74 MdJ/HA I, Vermerk v. 26.6.1981; BArch, DP1, 20159.

75 Richtlinie 1/82 zu Sicherheitsüberprüfungen, 17.11.1982. In: Engelmann: Grundsatzdokumente, S. 397–421.

76 BV Leipzig, Schreiben an die HA XX/1, 15.8.1988; BStU, MfS, HA XX Nr. 7347, Bl. 30.

77 Der Titel des OV bezieht sich offenkundig auf die Arbeit »Pechblende« von Michael Beleites, dem Bruder von Johannes Beleites. In der Samisdat-Schrift »Pechblende« wurde erstmalig in der DDR die heikle Frage des Uranbergbaus mit seinen verheerenden ökologischen Folgen behandelt. Neubert, Ehrhart: Geschichte der Opposition in der DDR 1949–1989. Bonn 1998, S. 767; Wer war wer in der DDR? In: http://www.bundesstiftung-aufarbeitung.de/wer-war-wer-in-der-ddr-%2363%3B-1424.html (letzter Zugriff: 13.10.2014).

78 BV Leipzig, Schreiben an die HA XX/1, 15.8.1988; BStU, MfS, HA XX Nr. 7347, Bl. 30.

auswahl der Gerichte nicht häufig der Fall gewesen sein dürfte. Allerdings scheint das MfS in Immatrikulationsfragen keinen absoluten Durchgriff gehabt zu haben. Die Formulierungen in den Schreiben der Bezirksgerichte lassen darauf schließen, dass in der Regel ein Konsens mit dem Sicherheitsorgan gesucht wurde. In der Vereinbarung von 1977 war von »Überprüfung und Abstimmung«[79] die Rede. Anfang der 1970er-Jahre monierte beispielsweise die HA II, dass keine Maßnahmen eingeleitet wurden, einen Jurastudenten exmatrikulieren zu lassen. Dieser habe im Zulassungsverfahren falsche Angaben gemacht und verschwiegen, dass er 1968 wegen »Hetze« zu einer Freiheitsstrafe von einem Jahr und zwei Monaten verurteilt worden sei. Der angehende Jurist hatte sich während eines Urlaubs kritisch zur DDR und zum Einmarsch der UdSSR in der ČSSR geäußert. Die Intervention erinnere ihn an die Okkupation durch Hitler 1938. In der DDR werde das in der Verfassung verankerte Recht auf Freiheit willkürlich interpretiert, die Bevölkerung stehe nicht hinter der Regierung.[80] Trotz solcher Äußerungen, der früheren Verurteilung und der Demarche der HA II mit weiteren IM-Berichten mit abfälligen Bemerkungen des Studenten konnte er seine Ausbildung fortsetzen. Es gelang ihm später sogar, Rechtsanwalt im Berliner Kollegium zu werden, wo er zu den eher kritischen Geistern gehörte.[81]

Parallel zu staatlichen Institutionen delegierten insbesondere die evangelische Kirche und ihre karitativen Einrichtungen ein gewisses Kontingent an Jurastudenten, die später als Kirchenjuristen wirken sollten. Nachdem die Kirche sich jahrelang selbst beholfen hatte, gab sie dieses Stück Eigenständigkeit Ende der 1970er-Jahre auf und schickte ihre Bewerber an die Sektionen Rechtswissenschaft der Universitäten.[82] Schon in der Phase der Bewerbung wurden sie vom MfS überprüft. Inwieweit das MfS auf der Ebene der Zulassung an der Universität mitwirkte, wird in den gesichteten Unterlagen nicht abschließend deutlich. Gelegentlich wird gemutmaßt, dass die Auswahlkommission die »Säuberungsanforderungen des MfS«[83] durchsetzte oder, dass das MfS über die gesellschaftlichen Vertreter in der Kommission Einfluss zu nehmen versuchte.[84] Auch wenn die Frage der regelhaften MfS-Überprüfung derzeit offen bleiben muss, besteht kein Zweifel, dass das MfS die Möglichkeit hatte, ganze Listen von Studenten

79 MdJ, Vermerk v. 27.12.1977; BStU, MfS, HA XX Nr. 7357, Bl. 509.

80 BV Rostock, Sachstandsbericht, 6.9.1968; BStU, MfS, AS 637/70, Bd. 1, Bl. 1–7, hier 6.

81 HV A, Schreiben an BV Bln, 23.4.1982; BStU, MfS, AIM 19094/85, T. I, Bd. 1, Bl. 102.

82 Heitmann, Steffen; Knoth, Hans Dietrich: Die Sonderausbildung der Kirchenjuristen. In: Materialien der Enquete-Kommission »Aufarbeitung von Geschichte und Folgen der SED-Diktatur in Deutschland« (12. Wahlperiode des Deutschen Bundestages)/Hg. vom Deutschen Bundestag. Bd. 4. Baden-Baden 1995, S. 533–545, hier 541. Diverse Überprüfungsvorgänge der HA XX/4 in, BStU, MfS, HA XX Nr. 530.

83 Jordan: Kaderschmiede, S. 208.

84 Braun, Matthias: Vorbeugende Bearbeitung. Das MfS an den Hochschulen der DDR. In: DA 30 (1997) 6, S. 912–922, hier 915.

und Studienbewerbern sowohl von einzelnen Universitäten[85] als auch von der Zentralstelle für Studienbewerbungen in Magdeburg[86] zu beschaffen und zu überprüfen. Für die 1980er-Jahre sind bei der für die Humboldt-Universität zuständigen Abteilung XX/3 der BV Berlin circa 4000 Postausgänge mit Studenten- und Personalunterlagen zu verzeichnen, was auf eine nicht geringe Überprüfungsrate schließen lässt.[87]

### *Eigeninteressen des MfS*

Dem MfS gelang es in gewissen Grenzen, Studienbewerber durchzusetzen. Dies waren zunächst Mitarbeiter des MfS, die durch ein Jurastudium qualifiziert werden sollten, aber auch Personen, an denen ein geheimpolizeiliches, »operatives«, Interesse bestand. Die einzelnen Bereiche des MfS meldeten ihre Wünsche bei der HA XX/1 an, die dann auf das MdJ zuging. Das MdJ gab dem MfS zu verstehen, dass die Humboldt-Universität bei Studenten, die einen Delegations-Vertrag mit dem MdJ abgeschlossen hatten, sogenannten Vertragsstudenten, keine Immatrikulationsgespräche durchführen würde. Auf diese Weise konnten diskret MfS-Kandidaten in der Sektion Rechtswissenschaft der Humboldt-Universität untergebracht werden. Entsprechend bat zum Beispiel die HV A um die »Absicherung« des Studienwunsches der Tochter eines »langjährigen, zuverlässigen sowie erfolgreichen IM unserer Diensteinheit«.[88] Nach Rücksprache mit der Personalabteilung des MdJ versicherte die HA XX/1 ihren Kollegen bürokratisch feinsinnig, es werde geprüft, ob die Tochter überhaupt die Voraussetzungen für die Aufnahme eines Studiums erfülle.[89] Auch die BV Rostock beklagte, dass ein junger Mann nach dem Aufnahmegespräch im MdJ abgelehnt worden sei. Hier hakte die HA XX/1 beim MdJ nach. Ein wenig spitz teilte die Berliner Zentrale der BV mit, dass die bisherige Ablehnung auf nicht vorhandenen schulischen Leistungen des Kandidaten basiere.[90] Diese Bemerkungen zeigen, dass die zuständigen Sicherungsoffiziere in der Zentrale des MfS durchaus Verständnis für Sachargumente aus dem Ministerium aufbrachten und nicht nach Gutdünken durchsteuern konnten. Das MdJ setzte überbordenden Wünschen des MfS nach Studienplätzen durchaus Grenzen. Das Ministerium wies

85 Verw. Gr.-Bln, Studienjahr 1972/1976, 15.11.1974; BStU, MfS, HA XX Nr. 7362, Bl. 4–20.

86 BStU, MfS, BV Leipzig, Abt. XV Nr. 1177.

87 Kowalczuk, Ilko-Sascha: Die Humboldt-Universität und das Ministerium für Staatssicherheit. In: Bruch, Rüdiger vom u. a. (Hg.): Geschichte der Universität Unter den Linden. 1810–2010. Bd. 3; Biografie einer Institution/Konrad H. Jarausch u. a. Berlin 2012, S. 535.

88 HV A, Schreiben an HA XX/1, 22.10.1985; BStU, MfS, HA XX Nr. 7347, Bl. 117.

89 HA XX/1, Schreiben an HV A, 7.2.1986; ebenda, Bl. 116.

90 HA XX/1, Schreiben an BV Rostock, 13.10.1988; ebenda, Bl. 103.

1984 auf das »festgelegte [...] Kontingent für das MfS an den juristischen Fakultäten«[91] hin. Einige Jahre zuvor hatte die Personalabteilung des MdJ dem MfS 20 von 200 Studenten pro Studienjahr an der Humboldt-Universität zugestanden, allerdings eingeschränkt, dass die Gesamtzahl der neuen Studienplätze auf 150 sinken könnte.[92]

### 5.1.3 Politische Ausrichtung und soziale Kontrolle im Studium

Die Auswahlmechanismen wirkten sich auf die politische Zusammensetzung der Rechtswissenschafts-Studenten aus. Im Studienjahr 1972 waren 30 Prozent der Studenten aus Ostberlin Mitglied der SED, die Studenten anderer Bezirke gehörten zu 20 Prozent (Suhl) bis 60 Prozent (Leipzig) der SED an.[93] Die Rate wuchs entsprechend dem künftigen Berufsbild durch Parteiaufnahmen während des Studiums. 1975 waren im ersten Studienjahr nur 35,1 Prozent der Studenten Mitglied der SED, im zweiten Studienjahr waren es schon 63 Prozent.[94] Im Jahr 1980 waren in einer Gruppe von 21 Rechtswissenschafts-Absolventen 76 Prozent Mitglied der SED.[95] Die Zahl der »Genossen«-Studenten an der Humboldt-Universität stieg in den 1980er-Jahren.[96]

#### *Soziale und politische Kontrolle*

Auch nach der Zulassung unterlagen die Rechtswissenschafts-Studenten einer fachlichen, politischen und sozialen Kontrolle, nicht zuletzt durch die hohe Zahl von Prüfungen.[97] Es wäre verfehlt, den Blick dabei ausschließlich auf das MfS zu lenken. Zunächst wirkten inneruniversitäre Mechanismen. Die Instanzen, die schon bei der Aufnahme mitwirkten, das Direktorat für Erziehung und Ausbildung, die Sektionsleitung, FDJ und Partei begleiteten die Studenten weiterhin. Die Kontrolle wurde dadurch erleichtert, dass die Studenten während des Studiums in Studienjahren und diese wiederum in überschaubaren Seminargruppen zusammengefasst waren. Die 213 Studenten des zweiten Studienjahres

91 HA XX, Schreiben an BV Frankfurt/O., 30.1.1984; BStU, MfS, HA XX Nr. 5881, Bl. 63.

92 HA XX/1, Vermerk v. 27.12.1977; BStU, MfS, HA XX Nr. 7357, Bl. 509 f. Geringfügig abweichende Zahlen bei Schröder: Juristenausbildung, S. 460.

93 Eigenberechnung auf Basis von Verw. Gr.-Bln, Studienjahr 1972/1976, 15.11.1974; BStU, MfS, HA XX Nr. 7362, Bl. 4–20.

94 Statistische Übersicht, 12.11.1975; BArch, DP1, 5265.

95 Eigenberechnung auf Basis von Absolventenlenkung 1980, 15.12.1979; BStU, MfS, HA XX Nr. 6772, Bl. 116–119.

96 Jordan: Kaderschmiede, S. 209 ff.

97 Mierau: Juristische Abschluß-Prüfungen, S. 198.

1972 waren in zehn Seminargruppen von neun bis 25 Studenten aufgeteilt.[98] Mehrere Studenten innerhalb dieser Jahresverbände nahmen Funktionen wahr. Anfang der 1970er-Jahre gehörten in einem ersten Studienjahr allein 23 Studenten der SED-Parteileitung oder der FDJ-Leitung an oder waren als Parteiorganisatoren, FDJ-Seminarsekretäre beziehungsweise Studienorganisatoren in den Seminargruppen tätig.[99] Diese Studenten waren stark in einen politisch-organisatorischen Kontext eingebunden. Sie erlernten auf der untersten Hierarchieebene die Rituale des Herrschaftssystems, [100] die sie dafür prädestinierten, in ihren späteren Berufen eine »gesellschaftliche« Verantwortung zu übernehmen. Die Studenten übten eine Art »Selbstkontrolle« in dem Seminarkollektiv aus, dem sie angehörten. So wurde 1974 ein Student relegiert, weil »die Seminargruppe« ihn für »politisch und fachlich ungeeignet hielt«[101] ein Studium zu absolvieren. Ihm wurde vorgeworfen, freitags vorzeitig den Unterricht zu verlassen und keine ausreichenden Studienergebnisse zu erzielen. Außerdem habe er eine Dozentin zu überreden versucht, ihm eine bessere Note zu geben. Als Wortführer trat der FDJ-Sekretär der Seminargruppe auf, der den Mitstudenten einer falschen Einstellung bezichtigte. Dieser »habe keine eigene Meinung, ziehe immer alles ins Lächerliche und vertrete in fachlichen Fragen fehlerhafte Ansichten«.[102] Die Exmatrikulation folgte dieser Kritik an den habituellen Eigenschaften und der geringen Anpassungsbereitschaft des Studenten.

Eine Trias aus Parteigruppenorganisator, FDJ-Sekretär und Studienorganisator beurteilte die Studenten in ein- bis zweiseitigen Kurzstellungnahmen, die für den weiteren Ausbildungs- und Berufsweg von Bedeutung waren. Die Tendenz solcher Berichte in einer Stichprobe aus dem Jahr 1977 war überwiegend positiv. Hervorgehoben wurden fachliche Leistungen und Studiendisziplin, vor allem aber »parteiliches« Auftreten in Diskussionen, gesellschaftliches Engagement in FDJ und Partei, in Massenorganisationen und anderen Funktionen an der Universität. Positiv bewertet wurde die Teilnahme an sogenannten gesellschaftlichen Höhepunkten, wie dem Fackelzug zum 25. Jahrestag der DDR oder ähnlichen Demonstrationen anlässlich eines Parteitages des SED beziehungsweise eines FDJ-Parlamentes. Die Beteiligung an Arbeitseinsätzen oder Wehrübungen, bei den Frauen an Zivilverteidigungsübungen, wurde regelmäßig erwähnt. Dort wurden Funktionen wie Gruppenführer im Militärla-

98 Seminarliste II, Studienjahr Rechtswissenschaft, 1972; BArch, DP1, 5271.

99 Liste Studienjahr 1973/74, 1.6.1974; BArch, DP1, 5265; Übersicht über die Funktionsbesetzungen im ersten Studienjahr; ebenda.

100 HUB/Sektion Rechtswissenschaft, Studienjahresleitung, 15.10.1973; BArch, DP1, 5265.

101 Disziplinarverfahren gegen […], 9.5.1971; BArch, DP1, 5265, Bl. 1–3.

102 Disziplinarverfahren gegen […], 9.5.1971; ebenda.

ger oder Auszeichnungen als »Bester«[103] der Zivilverteidigung (ZV) hervorgehoben. Derartige »gesellschaftliche« Aktivitäten waren positive Bewertungspunkte bei der späteren Berufslenkung und -entwicklung. Die wenigen eher kritischen Stellungnahmen schienen bemüht Brücken zu bauen. So wurde die Fähigkeit einer Studentin hervorgehoben, »ihr gegenüber hervorgebrachte Kritik [...] zu berücksichtigen«.[104] Es gab einzelne Verdikte. Im Falle eines Studenten wurde bemängelt, dass er es »nicht immer verstanden hat, seine persönlichen Interessen mit denen der Gesellschaft in Übereinstimmung zu bringen«.[105] Dieser Student betonte, Rechtsanwalt werden zu wollen. Deswegen sollte ihm sogar der Weg in die Rechtspflege versagt und nur eine Tätigkeit als Betriebsjustiziar zugewiesen werden. Als geeignet für die Anwaltstätigkeit wurde dagegen eine Studentin empfohlen, die nicht nur leistungsstark war, sondern sich im ZV-Lager »als klassenbewusste und parteilich auftretende Genossin«[106] mit hoher Einsatzbereitschaft und kollektivem Verhalten auszeichnete.

Diese Einschätzungen waren mit einem gefärbten und geschönten Blick formuliert. Schließlich beurteilten sich Studenten gegenseitig und gaben indirekt ein Zeugnis ihrer eigenen Leistungen als Studentenfunktionäre. Der Bericht des IMS »Frank Fuchs«, der aus einer ideologisch eifernden Position überpointiert berichtete, macht deutlich, dass es unter den FDJ- und parteiverbundenen Rechtswissenschafts-Studenten und -Dozenten in den 1980er-Jahren unterschiedliche Tendenzen, Pragmatiker und Ideologen gab. »Frank Fuchs« kritisierte Vertreter des Lehrkörpers, die sich vorrangig an fachlichen Leistungen orientierten und Parteiaktivitäten allenfalls entfalteten, um nicht aufzufallen.[107] In der unteren Parteiebene würden Studenten vorherrschen, die Funktionen nur ausübten, um »persönliche Interessen zu realisieren, um zum Beispiel gegenüber dem Lehrkörper den Anschein zu erwecken, dass man aktiv sei«.[108] Die Dozenten würden sie prompt hochloben, da von ihnen auf der anderen Seite »ja keine Probleme ausgehen«.[109] Nach Schilderungen des IM würde nur die FDJ-Gruppe dieser politisch gleichgültigen Haltung der Studenten entgegensteuern. Die FDJ-Organisationsleitung sei daraufhin dem Vorwurf ausgesetzt worden, »die Partei links überholen zu wollen«.[110] Dramatisierend und mora-

103 Beurteilung der Studentin [...], Mai 1977; BArch, DP1, 5265. Hier sind diverse andere Beurteilungen aus dieser Zeit dokumentiert.

104 Beurteilung für [...], 19.5.1977; ebenda.

105 Beurteilung des Studenten [...], Mai 1977; ebenda.

106 Beurteilung des Studenten [...], Mai 1977; ebenda.

107 »Frank Fuchs«: Zu einigen politisch-ideologischen Problemen in der Sektion Rechtswissenschaft, 18.1.1985; BStU, MfS, BV Bln, Abt. XX Nr. 3196, Bl. 5–29, hier 10.

108 Ebenda.

109 Ebenda.

110 Zit. nach: »Frank Fuchs«: Zu einigen politisch-ideologischen Problemen in der Sektion Rechtswissenschaft, 18.1.1985; ebenda, Bl. 11.

lisierend beschrieb der IM, wie der angeblich einzig aufrechte Studentenfunktionär durch die Partei und Vertreter der »Unehrlichkeit, Heuchelei, des Anpassungsdenkens«, von Intrigantentum und »Desinteresse an gesellschaftlicher Arbeit«[111] aus dem Amt gedrängt wurde. Die Schilderung muss vorsichtig interpretiert werden, da sich hinter dem bedrängten FDJ-Funktionär der Informant »Frank Fuchs« verbarg. Möglicherweise berichtete er nicht uneigennützig. Nach seinem Studium wurde er vom MfS in die Bezirksverwaltung Berlin als operativer Mitarbeiter übernommen und mit der Überwachung der Berliner Anwaltschaft betraut.[112] Selbst wenn einige Berichte überspitzt sein dürften, spiegelt dieser IM detailliert und farbig, dass es Mitte der 1980er-Jahre unterschiedliche Studienmotivationen gab.[113] Letztlich nahmen die Pragmatiker und Opportunisten doch ihre Funktionen in den studentischen Gremien ein und trainierten damit Praktiken, auch doppelbödige, die in der Rolle eines künftigen sozialistischen Justizkaders erforderlich waren.

### *Soziale Kontrolle außerhalb der Studienzeit*

Auch außerhalb der eigentlichen Studienzeit unterlagen die angehenden Juristen einer sozialen Kontrolle. Die obligatorischen Militärlager konnten zu einer weiteren »Säuberung der Studentenschaft«[114] führen. Ab Ende der 1960er-Jahre waren mehrwöchige militärische Übungen für die Studenten, die bereits Reserveoffiziere waren, obligatorisch. Eine ähnliche Bewährungsfunktion wiesen für Studentinnen die Übungen der Zivilverteidigung auf.[115] Eine disziplinierende Funktion kam auch den Praktika zu. Im dritten Studienjahr absolvierten alle Studenten ein achtwöchiges Praktikum auf den Gebieten des Straf- und Strafverfahrensrechts bei Kreisgerichten beziehungsweise Kreisstaatsanwaltschaften. Neben der praktischen Bewältigung des Arbeitsalltags der dortigen Justizfunktionäre und von Übungen waren wiederum die »politische Reife« und die »gesellschaftlichen Aktivitäten«[116] Gegenstand einer Bewertung. Die wurde dem MdJ

111 Ebenda, Bl. 15.

112 BStU, MfS, Kartei, HA KuSch, Kaderkarteikarte Uwe Berger.

113 Gängel sieht zwei Motivationen bei Jurastudenten. Zum einen wählte diese Richtung, wer eine Qualifikation für verschiedene berufliche Perspektiven erlangen wollte und sich insbesondere für naturwissenschaftliche Fächer nicht geeignet sah. Andere studierten gezielt aus gesellschaftlichem Interesse Rechtswissenschaft, auch um einen Beitrag zur Verwirklichung von Gerechtigkeit leisten zu können. Diese Aussage beruht auf wenigen Selbstzeugnissen von DDR-Juristen, meist aus der Zeit, als diese den Justizdienst verlassen mussten. Gängel: Das Oberste Gericht, S. 403, FN 36.

114 Jordan: Kaderschmiede, S. 206 u. 175.

115 Schröder: Juristenausbildung, S. 461 f.

116 MdJ, Anleitung zur Durchführung des Praktikums auf den Gebieten des Straf- und des Strafverfahrensrechtes, 7.7.1975; BArch, DP1, 5265, Bl. 1–7, hier 6.

zugeschickt und zur Vorbereitung der Berufslenkung genutzt: »Das Praktikum muss vor allem zur Entwicklung der Studenten zu Persönlichkeiten beitragen, die ihren Klassenauftrag im Studium meistern und zunehmend die sozialistischen Grundeinstellungen, Eigenschaften und Fähigkeiten entwickeln, die vom Funktionär in den Justizorganen gefordert werden.«[117]

Die außeruniversitäre Zeit war für viele Studenten auch deshalb nicht frei von Kontrolle, da die meisten in Studentenwohnheimen lebten. Die externen Studenten, in der rechtswissenschaftlichen Sektion die deutliche Mehrheit,[118] kamen im neuen Studentenheim am Berliner Ostbahnhof unter.[119] Dort nutzte das MfS offizielle Partner und IM zur Überwachung.[120] Ein späterer Rechtsanwalt, der in der Diskothek des Studentenheimes arbeitete, »übergab [dem MfS] eine Aufstellung zu seinen Mitstudenten«.[121] Die Liste mit 23 Namen, den Heimatanschriften, jeweiligen Organisationszugehörigkeiten, dem früherem Arbeitsplatz, den gesellschaftlichen Aktivitäten vor und während des Studiums wurde in Karteien des MfS überprüft. Die Überwachung erstreckte sich selbst auf den Universitätsclub in der Berliner Linienstraße, der schließlich der besseren Kontrolle wegen in das Universitätshauptgebäude verlegt wurde. Die offenbar als besonders zuverlässig geltenden Kriminalistik- und Jurastudenten sollten den Einlass kontrollieren.[122]

Der Versuch, die an der Humboldt-Universität in der Mitte von Ostberlin Studierenden von störenden äußeren Einflüssen fernzuhalten, wirkt etwas naiv. In den 1970er- und 1980er-Jahren entwickelte sich am Prenzlauer Berg, nicht fern von der Humboldt-Universität, eine zunehmend unabhängige Kulturszene, die auf offizielle Clubs und Kultureinrichtungen zurückwirkte.[123] Rechtswissenschafts-Studenten hörten offen westliche Sender, kamen an Zeitschriften oder Literatur, auch juristische, aus dem Westen heran.[124] In den 1980er-Jahren wurden Studenten bei offiziellen Studentenprogrammen mit unorthodoxen Ideen in Polen konfrontiert.[125] Die Perestroika-Gedanken Gorbatschows beka-

117 Ebenda, Bl. 1 f.; Schröder: Juristenausbildung, S. 46 ff.

118 Eigenberechnung auf Basis von Verw. Gr.-Bln, Studienjahr 1972/1976, 15.11.1974; BStU, MfS, HA XX Nr. 7362, Bl. 4–20.

119 Markovitz: Juristische Fakultät, S. 117.

120 BV Bln/XX/3, Arbeitsplan 1989, 12.11.1988; BStU, MfS, BV Bln, Abt. XX Nr. 3000, Bl. 1–9, hier 4.

121 TB mit KP »Steiner«, 22.3.1978; BStU, MfS, AIM 27155/80, Bl. 8–11, hier 8.

122 Jordan: Kaderschmiede, S. 175 f.

123 Ebenda; BV Bln/XX/3, Informationsbedarf FDJ-Studentenklub, 8.6.1979; BStU, MfS, BV Bln Nr. 3193, Bl. 22 f.

124 »Frank Fuchs«: Bericht v. 19.4.1986; BStU, MfS, AIM 11742/88, T. II, Bd. 1, Bl. 182 f.; »Frank Fuchs«: Bericht v. 1.7.1986; ebenda, Bl. 273; »Frank Fuchs«: Bericht v. 25.9.1986; ebenda, Bl. 327.

125 BV Bln/XX/3, Operative Information, 21.5.1986; BStU, MfS, AIM 11742/88, T. II, Bd.1, Bl. 206.

men sie frei Haus. Die Eingriffe der DDR-Zensur erhöhten nur die Sympathien für derartige Reformüberlegungen.[126] Selbst die stark ausgesiebten Studenten der Rechtswissenschaften waren nicht gegen die staatsunabhängige Dynamik gesellschaftlicher Entwicklungen abzuschirmen.[127]

## 5.2 Das MfS an der Sektion Rechtswissenschaften der Humboldt-Universität Berlin

Die soziale und politische Auswahl, Kontrolle und Formung der Studenten an der Humboldt-Universität beeinflussten primär staatliche, Partei- und FDJ-Instanzen. Das MfS wirkte eher begleitend, nur gelegentlich maßgeblich mit. Zuständig für die Universität war das Referat 3 der Abteilung XX der Bezirksverwaltung Berlin, das erst im Februar 1989 die Linienauffächerung der HA XX übernehmend zum Referat 8 in der Abteilung XX umstrukturiert wurde und mit 20 Mitarbeitern personell ausgestattet war.[128] Rein statistisch war der universitäre Bereich nur relativ gering präsent. Im Jahr 1968 belief sich der IM-Bestand auf 73 Informanten. Gerechnet auf 16 000 Studenten und Mitarbeiter ist der IM-Anteil mit 0,5 Prozent im Vergleich zu anderen gesellschaftlichen Bereichen sehr gering.[129] Infolge des Prager Frühlings wurde verstärkt geworben. Neben Studenten, Assistenten, Dozenten und Professoren sollten vor allem Personen in »Schlüsselpositionen« rekrutiert werden.[130] Angesichts der naturgemäß starken Fluktuation bei den Studenten versuchte das MfS, stärker das Leitungspersonal der Hochschulverwaltung und der politischen Gruppierungen in seinen Dienst zu nehmen. Insgesamt wuchs der IM-Bestand der Abteilung XX/3 der BV Berlin auf 200 Personen im Jahre 1986, was fast einer Verdreifachung gegenüber 1968 entspricht. Die IM verteilten sich jedoch nicht gleichmäßig über die Sektionen. Allein 20 IM waren 1989 im Bereich der Charité, also der Medizin, eingesetzt, der als besonders anfällig für Ausreisebestrebungen galt.[131] Der für die Rechtswissenschaften zuständige Mitarbeiter führte 1989 im studenti-

126 Zur gegenwärtigen Lage an der Sektion Rechtswissenschaft der HUB, 11.7.1987; ebenda, Bl. 28–32, hier 31.

127 Jordan: Kaderschmiede, S. 175 f.

128 Für bestimmte Bereiche der Universität wie die Charité, die Theologen und Pädagogen waren weitere Diensteinheiten des MfS zuständig. 1983 wurden die Sicherungsbereiche Hochschulwesen, ausländische Studenten und Volksbildung aus der HA XX/3 herausgelöst und der neu gegründeten HA XX/8 als Arbeitsgegenstand zugewiesen. Kowalczuk: Humboldt-Universität, S. 486 ff.; Braun: Bearbeitung, S. 912 ff.; Eckert, Rainer: Die Berliner Humboldt-Universität und das Ministerium für Staatssicherheit. In: DA 26 (1993) 7, S. 770–785, hier 772 ff.

129 Gieseke, Jens: Der Mielke-Konzern. Die Geschichte der Stasi 1945–1990. München 2006, S. 110 ff. u. 136 ff.

130 Braun: Bearbeitung, S. 913; Eckert: Humboldt-Universität, S. 773.

131 Ebenda, S. 774.

schen Bereich drei inoffizielle Informanten.[132] Diese Zahlen stehen freilich nur für die IM der Abteilung XX/3 beziehungsweise XX/8 der Berliner BV. Hinzuzuzählen wären Personen, die auf andere Weise eng mit dem MfS kooperierten beziehungsweise IM anderer Diensteinheiten des MfS.[133] Einer der wichtigsten IM der Sektion Rechtswissenschaft seit Mitte der 1980er-Jahre, »Frank Fuchs«, wurde beispielsweise seitens der KD Burg an seinem Heimatort geworben.[134]

### 5.2.1 IM-Rekrutierung von Rechtswissenschafts-Studenten

Das MfS versuchte Studenten, die später in Berlin als Anwälte tätig sein würden, als IM zu gewinnen. Von den Studenten, die noch vor dem Mauerbau studierten, erledigte mancher Einsätze für die Partei, die FDJ oder das MfS in Westberlin.[135] Sie agitierten dort im Sinne der DDR oder beschafften Informationen. Ein bevorzugtes Ziel war die Freie Universität. Diese war nicht nur als Gegenmodell zur Humboldt-Universität, sondern auch wegen zahlreicher Studenten aus »dem Osten« und nach 1961 wegen der Unterstützung von Fluchthilfeaktivitäten von Interesse.[136] Eine Nähe zum Klassenfeind konnte die Abgesandten aus der DDR allerdings in den Verdacht bringen, illoyal zu sein oder gar eine Flucht zu planen.[137] Aber wenn man sich dem MfS zur »Vernichtung und Unschädlichmachung unserer Feinde«[138] verpflichtete, machte das von Verdächtigungen frei. Nach dem Mauerbau waren die Verhältnisse für das MfS ungleich schwieriger. Die Westeinsätze erforderten ein höheres Maß an Verschleierung und Professionalität.[139] Hier fanden sich Rechtswissenschafts-Studenten, die sich trainieren und illegal in den Westen einschleusen ließen, um im Auftrag der HV A an der Freien Universität tätig zu werden.[140] Dem Einsatz von Rechts-

132 IM »Stefi« XX 761/85; IM »Stefan Blücher« XV 3811/86 und GMS »Wunder« XVIII 4013/84, IM-Übersicht in: BStU, MfS, BV Bln, Abt. XX Nr. 3000, Bl. 10 f. 1980–1989 war Eckart Brunk für die Sektion Rechtswissenschaften zuständig. In dieser Zeit führte er mindestens 84 IM. Kowalczuk: Humboldt-Universität, S. 494.

133 Eckert: Humboldt-Universität, S 773 f.

134 Uwe Berger, Verpflichtungserklärung, 4.4.1979; BStU, MfS, AIM 11742/88, T. I, Bd. 1, Bl. 34; BV Bln/XX/3, Einschätzung der inoffiziellen Zusammenarbeit mit dem IMS »Frank Fuchs«, 29.6.1988; ebenda, Bl. 92–94.

135 HA V, Ü[berprüfungs]vorgang, 16.10.1957; BStU, MfS, AIM 3010/63, T. I, Bd. 1, Bl. 21 f.

136 Nooke, Maria u. a. (Hg.): Fluchtziel Freiheit. Berichte von DDR-Flüchtlingen über die Situation nach dem Mauerbau, Aktionen der Girrmann-Gruppe. Berlin 2011.

137 HA V, Ü[berprüfungs]vorgang, 16.10.1957; BStU, MfS, AIM 3010/63, T. I, Bd. 1, Bl. 21 f.

138 Verpflichtung, 17.12.1957; ebenda, Bl. 40.

139 Knabe, Hubertus (Hg.): West-Arbeit des MfS. Das Zusammenspiel von »Aufklärung« und »Abwehr«. Berlin 1999, S. 79 ff.

140 HA VI, Feststellungsergebnis v. 17.6.1971; BStU, MfS, AIM 13957/81, Bl. 74.

wissenschafts-Studenten für die Westarbeit waren insofern Grenzen gesetzt, als dass diese eigentlich keine Westkontakte unterhalten sollten. Manche Agentenpläne des MfS zerschlugen sich daher.[141]

Die an der Universität eingesetzten IM sollten »über die richtige Stimmung und Situation informieren«[142]. Ein angehender Anwalt verpflichtete sich 1976, »Tatsachen, auch Hinweise [...], die sich gegen die Sicherheit unserer Deutschen Demokratischen Republik richten, unverzüglich dem die Zusammenarbeit führenden Mitarbeiter des Ministeriums für Staatssicherheit zur Kenntnis zu bringen«.[143] Bei einem anderen wurden die »Abwehraufgaben innerhalb der Sektion« konkretisiert. Er sollte namentlich »negative« Studenten, ideologische Plattformen, feindliche Auffassungen, Verbindungen von Studenten nach Westberlin und ähnlich liefern.[144] In frühen Jahren wurden Studenten in ein Führungs-IM-System (FIM) integriert, in dem mehrere IM von einem FIM geführt wurden. So waren laut Akten GHI »Mecki« und seine zwei GI, »Meister« und »Kurt«, dafür verantwortlich, einen Studenten zu »entlarven«. Der Student wurde daraufhin inhaftiert.[145] Später war »Mecki« als Einzelanwalt in Ostberlin tätig. In Einzelfällen wurden an der Humboldt-Universität gezielt angehende Juristen, spätere Rechtsanwälte ausgesucht, die der »Verbesserung der operativen Vorgangsbearbeitung auf der Linie Staatsapparat«[146] dienen sollten. Gelegentlich holten sich MfS-Offiziere eine Abfuhr, die in diesem staats- und parteinahen Sektor allerdings eher indirekt zur Geltung kam. So hieß es in einem Bericht, beim zweiten Gespräch nach der Anwerbung sei die Kontaktperson nicht erschienen, es bestehe der Verdacht, dass sie mit ihrem Freund gesprochen habe und »versuchte, sich weiteren Gesprächen zu entziehen«.[147] Ein anderer wurde wegen seiner verwandtschaftlichen Kontakte zum MfS verpflichtet und hoffte offenbar, eine Scharte in seiner Vita wiedergutzumachen, damit ihm der Weg in einen Juristenberuf nicht verbaut würde. Nachdem er sein Ziel erreicht hatte und gegen Widerstände in MdJ und Teilen des MfS Anwalt geworden war, ließ er den Kontakt einschlafen.[148] Unabhängig davon, dass Studenten-IM halfen, ihre Mitstudenten zu überwachen, gewann und trainierte das MfS damit angehende Juristen für jene Art von Verfügbarkeit und Doppelbödigkeit, später den

141 HA I, Kontrollvermerk v. 7.7.1979; BStU, MfS, AIM 5139/86, T. I, Bd. 2, Bl. 25 f. Möglicherweise galt das vor allem den Vertragsstudenten, die für den Staatsdienst vorgesehen waren.

142 HA V, Bericht über Kontaktaufnahme, 31.10.1957; BStU, MfS, AIM 3010/63, Bd. 1, Bl. 23.

143 Verpflichtung v. 2.8.1978; BStU, MfS, AIM 27155/80, Bl. 74 f., hier 74.

144 HA I, Einsatzrichtung und Auftragsstruktur, 25.7.1977; BStU, MfS, AIM 2471/80, T. II, Bd. 1, Bl. 77 f., hier 77.

145 GHI »Mäcki«, Treffbericht v. 24.3.1954; BStU, MfS, AIM 3010/63, Bl. 77.

146 HA XX/1, Vorschlag v. 1.7.1977; BStU, MfS, AIM 8228, T. I, Bd. 1, Bl. 10 f., hier 10.

147 HV A, Abschlussbericht v. 14.3.1969; BStU, MfS, AP 5131/69, Bl. 7.

148 BStU, MfS, AIM 19094/85.

Stasi- oder Parteiauftrag über andere Loyalitäten zu stellen. Die MfS-Kontrolle über die Rechtswissenschafts-Studenten war freilich größer, als die reine IM-Zahl spiegelt. Wenn man den handschriftlichen Bemerkungen des MfS-Offiziers aus der Berliner Bezirksverwaltung trauen kann, waren 1972/73 von den Berliner Jura-Studenten 30 Prozent bei einer Dienststelle des MfS verpflichtet oder einmal verpflichtet gewesen.[149] Überlappend gehörten dazu die MfS-Kontingent-Studenten. Zu berücksichtigen ist, dass Institutionen wie MdI und Zoll ebenfalls Studenten delegierten. Partei-, Staats- und MfS-Nähe waren nicht nur ein ideologisches, sondern auch ein soziales Merkmal der Rechtswissenschafts-Studentenschaft. Von den Staatsorganen delegierte Studenten waren faktisch Teil des universitären Überwachungssystems.[150] Sie unterstanden der Aufsicht der entsendenden Institutionen. Die von der HA IX des MfS Entsandten waren gehalten, »ständigen Kontakt« mit dem Betreuer ihrer Diensteinheit zu halten und »kontinuierliche Rechenschaftslegung« einzuhalten. Sie blieben in der Studienzeit disziplinarisch dem Leiter ihrer MfS-Diensteinheit unterstellt.[151] Im Jahr 1972 gingen immerhin 14 Prozent der Absolventen zu bewaffneten und anderen Sicherheitsorganen, 39 Prozent zur Staatsanwaltschaft. Die Rückwirkungen dieser Durchmischung waren ambivalent. Zum einen berichteten MfS-Kader zu Studienverhältnissen.[152] Zum anderen verwischten sich Grenzen, da sich zwischen den Gruppierungen Freundschaften bildeten, die wiederum zur Abschöpfung oder zur späteren Anwerbung von Juristen, auch Anwälten, durch das MfS führen konnten.[153] Es ist nicht zu übersehen, dass MfS-Juristen, die ihr Diplom unter angehenden Richtern und Rechtsanwälten an der Universität erworben hatten, besser qualifiziert waren als die Abgänger der JHS des MfS, die noch zur alten »Haudegen-Generation« gehörten.[154]

Trotz inoffizieller und hauptamtlicher Mitarbeiter in den Seminaren kann von einer »flächendeckenden Überwachung« nur die Rede sein, wenn man das Zusammenspiel des MfS mit den anderen universitären Kontrollinstanzen berücksichtigt.[155] Das MfS stützte sich stark auf die sogenannt offizielle Zusam-

149 Eigenberechnung auf Basis von BV Bln, Studienjahr 1972/1976, 15.11.1974; BStU, MfS, HA XX Nr. 7362, Bl. 4–20, hier 4 f.

150 Über den Anpassungsdruck durch MfS-Studenten im Seminar in den 1960er-Jahren berichtet Gräf: Rekrutierung, S. 429 f.

151 HA IX, Vorschlag v. 9.7.1987; BStU, MfS, HA IX Nr. 2726, Bl. 56.

152 BV Bln/XXII/8, Aktenvermerk v. 13.10.1982; BStU, MfS, AP 7070/87, Bl. 12.

153 BV Bln/KD Marzahn, Vermerk über das Bekanntwerden des IMK/KW-Kandidaten »Wunder«, 15.3.1981; BStU, MfS, AIM 18953/85, T. I, Bd. 1, Bl. 72–74, hier 72.

154 Der spätere Leiter der Rechtsstelle des MfS, Udo Lemme, hatte beispielsweise an der Universität Halle studiert. Er war 1989 an der Formulierung des Reisegesetzes beteiligt, dessen misslungene Ankündigung auf einer Pressekonferenz zum Sturm der Grenzübergänge am 9.11.1989 führte; BStU, MfS, HA KuSch, AKG/KA; Süß: Staatssicherheit am Ende, S. 435 ff.; Spohr: In Haft, S. 284 ff.; Gerber: Diplomjuristen, S. 291 ff.

155 Kowalczuk: Humboldt-Universität, S. 502.

menarbeit mit Verantwortungsträgern der Hochschule. Neben den inoffiziellen Mitarbeitern arbeiteten zahlreiche Angestellte wie Rektoren, Prorektoren, Angestellte der Rektorate für Weiterbildung und internationale Beziehungen sowie der jeweiligen SED-Kreisleitungen mit dem MfS »strukturell und bedingt durch ihre Funktionen«[156] zusammen. Berichte zu Treffen mit dem 1. Sekretär der Kreisleitung zeigen, wie eng die Berliner SED-Bezirksleitung, die Kreisleitung an der Humboldt-Universität und das MfS miteinander kooperierten:[157] »Unserem Wunsch entsprechend übergab Gen[osse] Smettan schriftliche Kurzeinschätzungen zu 10 Angehörigen der Humboldt-Universität, die zum Vorfeld der P[…olitischen Untergrundtätigkeit] zu zählen sind und deren Namen durch die BL der SED beziehungsweise durch uns zur gezielten politischen Betreuung vorgegeben waren.«[158] In der Sektion Rechtswissenschaft standen 14 Universitätsangehörige als abgeordnete hauptamtliche MfS-Mitarbeiter auf der MfS-Gehaltsliste.[159] Ein enges Verhältnis des MfS bestand zu Dozenten, die Gutachten für das MfS erstellten, auch um Oppositionelle zu kriminalisieren. An Gutachten für Strafverfahren beteiligten sich Dozenten der Sektionen Kriminalistik und Rechtswissenschaften.[160] Eine IM-Konzentration bildeten Lehrkräfte der Sektion Marxismus-Leninismus.[161] Hier durchliefen alle Studenten ihre ideologische Grundausbildung. Diese IM waren Ideologiewächter im doppelten Sinne.[162] Die Kontrolldichte jenseits des MfS war an der Universität so eng, dass sich die Geheimpolizei in den meisten Fällen stark im Hintergrund halten konnte, selbst wenn eine Konfliktbewältigung immer wieder als Erfolg geheimpolizeilicher Arbeit dargestellt wurde: Durch eine »verantwortungsvolle offizielle Zusammenarbeit […] gelingt es, sich zu wesentlichen ideologischen und politisch-operativen Sachverhalten rechtzeitig abzustimmen und sicherheitspolitische Aspekte schon im Vorfeld zu erkennen und geeignete Maßnahmen einzuleiten«.[163] Typisch für eine solche Kooperation verlief der Fall von zwei Studentinnen. Sie wurden dabei ertappt, aus Polen »politisch frag-

156 Eckert: Humboldt-Universität, S. 773.

157 Zu Recht weist Kowalczuk in seiner Ausarbeitung zum MfS an der HUB auf die Bedeutung von MfS und SED-KL hin. Kowalczuk: Humboldt-Universität, S. 517 ff.

158 BV Bln/XX/3, Gespräch mit dem 1. Sekretär der SED-KL, 17.4.1985; BStU, MfS, BV Bln, AKG Nr. 3856, Bl. 1–4, hier 2.

159 Als sogenannte OibE, Offiziere im besonderen Einsatz bezeichnet.

160 Das Gutachten, das die Generalstaatsanwaltschaft bei der Verfolgung des Samisdat-Blattes »Grenzfall« verwendete, trug die Unterschrift der Professoren Horst Luther, Anni Seidel und Günter Söder. Eckert: Humboldt-Universität, S. 775; Jordan: Kaderschmiede, S. 215.

161 Im Jahr 1970 waren von 103 Lehrkräften 77 vom MfS erfasst, davon die meisten »positiv«, d. h. etwa 67 % arbeiteten 1970 mit dem MfS zusammen. Eckert: Humboldt-Universität, S. 785.

162 Schulz: Sozialistische Wissenschaft, S. 250 ff.

163 Zit. nach: Braun: Bearbeitung, S. 915.

würdig«[164] erscheinende studentische Flugblätter mitgebracht zu haben. Die SED-KL beziehungsweise Sektionsparteileitung führte mit den Studentinnen, die SED-Mitglieder waren, eine Parteiaussprache. Das MfS konnte den Universitätsvertretern nur bescheinigen, dass sie ihre ideologischen Probleme weitgehend selbst in den Griff bekommen hatten.[165] Das Flugblatt übergab ohnehin ein Dozent an die Parteiverantwortlichen und das MfS erfuhr auf diesem Wege überhaupt von der Sache. Im Sinne der diskreten Zusammenarbeit mit Partei- und Universitätsgremien sorgten Führungsoffiziere in einem anderen Fall dafür, dass ihre inoffiziellen Informationen »offizialisiert« wurden, um eine »parteimäßige Auseinandersetzung (Parteiverfahren)«[166] zu ermöglichen. Andere sollten Verdachtsmomente aufspüren, damit das MfS unerkannt im Hintergrund bleiben konnte. Auf ähnliche Weise gab das MfS Wissen an Personen in »Schlüsselpositionen«[167] der Humboldt-Universität weiter, damit diese Personalentscheidungen in dessen Sinne beeinflussten. Allerdings war das MfS, wenn es eigene Belange tangiert sah, jederzeit in der Lage, Überwachungsmaßnahmen einzuleiten. Dann wurden Seminarlisten abgefordert, Studenten an MfS-Karteien überprüft, IM geworben oder andere Überwachungsmöglichkeiten geprüft.[168] Bei den Rechtswissenschaftlern galten solch intensive Überwachungen jedoch nur selten als erforderlich.

### 5.2.2 Konflikte und Disziplinierungen unter Beteiligung des MfS

Trotz der mehrstufigen Auswahl im Vorfeld der Universität und vielfältigen Kontrollmöglichkeiten, wäre es jedoch übertrieben, von einer vollkommenen Angepasstheit der künftigen Juristen auszugehen, die jeglichen Eigensinn ausschloss. Im Jahr 1968 bezichtigte die SED-Kreisleitung die Juristen, neben den Historikern, »mangelnder revolutionärer Wachsamkeit«.[169] In der Folgezeit wurde bei der politischen Kontrolle von Studenten gerade auf die zuverlässigen Rechtswissenschafts- und Kriminalistik-Studenten gesetzt.[170] Doch gab es an dieser Sektion immer wieder kleinere Unbotmäßigkeiten. Im Jahr 1975 fiel ein

164 BV Bln/XX/3, Information v. 7.12.1978; BStU, MfS, AP 5365/82, Bl. 8 f., hier 8.

165 Ebenda.

166 BV Bln/XX/3, Sachstandsbericht zur OPK »Robe«, 27.4.1987; BStU, MfS, BV Bln, AOPK 4705/87, Bl. 226–231, hier 231.

167 BV Bln/XX/3, Information zur OPK »Robe«, 27.4.1987; ebenda, Bl. 181.

168 BV Bln/XX/3, Information v. 6.3.1981; BStU, MfS, BV Bln, Abt. XX Nr. 3695, Bl. 79.

169 Eckert: Humboldt-Universität, S. 777. Nach eigener Darstellung musste sich Gregor Gysi wegen der relativ harmlosen Unterstützung eines kritischen Mitstudenten in dieser Zeit Vorhaltungen machen lassen. Gysi: Das war's, S. 26 ff.; König: Gregor Gysi, S. 131 f.

170 Jordan: Kaderschmiede, S. 175.

Student mit »politisch negativen Äußerungen [...] in Bezug auf das MfS«[171] auf. Ein Registrieren solch trivialer Vorfälle zeugt eher von der Empfindlichkeit der Kontrollinstanzen und weniger von resistentem Verhalten. Nur selten kam es zu Vorfällen, die das MfS intensiver begleitete.

Im Jahr 1975 beschädigte ein Student in betrunkenem Zustand DDR- und Arbeiterfahnen. Er wurde daraufhin aus der Partei ausgeschlossen und exmatrikuliert.[172] Im Zuge konspirativer Untersuchungen erfuhr das MfS von einem IM, dass eine Freundin und Mitstudentin im Besitz von Stefan Heyms »5 Tage im Leben eines DDR-Bürgers«[173] und Solschenizyns »Krebsstation« war.[174] Das führte zu einer Aussprache mit ihr und dem Direktor für Erziehung und Ausbildung der Sektion im Beisein eines Vertreters der FDJ-GO. Das MfS schätzte das Verhalten als »negativ-politisches Auftreten«[175] ein, sodass sie unter Verdacht geriet. Die Geheimpolizei wurde in der Einschätzung durch einen IM der HV A XI bestärkt, der seine Kommilitonin als »Querulatorin« [sic!] abwertete, die »durch schwache Leistungen und regelmäßiges Opponieren gegen die Beschlüsse der FDJ« und eine »Verniedlichung der begangenen Straftat«[176] der Fahnenbeschädigung aufgefallen sei. Es folgte ein Abtasten und Kräftemessen verschiedener Institutionen. Die Studentin, Tochter eines einflussreichen Rechtsanwaltes, hatte ihren Vater gebeten, ihren Studienfreund in der Fahnenangelegenheit zu vertreten. Der Anwalt erreichte letztlich die Kassation des Gerichtsurteiles wegen Missachtung staatlicher Symbole.[177] Daraufhin beschwerte sich der Präsident des Obersten Gerichtes bei der Universitätsleitung, dass diese dem letztinstanzlichen Urteil vorgegriffen hätte. Das Oberste Gericht forderte die Rücknahme der Exmatrikulation. Das Justizministerium spekulierte, dass das Engagement des OG auf persönliche Beziehungen zu einem Oberrichter am OG beruhe. Letztlich beharrte die Universität auf der Exmatrikulation des männlichen Studenten. Aber die mit ihm befreundeten Studentinnen und Studenten wurden geschont, sieht man von ermahnenden Aussprachen ab.[178]

Relegiert wurde nur in Extremfällen. Ein differenziertes Vorgehen, möglichst wenig zu strafen und den meisten »Verirrten« nach einer Aussprache die gütige Hand von Partei und Studentenorganisation anzubieten, war geradezu ein Mus-

171 MfS, Information v. 13.2.1975; BStU, MfS, AP 17983/81, Bl. 29 f., hier 30.

172 BV Bln/XX/3, Abschlussbericht v. 8.8.1979; BStU, MfS, AP 12752/79, Bl. 39.

173 Gemeint ist wahrscheinlich Heym, Stefan: 5 Tage im Juni. München 1974.

174 HV A, Schreiben an BV Bln/XX v. 22.10.1975; BStU, MfS, AP 12752/79, Bl. 18.

175 HV A, Schreiben an BV Bln/XX v. 15.10.1975; ebenda, Bl. 17.

176 Ebenda.

177 Gesetz zur Änderung des Strafgesetzbuches ... vom 19.12.1974. In: DDR-GBl. Teil I (1974) 64, S. 591 (künftig als »StGB 1974« bezeichnet), hier § 222.

178 MdJ. Aktenvermerk planmäßige Aussprache mit unseren Studenten der Humboldt-Universität. 30.3.1976. S. 1. BArch, DP1, 4658.

ter für die Bewältigung universitärer Konflikte, wie ein Fall von 1976 zeigt. Vier Studenten hatten die FDJ als »blaue Maffia«[179] [sic!] bezeichnet und meinten, sie würden eigentlich lieber in Westberlin studieren. Einer verließ die Sektion »freiwillig«, mit den »Genossen« setzte sich die Parteiorganisation auseinander. Man war der Auffassung, »dass die Angelegenheit nunmehr erledigt sei«.[180] Paradoxerweise war es gerade diese differenzierte Form der Konfliktaustragung, die die Loyalität einer partiell eigensinnigen aber grundsätzlich staatsnahen, künftigen juristischen Funktionselite sichern half. Trotz dogmatischer Strenge und hypertropher Kontrolle zeigten sich gerade die Parteiinstanzen an der Universität immer wieder flexibel und machten den nachwachsenden Vertretern der Elite in Konfliktsituationen Integrationsangebote.[181] Das hinderte das MfS freilich nicht, solche Vorfälle dauerhaft in seinen Dossiers zu speichern.

### *MfS-Universitätskartei*

Bei der Abteilung XX der BV Berlin existierte eine Kartei, in der aus MfS-Sicht bemerkenswerte Begebenheiten an der Humboldt-Universität in Kurzform festgehalten wurden. Die Kartei umfasst überschlägig 16000 Karteikarten, was ungefähr der Gesamtzahl eines Studentenjahrganges der Humboldt-Universität Mitte der 1970er-Jahre entspricht.[182] Allein fünf später in Berlin tätige Anwälte waren auf diese Weise bei der Abteilung XX der BV Berlin erfasst. Neben den erwähnten Vorfällen wurde Vermischtes, auffällige Reisen und Tätigkeiten, die Vermittlung einer Wohnung zu überhöhten Mietpreisen, mangelndes gesellschaftliches Engagement oder eine auffällige Patronage durch den Vater verzeichnet. Anstößige Informationen konnte das MfS bei späteren Gelegenheiten präsentieren, um gegenüber Partnern Vorbehalte gegen solche Juristen geltend zu machen.

179 Ebenda

180 MdJ, Vermerk v. 20.11.1975; ebenda.

181 Wolle, Stefan: Die DDR-Bevölkerung und der Prager Frühling. In: APuZ 36 (1992), S. 35–45.

182 Die Abt. XX der BV Berlin führte verschiedene Karteien, darunter auch eine (beim BStU) als AK 2 bezeichnete Kartei zu Studenten und Mitarbeitern der Humboldt-Universität. Die Kartei umfasst 4 laufende Meter, was nach einem gängigen BStU-Umrechnungsfaktor ca. 16000 Karteikarten entspricht. Da die Zahl eventuell entnommener Karteikarten und die Laufzeit unbekannt sind, kann nicht auf eine prozentuale Erfassung von Studenten geschlossen werden. Die Zahl der Studenten lag 1971 bei 20000, ab Mitte der 1980er-Jahre bei ungefähr 18000 Studenten. Schulz: Sozialistische Wissenschaft, S. 181.

*Kräftemessen zwischen MfS und SED: Die OPK »Robe«*

Obgleich es sicher Fälle gab, in denen das MfS über Informationsvorsprünge verfügte und diese in dringenden »Empfehlungen« mündeten, kann nicht auf ein Weisungsrecht des MfS gegenüber der Universität geschlossen werden.[183] Die universitären Instanzen verfügten mit einer eigenen SED-Kreisleitung und einem Rektor als ZK-Nomenklaturkader[184] über Gewicht und besaßen durchaus eigenes Einfluss- und Machtpotenzial. Das MfS musste gelegentlich auf der Hut sein, sich in inneruniversitären Auseinandersetzungen nicht auf die »falsche« Seite zu stellen, wie die OPK »Robe« zeigt. Im Jahr 1986 eröffnete das MfS eine umfangreiche Personenkontrolle gegen drei Jurastudenten und einen Richter, wobei weitere Studenten ins Fadenkreuz gerieten. Anlass waren vor allem Berichte des fanatischen IM »Frank Fuchs«. Dieser berichtete von Unterschlagungen und einem Schleichhandel von Rechtswissenschafts-Studenten in der Disko des Studentenwohnheimes, von Westkontakten, von Kontakten zu kirchlichen Gruppen und Gesellschaftsspielen nach Vorbild des Westfernsehens.[185] Die Vorwürfe gipfelten in dem Vorwurf »korporativer Gruppenbildung« und einer »doch relativ feste[n] Opposition«.[186] Das MfS musste die OPK 1987 einstellen, da »kein Personenzusammenschluss« festgestellt werden konnte.[187] Die Personen hätten lediglich »Vorbehalte zu Teilbereichen der gesellschaftlichen Entwicklung der DDR«.[188] Bei der Beurteilung des Sachverhaltes hatte sich die Partei durchgesetzt. Das MfS war ein Stück weit der überspitzten Sichtweise ihres dogmatischen IM aufgesessen. Die IM-Berichte illustrieren, dass ein Teil der Rechtswissenschafts-Studenten und jüngeren Dozenten damals einen distanzierten bis kritischen Blick auf »Bremser«[189] im »total überaltert[en]«[190] Politbüro hatten und sich kaum Illusionen über die gesellschaftlichen Verhältnisse machten. Einzelne merkten sarkastisch an, das Volk ließe sich »demütigen [... Demokratie werde nur] vorgegaukelt«[191] oder es wurde kurz vom »Scheiß-

183 Eckert: Humboldt-Universität, S. 775; Jordan: Kaderschmiede, S. 174 f.

184 Der Rektor war Nomenklaturkader des ZK-Sekretärs der Abteilung Wissenschaft und der Abteilung Volksbildung/Wissenschaften der SED-BL Berlin. Vgl. Kadernomenklatur der Bezirksleitung der SED, 28.10.1987, Bl. 108; BArch, BPA 03692.

185 IM »Frank Fuchs«: Zu einigen politisch-ideologischen Problemen in der Sektion Rechtswissenschaft, 18.1.1985; BStU, MfS, BV Bln, Abt. XX Nr. 3196, Bl. 5–29, hier 26.

186 IM »Frank Fuchs«: Zu einigen Erscheinungen korporativer Gruppenbildung, 16.3.1980; ebenda, Bl. 1–7, hier 1 u. 3.

187 BV Bln/XX/3, Abschlussbericht zur OPK »Robe«, 27.10.1987; BStU, MfS, HA XX Nr. 6837, Bl. 250 f., hier 251.

188 Ebenda.

189 Zit. nach: »Frank Fuchs«, Bericht v. 19.4.1986; BStU, MfS, AIM 11742/88, T. II, Bd. 1, Bl. 182.

190 Zit. nach: »Frank Fuchs«, Bericht v. 20.6.1986; ebenda, Bl. 262.

191 Zit. nach: »Frank Fuchs«, Bericht v. 19.4.1986; ebenda, Bl. 183.

Staat«[192] geredet. Das MfS musste die Sache weitgehend auf sich beruhen lassen und auf einen Kompromiss umschwenken. Ganz ohne Spuren blieb die OPK nicht. Der Karrierewunsch eines Studenten, in das Staatssekretariat für Kirchenfragen übernommen zu werden, wurde durch heimliche Lenkung verhindert. Die studentische Diskussionsrunde »Widerspruch Individuum/Gesellschaft beziehungsweise Stellung des Individuums in der Gesellschaft«, Mitauslöser der Überwachungsmaßnahme, wurde unter fadenscheinigen Gründen verhindert und die potenziellen Teilnehmer registriert.[193] Erkenntnisse aus der OPK wurden an Diensteinheiten des MfS an den Heimat- oder künftigen Einsatzorten der Studenten weitergereicht.[194] Während in den Arbeitsplänen der Abteilung XX/3 beziehungsweise XX/8 über Jahre kaum von Problemen bei den Rechtswissenschaftlern die Rede war, blieben nunmehr die »jungen Nachwuchswissenschaftler und Studenten der Sektion Rechtswissenschaft«[195] schwerpunktmäßig im Blick der Berliner BV. Auch die verstärkte Überwachung des Freizeitbereiches im Studentenwohnheim am Franz-Mehring-Platz und das Augenmerk auf den »Missbrauch kultureller Veranstaltungen [...] im Sinne der [Politischen Untergrundtätigkeit ...]«[196] dürften Nachwirkungen der Berichterstattung des übereifrigen »Frank Fuchs« sein. Die OPK »Robe« zeigt, dass die These von einer stetigen Liberalisierung der Rechtswissenschaften nach Anfang 1982,[197] dem Antritt Jurij Andropows als KPdSU-Generalsekretär, eher ein Konstrukt ist, wenn repressive Folgen begrenzt oder verschleiert wurden.

Nach 1968, dem Jahr der Invasion in der ČSSR, erfassten die Partei- und FDJ-Leitungen der Universität »alle offen geäußerten kritischen Positionen, die oft nur in Form von unerlaubten Fragestellungen vorgetragen wurden«.[198] Es wird davon ausgegangen, dass die exemplarischen Strafaktionen erfolgreich waren, da es bis in die 1970er- und 1980er-Jahre »nur noch vereinzelt zum öffentlichen und direkten Aufbegehren der Studenten an der Universität«[199] kam. Auch ein höherer MfS-Offizier schrieb ex post: »Im Unterschied zu den 50er Jahren bildeten studentische Personenkreise später keinen Schwerpunkt der Abwehrarbeit des MfS. [...] Auch die überwiegende Mehrheit jener Studierenden, die po-

192 Zit. nach: Bericht v. 6.11.1985; ebenda, Bl. 175.

193 BV Bln/XX/3, Abschlussbericht zur OPK »Robe« v. 27.10.1987; BStU, MfS, HA XX Nr. 6837, Bl. 250.

194 Ebenda, Bl. 264.

195 BV Bln/XX/3, Arbeitsplan 1989, 12.11.1988; BStU, MfS, BV Bln, Abt. XX Nr. 2821, Bl. 1–7, hier 1.

196 Ebenda, Bl. 2.

197 Markovitz: Juristische Fakultät, S. 119.

198 Jordan: Kaderschmiede, S. 206 u. 175.

199 Jordan: Kaderschmiede, S. 175. Kowalczuk: Humboldt-Universität, S. 439 ff.; Braun spricht von »Friedhofsruhe« an den Bildungseinrichtungen. Braun: Bearbeitung, S. 923.

litisch nicht mit der DDR verbunden war, passte sich dem herrschenden politischen System an.«[200]

Die späteren kleineren Konflikte und die IM-Berichte von »Frank Fuchs« machen deutlich, wie sich die Meinungen an der Sektion Rechtswissenschaft gegen Ende der DDR differenzierten. Während die einen noch eingesetzt wurden, den zentralen Studentenclub unter Kontrolle zu halten, nutzten andere den Heimstudentenclub als Basis für Kontakte mit ausländischen Studenten und befriedigten im Schleichhandel Bedürfnisse nach westlichen Konsumgütern. Die juristischen Grundüberlegungen differierten zunehmend. Der eifernde IM vertrat die Auffassung, es sei die Aufgabe eines parteilichen Juristen, »nicht nur fachlich-juristisch richtige Entscheidungen zu treffen, sondern in erster Linie politisch richtige Entscheidungen zu treffen [...], eine formal richtige Entscheidung kann z. B. im Einzelfall eine politisch falsche Entscheidung darstellen«.[201] Der an Formalismusdebatten der 1950er-Jahre erinnernden Orthodoxie standen reformerische Ansichten gegenüber: »die Partei darf nicht über dem Staat stehen«.[202] Im Kontext der DDR-Staatsauffassung war das fast ein Bekenntnis zur Rechtsstaatlichkeit. Die jüngeren Dozenten stellten den Lehrstoff im »beschissensten«[203] Seminar, dem Staatsrechtsseminar, infrage. Oder, wie Rosemarie Will bedauerten sie, dass »man nicht sagen [dürfe], dass ein Widerspruch zwischen Staat–Gesellschaft–Staatsapparat« bestehe, wohl wissend, dass sie damit das Grundaxiom der DDR-Rechtstheorie, die Einheit von Staat und Gesellschaft, angriffen. Offenbar hatten einige angehende Juristen die Kunst der vordergründigen Anpassung erlernt oder die zahlreichen Überprüfungen und Kontrollen waren zu oberflächlich, um jegliches eigenständige Denken der Studenten ausschalten zu können.[204]

Im Oktober 1989 musste die Abteilung XX der BV Berlin erkennen, dass Jurastudenten daran beteiligt waren, eine von der FDJ unabhängige Studentenvertretung zu gründen. Faktisch konstituierte sich die Selbstorganisation bereits durch die Bildung von Arbeitsgruppen. Die AG »Juristische Fragen und Öffentlichkeitsarbeit« wurde von Rechtswissenschafts-Studenten angeleitet. Ein Vertreter der Sektion Rechtswissenschaft teilte universitätsöffentlich mit, dass eine Gruppe Material und Augenzeugenberichte über die Ereignisse am 7. und 8. Oktober sammeln und dazu einen Artikel herausgeben wolle.[205] Damit reih-

200 Die Sicherheit. Zur Abwehrarbeit des MfS/Hg. von Grimmer, Reinhard u. a. Bd. 1; Berlin 2002, S. 610 f.

201 IM »Frank Fuchs«: Zu einigen politisch-ideologischen Problemen in der Sektion Rechtswissenschaft, 18.1.1985; BStU, MfS, BV Bln, Abt. XX Nr. 3196, Bl. 5–29, hier 5.

202 Zit. nach: »Frank Fuchs«: Bericht v. 3.12.1986; BStU, MfS, AIM 11742/88, T. II, Bd.1, Bl. 425.

203 Zit. nach: »Frank Fuchs«: Bericht v. 7.4.1987; ebenda, T. II, Bd. 2, Bl. 74.

204 Markovitz: Juristische Fakultät, S. 119; Jordan: Kaderschmiede, S. 213.

205 BV Bln/XX/6, Information v. 27.10.1989; BStU, MfS, BV Bln, Abt. XX Nr. 3190, Bl. 8 f.

ten sich Studenten in den Protest gegen die Massenfestnahmen in Ostberlin nach einer Demonstration für Veränderungen in der DDR ein, die in Ostberlin den Auftakt zur friedlichen Revolution bildete.[206] Die Reaktion folgte spät dem Sog der Ereignisse und trifft keine Aussage darüber, ob diese Studenten »ihre DDR« aufgeben wollten. Dennoch vertrat zumindest eine Gruppe der Rechtswissenschafts-Studenten im Herbst 1989 Positionen, die mit den traditionellen Vorstellungen ihrer Ausbilder und den Denkmustern ihrer stasi- und parteifrommen Mitstudenten wenig zu tun hatten.

## 5.3 Absolventenlenkung in das Anwaltskollegium

Die Aufnahme von Rechtsanwälten war de jure eine Sache der Anwaltskollegien.[207] Die Ministerialakten suggerieren auf den ersten Blick, dass entsprechend verfahren wurde. Das Berliner Kollegium teilte dem Ministerium selbstbewusst seine Personalentscheidungen mit.[208] Beschwerden werden vom Ministerium unter Verweis auf das Entscheidungsrecht der Kollegien abgewiesen.[209] Das ist die Suggestion einer Selbstverwaltungsfassade. In Wirklichkeit war das Angebot an Juristenabgängern von den Universitäten durch Entscheidungen von staatlicher Seite, Partei und MfS in einem Maße vorgefiltert, dass die RAKs nur noch entscheiden konnten, was zur Entscheidung übrig blieb.

Inwieweit derartige Vorkontrollen schon in den 1950er- und 1960er-Jahren wirkten, ist nicht eindeutig zu beantworten. Am Anfang der Kollegiumsgeschichte stand sicher der Versuch, Kollegien mit »fortschrittlichen« Juristen zu besetzen.[210] Doch 1970 stellte selbst das MdJ fest, es habe bis dato »im Wesentlichen keine staatliche Einflussnahme auf die Kaderentwicklung«[211] gegeben. Bei Aufnahmen waren das Justizministerium, wohl auch die SED einbezogen, man verfuhr offenbar aber großzügig.[212] Das MfS wurde vermutlich nur in Einzelfällen beteiligt.[213] Angesichts rückläufiger beziehungsweise stagnierender An-

206 Kowalczuk: Endspiel, S. 391 ff.

207 MSt 1958, § 4 Abs. 1.

208 RAK Berlin, Aufnahmeanzeige, 15.4.1976; BArch, DP1, 2967.

209 MdJ, Schreiben an einen Rechtsanwaltsbewerber, 29.11.1989; BArch, DP1, 21711.

210 Eisenfeld: Rolle und Stellung, S. 347 f.; Lorenz: Rechtsanwaltschaft, S. 280; Busse: Deutsche Anwälte, S. 375; Fricke, Karl Wilhelm: Der Rechtsanwalt als »Justizkader«. Zur Rolle des Verteidigers im politischen Strafverfahren der DDR. In: APuZ 45 (1995) 38, S. 12. Vgl. dazu im Abschn. Das Kollegium Ausführungen zur Entwicklung des Rechtsanwaltskollegiums nach 1945.

211 MdJ, Entwurf Kaderprogramm für die Kollegien der Rechtsanwälte, 19.8.1980; BArch, DP1, 4183. Gräf sieht seit Anfang der 1970er-Jahre eine »kontinuierliche« Kaderplanung. Gräf: Rekrutierung, S. 408.

212 Lange: Einbindung, S. 631.

213 Eisenfeld: Staatssicherheit, S. 34 ff.

waltszahlen in den 1960er-Jahren war es allerdings nur »in geringem Umfange notwendig«[214], überhaupt neue Anwälte zu rekrutieren. Diese wurden überwiegend aus der staatlichen Rechtspflege und dem Bestand Betriebsjustiziare gewonnen.[215] Erst in den letzten beiden Jahrzehnten der DDR war eine vorsichtige Vergrößerung der Anwaltszahl geplant.[216] Aufgrund der Überalterung entstand Anfang der 1970er-Jahre ein »ernsthaftes«[217] Personalproblem.

### 5.3.1 Schema der Absolventenlenkung durch das MdJ

Bei der stärkeren Reglementierung der Anwaltszulassung überlagerten sich offenbar verschiedene Tendenzen. Nach dem Amtsantritt Honeckers genoss das »schnelle Wachstum der Volkswirtschaft«[218] Vorrang, die universitären Ressourcen sollten möglichst rationell eingesetzt werden, um die ehrgeizigen sozialpolitischen Ziele Honeckers erreichen zu können. Gleichzeitig sollte die Kaderpolitik den Parteieinfluss erhöhen.[219] Dass das MfS mit Ende der 1960er-Jahre nach verschiedenen Vorkommnissen sein Augenmerk stärker auf die Anwälte richtete,[220] fügte sich nur in den Gesamttrend eines zunehmend formalisierten Ausleseverfahrens ein. Die Bedarfs- und Absolventensteuerung lag in den Händen des Staates. Im Fall der Richter, Notare und Anwälte waren das MdJ und Humboldt-Universität. Seit 1970 begann das MdJ schrittweise mit der »systematischen Kaderarbeit«.[221] Die HA VII des MdJ eruierte bei den Kollegien den Bedarf.[222] Das Ziel war, nur noch Hochschulabgänger zu vermitteln, auch, um

214 MdJ/HA VII, Entwurf Kaderprogramm für die Kollegien der Rechtsanwälte, 1981, Bl. 305–328, hier 305; BArch, DP1, 23192.

215 Busse: Deutsche Anwälte, S. 389.

216 Das RAK Berlin plante die Zahl der Anwälte von 50 auf 70 im Jahr 1980 zu erhöhen. RAK Berlin, Schreiben an die ZRK, 21.9.1972; BArch, DY 64/68.

217 HA IX/AG Rechtsfragen, Aktenvermerk zu einem Gespräch mit Rechtsanwalt Häusler, 25.11.1970; BStU, MfS, HA IX Nr. 16364, Bl. 178; Lange: Einbindung, S. 630.

218 Verordnung über die Vorbereitung und Durchführung des Einsatzes der Hoch- und Fachschulabsolventen des Direktstudiums und die Förderung der Absolventen beim Übergang vom Studium zur beruflichen Tätigkeit (Absolventenordnung) vom 3.2.1971. In: DDR-GBl. Teil II (1971)37, S. 297, § 1 Abs. 3; Mierau: Juristische Abschluß-Prüfungen, S. 196 f.; Schulz: Sozialistische Wissenschaft, S. 179 ff.

219 Beschluss des Sekretariats des Zentralkomitees über die Arbeit mit den Kadern, 7.7.1977; BArch, DY 30/J IV 2/3, 2605.

220 HA IX, Vermerk Rechtsanwälte v. 3.12.1968; BStU, MfS, HA IX Nr. 16364, Bl. 187. Vgl. dazu im Abschn. Erziehung zur sozialistischen Anwaltschaft Ausführungen zu Disziplinarmaßnahmen.

221 MdJ/HA VII, Entwurf Kaderprogramm für die Kollegien der Rechtsanwälte, 1986, S. 305–328, hier 305; BArch, DP1, 23192.

222 Das RAK Berlin plante die Zahl der Anwälte von 50 auf 70 im Jahr 1980 zu erhöhen. RAK Berlin, Schreiben an die ZRK, 21.9.1972; BArch, DY 64/68.

der Wirtschaft keine Vertragsjuristen zu entziehen.[223] An die künftigen Anwälte wurden »grundsätzlich die gleichen Anforderungen, wie an die künftigen Richter«[224] gestellt. Möglicherweise ist hier bewusst eine Anleihe bei der Richterbefähigung in der Bundesrepublik genommen.[225] Faktisch wurden Anwälte damit tendenziell so, auch politisch, ausgewählt, als wären sie Staatsbedienstete in hervorgehobenen Positionen der Nomenklatur des MdJ.

Diese Planungen blieben teilweise Makulatur. Noch 1975 konnte nur eine begrenzte Zahl von Hochschulabgängern in die Kollegien gelenkt werden.[226] Das Planziel wurde Anfang der 1980er-Jahre nicht erreicht.[227] Der Bedarf konnte wegen der geringen Zahl der Studienplätze und der Prioritäten zugunsten des Staatssektors nicht gedeckt werden. Das MdJ musste wiederwillig immer wieder Justiziare als Anwälte zulassen.[228] Die Aufnahme von Anwälten aus anderen juristischen Berufen erhöhte faktisch den Spielraum der Kollegien bei der Anwaltskooptierung. Teilweise wurde die Anwaltschaft zum Auffangbecken für Justizkader, die wegen kleinerer Unbotmäßigkeiten ihre Karriere nicht fortsetzen konnten. Trotz praktischer Umsetzungsschwierigkeiten wurde in den 1970er- und 1980er-Jahren ein technokratisch-politisch aufwendiger Abstimmungsprozess zur Lenkung junger Anwälte in die Kollegien etabliert. Kriterien des Staates waren von vornherein wichtiger als Ergebnisse der Diplomprüfungen.[229] Das MdJ bestätigte den Teil des Bedarfes, der nach innerstaatlichen Absprachen mit dem Ministerium für Hoch- und Fachschulwesen vorgegeben wurde.[230] Dann hatten die Lenkungskommission der Universität und die für Personalfragen zuständige HA I des MdJ das Wort.[231] Der Abteilungsleiter der HA I war Kontroll-Nomenklaturkader der Abteilung Staat und Recht im ZK der SED.[232] Der Einfluss der Partei war auf dieser Ebene gesichert. Auf Basis der universitären Beurteilungen von FDJ, Funktionsstudenten

223 Busse: Deutsche Anwälte, S. 388 ff.

224 MdJ/HA VII, Entwurf Kaderprogramm für die Kollegien der Rechtsanwälte, 1986, S. 314. BArch, DP1, 23192.

225 Busse: Deutsche Anwälte, S. 213 ff.

226 MdJ/HA VII, Entwurf Kaderprogramm für die Kollegien der Rechtsanwälte, 19.8.1980; BArch, DP1, 4183.

227 Busse: Deutsche Anwälte, S. 390.

228 MdJ/HA VII, Entwurf Kaderprogramm für die Kollegien der Rechtsanwälte, 19.8.1980; BArch, DP 1, 4183; HA IX, Handakte zu einem Anwalt; BStU, MfS, HA IX Nr. 16346, Bl. 22–128.

229 Es gab gegen Ende des Studiums keine Durchfallquote. Mierau: Juristische Abschluß-Prüfungen, S. 199.

230 Schulz: Sozialistische Wissenschaft, S. 185 f.; Gräf: Rekrutierung, S. 407 f.

231 Verordnung über die Vorbereitung und Durchführung des Einsatzes der Hoch- und Fachschulabsolventen ... (Absolventenordnung) v. 3.2.1971, § 8 Abs. 5, § 18 Abs. 3, Anlage zu § 18 Abs. 3.

232 Kadernomenklatur des Zentralkomitees der SED, 3.12.1986, Bl. 1–179, hier 153; BArch, DY 30/J IV 1/3/ 4052.

und Sektion für Rechtswissenschaften und solcher aus den Kreisgerichtspraktika gab die Kommission zu Beginn des vierten Studienjahres eine Lenkungsempfehlung.[233] Eine Parteimitgliedschaft war nicht, wie bei Staatsanwälten, eine Lenkungsvoraussetzung. Doch auch unter den künftigen Anwälten stieg die Zahl der Parteimitglieder. Die Auswahlkommission bezog Berufswünsche der Studenten in ihre Entscheidungen durchaus ein. Wer sich jedoch zu vehement für den Anwaltsberuf interessierte, erweckte Argwohn und wurde deswegen umgelenkt. Ohnehin hielten das Berliner Kollegium und das MdJ eine zeitweilige Tätigkeit in anderen Rechtspflegeorganen vor der Anwaltszulassung »für wünschenswert«.[234]

Für das Berliner Rechtsanwaltskollegium gab es insofern eine Sonderregelung, als seinem Vorsitzenden das Recht eingeräumt wurde, Studentenakten schon in der Lenkungsphase einzusehen.[235] Offenbar wollte man dem exponierten Berliner Kollegium Gelegenheit geben, eine fachlich-politische Bestenauswahl vorzunehmen. Denn das ZK hatte festgelegt, dass in Berlin »nur politisch zuverlässige und aktive Genossen, beziehungsweise Personen dem Rechtsanwaltskollegium zugeführt werden«.[236] Mit einer derartigen Auswahl sollten der Berliner Kollegiumsanwaltschaft eine Sonderstellung und eine Leitfunktion zukommen.

### *Politische Steuerung der Lenkung*

Wie die Lenkungsentscheidung letztlich zustande kam, wurde gegenüber den meisten Anwälten und übrigen Beteiligten geheim gehalten. Nur sehr wenige waren an dieser Vorauswahl beteiligt. Der Kern der Gruppe waren SED-Nomenklaturkader mit ihren engsten Mitarbeitern, SED-Funktionäre und MfS-Mitarbeiter. Der Verlauf des üblichen Prozederes findet sich in keiner Anweisung, ist nur einem internen Bericht aus dem Jahr 1985 zu entnehmen, den der Hauptabteilungsleiter VII des MdJ handschriftlich für seinen Minister verfasste.[237] Dieses Dokument fand sich inmitten von Personalunterlagen und dürfte eher »aus Versehen« überliefert worden sein, da das Zusammenspiel von Staat, Partei, MfS

233 Lenkungsvorgänge befinden sich in: BArch, DP1, 5271.

234 RAK Berlin, Entwicklung des Kaderstandes der Kollegien, 18.8.1972, S. 4; BArch, DY 64/68. Der Tendenz nach gleiche Auffassung des MdJ zu diesem Thema in: BArch, DP1, 2972.

235 RAK Berlin, Schreiben an MdJ, 15.1.1975; BArch, DP1, 3303.

236 HA XX/1, Vermerk über ein Gespräch mit dem Genossen Heger, Mitarbeiter der Abt. Staat und Recht im ZK der SED, 30.3.1982; BStU, MfS, AP 55344/92, Bl. 172.

237 MdJ/HA VII/Ltr.: Übersicht über das Verfahren bei Einstellung eines Rechtsanwalts, 22.8.1985; BArch, DP1, 4470. Lange meint ohne Quellenangabe, dass seit den 1970er-Jahren derartige Überprüfungen »verbindlich« waren. Lange: Einbindung, S. 631.

und Kollegiumsvorsitzenden kaschiert werden sollte. Das Dokument widerlegt Auffassungen, wonach es keinen Beleg für eine regelhafte MfS-Überprüfung gäbe.[238]

Entsprechend diesem internen Ablaufschema übergab die für Personalfragen zuständige HA I des MdJ die Lenkungsvorschläge zur »Prüfung«[239] an die für die Rechtsanwälte zuständige HA VII des MdJ. Die trat in »Konsultationen« mit dem »zuständigen Organ«,[240] also dem MfS. Worin genau dessen Zuständigkeit begründet war, blieb offen, eine gesetzliche Regelung für die Einbeziehung des MfS gab es nicht. Entsprechend sahen die Richtlinien des MfS vor, dass kaderpolitische Überprüfungen vor den Betroffenen zu legendieren seien.[241] In den Handakten der HA XX/1 finden sich ganze Listen von Absolventen, die für Rechtsanwaltskollegien vorgesehen waren.[242] Das spricht dafür, dass entsprechend der internen MdJ-Regelung verfahren wurde. Der Sicherungsoffizier der HA XX fragte offenbar nur in der Zentralkartei des MfS ab, ob eine Person in Akten des Archivs oder bei einer anderen Diensteinheit im MfS erfasst war. Gegebenenfalls konnte er dort eine Zusatzauskunft einholen. Trotz dieser reibungslosen Zusammenarbeit mit dem MdJ gab es in anderen Diensteinheiten des MfS Zweifel, ob der Lenkungsausschuss die politische Eignung der Studenten wirklich genügend im Blick habe.[243]

Als weiterer politischer Filter wirkte die SED. Nach Prüfung und »Zustimmung durch zuständiges Organ« gelangten die Unterlagen der potenziellen Rechtsanwälte zur jeweiligen SED-Bezirksleitung »mit der Bitte, bei Einverständnis eine Weiterleitung an Vorsitzenden [des Kollegiums] vorzunehmen«.[244] An dieser Stelle des Zulassungsverfahrens bat Justizminister Heusinger (LDPD) persönlich von der Personalie informiert zu werden. Dieses Prozedere wurde in Teilen und nur gegenüber den Vorsitzenden der Kollegien offengelegt. Ihnen wurde noch Anfang 1989 vom stellvertretenden Justizminister eingeschärft, dass vor Anwaltseinstellungen »die Abstimmungen mit der Bezirksleitung der SED und dem zuständigen Staatsorgan zu erfolgen«[245] hätten. Die Vorauswahl

238 Busse: Deutsche Anwälte, S. 394.

239 MdJ, Klaus Horn: Übersicht über das Verfahren bei Einstellung eines Rechtsanwalts, 3.6.1987, S. 2; BArch, DP1, 4470.

240 Ebenda.

241 Richtlinie 1/82 zur Durchführung von Sicherheitsüberprüfungen, 17. November 1982. In: Engelmann: Grundsatzdokumente, S. 397–421.

242 Eine Liste von 1981 mit 21 Absolventen, die für Kollegien in der ganzen DDR vorgesehen waren, lässt erkennen, dass die Namen in der zentralen Personenkartei des MfS geprüft wurden. BStU, MfS, HA XX Nr. 6772, Bl. 43–47.

243 HA XX/7, Information v. 16.4.1984; ebenda, Bl. 7–11.

244 MdJ, Klaus Horn: Übersicht über das Verfahren bei Einstellung eines Rechtsanwalts, 3.6.1987, S. 2; BArch, DP1, 4470.

245 MdJ/Abt. 7/Ltr., Schreiben an die Vorsitzenden der Kollegien der Rechtsanwälte, 17.3.1989; BArch, DP1, 21711.

der Kandidaten für die Anwaltszulassung befand sich überwiegend in der Verantwortung von ZK-Nomenklaturkadern und deren Apparaten. Auch der Vorsitzende des Kollegiums, insbesondere der hervorgehobene Berliner Vorsitzende, gehörte dieser elitären Gruppierung an.[246] Sie trafen in Interaktion mit der SED-BL und nach Konsultation mit Sicherungsoffizieren des MfS die Vorentscheidung für die Lenkung von Universitätsabsolventen in die Kollegien.

Im Berliner Kollegium wurde zuerst die Parteileitung über die aufzunehmenden Kandidaten informiert. Anders als vom Kollegiumsgesetz suggeriert, stellte nicht der Vorstand, sondern die Parteileitung den »Bedarf an Hochschulabsolventen« fest und bestimmte, welcher Bewerber »berücksichtigt«[247] werden sollte. Erst mit dem Votum der Parteileitung ging der Vorschlag in den Vorstand des Kollegiums. Wenn dieser sein Plazet gegeben hatte, fand das Lenkungsgespräch mit den Studenten statt, das dann in dem offiziellen Lenkungsbeschluss mündete.

Externe aus anderen juristischen Berufen, die der Anwaltschaft beitreten wollten, konnten sich direkt an die Kollegien wenden.[248] Der Vorstand konnte sich ein erstes Bild machen. Laut den geheimen Vorschriften war es nun Sache der Vorsitzenden, sich mit den entsprechenden Mitarbeitern »der BL [der SED] und des zuständigen Organs [dem MfS] in Verbindung [zu] setzen«.[249] War diese Hürde genommen, sollte das MdJ noch bei der Generalstaatsanwaltschaft, Betriebsleitern, Parteisekretären oder anderen Vertretern der letzten Arbeitsstelle nachfragen und eine weitere Mitteilung an das zuständige Organ, also das MfS, machen.

Sowohl bei der Aufnahme von Hochschulabsolventen als auch von Juristen aus juristischen Berufen kam den Vorsitzenden des Kollegiums eine wichtige Funktion bei der Verzahnung der Vorauswahl durch MdJ, SED und MfS einerseits und den Kollegien andererseits zu. Ihre Rolle stärkte das Kollegiumsgesetz von 1980.[250] Offenbar gab es aber Zweifel, ob die Vorsitzenden dieser Rolle gerecht würden. Anfang der 1980er-Jahre sollten diese nämlich überprüft werden, inwieweit sie aus Sicht des MfS für eine »offizielle« Zusammenarbeit geeignet seien.[251]

246 Kadernomenklatur des Zentralkomitees der SED, 3.12.1986, Bl. 1–179, hier 152 ff.; BArch, DY 30/J IV 1/3/ 4052.

247 RAK Berlin, Protokoll der Vorstandssitzung, 14.12.1983; BArch, DP1, 4279, Bl. 4.

248 Dies galt vor allem für die Zeit nach 1980, da das KollG die Zuständigkeit entsprechend regelte. KollG 1980, § 10.

249 MdJ, Klaus Horn: Übersicht über das Verfahren bei Einstellung eines Rechtsanwalts, 3.6.1987; BArch, DP1, 4470.

250 Busse: Deutsche Anwälte, S. 406.

251 HA XX/1, handschriftl. Vermerk v. 1.2.1980; BStU, MfS, HA, XX Nr. 6282, Bl. 36.

## 5.3.2 MfS-Interessen bei der Absolventenlenkung

Als IM geworbene Berliner Rechtsanwälte wurden, wie im Fall Walter Baur, durch das MfS in das Berliner Kollegium eingeschleust.[252] Verschiedene MfS-Diensteinheiten versuchten, ehemalige Rechtswissenschafts-Studenten in besonderen beruflichen Positionen zu platzieren. Sie meldeten ihre Wünsche bei der für die oberen Justizorgane zuständigen HA XX/1 an.[253] Ob sie Erfolg hatten, hing von einem Aushandlungsprozess ab. So wollte die KD Pankow einen Studenten-IM zum Anwalt machen.[254] Die HA XX/1 lehnte ab, »positiven Einfluss auf den [...] gewünschten Einsatz zu nehmen«, da der Betreffende als Student »unter den Studenten negative Diskussionen«[255] entfacht habe. Der Student scheiterte, es gelang ihm aber im Jahr darauf eine Anwaltszulassung zu erlangen. Es ist nicht ganz eindeutig, wie verbindlich das Votum des MfS war.[256] Die Abläufe sind in den Akten nicht genau nachvollziehbar, da ein Teil der Absprachen mündlich lief. Das MdJ dokumentierte die Konsultation mit dem MfS auf kleinen Zetteln, die nach der Entscheidung gewöhnlich aus den Personalakten entfernt wurden, um so die Zusammenarbeit mit dem MfS zu verschleiern. In einer der selten überlieferten Notizen fragte der Leiter der Hauptabteilung VII des MdJ, Klaus Horn,[257] beim Sicherungsoffizier der HA XX/1 nach, ob es »Deinerseits Einwände oder Zustimmung gibt«.[258] Die formlose handgeschriebene Art und das vertraute »Du« unter SED-Genossen sprechen dafür, dass hier weniger hierarchische Kompetenzen ausschlaggebend waren, sondern der parteiverbundene Konsens gesucht wurde. In den Unterlagen ist mal von »Konsultationen« mit dem MfS, mal von »Zustimmung« die Rede. Nach den MfS-Richtlinien sollte im Prinzip der Leiter Personalentscheidungen treffen.[259] Das MdJ erwartete jedoch »bei Bedenken«[260] von SED-BL und MfS eine Ablehnung von Bewerbern durch die Kollegien.

252 HA VII, Schreiben an BV Bln v. 6.1.1976; BStU, MfS, AGMS 12577/88, Bl. 85.

253 HV A, Berufseinsatz einer Genossin Studentin der Sektion Rechtswissenschaft der Humboldt-Universität Berlin, 5.5.1972; BStU, MfS, HA XX Nr. 7365, Bl. 284.

254 BV Bln/KD Pankow, Schreiben an HA XX/1 v. 2.11.1976; BStU, MfS, AIM 19094/85, T. I, Bd.1, Bl. 17.

255 HA XX, Schreiben an KD Pankow v. 8.12.1976; ebenda, Bl. 18.

256 Busse: Deutsche Anwälte, S. 390 f.; Otterbeck I, S. 184; Gerlach: Die Rechtsanwaltschaft, S. 142.

257 Rottleuthner: Steuerung der Justiz, S. 552.

258 Der Name des MfS-Offiziers ist falsch geschrieben, aus dem Kontext ergibt sich jedoch eindeutig, wer gemeint ist (d. i. Jürgen Hardtmann von der HA XX/1). MdJ/HA VIII/Ltr., an Gen[ossen] Hartmann, 28.4.1987; BStU, MfS, HA XX Nr. 6891, Bl. 106.

259 Richtlinie 1/82 zur Durchführung von Sicherheitsüberprüfungen. 17.11.1982. In: Engelmann: Grundsatzdokumente, S. 397–421.

260 MdJ/HA VII/Ltr., Übersicht über das Verfahren bei Einstellung eines Rechtsanwalts, 22.8.1985, S. 2; BArch, DP1, 4470.

*Beispiel: Eine Ablehnung*

Im Mai 1988 sandte der Vorsitzende des Berliner Kollegiums die Personalunterlagen einer Juristin aus dem Staatsapparat, die ins Kollegium eintreten wollte an das Justizministerium.[261] Das Ministerium mahnte ihn, das kurz zuvor allen Vorsitzenden der Anwaltskollegien in Erinnerung[262] gebrachte Prozedere einzuhalten.[263] Am 14. Juli 1988 schickte der Vorsitzende die Unterlagen ein weiteres Mal an das MdJ. Nun trugen sie den Zusatz »darüber hinaus kann ich mitteilen, dass Parteileitung, Bezirksleitung und BV der Einstellung der Genossin […] als Assistentin zugestimmt haben«.[264] Die Bewerberin mit passablen Zeugnissen konnte sich mit guter Resonanz dem Vorstand vorstellen.[265] Sie wurde aufgefordert, ihre Bewerbungsunterlagen einzureichen.[266] Dennoch wurde sie letztlich abgewiesen.[267] Ihr Ehemann hatte sich ein Jahr zuvor in den Westen abgesetzt. Sie selbst hatte in ihrer Verzweiflung einen Ausreiseantrag gestellt, sich dann aber unter Zusicherung von Straffreiheit überreden lassen, ihren Gatten zurückzuholen.[268] Eine ZK-Mitarbeiterin informierte das Berliner Kollegium »über die besondere Problematik«[269] und hatte zunächst eine Aufnahme empfohlen.[270] In der Bezirksverwaltung des MfS war inzwischen der einst fanatische IM »Frank Fuchs« als hauptamtlicher Mitarbeiter für die Rechtsanwälte zuständig. Er hielt mit Billigung seiner Vorgesetzten die Juristin für »ungefestigt in Konfliktsituationen«.[271] Daher wollte er dem Vorsitzenden Gysi empfehlen, auf die Einstellung zu verzichten. Laut handschriftlichem MfS-Vermerk kam es daraufhin zu einen Gespräch mit Gysi. Im Ergebnis wurde festgehalten, wenn an der Einstellung festgehalten werde, »muss ZK Risiko mittragen«.[272] Das MfS wollte und konnte nicht in die Kompetenzen des ZK eingreifen. Offenbar wollte aber das ZK letztlich nicht gegen Sicherheitsbedenken des MfS Verantwortung für die Personalie übernehmen. Die Juristin wurde vom Berliner Kollegium abgewiesen.

261 RAK Berlin, Gysi: Schreiben an MdJ v. 18.5.1988; BArch, DP1, 21710.

262 MdJ/Abt. VII/Ltr., Schreiben an die Vorsitzenden der Kollegien der Rechtsanwälte, 17.3.1989; BArch, DP1, 21711.

263 MdJ, Schreiben an RAK Berlin, Gysi, 24.5.1988; BArch, DP1, 21710.

264 RAK Berlin, Gysi: Schreiben an MdJ v. 14.7.1988; ebenda.

265 Hengst, Björn; Wensierski, Peter: Das Recht der anderen. In: Der Spiegel 9/2013.

266 RAK Berlin, Protokoll der Vorstandssitzung v. 21.12.1988, S. 2; BArch, DP1, 21743.

267 RAK Berlin, Protokoll der Vorstandssitzung v. 26.4.1989, S. 2; BArch, DP1, 21744.

268 Vorschlag zur Einstellung des EV/Fahndung gegen […], o. D.; BStU, MfS, AU 9866/88, Bl. 47.

269 RAK Berlin, Protokoll der Vorstandssitzung v. 21.12.1988. S. 2; BArch, DP1, 21743.

270 BV Berlin/XX/1, Entscheidungsvorschlag, 22.3.1989; BStU, MfS, BV Bln, Abt. XX Nr. 6093, Bl. 8 f.

271 Ebenda.

272 Handschriftl. Gesprächsvermerk v. 24.3.1989. BV Bln/XX/1, Entscheidungsvorschlag v. 22.3.1989; ebenda, Bl. 8.

In der gleichen Vorstandssitzung[273] wurde einem weiteren jungen Juristen der Zugang zum Berliner Anwaltskollegium verwehrt.[274] Der war ehedem vom MfS in der umfangreichen OPK »Robe« bearbeitet und durch den ehemaligen IM »Frank Fuchs« überwacht worden. Auch ein Notar, den Rechtsanwalt Vogel in seine Kanzlei aufnehmen wollte, scheiterte zu dieser Zeit, weil das MfS »Zweifel an seiner persönlichen Integrität und des offensichtlich nicht gefestigten Klassenstandpunktes«[275] hatte. Diese Häufung von Ablehnungen[276] deutet auf eine Verschärfung des Kurses bei den Anwaltszulassungen hin.

*Beispiel: Eine Befürwortung*

Es wurde behauptet, dass das Kollegium in jedem Fall eigenständig Bewerber ablehnen konnte.[277] Das Beispiel einer Absolventin zeigt das Gegenteil. Sie wurde zunächst vom Vorstand des Berliner Kollegiums abgewiesen. Sie hatte einen »ungünstigen Eindruck«[278] hinterlassen. Die Abgelehnte, Mitglied der SED, machte daraufhin eine Eingabe bei der SED-Bezirksleitung Berlin.[279] Dort registrierte man, dass die Ablehnung der Studentin »im Studienjahr [...] insbesondere in der Parteiorganisation [...] Diskussionen ausgelöst hat«.[280] Offenbar suchte die junge Juristin, die auch als FDJ-Sekretärin aktiv war, ihr gutes Verhältnis zu einem SED-Parteisekretär an der Humboldt-Universität für ihre Bewerbung zu nutzen.[281] Auch der für die Anwälte zuständige Abteilungsleiter im MdJ, Erich Wirth, der ein enges Verhältnis zum MfS hatte, verwendete sich bei der SED-BL für die Personalie. Das MfS hatte schon während des Studiums ein Auge auf die angehende Juristin geworfen.[282] Die Ablehnung ihrer Aufnahme wurde zu einem kommunikativen Missverständnis erklärt.[283] Daraufhin beschloss die Parteileitung des Kollegiums, vermutlich auf Intervention der SED-BL, den ersten Vorstandsbeschluss abzuändern. Die Gründe würden

273 RAK Berlin, Protokoll der Vorstandssitzung v. 26.4.1989, S. 2; BArch, DP1, 21744.

274 Schreiben an MdJ v. 7.12.1989, S. 1; BArch, DP1, 21711.

275 BV Bln/XX, Schreiben an ZKG, 6.3.1989; BStU, MfS, BV Bln, Abt. XX Nr. 6093, Bl. 1 f.

276 Busse spricht von »wahrscheinlich« geringen Zahlen. Busse: Deutsche Anwälte, S. 394.

277 Busse behauptet dies unter Berufung auf ehemalige Berliner Anwaltsfunktionäre. Ebenda, S. 390.

278 RAK Berlin, Schreiben an MdJ, 29.7.1975; BArch, DP1, 3303.

279 MdJ, Vermerk v. 30.6.1975; BArch, DP1, 3303.

280 MdJ, Vermerk v. 12.6.1975; ebenda.

281 HA XX/1, Vorschlag zur Werbung eines IMV, 19.9.1977; BStU, MfS, AIM 8229/91, T. I, Bd.1, Bl. 236–246, hier 238.

282 HA XX/1, Vorschlag v. 1.7.1977; ebenda, Bl. 10.

283 MdJ, Vermerk v. 12.6.1975; BArch, DP1, 3303.

»eine Ablehnung nicht rechtfertigen«.[284] Die Parteileitung appellierte gleichzeitig an die Parteidisziplin der SED-Vorstandsmitglieder und legte fest: »Dieser Beschluss dient für die Genossen im Vorstand bindend.«[285] [sic!] Durch die Manipulation des ursprünglichen Vorstandsvotums nach Parteieinfluss wurde die Juristin schließlich als Assistentin in das Kollegium aufgenommen. Der Vorsitzende des Kollegiums war verärgert. Später erzählte er im Kollegium, er halte es »für möglich«, dass die ihm oktroyierte Rechtsanwältin »eine Verbindung zum MfS«[286] habe. Er stützte seine Vermutung darauf, dass das MdJ sich nach der Ablehnung »einschaltete und die Aufnahme durchsetzte«.[287] Der Vorsitzende irrte. Doch warb das MfS die Anwältin zwei Jahre später an.[288]

Die maßgeblichen Entscheidungsträger waren fast durchgängig »Genossen« oder Nomenklaturkader. Es gab zwar ein Hierarchiegefälle, im Grundsatz stand der Parteiapparat über allen. Doch konnten selbst ZK-Mitarbeiter nicht in jedem Fall beliebig durchsteuern. So plädierte kein geringerer als der langjährige Abteilungsleiter für Staat und Recht im ZK der SED, Klaus Sorgenicht, Anfang der 1980er-Jahre dafür, dass ein angehender Jurist nicht Anwalt werden sollte. Der vom MfS vermutete Grund einer anstehenden Scheidung von der Tochter eines hochrangigen ZK-Mitarbeiters war offenbar nicht hinreichend, um eine Anwaltszulassung zu verhindern.[289] Die Anwaltsliste von 1987 weist die Person als Anwalt aus.[290] Als ein Elternteil, Mitglied des ZK-Apparates, sich Mitte der 1980er-Jahre für seinen Sohn einsetzen wollte, scheiterte es ebenso. Das MdJ entschied gegen eine Anwaltstätigkeit in Berlin und lenkte den Betreffenden in ein Notariat.[291] Der Wille der Partei war also nicht statisch, sondern wurde auf verschiedenen Ebenen und zwischen verschiedenen Institutionen ausgehandelt.

### *Fazit zum Prozedere der Absolventenlenkung*

In der Literatur wird das Verhältnis des Kollegiums zu seinen Partnern bei Anwaltszulassungen gelegentlich als ein »gegenseitiges Vetorecht«[292] bezeichnet, in welchem die Kollegien »ihre Aufnahmepolitik zu nicht geringen Teilen selbst be-

284 RAK Berlin, Schreiben an MdJ, 29.7.1975; BArch, DP1, 3303.

285 Ebenda.

286 Vermerk v. 18.12.1979, Anschreiben durch HV A IX/C, 21.12.1970; BStU, MfS, AIM 8228/91, Beifügung, Bl. 203.

287 Ebenda.

288 Verpflichtung v. 14.11.1977; BStU, MfS, AIM 8228/91, T. I, Bd.1, Bl. 7 f.

289 HA XX/1, Vermerk v. 20.7.1981; BStU, MfS, HA XX Nr. 6772, Bl. 50.

290 Verzeichnis der Rechtsanwälte, S. 7.

291 BV Bln/XX, Schreiben an ZKG, 17.2.1989; BStU, MfS, BV Bln, Abt. XX Nr. 6093, Bl. 5.

292 Gregor Gysi. Zit. nach: Busse: Deutsche Anwälte, S. 391.

stimmt und gesteuert«[293] hätten. Letzteres ist insofern nicht falsch, als das Kollegium im Prinzip vorausgewählte Juristen nach den Regularien des Kollegiumsgesetzes beziehungsweise der Musterstatuten noch ablehnen konnte.[294] Insofern standen die Rechte der Anwälte nicht nur »auf dem Papier«.[295] Allerdings konnten Partei und MfS gelegentlich eigene Bewerber gegen das Kollegium durchsetzen. Studenten war es nicht möglich, sich eigenständig beim Kollegium zu bewerben.[296] Alle Bewerber mussten ein gesetzlich nicht fixiertes Überprüfungsprozedere bei MdJ, Partei und MfS durchlaufen, bevor die Selbstverwaltungsgremien der Kollegien zum Zuge kamen. Die These vom gegenseitigen Veto verharmlost diesen Filter-Prozess. Die gesetzliche Fassade von einer autonomen Aufnahme durch das Kollegium war eine Täuschung. Da die Gremien der Kollegien aber nicht vollkommen ohne Einfluss waren, entstand selbst bei Anwälten eine Selbstverwaltungsillusion.[297] Die an den Geheimabsprachen beteiligten Anwälte waren wiederum als Genossen und Nomenklaturkader stark in den Aushandlungsprozess hinter den Kulissen eingebunden. Sie konnten sich als Partizipierende wahrnehmen. Das doppelstufige Verfahren war durchaus geeignet, eine gewisse Identifikation der Anwälte mit »ihren« Kollegien zu stiften und gleichzeitig eine Vorauswahl im Sinne von Partei und Staat zu gewährleisten. Eine relativ homogene Schicht von staats- und parteiloyalen Nachwuchsanwälten, deren Herkunft und Werdegang sich kaum von dem der angehenden Richter und Staatsanwälte unterschied, während der Ausbildung schon auf parteikooperative Praktiken trainiert, sollte die Lücken in der Anwaltschaft schließen und die künftige, sozialistische Anwaltschaft prägen, auch wenn gelegentlich Juristen mit Karrierebrüchen in die Anwaltschaft abgeschoben wurden. Der offiziell angepeilte Trend ging hin zum »Quasi-Justiz-Funktionär«, der seit der Schulzeit angepasst war und sich von den durch Kriegs- und Nachkriegszeit geprägten Biografien der älteren Anwälte deutlich absetzte.

293 Busse orientiert sich hier normativ am KollG 1980. Busse: Deutsche Anwälte, S. 387.

294 Otterbeck: Anwaltkollektiv der DDR, S. 184.

295 Gerlach: Die Rechtsanwaltschaft, S. 142; Lange: Einbindung, S. 630.

296 Busse: Deutsche Anwälte, S. 387.

297 Busse zitiert Berliner Anwaltsfunktionäre. Ebenda, S. 391.

# 6. »Erziehung« zur sozialistischen Anwaltschaft

Unterhalb der berufsrechtlichen Normen und Gesetze wirkten mehr oder minder verborgene »untergesetzliche Normen«.[1] Das MdJ konnte nicht direkt auf das Mandat durchgreifen. So bestand die »Kunst« der Anleitung darin, durch Orientierungen jenseits der rechtlichen Schwelle und mittels Sanktionen Grenzüberschreitungen zu markieren und damit den Korridor von erwünschten beziehungsweise tolerierten Verhaltensweisen des »sozialistischen Anwalts« abzustecken. Die wichtigsten Formen der Normendurchsetzung im Kollegium waren:

- publizistische Einwirkungen,
- kontrollierte Diskussionen innerhalb der Anwaltschaft,
- untergesetzliche Anweisungen und Orientierungen,
- Schulungen und Informationen unter Einbeziehung anderer Justizorgane,
- Beschwerden und Eingaben, vor allem von anderen Justizorganen,
- Disziplinarverfahren.

Ein Teil der fachlichen Vorgaben vermittelten damals grundsätzlich öffentlich zugängliche staatliche Fachzeitschriften wie Staat und Recht und Neue Justiz.[2] In der Zeit des Justizumbaus definierten vor allem Vertreter des Staates die Rolle der sozialistischen Anwaltschaft,[3] später überließ man diese Aufgabe zunehmend Vertretern der Anwaltschaft.[4] Die Neue Justiz wurde weiter durch Vertreter der Justizorgane dominiert und gesteuert, die somit das Heft in der Hand behielten.[5] Das Impressum der NJ vom 1989 weist aber auch den Anwalt Friedrich

1 Johannes Beleites umschrieb mit diesem Begriff die Tatsache, dass das MfS jahrelang Kompetenzen im Rahmen der Strafverfolgung in Anspruch nahm, ohne dass diese gesetzlich fixiert worden wären. Beleites: Abteilung XIV. Im Rahmen dieser Arbeit zeigt er, dass mehr oder minder geheime untergesetzliche Normen geradezu ein Charakteristikum der Rechtspflege und des Rechtssystems der DDR waren.

2 Kühl, Martin: Die strafrechtliche Diskussion in der DDR in Zeitschriften und Entscheidungssammlungen des Obersten Gerichts. In: Arnold, Jörg: Die Normalität des Strafrechts der DDR. Bd. 2; Die gerichtliche Überprüfung von Geständnis und Geständniswiderruf im Strafverfahren. Freiburg 1995, S. 37–61, hier 61.

3 Benjamin, Hilde: Fragen der Verteidigung und des Verteidigers. In: NJ 5 (1951) 2, S. 51–54.

4 Eine Ausnahme bildet der aus repräsentativem Anlass verfasste Artikel von Justizminister Hans-Joachim Heusinger. 20 Jahre Kollegien der Rechtsanwälte. In: NJ 27 (1973) 12, S. 339 f.

5 In der SBZ wurde die Zeitschrift von der Deutschen Justizverwaltung, dem Vorläufer des MdJ, herausgegeben, ab 1951 vom Obersten Gericht und der obersten Staatsanwaltschaft der DDR; nach dem Rechtspflegeerlass nur noch vom OG, später wieder von den Justizorganen gemeinsam, seit 1977 von einem Redaktionskollektiv, dem zwar auch Wissenschaftler, aber vor allem höhere Vertreter der Justizorgane angehörten. Die allgemeine Linie des Blattes wurde ohnehin in der wichtigsten Runde für die Justizsteuerung, der Runde der Leiter der obersten

Wolff als Mitglied des Redaktionskollegiums aus.[6] Gerade die Aufsätze von Anwälten aus den oberen Selbstverwaltungsgremien entfalteten normative Kraft, weil die Autoren gleichzeitig Mitentscheider bei Revisionen, Beschwerden oder in Disziplinarverfahren waren. Im Kollegium war gewährleistet, dass Diskussionen innerhalb gewisser Bahnen blieben. Grundsätzliche Statements mussten vorab mit dem Ministerium abgestimmt werden.[7] Die Diskussionen in Parteiversammlungen, in Mitgliederversammlungen der Kollegien, in den Versammlungen des RdV fanden unter den Augen des Vorsitzenden, des Parteisekretärs, von IM und sogar unter Kontrolle von Ministerium, von ZK oder SED-BL statt. Diese stete interne Einwirkung auf die Anwaltschaft bewirkte, was den Vorständen und Vorsitzenden in den Statuten pathetisch als fachliche und politisch-ideologische »Erziehungsaufgabe« vorgegeben war.

## 6.1 Untergesetzliche Normen und Verbote

Weisungen, sofern sie nicht »Ratschläge« in Einzelfällen darstellten, wurden zumeist vom Minister der Justiz oder einem seiner Stellvertreter auf zentralen Treffen mit den Vorsitzenden oder in erweitertem Rahmen mündlich mitgeteilt. Sie wurden oft nur mündlich weitergeleitet, gelegentlich waren die Anwälte sogar explizit gehalten, Stillschweigen zu wahren.[8] Denn es ging nicht selten um Fragen, die die justizpolitische oder außenpolitische Reputation der DDR hätten infrage stellen können. Auf diese untergesetzliche Art wurden zum Beispiel Überprüfungen von Anwaltsbewerbern durch Partei und MfS,[9] die Monopolisierung von Westzivilmandaten beim Rechtsanwaltsbüro für internationale Zivilrechtsangelegenheiten,[10] das Verbot, mit Westanwälten selbstständig Kontakt aufzunehmen[11] und das Verbot, Ausreiseantragsteller zu beraten, übermittelt.

Justiz- und Ermittlungsorgane bzw. ihrer Vertreter, abgestimmt. Wentker: SBZ/DDR, S. 506. Laut Kühl war zunächst das OG Herausgeber. Kühl: Strafrechtliche Diskussion, S. 43 f.; NJ 1973 bis NJ 1976, Register, Deckblatt.

6 NJ 43 (1989) 1, Impressum.

7 [Gerhard] H[äusler]: Redeentwurf 20 Jahre sozialistische Rechtsanwaltschaft der DDR, 10.5.1973; BArch, DP1, 2965. Der beim MdJ eingereichte Entwurf enthält handschriftliche Änderungsvorschläge des MdJ.

8 MdJ, Konzeption zur Beratung mit den Vorsitzenden der Kollegien der Rechtsanwälte über Hinweise zur anwaltlichen Beratung und Vertretung von Bürgern, die aus der Staatsbürgerschaft der DDR entlassen werden und in die BRD oder Westberlin übersiedeln, 13.4.1984; BArch, DP1, 23159.

9 MdJ, Schreiben an die Vorsitzenden der Kollegien der Rechtsanwälte, 17.3.1989; BArch, DP1, 21711.

10 Busse: Deutsche Anwälte, S. 504 f.

11 HA XX/1, Schreiben an die BV Frankfurt/O., 20.7.1978; BStU, MfS, HA XX Nr. 6831, Bl. 179–181.

Mit exemplarischen Disziplinarmaßnahmen machte die Staatsseite den Anwälten deutlich, was sie riskierten, sollten sie die informellen Regelungen nicht einhalten.

### 6.1.1 Das Verbot der Vertretung von Ausreisewilligen

Anwälte waren natürlich Anlaufstellen für ausreisewillige Bürger, wenn die sich auf rechtliche Normen stützen wollten. Diese Anwaltliche Hilfe sollte verbaut werden, ohne dass dies skandalisiert werden konnte. Justizminister Heusinger wies 1976 auf einer Sitzung der wichtigsten Rechtsanwaltsfunktionäre der DDR darauf hin, dass Anwälte derartige Mandate konsequent zurückweisen müssten.[12] Da es keinen Rechtsanspruch auf Ausreise gäbe, verbiete sich eine anwaltliche Beratung außerhalb rechtlicher Angelegenheiten von selbst.[13] Diese rechtliche Begründung war schwach, da es in den Statuten allgemein hieß, es sei die Aufgabe der Anwälte, der Bevölkerung »Rechtshilfe zu leisten«,[14] was zumindest eine Beratung über die Rechtslage offenhielt. Eine anwaltliche Vertretung in Verwaltungsrechtsfragen wurde in der DDR nicht gerne gesehen oder war sogar ausgeschlossen. Zu Beginn der Honecker-Ära war insgeheim festgelegt worden, dass bei den »Beziehungen der Bürger zu den Staatsorganen [...] kein Raum für das Wirken der Anwaltschaft als eines juristisch spezialisierten Vertreters von Bürgerinteressen gegen den Staat«[15] bliebe.

Der Vorstoß des Ministers im Jahr 1976 war eine Reaktion auf die Entwicklung der Ausreisebewegung. Mit dem Mauerbau von 1961 schien für die DDR das Problem, dass ihre Bürger den Staat in Massen verlassen wollten, gelöst.[16] Mit der Vertragspolitik der 1970er-Jahre wurde die Mauer wieder durchlässiger, der Häftlingsfreikauf nahm größere Dimensionen an. Der KSZE-Prozess stimulierte Erwartungen hinsichtlich einer Freizügigkeit,[17] »eine Ausreisebewegung [... wurde eine] echte Gefahr für den SED-Staat«.[18] Mit dem sogenannten Korb III der Helsinki-Vereinbarung, die im SED-Zentralorgan Neues Deutschland für die DDR-Öffentlichkeit publiziert wurde,[19] konnten sich DDR-Bürger

12 In der Leitungssitzung der ZRK vom 20.12.1976. Busse: Deutsche Anwälte, S. 490.

13 Ebenda.

14 MSt 1953, § 1 Abs. 1.

15 MdJ, Hans Breitbarth: Notizen über die Ergebnisse der Leitungsberatung am 1.3.1973 über Fragen der Rechtsanwaltschaft, Abschrift, 8.3.1973; BStU, MfS, HA XX Nr. 7363, Bl. 134–136, hier 134.

16 Wölbern: Häftlingsfreikauf, S. 35 ff.

17 Eisenfeld, Bernd: Die Ausreisebewegung. Eine Erscheinungsform widerständigen Verhaltens. In: Poppe, Ulrike u. a. (Hg.): Zwischen Selbstbehauptung und Anpassung. Formen des Widerstandes und der Opposition in der DDR. Berlin 1995, S. 192–223.

18 Raschka: Justizpolitik, S. 90.

19 Booß: Haarrisse, S. 111.

nun auf die vom Staat paraphierten Rechte berufen. Dort waren streng genommen nur die Verbesserung menschlicher Kontakte, die Familienzusammenführung und Reiseerleichterungen erwähnt,[20] der Bezug auf die Menschenrechte stimulierte jedoch den Wunsch nach allgemeiner Freizügigkeit.[21] Das MfS verzeichnete 1976 einen Zuwachs der Anträge um 53,8 Prozent gegenüber dem Vorjahr.[22] Die Entwicklung führte zur Taktik der »Heuchelei«[23]. Nominell bekannte man sich zu internationalen Normen, im Inneren höhlte man sie bis zur Unkenntlichkeit aus oder pervertierte sie. Erich Honecker machte Vorgaben, die im ZK-Apparat verarbeitet wurden, um Ausreiseantragsteller einzuschüchtern, zu diskriminieren, sogar zu kriminalisieren.[24] Stasi-Chef Erich Mielke reagierte auf die internen Parteivorgaben im Oktober 1976 mit einer den Verfolgungsdruck verstärkenden Weisung. Danach waren »ab sofort [... alle Anträge auf Ausreise abzulehnen,] die sich auf die Schlussakte von Helsinki oder andere Begründungen [...] der Nichteinhaltung völkerrechtlicher Verpflichtungen«[25] durch die DDR bezögen. Zu verhindern, dass Ausreisewillige ihre Forderung mithilfe eines Rechtsbeistandes untermauerten, lag in der Konsequenz dieser Maßnahmen.

Da derartige Weisungen dem Geist von Helsinki zuwiderliefen und im Falle eines Bekanntwerdens dem Ansehen der DDR geschadet hätten, blieben sie im Verborgenen. Justizminister Heusinger überließ es den gewählten Anwaltsfunktionären, seine Weisungen »nach unten« zu kommunizieren, ohne dass sie ruchbar werden durften. In einer Mitgliederversammlung des Berliner Kollegiums verstärkte die Berliner Staatsanwaltschaft die vorgegebene Linie: »Die Bürger sind [...] auf die Dokumente von Helsinki zu verweisen. Erpressen lassen wir uns nicht.«[26] Durch Verweis auf den Wortlaut der Schlussakte, in dem die Freizügigkeit explizit fehlte, sollten Ausreisewünsche eingedämmt werden.[27] Auch andere Kollegien wurden ermuntert, ihren Einfluss entsprechend geltend zu

20 KSZE/OSZE. Dokumente der Konferenz über Sicherheit und Zusammenarbeit in Europa. Aktualisierungslieferung September 2014, Bd. 1 A.1, S. 48 ff.

21 Die explizite Benennung der Freizügigkeit kam erst mit dem Wiener Nachfolgeabkommen 1988/89. Schlotter, Peter: Die KSZE im Ost-West-Konflikt. Wirkung einer internationalen Institution. Frankfurt/M. 1999, S. 301.

22 Raschka: Justizpolitik, S. 91.

23 Hertle, Hans-Hermann: Der Fall der Mauer. Die unbeabsichtigte Selbstauflösung des SED-Staates. Opladen 1999, S. 87 f.

24 Eisenfeld, Bernd: Die Zentrale Koordinierungsgruppe. Bekämpfung von Flucht und Übersiedlung. Berlin 1995, S. 22 f.

25 Erich Mielke: Schreiben an die Leiter der Diensteinheiten v. 27.10.1976. Zit. nach: Eisenfeld: Zentrale Koordinierungsgruppe, S. 23 f.

26 RAK Berlin; Protokoll der MV, 5.7.1978, S. 7; BArch, DP1, 3468.

27 Ebenda, S. 6.

machen.[28] Die Berliner Anwälte hielten die Weisung des MdJ offenbar weitgehend ein. Die informelle Art, mit der diese Weisung kommuniziert wurde und die schwache juristische Begründung dürften die Hauptgründe dafür gewesen sein, dass sich manche Anwälte außerhalb Berlins nicht an die ungeschriebene Regel hielten. Für den einen oder anderen Anwalt spielten auch finanzielle Gründe eine Rolle,[29] sodass einzelne Anwälte weiterhin Ausreiseinteressierte berieten. Die HA IX informierte sich deswegen »unter Beachtung der Konspiration«[30] beim MdJ über die Möglichkeit zur Durchführung von Disziplinarverfahren. Für einen konkreten Fall wurden sogar Absprachen getroffen. Auf die geheime Anweisung des MdJ folgten jedenfalls in den Jahren danach mehrere Disziplinarverfahren.

### 6.1.2 Beispiele für Anwaltsdisziplinierungen

Der vermutlich erste Anwalt, der 1979 wegen der Beratung von Ausreisewilligen aus der Anwaltschaft ausgeschlossen wurde, war Rudolf Elze aus Meiningen im Bezirk Suhl.[31] Ihm wurde durch den Minister der Justiz die Zulassung entzogen. Das MdJ warf ihm vor, in den Jahren zuvor gegen eine private Gegenleistung einen Ausreiseantrag für einen Bürger formuliert zu haben, dessen Antrag schon abgelehnt war.[32] Der Anwalt bestritt die Gegenleistung. Ein Beratungsverbot sei zudem bis 1976 noch nicht bekannt gewesen.[33] Zur Abstimmung mit der örtlichen SED-Bezirks- und Kreisleitung reiste der zuständige Hauptabteilungsleiter des MdJ eigens nach Suhl. Die Disziplinarmaßnahme hatte offenbar das MfS angestoßen. Elze wurde schon seit Ende der 1950er-Jahre verdächtigt, »eine negative Einstellung«[34] zur DDR zu haben. Durch eine Postüberwachung war dem MfS bekannt, dass Elze Kontakte zur Rechtsschutzstelle der Bundesrepublik, den Westberliner Vertrauensanwälten in Ausreisefragen, unterhielt. Aus der Überwachung von Ausreiseantragstellern stammte die Information, dass der Anwalt angeblich diesen Klientenkreis beraten hätte.[35] Später hörte das

28 Johannsen, Lasse O.: Die rechtliche Behandlung ausreisewilliger Staatsbürger in der DDR. Frankfurt/M. 2007, S. 158; Lange: Einbindung, S. 638.

29 MdJ, Bericht über die Abberufung, 25.1.1979, S. 2; BArch, DP1, 3881.

30 HA IX/9, Aktenvermerk v. 20.7.1976; BStU, MfS, HA IX Nr. 17725, Bl. 13.

31 Busse: Deutsche Anwälte, S. 455 u. 491. Bei der Durchsicht von Disziplinarfällen in Beständen des MdJ für diese Arbeit fiel kein anderer Fall aus der Zeit vorher auf. Der unten geschilderte Cottbuser Fall ist etwas anders gelagert, da der Anwalt scheinbar freiwillig seine Zulassung zurückgab.

32 MdJ, Stellungnahme zum Antrag Elze, 15.7.1981; BArch, DP1, 3881.

33 MdJ, Bericht über die Abberufung, 25.1.1979, S. 2; BArch, DP1, 3881.

34 BV Suhl, Schriftliche Auskunft, o. D.; BStU, MfS, BV Suhl, AP 749/82.

35 BV Suhl/XX/1, Auskunftsbericht v. 8.7.1978; ebenda, Bl. 34–37. Es ist nicht ganz klar, ob es sich um ein förmliches Mandat oder Rechtsberatung handelte.

MfS auch Elzes Bürotelefon ab.[36] Als die Disziplinarmaßnahme lief, wurde sie vom Kollegium, dem MdJ und der SED mitgesteuert. Über ihren Verlauf wurde das örtliche MfS auf Anregung des MdJ durch die SED-KL in Meiningen beziehungsweise den Direktor des Bezirksgerichtes Suhl informiert. Präventiv war vereinbart, Gerüchten über die Absetzung mit dem Hinweis auf einen schweren Pflichtverstoß des Anwaltes entgegenzutreten. Weitere Nachfragen wären unter Verweis auf die Schweigepflicht des Anwaltes abzuwehren. Während man nach außen hin die wahren Gründe kaschierte, wurden noch am Tag des Ausschlusses alle Rechtsanwälte aus dem Bezirk nach Suhl bestellt, um sie über die Abberufung zu informieren und »auf ihre Pflichten hinzuweisen«.[37] Es war einer der seltenen Fälle, in denen das MdJ eine Disziplinarmaßnahme durchsetzte,[38] um ein demonstratives Zeichen zu setzen und die Geltung seiner geheimen Weisung von 1976 zu unterstreichen. Entsprechend wurde die Angelegenheit in der Zentralen Revisionskommission ausgewertet, in der die Vorsitzenden aller Kollegien saßen.[39]

In Cottbus stand ein Anwalt ab 1977 wegen offensiver Beratung in Fällen von Familienzusammenführung unter Verdacht. Er erhielt in einem Disziplinarverfahren eine strenge Rüge vom Kollegium, weil er »artfremde Aufträge«[40] entgegennahm. Im Rahmen von Strafverfahren wurde später bekannt, dass der Anwalt angeblich Häftlingen riet, für ihre Ausreise »tüchtig zu rühren«[41] und Kontakte zu westlichen Stellen aufzunehmen. Diese Information kam vermutlich vom MfS oder über Justizkanäle. Im Jahr 1983 warf der Vorstand dem Anwalt »Vorkommnisse gleicher Art«[42] vor, die dieser bestritt. Um einer weiteren Disziplinarmaßnahme zuvorzukommen, erklärte er schließlich den Austritt aus dem Kollegium. Auf Anraten der SED im Bezirk Cottbus ließen das Kollegium und das MdJ die Sache damit auf sich beruhen. Der Anwalt galt als kirchlich gebunden, man fürchtete, die Evangelische Kirche könnte sich für ihn engagieren. Ein Austritt aus dem RAK wäre daher »die beste Lösung«.[43] Die Selbst-

36 BV Suhl, Informationsbericht v. 22.1.1979; ebenda, Bl. 66 f.

37 MdJ, Bericht über die Abberufung, 25.1.1979, S. 2; BArch, DP1, 3881.

38 Busse: Deutsche Anwälte, S. 455. Der Ausschluss aus dem Kollegium war die eigentliche Disziplinarmaßnahme, der Zulassungsentzug lag in der Zuständigkeit des MdJ, faktisch liefen bei Kollegiumsanwälten beide Maßnahmen auf ein Berufsverbot als Anwalt hinaus.

39 BV Gera/XX/1, Information zur sofortigen Abberufung eines Rechtsanwaltes aus seiner Funktion im Bezirk Suhl, 22.3.1979; BStU, MfS, BV Gera, OPK 929/81, Bd. I, Bl. 173.

40 Zit. nach: MdJ, Betr[effend] Disziplinarverfahren gegen Rechtsanwalt […], 23.2.1983; BArch, DP1, 4471.

41 BV Cottbus, Information an die SED-BL, 10.12.1980; BStU, MfS, BV Cottbus, AKG Nr. 4451, Bl. 13 f., hier 14.

42 MdJ, Vermerk, Betr[effend] Disziplinarverfahren gegen Rechtsanwalt […], 23.2.1983; BArch, DP1, 4471.

43 Ebenda.

verwaltungsgremien des Kollegiums im Bezirk Cottbus bekräftigten im Einvernehmen mit dem regionalen SED-Apparat und dem Justizministerium im Hintergrund das Exempel, indem sie berufsrechtliche Sanktionen androhten und damit dem untergesetzlichen Beratungsverbot für Ausreiseantragsteller Geltung verschafften.

### *Weisung während der Ausreisewelle 1984 und das Ende des Beratungsverbots*

Obwohl die Repressionen gegen Ausreisewillige ab der zweiten Hälfte der 1970er-Jahre deutlich verschärft wurden, kam es 1984 erneut zu einer regelrechten Ausreisewelle. Die Zahl der Ausreiseantragsteller nahm 1984 »fast explosionsartig«[44] um über 230 Prozent zu. Weniger die KSZE-Nachfolgekonferenz von Madrid als der erste Milliardenkredit der Bundesrepublik für die DDR hatten allgemein Hoffnungen auf Ausreiseerleichterungen erweckt. Mit der Verordnung zur »Regelung von Fragen der Familienzusammenführung« wurde zudem 1983 erstmals eine verwaltungsrechtliche Grundlage für die Ausreise aus der DDR geschaffen. Rund 40 000 DDR-Bürger durften das Land verlassen, darunter zwei Drittel aufgrund von Familienzusammenführungen.[45] Wenn die DDR damit das Ausreiseventil stark öffnete, suchte sie gleichzeitig, den Drang Richtung Westen durch eine Verhaftungswelle einzudämmen, die auch dem Zweck der Devisenerwirtschaftung diente.[46] Die generelle Stoßrichtung blieb, die Mehrheit der DDR-Bürger sollte im Land gehalten werden.

In diese Strategie passte, dass die Vorsitzenden der Kollegien der Rechtsanwälte wiederum vom MdJ instruiert werden sollten.[47] Der entsprechende Vorschlag war auch dem MfS zur Abstimmung vorgelegt worden: »Es gehört zur Verantwortung der Rechtsanwälte, den ihnen möglichen Beitrag zur [...] offensiven Unterbindung und Zurückdrängung weiterer Versuche von Bürgern der DDR zur Erreichung der Übersiedlung in das nichtsozialistische Ausland zu leisten.«[48] Für eine Beratung von Antragstellern und Hilfe bei der Antragstellung »gibt es keine anwaltliche Zuständigkeit«,[49] wies der Justizminister die Anwälte noch einmal unmissverständlich an. Diesmal forderte das MdJ von den so-

44 Raschka: Justizpolitik, S. 220.

45 Wölbern: Häftlingsfreikauf, S. 330.

46 Ebenda, S. 330 ff. Zur Kontroverse, in welchem Maße die Devisenfrage zu Beginn des Freikaufs in den 1960er-Jahren eine Rolle spielte. Pötzl, Norbert: Ein abstruser Stasi-Vermerk und eine spektakuläre These. In: DA 41 (2008) 6, S. 1032–1035.

47 MdJ, Konzeption zur Beratung mit den Vorsitzenden der Kollegien der Rechtsanwälte über Hinweise zur anwaltlichen Beratung und Vertretung von Bürgern, die aus der Staatsbürgerschaft der DDR entlassen werden und in die BRD oder Westberlin übersiedeln, 13.4.1984; BArch, DP1, 23159.

48 Ebenda.

49 Justizminister Hans-Joachim Heusinger 1976. Busse: Deutsche Anwälte, S. 490.

zialistischen Anwälten mehr als die Verweigerung von Rechtshilfe. Es erwartete aktive Gegenpropaganda. Die Anwälte sollten »damit [...] argumentieren, dass bei Nichtaushändigung von Anträgen zur Wohnsitzveränderung [durch die zuständigen staatlichen Stellen] offenkundig keine Voraussetzungen [...] entsprechend den Rechtsgrundsätzen der DDR«[50] vorlägen. Offenbar war das MdJ der Überzeugung, dass die Bürger auf Anwälte noch hören würden, wenn sie Staatsvertretern längst nicht mehr zuhörten. Die Anwälte sollten helfen, Antragsteller in die Resignation zu treiben. Es wurde erwartet, dass sie Bürger von »Handlungen, die auf die Erzwingung von staatlichen Genehmigungen [... zielen, abbringen und sie warnen, dass das] strafrechtliche Konsequenzen nach sich ziehen«[51] könne. Deutlich wurde hier an die im Anwaltsrecht verankerte rechtspädagogische Aufgabe des sozialistischen Anwaltes appelliert. Mit Verweis auf das Straf- und Berufsrecht sollten die Kollegiumsanwälte Bürger von ihrem Wunsch, die DDR zu verlassen, abbringen und damit den grundsätzlichen, politisch-repressiven Willen von Partei und Staat unterstützen. Auf diese Weise konkretisierte sich das Profil vom »sozialistischen« Anwalt.

Das Beratungsverbot für Ausreisewillige wirkte bis Ende 1988 weiter, bis eine neue Reiseverordnung und das Gesetz zur Überprüfung von Verwaltungsentscheidungen veröffentlicht wurden.[52] Da erstmals ein allgemein geltendes Recht auf Ausreise formuliert[53] und eine rudimentäre verwaltungsgerichtliche Überprüfung vorgesehen wurden, konnten nun Rechtsvertreter tätig werden. Das war auch dem MfS bewusst. Einem alten Reflex folgend, eröffnete jedoch die BV Erfurt noch 1989 eine umfangreiche Personenkontrolle gegen einen Anwalt, der Antragsteller beriet. Man überlegte, ob es nicht sinnvoll sei, den Anwalt in seinen beruflichen Möglichkeiten zu beschneiden.[54] Das war jedoch fern aller Realitäten. In Berlin füllten sich mit der Jahreswende schlagartig die Wartezimmer

50 MdJ. Konzeption zur Beratung mit den Vorsitzenden der Kollegien der Rechtsanwälte über Hinweise zur anwaltlichen Beratung und Vertretung von Bürgern, die aus der Staatsbürgerschaft der DDR entlassen werden und in die BRD oder Westberlin übersiedeln. 13.4.1984. BArch, DP 1, 23159.

51 MdJ. Konzeption zur Beratung mit den Vorsitzenden der Kollegien der Rechtsanwälte über Hinweise zur anwaltlichen Beratung und Vertretung von Bürgern, die aus der Staatsbürgerschaft der DDR entlassen werden und in die BRD oder Westberlin übersiedeln. 13.4.1984. BArch, DP1, 23159.

52 Verordnung über die Reisen von Bürgern der DDR nach dem Ausland vom 30.11.1988. In: DDR-GBl. Teil I (1988) 25, S. 127; Gesetz über die Zuständigkeit und das Verfahren der Gerichte zur Nachprüfung von Verwaltungsentscheidungen vom 14.12.1988. In: DDR-GBl. Teil I (1988) 28, S. 327; Windmüller, Joachim: Ohne Zwang kann der Humanismus nicht existieren. »Asoziale« in der DDR. Frankfurt/M. 2006.

53 Johannsen: Rechtliche Behandlung, S. 123; Lochen: Die geheimen Anweisungen, S. 16 f.

54 BStU, MfS, BV Erfurt, Bestand Ltr. Nr. 1252, Bl. 10 ff.

der Anwälte mit Ratsuchenden, die nicht mehr abgewiesen werden konnten.[55] Auch die Anwaltschaft wurde von dem Problem erfasst, dass Anwälte ausreisen wollten. Im Bezirk Dresden stellte eine Anwältin einen Antrag. Die Anwaltsfunktionäre waren der Meinung, dass es angesichts der neuen Rechtslage »problematisch«[56] sei, disziplinarisch einzugreifen. Laut Protokoll waren die Anwälte um den Vorsitzenden des RdV, Gregor Gysi, der Auffassung, dass »der freiwillige Austritt [aus der Anwaltschaft in solch einem Fall] die erstrebenswerte Reaktion«[57]sei. Falls die Anwältin dazu nicht bereit sei, »sollte der Minister der Justiz prüfen, ob ein Entzug der Zulassung [...] nicht die angemessenere Reaktion sei«.[58] Strategien zum Zurückdrängen der Ausreisebewegung griffen nicht einmal mehr in der Anwaltschaft. Bei Republikflucht beziehungsweise Nichtrückkehr von einer Reise in das nichtsozialistische Ausland blieb allerdings bis zur Maueröffnung am 9. November 1989 ein sofortiger Ausschluss aus der Anwaltschaft üblich.[59]

## 6.2 Das System Vogel für Ausreisewillige

Durch das Zusammenspiel von untergesetzlichen Weisungen und symbolischen Disziplinarmaßnahmen versuchten SED, MfS und Staat die Anwälte davon abzuhalten, Ausreisewillige zu unterstützen. Diese informellen Weisungen betrafen eigentlich die verwaltungsrechtliche Vertretung, strahlten aber auf strafrechtliche Mandate aus. Die Unschärfe ließ offen, ob das Vertretungsverbot auch für die Personen galt, die aufgrund des Übersiedlungswunsches inhaftiert wurden und aus der Haft heraus eine Freilassung in den Westen anstrebten. Im Fall Elze war ein solches Mandat einer der Anlässe für seine Disziplinierung.[60] Da Anwälten bei Verstößen der Verlust ihrer Zulassung drohte, hielten sich viele vorsichtshalber vom Gebiet der Ausreisefragen fern. Damit fielen die strafrechtlichen Mandate von Ausreisewilligen, die teils kriminalisiert wurden, zunehmend jenen Anwälten zu, die in diesen Fragen speziell das Vertrauen von Partei und MfS genossen. Sie konnten unbehelligt Ausreiseinteressierte vertreten.[61] Deren Aktivitäten wurden offenbar nicht nur geduldet, sondern waren

55 RAK Berlin, Protokoll der Vorstandssitzung, 21.6.1989, S. 2; BArch, DP1, 21744.

56 MdJ, Vermerk über die Gespräche mit Dr. Gysi und Rechtsanwalt X (Dresden), 8.2.1989; BStU, MfS, HA XX Nr. 6890, Bl. 197 f., hier 197.

57 Ebenda.

58 Ebenda, Bl. 198.

59 Im Berliner Kollegium wurde Ende September 1989 eine Anwältin ausgeschlossen, weil sie nicht von einer Bulgarienreise zurückgekehrt war. RAK Berlin, Gregor Gysi: Mitteilung v. 27.9.1989; LArch Berlin C Rep. 368 Nr. 303; RAK Berlin, Protokoll der Mitgliederversammlung, 13.9.1989; BArch, DP1, 21744.

60 BV Suhl/XX/1, Auskunftsbericht v. 8.7.1978; BStU, MfS, BV Suhl, AP 749/82, Bl. 34–37.

61 Johannsen: Rechtliche Behandlung, S. 157.

in vielen Fällen sogar gewünscht. Von dieser Entwicklung profitierten vorrangig Wolfgang Vogel und seine Unteranwälte. Das System Vogel entwickelte sich geradezu parallel zum Vertretungsverbot in Ausreisefragen. Vogel wurde seit 1962/63 zunehmend bei Freikäufen, Austauschfragen und Familienzusammenführungen bevorzugt.[62] In der Ära Honecker wurden nun sukzessive konkurrierende Aktivitäten von anderen Anwälten ausgeschaltet. Seine Berliner Kanzlei wuchs und in den Bezirken verfügte er über Korrespondenzanwälte. Sie sollten vom MfS speziell überprüft sein und möglichst unter »operative Kontrolle«[63] gebracht werden. Es sollte verhindert werden, dass Informationen unkontrolliert gen Westen abflossen oder Anwälte eigenständige Initiativen in diese Richtung entwickelten.

Besonders intensiv nahm das MfS im Bezirk Karl-Marx-Stadt die Anwaltskontakte von Ausreisewilligen unter Kontrolle. Nicht zufällig wurden hier parallel zu den restriktiven Weisungen gegenüber den übrigen Anwälten zwei Vogel-Korrespondenzanwälte aufgebaut, die eng mit dem MfS kooperierten.[64] Nach 1976 wurde in der Bezirksstadt ein Jurist mit längerer IM-Vita tätig, der als Anwalt über Ausreiseantragsteller seiner Kanzlei berichtete. Durchschriften seines Schriftverkehres mit seinem Kollegen Vogel in Berlin finden sich teilweise alphabetisch geordnet in den Stasiakten.[65] Aufgrund solcher Hinweise stimmte das MfS seine Strategie gegenüber den Mandanten mit dem Anwalt ab. Das konnte darauf hinauslaufen, Bürger über den Anwalt von weiteren Ausreiseanträgen abzuhalten oder sie umgekehrt aus taktischen Gründen zur Ausreise zu ermuntern.[66] Im Jahre 1983/84 etablierte die BV Karl-Marx-Stadt einen weiteren Anwalt-IM, der als »Vogel von Zwickau« galt.[67] Diskret besorgte das MfS Büroräume über die SED und Lokalpolitiker damit der IM als Unteranwalt von Vogel Ausreiseantragsteller betreuen konnte.[68] Die Beziehung des Anwaltes zum MfS war selbst für DDR-Verhältnisse ungewöhnlich. Wenn sich Ratsuchende, die die DDR verlassen wollten, an ihn wendeten, sollte der Anwalt laut MfS-Protokoll die Akten einem Stasi-Kontaktoffizier übergeben. Bei der Rückgabe wurde ihm »Weisung«[69] gegeben, wie mit dem Antragsteller umzugehen

62 Rosskopf: Friedrich Karl Kaul, S. 180 ff.

63 HA IX/8/AG R, Betr[ifft] RA-Absprache MdJ, 17.4.1975; BStU, MfS, HA IX Nr. 1634, Bl. 162–169, hier 164 u. 168.

64 Booß: Sündenfall, S. 528 f. u. 531.

65 BStU, MfS, BV Karl-Marx-Stadt, AIM 310/82, T. II, Bd. 5, Bl. 47, 49 u. 123.

66 Booß: Sündenfall, S. 528 f.

67 Auskunft des damaligen Leiters der Außenstelle des BStU in Chemnitz gegenüber dem Autor aus dem Jahr 2012. Der ehemalige profilierte Oppositionelle, Martin Böttger, war zu DDR-Zeiten jahrelang im Raum Zwickau und Karl-Marx-Stadt beruflich und politisch aktiv.

68 Booß: Sündenfall, S. 531.

69 BV KMS/AKG, TB mit IMS »Sascha«, 7.9.1984; BStU, MfS, BV Karl-Marx-Stadt, XIV/31/76, T. II, Bd. 5, Bl. 116 f., hier 117.

sei. Im Normalfall sollte der Anwalt den Antragsteller belehren, dass die »Zurückweisung durch die Organe Inneres zu Recht und verbindlich [... erfolgt sind und] erneute Antragsschreiben im Grunde zwecklos sind«.[70] Für diese Dienstleistung bekam der Anwalt Geld vom MfS. Er arbeitete laut Akte sprichwörtlich Hand in Hand mit dem MfS, da er eigentlich eine Stasi-Dependance betrieb, obwohl er förmlich dem Rechtsanwaltskollegium angehörte. Trotz enger Zusammenarbeit wurde die Kanzlei zusätzlich vom MfS abgehört und aus dieser Quelle Personalien und Anliegen der Ratsuchenden protokolliert.[71] Dadurch konnte der Anwalt kontrolliert werden und das MfS gewann Zeit, um Informationen über die Ausreisewilligen einzuholen. Diese enge Verzahnung der beiden Anwälte mit dem MfS in Ausreisefragen sind Extremfälle, die möglicherweise auf den Ehrgeiz des selbstbewussten BV-Chefs von Karl-Marx-Stadt zurückzuführen sind,[72] der sich in dieser Angelegenheit persönlich engagierte.

### *Wolfgang Vogel als Krisenmanager bei Botschaftsflüchtlingen*

Ob und inwieweit Wolfgang Vogel alle Ausreise-Fälle seiner Kanzlei detailliert mit dem MfS absprach, ist anhand der bisher gesichteten Akten nicht nachvollziehbar. Seine Kanzlei wurde zumindest in Einzelfällen abgehört, um dem MfS Informationsvorsprünge zu ermöglichen.[73] Grundsätzlich setzte das MfS stark auf Vogel und übertrug ihm mehrfach Aufgaben. Dies wird 1984, als mehrfach diplomatische Vertretungen besetzt wurden, deutlich. Vogel war in der Prager Botschaft der Bundesrepublik Deutschland als Krisenmanager eingesetzt, als sich ausreisewillige DDR-Bürger dort verschanzt hatten.[74] Er sollte die Besetzer vor Ort mit seinem Renommee überzeugen, auf das Angebot der DDR-Regierung einzugehen und die Botschaft zu verlassen. Er bot Straffreiheit und zügige Bearbeitung der Ausreiseanträge, drohte schließlich mit dem Ablauf der Angebotsfrist. Die Strategie war von Generalsekretär Honecker abgesegnet.[75] Die Argumente, die Vogel 1984 gegenüber den Botschaftsflüchtlingen vorbrachte und in der Westpresse lancierte, waren offenbar mit dem MfS abgestimmt und ihm fast wortwörtlich vorgegeben.[76] Erich Honecker nutzte sein Entgegenkommen

70 BV KMS/AKG, TB mit IMS »Sascha«, 12.10.1984; ebenda, Bl. 147 f., hier 147.

71 Booß: Sündenfall, S. 531.

72 Gerick, Gunter: SED und MfS. Das Verhältnis der SED-Bezirksleitung Karl-Marx-Stadt und der Bezirksverwaltung für Staatssicherheit 1961 bis 1989. Berlin 2013.

73 BStU, MfS, Abt. 26 Nr. 26/Ka/427.

74 Booß: Sündenfall, S. 259 f.

75 Whitney: Advocatus Diaboli, S. 277.

76 MfS/ZKG, Zur Unterstützung der Argumentation des RA, 18.10.1984; BStU, MfS, ZKG Nr. 88, Bl. 118 f.; MfS/ZKG, Vermerk v. 26.9.1984; ebenda, Bl. 49. Zum Vergleich siehe das Zeitungs-Interview Vogels vom 19.10.1988, zit. bei Whitney: Advocatus Diaboli, S. 275; Diekmann, Kai (Hg.): Freigekauft. Der DDR-Menschenhandel. München 2012, S. 116; Mayer,

gegenüber westdeutschen Forderungen zur Familienzusammenführung und zu den Botschaftsbesetzern als Ventil, um bei der Gelegenheit »Feinde, beziehungsweise kriminelle Elemente [... und] langjährige hartnäckige Antragsteller«[77] aus der DDR in den Westen überzusiedeln. MfS-Minister Mielke beauftragte Rechtsanwalt Wolfgang Vogel, »alle ihm bekannten Fälle, auch solche, die eine Gefahr darstellen, provokatorische Botschaftsbesetzungen zu inszenieren«,[78] zu überprüfen. Das MfS wollte die von Vogel benannten Personen als »vorbeugende Maßnahme erfassen, überprüfen und schnellste Bearbeitung für Ausreise sichern«.[79] Diese Anweisung steht der These entgegen, dass Vogel keinerlei Kompetenzen bei der Entscheidung darüber hatte, welche Personen MfS und SED-Führung aus der Staatsbürgerschaft entließen.[80] In den MfS-Akten befinden sich auch handschriftliche Vermerke Vogels zu Einzelpersonen, die er für die Freikaufliste empfahl, da »Wiederholungsgefahr«[81] des Begehens einer Straftat beziehungsweise »eine Pressekampagne«[82] drohten. Offenbar hat sich Vogel stärker als bisher angenommen mit dem MfS abgestimmt.

### *Betreuung von Ausreisewilligen durch Anwälte*

Im Gegensatz zum Beratungsverbot wurden die Anwälte geradezu ermuntert, Ausreisekandidaten zu betreuen, wenn die Entscheidung einer Übersiedlung einmal gefallen war. Hintergrund waren offenkundig die finanziellen Probleme der DDR. Parallel zum erneuten Vertretungsverbot in Antragsverfahren

Wolfgang: Flucht und Ausreise. Berlin 2002, S. 327. In einer Publikation vor der Öffnung der Akten erscheint das Agieren Vogels eher als Folge seines diplomatischen Geschicks. Schmidthammer, Jens: Rechtsanwalt Wolfgang Vogel. Mittler zwischen Ost und West. Hamburg 1987, S. 150 ff. Differenzierter werden bei Craig Whitney die Aufträge Honeckers und Eigeninitiativen Vogels beschrieben, ohne die Feinsteuerungsaktivitäten des MfS zu schildern. Whitney: Advocatus Diaboli, S. 275 ff.

77 MfS/ZKG, Information des amtierenden Ministers, Genossen GL Mittig, 28.3.1984, BStU, MfS, ZKG Nr. 86, Bl. 96. Der zuständige bundesdeutsche Ministeriale Ludwig Rehlinger beansprucht für sich, zu dieser Zeit Vorbestrafte von den Listen heruntergenommen zu haben. Quillfeldt, Hendrik von: Dissidenten für Devisen. Häftlingshandel zwischen DDR und Bundesrepublik Deutschland. Erfurt 2010, S. 55; Dokumente zur Deutschlandpolitik/ Hg. vom Bundesministerium des Innern. Sonderedition »Besondere Bemühungen der Bundesregierung«. Bd. 1; 1962–1969, Häftlingsfreikauf, Familienzusammenführung, Agentenaustausch/Bearb. von Elke-Ursel Hammer. München 2012. Besprechung in das historisch-politische Buch 62 (2014) 4.

78 MfS/ZKG, Vom Genossen Minister festgelegte Verfahrensweisen bei provokatorischen Botschaftsfällen, 3.2.1984; BStU, MfS, ZKG Nr. 86, Bl. 19.

79 Ebenda.

80 Wölbern: Häftlingsfreikauf, S. 134 f.

81 Wolfgang Vogel: Kurzinformation v. 12.10., o. J. (vermutl. 1988); BStU, MfS, HA IX Nr. 18042, Bl. 5.

82 Wolfgang Vogel: Kurzinformation, o. D. (vermutl. 1988); ebenda, Bl. 6.

wurden die Anwälte 1984 angehalten, die »Sicherung der politischen und ökonomischen Interessen der DDR und der Rechte ihrer Bürger [...] besonders zu beachten«.[83] Ausreisewillige durften erst ausreisen, wenn sie ihre finanziellen Angelegenheiten geregelt beziehungsweise entsprechende Vollmachten erteilt hatten. Die Vollmachten waren nach der Ausreise nicht widerrufbar, konnten also im Nachhinein nicht im Interesse der Betroffenen abgeändert werden.[84] Die Anwälte sollten die Ausreise beschleunigen und alle Angelegenheit von Übersiedlern »vordringlich«[85] bearbeiten. So kam der Staat schneller in den Genuss der Freikaufgelder der Bundesrepublik und erzielte Vorteile durch die Vermögensverwaltung oder -übernahme von Werten, die die Übersiedler zurücklassen mussten. Dies galt insbesondere für Grundbesitz, von dem sich die »Übersiedler« als Voraussetzung einer Ausreisegenehmigung trennen mussten.[86] Bestimmte Anwälte, vor allem Vogel und seine Unteranwälte, durften Antragstellern die Ausreise sogar anbieten, wenn die im Gegenzug ihre Immobilie zu einem geringen Taxpreis an den Staat verkauften. In dem einen oder anderen Fall konnten Anwälte eine solche Immobilie unter den Augen der Stasi selbst kaufen.[87] Die bundesdeutsche Justiz hat dies höchstrichterlich als nicht strafbar eingestuft,[88] eine Entscheidung, die nicht unumstritten ist.[89] Der Hauserwerb von Ausreiseantragstellern war auch in DDR-Anwaltskreisen ein ungewöhnliches Privileg. Im Berliner Kollegium galt die Aneignung von Mandanteneigentum als Vorfall, der berufsrechtlich untersucht wurde und zu Konsequenzen führen konnte.[90]

## 6.3 Schulungen und Vorgaben aus den Justizorganen

Durch einen Austausch der Anwälte mit Vertretern anderer Justizorgane wurden die Anwälte über Rechtsauslegungen informiert, die öffentlich nicht oder nur wenigen zugänglich waren. Dies zu organisieren, war Teil der fachlichen Fortbildung und »politisch-ideologische[n] Erziehung«[91] durch die Vorstände der Kollegien. Damit erhielten die Anwälte eine Orientierung, wie Staatsanwalt-

83 MdJ, Konzeption zur Beratung mit den Vorsitzenden der Kollegien der Rechtsanwälte, 16.4.1984; BStU, MfS, HA XX Nr. 7464, Bl. 387–391, hier 388.

84 Ebenda, Bl. 390.

85 Ebenda, Bl. 389.

86 Johannsen: Rechtliche Behandlung, S. 165; Lindheim: Bezahlte Freiheit, S. 118 ff.

87 Whitney: Advocatus Diaboli, S. 331; Liebernickel: Erpressung Ausreisewilliger, S. 19 ff.

88 Bundesgerichtshof, Pressemitteilung Nr. 41/98 vom 27.5.1998.

89 Liebernickel hält dies abweichend für eine strafwürdige Erpressung. Liebernickel: Erpressung Ausreisewilliger, S. 19 ff. u. 203.

90 Ein Berliner Hauskauf endete mit einer schweren Rüge, auch weil ein Überpreis gezahlt wurde, also mehr als der übliche Taxpreis. Berlin/SED-BL, Schreiben an die BV Bln, 20.4.1982; BStU, MfS, AIM 3065/83, T. I, Bd. 2, Bl. 20 f., hier 20.

91 MSt 1980, § 8 Abs. 1 b.

schaften und Gerichte Sachverhalte juristisch bewerteten und mit welchen Entscheidungen sie rechnen konnten.

Im Jahr 1985 informierte beispielsweise das Stadtgericht Berlin den Vorsitzenden des Berliner Kollegiums über die Berliner Rechtsprechung zum Paragraf 249 StGB-DDR (Beeinträchtigung der öffentlichen Ordnung und Sicherheit durch asoziales Verhalten).[92] Dieser Paragraf wurde auch gegen DDR-Bürger eingesetzt, die das Land verlassen wollten und eine reguläre Arbeit verweigerten, um ihrer Forderung Nachdruck zu verleihen oder ihren Arbeitsplatz als Reaktion auf ihren Antrag verloren hatten.[93] Das Stadtgericht Berlin legte 1985 fest, dass »Arbeitsbummelei« erst nach drei Monaten strafrechtlich zu ahnden sei; das »bloße Leben auf Kosten von Angehörigen mit deren Duldung stellte sich nicht als Beeinträchtigung des gesellschaftlichen Zusammenlebens« dar; Asozialität von Jugendlichen solle nur in schweren Fällen »kriminalisiert«[94] werden. So konkret war diese Rechtsauffassung weder vom Obersten Gericht veröffentlicht[95] noch fand sie im Strafrechtskommentar, der kurz darauf erscheinen sollte, Berücksichtigung.[96] Abweichend von solchen Veröffentlichungen wurde der Vorsitzende des Berliner Kollegiums vom Stadtgericht darüber informiert, wann neuerdings Bewährungsstrafen verhängt werden konnten.[97] Derartige Informationen wurden von den Vorsitzenden auf Mitgliederversammlungen an seine Kollegen weitergegeben. Die Anwälte waren nunmehr in der Lage, abzuschätzen, ob ihre Plädoyers überhaupt eine Chance hatten.

92 Gesetz zur Änderung und Ergänzung straf- und strafverfahrensrechtlicher Bestimmungen und des Gesetzes zur Bekämpfung von Ordnungswidrigkeiten (3. Strafrechtsänderungsgesetz) vom 28.6.1979. In: DDR-GBl. Teil I (1979) 17, S. 139 (künftig als »StGB 1979« bezeichnet).

93 Lindheim: Bezahlte Freiheit, S. 34; Raschka: Justizpolitik, S. 98 f.

94 Stadtgericht Berlin, Information zu einigen Fragen der Rechtsprechung nach § 249 StGB, 13.3.1985, S. 1; LArch Berlin C Rep. 368 Nr. 225.

95 Gemeinsamer Standpunkt zur wirksamen Bekämpfung Kriminellen Asozialen Verhaltens, 11.6.1980. In: Informationen des OG Nr. 4/1980, S. 2–11. Die Rechtsansichten des obersten Ostberliner Gerichtes waren von politischen und obergerichtlichen Vorgaben geprägt. Der Magistrat von Berlin hatte 1983 ein »Programm zur wirksamen Bekämpfung von Erscheinungen der asozialen Lebensweise« beschlossen. Vom Obersten Gericht der DDR lagen »Orientierungen« zur stärkeren »Differenzierung« bei der strafrechtlichen Beurteilung von »Asozialität« vor. Der Grundsatz der Differenzierung sah eine genauere Abschätzung von Sachverhalt und Angeklagtenpersönlichkeit vor, sodass das Strafmaß stärker gestaffelt war. Gefordert war zudem eine politische Sozialprognose, inwieweit der »Täter« in die sozialistische Gesellschaft re-integrierbar schien.

96 Strafrecht der DDR. Kommentar/Hg. vom Ministerium der Justiz. Berlin 1987, Kommentierung zu § 249.

97 Stadtgericht Berlin, Information zu einigen Fragen der Rechtsprechung nach § 249 StGB, 13.3.1985, S. 2 f.; LArch Berlin C Rep. 368 Nr. 225.

Der regelmäßige Austausch der Anwaltskollegien mit den Rechtspflegeorganen wurde durch das MdJ systematisch analysiert, gefördert und gefordert.[98] Zu Beginn der Ära Honecker sollte auf diese Weise ein rationellerer Prozessablauf gewährleistet werden.[99] Anlässlich wichtiger Strafrechtsänderungen sollten Referenten des Bezirksgerichts beziehungsweise des MdJ Versammlungen durchführen, in die »alle Kollegiumsmitglieder«[100] einzubeziehen waren. Laut einer Verabredung der HA IX des MfS mit dem Justizministerium sollten sogar »einzelne Anwälte«, [101] die auf dem Gebiet des Strafrechtes tätig waren, gesondert zu einer »Aussprache über Fragen der Mitwirkung in E[rmittlungs]-Verfahren« ins MdJ eingeladen werden.[102] Gregor Gysi erläuterte 1977 vor Kollegen detailliert die Zielstellungen des 2. Strafrechtsänderungsgesetzes,[103] das sich vor allem gegen Ausreiseantragsteller richtete.[104] Es diente insgesamt »der Bekämpfung neuer Arten von Provokationen gegen unsere sozialistische Ordnung«.[105] Zwar entwickelten die Anwälte, mithilfe von eingeladenen Wissenschaftlern,[106] gelegentlich eigenständige Positionen zu bestimmten Rechtsfragen. Der stete Kontakt zu den Rechtspraktikern und die Auswertung der aktuellen Rechtsprechung jedoch ermöglichten es ihnen, im Anwaltsalltag die herrschende Auffassung zu antizipieren. Je nach Grad der Anpassungsbereitschaft konnte der Anwalt seine Plädoyers auf die gängige Praxis abstellen. Das mochte den Anwälten eine größere Handlungssicherheit geben.[107] Ihren Mandanten blieben die Hintergründe aber verborgen und brachten keinen Zuwachs an Rechtssicherheit.

98 MdJ, Vermerk, Zusammenarbeit mit den Rechtspflegeorganen, o. J. (vermutl. 1970); BArch, DP1, 2584.

99 RAK Berlin, Protokoll der Vorstandssitzung, 25.4.1973; BArch, DP1, 2972.

100 MdJ/Abt 7, Standpunkt zur Schulung der Rechtsanwälte zum 5. StÄG, 19.8.1988, S. 1; BArch, DP1, 21738.

101 Ebenda.

102 Möglicherweise stand die Aktivität im Zusammenhang mit dem 3. Strafrechtsänderungsgesetz von 1979. Eingeladen waren 11 Anwälte, vor allem Vorsitzende von Kollegien, aus Berlin drei Anwälte, darunter Gerhard Häusler und sein Stellvertreter Gregor Gysi; BStU, MfS, HA IX Nr. 1634, Bl. 62 f.

103 RAK Berlin, Protokoll der Mitgliederversammlung vom 11.5.1977, S. 5 ff.; BArch, DP1, 3288.

104 Raschka: Justizpolitik, S. 89 ff.

105 Laut einem von Gysi unterzeichneten Protokoll. RAK Berlin, Protokoll der Mitgliederversammlung vom 11.5.1977, S. 5; BArch, DP1, 3288.

106 Ebenda, S. 7 f.

107 Der ehemalige DDR-Anwalt Lange weist auf die Rechtsunsicherheit für die Anwälte hin, da für sie die untergesetzlichen Normen nicht ausreichend transparent waren. Lange: Einbindung, S. 625.

## 6.4 Steuerungsfunktionen von Beschwerden und Eingaben

In welchem Maße Anwälte die Normen der Berufspflichten und der sozialistischen Rechtspflege einhielten, wurde nicht zuletzt durch Beschwerden und Eingaben deutlich, die Mandanten, aber auch Institutionen, in Einzelfällen sogar die SED-Bezirksleitung Berlin, einlegten.[108] Das Bearbeiten von Beschwerden mit den Ritualen der Handaktenkontrolle und Aussprache war für den Vorsitzenden neben der periodischen Handaktenrevision[109] die einfachste Art, »erzieherisch« auf einen einzelnen Anwalt einzuwirken.

Die meisten Beschwerden stammten von Einzelpersonen. Im Jahr 1974 lag deren Anteil im RAK Berlin bei 63 Prozent.[110] Die Zahl der Eingaben gegen Mitglieder des RAK Berlin schwankte in den Jahren 1974 bis 1978 jährlich zwischen circa 15 und 30 Fällen.[111] Bei rund 10 000 Aufträgen im Jahr sei dies »relativ gering«,[112] verteidigte sich das RAK Berlin 1981. Trotz solcher Rechtfertigungsversuche wurden im Jahr 1974 von 16 Eingaben elf als begründet angesehen.[113] Neben Gebühren- und Kostenfragen machten unzureichende Belehrungen und eine verspätete Rückgabe von Unterlagen regelmäßig einen größeren Anteil der Beschwerden aus.[114] Es wurden aber auch Anwälte kritisiert, die aus Zeitmangel keine Berufung einlegten, sodass Verwandte oder die Betroffenen selber handeln mussten.[115] Die Beschwerden waren jedoch nicht nur ein Ventil für unzufriedene Mandanten, sondern dienten auch dazu, justizpolitische Ziele des Staates durchzusetzen. Wie ein Anwalt das Aussageverhalten seines Mandanten beeinflusste,[116] ob er Auflagen der Staatsanwaltschaft bei Anwaltssprechern ignorierte, konnte in Einzelfällen zur Sprache kommen.[117] Das Ministerium registrierte 1969 in Eingabeanalysen DDR-weit in 15 Fällen »unsachliche Ausführungen in Schriftsätzen und Plädoyers«,[118] rund zehn Jahre später

108 Zwei Beschwerden der SED-Bezirksleitung wurden letztlich als unbegründet abgewiesen. RAK Berlin, Schreiben an MdJ, 5.7.1971, S. 6 f.; BArch, DP1, 2588.

109 Vgl. im Kapitel Kollegium den Abschnitt Selbstverwaltungsorgane.

110 RAK Berlin, Schreiben an MdJ, Eingabenanalyse 1974, 23.1.1975; SAPMO, DY 64/211; ähnlich: MdJ, Eingabenanalyse, o. D. (vermutl. 1978), S. 5; BArch, DP1, 3890.

111 RAK Berlin, Eingabenanalyse des Kollegiums für das Jahr 1978, 5.2.1979; BArch, DP1, 3890.

112 RAK Berlin, Schreiben an MdJ, Eingabenanalyse für das Jahr 1980, 21.1.1981, S. 2.; SAPMO, DY 64/211.

113 RAK Berlin, Schreiben an MdJ, Eingabenanalyse 1974, 23.1.1975; SAPMO, DY 64/211.

114 MdJ, Entwurf der Eingabenanalyse für das Jahr 1980, 2.3.1981; BArch, DP1, 23191; RAK Berlin, Protokoll der MV v. 8.3.1989, S. 3; BArch, DP1, 21744.

115 RAK Berlin, Schreiben an MdJ, Eingabenanalyse 1974, 23.1.1975; SAPMO, DY 64/211.

116 Hier wegen des Vorwurfes des Waffenbesitzes. RAK Berlin; ebenda.

117 RAK Berlin, Schreiben an MdJ, 5.7.1971, S. 8; SAPMO, DY 64/211.

118 Bei betrachteten 82 Eingaben. MdJ, Auswertung der Eingabenanalysen der Kollegien der Rechtsanwälte 2. Halbjahr 1969, 13.2.1970; BArch, DP1, 2588.

die »unrationelle Arbeitsweise der Rechtsanwälte«,[119] mehrere Einzelbeschwerden zielten schlicht auf eine Verfahrensbeschleunigung.[120]

Das MfS erfuhr durch MfS-eigene Prozessbeobachter oder IM von Vorfällen. Nicht selten stammten IM-Informationen aus dem Justizsektor, wo die Fälle schon anhängig waren.[121] Registriert wurden im MfS vor allem Angriffe auf MfS-Praktiken, wie die spöttische Bemerkung eines Verteidigers in einem Spionageprozess: »Das MfS hat gedacht, einen Hecht an der Angel zu haben – es war jedoch nur eine magere Plötze.«[122] Einem anderen Anwalt wurde vorgehalten, sich »gegenüber dem Staatsanwalt konfrontativ«[123] verhalten und auf Freispruch plädiert zu haben. Soweit ersichtlich, zeitigten diese internen Vermerke keine unmittelbaren Folgen, zumal in den beiden Fällen die Anwälte durch ihren Status als IM relativ geschützt waren, was die MfS-Protokollanten nicht wissen konnten. Das MfS war aus Konspirationsgründen oft gehemmt, Beschwerden zu formulieren und konnte solche allenfalls über Kontaktleute transportieren. Beispielsweise kritisierte das MfS über die Generalstaatsanwaltschaft Berlin, dass ein Anwalt seinen Mandanten belehrt habe, »seine Aussagen vor dem Untersuchungsorgan immer gründlich zu überlegen, die Protokolle auf Zweideutigkeiten durchzulesen.«[124]

Die Mehrzahl der Beschwerden betraf naturgemäß Zivil-, Familien- und Arbeitsrechtsangelegenheiten. Aber manches, wie der Druck zur Verfahrensbeschleunigung, strahlte auch auf die Strafverfahren aus, manche Beschwerde betraf auch Strafverfahren unmittelbar. So hatte ein Anwalt strafmildernd argumentiert, mangelnde staatliche Kontrolle habe die Straftat indirekt begünstigt. Laut StPO-DDR war dies durchaus zu berücksichtigen.[125] Seine schnoddrige Äußerung, »wenn wir keine bessere Kontrolle ausüben, nützt unser ganzes ›Gesabbel‹ über den Schutz des sozialistischen Eigentums und unser ›Gesabbel‹ über

119 MdJ, Entwurf der Eingabenanalyse für das Jahr 1980, 2.3.1981, S. 5; BArch, DP1, 23191.

120 RAK Berlin, Eingabenanalyse des Kollegiums für das Jahr 1978, 5.2.1979, S. 5; BArch, DP1, 3890.

121 So im Fall einer Beschwerde über das Auftreten zweier Anwältinnen anlässlich einer Akteneinsicht. Diese wurde dem MfS von einem IM gemeldet, gleichzeitig aber vom Direktor des Bezirksgerichtes beim MdJ und dem Kollegium anhängig gemacht. RAK Berlin, Protokoll der Vorstandssitzung, 19.1.1983, S. 6; BArch, DP1, 14279; BV Bln/XX/1, Information des IMS »Ludwig«. 20.9.1983; BStU, MfS, BV Bln, Abt. XX Nr. 1083, Bl. 78 f.

122 Zit. nach: Bericht über den Prozessverlauf der Hauptverhandlung, Auszug, 15.9.1968; BStU, MfS, HA IX Nr. 13114, Bl. 32.

123 Vermerk zum Verhalten des Rechtsanwaltes [...] bei der Hauptverhandlung, 23.10.1986; BStU, MfS, BV Rostock, AIM 3275/90, T. I, Bl. 242 f., hier 242.

124 RAK Berlin, Schreiben an MdJ, 2.7.1970, S. 2; BArch, DP1, 2588.

125 Strafprozeßordnung der Deutschen Demokratischen Republik – StPO vom 12.1.1968. In: DDR-GBl. Teil I (1968) 2, S. 97 (künftig als »StPO-DDR 1968« bezeichnet), hier § 101 Abs. 2.

das 14. Plenum [des ZK der SED] nichts«[126], brachte ihm die Beschwerde ein, »die Beschlüsse unserer Partei [...] in Misskredit zu bringen«.[127]

Die institutionellen Beschwerden Mitte der 1980er-Jahre gegen Berliner Kollegiumsmitglieder wurden vom Obersten Gericht, der Generalstaatsanwaltschaft Berlin, der SED-Bezirksleitung, dem Magistrat der Stadt, dem staatlichen Notariat, einer Untersuchungshaftanstalt des MdI und von Bezirksgerichten verfasst, die meist Beschwerden aus nachgeordneten Bereichen, nicht selten von Richtern oder Staatsanwälten, weiterleiteten.[128] Im Gerichtssaal war es nicht das MfS, sondern vor allem Justizfunktionäre der Ermittlungs- und Justizorgane, die das juristische Verhalten der Anwälte kontrollierten. Ihre Ausbildung, Auswahl, fachliche Anleitung und Parteibindung prädestinierten sie dazu.

### *Fallbeispiel: Eine Beschwerde von grundsätzlicher Bedeutung*

Die Behandlung einer Beschwerde gegen eine Anwältin aus dem Jahr 1984 zeigt den typischen Umgang mit solchen Vorfällen innerhalb des Kollegiums. Allerdings stuften hohe Staatsfunktionäre diesen speziellen Fall als so gravierend ein, dass sich ungewöhnlich viele hochrangige Vertreter von Untersuchungs- und Justizorganen einschalteten. Der Anwältin wurde vorgeworfen, ihrem Mandanten in der Untersuchungshaft im Ostberliner Polizeipräsidium falsch geraten zu haben. Angeblich hatte die Anwältin dem Beschuldigten gesagt: »Sie haben das Recht, beim U[ntersuchungs]-Organ zu jeder Zeit, von vorn bis hinten, zu lügen.«[129] Dieses Zitat wurde vom anwesenden Untersuchungsführer der Polizei aufgeschrieben, die Beschwerde vom GStA Berlin an den Berliner Kollegiumsvorsitzenden Friedrich Wolff gerichtet. Wolff forderte die Anwältin zur Stellungnahme auf. Nach außen hin nahm Wolff Kontakt zu verschiedenen Vertretern der SED und der Justizorgane auf, da der Vorwurf sowohl für die Anwältin als auch für die Anwaltschaft als Ganzes harte Reaktionen befürchten ließ. Zu dieser Zeit diskutierte man auf höchster Partei- und Justizebene, ob den einzelnen Justizorganen und den Anwälten grundsätzlich mehr Spielräume und Rechte eingeräumt werden sollten. Es war also nicht ausgeschlossen, dass jemand einen Vorwand suchte, um diese vorsichtige Öffnung einzudämmen. Wolff besprach sich mit dem Vertreter der Berliner SED-Bezirksleitung, Sattler, dem Staatssekretär im MdJ, Kern, und versuchte den stellvertretenden Generalstaatsanwalt

126 Zit. nach: RAK Berlin, Schreiben an MdJ, 5.7.1971, S. 5; SAPMO, DY 64/211.

127 Der Anwalt gehörte jahrelang der Parteileitung des RAK Berlin an. Zit. nach: RAK Berlin, Schreiben an MdJ, 5.7.1971, S. 5; SAPMO, DY 64/211.

128 Derartige Beschwerden aus Mitte der 1980er-Jahre sind dokumentiert in: LArch Berlin C Rep. 368 Nr. 322.

129 Zit. nach: Kriminalpolizei, Auswertung des Rechtsanwaltssprechers Rudi [...] mit Rechtsanwältin Frau [...], 14.11.1984; LArch Berlin C Rep. 368 Nr. 322.

von Berlin, Beinarowitz,[130] und sogar den Generalstaatsanwalt der DDR zu erreichen. Gegenüber dem Staatssekretär des MdJ formulierte Wolff deutlich, er habe den Eindruck, »dass hier Intrigen im Hintergrund stattfinden«.[131] Wolff wusste zu diesem Zeitpunkt schon, dass der Vorfall sogar dem Innenminister gemeldet wurde. Dieser wandte sich an den Generalstaatsanwalt der DDR und forderte eine »sofortige Stellungnahme«, »andernfalls würde er eigene Wege gehen«.[132] Der stellvertretende Generalstaatsanwalt der DDR, Wendland, war nun seinerseits »in größter Erregung«. »Beim Ausbleiben einer klaren Stellungnahme des Kollegiums [sei der Generalstaatsanwalt gewillt …], die Sache über den Minister [des MdJ …] zu regeln.«[133] Der stellvertretende Generalstaatsanwalt verwies auf eine zuvor gehaltene Grundsatzrede, in der er die Bedeutung der Verteidigung betont hatte. Es wurde kolportiert, dass der Generalstaatsanwalt drohte: »Wenn die Rechtsanwälte seine […] Rede derart missverstehen, wird er die Angelegenheit vor allen Staatsanwälten auswerten und seine Ansicht […] korrigieren.«[134] Gregor Gysi, damals Parteisekretär im Berliner Kollegium, schätzte ein, dass die Generalstaatsanwaltschaft der DDR für einen Ausschluss der Anwältin plädiere, der Generalstaatsanwalt von Berlin riet immerhin zu einer Mandatsniederlegung.[135] Die Anwaltsfunktionäre Gysi und Wolff suchten nach Wegen, die Anwältin zu schützen, die dem Kreis der jüngeren Anwälte um Gysi zuzurechnen war und Funktionen in den Selbstverwaltungsgremien innehatte. Zudem wollten sie die verheißenen Freiräume für die Anwaltschaft nicht aufs Spiel setzen.

Friedrich Wolff hielt nach der Einsichtnahme in die Handakten der Anwältin und ihrer Anhörung fest, dass ein Anwalt als »Glied der sozialistischen Rechtspflege […] kein Komplize des Beschuldigten sein kann«. Relativierend ergänzte er, »das bedeutet aber auch, dass [... der Anwalt] eine wichtige Funktion bei der Findung der objektiven Wahrheit im Strafverfahren hat, wie das Genosse Wendland vor Kurzem ausführte«.[136] Gysi stellte gegenüber den Staatsanwälten zu dem Vorwurf klar: »Zu einem soz[ialistischen Rechtsanwalt …] gehört die positive Tendenz der Belehrung [des Beschuldigten]. Die zulässige, rein negative Be-

130 Rolf Beinarowitz, Stellvertreter des Generalstaatsanwalts von Berlin. Rottleuthner: Steuerung der Justiz, S. 535.

131 Friedrich Wolff: Vermerk v. 20.12.1984; LArch Berlin C Rep. 368 Nr. 322.

132 Zit. nach: Gregor Gysi: Schreiben an Friedrich Wolff, 17.12.1984; LArch Berlin C Rep. 368 Nr. 322.

133 Gregor Gysi: Schreiben an Friedrich Wolff, 17.12.1984; LArch Berlin C Rep. 368 Nr. 322.

134 Ebenda.

135 Ebenda.

136 Friedrich Wolff: Vermerk über die Einsicht in die Handakte von […], 7.1.1985; LArch Berlin C Rep. 368 Nr. 322.

lehrung entspricht der Haltung eines bürgerlichen RA.«[137] Gemeint war damit, dass der sozialistische Anwalt die Aussagebereitschaft eines Beschuldigten grundsätzlich positiv, nicht negativ beeinflussen sollte.[138] Die Staatsanwälte gaben sich angesichts der Bekenntnisse der Berliner Anwaltsfunktionäre damit zufrieden, dass »die Rechtsanwälte [...] ihrerseits eine prinzipielle Haltung zu ihren Pflichten einnehmen«.[139] Denn die beiden hatten »erzieherische, auch parteierzieherische Aussprachen«[140] mit der Betroffenen zugesagt und den Fall im Kollegium ausgewertet. Die Anwältin hätte »vor der Parteileitung zu erkennen gegeben, dass Sie Schlussfolgerungen aus dem Vorfall gezogen habe und in Zukunft auch jeden Anschein einer negativen Beeinflussung ihrer Mandanten in Strafsachen vermeiden werde«.[141] Gysi hatte zudem versprochen, in der Neuen Justiz einen Aufsatz zur Rolle des Anwaltes beim Aussageverhalten seines Mandanten zu verfassen, was er im Jahr 1985 mit dem entsprechenden Tenor einlöste.[142]

Dank dem Engagement der Kollegiumsfunktionäre blieb der Anwältin eine Disziplinarmaßnahme erspart. Dennoch fand ein Kräftemessen zwischen Anwälten und Ermittlungsorganen statt. Die Ermittlungsorgane setzten jenen Anwälten Grenzen, die sich zu weitreichende Freiheiten herausnehmen wollten. Durch die Schreiben der Anwaltsfunktionäre, die Aussprachen im Kollegium und den späteren Aufsatz von Gregor Gysi wurde eine Handlungsorientierung gegeben, deren Verletzung künftig berufsrechtlich geahndet werden konnte.

### *Funktion von Beschwerden*

Die überwiegende Zahl der Beschwerden ging für die Anwälte relativ glimpflich aus.[143] Gerade das Kollegium Berlin war selbstbewusst genug, Beschwerden von anderen Justizorganen nach außen hin zurückzuweisen, abzumildern oder seinerseits mit Beschwerden zu reagieren.[144] Dennoch sollte die Wirkung selbst in

137 Gregor Gysi: Schreiben an Friedrich Wolff, 17.12.1984; LArch Berlin C Rep. 368 Nr. 322.

138 Gysi, Gregor: Aufgaben des Verteidigers bei der Belehrung, Beratung und Unterstützung des Beschuldigten im Ermittlungsverfahren. In: NJ 39 (1985) 10, S. 416–418.

139 Friedrich Wolff: Vermerk v. 13.3.1985; LArch Berlin C Rep. 368 Nr. 322.

140 Gregor Gysi: Schreiben an Friedrich Wolff, 17.12.1984; ebenda.

141 Friedrich Wolff: Brief an Rechtsanwältin [...], 20.3.1985; ebenda.

142 Gysi, Gregor: Aufgaben des Verteidigers bei der Belehrung, Beratung und Unterstützung des Beschuldigten im Ermittlungsverfahren. In: NJ 39 (1985) 10, S. 416–418.

143 Es kam DDR-weit 1973, 1975 bis 1977 und 1983 bis 1988 jährlich nur zu ca. 10–20 Disziplinarverfahren, die zu etwa einem Drittel mit einer Rüge endeten. Busse: Deutsche Anwälte, S. 448.

144 Hier wegen des angeblichen Versuches einen Zeugen zum Widerruf ermuntert zu haben. Gerhard Häusler: Schreiben an den Staatsanwalt des Bezirkes Frankfurt/O., 16.3.1983; LArch Berlin C Rep. 368 Nr. 321.

diesen Fällen nicht unterschätzt werden. Die Beschwerden wurden vom Vorsitzenden registriert. In »klaren Fällen«[145] entschied der Vorsitzende allein. Er forderte, wie im geschilderten Fall, regelmäßig Handakten und Stellungnahmen des betroffenen Anwaltes an. Damit griff der Vorsitzende in die Vertraulichkeit des Mandates ein. Selbst ohne disziplinarische Folgen waren Beschwerden für den betroffenen Anwalt lästig, bedeuteten Zeitaufwand, Einsicht in seine Handakten, Unannehmlichkeiten und unter Umständen bedrückende Aussprachen. Gravierende Vorwürfe, bei denen »kritische Aussprachen, Missbilligungen und Disziplinarverfahren erforderlich«[146] waren, wurden im Vorstand oder sogar in der Mitgliederversammlung kollektiv ausgewertet.[147] Die Auswertung kritikwürdigen Verhaltens von Anwälten war ein regelmäßig wiederkehrender Punkt auf der Tagesordnung von Mitgliederversammlungen. Manche »kritisch ausgewertet[e]« Beschwerde schlug sich in Protokollen nieder, wie die zu einem Verteidigerplädoyer: »Es handelte sich um eine unbedachte, in der Erregung ausgesprochene Formulierung, die missverstanden werden konnte.«[148] Im Extremfall konnte die Diskussion im Kollegium tribunalähnlichen Charakter annehmen. Lothar de Maizière vermittelt den Eindruck, dass eine Ermahnung durch den Vorsitzenden nur einen Pro-forma-Charakter hatte. Sein Beispiel stammt aber aus der Endphase der DDR und widerlegt nicht, dass Anwälte solchen Beschwerden durch Anpassung entgehen wollten.[149] Um Kollegen nach außen beistehen zu können, musste das Kollegium für Ordnung sorgen oder wie Friedrich Wolff im Nachhinein formulierte, den »Stall sauber halten«[150].

Die wichtigen Fälle wurden dem Ministerium unter Nennung des Anwaltsnamens gemeldet oder ohnehin mit dem Ministerium und der SED-Bezirksleitung vorbesprochen.[151] Das Ministerium registrierte aufmerksam, »dass sich die Vorstände der Kollegien inhaltlich immer sorgfältiger mit den Eingaben beschäftigen und eine entsprechende Auswertung in den Mitgliederversammlungen und so weiter vornehmen«.[152] Insofern sind Wertungen von ehemaligen DDR-Anwälten, Vorsitzender und Vorstand hätten sich stets vor ihre Kollegen gestellt,[153] einseitig. Ein ehemaliger, gegenüber der DDR kritisch eingestellter Anwalt hält dagegen, dass Beschwerden und Disziplinierungsmaßnahmen in

145 RAK Berlin, Schreiben an MdJ, Eingabenanalyse 1976, 4.3.1977; SAPMO, DY 64/211.

146 Ebenda.

147 RAK Berlin/Vorstand, Referat zu Organisation und Arbeitsweise der Rechtsanwaltskollegien der DDR, 8.8.1978, S. 3; LArch Berlin C Rep. 368 Nr. 225.

148 RAK Berlin, Protokoll der Vorstandssitzung vom 18.1.1984; BArch, DP1, 4280.

149 Schumann: Familie de Maizière, S. 278.

150 Wolff: Verlorene Prozesse, S. 119.

151 RAK Berlin, Schreiben an MdJ, Eingabenanalyse 1974, 23.1.1975; SAPMO, DY 64/211.

152 MdJ, Berichterstattung und Analyse der Eingaben hinsichtlich der Tätigkeit der Kollegien der Rechtsanwälte im Jahre 1972, 6.4.1973, S. 2 f.; BArch, DP1, 2588.

153 Busse: Deutsche Anwälte, S.409 f.

den 1970er-Jahren zu einer »Resignation der DDR-Anwälte«[154] geführt hätten. Insofern ist es verfehlt, der Beschwerdebearbeitung pauschal »ein besonders hohes ethisches Niveau«[155] zu bescheinigen. Beschwerden, Kontrollen und Aussprachen trugen zur Prägung des »sozialistischen Anwaltes« im Guten wie im Problematischen bei.

## 6.5 Disziplinarverfahren

Die Ultima Ratio, einen sozialistischen Anwalt in die Bahnen rechtlicher Normen und justizpolitischer Vorstellungen zu lenken, waren Disziplinarverfahren, die bis zum Ausschluss aus der Anwaltschaft führen konnten. Die Verfahren lagen in den Händen der Selbstverwaltungsorgane der Anwälte, sofern nicht das Justizministerium direkt handelte. Meistens zogen in wichtigen Fällen MdJ, SED und gelegentlich indirekt auch das MfS die Fäden nur im Hintergrund, um den Ruf der Kollegien nicht zu schädigen. Es ist gemutmaßt worden, dass Disziplinarverfahren auf Basis von außerordentlichen Revisionen vor allem politisch motiviert waren.[156] Demgegenüber hat ein Standesvertreter des Deutschen Anwaltvereines nach der Deutschen Vereinigung von 1990 insgesamt 103 Verfahren aus den Jahren nach 1973 gesichtet. Er kam zu dem Schluss, dass »Verfahren mit politischem Hintergrund eine seltene Ausnahme waren«.[157] Diese Aussage stützt sich allerdings vor allem auf Unterlagen des MdJ und der Kollegien und müsste im Spiegel weiterer Akten differenziert werden. Einer Auswertung der zentralen Anwaltsgremien von 1978 zufolge wurden zwischen 1974 und 1977 DDR-weit 69 Disziplinarverfahren geführt.[158] Geahndet wurden 17 Verstöße gegen die Finanzdisziplin, Kostenverstöße und Fristversäumnisse. Weitere drei Verfahren wegen Interessenskollisionen und sechs wegen des ungenügenden Einsatzes für Mandanten, Disziplinarverfahren wegen Trunkenheit am Steuer mit Fahrerflucht und Aufnahme intimer Beziehungen zu Mandantinnen in Scheidungsverfahren dürften unstrittig sein.[159] Mehrdeutig dagegen sind 13 Verfahren gegen Anwälte wegen der Zusammenarbeit mit anderen »Or-

154 Gräf: Im Namen, S. 10.

155 Busse: Deutsche Anwälte, S. 447.

156 Es ist nicht eindeutig, ob nur Revisionen im engeren Sinne oder auch Beschwerdebearbeitungen gemeint sind. Eisenfeld: Staatssicherheit, S. 54.

157 Busse: Deutsche Anwälte, S. 452. Felix Busse gehörte jahrelang dem Vorstand des DAV an, und war zuletzt dessen Präsident. Busse: Deutsche Anwälte, Klappentext.

158 Diese Statistik schloss 35 Missbilligungen ein. Eine Missbilligung lag unterhalb der Schwelle einer förmlichen Disziplinarstrafe. Die beiliegende Statistik ist nicht vollständig. Sie enthält nur zwei Ausschlüsse, wobei z. B. der vom MdJ veranlasste Ausschluss des RA Berger fehlt. Vortrag auf der Plenartagung des RdV, 22.2.1978; SAPMO, DY 64/36.

159 Busse: Deutsche Anwälte, S. 451.

ganen« beziehungsweise 17 wegen der Verletzung kollegialer Pflichten.[160] Bei einem Verstoß gegen die »Sachlichkeit im Plädoyer« oder ein Abhalten des Angeklagten von der Aussage[161] ging es eher um die Rolle des Anwaltes vor Gericht, als um Verstöße im engeren Sinne.

Schon im Fall Elze zeigte sich, wie angeblich berufsrechtliche Gründe im engeren Sinne überakzentuiert wurden, um politische Hintergründe zu kaschieren oder plausibel erscheinen zu lassen. Es sind weitere Fälle belegt, in denen das MfS Informationen an das MdJ weitergab,[162] beziehungsweise Absprachen traf[163] ohne dann weiter in Erscheinung zu treten. Jeder strittige Einzelfall bedarf also einer umfassenden Betrachtung in verschiedenen Aktenbeständen. Die Verstöße gegen Standes- und allgemeines Recht sind im gesellschaftlichen Kontext zu interpretieren. Vorwürfe, wie das Kassiber-Schieben, waren zweifelsohne ein Verstoß gegen die Kontrolle der Verteidigerkorrespondenz.[164] Angesichts der vielfältigen Einschränkungen der Verteidigungsmöglichkeiten konnten Kassiber aber durchaus geeignet sein, Rechtsstaatsdefizite auszugleichen. Der Ausschluss von Anwälten wegen Republikflucht war systemimmanent eine folgerichtige Maßnahme.[165] Dass Anwälten die Verfügung über ihre Anwaltssachen automatisch entzogen wurde, wenn sie die DDR verlassen hatten, war auch Teil der Abschreckungsmaßnahmen des Staates gegen Fluchten. Es war ja geradezu der Sinn des DDR-Berufsrechtes, die Normen des SED-Staates innerhalb der Anwaltschaft durchzusetzen. Das Fazit, die DDR-Anwälte hätten die Disziplinarverfahren »ganz überwiegend [...] verantwortungsbewusst und ohne fragwürdigen Beigeschmack«[166] durchgeführt, ist also zu relativieren. Das Disziplinarrecht war jahrelang nicht ausformuliert, schon die Vorüberlegung, bei den Kollegien eigene Disziplinarausschüsse zu bilden, wurde vom MdJ abgewiesen.[167] Verfahren konnten nach politischen Opportunitäten verschärft oder gemildert werden.[168] Wurde ein Disziplinarverfahren gegen ein Mitglied der SED durchgeführt, nahm automatisch auch der Parteisekretär an der Verhandlung teil.[169] Der damaligen DDR-Anwaltschaft war intern wohl bewusst, dass es in den Kollegien »sehr unterschiedliche Bewertungsmaßstäbe«[170] gab: Im Fall ei-

160 Vortrag auf der Plenartagung des RdV, 22.2.1978; SAPMO, DY 64/36.

161 Busse: Deutsche Anwälte, S. 451.

162 HA IX/9, Aktenvermerk v. 20.7.1976; BStU, MfS, HA IX Nr. 17725, Bl. 13.

163 HA IX, Aktenvermerk v. 12.7.1977; BStU, MfS, HA IX Nr. 13649, Bl. 8.

164 Strafprozessrecht Kommentar 1987, Kommentierung zu § 64 Abs. 3.

165 Busse: Deutsche Anwälte, S. 448 u. 451.

166 Ebenda, S. 451.

167 Bernhard Strodt. Vorschläge zur Erörterung von Grundsatzfragen zur Disziplinarordnung. 10.9.1976. BArch, DP1, 3310.

168 Lange: Einbindung, S. 671.

169 ZRK, Bericht über die Revision im RAK Berlin am 15.1.1971, S. 16; SAPMO, DY 64/103.

170 Anonym: Vortrag Plenartagung, 22.2.1978; SAPMO, DY 64/36.

nes SED-Genossen, dem Kontakte zu Westanwälten vorgeworfen worden waren, stellte das RAK Berlin in »Anbetracht seiner großen Verdienste bei der Gründung und Entwicklung des Kollegiums«[171] das Verfahren ein. Ein IM beklagte im Berliner Kollegium eine Cliquenwirtschaft, bei der »Freunde des Vorstandes und der Parteileitung trotz Fehlverhaltens in Schutz genommen«[172] würden. In anderen Fällen führten genau solche Westkontakte zu Disziplinierungen oder bis zum Ausschluss. Der Vorwurf, Häftlinge beraten zu haben, ohne dass die Honorierung nachvollziehbar sei, konnte wie dargestellt, zum Ausschluss führen. Umgekehrt wurde immer angemahnt, dass Anwälte sich bei der kostenlosen Rechtsberatung stärker engagieren sollten.[173] Angesichts einer sogenannt moralischen Verfehlung von Friedrich Wolff[174] wurde mit dem ZK-Apparat festgelegt, ihn beruflich zurückzustufen, aber nicht »parteimäßig oder disziplinarisch zur Verantwortung zu ziehen«.[175] Es gab auch Fälle, in denen das MfS versuchte, eine Disziplinierung zu verhindern oder zumindest zu mildern.[176] Einzelne Anwälte erwarben unbeanstandet Häuser von Mandanten.[177] Bei anderen führte das zu Disziplinarverfahren.[178]

Offenkundig politische Fälle, Busse zählt nur neun gravierende,[179] waren sicher wenige zu verzeichnen. Doch die reine Zahl sagt nichts über deren Bedeutung für die gesamte Anwaltschaft. Sie waren Machtdemonstrationen, durch die die Anwälte »immer mehr auf die Linie der SED eingeschworen«[180] wurden. Als der Anwalt aus Eisenhüttenstadt, Rolf Henrich, im Frühjahr 1989 wegen seines DDR- und SED-kritischen Buches aus dem Kollegium Frankfurt/O. entfernt worden war, nahm Dr. Gysi im Berliner Vorstand und der Berliner Mitgliederversammlung »eine sehr ausführliche Auswertung« der jüngsten Disziplinarver-

171 RAK Berlin, Protokoll der Vorstandssitzung vom 12.12.1979, S. 5; BArch, DP1, 3468.

172 HA XX/1, TB mit IMS »Martin«, 3.8.1985; BStU, MfS, AIM 1111/91, Beifügung 2, T. II, Bl. 103–105, hier 104.

173 Die im Anwaltsrecht vorgeschriebenen Rechtsberatungen fanden üblicherweise in öffentlichen Verwaltungsstellen oder in Zweigstellen statt. Busse: Deutsche Anwälte, S. 455 ff.; Eisenfeld: Rolle und Stellung, S. 359.

174 Wolff: Ein Leben, S. 146.

175 MdJ, Vermerk zum Vorsitzenden des RAK Berlin und der ZRK Friedrich Wolff, 19.8.1970, S. 1; BArch, DP1, 2565.

176 Im Gegensatz zur mündlichen Behauptung eines Anwaltes hatte das MfS Bedenken gegen einen Ausschluss. Bästlein: Fall Mielke, S. 228; HA IX, Vermerk v. 6.5.1981; BStU, MfS, HA IX Nr. 13113, Bl. 31.

177 Liebernickel: Erpressung Ausreisewilliger, S. 19 ff.; Whitney: Advocatus Diaboli, S. 187 f.

178 Ein Berliner Hauskauf endete mit einer schweren Rüge, auch weil ein Überpreis gezahlt wurde, also mehr als der übliche Taxpreis. Berlin/SED-BL, Schreiben an die BV Bln, 20.4.1982; BStU, MfS, AIM 3065/83, T. I, Bd. 2, Bl. 20 f., hier 20.

179 Busse behandelt Rügen, schwere Rügen und Ausschlüsse ab 1974. Busse: Deutsche Anwälte, S. 451 f.

180 Lange: Einbindung, S. 10.

fahren im Kollegium Frankfurt/O. vor.[181] Solche Fälle wurden von den Kollegiumsvorsitzenden auch überregional besprochen, was ihren Lehrcharakter unterstrich.

### 6.5.1 Der Fall Reinhard Preuß

Reinhard Preuß, der zu den Gründern des Berliner Kollegiums zählte,[182] geriet schon Anfang der 1960er-Jahre in das Fadenkreuz des MfS. Doch erst Anfang der 1970er-Jahre wurde er mit einem Disziplinarverfahren aus der Anwaltschaft ausgeschlossen und erhielt damit faktisch Berufsverbot.[183] Sein Fall macht deutlich, wie sehr die Beurteilung der Anwaltschaft von politischen Rahmenbedingungen und den deutsch-deutschen Wechselbeziehungen abhängig war. Die Mauer hatte den Zugang zur DDR weitgehend verschlossen. Somit war der Informationsaustausch, der die ideologische Auseinandersetzung mit der DDR gerade auf justizpolitischem Gebiet angeheizt hatte, erschwert. Das MfS konnte also hoffen, dass seine Maßnahmen gegen Organisationen wie den Untersuchungsausschuss freiheitlicher Juristen (UfJ) Kritik an der Justizpolitik der DDR eindämmen würde. Umso empfindlicher reagierte man auf ein Durchbrechen dieser Informationsblockade.

Im Fall Preuß schlugen die HA XX/1 und die Abwehreinheit HA II schon 1963 Alarm. Preuß war damals Verteidiger einer DDR-Bürgerin, die wegen des Vorwurfes der Spionage für den französischen Geheimdienst zu 15 Jahren Zuchthaus verurteilt wurde.[184] Laut MfS hatte Preuß gegen den Willen seiner Mandantin, deren Kontaktmann in Westberlin über die juristischen Verfolgungsmaßnahmen informiert und damit eine »operative Kombination«, eine geheimdienstliche Operation gegen den Westberliner, zunichte gemacht. Im Jahr 1965 eröffnete die für die Anwälte zuständige HA XX/1 daher einen »operativen Vorlauf«.[185] Gegen Preuß bestünde der »begründete Verdacht [...] im Auftrage feindlicher Organisationen tätig«[186] zu sein. Das MfS fing zahlreiche Schreiben ab, die Preuß mit Verwandten von Verhafteten oder Anwälten der Rechtsschutz-

181 RAK Berlin, Protokoll der MV vom 16.6.1989, S. 2; BArch, DP1, 21744; RAK Berlin, Protokoll der Vorstandssitzung, 7.6.1989; ebenda.

182 RAK Berlin, Protokoll v. 30.5.1953. Zit. nach: Erdmann, Barbara; Kossack, Susanne: 75. Geburtstag, Gratulation für Rechtsanwalt Dr. Friedrich Wolff. In: ND v. 30.7.1997, Extra-Ausgabe, Anlage, S. 3.

183 Busse: Deutsche Anwälte, S. 450 ff.; Eisenfeld: Staatssicherheit, S. 55 ff.

184 HA XX/1, Sachstandsbericht, 22.7.1970; BStU, MfS, AOP 6589/74, Bd. 3, Bl. 113.

185 Der Vorlauf-Operativ war die Vorgängerkategorie der 1971 eingeführten Operativen Personenkontrolle (OPK). Die Vorgangsart diente recht speziell der geheimdienstlichen Materialsammlung zur Verfolgung von Verdächtigungen feindlicher Tätigkeit. HA XX/1, Beschluss v. 17.5.1965; BStU, MfS, AOP 6589/74, Bd. 1, Bl. 9 f.

186 Ebenda.

stelle in Westberlin ausgetauscht hatte. Suspekt war dem MfS, wie schnell Preuß Mandate anzeigte, wenn Personen verhaftet wurden. Das MfS mutmaßte, dass er die Beauftragung durch Verwandte nur vortäuschte und in Wirklichkeit von der Rechtsschutzstelle, vom Bundesministerium für gesamtdeutsche Fragen oder gar von Geheimdiensten beauftragt wurde.[187] Nachforschungen der HA XX/1 ließen die Vergangenheit des Anwaltes aus Sicht der Geheimpolizei verdächtig erscheinen. Preuß, der nach dem Krieg an der Humboldt-Universität studiert hatte,[188] war wegen seiner unklaren politischen Haltung von der Prüfungskommission als »nicht geeignet«[189] für den Justizdienst eingestuft worden. Nur glücklichen Umständen war es zu verdanken, [190] dass er 1953 dennoch eine Anwaltszulassung erhielt. Aufgrund von Gerichtsbeschwerden und kolportierten Äußerungen galt Preuß beim MfS als ein Mensch, »der nichts mit unserem Staat gemein hat«.[191] Trotz einer deutlichen Indizienlage wurde der Überwachungsvorgang zwischen 1966 und 1969 nicht systematisch bearbeitet.[192] Die strafrechtlichen Möglichkeiten, das MfS sah einen Grenzfall zur Spionage, zumindest zur Nachrichtensammlung als gegeben an,[193] wurden nicht genutzt. Offenbar wollte das MfS die sich zu der Zeit anbahnenden deutsch-deutschen Agentenaustausch- und Häftlingsfreikaufgespräche, die über Anwälte liefen, nicht gefährden.[194] Dass die Deutschlandpolitik von Walter Ulbricht in der SED umstritten war,[195] mag ein Grund dafür gewesen sein, dass die Repressionsmaßnahmen gegen Preuß nicht geradlinig verliefen. Ab 1969 wurde die Überwachung von Preuß stetig gesteigert. Er wurde 1973 sogar auf der Straße

187 HA XX/1, Auskunftsbericht, 1.7.1966; BStU, MfS, HA XX Nr. 6895, Bl. 27–48, hier 30 ff.

188 Preuß promovierte noch heimlich an der Universität Kiel über römisches Recht. Ergänzung Reinhardt Preuss am 26.10.2015.

189 HA XX/1, Auskunftsbericht, 1.7.1966; BStU, MfS, HA XX Nr. 6895, Bl. 27–48, hier 28.

190 Preuß war Referendar bei einem Anwalt, der das Mandat eines FDJ-Mitglieds übernommen hatte, der von der Westberliner Polizei während der Weltfestspiele 1952 festgenommen worden war. Dass Preuß den Festgesetzten freibekam, verschaffte ihm einiges Renommee. HA XX/1, Auskunftsbericht, 1.7.1966; BStU, MfS, HA XX Nr. 6895, Bl. 27–48, hier 28; Hannemann, Simone: Robert Havemann und die Widerstandsgruppe »Europäische Union«. Eine Darstellung der Ereignisse und deren Interpretation nach 1945. Berlin 2001, S. 122 f.

191 HA XX/1, Auskunftsbericht, 1.7.1966; BStU, MfS, HA XX Nr. 6895, Bl. 27–48, hier 28.

192 HA XX/1, Sachstandsbericht, 22.7.1970; BStU, MfS, AOP 6589/74, Bd. 3, Bl. 109–121, hier 109.

193 HA XX/1, Auskunftsbericht, 1.7.1966; BStU, MfS, HA XX Nr. 6895, Bl. 27–48, hier 48.

194 Wölbern: Häftlingsfreikauf, S. 73 ff. u. 163 ff.

195 Völklein, Ulrich: Honecker. Eine Biografie. Berlin 2003, S. 288 ff.; Malycha: Ära Honecker, S. 52 ff.

observiert.[196] Durch die Kontrolle seiner Briefe und Arbeitskontakte konnten Fälle suspekter anwaltlicher Vertretungen, insbesondere in Spionageverfahren, aufgelistet werden. Einzelne Mandanten lieferten dem MfS Munition gegen den engagierten Anwalt.[197] Das MfS trug auch Beschwerden über das Prozessverhalten des Anwaltes seitens anderer Prozessbeteiligter zusammen.[198] Allerdings schien dies eher von sekundärem Interesse gewesen zu sein.

In seiner Autobiografie bestätigt der ehemalige Häftling Xing-Hu Kuo für seinen Fall wesentliche Sachverhalte, die das MfS aufgelistet hatte, wenngleich mit einer gänzlich anderen Bewertung. Danach wurde Preuß auf Initiative von Freunden und Verwandten des Inhaftierten von der Rechtsschutzstelle beauftragt.[199] Beim ersten Anwaltssprecher bestärkte er den Chinesen, der wegen des Verdachtes auf Spionage und Fluchthilfe einsaß, bisherige Geständnisse zu widerrufen. Preuß gelang es, die Haftbedingungen von Kuo durch Haftbeschwerden und Hinterlegung von Geld zu verbessern.[200] Während des Prozesses griff der »mutige« Anwalt die Beweislage derart scharf und gekonnt an, dass nachermittelt werden musste, was in MfS-Verfahren unüblich war.[201] Über die Vorwürfe und das Prozessgeschehen informierte Preuß seine Anwaltspartner in Westberlin.[202]

Die HA XX/1 stellte bei der Ausforschung von Preuß Schwächen in ihrem Anwaltsüberwachungsnetz fest. Ein ehemaliger Anwalts-IM lieferte kaum noch Informationen.[203] Da er nicht in einer Zweigstelle mit Preuß arbeitete, konnte er zunächst nichts Konkretes über dessen Mandate berichten.[204] Das MfS begann daraufhin systematisch, seine inoffizielle Basis zu beleben und auszubauen. IM »Lutz«, seit Längerem Anwalts-IM, wurde aktiviert. Ihm kam nicht nur eine Informantenrolle zu. Das MfS wollte ihn auch nutzen, innerhalb der Selbstverwaltungsgremien des Berliner Anwaltskollegiums die eigene Linie durchzusetzen. [205] Aus dem Kollegium berichtete noch IMS »Max«.[206] IM »Gaby«,[207] die Ehefrau eines inoffiziell verpflichteten MdJ-Mitarbeiters, war Sekretärin in der

196 HA VIII, Beobachtungsbericht, 30.10.1973; BStU, MfS, AOP 6589/74, Bd. 3, Bl. 230–236.

197 BV Bln/XVIII, Kontaktgespräch, 23.4.1965; ebenda, Bd. 2, Bl. 48 f.

198 Arbeitsweise des Rechtsanwalts Dr. Preuß, 21.6.1968; BStU, MfS, HA IX Nr. 13115, Bl. 62 f.

199 Kuo, Xing-Hu: Ein Chinese in Bautzen II. Böblingen 1990, S. 93 f.

200 Ebenda, S. 89 f. u. 97 ff.

201 Ebenda, S. 8 u. 116 ff.

202 Ebenda, S. 119.

203 HA XX/1, Sachstandsbericht, 22.7.1970; BStU, MfS, AOP 6589/74, Bd. 3, Bl. 109–121, hier 113.

204 HA XX/1, TB mit IMS »Lutz«, 21.2.1972; ebenda, Bd. 3, Bl. 158 f.

205 HA XX/1, Sachstandsbericht, 22.7.1970; ebenda, Bd. 3, Bl. 118.

206 HA XX/1, TB mit IMS »Max«, 4.7.1972; ebenda, Bd. 3, Bl. 171–173.

207 HA XX/1, TB mit IMS »Gabi«, 27.3.1972; ebenda, Bd. 3, Bl. 164.

Zweigstelle von Preuß und wurde extra für diesen Fall ausgesucht.[208] Sie stellte für das MfS insbesondere Informationen zu Mandaten zusammen, die durch Vermittlung der Rechtsschutzstelle zustande kamen.[209] Sogar einen Zweitschlüssel zur Zweigstelle von Preuß besorgte sie, damit das MfS freien Zugang während dessen Abwesenheit hatte.[210] IM »Jäger«, möglicherweise sein Steuerberater,[211] berichtete aus dem privaten Umfeld.[212] Ein Mitarbeiter in der zuständigen Abteilung des MdJ, GI »Baumann«, wurde aus gegebenem Anlass von einer anderen MfS-Dienststelle auf die HA XX/1 umregistriert.[213] Seine Ehefrau, die besagte Sekretärin in der Zweigstelle, schöpfte er im Auftrag des MfS zunächst ab.[214] Der Leiter der Abteilung, Erich Wirth, zu dem das MfS traditionell inoffizielle und offizielle Kontakte unterhielt, war damals vom MfS eigentlich mit anderen Aufgaben betraut. Aus aktuellem Anlass wurde er als »Ewald« von der HA XX/1 funktionalisiert, um die Interessen des MfS im Fall Preuß zu befördern.[215] Das MfS scheute zu dieser Zeit offenbar davor zurück, Kollegiumsverantwortliche oder die Partei direkt zu kontaktieren, sondern baute ein inoffizielles Netz auf, um Informationen zu gewinnen und konspirativ steuernd eingreifen zu können. Anfang der 1970er-Jahre lagen dem MfS dann Informationen vor, wonach Preuß in der Haftanstalt Cottbus Häftlinge unter dem Vorwand des Stellens von Kassationsanträgen in Andeutungen befragte, ob sie freigekauft werden wollten.[216] Damit agierte Preuß in Konkurrenz zu Anwalt Vogel, der spätestens seit 1969 mit der Etablierung der sozialliberalen Koalition in der Bundesrepublik zum bevorzugten Ost-West-Gesprächspartner aufstieg.[217] Als Honeckers persönlicher Beauftragter für humanitäre Fragen und politische Mittlerdienste erlangte Vogel 1973 eine endgültige Monopolstellung,[218] die nicht durch andere DDR-Anwälte untergraben werden sollte.

Diese Konstellation machte den Weg für jene Kräfte in den Ermittlungsorganen frei, die Preuß schon länger im Visier hatten. Durch IM hatte sich das

208 HA XX/1, Bericht über die am 11.9.1969 durchgeführte Verpflichtung, 12.9.1969; BStU, MfS, AIM 8742/81, Bl. 13–15.

209 HA XX/1, TB mit KP […], 2.4.1969; ebenda, Bl. 10; HA XX/1, TB mit IMS »Gabi«, 11.7.1970; ebenda, Bl. 55.

210 HA XX/1, TB mit IMS »Gabi«, 11.7.1970; BStU, MfS, AOP 6589/74, Bd. 3, Bl. 108.

211 So die Vermutung von Preuß am 26.10.2015. Eine Akte konnte im Rahmen dieser Arbeit nicht aufgefunden werden.

212 HA XX/1, TB mit IM »Jäger«, 26.9.1973; BStU, MfS, AOP 6589/74, Bd. 3, Bl. 222.

213 BV Cottbus/XX/5, TB mit GI »Baumann«, 31.5.1967; BStU, MfS, AIM 8741/81, Bl. 120.

214 HA XX/1, Aktenvermerk v. 19.9.1967; ebenda, Bl. 122 f.

215 HA XX/1, Bericht v. 4.4.1973; BStU, MfS, AOP 6589/74, Beifügung, Bl. 59 f.

216 Vernehmungsprotokoll, 20.7.1972; BStU, MfS, AOP 6589/74, Bd. 3, Bl. 178–180.

217 Wölbern: Häftlingsfreikauf, S. 220 ff.

218 Ebenda, S. 286 ff. u. 289. Pötzl meint, Honecker hätte auf diesem Weg seinen direkten Kontakt zu Herbert Wehner erhalten wollen. Pötzl, Norbert: Basar der Spione. Die geheimen Missionen des DDR-Unterhändlers Wolfgang Vogel. Hamburg 1997, S. 224 ff.

MfS über Möglichkeiten informiert, Preuß nach dem Anwaltsrecht zu belangen.[219] Nach entsprechender juristischer Beratung wurden Informationen über Westeinkünfte, Kontakte zu Westanwälten, undurchsichtige Betreuungen von Mandanten, unsaubere Aktenführung gesammelt, um vermeintliche Verstöße gegen das Berufsrecht konstruieren zu können. Nach eigener Einschätzung gelang es schließlich dem MfS, eine Revision bei Preuß zu veranlassen.[220] Ein Anwalt, der nebenher als IM »Lutz« spitzelte, wurde durch Intervention von IM »Ewald« im Justizministerium Mitglied der Revisionskommission.[221] Inoffizielle Erkenntnisse des MfS wurden durch Recherchen von »Ewald«, die dieser offiziell als Ministerialverantwortlicher führte, schließlich offiziell über den Vorsitzenden des RAK in das Verfahren eingeführt. Der Vorsitzende erhielt eine »Instruktion«.[222] IM »Lutz« informierte laut MfS mehrfach über den Stand der Revision bei Preuß: »Der IM übergab zu diesen Zweck das Protokoll über die durchgeführte Revision beim Rechtsanwalt Preuß [...] und bat darum, dieses umgehend zurückzuerhalten.«[223] In der Selbstwahrnehmung des MfS steuerte es das Disziplinarverfahren. Das ungewöhnlich starke Engagement des MfS liegt in der Besonderheit dieses Falles. Es war erstens ein ureigenes Interesse des MfS, die Abschirmung der politischen Justiz gegenüber dem Westen, berührt. Zum Zweiten war Preuß nicht ohne Unterstützung im Kollegium. Und drittens war die Rechtslage keineswegs eindeutig. In den 1950er- und 1960er-Jahren waren die deutsch-deutschen Kanäle noch nicht eingespielt, verschiedene Anwaltsgruppen unterhielten Parallelbeziehungen.[224] Um humanitäre Härtefälle oder sich krisenhaft zuspitzende Ereignisse verhandeln zu können, engagierten sich einzelne Anwälte im Westen mit unterschiedlichen Partnern im Osten für Einzelfalllösungen und »Sonderaktionen«.[225] Die vielfältigen Kontakte zwischen Anwälten beiderseits der Grenze stuften eine Zeit lang sogar im MfS einflussreiche Offiziere als »normale«[226] Arbeitsbeziehungen ein.

219 HA XX/1, TB mit IMS »Max«, 4.7.1972; BStU, MfS, AOP 6589/74, Bd. 3, Bl. 171–173.

220 HA XX/1, Abschlussbericht, 27.2.1974; ebenda, Bd. 3, Bl. 240 f.

221 HA XX/1, Bericht v. 4.4.1973; ebenda, Beifügung, Bl. 59.

222 HA XX/1, TB mit FIM »Ewald«, 16.4.1973; ebenda, Beifügung, Bl. 61.

223 HA XX/1, TB mit IMS »Lutz«, 26.6.1973; BStU, MfS, AIM 9759/84, T. II, Bd. 1, Bl. 86 f.

224 Der nordrhein-westfälische Anwalt Diether Posser und dessen damaliger Sozius, Gustav Heinemann, unterhielten seit Mandatswahrnahmen in den westdeutschen Kommunistenprozessen der 1950er-Jahre Kontakt zu Friedrich Karl Kaul und waren auch in frühen Freikauf- bzw. Austauschverhandlungen von politischen Gefangenen und bei Familienzusammenführungen aktiv. Später hatten sie im Fall Heinz Brandt auch Kontakte zu Friedrich Wolff. Andresen: Lebensprinzip, S. 255, 279; Rosskopf: Friedrich Karl Kaul, S. 138 ff., 169 ff. u. 180 ff.

225 Wölbern: Häftlingsfreikauf, S. 74 ff. u. 163 ff.

226 So Heinz Volpert. HA XX/1; Vermerk v. 25.4.1969; BStU, MfS, HA XX Nr. 7369, Bl. 337.

Anwaltskollegen von Preuß, selbst einflussreiche, loyale SED-Genossen, zweifelten denn auch daran, dass die bei der Revision zutage getretenen Vorwürfe für die Maximalsanktion ausreichen würden.[227] Zwei Mitglieder des Vorstandes arbeiteten in einer Zweigstelle mit Preuß, in der auch andere Anwälte berufliche Westkontakte unterhielten.[228] Kollegiale Beziehungen nach Westberlin wurden von Ostberliner Anwaltskollegen zur damaligen Zeit nicht per se als pflichtwidrig angesehen. Preuß war zudem wegen seines Wesens, seines Fleißes und seines grundsätzlich korrekten Verhaltens im Kollegenkreis durchaus angesehen. Taktisch wurde daher im Disziplinarverfahren hervorgehoben, dass in den Handakten von Preuß nicht alle Aufträge, insbesondere nicht die Beratung der freikaufwilligen Häftlinge, nachvollziehbar seien. Das wurde als Verstoß gegen das Statut des Kollegiums interpretiert. Angeblich wären dem Gesamtkollegium dadurch Gebühren entgangen. Preuß habe sich »bewusst der Kontrolle der Einhaltung der Berufspflichten und der kostenmäßigen Abwicklung entzogen«.[229] Es wurde damit an die materiellen Interessen der Anwälte appelliert. MfS-interne Vorwürfe, wie die vermeintlichen Geheimdienstkontakte kamen nicht auf den Tisch und sollten offenbar nicht thematisiert werden. Dennoch setzte sich die harte Linie durch. Der Abteilungsleiter im Ministerium, Erich Wirth alias »Ewald«, besprach den Ausschluss mit dem Vorsitzenden Häusler vorab.[230] Die Vorstandsentscheidung sollte durch eine vorhergehende Parteileitungssitzung und die SED-Mehrheit im Vorstand präjudiziert werden. So kam es letztlich zum Ausschluss von Reinhard Preuß.

Für den Anwalt verliefen diese Monate doppelt tragisch. Seine Schwester aus Westberlin kam in der Zeit des Disziplinarverfahrens durch einen Autounfall auf einer DDR-Autobahn ums Leben.[231] Das MfS verdächtigte sie der Kuriertätigkeit für ihren Bruder. In der Tat übermittelte sie mündlich Botschaften über Verfahren nach Westberlin an die Rechtsschutzstelle der Bundesregierung.[232] Es lag die Vermutung nahe, dass es hier einen Zusammenhang zum Todesfall gab. Preuß äußerte den Verdacht, dass seine Schwester fahrlässig oder gar vorsätzlich getötet worden sei.[233] Allerdings ergibt sich aus den gesichteten Akten kein an-

227 Vermerk über die Aussprache mit RA Häusler am 14.5.1973. HA XX/1, Bericht v. .4.1973; BStU, MfS, AOP 6589/74, Beifügung, Bl. 69.

228 HA XX/1, TB mit IM »Gabi«, 26.2.1969; BStU, MfS, AIM 8742/81, Bl. 4 u. 7.

229 RAK Berlin/Der Vorstand, Beschluss v. 12.9.1973, S. 5; SAPMO, DY 64/213. Der von Busse erhobene Vorwurf von Westgeldkonten ist im Beschluss nicht enthalten. Busse: Deutsche Anwälte, S. 450.

230 HA XX/1, TB mit FIM »Ewald«, 3.5.1973; BStU, MfS, AOP 6589/74, Beifügung, Bl. 65.

231 BdVP Potsdam, Sofortmeldung an MfS/VIII, Juli 1973; BStU, MfS, AOP 6589/74, Beifügung, Bl. 79.

232 Reinhard Preuß am 26.10.2015.

233 HA XX/1, TB mit einem Informanten, Abschrift vom Tonband, 10.10.1973; BStU, MfS, AOP 6589/74, Bd. 3, Bl. 225.

derslautender Anhaltspunkt. Preuß betrieb nach diesen Ereignissen seine Ausreise. Das MfS überwachte ihn weiter und verdächtigte ihn eine Zeit lang, illegal übersiedeln zu wollen.[234] Schließlich ließ man Preuß 1979 trotz seines großen Insiderwissens, vermutlich weil er ehrenamtlich Arbeit für die Kirchenleitung leistete und auch gute Kontakte zur Rechtsschutzstelle der Bundesregierung unterhielt, übersiedeln.[235] In Westberlin war Preuß als Referent für das Gesamtdeutsche Institut tätig, in welches ein Jahrzehnt zuvor beispielsweise auch der UfJ integriert wurde.[236]

Preuß hatte kurz nach seinem Ausschluss mit einem Schreiben an alle Berliner Anwaltskollegen gegen den Hinauswurf protestiert. Er zweifelte die Rechtsgrundlage der Entscheidung an. Er schloss daraus, dass »elementare Grundsätze«[237] der Verteidigung nachträglich als Pflichtverletzungen hingestellt werden sollten und die Sache eine »generelle« Bedeutung hätte. Damit brachte Preuß die Angelegenheit durchaus auf den Punkt. Das MfS wertete es als Erfolg, dass das Verfahren »politisch-ideologisch im Kollegium der Rechtsanwälte und im Vorstand des Kollegiums ausgewertet«[238] wurde. Die Vorwürfe im Ausschluss-Beschluss lesen sich, als hätte das MfS eine neue Berufsrechtsnorm gebildet: »Im Interesse der Rechtspflege und des Sicherheitsbedürfnisses unseres Staates liegt die Geheimhaltung bestimmter Tatsachen. Es ist deshalb eine Berufspflichtverletzung, wenn ein Rechtsanwalt solche geheim zu haltende Tatsachen aus Verfahren, in denen die Öffentlichkeit ausgeschlossen wurde oder [in] denen nach Lage des Falles mit dem Ausschluss der Öffentlichkeit zur rechnen ist, gegenüber Dritten offenbart.«[239] Die Strafprozessordnung sah zwar Geheimhaltung vor,[240] es war allerdings nicht offenkundig, inwieweit dies im Verkehr zwischen Korrespondenzanwälten galt, die mit derselben Sache befasst waren. Mit dem Disziplinarbeschluss wurde dies klargestellt. Anfang der 1970er-Jahre ging es darum, ein Exempel zu statuieren, um ein ungeschriebenes Gesetz durchzusetzen. Die Freikaufkontakte sollten bei der Kanzlei Vogel konzentriert und ein offener Informationsaustausch unter Anwälten beiderseits der Grenze unterbunden werden. Preuß war, so betrachtet, weniger Opfer seines »mutigen«[241] anwalt-

234 HA XX, Schreiben an KD Prenzlauer Berg, 8.10.1973; ebenda, Bd. 3, Bl. 224.

235 Reinhard Preuß am 26.10.2015

236 ZKG, Schreiben an BKG Berlin, 18.12.1979; BStU, MfS, HA IX Nr. 159058, Bl. 114 f. Die Tätigkeit für das Gesamtdeutsche Institut wurde von Bernd Lippman 2012 gegenüber dem Autor bestätigt.

237 Reinhard Preuß: An alle Kolleginnen und Kollegen!, 1.10.1973; BStU, MfS, AOP 6598/74, Bd. 3, Beifügung, Bl. 114.

238 HA XX/1, Abschlussbericht, 27.2.1974; ebenda, Bd. 3, Bl. 240 f., hier 241.

239 RAK Berlin/Der, Beschluss v. 12.9.1973, S. 2 f.; SAPMO, DY 64/213.

240 Geheimhaltung wurde gefordert, wenn »wegen Gefährdung der Sicherheit des Staates oder im Interesse der Geheimhaltung bestimmter Tatsachen« beispielsweise die Öffentlichkeit vom Gericht ausgeschlossen wurde. StPO-DDR 1968, § 212 Abs. 2.

241 Eisenfeld: Rolle und Stellung, S. 373.

lichen Engagements, sondern das Bauernopfer deutsch-deutscher Abmachungen. Im Jahr 1973 fehlte es noch an Normen, ein Ausschlussverfahren schlüssig zu begründen.[242] Das wurde nachgeholt. Laut MfS erhielten 1978 alle Anwälte der DDR eine »Information«: Ihnen sei generell nicht gestattet, »selbstständig Verbindungen zu BRD- beziehungsweise Westberliner Anwälten her[zu]stellen bzw. [zu] unterhalten«.[243] An DDR-Bürger seien »keinerlei Informationen weiterzugeben.«[244] Derartige Regelungen erlaubten es, Disziplinarmaßnahmen künftig stärker der Selbststeuerung der Anwaltschaft zu überlassen. Allerdings entfalteten exemplarische Strafaktionen wie der Fall Preuß auch ohne weitere Sanktionen eine abschreckende Wirkung.

### 6.5.2 Der Fall Götz Berger

Der Entzug der Anwaltszulassung von Götz Berger war der erste Fall in der Ära Honecker, in dem das MdJ einen zugelassenen Anwalt auf diese drastische Art und Weise disziplinierte.[245] Am 1. Dezember 1976 wurde Berger in Berlin mit einem Wagen in das Ministerium der Justiz geholt. Dort wurde ihm erklärt, dass er mit sofortiger Wirkung aus dem Anwaltskollegium ausgeschlossen sei, keine anwaltlichen Tätigkeiten mehr ausüben und nur noch persönliche Sachen aus seinem Büro abholen dürfe. Einen schriftlichen Bescheid erhielt Berger nicht.[246] Als Grund wird in der Literatur genannt, Berger habe »in politischen Verfahren konsequent die Interessen von Beschuldigten vertreten«.[247] Das greift zu kurz. Berger war damals Anwalt des Dissidenten Robert Havemann.

242 Wölbern behauptet unter Berufung auf Busse, der Generalstaatsanwalt der DDR hätte 1973 den Umgang mit den Mitarbeitern der Rechtsschutzstelle unterbunden, indem er diese als »Agenten« einstufte, zu denen keine Kontakte unterhalten werden durften. Wölbern: Häftlingsfreikauf, S. 128. Offenbar gelang es aber nie, derartige Kontakte gänzlich zu unterbinden. Parallel laufende Überwachungsmaßnahmen des MfS zu »Kontakten zwischen Rechtsanwälten des Kollegiums und Rechtsanwälten aus dem NSW«, weil es noch keine generelle Meldepflicht, keinen Überblick gab, zeigen das. BStU, MfS, AIM 15047/83, T. I, Bl. 2. Anwälte der Rechtsschutzstelle schildern, dass sie weiterhin, wenn auch in verminderter Zahl Anwaltskontakte in die DDR hatten. Busse: Deutsche Anwälte, S. 479 f.

243 HA XX/1, Information v. 20.7.1978; BStU, MfS, HA XX Nr. 6891, Bl. 180 f., hier 181.

244 Ebenda, Bl. 180.

245 Dies bezieht sich auf Disziplinarfälle der Honecker-Ära. In den 1940er- und 1950er-Jahren wurde Anwälten wegen bestehender oder vermeintlicher NS-Belastungen die Berufung entzogen. Busse: Deutsche Anwälte, S. 375 ff.; Gerlach: Die Rechtsanwaltschaft, 142 ff.; Lorenz: Rechtsanwaltschaft, S. 29 ff.

246 Booß, Christian: Der Anwalt des Dissidenten. Götz Bergers Berufsverbot. In: Florath, Bernd (Hg.): Annäherungen an Robert Havemann. Biografische Studien und Materialien. Göttingen 2016, S. 209–226; Havemann, Katja; Widmann, Joachim: Robert Havemann oder wie die DDR sich erledigte. München 2003, S. 168 f.

247 Eisenfeld: Rolle und Stellung, S. 372.

Der war nach Absprache von SED, MfS und Generalstaatsanwaltschaft vom Kreisgericht Fürstenwalde unter Hausarrest gestellt worden. Den Anlass beziehungsweise Vorwand boten DDR-kritische Schriften und Äußerungen, die Havemann gegenüber Westmedien abgegeben hatte. Am Tag vor der Disziplinierung hatte Berger mit Havemann die Berufungsschrift formuliert. Die war vom Gericht ausdrücklich rechtlich zugelassen worden.[248] Berger hatte, was gelegentlich unterbewertet wird, schon am 23. November 1976 ein Schreiben an das ZK der SED gesandt. Auf Bitten der damaligen Ehefrau von Wolf Biermann, Christine, wandte er sich darin gegen die Ausbürgerung des Sängers, der nach einem Konzert in Köln an der Rückkehr in die DDR gehindert worden war.[249] Dieses Schreiben nahm Argumente anderer Protestresolutionen auf, wurde aber nicht öffentlich gemacht. Berger verzichtete bewusst auf das Wort Protest, formulierte das Schreiben moderater als »Gesuch«[250] und brachte vor allem »rechtliche Bedenken gegen die Ausbürgerung«[251] vor. Berger stellte sich damit aber gegen eine Entscheidung der SED-Führung.[252] Das MfS informierte kurz darauf mehrere Politbüromitglieder und Erich Honecker ausdrücklich über die Aktivitäten Bergers und rückte ihn in unmittelbare Nähe der Protesterklärung von DDR-Schriftstellern um Stephan Hermlin und Stefan Heym. Erich Mielke überbrachte Erich Honecker persönlich eine Einschätzung, wonach Berger sich »voll hinter die feindliche Position des Biermann stellt«.[253] Berger wolle nun auch vom Rechtsausschuss der Volkskammer »die Möglichkeit dessen Wiedereinreise [...] fordern«. [254]

Die Parteiführung war vom MfS also schon auf Berger eingestimmt, als bekannt wurde, dass Berger eine Berufungsschrift formuliert hatte, in der die Aufenthaltsbeschränkung von Havemann als »Haft«[255] kritisiert wurde. Ein Kompromissangebot der Generalstaatsanwaltschaft lehnten Havemann und Berger ab. Das sah vor, die Aufenthaltsbeschränkung für Havemann aufzuheben, wenn der sich weiterer Äußerungen in den westlichen Medien enthielte.[256] Im Lichte der Einschätzung des MfS wirkte das Handeln Bergers, als würde er Havemann

248 Vollnhals: Fall Havemann, S. 46 ff.; Havemann: Robert Havemann, S. 152 ff. u. 168 f.

249 Neubert: Geschichte der Opposition, S. 226 ff.

250 Berger, Götz: An das Zentralkomitee der Sozialistischen Einheitspartei Deutschlands. In: Czerny, Jochen (Red.): Ein Jurist mit aufrechtem Gang. Götz Berger zum 90. Geburtstag. Berlin 1995, S. 49.

251 Ebenda, S. 45 f.

252 Politbürobeschluss vom 16.11.1976, zit. bei: Grünbaum, Robert: Wolf Biermann 1976. Die Ausbürgerung und ihre Folgen. Erfurt 2011, S. 27.

253 MfS, Information über weitere Reaktionen von Verbindungen Biermanns in der DDR, 25.11.1976; BStU, MfS, ZAIG Nr. 2623, Bl. 39–44, hier 43. Aus dem Kopf des Dokumentes geht hervor, dass es von Mielke persönlich an Honecker übergeben wurde. Ebenda, Bl. 39.

254 Ebenda, Bl. 43.

255 Zit. nach: Vollnhals: Fall Havemann, S. 50.

256 Ebenda, S. 51; Havemann: Robert Havemann, S. 166 ff.

nicht nur juristisch vertreten, sondern die Gruppe Biermann–Havemann auch politisch unterstützen. Einen Tag nach Rückweisung des Kompromissangebotes der Staatsanwaltschaft wurde Götz Berger durch die ungewöhnliche Eilintervention des MdJ aus der Anwaltschaft entlassen. Sogar ein Parteiausschluss stand im Raum.[257] Die Initiative zum Ausschluss von Götz Berger ging vom ZK-Apparat aus.[258] Damit reiht sich der Fall Götz Berger ein in die Verfolgung von Personen des engeren Freundeskreises von Biermann/Havemann und junger Sympathisanten in der Provinz, die von sehr harten Repressionsmaßnahmen betroffen waren.[259] Den Protest von prominenten und etablierten Schriftstellern, Schauspielern und Künstlern versuchten SED und Stasi eher differenziert mit Widerrufsforderungen, zeitweiligen Auftrittsverboten und Ausreisevisa zu ersticken.[260] Das faktische Berufsverbot für Götz Berger, das erst zum Ende der DDR zurückgenommen wurde,[261] war demgegenüber eine vergleichsweise harte Maßnahme. Das beruhte keineswegs nur auf justizpolitischen Gründen.

SED und MfS wollten in Zeiten, in denen sich überall im Ostblock Helsinki-Gruppen bildeten[262] und der Eurokommunismus die Einheit des sowjetkommunistischen Blocks bedrohte,[263] ein Exempel statuieren. Die Geheimpolizeien unter Führung des KGB hatten 1974 den Kampf gegen die »ideologische Diversion«[264] des Imperialismus auf die Tagesordnung gesetzt. Die DDR wollte vorbildlich erscheinen. Unter der Führung der SED sei es dem MfS gelungen, »Pläne und Handlungen des Feindes im Keime zu ersticken«[265], bilanzierte das MfS 1977 im Kreise der übrigen sozialistischen Geheimdienste. Unter den Herausforderungen des »Gegners« war das »aggressive Auftreten [...] besonders unter intellektuellen Kreisen, wie Biermann, Havemann, u. a.«[266] an erster Stelle

257 Bericht über die Diskussion zur Abberufung des Genossen Dr. Götz Berger als Rechtsanwalt im Rechtsanwalts-Kollegium von Groß-Berlin, 7.12.1976; BStU, MfS, HA XX Nr. 6886, Bl. 168–178, hier 174. Berger schrieb an Honecker und schaltete auch Franz Dahlem, den er aus Exiltagen kannte, ein. Als Parteistrafe wurde 1977 eine strenge Rüge verhängt und Berger musste die Parteigruppe der Rechtsanwälte verlassen. Booß: Anwalt, S. 209–226.

258 Mollnau, Marcus: Götz Berger. Ein streitbarer Jurist. In: NJ 59 (2005) 2, S. 57.

259 Neubert: Geschichte der Opposition, S. 294 ff.

260 Grünbaum: Wolf Biermann, S. 35; Neubert: Geschichte der Opposition, S. 224 ff.

261 Verfügung des Ministers für Justiz vom 15.11.1989 über die Aufhebung der Abberufung. In: Czerny: Ein Jurist, S. 51.

262 Werth, Nicolas: Ein Staat gegen sein Volk. In: Courtois, Stéphane u. a. (Hg.): Das Schwarzbuch des Kommunismus. München 1998, S. 51–298, hier 286.

263 Neubert: Geschichte der Opposition, S. 207 f.

264 MfS, 2. Referat auf der Beratung von Vertretern der Sicherheitsorgane sozialistischer Staaten zu Problemen der politisch-ideologischen Diversion (März 1974, Havanna/Cuba); BStU, MfS, ZAIG Nr. 5486, Bl. 1–30. Akten-Hinweis von Douglas Selvage, BStU.

265 MfS, Ausführungen zu Problemen der ideologischen Diversionstätigkeit des Imperialismus und ihre Bekämpfung, 23.–29.5.1977; BStU, MfS, ZAIG Nr. 5106, Bl. 19–82, hier 52. Akten-Hinweis von Douglas Selvage, BStU.

266 Ebenda, Bl. 50.

aufgelistet. Die Botschaft war, dass die SED mithilfe des MfS ihren Staat, allen ideologischen Anfeindungen zum Trotz, im Griff hatte, vielleicht sogar besser als manche Bruderstaaten. Dem Freundeskreis um Havemann und Biermann wurde unterstellt, den Nukleus einer feindlichen »Plattform«[267] gebildet zu haben. Berger wurde diesem Komplex offenbar zugerechnet. Indizien für das MfS waren zum einen seine Karriereentwicklung, die das MfS schon seit Längeren mit Misstrauen beobachtete. Er sei mit »starken kleinbürgerlichen Vorstellungen«[268] behaftet. Berger verteidigte nach 1968 die beiden Havemann-Söhne, die gegen die Niederschlagung des Prager Frühlings protestiert hatten. Berger stellte in seinem Plädoyer die rechtliche wie politische Berechtigung einer Anklage wegen »Hetze« infrage und verwies auf die Gefahr polizeistaatlicher Willkür und die Erfahrung mit der sowjetischen Geheimpolizei unter Berija.[269] Damit zog er den Unmut der anwesenden Zuhörer, darunter Stasi-Mitarbeiter, auf sich.[270] Über die damalige Einstellung Bergers, dessen politisch-juristischer Ablehnung des Hausarrestes von Havemann beziehungsweise der Ausbürgerung von Biermann, war das MfS durch IM »Chef«, den Hausarzt des Dissidenten informiert. Havemann hatte arglos ausgerechnet diesen eingeschaltet, um Berger für die anwaltliche Vertretung zu gewinnen.[271] Berger wurde primär wegen angeblich staatsfeindlicher Gruppenbildung abgestraft, was in internen Aussprachen durchaus artikuliert wurde. Staatssekretär Herbert Kern aus dem MdJ hielt Berger bei dessen Zulassungsenthebung unvermittelt vor: »Denk an Budapest, da haben sie unsere Genossen an Laternenpfählen aufgehängt. Und Du hast jetzt dazu aufgefordert.«[272] Der Hinweis auf den Ungarnaufstand von 1956 war eine Chiffre für den Vorwurf, den Staatssozialismus existenziell zu gefährden. In der Parteiversammlung des Kollegiums warf Kern dem Anwalt ergänzend vor, sich »objektiv zum Komplicen des Klassengegners«[273] gemacht zu haben: »Dr. Berger hat die Gruppe um Havemann und Biermann unterstützt. Er hat [...] gegen die Interessen des soz[ialistischen] Staates gehandelt und die Gesetze verletzt.«[274] In der Kaderabteilung des ZK der SED wurde Berger mit dem Vorhalt konfron-

267 Ebenda, Bl. 56.

268 Vermerk zu RA Berger, o. D.; BStU, MfS, HA XX Nr. 6886, Bl. 99.

269 Stadtgericht Berlin, Protokoll der Hauptversammlung, 24.10.1968; BStU, MfS, AU 335/90, Bd. 5, Bl. 117–210, hier 192 ff.

270 Schöneburg, Karl-Heinz: Ein Jurist mit aufrechtem Gang: Götz Berger. In: Demokratie und Recht 18 (1990) 4, S. 461–474, hier 467; Havemann: Robert Havemann, S. 160.

271 Ebenda, S. 162 u. 164 f.; Vollnhals: Fall Havemann, S. 49 f. Einen guten Überblick zu den MfS-Akten zu Robert Havemann bieten Theuer, Werner; Polzin, Arno: Aktenlandschaft Havemann, Berlin 2008.

272 Götz Berger in seiner Aussage im Rechtsbeugungsprozess 1996. Havemann: Robert Havemann, S. 169.

273 Niederschrift über die Versammlung der Parteiorganisation des Kollegiums der Rechtsanwälte von Groß-Berlin am 2.12.1976; BStU, MfS, HA XX Nr. 6886, Bl. 206–211, hier 206.

274 Ebenda.

tiert, »man müsse den Anfängen wehren vgl. Bürgerbewegungen in ČSSR, Polen, Ungarn«.[275] Berger wehrte sich, Biermann und Havemann hätten nicht konspirativ gehandelt und keine Plattform gebildet. Denn das waren Vorwürfe, die traditionell Parteiabweichlern vorgehalten wurden.

Gegenüber der Berliner Anwaltschaft versuchte das MdJ allerdings, berufsrechtliche Verfehlungen herauszustreichen. Berger wurde sein Verteidigungsstil bei Mandaten vorgehalten, die zum Teil Jahre zurücklagen. Der Staatssekretär warf Berger vor, einmal eine Anklageschrift mit nach Hause genommen zu haben. Im Fall Biermann sei er rechtsunkundig. Er habe moniert, dass das verantwortliche Organ für den Ausbürgerungsbeschluss nicht erkennbar sei. Als Jurist hätte er wissen müssen, dass die Zuständigkeit beim Ministerrat lag. Ein weiterer Vorwurf lautete, er habe die Ehefrau von Biermann zunächst im Scheidungsverfahren vertreten und sei dann in der Ausbürgerungssache für ihren Ehemann tätig geworden. Damit wurde ihm eine Interessenskollision unterstellt. In Wirklichkeit zog Christine Biermann angesichts der Maßnahmen gegen Wolf Biermann unmittelbar ihre Scheidungsklage zurück und bat Berger, stattdessen ihrem Mann beizustehen.[276] Die vom Staatssekretär vorgetragenen Vorwürfe wirkten angesichts der drakonischen Sanktion dürftig und konstruiert. In einem vom MfS abgelegten Bericht über diese Versammlung, offenbar aus der Feder von Friedrich Wolff,[277] wurde denn auch spitz angemerkt: »Die konkrete Argumentation für die Abberufung des Genossen Dr. Berger war schwach, soweit sie sich auf die speziell juristischen Vorwürfe [...] stützte.«[278] Die formaljuristischen Schwächen mögen einer der Gründe dafür gewesen sein, weshalb das MdJ in diesem Falle selbst entschied. Offenbar stand das Ministerium wegen des Verhaltens von Berger unter Druck, wollte Handlungsstärke demonstrieren und ein Exempel gegenüber den Anwälten statuieren, ohne sich dabei auf klare Normverstöße beziehen zu können. Wegen der Eilbedürftigkeit und der nebulösen Vorwürfe konnte das MdJ die Angelegenheit nicht den Selbstverwaltungsorganen überlassen.

Die Vorwürfe kreisten letztlich darum, dass Berger die Erwartungen an den sozialistischen Anwalt, die Staats- und Rechtsordnung in der Auslegung durch die Partei zu stärken, nicht erfüllte: Berger hätte die »Linie der Partei verlas-

275 Götz Berger: Gedächtnisprotokoll, o. D., Nachlass Berger. Für die Möglichkeit der Akteneinsicht danke ich Helle Panke e. V., Berlin. Im Zuge dieser Arbeit wurde der Nachlass an die Robert-Havemann-Gesellschaft, Berlin abgegeben.

276 Christine Biermann. Brief an Götz Berger. 3.12.1976. Nachlass Berger.

277 Bericht über die Diskussion zur Abberufung des Genossen Dr. Götz Berger als Rechtsanwalt im Rechtsanwalts-Kollegium von Groß-Berlin, 7.12.1976; BStU, MfS, HA XX Nr. 6886, Bl. 168–178, hier 168. Der Bericht wurde der HA XX/1 von der HV A/IX/C am 17.12.1976 zugeschickt. In dem Bericht werden jene Ausführungen in der Ich-Form referiert, die im Protokoll Friedrich Wolff zugeschrieben wurden. Niederschrift über die Versammlung der Parteiorganisation des Kollegiums der Rechtsanwälte von Groß-Berlin am 2.12.1976; BStU, MfS, HA XX Nr. 6886, Bl. 208 f.

278 Ebenda, Bl. 206–211.

sen«,[279] die Parteientscheidung gegen Biermann gar mir rechtlichen Argumenten kritisiert. Er ließ Sympathien mit den Positionen der Familie Biermann und mit Havemann erkennen und hätte sich mit ihnen »identifiziert«;[280] er unterstützte einen Kompromissvorschlag der Staatsanwaltschaft, den Hausarrest aufzuheben, wenn Havemann auf weitere Publikationen verzichtete, nicht, wie ein stellvertretender Generalstaatsanwalt monierte.[281] Damit hätte er seinen erzieherischen Einfluss nicht geltend gemacht, um bei der »Festigung der sozialistischen Gesetzlichkeit mitzuwirken«.[282] Stattdessen vertrete er die Position, »Bürger vor Übergriffen des Staates schützen«[283] zu müssen. Berger hätte zudem in seinen Schriftsätzen verfassungsrechtlich argumentiert und sich im Sinne Havemanns auf die Meinungsfreiheit berufen und damit die Rechtspositionen von Staatsanwaltschaft und Gericht grundsätzlich in Zweifel gezogen. Wegen der grundsätzlichen, politischen und justizpolitischen Bedeutung, die das Ministerium dem Fall Berger zumaß, wurde die Angelegenheit vom MdJ breit in die Berliner Anwaltschaft kommuniziert. Formal gab es für das Justizministerium keinerlei Notwendigkeit, sich den Entzug der Anwaltszulassung durch die Partei und Mitgliederversammlung des Rechtsanwaltskollegiums bestätigen zu lassen. Das MdJ konnte einen Ausschluss eigenständig vornehmen.[284] Noch am Tage des Zulassungsentzugs trat die SED-Parteileitung des Berliner Kollegiums zusammen.[285] Besprochen wurden »Fragen der wirksamsten Argumentation und die dabei in der Parteiversammlung und in der Mitgliederversammlung zu befolgende Taktik«.[286] Über die »Notwendigkeit der Maßnahme an sich«, den Ausschluss, gab es »keinerlei Diskussion«.[287] Dies nimmt kaum Wunder, denn die Vorbereitungsrunde wurde durch je einen Abgesandten der SED-Bezirksleitung und des ZK instruiert. Derart präpariert fand am Folgetag die Parteiversammlung statt. Hier dominierte zunächst Staatssekretär Kern aus dem Justizministerium. Abgesehen von Wahlversammlungen und DDR-zentralen Veranstaltungen war es ungewöhnlich, dass ein so hoher Justizfunktionär an Bezirksversammlungen des Kollegiums oder Parteiversammlungen teilnahm. Der Staatssekretär agierte hier in einer Doppelrolle als Partei-Nomenklaturkader.

279 Ebenda, Bl. 206.

280 Ebenda.

281 Havemann: Robert Havemann, S. 168.

282 Rechtsanwaltskollegium von Groß-Berlin, Entschließung v. 3.12.1976; BStU, MfS, HA IX Nr. 1025, Bl. 77.

283 Niederschrift über die Versammlung der Parteiorganisation des Kollegiums der Rechtsanwälte von Groß-Berlin am 2.12.1976; BStU, MfS, HA XX Nr. 6886, Bl. 206.

284 MSt 1953, § 32.

285 Busse: Deutsche Anwälte, S. 405 ff.

286 Bericht über die Diskussion zur Abberufung des Genossen Dr. Götz Berger als Rechtsanwalt im Rechtsanwalts-Kollegium von Groß-Berlin, 7.12.1976; BStU, MfS, HA XX Nr. 6886, Bl. 168–178, hier 168.

287 Ebenda.

Die Parteiversammlung war die einzige Anwaltsversammlung, in der sich Götz Berger verteidigte. Unwillkürlich bestärkte er aber die Anwesenden in ihrer Argumentation. Er hätte sich Sorgen um die politischen Folgen der Biermann-Ausweisung gemacht. Biermann stehe zur DDR. Friedrich Wolff reagierte laut Protokoll in der Versammlung unmittelbar auf den Angeschuldigten: »Wenn Berger sagt, Biermann steht auf dem Boden der DDR und unsere Partei sagt, Biermann ist ein Feind, dann müssen wir geschlossen zu unserer Partei stehen. Berger hat dem Feind objektiv Beistand geleistet.«[288] Mit solchen Sätzen wird deutlich markiert, dass es weniger um juristische Fehlleistungen, sondern um ein Politikum ging. Die Zustimmung der Parteiversammlung zur Entscheidung des Justizministers und zur Einleitung eines Parteiverfahrens war dann reine Formsache. Laut einem IM-Bericht hätten sich lediglich zwei Anwältinnen gegen Parteistrafen ausgesprochen: Götz habe doch gar nichts gemacht. Sein Brief an das Zentralkomitee sei gar nicht strafwürdig. Die andere ergänzte, er habe doch gar keine Parteibeschlüsse verletzt. Im Übrigen sollte man berücksichtigen, dass er ein langjähriges Mitglied ist und auch mit der Waffe in der Hand in Spanien gekämpft hat.[289]

In der Tat durfte sich laut Statuten der SED jedes Parteimitglied an Parteigliederungen wenden.[290] Und mit Götz Berger traf die SED ein Opfer nationalsozialistischer Verfolgung, der nach dem Krieg die DDR-Justiz mit aufgebaut hatte und einer der wichtigsten Richter in politischen Prozessen der 1950er-Jahre war. Nur wenige Personen in der DDR-Anwaltschaft konnten eine derart mit der kommunistischen Bewegung verflochtene Biografie aufweisen. Dennoch stimmte letztlich nur eine ehemalige Zweigstellenkollegin gegen den Antrag.[291] Damit hatte die Parteiversammlung die Mitgliederversammlung des Kollegiums am Folgetage präjudiziert. Denn die SED-Anwälte dominierten die Mitgliederversammlung des Berliner Kollegiums. Es ging bei diesen Versammlungen weniger um eine förmliche Abstimmung, sondern um das Unterwerfungsritual. So wurde – ungewöhnlich genug und jenseits der Statuten – gleich nach der Mitgliederversammlung vom 3. Dezember 1976 noch eine weitere am

288 Niederschrift über die Versammlung der Parteiorganisation des Kollegiums der Rechtsanwälte von Groß-Berlin am 2.12.1976; ebenda, Bl. 206–211, hier 209.

289 BStU, MfS, BV Bln, AIM 1129/89, Bl. 144. Gregor Gysi behauptet dagegen, dass er und ca. ein Dutzend »Genossen« im Kollegium dagegen gestimmt hätten. Gysi: Das war's, S. 40. Aus den bisher eingesehenen Protokollen und den IM-Berichten geht das jedoch nicht hervor. König meint, dass Gysi möglicherweise mit anderen gegen die Höhe der Parteistrafe protestierte, nachdem Berger schon Berufsverbot erteilt wurde. Im November 1989 wurde Berger von dem Justizminister, der ihn diszipliniert hatte, mit Unterstützung des RAK-Vorsitzenden Gysi rehabilitiert. König: Gregor Gysi, S. 155 ff.

290 Statut der Sozialistischen Einheitspartei Deutschlandes. Berlin 1976, I, 3e, S. 17.

291 Die Gegenstimme stammte von der RA'in Münchhausen, KPD-Mitglied seit 1928 und Trägerin der Medaille »Kämpfer gegen den Faschismus«. Mollnau, Marcus: Götz Berger. Ein streitbarer Jurist. In: NJ 59 (2005) 2, S. 58, FN 26.

6. Dezember für all diejenigen Mitglieder angesetzt, »die bisher weder an der Vollversammlung teilgenommen haben sowie alle Einzelanwälte der Hauptstadt der DDR«.[292] Für die Versammlung war eine Ergebenheitsadresse formuliert worden, die denen anderer Berufsverbände jener Tage ähnelte:[293] »Wir distanzieren uns von dem Verhalten des ehemaligen Mitglieds unseres Kollegiums, Dr. Berger, das im Widerspruch steht zur Berufung des Rechtsanwalts, in Wahrung der Rechte der Bürger zur Festigung der sozialistischen Gesetzlichkeit mitzuwirken.«[294] Die Resolution wurde einstimmig verabschiedet. Doch damit nicht genug; es wurden im Stil stalinistischer Rituale von jedem Rechtsanwalt persönliche Erklärungen[295] erwartet:

- »Um den Fall Biermann kristallisiert sich gegenwärtig der ideologische Klassenkampf.« (Gerhard Häusler, Vorsitzender des Berliner Kollegiums)[296]
- »Ein Rechtsanwalt muss parteilich auftreten.«[297] (Rechtsanwalt 1)
- »Die weltweite Klassenauseinandersetzung zwingt jeden Bürger zur Entscheidung.«[298] (RA Walter Baur)[299]
- »Berger hat sich mit der politischen Linie von Havemann und Biermann identifiziert.«[300] (Rechtsanwalt 2)
- »Er hätte einen positiven Einfluss ausüben können oder mit ihm brechen müssen.«[301] (Rechtsanwalt 3)
- Es wurde bemängelt, »dass sich Berger auf die Seite des Feindes gestellt hat«. (Clemens de Maizière)[302]

292 HA XX/1, Information über die Versammlung der Mitglieder des Rechtsanwaltskollegiums und der Einzelanwälte der Hauptstadt der DDR am 6.12.1976, 7.12.1976; BStU, MfS, HA XX Nr. 6886, Bl. 189.

293 Grünbaum, Robert: Wolf Biermann, S. 34 ff.

294 Rechtsanwaltskollegium von Groß-Berlin, Entschließung v. 3.12.1976; BStU, MfS, HA IX Nr. 1025, Bl. 77.

295 Niederschrift über die Mitgliederversammlung des Kollegiums der Rechtsanwälte Berlins am 3.12.1976, BStU, MfS, HA XX Nr. 6886, Bl. 206–211, hier 202. Namentlich zitiert werden im Folgenden Anwaltsfunktionäre und verstorbene prominente Anwälte, darüber hinaus werden als IM registrierte Anwälte namentlich genannt. Im Protokoll benannte weitere Anwälte werden aus Datenschutzgründen mit RA 1 umschrieben.

296 Ebenda, Bl. 205.

297 Ebenda, Bl. 204.

298 Ebenda, Bl. 203.

299 Walter Baur war von 1959 bis 1976 Generalsekretär der Vereinigung der Juristen der Deutschen Demokratischen Republik (VdJ) und beim MfS als IM registriert. Vgl. Kapitel zu Operativen Einflüssen des MfS. Anderen Angaben zufolge war er erst ab 1962 im VdJ tätig und zuvor stellvertretender Bezirksstaatsanwalt. Rottleuthner: Steuerung der Justiz, S. 534.

300 BStU, MfS, HA XX Nr. 6886, Bl. 203.

301 Niederschrift über die Versammlung der Mitglieder des Kollegiums Berlin (die an den Versammlungen am 2. und 3.12.1976 nicht teilgenommen haben) und der Berliner Einzelanwälte am 6.12.1976; BStU, MfS, AIM 2528/61, Bl. 199–202, hier 199.

302 Ebenda, Bl. 200.

– »Ein Anwalt muss entsprechend seines Klassenstandpunktes feindlichen Auffassungen mit Konsequenz entgegentreten, um sich nicht zum Komplicen des Mandanten machen zu lassen.« (Rechtsanwalt Dr. Jürgen Gentz)[303]

Die mildeste Form der Kritik war, Berger lediglich »Altersstarrsinn« zuzubilligen. Andere hätten es vorgezogen, Berger den freiwilligen Rückzug nahezulegen.[304] Sinn der Abstrafung von Götz Berger war offenkundig, nicht ein juristisches Fehlverhalten im Einzelfall zu disziplinieren, sondern einen Berufszweig auf Linie zu bringen. Nach dem Ende der DDR wurde von Anwaltsseite sogar behauptet, das MdJ hätte den Ausschluss Bergers selbst vollzogen, weil es im Kollegium dafür vermutlich keine Mehrheit gegeben hätte.[305] Die Protokolle, in denen die Stellungnahmen der einzelnen Anwälte aufgeführt sind, lassen eine solch weitgehende Schlussfolgerung allerdings nicht zu. Wie dargelegt, verwendete sich kaum jemand für Berger. Von jüngeren Mitgliedern schienen laut einem IM-Bericht einige »mit der Ideologie von Biermann u[nd] auch Havemann zu sympathisieren, wollten dies jedoch aus verschiedenen Gründen offiziell nicht offenbaren«.[306] Daneben gäbe es ältere Parteilose und einige Jüngere,[307] die das Ziel hatten, ohne Stellungnahme gegen Berger durch die Sitzung zu kommen. Demgegenüber existierte eine Gruppe von Anwälten um den damaligen Vorsitzenden Gerhard Häusler, die »ziemlich prinzipienlos alles mitmachen [..., um] ihre Karriere und berufliche Stellung nicht zu gefährden«.[308] Dann gab es nach Beobachtungen des IM eine Reihe älterer Genossen um Friedrich Wolff, die sich von Havemann, Biermann, Berger »abgrenzen wollen«.[309] Diese Einteilung ist mit anderen Überlieferungen vereinbar. Danach waren manche Anwälte der Auffassung, eine »strenge Rüge hätte gereicht«.[310] Dagegen standen Anwälte um Friedrich Wolff, die verärgert auf die Intervention des MdJ reagierten und den »Kopf geschüttelt« hätten. Der Ausschluss von Anwalt Preuß

303 Ebenda, Bl. 201.

304 Bericht über die Diskussion zur Abberufung des Genossen Dr. Götz Berger als Rechtsanwalt im Rechtsanwalts-Kollegium von Groß-Berlin, 7.12.1976; BStU, MfS, HA XX Nr. 6886, hier 174.

305 So Lothar de Maizière, zit. nach: Busse: Deutsche Anwälte, S. 454; Gysi: Das war's, S. 39 f.

306 Handschriftlicher Bericht, 5.1.1976; BStU, MfS, AIM 6999/82, Bd. I, Bl. 169–173, hier 171.

307 Ebenda, Bl. 170.

308 Ebenda, Bl. 172.

309 Ebenda, Bl. 170.

310 Handschriftlicher Vermerk, 1.2.1977; BStU, MfS, BV Bln, AIM 6647/88, Bd. 6, Bl. 112–117, hier 117.

im Fall zwei Jahre zuvor hätte doch gezeigt, dass das Kollegium in der Lage gewesen sei, eine adäquate Strafe auszusprechen.[311]

Es gab im Kollegium offenbar einen Generationskonflikt zwischen den Angehörigen der Gründungsgeneration und der ersten DDR-Generation. Die »Gründer« fühlten sich den Vorgaben der Partei stärker verbunden und waren bereit, solche im Rahmen der »Selbstverwaltungsgremien« des RAK selbst zu exekutieren. Die Meinungsunterschiede hinter den Kulissen zeigen aber auch, dass die normengestützte Steuerung der Kollegien Erwartungen weckte, dass Regeln dann auch respektiert würden. Es wirkte auf die Anwälte befremdlich, wenn der Staat ohne klare Normenorientierung und unter Umgehung der Selbstverwaltungsgremien seine Vorstellungen von oben durchsetzte. Normalerweise wurden Disziplinarfälle nicht so dramatisch inszeniert. Der Fall Berger trägt, weil er in einer ideologisch extrem aufgeheizten Atmosphäre stattfand, in der die SED den Sozialismus weltweit gefährdet sah, etwas Singuläres. Er hatte dennoch grundsätzliche Bedeutung. Er machte deutlich, dass die Partei es nicht tolerierte, wenn ein Strafverteidiger den Strafanspruch des Staates infrage stellte, sich mit den politischen Auffassungen seines Mandanten identifizierte und politisch verteidigte. Das Verhalten von Gregor Gysi als Folgeanwalt von Havemann und von Rudolf Bahro stellte ein Echo auf diese Lektion dar.[312]

311 Niederschrift über die Versammlung der Parteiorganisation des Kollegiums der Rechtsanwälte von Groß-Berlin am 2.12.1976; BStU, MfS, HA XX Nr. 6886, Bl. 200.

312 Vgl. die Fallbeispiele im Kapitel Der sozialistische Strafprozess.

# 7. Geheimpolizeiliche und operative Einflussnahmen des MfS

Es hieße das MfS zu überschätzen, wollte man die Kontrolle der Anwaltschaft allein der Geheimpolizei zuschreiben. Es war vor allem das Anwaltskollegium selbst, das an der Seite von MdJ und SED politisch-soziale Kontrollfunktionen wahrnahm. Im Gerichtssaal wachten parteinahe Staatsanwälte und Richter über die Haltung des sozialistischen Anwaltes.

Die geheimpolizeiliche Kontrolle der Anwaltschaft erfolgte auf mehreren Ebenen. Einige IM berichteten mehr oder minder kontinuierlich über Kollegen und Geschehnisse im Kollegium. Diese Informationen wurden durch offizielle Informationen, meist aus Justizkreisen, oft aus dem MdJ, ergänzt. Punktuelle Anwaltsüberprüfungen aus verschiedenen Anlässen führten zu vertieften Erkenntnissen über einzelne Anwälte und konnten sich zu regelrechten Überwachungsvorgängen ausweiten. Die Kontrolldichte erscheint nicht so groß, dass man von einer wirklichen Überwachung der Anwaltschaft sprechen kann. Aber im Verbund mit den anderen Institutionen der sozialen Kontrolle entstand doch ein Kontrollnetz. Dennoch waren die einzelnen Maßnahmen bezogen auf den einzelnen Anwalt durchaus unterschiedlich. Zu unterscheiden sind:

- die Routineüberwachung der Anwaltschaft mit IM,
- Informationen offizieller und inoffizieller Art aus anderen Institutionen,
- die systematische Überprüfung der Anwälte Mitte der 1970er-Jahre,
- die Personenüberprüfung beim Eintritt in das Kollegium,
- die personenbezogene Überprüfung aus besonderen Anlässen,
- die spezielle Überwachung verdächtiger Anwälte,
- die Überwachung der Anwaltsaktivitäten in der Untersuchungshaft.

## 7.1 IM im Kollegium

Zu den Routinen der Sicherung der Anwälte durch das MfS zählten nicht nur einzelne inoffizielle Informanten unter den Anwälten, sondern auch Informanten unter den Mitarbeitern des Kollegiums. In einer exponierten Funktion befand sich lange Erika Gebes. Die ehemalige Kaderinstrukteurin der Abteilung Justiz des Magistrates war SED-Mitglied und nach dessen Gründung vom Berliner Kollegium übernommen worden. Von 1953 bis 1972 war sie Sekretär des Berliner Kollegiums, was bedeutete, dass sie die Verwaltungsstelle leitete.[1] Seit 1965 war sie ununterbrochen Mitglied der Parteileitung, davon mehrere Jahre als Parteisekretär. In diesen Funktionen zeigte sie sich nach Einschätzung des MfS »gegenüber unserem Organ sehr aufgeschlossen und hilfsbereit [...]. Bei Gesprächen unter vier Augen übermittelte sie von sich aus verschiedene Hinweise und Informationen zu internen Vorgängen im Kollegium und zu einzelnen Rechtsanwälten, die für die operative Arbeit genutzt werden konnten.«[2] Erika Gebes qualifizierte sich im Fernstudium zur Anwältin. In dieser Funktion sollte sie in mehreren MfS-ermittelten Verfahren verteidigen.[3] Im Jahr ihrer Werbung als IM »Malchow«, 1974,[4] hielt das MfS auf Basis einer IM-Information einer Richterin fest: »In einem Verfahren gegen Staatsverbrechen [hat sie] eine sehr gute Rolle gespielt [...und ist] sehr parteilich im Interesse unseres Staates aufgetreten. [... Sie hat] dem Gericht, ohne dazu verpflichtet gewesen zu sein, verschiedene Hinweise übermittelt, die zur besseren Verfahrensführung beigetragen haben.«[5]

Nicht immer fand das MfS Partner, die qua Funktion kooperationsbereit waren, dann wurden inoffizielle Verbindungen angestrebt. In der Verwaltungsstelle des Berliner Kollegiums wollte die Bezirksverwaltung Berlin nach dem Ausscheiden des sehr mitteilsamen Parteileitungsmitgliedes mit offiziellen Kontakten und späteren IM, Erika Gebes, weiterhin inoffiziell verankert bleiben.[6] Inwieweit der Versuch, in einer Zweigstelle in Friedrichshain 1989 eine Sekretärin als IM zu gewinnen, auf die dortige Zweigstelle oder den dort beschäftigten Kollgiumsvorsitzenden abzielte,[7] ist nicht eindeutig. Sonst scheint das MfS unter den technischen Mitarbeiten des Berliner Kollegiums nur aus besonderen Anlässen oder wenn sich die Gelegenheit ergab, Verbindungspersonen gewonnen zu haben. So wurde IMS »Gabi«,[8] die Ehefrau eines ebenfalls inoffiziell verpflichteten Mitarbeiters aus dem MdJ, gezielt für die Verfolgung von Reinhard Preuß angesprochen.[9] Eine Anwaltssekretärin wurde als KP »Eva« in den Akten geführt, um nach der Flucht von RA Heidrich dessen Fluchthilfe-Kontakte in

1 Ebenda.

2 BV Bln/XX/1, Vorschlag zur Anlage eines Vorlaufs, 8.11.1974; BStU, MfS, AIM 907/84, T. I, Bd. 1, Bl. 12 f.

3 BStU, MfS, Karteien Anwaltskartei.

4 Erika Gebes, Erklärung, 18.12.1974; BStU, MfS, AIM 1043/91, Bl. 90.

5 BV Bln/XX/1, Vorschlag zur Anlage eines Vorlaufs, 8.11.1974; BStU, MfS, AIM 907/84, T. I, Bd. 1, Bl. 13; GMS »Gerda«, Zu RA Gebes, 27.8.1974; ebenda, T. I, Bd. 1, Bl. 124.

6 BV Bln, Beschluss v. 18.2.1987; BStU, MfS, AIM 5301/91, Bl. 8 f. Die Akte zu dieser Person ist bis auf die Aktendeckel vernichtet. Es existieren nur Karteikarten, die auf eine IM der BV Bln/XX mit Decknamen »Eva« bzw. »Kuni« hinweisen. BStU, MfS, Kartei, F 16, F 22, Vorgang Nr. XX 31/87.

7 BStU, MfS, Kartei, F 16, F 22, Vorgang Nr. V 1014/89.

8 HA XX/1, TB mit IMS »Gabi«, 27.3.1972; BStU, MfS, AOP 6589/74, Bd. 3, Bl. 164.

9 HA XX/1, Bericht über die am 11.9.1969 durchgeführte Verpflichtung, 12.9.1969; BStU, MfS, AIM 8742/81, Bl. 13–15.

der DDR und im Kollegium abzuschöpfen.[10] Eher einem Zufall verdankte es die BV Berlin/XX/1, dass sie 1975 eine leitende Anwaltssekretärin aus einer Zweigstelle zur Zusammenarbeit erpressen konnte. Laut Einschätzung des MfS hatte IMS »Beate« über Jahre »keinerlei Hemmungen, [...] Personen und Sachverhalte aus dem Rechtsanwaltskollegium [...] einzuschätzen. Der IMS fotokopierte für uns operativ interessantes Material aus den Unterlagen eines Rechtsanwaltes der Zweigstelle.«[11] Charakterisierungen von Anwälten und RAK-Mitarbeiter mit dem Quellenverweis »Beate« finden sich in mehreren MfS-Personal-Dossiers.[12] Noch in der Auflösungsphase des MfS, 1989/1990, wurde in der Zweigstelle Friedrichshain eine ehemalige MfS-Mitarbeiterin platziert,[13] vermutlich aber aus sozialen Gründen.

Die ersten IM, auf die nach der Öffnung der MfS-Akten ein Verdacht fiel, waren Neu-Politiker, die zuvor in der DDR als Rechtsanwälte gearbeitet hatten. Auch als die ersten Bürgerrechtler ihre Überwachungsakten einsahen, kamen Anwälte in die Diskussion. Das hat bei ehemaligen Mandanten, in der Öffentlichkeit, selbst in der Wissenschaft, Spuren hinterlassen. Gelegentlich wird angedeutet, das MfS habe Anwälte verleitet, inoffiziell die Schweigepflicht zu brechen und vertrauliche Mandanteninformationen zu verraten.[14] Fricke fragt rhetorisch, ob es Zufall war, dass prominente DDR-Anwälte zeitweilig als IM geführt wurden.[15] Andere haben die Mandantenausforschung durch Anwalt-IM betont.[16] Einzelfallschilderungen haben diesen Eindruck verstärkt.[17] Manche Autoren dagegen haben beim Thema DDR-Anwaltschaft dieses juristisch noch immer heikle Terrain nicht betreten.[18] Dritte sehen im Anschluss an die höchstrichterliche Rechtsprechung nach der deutschen Einheit eine Verletzung der Schweigepflicht nur in einzelnen Fällen gegeben.[19]

10 ZKG, Konzeption zum Einsatz der KP »Eva« am ZOV »Alpha« und SOV »Schleuser«, 25.8.1976; BStU, MfS, AIM 6841/91, T. I, Bd. 1, Bl. 14–23.

11 BV Bln/XX/1, Schlussbericht zur Werbung, 14.11.1975; BStU, MfS, AIM 13979/81, T. I, Bd. 1, Bl. 75.

12 Die TB und dazugehörigen Berichte in: BStU, MfS, AIM 13979/81, T. II, Bd. 1.

13 Arbeitsvertrag, 3.1.1990; BStU, MfS, HA XVIII Nr. 11326, Bl. 10 f.

14 Fricke zitiert akzentuierend Busse. Busse selbst hält eine solche Mandantenausforschung dagegen für ein seltenes Phänomen. Fricke: Praxis der Anwaltstätigkeit, S. 481; Busse: Deutsche Anwälte, S. 437 f.

15 Fricke: Justizkader, S. 16.

16 Eisenfeld sieht diese als eine der wichtigsten Aufgaben neben der Ausforschung von anderen Anwälten. Eisenfeld: Rolle und Stellung, S. 363 f.

17 Vollnhals: Fall Havemann, S. 93 ff.; Klier, Freya: Aktion »Störenfried«. Die Januar-Ereignisse von 1988 im Spiegel der Staatssicherheit. In: Schädlich, Hans-Joachim (Hg.): Aktenkundig. Berlin 1992, S. 91–153.

18 Lorenz: Rechtsanwaltschaft.

19 Busse: Deutsche Anwälte, S. 438.

Im Rahmen dieser Arbeit stellte sich die Frage, wie groß die Bedeutung der inoffiziellen Tätigkeit von Anwälten für die politischen Prozesse war, ob es gar eine systematische Nutzung gab. Es zeigte sich einerseits, dass die Mandantenausforschung keinesfalls selten war. Andererseits, so gravierend, ja empörend im Einzelfall die Zusammenarbeit eines Anwaltes mit dem MfS wirken mag, sie war weniger systematisch verbreitet, als manch drastisches Beispiel suggeriert. Das Interesse an den Anwalts-IM richtete sich nach den unterschiedlichen thematischen Schwerpunkten der Diensteinheiten des MfS. Im geheimpolizeilichen Agieren spielten präventive Strategien seit den 1970er-Jahren eine wichtige Rolle, die juristisch Repression war nur noch eine mögliche Spielart. So interessierte der Anwalt das MfS zunächst als Informant, erst in zweiter Linie als Jurist. In Berlin gab es nicht wenige Anwälte, die juristische Dienstleistungen für das MfS erbrachten und von daher eine engere Beziehung zum Ministerium unterhielten. MfS-Kontakte mit vertraulichem Charakter mussten keineswegs als inoffizielle Kontakte formalisiert sein.[20] Selbst wenn die besonderen MfS-Kontakte von Anwälten nichts, wenig oder nur mittelbar mit ihren eigentlichen Mandanten zu tun hatten, offenbaren gerade die relativ facettenreichen und teilweise voluminösen IM-Akten als zeithistorische Quelle viel über die sich deutlich wandelnde Motivation und Bereitschaft, mit dem Staat, der SED und dem MfS zusammenzuarbeiten.

### 7.1.1 IM im Berliner Anwaltskollegium

Bislang konnten sich Angaben über IM-Belastungen von DDR-Anwälten nur auf eine MfS-interne Analyse aus der Mitte der 1970er-Jahre stützen.[21] Danach waren fast 15 Prozent[22] der Berliner Anwälte »positiv erfasst«, in der Regel eine Umschreibung für ein IM-Verhältnis.[23] Der Berliner IM-Anteil war damals dop-

20 Dieser Blickwinkel richtet sich am Gedankengang einer konkludenten IM-Tätigkeit aus und orientiert sich weniger an den Formalschritten, die beispielsweise ab den 1960er-Jahren nach den Richtlinien des MfS für eine erfolgreiche IM-Werbung abzuarbeiten waren. Zur Definition vgl. auch StUG, § 6.

21 Gelegentlich wurden auch Zahlen aus der Rechtsanwaltsüberprüfung nach der deutschen Einheit genannt. Lange: Einbindung, S. 634. Diese Zahlen können jedoch nicht herangezogen werden, da seit Februar 1990, insbesondere in den letzten Wochen vor der Vereinigung, Juristen aus anderen, z. T. hoch MfS-belasteten Berufsgruppen bzw. MfS-Juristen, eine Zulassung erhielten. Booß: Schwierigkeiten.

22 Die Zahlen beruhen auf einer eigenen Neuberechnung von MfS-Einzelangaben aus einer Tabelle, die Rechenfehler enthielt. HA XX/1, Analyse zur operativen Situation bei den in der DDR zugelassenen RA [Rechtsanwälten], o. D. (vermutl. 1975/76); BStU, MfS, HA XX Nr. 7363, Bl. 228–232.

23 Busse moniert, dass der Begriff »positiv erfasst« in der Statistik nicht verständlich sei. Busse: Deutsche Anwälte, S. 437. »Erfassung« meint in der MfS-Terminologie die Erfassung in

pelt so hoch wie die durchschnittliche IM-Durchdringung der DDR-Anwaltschaft mit 7,5 Prozent.[24] Mit elf IM lag Ostberlin bei den absoluten IM-Zahlen an der Spitze.[25] Im Rahmen dieser Untersuchung wurden alle 92 Anwälte, die in den 1970er- und 1980er-Jahren im Berliner Kollegium organisiert waren, in den MfS-Akten überprüft.[26] Es zeigte sich, dass 32 (34,8 %) phasenweise als inoffizielle Mitarbeiter oder in vergleichbarer Form in den MfS-Unterlagen nachweisbar waren.[27] Zeiten der Zusammenarbeit mit dem MfS lagen bisweilen länger zurück,[28] in manchen Fällen korrespondierten sie nicht mit Zeiten der Anwaltstätigkeit.[29] Dennoch dürfte auch eine zurückliegende Sonderbeziehung zum MfS für eine zumindest zeitweilige Staats- und Parteinähe beziehungsweise eine gewisse Bereitschaft zu doppelbödigen Praktiken sprechen. Das MfS ging in vielen Fällen davon aus, ehemalige IM weiterhin »offiziell« ansprechen zu können,[30] wenn das IM-Verhältnis ohne Dissens beendet wurde. Eine der-

der zentralen Nachweisführung für Personen, d. h. in der Zentralen Personenkartei des MfS. »Negativen« Erfassungen stehen »positive« Erfassungen, wie beispielsweise durch inoffizielle Nutzung motivierte Erfassungsarten gegenüber. Suckut: Wörterbuch, Stichwort: Erfassung von Personen und Objekten.

24 Die MfS-Statistik differenziert nicht zwischen Einzel- und Kollegiumsanwälten. Eisenfeld kam offenbar aufgrund eines Rechenfehlers zu anderen, aber ähnlichen Zahlen. Eisenfeld: Rolle und Stellung, S. 362.

25 Eigenberechnung nach HA XX/1, Analyse zur operativen Situation bei den in der DDR zugelassenen RA, o. D.; BStU, MfS, HA XX Nr. 7363, Bl. 228–232. Eisenfeld gibt die DDR-Quote mit 6,1 % an, schreibt damit einen Rechenfehler des MfS fort. Eisenfeld: Rolle und Stellung, S. 362. Auch Busse kommt aufgrund der Übernahme eines Rechenfehlers zu geringfügig abweichenden Zahlen. Er nennt 7,47 % für die DDR und 14,86 % für Ostberlin. Busse: Deutsche Anwälte, S. 437.

26 Ausgangsbasis ist die Zahl der Anwälte in den Anwaltsverzeichnissen für die Jahre 1969–1989 wie z. B. Verzeichnis der in der Deutschen Demokratischen Republik zugelassenen Rechtsanwälte, Berlin 1987. Es wurden alle Personen in der zentralen Personenkartei und in der entsprechenden Datei der HV A (»Rosenholz«) des MfS nach IM-Nachweisen bzw. IM-Akten überprüft. In die Berechnungen gingen auch plausible Karteikartenfälle ein, wenn die IM-Akten derzeit nicht auffindbar sind.

27 In einer Funktionsanalyse wurde die damalige Sichtweise nach den Akten des MfS zugrunde gelegt, also Erfassung und Darstellung der Anwälte durch das MfS. Ob die so bezeichneten Personen davon wussten oder die Darstellung des MfS teilen, ist nicht Gegenstand dieser Analyse, die im Wesentlichen auf historischen Quellen basiert. Daher wurden in der Öffentlichkeit und vor Gericht umstrittene Fälle wie »Notar« und »Czerni« in die Statistik einbezogen. In die Gesamtgruppe wurden auch Anwälte eingerechnet, die schon zu früheren Zeiten oder jenseits ihrer Anwaltstätigkeit einschlägig in den MfS-Unterlagen erfasst waren. Auch einzelne Sonderfälle, die nicht als IM erfasst waren, aber dennoch z. B. als offizielle Kontaktpartner über Mandate berichteten, wurden hinzugezählt.

28 Beispielsweise endete Götz Bergers inoffizielle Akte schon 1961. HA V/1, Beschluss v. 20.4.1961; BStU, MfS, AIM 2528/61, T. I, Bd. 1, Bl. 34 f.

29 Beispielhaft BStU, MfS, AIM 1493/82.

30 Beispielhaft HA V/1, Beschluss v. 20.4.1961; BStU, MfS, AIM 2528/61, T. I, Bd. 1, Bl. 35.

artige Fortsetzung des Kontaktes konnte durchaus ähnlich vertrauliche Inhalte betreffen.[31] Allerdings ist diese generelle Aussage nicht schematisch auf den Einzelfall zu übertragen. Es gab, wie am Beispiel Götz Berger dargestellt, der vom stalinistischen Justizfunktionär zum »Komplizen« der Staatsfeinde wurde, auch »Mutanten«. Selbst Wolfgang Schnur, einer der wichtigsten Anwalt-IM in der DDR wurde zeitweilig überwacht, weil das MfS seinen Extravaganzen misstraute. Schon diese zwei Beispiele zeigen, dass ein partielles Abweichen und ein Anecken bei orthodoxen Kräften nicht ein grundsätzliches Abrücken von der DDR[32] oder gar vom MfS bedeuten musste.[33]

Wenn man nur diejenigen berücksichtigt, bei denen sich MfS-Kooperation und Zeiten der Anwaltstätigkeit überschneiden, reduziert sich der Anteil auf 32,6 Prozent der Anwälte des Berliner Kollegiums.[34] Diese Rate ist ungefähr dreimal so hoch wie in den Bezirken in der DDR. Im Vergleich zu anderen Sicherungsbereichen des MfS fallen die MfS-Zahlen von 1975/76 aus dem Rahmen. Bei der Polizei, einem Berufszweig mit einer besonders hohen IM-Dichte, waren in den 1980er-Jahren 8 bis 9 Prozent des Personals inoffiziell registriert.[35] Der erstaunlich hohe Anteil an Anwälten, die das MfS als Kooperationspartner sah, sagt allerdings wenig über die Art der Zusammenarbeit aus. Es ist zu Recht immer darauf hingewiesen worden, dass die IM-Registrierung differenziert betrachtet werden muss.[36] Dem Zweck dieser Arbeit entsprechend, wurde ein be-

31 MfS/RS, Information zum Schauspieler Armin Mueller-Stahl, 6.1.1977; BStU, MfS, RS Nr. 53, Bl. 148 f.

32 Berger unterschrieb im November 1989 den Aufruf, der aus seiner Warte auf eine eigenständige Entwicklung der DDR orientierte. Für unser Land. In: ND vom 29.11.1989. Der Autor hat im Dezember 1989 Götz Berger für Radio Bremen zu jenem Aufruf interviewt.

33 Schnur war nach erfolgreich überstandener Überwachung bis in den Herbst 1989 hinein als IM tätig. Einer seiner letzten Berichte über Oppositionsgruppen stammt vom Oktober 1989. BV Rostock, Geplanter Ablauf der Formierung der Sammlungsbewegung Demokratischer Aufbruch am 1.10.1989, 27.10.1989; BStU, MfS, BV Rostock, AIM 3275/90, Bd. 14.

34 Die Zahlen von 1975/76 spiegeln vermutlich punktuell die aktiven Erfassungen zu diesem Zeitpunkt wider. Sie sind mit den Angaben zur Polizei vergleichbar, aber nur bedingt mit der für diese Arbeit erstellten Rechnung.

35 Diese Rate bezieht sich allerdings nur auf punktuelle Erfassungen. Wunschik, Tobias: Hauptabteilung VII. Ministerium des Innern, Deutsche Volkspolizei. Berlin 2008, S. 5.

36 Die ersten IM-Analysen orientierten sich stark an den MfS-eigenen Kategorien, unterschiedlichen IM-Arten oder der Motivation der IM. Später wurden diese Ansätze durch die Analyse von Detailfragen, psychoanalytisch orientierten Studien oder die Befragung der IM-Registrierten weiterentwickelt. Müller-Enbergs, Helmut: Warum wird einer IM? Zur Motivation bei der inoffiziellen Zusammenarbeit mit dem Staatssicherheitsdienst. In: Behnke, Klaus u. a. (Hg.): Zersetzung der Seele. Psychologie und Psychiatrie im Dienste der Stasi. Hamburg 1995, S. 102–129; Kerz-Rühling, Ingrid; Plänkers, Tomas: Verräter oder Verführte. Eine psychoanalytische Untersuchung inoffizieller Mitarbeiter der Stasi. Berlin 2004; Weill, Francesca: Zielgruppe Ärzteschaft. Ärzte als inoffizielle Mitarbeiter des Ministeriums für Staatssicherheit. Göttingen 2008.

sonderes Augenmerk auf die Berichterstattung zur Anwaltschaft und zu Mandanten beziehungsweise Ratsuchenden gelegt.[37]

In nur etwa der Hälfte der Berliner Fälle besteht anhand der überlieferten Akten überhaupt ein inhaltlicher Zusammenhang von IM-Registrierung und anwaltlicher Tätigkeit. Laut Akten berichteten 15,2 Prozent über Anwaltskollegen,[38] immerhin noch 14,1 Prozent über Mandate, Mandanten oder Rechtsberatungen.[39] Dieser Befund relativiert sich zusätzlich, wenn man bedenkt, dass manch IM nur einmal oder selten Mandate thematisierte und nur wenige IM sich öfter und nur einzelne sich regelmäßig zu Mandanten äußerten.[40]

Insgesamt 75 Prozent der Anwälte mit inoffiziellen Kontakten im RAK Berlin gehörten der SED an. Der Anteil liegt etwas unter 80 Prozent und damit ungefähr im Durchschnitt der SED-Mitgliedschaften des RAK Berlin im Jahr 1981.[41] Die parteimäßige Zusammensetzung wich also kaum vom Grad der Parteibindung in der gesamten Berliner Anwaltschaft ab.

37 Busse reduziert die Zahl der Belastungen DDR-weit auf die zehn Rechtsanwälte, denen nach 1992 wegen Mandantenverrates die Zulassung rechtskräftig aberkannt wurde. Busse: Deutsche Anwälte, S. 437 f. Eine solche Reduktion der Zahl der IM-Belastungen, die sich an den Kriterien des Bundesgerichthofes bzw. der Entscheidung des Bundesverfassungsgerichtes Mitte der 1990er-Jahre zum Zulassungswiderruf von DDR-Anwälten nach der Deutschen Vereinigung orientiert, ist für die historische Analyse nicht brauchbar. Die Bundesobergerichte mussten sich mit der liberalen Auslegung des bundesrepublikanischen Berufsrechtes (»Bastille«-Rechtsprechung) und der Tatsache auseinandersetzen, dass der Einigungsvertrag DDR-Anwälten grundsätzlich Bestandsschutz gewährte. Das Bundesverfassungsgericht sah eine IM-Tätigkeit und eine Informationsweitergabe an das MfS für die Aberkennung von Zulassungen als nicht ausreichend an. Schwerwiegende Gründe, wie eine potenziell erhebliche Schädigung des Betroffenen, mussten hinzukommen. Booß: Schwierigkeiten; Busse: Deutsche Anwälte, S. 526 ff.

38 Namensbezogene Berichte über das Kollegiums-Geschehen wurden abweichend von anderen IM-Studien hier einbezogen. Weill differenziert zwischen Stimmungsberichten und anderen, personenbezogenen Informationen. Weill: Zielgruppe Ärzteschaft, S. 132 ff.

39 Die faktischen Prozentsätze dürften höher sein, da aufgrund der Aktenvernichtungen 1989/90 insbesondere bei den von der HV A erfassten Anwälten Quellenlücken zu verzeichnen sind.

40 Auch die hier vorgenommene Differenzierung ist noch sehr grob. Eine einmalige Berichterstattung zu einem Mandanten oder Kollegen steht auf einer Stufe mit einer geradezu inflationären Berichterstattung gegenüber dem MfS. Allerdings erschließt sich aus IM-Akten selten, ob eine Einzelinformation gravierend oder banal war. Dies zu beurteilen, würde im Einzelfall sehr aufwendige Aktenrecherchen nach sich ziehen. Da das allenfalls bei exemplarischer Betrachtung leistbar wäre, musste für die quantitative Betrachtung auf eine an sich wünschbare Detaillierung der Berichterstattung über Mandate verzichtet werden.

41 MdJ, Programm für die kadermäßige Stärkung der Kollegien der Rechtsanwälte, 4.3.1981, S. 14; BArch, DP1, 23158.

| **Formalkriterien und IM-Eigenschaften** | **IM in absoluten Zahlen** | **IM (in %)** | **Relation zum Anwaltskollegium (in %, 92 Anwälte)** |
|---|---|---|---|
| registrierte IM | 32 | 100 | 34,8 |
| IM und SED-Mitglieder | 24 | 75 | 26 |
| IM und Anwalt im RAK | 30 | 93,8 | 32,6 |
| Information zu Rechtsanwälten abgegeben | 14 | 43,8 | 15,2 |
| Information zu Mandanten abgegeben | 13 | 40,6 | 14,1 |

Tabelle 4: Merkmale von IM im Berliner Kollegium ab den 1970er-Jahren

Insgesamt war die Zahl der Anwälte, zu denen das MfS Sonderbeziehungen hielt oder gehalten hatte, zumindest quantitativ relativ hoch. Dies gilt selbst dann, wenn man berücksichtigt, dass Anwälte sich nur zu seltenen Anlässen, bei Mitgliederversammlungen, als Partner oder Kontrahenten bei Gericht oder ähnlichen Anlässen trafen und in ihrem Alltag auf Zweigstellen verteilt waren. In Berlin existierten 1987 insgesamt 17 Zweigstellen in den Stadtbezirken mit jeweils zwei bis sechs Anwälten.[42] In mehr als zwei Drittel der Zweigstellen saß zumindest ein Anwalt, der in seiner Lebenszeit eine Zeit lang als Informant oder in ähnlicher Beziehung in den MfS-Unterlagen verzeichnet war, sodass das MfS hoffen konnte, diesen im Bedarfsfall ansteuern zu können.

Ein Anwalts-IM hatte schon innerhalb einer Zweigstelle nicht unbedingt Zugang zur Tätigkeit seiner Kollegen. Das individuelle Mandat brachte es mit sich, dass jeder Anwalt mit den ihm zugeordneten Hilfskräften seine Fälle bearbeitete. In den Zweigstellen wurden die Handakten getrennt geführt, wie die Anwälte auch ihre Dienstleistungen getrennt abrechneten.[43] Die Sicherheitsvorkehrungen in den Zweigstellen waren relativ gering.[44] Dennoch brachten nur einzelne Rechtsanwalts-IM so viel konspirative Energie auf, dass sie Akten von Kollegen einsahen, diese sogar entwendeten oder dem MfS Hilfsmittel in die Hand gaben, die Akten selbst einsehen zu können.[45] In besonderen Fällen versuchte das MfS daher, wie am Fall Preuß gezeigt, über Vertrauenspersonen in Vorstandskreisen, im Justizministerium oder durch Anwerbung von Zweigstel-

42 Verzeichnis der Rechtsanwälte, S. 6 f.

43 Busse: Deutsche Anwälte, S. 433 u. 412 ff.

44 HA XX/1, Bericht über den Stand der Lagerung von geheim zu haltenden Informationen und Dokumenten bei den Kollegien der Rechtsanwälte, 20.5.1981; BStU, MfS, ZAIG Nr. 1051, Bl. 1–4.

45 Vgl. Absatz zu IM »Justierer« in diesem Kapitel.

lenmitarbeitern ,die den Aktengang verwalteten, auf präziseres Wissen bis hin zum Handaktenwissen durchzugreifen.

| **Zweigstelle** | **mit mindestens einer Person mit MfS-Bezug** | **ohne offizielle Quelle** |
|---|---|---|
| Mitte I | x | |
| Mitte II | x | |
| Mitte V | x | |
| Prenzlauer Berg I | | x |
| Prenzlauer Berg II | x | |
| Friedrichshain I | x | |
| Friedrichshain II | x | |
| Friedrichshain III | | x |
| Pankow | x | |
| Weißensee | | x |
| Lichtenberg | x | |
| Marzahn | x | |
| Treptow | | x |
| Köpenick I | x | |
| Köpenick II | | x |
| Köpenick III | x | |
| Köpenick IV | x | |

Tabelle 5: Verteilung von MfS-Quellen über die Zweigstellen des Berliner Kollegiums, 1987[46]

*IM in den Rechtsanwaltskollegien in der DDR*

Der Befund für die Berliner Anwaltschaft gilt auf deutlich niedrigerem Niveau für die DDR-Anwaltschaft insgesamt. Mit 16,9 Prozent (15,3 % ohne Berlin) lag der Anteil der Anwälte, die in den 1970er- und 1980er-Jahren eine Zeit lang

46 Nach dem Kriterium der Bestandsaufname des MfS in den Akten.

inoffizielle Beziehungen zum MfS hatten, deutlich über der bisher bekannten Zahl.[47] Wenn man nur die Überschneidung von Anwaltstätigkeit und inoffizieller Registrierung berücksichtigt, war die Zahl mit 11,6 Prozent (9,7 % ohne Berlin) deutlich geringer. Eine nicht unerhebliche Zahl von Anwälten wurde während des Studiums, der Militärzeit oder in anderen Lebensphasen kontaktiert und die IM-Beziehungen während der Anwaltstätigkeit nicht fortgeführt.[48]

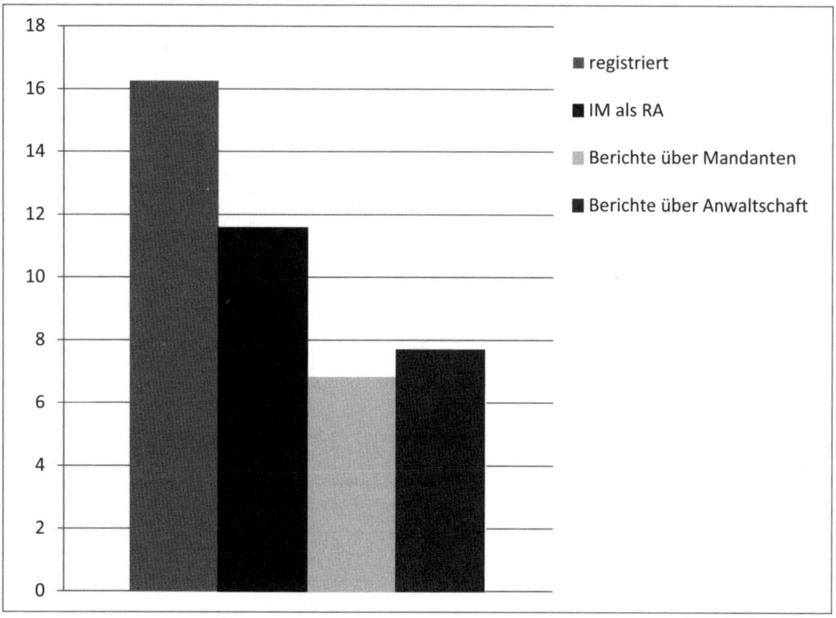


Abbildung 5: IM und Informationspotenzial von IM, die das MfS ab den 1970er-Jahren in DDR-Rechtsanwaltskollegien führte[49] (Angaben in %)

Auch die Zahlen für die Gesamt-DDR bestätigen, dass zwischen der Zahl der registrierten Personen und den Berichten über Anwaltskollegen (7,7 % bzw. 7 % ohne Berlin) und noch mehr den Berichten über Mandanten und Ratsuchende (6,8 % bzw. 6,2 % ohne Berlin) ein deutliches Gefälle besteht.

47 Zu den Berechnungskriterien vgl. die Einführung in das Kapitel. Der Prozentsatz von 1975/76 (7,5 %) ist vermutlich nur eine Momentaufnahme von MfS-Erfassungen. Im Gegensatz zu den Berliner Zahlen wurden auch keine offiziellen Kontakte als Berichterstattung einbezogen.

48 Ein Teil der IM-Akten wurde zerstört, sodass in diesen Fällen der Statistik nur Karteikarten oder summarische Quellen zugrunde gelegt werden konnten. Vermutlich ist der Anteil der Berichterstattung über Mandate daher etwas höher als in dem statistischen Befund angegeben.

49 Für Berlin nur Kollegiumsanwälte berücksichtigt.

### 7.1.2 IM aus dem Kreis der Vorstände der Anwaltskollegien

In der Vergangenheit wurde darauf hingewiesen, dass in bestimmten Anwaltsgruppen eine höhere IM-Quote als im Anwaltsdurchschnitt festzustellen ist. Vorstände, Vorstandsmitglieder, Kandidaten des Vorstandes und Revisionsmitglieder sollen im stärkeren Grade inoffizielle Beziehung zum MfS unterhalten haben.[50] Eine Neuberechnung im Rahmen dieser Arbeit kommt zu dem Ergebnis, dass 47,7 Prozent der Kollegiums-Vorsitzenden der 1970er- und 1980er-Jahre eine Zeit lang inoffiziell vom MfS geführt wurden, 38,6 Prozent sogar während ihrer Zeit als Anwalt.[51] Die regionale Verteilung war höchst unterschiedlich. In Bezirken mit ländlicher Struktur gab es Kollegien wie Frankfurt und Schwerin, die nie einen IM zum Vorsitzenden hatten, die Bezirke mit hohen Raten waren eher urbaner beziehungsweise industriell geprägt.[52] Diese Streuung zeigt zum einen, dass bei der Vorauswahl der Kader offenkundig regional unterschiedliche Kriterien galten. Zum anderen, dass bei diesen Nomenklaturkader-Funktionen das Verhältnis zur SED wichtiger war als eine inoffizielle Beziehung zum MfS. Wie sich anhand der Personalüberprüfung durch das MfS zeigt, war eine inoffizielle Bindung kein explizites Entscheidungsmerkmal, scheint aber dennoch das Urteil der prüfenden Offiziere positiv beeinflusst zu haben.

50 Nach Eisenfeld nahmen Mitte der 1980er-Jahre 49 von 149 Anwälten relevante Funktionen wahr, somit arbeiteten 33 % konspirativ mit dem MfS zusammen, aus dem Kreis der Vorstände 39 % und dem der Vorsitzenden sogar 53 %. Eisenfeld: Rolle und Stellung, S. 362 f. Busse kritisiert zu Recht, dass diese Zahlen nicht nachprüfbar sind, weil die entsprechenden Belege fehlen. Busse: Deutsche Anwälte, S. 406.

51 Aufstellung der Vorsitzenden der RAKs. In: Busse: Deutsche Anwälte, S. 671 f. Es gibt Grenzfälle wie den Berliner Vorsitzenden Gerhard Häusler, der trotz aktenkundig offizieller Kontakte nicht nachweisbar über Mandate im engeren Sinn gesprochen hat und daher nicht einbezogen wurde. Sonst wäre die Rate im Sinne von Eisenfeld etwas höher.

52 Diesen Befund sollte man nicht überbewerten. Manchmal beruht er auf einzelnen Vorsitzenden, die ihr Amt über die gesamte Ära Honecker innehatten.

| Streuungskriterium | Bezirkskollegien | Relativwert (in %) |
|---|---|---|
| Kein Vorsitzender als IM | 2 | 13,3 |
| Alle Vorsitzenden wenigstens zeitweilig IM | 3 | 20 |
| Rechnerischer Durchschnitt | 1 | 6,7 |
| Kleiner als Durchschnitt | 6 | 40 |
| Größer als Durchschnitt | 3 | 20 |
| Summe | 15 | 100 |

Tabelle 6: Vorsitzende mit zeitweiligen IM-Registrierungen nach Bezirkskollegien

Auch die IM-Akten von Vorsitzenden wiesen das typische Gefälle zwischen formaler Erfassung und nachweisbarer Berichterstattung über Kollegen oder Mandate auf. Allerdings spiegeln sie nicht den gesamten Umfang ihres Informationsaustausches mit dem MfS. Aufgrund ihrer Stellung als Nomenklaturkader waren sie zumindest bei der Anwaltsrekrutierung grundsätzlich gehalten, sich mit dem MfS ins Benehmen zu setzen. Es dürfte aber regional und individuell durchaus unterschiedliche Schattierungen dieser Zusammenarbeit gegeben haben.

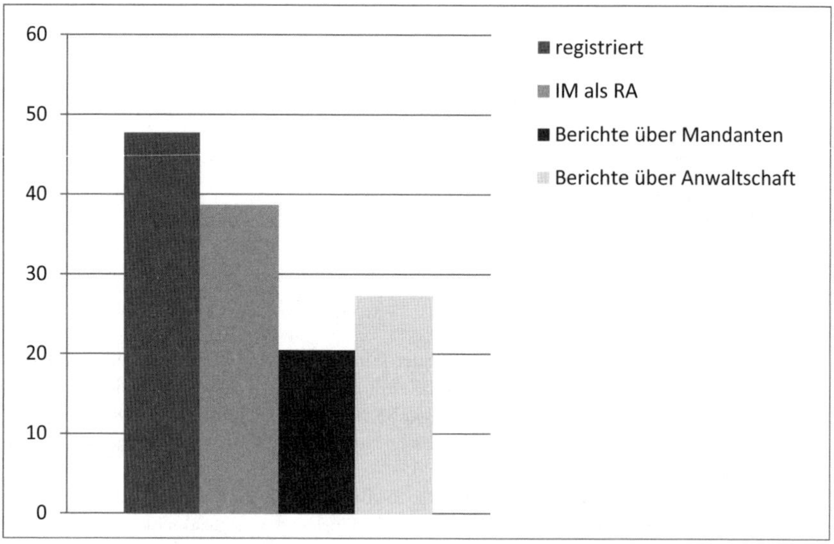


Abbildung 6: Vorsitzende von Anwaltskollegien in der DDR als IM ab den 1970er-Jahren (Angaben in %)

### 7.1.3 IM unter Anwälten mit Sonderfunktion

*Unteranwälte von Wolfgang Vogel*

Sehr deutlich über dem DDR-Durchschnitt liegt die Rate der IM-Erfassungen bei den Unteranwälten des Anwaltsbüros von Wolfgang Vogel. Im Jahr 1988 waren das außerhalb Berlins 27 Anwälte. Sie alle wurden vom MfS überprüft.[53] Schon Eisenfeld behauptete, dass ein hoher Teil dieser Anwälte beim MfS als inoffizieller Kontakt geführt wurde.[54] Die erneute Überprüfung dieser Unteranwälte für das Stichjahr 1988 ergab, dass ein Anteil von fast 60 Prozent während deren Anwaltszeit in den Unterlagen des MfS als inoffizielle Kontakte geführt wurde.[55] Sichtbar sind regionale Unterschiede. Die Vogel-Anwälte von 1988 in Cottbus und Schwerin waren beispielsweise nicht als IM verpflichtet. Ein Unteranwalt im Bezirk Cottbus sollte nach MfS-Vorstellungen zwar geworben werden, wurde aber letztlich als »ungeeignet«[56] eingeschätzt. Man beschränkte sich laut MfS-Angaben auf »offizielle [...] Gespräche.«[57] In Rostock dagegen wurden alle drei Anwälte mit Untervollmacht von Rechtsanwalt Dr. Vogel eine Zeit lang vom MfS als IM geführt. In Karl-Marx-Stadt waren die Beziehungen des MfS zu einzelnen solcher Anwälte besonders eng.[58]

53 Wölbern: Häftlingsfreikauf, S. 129. Die Behauptung, dass das MfS Vogel vorschrieb, wen er zu beauftragen habe, beruht auf einer nicht belegten Aussage eines ehemaligen DDR-Anwaltes. Lange: Einbindung, S. 637 f.

54 Eisenfeld, Bernd: Freikauf politischer Häftlinge. In: Buchstab, Günter (Hg.): Repression und Haft in der SED-Diktatur und die »gekaufte Freiheit«. St. Augustin 2005, S. 17.

55 HA IX/AKG/AK, Übersicht über die in Untervollmacht von Büro Vogel tätigen Rechtsanwälte; BStU, MfS, HA IX Nr. 2968, Bl. 1.

56 BV Cottbus/XX/1, Aktenvermerk v. 27.6.1979; BStU, MfS, BV Cottbus, AIM 1043/79, T. I, Bd. 1, Bl. 59.

57 HA IX/AKG/AK, Übersicht über die in Untervollmacht von Büro Vogel tätigen Rechtsanwälte; BStU, MfS, HA IX Nr. 2968, Bl. 1.

58 Booß: Sündenfall, S. 528 f. u. 531 f.

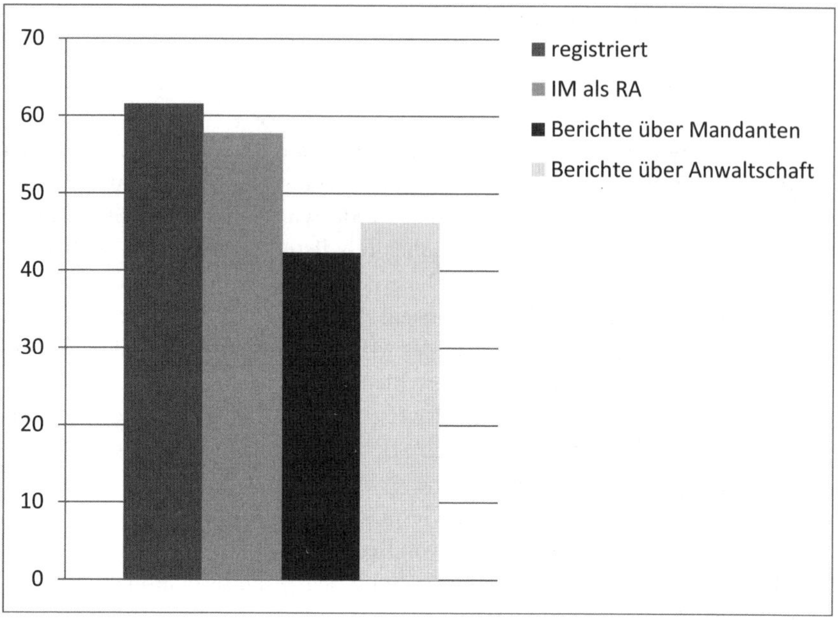


Abbildung 7: IM des MfS unter Vogel-Unteranwälten, 1988, ohne Berlin (Angaben in %)

*Anwälte in Sonderfunktionen*

Berliner Einzelanwälte, sofern sie nicht zu der Gruppe der verbliebenen »bürgerlichen« Altanwälte gehörten, hatten in der Regel mehr Sonderbeziehungen zum MfS als im DDR-Durchschnitt üblich. Die meisten werden aufgrund sehr unterschiedlicher Anbindungen und Kontakte als »Vertrauensanwälte des MfS«[59] bezeichnet. Auch im Rechtsanwaltsbüro für internationale Zivilrechtsangelegenheiten waren überdurchschnittlich viele Anwälte als IM registriert.[60] Prägnante Ausnahmen bei den Einzelanwälten waren Ingeburg Gentz und Karl Friedrich Kaul, die freilich intensive Kontakte zum zentralen Parteiapparat pflegten. Auch Mitglieder der Berliner Kanzlei von Wolfgang Vogel wurden nicht als IM geführt. Weil Vogel selbst sehr eng mit dem MfS verbunden war,

59 Aussage von Alexander Schalck-Golodkowski nach Beschlussempfehlung des 1. Untersuchungsausschusses [sog. Koko-Ausschuss], 27.5.1994. Deutscher Bundestag, Drs. 12/7600, S. 130 f.

60 Eigenberechnung laut MfS-Erfassungen, Angaben zum RBIZ, Verzeichnis der in der DDR zugelassenen Rechtsanwälte sowie Justizorgane und Vertragsgerichte. Essen 1990.

wurde die Kanzlei MfS-intern offenbar pauschal dem Bereich »Volpert«[61] zugerechnet.

Bei bestimmten Einsatzschwerpunkten lassen sich erhöhte Prozentanteile von Anwälten mit MfS-Beziehungen feststellen. Von 63 Anwälten, die das MfS als Reisekader und/oder Pflichtverteidiger in Militärgerichtsverfahren[62] oder internationalen Zivilrechtsverfahren akzeptierte, waren nach einer Berechnung von Eisenfeld 32 der Juristen (knapp über 50 %) als IM registriert.[63]

Eine Analyse im Rahmen der Berliner Stichprobe zeigt für 1984, dass der Anteil der IM deutlich höher war als im DDR-Durchschnitt der Anwälte der 1970er- und 1980er-Jahre. Von den 38 Berliner Anwälten, die an den 1984er Verfahren beteiligt waren, wurden 15 vom MfS als IM oder analog geführt (39,4 %).[64] Auch hier verringert sich der Anteil deutlich, wenn man das IM-Profil differenziert. Zwei dieser Anwälte lieferten keine Berichte von Relevanz, einer war nicht in den 1970er- und 1980er-Jahren als IM registriert,[65] nur sechs berichteten zumindest einmal über Rechtsanwälte (15,8 % der Berliner Anwälte im Verfahren), sieben über Mandanten oder Mandate (18,4 % der Berliner Anwälte im Verfahren).[66] Diese Zahlen lagen ein wenig über den Durchschnittsraten der Berliner Anwälte insgesamt. Die Anwälte mit MfS-Beziehungen betreuten aber nur 17,4 Prozent der Prozesse und waren hier deutlich unterrepräsentiert.[67] In der gesamten Berliner Stichprobe 1972-84-88 zeigte sich, dass 30,1 Prozent der Mandate von solchen Anwälten betreut wurden. Bei den Berliner Anwälten waren es nur 21,9 Prozent. Die niedrigere Berliner Rate erklärt sich daraus, dass ein großer Teil der Mandate (27 %) von der Kanzlei Vogel vertreten wurde, von Anwälten, die nie als IM registriert waren.[68] Alles deutet darauf hin, dass zumin-

61 Das Archiv des MfS gab bei Anfragen zu den Vogel-Anwälten diese Auskunft. HA XX/1, F10-Suchzettel v. 8.7.1975; BStU, MfS, BV Bln, Abt. XX Nr. 7354, Bl. 27.

62 Eisenfeld behauptet, diese Zahl umfasse auch Pflichtverteidiger in den sogenannten IA-Verfahren, also politischen Strafverfahren vor den IA-Kammern. Die Quellenangabe ist nicht eindeutig. Diese Aussage beruht auf einem Missverständnis. Die entsprechenden Überprüfungen und Statistiken beziehen sich nur auf IA-Verteidigungen vor den verschiedenen Instanzen der Militärgerichtsbarkeit. Eisenfeld: Rolle und Stellung, S. 362; HA IX/8, Aufstellung von Rechtsanwälten, 1.9.1976; BStU, MfS, HA XX Nr. 1588, Bl. 219–223.

63 Eisenfeld: Rolle und Stellung, S. 362.

64 Berliner Stichprobe 1984. In diese IM-Zahlen wurden auch die Verfahren einbezogen, in denen Einzelanwälte insbesondere der Kanzlei Vogel mitwirkten. Booß: Rechtsanwälte, S. 236 f.

65 Wolfgang Vogel war in den 1950er-Jahren formal als IM verpflichtet. In späteren Zeiten unterhielt er Sonder-Beziehungen zu seinem ehemaligen Führungsoffizier. Booß: Schattenmann, S. 6–65.

66 Diese Aussage bezieht sich auf die IM-Vita, nicht auf die untersuchten Verfahren. Berliner Stichprobe 1984.

67 Berliner Stichprobe 1984.

68 Berliner Stichprobe 72-84-88.

dest in Berlin der Anteil von Anwälten mit MfS-Sonderbeziehungen in MfS-ermittelten Verfahren höher war, als es dem Anwaltsdurchschnitt in der gesamten DDR entsprach. Zahlenmäßig bedeutsamer ist aber der Zuwachs an Mandaten, die die Kanzlei Vogel zu verzeichnen hatte. Es ist also eine Übertreibung, die allenfalls auf einer partiellen oder regionalen Anschauung beruhen kann, wenn behauptet wird, alle Anwälte in solchen Verfahren wären als IM verpflichtet gewesen.[69]

## 7.2 Generationentypologie von inoffiziellen Mitarbeitern

Die hohe Zahl von Anwälten mit Akten, die auf konspirative MfS-Beziehungen schließen lassen, zeigt, wie sehr das Berliner Kollegium durch derartige Verhältnisse geprägt war. Dies gilt umso mehr, da gerade Anwälte, die als Parteisekretäre, Vorstände oder in anderen Gremienfunktionen Einfluss nahmen, zu diesem Personenkreis zählten. Die Aktenbestände lassen über das eigentliche MfS-Verhältnis hinaus Rückschlüsse auf Mentalitäten zu. In den Akten wird ein Motivationswandel bei der Kooperationsbereitschaft deutlich, der zweifelsohne auf die unterschiedlichen Lebenserfahrungen zurückzuführen ist. Daher wurde versucht, diese Veränderungen im Rahmen gängiger Generationstypen zu interpretieren. Auf diese Weise können empirische Lücken, die Aktenverlusten oder Datenschutzgründen geschuldet sind, überbrückt werden.

### 7.2.1 Die Aufbaugeneration I: Die Gründer

In der Ära Honecker gab es nur noch wenige Anwälte, die zwischen der Jahrhundertwende und 1922 geboren waren und mit kommunistischen Geheimdiensten kooperierten. Ihre politische Sozialisation beeinflusste ihre Bereitschaft zur Zusammenarbeit mit dem MfS auf unterschiedliche Weise. Vertreter dieser Altersgruppe werden der »ersten Aufbaugeneration«[70] beziehungsweise der »Gründergeneration«[71] zugerechnet, sofern sie in der DDR maßgebliche Positionen erlangten. Darunter werden die noch vor dem ersten Weltkrieg geborenen

69 Kögler: Lenkung der Justiz, S. 149 ff. Lange sieht ein Monopol bei Wolfgang Schnur und Wolfgang Vogel und seinen Unteranwälten, andere nur »in Ausnahmen«. Lange: Einbindung, S. 637.

70 Merkel, Ina: Leitbilder und Lebensweisen von Frauen in der DDR. In: Kaelble, Hartmut u. a. (Hg.): Sozialgeschichte in der DDR. Stuttgart 1994, S. 365 f.

71 Lindner, Bernd: Zwischen Integration und Distanzierung. Jugendgeneration in der DDR in den sechziger und siebziger Jahren. In: APuZ 53 (2003) 45, S. 35.

Vertreter der eigentlichen Machteliten verstanden.[72] Die teilweise politisch und wirtschaftlich instabilen Verhältnisse der Weimarer Republik, Nationalsozialismus, Kriege beziehungsweise Kriegsfolgen prägten ihre Biografien. Das pointierte Etikett »KZ-Generation«[73] ist jedoch zu eng gefasst. Vertreter dieser Generation stellten »die politische Elite der DDR: die ›Altkommunisten‹, die unter Hitler gelitten und die den neuen antifaschistischen Arbeiter- und Bauernstaat aufgebaut haben«.[74] Sie hatten »äußere [...] Repression, Brutalität und Todesangst«[75] durchlebt. Eine »Vertrautheit mit illegalen Methoden«, ihre »erworbene Paranoia«[76] ließen repressive Methoden zur Aufrechterhaltung der Staatssicherheit im Arbeiter- und Bauernstaat als legitim, zuweilen selbstverständlich erscheinen. Bei dieser typisierenden Charakteristik wird oft übersehen, dass der Kern der kommunistischen Bewegung teilweise mit seinem Kampf gegen den bürgerlichen Parlamentarismus und die Sozialdemokratie zum Untergang der Demokratie in Deutschland beitrug. Erich Mielke, der an den Kämpfen der Kommunisten gegen die als sozialdemokratisch verrufene Berliner Polizei 1931 mit der Ermordung zweier Beamter Anteil hatte, illustriert das in zugespitzter Form.[77] Die Verhaltensweisen gegenüber einem politischen Gegner waren keine Reaktionen auf Repression der NS-Zeit, sondern Teil der parteilichen Sozialisation. Die Rigorosität, die diese Vertreter in der Nachkriegszeit zeigten, war nicht am demokratischen Rechtsstaat orientiert, sondern integrierte diesen vielmehr in das antifaschistische Feindbild. Der stalinistische Druck innerhalb der kommunistischen Bewegung musste diese Tendenz noch verstärken.[78] Nicht jeder, der aus antifaschistischer Motivation mit dem Staat und dem MfS kooperierte, teilte mit den Altkommunisten das an Macht orientierte Kalkül. Dies mag die Ambivalenzen mancher Parteigänger der SED unter den Anwälten erklären.

72 Zu Recht wurde darauf verwiesen, dass es im Grunde zwei Generationen waren, die die Grundfesten der DDR legten. Sie sind hervorzuheben gegenüber den in der Weimarer Republik Geborenen, die die Aufbaugeneration nach dem Krieg stellte. Ahbe, Thomas: Gemeinsame Nachkriegsgeschichte? Deutsche Generation nach 1945. In: APuZ 57 (2007) 3, S. 41. SED-Generalsekretär Erich Honecker (Jg. 1912) und sein Sicherheitschef, Erich Mielke (Jg. 1907), stehen stellvertretend für die »Alte Garde«, die »den Ton« in der DDR angab. Das spätere Wort von den »Gerontokraten« zeugt sprichwörtlich davon, dass das bis zum Niedergang der SED-Diktatur galt. Lindner: Integration, S. 35.

73 Fulbrook, Mary: Generationen und Kohorten in der DDR. Protagonisten und Widersacher des DDR-Systems aus der Perspektive biografischer Daten. In: Schüle, Annegret u. a. (Hg.): Die DDR aus generationsgeschichtlicher Perspektive. Eine Inventur. Leipzig 2006, S. 122.

74 Ebenda.

75 Ebenda.

76 Ebenda.

77 Otto: Erich Mielke, S. 20 f.

78 Mayenburg, Ruth von: Hotel Lux. Die Menschenfalle. München 2011.

Die kommunistische Machtelite stellte nur eine Minderheit in dieser »sehr gespaltenen Generation«.[79] Die Mehrheit der DDR-Gesellschaft blieb abwartend, versuchte durch Anpassung Konflikte zu vermeiden oder Verstrickungen aus der NS-Zeit zu kaschieren. »Wiedergutmachung«[80] war ein vom MfS gern eingesetztes Motiv, um durch inoffizielle Kooperation trotz NS-belasteter Vita eine Karriere zu ebnen. Das Beispiel von Clemens de Maizière steht für Personen, die sich durch ein hohes Maß an Anpassung und Kooperation ihren Platz unter den Etablierten sichern wollten. An keinem Ereignis wurde die Spaltung dieser Generation so deutlich, wie am Volksaufstand vom 17. Juni 1953. Während die Mehrheit der Bevölkerung aufseiten des Protestes stand,[81] sahen sich die Altfunktionäre in ihrem Feindbild geradezu bestätigt. In der Folge versuchten sie zwar neue Generationen für ihren Staat heranzuziehen, wollten jedoch zur »Tragik«[82] aller nachwachsenden Generationen die Macht nicht aus der Hand geben. Wer sich diesem Machtdenken nicht bedingungslos unterordnete, wurde ausgestoßen, selbst wenn er zum Kreis der Aufbaugeneration gehörte. Hierfür steht Götz Berger.

### *Beispiel: Götz Berger*

Die Vita von Götz Berger verlief zunächst typisch für einen Vertreter der Gründergeneration. Berger, Jahrgang 1905, war in einer jüdischen, pazifistisch eingestellten Berliner Lehrerfamilie aufgewachsen. Er absolvierte ein klassisches Studium der Rechts- und Staatswissenschaft sowie der Volkswirtschaft an den Universitäten Berlin und Freiburg.[83] Wie viele Jugendliche aus assimilierten Familien tendierte er früh zur kommunistischen Bewegung[84] und trat zunächst dem Kommunistischen Jugendverband, 1927 schließlich der KPD bei. Schon als Rechtsreferendar unterstützte er die »Rote Hilfe Deutschlands« und trat nach dem Examen der Berliner Kanzlei bei, in der schon Hilde Benjamin Mandate dieser kommunistischen Hilfsorganisation wahrnahm. Die Nationalsozialisten belegten Berger schon im Mai 1933 mit Berufsverbot. Er emigrierte nach Frankreich, dann nach Spanien, wo er von 1936 bis 1939 als Interbrigadist am Bürger-

79 Fulbrook: Generationen, S. 124.

80 Müller-Enbergs: Inoffizielle Mitarbeiter, Teil 1; Richtlinien, S. 109.

81 Kowalczuk, Ilko-Sascha: 17. Juni 1953. Volksaufstand in der DDR. Bremen 2003.

82 Lindner: Integration, S. 35.

83 Götz Berger im Interview 1990, vgl. Schöneburg, Karl-Heinz: Ein Jurist mit aufrechtem Gang. In: Demokratie und Recht 18 (1990) 4, S. 461–474, hier. 461. Sofern nicht anders angegeben, beziehen sich die Lebensdaten auf Wer war wer in der DDR? Ein Lexikon ostdeutscher Biografien. In: Wer war wer in der DDR? www.bundesstiftung-aufarbeitung.de/wer-war-wer-in-der-ddr-%2363%3B-1424.html (letzter Zugriff: 11.9.2014); Booß: Anwalt des Dissidenten.

84 Hartewich: Zurückgekehrt, S. 4.

krieg teilnahm. Zunächst von Frankreich interniert, emigrierte er 1943 in die Sowjetunion. Nach seiner Rückkehr nach Deutschland wurde er im zentralen Partei- und Staatsapparat beim Auf- und Umbau der Justiz eingesetzt. Sein Ziel sei damals der Aufbau einer »antifaschistisch-demokratischen Ordnung« gewesen, die auf einer »grundsätzliche[n] kritiklose[n] Bejahung dessen [basierte], was aus der Sowjetunion kam«.[85] Er selbst betonte später sein Engagement für die Ausbildung der Volksrichter.[86] Als Leiter der Abteilung Justiz im Zentralkomitee der SED arrangierte er 1950 auch Schauprozesse[87] und war mit der Auswahl der Richter für die berüchtigten, SED-gelenkten Waldheimer Prozesse befasst.[88] Später leitete er als Vorsitzender Richter am Stadtgericht Berlin »viele Prozesse von besonderer Bedeutung für den Schutz und die Sicherheit der DDR«.[89] Er war damit nach Hilde Benjamin einer der wichtigsten Richter für politische Verfahren. Berger leitete Schauprozesse gegen vermeintliche Rädelsführer des Volksaufstandes vom 17. Juni 1953.[90] Im Westen stand er daher wegen »Rechtsbeugung« auf der sogenannten »Warnliste Nr. 13« des Untersuchungsausschusses Freiheitlicher Juristen (UfJ), die auf berüchtigte DDR-Juristen hinwies.[91]

In dieser scheinbar glatten Funktionärskarriere gab es Brüche. Als Hilde Benjamin 1953 Justizministerin werden sollte, wurde ihm die Nachfolge als Vizepräsident des Obersten Gerichtes angeboten. Berger lehnte ab. Später behauptete er, ausschlaggebend sei für ihn gewesen, dass »wichtige Entscheidung[en] nicht vom Obersten Gericht, sondern vom Parteiapparat getroffen würden«. Da hätten Situationen eintreten können, »wo ich nach meinem Gewissen anders entscheiden würde«.[92] Inwieweit Berger damals wirklich substanziell abweichende Auffassungen vertrat, ist angesichts seiner Richterpraxis fraglich. Später behauptete er nach 1954, als Folge seiner Kritik an der politischen Staatsanwaltschaft, den Dienst bei der Justiz gekündigt zu haben.[93] Doch noch von 1954 ist ein hartes Urteil gegen einen 26-jährigen Medizinstudenten überliefert. Der wurde wegen des Vorwurfes, Kontakte zum UfJ und zu Residenten verschiedener Dienste in Westberlin unterhalten zu haben,[94] zu elf Jahren Haft wegen an-

85 Götz Berger im Interview 1990. In: Schöneburg: Ein Jurist, S. 468.

86 Ebenda, S. 467.

87 Schauprozess. In: Der Spiegel 31/1950.

88 Falco Werkentin fand einen Aktenvermerk vom 6.4.1950 über eine Besprechung bei Berger im Zentralsekretariat der SED; BArch, DO 1/11, 1586.

89 RAK Berlin, Auszeichnungsvorschlag v. 18.1.1965; BArch, DP1, 20074. Berger bekam 1965 den Vaterländischen Verdienstorden in Bronze.

90 Werkentin: Politische Strafjustiz, S. 164 f. u. 130 f.

91 UfJ, Warnliste Nr. 13, o. D. (vermutl. 1954); BStU, MfS, AIM 2528/61, T. I, Bl. 33.

92 Götz Berger 1993 im Interview mit Jochen Cerny, unveröff. Abschrift; Nachlass Berger.

93 Götz Berger im Interview 1990. In: Schöneburg: Ein Jurist, S. 471.

94 Wesentliches Ermittlungsergebnis, o. D. (vermutl. 1953/54); BStU, MfS, AU 491/58, Bd. 15, Bl. 48–54, hier 50 f.

geblicher »Sabotage und friedensgefährdender faschistischer Propaganda«[95] verurteilt. Laut einer vermutlich von Berger 1976 verfassten Biografie war er noch bis 1957 als Oberrichter tätig.[96] Möglicherweise wollte sich Berger 1953, in einer politisch unübersichtlichen Zeit, nicht in die exponierte Stellung am Obersten Gericht der DDR begeben.[97] Im Februar 1958 trat Berger auf eigenen Wunsch, abgestimmt mit ZK und Berliner SED-Bezirksleitung, dem Rechtsanwaltskollegium Berlin bei[98] und blieb mit einer kurzen Unterbrechung bis zu seinem Ausschluss 1976 Anwalt.[99]

Um die Anwälte in dem einige Jahre zuvor gegründeten Kollegium besser kontrollieren zu können, warb die HA V des MfS, institutioneller Vorläufer der HA XX, Berger 1958 unter dem Decknamen »Götz«. Der Jurist hatte schon als Funktionär mit dem MfS bei Propagandaaktionen gegen den Westberliner UfJ zusammengearbeitet.[100] Eine Verpflichtungserklärung unterschrieb Berger nicht, weil er nach Einschätzung seines Führungsoffiziers »nicht den Mut« dazu hatte.[101] Der Kandidat bat, was unterwürfig gegenüber dem MfS wirkt, »ob wir ihn nicht in der Anfangszeit unterstützen können, da er ja ganz klein anfängt«.[102] Die Hauptabteilung beabsichtigte daraufhin, den Geheimen Informator (GI) »Götz« in »einigen wichtigen Prozessen als Rechtsanwalt auftreten zu lassen«.[103] Er durfte auch MfS-Mitarbeiter in Scheidungssachen vertreten. Trotz der grundsätzlich vertrauensvollen Kooperation fiel die Berichterstattung des GI »Götz« für das MfS ambivalent aus. Er charakterisierte erwartungsgemäß Mitanwälte, kritisierte zum Beispiel, dass ein Kollege »zu sehr hinter dem Geld her«[104] sei, was als Synonym für eine bürgerliche Einstellung galt. In den Akten finden sich Informationen über Dritte, die diese durchaus in Schwierig-

95 Stadtgericht Berlin, Urteil v. 3.3.1954; ebenda, Bd. 15, Bl. 90.

96 Götz Berger: Schreiben an Franz Dahlem, 23.12.1976; Nachlass Berger.

97 Wegen seiner Haltung zu den Unruhen vom 17. Juni wurde Justizminister Max Fechner damals abgesetzt, auch andere Juristen standen unter Druck. Werkentin: Politische Strafjustiz, S. 146 ff.

98 MdJ, Vermerk v. 21.1.1965; BArch, DP1, 20074.

99 Vgl. zum Ausschluss im Kapitel Erziehung zur sozialistischen Anwaltschaft den Abschnitt Der Fall Götz Berger.

100 HA V/5, Charakteristik über GI »Götz«, 20.10.1959; BStU, MfS, AIM 2528/61, T. I, Bd. 1, Bl. 29–31. (Die damaligen Aktenformalien Aktenteil P, Bd. 1 sind zur Übersichtlichkeit auf die letztgültigen MfS-Formalia Aktenteil I, Bandzählung für den Personalteil u. Aktenteil II, Bandzählung für den Arbeitsteil vereinheitlicht.)

101 HA V/5, Bericht über die durchgeführte Werbung des GI, 30.1.1958; ebenda, T. I, Bd. 1, Bl. 23–26, hier 25.

102 Ebenda, Bl. 25.

103 HA V/5, Charakteristik über GI »Götz«, 20.10.1959; ebenda, T. I, Bd. 1, Bl. 29 u. 31.

104 HA V/5, TB mit GI »Götz«, 12.4.1958; BStU, MfS, AIM 2528/61, T. II, Bd. 1, Bl. 16 f., hier 16. (Die damaligen Aktenformalien Aktenteil A, Bd. 1 sind zur Übersichtlichkeit auf die letztgültigen MfS-Formalia Aktenteil I, Bandzählung für den Personalteil u. Aktenteil II, Bandzählung für den Arbeitsteil vereinheitlicht.)

keiten hätten bringen können. Über den Mann einer Mandantin wusste er, dass dieser Kontakte zur Unterwelt und zu Agentenkreisen hielte und plane, »in den Westen überzusiedeln«.[105] Über einen entfernten Bekannten berichtete der GI, dass der einen französischen Brief erhalten hätte, welcher verschiedene Beiträge »mit Hetze enthält«.[106] Er empfahl dem MfS auch zwei Mitglieder aus den Kreisen der Opfer des Faschismus als Informanten.[107] GI »Götz« kam den Interessen des MfS also in manchen Fragen weit entgegen. Dennoch war sein Führungsoffizier unzufrieden, da der GI »ungern Mandanten nennt beziehungsweise darüber spricht, was in seiner Praxis konkret vor sich geht«.[108] Obwohl Berger die Verschwiegenheit in Mandantenangelegenheiten nicht strikt einhielt,[109] wurde der Vorgang 1961 eingestellt, weil er »die ihm zugedachte Aufgabe nicht erfüllen konnte«. Als Hinderungsgründe wurden allerdings nicht nur »seine [...] ungeeignete [...] Mentalität [, sondern auch ...] seine frühere Tätigkeit beim ZK«[110] genannt. Offenbar rieb sich seine politische Exponiertheit mit den Erwartungen an die klandestine Arbeit und eröffnete Berger eine gewisse Unabhängigkeit. Immerhin misstraute ihm der Führungsoffizier nicht grundsätzlich, denn er ging davon aus, ihn gegebenenfalls »offiziell« ansprechen zu können. Zu einer weiteren inoffiziellen Zusammenarbeit kam es jedoch nicht. Gestützt auf einen IM im MdJ kommentierte die Stasi Bergers Karriereentwicklung seit dem Ausstieg aus dem ZK später zunehmend abschätzig: Er wäre mit »stark bürgerl[ichem] Gedankengut behaftet«.[111] Bei dieser Einschätzung scheinen Vorurteile durch. Er sei ein »typ[ischer] Emigrant, der polit[isch] aufgeweicht wurde«.[112] Die eigentliche Missbilligung des MfS zog sich Berger zu, als er in Krisen der DDR, im Prager Frühling 1968 und im Biermann-/Havemannkonflikt 1976, nicht verlässlich aufseiten der Macht stand. Berger meinte später, realistischer als in den Statements zu seinem sehr frühen Dissens, er sei durch die Invasion in der Tschechoslowakei und durch seine Erlebnissen als Verteidiger Robert Havemanns »zu einem Umdenken«[113] bewogen worden.

105 Ebenda, Bl. 16.

106 HA V/5, TB mit GI »Götz«, 12.4.1960; ebenda, T. II, Bd. 1, Bl. 26.

107 HA V/5, TB mit GI »Götz«, 7.8.1958; ebenda, T. II, Bd. 1, Bl. 19.

108 HA V/5, TB mit GI »Götz«, 10.6.1959; ebenda, T. II, Bd. 1, Bl. 25.

109 Berger berichtete z. B. über ein Scheidungsverfahren. HA V/5, TB mit GI »Götz«, 12.4.1958; ebenda, T. II, Bd. 1, Bl. 16.

110 HA V/5, Beschluss v. 20.4.1961; ebenda, T. I, Bd. 1, Bl. 34 f., hier 35.

111 GI »Fliege«, Vermerk, o. D.; BStU, MfS, HA XX Nr. 6886, Bl. 98.

112 Ebenda.

113 Götz Berger im Interview 1990. In: Schöneburg: Ein Jurist, S. 469.

*Beispiel: Clemens de Maizière*

Clemens de Maizière, Jahrgang 1906, entstammte einem evangelisch-bürgerlichen Elternhaus. Schon sein Vater war Jurist und auch er studierte Jura. 1937 beantragte er die Aufnahme in die NSDAP.[114] Später wurde dem MfS über Westberlin bekannt, dass de Maizière seit 1933 der SA und »angeschlossenen Verbänden« angehört haben soll.[115] Er war als Mitglied des deutschnationalen Wehrverbandes Jungstahlhelm, Hannover, dem er als »Sturm-Mann, Führer einer Schar und Sturm-Pressewart«[116] diente, in die SA überführt worden. Trotz dieser Vorbelastung gelang es de Maizière, nach der Kriegsgefangenschaft zunächst in der sowjetischen Zone beruflich und politisch Fuß zu fassen. Er trat 1946 in die dortige CDU ein und erhielt eine Zulassung als Rechtsanwalt. Aufgrund von Verschärfungen der Entnazifizierungskriterien wurde die Zulassung 1948 widerrufen. Nach einer Funktionärstätigkeit für die thüringische CDU und als Justiziar in Berlin gelang es ihm 1954, eine Zulassung als Rechtsanwalt im Westteil der Stadt zu erlangen.[117] Dort engagierte er sich im sogenannten Groscurth-Ausschuss für aus Ostberlin entsandte Propagandisten von FDJ und SED, die bei ihren in Westberlin unerwünschten Einsätzen von der dortigen Polizei festgenommen wurden.[118] Offenbar verdankte es de Maizière diesem politischen Engagement, dass er schließlich in das Ostberliner Kollegium aufgenommen wurde. Der Rechtsstreit vor Westberliner Standesgerichten, der aus dieser Doppelzulassung herrührte, machte ihn für die östliche Seite zu einer Art Symbolfigur. Das rettete ihn wohl über die Enthüllungen seiner SA-Mitgliedschaft hinweg. Der DDR gegenüber zeigte sich de Maizière wohlgesonnen, so war er prominentes Mitglied im Deutschen Friedensrat. Für diese Massenorganisation, die der SED-Propaganda diente, reiste er in die Bundesrepublik und löste dabei »unbewusst Aufgaben für die HV A«.[119] Vermutlich wurden seine Reiseberichte von der Auslandsspionage abgeschöpft oder er wurde für Propagandazwecke missbraucht. Ab 1957 legte das MfS Treffberichte mit GI »Clemens« ab.[120] Dank seiner Anpassungsbereitschaft hielt das Justizministerium die schützende Hand über ihn. Als das Kollegium ihn wegen vorgeblicher Unbeliebtheit und

114 Clemens de Maizière, Personalbogen, 15.12.1954; BStU, MfS, HA XX Nr. 6893, Bl. 172; Schumann: Familie de Maizière, S. 44.

115 HA XX/1, Vermerk v. 10.4.1965; BStU, MfS, HA XX Nr. 6893, Bl. 182–184, hier 183.

116 Müller, Uwe: Die Familie de Maizière. Eine deutsche Dynastie. In: Welt am Sonntag vom 6.3.2011, S. 6 f.

117 Clemens de Maizière, Lebenslauf, 15.12.1954; BStU, MfS, HA XX Nr. 6893, Bl. 174 f.

118 Hannemann: Robert Havemann, S. 122 f.

119 Verw. Groß-Bln/XV, Arbeitsanalyse v. 25.7.1961; BStU, MfS, BV Bln, AIM 5647/88, T. II, Bd. 5, Bl. 18.

120 Verw. Groß-Bln/V/5, TB mit GI »Clemens«, 29.11.1957; ebenda, T. II, Bd. 1, Bl. 5–17. Nach Schumann war er wegen seiner NS-Vergangenheit erpressbar, auch wenn er der Zusammenarbeit bereitwillig zustimmte. Schumann: Familie de Maizière, S. 178 f.

Faulheit loswerden wollte, verfügte der damalige Staatssekretär des MdJ, dass dies auf »keinen Fall«[121] geschehen dürfe und wies den RAK-Vorsitzenden Wolff entsprechend an.

Das Interesse an dem biegsamen, exponierten Vertreter einer Blockpartei war inzwischen groß. Das MfS erhoffte sich von ihm Informationen zur Westberliner Justiz, zur DDR-Justiz und zum Rechtsanwaltskollegium.[122] Besonders interessierten seine Kontakte zu seinem Bruder Ulrich. Dieser war in den 1950er-Jahren mit dem Aufbau der Bundeswehr befasst, deren vierter Generalinspekteur er 1966 werden sollte.[123] Nicht zuletzt aufgrund dieser Verbindung wurde de Maizière immer wieder vom MfS als Informant reaktiviert, selbst als an seiner Person Zweifel aufkamen. 1958 schloss das MfS die Akte »Clemens« zunächst. Weil er sich »dekonspiriert«[124] hätte, sah man keine Perspektive mehr. Obwohl ihm aufgrund seiner »Quatschhaftigkeit«[125] sogar »Doppelagententätigkeit«[126] und eine Zusammenarbeit mit dem UfJ unterstellt wurden, lebte die Informantentätigkeit laut einem Aktenvermerk schon 1963 wieder auf. Danach soll er der Abteilung XX/4 der Berliner Bezirksverwaltung über die evangelische Kirche »wertvolle Informationen« geliefert haben, um den »Differenzierungsprozess in der Landeskirche maßgeblich zu beeinflussen«.[127] Hintergrund war das Bestreben der DDR, die Landeskirche Berlin-Brandenburg, die damals den Westen Berlins einschloss, zu spalten.[128] De Maizière sollte den Bischof in Westberlin ausforschen und ihn bewegen, in Ostberlin einen eigenen Bischof wählen zu lassen und die Synode im Sinne des MfS beeinflussen.[129] Ausweislich der MfS-Unterlagen erhielt er jährlich dreistellige Prämiensummen ausgezahlt.[130]

121 Verw. Groß-Bln/V/5, Bericht v. 11.6.1958; ebenda, T. II, Bd. 1, Bl. 35. De Maizière hatte zu dieser Zeit ein Disziplinarverfahren im Kollegium. Schumann: Familie de Maizière, S. 133 ff.

122 Verw. Groß-Bln/V/5, Vorschlag v. 1.10.1957; ebenda, T. II, Bd. 1, Bl. 25 f.

123 Müller, Uwe: Die Familie de Maizière. In: Welt am Sonntag vom 6.3.2011, S. 6 f.; Besier, Gerhard: Der brüderliche Agent. Wie die Ex-DDR den Generalinspekteur der Bundeswehr Ulrich de Maizière ausforschte. In: Focus 4/1996, S. 60 f.; Schumann: Familie de Maizière, S. 230 ff.

124 Verw. Groß-Bln/V/1, Maßnahmen gegen Bundesanwalt Fränkel, 14.8.1962; BStU, MfS, HA XX Nr. 6893, Bl. 191.

125 Verw. Groß-Bln/XX/4, Auskunftsbericht v. 2.4.1968; BStU, MfS, BV Bln, AIM 5647/88, T. II, Bd. 5, Bl. 99–107, hier 103.

126 Verw. Groß-Bln, Vorschlag v. 6.5.1963; ebenda, T. II, Bd. 5, Bl. 16.

127 Verw. Groß-Bln/XX/4, Aktenvermerk v. 13.5.1971; ebenda, T. II, Bd. 5, Bl. 54.

128 Daher der Begriff »Differenzierungsprozess« in der MfS-Akte. Der Bischof mit Sitz in Westberlin wurde gehindert, den Ostteil der Stadt zu betreten, auch die Synoden mussten getrennt tagen, bis es nach innerkirchlichen Auseinandersetzungen 1972 zur faktischen Spaltung mit zwei Bischöfen kam. http://www.ekbo.de/geschichte/ (letzter Zugriff: 10.10.2014); Schumann: Familie de Maizière, S. 233 ff.

129 Verw. Groß-Bln/XX/4, Vorschlag zum Einsatz des IMS »Anwalt« zur Beeinflussung der Frühjahrssynode, 19.11.1969; BStU, MfS, BV Bln, AIM 5647/88, T. II, Bd. 5, Bl. 108 f.

130 BV Bln/XX/4, Vernichtungsprotokoll v. 8.8.1988; ebenda, T. II, Bd. 5, Bl. 69.

Die Beziehung von de Maizière zum MfS endete faktisch, als er mit 70 Jahren in den Ruhestand trat.

Das Interesse des MfS an de Maizière war vielfältig. Es konzentrierte sich auf seinen Bruder im Westen und das innerkirchliche Geschehen. Unter diversen Informationen über Anwälte und die Berliner Anwaltschaft sind Berichte zu den Hintergründen der Disziplinarfälle der Rechtsanwälte Preuß und Berger protokolliert.[131] Das MfS versuchte de Maizière auch zu nutzen, um Informationen über Mandate zu gewinnen und um Mandate im Sinne des MfS betreuen zu lassen. Außerdem sollten seine Reputation als Anwalt und Mann der Kirche genutzt werden, um propagandistische Initiativen zu starten. In den 1950er-Jahren wurde er beauftragt, einem Westberliner Anwalt diskreditierendes Material über angeklagte DDR-Gegner zuzuspielen,[132] im Jahr 1974, Einfluss auf Anwälte in Westberlin nehmen, um Mitglieder der evangelischen Studentengemeinde davon abzuhalten, DDR-kritische Briefe zu verfassen.[133] Einmal erhielt er den Auftrag zur Verteidigung eines inhaftierten Informanten der HV A.[134] Laut Akten berichtete er dem MfS auch von einem Verfahren gegen einen Wehrdienstverweigerer und ergänzte distanzierend, die Kirchenleitung schätze inhaftierte Wehrdienstverweigerer »als schwärmerische Alleingänger«[135] ein. Laut MfS-Akten ließ de Maizière MfS-Mitarbeiter mehrfach in Verfahrensakten einsehen: »›Anwalt überlies dem MfS eine Anwaltsakte über den Westberliner Journalisten […]‹,[136] heißt es in einem Vermerk. Es scheint, dass der erpressbare und labile Anwalt, der in der DDR nach Ansehen und Anerkennung strebte, dem MfS kaum Grenzen zu setzen vermochte.

### 7.2.2 Die Aufbaugeneration II

Von den Berliner Kollegiumsanwälten, die in den 1970er- und 1980er-Jahren aktiv waren und in den Jahren 1909 bis 1919 geboren wurden, arbeitete keiner für das MfS. Dagegen war in der Gruppe der zwischen 1920 und 1934 Geborenen, die der Aufbaugeneration II zugerechnet wird,[137] der Anteil der inoffizi-

131 BV Bln/XX/4, Information v. 6.12.1976; ebenda, T. II, Bd. 6, Bl. 111.

132 HA V/5, TB mit GI »Clemens«, 29.11.1957; ebenda, T. II, Bd. 1, Bl. 15–17.

133 Verw. Groß-Bln/XX/4, Information v. 7.3.1975; ebenda, T. II, Bd. 5, Bl. 222.

134 HA V/5, Aktenvermerk v. 11.2.1958; ebenda, T. II, Bd. 1, Bl. 26.

135 Verw. Groß-Bln/XX/4, Information v. 12.7.1965; ebenda, T. II, Bd. 1, Bl. 176.

136 Verw. Groß-Bln/XX/4, Treffvermerk v. 8.1.1969; ebenda, T. II, Bd. 3, Bl. 24. (Die vorgefundene Rechtschreibung wurde übernommen.)

137 Die Geburtsdaten dieser Generationsgruppe werden von verschiedenen Autoren unterschiedlich gesetzt. Die von Mary Fulbrook gewählte zeitliche Begrenzung erwies sich für die Betrachtung der IM-Übersicht als sinnvoll in Abgrenzung zu anderen Kohorten. Sie setzte sich zum einen von der geringeren IM-Dichte der Jahrgänge bis 1919 ab, zum anderen von der der »Kinder des Nationalsozialismus« mit einer höheren IM-Dichte ab. Fulbrook: Generationen,

ellen Zuträger des MfS mit 34 Prozent hoch. Insgesamt waren es zwölf Personen. Unter den Einzelanwälten befanden sich weitere drei IM beziehungsweise ähnlich wirkende Anwälte.[138] Gerade die zweite Aufbaugeneration konnte und sollte den Rahmen ausschöpfen, den die »Alte Garde« der altkommunistischen Staatsgründer setzte. Der Aufstieg war ihnen »von den Patriarchen [...] übereignet«.[139] Ihre Mitglieder waren altersmäßig in einer günstigen Situation. Standen sie doch am Beginn ihrer beruflichen Karriere, als durch Eliten- und Personalaustausch sowie Abwanderung Posten frei wurden. Andererseits waren sie »jung genug, um nicht vom Nationalsozialismus belastet zu sein«.[140] Die SED legte großen Wert[141] darauf, gerade sie einzubinden. Durch Anpassung an die Vorgaben eröffneten sich nahezu unbegrenzte Aufstiegsmöglichkeiten.

Deutlich mehr als die Hälfte der als IM registrierten Anwälte der Aufbaugeneration II stammte aus Berlin und Umgebung, die Übrigen überwiegend aus dem Gebiet der späteren DDR. Zwei Drittel hatten Arbeiter zu Vätern, auffällig hoch ist der Anteil von zerrütteten Familien. Mehr als die Hälfte stammte aus Elternhäusern, die kommunistisch geprägt, im Widerstand oder rassisch verfolgt waren. Drastisch wird die politische Entwicklung eines späteren Anwaltes daraus abgeleitet, dass er aufgrund seiner Erziehung »schon als Kind einen Hass gegen die faschistische Herrschaft« entwickelte.[142] Aber auch der aus bürgerlichem Haus stammende Wolfgang Vogel begründete seine Entscheidung, nach der Übersiedlung aus Schlesien in der SBZ zu bleiben damit, dass er »gegen das Stellung nehmen [wollte], was hinter uns lag«.[143]

Die in dieser Ära Geborenen erlebten Nationalsozialismus, Krieg und Nachkriegselend bewusst. Allerdings dürfen wichtige Erfahrungsunterschiede nicht übersehen werden.[144] Die Zahl der Anwälte, die ausweislich der Personalunter-

S. 122 ff.; Wurschi, Peter: Rennsteigbeat. Jugendliche Subkulturen im Thüringer Raum 1952–1989. Köln 2007, S. 39.

138 Drei weitere registrierte Personen erhielten erst durch die Auflösung des Rechtsanwaltsbüros für Internationale Zivilrechtsangelegenheiten 1990 ihre Anwaltszulassung und bleiben hier unberücksichtigt.

139 Ahbe: Nachkriegsgeschichte, S. 44.

140 Fulbrook: Generationen, S. 124 f.

141 Wurschi: Rennsteigbeat, S. 40.

142 Verw. Groß-Bln/V/6, Abschrift vom Lebenslauf, 6.9.1957; BStU, MfS, AIM 3010/63, T. I, Bd. 1, Bl. 14–17, hier 14.

143 Zit. nach: Whitney: Advocatus Diaboli, S. 29.

144 In die Bewertung kaum einbezogen und unterschätzt werden die politischen Positionen der Eltern, gerade weil für diese Generation Familienbezüge noch prägend waren. Geulen, Dieter: Politische Sozialisation in der DDR. Opladen 1998, S. 324. Vernachlässigt scheinen in den genannten Generationsmodellen auch die Anpassungsleistung an gleich zwei Diktaturen und die Formung durch Nachkriegserlebnisse, die, wie der Volksaufstand vom 17. Juni 1953, von Systemnahen und Systemfernen extrem unterschiedlich wahrgenommen werden konnten. Wurschi: Rennsteigbeat, S. 40; Schüle, Annegret u. a. (Hg.): Die DDR aus generationengeschichtlicher Perspektive. Eine Inventur. Leipzig 2006, S. 328.

lagen in der Wehrmacht dienten (3) oder der Hitlerjugend angehörten (2), war erstaunlich gering. – Sei es der Entnazifizierungsstrategie, einem bewussten sich Entziehen beziehungsweise aktiven Widerstand geschuldet sein. In einer von drei solchen Biografien heißt es, der Anwalt sei als Jugendlicher aus dem Deutschen Jungvolk ausgeschlossen worden, »da er keine Veranstaltungen besuchte«.[145] In keinem Fall ist eine Zugehörigkeit zu einer NS-Organisation dokumentiert. Die Anwalts-IM dieser Generation waren also mehrheitlich sozial und politisch vorgeprägt, was ihre Bereitschaft, mit dem geheimen Organ zur Sicherung »ihres Staates« zusammenzuarbeiten, erklären könnte. So waren diese Juristen auch ganz überwiegend, mindestens zu 92 Prozent, Mitglieder der SED.[146] Trotz der Kriegswirren und obwohl die wenigsten dieser IM bürgerlichen Schichten entstammten, scheinen nur einige ihre Qualifikation über den Umweg einer Arbeiter- und Bauernfakultät (ABF) beziehungsweise durch Lehrgänge erworben zu haben. Die Mehrheit begann ihre Ausbildung noch in der zweiten Hälfte der 1940er-Jahre an einer Universität in der SBZ beziehungsweise DDR. Das Studium war noch von einem Nebeneinander von »antifaschistischen« Reformen und traditionellen Universitätsstrukturen, Inhalten und Personal geprägt.[147] Es ist zu fragen, ob nicht in dieser Reibung zwischen der (noch) formaljuristischen Ausbildung und der Grundüberzeugung die Quelle für gelegentliche Versuche einzelner Anwälte zu suchen ist, aus den vorgegebenen Bahnen auszubrechen.

Auf jeden Fall verfügten diese Juristen über eine in der DDR rare Doppelqualifikation: ein mehr oder minder traditionelles juristisches Handwerkszeug bei gleichzeitig genehmer Herkunft. Es besteht Konsens, dass diese Generation über enorme Aufstiegschancen verfügte, obwohl es ihr zu DDR-Zeiten nie gelingen sollte, die Generation der Gründer wirklich zu ersetzen.[148] Politische Vorprägung gepaart mit großen Karriereerwartungen waren möglicherweise die Gründe, den Hochstalinismus ohne entscheidenden Dissens und größere Karrierebrüche zu überstehen und sich, wenn es darauf ankam, mehrheitlich der Parteidisziplin zu beugen. Offenbar gab es eine Art Verpflichtung oder gar Dankbarkeit gegenüber dem Staat, der ihnen den Aufstieg ermöglichte, sodass eine grundsätzliche Bereitschaft bestand, auch etwas für die Sicherheit dieses Staates zu tun. Der soziale Aufstieg dieser Personen wird an den Funktionen deutlich, die die IM dieser Generation auf dem Weg in die Anwaltschaft durchliefen: Über die Hälfte war zeitweise als Richter oder Staatsanwalt tätig, zwei als

145 BStU, MfS, AP 72708/92, Bl. 22.

146 Nicht alle herangezogenen Biografien treffen Aussagen zu einer Parteizughörigkeit, der Prozentsatz könnte daher höher gelegen haben.

147 Breithaupt: Rechtswissenschaftliche, S. 3; Liwinska, Malgorzata: Die juristische Ausbildung in der DDR. Im Spannungsfeld von Parteilichkeit und Fachlichkeit. Berlin 1997, S. 65 f.

148 Schüle: DDR, S. 113–130.

Juristen sogar am Obersten Gericht der DDR. Andere gestalteten im Berliner Magistrat oder als Assistenten an der Universität beziehungsweise einer Verwaltungsakademie den Aufbau des Justizwesens mit. Einer, Walter Baur, bekleidete zeitweilig die Funktion des Generalsekretärs der Vereinigung der Juristen der DDR (VdJ). Friedrich Wolff war jahrelang Vorsitzender des Kollegiums der Rechtsanwälte und des Gremiums aller Kollegiums-Vorsitzenden. Innerhalb der Anwaltschaft kam Wolff die Rolle eines Patriarchen zu. Allein drei IM dieser Gruppe wirkten zeitweise als Parteisekretäre des Berliner Kollegiums. In einigen Fällen waren es Karrierebrüche, die in die Anwaltschaft führten; das Berliner Kollegium hatte teilweise die Funktion, ein Auffangbecken für solche Fälle zu sein.[149] Dennoch blieben die meisten auch in der Anwaltschaft einflussreich, in einem nicht nur finanziell attraktiven Beruf, sodass der Wechsel der grundsätzlichen Loyalität keinen Abbruch tat. Parteiintern wurden die Angehörigen dieser Gruppe als »Kommunisten in der Rechtsanwaltschaft«[150] bezeichnet, die eine wichtige Rolle seit der Gründung und der Steuerung der Rechtsanwaltskollegien spielten. Und nicht wenige dienten zusätzlich dem MfS-Überwachungssystem.

*Beispiel: Walter Baur*

Walter Baur wurde 1927 in Stuttgart als Kind einer Arbeiterfamilie geboren. Er lernte zunächst Mechaniker. Von 1944 bis Kriegsende war er zur Wehrmacht eingezogen.[151] Er stammte »aus einer kommunistischen Familie und wurde entsprechend seiner Erziehung frühzeitig Mitglied unserer Partei«.[152] Von 1948 bis 1952 studierte er an der Friedrich-Schiller-Universität Jura. Später nahm er an mehreren hochkarätigen Parteischulungen teil, unter anderem einem ZK-Sonderlehrgang für Justizfunktionäre und einem Fernstudium an der Parteihochschule Karl Marx, und war offenbar für Nomenklaturkaderpositionen vorgesehen. Binnen kurzer Zeit stieg er von einer Bezirksstaatsanwaltschaft bis in die Generalstaatsanwaltschaft auf,[153] wurde »wegen moralischer Verfehlungen«[154] aber zunächst wieder zurückgestuft. Von 1959 bis 1976 war er Generalsekretär der VdJ, während dieser Zeit Mitglied des Nationalrates der Nationalen Front und des Präsidiums des Friedensrates der DDR, SED-abhängigen Massenorga-

149 Friedrich Wolff nach Busse: Deutsche Anwälte, S. 388.

150 ZK/SuR, Siegfried Heger: Schreiben an Genossen Hipp, 25.4.1979; BArch, DP1, 23192.

151 HA VIII, Personenauskunft, 20.6.1979; BStU, MfS, AIM 6999/82, T. I, Bd. 1, Bl. 186–192, hier 186.

152 HV A IX/C, Schreiben an BV Bln, 2.3.1978; ebenda, T. I, Bd. 1, Bl. 11.

153 HA VIII, Personenauskunft, 20.6.1979; ebenda, T. I, Bd. 1, Bl. 186–192, hier 186.

154 HA V/1/I, Einschätzung v. 27.9.1961; ebenda, T. I, Bd. 1, Bl. 55–57, hier 55.

nisationen. Aufgrund erneuter »moralischer Verfehlungen«[155] musste er diese Funktionen räumen. Das Berliner Anwaltskollegium nahm ihn nach Vermittlung des ZK, Abteilung Staat und Recht, von MfS und Justizministerium auf.[156] Während seiner Zeit als Staatsanwalt war er laut MfS-Unterlagen als Geheimer Informator des MfS »auf Basis der Überzeugung«[157] geworben worden. In seiner gehobenen VdJ-Funktion kontaktierte ihn das MfS »offiziell«. Das IM-Verhältnis ruhte faktisch, was dem Betreffenden offenbar nicht bewusst war. Laut MfS gab er weiter von sich aus Hinweise, wobei er betonte, »dass er sich freut«, weiter »inoffizielle« Verbindungen zu halten. Er berichtete laut MfS-Einschätzung über Vorkommnisse bei der Staatsanwaltschaft und gab einen guten Überblick über die VdJ und »über das Auftreten der DDR-Juristen privat und bei Konferenzen im Ausland [...,] auch Hinweise über Rechtsanwälte«.[158] Seit September 1957 war er laut Akten, »für verschiedene Abwehreinheiten mit dem MfS verbunden«.[159] Ab 1966 wurde der Vorgang von der HV A/IX/C übernommen, die ihn wegen seiner Verdienste auszeichnen lassen wollte.[160] Das MfS schätzte ihn in Bezug auf sein Privatleben als »nicht immer ehrlich«[161] ein und seine Kontakte zur HV A lockerten sich nach Eintritt in das Kollegium. Dennoch wurde er als »parteiverbundener, zuverlässiger Genosse [..., der in der langjährigen inoffiziellen Zusammenarbeit ...] einsatzbereit, diszipliniert, gewissenhaft«[162] gewesen sei, dargestellt. Obwohl er sich dünkelhaft mit Verweis auf seine früheren Tätigkeiten weigerte, Informantenaufträge entgegenzunehmen[163], finden sich in seiner IM-Akte handschriftliche Berichte zum Beispiel mit detaillierten Einschätzungen zu Anwälten im Disziplinarfall Goetz Berger.[164] Weil Baur seine persönlichen und familiären Belange nicht vollkommen den Interessen der HV A unterordnen wollte, kam er für eine Arbeit in einer MfS-nahen Spezialkanzlei nicht infrage. Die HV A übergab den Vorgang daraufhin an die HA VIII, wo er noch eine Zeit lang, zur Kontaktperson (KP) heruntergestuft, Aufgaben übernehmen sollte.[165]

155 HA VIII, Personenauskunft, 20.6.1979; ebenda, T. I, Bd. 1, Bl. 186 f. u. 188.
156 HV A IX/C/10, Aktennotiz zum Vorgang IM »Jurist«, 20.1.1976; ebenda, T. I, Bd. 1, Bl. 131.
157 HA V/1/I, Einschätzung v. 27.9.1961; ebenda, T. I, Bd. 1, Bl. 55–57, hier 55 f.
158 Ebenda, T. I, Bd. 1, Bl. 56.
159 HV A IX/C, Vorschlag zur Auszeichnung, 28.5.1974; ebenda, T. I, Bd. 1, Bl. 47.
160 Ebenda, T. I, Bd. 1, Bl. 47.
161 HV A IX/C; Schreiben an BV Bln, 2.3.1978; ebenda, T. I, Bd. 1, Bl. 11.
162 HV A IX/C, Schreiben an BV Potsdam, 16.9.1975; ebenda, T. I, Bd. 1, Bl. 13.
163 HV A IX/C, TB mit IM »Jurist«, 23.5.1976; ebenda, T. I, Bd. 1, Bl. 163.
164 Handschriftl. Vermerk v. 5.1.1977; ebenda, T. I, Bd. 1, Bl. 169–173.
165 HA VIII, Personenauskunft, 20.6.1979; ebenda, T. I, Bd. 1, Bl. 189 f.

*Beispiel: Maximilian Stegmann*

Maximilian Stegmann wurde 1920 in Berlin geboren. Unter schwierigen Bedingungen gelang es ihm, die Hochschulreife zu erlangen. Im Krieg wurde er als Soldat schwer verwundet. Freigestellt, begann er ein Jurastudium an der Universität Jena. Schon vor dem Machtantritt der Nationalsozialisten gehörte Stegmann dem Arbeitersportverein »Fichte« an, war also politisch vorgeprägt. Nach 1945 trat er der SPD bei und blieb nach der Vereinigung in der SED. Sein Vater arbeitete als Kraftfahrer beim ZK. Sein Studium hatte Stegmann zunächst aus materiellen Gründen abbrechen müssen. Die neuen Verhältnisse ermöglichten es ihm, sich im Rahmen des ersten Volksrichterlehrganges in Sachsen zum Richter zu qualifizieren. Er stieg schnell auf und schon 1949 wählte ihn die Volkskammer zum Richter am Obersten Gericht der DDR.[166] Auf Entscheidung des Politbüros wechselte er zeitweise in die Demokratische Bauernpartei Deutschlands (DBD) über, um die Blockparteiquote unter den obersten Richtern zu erfüllen. Als er in die SED zurückkehren durfte, zeigte er laut MfS-Schilderungen »freudig sein Parteibuch«.[167] Das MfS bescheinigte ihm, als Richter »stets die Beschlüsse unserer Partei respektiert [... und trotz DBD-Zugehörigkeit] stets engen Kontakt zu den Genossen seiner Arbeitsstelle«[168] gehalten zu haben. Sein Wechsel in die Anwaltschaft hatte gesundheitliche Gründe infolge der Kriegsverletzung. Ein Offizier der HA V, der späteren HA XX, kontaktierte Stegmann 1957 in den Aufbaujahren des Kollegiums, »da wir zuverlässige Rechtsanwälte suchen«.[169] In einer Personeneinschätzung hob das MfS seine »gute Einstellung [zur DDR hervor ...]. Zu besonderen Anlässen hängt er die rote sowie die Republikfahne heraus.«[170] Entsprechend ihren Aufgaben wollte die HA V ihn nutzen, »weil er eine Reihe von Rechtsanwälten [kennt], über die er uns bestimmte Informationen geben kann. Er [...] kann uns bei anfallenden operativen Aufgaben (Prozesse) unterstützen.«[171] Laut MfS-Einschätzung war »der Kandidat aus seiner politischen Überzeugung heraus sofort bereit [...], uns zu helfen«[172] und gab sich den Decknamen »Lutz«.[173] Wie es scheint, fühlte sich Stegmann gegenüber seinem Staat und seiner Partei verpflichtet, die ihm Ausbildung und Aufstieg ermöglicht hatten.

166 Auszug aus dem Personalbogen; BStU, MfS, AIM 9759/84, T. I, Bd. 1, Bl. 29–31; HA V/5/I, Vorschlag zur Kontaktaufnahme, 18.12.1957; ebenda, T. I, Bd. 1, Bl. 68–72.

167 Ebenda, T. I, Bd. 1, Bl. 70; HA V/5/I, Bericht über die Kontaktaufnahme, 16.1.1958; ebenda, T. I, Bd. 1, Bl. 73 f., hier 73.

168 HA V/5/I, Vorschlag zur Kontaktaufnahme, 18.12.1957; ebenda, T. I, Bd. 1, Bl. 70.

169 Ebenda, T. I, Bd. 1, Bl. 68.

170 HA VIII, Ermittlungsbericht v. 26.11.1957; ebenda, T. I, Bd. 1, Bl. 47–49, hier 48.

171 HA V/5/I, Vorschlag zur Kontaktaufnahme, 18.12.1957; ebenda, T. I, Bd. 1, Bl. 71.

172 HA V/5/1, Bericht über die durchgeführte Anwerbung, 4.3.1958; ebenda, T. I, Bd. 1, Bl. 16 f.

173 Maximilian Stegmann: Verpflichtung, 3.3.1958; ebenda, T. I, Bd. 1, Bl. 19.

Schon bald zeigte sich, dass der Anwalt die in ihn gesetzten Erwartungen zum großen Teil erfüllte. Er sei »stets bereit [...], uns die notwendigen Berichte zu schreiben [... und hat] uns nicht unwesentlich bei der Einschätzung einer größeren Anzahl von Berliner Rechtsanwälten geholfen«.[174] Als Mitglied der Parteileitung des Kollegiums werde er über interne Anwaltsprobleme informiert, die er dem MfS mitteile.[175] Doch selbst ein anscheinend so stromlinienförmiger Jurist zeigte gelegentlich Eigensinn, wenngleich er sich schließlich einsichtig zeigte. Stegmann hatte 1958 für einen kleineren Justizskandal gesorgt. Wegen Suggestivfragen eines vorsitzenden Richters legte er ein Pflichtmandat nieder. Dieses Verhalten war im Neuen Deutschland kritisiert worden.[176] Sein Führungsoffizier wertete mit »Lutz« den Vorfall aus und bescheinigte ihm Einsichtigkeit.[177] Eine Zeit lang monierte das MfS, dass »Lutz« aus einer »falsche[n] ›Berufsehre‹ [...] zu wenig oder gar nicht über interessante Mandanten berichtet«.[178] Der Führungsoffizier befürchtete, dass »Aufweichungserscheinungen unter den RA auf ihn übergreifen«[179] und plädierte für verstärkte ideologische Anleitung. Spätere Akten des MfS erwecken den Eindruck, dass die Skrupel des Anwaltes nachgelassen haben könnten.[180] »Lutz« erledigte nach MfS-Angaben »auch Vertretungen von Personen vor Gerichten [...] in unserem Auftrage«,[181] womit vermutlich Vertretungen von MfS-Angehörigen gemeint waren. Ab Ende der 1960er-Jahre spielte »Lutz« als Mitglied der Revisionskommission des Berliner Kollegiums eine wichtige Rolle beim Ausschluss von Reinhard Preuß. Schon 1969 wurde er nach den Worten des MfS »beauftragt«,[182] an der Handaktenrevision von Preuß teilzunehmen. Informationen aus dieser Revision finden sich mit Bezug auf IMS »Lutz« in den MfS-Akten.[183] Im Jahr 1973, als das MfS das Disziplinarverfahren aus dem Hintergrund steuerte, sorgte es dafür, dass ein IM der HA XX/1 bei der manipulierten Aktenrevision dabei sein konnte.[184] Es war offenbar Stegmann, der zu diesem Zeitpunkt bei der HA XX/1 erfasst

174 HA V/1, Perspektivplan v. 30.12.1959; ebenda, T. I, Bd. 1, Bl. 89.

175 HA V/1, Perspektivplan v. 29.5.1962; ebenda, T. I, Bd. 1, Bl. 90–93.

176 Mandant blieb allein zurück. In: ND vom 12.6.1958.

177 HA V/1, TB mit dem GI »Lutz«, 2.7.1958; BStU, MfS, AIM 9759/84, T. II, Bd. 1, Bl. 52.

178 HA V/1, Perspektivplan v. 30.12.1959; ebenda, T. I, Bd. 1, Bl. 89.

179 HA V/1, Perspektivplan v. 29.5.1962; ebenda, T. I, Bd. 1, Bl. 92.

180 HA XX/1, TB mit IM »Lutz«, 3.8.1970; ebenda, T. II, Bd. 1, Bl. 67–70; HA V/1/I, Perspektivplan v. 29.5.1962; ebenda, T. I, Bd. 1, Bl. 92.

181 Ebenda, T. I, Bd. 1, Bl. 91.

182 HA XX/1, Sachstandsbericht v. 22.7.1970; BStU, MfS, AOP 6589/74, Bd. 3, Bl. 109–121, hier 118.

183 Ebenda, Bd. 3, Bl. 119–121.

184 HA XX/1, Bericht v. 4.4.1973; ebenda, Beifügung, Bl. 59 f.

war.[185] Er gehörte schließlich zur Revisionsgruppe, die die entscheidenden Indizien zur Disziplinierung von Preuß zusammentrug.[186] Zuletzt waren es Zuständigkeitsfragen, sein Gesundheitszustand und Altersgründe, die 1984 zu einer Einstellung des am längsten währenden IM-Anwaltsvorganges der HA V/1 beziehungsweise XX/1 führten. Es war selbst dann noch daran gedacht, bei »zwingender operativer Notwendigkeit«[187] den Kontakt wieder aufzunehmen.

### 7.2.3 Die Generation der Verfolgten

Übergreifend zu den Generationstypen fällt eine »Erlebnisgruppe«[188] ins Auge: die in der NS-Zeit rassisch Verfolgten und die Kinder von Verfolgten. Friedrich Wolff sprach von dieser Zeit als einem »mein ganzes Leben beeinflussenden Einschnitt.«[189] Friedrich Karl Kaul war in den Konzentrationslagern Lichtenberg und Dachau inhaftiert, bevor er Richtung Westen emigrieren konnte.[190] Götz Berger wurde in Frankreich interniert, bevor er in die Sowjetunion auswanderte.[191] Soweit aus den Akten erkennbar, überlebten mindestens drei Mitglieder des Kollegiums in der Ära Honecker, darunter Friedrich Wolff,[192] als junge Heranwachsende nur mit Glück in Berlin. Da auch Kinder dieser Anwälte und Kinder anderer Verfolgter, zum Beispiel Gregor Gysi,[193] dem Berliner Kollegium angehörten, war dort die Zahl der Anwälte mit jüdischem Hintergrund deutlich höher als im Durchschnitt der DDR-Bevölkerung.[194]

185 HA XX/1, Auskunftsbericht v. 17.10.1974; BStU, MfS, AIM 9759/84, T. I, Bd. 1, Bl. 105–113.

186 MdJ, Vermerk. o. D. (vermutl. 21.3.1973); BArch, DP1, 4734.

187 HA XX/1, Vorschlag zum Einstellen der Verbindung zum IMS »Lutz«, 16.7.1984; BStU, MfS, AIM 9759/84, T. I, Bd. 1, Bl. 130.

188 Hartewich: Zurückgekehrt, S. 101.

189 Wolff: Ein Leben, S. 27.

190 Wer war wer in der DDR? In: www.bundesstiftung-aufarbeitung.de/wer-war-wer-in-der-ddr-%2363%3B-1424.html (letzter Zugriff: 11.9.2014).

191 Wer war wer in der DDR? In: Ebenda.

192 Wolff: Ein Leben, S. 127 ff.

193 Weitere können aus Datenschutzgründen nicht genannt werden. Der Vater von Gregor Gysi, Klaus Gysi, überlebte zunächst in Frankreich interniert in der Illegalität in Berlin. In der DDR stieg er zum Kulturminister, Botschafter, und Staatssekretär für Kirchenfragen auf. Gysi: Das war's, S. 10 f.; Wer war wer in der DDR? In: www.bundesstiftung-aufarbeitung.de/wer-war-wer-in-der-ddr-%2363%3B-1424.html (letzter Zugriff: 11.9.2014).

194 Nach dem Krieg kehrten 3 100 Juden aus Lagern oder der Emigration auf das Territorium der späteren DDR zurück. Bis 1989 ging die Zahl der Mitglieder der jüdischen Gemeinden auf 350 bzw. 400 zurück. Davon lebten die meisten in Ostberlin. Weidenfeld, Werner u. a. (Hg.): Handbuch zur deutschen Einheit 1949–1989–1999. Frankfurt/M. 1993, S. 472; Hartewich: Zurückgekehrt, S.4. In: http://www.zentralratdjuden.de/de/topic/65.judentum-in-der-ddr.html (letzter Zugriff: 12.9.2014).

Schon vor dem Krieg war die »freie Advokatur« ein »Haupttätigkeitsfeld«[195] deutscher Juden gerade in Berlin.[196] Unter den Berliner Anwälten befanden sich mindestens drei, die als sogenannte Mischlinge ersten Grades den Nationalsozialismus in der Halblegalität überstanden. »Todesangst, die Verzweiflung, die Isolation, die existentielle Not über einen langen Zeitraum hinweg«, waren die extremen Erfahrungen, die die in Berlin Überlebenden in jungen Jahren machten. »Mut und das Geschick, extreme Situationen zu meistern«, [197] die Bereitschaft zum Finassieren, gehörten zu den im wahrsten Sinne des Wortes Überlebenstechniken dieser Generation. Für viele linke oder kommunistische Juden, die in die SBZ zurückkehrten oder dort verblieben, war charakteristisch, dass sie schon als Jugendliche »Kommunisten wurden und sich damit in radikale Opposition zum religiösen Judentum, zum Zionismus, aber auch zur bürgerlich-liberalen Assimilation stellten«.[198] Wenngleich die hier untersuchten Anwälte etwas jünger waren, wurden die meisten von ihnen doch in ein entsprechendes Milieu hineingeboren. Der Weg zur »roten« Assimilation[199] war für manche also schon vorgeprägt, bevor sie die DDR zu ihrer Heimstatt wählten.[200] »Vom Sozialismus versprachen sich Vertreter dieser Erfahrungsgruppe eine Gegenwart und Zukunft ohne Diskriminierung und einen (Wieder-)Einstieg in ein gesellschaftlich anerkanntes und engagiertes Berufsleben.«[201] Die Partei bot vielen von ihnen die Möglichkeit, als Teil der neuen Eliten den Staat mitaufzubauen. Die »private Zustimmung der Überlebenden zu der dort angestrebten politischen Entwicklung [war] verhältnismäßig hoch«.[202] Der Preis dafür war, dass sie die jüdische Herkunft gegenüber der kommunistischen Identität hintanstellten.[203] Das galt insbesondere als der »stalinistische Antisemitismus«[204] Anfang der 1950er-Jahre auch die DDR erreichte und in dessen Folge zahlreiche Juden die DDR verließen. Das änderte sich erst, als sich die staatliche Haltung gegenüber den jüdischen Gemeinden wandelte. Ausdruck dieser Annäherung an die

195 Da hier Milieu und Erfahrungshintergrund thematisiert werden, bleiben definitorische Differenzierungen nach dem jüdisch-religiösen Recht oder gar den Kategorien der Nürnberger Rassegesetze unberücksichtigt. Ausführungen zu derart Kategorien finden sich in: Hartewich: Zurückgekehrt, S. 6.

196 Ladwig-Winters: Anwalt ohne Recht, S. 8.

197 Benz: Überleben, S. 11 u. 23.

198 Hartewich: Zurückgekehrt, S. 4.

199 Ebenda, S. 6.

200 Richarz, Monika: Juden in der Bundesrepublik Deutschland und in der Deutschen Demokratischen Republik. In: Brumlik, Micha (Hg.): Jüdisches Leben in Deutschland seit 1945. Frankfurt/M. 1986, S. 19 ff.

201 Völter, Bettina: Judentum und Kommunismus. Deutsche Familiengeschichte in drei Generationen. Opladen 2003, S. 308.

202 Tauchert, Stephanie: Jüdische Identitäten in Deutschland. Berlin 2007, S. 108.

203 Ebenda, S. 38. So auch die Charakterisierung des Vaters durch Gregor Gysi. Gysi: Das war's, S. 11.

204 Völter: Judentum, S. 307.

jüdische Kultur war der Besuch von Gregor Gysi bei der jüdischen Gemeinde in Westberlin und die Würdigung des letzten Präsidenten des Deutschen Anwaltvereins vor dem Nationalsozialismus, des Leipziger Anwaltes Martin Drucker, durch die DDR-Anwaltschaft.[205] Generell werden den ehemals Verfolgten »Anpassungsleistung« und »absolute Loyalität«[206] gegenüber dem neuen Staat zugeschrieben, obwohl sie in gewisser Distanz zur SED standen, zumal nachdem diese begann, »kleine« Nazis zu integrieren.[207] Allenfalls mit einem Anflug von »Ironie« hätten Vertreter dieser Erfahrungsgruppe sich für kurze Augenblicke in »Binnenräumen der sozialen Kommunikation«[208] unter Genossen, Leidens- und Weggefährten von der Vereinnahmung der Partei distanziert. Obwohl sie der kommunistischen Identität den Vorrang gaben, führte die Sozialisation im Elternhaus, die Verfolgungsgeschichte und das Leben im Nachkriegsdeutschland »zu sich von der nicht-jüdischen Mehrheit unterschiedenen Perspektiven und Sensibilitäten« zu einer »Partikularität«.[209] Dies trifft auch und gerade auf die entsprechenden Berliner Anwälte zu, bei denen sich Eigensinn mit einem hohen Maß an Loyalität gegenüber der DDR verband.

Es ist aufgrund der hohen Identifikation dieser Erfahrungsgruppe mit dem SED-Staat nicht überraschend, dass alle Rechtsanwälte im Berliner Kollegium, die, soweit aus den Akten erkenntlich rassischer Verfolgung im NS ausgesetzt waren, zumindest eine Zeit lang beim MfS als IM registriert waren: Das gilt für Friedrich Wolff, Bernhard Strodt, Götz Berger und insbesondere für Hans-Gerhard Cheim.[210] Allerdings zeigen sich deutliche Unterschiede. Cheim gehörte nicht zuletzt wegen seiner Verfolgungsgeschichte zu den rigorosesten IM und den überzeugtesten sozialistischen Anwälten des Berliner Kollegiums. Götz Berger hat zu Recht darauf hingewiesen, »dass doch jeder Mensch solch ein Schicksal auf eigene Art verarbeitete«.[211] Einige seien durch solche Erfahrungen mehr auf eine humanistisch-demokratische Linie gedrängt worden. Berger selbst erinnerte der drakonische Stil der stalinistischen Justiz im Nachhinein sogar an den Volksgerichtshof der NS-Zeit.[212] Andere waren verbittert und reagierten überhart. Ein Erklärungsansatz für diese Unterschiede dürfte in den unterschiedlichen Erfahrungsgemeinschaften innerhalb der Gruppe der Verfolgten zu suchen sein. Wer der Verfolgung entronnen war, zeigte teilweise »gesinnungsethische

205 Zu dessen 120. Geburtstag fand am 22.10.1989 eine länger geplante Festveranstaltung in Leipzig statt. Busse: Deutsche Anwälte, S. 509.

206 Hartewich: Zurückgekehrt, S. 107.

207 Ebenda, S. 257.

208 Ebenda, S. 107.

209 Völter: Judentum, S. 309; Gysi: Das war's, S. 11.

210 Friedrich Karl Kaul war nicht dem MfS verpflichtet, was angesichts seiner engen Anbindung an das ZK der SED auch überflüssig schien. Rosskopf: Friedrich Karl Kaul.

211 Götz Berger im Interview 1990. In: Schöneburg: Ein Jurist, S. 469.

212 Götz Berger im Interview 1990. In: Ebenda.

Momente im Politikverständnis«,[213] während die Überlebensbedingungen der Westemigranten eher einen »Zwang zum Dialog«[214] mit sich brachten. Die Mentalitäten der in Berlin Überlebenden sind wenig untersucht. Aber es scheint plausibel, dass diese Gruppe in der Halblegalität[215] Erfahrungen gemacht hat, die eine Rigorosität förderten. Andererseits verdankten sie ihr Überleben einer »beträchtliche[n] Schar nichtjüdischer Helfer«.[216] Und selbstredend war das Überleben in dieser Halblegalität gepaart mit konspirativen Verhaltensweisen. Möglicherweise waren ihre Vorbehalte gegen konspirative Methoden zur Sicherung der DDR wegen dieser Erfahrungen geringer als bei anderen.

*Beispiel: Gerhard Cheim*

Hans Gerhard Cheim, Jahrgang 1927, wuchs in Berlin im mittelständischen Milieu auf. Gemäß den Nürnberger Rassegesetzen wurde er als »jüdischer Mischling«[217] eingestuft. Die rassische Verfolgung hat den Anwalt, der in mehreren prominenten Strafprozessen tätig wurde[218], zweifelsohne lebenslang geprägt.[219] Er forschte und publizierte auch zu diesem Thema.[220] Gegenüber Dritten aus dem Westen sprach er laut Akten später von der »Ermordung«[221] seines Vaters. In früherer Zeit hatte er angegeben, dass sein herzkranker Vater infolge der psychischen Belastungen durch die Rassendiskriminierung gestorben war.[222] Cheim musste die Schulausbildung abbrechen, kam schließlich in ein Zwangsarbeitslager, aus dem er erst von der Sowjetischen Armee befreit wurde. In der SBZ konnte er endlich seine Ausbildung beenden. Ab 1958 war er Direktor des Stadtgerichts Friedrichshain und gehörte nach Einschätzung der Parteileitung »zu den fähigsten Kadern der Berliner Justiz«. Den Volksaufstand vom 17. Juni 1953 wertete er ganz dem offiziellen Sprachgebrauch folgend als »faschistischen

213 Hartewich: Zurückgekehrt, S. 101.

214 Ebenda, S. 102.

215 Eindrücklich schildert Friedrich Wolff den Status zwischen Tolerierung und einer Angst, existenzbedrohlichen Situationen ausgesetzt zu sein. Wolff: Ein Leben, S. 27 ff. u. 61 ff.

216 Benz: Überleben, S. 24.

217 Hans Gerhard Cheim: Lebenslauf, 13.2.1961; BArch, DP1, 20509.

218 Vollnhals: Fall Havemann, S. 59 ff.; Bästlein: Fall Mielke, S. 235 ff.

219 Wir waren Nachbarn. 120 Biografien jüdischer Zeitzeugen. Ausstellungsinstallation im Rathaus Schöneberg. In: http://www.wirwarennachbarn.de/index.php/id-2008.html (letzter Zugriff: 19.3.2015).

220 Cheim, Hans Gerhard: Die Verfolgung jüdischer Rechtsanwälte in der Nazizeit. In: NJ 42 (1988) 11, S. 438 f.

221 BV Bln/XX/1, Operative Information, 26.5.1983; BStU, MfS, BV Bln, AIM 1129/89, T. II, Bd. 2, Bl. 276.

222 Hans Gerhard Cheim: Lebenslauf, 13.2.1961; BArch, DP1, 20509.

Putschversuch«[223] und nahm ihn zum Anlass, seine Aufnahme in die SED zu beantragen. Nach einem ZK-Lehrgang, der ihn offenbar zum Nomenklaturkader qualifizierte, sollte er nach Absprache mit der Abteilung SuR beim ZK zunächst in der Kanzlei Kaul, dann als Richter am Obersten Gericht tätig werden. Wegen Westkontakten und angeblicher Verstrickungen von Verwandten wechselte er Anfang der 1960er-Jahre vom Staatsdienst in das Berliner Rechtsanwaltskollegium.[224]

Seine IM-Vita ist nur unvollständig überliefert.[225] Die förmliche Anwerbung für die Abteilung V der BV Berlin wird in einem MfS-Bericht mit 1961 datiert. Danach war er »ohne Umschweife bereit«[226] und entwarf den Text seiner Verpflichtung selbst. Er wählte den Decknamen »Ludwig«. Nach der MfS-Überlieferung berichtete »Ludwig« bis Mitte der 1980er-Jahre in dichter Folge und mit vergleichsweise hoher politischer Präzision über Anwaltskollegen, Justizpersonal, gelegentlich Mandate. Mehrere Berichte verfasste »Ludwig«, meist eilfertig, teilweise handschriftlich.[227] Allein die überlieferten Berichte und Protokolle über Treffen mit den Führungsoffizieren füllen zwei Bände mit 573 Seiten. Er war über Jahre der wichtigste IM der Abteilung XX der BV Berlin, die auch für die Berliner Anwälte zuständig war. Der IM hatte aufgrund seiner Erfahrungen im Nationalsozialismus ein besonders loyales Verhältnis zur DDR und nahm wie kaum ein anderer eine Perspektive ein, die der seiner Führungsoffiziere ähnlich war. Er gab sich nach MfS-Einschätzung »große Mühe [...], unser Organ nicht zu enttäuschen«.[228] Er bemängelte laut MfS-Akten, dass ein Festnahmekommando des MfS »nicht sorgfältig genug«[229] gearbeitet hätte. Oder er schlug vor, einen geflüchteten Anwalt in der Bundesrepublik beim Verfassungsschutz als KGB-Informanten zu denunzieren, »und schon wäre [...der] geliefert«.[230] Durch seine zahlreichen Personeneinschätzungen wurde er zum Berater, welchem Anwalt das MfS vertrauen könne und welchem nicht. Als die Frage anstand, ob Lothar de Maizière für einen Vorstandsposten geeignet sei, vertrat er die Meinung, dass dieser positiv zur DDR stehe, und »dass er ihm keine ›krummen Sachen‹ zutraue«,[231] was einem Leumundszeugnis gleichkam. »Ludwig« beriet das MfS laut Akten, welche Rechtsanwälte eventuell zur Werbung geeignet wären und welche nicht.[232] In anderen Fällen charakterisierte er Angestellte

223 Ebenda, S. 3; BArch, DP1, 20509.

224 HA XX/1/I, Vermerk v. 25.6.1964; BStU, MfS, HA XX Nr. 6886, Bl. 247.

225 Vollnhals: Fall Havemann, S. 65.

226 BV Bln/V/1, Bericht zur Anwerbung, 5.10.1961; BStU, MfS, BV Bln, AIM 1129/89, T. II, Bd. 1, Bl. 8–10.

227 »Ludwig«: Einschätzung des Gen. [...], 11.10.1961; ebenda, T. II, Bd. 1, Bl. 11.

228 BV Bln/XX, TB mit IMS »Ludwig«, 22.8.1974; ebenda, T. II, Bd. 2, Bl. 17 f., hier 18.

229 Verw. Groß-Bln/XX/1, TB mit IMS »Ludwig«, 5.5.1969; ebenda, T. II, Bd. 1, Bl. 137.

230 BV Bln/XX, Bericht v. 14.9.1973; ebenda, T. II, Bd. 1, Bl. 208.

231 BV Bln/XX/1, Information v. 20.11.1981; ebenda, T. II, Bd. 2, Bl. 245 f.

232 Verw. Groß-Bln/V/1, TB mit GI »Ludwig«, 19.4.1962; ebenda, T. II, Bd. 1, Bl. 53 f.

und Rechtsanwälte auf eine Weise, dass das MfS zu weiteren Recherchen geradezu ermuntert wurde: Die Äußerungen einer Sekretärin grenzten »fast an Hetze«,[233] bei Anwalt Reinhard Preuß, »der als bürgerlicher Anwalt am meisten in Erscheinung tritt, [...hätte er ] auffallend viele«[234] Mandate in I-A-Sachen festgestellt, die offenbar durch Kontakte in den Westen zustandegekommen seien. Interne Akten des Kollegiums waren offenbar kein Tabu: »Der IM übergab die Revisionsberichte und gab einige Erläuterungen dazu.«[235] Die Offiziere der HA XX/1 schlugen den verlässlichen Cheim als Pflichtanwalt für Militärgerichte vor;[236] besonders am Obersten Gericht war er in diesen Fällen im Einsatz.[237] Hier verteidigte er auch MfS-Abtrünnige wie Werner Teske, die der Todesstrafe entgegensahen. Für einen Spionageprozess war er vorgesehen, weil er »einen Klassenstandpunkt hat und stets die Interessen von Partei und Regierung vertritt«.[238] Wie sehr IM »Ludwig« in seinem Verhalten durch die NS-Zeit geprägt war, zeigt, dass er eine Pflichtverteidigung in einem Kriegsverbrecherprozess aus persönlichen Gründen ablehnte, da »er in Konzentrationslagern der Faschisten mehrere Familienangehörige verloren hat«.[239] Noch in den 1980er-Jahren entzog er sich der Pflichtverteidigung »für die Oranienburger Rowdys«, es wäre unter seiner Würde, »solche Banditen zu verteidigen«.[240] Er forschte, wie erwähnt, zur Verfolgung jüdischer Anwälte während des Nationalsozialismus und veröffentlichte einen materialreichen Aufsatz.[241]

Laut einer Karteikarte wurde er in den 1980er-Jahren zeitweilig durch die HV A IX/B/1 genutzt.[242] Die Versuche des MfS, »Ludwig« »in das Blickfeld«[243] der Rechtsabteilung der Ständigen Vertretung der Bundesrepublik zu bringen, zielten auf eine nachrichtendienstliche Tätigkeit ab. In diese Zeit fiel der »Auf-

233 BV Bln/XX, Einschätzung der Sekretärin [...], 3.1.1972; ebenda, T. II, Bd. 1, Bl. 197.

234 Verw. Groß-Bln/V/1, TB mit GI »Ludwig«, 12.10.1961; ebenda, T. II, Bd. 1, Bl. 12–14, hier 13.

235 BV Bln/XX/1, TB mit IMS »Ludwig«, 9.8.1979; ebenda, T. II, Bd. 2, Bl. 207.

236 HA XX/1, Vermerk, o. D. (vermutl. 1970er-Jahre); BStU, MfS, HA XX Nr. 6886, Bl. 237.

237 Wagner: Militärjustiz, S. 435 f.

238 Verw. Groß-Bln/XX/1, TB mit IMS »Ludwig«, 5.5.1967; BStU, MfS, BV Bln, AIM 1129/89, T. II, 1, Bl. 137.

239 Verw. Groß-Bln/XX/1, TB mit GI »Ludwig«, 24.6.1968; ebenda, T. II, Bd. 1, Bl. 131.

240 BV Bln/XX/1, TB mit IMS »Ludwig«, 28.4.1971; ebenda, T. II, Bd. 1, Bl. 150. In den 1980er-Jahren wurde öffentlich, dass es in Oranienburg eine rechtsgerichtete Jugendszene gab. Bugiel, Britta: Rechtsextremismus Jugendlicher in der DDR und in den neuen Bundesländern von 1982 bis 1998. Münster 2002, S. 137 f.

241 Cheim, Gerhard: Zur Verfolgung Berliner jüdischer Rechtsanwälte 1933–1945. In: ZfG 36 (1988) 11, S. 992–1010.

242 BStU, MfS, Kartei, HVA-F 16 (Rückseite).

243 BV Bln/XX/1, Information v. 8.12.1978; BStU, MfS, BV Bln, AIM 1129/89, T. II, Bd. 2, Bl. 198.

trag, […] mit einer Agentin des BND in Paris zu verhandeln«,[244] der offenbar von höchsten DDR-Stellen abgesegnet war.

Es waren wohl eher Fragen des Politikstils als fundamentale Gegensätze, durch die sich Vertreter der Erfahrungsgeneration unterschieden. Götz Berger, der 1968 die Söhne Robert Havemanns offen verteidigte, hatte selbst rigorose Phasen. Cheim war ebenfalls Verteidiger in dem Verfahren, in dem es um Protest gegen die Niederschlagung des Prager Frühlings ging. Während Berger frontal gegen die Anklage argumentierte, versuchte Cheim subtiler Verständnis zu wecken. Dem MfS gegenüber geißelte er intern zwar die »konterrevolutionären Losungen«[245] der Angeklagten und hielt die Strafen für gerechtfertigt. Andererseits war er der Auffassung, dass manche Strafe gegen derartige Protestaktionen zu hart war und setzte sich, äußerst diskret, beim ZK der SED für deren Überprüfung ein.[246]

### *Beispiel: Bernhardt Strodt*

Fast schon tragisch mutet der Vorgang der Anwerbung von Bernhard Strodt an. Strodt verkörperte so etwas wie die berufsrechtliche Instanz des Berliner Kollegiums. Als Clemens de Maizière 1956 in Westberlin die Anwaltszulassung aberkannt werden sollte, war es Strodt, der in diesem Verfahren als sachverständiger Zeuge für das Kollegium auftrat und publizistisch berichtete. Strodt eignete sich für diesen Auftritt, da er nicht der Partei angehörte, aber DDR-loyal war und sich seinerzeit selbst einen »parteilosen Bolschewik«[247] nannte. Dazu trug bei, dass der 1928 Geborene die NS-Zeit als sogenannter Mischling I. Grades nur mit Gefährdungen überlebt hatte und seine Schulausbildung vorübergehend abbrechen musste.[248] Strodt konnte im de-Maizière-Verfahren die Richter davon überzeugen, dass Kollegiums-Anwälte in der DDR nicht als Staatsfunktionäre anzusehen seien und rettete de Maizière und anderen damit die Zulassung.[249] Als es 1978 darum ging, die DDR-Anwaltsrechte in eine neue Form zu gießen, formulierte Strodt mit Kollegen »Thesen über die Stellung, die Aufgaben und die Pflichten der Mitglieder der Kollegien der Rechtsanwälte«. Danach war der Anwalt »verpflichtet, von seinem gesetzlichen Aussageverweigerungsrecht Gebrauch zu machen«.[250]

244 BV Bln/XX/1, Operative Information, 25.5.1981; ebenda, T. II, Bd. 2, Bl. 234.

245 Verw. Groß-Bln/XX/1, TB mit GI »Ludwig«, 1.11.1968; ebenda, T. II, Bd. 1, Bl. 133 f.

246 Verw. Groß-Bln/XX/1, Information v. 7.12.1968; ebenda, T. II, Bd. 1, Bl. 135.

247 Wolff: Ein Leben, S. 118.

248 Bernhardt Strodt: Lebenslauf, 30.6.1952; BStU, MfS, HA XX Nr. 6894, Bl. 66.

249 MdJ, Aktennotiz über die Berufungsverhandlung de Maizière, 27.9.1956; BArch, DP1, 20509. Vgl. im Kapitel Das Kollegium den Historischen Abriss.

250 Thesen über die Stellung, die Aufgaben und die Pflichten der Mitglieder der Kollegien der Rechtsanwälte in der DDR. Überarbeiteter Entwurf der Rechtskommission der ZRK, 14.7.1978, S. 4; BArch, DP1, 3310.

Wegen der reservierten Haltung Strodts gab es das MfS in den 1960er-Jahren auf, ihn zu kontaktieren.[251] Ende der 1970er-Jahre versuchte es eine andere Diensteinheit noch einmal. Nach den Auseinandersetzungen um Götz Berger und andere fühlte sich der Anwalt offenbar unter Druck. Das MfS schilderte ihn als Kontaktperson als »etwas ängstlich, vorsichtig [... Er] überlegt jeden Schritt, um nicht in der Dienststelle aufzufallen.« Er wäre aber »bereit, uns in allen Fragen zu unterstützen«.[252] Später wurde er beim MfS unter dem IM-Decknamen »Karl Weber« geführt.[253] In der entsprechenden IM-Akte finden sich detaillierte Informationen zu Konsultationen des Schriftstellers Stefan Heym mit seinem Anwalt Strodt.[254] Die Hauptabteilung, in der »Karl Weber« registriert war, protokollierte dies unter Berufung auf eine »Quelle unserer Diensteinheit«.[255] Als Quellenhinweis wurde vermerkt, dass die »Quelle als einzige Person außerhalb des Freundeskreises des Schriftstellers [...] Kenntnis von diesem Sachverhalt besitzt«,[256] was den Schluss zulässt, dass der Anwalt selbst die Informationsquelle des MfS war. Rückwirkend schrieb der Führungsoffizier von »Karl Weber«, dass sich seine »Informationen, insbesondere zu subversiven Kräften in der DDR [...,] seine Bereitschaft zur Ehrlichkeit gegenüber dem MfS und zur objektiven Berichterstattung«[257] bestätigt hätten. MfS-Protokolle von Treffen mit »Karl Weber« enthalten auch detaillierte Hinweise auf eine Hausvermögensauseinandersetzung der Familie von Robert Havemann.[258] Berichte über die Westberliner Anwaltskammer und einen ehemaligen hohen Anwaltsfunktionär führte das MfS lauten Akten auf »Karl Weber« zurück.[259] Die Akte beziehungsweise deren Rest[260] ist relativ dünn, aber sie steht, die Authentizität der MfS-Überlieferung vorausgesetzt, deutlich im Widerspruch zu den nach außen hin vorgetragenen berufsethischen Erklärungen des Anwaltes.

Strodt gehörte ab 1954 über lange Jahre zum Vorstand des Berliner Kollegiums. Anwälte wie Friedrich Wolff, Cheim und Strodt prägten mit ihrer Strenge

251 HA XX/1, Auskunftsbericht v. 15.4.1965; BStU, MfS, AIM 2887/91, Beifügung, Bd. 1, Bl. 1–8, hier 8.

252 TB mit KP »Weber«, 19.8.1978; BStU, MfS, AIM 14984/82, T. I, Bd. 1, Bl. 31 f.

253 BStU, MfS, Kartei, F 16, F 22.

254 Heym stand damals wie Havemann unter Druck, weil man ihm gesetzeswidrige Deviseneinnahmen nach Publikationen im Westen vorhielt. Neubert: Geschichte der Opposition, S. 346 f.

255 HA VIII, Information v. 11.5.1979; BStU, MfS, AIM 14984/82, T. II, Bd. 1, Bl. 15.

256 HA VIII, Information v. 2.10.1980; ebenda, T. II, Bd. 1, Bl. 25.

257 HA VIII, Auskunftsbericht v. 5.9.1984; BStU, MfS, HA VIII Nr. 8079, Bl. 1–9, hier 5.

258 HA VIII, TB mit IME »Karl Weber«, 28.10.1981; BStU, MfS, AIM 14984/82, T. II, Bd. 1, Bl. 34 f. Zu den Versuchen des MfS, sich in den Besitz eines Grundstückes neben Havemann zu bringen. Havemann; Widmann: Robert Havemann, S. 224 ff.

259 HA VIII, TB mit IME »Karl Weber«, 18.2.1982; ebenda, T. II, Bd. 1, Bl. 46–50.

260 Die Akte musste zum Teil aus zerrissenen Unterlagen rekonstruiert werden. BStU, MfS, AIM 2887/91, Beifügung, Bd. 1.

das Gesicht dieser Institution, wie diese ihnen wiederum einen spezifischen Raum mit gewissen Gestaltungsfreiheiten bot. Die Kinder der Verfolgtengeneration unter den Anwälten standen den Verfolgten näher als die in die DDR Hineingeborenen, andererseits fehlten ihnen unmittelbare Bedrohungserfahrungen.[261] Die Geschichte ihrer Eltern ließ sie nicht unberührt, aber es waren keine persönlichen Erlebnisse. Gregor Gysi schildert die Verfolgungsgeschichte seiner Familie verhältnismäßig distanziert.[262] Die Anwältin Barbara Erdmann, die Tochter von Friedrich Wolff, tat es mit starker Empathie.[263] In der Forschung wird der zweiten Generation der Juden in der DDR aufgrund der Loyalität zu den Eltern »eine weitgehende Identifikation mit dem Staats- und Gesellschaftssystem der DDR«[264] zugeschrieben, jedoch nicht so ungebrochen wie die ihrer Eltern. Soweit erkennbar, ließen sich die Nachkommen der Verfolgten unter den Anwälten trotz ihrer grundlegenden Loyalität zur DDR nicht förmlich als IM werben.[265] »Ludwig«, der IM mit einer Verfolgtenbiografie, berichtete nicht untypisch zu einer Person aus diesem Kreis, sie habe seiner Meinung nach »in politischen Fragen eine oft weiche, wenn nicht sogar in Tendenzen oppositionelle Haltung«.[266]

### *Beispiel: Grischa Worner*

Aufschlussreich für diese Gruppierung ist die Entwicklung von Grischa Worner. Dieser gehörte nicht zu den rassisch Verfolgten. Seine Eltern waren als Kommunisten aus politischen Gründen zuerst in die ČSSR, dann nach England emigriert, wo er 1944 geboren wurde.[267] In den 1960er-Jahren schätzte das MfS Worner beim Wehrdienst als »jungen intelligenten Menschen, der sehr positiv ist«[268] ein und warb ihn als »Manfred Schuster« an.[269] Im Auftrag des MfS wurde er auf eine NVA-Schule geschickt.[270] Danach sollte er an der 1961 errichteten Grenze in einer Sicherungskompanie des MfS »Provokationen und

261 Vgl. dazu z. B. BStU, MfS, BV Bln, Abt. XX Nr. 6072. Dieses Thema kann aus Datenschutzgründen hier nur gestreift werden.

262 Gysi: Das war's, S. 10 ff.

263 Ebenda.

264 Tauchert: Jüdische Identitäten, S. 296.

265 Das gilt auch für Gregor Gysi, während sein Vater jahrelang förmlich als IM berichtete.

266 BV Bln/XX/1, Information zu den Rechtsanwälten […], 20.8.1984; BStU, MfS, BV Bln, AIM 1129/89, T. II, Bd. 2, Bl. 324.

267 Klinger, Nadja: Rudi … wer?. In: TAZ o. D. In: http://www.taz.de/digitaz/.dutschkestrasse/rudiwer (letzter Zugriff: 15.11.2010).

268 Laut Akte damals schon als KP. MfS, Kurzbiografie, 22.11.1963; BStU, MfS, AIM 13957/81, T. I, Bd. 1, Bl. 83 f., hier 84.

269 Grischa Worner: Verpflichtung, 27.11.1963; ebenda, T. I, Bd. 1, Bl. 207 f.

270 Verw. Groß-Bln/XV, Einschätzung v. 8.4.1968; ebenda, T. I, Bd. 1, Bl. 129–131.

Fahnenfluchten [...und] Grenzdurchbrüche«[271] verhindern. Das war eine Sondereinheit, die im Zweifel ihren Kameraden in den Rücken geschossen hätte. Er selbst begründete diesen Schritt folgendermaßen: »Da ich das verteidigen will, wofür meine Eltern kämpften [...] und wofür viel[e] Antifaschisten in der Zeit des Faschismus ihr Leben opferten, meldete ich mich im November 1962 bei den Grenztruppen.«[272] Eine vollständige Übernahme von Worner in das MfS scheiterte daran, dass er, beziehungsweise seine Familie seit dem Exil Kontakte in den Westen hatten, die er nicht aufgeben wollte. Allerdings hielt Worner laut MfS-Akten bis in die 1970er-Jahre als »Einsatzkader« unter Legende Kontakt zu einem CDU-nahen Jura-Studenten in Westberlin, den das MfS anzuwerben versuchte.[273] Während des Jura-Studiums an der HUB war er »abwehrmäßig«[274] eingesetzt. Aus dieser Zeit stammt die Charakterisierung einer Mitstudentin.[275] Damals wurde er erneut als IMS »Grischa« von der HV A geworben.[276] Noch 1968 meldete er sich anlässlich des Einmarsches der Warschauer Pakttruppen in die ČSSR telefonisch und stellte sich laut Protokoll »für die Durchführung operativer Maßnahmen zur Verfügung. Er unterstütze die durchgeführten Maßnahmen in der ČSSR«[277]. Im Gegensatz zur MfS-Überlieferung fand Worner es später jedoch »moralisch verwerflich, dass schon wieder deutsche Soldaten in Prag einmarschierten«.[278] Im Nachhinein sah er in diesem Jahr für sich eine Zäsur. Die 1968er Ereignisse und die Studentenbewegung in Westberlin hätten ihn und andere »nachdenklich«[279] gestimmt. Schon in der Zeit ab 1970, als Richter am Stadtbezirksgericht Pankow, zeigte sich, dass Worner, anders als seine bisherige Vita nahelegte, Repression offenbar nicht in jeder Form billigte. Für eine IA-Richterin war er zu jener Zeit ein »aufgeweichter Liberaler«.[280] Der

271 HA I/Aufklärung/B, Vorschlag zur Werbung, 13.10.1964; ebenda, T. I, Bd. 1, Bl. 196–201, hier 200.

272 Grischa Worner: Lebenslauf, 8.5.1967; ebenda, T. I, Bd. 1, Bl. 185–188, hier 188.

273 Verw. Groß-Bln/XV, Einschätzung v. 8.4.1968; ebenda, T. I, Bd. 1, Bl. 129–131.

274 Ebenda.

275 Die Handschrift dieses Berichtes entspricht offenbar der auf der Verpflichtungserklärung von Worner. Worner bestreitet, Berichte verfasst zu haben. Charakteristik über [...]. 15.11.1967; BStU, MfS, AIM 13957/81, T. I, Bd. 1, Bl. 255–257. Klinger, Nadja: Rudi ... wer?. In: TAZ, o. D. In: http://www.taz.de/digitaz/.dutschkestrasse/rudiwer (letzter Zugriff: 15.11.2010).

276 MfS, Vermerk zu IMS »Grischa«, 30.10.1974; ebenda, T. I, Bd. 1, Bl. 324.

277 Verw. Groß-Bln/XV, Aktennotiz v. 12.9.1968; ebenda, T. I, Bd. 1, Bl. 297.

278 Die DDR erweckte zunächst den Eindruck, sie sei an der Seite der Warschauer-Pakt-Staaten in die ČSSR eingerückt. Wolle, Stefan: Aufbruch nach Utopia. Alltag und Herrschaft 1961–1971. Berlin 2011, S. 370 f.

279 Worner spricht von »uns« und zielt damit offenbar auf die Gruppenerfahrung seiner Generation ab. Klinger, Nadja: Rudi ... wer?. In: TAZ o. D. In: http://www.taz.de/digitaz/.dutschkestrasse/rudiwer (letzter Zugriff: 15.11.2010).

280 GMS »Gerda«, zum RA-Praktikanten Worner, 27.8.1974; ebenda, T. I, Bd. 1, Bl. 327.

Kontakt zum MfS bestand nur noch »sporadisch«.[281] Kurz vor dem Eintritt in das Kollegium wollte er die Zusammenarbeit aus »Widerwillen« abbrechen, da er sich persönlich weiterentwickelt hätte.[282] Die BV Berlin, Abteilung XX, hatte den Vorgang inzwischen übernommen, wollte den Kontakt zur »Absicherung des Rechtsanwaltskollegiums«[283] aufrechthalten, stellte den Vorgang aber 1981 ein, weil keinerlei relevante Informationen mehr flossen.

Worner gehörte seit Ende der 1970er-Jahre dem Vorstand des Berliner Kollegiums an, zeitweilig als stellvertretender Vorsitzender. Er war Verteidiger in zahlreichen MfS-ermittelten Strafverfahren.[284] Als Vertreter der Nachgründergeneration gehörte er zu den prägenden Personen im RAK Berlin. In den 1980er-Jahren war er nach eigenen Aussagen von den Ideen Gorbatschows beeinflusst.[285] Als Sekretär des Rates der Vorsitzenden fungierte er als rechte Hand von Gregor Gysi, um diesen zu entlasten.[286]

### 7.2.4 Die Zwischengeneration: Im Nationalsozialismus geboren

Gemeinhin wird den im Dritten Reich geborenen Kindern keine besondere Bedeutung als »echte« Generationsgruppierung zugemessen.[287] Dennoch soll hier diese Generation genauer beleuchtet werden. Denn in keiner Generationsgruppe der Berliner Anwälte der Honecker-Ära werden anteilig so viele Anwälte mit IM-Bezügen (7 von 15 gleich 54 %) nachgewiesen, wie in den Geburtsjahrgängen 1935 bis 1944. Schon die drei Jahre unmittelbar zuvor, zwischen 1931 und 1934 geborenen Personen, weisen einen Anteil von 66 Prozent auf.[288]

Den Angehörigen dieser Zwischengeneration ist gemeinsam, dass ihre Familien von der Weimarer Republik und der NS-Zeit geprägt waren. Die Kinder erlebten die dramatischen Ereignisse der NS- und Nachkriegszeit, gespiegelt durch die familiäre Perspektive: »Verlust oder zumindest jahrelange Abwesenheit des Vaters oder auch Verlust des Heimes«,[289] Nachkriegsnot und oft De-

281 MfS, Vermerk zu IMS »Grischa« v. 30.10.1974; ebenda, T. I, Bd. 1, Bl. 324.

282 BV Bln/XV/A, TB mit IM »Grischa«, 21.1.1974, ebenda, T. I, Bd. 1, Bl. 321 f.

283 MfS, Vermerk zu IMS »Grischa«, 30.10.1974; ebenda, T. I, Bd. 1, Bl. 324; BV Bln/XV, Vermittlung einer Tätigkeit in der Hauptstadt Berlin für den IM »Grischa«; ebenda, T. I, Bd. 1, Bl. 298.

284 Rechtsanwaltskartei. BStU, MfS, Kartei.

285 Klinger, Nadja: Rudi … wer?. In: TAZ, o. D. In: http://www.taz.de/digitaz/.dutschkestrasse/rudiwer (letzter Zugriff: 15.11.2010).

286 Grischa Worner, Sekretär des Rates: Schreiben an MdJ, 10.11.1989; SAPMO, DY 45.

287 Im Ergebnis einer Analyse von über 2 700 Biografien im Nachschlagewerk »Wer war wer in der DDR?« waren sie »die am wenigsten Bemerkbaren«. Fulbrook: Generationen, S. 125.

288 Nur für die Geburtsjahrgänge der frühen 1950er-Jahre sind vergleichsweise hohe IM-Anteile nachweisbar.

289 Geulen: Sozialisation, S. 36.

klassierung. Sie waren noch so jung, dass sie diese Ereignisse nicht rational verarbeiten konnten. Das wird verunsichernd gewirkt haben. Nach dem Zusammenbruch des Nationalsozialismus und den Werten der alten bürgerlichen Welt herrschte ein ideologisches Vakuum. Einerseits stand diese Generation noch unter dem Einfluss traditioneller Familienbilder, andererseits wuchs der staatliche Erziehungsanspruch im Stalinismus, sie zu »loyalen und konformen sozialistischen Persönlichkeiten«[290] zu bilden. Diese Generation war nach 1945 doppelt gehemmt. Sofern ihre Familien nicht zu den aktiven NS-Gegnern gehörten, konnte es zu »Schuldgefühl und Verdrängungssehnsucht«[291] kommen. Zum zweiten waren die wichtigen Funktionen durch die Aufbaugenerationen besetzt. Als sie ins Berufsleben traten, bestanden keine strukturellen Aufstiegsmöglichkeiten. In den Westen gehen oder bleiben, war für diese Jugendlichen in den 1950er-Jahren die »Zentrale Frage.«[292] Die IM, von denen hier die Rede ist, hatten sich entschieden in der DDR zu bleiben oder die Entscheidung wurde ihnen durch den Mauerbau 1961 abgenommen. Es ist naheliegend, dass Anpassung für diese verunsicherte Generation ohne leichte Karrierechancen ein Weg war, einen Status im System zu erlangen. Diese Zwischengeneration weist gegenüber der Vorgängergeneration einige Besonderheiten auf. Mehr als zwei Drittel wurden nicht in Berlin geboren, davon zwei in den ehemaligen Ostgebieten, einer im Exil. Sie beziehungsweise ihre Eltern hatten infolge der politischen Auseinandersetzungen und Kriegsläufe (e)migrieren müssen. Knapp die Hälfte entstammte dem Arbeitermilieu und/oder aus unvollständigen Familien. In der Zeit nach 1945 konnte kaum einer eine direkte Karriere anstreben. Zwei Drittel begannen ihr Berufsleben in anderen Berufen oder bei den bewaffneten Organen, bevor sie zum Jura-Studium wechselten. Die Hälfte studierte erst nach 1967, also nach der dritten Hochschulreform, die das Jurastudium im Interesse von Staat und SED formierte.[293] Die Gruppe ist inhomogener als die Generation zuvor, die Karrieren verlaufen ungleichmäßiger.

*Beispiel: Dieter Hilpert*

Ein IM, der offenkundig durch Kriegs- und Nachkriegszeit entwurzelt war und beim MfS geradezu Halt suchte, war Dieter Hilpert: In Königsberg 1939 geboren und 1944 evakuiert, wurde er wegen der ungünstigen familiären Verhältnisse in einem Internat untergebracht.[294] Das MfS warb ihn schon als Schüler

290 Ebenda, S. 34.

291 Lindner: Integration, S. 35.

292 Ebenda.

293 Breithaupt: Rechtswissenschaftliche, S. 6 ff.

294 BV Frankfurt/O./KD Freienwalde, Vorschlag zur Anwerbung, 17.10.1957; BStU, MfS, AIM 1641/89, T. I, Bd. 1, Bl. 20–22.

als GI »Bürthe«.[295] 1961, in den Tagen des Mauerbaus, arbeitete er nach eigenem Bekunden »sehr eng mit den Genossen unserer Sicherheitsorgane«[296] zusammen. Weil er sich dekonspirierte, wurde die Beziehung unterbrochen.[297] Eher zufällig konnte Hilpert später dem MfS dabei behilflich sein, legendiert über den FDGB, ein Grundstück zu besorgen. Da er bei dieser Gelegenheit »ein bedeutendes Staatsgeheimnis«[298] erfuhr und aufgrund seiner grenzenlosen Bereitschaft, dem MfS zu berichten, erfreute er sich in den Folgejahren einer ungewöhnlich intensiven Patronage durch den ersten stellvertretenden Minister des MfS, Bruno Beater. Zuvor diente sich der damalige VEB-Justiziar mit geradezu herzzerreißenden Appellen einem ihm bekannten Stasioffizier aus dem Bereich Beaters an. Den »lieben Horst« versicherte er pathetisch: »Ich ringe um euren Glauben an meine guten Absichten.«[299] Gleichsam als Arbeitsprobe lieferte er einen mehrseitigen Bericht über vermeintlich interessante Informationen aus seinem beruflichen und privaten Umfeld, auch unter Namensnennung über mehrere »mir angetragene Ausreisefälle«.[300] Hilpert unterschrieb die ersten handschriftlichen Berichte noch mit seinem Nachnamen, weitere unterzeichnete er mit dem Decknamen »Justierer«, auf den er verpflichtet wurde.[301] Bei der Werbung musste er nach einer Beobachtung des Führungsoffiziers »Tränen unterdrücken«.[302] Hatte er zuvor einen »Horror vor dem ideologischen Vakuum«,[303] brachte er nunmehr seine Freude zum Ausdruck, wieder ein »vollwertiges Mitglied der Gesellschaft zu werden«.[304] Das MfS betrieb 1978 mithilfe der SED-Bezirksleitung Berlin die Aufnahme von Hilpert in das Berliner Rechtsanwaltskollegium gegen Widerstände im Kollegium.[305] Mit Billigung des ersten stellvertretenden Ministers des MfS, Bruno Beater, sollten dem IM ein Überbrückungsgeld von 1 000 Mark für den Start ins Berufsleben und ein Pkw gestellt werden.[306] Das MfS beschloss bei der Büroausstattung zu helfen.[307] Es wurde festlegt, dass er, offenbar um die inoffizielle Tätigkeit in staatsfernen Bereichen

295 Klaus-Dieter Hilpert, Verpflichtungserklärung, 18.10.1957; ebenda, T. I, Bd. 1, Bl. 23.

296 Lebenslauf, Abschrift, 15.11.1976; ebenda, T. I, Bd. 2, Bl. 87.

297 Verw. Groß-Bln/XX/6, Abschlussbericht v. 18.1.1965, ebenda, T. I, Bd. 1, Bl. 116 f.

298 MfS/AG beim 1. StM; Vermerk v. 4.12.1976; ebenda, T. I, Bd. 2, Bl. 3.

299 Dieter Hilpert: Schreiben an Horst Bodenthal, o. D. (vermutl. 1976); ebenda, T. I, Bd. 1, Bl. 230.

300 Dieter Hilpert: Bericht über aktuelle Probleme zwecks operativer Abstimmung, o. D. (vermutl. 1976); ebenda, T. I, Bd. 1, Bl. 234–276, hier 257.

301 Dieter Hilpert, Verpflichtung, 8.12.1976; ebenda, T. I, Bd. 2, Bl. 16 f.

302 TB mit IM »Justierer«, 13.12.1976; ebenda, T. II, Bd. 1, Bl. 4–6, hier 5.

303 Dieter Hilpert: Schreiben an Horst Bodenthal, o. D. (vermutl. 1976); ebenda, T. I, Bd. 1, Bl. 230.

304 TB mit IM »Justierer«, 13.12.1976; ebenda, T. II, Bd. 1, Bl. 5.

305 MfS/AG beim 1. StM, Aktenvermerk v. 22.8.1978; ebenda, T. I, Bd. 3, Bl. 174.

306 MfS/AG beim 1. StM, Aktenvermerk v. 20.8.1979; ebenda, T. I, Bd. 4, Bl. 63.

307 MfS/AG beim 1. StM, Aktenvermerk v. 18.11.1980; ebenda, T. II, Bd. 5, Bl. 279.

zu fördern, nicht in die SED eintreten sollte, aus der er vor einigen Jahren ausgeschlossen worden war.[308]

»Justierer« war ein IM mit sehr hoher Berichtsdichte, der nahezu fotografisch jedes Erlebnis protokollierte. Zur Unterstützung der Berichterstattung erhielt er eine Minox, einen Panzerschrank und ein Diktiergerät nebst dazugehörigen Legenden.[309] Auffällig ist eine offenbar deutliche Skrupellosigkeit. Er besorgte laut MfS-Akten alsbald den Schlüssel einer Zweigstelle.[310] »Justierer« war extrem mitteilsam und berichtete thematisch diffus und geradezu inflationär – selbst über eine Frau, die er im Urlaub »am Liepnitzsee in Wandlitz kennen [lernte], da ich aus dem Wasser entstiegen war«.[311] Mehrfach wurde er ermahnt, »von Oberflächlichkeiten ab[zu]kommen und mehr den Kern der Dinge [zu] behandeln«.[312] Noch nach seinem Ausschluss aus dem Kollegium fühlte sich »Justierer« der Geheimpolizei bis 1989 verbunden und lieferte laut MfS von 1982 an »umfassende sowie Detailinformationen«.[313] In der friedlichen Revolution hegte er angeblich Sympathien für die Dialogpolitik von Egon Krenz und das Neue Forum wegen dessen »Besinnung auf die Grundwerte des Sozialismus«.[314] Selbst diese Bekenntnisse gab er dem MfS zu Protokoll, dem offenkundig immer noch seine primäre Anhänglichkeit galt. Die starke Abhängigkeit und die zügellose Berichterstattung von »Justierer« sind sicher hervorstechend, aber keineswegs singulär. Parallelen zu Rechtsanwalt Wolfgang Schnur, der als IM skrupellos war und mit einer »bis an die Grenzen der physischen Leistungsfähigkeit gehenden Einsatzbereitschaft«[315] Kontakt zum MfS hielt, liegen auf der Hand. Schnur, Jahrgang 1944, wechselte erst 1989 als Einzelanwalt nach Berlin und wirkte dort als Grenzgänger in Kirchen und Oppositionskreisen. Schnur zählte ebenfalls zu den Entwurzelten seiner Generation.

308 MfS/AG beim 1. StM, Aktenvermerk v. 20.8.1979; ebenda, T. I, Bd. 4, Bl. 63.

309 MfS/Sekretariat StM Neiber, TB mit IMS »Justierer«; ebenda, T. II, Bd. 7, Bl. 262–266.

310 MfS/AG beim 1. StM, TB mit IMB »Justierer«, 5.6.1980; ebenda, T. II, Bd. 5, Bl. 154–156.

311 »Justierer«, Bericht v. 28.8.1981; ebenda, T. II, Bd. 6, Bl. 271.

312 MfS/AG beim 1. StM, TB mit IMB »Justierer«, 10.4.1980; ebenda, T. II, Bd. 5, Bl. 103 f.

313 Vorschlag zur Auszeichnung des IM »Justierer«, 26.1.1989; ebenda, T. I, Bd. 5, Bl. 413.

314 Dieter Hilpert: Die Partei und das Volk, Anlässlich des TB vom 4.11.1989; ebenda, T. I, Bd. 5, Bl. 436–438, hier 436.

315 Einschätzung der BV Rostock 1987. Zit. nach: Süß: Staatssicherheit am Ende, S. 700; Wer war wer in der DDR? In: www.bundesstiftung-aufarbeitung.de/wer-war-wer-in-der-ddr-%2363%3B-1424.html (letzter Zugriff: 11.9.2014). Schnur wurde erst 1989 in Berlin als Einzelanwalt zugelassen und war zuvor im Bezirk Rostock tätig. Daher wird er in dieser Untersuchung nur am Rande berücksichtigt.

### 7.2.5 Die integrierte Generation: In der SBZ/DDR geboren

Die nach der Gründung der DDR Geborenen kannten keinen anderen Staat als die DDR.[316] Die meisten führten als Erwachsene in eigener Wahrnehmung ein »ganz normales Leben«.[317] Ihre Ausbildung ab den 1960er-Jahren fiel in eine Zeit, in der die »im engeren Sinne [...] Erziehungsdiktatur«[318] ihre Wirkung entfaltete. In dieser Generation war der Anteil der Anwälte, die IM-Phasen aufwiesen, mit 50 Prozent relativ hoch, was für Konformität spricht. Es bildete sich in der DDR eine Generation heraus, bei der der staatliche Einfluss voll zum Tragen kam: »Fast alle waren ohne starke innere Widersprüche Jungpioniere geworden, gingen nahtlos zur FDJ über und feierten die Jugendweihe. Die älteren Kohorten legten in diesem Zeitraum bereits das Abitur mit Facharbeiterprüfung ab.«[319] Das weltanschauliche Meinungsklima in der Familie galt zunehmend als »veraltet«.[320] Qua Bildung und Qualifikation konnte man dem angestammten Milieu der Familie entkommen. »Dankbarkeit«[321] gegenüber dem Staat, der das ermöglichte war die Folge. Diese Generation hatte eine »relativ starke Bindung an ihr Land, die bis in die 80er Jahre stabil blieb«.[322] Sie wird daher von manchen die »integrierte Generation«[323] genannt. »Habitus, Loyalität und Identifikation mit dem DDR-Sozialismus [waren] relativ stark ausgeprägt«.[324]

Geradezu soziologisierend formulierte ein MfS-Offizier, ein IM-Kandidat und seine Familie hätte eine »für unseren Staat typische Entwicklung«[325] genommen. Er machte damit deutlich, wie sehr sich die biografischen Etappen zahlreicher Juristen und IM-Kandidaten zu ähneln begannen. Die Anwälte im

316 Wierling untersucht nur die »im Jahr Eins« Geborenen. Wierling, Dorothee: Geboren im Jahr Eins. Berlin 2002. Fulbrook bezeichnet diese als FDJ-Generation. Das ist insofern irreführend, da auch schon im Krieg Geborene nach 1945 in der FDJ sozialisiert wurden. Fulbrook: Generationen, S. 126.

317 Wierling: Jahr Eins, S. 546. Insgesamt homogenisieren die soziologischen Ansätze stark und stellen vor allem auf die stabilisierenden Elemente der DDR-Gesellschaft ab. Widersprüche im kirchlichen Milieu sozialisierter Personen etwa, die später eine wichtige Rolle in der Opposition spielten, kommen zu kurz. Wenn auch nicht in Abrede gestellt werden soll, dass diese Altersgruppe im Gegensatz zu denen, die in den 1950er-Jahren die Auseinandersetzungen um die »Jungen Gemeinden« führten, zunächst konformer sozialisiert wurde. Die Kohortendarstellung eignet sich besser für DDR-konforme Kreise, als für sich im Dissens zur DDR befindende Gruppen. Deswegen scheinen diese Kohortenbildungen auf Anwälte bezogen und insbesondere im Hinblick auf solche mit inoffiziellen Beziehungen grundsätzlich heuristisch brauchbar zu sein.

318 Ebenda, S. 559.

319 Lindner: Integration, S. 36.

320 Geulen: Sozialisation, S. 325.

321 Ebenda, S. 325.

322 Wurschi: Rennsteigbeat, S. 41.

323 Lindner: Integration, S. 35.

324 Geulen: Sozialisation, S. 325.

325 BV Berlin/KD Marzahn, Vorschlag zur Werbung, 1981; BStU, MfS, AIM 18953/85, T. I, Bd. 1, Bl. 80–84, hier 81.

Kollegium mit besonderen MfS-Beziehungen stammten ursprünglich eher aus kleinen Verhältnissen, manch eine Familie verdankte der DDR bereits einen gewissen Aufstieg, zumindest soziale Stabilität. Alle in den frühen 1950er-Jahren geborenen IM studierten ab den 1970er-Jahren an der Humboldt-Universität Jura und traten parallel zum Bildungsaufstieg in die SED ein. Studentenauswahl und Studentenlenkung griffen routiniert. Die männlichen IM hatten schon vor oder während ihres Studiums Kontakte zur NVA, dem MdI oder dem MfS beziehungsweise Kommilitonen aus diesen Institutionen. Ihre Eckdaten spiegeln eine relativ konforme Entwicklung. Relevante Positionen nahm keiner vor seinem Eintritt ins Kollegium ein und auch danach stieg keiner in den Vorstand auf.[326]

Sozialstruktur und Diskurs hatten sich idealtypisch gegenüber der früheren Generation »sehr geändert«.[327] Man war Teil eines Kollektivs, das am Aufbau einer besseren Zukunft mitwirkte. Diskrepanzen zur Wirklichkeit wurden zwar wahrgenommen, konnten aber nicht ausgelebt werden. Am 17. Juni 1953 waren die Vertreter dieser Generation noch zu jung, die Mauer nahm ihnen die Entscheidung, »hierzubleiben«, ab,[328] zumindest bis sich in den 1970er-Jahren das Ausreiseventil öffnete. Die Niederschlagung des »Prager Frühlings« zeigte brutal Grenzen von Veränderungen auf. Wenngleich der eine oder der andere in seinem Denken beeinflusst wurde,[329] brachte das Jahr 1968 in der DDR zunächst keine dem Westen vergleichbare Aufbruchsstimmung. Es gab keinen vergleichbar scharfen Generationskonflikt.[330] Als junge Erwachsene profitierte diese Generation von Honeckers »Einheit von Wirtschafts- und Sozialpolitik«, die dem Einzelnen zunächst spürbare materielle Vorteile brachte.[331] Trotz Widersprüchen, die zunächst vor allem kulturell und nicht politisch ausgelebt wurden, blieb die Bindung zur DDR »weitgehend stabil«.[332] Allerdings ist das Bild »Heimat DDR« als mentale Ortsbestimmung für die gesamte Generation angesichts der

326 Das Muster gilt nicht für Kinder der Verfolgten im RAK Berlin. Die IM-Auswahl schien eine Folge dessen, dass man offenbar die offiziellen Positionen in der Berliner Anwaltschaft als gesichert ansah und weniger profilierte IM suchte, die aus Juristen- und Mandantenkreisen berichten sollten.

327 Fulbrook: Generationen, S. 126.

328 Lindner: Integration, S. 35.

329 Wolle: Aufbruch, S. 385 ff. Es ist umstritten, inwieweit es eine »68er-Generation« in der DDR gab. Manche Autoren verweisen darauf, dass spätere Bürgerbewegte ihre Politisierung auf die 1968er-Ereignisse zurückführten. Wurschi: Rennsteigbeat, S. 41. Die Ereignisse von 1989 werden auch als »Revolution der 40-Jährigen« bezeichnet. Wierling, Dorothee: Opposition und Generation im Nachkriegsdeutschland. Achtundsechziger in der DDR und in der Bundesrepublik. In: Kleßmann, Christoph u. a. (Hg.): Deutsche Vergangenheiten, eine gemeinsame Herausforderung. Berlin 1999, S. 250 ff. Auch bei einzelnen Anwälten ist nachweisbar, dass 1968 nicht ohne Folgen für ihre Entwicklung blieb.

330 Lindner: Integration, S. 36 f.

331 Fulbrook: Generationen, S. 126.

332 Lindner: Integration, S. 36 f.

Ausreisebewegung seit Mitte der 1970er-Jahre zu pauschal.[333] Neben einer unkritischen und schlicht angepassten Variante der Integrierten, wird auch die Variante derer diagnostiziert, die sich mit den Grundsätzen des Sozialismus identifizierten, zur Realität der DDR jedoch eine »kritische Distanz« einnahmen.[334]

Bei den in den späten 1950er- und 1960er-Jahren geborenen Anwälten nimmt die IM-Rate im Verhältnis zur Alterskohorte davor ab. Ob das schon als ein Symptom für die sogenannt »distanzierte« Generation der später Geborenen zu werten ist, denen »der schmale Wohlstand in der DDR keine historische Errungenschaft« mehr war und die stattdessen die »Brüchigkeit«[335] der Verhältnisse wahrnahmen, erschiene angesichts der geringen Zahl dieser Anwaltsgruppe als Überinterpretation. Gegenüber der Aufbaugeneration und vor allem der Generation der Verfolgten ist die erste DDR-Generation weniger politisch-ethisch geprägt, sondern passte sich äußerlichen Umständen und der Erziehung an und nutzte die Wohlstandschancen.

*Beispiel: Gerd Graubner*

Gerd Graubner, Jahrgang 1950, wuchs in einem Handwerkerhaushalt in Sachsen auf. Als Kind war er zunächst Mitglied der Pionierorganisation, dann der FDJ. Als FDJ-Sekretär nahm er später an der Jugendweihe teil. Seinen Schulabschluss machte er als Facharbeiter mit Abitur. Den Wehrdienst absolvierte er beim MdI, wurde von dort zum Jurastudium an die Humboldt-Universität delegiert. Dort saß er zeitweise in der FDJ-Leitung. Mitglied der SED wurde er 1971.[336] Seine »gesellschaftliche Entwicklung [...] verlief in ganz normalen Bahnen«,[337] notierte ein MfS-Offizier 1978 zum Zeitpunkt seiner Werbung. Graubner verpflichtete sich als IM »Ernst«.[338] Eine MfS-Beurteilung bescheinigte ihm zur gleichen Zeit einen »festen Klassenstandpunkt«.[339] Wegen Westkontakten in der Verwandtschaft durfte er jedoch nicht beim MdI tätig sein und wurde stattdessen ab 1976 ins Anwaltskollegium aufgenommen. Aus dieser Zeit sind zahlreiche Informationen über Rechtsanwälte dokumentiert, meist in Zusammenfassung des Führungsoffiziers, die auf »Ernst« zurückgeführt wurden.

333 Hürtgen, Renate: Ausreise per Antrag. Der lange Weg nach drüben. Eine Studie über Herrschaft und Alltag in der DDR-Provinz. Göttingen 2014.

334 Geulen: Sozialisation, S. 325.

335 Jugendgeneration in der DDR in den sechziger und siebziger Jahren. In: APuZ 53 (2003) 45, S. 33–39, hier 38.

336 Gerd Graubner, Lebenslauf, 6.1.1974; BStU, MfS, BV Bln, AIM 15047/83, T. I, Bd. 1 Bl. 40; Personalbogen; ebenda, T. I, Bd. 1, Bl. 35–38.

337 BV Bln, Werbungsvorschlag, 20.7.1978; ebenda, T. I, Bd. 1, Bl. 53–55, hier 54.

338 Gerd Graubner, Verpflichtung, 20.9.1978; ebenda, T. I, Bd. 1, Bl. 14.

339 BV Bln/XX/1, Beurteilung, o. D.; ebenda, T. I, Bd. 1, Bl. 20 f.

Von einem Anwalt hieß es, »während seines Studiums soll er des Öfteren politisch sehr falsch argumentiert haben«,[340] von einer anderen Person, sie wäre in »psychiatrischer Behandlung«.[341] Das MfS gab ihm unter anderen den Auftrag, unter Vorspiegelung eines anwaltlichen Anliegens die Adresse eines Westberliners zu ermitteln. Dieser sollte dann für das MfS geworben werden.[342] Weil Graubner in einigen »sicherheitspolitisch bedeutsamen Strafverfahren [die] Durchsetzung der Sicherheitsinteressen des MfS erbracht«[343] hätte, sollte er ausgezeichnet werden. Dass der inoffizielle Vorgang 1983 geschlossen wurde, lag nicht an einer Abkühlung der Beziehung zum MfS, sondern an einer Veränderung seiner anwaltlichen Arbeitsschwerpunkte. Durch seine exponierte Stellung als Mitglied der Partei- und Kollegiumsleitung erschien der IM dem MfS kaum noch geeignet, das Vertrauen interessierender Personen zu gewinnen, die offizielle Kontaktpflege wäre »auch ausreichend«.[344] Die Bindung an das MfS blieb in der Zweigstelle Marzahn eng.

Auffällig bei den IM dieser Generation ist ihre hohe Verfügbarkeit, die weniger ideologisch motiviert scheint. Der Zusammenarbeit haftete etwas geradezu »Normales« an. IM »Ernst« sollte ursprünglich beim MdI tätig sein, als Rechtsanwalt kooperierte er dann mit dem MfS, später geradezu geschäftsmäßig mit der Rechtsstelle des Ministeriums. Ein anderer, »Peter Schramm«, der aus einem SED-Haushalt stammte, leistete zunächst seinen Wehrdienst beim Wachregiment des MfS ab.[345] Ein Dritter, »Horst Koch«, war mit seinem Führungsoffizier durch die »gemeinsame Studienzeit«[346] an der Humboldt-Universität bekannt. Laut MfS pflegte er dabei »losen Kontakt«[347] zu anderen Mitarbeitern des MfS. Die Staatssicherheit war für diesen Personenkreis offenbar nichts Fremdes, sondern gehörte zu ihrem Lebenskontext. Der Bereitschaft dieser IM, zu kooperieren, haftete etwas Selbstverständliches und im Extremfall geradezu Skrupel- oder gar Schamloses an. IM »Dolli« gehörte zu den Anwälten mit einer sehr hohen Berichtsintensität. Ihre Bereitschaft, selbst Intimes ihrer Kollegen zu erkunden, ging so weit, dass sogar der Führungsoffizier erzieherische Maßnahmen für notwendig hielt, um ihr zu verdeutlichen, dass eine »inoffizi-

340 BV Bln/XX/1, TB mit IMS »Ernst«, 29.1.1980; ebenda, T. II, Bd. 1, Bl. 18–20.

341 BV Bln/XX/1, TB mit IMS »Ernst«, 11.3.1980; ebenda, T. II, Bd. 1, Bl. 24–26.

342 BV Bln/XX/1, TB mit IMS »Ernst«, 18.9.1979; ebenda, T. II, Bd. 1, Bl. 10 f.; BV Bln/KD Marzahn, Auftrag und Instruktion für den IM »Ernst«, 7.9.1979; ebenda, T. II, Bd. 1, Bl. 11 f.

343 MfS/RS, Auszeichnungsvorschlag v. 9.11.1983; BStU, MfS, RS Nr. 57, Bl. 3 f.

344 MfS/Abt. XII/8, Aktenvermerk v. 2.5.1983; BStU, MfS, BV Bln, AIM 15047/83, T. I, Bd. 1, Bl. 67.

345 MfS/HA I, Auskunftsbericht v. 15.9.1980; BStU, MfS, AIM 5139/86, T. I, Bd. 1, Bl. 16–19.

346 BV Bln/KD Marzahn, Vermerk v. 15.3.1981; BStU, MfS, AIM 18953/85, T. I, Bd. 1, Bl. 72–74, hier 72.

347 Ebenda, Bl. 72 f.

elle Zusammenarbeit […] nicht Mittel sein kann, sich persönliche Vorteile zu verschaffen«.[348] Der blinde Anwalt Frank Schwabe, der eigentlich auf kollegiale Zusammenarbeit besonders angewiesen war, betonte gegenüber dem MfS, er habe den Vorteil, dass aufgrund seiner Erblindung eine Zusammenarbeit mit dem MfS »nicht erwartet wird«.[349] »Peter Schramm« war zentraler Bestandteil eines Planes, bei dem ein West-IM aufgebaut werden sollte. Der Führungsoffizier hatte diesen Vorgang zwar gegenüber seinen Vorgesetzten jahrelang aufgebauscht, »fiktiv aufgebaut und geführt«.[350] Aber wenn die zahlreichen Unterschriften unter Verpflichtungserklärung,[351] Quittungen[352] und Treffberichte[353] nicht gefälscht sein sollten, spielte »Peter Schramm« über einen längeren Zeitraum mit. Ideologische Grundhaltungen im engeren Sinne scheinen anders als bei früheren IM-Generationen unter den Anwälten eine deutlich geringere Rolle gespielt zu haben, während umgekehrt die Bereitschaft zu kooperieren entgrenzter wirkte.[354]

## 7.3 Sonderkontakte zum MfS

Die verdeckte Zusammenarbeit zwischen MfS und Rechtsanwälten, sofern sie nicht technischer Natur, wie zur Abstimmung von Besuchsterminen in der Untersuchungshaft erforderlich, war, beschränkte sich keineswegs auf IM. Es gab, wie am Beispiel der Einzelanwälte erwähnt, Rechtsanwälte, die aufgrund ihrer Stellung und ihrer Aufgaben Sonderkontakte zum MfS oder anderen Geheimdiensten pflegten. Derartige Sonderbeziehungen konnten zu Auskünften, Absprachen oder regelrechter Berichterstattung führen, ohne dass eine förmliche IM-Beziehung vorlag.

348 HA XX/1, Stellungnahme zum Vorschlag der Werbung, 4.10.1977; BStU, MfS, AIM 8228/91, T. I, Bd. 1, Bl. 247 f.

349 BV Bln/KD Marzahn, Bericht über die Werbung, 10.8.1981; BStU, MfS, AIM 18953/85, T. I, Bd. 1, Bl. 190–192, hier 191.

350 MfS/HA I, Abschlussbericht v. 20.5.1986; BStU, MfS, AIM 5139/86, T. I, Bd. 2, Bl. 196. Der Offizier wurde entlassen. BStU, MfS, Kartei, HA I, Kaderkarteikarte, Mitarbeiter 018395.

351 MfS/HA I, Verpflichtungserklärung, 15.10.1975; BStU, MfS, AIM 5139/86, T. I, Bd. 1, Bl. 13.

352 MfS, Quittung v. 9.6.1983; ebenda, T. II, Bd. 1, Bl. 27.

353 Bericht, 28.10.1980; ebenda, T. II, Bd. 2, Bl. 31.

354 Insbesondere bei der Gruppe der Verfolgten gab es zeitweise immer wieder Differenzen über die Schweigepflicht, selbst bei »Ludwig«.

### 7.3.1 Offizielle Kontakte durch Kollegiumsfunktionen

Bestimmte Anwälte waren durch Funktionen im Kollegium besonders herausgehoben. Das galt sicher für die Vorsitzenden und die Parteisekretäre als Nomenklaturkader. Von den Vorsitzenden der Kollegien wurde eine gewisse Form der »offiziellen« Zusammenarbeit mit dem MfS vor allem in Personalfragen erwartet. Wie sich diese im Berliner Kollegium vollzog, ist nur fragmentarisch nachvollziehbar. Bei Friedrich Wolff lief der Kontakt zum MfS wegen des speziellen Charakters seiner Zweigstelle offenbar über die HV A/IX.[355] Aus der Zeit von Gregor Gysi sind im Einzelfall MfS-Unterlagen zu Personalfällen[356] und Kontakte verzeichnet, die »offiziellen« Charakter trugen.[357] Letztere hatten allgemeine Probleme der Anwaltschaft zum Inhalt.[358] Am dichtesten ist die Überlieferung bei Gerhard Häusler, der »nur wegen [seiner] Funktion [beim MfS erfasst ... war und bei der BV Berlin als] guter offizieller Kontakt« galt.[359] Laut MfS-Vermerken war dieser Vorsitzende vor allem in Personalangelegenheiten behilflich: »Gen. Häusler informierte in einem vertraulichen Gespräch, dass die o. g. Rechtsanwälte seit Jahren enge Beziehungen unterhalten.«[360] Zu der sehr persönlichen Einschätzung eines jungen Anwaltes trug nach MfS-Angaben neben zwei IM und einer Studienkollegin »in vertraulichen Gesprächen [... auch] Gen. Häusler (Vorsitzender)«[361] das Seine bei. Im Jahr 1981 meldete sich der Vorsitzende laut einem Vermerk der HA IX bei dieser Hauptabteilung. Er teilte demzufolge mit, dass er gegen einen Anwalt, der in staatssicherheitsrelevanten Verfahren aufgetreten war, ein Disziplinarverfahren mit dem Ziel eines Ausschlusses eröffnen wolle: »Genosse Häusler bittet um Mitteilung, ob es seitens des MfS Bedenken gegen das Disziplinarverfahren gibt.«[362] In einem anderen Disziplinarverfahren soll Häusler laut MfS-Vermerk »streng vertraulich« zugesagt haben, dass er »erreichen [will], dass dem RA [...] nichts nachgewiesen werden kann«.[363] Dem Vorsitzenden war demnach bewusst, dass dieser Anwalt »im

355 Vgl. im Kapitel Die Vorsitzenden den Abschnitt zu F. Wolff und im Kapitel Die Institutionen zur Steuerung und Kontrolle der Anwaltschaft den Abschnitt Das MfS.

356 Vgl. im Kapitel Die Anwaltskarriere den Abschnitt Das MfS an der Sektion Rechtswissenschaften der Humboldt-Universität Berlin.

357 Siehe BV Bln/XX/1, Information zu Interview Gysis für den Spiegel, 17.2.1989; BStU, MfS, HA II/13 Nr. 2094, Bl. 1 f.

358 Vgl. im Kapitel Die Anwaltskarriere den Abschnitt Absolventenlenkung in das Anwaltskollegium.

359 HA XX/1, F-10-Suchformular, 7.7.1975; BStU, MfS, HA XX Nr. 6886, Bl. 346 f.

360 (Originalschreibweise übernommen). BV Bln/XX/1, Zum Kollegium der Rechtsanwälte, 28.9.1983; BStU, MfS, BV Bln, Abt. XX Nr. 6072, Bl. 23.

361 BV Bln/XX, Zum Rechtsanwalt [...], 14.10.1983; BStU, MfS, AP 7070/87, Bl. 18 f.

362 HA IX/8, Vermerk v. 15.4.1981; BStU, MfS, HA IX Nr. 13113, Bl. 34.

363 BV Bln/XX/1, Rechtsanwalt [...], 24.11.1982; BStU, MfS, AIM 16041/89, T. I, Bd. 5, Bl. 57.

Interesse des MfS im Rechtsanwaltskollegium eingegliedert wurde«.[364] Dem MfS wurde vom Vorsitzenden aber auch zu verstehen gegeben, dass eine derartige Unterstützung Grenzen haben konnte. Daher versuchte das MfS seine Interessen in anderen Fällen nicht direkt, sondern über die SED durchzusetzen.[365]

### 7.3.2 Berichterstattung ohne förmliche MfS-Bindung

Auch aus hauptamtlichem Kontext oder verwandtschaftlichen Beziehungen zu MfS-Mitarbeitern konnten Verpflichtungen erwachsen. So hatten einzelne Mitglieder des Berliner Kollegiums ihren Wehrdienst beim Wachregiment des MfS absolviert. Ihr Diensteid verpflichtete sie, nach der »Entlassung [...sich] so zu verhalten und so zu handeln, dass eine Gefährdung für die Tätigkeit«[366] des MfS nicht eintreten können. Ebenso gab es, wenn ein Ehepartner beim MfS tätig war die Erwartung, dem MfS entgegenzukommen.[367] Wenn ein Ehepartner dem MfS verpflichtet war, konnte die Annäherung so weit gehen, dass der Ehepartner eine Art Selbstverpflichtung abgab.[368]

Laut Akten erteilte eine Anwältin detailliert Auskunft über ihre Kontakte zu einer oppositionellen Frauengruppe, ohne dass überlieferte Unterlagen eine unmittelbare Beziehung zum MfS belegten. Die Anwältin wurde 1986 von der Gruppe »Frauen für den Frieden« gebeten, ihnen Rechtsauskünfte zu erteilen. Der Kontakt kam durch ein familienrechtliches Mandat zustande.[369] Die Frauengruppe hatte sich ursprünglich zusammengetan, um dagegen zu protestieren, dass Frauen im Kriegsfall künftig eingezogen werden sollten. Sie war Teil der Friedensgruppen und wurde insbesondere 1983 durch die Festnahme von Bärbel Bohley und Ulrike Poppe über die Grenzen der DDR hinaus bekannt.[370]

Durch einen nahen Verwandten der Anwältin, der offenbar beim MfS angestellt war,[371] erfuhr die HA XX/2 von einem Treffen der Anwältin mit den Berliner Frauen. Laut MfS-Akten suchte daraufhin ein Offizier die Anwältin auf. Sie bestritt, den Charakter der Gruppe zu kennen. Derart in der Defensive, wurde an sie das Anliegen herangetragen, »dort in geschickter Form unseren politischen und rechtspolitischen Standpunkt zu solchen Grundfragen wie der

364 Ebenda.

365 HA XX/1, Vermerk v. 25.2.1980; BStU, MfS, AIM 82228/91, Beifügung, Bl. 242 f.

366 BV Bln, Verpflichtung, 1.10.1971; BStU, MfS, KS II 148/73, Bl. 81.

367 BV Bln/N, Schreiben an HA KuSch, 19.1.1982; BStU, MfS, P-DOS 10669/92, Bl. 97–99.

368 Erklärung, 23.6.1976; BStU, MfS, AIM 19094/85, T. I, Bd. 1, Bl. 13.

369 HA XX/2, Bericht Verbindungsaufnahme mit der Rechtsanwältin [...], 4.6.1986; RHG, FfF, Dok. VIII, Bl. 199–202, hier 199.

370 Neubert: Geschichte der Opposition, S. 459 ff. u. 579 ff.

371 Die Verwandtschaftsbeziehung ergibt sich indirekt aus der Tatsache, dass die Information über die Kaderabteilung des MfS weitergeleitet wurde.

Gleichberechtigung der Frau […], aber auch zu den dabei noch nicht gänzlich überwundenen Problemen, offensiv zu vertreten«.[372] Laut MfS-Bericht sagte die Anwältin »gern«[373] zu und berichtete nach dem Treffen. Kursorisch war das MfS schon von einer IM über das Treffen informiert.[374] Wie dem MfS-Bericht zu entnehmen ist, war die Anwältin der Auffassung, die Frauen »hätten zu den realen Verhältnissen in der DDR keinerlei Bezug. Sie seien […] »ignorant und dümmlich […] auch völlig einseitig desinformiert. Sie hätten […] völlig abwegige […] Rechtsauffassungen.«[375] Diese Darstellung mochte noch dem Selbstschutz dienen, vielleicht sogar dem Versuch, die Frauengruppe unangefochten weiter beraten zu können. Die Aussage, die Frauen »überlegen ununterbrochen, wie sie bestehende Rechtsverhältnisse ignorieren oder unterlaufen können«,[376] bot dem MfS grundsätzlich eine rechtlich Handhabe zum Eingreifen. Das MfS ermunterte die Anwältin, »im persönlichen Kontakt mit solchen Personen, positive gesellschaftliche Wirkungen [zu] erzielen«,[377] wozu sich diese laut Akte bereit erklärte. Weshalb die Anwältin dem MfS bereitwillig Auskunft gab, blieb offen. Anwälte waren zu Rechtsauskünften verpflichtet und die Verschwiegenheit galt im Grundsatz auch für diesen Fall.[378] Zwar war die Frauengruppe als potenziell staatsfeindlich eingestuft, was mehrfache Festnahmen belegen.[379] Allerdings waren die Gegenstände des Treffens von 1986 in keiner Weise durch die Anzeigenpflicht gemäß Paragraf 225[380] gedeckt, der die Verschwiegenheit aufhob. Die Anwältin war Mitglied der SED, zuvor Staatsanwältin und wollte später wieder als Staatsanwältin tätig werden.[381] Möglicherweise handelte die Anwältin aus Pflichtgefühl gegenüber der Partei oder dem Staat oder wollte ihre Rückkehr in den Justizdienst nicht gefährden oder nahm Rücksicht auf den nahen Verwandten im MfS-Dienst. Die Auskunft gegenüber dem MfS ähnelt nach Aktenlage jedenfalls IM-Berichten, selbst wenn es keine formalisierte Beziehung gab.

372 HA XX/2, Bericht Verbindungsaufnahme mit der Rechtsanwältin […], 4.6.1986; RHG, FfF, Dok. VIII, Bl. 199–202, hier 199 f.

373 Ebenda, Bl. 200.

374 HA XX/2, TB mit IMS »Rita«, 27.5.1986; ebenda, Bl. 194 f.

375 HA XX/2, Bericht Verbindungsaufnahme mit der Rechtsanwältin […], 4.6.1986; RHG, FfF, Dok. VIII, Bl. 200.

376 Ebenda, Bl. 200.

377 Ebenda, Bl. 201.

378 Strafprozessrecht Kommentar 1987, S. 54 f., Kommentar zu § 27 Abs. 1 u. 2.

379 Neubert: Geschichte der Opposition, S. 459 ff. u. 579 ff.

380 Zu den Strafverschärfungen gegen Ausreiseantragsteller Raschka: Justizpolitik, S. 105 ff. u. 164 ff.

381 GStA, Vorlage, 15.6.1988; BArch, DP3, 1169.

### 7.3.3 Offizielle Kontakte durch Annahme von MfS-Mandaten

Mehrere Anwälte, keineswegs nur Einzelanwälte, bezogen Mandate über das MfS. Allein um die große Zahl von hauptamtlichen Mitarbeitern in Berlin abzuschirmen, sollten diese gerade in Zivil- und Familienrechtsangelegenheiten von Anwälten betreut werden, denen das MfS vertraute.

*Beispiel: Gerd Graubner*

In der Zweigstelle Marzahn übernahm vor allem Gerd Graubner über einen längeren Zeitraum die »anwaltliche Vertretung von Mitarbeitern des MfS in zivil- und familienrechtlichen Verfahren vor den Gerichten«.[382] Derartige Mandate wurden von der Rechtsstelle des MfS vermittelt, um die Abschirmung der hauptamtlichen Mitarbeiter und die finanziellen Interessen des MfS zu wahren. Um das zu sichern, sollte der Anwalt die Rechtsstelle informieren, wenn »eine rücklaufende Information an uns notwendig ist, wenn Belange des MfS berührt werden, beziehungsweise eine dienstliche Einflussnahme auf den Mitarbeiter notwendig wird«.[383] Graubner war sogar materiell in nicht geringem Maße vom MfS abhängig. Die RS stellte zu seiner Unterstützung Gelder und Mittel bereit. Der Anwalt quittierte zum Beispiel für eine elektrische Schreibmaschine, deren Reparaturen vom MfS getragen werden sollten[384] oder für eine Mitarbeitergratifikation,[385] Leistungen, die in anderen Zweigstellen vom Kollegium aufgebracht werden mussten. Es sind in einem Fall Unterlagen überliefert, die darauf schließen lassen, dass aus der Zweigstelle Marzahn Informationen über die anwaltliche Beratung eines MfS-Mitarbeiters in Erbschaftsangelegenheiten abflossen.[386] Aus den für dieses Projekt gesichteten Vollmachten ging nicht hervor, dass die betroffenen MfS-Mitarbeiter den Anwalt in solchen Rechtsfällen pauschal von der Verschwiegenheitspflicht befreit hätten, sodass hier ein Vertrauensbruch vorliegen könnte.[387] Auch die Richtlinien des MfS sehen vor, dass der MfS-Mitarbeiter seine Dienststelle selbst über Wichtiges zu unterrichten hatte. Eine generelle Befreiung des Anwalts von der Schweigepflicht war nicht ersichtlich.[388]

382 Vermerk über ein Gespräch mit dem Genossen Rechtsanwalt Graubner, o. D. (vermutl. Juni 1980); BStU, MfS, RS Nr. 57, Bl. 1.

383 Ebenda.

384 Nutzungsvertrag, 14.1.1983; BStU, MfS, RS Nr. 57, Bl. 113.

385 Quittung v. 4.12.1987; BStU, MfS, RS Nr. 1187, Bl. 255.

386 MfS/RS, Schreiben an KuSch, 26.5.1989; BStU, MfS, RS Nr. 283, Bl. 1; Gerd Graubner: Vermerk v. 15.5.1989; ebenda, Bl. 2.

387 Beispiel einer Bevollmächtigung in einer Erbschaftsangelegenheit vom 10.7.1986; BStU, MfS, RS Nr. 323, Bl. 93.

388 Anweisung 7/83 v. 1.7.1983; BStU, MfS, BdL/Dok Nr. 7742, Bl. 1–3.

Wegen der – aus Sicht des MfS – erfolgreichen »offiziellen Zusammenarbeit« sollte Graubner auf Entscheidung von Minister Mielke in den Kreis der bevorzugten Anwälte aufgenommen werden, die ein Dauervisum für die Realisierung von Westerbschaften bekamen.[389] Dieses wurde offenbar erteilt.[390]

Auch anderen Anwälten wurden von der RS vertrauliche Mandate von MfS-Angehörigen vermittelt. Der ehemalige GMS »Uhland« wurde als IM entpflichtet und laut Akten gleichzeitig eine »offizielle Zusammenarbeit mit dem MfS [bei] absolute[r] Vertraulichkeit«[391] vereinbart. Das MfS ging davon aus, dass der Anwalt »das MfS auch weiterhin über sicherheitspolitisch bedeutsame Fakten informieren [wird], die aus seiner anwaltlichen Tätigkeit resultieren, mit seiner Person zusammenhängen beziehungsweise ihm anderweitig bekannt werden«.[392] Ein drastisches Beispiel für Berichte aus einem offiziellen Verhältnis stammt von einem Einzelanwalt.

*Beispiel: Edgar Irmscher*

Edgar Irmscher hatte im Interesse von Staat, Partei und MfS eine Zulassung als Einzelanwalt erhalten. Eine ehemalige Erfassung für die HA I wurde archiviert, er pflegte offizielle Kontakte zur Rechtsstelle des MfS.

Zufällig, ohne die üblichen Aufgaben zu berühren, ergab es sich, dass Irmscher mit dem damals schon sehr bekannten DDR-Schauspieler Armin Mueller-Stahl befreundet war. Dieser holte sich bei ihm gelegentlich Rat. Der Schauspieler unterschrieb 1976 mit anderen Künstlern die Protestresolution gegen die Ausbürgerung von Wolf Biermann.[393] Für das MfS war die Personalie besonders prekär, da Mueller-Stahl damals in der DDR-Fernsehserie »Das unsichtbare Visier« die Hauptrolle spielte und damit in der DDR einen fiktiven MfS-Agenten populär machte.[394] Da Mueller-Stahl als Reaktion auf die Biermann-Resolution kaum noch attraktive Rollen angeboten bekam, entschloss er sich 1980 zur Ausreise nach Westberlin. Die Strategie zur Erteilung der Visa wurde mit Erich Mielke abgestimmt[395] und vom Staatsratsvorsitzenden Erich Honecker persönlich entschieden.[396] Partei, Staat und MfS versuchten damals durch in-

389 MfS/RS, Schreiben an den Genossen Minister, 27.12.1983; BStU, MfS, RS Nr. 57, Bl. 16–18.

390 MfS/RS, Avisierung v. 4.6.1984; BStU, MfS, Kartei.

391 MfS/RS, Vermerk v. 23.9.1988; BStU, MfS, RS Nr. 55, Bl. 11–13, hier 12.

392 Ebenda.

393 Grünbaum: Wolf Biermann, S. 27 ff.; Neubert: Geschichte der Opposition, S. 227 ff.

394 Skierka, Volker: Armin Mueller-Stahl. München. 2010, S. 61 ff.

395 HA XX, Vermerk v. 27.2.1976; BStU, MfS, AOP 12639/84, Bd. 2, Bl. 344–346.

396 Otto/Büro Honecker, Auftrag des Genossen Honecker, 5.9.1979; BStU, MfS, AOP 12639/84, Bd. 3, Bl. 71; Skierka: Armin Mueller-Stahl, S. 68 ff.

dividuell genau dosierte Sanktionen, den Biermann-Protest von Künstlern und Intellektuellen zu ersticken.[397] Aus dieser Zeit stammen MfS-Berichte, in denen »durch den Berliner Rechtsanwalt [...] Irmscher [...] der Rechtsstelle folgender Sachverhalt mitgeteilt«[398] wurde: Es folgten Schilderungen zu den widerstreitenden beruflichen und persönlichen Überlegungen Mueller-Stahls in der Zeit zwischen Protestresolution, Schikanen und Ausreise. Laut dem Leiter der Rechtsstelle kolportierte der Anwalt nicht nur, sondern nahm auch Einfluss: »Gen[osse] Irmscher hat eindeutig die Handlungsweisen des Mueller-Stahl verurteilt und versucht, ihn zu einer Rücknahme seiner Erklärung zu bewegen.«[399] Unter Nennung des Klarnamens versprach die Rechtsstelle ihren Kollegen von der HA XX, »Irmscher wird über das weitere Auftreten und Verhalten Mueller-Stahl's der Rechtsstelle Mitteilung machen«.[400] Auch der eigentliche Überwachungsvorgang zu Armin Mueller-Stahl unter dem Codewort »Violine« enthält mehrere Informationen über Gespräche des Anwaltes mit dem Schauspieler. Solche Informationen wurden in zusammengefasster Form an andere MfS-Diensteinheiten und sogar an die SED-Politbüromitglieder Kurt Hager und Werner Lamberz weitergeleitet.[401] Diese Parteiinformation enthielt nahezu wörtliche Passagen zu Überlegungen Mueller-Stahls, die nach Angaben der Rechtsstelle von Irmscher stammten.[402] Diese Berichterstattung ging in die Strategiebildung von Parteiführung und MfS ein, um psychischen Druck auf den Künstler auszuüben mit dem Ziel, den Imageschaden für die DDR zu begrenzen. Vollmundig und zynisch bilanzierte das MfS 1984, dass durch derartige geheimpolizeiliche Maßnahmen verhindert werden konnte, »dass Mueller-Stahl als Stützpunkt des Gegners für feindliche Aktivitäten gegen die DDR missbraucht wurde«.[403] Der Anwalt wurde von Mueller-Stahl keineswegs als heimlicher Bote zur Macht benutzt. In seiner autobiografischen Darstellung schilderte der Künstler in Kenntnis der Aktenlage nach dem Ende der DDR das Verhalten des Anwaltes unmissverständlich als Vertrauensbruch: »Da sitzt der Rechtsanwalt, ein Freund, [...] mein vermeintlicher Freund, spricht Recht und

397 Grünbaum: Wolf Biermann, S. 27 ff.; Neubert: Geschichte der Opposition, S. 227 ff.

398 MfS/RS/Leiter, Information zum »Fall Biermann«, 26.11.1976; BStU, MfS, RS Nr. 53, Bl. 146 f.

399 Ebenda, Bl. 147.

400 MfS/RS/Hans Filin: Information zum Schauspieler Armin Mueller-Stahl, 6.1.1977; ebenda, Bl. 149.

401 Information Nr. 421/77 über Verhaltensweisen des Schauspielers Armin Mueller-Stahl. In: Bispinck, Henrik (Bearb.): Die DDR im Blick der Stasi 1977. Die geheimen Berichte an die SED-Führung. Göttingen 2012. Dokumente, Dok. v. 27.6.1977, Bl. 1–11, hier 8.

402 MfS/RS/Hans Filin: Vermerk über ein Gespräch mit dem Genossen Rechtsanwalt Irmscher, 20.4.1977; BStU, MfS, RS Nr. 53, Bl. 49 f.

403 HA XX/7; Beschluss v. 12.9.1977; BStU, MfS, AOP 12639/84, Bd. 3, Bl. 258 f.

tat Unrecht. Alles, aber auch alles hat er der Stasi mitgeteilt, was ihr nicht hätte mitgeteilt werden dürfen.«[404]

### 7.3.4 Kontakte zum KGB

Soweit erkennbar, hatten mindestens zwei der Berliner Anwälte der Honecker-Ära Kontakte zum sowjetischen Geheimdienst KGB.[405] In Gesprächen zwischen dem Generalstaatsanwalt der DDR, dem MdJ und der Berliner Kollegiumsführung ging man davon aus, dass Rechtsanwalt Heinz Heidrich Kontakte zur »Karlshorster Dienststelle«[406] pflegte.

*Beispiel: Marie-Louise von Münchhausen*

Eine atypische geheimdienstliche Anbindung betraf Marie-Louise von Münchhausen. Sie war laut MfS-Unterlagen 1954 vom KGB, den »Freunden« wie es hieß, als »inoffizielle Mitarbeiterin« geworben worden und bis 1959 als »positiv« eingestuft, danach nur noch als »passiv«.[407] Die Altkommunistin arbeitete nach 1949 in der Kanzlei der ZK-nahen Anwältin Ingeburg Gentz.[408] Sie war seit dessen Gründung geachtetes Mitglied des Berliner Kollegiums[409] und hatte sich auf Zivilrechtsfragen, insbesondere Urheberrechtsfragen, spezialisiert.

Marie-Louise von Münchhausen, Jahrgang 1908, wurde als Tochter des ehemaligen Reichswehrgenerals Kurt Freiherr von Hammerstein-Equord geboren.[410] Der »rote General« machte aus seiner Abneigung gegen die Nationalsozialisten keinen Hehl.[411] Nach Kriegsbeginn 1939 plante er, Hitler festzunehmen.[412] Mehrere seiner sieben Kinder beteiligten sich daran, politisch oder rassisch Verfolgte zu warnen, zu retten und verfügten über Kontakte zum Wi-

404 Mueller-Stahl, Armin: Unterwegs nach Hause. Erinnerungen. Düsseldorf 1997.

405 In Einzelanwaltskreisen wurde kolportiert, dass Karl Friedrich Kaul seinem Rivalen Wolfgang Vogel vorwarf, »bereits in sowjetischer Gefangenschaft Verbindungen zum sowjetischen Geheimdienst aufgenommen [zu haben] (bzw. der sowjetische Geheimdienst hätte Beziehungen zu ihm aufgenommen). Deswegen sei er auch so schnell in der DDR zu einem solchen Star-Anwalt und MfS-Anwalt aufgebaut worden.« HA XX/1, Bericht, 1.4.1971; BStU, MfS, RS Nr. 56a, Bl. 482 f.

406 MdJ, Vermerk v. 20.3. o. J. (vermutl. 1973); BArch, DP1, 4734. Die Zentrale des KGB in der DDR befand sich in Berlin-Karlshorst.

407 HA XVIII, Aktenvermerk v. 7.3.1970; BStU, MfS, AP 2685/92, Bl. 308 f.

408 Marie-Louise von Hammerstein, Lebenslauf, 7.1.1953; ebenda, Bl. 62 f.

409 Friedrich Wolff: Grüße zum 60. Geburtstag, 27.9.1968; ebenda, Bl. 66.

410 Marie-Louise von Hammerstein, Lebenslauf 7.1.1953; ebenda, Bl. 62.

411 Steinbach, Peter: Der 20. Juli 1944. München 2004, S. 23.

412 Schlabrendorff, Fabian von: Offiziere gegen Hitler. München 1994, S. 37 f.

derstand des 20. Juli 1944. Seine Witwe und zwei Kinder wurden nach dem Putschversuch 1944 in einem KZ interniert.[413] Laut MfS-Akten soll seine Tochter Marie-Louise unmittelbar vor Beginn des Zweiten Weltkrieges einem kommunistischen Kader Zugang zu Unterlagen aus dem Panzerschrank ihres Vaters besorgt haben,[414] die von der KPD als Beweis für die Aufrüstung Deutschlands genutzt werden konnten.[415] Sie soll 1933 auch die berüchtigte Rede Hitlers vor der Reichswehrführung im Hause ihres Vaters mitstenographiert haben. Hitler erläuterte darin seine Expansionspläne, was anschließend konspirativ nach Moskau übermittelt wurde. Ein KPD-Insider meinte rückblickend, dass die Ehefrau von Hammerstein und die beiden Töchter zu »den besten Agenten«[416] des Nachrichtendienstes der Kommunistischen Partei Deutschlands (KPD) gehört hätten. In Selbstdarstellungen beschrieb Marie-Louise von Münchhausen nur andeutungsweise ihre KPD-Mitgliedschaft und dass sie »im Parteiauftrag in Kreisen meines Vaters«[417] tätig gewesen sei. Nach dem Krieg verkaufte die überzeugte Kommunistin ihre Westberliner Villa und siedelte nach Ostberlin über.[418] Dem KGB sollte die Anwältin in den 1950er-Jahren behilflich sein, einen Kontakt zu einem ihrer Brüder in Westdeutschland herzustellen.[419] Mit Billigung des sowjetischen Geheimdienstes versuchte das MfS ebenso an ihre Verwandten im Westen heranzukommen.[420] Doch der zweite Anbahnungsversuch des MfS zerschlug sich offenbar, ihre Einschätzung blieb ambivalent. »Sie hinterlässt den Eindruck, dass sie sich mit unserem Staat verbunden fühlt. Aufgrund ihrer Herkunft und ihrer Westverbindungen ist Frau M. nicht frei von Vorurteilen und kleinbürgerlicher Denkweise«, urteilte das MfS.[421]

413 Koren, Yehuda; Negev, Eilat. Eine deutsche Lebensreise. In: Die Welt vom 15.6.2001.

414 HA XVIII, Aktenvermerk v. 6.11.1969; BStU, MfS, AP 2685/92, Bl. 107.

415 HA XX, Auskunftsbericht, 4.12.1976; BStU, MfS, HA XX Nr. 6893, Bl. 100 f. Es waren angeblich Akten zum Panzerkreuzerbau. Der Panzerkreuzer A zählte gegen Ende der Weimarer Republik zu den umstrittensten Rüstungsprojekten und wurde von der KPD im Kampf gegen die SPD politisiert. Plat, Wolfgang: Panzerkreuzer A. In: Die Zeit vom 20.5.1994.

416 Übersetzung aus dem Englischen. Ypsilon [Karl Volk]: Pattern for Revolution. Chicago/New York 1947, S. 167. Zit. nach: Müller, Reinhardt: Hitlers Rede vor der Reichswehrführung 1933. In: Mittelweg 36 10 (2001) 1, S. 73–90, hier 84. In der Literatur werden bislang ähnliche Informationsbeschaffungen vor allem der jüngeren Schwester zugeschrieben, die mit Leo Roth liiert war, der in den 1930er-Jahren dem illegalen Apparat der KPD angehörte und später in der UdSSR erschossen wurde. Müller, Reinhardt: Herbert Wehner. Moskau 1937. Hamburg 2004, S. 110 f. u. 305, FN 31; Enzensberger, Hans Magnus: Hammerstein oder der Eigensinn. Frankfurt/M. 2008, S. 188 ff.

417 Marie-Louise von Münchhausen, Lebenslauf, 22.4.1951, Teil 2; BArch, DP1, 3199; Marie-Louise von Hammerstein, Personalbogen, 9.1.1953 u. Lebenslauf, 7.1.1951; BStU, MfS, HA XX, AP 2685/92, Bl. 58–63.

418 Müller, Reinhard: Hitlers Rede vor der Reichswehrführung 1933. In: Mittelweg 36 10 (2001) 1, S. 85.

419 HA XVIII, Aktenvermerk v. 7.3.1970; BStU, MfS, AP 02685/92, Bl. 308.

420 Ebenda, Bl. 309.

421 Auskunft, 7.6.1967; BStU, MfS, AP 02685/92, Bl. 102.

Nicht nur einmal leitete das MfS Überwachungsvorgänge ein, 1970 bis 1974 sogar wegen des Verdachtes, Kontakte zu einem amerikanischen Spion zu unterhalten.[422] Einige Zeit später wurde ihre »Verbindung zu Personenkreisen um Havemann und Biermann«[423] festgehalten. Als der Anwalt Götz Berger 1976/77 in tribunalartigen Sitzungen aus der Anwaltschaft und der SED-Parteigruppe der Anwälte entfernt wurde, war sie »die Einzigste«,[424] die gegen eine Parteistrafe stimmte. Ihr Abstimmungsverhalten in Gegenwart des Justizstaatssekretärs und von Vertretern von ZK und SED-Bezirksleitung hatte einige Tage später einen Auskunftsbericht des MfS zur Folge.[425] Meldung wurde sogar Erich Honecker und dem Politbüro gemacht.[426] Ihre Vergangenheit, die sowjetische Anbindung und ihr offenes Eintreten für die DDR als dem deutschen Teilstaat, der nach ihrer Auffassung die richtigen Konsequenzen aus dem Krieg zog,[427] bewahrten sie offenbar vor weiteren Nachstellungen. Ihre abweichende Haltung wurde registriert, blieb aber ohne Folgen. Der Schriftsteller Hans Magnus Enzensberger hat »Eigensinn« geradezu als einen genealogischen Charakterzug der Familie von Hammerstein ausgemacht.[428]

Eine Geheimdienstanbindung musste also nicht in jedem Fall zu einem angepassten Verhalten führen, sondern konnte sogar eine gewisse Schutzfunktion haben. Auch bei Heinz Heidrich mag seine KGB-Beziehung der Grund dafür gewesen sein, weshalb MfS und Generalstaatsanwaltschaft längere Zeit gehemmt schienen, gegen ihn vorzugehen, obwohl ihnen seine Westkontakte deutlich missfielen.[429]

422 HA II, Verfügung zur Archivierung, 23.7.1974; BStU, MfS, AP 9897/74, Bl. 153 f.

423 HA XX, Auskunftsbericht, 4.12.1976; BStU, MfS, HA XX Nr. 6893, Bl. 100 f.

424 Die vorgefundene Rechtschreibung wurde übernommen. BV Bln/XX, TB mit IM »Ludwig«, 23.3.1977; BStU, MfS, BV Bln, AIM 1129/89, T. II, Bd. 2, Bl. 144; Niederschrift über die Mitgliederversammlung des Kollegiums der Rechtsanwälte Berlins am 3.12.1976; BStU, MfS, HA XX Nr. 6886, Bl. 203–205; HA XX; Information zur Parteiversammlung des Kollegiums der Rechtsanwälte am 2.12.1976; BStU, MfS, HA XX Nr. 6886, Bl. 216–219. Vgl. Kapitel Erziehung zur sozialistischen Anwaltschaft.

425 HA XX, Auskunftsbericht, 4.12.1976; BStU, MfS, HA XX Nr. 6893, Bl. 100 f.

426 Information der Abteilung Staats- und Rechtsfragen des ZK vom 4.12.1976; SAPMO, DY 30/IV 2/1/530.

427 Hammerstein, Marie-Louise von: Die Antwort fand ich bei Marx und Engels. In: ND vom 1.8.1965. Zit. nach: BStU, MfS, AP 2685/92, Bl. 67.

428 Enzensberger: Hammerstein.

429 Abschrift, o. D.; BStU, MfS, AOP 15157/89, Bd. 1, Bl. 183 f.

## 7.4 Systematische Analyse der IM-Beziehungen

Die »politisch-ideologische« Überzeugung war nach Einschätzung von MfS-Offizieren[430] das vorherrschende Motiv von Rechtsanwälten, als Informanten zu kooperieren. Das wundert nicht und traf laut Zuschreibung des MfS ohnehin für die meisten IM in der DDR zu.[431] Zudem war diese Berufsgruppe nach mehrstufigem Auswahlverfahren staatsnäher als andere. Doch die vage Rubrik »politisch-ideologisch« verdient einen zweiten Blick.[432] Wie schon die Generationenanalyse zeigt, steckten hinter den Überzeugungen von Altkommunisten, die die NS-Verfolgung überlebt hatten, andere biografische Erfahrungen als es bei den jüngeren Anwälten der ersten DDR-Generation der Fall war. Zudem gingen die vermeintliche politische Einstellung und die Entwicklung der Karriere und damit des materiellen und sozialen Status oft Hand in Hand. Schlichten MfS-Offizieren galten die vergleichsweise gut verdienenden Anwälte[433] als verdächtig, »egoistisch materielle Interessen«[434] zu verfolgen oder per se von »Geldgier«[435] getrieben zu sein. Auch bei der jüngeren, besonders emsigen IM »Dolli« bemängelte der Führungsoffizier ihren vordergründigen Ehrgeiz. Ihr Ziel sei es, »durch das MfS [...] eine Perspektive zu haben«.[436] Ein angehender Jurist hatte im Vorgang »Kaminski« die Schweigeverpflichtung »im Interesse einer erfolgreichen Bekämpfung der Feinde«[437] unterzeichnet, aber bei weiteren Treffen machte er sich rar. Er hatte offenbar gehofft, das MfS nutzen zu können, um Anwalt zu werden und war »enttäuscht«,[438] weil die erwartete Unterstützung

430 HV A IX/C, Auskunft v. 2.3.1978; BStU, MfS, AIM 6999/82, T. I, Bd. 1, Bl. 11.

431 Müller-Enbergs: Inoffizielle Mitarbeiter, Teil 1; Richtlinien, S. 109 f.; Müller-Enbergs, Helmut: Warum wird einer IM? Zur Motivation bei der inoffiziellen Zusammenarbeit mit dem Staatssicherheitsdienst. In: Behnke, Klaus u. a. (Hg.): Zersetzung der Seele. Psychologie und Psychiatrie im Dienste der Stasi. Hamburg 1995, S. 102–129.

432 Selbst dem MfS war bewusst, dass diese Kategorie nicht die wirkliche Motivationslage widerspiegelte. Die übliche MfS-Kategorisierung unterschied im Wesentlichen zwischen politisch-ideologischen, materiellen und solchen Motiven, wie Wiedergutmachung, die Müller-Enbergs als faktische Erpressung einordnet. Müller-Enbergs, Helmut: Das Motiv. In: Booß, Christian; Müller-Enbergs, Helmut: Die indiskrete Gesellschaft. Frankfurt/M. 2014, S. 91–136; Müller-Enbergs: Inoffizielle Mitarbeiter, Teil 1; Richtlinien, S. 107 ff.

433 Busse: Deutsche Anwälte, S. 496 ff.; Gerlach: Die Rechtsanwaltschaft, S. 145; Brand: Rechtsanwalt, S. 183, Fricke: Praxis der Anwaltstätigkeit, S. 475.

434 HA VIII, Abschlussbericht, o. D. (vermutl. 1979); BStU, MfS, AIM 6999/82, T. I, Bd. 1, Bl. 264.

435 BV Bln/XX/1, Bericht v. 12.3.1982; BStU, MfS, BV Frankfurt/O., AIM 574/82, Bl. 29–32.

436 »Dolli« wird in den Akten auch als »Dolli« geführt, hier wird die Schreibweise »Dolli« verwendet. HA XX/1, TB mit IMV-Kandidat »Dolli«, 26.8.1977; BStU, MfS, AIM 8228/91, T. I, Bd. 1, Bl. 207–212, hier 211.

437 Erklärung v. 23.6.1976; BStU, AIM 19094/85, T. I, Bd. 1, Bl. 13.

438 BV Bln/KD Pankow, TB mit IMV »Kaminski«, 23.11.1977; BStU, AIM 19094/85, T. II, Bd.1, Bl. 50 f.

ausblieb. Selbst bei einem Juristen mit einem nahen Verwandten beim MfS, der sich schon während der Schulzeit zum Wehrdienst beim Wachregiment des MfS verpflichtete, brach das MfS die Kooperation ab, da er »ausschließlich Interesse an der Lösung seiner persönlichen Probleme«[439] hätte. Gerade bei Jüngeren scheint die Orientierung am persönlichen Nutzen größer gewesen zu sein als bei denen, die Krieg und Nationalsozialismus durchlitten und wegen ihrer Bildung und grundsätzlich positiven Einstellung zur DDR ohnehin gute Karrierechancen hatten.

### 7.4.1 Motive für Kooperation oder Verweigerung und anwaltliche Anzeigepflicht

In dem einen oder anderen Fall spielten bei der Bereitschaft, mit dem MfS zu kooperieren, die Hoffnung auf Unterstützung und Mandate eine Rolle.[440] Im Einzelfall flossen beträchtliche Summen zur Unterstützung von Rechtsanwalts-IM. Einzelne Anwälte waren von den MfS-Mandaten und Aufträgen derart abhängig, dass von ihnen, jenseits formaler Anbindung, eine Kooperation erwartet wurde. In gewissen Grenzen war es für das MfS von Vorteil, wenn der IM »keinen gefestigten Klassenstandpunkt«[441] hatte. Ähnlich wie »Dolli« galt »Justierer« »durch seine widersprüchliche Verhaltensweise [...] als politisch unzuverlässig«.[442] Die eine war zwar SED-Mitglied, der andere hatte »eine politisch aufgeschlossene Einstellung zu[m] Sozialismus«[443]. Beide waren daher für das MfS akzeptabel. Wegen ihrer diffusen Haltung schienen sie eher in der Lage, Kontakte zu »feindlich-negativen« Personen knüpfen zu können, an denen das MfS ein besonderes Interesse hatte.[444] »Justierer« sollte, um diese Fassade glaubwürdig erscheinen zu lassen, nicht wieder in die SED eintreten. Bei politisch klar zu verortenden Anwälten wie IM »Ernst« bestand demgegenüber die Gefahr, dass mit ihnen die »Aufklärung von negativen Personenkreisen aus diesem Bereich nicht mehr zu verwirklichen«[445] sei. Dem MfS war bewusst, dass gerade

439 BV Bln/N, Aktennotiz v. 19.1.1982; MfS, P-DOS 10669/92, Bl. 98.

440 HA V, Vorschlag zur Anwerbung eines GI, 28.1.1958; BStU. MfS, AIM 2528/61, T. I, Bd. 1, Bl. 19–26.

441 HA XX/1. Auskunftsbericht. 29.5.1978. BStU, MfS, AIM 8228/91, Bd. I, 1, Bl. 272–280, hier 277.

442 BV Bln/KD Köpenick, Ermittlungsbericht, 1.10.1976; BStU, MfS, AIM 16041/89, T. I, Bd. 1, Bl. 175–177, hier 177.

443 Ebenda.

444 Müller-Enbergs: Inoffizelle Mitarbeiter, Teil 1; Richtlinien, S. 110.

445 BV Bln/XXII, Aktenvermerk v. 2.5.1983; BStU, MfS, AIM 15047/83, T. I, Bd. 1, Bl. 67.

politisch exponierte, linientreue Anwälte für die klassische IM-Tätigkeit relativ ungeeignet waren.[446]

Expliziter Druck oder Zwang war eine der typischen, aber eher selten vorkommenden Werbeformen[447] und bei den Berliner Kollegiumsanwälten offenbar nicht üblich. Ob sich jemand unter Druck fühlte und Angst hatte, dass ihm Nachteile bis zum Verlust der Anwaltszulassung drohen könnten, bleibt Spekulation. Interviews mit IM aus anderen Berufsgruppen zeigen, dass von einer »Gemengelage an Beweggründen«[448] auszugehen ist. Ärzte, die laut MfS-Akten aus reiner Überzeugung mit dem MfS kooperierten, gaben zu, »zusätzlich von Angst, Hilflosigkeit, aber zumindest von Unsicherheit geleitet worden zu sein«.[449] Es wurde schon darauf hingewiesen, dass manche Juristen nach einem Karriereknick Anwälte wurden. Plausibel ist, dass die Betroffenen eine Chance sahen, ihren Ruf durch eine Kooperation mit dem MfS wiederherzustellen.[450] Von einem Anwalt hieß es, er sei »ängstlich«.[451] Möglicherweise hatte der das Schicksal von Götz Berger und anderen Disziplinierungen vor Augen, vielleicht fürchtete er um lukrative und interessante Mandate im Westen. Trotz Furcht vor Entdeckung kooperierte er letztlich. Wenngleich es auf der Hand liegt, dass verdeckter psychischer Druck bei der IM-Rekrutierung eine Rolle spielte, scheint das MfS dieses Druckmittel bei den Berliner Rechtsanwälten nicht demonstrativ zur Werbung genutzt zu haben. Man setzte offenbar primär auf die Eigenmotivation der IM, was eine bessere Ausbeute bei der Zusammenarbeit versprach.

### *Exkurs: Schweigeverpflichtung contra Anzeigepflicht*

Die Bereitschaft, staatlichen Verfolgungsorganen über Dritte zu berichten, hängt, abgesehen von Fällen purer Skrupellosigkeit, von der Abwägung unterschiedlicher Normen und Werte ab. Die Anzeige einer schweren Straftat genießt gegenüber der klassischen Form der Denunziation, dem freiwilligen Anzählen von Mitbürgern, eher Akzeptanz.[452] Für Rechtsanwälte sind diese konkurrierenden Normen sogar gesetzlich fixiert. Das galt auch für die DDR. Auch dort

446 Eine Zeit lang sollten deswegen SED-Mitglieder »nur in begründeten Ausnahmefällen« als IM geworben werden. Dies wird in der Richtlinie 1/68 deutlich. Zit. nach: Müller-Enbergs: Inoffizelle Mitarbeiter, Teil 1; Richtlinien, S. 261.

447 Müller-Enbergs: Inoffizelle Mitarbeiter, Teil 1; Richtlinien, S. 198 ff.

448 Weill: Zielgruppe Ärzteschaft, S. 287.

449 Ebenda, S. 288.

450 Derartige Werbungen ordnete das MfS der Motivationskategorie »Wiedergutmachung« zu. Müller-Enbergs dechiffriert dies als Erpressung. Müller-Enbergs: Inoffizelle Mitarbeiter, Teil 1; Richtlinien, S. 170 f.

451 HA VIII, Treffbericht v. 19.8.1979; BStU, MfS, AIM 14984/82, T. II, Bd. 1, Bl. 31 f.

452 Booß, Christian: Denunziationskomplex. In: Booß, Christian; Müller-Enbergs, Helmut: Die indiskrete Gesellschaft. Frankfurt/M. 2014, S. 34 ff.

gab es ein Anwaltsgeheimnis und es existierte auf der anderen Seite eine gesetzliche Anzeigepflicht. Im Kollegiumsgesetz von 1980 war die »berufliche Pflicht zur Verschwiegenheit«[453] festgeschrieben. Die Strafprozessordnung kannte ein Aussageverweigerungsrecht unter anderem für Anwälte.[454] Die Verletzung der Schweigepflicht war nach Paragraf 136 StGB strafrechtlich verfolgbar.[455] Der Maxime der Verschwiegenheit stand die Strafandrohung bei Unterlassung einer Anzeige gegenüber. Die Anzeigepflicht war in der DDR sehr weit gefasst.[456] Unter Strafe gestellt waren Verbrechen gegen die Deutsche Demokratische Republik nach dem 2. Kapitel oder bestimmte Verbrechen gegen die allgemeine Sicherheit und staatliche Ordnung nach dem 8. Kapitel des Strafgesetzbuches.[457] Dazu gehörten beispielsweise Fälle von sogenannt staatsfeindlicher Hetze nach Paragraf 106 oder des ungesetzlichen Grenzübertrittes nach Paragraf 213.[458]

Es war ein Spezifikum des Rechtssystems der DDR, dass gerade im Bereich der Delikte, in denen das MfS die Ermittlungen durchführte, die Grenzen des Strafbaren für Außenstehende schwer bis gar nicht zu durchschauen waren. Interne Absprachen der zentralen Ermittlungs- und Justizorgane, in denen die Normen feinjustiert oder im Einzelfall präjudiziert wurden, waren für die Öffentlichkeit und oft für Anwälte nicht transparent. So wurde beispielsweise der veröffentlichte Katalog für den anzeigepflichtigen, schweren ungesetzlichen Grenzübertritt im Laufe der Jahre diffuser. Gegenüber 1968[459] wurde in den 1970er-Jahren das Kriterium einer »Tat mit besonderer Intensität« hinzugefügt, in Kommentaren vage als mit einem »erheblichen physischen Aufwand«[460] charakterisiert. In der DDR zählten die Einschränkung der Reisefreiheit und das Grenzregime zweifelsohne zu den unpopulärsten Merkmalen des Systems, die gleichzeitig dessen Überleben sichern sollten.[461] Um eine heimliche Solidarisierung, Unterstützung oder Duldung von Fluchten zu verhindern, stellte die DDR deren Nichtanzeige unter Strafe und ließ die Grenze der Strafbarkeit im Unkla-

453 KollG 1980, § 5; MSt 1980, § 18.

454 Strafprozeßordnung der DDR, StPO, vom 12.1.1968. In: DDR-GBl. Teil I (1968) 2, § 27 (künftig als »StPO 1968« bezeichnet).

455 Strafgesetzbuch der DDR, StGB, vom 12.1.1968. In: DDR-GBl. Teil I (1968) 1, (künftig als »StGB 1968« bezeichnet).

456 StGB 1968.

457 Verbrechen wurden im Strafrecht der DDR wegen einer »Gesellschaftsgefährlichkeit« von der »Gesellschaftswidrigkeit« von Vergehen unterschieden und entsprechend dem »Grundsatz der Differenzierung« höher bestraft. Lekschas, John u. a. (Hg.): Strafrecht. Lehrbuch. Berlin 1988, S 162 f., 169 ff. u. 172 ff.

458 StGB 1968.

459 StGB 1968, § 225 Abs. 1.

460 Strafrecht der DDR. Kommentar/Hg. vom Ministerium der Justiz. Berlin 1987, S. 474, Kommentar zu § 213 Abs. 1 u. 3.

461 Parolen, die um dieses Thema kreisten, gehörten zu den Auslösern der Revolution von 1989. Heidenreich, Walter; Richter, Michael: Parolen und Ereignisse der Friedlichen Revolution in Sachsen. Dresden 2009, S. 84 f.

ren. In der Tat wurden nicht wenige Personen aufgrund bloßer Mitwisserschaft nach diesem Paragrafen verfolgt.[462]

Vielleicht um einer Strafverfolgung zu entgehen, scheint es Einzelfälle gegeben zu haben, in denen Anwälte Hinweise auf mögliche Fluchten weiterleiteten. Einmal heißt es in MfS-Akten, dass »der Rechtsanwalt Lothar [de] Maizière [...] im Sommer 1981 dem MfS den Verdacht des illegalen Verlassens der DDR durch den Schreiber mitgeteilt hat«.[463] Der Betroffene, der später erfolgreich aus der DDR flüchtete, erhebt seit Kenntnis der Akten den Vorwurf, »ans Stasi-Messer geliefert«[464] worden zu sein. Von de Maizière wird der Vorwurf als »unsubstantiiert«[465] bestritten. Auf jeden Fall ging es nicht um den eigenen Mandanten de Maizières, sondern um den Verwandten eines Mandanten.

Bei der Information einer Anwältin galt diese nicht einer Mandantin, sondern einer Bekannten, die angeblich plante, die DDR »illegal zu verlassen«.[466] In einem weiteren Fall teilte eine Anwältin laut dem Protokoll eines MfS-Offiziers mit, dass ihr Mandant »im Falle einer Verurteilung auf Haftstrafe beabsichtige, illegal die DDR zu verlassen«.[467] Der Offizier nahm die Information so ernst, dass sein Vorgesetzter sie an den Bereich im MfS weiterleitete, der den Mandanten geheimpolizeilich im Blick hatte.[468] Die Informationen stammten von einer Anwältin, die gleichzeitig als IM registriert war. Sie berichtete laut Akten so viel, dass die Berichte schwerlich auf die Befolgung der Anzeigepflicht zurückzuführen wären.

Wenn Anwälte über geplante Ausreiseanträge von Personen oder gar Mandanten Auskunft gaben, konnte dies theoretisch damit legitimiert werden, dass diese Personen à la longue Fluchtpläne schmieden könnten. Allerdings war damit nicht der schwere Fall gegeben, der eine Anzeigenpflicht rechtlich begründete. Die Paragrafen, mit denen ein energisch vorgetragener Ausreisewunsch strafrechtlich verfolgt wurde, fielen keineswegs alle unter die Anzeigepflicht gemäß Paragraf 225.[469] Da Anwälte keine Mandate von Ausreiseantragstellern an-

462 Berliner Stichprobe 72-84-88.

463 BV Frankfurt/O./II, Aktenvermerk v. 11.1.1982; BStU, MfS, BV Bln, AIM 5166/89, T. I, Bd. 1, Bl. 333 f. Dieser Vermerk geht vermutlich auf eine IM-Information zurück, die inhaltsidentisch ist. IMS »Wolf«, Bericht über das vermeintliche illegale Verlassen der DDR des Schreiber, Willy, 5.1.1982; BStU, MfS, BV Bln, AIM 5166/89, T. II, Bd. 1, Bl. 40 f. Zit. auch bei: Schreiber, Willy Hieronymus: Im Visier. Chronik einer Flucht. Jena 2009, S. 278 ff.

464 Ebenda, S. 281.

465 Lothar de Maizière: Fax an Ebersberger Zeitung, 7.10.2009; Kopie aus den Akten von Willy Schreiber.

466 »Dolli«, handschriftl. Vermerk v. 13.9.1981; BStU, MfS, AIM 8228/91, T. I, Bd. 1, Bl. 373.

467 HA XX/1, TB mit IMS »Dolli«, 18.5.1987; ebenda, T. II, Bd. 1, Bl. 604–608, hier 608.

468 HA XX/1, Schreiben an KD Friedrichshain, 20.7.1987; ebenda, T. II, Bd. 1, Bl. 609.

469 Zu den Strafverschärfungen gegen Ausreiseantragsteller vgl. Raschka: Justizpolitik, S. 105 ff. u. 164 ff.

nehmen sollten, griff nicht die Verschwiegenheit im Mandat. De jure unterlagen aber alle Informationen, die »in ihrer beruflichen Eigenschaft bekannt oder anvertraut wurden«[470], der beruflichen Schweigepflicht. Jedenfalls konnten sich Anwälte bei der Kolportage von Ausreisewünschen, die Rechtsratsuchende äußerten, nicht auf eine rechtliche Legitimation, allenfalls auf die Erwartungshaltung von Partei, Staat und MfS beziehen. In Berlin wurde das MfS in Einzelfällen von Anwälten über Ausreisebestrebungen informiert,[471] bei manchen Unteranwälten Vogels erfolgte das systematisch. Da für den Anwalt nicht vorhersehbar war, ob solche Kolportage die Ausreise oder die Kriminalisierung des Betroffenen zur Folge haben würde,[472] nahm der Anwalt zumindest in Kauf, dass das gesamte Arsenal geheimpolizeilicher Nachstellungen zum Tragen kam. In anderen Einzelfällen sind Anzeigen beziehungsweise der Anstoß zur Strafverfolgung aktenkundig. Eine Anwältin, die nicht IM war, zeigte einen ehemaligen nahen Anverwandten wegen Staatsverleumdung an.[473] Dieser soll im Treppenhaus eine leitende Richterin lauthals als »Stasihure« bezeichnet und in Bezug auf jüdische Anwälte geschrien haben, »dass es mit den Juden auch mal wieder anders kommen wird«.[474] Die Anzeige bei der Staatsanwaltschaft dürfte im Grenzbereich von Selbstschutz, nachvollziehbarer Empörung und klassischer Denunziation gelegen haben.

In der Summe ist festzustellen, dass in dem einen oder anderen Fall Anwaltsberichte über das Verhalten von Mandanten oder Dritten durch die Anzeigepflicht nach DDR-Recht gedeckt, zumindest nicht unmittelbar von der Verschwiegenheitspflicht betroffen waren. Dies erklärt oder legitimiert aber keineswegs die Gesamtheit von IM-Berichten aus Mandaten oder Rechtsberatungen. Jenseits der Anzeigepflicht gab es noch weitere Bemühungen, die Schweigepflicht zu relativieren beziehungsweise umzudeuten. Zum einen waren die Anwälte laut Berufsrecht gehalten, »den Auftraggeber auf mögliche Nachteile hinzuweisen, die entstehen können, wenn er das Mitglied, [den Anwalt], nicht von seiner Verschwiegenheitspflicht befreit«.[475] Die Anwälte sollten also ihre Mandanten möglichst überreden, ihnen eine Art Aussagegenehmigung zu erteilten.

470 Zumindest mit der Kommentierung der 1980er-Jahre. Strafprozessrecht Kommentar 1987, S. 54 f., Kommentar zu § 27 Abs. 1, 2.

471 Rechtsstelle/Leiter, Information zum »Fall Biermann«, 26.11.1976; BStU, MfS, RS Nr. 53, Bl. 146 f.; HA XX/1, TB mit IMS »Dolli«, 8.12.1983; BStU, MfS, AIM 8228/91, T. II, Bd. 1, Bl. 471–473.

472 Hürtgen: Ausreise per Antrag.

473 StGB 1968, § 220.

474 Zit. nach: IMS »Ludwig«. Vermerk. 12.3.1980. BStU, BV Bln, AIM 1129/89, T. II, Bd. 2, Bl. 229.

475 MSt 1980, § 18 Abs. 1.

Darüber hinaus hatte die gesetzliche Verschwiegenheitspflicht in der DDR eine doppelte Zielstellung. Die Verschwiegenheitspflicht galt weniger als quasiliberales Abwehrrecht gegenüber dem Staat, um Mandantengeheimnisse zu wahren. Sie wurde geradezu umgekehrt als Recht des sozialistischen Staates, sein Handeln abzuschirmen, interpretiert. In internen Diskussionen gingen maßgebliche Anwälte davon aus, dass die Anwälte »als Organ der Rechtspflege politische Wachsamkeit zu bewahren«[476] hätten. Daraus folge eine »allgemeine Pflicht zur Verschwiegenheit über alle Vorgänge, Zusammenhänge und Entscheidungen, die ihm durch seine berufliche Tätigkeit innerhalb der Rechtspflege bekannt geworden sind«. Diese Geheimhaltungspflicht erstreckte sich keineswegs nur auf Verfahren, »bei denen ein Ausschluss der Öffentlichkeit erfolgt oder zu erwarten ist, sondern besteht generell«.[477] Nicht einmal der Mandant könne, »soweit aus Gründen der politischen Wachsamkeit eine Pflicht zu Verschwiegenheit im Interesse der Rechtspflege besteht«[478], diese aufheben. Solche Thesen blieben zwar »Kollegiumsinternes Arbeitsmaterial«. Doch in den veröffentlichten und verbindlichen Berufspflichten von 1989 wurde die Verschwiegenheit fast unmerklich für »alle Informationen«[479] festgeschrieben, die dem Anwalt in seiner beruflichen Eigenschaft bekannt wurden. Es ist davon auszugehen, dass das auch in den Jahren zuvor schon galt. Die Verschwiegenheitspflicht war eine Geheimschutzklausel zugunsten des Staates.

In der DDR galt, allen Einschränkungen zum Trotz, grundsätzlich ein Anwaltsgeheimnis. Nur mit expliziter Zustimmung des Mandanten konnte die Verschwiegenheit, abgesehen von Fällen der Anzeigepflicht nach Paragraf 225 StGB, gebrochen werden. Die höchstrichterliche Rechtsprechung der Bundesrepublik hat nach der deutschen Einheit die Schwelle für den Mandantenverrat und die Aberkennung der Anwaltszulassung an die Verletzung der »Grundsätze der Menschlichkeit oder Rechtsstaatlichkeit« geknüpft und damit sehr hoch angesetzt.[480] Nach dem Recht der DDR war die strafrechtliche Schwelle bei der Verletzung des Anwaltsgeheimnisses deutlich niedriger. Ohnehin gibt es eine subjektive Seite des Mandantenverrates, die das Vertrauen des Mandanten zu seinem Anwalt berührt. Es gab sicher politisch Verfolgte, die es gut hießen, wenn ihre Verteidiger mit denen Kontakt aufnahmen, die in Wirklichkeit die

476 Thesen über die Stellung, die Aufgaben und die Pflichten der Mitglieder der Kollegien der Rechtsanwälte in der DDR. Überarbeiteter Entwurf der Rechtskommission der ZRK, 14.7.1978, S. 4; BArch, DP1, 3310.

477 Ebenda.

478 Ebenda.

479 Berufspflichten des Rechtsanwalts in der DDR. Beschluss des Rates der Vorsitzenden der Kollegien der Rechtsanwälte in der DDR v. 30.6.89. In: NJ 43 (1989) 12, S. 478–480, Abs. 1 u. 5.

480 BVerfG. vom 9.8.1995, Az.: 1 BvR 2263/94, 1 BvR 229/95, 1 BvR 534/95. www.jurist.de/portal/portal/t/21vy/page/jurisw.psml?action=controls.jw (letzter Zugriff: 3.3.2011).

Verfahren steuerten: SED und Staatssicherheit. Dagegen reagierten Verfolgte, die über Jahre vom MfS bedrängt und juristisch belangt wurden, oft sehr empfindlich, als sie nach der Öffnung der MfS-Akten den Eindruck gewannen, dass Anwälte ohne ihr Wissen oder ihre Zustimmung separate Kontakte zum MfS hielten.[481]

### *Die Nein-Sager*

Es sind bezeichnenderweise kaum Fälle von »Neinsagern«[482] dokumentiert, Fälle in denen Anwälte eine inoffizielle Zusammenarbeit explizit verweigerten. Klare ethisch-religiöse Gründe hinderten einen Anwalt daran, seine beruflichen Kontakte zum Episkopat der DDR dem MfS zu offenbaren.[483] Erstaunlich war die Begründung, mit der eine jüngere Anwältin die Zusammenarbeit ablehnte. Sie befürchtete, das MfS würde sie, wenn sie gegen die Schweigeverpflichtung verstieße, später »durch Erpressung zu Handlungen zwingen, die sie selbst nicht vertreten könne«.[484] Der kontaktierende Offizier kam zu dem Schluss, dass das Selbstbewusstsein der Anwältin daher rührte, weil ein naher Verwandter von ihr Mitarbeiter des MfS sei.[485] Dass ein Anwalt in manchen Fällen für eine inoffizielle Zusammenarbeit nicht geeignet schien, weil für die »operative Nutzung keine Perspektive«[486] bestand, musste nicht in jedem Fall auf eine Antihaltung oder gar Ablehnung hinweisen. Nur selten stellte das MfS die Überprüfung eines IM-Kandidaten mit der Begründung ein, dass »Charakter und Verhalten zu negativ«[487] seien. Besonders bei Werbungsvorgängen für die Auslandsspionage mit strengeren Auswahlprinzipien, dürften überwiegend objektive Gründe in der Prüfungsphase zum Abbruch geführt haben.

Das Anwaltsgeheimnis schien mehreren IM vor allem deswegen zu schaffen zu machen, weil sie um ihren Ruf fürchteten. IM »Karl Weber« erklärte laut MfS zwar seine Bereitschaft, das MfS »in allen Fragen zu unterstützen«,

481 Vgl. Darstellungen von Freya Klier und Vera Lengsfeld, siehe auch Kapitel Vor dem Prozess.

482 Müller-Enbergs, Helmut: Zur Kunst der Verweigerung. In: Booß, Christian; Müller-Enbergs, Helmut: Die indiskrete Gesellschaft. Frankfurt/M. 2014, S. 203–238. Dort auch ein Literaturüberblick.

483 HA XX/4, Bericht über die Kontaktaufnahme zum Kandidaten; BStU, MfS, AIM 13652/66, T. I, Bd. 1, Bl. 39–44; HA XX/4, Aktenvermerk v. 5.4.1966; ebenda, T. I, Bd. 1, Bl. 45.

484 BV Bln/XXII, Bericht zur Kontaktierung der »Juristin«; BStU, MfS, AP 8238/87, Bl. 59 f.

485 Ebenda.

486 BV Bln/XXII, Abschlussbericht v. 13.7.1987; BStU, MfS, AP 7070/87, Bl. 92.

487 BV Frankfurt/O., Beschluss v. 3.6.1982; BStU, MfS, AIM 574/82, Bl. 5.

wollte aber nicht »in der Dienststelle auf[...]fallen«.[488] Auch für IM »Ludwig« war nach MfS-Einschätzung Konspiration oberstes Gebot, »denn wenn hier etwas platze, dann könne er seinen Beruf an den »Nagel« hängen und aus Berlin verziehen«.[489] Die Verpflichtung unterschrieb er laut MfS-Protokoll allerdings »ohne Umschweife«.[490] Als »Horst Koch« das MfS explizit auf die Kollision seiner Informationen mit der gesetzlichen Schweigepflicht aufmerksam machte, wollte er damit laut MfS nur »Wert auf die Geheimhaltung«[491] legen. Es war den Zitierten bewusst, dass sie sich nicht nur kollegial, sondern auch rechtlich auf fragwürdigem Terrain bewegten. Die Staatssicherheitsraison stand letztlich über dem Berufsgeheimnis. Es ist nicht ausgeschlossen, dass die Gefahr einer drohenden Enttarnung ins Feld geführt wurde, um das MfS abzuschütteln.[492] Es spricht aber eher dafür, dass das Verhältnis der Juristen zur Schweigepflicht taktischer Natur war oder sie nur einer zu engen Umklammerung entgehen wollten.[493]

Vor allem ältere Rechtsanwälte, die noch auf eine bürgerliche Rechtsausbildung zurückblickten, versuchten die Zusammenarbeit an einschränkende Bedingungen zu knüpfen. »Der Kandidat erklärte sich bereit, uns in dieser Frage soweit wie möglich zu unterstützen, jedoch möchte er die Schweigeverpflichtung als Anwalt nicht verletzen, da er dadurch in ein schlechtes Licht kommen könnte.«[494] Den Führungsoffizieren war der heikle Punkt bei Anwälten bewusst und sie formulierten ihr Anliegen entsprechend vorsichtig. »Dem GI wurde gesagt, dass uns selbstverständlich bestimmte Fälle interessieren und wir der Meinung sind, dass er uns darüber informiert, soweit es seine Schweigepflicht erlaubt.«[495] Routinierte Offiziere nahmen eine Einschränkung der Aussagebereitschaft zunächst widerspruchslos hin, denn die Erfahrung zeigte ihnen: »Es ist jedoch damit zu rechnen, dass sich dies im Laufe der Zusammenarbeit ändern wird.«[496]

488 HA VIII, TB v. 19.8.1979; BStU, MfS, AIM 14984/82, T. II, Bd. 1, Bl. 32.

489 BV Bln/V/1, Bericht zur Anwerbung, 5.10.1961; BStU, MfS, BV Bln, AIM 1129/89, T. I, Bd. 1, Bl. 8–10, hier 8.

490 Ebenda, Bl. 8.

491 BV Bln/KD Marzahn, TB mit IMK/KW »Horst Koch«, 3.3.1982; BStU, MfS, AIM 18953/85, Bl. 146.

492 Götz Berger entzog sich einer erneuten Anwerbung für einen konspirativen Treff, »da er zu sehr im Blickpunkt der Öffentlichkeit stehe«. HA V/5, Beschluss v. 20.4.1961, handschriftl. Ergänzung, 11.11.1965; BStU, MfS, AIM 2528/61, T. I, Bd. 1, Bl. 34 f.

493 Rechtsanwalt Wolfgang Vogel gelang es, die IM-Tätigkeit zu beenden; er arbeitete aber mit seinem ehemaligen Führungsoffizier, Heinz Volpert, bis zu dessen Tod eng zusammen. Booß: Schattenmann, S. 65.

494 HA V/5, Bericht über die durchgeführte Werbung des GI, 30.1.1958; BStU, MfS, AIM 2528/61, T. I, Bd. 1, Bl. 23–26, hier 24.

495 BV Bln/XX/1, TB mit IMS »Ludwig«, 15.11.1967; BStU, MfS, BV Bln, AIM 1129/89, T. II, Bd. 1, Bl. 122 f.

496 HA V/5, Bericht über die durchgeführte Werbung des GI, 30.1.1958; BStU, MfS, AIM 2528/61, T. I, Bd. 1, Bl. 24.

Oft hatten sie Recht mit ihrer Einschätzung. Wer einmal aus Staats- und Parteiverbundenheit »ja« sagte, tat sich schwer, die Verschwiegenheitsgrenzen einzuhalten, wenn das MfS die Notwendigkeit der Zusammenarbeit unterstrich: »Im ersten Moment war der GI etwas verdutzt, fing sich aber sehr schnell und sagte, nun darüber könne man schon einmal reden.«[497] Nur in wenigen Fällen musste das MfS trotz IM-Verpflichtung »eine falsche ›Berufsehre‹ in jeder Hinsicht« feststellen, denn der Anwalt betrachtet »nach wie vor sein Verbot, über seine Mandanten Auskunft zu geben, auch uns gegenüber als bindend«.[498] Oder ein Offizier hielt zu seinem Gegenüber fest, dass er nur sehr allgemeine Auskünfte gebe.[499] In beiden Fällen erbrachten die Rechtsanwälte allerdings auf anderen Gebieten für das MfS wichtige »Dienstleistungen«. Auch der Anwalt, der etwas großspurig betonte, »dass er kein Spitzel sei, der die Leute aushorche«[500], war schon zuvor einmal als IM tätig und scheute sich nicht, über Interna des Kollegiums zu berichten.

Verbreiteter als die, die eine klare Grenze zur kompromittierenden Zusammenarbeit mit dem MfS zogen, waren die »Lavierer«. Sie waren oder wurden registriert, kamen aber, aus welchen Gründen auch immer, einer Zusammenarbeit nicht nach. Mal waren es objektive, private Gründe an denen trotz zweifacher Anwerbung die Zusammenarbeit scheiterte,[501] mal waren es enttäuschte Karriereerwartungen.[502] Selten wurde das sinkende Interesse an einer weiteren Zusammenarbeit ausgesprochen. Ein Jurist offenbarte zu Beginn seiner Anwaltstätigkeit, früher wäre die Arbeit beim MfS »eine Abwechslung« gewesen, jetzt würde er »die übertragenen Aufgaben nur mit Widerwillen erfüllen«.[503] Manche versuchten durch ein Sichentziehen oder Konditionierung der Zusammenarbeit eine relative Unabhängigkeit zu wahren. Offenbar entsprach es aber der Selbstwahrnehmung vieler Anwälte, wegen ihrer Stellung als gesellschaftliches Organ der Rechtspflege nicht »nein« sagen zu können. Den Versuchen, trotz IM-Verpflichtung den MfS-Einfluss einzudämmen, stehen einzelne IM-Biografien entgegen, die von nahezu hemmungsloser Bereitschaft zur Berichterstattung zeugen. Das zeigen keineswegs nur die umfangreichen Berichtsakten von IM »Dolli«, IM »Justierer« und IM »Ludwig«, sondern auch vergleichsweise schmale

497 BV Bln/XX/1, TB mit IMS »Ludwig«, 15.11.1967; BStU, MfS, BV Bln, AIM 1129/89, T. II, Bd. 1, Bl. 123.

498 HA V/1, Perspektivplan v. 30.12.1959; BStU, MfS, AIM 9759/84, Bl. 89.

499 HA II, Auskunftsbericht v. 16.7.1980; BStU, MfS, AIM 3065/83, T. I, Bd. 2, Bl. 8.

500 HV A IX/C, TB mit IM »Jurist«, 23.5.1976; BStU, MfS, AIM 6999/82, Bl. 163.

501 BV Bln/XX/1, Beschluss v. 22.3.1976; BStU, MfS, AIM 13973/81, Bl. 70 f.

502 BV Bln/KD Pankow, TB mit IMV »Kaminski«, 23.11.1977; BStU, MfS, AIM 19094/85, T. II, Bd. 1, Bl. 50 f.

503 BV Bln/XV/A, TB mit IM »Grischa«, 21.1.1974; BStU, MfS, AIM 13957/81, T. I, Bd. 1, Bl. 321 f.

wie die von »Horst Koch«, der seine Blindheit taktisch einsetzen wollte.[504] Wie schon bei DDR-Ärzten aufgezeigt,[505] die sich auf eine anders motivierte berufliche Verschwiegenheitspflicht berufen konnten, war die Verletzung des Anwaltsgeheimnisses im Berliner Kollegium keineswegs eine Seltenheit.

### 7.4.2 Die IM von HV A, Linie XX und anderen Diensteinheiten des MfS

Die meisten IM-Vorgänge im Berliner Rechtsanwaltskollegium, 17 an der Zahl, waren wenigstens zeitweilig für die Linie XX oder deren Vorgängerin, die Linie V, registriert. Das ist nicht erstaunlich, weil die Anwälte zum »Sicherungsbereich« dieser Diensteinheiten gehörten. Weitere acht Anwälte hatten laut Akten einen HV A-Bezug. Wegen des starken Aktenverlustes in diesem Bereich ist die Tätigkeit der HV A-Registrierten nur rudimentär nachvollziehbar.

| **MfS-DE** | **Zahl der IM** |
|---|---|
| HV A IX/AG S | 6 |
| HV A andere DE | 2 |
| HV A vorübergehend | 7 |
| Summe | 15 |

Tabelle 7: IM der HV A im Berliner RAK in den 1970er- und 1980er-Jahren

Die überwiegende Zahl der Anwälte, insgesamt fünf, war bei der HV A IX/C/10 beziehungsweise ab 1980, nach Aufgaben-Neuzuweisung, bei der HVA/AG S/Bereich 3 registriert. Die hier relevante Teilaufgabe beider Diensteinheiten bestand in der Organisation auch juristischer Betreuung von verhafteten HVA-Agenten im Ausland.[506] Aus diesem Grund war Friedrich Wolff als »Wagner«[507] neben Mitanwälten in der Zweigstelle Friedrichshain II registriert. Über Udo Motzek hieß es, er sei »positiv erfasst«, weil er wie Wolff »berufliche Kontakte zu Rechtsanwälten im kapitalistischen Ausland [unterhält], womit ent-

504 BV Bln/KD Marzahn, Bericht über die Werbung, 10.8.1981; BStU, MfS, AIM 18953/85, T. I, Bd. 1, Bl. 190–192.

505 Weill: Zielgruppe Ärzteschaft, S. 186 f.

506 Diese Diensteinheit wurde mehrfach umstrukturiert. Müller-Enbergs: Hauptverwaltung A, S. 170. Siehe auch im Kapitel Die Institutionen zur Steuerung und Kontrolle der Anwaltschaft den Abschnitt zur HV A.

507 Busse: Deutsche Anwälte, S. 414; Müller-Enbergs: Hauptverwaltung A, S. 262 u. 170.

sprechende Reisen verbunden sind«.[508] Als »Albert« war Dr. Joachim Noak in der Vorgangsart IMA erfasst,[509] der zu früheren Zeiten Friedrich Karl Kaul bei den bundesrepublikanischen NS-Prozessen unterstützt hatte.[510] Nach Absprache von Partei und HV A IX wurde er schließlich in der Zweigstelle bei Wolff eingesetzt.[511] In den Karteien der HV A finden sich Hinweise auf zwei weitere Anwälte bei der HV A IX beziehungsweise HV A AG S.[512]

Das Interesse der HV A richtete sich vor allem auf Betätigungen von Anwälten außerhalb der DDR. Dennoch waren Friedrich Wolff, Udo Motzek und Joachim Noak auch innerhalb der DDR als Verteidiger in zahlreichen MfS-ermittelten Strafverfahren tätig.[513] Es ist aber davon auszugehen, dass ihre enge Bindung an das MfS und die SED ihre Haltung auch in Strafrechtsfragen beeinflusste. Gelegentlich erlaubten jedoch gerade die HV A-Kontakte da Kritik anzubringen, wo andere Anwälte kaum Spielräume sahen. Ein Anwalt mit HVA-Kontakt beschwerte sich beispielsweise, dass ein falsches Urteil ergangen sei. Der Vorwurf der schweren Republikflucht wegen des zweimaligen DDR-Grenzübertritts sei unzutreffend, weil der Angeklagte in nur einem einheitlichen Vorgang die Grenze der DDR und dann die der ČSSR passiert habe. Der Anwalt argumentierte taktisch mit außenpolitischen Argumenten. Das Fehlurteil sei »politisch schädlich«, da es den »Gegnern der DDR« Anlass für eine »Propagandaaktion«[514] bieten könne. Dieser Hinweis wurde im MfS immerhin so ernst genommen, dass er an den Bereich, der für politische Prozesse zuständig war, weitergeleitet wurde.[515]

Die Zahl der bei der HV A registrierten Berliner Kollegiumsanwälte wüchse, wenn vorübergehende Registrierungen berücksichtigt würden. Die Spionageverwaltung plante jüngere Juristen vorübergehend und eher für logistische Aufgaben ein. Die Wohnung von IM »Gregor« wurde beispielsweise Anfang der 1960er-Jahre eine Zeit lang von der HV A genutzt. Als das aus familiären Gründen nicht mehr möglich war, übernahm die HA XVIII den Vorgang.[516] IM »Grischa« war laut HV A in den 1960er-Jahren sogar »Einsatzkader« im westli-

508 HV A/AG S, Vermerk v. 21.12.1981; BStU, MfS, AP 72720/92, Bl. 19.

509 Müller-Enbergs: Hauptverwaltung A, S. 262.

510 In dieser Funktion »wurde [er] auch von der Partei bezahlt«. Zeitweilig wurde erwogen, ihn in den ZK-Apparat zu übernehmen. Als sich diese Pläne zerschlugen, bot ihn der zentrale Parteiapparat dem MfS an. Joachim Noak, Lebenslauf, 22.7.1976; BStU, MfS, AP 72798/92, Bl. 5–7; Rosskopf: Friedrich Karl Kaul, S. 239 ff.; HA IX, Künftiger Einsatz des Genossen Noak, 9.2.1972; BStU, MfS, HA IX Nr. 16344, Bl. 143–145.

511 Müller-Enbergs: Hauptverwaltung A, S. 262.

512 IM »Erich«, XV 1492/87 u. GMS »Christoph«, XV 1493/87; BStU, MfS, Kartei, F 16/F 22.

513 Anwaltskartei; BStU, MfS, Kartei sowie Berliner Stichprobe 72-84-88.

514 Vermerk v. 25.1.1975; BStU, MfS, HA IX Nr. 16344, Bl. 146 f.

515 Handschriftl. Verfügung der HA IX, 1976; ebenda, Bl. 148–150.

516 Abschlussbericht v. 9.12.1970; BStU, MfS, AIM 12268/70, T. I, Bd. 1, Bl. 108.

chen Ausland.[517] Als er in der Justiz Karriere machte, versuchte ihn die Abteilung XX/1 der Bezirksverwaltung Berlin zu rekrutieren.[518] Auch Gregor Gysi war eine Zeit lang als OPK bei der HV A registriert.[519] Die HV A »borgte« sich auch Anwälte bei Abwehrdiensteinheiten aus. Der langjährige IM der Abteilung XX/1 der Bezirksverwaltung Berlin, »Ludwig«, wurde beispielsweise gegen Ende der Ära Honecker der HV A IX/8 für eine »zeitweilige Nutzung«[520] zur Verfügung gestellt.

Die übrigen Rechtsanwälte, die in Karteien oder Akten als IM bezeichnet werden, verteilten sich auf andere Diensteinheiten der Staatssicherheit. Sie waren dort für Aufgaben vorgesehen, die dem jeweiligen Aufgabenspektrum der Diensteinheit entsprachen. Die Juristen wurden zwar entsprechend ihrer sozialen und beruflichen Stellung und Ausbildung eingeplant, aber grundsätzlich scheint sich ihre Verwendung kaum von der anderer IM dieser Diensteinheiten unterschieden zu haben. Der Anwalt, der vom MfS unter dem Decknamen »Karl Weber« geführt wurde, hatte eine Anwaltszulassung in Westberlin.[521] Da die HA VIII dort äußerst aktiv war,[522] suchte sie den Anwalt zu nutzen. Dessen Aufgabe bestand zunächst darin, »Regimematerial«[523] zu sammeln, also Informationen über Grenzformalitäten oder den Umgang mit Westberliner Behörden. Das Wissen kam der HA VIII und anderen MfS-Diensteinheiten zugute, wenn sie bei ihren Einsätzen in Westberlin nicht auffallen wollten. Dem Anwalt wurde zum Beispiel aufgetragen, bei seinen Besuchen Nachschlagewerke zum Rechtswesen, Hochschulführer, ein Kursbuch, Luftbilder der Stadt und Schriften der Bundesanstalt für Arbeit zu besorgen.[524] Diese profanen Dienstleistungen wurden allmählich ergänzt durch Erwartungen, dass »Karl Weber« juristische Analysen erarbeitete, damit sich inoffizielle Mitarbeiter im Westen besser vor »feindlichen Justizorganen«[525] schützen könnten. Seine Verbindungen zu Mitgliedern der Westberliner Rechtsanwaltskammer sollte er abschöpfen.[526] All diese Aufgaben blieben im Leistungsspektrum, das die HA VIII innerhalb des MfS abzudecken hatte. Eher »zufällig«, nicht vom MfS arrangiert, stand »Karl Weber« beruflich in Kontakt mit dem Schriftsteller Stefan Heym.[527] Dieser stand Mitte der 1970er-Jahre im Fokus von MfS-Aktivitäten, mehrere Diensteinheiten hatten

517 Verw. Groß-Bln/XV, Einschätzung v. 8.4.1968; BStU, MfS, AIM 13957/81, T. I, Bd. 1, Bl. 129–131, hier 130.

518 Verw. Groß-Bln/XX, Vermerk v. 20.10.1974; ebenda, T. I, Bd. 1, Bl. 324.

519 HV A/XI, Sachstandsbericht. v. 17.2.1978; BStU, MfS, AIM 9564/86, Bl. 61 f.

520 F 16-HV A, Rückseite; BStU, MfS, Karteien.

521 HA XX/1, Auskunftsbericht v. 15.4.1965; BStU, MfS, AIM 28887/91, Bl. 1–8, hier 2.

522 Schmole, Angela: Hauptabteilung VIII. Berlin 2011, S. 53 ff.

523 HA VIII, TB mit »Karl Weber«, 2.4.1982; BStU, MfS, AIM 28887/91, Bl. 54 f.

524 HA VIII, TB mit »Karl Weber«, 28.10.1981; ebenda, Bl. 34 f.

525 HA VIII, TB mit »Karl Weber«, 18.2.1982; ebenda, Bl. 46 f.

526 HA VIII, TB mit »Karl Weber«, 28.4.1982; ebenda, Bl. 58 f.

527 HA VIII, Information v. 11.5.1979; BStU, MfS, AIM 14984/82, Bl. 16.

Informationsbedarf.[528] Daher begann die HA VIII nun Informationen zu brisanten Inlandskontakten von »Karl Weber« zu sammeln und weiterzuleiten.[529] Das war aber nur Beifang des IM-Kontaktes der HA VIII. Nicht selten blieben die konspirativen Kontakte zu Juristen im engen Rahmen der jeweiligen Primäraufgaben der MfS-Diensteinheiten, ohne die Anwaltstätigkeit zu tangieren. So wurde ein Anwalt »in das Verbindungssystem zu IMV ›Krone‹ und ›Simona‹ einbezogen und genutzt«.[530] Die beiden waren IM aus der Bundesrepublik. Über die familiären Beziehungen des Anwaltes konnte die HA II Kontakt zu ihnen herstellen, sodass sie schließlich »geworben« werden konnten. Bei der Gelegenheit soll der Anwalt »Einschätzungen zum Persönlichkeitsbild«[531] von »Krone« geliefert haben. Dieser Hilfsdienst war punktuell, daher wurde der Jurist nur als IM-Vorlauf oder nur als »KP«, als Kontaktperson, geführt.[532] Dennoch handelte es sich offenkundig um eine geheimdienstlich verdeckte Zusammenarbeit. Die Kooperation währte jedoch nur kurz und hatte keine Auswirkungen auf die Anwaltstätigkeit. Im Gegenteil bescheinigte ihm das MfS: »Über seine berufliche Arbeit sprach er stets nur allgemein [...,] ohne dass er je Namen von Klienten nannte.«[533] Später gab es den Plan, ihn noch einmal anzuwerben, was sich aber zerschlug.[534]

Das Interesse des MfS galt meist eher einer Person und deren Beziehungen als der Anwaltsfunktion. Das zeigt sich bei Berufswechseln oder wenn sich Interessen von MfS-Diensteinheiten verlagerten. »Justierer« wurde vom Sekretariatsapparat Beater beziehungsweise Neiber[535] als IM noch gehalten, als er seine Anwaltszulassung schon verloren hatte, weil sein Schwerpunkt auf Kontakten zur Schattenwirtschaft lag. Der Bereich des stellvertretenden Ministers für Staatssicherheit hatte so breit gestreute Interessen, dass er offenbar auf den redseligen Informanten nicht verzichten mochte.[536] GMS »Uhland« wurde dagegen von der HA VII aufgegeben. Er war vor allem auf einen Fall angesetzt. Ein Goldschmied sollte überredet werden, in der DDR zu bleiben. »Uhland« besuchte seinen Mandanten in Haft. Auf diese Weise konnte das MfS die Gespräche zusammenfas-

528 HA XX/OG, Vermerk v. 9.4.1980; ebenda, Bl. 33.

529 HA VIII, Information v. 11.5.1979; ebenda, Bl. 16.

530 HA II, Auskunftsbericht v. 16.7.1980; BStU, MfS, AIM 3065, T. I, Bd. 2, Bl. 4–14, hier 7.

531 Ebenda.

532 Bericht v. 15.8.1975; BStU, MfS, AIM 7049/91, Bl. 13.

533 HA II, Auskunftsbericht v. 16.7.1980; BStU, MfS, AIM 3065, T. I, Bd. 2, Bl. 8.

534 Ebenda, Bl. 14.

535 Bruno Beater war 1955 bis 1980 ein, teils erster Stellvertreter des Ministers für Staatssicherheit. Gerhard Neiber, von 1980 bis 1989 Ministerstellvertreter, war teilweise Beaters Nachfolger. Gieseke: Wer war wer, S. 7 u. 52.

536 Die Stellvertreter Beater bzw. Neiber leiteten jeweils eine Reihe von Diensteinheiten als eigenen Zuständigkeitsbereich an. Wiedmann: Diensteinheiten, S. 501 ff.

sen.[537] Obwohl er nach Einschätzung der HA VII »alle Aufträge des MfS gewissenhaft und in Qualität erfüllt« hatte, gab die Hauptabteilung ihn »nach der erfolgreichen Bearbeitung« des Vorganges an die Rechtsstelle ab, die nur auf »offizieller Basis« mit ihm zusammenarbeiten wollte.[538] Obwohl »Uhland« sich in seiner Eigenschaft als Anwalt als nützlich erwies, war er der HA VII wegen ihrer spezifischen Aufgabenstellung offenbar nicht wichtig genug. Auch IM »Schotte« wurde als IM aufgegeben. Er war in der Wirtschaft tätig, bevor er Anwalt wurde.[539] Entsprechend seinem jeweiligen Arbeitsplatz und wechselnden Wohnorten wurde er von unterschiedlichen Diensteinheiten in und außerhalb von Berlin registriert.[540] Es interessierte vor allem sein betriebsbezogenes Wissen. Nach einer Aufnahme in das Berliner Rechtsanwaltskollegium war mit solchen Informationen nicht mehr zu rechnen. Die Kreisdienststelle, die ihn zuletzt nutzte, bot den »langjährig tätigen inoffiziellen Mitarbeiter«[541] daher der Bezirksverwaltung Berlin an. Die dortige Abteilung XX zeigte jedoch »kein Interesse an der Zusammenarbeit«[542], worauf der IM-Vorgang, der über zehn Jahre im Sinne des MfS erfolgreich lief, eingestellt wurde.

Das Desinteresse seitens der abgebenden als auch der angefragten Abteilung provoziert die Frage nach der generellen Relevanz von Anwaltskontakten für das MfS. Offenkundig waren Rechtsanwälte wegen ihrer zahlreichen gesellschaftlichen und Behörden-Kontakte für viele Diensteinheiten interessant, aber nur im Rahmen ihres jeweiligen Aufgabenprofils und ihrer Kapazitäten. Ein spezifisches Interesse an der Berufsgruppe war nicht gegeben, sieht man von den Anwälten ab, die Dienstleistungen für das MfS erbrachten. Es gab sogar MfS-Bereiche, die eine Anwaltstätigkeit als Handicap empfanden. So befand die HA VII über »Gregor«[543]: Er »wirkt [jetzt] als Verteidiger in Zivil- und Strafprozessen. Es besteht daher keine weitere Perspektive als GI«.[544] Eine solche Einschätzung ist kein Einzelfall. Die Exponiertheit von Anwälten, ihre relative Staats- und oft Parteinähe ließen sie ungeeignet scheinen, in gesellschaftliche Bereiche einzudringen, die sich dem Staats- und Parteieinfluss zu entziehen versuchten. Damit waren sie für einen der Haupteinsatzzwecke inoffizieller Mitarbeiter wertlos.[545]

537 HA VII, TB mit IM »Uhland«, 18.10.1983; BStU, MfS, AGMS 12577/88, Bl. 156 f.

538 HA VII, Abschlusseinschätzung v. 12.12.1988; ebenda, Bl. 168–170.

539 BV Bln/XVIII, Abschlussbericht v. 27.1.1982; BStU, MfS, BV Potsdam, AIM 1493/82, Bl. 363–367.

540 BStU, MfS, Karteien, Karteikarte F 22, Vorgang XV 830/68.

541 BV Potsdam/KD Rathenow, Bericht v. 5.5.1982; ebenda, Bl. 368 f.

542 BV Potsdam/KD Rathenow, Beschluss v. 20.8.1982; ebenda, Bl. 377 f.

543 Dieser »Gregor« hat keinerlei Bezug zu Gregor Gysi.

544 HA XVIII, Beschluss v. 9.12.1970; BStU, MfS, AIM 12268/70, T. I, Bd. 1, Bl. 109 f.

545 Dies wird beispielsweise in der Richtlinie 1/68 formuliert und als Aufgabe für den IM umschrieben mit »feindlich tätige Personen [...] operativ zu bearbeiten«. Zit. nach: Müller-Enbergs: Inoffizelle Mitarbeiter, Teil 1; Richtlinien, S. 247.

| **MfS-DE** | **Zahl der IM** |
|---|---|
| Linie XX Berlin | 14 |
| HV A | 8 |
| Andere DE | 10 |
| Summe | 32 |

Tabelle 8: IM aus dem Kreis der Berliner Anwälte in den 1970er- und 1980er-Jahren

### 7.4.3 IM der Linie XX in der Berliner Anwaltschaft

Eine höhere Zahl von IM aus der Anwaltschaft führte naturgemäß die für die Überwachung der Berliner Anwälte zuständige Abteilung XX/1 der Bezirksverwaltung Berlin. Auf den ersten Blick waren im Untersuchungszeitraum sieben Anwälte als inoffizielle Mitarbeiter registriert. Von diesen sieben lieferten zwei so wenige Informationen, dass man sie kaum als Informanten gelten lassen mag. Einer kooperierte noch in der Tätigkeit als Richter, gab nach seinem Eintritt in die Anwaltschaft aber zu verstehen, dass er an einer weiteren Zusammenarbeit kein Interesse mehr hätte.[546] Als verlässliche Informantin wurde »Malchow« eingestuft, mit der das MfS laut Akten schon offiziell als Parteisekretärin zusammenarbeitete. Als IM geworben, ging sie jedoch bald in Rente.[547] »Ernst« registrierte die Abteilung XX nur einige Jahre, bis er dann in die Obhut einer anderen Abteilung und der Rechtsstelle des MfS überging.[548] Man könnte auch einen IM der KD Marzahn dieser Berliner Linie hinzurechnen.[549]

546 BStU, MfS, AIM 13973/81; BStU, MfS, AIM 19094/85; BStU, MfS, AIM 13957/81.
547 BStU, MfS, AIM 1043/91.
548 BStU, MfS, BV Bln, AIM 15047/83.
549 BStU, MfS, AIM 18953/85.

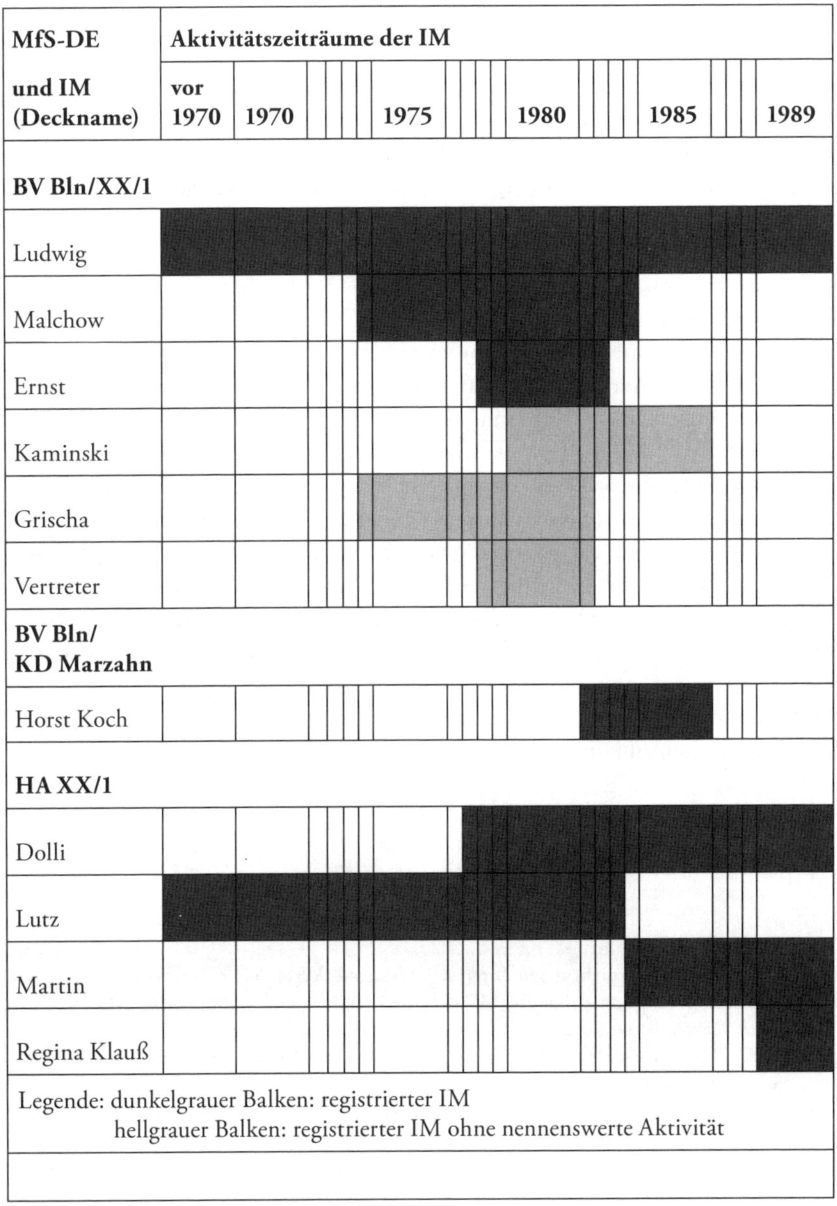


Tabelle 9: IM der Linie XX in Berlin

Zur Informationsbeschaffung konnten auch IM aus anderen Referaten der Abteilung XX genutzt werden. In der für die Kirchen zuständigen Linie XX/4 war »Anwalt« registriert, später »Czerni«, mit dem wahrscheinlich der Sohn von »Anwalt« bezeichnet wurde. Dieser wurde auch in Fragen der Rechtsanwaltschaft konsultiert, aber laut verfügbaren Akten eher offiziell.[550] In der Summe bleibt der Befund, dass sich die Überwachung der Berliner Anwälte in den 1970er-Jahren und weiter bis zum Ende der DDR vor allem auf IM »Ludwig« verließ. Ende der 1970er-Jahre und Anfang der 1980er-Jahre gab es Anstrengungen, die Überwachung zu verstärken. Das mag ein Nachhall auf die Geschehnisse um die Anwälte Heidrich, Preuß und Berger oder eine Auswirkung der rigoroseren Politik in der Ära Honecker sein. Das Interesse ebbte ab, als es weniger Reibungen mit den Anwälten gab, eine gewisse Weitung der Anwaltsrechte in Aussicht gestellt wurde, sich die Führung des Berliner Kollegiums konsolidierte und die MfS-BV mit personellen und organisatorischen Fragen zu kämpfen hatte. Mit »Lutz«, »Dolli«, »Martin« und wohl einem weiteren IM verfügte die HA XX/1 über mehr ergiebige IM-Kapazitäten im Berliner Kollegium, als die eigentlich zuständige BV.[551] Möglicherweise wegen dieser Kapazitäten sollte IMS »Martin« stärker als »Lutz« nicht nur zur Anwaltschaft, sondern auch zu Personen »aus den entstehenden Mandantenverhältnissen«[552] befragt werden. Die HA XX/1 lenkte seinen Blick offenbar auf politisch abweichende Kreise, weil sich das als neuer Schwerpunkt im MfS abzeichnete. Laut MfS-Akten lieferte »Martin« heikle Informationen über Mandanten, die durchaus zu Schwierigkeiten führen konnten.[553] Andererseits wirkte die Auswahl der Mandate eher zufällig und lässt in keiner Weise auf eine systematische Verfahrensbeeinflussung schließen. Das Verfahren diente wohl eher dem Zweck, Mandanten außerhalb des Gerichtssaals ausforschen zu können.[554]

550 Süß: Staatssicherheit am Ende, S. 582 ff.

551 Wegen Aktenvernichtungen durch das MfS sind derzeit kaum differenzierte Aussagen über die Reaktivierung von »Ulla« als IMS »Regina Klauß« möglich. BStU, MfS, AIM 1327/91; BStU, MfS, Kartei; F 16 u. F 22.

552 HA XX/1, Vorschlag zur Werbung eines IMS, 13.12.1983; BStU, MfS, AIM 111/91, Bl. 298–309, hier 307.

553 Die Akte zu IMS »Martin« war lange verschollen, wurde 1989 zerrissen und konnte erst nach Fertigstellung dieser Arbeit rekonstruiert und zugeordnet werden. »Martin« berichtete laut diesen Aktenteilen nach einem Wohnungsbesuch bei einem Mandanten über eine Wohlstand vermittelnde Einrichtung und mutmaßte ein hohes Devisenguthaben. Bei einem anderen Mandanten konnte er Informationen aus der Theaterszene zugewinnen. Bei einem Dritten, der wegen Nachrichtenverbindung in den Westen in U-Haft saß, gab der Anwalt Informationen über eine mutmaßliche Verbindungsperson zu Papier. HA XX/1, TB mit IMS »Martin«, 2.3.1984, Bl. 61–66; HA XX/1, TB mit IMS »Martin«, 15.11.1985, Bl. 113–115; HA XX/1, TB mit IMS »Martin«, 11.2.1986, Bl. 129 f.; HA XX/1, TB mit IMS »Martin«, 17.3.1987, Bl. 149–151, alle in: BStU, MfS, AIM 1111/91, Beifügung 2.

554 HA XX/1, TB mit IMS »Martin«, 14.10.1985; ebenda, Bl. 108–110.

### 7.4.4 Das Aufgabengefüge einzelner IM

Die hochkarätigste Stufe der inoffiziellen Zusammenarbeit mit Inlands-Abwehreinheiten war nach dem Regelwerk des MfS der IMB. Er »hatte ›Feinde‹ zu überprüfen, zu beobachten und gegen sie zu ermitteln, um dadurch Kenntnisse über deren Pläne, Maßnahmen und Methoden zu erlangen. Daneben zählte zu seinen Aufgaben, zur ›Zersetzung‹, Zerschlagung oder Zurückdrängung von ›Feinden‹ beizutragen«.[555] Es war insofern eine herausragende Kategorie, da sie der aktiven »Feindbekämpfung« diente. In der für die Anwälte formal zuständigen Linie XX/1 waren die meisten IM als »IMS«, also »als IM zur politisch-operativen Durchdringung und Sicherung dieses Verantwortungsbereiches, vorgesehen.[556] Versuche, hochkarätige IM zu platzieren, scheiterten. »Dolli« war kurze Zeit als IMV kategorisiert, einer Vorläuferkategorie des IMB.[557] Um den Planvorgaben zu genügen, wurde ihr Aufgabenspektrum weiter gefasst, als bei gewöhnlichen Sicherungs-IM. Wegen Komplikationen in der Realität musste »Dolli« alsbald zur IMS zurückgestuft werden.[558] »Justierer«, der 1980 als IMB in den Akten geführt wurde,[559] scheiterte als Anwalts-IM an seinen charakterlichen Eigenheiten.

Bei kaum einem der Berliner Kollegiumsanwälte dieser Zeit war das Interesse des MfS so vorrangig auf die anwaltliche Rolle gegenüber politischen Kritikern und Gegnern des SED-Staates, Oppositionellen, gerichtet, wie bei den Erwartungen in die Werbung von »Notar«. Dieser war zunächst als IMS eingeplant, aber eine Werbung nicht einmal förmlich vollzogen. In den Planungen zur Werbung hieß es explizit, der Anwalt vertrete »Mandanten, die operativ interessant sind, teilweise in Vorgängen und OPK unserer DE bearbeitet werden beziehungsweise anderweitig operativ angefallen sind«.[560] Exemplarisch wurde diese Erwartung an Havemann konkretisiert. Auch hier entwickelte sich die Motivation der HA XX/OG, der späteren HA XX/9, primär aus der Aufgabe der Diensteinheit. Zunächst beschränkte sich das Interesse an dem Anwalt ausschließlich auf Kontakte zu Biermann und Havemann und deren Kreise. Obwohl der Anwalt zur gleichen Zeit Berliner Oppositionelle, die von einer anderen Abteilung im OV »Zirkel« überwacht wurden anwaltlich beriet, kümmerte sich

555 Müller-Enbergs: Inoffizelle Mitarbeiter, Teil 1; Richtlinien, S. 76.

556 Mit der Kategorie IMS löste das MfS 1968 die Kategorie GI ab. Müller-Enbergs: Teil 1; Richtlinien, S. 62 f.

557 IMV wurden bis 1980 kategorisiert und dann durch den IMB ersetzt. Ebenda, S. 76 f.

558 HA XX/1, Einschätzung des IMS »Dolli«, 2.1.1981; BStU, AIM 8228/91, T. I, Bd. 1, Bl. 320–324.

559 MfS/AG beim 1. StM, TB mit IMB »Justierer«, 22.3.1980; BStU, MfS, AIM 16041/89, T. II, Bd. 5, Bl. 84 f.

560 HA XX/OG, Vorschlag zur Werbung eines IMS, 27.11.1980; BStU, MfS, AIM 9564/86, Bl. 67–70, hier 69.

die HA XX/OG zunächst nicht darum. Erst nachdem die HA XX/OG in die HA XX/9 umgewandelt und ihre Aufgaben erweitert wurden, änderte sich dies. Jetzt wurden auch Informationen über andere Mandanten von »Notar« interessant.[561] Der künftige IM solle »Hinweise über Mandanten [...geben], die im Verantwortungsbereich der HA XX angefallen sind«.[562] In dieser Zuspitzung war die Erwartung des MfS gegenüber einem Berliner Anwalt ein singuläres Phänomen unter den Kollegiumsanwälten. Selbst bei einer so berichtsfreudigen IM wie »Dolli« waren die Interessen des MfS an Themen aus ihrer Mandantenbetreuung nach der Berichterstattung über Anwaltsfragen erst an fünfter Stelle und relativ unspezifisch aufgelistet.[563] Vergleichbare Erwartungen wurden gegenüber dem Kirchenanwalt Wolfgang Schnur formuliert, der seit 1983 als IMB geführt wurde.[564] Schnur siedelte erst Mitte 1989 nach Berlin über. Schnur war aber DDR-weit einer der Anwälte, der dem MfS am meisten aus Verfahren berichtete und sich sogar abstimmte.[565] Doch selbst bei ihm zeigte sich Ende der 1980er-Jahre deutlich, dass Aufgaben der Kirchenlinie XX/4 des MfS das Interesse am IM dominierten. Als es darum ging, die Kirchenleitungen auszukundschaften und zu beeinflussen, war die HA XX/4 sogar bereit, Schnurs Prozessaktivitäten zu reduzieren.[566] Auch »Czerni«,[567] in den Planungsunterlagen des Referates XX/4 der BV Berlin von 1986 bis 1989 als IMB geführt, wurde für Hilfestellungen bei der Bearbeitung von Überwachungsvorgängen gegen profilierte Oppositionelle beziehungsweise Geistliche zumindest eingeplant.[568] Es ist nicht erkennbar, dass

561 Zum Beispiel zu Gerd Poppe, der im OV »Zirkel« bearbeitet wurde. HA XX/2, Vermerk über einen Besuch von Gerd Poppe bei Rechtsanwalt Dr. Gysi, 1.12.1982; BStU, MfS, AOV 1010/91, Bd. 13, Bl. 42–45, hier 44.

562 HA XX/OG, Vorschlag zur Werbung eines IMS, 27.11.1980; BStU, MfS, AIM 9564/86, Bl. 67–70, hier 69.

563 HA XX/1, Vorschlag zum Anlegen einer IM-Vorlaufakte, 1.7.1977; BStU, MfS, AIM 8228/91, T. I, Bd. 1, Bl. 10–12.

564 BV Rostock/XX, Beschluss v. 23.9.1983; BStU, MfS, BV Rostock, AIM 3275/90, T I, Bd. 1, Bl. 63; Süß: Staatssicherheit am Ende, S. 699, FN 33.

565 Deswegen verlor er seine Zulassung und wurde wegen politischer Verdächtigung zu einer Bewährungsstrafe verurteilt. Ebenda, S. 701, FN 45.

566 BV Rostock/XX/4, Aktenvermerk v. 14.8.1987; BStU, MfS, BV Rostock, AIM 3275/90, T. I, Bd. 1, Bl. 227–229.

567 In den Akten wird der Deckname gelegentlich als »Czerny« geschrieben, was der Schreibweise des Namens des Komponisten Carl Czerny entsprach, der wohl zu diesem Decknamen inspirierte. Offenbar handelte es sich um einen Flüchtigkeitsfehler. Es gibt keinen Hinweis darauf, dass es sich um 2 Personen gehandelt haben könnte. Lothar de Maizière hat die Aktenführung des MfS sicher nicht gekannt, insofern dürfte der Schreibfehler weniger ein Indiz gegen diese Erfassung sein. Vielmehr sollte mit dem Decknamen offenbar eine Person mit Musikbezug bezeichnet werden, was auf de Maizière zweifelsohne zutrifft. Süß: Staatssicherheit am Ende, S. 582.

568 Bei Recherchen zu dieser Arbeit fanden sich jedoch in keinem von drei gesichteten Operativ-Vorgängen Hinweise auf derartige Aktivitäten. So auch schon Süß: Staatssicherheit am Ende, S. 584.

die Erwartungen des MfS aus seiner Anwaltsrolle resultierten, vielmehr wurden diese aus seinen kirchlichen Funktionen heraus entwickelt.[569]

Insgesamt orientierten sich die Erwartungen des MfS an Anwälten als IM recht strikt an den Aufgaben und Themen der einzelnen Diensteinheiten und kaum an der Anwaltsrolle. Aufgrund ihrer vielfältigen Kontakte, ihres Intellekts und ihrer Ausbildung weckten Anwälte das Interesse mehrerer Diensteinheiten. Vergleichsweise selten standen ihre Mandate dabei im Vordergrund.

Exemplarisch sollen im Folgenden ein klassischer Sicherungs-IM der BV Berlin, Abteilung XX/1, ein IMB der AG beim 1. StM und ein IMV der HA XX/1 dargestellt werden.

### *Beispiel: IMS »Ludwig« der BV Berlin, Abteilung XX/1*

Von den Berliner Anwälten der 1970er- und 1980er-Jahre war IMS »Ludwig« am längsten für die Abteilung XX/1 der BV Berlin tätig.[570] Es wird in der Literatur davon ausgegangen, dass sich dahinter der Anwalt Gerhard Cheim verbirgt.[571] Er war von der HA IX für die Verteidigung von »Staatsverbrechern« empfohlen und daher »in die Verteidigung von Staatsverbrechern, vorrangig auf dem Gebiet des staatsfeindlichen Menschenhandels«[572] einbezogen worden. Daher ließ die Akte Brisantes zur politischen Justiz erwarten.

Doch laut IM-Akte erwies sich »Ludwig« als ein geradezu klassischer IM für den Sicherungsbereich Berliner Justiz. Das zeigt eine stichprobenartige Analyse der Akten von 1975 und 1983. Für das Jahr 1975 liegen neun Treffberichte

569 Es gibt sogar eine Notiz der Abteilung, wonach Lothar de Maizières Kontakte zu diesen Kirchenkreisen unter »operative[r] Kontrolle« gehalten wurden. Allerdings stellten in einem IM-Verhältnis solche operativen Kontrollen einen Teil der MfS-Führungsroutine dar. BV Bln/XX, Auskunftsbericht v. 22.1.1986; BStU, MfS, BV Bln, Abt. XX Nr. 450, Bl. 212 f. Die Beauftragung mit sogenannter »Blickfeldarbeit« bei Besuchen der Ständigen Vertretung, eigentlich eine Aufgabe der HA II, war wohl eher ein »Abfallprodukt« dieser Zusammenarbeit mit der für Kirchenfragen zuständigen Abteilung. Süß: Staatssicherheit am Ende, S. 582 ff.; BV Bln/XX, Konzeption zur weiteren Entwicklung und Qualifizierung von IMB in der Abteilung XX im Zeitraum 1986 bis 1990, 16.7.1986; BStU, MfS, BV Bln, Abt. Nr. XX 2492, Bl. 1–4.

570 Registrierung 1961–1989. »Lutz« war für die HA XX/1 insgesamt 26 Jahre lang registriert.

571 Vollnhals: Fall Havemann, S. 65. Die Identität ergibt sich aufgrund der Parallelität seine Akte mit seiner Biografie und Indizien in den Akten. Der Personalteil der IM-Akte konnte bisher nicht aufgefunden werden. Vermutlich wurde der Aktenteil, weil »Ludwig« gegen Ende der DDR an die HV A ausgeliehen war, von dieser vernichtet. F-10-Suchzettel, 7.7.1975; BStU, MfS, HA XX Nr. 6886, Bl. 235 f.; BStU, MfS, Kartei, F 16-HVA; BStU, MfS, Kartei, HV A, SIRA TDB 21.

572 BV Bln/XX, Operative Information Nr. 1162/75, 25.7.1975; BStU, MfS, BV Bln, AIM 1129/89, T. II, Bd. 2, Bl. 65 f. Cheim war fast monopolartig Pflichtverteidiger beim Militärkollegium des OG. Wagner: Militärjustiz, S. 435 f.

des Führungsoffiziers vor.[573] Demnach fanden konspirative Treffs mit Unterbrechungen ungefähr im Monatsrhythmus statt. Zu diesen Terminen brachte Ludwig schriftliche Ausarbeitungen mit, manches wurde auf Tonband gesprochen, anderes vom Führungsoffizier protokolliert.[574] Fast jedes Mal charakterisierte Ludwig Rechtsanwaltskollegen und vereinzelt Mitarbeiter von Zweigstellen. Auf solchen Einschätzungen, die in Personendossiers eingehen konnten, lag der Schwerpunkt der protokollierten Berichte und entsprach damit den Aufgaben der Linie XX/1.[575] Ein Kollege habe »liberale Tendenzen«, zu einem anderen finden sich die Stichworte »guter Jurist, aber stark bürgerlicher Einschlag«.[576] Die Einstellung einer Rechtsanwältin sei »positiv, aber mit Vorbehalten«.[577] Insbesondere weibliche Kolleginnen wurden in Berichten, die »Ludwig« zugeordnet sind, negativ beurteilt. Die eine Anwältin kannte vorgeblich die Akten im Prozess nicht und sei »undiszipliniert«, eine Andere sei »zänkisch [...und] streitsüchtig«, eine Dritte habe »eine Reihe von Komplexen«.[578] Ein Augenmerk galt den Westkontakten der Ostberliner Anwälte, vor allem zu den Kanzleien Näumann und Salm, die im Auftrag der Bundesregierung von Westberlin aus politische Häftlinge betreuten.[579] Einen Kollegen bezichtigte »Ludwig«, er lasse diesen Anwälten »mehr Informationen zukommen, als erforderlich ist«.[580] In das Stichprobenjahr fielen auch die Flucht von Rechtsanwalt Heinz Heidrich und seine spektakulären Fluchthilfeaktivitäten.[581] Das Thema bezeichnete der IM, sich distanzierend, als »Provokation«.[582]

Jenseits der unmittelbaren Sphäre der Anwälte gab es zwei relevante Themen. Da porträtierte »Ludwig« auch Richter, die ebenfalls zum Sicherungsbereich Justiz der BV Berlin zählten. In einer Melange aus politischer und subjektiver Beurteilung reichten die Einschätzungen von trifft »politisch richtige Entschei-

573 Verw. Groß-Bln/XX/1, TB mit IMS »Ludwig«, 1975; BStU, MfS, BV Bln, AIM 1129/89, T. II, Bd. 2, Bl. 45–85.

574 Ebenda, T. II, Bd. 2, Bl. 45 u. 79.

575 Eine biografische Information zu Gregor Gysi wurde an die HV A weitergeleitet, wo Gysi zu dieser Zeit registriert war. BV Bln/XX/1, Information über den Rechtsanwalt Gysi, Gregor, 7.4.1975; ebenda, T. II, Bd. 2, Bl. 56; BV Bln/XX/1, TB mit IMS »Ludwig«, 26.3.1975; ebenda, T. II, Bd. 2, Bl. 55.

576 »Ludwig«, Vermerk v. 21.1.1975; ebenda, T. II, Bd. 2, Bl. 47.

577 »Ludwig«, Vermerk v. 26.2.1975; ebenda, T. II, Bd. 2, Bl. 53.

578 Verw. Groß-Bln/XX/1, TB mit IMS »Ludwig«, 1975; ebenda, T. II, 2, Bl. 45–85, hier 53, 58 u. 81.

579 Busse: Deutsche Anwälte, S. 440.

580 Verw. Groß-Bln/XX/1, TB mit IMS »Ludwig«, 1975; BStU, MfS, BV Bln, AIM 1129/89, T. II, Bd. 2, Bl. 62.

581 Busse: Deutsche Anwälte, S. 430 u. 449.

582 Verw. Groß-Bln/XX/1, TB mit IMS »Ludwig«, 1975; BStU, MfS, BV Bln, AIM 1129/89, T. I, Bd. 2, Bl. 45–85, hier 71.

dungen« bis zu »überheblich und schnodderig« oder »trinkt selbst im Dienst«.[583] Gleichermaßen waren seine Besuche bei Empfängen in der Ständigen Vertretung der Bundesrepublik Deutschland in Ostberlin (StÄV) Anlass, über das Personal, vor allem aus der dortigen Rechtsabteilung, zu berichten.[584] Diese Informationen wurden MfS-intern an die zuständige HA II weitergereicht. Insgesamt sechs Mal übermittelte die BV-Abteilung XX/1 aus den Berichten von »Ludwig« gewonnene Informationen an andere Diensteinheiten des MfS. Informationen wurden in 18 Fällen als so wichtig eingestuft, dass Zusammenfassungen der Berichte in Operativen Vorgängen, Informanten- oder Überwachungsvorgängen, abgeheftet wurden. Nur eine Information, den Fall Heidrich nach dessen Flucht betreffend, ging an die für politische Ermittlungsverfahren zuständige HA IX.[585] Mit dem Fall war »Ludwig« nicht anwaltlich betraut, wie im Jahr 1975 die Anwaltstätigkeit von »Ludwig« insgesamt nur einmal gestreift wurde. Aus eigenem Antrieb schilderte »Ludwig« laut Akten das Mandat eines von ihm vertretenen ehemaligen MfS-Mitarbeiters vor einem Militärgericht. Der Anwalt machte das MfS auf Schwachstellen in den Ermittlungen aufmerksam.[586]

Das Profil der Berichte 1983 unterscheidet sich nur unwesentlich von den Berichten von 1975, nur das Interesse an den Kontakten »Ludwigs« zu einem Abteilungsleiter der StÄV war deutlich gewachsen. Im Jahr 1983 wurden dem IM Informationen aus einem juristischen Fall, einem Scheidungsfall, zugerechnet. Ein Zahnarzt plane, nach der Trennung in die Bundesrepublik überzusiedeln. Detailliert wurden in der Akte auf Anforderung des Führungsoffiziers die Scheidungsmotive, die Vermögenslage der Eheleute und Vermögenswerte, die in der DDR verbleiben könnten, aufgelistet.[587] Offenkundig stand das Interesse anderer MfS-Abteilungen, Ausreisen von Medizinern zu verhindern, hinter diesen Fragen.[588] Ob es sich um einen Mandanten von »Ludwig« handelte, ist nicht eindeutig; ob der Kontakt zum MfS gar sein Verhalten als Scheidungsanwalt prägte, ist nicht ersichtlich. Wie die kursorische Sichtung der Gesamtakte zeigt, wurden Verfahren nur äußerst selten angesprochen. Anfangs wollte »Ludwig« nicht über Anwaltsaufträge berichten.[589] Später überwand der IM in seltenen

583 Verw. Groß-Bln/XX/1, TB mit IMS »Ludwig«, 1975; ebenda, T. II, Bd. 2, Bl. 62, 71 u. 74.

584 Verw. Groß-Bln/XX, Operative Information Nr. 1162/75, 25.7.1975; ebenda, T. II, Bd. 2, Bl. 65 f.

585 Verw. Groß-Bln/XX/1, TB mit IMS »Ludwig«, 1975; BStU, MfS, BV Bln, AIM 1129/89, T. I, Bd. 2, Bl. 70.

586 Ebenda, T. II, Bd. 2, Bl. 48.

587 BV Bln/XX/1, TB mit IMS »Ludwig«, 1983; ebenda, T. II, Bd. 2, Bl. 263–310, hier 283 ff.

588 Auerbach: Hauptabteilung XX, S. 60.

589 Verw. Groß-Bln/XX/1, TB mit GI »Ludwig«, 15.11.1967; ebenda, T. II, Bd. 1, Bl. 122 f.

Einzelfällen offenbar seine Hemmungen.[590] Einmal sollte der IM verhindern, dass ein als »negativ« eingeschätzter Verteidiger im Bezirk Neubrandenburg ein Untermandat von ihm annahm. Für den »Notfall« wurde er aufgefordert, die Verteidigung doch selbst zu übernehmen.[591] Inwieweit der IM dieser Bitte nachkam, ist anhand der gesichteten Unterlagen nicht nachvollziehbar. Laut Akten hielt er Mandatsbeeinflussungen grundsätzlich »aus sicherheitspolitischen Erwägungen auch für gerechtfertigt«.[592] Gelegentlich informierte »Ludwig« seinen Führungsoffizier über Verfahren und deutete dortige Absprachen an:[593] In einem Verfahren vor dem Stadtgericht Lichtenberg wegen des Verdachtes einer Fluchtvorbereitung war er als Pflichtverteidiger tätig. Laut seinen Auslassungen gegenüber seinem Führungsoffizier hatte sich seine Mandantin »vom Vernehmer beeinflussen lassen«,[594] keinen Wahlverteidiger und keine Hilfe von einschlägigen Westanwälten, die eine Ausreise befördern konnten, anzunehmen. Im Gegenzug wurde »in Erwägung gezogen«,[595] sie bald aus der U-Haft zu entlassen. Ob der Anwalt überhaupt in den »Deal« einbezogen war, ist nicht ersichtlich, ebenso wenig, warum er den Führungsoffizier der Abteilung XX über die Arbeitsweise der HA IX »vertraulich«[596] informierte. Möglicherweise war diese Information schlicht als vertrauensbildende Maßnahme gedacht.[597] In den Gesprächen mit den wechselnden Offizieren der Abteilung XX spielten verfahrensbezogene Informationen eine untergeordnete Rolle, obwohl Cheim einer der wichtigsten Verteidiger in staatssicherheitsrelevanten Strafverfahren war.

### *Beispiel: IMB »Justierer« der AG beim 1. StM*

»Justierer« wurde um 1980 als IMB von der Arbeitsgruppe beim 1. Stellvertreter des Ministers, Beater, geführt.[598] Die AG beim 1. StM war nicht für den Justizbereich zuständig, bündelte vielmehr eine Reihe von Arbeitsfeldern und Unterarbeitsgruppen, an denen der StM Beater ein persönliches Interesse hatte. Die

590 Ein Scheidungsfall verbunden mit dem Wunsch, die DDR zu verlassen. BV Bln/XX/1, Information v. 3.10.1983; ebenda, T. II, Bd. 2, Bl. 283 f.

591 BV Bln/XX/1, Bericht, 1974; ebenda, T. II, Bd. 1, Bl. 238.

592 BV Bln/XX/1, Informationen und Hinweise von »Ludwig«; ebenda, T. II, Bd. 2, Bl. 104.

593 BV Bln/XX/1, TB mit IMS »Ludwig«, o. D. (vermutl. Februar 1974); ebenda, T. II, Bd. 1, Bl. 238.

594 IMS »Ludwig«; 26.5.1976; ebenda, T. II, Bd. 2, Bl. 111.

595 Ebenda.

596 IMS »Ludwig«, 26.5.1976; BStU, MfS, BV Bln, AIM 1129/89, T. II, Bd. 2, Bl. 111.

597 BV Bln/XX, Bericht, o. D.; ebenda, T. II, Bd. 1, Bl. 181 f.

598 AGb.1.StM, TB mit IMB »Justierer«, 22.3.1980; BStU, MfS, AIM 16041/89, T. II, Bd. 5, Bl. 84 f. In den Akten befinden sich weitere Berichte in dieser Kategorie. Im Folgeband wird »Justierer« ab 1981 wieder als IMS geführt. Zur AG vgl. Wiedmann: Diensteinheiten, S. 90 f.

Umregistrierung des »Justierer« vom IMS zum IMB erfolgte, als er seine Praktikanten-Zulassung zum Kollegium erhielt.[599] »Justierer« berichtete sofort über Kollegen, Rechtsanwaltsangestellte, Mandate, weiterhin über Freunde und Bekannte, was ihm die AG beim 1. StM hoch dotierte.[600] Er diktierte bald einen fast 30-seitigen Vermerk über alle Anwälte, die ihm bis dato bekannt waren.[601] Laut Akten wusste er Inkriminierendes über Kollegen zu berichten. Eine Anwältin erfülle »ihre Berufspflichten nicht ordnungsgemäß« und nehme »von Mandanten westliche Währung in bar an«.[602] Als ein Anwalt verdächtig wurde, Antiquitäten und alte Waffen zu besitzen, wurde »Justierer« mit der »operativen Bearbeitung« seines Kollegen beauftragt und quittierte den Auftrag mit Decknamen.[603] Dieser Anwalt wurde später wegen angeblicher, finanzieller Unregelmäßigkeiten aus dem Kollegium ausgeschlossen.[604] Selbst über Anwälte, die ihm bei der Einarbeitung behilflich waren, finden sich Schilderungen über »bestimmte unkorrekte Praktiken«,[605] die den einen oder anderen durchaus in Schwierigkeiten hätten bringen können. Obwohl der Führungsoffizier aus der AG beim 1. StM solche Informationen über die Anwaltschaft entgegennahm, galt das Interesse seinem Bekannten- und Mandantenkreis. »Justierer« wurde ermahnt, »dass er alle Vorgänge, die er als Rechtsanwalt in die Hand bekommt, vom tschekistischen Standpunkt aus sieht«.[606] Er sollte bei der »Auswahl der Mandanten darauf achten und nur solche Mandanten annehmen, die selbst oder deren Verbindungen für uns operativ interessant sind«.[607] Ob »Justierer« wirklich in der relativ kurzen Zeit, in der er als Anwalt tätig war, gezielt Mandanten auf sich zog, ist zweifelhaft. Vielmehr verkehrte er schon vorher privat in Teilen einer Ostberliner Halbwelt, die Geschäfte in einer rechtlichen Grauzone tätigte. Der kontaktfreudige Anwalt gewann offenbar schnell das Vertrauen dieser Personen, die sich von ihm informell rechtlichen Rat für ihre Geschäfte erhofften und ihm zuweilen auch formell Mandate erteilten. Weder Freundschaften noch Mandate hielten »Justierer« laut Aktenlage davon ab, über diese Kontakte in der ihm eigenen Mischung aus tagebuchartiger Milieuschilderung und Darstellung inkriminierender Sachverhalte Memokassetten zu besprechen und handschriftliche Berichte zu fertigen. Über einen seiner langjährigen Freunde offenbarte er

599 AGb.1.StM, Vermerk v. 16.6.1978; ebenda, T. I, Bd. 3, Bl. 271.

600 AGb.1.StM, Aktenvermerk v. 20.8.1979; ebenda, T. I, Bd. 4, Bl. 63; Erich Mielke, Auszeichnungsbefehl v. 8.2.1980; ebenda, T. I, Bd. 4, Bl. 74.

601 Abschrift der Bandaufnahme (TB mit »Justierer«), 13.5.1980; ebenda, T. I, Bd. 4, Bl. 103–132.

602 Abschrift, 24.9.1980; ebenda, T. II, Bd. 5, Bl. 248 u. 272.

603 Informationsbedarf zu Rechtsanwalt […], 28.8.1981; ebenda, T. II, Bd. 6, Bl. 374–376.

604 RAK Berlin, Protokoll der MV, 18.1.1984; SAPMO, DY 64/126.

605 »Justierer«, Bericht über RA […], 13.8.1980; BStU, MfS, AIM 16041/89, T. II, Bd. 5, Bl. 209.

606 AGb.1.StM, TB mit IMB »Justierer«, 27.1.1982; ebenda, T. II, Bd. 7, Bl. 7–10, hier 9.

607 Ebenda, T. II, Bd. 7, Bl. 9.

laut MfS nach gemeinsamen Zechgelagen in Berliner Kneipen, Bars und Diskotheken dessen Verwicklungen in Devisenschiebereien[608] und schilderte dessen Fluchtgedanken.[609] Als ein Bekannter des Freundes, ein Antiquitätenhändler, wegen Steuervorwürfen inhaftiert wurde, suchte die Ehefrau bei »Justierer« Rat. Das hinderte ihn nicht, Kassiber-Briefe des Mannes an seine Frau und ihre Übersiedlungsabsichten sowie ihre Kontakte zu einem schon geflüchteten Verwandten im Westen beim MfS zu Protokoll zu geben.[610] »Justierer« wurde beauftragt, die Frau »unter Kontrolle«[611] zu halten.

In den Akten werden Informationen aus seiner Anwaltspraxis auf »Justierer« zurückgeführt, die das Ermittlungsinteresse des MfS wecken mussten und insofern geeignet waren, den Ermittlungsdruck gegen Mandanten zu verstärken. Bei einem, der verdächtigt wurde, Zollgesetze verletzt zu haben, findet sich die Schilderung seiner Vermögenssituation.[612] Solche Informationen interessierten das MfS, um diesen Mandanten weiterhin in einer OPK zu bearbeiten.[613] Über eine andere Mandantin war festgehalten, dass sie sich eine Westreise erschlichen und heimlich eine Westerbschaft angetreten hätte, obwohl sie geheimschutzverpflichtet war.[614] Über eine Bekannte heißt es mit Bezug auf »Justierer«, dass diese in eine Schiebergeschichte mit Lastenaufzügen verwickelt sei.[615] Die Ehefrau eines Mannes, der unter anderem wegen Schwarzgeschäften mit Telefonanschlüssen inhaftiert war,[616] bedrängte er laut Aktenlage so lange, bis sie die Hintermänner beim Fernsprechamt preisgab.[617] Trotz dieser für das MfS relevanten Informationen aus der beruflichen Sphäre von »Justierer« war seine Aufwertung zum IMB keine Folge dieser beruflichen Neuausrichtung als Anwalt. Vielmehr brachten ihn seine privaten Kontakte zur Obstberliner Halbwelt mit einer Person aus Westberlin in Kontakt, die angeblich Devisen schmuggelte und von möglichen Goldgeschäften erzählte.[618] Nachdem dieser Westkontakt abgeebbt war[619] und nicht zu dem offenbar erhofften Ermittlungsergebnis führte, wurde »Justierer« wieder zum IMS zurückgestuft. Das geschah zu dem Zeitpunkt, als er mithilfe des MfS die Anwaltsbestätigung erhielt, seine anwaltli-

608 Abschrift, 6.2.1980; ebenda, T. II, Bd. 5, Bl. 10–12.
609 Abschrift, 15.10.1981; ebenda, T. II, Bd. 6, Bl. 295 f.
610 Abschrift, 3.8.1982; ebenda, T. II, Bd. 7, Bl. 306–308.
611 Operativ-Information, 28.8.1982; ebenda, T. II, Bd. 7, Bl. 309.
612 Abschrift, 12.10.1982; ebenda, T. II, Bd. 7, Bl. 372–374.
613 HA VII, Ergänzung zum Informationsbedarf OPK »Handel«, 5.8.1982; ebenda, T. II, Bd. 7, Bl. 326 f.
614 Abschrift, 25.11.1981; ebenda, T. II, Bd. 6, Bl. 366 f.
615 Abschrift, 12.8.1982; ebenda, T. II, Bd. 7, Bl. 321.
616 Vermerk über mündl. Information des IM »Justierer«, 11.11.1981; ebenda, T. II, Bd. 6, Bl. 321.
617 Abschrift, 11.2.1982; ebenda, T. II, Bd. 7, Bl. 37.
618 AGb.1.StM, Vermerk v. 29.2.1980; ebenda, T. II, Bd. 5, Bl. 71.
619 Abschrift, 1.10.1980; ebenda, T. II, Bd. 5, Bl. 263–268.

che Tätigkeit zunehmend Erkenntnisse brachte und der stellvertretende Minister sich über die Entwicklung »erfreut«[620] zeigte. Bruno Beater, einst einer der mächtigsten Männer hinter Erich Mielke, gab aus gesundheitlichen Gründen gerade einen großen Teil seiner Zuständigkeiten ab. Es blieb ihm bis zu seinem Tod die »Arbeitsgruppe Beater« mit der integrierten »Arbeitsgruppe Schmuggel und Spekulation«, die bei der steuerrechtlichen Verfolgung und Enteignung von Kunst- und Antiquitätensammlern eine wichtige Rolle spielte.[621] Offenbar war es diese Kombination aus Bedeutungsverlust und Restkompetenz, die den erratischen und geradezu manisch berichtenden IM für Beater so wichtig machte. Man versprach sich offenbar, dass er als Anwalt stärker Personen aus dem nicht staatlichen Wirtschaftsmilieu binden würde, die ihn wegen rechtlicher Probleme kontaktieren würden.

Der IM war offenbar keine gefestigte Persönlichkeit, schon 1980 drohten Disziplinarmaßnahmen wegen des Vorwurfes eines Fehlverhaltens im persönlichen Verhältnis gegenüber Ratsuchenden. Als die Parteileitung des Kollegiums die SED-Bezirksleitung auf ihre Seite ziehen konnte, war der Ausschluss trotz MfS-Unterstützung für den IM unvermeidlich.[622] Nach dem Ausschluss änderte sich dessen inoffizielles Aufgabenprofil nur wenig. Lediglich die Berichte über das Rechtsanwaltskollegium und einzelne Rechtsanwälte entfielen. Seine Beziehungen in der Welt der Schattenwirtschaft Ostberlins sollte er auf Empfehlung seines Führungsoffiziers weiter ausbauen, um »weiterhin in Berlin in meinem großen Freundes- und Bekanntenkreis und meiner jetzigen Tätigkeit als Berater der Gewerbetreibenden zu wirken«[623] und diese weiter abschöpfen zu können. Hierin sah er den »Sinn seines Lebens«.[624] Die »IMB«-Einstufung blieb eine Episode, wie seine Anwaltstätigkeit nur eine Etappe in dem Kontakt zum MfS ausmachte. Es zeigte sich, dass die Skrupellosigkeit des IM mit dem Anwaltsberuf nur bedingt in Einklang zu bringen war, sodass der IM-Einsatz als Anwalt letztlich scheiterte.

### *Beispiel: IMV »Dolli« der HA XX/1*

IM »Dolli« zählte zu den wichtigsten IM der HA XX/1 Ende der 1970er- und in den 1980er-Jahren. Margit Rathke, später verheiratete Schmeling, wurde 1977

620 AGb.1.StM, Vermerk v. 18.11.1980; ebenda, T. II, Bd. 5, Bl. 279.

621 Bischoff, Ulf: Die Kunst- und Antiquitäten GmbH im Bereich Kommerzielle Koordinierung. Berlin 2003, S. 153 ff.

622 HA XX/1, betr. Rechtsanwalt Hilpert, 9.12.1983; BStU, MfS, AIM 1641/89, T. I, Bd. 5, Bl. 82.

623 »Justierer«, Werte Genossen! Brief an das MfS, 30.5.1984; ebenda, T I, Bd. 5, Bl. 172–176, hier 176.

624 Ebenda.

während der Übergangszeit vom Studium ins Berufsleben ausgewählt,[625] als das MfS nach jungen Juristen zur langfristigen Absicherung des Staatsapparates suchte.[626] Kurzzeitig wurde sie als IMV geführt, was der späteren IMB-Kategorie entspricht.[627] Nach den älteren IM »Ludwig« und »Lutz«, wurde nun eine jüngere Anwältin gesucht. Als Einsatzmöglichkeiten sah die HA »Aufklärung von Rechtsanwälten des Rechtsanwaltskollegiums von Groß-Berlin [... sowie die] Informationsabschöpfung von operativ-relevanten Problemen im Zusammenhang mit der Klientenbetreuung«.[628] Die Ausweitung auf Mandate war eine andere Akzentsetzung als bei den IM der BV, die für die Kontrolle von Anwälten und Justiz eingesetzt werden sollten. »Dollis« Führungsoffizier, Jürgen Hardtmann,[629] war der wichtigste Mann für die Justizüberwachung im MfS. Er war die Schnittstelle zwischen den Interessen der verschiedenen Bereiche des MfS und den oberen Justizorganen der DDR. Bei dem Versuch, die unmittelbare Zuständigkeit für die Kontrolle der Berliner Anwaltschaft zu bekommen, hatte er sich nicht durchsetzen können. So war er stärker auf allgemeine Problemthemen fokussiert.

Auf den ersten Blick unterschied sich der Einsatz von »Dolli« nicht wesentlich von dem des BV-IM »Ludwig«. Eine stichprobenartige Analyse des Jahres 1979 ergab, dass sie elf Treffs, in der Regel ungefähr im Monatsrhythmus, absolvierte.[630] Im September 1979 traf sie drei Mal mit dem Führungsoffizier zusammen, weil sie sich bei einem Einsatz derart verstrickt hatte, dass ihre IM- und Rechtsanwaltsexistenz auf dem Spiel standen. Aus dieser Zeit gibt es ergänzend einige handschriftliche Notizen,[631] möglicherweise auf Basis von Telefonaten. Nach der etwas unvollständigen Statistik des Führungsoffiziers hatten 30 ihrer Informationen in 1979 eine hervorgehobene operative Bedeutung. Insgesamt 19 gingen in Karteispeicher ein. Mehrere Informationen wurden aufbereitet und an andere Diensteinheiten weitergeleitet. Notizen zu Rechtsanwaltskollegen gingen in die Handakten und formlosen Personendossiers der HA oder der Abteilung XX der BV Berlin ein.[632] Während »Ludwig« eher gesinnungsethisch seine Berichte aus der Warte seiner politischen und sicherheitspolitischen Überzeugungen formulierte, scheint die Berichterstattung von »Dolli« durch eine hem-

625 Margit Rathke, Verpflichtung, 14.11.1977; BStU, MfS, AIM 8228/91, T. I, Bd. 1, Bl. 7.

626 HA XX/1, Vorschlag zum Anlegen einer IM-Vorlaufakte, 1.7.1977; ebenda, T. I, Bd. 1, Bl. 10–12.

627 Müller-Enbergs: Inoffizelle Mitarbeiter, Teil 1; Richtlinien, S. 76 f.

628 HA XX/1, Vorschlag zum Anlegen einer IM-Vorlaufakte, 1.7.1977; BStU, MfS, AIM 8228/91, T. I, Bd. 1, Bl. 12.

629 HA XX/1, Begründung zur vorzeitigen Auslieferung eines Pkw für den IMS »Dolli«; ebenda, T. I, Bd. 1, Bl. 346.

630 HA XX/1, TB mit IM »Dolli«, 1979; ebenda, T. II, Bd. 1, Bl. 83–143.

631 Ebenda, T. II, Bd. 1, Bl. 130–138.

632 Ebenda, T. II, Bd. 1, Bl. 90.

mungslose Auskunftsbereitschaft geprägt. Sogar über nahestehende Kollegen[633] und Verwandte[634] berichtete sie laut Akten Anrüchiges, gar Belastendes. Ein Schwerpunkt ihrer Berichte lag bei Rechtsanwaltskollegen. Die vom Führungsoffizier protokollierten Berichte hatten oft weniger einschätzenden Charakter, sondern zielten stärker auf Fehlhandlungen ab. Das Interesse des hochkarätigen Führungsoffiziers aus der Zentrale richtete sich stärker auf Sachverhalte, die im MfS von allgemeinem Interesse waren. Es sollte beispielsweise ein Anwalt kontaktiert werden, der Beziehungen zu einer Motorsportgruppe von Ärzten unterhielt.[635] Offenkundig suchte der Offizier einen Zugang zu einem Personenkreis, der als besonders ausreisewillig und fluchtbereit galt. Gezielt sollte »Dolli« ferner die Familie eines Anwaltes ausspähen, der mit DDR-Künstlern verkehrte.[636] »Dolli« leistete in dieser Zeit auch Hilfsdienste. Sie sollte die Bibliothek des Obersten Gerichts erkunden und Listen von westlichen Anwälten besorgen.[637] Laut Protokoll wies sie auf Sicherheitsmängel in Haftanstalten hin, die es Anwälten ermöglichten, Häftlingen Dinge zuzustecken beziehungsweise Häftlingen Kassiber zuzuschieben.[638] Entsprechend informierte der Führungsoffizier seine vorgesetzten Stellen.[639] Informationen, die im MfS weitergereicht wurden, konnten auch aus »Dollis« Schilderungen von Mitgliederversammlungen der Berliner Anwälte entstammen, die ein relativ regelmäßiger Berichtspunkt bei den Treffs waren.[640]

»Dolli« hatte ausweislich der Berichte ihres Führungsoffiziers keine Hemmungen, über Menschen zu berichten, die ihren rechtlichen Rat suchten. Zwei Männer, die in ihrer Sprechstunde mit Wahlboykott drohten, um ihrem Ausreiseantrag Nachdruck zu verleihen, benannte sie laut ihrem Führungsoffizier namentlich.[641] Solche Schilderungen aus der anwaltlichen Tätigkeit hatten bei der jungen Anwältin »Dolli« einen deutlich höheren Stellenwert als beim Altkommunisten »Ludwig«. Anders als in der Justiz-Überwachung der BV versuchte der Führungsoffizier aus der Zentrale mit »Dolli« einzelne Mandate zu besprechen und Einfluss auf die Termingestaltung[642] und sogar die Prozessführung zu neh-

633 HA XX/1, Stellungnahme zum Werbungsvorschlag, 4.10.1977; ebenda, T. II, Bd. 1, Bl. 247 f.

634 HA XX/1, Vorschlag zur Durchführung einer operativen Maßnahme, 3.3.1982; ebenda, T. I, Bd. 1, Bl. 419.

635 HA XX/1, TB mit IM »Dolli«, 1979; BStU, MfS, AIM 8228/91, T. II, Bd. 1, Bl. 97.

636 Ebenda, T. II, Bd. 1, Bl. 116 f.

637 Ebenda, T. II, Bd. 1, Bl. 89.

638 Ebenda, T. II, Bd. 1, Bl. 130–132.

639 HA XX/1, Information, 29.12.1979; ebenda, T. II, Bd. 1, Bl. 142.

640 HA XX/1, Information, 3.8.1979; ebenda, T. II, Bd. 1, Bl. 124; HA XX/1, TB mit IM »Dolli«, 1979; ebenda, T. II, Bd. 1, Bl. 114.

641 HA XX/1, TB mit IM »Dolli«, 1979; BStU, MfS, AIM 8228/91, T. II, Bd. 1, Bl. 102, 104 u. 110.

642 Ebenda, T. II, Bd. 1, Bl. 126.

men. Nicht einverstanden war der Offizier mit der Prozessstrategie seiner IM, als es um einen MfS-Mitarbeiter ging. Dieser hatte auf zwei vermeintliche »Rowdies« geschossen. Die beiden hatten angeblich Motorräder umgeworfen und den Stasi-Mann, der sie festnehmen wollte, verprügelt. »Dolli« hielt das Handeln des MfS-Mitarbeiters für ein Fehlverhalten. Für die von ihr vertretenen Jugendlichen wollte sie die »geringstmögliche« Strafe erzielen. »In der anschließenden Diskussion konnte der IMV nicht von diesem Vorhaben abgebracht werden.«[643] Die Frage, ob der Führungsoffizier sich bei seinem Beeinflussungsversuch vorher mit Kollegen im Apparat abstimmte oder sich nur von seiner »tschekistisch« geschulten Intuition leiten ließ, beantwortet die Akte nicht eindeutig. Offenkundig scheiterten jedoch manche seiner Einflussversuche am Eigensinn seines IM. Selbst wenn »Dolli« andere Auffassungen als der Führungsoffizier vertrat, blieb dem MfS oft ein Informationsgewinn. Paradoxerweise erleichterte gerade ihre nicht stromlinienförmige Auffassung, das Vertrauen von Mandanten zu erlangen, die sie dann für das MfS abschöpfte.

Einen gewissen Schwerpunkt in der Gesamtakte bilden Berichte über Bekannte, Ratsuchende und offenbar Mandanten, die die DDR verlassen wollten. Die Mutter eines Verhafteten hatte sich laut MfS-Akten ratsuchend an »Dolli« gewandt. Ihr Sohn wurde später mit anderen nach Paragraf 106 wegen Hetze verurteilt,[644] weil er in einer Petition für die polnische Solidarnosć-Bewegung eintrat und Informations- und Meinungsfreiheit forderte.[645] Die jungen Leute erhielten Haftstrafen von einem Jahr auf Bewährung bis zu drei Jahren.[646] Die HA XX/1, die Informationen zu dem Jungen von »Dolli« entgegengenommen hatte, trat mit der ermittelnden Kreisdienststelle in Kontakt. Diese übersandte einen umfangreichen Fragenkatalog.[647] Immer wieder sollte »Dolli« während konspirativer Treffen zu dem Fall befragt werden. Das Mandat wurde dann zwar von anderen Anwälten übernommen. Laut Akten berichtete »Dolli« weiter, dass die Mutter nach der Verurteilung des Sohnes plane, die DDR »ungesetzlich zu verlassen«.[648] Der IM sollte versuchen, sie und ihre Bekannten »von ihrem Vorhaben abzubringen«.[649] In einem anderen Fall leitete die HA XX/1 unter Berufung auf IMS »Dolli« Informationen über eine Familie weiter, die im Zusammenhang mit Ausreiseplänen ihren Rat gesucht hatte.[650] Obwohl es zwischen

643 Ebenda, T. II, Bd. 1, Bl. 108 f, hier 109.

644 StGB 1968.

645 SED-Urteil wurde annulliert. In: Berliner Morgenpost vom 9.1.1983.

646 Stadtgericht Berlin, Urteil, 1.10.1981; BStU, MfS, AU 9170/82, Bd. 1, Bl. 534–548, hier 536.

647 BV Bln/KD Prenzlauer Berg, 6.1.1981; BStU, MfS, AIM 8228/91, T. II, Bd. 1, Bl. 248–253.

648 HA XX/1, TB mit IM »Dolli«, 23.3.1982; ebenda, T. II, Bd. 1, Bl. 371–375, hier 372.

649 HA XX/1, TB mit IM »Dolli«, 3.5.1982; ebenda, T. II, Bd. 1, Bl. 386–390, hier 386.

650 HA XX/1, TB mit IM »Dolli«, 8.1.1983; ebenda, T. II, Bd. 1, Bl. 471–473.

MfS und IM eine Kontroverse gab, ob die Familie nur einen »›Splin‹ gehabt hätte [... und] noch erziehbar gewesen wäre« oder ob sie eine »negativ-feindl[iche] Auffassung«[651] vertreten hätte, konnte das MfS die Informationen ihrer IM zur Lageeinschätzung nutzen. Konträr zur Einschätzung des IM entließ man die Familie schließlich in den Westen. Ein Vorgesetzter fand derartige Treffergebnisse nützlich und merkte an, »›Dolli‹ muss intensiver zu ihren Klienten berichten. Wer sind sie, woher kommen sie, sind sie op[erativ] nutzbar?«[652]

Durch Verwicklung in ein Strafdelikt geriet »Dolli« in Turbulenzen. Ihre Kontakte zu Bürgern aus dem Westen mussten abgebrochen werden, sie wurde zum IMS zurückgestuft. Die Analyse der Treffberichte anhand der Stichprobe des Jahres 1986 zeigt,[653] dass die Affäre nicht ohne Folgen blieb. Nur noch fünf Mal traf sich »Dolli« mit dem Führungsoffizier. Die Intensität der Berichte nahm ab. Der Führungsoffizier beklagte, dass ihre »Überzeugung hinsichtlich der inoff[iziellen] Arbeit nachgelassen hat«.[654] Der Einfluss auf den IM müsse »ständig erhöht«[655] werden. Die Berichte über das Rechtsanwaltskollegium Berlin klangen kursorischer. Die namentlich zitierte Klage eines Anwaltes über mangelnde Reisefreiheiten zeigt, dass immerhin noch Brisantes aus dem Kollegenkreis zu Protokoll gelangte.[656] Dazu gehört der Bericht über einen namentlich und mit Adresse genannten Bürger, der damit drohte, nicht zur Wahl zu gehen.[657] Der Führungsoffizier hielt auch fest, dass »Dolli« um ein Treffen gebeten habe. Demnach informierte sie über einen »homosexuellen Bürger, der vermutlich seine Reise in die BRD nutzt, um nicht wieder in die DDR zurückzukehren«.[658] In diesem und vergleichbaren Fällen verfasste Führungsoffizier Hardtmann eine »Information« für seine Vorgesetzten.[659] Berichte dieser Art wurden üblicherweise im MfS weitergeleitet. Der Status und die Aktivitäten von IMS »Dolli« wurden schließlich durch ihre Verstrickung gemindert. Offenbar zeigte sich »Dolli« Ende der 1980er-Jahre nicht unempfänglich für kritische Auffassungen.[660] Dennoch blieb sie eine wichtige Quelle der HA XX/1. Da die Möglich-

651 Rechtschreibfehler Splin statt Spleen im Original. HA XX/1, TB mit IM »Dolli«, 23.3.1984; ebenda, T. II, Bd. 1, Bl. 495–497, hier 496.

652 HA XX/1, TB mit IM »Dolli«, 13.3.1981; ebenda, T. II, Bd. 1, Bl. 285 f.

653 HA XX/1, TB mit IM »Dolli«, 1986; BStU, MfS, AIM 8228/91, T. II, Bd. 1, Bl. 566–595.

654 Ebenda, Bl. 566.

655 Ebenda, Bl. 566.

656 Ebenda, Bl. 574.

657 Ebenda, Bl. 570.

658 Ebenda, Bl. 580.

659 HA XX/1, Information v. 18.7.1986; BStU, MfS, AIM 8228/91, T. II, Bd. 1, Bl. 584; HA XX/1, Information v. 10.11.1986; ebenda, T. II, Bd. 1, Bl. 589 f. Die Information wurde wegen der Gefahr einer Dekonspiration des IM vom Vorgesetzten nicht im MfS weitergeleitet.

660 HA XX/1, TB mit IM »Dolli«, 28.3.1988; ebenda, T. II, Bd. 1, Bl. 652 f.

keiten, »Dolli« einzusetzen jedoch nachließen, versuchte die HA XX/1 durch Gewinnung weiterer IM neues Potenzial zu erschließen.[661]

»Dolli« gehörte angeblich eine Zeit lang zu den Berliner Anwälten mit den meisten Mandaten in Strafverfahren.[662] Inwieweit das MfS-ermittelte Verfahren waren, ist nicht nachvollziehbar.[663] Wie im Fall »Justierer« wird im Fall »Dolli« deutlich, dass es für das MfS keineswegs problemlos war, IM intensiver in Mandaten tätig werden zu lassen. Hier lag eine Steuerungsparadoxie.[664] Während die SED-treuen IM meist Schwierigkeiten hatten, überhaupt in staatsferne Milieus einzudringen, gelang das den weniger linienfesten Informanten besser. Aber gerade diese Eigenschaft oder die Eigenheiten des Milieus brachten sie in Gefahr, sich zu verstricken.[665] Das geschah auch »Dolli«.

### 7.4.5 Führungsversagen in der Linie XX/1: Der Konfliktfall IM »Dolli«

Weil die Anwältin sich mit Wissen des MfS in eine Straftat verwickelte, geriet die IM der HA XX/1 in Schwierigkeiten, die ihre berufliche Existenz bedrohten. Dieses Beispiel zeigt nicht nur Widersprüche und Probleme, die der Einsatz von Anwalt-IM in Mandaten mit sich bringen konnte. Es wird exemplarisch und gut dokumentiert, wie das MfS manipulierend in rechtliche Verfahren, vor allem in Strafermittlungen, eingreifen konnte, wer die Verbindungsleute waren aber auch an welche Grenzen das MfS dabei stieß.

Aus den MfS-Akten ergibt sich folgender Sachverhalt: »Dolli« war Verteidigerin von zwei DDR-Bürgern, die im Oktober 1979 wegen schweren Diebstahls und Urkundenfälschung zu einem fünf beziehungsweise siebeneinhalb Jahre währenden Freiheitsentzug verurteilt wurden. Der eine, S., saß die Strafe in der StVA Brandenburg an der Havel ab. S. wollte nach Absprache mit einer Anwältin den Schaden von 60 000 Mark der DDR wiedergutmachen.[666] Das

661 Aufgrund von Aktenvernichtungen sind derzeit kaum differenzierte Aussagen über die Registrierung zweier Berliner Anwälte als IMS »Martin« und die Reaktivierung von »Ulla« als IMS »Regina Klauß« zu machen. BStU, MfS, Kartei, F 16/F 22, Vorgang AIM 1327/91; BStU, MfS, Kartei, F 16/ F 22, Vorgang AIM 1111/91.

662 RAK Berlin, Protokoll der Vorstandssitzung v. 15.10.1980, S. 3; BArch, DP1, 3675.

663 Ihre Karteikarte aus der MfS-Anwaltskanzlei konnte bislang nicht nachgewiesen werden. In der Berliner Stichprobe 1972-84-88 kommt sie als Anwältin in MfS-ermittelten Verfahren kaum vor.

664 Rottleuthner: Steuerung der Justiz, S. 59 f.

665 Auch Wolfgang Schnur geriet permanent in Widersprüche, die zu Beschwerden führten. Vgl. im Kapitel Das Kollegium den Absatz Einzelanwälte und Sonderformen.

666 HA XX/1, Zusammenfassender Bericht über den Stand disziplinarischer Untersuchungen des Leiters des Rechtsanwaltskollegiums Berlin gegen den IMV »Dolli«, 22.1.1980

war durchaus im Sinne des DDR-Rechts.[667] Doch die Mittel, die S. wählte, waren nach DDR-Maßstäben illegal. Er bat eine nahe Verwandte in Westberlin, 60 000 DM in die DDR zu bringen. Das Geld wollte er schwarz in Mark der DDR umtauschen, um den Schaden zu begleichen.[668] Von dem Restgeld wollte er sich nach der Haftentlassung mit einem Bockwurststand eine neue Existenz aufbauen.[669] In die Pläne von S. war die Anwältin schon früh eingeweiht. Sie sollte die Devisen in Empfang nehmen und für S. umtauschen, verteilen beziehungsweise aufbewahren. Als der erste Geldschmuggel erwartet wurde, informierte »Dolli« ihren Führungsoffizier von der HA XX/1. Dieser ermunterte sie mitzumachen, um »weitere Informationen zum genannten Sachverhalt zu gewinnen und das Vertrauensverhältnis weiter auszubauen«.[670] Im Sommer 1979 reiste die Verwandte des S. mit 12 000 DM am Körper versteckt nach Ostberlin ein und übergab der Anwältin das Geld.[671] Danach tauschte die Anwältin das Geld illegal, wie von S. gewünscht, bei einem Schwarzhändler, der in einschlägigen Kreisen als der »Baron« bekannt war, zum Kurs von 1 zu 3,7 um.[672] Ein Teil war für die Schadensbegleichung vorgesehen, andere Beträge wurden an Bekannte des S. verteilt. Im Oktober 1979 sollte die Verwandte des S. wiederum nach Ostberlin einreisen und weitere 42 000 DM mitbringen.[673] Diesmal informierte die HA XX/1 auf dem Dienstweg über den Hauptabteilungsleiter der HA XX die für die Passkontrollen zuständige HA VI mit dem Ziel, eine intensive Zollkontrolle und »körperliche Durchsuchung«[674] durchführen zu lassen. Würde das Geld dabei gefunden, sollten die Zollorgane der DDR ein Ermittlungsverfahren einleiten.

Das Risiko, dass die Anwältin in den Ruch geraten könnte, den Behörden einen Tipp gegeben zu haben, suchte die HA XX/1 zu kalkulieren. Sie wusste aufgrund einer inoffiziellen Information der HA VII aus der Haftanstalt, dass S. dort schon anderen über den Devisenschmuggel erzählt hatte.[675] Die Gefahr

(im Weiteren zit. als Zusammenfass. Bericht); BStU, MfS, AIM 8228/91, Beifügung, Bl. 236–240, hier 236 f.

667 Im Zusammenhang mit dem Erziehungsgedanken. Strafrecht der DDR. Kommentar, S. 19 ff. zu Art. 2 des StGB.

668 HA XX/1, Zusammenfass. Bericht, 22.1.1980; BStU, MfS, AIM 8228/91, Beifügung, Bl. 236.

669 HA XX/1, TB mit IMV »Dolli«, 22.8.1979; ebenda, Beifügung, Bl. 91.

670 HA XX/1, Information im Strafverfahren, 3.8.1979; ebenda, Beifügung, Bl. 60.

671 HA XX/1, Zusammenfass. Bericht, 22.1.1980; ebenda, Beifügung, Bl. 236.

672 HA XX/1, TB mit IMV »Dolli«, 28.9.1979; ebenda, Beifügung, Bl. 94.

673 HA XX/1, Zusammenfass. Bericht, 22.1.1980; ebenda, Beifügung, Bl. 236 f.

674 HA XX/1, Vorschlag zur Durchführung einer operativen Maßnahme, 22.9.1979; ebenda, Beifügung, Bl. 124 f.; HA XX/Paul Kienberg, Schreiben an HA VI, 4.10.1979; ebenda, Beifügung, Bl. 127.

675 HA XX/1, Ergänzung zum Vorschlag, 4.10.1979; BStU, MfS, AIM 8228/91, Beifügung, Bl. 126.

einer Dekonspirierung von »Dolli« schloss ihr Führungsoffizier daher aus. Für den Fall, dass die Verwandte des S. die Rechtsanwältin bei ihrer Festnahme be-

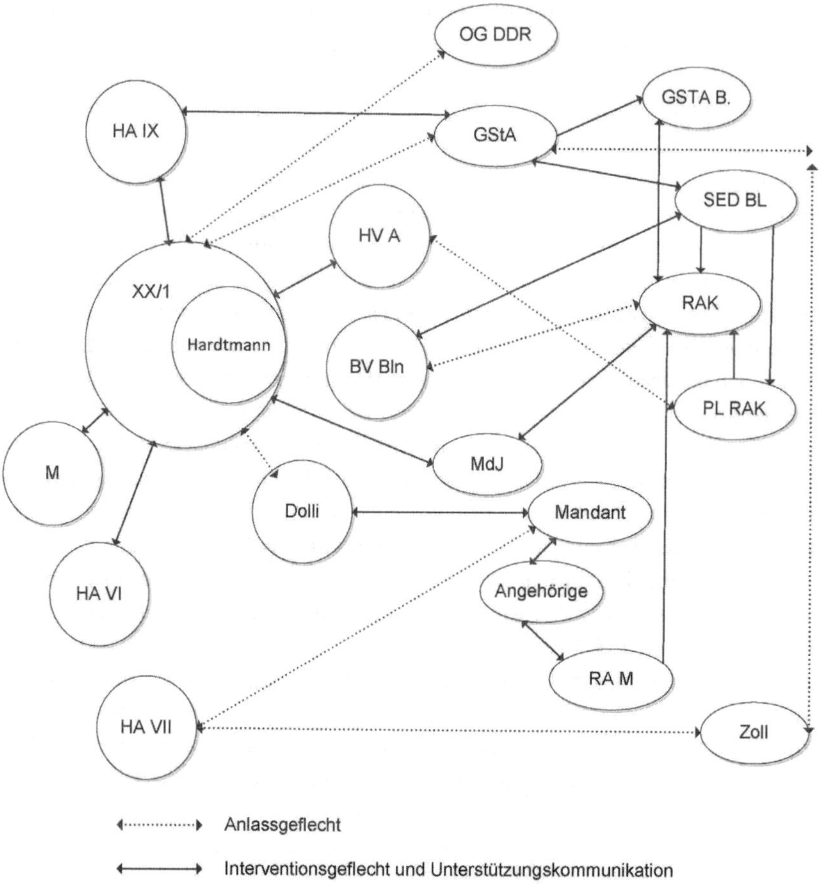


Abbildung 8: Krisenmanagement des Führungsoffiziers Hardtmann der HA XX/1 im Fall der IM »Dolli« 1979

Legende: M, HA VI, HA VII, HA IX, HA XX/1, HV A, BV Bln – MfS-Diensteinheiten; GStA – Generalstaatsanwaltschaft; MdJ – Ministerium der Justiz; PL RAK – Parteileitung des Rechtsanwaltskollegiums; SED BL – SED-Bezirksleitung von Berlin; GStA B. – Generalstaatsanwalt B.; RAK – Rechtsanwaltskollegium; RA M. – Rechtsanwalt M.

lasten sollte, war vorgesorgt: der IM »wird verneinen, dass ihm bekannt war«,[676] dass Devisen ungesetzlich eingeführt werden sollten. Entsprechend der Bitte der HA XX wurde die Verwandte des S. bei der Grenzpassage im Oktober ausführlich durchsucht. Es wurde weniger Geld als erwartet, lediglich 2000 DM, gefunden und eingezogen.[677] Die Verwandte wurde nach einem Verhör in den Westen abgeschoben.[678] Soweit liefen die Dinge für die HA XX/1 weitgehend nach Plan. Doch als weitere Akteure auftraten, entglitten ihr die Dinge zunehmend. Die Zollverwaltung leitete Ermittlungen ein und lud die ehemalige Freundin des S. vor. Sie war als Adressatin des Schmuggel-Geldes benannt[679] und in den Devisenschmuggel eingeweiht.[680] Wegen der Vorladung verunsichert konsultiere sie Rechtsanwalt M. Diesem berichtete sie in Teilen durchaus wahrheitsgemäß von der ersten illegalen Geldeinfuhr und der Übergabe der Devisen an die Rechtsanwältin. Der Rechtsanwalt schaltete daraufhin das Rechtsanwaltskollegium ein und informierte über den Verdacht, dass die Anwältin in einen illegalen Devisentransfer verwickelt sein könnte.[681] Der Vorsitzende des Berliner Rechtsanwaltskollegiums, Gerhard Häusler, sah zunächst, wie in solchen Fällen üblich, die Handakte der Anwältin zum Fall S. durch. In der Folge erwog er eine »einstweilige Entbindung von der Berufsausübung«.[682] Beim Durchsehen der Akte verdichtete sich der Verdacht, dass die Anwältin in unerlaubter Weise über Devisen verfügt hätte und dass Quittungen für Geldbewegungen fehlten.[683] Offenbar durch eine Falschaussage gegenüber dem Rechtsanwaltskollegium, die der HA XX/1 bekannt war,[684] versuchte die Anwältin die Herkunft der Gelder plausibel zu erklären, warf damit allerdings neue Fragen auf. Um den Sachverhalt zu klären, forderte der Vorsitzende des Rechtsanwaltskollegiums über die Generalstaatsanwaltschaft von Ostberlin eine Stellungnahme der Zollverwaltung an. Die Zollverwaltung vernahm daraufhin die ehemalige Freundin des S. ein zweites Mal.[685] Bei dieser Vernehmung beschuldigte diese die Anwältin nunmehr offiziell, die geschmuggelten Devisen übernommen zu haben.[686] Damit war unvermeidlich, dass das Rechtsanwaltskollegium

676 HA XX/1, Vorschlag zur Durchführung einer operativen Maßnahme, 22.9.1979; ebenda, Beifügung, Bl. 124.

677 HA XX/1, Zusammenfass. Bericht, 22.1.1980; ebenda, Beifügung, Bl. 238.

678 HA XX/1, TB mit IMV »Dolli«, 26.10.1979; ebenda, Beifügung, Bl. 166 f.

679 Vernehmungsprotokoll, 6.10.1979;ebenda, Beifügung, Bl. 141 f.

680 HA XX/1, Zusammenfass. Bericht, 22.1.1980; ebenda, Beifügung, Bl. 237.

681 Ebenda, Bl. 287.

682 Vermerk, 4.12.1979; ebenda, Beifügung, Bl. 180–184, hier 184.

683 Ebenda, Bl. 183 f.

684 Stellungnahme, o. D. u. Vermerk v. 4.12.1979; ebenda, Beifügung, Bl. 156–158.

685 HA XX/1, Zusammenfass. Bericht, 22.1.1980; ebenda, Beifügung, Bl. 239.

686 Zollverwaltung/BV Bln/Abt. Zollrecht, Ergänzung des Befragungsprotokolls, 7.1.1980; ebenda, Bl. 253–255.

ein Disziplinarverfahren gegen die Anwältin einleitete, die als IMV »Dolli« vom MfS verpflichtet war.

Es drohten zur Jahreswende 1979/80 nicht nur ein Strafverfahren, sondern als Folge der Ausschluss von »Dolli« aus der Berliner Anwaltschaft.[687] »Dolli« wäre somit für ihre Dienste für das MfS mit dem Verlust der Anwaltszulassung »bestraft« worden. Der Führungsoffizier, dessen Aktenführung im Alltag eher behäbig, bürokratisch wirkte, mobilisierte daher sein Netzwerk, um die IM zu retten. Die schematische Darstellung zeigt, welche Kontakte er mobilisieren konnte und dass er jeweils »Verbündete« benötigte, um in das Justizgeschehen eingreifen zu können. Dies weitete und begrenzte zugleich seine Handlungsmöglichkeiten.

Die HA XX/1 wollte einen führenden Offizier der HV A um »Unterstützung bitten«.[688] Die HV A sollte maßgeblichen Rechtsanwälten, zu denen sie Kontakt hielt, übermitteln, das »RA-Kollegium soll keine Aktivitäten entwickeln und [das Disziplinarverfahren] mit dem gegenwärtigen Stand abschließen [... und] den Aussagen der [Anwältin] Glauben schenken«.[689] Die Rückmeldung der HV A IX/C war keineswegs ermutigend. Sie besagte, dass der Vorsitzende Häusler es »für möglich hielt [, dass die Rechtsanwältin ...] eine Verbindung zum MfS«[690] hat. Er vermutete das, weil sich das MdJ seinerzeit vehement für ihre Aufnahme im Kollegium eingesetzt hätte. Nach den jetzigen Vorfällen hätte sich wieder der Mann aus dem Justizministerium eingeschaltet und auch die Berliner Verwaltung des MfS. Die Quelle der HV A[691] schätzte, dass mindestens zehn Rechtsanwälte in Parteileitung und Vorstand über diese Spekulationen Bescheid wüssten. Das Engagement der HA XX/1 zugunsten der Anwältin hatte sie zwar halb dekonspiriert, sonst aber kaum etwas erreicht. Obwohl die Anwälte ahnten, wer im Hintergrund mitwirkte, schien die Gefahr einer Disziplinierung der Anwältin keinesfalls gebannt. Die Anwältin berichtete später über spitze Bemerkungen des Vorsitzenden. Dieser hätte ihr vorgehalten, dass sie

687 HA XX/1, Zusammenfass. Bericht, 22.1.1980; ebenda, Beifügung, Bl. 239.

688 Fritz Kobbelt, im Vermerk falsch als Coppelt geschrieben, damals Leiter der HV A IX/C, die Verbindung zu mehreren Berliner Anwälten hielt. HA XX/1, handschriftl. Vermerk; BStU, MfS, AIM 8228/91, Beifügung, Bl. 196.

689 Ebenda.

690 Vermerk v. 18.12.1979 (Adressierung durch HV A IX/C, 21.12.1970); ebenda, Beifügung, Bl. 203.

691 Die Information stammte möglicherweise von Friedrich Wolff, der unter dem Alias »Wagner« Beziehungen zu HV A IX/C unterhielt. Der Vermerk bezieht sich auf exklusive Informationen der Parteileitung und des Vorsitzenden, sodass eigentlich nur ein führendes Mitglied der Parteileitung als Urheber in Betracht kommen kann. Vermerk v. 18.12.1979 (Adressierung durch HV A IX/C); BStU, MfS, AIM 8228/91, Beifügung, Bl. 202 f.

»zwar gute Verbindungen haben kann, aber die seinigen noch besser sind, und [dass] daher ein Disziplinarverfahren durchgeführt wird«.[692]

Ein weiterer Konfliktherd entstand, als Rechtsanwalt M., der das Disziplinarverfahren gegen die Rechtsanwältin ausgelöst hatte, über einen Freund in der spanischen Botschaft die Verwandte des S. in Westberlin kontaktieren ließ. Diese sollte die Devisenübergabe an die Rechtsanwältin noch einmal schriftlich dokumentieren.[693] Die Zeugenaussage wurde in der Tat in einem Brief an den Inhaftierten S. festgehalten.[694] Damit dieser Brief die Ermittlungen nicht weiter anheizte, nahm die HA XX/1 Kontakt zum Strafvollzug auf, um den Brief anzuhalten und weitere Maßnahmen gegen die Anwältin zu verhindern.[695] Man unterdrückte nunmehr also Beweismittel. »Dolli« sollte den S. auch überreden, seine Verwandte von weiteren Aussagen abzuhalten.[696]

Bis dahin war der Versuch von Jürgen Hardtmann, die Angelegenheit einzudämmen und seinen IM zu sichern nicht wirklich erfolgreich. Es bestand sogar die Gefahr, dass das MfS, zumindest die Arbeitsweise der HA XX/1, diskreditiert würde. Die HA XX/1 bekam von der HV A einen Hinweis, dass die Generalstaatsanwaltschaft von Berlin die SED-Bezirksleitung über die Handlungen der Rechtsanwältin informiert hatte.[697] Jetzt war auch noch die Partei involviert. Sie forderte von der Staatsanwaltschaft »allseitige Aufklärung«.[698] An diesem Punkt musste der Führungsoffizier einsehen, dass er auf die bisherige Art nicht weiterkommen würde. Am 22. Januar 1980 verfasste er nach vielen Vorarbeiten und Skizzen[699] einen zusammenfassenden Bericht für seinen Abteilungsleiter.[700] Hardtmann schlug vor, da »ohne zentrale staatliche Einflussnahme der Ausgang [...] völlig offen ist«,[701] die Sache durch einflussreiche Persönlichkeiten bei der Generalstaatsanwaltschaft zu regeln. Durch das MfS angeregt, sollten sich die Generalstaatsanwaltschaft der DDR, der Generalstaatsanwalt von Berlin und die SED-Bezirksleitung abstimmen und eine Lösung herbeiführen. Der Vorschlag wurde über den stellvertretenden Generalstaatsanwalt der DDR, Karl-Heinz Borchert, realisiert, der eine »sehr enge Verbindung«[702] zum MfS unterhielt. Schon wenige Tage später hielt ein Vorgesetzter von Hardtmann fest,

692 HA XX/1, TB mit IMV »Dolli«, 27.3.1980; BStU, MfS, AIM 8228/91, T. II, Bd. 1, Bl. 167–170, hier 167.

693 HA XX/1, Information v. 6.1.1980; BStU, MfS, AIM 8228/91, Beifügung, Bl. 261 f.

694 HA XX/1, TB mit IMV »Dolli«, 4.1.1980; ebenda, Beifügung, Bl. 215–217.

695 HA XX/1, handschriftl. Vermerk, 4.1.1980; ebenda, Beifügung, Bl. 214.

696 HA XX/1, Zusammenfass. Bericht, 22.1.1980; ebenda, Beifügung, Bl. 239.

697 HA XX/1, Information von HV A, BV Berlin/XX, handschriftl. Vermerk, 9.1.1990; ebenda, Beifügung, Bl. 220.

698 HA XX/1, Zusammenfass. Bericht, 22.1.1980; ebenda, Beifügung, Bl. 239.

699 BStU, MfS, AIM 8228/91, Beifügung, Bl. 271–281.

700 HA XX/1, Zusammenfass. Bericht, 22.1.1980; ebenda, Beifügung, Bl. 236–240.

701 Ebenda, Bl. 239.

702 Vollnhals: Nomenklatur, S. 230.

dass mit dem stellvertretenden Generalstaatsanwalt besprochen war, die Aussagen über die Devisenmanipulationen der Anwältin als »zweifelhaft«[703] und damit als nicht beweiskräftig zu werten. Damit war die Einstellung der strafrechtlichen Ermittlungen präjudiziert. Laut Einschätzung der Generalstaatsanwaltschaft blieb dem Kollegium dann nur noch die Möglichkeit, ein Disziplinarverfahren wegen »Verletzung der Anwaltspflichten bei Kostennachweis«,[704] also wegen vergleichsweise geringfügiger Nachlässigkeiten, zu führen. Die Abstimmung mit der Generalstaatsanwaltschaft von Berlin und der SED-Bezirksleitung wurde dem Vertrauensmann des MfS in der Generalstaatsanwaltschaft der DDR überlassen. Eine direkte Verhandlung durch das MfS war auf Abteilungsebene offenbar abgelehnt worden.[705] Damit blieb das MfS im Hintergrund und die Angelegenheit konnte gegenüber den unteren Instanzen der Staatsanwaltschaft und der SED als rein juristisch begründete Entscheidung gelten. Dem Vorsitzenden des Rechtsanwaltskollegiums sollte dieses Ergebnis von der Berliner Generalstaatsanwaltschaft mitgeteilt werden, der rechtlich zuständigen Ebene für Strafverfahren gegen Berliner Anwälte.

Über Karl-Heinz Borchert, den stellvertretenden Generalstaatsanwalt der DDR, wurden schließlich die Ermittlungsergebnisse der Zollfahndung, insbesondere die die Anwältin belastenden Aussagen eingezogen.[706] Die HA XX/1 kontaktierte die für die Zollfahndung zuständigen Kollegen, um sicherzustellen, dass die Zollfahndung nicht von sich aus weiter ermittelt.[707] Allmählich griffen die Bemühungen der Hauptabteilung XX/1. Ihr wurde aus »offizieller« Quelle zugetragen, dass der Vorsitzende des Rechtsanwaltskollegiums Berlin durch den zuständigen Mitarbeiter der SED-Bezirksleitung Berlin die »Weisung bekommen hat, bis auf weiteres keine eigenen Schritte«[708] im Disziplinarverfahren gegen die Anwältin zu unternehmen. Das klang nach einem »Parteiauftrag«. Der Sicherungsoffizier der BV erhielt diese Information offenbar vom Vorsitzenden des Kollegiums, mit dem er in offiziellem Kontakt stand.[709] Mit der HV A traf die HA XX/1 zusätzlich die Absprache, dass die umstrittene Anwältin den Parteisekretär des Kollegiums, damals Friedrich Wolff, aufsuchen sollte, um sich

703 HA XX/1, Vermerk über ein Gespräch mit dem Stellv. des Generalstaatsanwaltes der DDR, Gen. Borchert, 25.2.1980; BStU, MfS, AIM 8228/91, Beifügung, Bl. 242 f.

704 Ebenda, Bl. 243.

705 Handschriftl. Anmerkungen auf dem Bericht. HA XX/1, Zusammenfass. Bericht, 22.1.1980; ebenda, Beifügung Bl. 235 u. 240.

706 HA XX/1, Zusammenfass. Bericht, 22.1.1980; ebenda, Beifügung, Bl. 239.

707 HA XX/1, Bericht über die geführte Absprache mit dem [...], Referatsleiter der Abt. VI/Zollabwehr der BV Berlin, 17.1.1980; ebenda, Beifügung, Bl. 226–228.

708 BV Bln/XX, Schreiben an HA XX/1 v. 5.2.1980; ebenda, Beifügung, Bl. 241.

709 HA XX/1, handschriftl. Vermerk. Gen. Häusler-Wittstock, 10.12.1979; ebenda, Beifügung, Bl. 248 f.

über den Vorstand zu beschweren.[710] Der Disziplinarvorstand des RAK sollte über den Parteisekretär auf Parteilinie gebracht werden.

Nachdem die HA XX/1 die SED-BL an ihrer Seite wusste, verschärfte sie den Druck auf den Vorstand des Berliner Kollegiums. Denn es gab mehrere Hinweise, dass der Vorsitzende des Kollegiums, Häusler, mit den Vorständen an seiner Seite bislang eher abwehrend auf die Einmischungsversuche von außen reagierte.[711] Allerdings musste er nachgeben. Die HV A wusste später zu melden, dass die Sache eine »Parteiangelegenheit«[712] sei, nur der Vorstand würde die Disziplinarsache noch behandeln. Den Auftritt von »Dolli« vor dem Disziplinarausschuss sprach die HA XX/1 mit ihr ab. Die Einweisung erfolgte offenbar so gründlich, dass es den Argwohn eines Vorstandsmitgliedes erweckte. Ihr Verhalten spräche dafür, dass sie »gut instruiert war«.[713] Das Disziplinarverfahren wurde, wie nach der Absprache mit der Generalstaatsanwaltschaft zu erwarten, mit einer strengen Rüge beendet.

Für das Erste war es dem Führungsoffizier gelungen, IM »Dolli« vor den Ermittlungen zu schützen und ihre Anwaltszulassung zu retten. Allerdings war die Gefahr der Kompromittierung noch nicht gebannt:

- Durch das Scheidungsverfahren von S. und ein Zivilverfahren, das seine neue Freundin anstrengte, drohte die Devisenfrage Gegenstand von juristischen Auseinandersetzungen zu werden, wodurch die »Sicherheit des IM [...] erneut gefährdet werden«[714] konnte.
- Nach einer mögliche Haftentlassung des S. drohte die Sache von ihm selbst aufgerollt zu werden.[715]
- Durch Aussagen der Freundin von S. konnte die Anwältin nach wie vor belastet werden.

Um all das abzuwehren, musste der Führungsoffizier für »Dolli« noch Jahre lang Gegenstrategien entwickeln. Er scheute dabei offenbar nicht vor Rechtsbeugung zurück, in die laut Aktenlage die Anwältin teilweise einbezogen war:

710 HA XX/1, TB mit IMV »Dolli«, 14.12.1979; ebenda, Beifügung, Bl. 251 f.

711 HA XX/1, handschriftl. Vermerk; ebenda, Beifügung, Bl. 282.

712 HA XX/1, handschriftl. Vermerk; ebenda, Beifügung, Bl. 307. Mit dem erwähnten Gen. Splittschuh war vermutlich der Verbindungsoffizier der HV A, Hubert Spitschuh, gemeint, der auch den HVA-Vorgang »Wagner« zu Friedrich Wolff betreute. BStU, MfS, Kartei, HVA-F 22, Vorgang XV 262/78.

713 HA XX/1, Information zum Disziplinarverfahren gegen IMV »Dolli«, 6.5.1980; BStU, MfS, AIM 8228/91, T. I, Bd. 1, Bl. 322–324, hier 323.

714 HA XX/1, TB mit IMV »Dolli«, 1.8.1980; ebenda, T. II, Bd. 1, Bl. 223.

715 HA XX/1, TB mit IMV »Dolli«, 28.9.1979; BStU, MfS, AIM 8228/91, Beifügung, Bl. 92–97.

- Es wurde ein gefälschter Kassiber produziert und durch die Briefkontrolle vordatiert, um die Anwältin zu entlasten und eine Zeugin zu diskreditieren.[716]
- Mittels einer fingierten Aussage sollte ein Ermittlungsverfahren eingeleitet werden, um die Zeugin, die die Anwältin belasten konnte, zu diskreditieren.[717]
- Mithilfe des Vizepräsidenten des Obersten Gerichtes sollte verhindert werden, dass S. in den Genuss einer Amnestie käme oder sein Kassationsantrag Erfolg hätte.[718]
- Der Anwalt der Ehefrau des S., ein Anwalt mit Kontakten zur HV A, blockte laut Aktenlage im Scheidungsverfahren das Thema Devisenschmuggel ab. Als die Ehefrau das Thema Devisenschmuggel ansprechen wollte, herrschte ihr Rechtsanwalt sie an, »dass sie sich da raushalten soll«.[719] Nach Auffassung der HA XX/1 war durch die HV A-Anbindung des Anwaltes gesichert, dass »man inoffiziell die Sache steuern kann«.[720]

Dieser ausufernde Vorgang zeigt exemplarisch, dass das MfS über erhebliche Möglichkeiten verfügte, sowohl Disziplinarermittlungen bei den Anwälten als auch Zivil-, Familienverfahren, Strafermittlungen und Strafvollzugsverfahren zu manipulieren. Allerdings werden die Grenzen des MfS-Einflusses ebenso deutlich. Das MfS wagte zum Beispiel nicht, das Kollegium und den streitbaren Kontrahenten der IM direkt anzuweisen. Dazu fehlten dem MfS die Kompetenzen. Absurderweise hatten fast alle in diesem Fall involvierten Anwälte spezielle Beziehungen zum MfS. Der RAK-Vorsitzende hatte offenbar offizielle Kontakte zur BV Berlin, zwei Anwälte hatten Beziehungen zur HV A IX/C. Im Vorstand, der über die Disziplinarverfahren befand, saßen zwei als IM beziehungsweise IM-Vorlauf registrierte Rechtsanwälte.[721] Selbst der eigensinnige Rechtsanwalt M., zeitweilig Mitglied der Parteileitung des Kollegiums, war nach Einschätzung des MfS zu früheren Zeiten mit inoffizieller Zielstellung für die HV A registriert.[722] Es gab also nicht den MfS-Strang oder die MfS-Einflussträger. Das MfS benötigte in verschiedenen Entscheidungssituationen Bündnispartner. Hier sind vor allem der stellvertretende Generalstaatsanwalt der DDR und

716 HA XX/1, Information zum Treff mit IM »Dolli«, 15.1.1980; ebenda, Beifügung, Bl. 221; HA XX/1, Schreiben an Abteilung M, 17.1.1980; ebenda, Beifügung, Bl. 229; Brief Brandenburg, Januar 1980; ebenda, Beifügung, Bl. 232.

717 HA XX/1, TB mit IMV »Dolli«, 24.4.1980; BStU, MfS, AIM 8228/91, T. II, Bd. 1, Bl. 201–203; HA XX/1, TB mit IMV »Dolli«, 6.5.1980; ebenda, T. II, Bd. 1, Bl. 206 f.

718 HA XX/1, TB mit IMV »Dolli«, 16.5.1980; ebenda, T. II, Bd. 1, Bl. 209 f.

719 BV Bln/XX, Schreiben an HA XX/1, 8.1.1980; ebenda, Beifügung, Bl. 218.

720 HA XX/1, TB mit IMV »Dolli«, 16.4.1980; ebenda, T. II, Bd. 1, Bl. 186.

721 Einer war Gregor Gysi. Der andere war die als IM »Grischa« registrierte Person. BStU, MfS, AIM 13957/81.

722 HA XX/1, Personeneinschätzung, o. D.; BStU, MfS, HA XX Nr. 6893, Bl. 89.

die SED-BL zu nennen. Sie konnten nicht einfach funktionalisiert werden, wie der Offizier der XX/1 analysierte: »Es muss gesichert werden, dass die beteiligten Organe und die Bezirksleitung der SED Berlin nicht kompromittiert werden.«[723] Ein indirektes Agieren war erforderlich, um die Konspiration der IM nicht vollends zu gefährden und das den Anwaltsalltag regelnde Rahmenwerk nicht vollkommen außer Kraft zu setzen. Es gab mehrere Hinweise, dass der Kollegiumsvorsitzende Häusler eher widerstrebend auf Einmischungsversuche von außen reagierte.[724]

Die Aktion war nur bedingt erfolgreich. Sie band über Monate und Jahre Energien beim Führungsoffizier und seiner IM. Zumindest in der Parteileitung und im Vorstand hatte kaum jemand Zweifel daran, dass sich das MfS für die Anwältin eingesetzt hatte. Sie war faktisch aufgedeckt.[725] Die Anwältin war zeitweise in ihrer beruflichen Existenz dermaßen bedroht, dass sie wie eine Marionette in den Händen des Führungsoffiziers wirkte. Aber auch dieser hatte seine Position durch das riskante Manöver, die Beteiligung der IM an einer Straftat, gefährdet. Er musste daraufhin Eigenmächtigkeiten seiner IM hinnehmen.[726] Bei dem Offizier reifte die Erkenntnis, dass ein Anwalt im Interesse des MfS nicht beliebig rechtliche Grenzen überschreiten konnte. Dies war eine Steuerungsparadoxie. Schlussfolgernd empfahl der Offizier eine »weitere Erziehung und Befähigung« des IM. Dazu sind die »Notwendigkeit der Einhaltung und Wahrung des sozialistischen Rechts, besonders in seiner Funktion als RA ständig zu erläutern«.[727] Nach all den Rechtsbrüchen wirkte dieses Fazit geradezu absurd, war aber letztlich das Eingeständnis, dass Versuche, Anwaltsmandate manipulativ zu nutzen beziehungsweise zu beeinflussen, risikobehaftet waren.

## 7.5 Überprüfungen der Anwälte

Schon im Prozess der Gründung der Kollegien 1953/54 wurden Anwaltskandidaten auf ihre politisch-ideologische Eignung geprüft. Auch die zuvor erfolgten Entnazifizierungen, die vor Entstehen des MfS durchgeführt wurden, zielten teilweise auf politische Zuverlässigkeit ab.[728] Dennoch scheinen die Anwälte nach bisherigen Kenntnissen in den Jahren nicht komplett vom MfS erfasst und

723 HA XX/1, Vermerk über ein Gespräch mit dem Stellv. des Generalstaatsanwaltes der DDR, Gen. Borchert, 25.2.1980; BStU, MfS, AIM 8228/91, Beifügung, Bl. 242 f.

724 HA XX/1, handschriftl. Vermerk; ebenda, Beifügung, Bl. 282.

725 Vermerk v. 18.12.1979 (Adressierung durch HV A IX/C, 21.12.1970); ebenda, Beifügung, Bl. 203.

726 HA XX/1, TB mit IM »Dolli«, 23.12.1980; BStU, MfS, AIM 8228/91, T. II, Bd. 1, Bl. 262–266.

727 HA XX/1, Information v. 6.5.1980; ebenda, T. I, Bd. 1, Bl. 323.

728 Busse: Deutsche Anwälte, S. 340 ff.; Gerlach: Die Rechtsanwaltschaft, S. 142.

überprüft worden zu sein.[729] Allerdings misstraute das MfS der Anwaltschaft in den frühen Jahren, da »es unter den Anwälten doch noch bestimmte Personen gibt, welche unserer Gesellschaftsordnung nicht gut gesinnt sind«.[730] Daher wurden vom MfS »zuverlässige Anwälte«[731] gesucht. Ein auf diese Weise gewonnener IM sollte primär über »die Stimmung unter den Anwälten«[732] berichten. Ein anderer war als Mitglied der Parteileitung des RA-Kollegiums »über interne RA-Probleme informiert, die er uns gleichfalls mitteilt«.[733] Auf diese Weise stellte das MfS mit wenigen IM die Grundüberwachung des Kollegiums sicher. Diese zog sich bis in die 1970er- und 1980er-Jahre durch.

Die ersten IM wurden alsbald aufgefordert, Einschätzungen zu einzelnen Anwälten zu verfassen. Götz Berger informierte als IM, dass eine Kollegin »zu sehr hinter dem Geld her« sei. Sie beschwere sich bei Richtern, dass es »nicht richtig sei, indem man immer wieder die gleichen RA [zu Verfahren] heranzieht«.[734] Wolfgang Vogel berichtete als IM beispielsweise über einen Kollegen, dieser habe sich in Begleitung von Westberlinern »sehr stark angetrunken [...] völlig negativ über die Entwicklung und den Sinn des Kollegiums« geäußert und gefragt, »ob ich ihm einen Rat geben könne, wie sein Beitritt zur SED zu verhindern sei«.[735] Wolfgang Vogel schilderte fast protokollartig und unter Namensnennung Diskussionen im Kollegium und hielt in Kurzcharakteristiken fest, wer sich »in jeder Hinsicht für unseren Staat [... einsetze und wer] in Wahrheit durch und durch bürgerlich eingestellt« sei.[736] Auf Basis derartiger Informationen entstanden schon früh Anwaltsdossiers beim MfS.[737] Bestimmte Erkenntnisse konnten dazu führen, dass systematisch Informationen über einzelne Personen gesammelt wurden. Welche gravierende Folge die frühe Anwaltsüberwachung haben konnte, wurde am Fall von Dr. Max Masius, dem ersten Anwalt von Wolfgang Harich gezeigt.[738]

729 HA IX, Vermerk v. 6.1.1970; BStU, MfS, HA IX Nr. 16364, Bl. 179; Busse: Deutsche Anwälte, S. 394; Eisenfeld: Staatssicherheit, S. 34.

730 HA V/5/1, Bericht über die durchgeführte Werbung eines GI, 30.1.1958; BStU, MfS, AIM 2528/61, T. I, Bd. 1, Bl. 24.

731 HA V/5/1, Vorschlag zur Kontaktaufnahme, 18.12.1957; BStU, MfS, AIM 9759/84, T. I, Bd. 1, Bl. 68.

732 HA V/5/1, Bericht über die durchgeführte Werbung eines GI, 30.1.1958; BStU, MfS, AIM 2528/61, T. I, Bd. 1, Bl. 24.

733 HA V/1/1, Perspektivplan, 29.5.1962; BStU, MfS, AIM 9759/84, T. I, Bd. 1, Bl. 92.

734 HA V/5/1. TB mit GI »Götz«, 12.4.1958; BStU, MfS, AIM 2528/61, T. II, Bd. 1, Bl. 16 f.

735 »Georg«, Vermerk v. 4.9.1955; BStU, MfS, AIM 2088/57, T. II, Bd. 1, Bl. 109.

736 »Georg«. Vermerk v. 21.12.1956; ebenda, T. II, Bd. 1, Bl. 46 u. 165.

737 Vgl. beispielsweise die AP 12933/63 zur Anwältin Marie-Louise von Münchhausen.

738 Vgl. im Kapitel Das Kollegium den Abschnitt zur Entwicklung der DDR-Anwaltschaft.

Gerade in Berlin, wo es vor dem Mauerbau vielfältige persönliche Kontakte zwischen Anwälten beider Stadthälften gab, wurden diese Verbindungen beargwöhnt.[739] Das Misstrauen galt vor allem den Juristen, die Material gegen den politischen Justizmissbrauch in der DDR sammelten. Im Fokus stand besonders der Untersuchungsausschuss Freiheitlicher Juristen (UfJ), der Justizpraktiken im Osten Deutschlands durch Dokumentationen, Presse- und Rundfunkveröffentlichungen und Propagandaaktionen anprangerte und mit den US-Geheimdiensten kooperierte. Seine Informationen stammten nicht zuletzt von Rechtskundigen, auch von Anwälten der DDR und Ostberlins.[740] Ostberliner Anwälte, die vom MfS auf den UfJ angesetzt wurden, waren unter anderem Wolfgang Vogel[741] und Clemens de Maizière,[742] der Vater des späteren DDR-Ministerpräsidenten.

### 7.5.1 Auf dem Weg zur systematischen Anwaltsüberprüfung durch das MfS

Eine förmliche Weisung zur systematischen Anwaltsüberprüfung konnte bislang nicht gefunden werden. Allerdings kann man daraus nicht schlussfolgern, dass es keine institutionelle Verbindung[743] zwischen MfS, Kollegium und MdJ gab. Das Verfahren zur Aufnahme ins Kollegium war seit etwa Mitte der 1970er-Jahre durch das MdJ informell so streng geregelt, dass sich die RAK-Vorsitzenden dem kaum entziehen konnten.

Bei der Staatssicherheit gab es verschiedene Anstöße, die Anwälte genauer zu kontrollieren. Im Jahr 1968, als das neue Straf- und Strafprozessrecht die Rolle der Anwälte festigte, entdeckte die HA IX den Komplex Rechtsanwälte als neuen »Schwerpunkt«[744] und suchte das vertrauliche Gespräch mit dem MdJ. Unmittelbare Folgen sind in den gesichteten Akten aber nicht nachweisbar. Einen neuen Impuls lieferten die Presseauswerter der Zentralen Auswertungs- und Informations-Gruppe (ZAIG) 1969 mit Artikeln aus der Westpresse. Sie nährten den Verdacht, dass Informationen aus politischen Prozessen in der DDR an

739 HA V/5/1, Bericht über die durchgeführte Werbung eines GI, 30.1.1958; BStU, MfS, AIM 2528/61, T. II, Bd. 1, Bl. 24.

740 Mampel: Untergrundkampf, S. 6 ff.; Hagemann: Untersuchungsausschuss Freiheitlicher Juristen.

741 Wolfgang Vogel behauptete später, er habe Aktivitäten beim UfJ nur »vorgegaukelt«. Pötzl: Basar, S. 53. Laut IM-Akte berichtete Vogel doch. Booß: Schattenmann, S. 60–65; Mampel: Der Untergrundkampf, S. 107 ff. Vogels damaliger Führungsoffizier, Heinz Volpert, war einer der schärfsten Gegenspieler des UfJ, der auch vor Entführungen nicht zurückschreckte. Bästlein: Fall Mielke, S. 152 ff.

742 »Georg«, Vermerk v. 16.6.1955; BStU, MfS, AIM 2088/57, T. II, Bd. 1, Bl. 86.

743 Irmen: DDR-Militärjustiz, S. 154.

744 HA IX, Vermerk Rechtsanwälte, 3.12.1968; BStU, MfS, HA IX Nr. 16364, Bl. 187.

die westliche Presse, den UfJ und die Bundesregierung abflossen.[745] Minister Mielke wies Prüfung an.[746] Die HA XX schlug daraufhin vor, die »tätig gewordenen Rechtsanwälte«[747] zu ermitteln. Alle infrage kommenden Anwälte wurden aufgelistet, sechs waren laut der HA XX »aufzuklären«.[748] Die HA IX und die HA XX erarbeiteten einen Plan, um in Gerichten, Staatsanwaltschaft, im Justizministerium und bei Anwälten mögliche Informanten herauszufinden. Dann schaltete sich Heinz Volpert ein. Volpert war gerade dem Sekretariat beziehungsweise Leitungsbüro des Ministers für Staatssicherheit unterstellt worden und sollte über seinen Gewährsmann, Anwalt Wolfgang Vogel, Ausreiseverhandlungen mit der Bundesrepublik führen.[749] Volpert fürchtete offenbar, dass die Untersuchungen seiner Kollegen die Bemühungen gegenüber der Bundesrepublik stören könnten. Er riet ab, entdramatisierte die Westkontakte als »normale«[750] Arbeitsbeziehungen zu Anwälten im Westen.[751] Die Informationen über DDR-Prozesse seien vermutlich durch Auswertung der DDR-Presse in die Westzeitungen gelangt. Die Volpert-Linie setzte sich zunächst durch.[752] Mit der Ablösung von Walter Ulbricht wurden diejenigen gestärkt, die eine härtere Sicherheits- und Strafverfolgungsstrategie anstrebten.[753] Es passte zum verschärften Sicherheitsdenken der Zeit, dass die Militärjustiz Anfang der 1970er-Jahre darauf drängte, die Anwälte vom MfS überprüfen zu lassen, die »vornehmlich bei bestimmten Strafverfahren [...] beigeordnet werden sollten«.[754] Die HA IX mahnte ähnlich an, für diese Rechtsanwälte »die Geheimhaltung der ihnen anvertrauten Informationen und Unterlagen [...] verbindlich zu regeln, [...] damit diese dem Zugriff des Feindes entzogen sind«.[755] Solche Appelle waren auch eine Reaktion auf die Flucht des Ostberliner Anwaltes Heinz Walter Heidrich.[756]

Auf Betreiben von Generalstaatsanwalt Josef Streit ging man ab 1973 verstärkt gegen Anwälte vor, die Kontakte zu westlichen Anwälten unterhielten, die

745 HA XX/1, Meldungen westlicher Presseorgane über Strafprozesse in der DDR, 8.1.1969; BStU, MfS, HA XX Nr. 7369, Bl. 38–43.

746 HA XX/1, Protokoll v. 26.3.1969; ebenda, Bl. 359–361.

747 HA XX/1, Vorschlag Maßnahmenplan, 7.1.1969; ebenda, Bl. 41.

748 HA XX/1, Protokoll v. 26.3.1969; ebenda, Bl. 359–361.

749 Whitney: Advocatus Diaboli, S. 135; Pötzl: Basar, S. 281.

750 HA XX/1; Vermerk v. 25.4.1969; BStU, MfS, HA XX Nr. 7369, Bl. 336–338.

751 Busse: Deutsche Anwälte, S. 478 ff.

752 HA XX/1, Zwischenbericht v. 18.7.1969; BStU, MfS, HA XX Nr. 7369, Bl. 350 f.

753 Raschka: Justizpolitik, S. 47 ff.

754 OG/Militärkollegium, Schreiben an die HA IX, 12.9.1972; BStU, MfS, HA IX Nr. 1634, Bl. 174.

755 HA IX/8/AG R, Probleme im Zusammenhang mit Rechtsanwälten, 10.4.1975; BStU, MfS, HA IX Nr. 16356, Bl. 77.

756 HA IX/8/AG R, Beseitigung von Mängeln und Missständen, insbesondere zur Gewährleistung von Ordnung und Sicherheit in den Rechtsanwaltsbüros, 30.6.1976; BStU, MfS, HA IX Nr. 16356, Bl. 73.

mit der Bundesregierung zusammenarbeiteten.[757] Als 1972 der deutsch-deutsche Grundlagenvertrag unterzeichnet war,[758] schwand offenbar die diplomatische Rücksicht. Die DDR versuchte die deutsch-deutschen Anwaltskontakte in Bahnen nach ihren Vorstellungen zu lenken. Der VIII. Parteitag von 1971 stärkte den Sicherheitsblock innerhalb der SED und gab für Personalüberprüfungen entscheidende Impulse.[759] In einem Geheimpapier zog die MdJ-Leitung Schlussfolgerungen für die Anwaltschaft. Die staatliche Leitung des MdJ müsse unter allen Umständen gewährleistet sein und »– zumindest was die Kaderpolitik betrifft – verstärkt werden«.[760] Es sollten künftig mehr Anwälte rekrutiert werden,[761] dies aber unter staatlicher Steuerung. Die zielstrebige Kaderplanung gilt als wesentliches Merkmal der Herrschaftsausübung Honeckers.[762] Das Geheimpapier fügte sich in die Strategie ein, dem Justizministerium wieder mehr Kompetenzen zu geben. Die Justiz sollte stärker im Sinne der Partei angeleitet, die Spielräume, die die Justizorgane nach dem Rechtspflegeerlass von 1963 gewonnen hatten, sollten beschnitten werden.[763]

Dem MfS kam dieser Impuls grundsätzlich entgegen. Dort standen die Zeichen ohnehin auf verstärkter Bekämpfung der »politisch-ideologischen Diversion«. Die vermeintlichen Folgen der Entspannungspolitik sollten bekämpft werden. Die DDR-Formel von der friedlichen Koexistenz wies eine autoritäre, nach innen gerichtete Komponente auf.[764] Die MfS-Überwachung und Überprüfung von möglichen Westkontakten wuchsen generell. Insofern folgte die Anwaltsüberprüfung nur einem allgemeinen Trend.[765] In dieser Zeit fiel auch eine Rechtsanwaltsanalyse im DDR-Maßstab, die laut MfS-Angaben der junge SED-Anwalt Gregor Gysi für die HA XX/1 erstellt haben soll. In den gesichteten Unterlagen konnte das Papier bislang nicht nachgewiesen werden.[766] Dem Justizministerium war klar, dass der offene Versuch, die Anwälte stärker an die

757 MdJ/HA IV, Bericht über die Durchführung der Ausschlussverfahren gegen die Mitglieder des Kollegiums der Rechtsanwälte von Groß-Berlin, Rechtsanwalt Heidrich und Rechtsanwalt Preuß, 6.9. 1973; BStU, MfS, AOP 6589/74, Beifügung, Bl. 94–100, hier 94 f.

758 Weber: Die DDR, S. 84 f.

759 Bericht des Zentralkomitees an den VII. Parteitag. Berlin 1971. S. 67.

760 Hans Breitbarth: Notizen über die Ergebnisse der Leitungsberatung am 1.3.1973 über Fragen der Rechtsanwaltschaft (Abschrift), 8.3.1973; BStU, MfS, HA XX Nr. 7363, Bd. I, Bl. 134 f.

761 RAK Berlin, Schreiben an die ZRK, 21.9.1972; SAPMO, DY 64/68.

762 Weber: Die DDR, S. 78.

763 Raschka: Justizpolitik, S. 82 ff.

764 Weber: Die DDR, S. 85 f.

765 Seit 1975 ist ein Zuwachs an vergleichbaren Sicherheitsüberprüfungen im gesamten MfS festzustellen. Booß, Christian: Der Sonnenstaat des Erich Mielke. Die Informationsverarbeitung des MfS. In: ZfG 60 (2012) 5, S. 441–457.

766 Ebenda.

staatliche Kandare zu nehmen, auf Widerstand stoßen würde. Also wollte man behutsam und Schritt für Schritt vorgehen.[767]

Im MfS mussten erst die organisatorischen Voraussetzungen für eine systematische Überprüfung der Rechtsanwälte geschaffen werden.[768] Das entsprechende Personal in der HA XX/1 wurde aufgestockt beziehungsweise einzelne Offiziere gezielt mit der Anwaltsüberprüfung beauftragt. Das im MfS Mitte der 1970er-Jahre neu eingeführte Informationsverarbeitungssystem[769] schuf die informationstechnischen Voraussetzungen für »Massenüberprüfungen«[770] in verschiedenen gesellschaftlichen Bereichen.

### *Kompetenzstreitigkeiten im MfS*

Bevor die systematische Überprüfung der Anwälte einsetzte, kam es im MfS zu einem doppelten Kompetenzstreit. Die »Sicherung« des Justizbereiches und damit der Anwälte war ein traditioneller Verantwortungsbereich der Linie V, die seit 1964 als Linie XX firmierte.[771] Als die für die politischen Strafverfahren zuständige Linie IX Ende der 1960er-Jahre feststellte, dass die Anwaltschaft nicht systematisch erfasst wurde, wollte sie das selber tun.[772] Es gab Pläne, insbesondere dem Berliner Kollegium »ehemalige Militärstaatsanwälte und andere bewährte Justizkader«[773] zur Verfügung zu stellen. Informationen aus der Linie IX über »positive Rechtsanwälte« und Absprachen mit dem MdJ sollten helfen, ent-

767 Hans Breitbarth: Notizen über die Ergebnisse der Leitungsberatung am 1.3.1973 über Fragen der Rechtsanwaltschaft (Abschrift), 8.3.1973; BStU, MfS, HA XX Nr. 7363, Bd. I, Bl. 134 f.

768 Eisenfeld führt die Überprüfungen auf eine Personalverstärkung zurück. Es scheint aber eher zuzutreffen, dass das Personal aufgestockt wurde, um die Überprüfung zu gewährleisten. Eisenfeld: Rolle und Stellung, S. 367 ff. Im Jahr 1971 wurde Jürgen Hardtmann in der HA XX/1 eingestellt und blieb fast zwei Jahrzehnte in diesem Bereich tätig. BStU, MfS, HA KuSch, Kaderkarteikarte. 1975 war ein weiterer Sachbearbeiter mit der Überprüfung aller Anwälte beschäftigt.

769 Mit dem VSH-System wurde eine neue Form der Karteierfassung in den jeweiligen Diensteinheiten eingeführt, um bereits existierende Informationssammlungen zu konzentrieren und zu optimieren sowie den anschwellenden Informationsstrom insgesamt besser zu erschließen. Mittels dieser Karteien konnten Informationen zu Personen ohne nennenswerten »operativen« Anlass oder reguläre Erfassung zusammengeführt werden. Die Karteikarten enthielten verdichtete Kurzinformationen und verwiesen auf dazugehörige Unterlagen. Die zugehörigen sogenannten ZMA (Zentrale Materialablagen) enthielten Tausende von kleinen, relativ formlosen Personendossiers. Booß: Sonnenstaat, S. 441–457.

770 Ebenda.

771 Wiedmann: Diensteinheiten, S. 319.

772 HA IX, Vermerk Rechtsanwälte, 3.12.1968; BStU, MfS, HA IX Nr. 16364, Bl. 187; HA IX, Vermerk v. 6.1.1970; ebenda, Bl. 179.

773 HA IX, Vermerk Rechtsanwälte, 3.12.1968; ebenda, Bl. 187.

sprechend »vertrauenswürdiges«[774] Personal für die Anwaltschaft zu rekrutieren. Der Vorschlag hätte dazu geführt, dass sich die Ermittler »ihre« Anwälte faktisch ausgewählt hätten. Soweit kam es nicht. Warum der Kompetenzstreit zugunsten der traditionellen Kompetenzverteilung endete, ist anhand der gesichteten Akten nicht nachvollziehbar. Dass die HA XX die Anwälte »unter Kontrolle« hielt, hatte Konsequenzen auf die Art und Weise der Überprüfungen, weil deren Interessen und Kriterien von denen der Strafermittler abwichen. Wenn die HA IX Dossiers zu Anwälten anlegte, schätzte sie Aspekte ein, die unmittelbar mit deren juristischer Tätigkeit zusammenhingen: Rechtsbereiche der Anwaltstätigkeit, Einsatz in I-A-Verfahren, Beteiligung an einzelnen Prozessen, die fachliche und politische Einstellung, die Vergangenheit vor 1945.[775] Die Linie IX setzte damit andere Schwerpunkte als die HA XX.

Die unterschiedlichen Sichtweisen der beiden MfS-Bereiche sollen an einer sogenannten KK-Erfassung demonstriert werden. KK-Erfassungen wurden bei geringfügigen Verdachtsmomenten angelegt.[776] In diesem Fall war ein Anwalt bei der Linie XX registriert, da er verdächtigt wurde pornografische Fotos zu vertreiben.[777] Das MfS verdächtigte den Anwalt schon seit der Beschwerde einer Privatperson, »keine klare politische Haltung in Strafsachen«[778] einzunehmen. Dennoch wurden keine größeren Konsequenzen gezogen, sieht man davon ab, dass dem Anwalt ein Sportbootführerschein in der Nähe der Staatsgrenze verweigert wurde. Die HA IX listete in einer Zuarbeit auf, an welchen sicherheitspolitisch brisanten Verfahren der Anwalt beteiligt war und wie er sich dort verhalten hatte. In zwei Wirtschafts-Sabotageverfahren habe er den Angeklagten zum Widerruf ihrer Geständnisse geraten. Er hätte versucht nachzuweisen, dass das Untersuchungsorgan die Angeklagten zu »unwahren Aussagen genötigt« habe.[779] Die HA IX suggerierte, dass dieser Anwalt Prozessinformationen in den Westen lancierte, was in einem Fall sogar zu einer Intervention von Amnesty International geführt hätte.[780] Trotz dieser Vorwürfe beließ es die HA XX bei der KK-Erfassung, weil der Anwalt »nicht immer einen parteilichen Standpunkt«[781] einnehme, wie es lapidar hieß. Vielleicht rührte der fehlende Ehrgeiz der HA XX

774 Ebenda.

775 Vermerk v. 6.1.1970; BStU, MfS, HA IX Nr. 16364, Bl. 179–181.

776 Booß, Christian: Stasi-Karteien. Eine Herausforderung nicht nur für den Historiker. In: Der Archivar 65 (2012) 2, S. 166–168; Engelmann, Roger: Zum Wert der MfS-Akten. In: Materialien der Enquete-Kommission »Aufarbeitung von Geschichte und Folgen der SED-Diktatur in Deutschland« (12. Wahlperiode des Deutschen Bundestages)/Hg. vom Deutschen Bundestag. Bd. 8. Baden-Baden 1995, S. 243–296.

777 HA XX/1, Abschlussbericht, 28.7.1986; BStU, MfS, AKK 8028/86, Bl. 140 f.

778 HA XX, Schreiben an die BV Rostock, 16.8.1971; ebenda, Bl. 67.

779 HA IX, Auskunftsbericht, 12.1.1972; ebenda, Bl. 73–88, hier 73 u. 76 f.

780 Ebenda, Bl. 85.

781 HA XX/1, Abschlussbericht, 28.7.1986; ebenda, Bl. 140.

auch daher, dass der Anwalt seine Tätigkeit aus persönlichen Gründen in absehbarer Zeit ohnehin aufgeben wollte. Der Fall macht deutlich, dass der HA IX alle operativen, geheimpolizeilichen Mittel fehlten, komplexe Überwachungen durchzuführen.[782] Der Offizier des Untersuchungsorgans konnte allein Wissen aus Prozessunterlagen vorweisen. Er musste einräumen, dass er die Frage, ob der Anwalt Westkontakte hätte oder wie er sich im Kollegium verhielt, nicht beantworten konnte. Die Linie IX war strukturell beschränkt, ihr inoffizielles Potenzial war auf die U-Haftanstalten begrenzt.[783] Das dürfte einer der Gründe für das Beibehalten der alten Zuständigkeiten für die Anwaltsüberwachung gewesen sein. Offenbar war die HA IX mit dieser Arbeitsteilung nicht ganz zufrieden. Bei manchen Anlässen versuchte sie die Initiative bei Anwaltsüberprüfungen an sich zu reißen. Ein Grundsatzoffizier der IX sammelte weiterhin Unterlagen zu einzelnen Anwälten in seinen Handakten.[784] Zudem führte die HA IX eine Kartei, in der die wichtigsten Mandate aller DDR-Anwälte in MfS-Prozessen aufgeführt waren.[785] Dadurch war nachvollziehbar welcher Anwalt in welchen Prozessen tätig war.

Der zweite Kompetenzkonflikt im MfS betraf die Hierarchieebenen in der Linie XX. Die Initiative zur ersten Überprüfung aller Anwälte ging 1975 von der Hauptabteilung im Ministerium aus. Die Bezirksverwaltungen teilten der HA XX/1 in der Folgezeit mit, wenn sie sich mit den Vorsitzenden der Kollegien einig waren, Neueinstellungen von Anwälten »abzustimmen«.[786] Sobald solch ein Verfahren eingespielt war, zog sich die Hauptabteilung aus dem regionalen Überprüfungsverfahren zurück. Mit der Berliner Situation war die HA XX/1 allerdings unzufrieden. Der verantwortliche Offizier monierte, dass die Überwachung des wichtigen Berliner Kollegiums »nicht zum Schwerpunkt des Verantwortungsbereiches [der HA XX/1] gehörte«.[787] Doch auch in der DDR-Hauptstadt sollte das traditionelle »Territorialprinzip«[788] fortgelten und die Verantwortung für das Kollegium bei der Berliner Bezirksverwaltung des MfS bleiben. Die Hauptabteilung intervenierte insofern im Verantwortungsbereich, als sie über eigene IM im Berliner Kollegium verfügte und in den 1980er-Jahren versuchte, die IM-Kapazitäten der Bezirksverwaltung zu übertreffen. Die Hauptabteilung XX/1 behielt ihre Daten aus der Anwaltsüberprü-

782 HA IX, Auskunftsbericht, 12.1.1972; ebenda, Bl. 85.

783 Wiedmann: Diensteinheiten, S. 300; Schekahn; Wunschik: Untersuchungshaftanstalt Rostock.

784 BStU, MfS, HA IX Nr. 16343, Bl. 76 ff.; BStU, MfS, HA IX Nr. 16424, Bl. 77 ff.

785 HA IX, Kartei zu Rechtsanwälten; BStU, MfS, Karteien.

786 HA XX/1, Vermerk v. 27.10.1978; BStU, MfS, HA XX Nr. 6892, Bl. 147.

787 HA XX/1, Vermerk v. 15.7.1984; BStU, MfS, AIM 9759/84, Bl. 130.

788 Gemäß dem Territorialprinzip orientierten sich die Zuständigkeiten von der Kreis- über die Bezirks- zur zentralen Ebene nach dem Staatsaufbau. Gieseke: Der Mielke-Konzern, S. 133 ff.

fung von 1975 in ihren Handakten und ergänzte diese um Neuinformationen. Bei besonderen Vorkommnissen war so ein erster Überblick möglich.[789] Wichtige Hinweise auf Anwälte enthielt auch eine Kartei der HA XX/1.[790]

Die konkurrierenden Interessen und Zuständigkeiten nach dem Territorialprinzip machten die Rechtsanwaltsüberprüfung zu einem bürokratisch umständlichen Verfahren. Kontakte zum MdJ lagen allein in der Hand der Hauptabteilung, während Informationen zu einzelnen Anwälten auf dem Dienstweg vor Ort eingeholt werden mussten. Wollte die Hauptabteilung aktuelle Angaben zu Anwälten haben, war sie auf Erkenntnisse ihrer Partner im MdJ, auf MfS-Ablagen und Zuarbeiten anderer Diensteinheiten angewiesen. Komplizierter wurde es, wenn die Belange der Linie IX zu berücksichtigen waren. Wer im MfS letztlich das ausschlaggebende Votum bei Überprüfungen abgab, ist angesichts der vielen Beteiligten und unterschiedlichen Ebenen kaum nachvollziehbar. Die eigentliche Personalentscheidung fällte in der Regel ohnehin nicht das MfS,[791] sondern staatliche Stellen und die SED, die die MfS-Informationen in ihre Abwägungen einbezogen.

### 7.5.2 Kriterien und Ergebnisse der ersten systematischen Anwaltsüberprüfung

Im Jahr 1976 lag der HA XX/1 das Ergebnis der ersten »operative[n] Überprüfungsmaßnahmen sämtlicher in der DDR zugelassenen« Rechtsanwälte vor.[792] Die MfS-interne Statistik stufte 6 Prozent der Anwälte als »positiv« erfasst ein.[793] Im schematischen bipolaren Weltbild des MfS stand diese Aussage mehr oder minder für eine IM-Erfassung, während eine systematischere Überprüfung auf eine »negative« Einstellung deutete.[794] Immerhin 27 Prozent der DDR-Anwälte waren auf diese Weise »negativ« erfasst, 4 Prozent hatten laut MfS eine »negative« Einstellung zur DDR.[795] Weitere 2 Prozent wurden als »politisch zu-

789 Nach bisheriger Kenntnis verfügte die HA XX über mindesten 10 Aktenbände, teils thematisch bzw. nach Bezirken und teils alphabetisch nach Namen geordnet, die grundsätzliche und personenbezogene Angaben zu Anwälten enthielten. BStU, MfS, HA XX Nr. 6886 u. a.

790 Die sogenannte VSH-Kartei der AKG der HA XX enthielt in der Regel Verweise auf ZMA-Ablagen, auf Eintragungen in elektronischen Datenbanken wie ZPDB oder zum Datenverbund der staatssozialistischen Geheimdienste. Auf den Rückseiten der Karteikarten standen Kurzangaben zu den Personen. BStU, MfS, Kartei, HA XX/AKG, VSH.

791 RL 1/82 zu Sicherheitsüberprüfungen. In: Engelmann: Grundsatzdokumente, S. 416.

792 Analyse zur operativen Situation bei den in der DDR zugelassenen RA; BStU, MfS, HA XX Nr. 7363, Bd. 1, Bl. 228–233.

793 Ebenda, Bd. 1, Bl. 233.

794 Suckut: Wörterbuch, Stichwort Erfassung.

795 Analyse zur operativen Situation bei den in der DDR zugelassenen RA; BStU, MfS, HA XX Nr. 7363, Bd. 1, Bl. 233.

verlässig« eingeschätzt. Unmittelbare Konsequenzen scheint dieses skeptische Bild nicht gehabt zu haben. Dass in den Folgejahren der Parteieinfluss gestärkt werden sollte, muss keine Folge dieser Analyse sein[796], sondern war typisch für den Herrschaftsstil von Erich Honecker. Seit dieser Zeit verstetigten sich jedenfalls Überprüfungen, wenn Juristen neu in das Kollegium aufgenommen werden sollten. Bis 1976 waren nur 51 Prozent der Anwälte in Akten des MfS erfasst,[797] von den Berliner Anwälten waren es 71,6 Prozent.[798] Zum Ende der DDR waren von den 92 Berliner Anwälten nur 9 (9,8 %) nicht in der Zentralkartei erfasst. Doch auch die sind meist im Papierwerk des MfS noch nachgewiesen.[799] Die Kontrolldichte erhöhte sich demnach in den letzten 15 Jahren der DDR. Sie lag deutlich über dem DDR-Durchschnitt.[800] Unter dem Strich gab es so gut wie keinen Anwalt in Ostberlin, der keine Spuren im »Gedächtnis« des MfS hinterlassen hatte.

### *Typische Überprüfungsschritte*

Personalüberprüfungen, sogenannte Sicherheitsüberprüfungen, führte das MfS seit den 1970er-Jahren massenhaft durch. Die Verfahren wurden zunehmend

796 MdJ, Aussprache des Ministers mit dem Vorsitzenden des Rates, 10.5.1985; BArch, DP1, 4472.

797 Analyse zur operativen Situation bei den in der DDR zugelassenen RA; BStU, MfS, HA XX Nr. 7363, Bd. 1, Bl. 233. Die Differenz zwischen den 51 % und den o. g. Zahlen, die als Summe 39 % ergeben, ist auf Erfassungen zurückzuführen, die »neutral« formuliert sind und keine unmittelbare Schlussfolgerung auf die Einstellung dieser Person zulassen.

798 Eigenberechnung nach Analyse zur operativen Situation bei den in der DDR zugelassenen RA; ebenda, Bd. 1, Bl. 231.

799 Fast alle der Nichterfassten (7) waren in der Kartei beim Untersuchungsorgan (Linie IX) verkartet und mit relevanten Prozessvertretungen aufgelistet. Auch die für die Anwälte zuständige Linie XX dokumentierte Anwälte in ihren VSH-Karteien. HA XX/AKG-VSH oder HA XX/1-VSH; BStU, MfS, Karteien. Die HA II/12, die sich um die Überwachung der diplomatischen Vertretungen in der DDR kümmerte, verzeichnete in Karteien Anwälte, die durch die Ständige Vertretung der Bundesrepublik eingeladen wurden. HA II/12-VSH; BStU, MfS, Karteien. Vereinzelt waren Anwälte nur dadurch abgespeichert, da sie Eingaben an das MfS richteten. BdL-Eingaben; BStU, MfS, Karteien.

800 Die zentrale Personenkartei des MfS, die sogenannte F 16, umfasst in der jetzigen Überlieferung 5,1 Millionen Einträge. Abgesehen von einer verhältnismäßig kleinen Zahl von MfS-Mitarbeitern enthält sie vor allem IM-, OV-, OPK-, SIVO-, allgemeine P- und KK-Erfassungen. In der DDR lebten 1987 etwa 16,66 Millionen Menschen. Das entspräche einer Erfassung von 30,1 %. Da die Kartei mit Entstehen des MfS 1950 angelegt wurde und nach BStU-Schätzungen eine zweistellige Prozentzahl an Ausländern enthält, dürfte die reale Erfassung gegen Ende der DDR deutlich niedriger gelegen haben. Hecht, Jochen; Sündram, Birgit: Überlieferungslage beim Bundesbeauftragten. In: Knabe, Hubertus: Die Westarbeit des MfS. Berlin 1999, S. 39; Statistisches Jahrbuch der Deutschen Demokratischen Republik 1989, Berlin 1990.

standardisiert.[801] Dies kennzeichnet auch die Anwaltsdossiers dieser Zeit. Zur Überprüfung recherchierte man zunächst etwaiges Wissen in Datenbanken, Karteien und Akten des MfS, auch in Datenbeständen des Innenministeriums. Ohne sonderliche Formalitäten konnte das MfS zeitweise die Post kontrollieren oder zumindest anfragen, ob aus der Postkontrolle Auffälligkeiten bekannt waren.[802] Zur Routine gehörte die Überprüfung im Wohn- und Freizeitbereich.[803] Dabei wurden keineswegs überwiegend IM genutzt, sondern Nachbarn als Auskunftspersonen (AKP) und Partner wie Abschnittsbevollmächtigte der Volkspolizei (ABV) befragt.[804] Derartige Wohnumfeld-Ermittlungen erbrachten höchst subjektive Schilderungen und Einschätzungen. So hieß es über einen Berliner Anwalt, er folge »karrieristischen Zielen [...] Zu konkreten Fragen nimmt er oft eine kritische Haltung ein, ohne dass er hier negative Meinungen beziehungsweise Haltungen zeigt.« Dem MfS war es auch wichtig festzuhalten, dass er nach einer Scheidung »intensiv auf Partnersuche [ist]. Er bevorzugt hübsche, gutsituierte, dunkelhaarige Frauentypen.« Zu Parteibeschlüssen und zu den Sicherheitsorganen könne »nichts negatives festgestellt«[805] werden. Bei einem anderen Anwalt ergab die Wohnumfeld-Recherche, dass er bei Staatsfeierlichkeiten »nicht flaggt«, andererseits käme er »seinen Pflichten der Hausordnung [... immer nach und habe dabei] keinen schlechten Leumund«[806]. Derartige Aussagen entsprachen nicht unbedingt der Wahrheit, sondern sollten lediglich den Ruf oder bisher unbekannte Verdachtsmomente erkunden. Ein weiterer Rechercheschritt bezog sich auf den Arbeitsbereich. Als Ansprechpartner dienten dem MfS Personen in »Schlüsselpositionen«.[807] Für die Anwälte waren in erster Linie die Vorsitzenden die »natürlichen« Ansprechpartner des MfS, was sich gelegentlich in den Anwaltsdossiers spiegelt.[808] Eine solch offizielle, erkennbar positiv gefärbte Auskunft zu einer Anwalts-Kollegin wurde vom MfS in den 1980er-Jahren dem stellvertretenden Vorsitzenden des Berliner Kollegiums zugeschrieben.[809] Kurzeinschätzungen wurden zumeist durch Kaderunterlagen

801 RL 1/82 zu Sicherheitsüberprüfungen. In: Engelmann: Grundsatzdokumente, S. 397–421.

802 Booß: Sonnenstaat, S. 441–457.

803 Schmole: Hauptabteilung VIII, S. 34.

804 Booß, Christian: Denunziationskomplex. In: Booß, Christian; Müller-Enbergs, Helmut: Die indiskrete Gesellschaft, S. 25–48.

805 BV Bln/XX/1, Information zum Rechtsanwalt [...], 14.10.1983; BStU, MfS, AP 7070/87, Bl. 18 f.

806 BV Dresden/KD Görlitz, Kurzauskunft, 22.4.1985; BStU, MfS, BV Dresden, Abt. XX, ZMA Nr. 3776, Bl. 3 f.

807 RL 1/82 zu Sicherheitsüberprüfungen. In: Engelmann: Grundsatzdokumente, S. 418.

808 Nur selten sind in solchen Berichten Quellen genannt, in einem Fall der Vorsitzende Gerhard Häusler. BStU, MfS, AP 7070/87, Bl. 18 f.

809 BV Bln/XX/1, Information v. 13.6.1984; BStU, MfS, BV Bln, Abt. XX Nr. 1083, Bl. 89.

und Zeugnisse aus dem Arbeitsbereich abgerundet. Da die Personalakten der Anwälte in der zentralen Verwaltungsstelle des Kollegiums lagen, ist es naheliegend, dass das MfS hier offizielle und inoffizielle Kontakte zu Personen in der »Eigenschaft als Sekretärin des Kollegiums«[810] suchte. Von Gerichtsdirektoren[811] und anderen Justizfunktionären konnte bei Bedarf Wissen über das Anwaltsverhalten abgeschöpft werden. Auch im MdJ wurden 1977 Kurzcharakteristiken der Berliner Anwaltschaft für das MfS gefertigt.[812]

### *Überprüfungskriterien*

Entsprechend der MfS-internen Arbeitsteilung lieferten Mitarbeiter der unteren Hierarchiestufen die Einschätzungen zu den Anwälten. Sie wirken relativ unsystematisch, vorurteilsbeladen und moralisierend.[813] Die Frage nach der »moralische[n] Eignung« gehörte neben der »Garantie für die politische Zuverlässigkeit«[814] und der Frage nach Feindaktivitäten zu den Standardkriterien der kommunistischen Personalpolitik. Banales und für die Aufgaben des MfS im engeren Sinne Relevantes mischten sich in solchen Charakteristiken. Über einen Anwalt wurde beispielsweise festgehalten, es lege nichts Negatives gegen ihn vor, abgesehen davon, dass er getragene Textilien entgegen den Zollbestimmungen nach Polen ausgeführt und dort auf dem Markt verkauft habe.[815] Das MfS-Votum zu ihm fiel letztlich positiv aus. Anders endete die Überprüfung eines anderen Anwaltes. Der hatte sich im Rahmen einer geplanten IM-Anwerbung 15 Jahre zuvor geweigert, sich »aufgrund mehrerer negativer Momente in der Familie«[816] von seiner Freundin zu trennen. Er habe versucht, im Westen ein Devisenkonto einzurichten. Außerdem unterhielten seine Schwiegereltern Westkontakte. Deswegen nahm ihn die HA XX nicht in die Liste der besonders vertrauenswürdigen Pflichtverteidiger auf.[817] Den Ermittlungsergebnissen haftete etwas Zufälliges an. Es gab kein festes Raster oder Schema. Aus vergleichbaren MfS-Überprüfungen sind jedoch zumindest grobe Fragemuster bekannt,

810 BV Bln/XX/1, Vorschlag zur Anlage eines Vorlaufs-IMS, 8.11.1974; BStU, MfS, AIM 907/84, Bl. 12 f.

811 BV Bln/XX/1, TB mit GMS »Gerda«, 30.8.1974; BStU, MfS, AIM 2957/84, Bl. 114–117.

812 HA IX/8/AG R, Schreiben an HA XX, 1.3.1977; BStU, MfS, HA XX Nr. 6886, Bl. 37.

813 Eine Reihe solcher Überprüfungsvorgänge finden sich in BStU, MfS, HA XX Nr. 7363, Bd. 3. Manche Charakteristik schien sich an den 10 Geboten der sozialistischen Moral zu orientieren, die Walter Ulbricht 1958 seinen Genossen und der DDR-Bevölkerung vorzugeben suchte. Judt, Matthias (Hg.): DDR-Geschichte in Dokumenten. Berlin 1997, S. 374 f.

814 Erich Mielke 1948. Zit. nach: Irmen: DDR-Militärjustiz, S. 100.

815 BV Schwerin, Schreiben an HA XX, 6.12.1975; BStU, MfS, HA XX Nr. 6888, Bl. 388.

816 BV Schwerin, Vermerk v. 10.9.1975; ebenda, Bl. 383.

817 HA XX/1, Vermerk, o. D.; ebenda, Bl. 385.

wie sie auch später in MfS-internen Verwaltungsrichtlinien fixiert wurden.[818] Gefragt wurde nach:
- der politischen Zuverlässigkeit,
- Westverbindungen,
- Republikfluchten im Familienkreis,
- »negative[n] Hinweise[n]« beim MfS oder der Volkpolizei,
- »Leumund, Charaktereigenschaften, Neigungen, Familienverhältnisse[n]«.[819]

Die Einstellung zum MfS und zur inoffiziellen Zusammenarbeit war kein expliziter Punkt dieser Überprüfungsroutinen. Indirekt prägte es allerdings die Gesamtbeurteilung, ob ein Jurist kooperationsbereit war oder nicht.[820] Die Frage der Bereitschaft zur konspirativen Zusammenarbeit erleichterte den Offizieren offenkundig die schematische Gesamtbeurteilung. Bei den ablehnenden Stellungnahmen waren dem MfS vor allem Westkontakte oder, wie in einem Berliner Fall, ungeklärte Verbindungen zu republikflüchtigen Personen[821] suspekt. Gelegentlich wurden »moralische« Verfehlungen vorgeworfen, was oft auf außerehelichen Beziehungen beruhte. Negativ wurde bewertet, wenn ein Jurist versuchte, schnell zu Geld zu kommen. Offenkundig floss beim MfS bei solchen Urteilen Sozialneid in die Wertungen ein. Das Streben nach materiellen Vorteilen wurde als »kleinbürgerlich« etikettiert. Wurden zusätzlich Kontakte zu »negativen Kreisen« oder ein kritisches Auftreten vor Gericht bekannt, wurde mit Begriffen wie »Advokat der alten Schule« oder »typisch bürgerliches anwaltsmäßiges Verhalten«[822] operiert. Die Weltsicht der einfachen Offiziere des MfS war von Stereotypen geprägt.

Als »positiv« wurden vor allem Anwälte beurteilt, die als IM mit dem MfS kooperierten, die in vormaligen Beschäftigungen als Richter oder Staatsanwälte ordentlich ihre Arbeit verrichtet hatten und moralisch nicht zu beanstanden waren. Bei einem Cottbuser Anwalt wurde hervorgehoben, er lebe in geordneten Familienverhältnissen, sei Parteimitglied, sogar Parteisekretär, habe keine Westverbindungen, stehe hinter Regierung und Partei und würde im Gericht als »positiver Mitarbeiter«[823] gesehen. Zu einer Anwältin lautete der positive Bericht knapp, sie sei früher Staatsanwältin gewesen, »ihr Auftreten im Beruf sowie in

818 RL 1/82 zu Sicherheitsüberprüfungen. In: Engelmann: Grundsatzdokumente, S. 399 u. 401 f.

819 HA XX, Kaderauftrag 553, 15.4.1974; BStU, MfS, HA XX Nr. 15113, Bl. 28 f.; Booß; Pethe: Rote Nelke, S. 49–69.

820 Diverse Einschätzungen im Rahmen solcher Überprüfungen in: BStU, MfS, HA XX Nr. 6888; Judt: DDR-Geschichte, S. 374; Weber: Die DDR, S. 79.

821 HA XX/1, Vermerk o. D.; BStU, MfS, HA XX Nr. 7363, Bd. 3, Bl. 476.

822 BV Dresden, Schreiben an HA XX, 26.1.1976; BStU, MfS, HA XX Nr. 7363, Bd. 3, Bl. 382 sowie BV Erfurt, Schreiben an HA XX/1, 9.4.1976; ebenda, Bd. 3, Bl. 384.

823 BV Cottbus, Schreiben an HA XX, 23.7.1976; ebenda, Bd. 3, Bl. 417.

ihrer Freizeit wird als konsequent und parteilich eingeschätzt. Ihr Leumund ist gut. Negative Dinge wurden zu ihr nicht bekannt. Verbindungen in das NSW konnten nicht festgestellt werden.«[824] Wie oberflächlich diese Bewertung war, zeigt eine positive Bewertung eines Berliner Anwalts: »Er ist politisch in keiner Partei organisiert, tritt aber im Wohngebiet (Hausgemeinschaft) im positiven Sinne auf. Die Wohnung wird zu politischen Höhepunkten beflaggt.«[825]

Auffällig ist, dass das Verhalten von Anwälten in MfS-ermittelten Verfahren kein Punkt war, der regelmäßig abgeprüft wurde. Gelegentliche Formulierungen wie: »im Kreisgericht als »positiver Mitarbeiter« angesehen«[826] oder »gute und zuverlässige Zusammenarbeit mit dem Staatsanwalt«[827] lassen darauf schließen, dass in diesen Fällen Mitarbeiter der Linie XX ihre offiziellen oder inoffiziellen Ansprechpartner bei der Staatsanwaltschaft beziehungsweise bei Gericht kontaktierten. Das war jedoch keineswegs die Regel. Auch fehlen zumeist ergänzende Informationen von MfS-Ermittlern der Linie IX. Nur in Einzelfällen sind Einschätzungen zum Prozessverhalten nachweisbar. So wurde ein Anwalt als ein »unserer Sache zuverlässig ergebener Genosse«[828] geschildert. Lediglich im Bezirk Karl-Marx-Stadt wurde eine Liste mit Anwaltscharakteristiken nachgewiesen, die das Verhalten von Anwälten in Justizsachen einschloss. Diese waren knapp und durchgängig neutral bis positiv: »Bei den Sprechern tritt [...] sehr sachlich und korrekt auf.«[829] »Als Pflichtverteidiger im Verfahren gegen den Terroristen Kneifel bezog er einen parteilichen Standpunkt.« »Bei Sprechern mit Häftlingen gibt es keine negativen Hinweise.«[830]

Lediglich bei Sonderüberprüfungen, wenn es um die Eignung für hervorgehobene Anwaltstätigkeiten ging, ergriff gelegentlich die HA IX die Initiative.[831] Einbezogen wurden dann auch die HV A IX/C, die Rechtsstelle und die HA IX/8/AG R. Hier flossen vermutlich Erfahrungen ein, die diese Bereiche in der Zusammenarbeit gemacht hatten.

824 BV Schwerin, Schreiben an HA XX, 29.8.1975; BStU, MfS, HA XX Nr. 6888, Bl. 406.

825 BV Bln, Verfügung zur Archivierung, 4.9.1973; BStU, MfS, AP 472/74, Bl. 43.

826 BV Cottbus, Schreiben an HA XX, 23.7.1976; BStU, MfS, HA XX Nr. 7363, Bd. 3, Bl. 417.

827 BV Erfurt, Fernschreiben an die HA XX, 22.7.1976; ebenda, Bd. 3, Bl. 419.

828 BV Gera/KD Greiz, Schreiben an BV Gera/Abt IX, 1976; BStU, MfS, HA IX Nr. 13643, Bl. 54.

829 BV Karl-Marx-Stadt/IX, Übersicht über die Rechtsanwälte in der Stadt KMS, 1981; BStU, MfS, BV Karl-Marx-Stadt, AKG Nr. 2685, Bl. 5. Sprecher meint Anwaltssprecher, Termine von Anwälten mit Untersuchungsgefangenen.

830 Joseph Kneifel verübte 1979 aus Protest gegen den Einmarsch der Sowjetunion in Afghanistan einen Sprengstoffanschlag gegen ein Panzerdenkmal. Neubert: Geschichte der Opposition, S. 337 f.; BV Karl-Marx-Stadt/IX, Übersicht über die Rechtsanwälte in der Stadt KMS, 1981; BStU, MfS, BV Karl-Marx-Stadt, AKG Nr. 2685, Bl. 7.

831 HA IX/8/AG R, Schreiben an Hans Filin/RS, 6.3.1979; BStU, MfS, HA IX Nr. 1634, Bl. 58.

Bei den Routineüberprüfungen vor der Einstellung von Anwälten dominierten die nicht-juristischen Kriterien der Überprüfer der HA XX und ihrer Helfershelfer aus dem Observationsbereich. Vor Ort in den niederen MfS-Rängen, wo der Bildungsgrad geringer war,[832] orientierte man sich eher an MfS-Richtlinien zu Sicherheitsüberprüfungen als an Kriterien, die für die Durchführung politischer Verfahren wichtig sein mussten. Die Kompetenzverteilung bei der Überprüfung der Anwälte zugunsten der Linie XX zeigte offenkundig ihre Wirkung. Die Beurteilungskriterien im Ministerium waren offenkundig etwas nüchterner und wichen gelegentlich vom Votum der niederen Ebenen ab. In Berlin orientierte man sich, soweit nachvollziehbar, stärker an »harten« Kriterien, wie Westkontakten, gelegentlich auch inkriminierbaren Verhaltensweisen oder Eigenschaften und dem Auftreten vor Gericht.[833] Den Offizieren im Ostberliner Ministerium für Staatssicherheit war offenbar bewusst, dass Anwälte, die ihre Anwaltsrechte offensiv wahrnahmen, nach außen hin und auch im Ausland einen besseren Eindruck machten.[834] Im Ministerium war man daher etwas »großzügiger« in der Bewertung von Anwälten, solange alles unter Kontrolle schien. Nur wenn Begebenheiten aus Strafverfahren eine bestimmte Eskalationsstufe erreicht hatten, sodass IM oder offizielle Partner darüber berichteten, spiegelte sich das in den Akten oder Karteien der Linie XX wider. Insofern stellt sich die Frage, ob das MfS wirklich im Sinne einer Prozesssteuerung die Anwälte »auf Linie«[835] brachte. Primär wurden eher Sekundärtugenden abgeprüft, die auf ein vermeintlich konformes Verhalten schließen ließen.

### 7.5.3 Überblick über Erfassungen und Ablagen aus der allgemeinen Überwachung

Unterhalb der Schwelle intensiver Überwachungen einzelner Anwälte wurden Informationen in kleinen Personendossiers, zuweilen nur auf Karteikarten festgehalten.[836] Laut dem Regelwerk des MfS gab es hierfür mehrere Vorgangs- beziehungsweise Akten-Kategorien mit entsprechenden Vorschriften (AP, AKK, SIVO), die sich nur geringfügig voneinander unterscheiden. Dennoch sind diese Dossiers, Handakten und Karteikarteneinträge so heterogen, dass allein das die Frage aufwirft, ob das oft gebrauchte Bild von der »flächendeckenden« Überwachung durch das MfS zutreffend ist. Die Überprüfungen sind von Anlass, Art,

832 Gieseke: Hauptamtliche Mitarbeiter, S. 425.

833 Diverse Kurzeinschätzungen der HA XX/1, die zu Ablehnungen oder Befürwortungen führten in: BStU, MfS, HA XX Nr. 7363, Bd. 3, Bl. 443–510.

834 HA IX, RA Absprache mit MdJ, 17.4.1975; BStU, MfS, HA IX Nr. 1634, Bl. 162–169.

835 Irmen: DDR-Militärjustiz, S. 156.

836 Einen Überblick über diese Erfassungskategorien gibt Engelmann: Zum Wert, S. 243–296.

Dauer und Intensität so unterschiedlich, dass es schwerfällt, von einer einheitlichen Überwachung zu sprechen.[837] Es ist im wörtlichen Sinne auch nicht zutreffend von einer »ständigen«[838] Überprüfung der Anwaltschaft zu sprechen. Die Überprüfungen, wie beim Eintritt ins Kollegium, waren anlassbezogen. Ein relativ dichtes Kontrollnetzwerk entstand in der Summe nur dadurch, dass das MfS in vielen gesellschaftlichen Bereichen präsent und dort mit anderen Institutionen gesellschaftlicher Kontrolle vernetzt war.

### *Berliner KK-Erfassungen*

Knapp 10 Prozent der Berliner Anwälte waren in der Kategorie »KK« registriert.[839] Das setzte meist ein Verdachtsmoment voraus, ohne dass dieses Veranlassung für eine längerfristige intensive Überwachung bot. Einlaufende Informationen wurden manchmal nur auf einer DIN-A4-Karteikarte oder in einem Minidossier festgehalten.[840] Die Anlässe waren, soweit erkennbar, oft vage und divergierend. Der Besitz pornografischer Abbildungen[841] konnte Anstoß zu einer KK-Erfassung sein, ebenso das Scheitern einer IM-Beziehung.[842] Gehäuft erregten Beziehung zum Westen Argwohn, seien es verdächtige West-Mandate,[843] Auslandsvermögen,[844] Kontakte zu Westdiplomaten[845] oder West-Verwandte und Bekannte.[846]

Im Einzelfall konnte sich eine KK-Erfassung über Jahre, in einem Fall über zehn Jahre, erstrecken. Das MfS unternahm in dieser Zeit sogar den Versuch, die Kontakte eines Anwaltes während seines Urlaubs im sozialistischen Ausland

837 Zur Kritik an diesem Begriff: Booß: Sonnenstaat, S. 441–457; Gieseke: Der Mielke-Konzern, S. 155 ff.

838 Irmen: DDR-Militärjustiz, S. 155.

839 Bei der ersten flächendeckenden Überprüfung der Anwälte Mitte der 1970er-Jahre wurden viele Anwälte »KK erfasst«, später aber die aktive Erfassung aufgegeben. Die Alt-Erfassungen werden hier nicht berücksichtigt. Die Abkürzung AKK bedeutet, dass die KK-Erfassung mit Material archiviert ist.

840 Ursprünglich wurde die »KK«-Erfassung in einer Kerblochkartei vorgenommen, in der ab 1965 potenzielle Systemgegner oder sonstige Verdächtige gespeichert wurden. Nach Abschaffung des Kerblochkarteisystems, Mitte der 1970er-Jahre, wurde die »KK«-Erfassung zumeist als niedrigschwellige Verdächtigen-Erfassung weitergeführt. Booß: Stasi-Karteien, S. 166–168; Engelmann: Zum Wert, S. 243–296.

841 HA XX/1, Abschlussbericht, 28.7.1986; BStU, MfS, AKK 8028/86, Bl. 140 f.

842 Verw. Groß-Bln/KD Treptow, Schlussvermerk, 14.6.1956; BStU, MfS, AP 8799/56, Bl. 203 f.

843 HA II, KK-Erfassung v. 19.15.1983; BStU, MfS, Karteien.

844 BV Bln, KK-Erfassung 01/1520003, 1983; BStU, MfS, Karteien.

845 BV Frankfurt/O., Verfügung zur Archivierung, 30.7.1979; BStU, MfS, BV Frankfurt/O., AKK 937/79, Bl. 75.

846 HA XX, KK-Erfassung, 19.6.1979; BStU, MfS, Karteien, HA XX/AKG, VSH.

zu kontrollieren.[847] Punktuell wurde seine Post kontrolliert.[848] Die HA IX steuerte Prozesswissen bei. Der Anwalt hätte in einem Verfahren nachzuweisen versucht, dass ein Zeuge Beziehungen zum MfS hielt.[849] Weil der Anwalt angeblich Wissen über den Aufenthaltsort eines flüchtigen Mandanten hatte, wurde er nach einer Vereinbarung zwischen MfS und MdJ zu einer Aussprache ins Justizministerium geladen.[850] Zweimal wurde ein IM aus der Anwaltschaft befragt. Seine Auskunft offenbarte eine typische Schwäche der Anwaltsüberprüfung. Da der IM nicht in einer Zweigstelle mit seinem Kollegen tätig war, konnte er nur Allgemeines und Gerüchte liefern. Er berichtete, dass manche den Anwalt verdächtigten, mit dem MfS zusammenzuarbeiten, weil er in einschlägigen Strafprozessen tätig sei.[851] Dies war offenkundig unzutreffend. Der Vorgang wurde schließlich mangels strafwürdiger oder »operativer« Hinweise archiviert. Während es einige Jahre zuvor noch hieß, der Anwalt »besitze keine klare politische Haltung in Strafsachen«, lautete das Resümee nun, der »Anwalt wird als loyal eingeschätzt. Sein Hauptinteresse gilt der Erlangung persönlicher Vorteile.«[852] Offenbar rechnete es sich die HA XX zugute, den Anwalt auf den rechten Weg gebracht zu haben. Die Vorbehalte blieben aber im dem Gedächtnis des MfS, im Archiv, erhalten und konnten bei entsprechendem Anlass hervorgeholt werden. Gesetzliche Löschungsfristen gab es beim MfS nicht, informationelle Stigmata konnten damit unbegrenzt wirken.[853]

### *Berliner AP-Ablagen*

Als Allgemeine Personenablage (AP) konnten beispielsweise ältere Überprüfungsvorgänge zu Anwälten im Archiv abgelegt werden. Zu den Berliner Anwälten der 1970er- und 1980er-Jahre existieren 25 (27 %) solcher AP. Keineswegs alle wurden von der Linie XX/1 angelegt, manche schon vor der Anwaltstätigkeit, teils lagen die Ursprünge schon in den Anfängen des Kollegiums. Die Dossiers der 1970er- und 1980er-Jahre unterscheiden sich thematisch von den älteren. Die bewegen sich noch in Kontexten politischer Abweichung. Beispielsweise verdächtigte man seinerzeit einen Juristen, Kontakte zu justizkritischen Vereinigungen im Westen, wie dem UfJ oder dem Ostbüro der SPD, zu unter-

847 BStU, MfS, AKK 8028/86; HA XX, Schreiben an HA VI, 19.7.1976; ebenda, Bl. 90.

848 HA IX, Kopie eines Briefes; ebenda, Bl. 109.

849 HA IX, Auskunftsbericht, 12.1.1972; BStU, MfS, AKK 8028/86.

850 HA XX/1, Vermerk v. 25.1.1978; ebenda, Bl. 99.

851 »Dolli«, handschriftl. Bericht, 3.4.1981; ebenda, Bl. 118 f.; HA XX, Treffauswertung, 21.2.1979; ebenda, Bl. 115 f.

852 HA XX, Schreiben an KD Stralsund, 16.8.1971; ebenda, Bl. 67 u. HA XX, Schreiben an KD Köpenick, 31.3.1981; ebenda, Bl. 117.

853 Booß: Stasi-Karteien, S. 166–168; Engelmann: Zum Wert, S. 243–296.

halten.[854] Doch die Staatsanwaltschaft bescheinigte dem Anwalt später, sich »aktiv am demokratischen Aufbau [der DDR] beteiligt zu haben«.[855] Dies veranlasste das MfS zu der Schlussfolgerung, der Anwalt habe mit seiner »Vergangenheit gebrochen«.[856] Während der Studienzeit hatte ein späterer Anwalt sich zu den Unruhen vom 17. Juni 1953 geäußert, man hätte Ulbricht und Grotewohl absetzen müssen. Es folgte ein SED-Parteiverfahren, das auch in der MfS-Akte seinen Niederschlag fand.[857] Eine Bewerbung des Studenten für eine Tätigkeit bei der Staatssicherheit war der Anlass für dieses Dossier. Die Anstellung kam nicht zustande, behinderte aber seine spätere Karriere im Justizdienst und als Anwalt nicht. Eine »feindliche Tätigkeit«[858] wurde einer Juristin aufgrund einer zeitweiligen Bekanntschaft Ende der 1950er-Jahre unterstellt. Eine andere Juristin machte sich durch ihren Kontakt zum Verlagsleiter Walter Janka verdächtig, der in den 1950er-Jahren als Abweichler verfolgt wurde.[859] Als Sippenhaft mutet der Vorwurf gegen einen Anwalt aus der Zeit nach dem Mauerbau an. Er habe sich trotz Drängens seiner Parteigruppe nicht von seiner Frau getrennt, sondern sich mit ihr »solidarisiert [...]«.[860] Die Frau saß in Haft, weil sie einer angeblich »staatsfeindlichen Gruppe« an einer Universität angehörte. Die AP der 1970er- und 1980er-Jahre notieren, wenn sie nicht nur Grundinformationen beinhalten, vorrangig dem MfS suspekte Westkontakte. Nur in einem Fall wurde die »Unehrlichkeit in der Berichterstattung« gegenüber dem MfS und die »Ausnutzung der Verbindung zum MfS zum persönlichen Vorteil«[861] diagnostiziert. Alles keine hinreichenden Gründe, eine Person »operativ« zu bearbeiten.

Nicht in jedem Fall stand ein konkretes Misstrauen gegen einen Anwalt am Anfang eines Personendossiers. Einige entstanden im Zuge der ersten systematischen Anwaltsüberprüfung Mitte der 1970er-Jahre und wurden als AP archiviert. Selbst die Überprüfung von Kadern, die im Auftrag der SED Mandate in der Bundesrepublik wahrnehmen sollten, konnte als AP abgelegt werden. Es gibt Indizien, dass die Überprüfungen im Auftrag des ZK erfolgten und die Ergebnisse mit hohen ZK-Vertretern kommuniziert wurden.[862] Eine nicht geringe

854 Booß; Pethe: Rote Nelke, S. 49–69. Nach der Zwangsvereinigung von SPD und KPD zur SED in der SBZ richtete die SPD in den Westzonen/Bundesrepublik das Ostbüro ein, um illegale Parteiarbeit in Ostdeutschland zu unterstützen. Buschfort, Wolfgang: Parteien im Kalten Krieg. Die Ostbüros von SPD, CDU und FDP. Berlin 2000.

855 BV Bln/V, Abschlussbericht, 8.1.1957; BStU, MfS, AP 435/57, Bl. 19.

856 Ebenda.

857 HA KS, Ablehnungsvorschlag, 27.5.1955; BStU, MfS, AIM 3065/83, T. I, Bd. 2, Bl. 2.

858 HA II, Bericht, 4.2.1959; BStU, MfS, AP 5379/63, Bl. 32 f.

859 HA V/1, Aktenvermerk, o. D.; BStU, MfS, AP 6800/57, Bl. 46.

860 HA II, Schreiben an Abt. X, 14.8.1962; BStU, MfS, AP 867/54, Bl. 9.

861 HA XX/7, Vermerk v. 15.12.1975; BStU, MfS, AP 55242/92, Bl. 7.

862 Ein solches Dossier enthält die handschriftliche Angabe »Dr. Sorgenicht«, ein Indiz dafür, dass sich in dieser Personalangelegenheit der Abteilungsleiter im ZK, Klaus Sorgenicht, und das MfS austauschten. Kaderüberprüfungen als Auftrag an das MfS waren durchaus üb-

Anzahl von acht AP (8,7 %), war auf missglückte IM-Anwerbungen zurückzuführen. Das gilt vermutlich auch für vier OPK der HV A.[863] In einem Fall sollte die Ehefrau eines Anwaltes als Kontaktperson (KP) geworben werden, um Freunde zu bespitzeln. Als sie sich dekonspirierte, wurde der Vorgang abgebrochen.[864] Auch eine Akte über Clemens de Maizière wurde trotz seiner jahrelangen IM-Erfassung 1983 als AP archiviert, weil er nach Auffassung des MfS »im Blickfeld feindlicher Abwehrorgane«[865] gestanden hätte. Weil das MfS IM pathetisch als »Hauptwaffe«[866] ansah, wurden sie im Vorfeld der Anwerbung und während der IM-Tätigkeit auf Zuverlässigkeit überprüft.[867] Bei einzelnen Anwälten wurde explizit festgehalten, dass im Rahmen eines IM-Vorganges »auf inoffizieller Basis [... eine] ständige operative Kontrolle«[868] ausgeübt werden könne.

Normalerweise war eine AP eine relativ formlose Ablage, manche enthielten nur wenige Blatt mit den Grunddaten und einigen Zusatzinformationen.[869] In einem Fall kamen jedoch Unterlagen aus einer über acht Jahre währenden Überprüfung zur Ablage. Die Materialsammlung umfasste über 100 Seiten und unterschied sich kaum noch von einem Überwachungsvorgang.[870] Am Beginn stand eine Routineüberprüfung. Neben Personalunterlagen wurden die Studienunterlagen herangezogen, detaillierte Angaben zum Familienstand gesammelt,[871] selbst die Eltern einer Personenaufklärung unterzogen.[872] Aus dem Anwaltskollegium wurde eine IM befragt, die Belangloses berichtete. Die Erwähnung eines angeblichen Liebhabers führte immerhin zu dessen Kurzüberprüfung.[873] Die Gewährsleute im MdJ steuerten eine knappe Charakteristik

lich. Personalbogen, 4.1.1978; BStU, MfS, AP 72708/92, Bl. 1–4, hier 1; Booß; Pethe: Rote Nelke, S. 49–69.

863 Bei der HV A wurde der Vorlauf vor der Werbung eines IM als OPK verbucht. Die meisten gescheiterten IM-Kooperationen dürften, soweit die Akten das erkennen lassen, eher an objektiven Voraussetzungen als an expliziten Verweigerungen gescheitert sein. Müller-Enbergs, Helmut: Zur Kunst der Verweigerung. In: Booß, Christian; Müller-Enbergs, Helmut: Die indiskrete Gesellschaft. Studien zum Denunziationskomplex und zu inoffiziellen Mitarbeitern. Frankfurt/M. 2014, S. 115; BStU, MfS, AP 15760/79.

864 BV Bln/KD Treptow, Schlussvermerk, 14.6.1956. BStU, MfS, AP 8799/56, Bl. 203 f.

865 Abschlussbericht zur Teilablage, Oktober 1983; BStU, MfS, AP 12555/83, Bd. 1, Bl. 86.

866 Fricke: MfS intern, S. 39 ff.

867 Müller-Enbergs: Inoffizelle Mitarbeiter, Teil 1; Richtlinien, S. 91 ff. u. 137 ff.

868 HA II, Auskunftsbericht, 16.7.1980; BStU, MfS, AIM 3065/83, T. I, Bd. 2, Bl. 14.

869 Nur acht Blatt umfasst beispielsweise eine Akte; BStU, MfS, AP 13154/77.

870 BStU, MfS, AP 1289/85.

871 HA XX, Studienaktenanforderung, 15.9.1977; BStU, MfS, AP 1289/85, Bl. 81; diverse Personalunterlagen; ebenda, Bl. 7–52.

872 Ermittlungsbericht, 12.10.1977; ebenda, Bl. 84; HA XX, Vermerk, 19.9.1977; ebenda, Bl. 80.

873 HA XX/1, TB mit IMS »Dolli«, 29.1.1979; ebenda, Bl. 111 f.; Vermerk, o. D.; ebenda, Bl. 108.

bei.[874] Eher zufällig scheint eine Information der Kriminalpolizei über ein Verfahren wegen Rowdytums in die Akte geraten zu sein. Danach hätte die Anwältin Mandanten zu entlasten versucht, indem sie behauptete, die »Vernehmer [... müssten bei der Beschuldigtenvernehmung etwas] falsch verstanden haben«.[875] Es passt in das Überprüfungsmuster der HA XX/1, dass alles letztlich als nicht »operativ bedeutsam [...]«[876] eingeschätzt und die Akte geschlossen wurde.

Das Pensum der Sicherungsoffiziere der Linie XX/1 war angesichts steigender Überprüfungszahlen in der Ära Honecker hoch. Es ist naheliegend, dass sie Akten schlossen, wenn keine Hinweise auf westliche oder nachrichtendienstliche Einflüsse, Fluchtabsichten oder ähnliche Verdachtsmomente vorlagen. Die inflationäre Ausdehnung der Überwachung in der DDR führte zu einer Verflachung der Kontrolle, was selbst Minister Mielke nicht verborgen blieb.[877] Auffällig selten erregte das Kerngeschäft der Anwälte, das Prozessverhalten, Anstoß. Manchmal war es ein Zufall, wenn das MfS davon erfuhr. So geschehen im Fall eines Cafeteria-Gesprächs eines Staatsanwaltes, dessen Inhalt beim MfS landete.[878] Aber auch in diesem Fall hatte das keine sichtbaren Konsequenzen.

### *Sicherungsvorgänge (SIVO) und Spezialkarteien*

Immerhin 25,2 Prozent (25) der Berliner Anwälte der 1970er- und 1980er-Jahre waren in SIVO registriert,[879] die meisten von ihnen für die Abteilung XX der BV Berlin, die für das Berliner Kollegium verantwortlich war. Mit einem SIVO-Eintrag reklamierte eine Diensteinheit des MfS ganz unspezifisch eine Person für sich, um sie anzuwerben, zu überwachen oder einfach unter Kontrolle zu halten. Alle wichtigen Informationen, die im MfS zu dieser Person anfielen, sollten auf diese Weise der Diensteinheit bekannt werden. Zuweilen existierten nicht mehr als eine Karteikarte oder eine kleine Handakte.[880] Aus Umregistrierun-

874 BStU, MfS, AP 1289/85, Bl. 100.

875 K[riminalpolizei], Vermerk, 6.9.1977; ebenda, Bl. 101 f.

876 HA XX/1, Abschlussvermerk, o. D.; ebenda, Bl. 126.

877 Erich Mielke: Referat für die zentrale Dienstkonferenz [...] zur Klärung der Frage »Wer ist Wer?«, 24.10.1988; BStU, MfS, BdL/Dok. Nr. 7385, Bl. 114 ff.

878 HA XX/1, Vermerk v. 25.1.1978; BStU, MfS, AKK 8028/86, Bl. 99.

879 SIVO, Reg.-Nr. XV 1173/76. Dieser SIVO ist aufgrund der Aktenzerstörungen von 1989/90 bislang nicht rekonstruierbar.

880 Aus Umregistrierungen wird deutlich, dass viele Materialien ihren Ursprung in der systematischen Anwaltsüberprüfung der 1970er-Jahre hatten. In den Handakten der Linie XX/1 finden sich Fragmente solcher Überprüfungsvorgänge. Ordnung über die Erfassung von Personen in der Abteilung XII auf der Grundlage von Sicherungsvorgängen. BStU, BV Bln/XV/10, Bl. 103–109, hier 104; Engelmann: Zum Wert, S. 270.

gen wird deutlich, dass viele SIVO-Erfassungen eine Hinterlassenschaft der systematischen Anwaltsüberprüfungen der 1970er-Jahre waren.[881]

Die Behauptung, dass alle Rechtsanwälte in einem SIVO erfasst gewesen wären[882], ist unzutreffend. Doch die Abteilung XX der BV Berlin verfügte Ende der 1980er-Jahre zusätzlich über eine interne Kartei zum Justizpersonal, in der immerhin 48 der damals 60 Berliner Anwälte gespeichert waren.[883] In einer weiteren Kartei wurden ältere Auffälligkeiten zu Rechtsanwälten festgehalten. Gerade die Verknappung der Karteikartentexte akzentuiert die stereotype Sichtweise der MfS-Offiziere auf den einzelnen Anwalt. So hieß es zu einem lapidar: »Verbindung zu negativen Personen – Aktive Unterstützung für diese durch seine Funktion.«[884] Zu einem anderen Juristen war notiert: »negative Einstellung zur DDR; Orientierung am Leben in der BRD – Besitz eines Westberliner Kontos.«[885] Über Götz Berger war neben seiner Verbindung zu Wolf Biermann festgehalten, dass zwei Versuche, ihn als IM zu nutzen, fehlgeschlagen waren.[886] Wie viele Personendossiers die BV Berlin genau über Anwälte anlegte, ist angesichts der Aktenzerstörung und der Neuerschließung nicht genau nachvollziehbar. Nimmt man alle Einträge zusammen, liegt nahe, dass gegen Ende der DDR zu fast jedem Berliner Kollegiumsmitglied ein Dossier, eine Handakte, zumindest ein Kartei- oder Dateieintrag vorlag.

### 7.5.4 Sonderüberprüfungen wegen besonderer Funktionen oder Aktivitäten

Während die Routineprüfungen zu Beginn der Anwaltskarriere auffällige Personen heraus siebten, ging es bei den meisten Sonderprüfungen darum, ob bestimmte Anwälte eine hervorgehobene Stellung erhalten sollten. Die Frage nach Eignung für die Leitung eines Kollegiums oder Beiordnung als Pflichtverteidiger vor Militärgerichten, Auslandsmandate oder diplomatisch heikle Westkon-

881 Bei der Rechtsstelle des MfS waren 8 Berliner Anwälte zumindest zeitweilig auf diese Weise erfasst. SIVO, Reg.-Nr. XV 2032/80; BStU, MfS, RS. Auch in einem SIVO der HV A waren Rechtsanwälte registriert. Der Vorgang ist vernichtet und konnte bislang auch nicht rekonstruiert werden. Vermutlich waren darin vor allem westliche Korrespondenzanwälte vermerkt, die über Vertrauensanwälte in der DDR Aufträge von MfS oder Partei wahrnahmen. BStU, MfS, Kartei, F 16, HV A, Vorgang Nr. XV 641/66.

882 Stellungnahme des Abgeordneten Dr. Gregor Gysi vom 29. Mai 1998 zur Feststellung des Ausschusses für Wahlprüfung, Immunität und Geschäftsordnung vom 8. Mai 1998 im Rahmen des gegen ihn durchgeführten Überprüfungsverfahrens gemäß § 44 b Abgeordnetengesetz. Deutscher Bundestag. Drs. 13/10893, S. 43.

883 Eigenberechnung nach BV Bln/Abt. XX/AK 6; BStU, MfS, Karteien.

884 BV Bln, Karteikarte, o. D.; BStU, MfS, HA XX Nr. 6796, Bl. 43 f.

885 BV Bln, Karteikarte, o. D.; ebenda, Bl. 92 f.

886 BV Bln, Karteikarte, o. D.; ebenda, Bl. 66 f.

takte oder Westreisen boten den Anlass für Sonderüberprüfungen von Anwälten. Auch ein Bereitstellen von Anwälten für den Verteidigungszustand führte zu einer entsprechenden Auswahl.[887] Das hatte die merkwürdige Folge, dass dem Staat nahestehende Anwälte öfter überprüft wurden, als solche, die sich unauffällig abseits hielten. Andererseits kamen jene dadurch in den Genuss von Privilegien wie Reisen, Besuchen in diplomatischen Vertretungen und einflussreichen Funktionen.

*Die Überprüfung der Vorsitzenden*

Im Jahr 1980 wurden alle RAK-Vorsitzenden vom MfS einer Sonderüberprüfung unterzogen. Hintergrund war offenbar die Aufwertung der Rolle der Vorsitzenden durch das Kollegiumsgesetz von 1980. Es sollte ihre Eignung für die »offizielle Zusammenarbeit« mit dem MfS überprüft werden.[888] Von den 15 Vorsitzenden waren beim MfS seinerzeit acht erfasst, davon nur drei »positiv«, also in IM- oder vergleichbaren Erfassungen. Zu drei Personen, darunter der damalige Berliner Vorsitzende Häusler, gab es laut MfS eingespielte »offizielle« Kontakte.[889] Da dieser erste Überblick ungenügend schien, wurde eine »inoffizielle Einschätzung« aller Vorsitzenden erarbeitet, vermutlich durch nur eine Quelle, den für die Rechtsanwälte zuständigen Abteilungsleiter im MdJ.[890] Dieser Vorgang war kein Indiz für ein generelles Misstrauen gegenüber den Kollegiums-Vorsitzenden. Vielmehr wurde der Status der Vorsitzenden in der SED-Nomenklatur in den 1980er-Jahren angehoben und wie bei anderen höheren Kadern vorher das MfS konsultiert.[891] In zwei Kollegien wurden nach zentraler Entscheidung[892] die Vorsitzenden in den 1980er-Jahren durch Anwälte ersetzt, die das Vertrauen von SED, MdJ und Staatssicherheit genossen.[893]

887 BV Bln, Schreiben an die HA XX/1, 14.1.1980; BStU, MfS, HA XX Nr. 7363, Bd. 1, Bl. 52.

888 HA XX/1, Vermerk v. 1.2.1980; BStU, MfS, HA XX Nr. 6282, Bl. 36. Busse unterschätzt die kontrollierende Rolle des MfS bei der Nominierung von Vorsitzenden in den 1980er-Jahren. Zuzustimmen ist der Letztentscheidung der SED. Busse: Deutsche Anwälte, S. 407.

889 HA XX/1, Anlage, 18.4.1980; BStU, MfS, HA XX Nr. 6882, Bl. 1 f.

890 Die Einschätzungen sind relativ gleichförmig aus der Perspektive des MdJ geschrieben. Kurzeinschätzung der Vorsitzenden der Kollegien der Rechtsanwälte; ebenda, Bl. 37–44.

891 Booß; Pethe: Rote Nelke, S. 49–69.

892 Mit dieser Formulierung wurden im MfS gewöhnlich Endscheidungen des zentralen Parteiapparates umschrieben.

893 MdJ, Bericht über den operativen Einsatz der Gen. Jung und Dr. Horn am 17.7.1986 im Bezirk Rostock, 18.7.1986; BStU, MfS, HA XX Nr. 6889, Bl. 64–66; Busse: Deutsche Anwälte, S. 406.

### *Überprüfung von Pflichtverteidigern für Militärgerichte*

Dass Pflichtverteidiger[894] generell oder alle Verteidiger in I-A-Verfahren,[895] den staatssicherheitsrelevanten Gerichtsverfahren, überprüft oder gar vom MfS ausgewählt wurden, scheint einer Fehlwahrnehmung zu entsprechen. Doch die Militärgerichtsbarkeit, insbesondere in den I-A-Senaten, unterlag einem noch stärkeren Geheimhaltungsbedürfnis, da hier Interna aus den Sicherheitsorganen der DDR Thema waren. Die HA IX bemängelte, dass der Umgang mit geheimhaltungsbedürftigen Unterlagen durch die Anwälte nicht geregelt sei.[896] Die Anwälte wurden als »besonderer Unsicherheitsfaktor«[897] angesehen. Immer wieder kam es bei Militärverfahren zu Initiativen, als Verteidiger nur »besonders vertrauenswürdige« Anwälte zuzulassen, die »zur besonderen Verschwiegenheit verpflichtet werden«.[898] In Berlin war an vier bis fünf Anwälte gedacht. In den 1980er-Jahren wurde vorgeschlagen, die Zahl der an Militärgerichten zugelassenen Anwälte zu begrenzen.[899] Rechtlich stand dem das Prinzip der freien Anwaltswahl entgegen.[900] Das MfS musste zugestehen, dass es den Angeklagten selbst »in diesen Strafverfahren überlassen [sei], welchen Anwalt sie wählen«.[901] Offenbar scheute man sich, das Ansehen der DDR-Anwaltschaft durch offene Restriktionen zu diskreditieren. Letztlich beschränkte man sich darauf, die von den Gerichten als Pflichtverteidiger benannten Anwälte auf ihre Vertrauenswürdigkeit hin zu überprüfen. Die Überprüfung vollzog sich in einem im Einzelnen schwer nachvollziehbaren Abstimmungsprozess. Offenbar schlugen die Leiter der Militärobergerichte über das MdJ Pflichtanwälte vor, die vom MfS überprüft wurden. Nach MfS-Auffassung sollten in die Auswahl auch das MdJ und der Vorsitzende des Berliner RAK einbezogen werden.[902]

Im MfS waren vor allem die HA XX/1, verschiedene Bereiche der HA IX, die Rechtsstelle, die HV A IX/C und Mitarbeiter des BdL, wie Heinz Volpert, und Bezirksverwaltungen beteiligt.[903] Abstimmungspartner waren das MdJ, die

894 Eisenfeld: Rolle und Stellung, S. 367 f.

895 Kögler: Lenkung der Justiz, S. 186.

896 HA IX/8/AG R, Probleme im Zusammenhang mit den Rechtsanwälten, 10.4.1975; BStU, MfS, HA IX Nr. 16356, Bl. 77; BStU, MfS, HA IX Nr. 1634 enthält diverse Geheimschutz-Initiativen.

897 So die HA IX 1978, zit. nach: Irmen: DDR-Militärjustiz, S. 149.

898 HA IX/AG R, Geheimnisabsicherung in Strafverfahren bei Verteidigern, 1.10.1970; BStU, MfS, HA IX Nr. 3866, Bl. 147.

899 HA IX/5, Schreiben an RS, 17.8.1984; BStU, MfS, RS Nr. 989, Bl. 18 f.

900 StPO 1968, § 62.

901 HA IX/5, Schreiben an RS, 17.8.1984; BStU, MfS, RS Nr. 989, Bl. 18.

902 HA IX/AG R, Geheimnisabsicherung in Strafverfahren bei Verteidigern, 1.10.1970; BStU, MfS, HA IX Nr. 3866, Bl. 147.

903 Verteiler Aufstellung von Rechtsanwälten, 1.9.1976; BStU, MfS, HA IX Nr. 1634, Bl. 109.

NVA, die Militärstaatsanwaltschaft und die Oberen Militärgerichte, denen allerdings MfS-interne Bedenken nicht en détail mitgeteilt wurden. Manche Abteilungen, wie die HV A IX, die MfS/RS und die HA IX schlugen Anwälte vor, die ihnen nahestanden.[904] Offenbar wurde ein möglichst breiter Konsens angestrebt, was darauf hinauslaufen mochte, dass Negativvoten aus einzelnen Bereichen meist respektiert wurden. Wie tief die Prüfung ging, ist nicht ersichtlich. Die Zahl der ausgewählten Anwälte, insgesamt 50 (9,1 %) in der DDR im Jahr 1976, war immerhin so klein, dass die Linie IX sich auch ohne eigene Überprüfungshandlungen auf ihr Erfahrungswissen stützen konnte.[905] Manche Bereiche teilten lediglich lapidar mit, »besondere Probleme traten mit den Anwälten bisher nicht auf«. In Berlin wurden 1976 insgesamt zehn Anwälte für würdig befunden, als Pflichtanwälte in I-A-Verfahren an Militärgerichten oder Militärobergerichten zu fungieren.[906] Fast alle hatten zumindest zeitweilig eine inoffizielle oder Sonderbeziehung zum MfS. Zu ihnen gehörten die langjährigen IM der Linie XX »Ludwig« und »Lutz«.[907] Nur ein Anwalt fällt nicht in die IM-Kategorie, gehörte aber zur Kanzlei Vogel. In anderen Bezirken kamen eher Juristen zum Zuge, die nicht über Sonderbeziehungen zum MfS verfügten.[908] Offenbar fiel es den MfS-Offizieren leichter, eine Vertrauenswürdigkeit beziehungsweise eine »positive« Einstellung zu attestieren, wenn eine »erfolgreiche« inoffizielle Kooperation vorlag. Einer der ins Auge gefassten Berliner Anwälte fiel bei der Überprüfung durch. Ihm wurde vorgeworfen, seine Kenntnisse, die er als früherer IM der HV A besitze in Strafverfahren »für seine Argumentation als Verteidiger«[909] zu nutzen. In anderen Regionen wurden öfter Anwälte abgelehnt. Sie kamen dann nicht auf die Liste, die offenbar intern bei Gericht für die Pflichtverteidigung vor Militärgerichten und Militärobergerichten verbindlich war.[910] Das führte zu einer Beschränkung des Anwaltsspektrums.

904 HV A IX/C, Schreiben an HA IX/8. Ergänzung zur »Aufstellung von Rechtsanwälten«, 16.3.1979; ebenda, Bl. 55; HA IX/8/AG R, Schreiben an HA XX/1, 11.6.1976; ebenda, Bl. 128.

905 HA IX/8/AG R, Aufstellung von Rechtsanwälten, 1.9.1976; ebenda, Bl. 110–114.

906 Ebenda, Bl. 110.

907 BStU-interner Abgleich der Liste mit IM-Unterlagen.

908 HA IX/8/AG R, Aufstellung von Rechtsanwälten, 1.9.1976; BStU, MfS, HA IX Nr. 1634, Bl. 110 ff. BStU-interner Abgleich mit der Liste der IM-Unterlagen.

909 HA XX/1, Vermerk o. D.; BStU, MfS, HA XX Nr. 6886, Bl. 89.

910 Zahlreiche Anfragen an Bezirksverwaltungen und deren Antworten in: BStU, MfS, HA XX Nr. 7363, Bd. 2.

*Überprüfung von Anwälten für ausländische Vertretungen*

Immer wieder wurde die DDR damit konfrontiert, dass ausländische Vertretungen das MfAA um die Vermittlung von Rechtsanwälten baten.[911] Wegen des Risikos, dass auf diesem Wege Staatsgeheimnisse abfließen oder Diplomaten unerwünscht Einfluss auf die Verhältnisse in der DDR nehmen könnten, sollten diese Mandate auf bestimmte Anwälte begrenzt werden. Das Berliner Kollegium sollte geeignete Anwälte benennen.[912] In diesen Vorgang waren das MfAA, der stellvertretende Generalstaatsanwalt der DDR, der stellvertretende Justizminister, der zuständige Abteilungsleiter im MdJ und der Vorsitzende des Berliner Anwaltskollegiums eingebunden.[913] Mithilfe des MfS wurden Rechtsanwälte ausgewählt und überprüft, die dann den diplomatischen Vertretungen empfohlen werden sollten. Der Ständigen Vertretung der Bundesrepublik wurden 1975 über den Generalstaatsanwalt der DDR fünf Berliner Anwälte benannt.[914] Im Jahr 1979 wurden DDR-weit 27 Anwälte für ausländische Vertretungen ausgewählt, davon allein sieben aus Berlin. Von diesen sieben gingen fünf nie eine IM-Verpflichtung ein.[915] Der Sicherheitsstandard war hier offenbar geringer als bei den Verfahren vor den Militärobergerichten. Möglicherweise musste das Spektrum aus Gründen der erforderlichen Fremdsprachenkompetenz geweitet werden. Im Jahr 1984 war der Anteil von Anwälten mit einer zeitweiligen IM-Registrierung höher.[916] Gestrichen wurde ein Anwalt, dem vorgeworfen wurde, Wissen aus der früheren Kooperation mit dem MfS in Verfahren auszuspielen. Bei einem anderen Juristen monierte das MfS, dass der von der Rechtsschutzstelle der Bundesregierung als zuverlässiger Rechtsanwalt empfohlen worden war.[917] Außerdem hatte er als Anwalt eines Schriftstellers gerade die Aufmerksamkeit des MfS auf sich gezogen.[918]

Das Problem der Auslandsmandate trat verstärkt in Bezug auf die Bundesrepublik auf. Immer wieder gab es Beschwerden aus dem Westen, dass Gerichte der DDR Schreiben von bundesrepublikanischen Anwälten nicht bearbeiten

911 HA IX/9, Schreiben an HA IX/8/AG R, 28.7.1973; BStU, MfS, HA IX Nr. 1634, Bl. 172.

912 MdJ, Mündliche Hinweise an die Vorsitzenden der RAK am 29.8.1984; BArch, DP1, 4472.

913 HA IX/9, Schreiben an HA IX/8/AG R, 28.7.1973; BStU, MfS, HA IX Nr. 1634, Bl. 172; HA IX, Vermerk o. D.; ebenda, Bl. 170.

914 HA IX, RA Absprache mit MdJ, 17.4.1975; ebenda, Bl. 162.

915 Abgleich von BStU-Informationen zu IM-Erfassungen mit HA XX/1-Aufstellung der Rechtsanwälte der DDR, die von den MfS-BV für die Vertretung ausländischer Bürger vor den Gerichten der DDR bestätigt wurden, 20.11.1979; BStU, MfS, HA IX Nr. 1634, Bl. 339 f.

916 MdJ/HA VII, Kollegiumsmitglieder – ausländische Vertretungen, 1984; BStU, MfS, HA XX Nr. 7364, Bl. 414–417. Abgleich mit IM-Registrierungen.

917 HA XX/1, Auskunftsbericht, 15.4.1965; BStU, MfS, HA XX Nr. 6894, Bl. 168.

918 BStU, MfS, HA XX, AP 55445/92.

würden.[919] Anwälte aus dem Westen versuchten daher, ohne Einschaltung diplomatischer oder staatlicher Vertretungen direkt Anwälte in der DDR zu kontaktieren. Mit untergesetzlichen Weisungen versuchte das MdJ nur teilweise erfolgreich deutsch-deutsche Rechtsanwaltskontakte auf das Rechtsanwaltsbüro für internationale Zivilrechtsangelegenheiten oder bestimmte Anwälte umzuleiten.[920]

*Besucher der Ständigen Vertretung (StÄV)*

Seit Ende der 1970er-Jahre wurde das Justizministerium mit der Tatsache konfrontiert, dass die Ständige Vertretung der Bundesrepublik in Ostberlin einmal jährlich neben staatlichen Justizvertretern auch Anwälte zu Empfängen der Rechtsabteilung der StÄV einlud.[921] Die HA II des MfS, die für die Kontrolle dieser diplomatischen Vertretung zuständig war[922] und offenbar auch deren Post kontrollierte, informierte sich MfS-intern über solche Einladungen. Die Angelegenheit wurde als derart brisant eingestuft, dass mit dem ZK-Apparat ein Verfahren abgestimmt wurde, was letztlich sogar Generalsekretär Erich Honecker vorgelegt wurde.[923] Das Justizministerium versuchte daraufhin, Einladungen und Geschehen im Einklang mit dem MfS zu steuern und gleichzeitig Informationen für beide Institutionen und die Partei abzuschöpfen. Im Jahr 1983 wurden beispielsweise Anwälte eingeladen, die nach MdJ-Erkenntnissen ausnahmslos in Strafverfahren gegen BRD-Bürger tätig waren.[924] Aus dem RAK Berlin besuchten schließlich sieben Anwälte die StÄV, von denen immerhin fünf einmal eine positive MfS-Registrierung hatten.[925] Mit zwei dieser Anwälte sollte im Anschluss der Hauptabteilungsleiter im MdJ, Klaus Horn, ein Informationsgespräch führen. Der Justizminister verfügte handschriftlich, dass die »Abt[eilung] ZK [zu] informieren« sei. Nach dem Empfang protokollierte der für die Anwälte zuständige Hauptabteilungsleiter, was ihm Lothar de Maizière im Rahmen einer »persönlichen Aussprache« mitteilte. Das Protokoll ging an die für

919 Vermerk o. D. (vermutl. 1978); BStU, MfS, HA XX Nr. 7363, Bd. 2, Bl. 268 f.

920 Vgl. im Kapitel Das Kollegium den Absatz zum Rechtsanwaltsbüro für internationale Zivilrechtsangelegenheiten.

921 HA II, Information. 23.11.1987; BStU, MfS, HA XX Nr. 7345, Bl. 176.

922 Wiedmann: Diensteinheiten, S. 255.

923 Klaus Sorgenicht: Hausmitteilung an Erich Honecker, 14.11.1978; SAPMO, DY 30, 22274.

924 MdJ, Vermerk v. 6.10.1983; BArch, DP1, 4333.

925 MdJ, Empfang von DDR-Anwälten in der Ständigen Vertretung der BRD, 11.1.1983; BStU, MfS, HA XX Nr. 7364, Bl. 420 f. BStU-interner Abgleich mit IM-Registrierungen.

Justiz zuständige Abteilung beim ZK der SED. Ein Durchschlag findet sich in den Handakten der HA XX/1 des MfS.[926]

Im Jahr 1984 hatte sich das Verfahren eingespielt: »Auftragsgemäß habe ich die [...] vorgeschlagene Variante [...] mit dem zuständigen Organ besprochen«[927], notierte der Abteilungsleiter im MdJ. Das zuständige Organ MfS schlug vor, alle fünf Anwälte gehen zu lassen. Im Jahr 1985 erteilte der Justizminister eine entsprechende Genehmigung für Gregor Gysi, nachdem »das zuständige Organ«[928] verständigt worden war. Von dort kam der Vorschlag, »Dr. Gysi die Teilnahme zu genehmigen«.[929] Gysi erhielt dem Vermerk zufolge die Auflage, danach mit dem Hauptabteilungsleiter des MdJ ein »vertrauliches Gespräch«[930] zu führen. Ein MdJ-Vermerk für den Justizminister über die Gespräche Gysis in der StÄV lässt darauf schließen, dass die Berichterstattung auch stattfand.[931] Im Grunde ähnelte das Verfahren zu Besuchen in einer ausländischen Vertretung der Praxis in Reisekaderangelegenheiten. Es finden sich in den MfS-Akten Vermerke von Gysi zu StÄV-Kontakten, die vermutlich auf diese oder ähnliche Weise vom MfS abgeschöpft wurden.[932]

Letztlich pegelte sich das Verfahren ein, dass sich Anwälte einen StÄV-Besuch vom MdJ genehmigen lassen mussten. Das MdJ traf die Auswahl im Benehmen mit dem MfS, wobei überwiegend Berliner Anwälte die StÄV aufsuchen durften. Einige besonders loyale Anwälte waren gegenüber dem MdJ berichtspflichtig.[933] Das MfS profitierte von diesen Berichten. Die Anwaltskontrolle mündete in Informationsabschöpfung beziehungsweise ging mit ihr Hand in Hand. Zudem berichteten auch einzelne Ostberliner Anwälte als IM dem MfS direkt über die StÄV. IMS »Ludwig« unterhielt schon seit 1975 Kontakte zu einer StÄV-Mitarbeiterin, die als ausbaufähig angesehen wurden.[934] »Ludwig« wurde daraufhin »verstärkt ins Blickfeld der Rechtsabteilung«[935] der StÄV gebracht und pflegte im Auftrag des MfS Kontakte zu StÄV-Mitarbeitern bis nach Westberlin.

926 MdJ, Empfang von DDR-Anwälten in der Ständigen Vertretung der BRD, 11.1.1983; ebenda, Bl. 420 f.

927 MdJ, Vermerk v. 16.5.1984; BArch, DP1, 4280.

928 MdJ, Vermerk v. 1.4.1985; BArch, DP1, 4472.

929 Ebenda.

930 MdJ, handschriftl. Vermerk v. 1.4.1985 u. MdJ/Wirth, Vermerk v. 1.4.1985; BArch, DP1, 4472.

931 MdJ, Hausmitteilung für den Minister laut Anforderung, 9.5.1985; BArch, DP1, 4472.

932 MdJ, Vermerk v. 13.12.1983; BStU, MfS, HA XX Nr. 7364, Bl. 418; MdJ, Vermerk über einen Besuch von Dr. Gysi in der Ständigen Vertretung, 9.5.1985; BArch, DP1, 4472.

933 Ein solcher Bericht von 1984 basiert auf einer Aussprache mit Rechtsanwalt Cheim im MdJ. MdJ, Vermerk v. 30.5.1984; BStU, MfS, HA XX Nr. 7364, Bl. 386.

934 BV Bln/XX, Operative Information, 25.7.1975; BStU, MfS, AIM 1129/89, T. II, Bd. 2, Bl. 65 f.

935 BV Bln, Information, 8.12.1978; ebenda, Bl. 198.

Nachdem gesichert war, dass überwiegend vertrauenswürdige Anwälte den Kontakt zur StÄV hielten und ein Informationsrücklauf gewährleistet war, kümmerte sich die HA XX nur noch beiläufig um dieses Thema. Die Spionageabwehr HA II registrierte dagegen weiterhin persönliche und briefliche Kontakte von Anwälten zu diplomatischen Vertretungen in einer eigenen Kartei.[936]

### *Überprüfung bei beruflichen und privaten Reisen*

Unmittelbar nach dem Mauerbau war DDR-Anwälten das Reisen in die Bundesrepublik beziehungsweise nach Westberlin zunächst verboten. Nur wenn »besondere gesellschaftliche Interessen«[937] vorlagen, konnte das MdJ Ausnahmegenehmigungen erteilen. Einzelne Ostberliner Anwälte verfügten noch immer über eine Zulassung in Westberlin. Selbst exponierte Anwälte wie Friedrich Karl Kaul, die im Auftrage der Partei und im juristischen oder propagandistischen Interesse der DDR Prozesse in der Bundesrepublik betreuten, mussten für private Reisezwecke um Visa buhlen.[938] Auch der durchaus etablierte Anwalt Lothar de Maizière erhielt erst nach Unterstützung durch einen MfS-Offizier 1989 ein Privatvisum.[939] Anwälte verfügten wegen ihrer Beteiligung an Geheimverfahren über hohes Insiderwissen. Deswegen taten sich MdJ, SED und MfS schwer, sie dienstlich oder privat ins Ausland reisen zu lassen und plädierten für genaue Vorprüfungen. So blieben Privatreisen zunächst rare Vergünstigungen, was die Anpassungsbereitschaft forcierte.

In den 1980er-Jahren verfügten privilegierte Anwälte über Dienstpässe mit Dauervisa, die teilweise durch Avisierungen beim MfS ergänzt wurden, vor allem wenn sie im Auftrag des ZK oder des MfS im Einsatz waren.[940] Solche Vertrauensanwälte wurden gelegentlich überprüft.[941] Ab 1978 wurde für den an sich besonders abgeschotteten Justizbereich ein Kaderstamm für Dienstreisen angelegt. Üblicherweise wurden Vorschläge für Reisekader zwischen MdJ, Dienst- oder Arbeitsstelle und der HA XX des MfS informell vorgeklärt, bevor reguläre Reisekader-Überprüfungsverfahren eingeleitet wurden.[942] In wichti-

936 BStU, MfS, Karteien, HA II/12, VSH-Kartei.

937 MdJ, Rundverfügung 5/61, 22.9.1961; BStU, MfS, BdL/Dok. Nr. 15187, Bl. 1.

938 BStU, MfS, RS Nr. 886, Bl. 115 u. 151.

939 Müller, Uwe: Die Familie de Maizière. In: Welt am Sonntag vom 6.3.2011, S. 7.

940 Das belegt zum Beispiel die Kartei der HA VI/OLZ-Avisierung. Avisierungen bewirkten hier meist Erleichterungen beim Procedere des Passierens der innerdeutschen Grenze, das die Pass-Kontrolleure der HA VI maßgeblich steuerten. BStU, MfS, Karteien. Allein die Rechtsstelle des MfS bewirkte für fünf Anwälte eine Daueravisierung. MfS/RS, Schreiben an HA VI, 23.11.1988; BStU, MfS, HA VI Nr. 3790, Bl. 2.

941 HA XX, Schreiben an HV A/IX/C, 14.12.1981; BStU, MfS, AP 72708/92, Bl. 16.

942 HA XX/1, Vermerk v. 21.6.1978; BStU, MfS, HA XX Nr. 7357, Bl. 513 f.

gen Fällen wurde der zentrale Apparat der SED einbezogen.[943] Die Ende der 1980er-Jahre als Reisekader vorgeschlagenen fünf Anwälte aus dem Berliner Kollegium hatten sämtlich hervorgehobene Funktionen inne. Zu ihnen zählten der RAK-Vorsitzende und seine Stellvertreter.[944]

Im Zuge der gewissen Liberalisierung der Reisepraxis in den 1980er-Jahren mussten spezielle Regelungen auch für Privatreisen der Anwälte gefunden werden. Das ZK befürchtete allerdings noch 1986, dass Rechtsanwälte, die »an wichtigen Strafsachen als Verteidiger mitgewirkt haben [... beziehungsweise] Kenntnis von geheim zu haltenden Problemen aus Strafverfahren«[945] besäßen, sich bei Reisen in dringenden Familienangelegenheiten (DFA) absetzen könnten. Anlass für diese Befürchtungen gaben Anwälte im Bezirk Erfurt, die zu fliehen versuchten beziehungsweise nicht von einer privaten Westreise zurückkehrten.[946] Eine Zeit lang sprachen Kollegien selbst die Reise-Befürwortung aus. Da das zu sehr unterschiedlichen Praktiken führte, wurde das MdJ von der SED beauftragt, eine entsprechende Ordnung zu erarbeiten und »Erfahrungen des MfS«[947] einfließen zu lassen. Der Minister plädierte für eine restriktive Praxis. Zu prüfen waren nicht nur die Informationen, über die der Anwalt verfügte, sondern auch »das persönliche Auftreten«.[948] Genannt wurden »hohes Verantwortungsbewusstsein zu den Berufspflichten, Ehrlichkeit, Wachsamkeit, Verschwiegenheit, Disziplin, moralisch einwandfreies Verhalten«. Außerdem wurde erwartet, dass der Rechtsanwalt im Ausland »politisch klug auftritt und die Politik der DDR würdig und kompromisslos vertritt«.[949] Nach diesen Kriterien sollten sogar Reisen von verrenteten Anwälten eingeschränkt werden dürfen.[950] In den offiziellen Weisungen, die ohnehin nur einem eingeschränkten Personenkreis zu Verfügung standen, wurde kaschiert, dass das MfS von den Kollegiumsvorsitzenden an der Vorentscheidung für Reisegenehmigungen beteiligt werden sollte.[951]

943 Computerausdruck mit handschriftl. Vermerk, o. D.; ebenda, Bl. 65.

944 Computerausdruck, o. D.; ebenda, Bl. 16.

945 HA XX/1, Information über ein mit Gen. Heger, Sektorenleiter ZK der SED/Abt. Staat u. Recht, geführtes Gespräch, 16.6.1986; BStU, MfS, HA XX Nr. 6529, Bl. 409.

946 BV Erfurt, Abschlussbericht zum OV »Händler«, 16.7.1987; BStU, MfS, HA XX Nr. 6891, Bl. 4–17.

947 HA XX/1, Information über ein mit Gen. Heger, Sektorenleiter ZK der SED/Abt. Staat u. Recht, geführtes Gespräch, 16.6.1986; BStU, MfS, HA XX Nr. 6529, Bl. 409.

948 MdJ/Minister, Ordnung des Ministers der Justiz vom 3.12.1986, 1.12.1986; BStU, MfS, HA XX Nr. 7347, Bl. 215 f.

949 Ebenda.

950 Ebenda.

951 HA XX/1, Vermerk o. D.; BStU, MfS, HA XX Nr. 7357, Bl. 85.

Das Verfahren wurde in der Folgezeit, wie das MdJ bemängelte, regional unterschiedlich praktiziert.[952] 1986/87 waren von 78 Reiseanträgen nur 37 bewilligt worden. Im Berliner Kollegium wurden fünf von elf Anträgen abgelehnt, meist allerdings aus rechtlichen Gründen.[953] Die Veränderungen der Reiseregelungen 1988 führten zu einer noch restriktiveren Ordnung mit deutlichen Entscheidungskompetenzen beim MdJ.[954] Dagegen verwahrte sich der Ratsvorsitzende Gregor Gysi. Das MfS war zufrieden, als das MdJ mitteilte, dass den Vorstellungen Gysis vorläufig nicht entsprochen werden sollte.[955] Es blieb also bei dem mehrstufigen Verfahren, wobei das MdJ die Entscheidungskompetenz behielt[956] und das MfS im Hintergrund mitwirkte.

Um Anwalt werden und bleiben zu können und auch noch Westreisen genehmigt zu bekommen wurde ein permanenter Kontroll- und damit Anpassungsdruck ausgeübt, selbst wenn dieser nur in Teilen sichtbar war. Das führte selbst bei an sich loyalen Juristen auch im Berliner Kollegium zu verbalem Unmut.[957] Einzelne Fälle des Verbleibens im Westen zeigten, dass die bürokratischen Einengungen der Reisefreiheit der DDR keineswegs von allen Anwälten widerspruchslos hingenommen wurden. Anpassung und Unbehagen aufgrund der Überprüfungen gingen offenbar Hand in Hand.

### 7.5.5 Überwachung von Anwaltsmitarbeitern

Die Überwachung der Kollegiumsmitarbeiter durch das MfS war relativ gering ausgeprägt. Anfang der 1980er-Jahre arbeiteten 93 Voll- und Teilzeitmitarbeiter für das Berliner Kollegium. Unter ihnen waren so wenige SED-Mitglieder, sodass »der Parteieinfluss […] in den Zeiten, in denen die Genossen Rechtsanwälte nicht in der Zweigstelle sind, nicht gewährleistet«[958] war, wie ein damaliger Parteisekretär beklagte. Offenbar erwartete er, dass die Zweigstellenleiter beziehungsweise die Anwälte und Parteimitglieder für Ordnung unter den Kollegiumsangestellten sorgen würden. Spuren dieser Sozialkontrolle spiegeln sich

952 MdJ, Einschätzung der Entwicklungen des außerdienstlichen Reiseverkehrs der Mitglieder und Mitarbeiter der Kollegien der Rechtsanwälte in das nichtsozialistische Ausland, 17.11.1987; BStU, MfS, HA XX Nr. 7364, Bl. 257–262.

953 Ebenda.

954 MdJ, Ordnung zur Durchsetzung der Verordnung des Ministerrates der DDR vom 30. November 1988 über Reisen von Bürgern der DDR nach dem Ausland für den Verantwortungsbereich des Ministeriums der Justiz. In: DDR-GBl. Teil I (1989) 25, S. 271.

955 MdJ, Vermerk v. 2.5.1989; BStU, MfS, HA XX Nr. 7357, Bl. 32.

956 HA XX/1, Vermerk o. D.; ebenda, Bl. 85.

957 HA XX/1, TB mit IMS »Dolli«, 2.6.1986; BStU, MfS, AIM 8228/91, T. II, Bd. 1, Bl. 574–576.

958 Parteileitung des Kollegiums, Rechenschaftsbericht, 15.3.1982; BStU, MfS, HA XX Nr. 6886, Bl. 10–27, hier 17.

in den MfS-Unterlagen wider. Die Abteilung XX der BV Berlin verfügte Mitte der 1980er-Jahre über ein Organigramm des Berliner Rechtsanwaltskollegiums inklusive der technischen Mitarbeiter und Mitarbeiterinnen, also mit Anwaltssekretärinnen und Schreib- und Reinigungskräften.[959] In einer Kartei der Abteilung wurden zudem Informationen über einzelne Kollegiumsangestellte festgehalten. So hatte eine Anwältin 1983 das MfS »vertraulich« darüber informiert, wie eine ihrer Angestellten über den Auftritt des Hamburger Rocksängers Udo Lindenberg im Palast der Republik dachte. »Besonders gut« hätte sie die Bemerkung von Lindenberg gefunden, dass die Raketen in Ost und West wegmüssen«.[960] Die Sekretärin habe überdies beklagt, »dass man in der DDR nicht für den Frieden auf die Straße gehen könne«.[961] Diese denunziatorische Kolportage wurde auf einer Kartei festgehalten. Auf anderen Karteikarten finden sich Einträge, die teilweise mit Dokumenten zu Berliner Anwaltssekretärinnen und Bürovorstehern von Zweigstellen hinterlegt sind. Hier ist beispielsweise vermerkt, dass eine Anwaltssekretärin, der als SED-Genossin ein »ausgezeichneter Leumund«[962] vorauseilte, das MfS darüber informierte, dass eine Kollegin »plötzlich Telefonate unterbricht [...], wenn jemand reinkommt«. Die Kollegin, die schon keine Bereitschaft zu gesellschaftlichen Aktivitäten gezeigt hatte, kam nunmehr in den Verdacht der »Feindtätigkeit«.

In der Kartei der BV Berlin/Abteilung XX wurden vor allem verdächtige Westkontakte von Anwaltsmitarbeitern gespeichert. Einer sei vor 1961 Grenzgänger gewesen, habe drei Monate wegen »verbrecherischer Trunkenheit«[963] in Haft gesessen und wegen Beleidigung von Grenzsicherungsorganen unter Ermittlung gestanden. Ferner wurden Westkontakte zur seiner Mutter und einem ehemaligen Anwalt festgehalten. Offenbar wurden die Mitarbeiter nicht systematisch überprüft, sondern nur anlassbezogen Fakten festgehalten. In anderen MfS-Abteilungen existierten vereinzelt Karteikarten zu weiteren Anwaltsmitarbeitern. Motive konnten anrüchige Westkontakte[964], Reisekaderüberprüfungen[965], Avisierung von bevorzugten Grenzpassagen[966] oder die Tätigkeit in einer Einzelkanzlei sein, die der HV A[967] wichtig war.

959 BV Bln/XX, Rechtsanwaltskollegium, o. D. (vermutl. 1980er-Jahre); BStU, MfS, BV Bln, Abt. XX Nr. 6065, Bl. 36–43.

960 HA XX/1, Vermerk v. 11.11.1983; BStU, MfS, HA XX Nr. 6753, Bl. 6.

961 Ebenda.

962 HA XX/1, Archivmaterialauswertung, 31.10.1983; BStU, MfS, HA XX Nr. 6753, Bl. 273 f.

963 BV Bln/XX, Karteikarte, o. D.; BStU, MfS, BV Bln, Abt. XX Nr. 6795, Bl. 40 f.

964 ZKG, VSH-Kartei, 5.2.1988; BStU, MfS, Karteien.

965 HA XIX/III, SIVO XV 5072/76, 2.12.1976; BStU, MfS, SIVO XIX/III/Aw.

966 HA VI, Avisierung 277166, 7.2.1986; BStU, MfS, Karteien.

967 BStU, MfS, Karteien, F 16, HV A, Vorgang Nr. XV 261/79.

Manche Anlässe konnten Tiefenprüfungen oder sogar Überwachungsvorgänge nach sich ziehen, die sich vereinzelt in Dossiers widerspiegeln.[968] Nicht nur der im Folgenden thematisierte ZOV »Alpha« zeigt, wie das MfS die Überwachung intensivieren konnte, wenngleich das Vorgehen gegen zwei Anwaltssekretärinnen im Komplex »Alpha« einen Extremfall darstellt.

Einen Sonderfall stellte auch die Einzelkanzlei von Wolfgang Vogel dar. Als Gerhard Niebling mit der ZKG die Betreuung Vogels übernahm, ließ er einen Vorgang »zur Sicherung eines Objektes und Personen«[969] unter dem Decknamen »Rubin« anlegen, der selbst im MfS konspiriert war. Zu Vogels Mitanwälten und Mitarbeitern wurden Kurzdossiers angelegt. Zu Vogel selbst sind Mitschnitte und Abschriften von Telefonaten überliefert.[970] Der Deckname »Rubin« war offenkundig eine Anspielung auf die äußere Erscheinung Vogels und gab nach 1990 zu Spekulationen Anlass.[971]

## 7.6 Die Überwachung einzelner Anwälte

Bei einem Verdacht auf Feindtätigkeit oder gravierende Unregelmäßigkeiten wurden geheimdienstliche respektive geheimpolizeiliche Überwachungsvorgänge eingeleitet: Operative Personenkontrollen (OPK) oder Operative Vorgänge (OV). Diese wurden bei entsprechenden Verdachtsmomenten mit verhältnismäßig großem Aufwand über einen längeren Zeitraum nach eigens dafür geschaffenen bürokratischen Regeln durchgeführt.[972] Gegen die rund 90 Anwälte umfassende Anwaltschaft in Ostberlin richtete sich in den 1970er- und 1980er-Jahren nur ein OV.[973] Ein weiterer Vorgang folgte auf die Flucht des Anwaltes Heinz Heidrich. Auch zu dem letztlich aus dem Kollegium ausgeschlossenen Anwalt Preuß stellte das MfS so intensive Recherchen an, dass eigentlich ein Operativ-Vorgang entstand, obwohl der Vorgang formal unterhalb dieser Schwelle blieb.[974] Im Jahr 1989 erwog das MfS anlässlich der Buchveröffentlichung von Rolf Henrich eine OPK anzulegen, um Henrichs Juristenkontakte

968 Ein Dossier zu einer Anwaltssekretärin, die Kontakte zu einer Gruppe aus der Bundesrepublik hatte: BStU, MfS, BV Bln, Abt. XX Nr. 6077; die Akte einer Übersiedlerin: BStU, MfS, ZKG Nr. 724.

969 ZKG, Beschluss, 28.4.1986; BStU, MfS, A SIVO 25326/91, Bl. 1.

970 BStU, MfS, Abt. 26/Ka/427; Pötzl: Basar, S. 442; Whitney: Advocatus Diaboli, S. 300. Ob Vogel gezielt oder nur indirekt abgehört wurde, weil seine Gesprächspartner überwacht wurden, müsste genauer untersucht werden.

971 Vogel trug einen Siegelring und stellte seinen Wohlstand durchaus zur Schau.

972 Engelmann: Grundsatzdokumente, S. 245 ff. u. 362 ff.

973 Der zweite OV-Komplex betraf einen Anwalt, der die DDR schon verlassen hatte.

974 Der Vorgang wurde relativ formlos als operatives Material geführt und dann als OPK archiviert. BStU, MfS, AOP 6589/74.

in Ostberlin abzuklären.[975] Dazu kam es offenbar nicht mehr. Außerdem liegen drei minder gewichtige OPKs gegen Berliner Anwälte der Ära Honecker vor. Eine datiert aus den 1950er-Jahren,[976] die zwei übrigen wurden angelegt, als die beiden Juristen noch im Staatsdienst tätig waren.

Eine OPK war eine geheimpolizeiliche Überprüfung zur »Erarbeitung des Verdachts«[977] unterhalb der Schwelle eines förmlichen Ermittlungsverfahrens, konnte aber zu verdeckten Sanktionen führen.[978] Die zwei OPK gegen die Staatsjuristen hatten verschwiegene Westkontakte beziehungsweise die Flucht eines Verwandten zum Hintergrund.[979] Beide Überwachungsmaßnahmen führten dazu, dass die Betreffenden aus dem Staatsdienst in die Anwaltschaft versetzt wurden. Bei einem war das von »parteierzieherischen Maßnahmen«[980] begleitet. Bei dem anderen lief die MfS-Überwachung noch eine Zeit lang weiter, wurde dann eingestellt. Sein Auftreten unterscheide »sich nicht wesentlich von dem anderer Rechtsanwälte«.[981] Es scheint, dass das MfS an einen gewöhnlichen Anwalt geringere Anforderungen stellte, als an einen Angestellten in der staatlichen Justiz.

Es fällt auf, dass die größeren Überwachungsmaßnahmen gegen Berliner Anwälte der Honecker-Ära mit dem Ost-West-Verhältnis und klassischen Abwehraufgaben zusammenhingen. Alle wurden Anfang bis Mitte der 1970er-Jahre durchgeführt. Es sind die Jahre, in denen die neue Justizpolitik von Honecker zu greifen begann und Staat und Gesellschaft stärker unter Parteikontrolle genommen werden sollten. Zugleich wurde die Überprüfung von Neuanwälten durch MdJ, SED und MfS systematisiert. Auch die Berliner Anwälte Reinhard Preuß und Götz Berger verloren in dieser Zeit ihre Zulassung. Das verschärfte justizpolitische Klima zu Beginn der Ära Honecker wirkte sich also unmittelbar und deutlich auf die Anwälte aus. Zusätzlich zeigt ein Abgleich mit der Berliner Stichprobe überraschenderweise, dass die Anwälte Heinz Heidrich, Reinhard Preuß und der im OV »Hund« verfolgte Anwalt 1972 zu den fünf Berliner Anwälten gehörten, die die meisten Angeklagten in den Berliner MfS-ermittelten Verfahren betreuten. Zwei wurden im Ergebnis der Verfolgungen aus der Anwaltschaft entfernt, der Dritte spielte dann bei solchen Verfahren keine größere

975 BV Bln/XX, Maßnahmen zur Aufklärung einer möglichen Verbindung und Kontaktpersonen des ehemaligen Rechtsanwalts Henrich innerhalb des Berliner Rechtsanwaltskollegiums (Entwurf), 2.5.1989; BStU, MfS, BV Bln, Abt. XX Nr. 2481, Bl. 4 f.

976 BStU, MfS, AOP 130/55.

977 Suckut: Wörterbuch, S. 271.

978 Engelmann: Zum Wert, S. 265.

979 HA I, Abschlussbericht, 15.4.1981; BStU, MfS, AOPK 9217/81, Bd. 2, Bl. 104–111, hier 108; BV Bln/XX/1, Abschlussbericht, 30.12.1977; BStU, MfS, AOPK 3175/78, Bl. 244.

980 HA I, Abschlussbericht, 15.4.1981; BStU, MfS, AOPK 9217/81, Bd. 2, Bl. 110.

981 BV Bln/XX/1, Begründung zur Einleitung einer M-Kontrolle, 11.10.1974; BStU, MfS, AOPK 3175/78, Bl. 245.

Rolle mehr.[982] Es gibt in den gesichteten Akten keinen Hinweis darauf, dass die primäre Zielstellung der operativen Vorgänge in einer solchen Verdrängung lag. De facto förderten aber die operativen Vorgänge, wie die Sonderüberprüfungen, die Entstehung des arbeitsteiligen Anwaltssystems, wie es typisch für die Ära Honecker sein sollte.

Operative Vorgänge waren die gravierendste Vorstufe zur förmlichen Strafverfolgung. Seit den 1970er-Jahren wurden sie eher verdeckt und präventiv zur »vorbeugende[n] Verhinderung, Aufdeckung und Bekämpfung aller subversiven Angriffe des Feindes«[983] eingesetzt. Gleichsam als »Krönung«[984] der geheimpolizeilichen Arbeit konnten OV das ganze MfS-Arsenal geheimpolizeilicher Maßnahmen bis hin zu Psychoterror im Rahmen von »Zersetzungsmaßnahmen« umfassen, um vorgebliche Staatsfeinde unschädlich zu machen.[985]

*Beispiel: Der ZOV »Alpha«*

Der umfangreichste MfS-Überwachungsvorgang gegen einen Ostberliner Anwalt der Ära Honecker richtete sich nicht gegen dessen juristische Tätigkeit und ist eigentlich ein Dokument des Scheiterns der Staatssicherheit. Dieser Vorgang kam nicht präventiv zustande, sondern entstand erst nachdem sich der Berliner Anwalt Heinz Heidrich in die Bundesrepublik abgesetzt hatte. Von dort aus organisierte er waghalsige Fluchtunternehmen. Durch Weisung des stellvertretenden Ministers für Staatssicherheit, Bruno Beater, wurde der ZOV 1976 zur »Bekämpfung der kriminellen Menschhändlerbande Heidrich« angelegt.[986] Der Vorgang richtete sich unter anderem gegen DDR-Anwälte und Angestellte der Kollegien, da diese nun in Verdacht gerieten, mit Heidrich Kontakt zu halten.

Das SED-Mitglied Heinz Heidrich hatte beim MfS schon in den 1960er-Jahren den Ruf, mit Personen, die der Spionage verdächtigt wurden, in Kontakt zu

982 Berliner Stichprobe 72-84.

983 RL 1/76 zur Entwicklung und Bearbeitung Operativer Vorgänge in: Engelmann: Grundsatzdokumente, S. 245.

984 Fricke: MfS intern, S. 51.

985 Ebenda; RL 1/76 zur Entwicklung und Bearbeitung Operativer Vorgänge in: Engelmann: Grundsatzdokumente, S. 284 f., 286 ff. u. 290 ff.; Pingel-Schliemann, Sandra: Zersetzen. Strategie einer Diktatur. Berlin 2002.

986 Die Kategorisierung der Überwachung/Bearbeitung als ZOV (Zentraler Operativer Vorgang) auf Entscheidung des StM Beater verweist auf ein koordiniertes Vorgehen mehrerer Diensteinheiten des MfS. Die so behauptete schwere feindliche Tätigkeit ist hier in Unterkomplexe zergliedert, die in TV (Teilvorgängen) von einzelnen MfS-Diensteinheiten bearbeitet wurden. ZKG, Abschlussbericht zum TV 1 »Helikopter«, 17.3.1987; BStU, MfS, AOP 32549/87, Bd. I, Bl. 185–198, hier 185.

stehen.[987] Informanten behaupteten, dass er Verwandtenkontakte zu Häftlingen herstelle und diesen zurede, kein Geständnis abzulegen.[988] Ein IM bezichtigte ihn der »ausgeprägte[n] Geldgier«.[989] Heidrich wurde in der Folgezeit verdächtigt, zugunsten seiner Mandanten Kontakte mit Westanwälten herzustellen.[990] Trotz dieser Verdachtsmomente wurde die MfS-Überwachung letztlich nicht fortgesetzt. Möglicherweise sollte die Ost-West-Diplomatie nicht belastet werden,[991] möglicherweise gab es aber Hemmungen, weil Heidrich offenbar Kontakte zur »Dienststelle in Karlshorst«[992], dem KGB, unterhielt.[993] Unübersehbar war jedoch, dass Heidrich versuchte, Häftlinge beziehungsweise Mandanten in Strafverfahren freikaufen zu lassen. Er stellte Kontakte zur Rechtsschutzstelle der Bundesregierung in Westberlin her. Schließlich drängte Generalstaatsanwalt Josef Streit 1973 darauf, dass Heidrich wie sein Berliner Anwaltskollege Reinhard Preuß diszipliniert werden sollte.[994] Offenbar handelte Streit nicht allein. Das MfS hielt fest: »... da wir [das MfS] offiziell diese Dinge nicht kennen, müsste mit Streit [...] darüber gesprochen werden, damit [der Kollegiumsvorsitzende] Häusler von dort Anleitung und Unterstützung erfährt.«[995] Der Generalstaatsanwalt zählte wie Erich Mielke zu denen, die mit dem Machtwechsel zu Erich Honecker auf eine härtere Gangart in der Justiz drängten.[996] Streit wurde beim MdJ vorstellig. Er wollte kein Ermittlungsverfahren einleiten, regte aber ein Disziplinarverfahren gegen Heidrich an. Der KGB hätte keine Bedenken vorgebracht.[997] Als die SED-Parteigruppe des RAK Berlin Heidrich den »Parteiauftrag« gab, seine Freikaufbemühungen einzustellen, wies der das zurück. Schließlich wurde er am 13. Juni 1973 aus dem Berliner Kollegium ausge-

987 Verw. Groß-Bln/II, Stellungnahme zum UV 1037/60, 11.8.1962; BStU, MfS, AOPK 4409/63, Bd. 5, Bl. 390.

988 Bericht, 13.2.1961; BStU, MfS, AOPK 4409/63, Bd. 5, Bl. 46.

989 HA XX/1, Abschrift TB GI »Fliege«, 12.12.1964; BStU, MfS, HA IX Nr. 8983, Bl. 1.

990 ZKG, VSH zu Heinz Heidrich; BStU, MfS, Karteien.

991 Busse behauptet eine intensive Überwachung ohne diese belegen zu können. Heidrichs Freikaufbemühungen waren offenbar bei der Justiz anhängig. Busse: Deutsche Anwälte, S. 449 f.

992 Abschrift, o. D.; BStU, MfS, AOP 15157/89, Bd. 1, Bl. 183 f.

993 Nach MfS-Angaben wurde Heidrich später in der Bundesrepublik zeitweilig festgenommen, weil man ihn solcher KGB-Kontakte verdächtigte. ZKG, VSH-Kartei, Fortschreibekarte, 21.4.1976; BStU, MfS, Karteien.

994 MdJ, Bericht über die Durchführung der Ausschlussverfahren gegen die Mitglieder des Kollegiums der Rechtsanwälte von Groß-Berlin, Rechtsanwalt Heidrich und Rechtsanwalt Preuß, 6.9.1973; BStU, MfS, AOP 6589/74, Beifügung, Bl. 94–100, hier 94 f.

995 Das Dokument stammt vom 6.2.1973, also vor der Initiative von Streit. Es ist nicht eindeutig, wer dieses Paper verfasst hat. Die Formulierung »da wir offiziell diese Dinge nicht kennen« deutet auf eine MfS-Urheberschaft hin. Abschrift, o. D.; BStU, MfS, AOP 15157/89, Bd. 1, Bl. 184.

996 Raschka: Justizpolitik, 47 ff.

997 MdJ, Vermerk v. 20.3.1973; BArch, DP1, 4734.

schlossen.[998] Im Monat darauf floh er in die Bundesrepublik, was das MfS offenbar nicht vorhergesehen hatte. Erst »durch Hinweise aus der Bevölkerung im Wohngebiet«[999] wurde der Volkspolizei bekannt, dass sich Heidrich abgesetzt hatte. Der ZOV war die Reaktion auf spektakuläre Fluchthilfeunternehmen, die Heidrich zugerechnet wurden. Ein Vietnam-Veteran flog mit einem gemieteten Helikopter von Bayern in die ČSSR ein, um dort DDR-Bürger aufzunehmen. Bei einem dieser Fluchtunternehmen kam es zu einem Schusswechsel. Diplomatische Verwicklungen waren die Folge. Wegen dieser Spezialität wurde im Rahmen des ZOV »Alpha« zeitweise auch der Teilvorgang »Helikopter« geführt.[1000]

Durch die Ermittlungen geriet das Berliner Kollegium unter Druck. Die Situation verschärfte sich, als Heidrich eine Sekretärin des Berliner Anwaltskollegiums ausschleusen ließ, die sich zuvor vergeblich um eine Familienzusammenführung bemühte. Das MfS befürchtete weitere Abwerbungsinitiativen. Die Sekretärin wurde 1975 vom MfS »unter der Zusicherung von Straffreiheit«[1001] in die DDR zurückgeholt. Eine zweite Sekretärin, die man als Mitwisserin verdächtigte, wurde inhaftiert. Bei den Verhören ging es nicht nur um Fluchthilfe, sondern auch um die Kontakte Heidrichs zum Kollegium.[1002] Damit gerieten größere Kreise des Kollegiums in den Sog des Überwachungsvorganges. Die Aussagen der beiden Sekretärinnen unterschieden sich kaum von entsprechenden IM-Berichten.[1003] Die Verhaftung der Anwaltssekretärin blieb keineswegs verborgen. MfS-Mitarbeiter kamen nun ganz offen als Ermittler zu Befragungen in die Kollegiumszweigstellen. Angesichts der legalen Stellung des MfS als Untersuchungsorgan konnten sich die Anwälte den Befragungen schwerlich entziehen. Offenbar entstand allein dadurch eine Drucksituation. In der Folge stellte der Bürovorsteher, der mit Heidrich bekannt war, einen Ausreiseantrag und musste seine Tätigkeit im Kollegium aufgeben.[1004] Im Zuge der Untersuchungen versuchte das MfS, eine Anwältin als IM zu gewinnen, um aus dieser Position »Kontakte und Rückverbindungen«[1005] von Heidrich aufzuklären. Das Ansinnen scheiterte letztlich. Dennoch dürfen die psychologischen Wirkungen derartiger Ermittlungen nicht unterschätzt werden. Sie machten jedem deutlich, welche Dynamik das MfS bei gravierenden Grenzüberschreitungen entfal-

998 Busse: Deutsche Anwälte, S. 450.

999 HA IX, Fahndungskarteikarte Heinz Heidrich, 20.7.1973; BStU, MfS, Karteien, JAK, Bl. 1 f.

1000 ZKG, Abschlussbericht zum TV 1 »Helikopter«, 17.3.1987; BStU, MfS, AOP 32549/87, Bd. 1, Bl. 185–198.

1001 HA II, Sachstandsbericht, 13.1.1976; BStU, MfS, HA II Nr. 38411, Bl. 42–65, hier 62.

1002 HA IX, Information, 30.1.1976; BStU, MfS, AOP 15157/89, Bd. 5/3, Bl. 89–96, hier 90 ff.

1003 Protokollnotiz, 24.1.1976; BStU, MfS, AIM 13973/81, Bl. 53.

1004 Information, 1976; BStU, MfS, A-393/83, Bd. 1, Bl. 370–374.

1005 MfS/Abt. XII, Kurzauskunft o. D.; BStU, MfS, AIM 13973/81, T. II, Bd. 1, Bl. 1.

ten konnte. Der ZOV wurde in den 1980er-Jahren abgeschlossen, nachdem sich Heidrich aus dem Schleusergeschäft zurückgezogen hatte und sich in München auf seine Anwaltstätigkeit konzentrierte.[1006]

*Grenzen der MfS-Überwachungen*

Strukturell macht der ZOV Potenzen wie Grenzen der Anwaltsüberwachung deutlich. Das MfS, das mit seinen verdeckten Methoden eigentlich präventiv staatsfeindliche Handlungen aufdecken sollte, kam bei Fluchten mehrfach zu spät. Die Versuche, das Kollegium inoffiziell zu durchdringen, stießen an mentale und reale Barrieren. Nicht nur im Fall Heinrich war dem MfS Wichtiges entgangen. Auch im Fall des ausgeschlossenen Reinhard Preuß machte das MfS zu spät einen entscheidenden Fund. Nachdem der frühere Anwalt die DDR legal verlassen hatte, meldete ein DDR-Bürger, dass Preuß offenbar über Jahre dutzende Prozesskopien, selbst aus MfS-Fällen, in seiner Datsche gesammelt hatte. Eigentlich war das der Beleg für eine Geheimnisschutz- und Berufsrechtsverletzung, die nach DDR-Recht zwingend einen Ausschluss zur Folge haben musste. Doch diese Fakten wurden dem MfS erst bekannt, als sich Preuß dem Zugriff schon entzogen hatte.[1007] Es ist offenkundig, dass die Geheimpolizei kein Interesse daran hatte, dass diese Ermittlungspanne bekannt wurde.

*Beispiel: OV »Hund«*

Der Operativ-Vorgang[1008] mit dem Decknamen »Hund« richtete sich Mitte der 1970er-Jahre gegen einen Berliner Anwalt. Ein IM berichtete, dass der Anwalt ihm angeboten hatte, ihn in den Westen zu bringen. Das MfS ging davon aus, dass der Anwalt der Ehefrau des IM geraten hatte, anlässlich einer Privat-Reise in der Bundesrepublik zu bleiben. Die Übersiedlung des Ehemannes wollte der Anwalt dann gegen Bereitstellung eines fünfstelligen D-Mark-Betrages organisieren. Da der Anfangsverdacht der Fluchthilfe bei der Abteilung VI der Berliner

1006 Das nach dem Schusswechsel in der ČSSR wegen § 102 StGB (Terror) eingeleitete Ermittlungsverfahren wurde vom Generalstaatsanwalt 1985 eingestellt. Von 1988 bis 1989 sammelte das MfS im OV »Advokat« weiter Informationen zu Heidrich, bis der OV mangels relevanter Erkenntnisse schließlich eingestellt wurde. ZKG, Abschlussbericht zum OV »Advokat«, 30.11.1989; BStU, MfS, AOP 15157/89, Bd. 5/3, Bl. 224–227.

1007 HA IX/8, Stellungnahme zur Erhöhung der Sicherheit bei der Aufbewahrung und Behandlung bedeutender Archivmaterialien (Anlage 3), 18.1.1982; BStU, MfS, HA IX Nr. 13115, Bl. 6–11.

1008 Der OV wird hier als Operativ-Vorlauf bezeichnet. Diese Vorgangskategorie wurde teils 1971 durch die Operative Personenkontrolle und teils 1976 durch den Operativen Vorgang ersetzt. BV Bln/VI, Abschlussbericht, 13.5.1975; BStU, MfS, AOV 7996/75, Bd. 3, Bl. 303–309.

BV angefallen war, entwickelte diese 1974 einen umfangreichen »Operationsplan« zur »Aufklärung«[1009] des Rechtsanwaltes und seiner Familie: Nach einer Überprüfung in den Karteien des MfS und der Deutschen Volkspolizei sollten eine Ermittlung im Wohngebiet und in der Anwaltszweigstelle folgen. Zu sichten waren ferner Konten, die Post- und Paketsendungen. Über die Abteilung XX der BV sollten die »Aufklärung und Absicherung«[1010] des Anwaltes koordiniert werden. Die Abteilung IX, das Untersuchungsorgan, und die HA XX waren eingeplant, den Klientenkreis des Anwaltes zu ermitteln. Der IM der HA VI, der den ersten Hinweise gab bekam den Auftrag, unter Einsatz von »Technik« die Gespräche mit dem Anwalt zu dokumentieren. Durch Beteiligung der Abteilung VIII (Observation) war der Anwalt durch Beobachtung unter »Kontrolle«[1011] zu halten. Seitenlange Protokolle und Observierungsfotos dokumentieren die intensive Überwachung des Anwaltes und seiner Verwandten, die mit Decknamen wie »Hund« und »Hündin« beziehungsweise »Fuchs« und »Füchsin« bezeichnet wurden. Selbst Telefonabhörprotokolle finden sich in der Überwachungsdokumentation.[1012] Es liegt auf der Hand, dass das MfS einen solchen Aufwand trieb, damit ihr eine vergleichbare Flucht-Panne wie beim »Verrat des Rechtsanwaltes«[1013] Heidrich nicht noch einmal passiert. Wie in solchen Fällen üblich,[1014] nahm die Abteilung VI schon früh Kontakte zur Abteilung IX auf. Die frühe Abstimmung mit dem Untersuchungsorgan sollte dem operativen Bereich Hinweise geben, welche gerichtsfesten Fakten benötigt würden, um ein den DDR-Gesetzen entsprechendes Strafverfahren durchführen zu können.[1015] Entsprechend beriet die Abteilung IX ihre Kollegen. »Abt[eilung] IX braucht neben IM zwei weitere Personen, die Vorbereitungshandlungen von Schleusern bestätigen«[1016], hieß es im Vermerk zur Absprache. Die Abteilung IV solle den »Rechtsanwalt in Handlungen verwickeln, die später als offizielle Beweise dienen [könnten ...] Schleusungen reichen nicht aus, da Zubringer beziehungsweise Schleuser keine Kenntnis vom Rechtsanwalt haben brauchen.«[1017] Derart beraten, wurden die geheimpolizeilichen Maßnahmen vorangetrieben. Offenkundig war zu diesem Zeitpunkt daran gedacht, den Anwalt, der nicht der SED angehörte,[1018] zu kriminalisieren. Der Vorgang endete jedoch ohne Sanktionen. Auf-

1009 BV Bln/VI, Operationsplan, 31.7.1974; BStU, MfS, AOV 7996/75, Bd. 2, Bl. 97–102.

1010 Ebenda, Bl. 99.

1011 Ebenda, Bl. 100.

1012 BV Bln, Informationsbericht, 24.9.1974; BStU, MfS, AOV 7996/75, Bd. 2, Bl. 162.

1013 BV Bln/VI, Aktenvermerk, 29.7.1974; ebenda, Bd. 2, Bl. 123.

1014 RL 1/76 zur Entwicklung und Bearbeitung Operativer Vorgänge in: Engelmann: Grundsatzdokumente, S. 261.

1015 Die RL 1/76 zu OV wurde zwar erst 1976 erlassen, regelt in diesem Punkt aber nur eine bereits jahrelang zuvor geübte und geforderte Praxis.

1016 Verw. Groß-Bln/VI, Aktenvermerk, 29.7.1974; BStU, MfS, AOV 7996/75, Bd. 2, Bl. 123.

1017 Ebenda.

1018 Personalbogen, 25.5.1953; BStU, MfS, AOV 7996/75, Bd. 1, Bl. 26–29.

grund von »Überprüfungen durch den Genossen Dr. Oberst Volpert über den Rechtsanwalt Dr. Vogel«[1019] wurde der Vorgang eingestellt. An dem Ausreiseangebot des Anwaltes bestand zwar kein Zweifel. Allerdings handelte es sich bei dem ins Spiel gebrachten Mittelsmann »Wolfgang« nicht um einen Fluchthelfer, sondern um den bekannten Anwalt Wolfgang Vogel.[1020] Heinz Volpert, der Spitzenmann für Übersiedlungsfragen im Sekretariat von Erich Mielke, hatte offenbar den diplomatischen Schaden im Blick, als er für eine Entdramatisierung warb. »Vorbeugend erzieherische Maßnahmen und weitere operative Maßnahmen«[1021] schienen dem MfS schließlich angemessener als Sanktionen. Nach der Logik der Dinge dürfte es sich bei den »erzieherischen« Maßnahmen um mahnende Gespräche seitens des Kollegiums, der Partei oder des Justizministeriums gehandelt haben. Unterlagen konnten dazu nicht gefunden werden. Der OV »Hund« zeigt in Verbindung mit den Disziplinarmaßnahmen gegen die Anwälte Heidrich und Preuß, wie sehr diese Verfolgungsmaßnahmen dabei halfen, der Kanzlei Vogel in Ost-West-Fragen eine Monopolstellung zu sichern.

1019 Abschlussbericht, 13.5.1975; ebenda, Bd. 3, Bl. 303–309, hier 304.
1020 Verw. Groß-Bln, Information, 26.8.1974; ebenda, Bd. 2, Bl. 125.
1021 Verw. Groß-Bln/VI, Beschluss; ebenda, Bd. 3, Bl. 310 f.

# 8. Die Vorsitzenden des Rechtsanwaltskollegiums Ostberlin

Nach dem Anwaltsrecht waren die Vorsitzenden von den Mitgliedern gewählte Verwaltungsleiter und Interessenvertreter des Kollegiums. Die rechtlichen Vorgaben machen deutlich, dass von den Vorsitzenden erwartet wurde, entsprechend den Vorgaben des MdJ auf »ihre« Anwaltschaft einzuwirken. Das galt umso mehr, da sie als Nomenklaturkader der politischen Führung der SED unterstanden. Vor allem in Personalangelegenheiten wurde eine Abstimmung auch mit dem MfS erwartet. Gerade die informellen Abstimmungen hinter der rechtsförmigen Fassade machten die Vorsitzenden zu Persönlichkeiten, die die Kollegien prägen konnten. Die Existenz einer starken Parteigruppe konnte, wie in Berlin, auch zu einer Art Doppelherrschaft im Rechtsanwalts-Kollegium führen. Die Erwartungen an Loyalität gegenüber Staat und Partei und an Einklang von Meinungen und Interessen der Mitgliedschaft bei akzeptierter Führungsrolle des Vorsitzenden waren in sich widersprüchlich. Einigen Vorsitzenden gelang dieser Spagat und führte teilweise zu mehrfachen Wiederwahlen. Andere scheiterten und wurden abgelöst.

## 8.1 Der eigentliche Vorsitzende: Friedrich Wolff

Der breiten Öffentlichkeit ist Friedrich Wolff als »Honeckers Anwalt« bekannt.[1] Die DDR-Bürger kannten ihn aus dem TV-Magazin zu Rechtsfragen »Alles was Recht ist«.[2] Der Justizministerin der DDR, Hilde Benjamin, galt er als Prototyp des »sozialistischen Anwaltes«.[3] Wolff stand Pate bei der Gründung des Berliner Kollegiums. Er wurde 1953 von der Partei aus dem Staatsdienst in das Initiativkomitee zur Gründung des Kollegiums delegiert und übernahm im Folgejahr dessen Vorsitz.[4] Im Dezember 1989, nachdem Gregor Gysi SED-Vorsitzender

1 Honecker-Anwalt war IM. In: Focus 5/1995, zugl. http://www.focus.de/politik/deutschland/stasi-honecker-anwalt-war-im_aid_152676.html. (letzter Zugriff: 26.1.2015). Honecker ließ sich im Verfahren von drei Anwälten unterstützen.

2 Sofern nicht anders angegeben, beziehen sich die Lebensdaten auf Wer war wer in der DDR? Ein Lexikon ostdeutscher Biografien. In: Wer war wer in der DDR? www.bundesstiftung-aufarbeitung.de/wer-war-wer-in-der-ddr-%2363%3B-1424.html (letzter Zugriff: 11.9.2014); Wolff: Ein Leben, S. 164 u. 167.

3 Wolff: Ein Leben, S. 129; Benjamin: Geschichte, S. 226 f.

4 Lorenz: Rechtsanwaltschaft, S. 140 f.; Wolff: Ein Leben; S. 109 f.

geworden war, wurde er für die verbleibenden neun Monate bis zur Auflösung von DDR und Kollegium mit 53 von 54 Stimmen in geheimer Wahl wiedergewählt.[5] Mit Ausnahme einer Zeitspanne von 1970 bis 1984 stand er an der Spitze nicht nur der Ostberliner Anwaltschaft, sondern repräsentierte zugleich als Vorsitzender der Zentralen Revisionskommission bzw. des Rates der Vorsitzenden die in den Kollegien organisierte Anwaltschaft der DDR.

Wolff, 1922 geboren, war ein typischer Vertreter der jüngeren Aufbaugeneration der DDR.[6] Der Arztsohn aus dem Arbeiterbezirk Berlin-Neukölln besuchte vor 1933 eine marxistisch orientierte Reformschule.[7] Sein Vater wurde bald nach der Machtübernahme der NSDAP 1933 wegen seiner jüdischen Abstammung vorübergehend inhaftiert.[8] Unter dem mit massiven Mitteln durchgesetzten Boykott jüdischer Ärzte litt die väterliche Praxis. Im Dezember 1935 starb der Vater an Herzversagen. In Wolffs Wahrnehmung »begünstigte«[9] die Judenverfolgung den Tod des Vaters und wurde zu einem Wolff prägenden Erlebnis. Als »Halbjude« eingestuft, ließ seine Mutter ihn vorsichtshalber evangelisch taufen und konfirmieren. Dennoch durfte Wolff aus antisemitischen Gründen in der NS-Zeit nicht Medizin studieren, absolvierte stattdessen eine kaufmännische Lehre. Mit viel Glück überlebte er im Raum Berlin, wurde schließlich noch für die Rüstungsindustrie zwangsrekrutiert.[10] Von 1946 bis 1949 ermöglichte ihm die Nachkriegssituation, ein Studium der Rechtswissenschaften an der Humboldt-Universität Berlin zu absolvieren. Nach jeweils kurzer Zeit als Amtsrichter und Seminarleiter an einer Richterschule wurde er Mitarbeiter in der Hauptabteilung Justiz des Magistrats von Berlin. Diese Funktion musste er auf Betreiben der SED-Bezirksleitung Berlin aus »kaderpolitischen Gründen« aufgeben. Der Anlass ist nicht eindeutig.[11] Wolff trat schon 1945 der KPD bei, war so-

5 Ebenda, S. 196 f.

6 Zur Generationentypologie im Gefolge der Wissenssoziologie von Karl Mannheim vgl. im Kapitel Geheimpolizeiliche und operative Einflussnahmen des MfS den entsprechenden Abschnitt. Mannheim, Karl: Das Problem der Generationen. In: Wolff, Kurt (Hg.): Wissenssoziologie. Neuwied 1964, S. 509–565.

7 Wolff: Ein Leben, S. 25.

8 Wolff vermutet, dass möglicherweise die Mitgliedschaft in einer Standesorganisation ihn exponierte und zum Ziel der nationalsozialistischen Verfolgung machte. Wolff: Ein Leben, S. 28 f.

9 Schon in einem frühen Lebenslauf benannte er den Zusammenhang zwischen dem Tod seines herzkranken Vaters und den politischen Verhältnissen. Unbestritten dürfte sein, dass eine Verbindung zwischen Verfolgung und Tod des Vaters für den damals 13-Jährigen im Familiendiskurs zu einer psychologischen Tatsache wurde. Lebenslauf, o. D. (vermutl. um 1950); BStU, MfS, AP 72720/92, Bl. 5–7; Wolff: Ein Leben, S. 28 ff.

10 Erdmann, Barbara; Kossack, Susanne: 75. Geburtstag. Gratulation für Rechtsanwalt Dr. Friedrich Wolff. In: ND, Extra-Ausgabe vom 30.7.1997; Wolff: Ein Leben, S. 49 ff. u. 41 ff.

11 Nach Wolffs Erinnerungen wurden keine präzisen Gründe genannt. Er erinnert sich an eine von der SED durchgeführte Untersuchung wegen einer parteikritischen Resolution und angeblicher Zugehörigkeit zu einer »trotzkistischen« Gruppe während der Studienzeit sowie an

wohl während des Studiums als auch während der Magistratszeit Mitglied der BPO bzw. Parteileitung.[12] Wolff selbst schreibt, man habe ihm die Alternative einer wissenschaftlichen oder Anwaltstätigkeit überlassen.[13] Einer MfS-Quelle zufolge »trat [er] dann im Auftrag der Partei dem Kollegium der Rechtsanwälte bei«.[14] Der Kollegiums-Vorsitz ging trotz seiner maßgeblichen Vorbereitungsarbeit in den ersten Monaten des Kollegiums zunächst allerdings an einen anderen Juristen.[15]

### *Beziehungen zum MfS*

Wie andere Berliner Rechtsanwälte, die während der NS-Zeit Verfolgungen bzw. dem Exil ausgesetzt waren, zeigte sich Wolff gegenüber dem MfS zu einer Zusammenarbeit bereit. Seine handschriftliche Verpflichtungserklärung zugunsten der HV A stammt aus dem November 1955.[16] Er wurde laut Akten in erster Linie genutzt, um einen Agenten des MfS in der Bundesrepublik mit Bescheinigungen »abzudecken«[17], was wohl bedeutete, ihm eine legale Tarnung zu geben. Eine überlieferte derartige Bescheinigung ermächtigt zu einer Handelsregisterrecherche.[18] Soweit aus den vorhandenen Akten ersichtlich, scheint der GM »Jura« nur in sehr allgemeiner Form über das Kollegium gesprochen zu haben.[19] Allerdings wurden bei einem Kanzleibesuch laut MfS-Protokoll »einige Akten durchgesehen, wo ev[entuell …] operatives Interesse vorliegen könnte«.[20] Hierbei handelte es sich offenbar um datenschutz- bzw. berufsrechtlich sensible Unterlagen. Denn später soll Wolff gegenüber dem MfS geäußert haben, »solche Dinge, wie zum Beispiel mit den Karteikarten könne er nicht wieder ma-

Probleme anlässlich der Überprüfung der Parteimitglieder 1950. Wolff: Ein Leben, S. 102 u. S. 83 ff. In einem damaligen Lebenslauf war von »kleinbürgerlichen Tendenzen« die Rede. Lebenslauf, o. D. (vermutl. um 1950); BStU, MfS, AP 72720/92, Bl. 7. Die Kaderakte von Wolff konnte für diese Arbeit nicht beigezogen werden, da nicht auffindbar. Die Tochter Wolffs und eine Anwaltskollegin schreiben, dass Wolff im Magistrat »untragbar« war, weil seine Mutter in Westberlin lebte. Außerdem schildern sie die Reaktion auf eine parteikritische Resolution von 1947 an den Parteitag, als Wolff schon Leiter der SED-Parteiorganisation der Berliner Studenten war. RAK Berlin, Protokoll v. 30.5.1953, zit. nach: Erdmann; Kossack: 75. Geburtstag. Gratulation für Rechtsanwalt Dr. Friedrich Wolff. In: ND, Extra-Ausgabe v. 30.7.1997.

12 Personalbogen, 19.1.1978; BStU, MfS, AP 72720/92, Bl. 1.

13 Wolff: Ein Leben, S. 109 ff.

14 HV A/Ib, Auskunft, 23.11.1958; BStU, MfS, AIM 1056/61, Bl. 28–30, hier 29.

15 Wolff: Ein Leben, S. 109 ff.; Lorenz: Rechtsanwaltschaft, S. 140 f.

16 Friedrich Wolff, Verpflichtungserklärung v. 25.11.1955; BStU, MfS, AIM 1056/61, Bl. 18.

17 HV A/Ib, Auskunft, 23.11.1958; ebenda, Bl. 30.

18 Friedrich Wolff, Bescheinigung, 17.5.1956; ebenda, Bl. 42.

19 HV A/Ib, TB mit »Jura«, 30.11.1958; ebenda, Bl. 47.

20 HV A/Ib, TB mit »Jura«, 23.7.1959; ebenda, Bl. 48.

chen«.[21] Die inoffizielle Zusammenarbeit endete nach gegenwärtigem Kenntnisstand 1960, nachdem mit der SED-Bezirksleitung Berlin abgesprochen wurde, »dass er draußen bleiben müsse, weil er nicht kompromittiert werden dürfe«.[22] Mancher im MfS sah darin aber offenbar einen Vorwand, »was auf seine innere Einstellung schließen«[23] ließe. Allerdings wurde festgelegt, dass Wolff als Vorsitzender Kontakt zur Berliner Bezirksverwaltung des MfS hielt, »mit der alle notwendigen Dinge besprochen würden«.[24] So ging der ehemalige Führungsoffizier der HV A davon aus, dass »im Bedarfsfall«[25] ein Kontakt hergestellt werden könne. Wolff zeigte sich also kooperativ, versuchte sich aber dank seiner Parteikontakte einer allzu engen Umklammerung durch das MfS zu entziehen.[26] Wie schon im Fall Wolfgang Vogel zeigt sich, dass die Partei exponierte Anwälte vor einer förmlichen IM-Zusammenarbeit schützte, wenn die Gefahr zu groß war, dass ihr Ansehen durch dieserart Dienste Schaden nehmen konnte. Das schloss aber wie im Fall Vogel eine andere, klandestine Kooperation mit dem MfS nicht aus.

Spätestens in den 1970er-Jahren knüpfte die HV A neue Kontakte zu Friedrich Wolff.[27] In seinen Worten bestand die Aufgabe darin, »für unsere Kundschafter im Westen als Verteidiger tätig«[28] zu sein. In der Tat war die HV A IX/C/10 mit derartigen Dingen betraut.[29] Bislang betreuten vor allem die Anwälte Kaul und Vogel derartig heikle Einzelfälle.[30] Mit Wolff wurde nun ein Kollegiums-Anwalt beauftragt. Für diesen Zweck wurde Mitte der 1970er-Jahre eine eigene Zweigstelle geschaffen, die spätere Zweigstelle »Friedrichshain II« in der Warschauer Straße, deren Anwälte auch der ZK-Kontrolle unterlagen.[31] Die

21 HV A/Ib. Vermerk, 29.9.1960; BStU, MfS, AIM 1056/61, Bl. 35.

22 Ebenda.

23 HV A/Ib, Abschlussbericht, 29.9.1960; BStU, MfS, AIM 1056/61, Bl. 36 f.

24 HV A/Ib, Vermerk v. 29.9.1960; ebenda, Bl. 35.

25 HV A/Ib, Vermerk v. 2.1.1961; ebenda, Bl. 38.

26 Wolffs Schilderung deckt sich in diesem Punkt weitgehend mit der Aktenlage. Er stellt lediglich die logistische Hilfe für die Auslandsarbeit des MfS etwas anders dar. Wolff: Ein Leben, S. 118.

27 Wolff datiert das auf etwa 1970, eine HVA-Karteikarte wurde schon 1967 angelegt, eine andere Erfassungskarte nennt 1979. BStU, MfS, Kartei, Vorgang Nr. XV 262/79; Wolff: Ein Leben, S. 146 f. Wolff bestritt in früheren Jahren »eine Verbindung in diesem offiziellen Sinne« mit dem MfS. Friedrich Wolff im Gespräch, 3.9.1992. In: Günter Gaus im Gespräch mit Ulf Fink ... Berlin 1993, S. 125–148, hier 145.

28 Wolff: Ein Leben, S. 146 f.

29 Müller-Enbergs: Hauptverwaltung A, S. 152.

30 Wolff: Ein Leben, S. 146.

31 Klaus Sorgenicht: Schreiben an Erich Honecker (Abschrift), 1976; BStU, MfS, HA XX Nr. 15888, Bl. 338 f. Der Vorschlag wurde laut Abschrift am 22.12.1976 von Honecker abgezeichnet. Er stand in Verbindung mit der geplanten Abwicklung des Büros von Ingeburg Genz. Da die letztlich nicht vorgenommen wurde, ist nicht klar, ob der Ursprungs-Vorschlag vollumfänglich realisiert wurde.

dortigen Anwälte sollten nicht nur der Parteiführung zur Regelung persönlicher Angelegenheiten zur Verfügung stehen, sondern auch dem MfS. Das erwartete, dass ein dort tätiger Anwalt »in jeder Beziehung unsere Linie vertrete«.[32] In den Akten ist gelegentlich davon die Rede, Wolff sei für die HV A »positiv erfasst« und würde unter »Wagner« geführt.[33] Er habe berufliche Kontakte zu Rechtsanwälten im kapitalistischen Ausland, womit entsprechende Reisen verbunden wären. Unter anderem organisierte er 1974 die Verteidigung des ehemaligen Spions im Bonner Kanzleramt, Günter Guillaume.[34] Die HV A IX/C/10 holte auf Bitten anderer MfS-Diensteinheiten aber auch Informationen aus dem Berliner Anwaltskollegium ein.[35] So ging die HA IX 1985 davon aus, dass der Leiter der HV A/10, Fritz Kobbelt, »über RA Wolff weitere Auskünfte [zu westdeutschen Anwälten] einholen und der HA IX zusenden«[36] könne. Ein Jahr später schickte Oberst Kobbelt der HA IX »wie vereinbart«[37] Kopien zweier Protokolle des Rates der Vorsitzenden der Anwaltskollegien, zwei Vermerke über Gespräche der Kollegiums-Spitze mit Justizminister Heusinger sowie den Entwurf eines Artikels für die Neue Justiz. Alles mit Aktivitäten von Friedrich Wolff in seiner damaligen Funktion als Vorsitzender des Rates der Vorsitzenden verbunden.

Über einen Rechtsanwalt wurde beispielsweise der HV A IX/C »inoffiziell« bekannt, dass dieser in Kollegenkreisen erzähle, »dass er für die Rechtsstelle des MfS tätig ist«.[38] Der Anwalt sei nach inoffizieller Einschätzung ein »bewusster und treuer Genosse, der jedoch einen unreifen, naiven Eindruck erweckt. Er ist leicht beeinflussbar.«[39] Dieser Bericht wurde vom Mitarbeiter »755« der HV A IX/C protokolliert, der auch »Wagner« registriert hatte.[40] Von 1982 stammt

32 Die Äußerung ist formal auf einen anderen Anwalt bezogen, wurde aber so allgemein formuliert, dass sie auf alle Anwälte in dieser Kanzlei zutreffen dürfte. HV A IX/C, TB mit IM »Jurist«, 3.4.1976; BStU, MfS, AIM 6999/82, Bl. 152.

33 HV A/AG S, Schreiben an HA XX, 21.12.1981; BStU, MfS, AP 72720/92, Bl. 19; BStU, MfS, Kartei F 16, F 22 Vorgang Nr. XV 262/79; SIRA TDB 21. Andere Personen auf dieser Registriernummer gehören zur Familie Wolff. Er wird auch in den Akten gelegentlich als »Wagner« bezeichnet. HV A IX/C, TB mit IM »Jurist«, 16.9.1975; BStU, MfS, AIM 6999/82, Bl. 103; HV A IX/C, TB mit IM »Jurist«, 3.4.1976; ebenda, Bl. 151.

34 Wolff: Verlorene Prozesse, S. 153 ff. Dass Wolff eigenständig von der Familie Guillaume beauftragt wurde und Anwälte in der Bundesrepublik suchte, erscheint nicht plausibel. Die HV A IX/C/10 hielt für solche Fälle eine Liste mit Vertrauensanwälten, die als Kontaktpersonen geführt wurden vor. Müller-Enbergs: Hauptverwaltung A, S. 262.

35 HV A IX/C, Schreiben an HA VII, 15.4.1981. Das Schreiben enthält eine Information aus der Parteileitung des RAK Berlin über die Überlegungen zur Einleitung einer Disziplinarmaßnahme gegen einen IM. BStU, MfS, AIM 6999/82, Bl. 252; HA IX/AKG/GF, Stellungnahme, 14.6.1985; BStU, MfS, HA IX Nr. 16365, Bl. 72.

36 HA IX/AKG/GF, Vermerk v. 22.5.1985; BStU, MfS, HA IX Nr. 13643, Bl. 1.

37 HV A/AG S/Fritz Kobbelt, Schreiben an HA IX, 6.2.1986; BStU, MfS, HA IX Nr. 16358, Bl. 45.

38 HV A IX/C, Vermerk v. 21.5.1981; BStU, MfS, BV Bln, AIM 15047/83, Bl. 60.

39 Ebenda.

40 BStU, MfS, Kartei, F 22, Vorgang Nr. XV 262/79, SIRA TDB 21.

ein Vermerk der HV A/AG S, der ab 1980 ehemalige Teilaufgaben der HV A IX/C zugeordnet waren, über Kontroversen in der Parteiversammlung des Kollegiums, dem Wolff seinerzeit als Parteisekretär vorstand. Protokollant war der Mitarbeiter »330« der HV A, auf den »Wagner« ebenfalls eine Zeit lang registriert war.[41] Der Vermerk zielte auf einen Anwalt, der sich kritisch gegen einen SED-Funktionär stellte und als »überheblich«[42], also nicht parteikonform, charakterisiert wurde. Nicht nur aus formalen, auch aus inhaltlichen Gründen kann geschlussfolgert werden, dass es vermutlich Wolff war, der die HV A 1976 detailliert über den Ablauf der Abberufung von Götz Berger auf dem Laufenden hielt. Einer dieser Berichte schildert in Ich-Form eine interne Versammlung der Anwälte.[43] Ein weiterer Bericht, ebenfalls in Ich-Form, schildert ein eher privates Treffen von Wolff mit Götz Berger, in dem Wolff Ende 1976 versuchte, im Vorfeld des Parteiverfahrens auf Berger Einfluss zu nehmen.[44] Dieses Zusammenkommen ist von Berger selbst bezeugt.[45] Es ließen sich weitere Beispiele anführen, in denen Diensteinheiten des MfS von der HV A/IX mit Rechtsanwaltsinterna versorgt wurden. Diese Beispiele tragen keinerlei Quellenbezeichnung und weisen lediglich Parallelen zu Aktivitäten und der MfS-Registrierung von Wolff auf.[46] Allerdings hatte die HV A schon 1961 festgehalten, dass Wolff Funktionen bekleide, »die es ratsam erscheinen lassen, hinsichtlich einer Zusammenarbeit sehr vorsichtig zu sein«.[47] Abgesehen von den geschilderten Beispielen liefern die im Zusammenhang mit dieser Arbeit gesichteten Akten, anders als gelegentlich vermutet,[48] keinen Beweis dafür, dass Wolff dem MfS in späterer Zeit über Mandantenangelegenheiten berichtet hätte.

Wolffs Rolle als die eines »IM« zu beschreiben, würde seine Vertrauensbeziehung zum MfS verkürzen. Rechtsanwalt Wolff nutzte seine Verbindungen ins MfS augenscheinlich auch, um für seine justizpolitischen Vorstellungen zu werben. Und offenbar ließen sich einige Offiziere von HV A und HA IX gern

41 Ebenda.

42 HV A/AG S/Fritz Kobbelt, Schreiben an BV Bln/XX, 23.4.1982; BStU, MfS, AIM 19094/85, T. I, Bd.1, Bl. 102.

43 Bericht über die Diskussion zur Abberufung des Genossen Dr. Götz Berger als Rechtsanwalt im Rechtsanwalts-Kollegium von Groß-Berlin, 7.12.1976; BStU, MfS, HA XX Nr. 6886, hier 168. Diesen Bericht erhielt die HA XX/1 von der HV A/IX/C am 17.12.1976.

44 HV A IX/C/10, Tonbandbericht der über Treffen mit Dr. Berger am 13.12.1976, 15.12.1976; BStU, MfS, AIM 2528/61, Bl. 181.

45 Götz Berger im Interview mit Jochen Czerni. Nachlass Berger. Für die Möglichkeit der Akteneinsicht danke ich dem Helle Panke e.V., Berlin.

46 Wolff berichtet nicht zu diesem Punkt. Er schildert für jene Jahre lediglich anwaltliche Agentenbetreuungen. Wolff: Ein Leben, S. 146 f.

47 HV A/Ib, Abschlussbericht, 29.9.1960; BStU, MfS, AIM 1056/61, Bl. 37.

48 Fricke, Karl Wilhelm: Akten-Einsicht. Rekonstruktion einer politischen Verfolgung. Berlin 1995, S. 98 f.

von ihm beraten und nutzten seine Expertise im Apparat, um sich profilieren zu können.

*Karriere und wichtige Mandate*

Nachdem der Aufbau des Kollegiums zunächst anderen Justizfunktionären überlassen wurde, trat Friedrich Wolff 1954 an die Spitze des Berliner Kollegiums und später der ZRK. Im Jahr 1962 rückte er in den Zentralvorstand der Vereinigung der Juristen der DDR (VdJ) nach. Er verblieb bis zum Ende der DDR in entsprechenden Leitungsfunktionen des VdJ.[49] Wolff gehörte zur gehobenen Partei-Nomenklatura. Er selbst hat seine damalige Stellung im Nachhinein ironisch als »Bonze in der DDR«[50] umschrieben. Den vorübergehenden Bruch brachte eine Liaison mit der Ehefrau eines Anwaltskollegen, die angesichts der damals geltenden Vorstellungen über »sozialistische Moral« seinen Rücktritt erforderlich machte.[51] Die übergeordneten Parteigremien bis zum Sekretariat des Zentralkomitees segneten diese Lösung ab und verzichteten auf weitere Sanktionen.[52] Wolff hatte sich damit möglicherweise eine »große Perspektive versaut«[53], da er zumindest nach Ansicht eines Kollegen Chancen hatte, zum ersten Stellvertreter des Ministers für Justiz aufzusteigen. Stattdessen begannen Partei und MfS Wolff als Vertrauensanwalt zu nutzen. Ab 1973 durfte er wieder der Parteileitung des Berliner Kollegiums angehören.[54] Wolff war ein loyaler Parteigänger mit einem gewissen Hang zum Rigorismus, was ihm bei jüngeren Anwälten den Spitznamen »Ayatollah« eintrug.[55] Wenn die Partei es wie im Fall Götz Berger verlangte, reagierte er folgsam. Andererseits konnte sich Wolff bei Angriffen auch geschickt vor »seine« Anwälte stellen.[56] Immer wieder warf er seine Autorität in die Waagschale, um Rechte der Verteidigung bzw. der Anwaltschaft zu weiten oder zu sichern. Er widersetzte sich beispielsweise 1964

49 Wolff: Ein Leben, S. 178.

50 Ebenda, S. 98 ff.

51 Wolff meint, er habe der SED-BL freiwillig seinen Rücktritt angeboten. Allerdings war die Parteigruppe mehrheitlich für den Rücktritt. Ein IM behauptete, der Rücktritt sei unter Druck erfolgt, da er die Sache gegenüber der Parteigruppe verschwiegen hätte. Wolff: Ein Leben, S. 146; Verw. Gr.-Bln/XX/1, TB, 20.8.1970; BStU, MfS, AIM 1129/89, T. II, Bd. 1, Bl. 139.

52 MdJ, Vermerk zum Vorsitzenden des RAK Berlin und der ZRK Friedrich Wolff, 19.8.1970, S. 1; BArch, DP1, 2565.

53 Verw. Gr.-Bln/XX/1, TB mit IMS »Ludwig«, 1.1.1970; BStU, MfS, AIM 1129/89, T. II, Bd. 1, Bl. 140. Für diesen IM-Bericht gibt es allerdings keine aktenmäßige Bestätigung.

54 Personalbogen, 19.1.1978; BStU, MfS, AP 72720/92, Bl. 1; Wolff: Ein Leben, S. 162.

55 Wolff: Verlorene Prozesse, S. 224.

56 Vgl. dazu im Kapitel Erziehung zur sozialistischen Anwaltschaft den Abschnitt Disziplinarverfahren.

mit anderen Vorsitzenden erfolgreich dem Begehren des MdJ, die Handakten der einzelnen Anwälte einsehen zu können.[57] In den strengen 1970er-Jahren nutzte Wolff seine publizistische Autorität, um eine Abwertung der Anwaltsrolle zu verhindern.[58]

Wolff stellt seine Rolle, insbesondere gegenüber der Partei als eher klein dar.[59] Allerdings ist es angesichts seiner Nomenklaturkaderfunktion und dem Sonderstatus seiner Zweigstelle zweifelhaft, dass seine Drähte in den ZK-Apparat wirklich so dünn waren, wie er es glaubhaft machen will. Ein IM meinte, sein Führungsstil bestehe in der »Schaffung von Widersprüchen zwischen dem zuständigen Sektor beim ZK und der Fachabteilung des MdJ. Er versuche beide Organe auseinander zu differenzieren«.[60] Immerhin gelang es Wolff, eine neue rechtliche Regelung für Rechtsanwälte letztlich in Gesetzesform statt in Verordnungsform gießen zu lassen.[61] Wolff strebte damit eine Gleichrangigkeit mit anderen Rechtsorganen an. Zweimal gelang es ihm, maßgeblich die Person seines Nachfolgers mitzubestimmen.[62] Das waren Entscheidungen, die ohne Einvernehmen mit dem zentralen Parteiapparat nicht zu realisieren waren. Hinter den Kulissen konnte Wolff jedoch durchaus emotional werden, was ihm gelegentlich Kritik einbrachte.[63] Die Melange aus Parteiloyalität und Engagement verhalf Wolff zu einer übergreifenden Autorität nicht nur im Berliner Kollegium. Das sicherte ihm als Parteisekretär neben seinem relativ schwachem Nachfolger, Gerhard Häusler, einen starken Einfluss.[64] Im Generationenkonflikt zwischen der Aufbau- und Nachkriegsgeneration des Berliner Kollegiums erwies sich Wolff als Integrationsfigur. Lange Zeit war aus Sicht der Partei »außer Wolff kein Kader vorhanden«[65], der den Vorsitzenden hätte ersetzen können. Daher entschieden MdJ und SED 1984, ihn wieder in seinen alten Funktionen zuzulassen.[66]

57 Busse: Deutsche Anwälte, S. 436 f.

58 Wolff: Ein Leben, S. 165; Wolff, Friedrich: Stellung, Aufgaben und Verantwortung des Verteidigers im Strafverfahren. In: NJ 33 (1979) 9, S. 400–402; Ders.: Der Werdegang der sozialistischen Rechtsanwaltschaft in der DDR. In: NJ 33 (1979) 10, S. 433–435.

59 Wolff: Ein Leben, S. 191.

60 HA XX/1, TB mit IMS »Martin«, 28.1.1985; BStU, MfS, AIM 1111/91, Bl. 88–90, hier 89.

61 Wolff meinte, hierfür Wolfgang Vogel gewonnen zu haben, weil der im Gegensatz zu ihm über mehr Einfluss verfügt habe. Wolff: Verlorene Prozesse, S. 225.

62 Wolff: Ein Leben, S. 146 u. 188.

63 MdJ, Vermerk über die Tagung des Rates der Vorsitzenden am 27.9.1985, 4.10.1985, S. 3; BArch, DP1, 4474. Eine Kontroverse mit Hilde Benjamin um einen Disziplinarfall überliefert er. Wolff: Ein Leben, S. 129.

64 Personalbogen, 19.1.1978; BStU, MfS, AP 72720/92, Bl. 1.

65 Überlegungen für die Besprechung mit den Genossen der Bezirksleitungen, den Parteisekretären und den Vorsitzenden der Kollegien zur Kadermäßigen Vorbereitung der Vorstandswahlen im Frühjahr 1980, o. D.; BArch, DP1, 23191.

66 Wolff: Ein Leben, S. 172; König: Gregor Gysi, S. 225.

Trotz gewisser Bedenken auf der Fachebene im MdJ[67] übernahm er wieder den Vorsitz im Rat der Vorsitzenden. Allerdings war schon Gregor Gysi für seine Nachfolge im Berliner Kollegium mehr oder minder fest designiert.[68]

Wolff zählte zu den profiliertesten Strafverteidigern der DDR. Schon in relativ jungen Jahren hatte er sich 1957, im Verfahren gegen den Leiter des Aufbauverlages, Walter Janka, einen Namen gemacht. Dem wurde vorgeworfen, aus einer Gruppe heraus gegen die SED-Führung konspiriert zu haben. Janka erwartete von seinem Anwalt ein Freispruchplädoyer.[69] Schon in einem seiner ersten Verfahren, gegen den Westberliner Wolfgang Gottschling, der als vermeintlicher Rädelsführer des Volksaufstandes vom 17. Juni abgeurteilt werden sollte, hatte Wolff auf Freispruch plädiert.[70] Wolff lehnte im Fall Janka zwar eine »politische Verteidigung«[71] ab, folgte aber sonst den Wünschen seines Mandanten. »Das war Haltung«[72], erinnerte sich Janka später. Der Karriere von Wolff tat das Freispruchplädoyer jedenfalls keinen Abbruch, wenngleich es in MfS-Unterlagen spitze Anmerkungen zu seiner »persönlichen Haltung«[73] gab. Anders als Anwälte, die persönlich oder familiär NS-Verfolgungen ausgesetzt waren und von daher die Verteidigung von NS-Beschuldigten ablehnten,[74] verteidigte Wolff solche Angeklagte, obgleich er dies zu seinen »schwierigsten«[75] Aufgaben zählte. Diese Verfahren hatten für die DDR wegen ihres Gründungsmythos als »antifaschistischer Staat« eine wichtige propagandistische Funktion. Verfahren gegen bundesrepublikanische Ministeriale wie Theodor Oberländer und Hans Globke[76] trugen Kampagnencharakter, wobei es durch »absurde,

67 MdJ, Klaus Horn, Mitteilung an Minister, 23.1.1984; BArch, DP1, 4399.

68 RAK Berlin, Berichterstattung über die Verwirklichung des Kaderprogramms, 10.12.1984; BArch, DP1, 4392.

69 Loest: Prozesskosten, S. 121; Bästlein: Fall Mielke, S. 138.

70 Fricke, Karl Wilhelm; Engelmann, Roger: Der »Tag X« und die Staatssicherheit. 17. Juni 1953. Reaktionen und Konsequenzen im DDR-Machtapparat. Bremen 2003, S. 199 ff.

71 Wolff: Verlorene Prozesse, S. 59.

72 Zit. nach: König: Gregor Gysi, S. 168 f.

73 HV A/Ib, Beschluss, 21.12.1960; BStU, MfS, AIM 1056/61, Bl. 39 f.

74 Verw. Gr.-Bln/XX/1, TB mit GI »Ludwig«, 24.6.1968; BStU, MfS, AIM 1129/89, Bl. 131. Auch Gregor Gysi lehnte die Verteidigung von mutmaßlichen Kriegsverbrechern ab. Gysi: Das war's, S. 57.

75 Wolff: Ein Leben, S. 167.

76 Globke war unter Konrad Adenauer Staatssekretär im Bundeskanzleramt. Die DDR versuchte eine Parallele zwischen der Beteiligung Adolf Eichmanns am Rassenmord und dem Kommentator der NS-Rassegesetze herzustellen. Auch gegen den Vertriebenenminister, Theodor Oberländer, inszenierten SED und MfS ein Verfahren wegen vermeintlicher NS-Verstrickungen und verurteilten diesen in Abwesenheit. Leide: NS-Verbrecher und Staatssicherheit, S. 72 f. u. 80 ff.

aber wirkungsvolle Übertreibungen«[77] vor allem darum ging, die Bundesrepublik und ihr Führungspersonal zu diskreditieren. Friedrich Wolff konnte und wollte als Pflicht-Anwalt derartige Verfahren nicht grundsätzlich infrage stellen. Dennoch oder gerade deswegen sollte die Markierung der Anwaltsrolle diesen Verfahren einen seriösen Anschein verschaffen. Der international stark beachtete Oradour-Prozess wies diese Ambivalenz auf. Auch wenn er nicht »gegen den Staat«[78], mit dem er sich identifizierte, verteidigen wollte, zeigte sich Wolff in weniger spektakulären NS-Verfahren als Verteidiger verhältnismäßig beharrlich, wenn es darum ging, Schwächen in der Beweisführung nachzuweisen oder gegen eine Übermaßstrafe vorzugehen. Das tat er vor allem dann, wenn es sich um eher mittelbar Beteiligte aus sozial schwierigen Milieus handelte, die sich im Laufe der Jahre in die Verhältnisse der DDR integriert hatten.

Hubert Schwerhoff wurde 1972 vor dem Stadtgericht Berlin angeklagt, als Mitglied eines SS-Einsatzkommandos in Polen und im Generalgouvernement an Erschießungen, Folterungen und Deportationen teilgenommen zu haben. Das Wortprotokoll der Hauptverhandlung weist aus, dass Wolff und sein Kollege Rudi Bell als Pflichtverteidiger über längere Passagen Zeugen präzise und teilweise insistierend befragten, da ihnen die unmittelbare Tatbeteiligung des Angeklagten an Erschießungen nicht ausreichend belegt schien.[79] Diese Schwächen in der Beweisführung waren Gegenstand des Plädoyers von Rudi Bell. Wolff betonte die schwierige soziale Entwicklung, die untergeordnete Rolle im Räderwerk der SS, den Wandel des Angeklagten in den Jahren in der DDR. Er nahm Lenin für sein Argument in Anspruch, dass nicht die härteste Strafe die beste sei und stritt damit vehement gegen die vom Staatsanwalt beantragte Todesstrafe.[80] Die detaillierte Berufungsschrift[81] der beiden Anwälte mit gleichem Tenor und ein Gnadengesuch änderten nicht, dass die Todesstrafe verhängt und vollstreckt wurde.[82]

Sehr kritisch fällt die Bewertung des Strafverteidigers Wolff durch den Journalisten Karl Wilhelm Fricke aus. Wolff war Fricke nach dessen Verschleppung in die DDR und anschließendem Prozess wegen vorgeblicher Spionage als

77 Herf, Jeffry: Zweierlei Erinnerung. Die NS-Vergangenheit im geteilten Deutschland. Berlin 1998, S. 220.

78 Wolff: Verlorene Prozesse, S. 144.

79 Protokoll der Hauptverhandlung, 9.5.1972; BStU, MfS, ZUV 12, Bd. 18, Bl. 501 f., 541–544 u. 559 f.

80 Plädoyer in der Hauptverhandlung, Protokoll, 9.5.1972; ebenda, Bd. 18, Bl. 714–718.

81 Rudi Bell; Friedrich Wolff: Berufungsschrift in der Sache Schwerthoff, 23.5.1972; ebenda, Bd. 18, Bl. 781–788.

82 Wolff: Verlorene Prozesse, S. 148. Ähnlich agierte Wolff im Fall Stefan Sterzl. Sterzl stand Posten an einem Ghetto, wirkte bei einer Deportation als Wachmann mit und wurde 1975 zu 12 Jahren Freiheitsstrafe verurteilt. Protokoll der Hauptverhandlung vom 20. bis 27.5.1975; BStU, MfS, ZUV 47, Bd. 28, Bl. 95–97; Wolff: Verlorene Prozesse, S. 157 ff.

Pflichtverteidiger zugeordnet worden.[83] Fricke, der abgelehnt hatte, durch einen DDR-Anwalt vertreten zu werden, wirft Wolff vor, ihn in dieser Angelegenheit rechtlich falsch beraten zu haben.[84] Immerhin hätte Wolf ihn in der U-Haft darüber aufgeklärt, dass sich die politischen Strukturen nach dem XX-Parteitag der KPdSU im Jahr 1956 und damit auch seine juristische Lage grundlegend geändert hätten. Als Fricke aber das Verfahren wegen der vorhergehenden Entführung grundsätzlich infrage stellte, hätte Wolf geantwortet, dass er durchaus Verständnis hätte, wenn das MfS mal über die Sektorengrenze lange, um den »Agentensumpf«[85] in Westberlin trockenzulegen. Im Plädoyer hätte Wolff weder die Entführung vorgebracht noch darauf verwiesen, dass die angeblichen Straftaten außerhalb der DDR begangen worden seien. Wolff hätte sich darauf beschränkt, Details der Anklage als unbewiesen darzustellen und Verständnis für die persönliche Entwicklung Frickes zu wecken. Die Kritik Frickes läuft darauf hinaus, dass Wolff offenbar bestimmte Grenzen der DDR-Staatsraison respektierte und seine Argumentation vor Gericht darauf einstellte.

Ganz anders spricht der Journalist Heinz Brandt in einem ähnlichen Fall seinem Anwalt Friedrich Wolff »Dank«[86] für dessen korrektes Verhalten aus. Brandt war in den 1950er-Jahren Agitationssekretär in der SED-Landes- bzw. Bezirksleitung. Nach Konflikten mit der SED floh er in den Westen und arbeitete zuletzt in der Redaktion einer Zeitschrift der IG Metall. Im Jahr 1961 wurde er in die DDR entführt. Im Jahr darauf wurde er in einem Verfahren vor dem Obersten Gericht wegen des Vorwurfs der Spionage und Hetze zu 13 Jahren Zuchthaus verurteilt.[87] Die Entführung eines Journalisten beim IG-Metall-Vorstand, der zudem ein SED-Abweichler war, geriet zum Politikum. Das Verfahren wurde unter unmittelbarer Beteiligung von Erich Mielke vorbereitet und durch das Politbüro abgesegnet.[88] Brandt war wahrscheinlich in Konsultation mit seinem Anwalt nahegelegt worden, im Verfahren auf eine Themati-

83 Die Anklageschrift wegen angeblicher Informationsbeschaffung für die »Organisation Gehlen«, den UfJ und das Ministerium für Gesamtdeutsche Fragen sind abgedruckt in Fricke: Akten-Einsicht, S. 89, zur Berufung Wolffs als Pflichtverteidiger ebenda, S. 98 ff.

84 Der Wortlaut der Strafprozessordnung von 1952 ist in der Tat nicht eindeutig. Sie sieht in § 76 Abs. 1 die Bestellung eines Verteidigers in Verfahren vor dem Obersten Gericht vor, worauf Wolff sich berufen haben soll, während Abs. 3 den Verteidigerverzicht einräumt. Strafprozessordnung vom 2. Oktober 1952/Hg. vom Ministerium der Justiz. Berlin 1952 (künftig als »StPO 1952« bezeichnet).

85 Fricke: Akten-Einsicht, S. 99.

86 Brandt: Ein Traum, der nicht entführbar ist. Mein Weg zwischen Ost und West. München 1967, S. 340.

87 Wer war wer in der DDR? Ein Lexikon ostdeutscher Biografien. In: Wer war wer in der DDR? www.bundesstiftung-aufarbeitung.de/wer-war-wer-in-der-ddr-%2363%3B-1424.html (letzter Zugriff: 14.10.2014).

88 Andresen, Knud: Widerspruch als Lebensprinzip. Der undogmatische Sozialist Heinz Brandt. Bonn 2007, S. 253. Das Verfahren richtete sich u. a. gegen die Aktivitäten des Ostbüros der SPD, war aber auch eine Revanche für die Flucht Brandts aus der DDR.

sierung des Menschenraubes zu verzichten.[89] Wolff informierte die Verteidiger Gustav Heinemann und Diether Posser, die die IG-Metall in der Bundesrepublik für ihren Redakteur bestellt hatte.[90] Die DDR verweigerte beiden den Zutritt zum Gericht. Wolff informierte laut MfS-Akten das MfS über ein Gespräch mit Heinz Brandt im Zuchthaus Bautzen.[91] In diesem Gespräch offenbarte Brandt, dass er seiner Frau verschlüsselte Botschaften über seine Entführung mitgeteilt hätte, diese also im Westen bekannt wäre. Brandt bat Wolff allerdings ausdrücklich darum, dies »den Behörden auszurichten«.[92] Der erfahrene ehemalige SED-Funktionär hoffte offenbar nicht zu Unrecht auf einen »Deal«, der ihm schließlich 1964 die Rückkehr in die Bundesrepublik ermöglichen sollte.[93] Diese Vereinbarung wurde nach den Worten des Brandt-Biografen zu einem frühen »Testfall für die Entspannungspolitik des Ostens«.[94]

## 8.2 Der lang amtierende Vorsitzende: Gerhard Häusler

Gerhard Häusler, 1928 in Königsberg geboren, bekleidete zumindest in der Honecker-Ära über den längsten Zeitraum den Vorsitz im Berliner Kollegium.[95] Er hatte das Amt von 1970 bis 1984 inne, in Personalunion war er Spitzenfunktionär der DDR. Bezeichnenderweise hinterließ er wenig sichtbare Spuren. In der Neuen Justiz sind Vorträge in Aufsatzform überliefert, die wie Pflichtübungen wirken und vorab mit dem Ministerium abgestimmt wurden.[96] Grundsätzliche Fachartikel vermisst man bei ihm. Einen frühen Text zu strafrechtlichen Fachfragen verfasste Häusler gemeinsam mit einem versierten Kollegen. Darin strich er die Aufgabe des Anwalts bei der »Entwicklung eines sozialistischen Rechtsbewusstseins«[97] heraus. Der ursprünglich als Vortrag gefertigte Aufsatz fand die volle Zustimmung des MdJ,[98] wenn nicht ohnehin

89 Brandt: Ein Traum, S. 340 f.

90 Ebenda, S. 33.

91 HA XX/2, Bericht, 13.5.1964; BStU, MfS, HA XX Nr. 1615, Bd. 1, Bl. 1–4. Dieser Bericht ist nicht als IM-Bericht, sondern als Gesprächsprotokoll des Offiziers über das Gespräch im Büro von Wolff verfasst, das auch Wolff schildert. Wolff: Verlorene Prozesse, S. 103.

92 Brandt: Ein Traum, S. 35 ff. u. 37.

93 Ebenda, S. 333 ff.; Andresen: Widerspruch, S. 276 ff.

94 Andresen: Widerspruch, S. 259 ff.

95 Busse: Deutsche Anwälte, S. 671.

96 Typisch dafür Häusler, Gerhard: Aus Anlass des 20-jährigen Bestehens des Berliner Kollegiums. Entwicklung der sozialistischen Rechtsanwaltschaft in der DDR. In: NJ 27 (1973) 12, S. 340–344. Ein Redeentwurf in den Unterlagen des MdJ enthält handschriftliche Korrekturen des MdJ. H[äusler]: 5. Redeentwurf. 20 Jahre sozialistische Rechtsanwaltschaft der DDR, 10.5.1973; BArch, DP1, 2965.

97 Häusler, Gerhard; Pein, Gerhard: Bericht über die Arbeitstagung der Vorsitzenden der Kollegien der Rechtsanwälte. In: NJ 11 (1957) 9, S. 270 f.

98 Lorenz: Rechtsanwaltschaft, S. 265 f.

zuvor abgestimmt. Häusler war in den 1950er-Jahren als Anwalt und Vorsitzender des Kollegiums der Rechtsanwälte im Bezirk Neubrandenburg tätig,[99] bevor er nach Berlin umsiedelte. Zeitgenössische Beobachter führten seinen Auf- und späteren Abstieg in Berlin darauf zurück, dass er bis zur Scheidung der Schwiegervater der Tochter eines prominenten Politbüromitgliedes war.[100] Über seine Biografie ist wenig dokumentiert. Sein Vater, ein Hochschullehrer, war wegen seiner SPD-Mitgliedschaft im Nationalsozialismus von der Königsberger Universität entlassen worden. Nach dem Krieg wurde er als Professor für Slawistik an der Martin-Luther-Universität Halle-Wittenberg zugelassen. Offenbar genoss er das Vertrauen der neuen Machthaber und Besatzungsmächte und amtierte eine Zeit lang als Dekan der philosophischen Fakultät.[101] Sohn Gerhard wurde 1946 SED-Mitglied, studierte 1946 bis 1959 Jura in Halle und war von 1951 bis 1954 als Referent beim MdJ tätig. Eine Schulung an der Parteihochschule in Kleinmachnow qualifizierte ihn für eine Nomenklatur-Kaderkarriere.[102]

Häusler war der Ersatzmann, als unerwartet Friedrich Wolff ausfiel und kein geeigneter Nachfolge- oder Reservekader in Sicht war.[103] Ihm wurden gute Rechtskenntnisse und Organisationstalent bescheinigt. Sein Vorgänger Wolff schlug ihn selbst vor. Häusler galt als parteiloyal, hatte in früheren Jahren bekenntnishaft gefordert, »niemand könne Anwalt sein, der unserem Arbeiter- und Bauern-Staat feindlich gegenübersteht, oder auch nur sich ihm gegenüber gleichgültig verhält«.[104] Neben seinen Aktivitäten als Justizfunktionär trat Häusler als Anwalt in MfS-Verfahren auf.[105] Der Dreifachaufgabe, Anwalt sowie Anwaltsfunktionär auf Berliner und DDR-Ebene zu sein, war er auf Dauer nicht gewachsen. Ende der 1970er-Jahre plädierte er für eine Trennung der Ämter[106] oder wollte sogar zurücktreten.[107] Offenbar gab es kein ausreichendes personelles Angebot im Berliner Kollegium, denn die SED ließ seine Ablösung in Ermangelung von Alternativen nicht zu. Mitte der 1980er-Jahre lösten die Kaderverantwortlichen ihn dann wegen »Nichtbewältigung« der Leitungsaufga-

99 Busse: Deutsche Anwälte, S. 672; Schümann, Dietrich: Ein Beitrag zur Geschichte der Mecklenburgischen Anwaltschaft. München 2000, S. 40.

100 Wolff: Ein Leben, S. 172; Kurzeinschätzung des Vorsitzenden der Kollegien der Rechtsanwälte, o. D. (vermutl. 1980); BStU, MfS, HA XX Nr. 6282, Bl. 37.

101 Gerhard Häusler, Lebenslauf, 14.6.1953; BStU, MfS, HA XX Nr. 6886, Bl. 353–355.

102 Auszug aus dem Personalbogen, 13.11.1953; ebenda, Bl. 356.

103 Wolff: Verlorene Prozesse, S. 223.

104 Häusler, Gerhard; Pein, Gerhard: Bericht über die Arbeitstagung der Vorsitzenden der Kollegien der Rechtsanwälte. In: NJ 11 (1957) 9, S. 271.

105 In Berliner Verfahren 1972 Mandate im einstelligen Bereich, 1984 und 1988 waren Aktivitäten nicht mehr nachweisbar.

106 MdJ, Bericht über die operative Anleitung und Kontrolle der Vorstandstätigkeit des Kollegiums Berlin vom 12.12.1978, S. 4 f.; BArch, DP1, 3468.

107 HA XX/1, Information, 22.8.1979; BStU, MfS, HA XX Nr. 6886, Bl. 351.

ben ab.[108] In der Tat kamen interne Projekte wie die Formulierung der Berufspflichten und die Abstimmung eines Rechtsanwaltshandbuches jahrelang nicht recht voran.[109] Dass das neue Kollegiumsrecht als Gesetz aufgewertet wurde, war im Wesentlichen das Werk »seines« Parteisekretärs Friedrich Wolff.[110] Interne Einschätzungen des Kollegiums verweisen auf seine Kommunikationsdefizite. Sie charakterisieren ihn als »zu förmlich«[111] oder »schroff und gefühllos«.[112] Vor allem die jüngeren Anwälte schilderten ihn als »Beamtentyp«, »politisch zu dogmatisch«.[113] Letztlich scheiterte er daran, dass er den Generationenkonflikt zwischen der Gründergeneration des Kollegiums und den selbstbewussten Vertretern der DDR-Generation um Gregor Gysi nicht zu moderieren vermochte und daher von der Partei fallengelassen wurde.[114]

Als Vorsitzender suchte er die enge Abstimmung mit dem MdJ, obgleich er sich nicht immer sklavisch an jede Absprache hielt. Offenbar verlässlich kommunizierte er die informellen Weisungen des MdJ an die Anwaltschaft. Vom MdJ wurde ihm jedoch vorgeworfen, die Zentrale Revisionskommission bzw. den RdV zu stark in Richtung Eigenständigkeit der Anwaltschaft zu profilieren.[115] Das MfS hielt ihn, vermutlich gestützt auf inoffizielle Quellen aus dem MdJ, für einen »energische[n ...] Verfechter der ›Unabhängigkeit‹ der Rechtsanwaltschaft von jeder staatlichen Leitung«.[116] Derartige Wahrnehmungen von Meinungsunterschieden dürfen jedoch nicht überinterpretiert werden. In Häuslers Zeit, der Honecker-Ära, fallen die spektakulärsten Disziplinarverfahren gegen Berliner Anwälte, an denen er durchaus aktiven Anteil hatte.[117] Häusler suchte ein enges Verhältnis zur SED-BL und zur Parteileitung des Kollegiums. Manche hielten das für eine Taktik zur »Absicherung seiner Leitungsmaßnahmen«, um dadurch Freiräume gegenüber anderen Institutionen zu erringen.[118] Häusler wie sein Vorgänger Wolff betonten stets die enge Zusammenarbeit zwi-

108 MdJ. Einschätzung über die durchgeführten Wahlversammlungen 1984 in den Kollegien der Rechtsanwälte, 24.5.1984. BArch, DP1, 23190.

109 MdJ, Vermerk v. 11.1.1984; BArch, DP1, 4399.

110 Wolff: Verlorene Prozesse, S. 225.

111 Verw. Gr.-Bln/XX/1, TB mit IMS »Ludwig«, 22.4.1971; BStU, MfS, AIM 1129/89, T. II, Bd. 1, Bl. 150.

112 Wolff: Ein Leben, S. 223.

113 König schildert die Wahrnehmung vor allem jüngerer Anwälte. König: Gregor Gysi, S. 223.

114 Wolff: Ein Leben, S. 170 f.

115 MdJ, Stellungnahme zum Referat des Genossen Häusler, vorgesehen für die Tagung des Rates des Vorsitzenden am 22.5.1981, S. 1; BArch, DP1, 4736.

116 Wolff: Ein Leben, S. 172; Kurzeinschätzung des Vorsitzenden der Kollegien der Rechtsanwälte, o. D. (vermutl. 1980); BStU, MfS, HA XX Nr. 6282, Bl. 37.

117 Busse: Deutsche Anwälte, S. 450.

118 Wolff: Ein Leben, S. 172; Kurzeinschätzung des Vorsitzenden der Kollegien der Rechtsanwälte, o. D. (vermutl. 1980); BStU, MfS, HA XX Nr. 6282, Bl. 37.

schen Vorstand und Parteileitung. Wolff schien jedoch in zunehmendem Maße die Rolle des Schattenvorsitzenden im RAK Berlin eingenommen zu haben.[119]

Es existieren vergleichsweise wenige MfS-Unterlagen zur Person Gerhard Häuslers. Der Grund hierfür könnte seine Nomenklaturkader-Position gewesen sein. Er war außer in einem Sammelvorgang nicht förmlich erfasst.[120] Ursprünglich misstraute ihm die Staatssicherheit, weil er sich in einer »Fülle von Höflichkeiten und Verbindlichkeiten verschanzt[e]«.[121] In den Fällen, in denen das MfS eigene Interessen in das Kollegium einbrachte, stimmte er sich offenbar ab, ohne dem MfS in jedem Punkt vollkommen entgegenzukommen. Dem MfS waren Äußerungen Häuslers bekannt, in denen er sich leicht distanziert über das MfS äußerte. In seiner Zeit als Vorsitzender wurde ihm insgesamt ein guter offizieller Kontakt zur BV Berlin bescheinigt.[122] Offenbar verstand es Häusler bei grundsätzlicher Loyalität zwischen den Institutionen zu taktieren und seine unterschiedlichen Beziehungen ins Spiel zu bringen. Eine gewisse Eigenständigkeit wurde von einem Vorsitzenden im recht selbstbewussten Berliner Kollegium erwartet, wenn er in dieser Wahlfunktion bestehen wollte. Häusler gelang es auf Dauer nicht, diesen Spagat zu bewältigen.

## 8.3 Der vorletzte Vorsitzende: Gregor Gysi

Im Dezember 1989 wurde Gregor Gysi zum Parteivorsitzenden der SED und damit zum Nachfolger von Erich Honecker und Egon Krenz gewählt.[123] Es gehört zur Ironie der Geschichte, dass der Exponent einer bei der SED ursprünglich ungeliebten Berufsgruppe zu ihrem letzten Hoffnungsträger wurde. Es war keineswegs ein Start wie Phönix aus der Asche, wie die Inszenierung auf dem Parteitag glauben machen wollte.[124] Der vorletzte Vorsitzende des Berliner Kollegiums, der am 16 Januar 1948 geboren wurde, verkörperte wie kein anderer Rechtsanwalt die DDR-Nachkriegsgeneration und eine Nomenklaturkader-Karriere. Gysi entstammt, wenn man so will, einer bildungsbürgerlichen SED-Nomenklaturkader-Familie mit fast dynastischen Zügen. Sein Vater, Klaus Gysi, Jahrgang 1912,[125] gehörte schon in den 1920er-Jahren der kommunistischen Ju-

119 RAK Berlin, Schreiben an MdJ, 15.1.1975; BArch, DP1, 3303.

120 BV Bln/XX, SIVO, Vorgang Nr. XV 1173/76, 19.2.1976; BStU, MfS, Kartei.

121 HA XX/1, Vermerk v. 25.4.1967; BStU, MfS, HA XX Nr. 6886, Bl. 374.

122 HA XX/1, F-10-Suchzettel v. 7.7.1975; ebenda, Bl. 346 f.

123 Wer war wer in der DDR? Ein Lexikon ostdeutscher Biografien. In: Wer war wer in der DDR? www.bundesstiftung-aufarbeitung.de/wer-war-wer-in-der-ddr-%2363%3B-1424.html (letzter Zugriff: 14.10.2014).

124 Gysi erhielt nach der Wahl einen Saubermannbesen geschenkt. Der Autor war als SFB-Hörfunkreporter Zeuge dieser Inszenierung.

125 Wer war wer in der DDR? Ein Lexikon ostdeutscher Biografien. In: Wer war wer in der DDR? www.bundesstiftung-aufarbeitung.de/wer-war-wer-in-der-ddr-%2363%3B-1424.html

gendbewegung in Berlin an und trat 1931 der KPD im Nationalsozialismus bei. Die Mutter von Gysis Vater und der Großvater seiner Mutter Irene galten als jüdische Vorfahren. Dadurch wurde der Aufenthalt der Eltern in Deutschland nach 1933 zu einem doppelten Risiko.[126] Dennoch beorderte die KPD Klaus Gysi und seine damalige Lebensgefährtin Irene nach einer vorübergehenden Internierung in Frankreich 1940 zur Unterstützung der illegalen Arbeit nach Berlin zurück.[127] Nach dem Krieg stieg Klaus Gysi zum Kulturminister auf (1966–1973) und setzte zunächst Ulbrichts verschärften Kurs in der Kulturpolitik um. Unter Honecker wurde er abgesetzt, erhielt aber später den Posten des Botschafters der DDR in Italien und von 1979 bis 1988 die Funktion als Staatssekretär für Kirchenfragen.[128] Zeitweilig gehörte er Kommissionen des Politbüros und bis 1990 der Volkskammer an. Die Mutter von Gregor Gysi, Irene, geborene Lessing, trug als Abteilungsleiterin im Ministerium für Kultur jahrelang hervorgehobene Verantwortung im SED-Staat.[129] Auch ihr Bruder, Gottfried Lessing, war SED-Funktionär und zuletzt als Botschafter in Afrika eingesetzt.[130] Während des Krieges betrieben die Eltern Gysis im Parteiauftrag faktisch Wirtschafts- und Rüstungsspionage[131] – nach den damaligen Gegebenheiten wohl eine nachrichtendienstliche Tätigkeit für die Sowjetunion. In der DDR war Klaus Gysi von 1956 bis 1965 als inoffizieller Mitarbeiter unter dem Decknamen »Kurt« für das MfS erfasst, bevor er in der Nomenklatur aufstieg.[132] Laut MfS-Akten war er es, der dem MfS seinen Sohn Gregor in einer prominenten

(letzter Zugriff: 14.10.2014).

126 Gysi: Das war's, S. 10; Wer war wer in der DDR? Ein Lexikon ostdeutscher Biografien. In: Wer war wer in der DDR? www.bundesstiftung-aufarbeitung.de/wer-war-wer-in-der-ddr-%2363%3B-1424.html (letzter Zugriff: 14.10.2014).

127 Hartewig: Zurückgekehrt, S. 172 f. Laut »Wer war Wer« erfolgte die Rückkehr erst 1941. So auch Gysi: Das war's, S. 10.

128 König: Gregor Gysi, S. 136 ff. u. 143; Hartewig: Zurückgekehrt, S. 178 f, Gysi: Das war's, S. 58 f.

129 Gysi bezeichnet ihre Stellung als Abteilungsleiterin, andere als Hauptabteilungsleiterin. Gysi: Das war's, S. 60; Wer war wer in der DDR? Ein Lexikon ostdeutscher Biografien. In: Wer war wer in der DDR? www.bundesstiftung-aufarbeitung.de/wer-war-wer-in-der-ddr-%2363%3B-1424.html (letzter Zugriff: 14.10.2014).

130 Lessing war mit der Schriftstellerin Doris Lessing in deren zweiter Ehe verheiratet, die somit Gregor Gysis angeheiratete Tante wurde. König: Gregor Gysi, S. 38 ff.; Wer war wer in der DDR? Ein Lexikon ostdeutscher Biografien. In: Wer war wer in der DDR? www.bundesstiftung-aufarbeitung.de/wer-war-wer-in-der-ddr-%2363%3B-1424.html (letzter Zugriff: 14.10.2014).

131 Gysi: Das war's, S. 10. Hartewig äußert Zweifel, ob eine organisierte politische Tätigkeit in den Kriegsjahren überhaupt möglich war. Hartewig: Zurückgekehrt, S. 172 f.; König: Gregor Gysi, S. 62; Gysi, Gregor; Schorlemmer, Friedrich: Was bleiben wird. Ein Gespräch über Herkunft und Zukunft. Berlin 2015.

132 BStU, MfS, AIM 3803/65.

Strafsache empfahl.[133] Die Biografie von Gysis Vater ähnelt in Teilen der des etwas jüngeren Friedrich Wolff. Beide waren Arztsöhne mit jüdischem Hintergrund im damaligen Rixdorf, das ab 1920 in Groß-Berlin, im Arbeiterbezirk Neukölln aufging. Vielleicht auch deswegen wurde Wolff zum Mentor von Gregor Gysi. Gysi ging später in der DDR mit einer Tochter Wolffs zur Schule, das Vorbild ihres Vaters stand offenbar Pate bei seiner Studienwahl.[134]

Gregor Gysi nahm schon während der Ausbildung an der Berliner Humboldt-Universität gesellschaftliche Funktionen wahr, zunächst als FDJ-Sekretär seines Studienjahres, später in der Sektionsparteileitung.[135] Im Jahr 1967 wurde er in die SED aufgenommen.[136] Bereits mit 24 Jahren wurde er 1971 Rechtsanwalt,[137] ein Privileg, das nicht jedem zukam. Dies ist umso erstaunlicher, da er vor dem Jura-Studium die Delegierung an eine Moskauer Elite-Diplomatenschule ausschlug. Auch war es ihm gelungen, um den Dienst bei der NVA herumzukommen. Die für viele Juristen übliche Assistenzzeit im Justizdienst an Berliner Gerichten wurde auf sein Betreiben hin auf acht Monate verkürzt.[138] Derartige Eigenwilligkeiten kosteten andere die Karriere. Gysi dagegen erhielt, soweit ersichtlich ohne das übliche einjährige Studium an einer Parteihochschule, die Chance zum Aufstieg als Nomenklaturkader des Zentralkomitees der SED.[139] Gysi hält es für möglich, dass ihm die Person oder der Einfluss des Vaters über manche Hürde hinweghalf.[140] Das dürfte angesichts des schnellen Aufstiegs untertrieben sein. Fachlich ragte Gysi gegenüber den meisten Anwaltskollegen durch eine Promotion an der Humboldt-Universität Berlin bei Karl Mollnau heraus. Dieser Rechtswissenschaftler galt und gilt als einer der weniger dogmatischen in der DDR.[141] Gysis Dissertation mit dem Titel »Zur Vervoll-

133 Das geschah im Zusammenhang mit der Übernahme des Bahro-Mandates durch Gregor Gysi. Vater Gysi signalisierte damit Kooperationsbereitschaft seines Sohnes gegenüber der Staatsanwaltschaft, die über das MfS vermittelt werden könnte. Gregor Gysi hat bestritten, mit seinem Vater hierüber gesprochen zu haben. Bericht des Ausschusses für Wahlprüfung, Immunität und Geschäftsordnung zu dem Überprüfungsverfahren des Abgeordneten Dr. Gregor Gysi gemäß § 44 b Abs. 2 Abgeordnetengesetz v. 29.5.1998 (Deutscher Bundestag, Drucksache; 13/10893), S. 1–50, hier 11; MfS/HV A/III, Vermerk v. 16.2.1978; BStU, MfS, AIM 9664/86, Bl. 60.

134 Gysi: Das war's, S. 23.

135 Ebenda, S. 27 ff.; Gregor Gysi, Personalbogen, 30.12.1977; BStU, MfS, AIM 9564/86, Bl. 18–21.

136 Gysi: Das war's, S. 34.

137 Gysi meint, er sei damals der jüngste Anwalt der DDR gewesen. Ebenda, S. 36.

138 Gysi: Das war's, S. 21 f. u. 36 ff.; König: Gregor Gysi, S. 132 ff. Die Kaderunterlagen aus dieser Zeit befinden sich im Bundesarchiv. BArch, DP1, 3172.

139 Gregor Gysi, Personalbogen, 30.12.1977; BStU, MfS, AIM 9564/86, Bl. 18–21.

140 Gysi: Das war's, S. 21 ff.

141 Mollnau wurde 1968 als Revisionist gemaßregelt. In den 1980er-Jahren galt er als Exponent der Idee vom »sozialistischen Rechtsstaat«. Joseph, Detlef: Rechtswissenschaft und SED. In: Heuer, Uwe-Jens (Hg.): Rechtsordnung in der DDR. Anspruch und Wirklichkeit. Ba-

kommnung des Rechts im Rechtsverwirklichungsprozess« enthält neben konventionellen Bekenntnissen zur Partei auch moderat vorwärtsweisende Akzente. Sein Thema war die Weiterentwicklung des Rechtes in der DDR durch Anstöße aus der Rechtsprechung. Gysi bejahte zwar positive Impulse aus der Rechtsverwirklichungspraxis. Er vermied es jedoch, explizit für das bei der SED verpönte Richterrecht zu plädieren, das dem Gedanken der Einheitlichkeit der Rechtsprechung und der Prärogative der Partei entgegenstand.[142] Dieses Denkschema, Eigenständiges anzustoßen und trotzdem bekenntnishaft loyal zum SED-Staat zu sein, schien ein Wesenszug von Gysi zu sein und zeichnete schon seinen Vater aus.

### *Beziehung zum MfS*

Über die MfS-Kontakte Gregor Gysis gibt es seit Jahren immer wieder sogar rechtlich ausgetragene Kontroversen.[143] Gysi bestreitet eine inoffizielle Zusammenarbeit mit dem MfS,[144] teils hat er jede personenbezogene Berichterstattung gegenüber der Stasi bestritten.[145] Der Immunitätsausschuss des Deutschen Bundestages hat demgegenüber 1998, gestützt auf ein Gutachten und Unterla-

den-Baden 1995, S. 549–608, hier 597 f., FN 147; Gysi: Das war's, S. 34 f., Breithaupt: Rechtswissenschaftliche, S. 389; König: Gregor Gysi, S. 146 ff.; Mollnau, Karl: Sozialistischer Rechtsstaat (Versuch einer Charakterisierung). In: NJ 43 (1989) 10, S. 393–397.

142 Anregungen aus der Rechtsprechung sollten laut Gysi der Partei zur Entscheidung vorgelegt werden. Damit lag er mehr oder minder auf der offiziellen Linie, dass straftatbegünstigende Umstände anhängig zu machen seien. Immerhin wird in der Arbeit das Bestreben deutlich, das Recht aus der Rechtspflege heraus weiterzuentwickeln. Gysi, Gregor: Zur Vervollkommnung des Rechts im Rechtsverwirklichungsprozess. Verteidigt 13.1.1976. HUB, HB 1200; König: Gregor Gysi, S. 147 ff.

143 Staatsanwaltschaft ermittelt gegen Gregor Gysi. In: Die Welt vom 9.2.2013.

144 Gregor Gysi. Stellungnahme vom 9.8.1995 hinsichtlich der vom Bundesbeauftragten für die Unterlagen des Staatssicherheitsdienstes der ehemaligen DDR überreichten gutachterlichen Stellungnahme vom 26.5.1995 nebst Anlagen. In: Gysi: Das war's, S. 316–336; Stellungnahme des Abgeordneten Dr. Gregor Gysi vom 29.5.1998 zur Feststellung des Ausschusses für Wahlprüfung, Immunität und Geschäftsordnung vom 8.5.1998 im Rahmen des gegen ihn durchgeführten Überprüfungsverfahrens gemäß § 44b Abgeordnetengesetz (Deutscher Bundestag, Drucksache; 13/10893), S. 51–69.

145 Im Zuge der Auseinandersetzung um eine NDR-Dokumentation gab Gysi in einer eidesstattlichen Versicherung an, »zu keinem Zeitpunkt über Mandanten oder sonst jemanden wissentlich und willentlich an die Staatssicherheit berichtet« zu haben. Im Jahr 2008 hat Gregor Gysi vor dem Deutschen Bundestag gesagt: »Ich brauchte keine Kontakte zur Staatssicherheit. Sie waren gar nicht nötig, entsprachen weder meinem Stil noch meiner Würde.« Zit. nach: Die Justiz ermittelt gegen Gregor Gysi. In: WamS vom 1.4.2012. In diesem Zusammenhang wurde von privat Strafanzeige gestellt und es läuft ein Ermittlungsverfahren bei der Staatsanwaltschaft Hamburg. Staatsanwaltschaft ermittelt gegen Gregor Gysi. In: Die Welt vom 9.2.2013; Das Verfahren wurde am 13.6.2016 eingestellt.

gen des Bundesbeauftragten für die Unterlagen des Staatssicherheitsdienstes der ehemaligen Deutschen Demokratischen Republik (BStU), eine »inoffizielle Tätigkeit [...] als erwiesen festgestellt«.[146]

Die unterschiedlichen Sichtweisen rühren nicht zuletzt daher, dass es einerseits eine relativ dichte Aktenlage gibt, die eine Kooperation nahelegt. Auf der anderen Seite existieren, worauf Gysi auch immer hinweist,[147] (bislang) keinerlei handschriftliche Zeugnisse Gysis, sondern nur Unterlagen, die zumeist von MfS-Mitarbeitern gefertigt wurden. Daher ist es schwierig, eine Akteninterpretation vorzunehmen, die juristisch nicht anfechtbar ist.[148] Wenn man die Akten losgelöst von der »Schuldfrage« interpretiert, sprechen diese jedoch eine relativ eindeutige Sprache. Die Akten spiegeln die Sicht der MfS-Mitarbeiter und die Funktion, die der damalige Anwalt in ihren Augen hatte oder in ihren Vorstellungen einnehmen sollte. Mittels Funktionsanalyse lassen sich die meisten Akten durchaus als Kontakt zwischen einem parteiverbunden Rechtsanwalt »Gregor« und den mit seinen Mandanten befassten Verfolgungsinstitutionen der DDR interpretieren. Aus Sicht der bekannten Akten verstetigte sich der Kontakt, sodass die zuständigen Offiziere des MfS ihn als »Gesellschaftlichen Mitarbeiter Sicherheit« oder »Inoffiziellen Mitarbeiter« oder »Quelle« ansahen. Zum Regelwerk des MfS gab es freilich Abweichungen, die in einem Apparat von der Größe und Beschaffenheit des MfS durchaus vorkamen, aber dennoch legitime Fragen aufwerfen.

Abgesehen von Argumenten in Detailfragen, behauptet Gysi erstens, dass unter den variierenden Decknamen der MfS-Vorgänge Material über ihn, nicht jedoch von ihm gelieferte Informationen gesammelt wurden.[149] So zutreffend es ist, dass IM-Akten Informationen über IM enthalten, um diese einschätzen zu können, so unüblich waren Materialsammlungen zu IM,[150] die den IM als »Quelle« ausgaben, aber in Wirklichkeit von Dritten stammten.

Gysi bestreitet zweitens, dass ihm bewusst war, dass es sich um MfS-Mitarbeiter handelte, wenn er mit solchen geredet hätte. Ansprechpartner im Fall

146 Bericht des Ausschusses für Wahlprüfung, Immunität und Geschäftsordnung zum Überprüfungsverfahren des Abgeordneten Dr. Gregor Gysi (Dt. Bundestag, Drs. 13/10893), S. 49.

147 Gysi: Das war's, S. 321.

148 Eine Nachweisführung, ob Gregor Gysi IM war oder nicht, ist nicht Thema dieser Publikation. Diese unter historischen Gesichtspunkten eher reduzierte Fragestellung resultierte aus dem bundesdeutschen Parlamentsrecht und der Tatsache, dass Gysi von 1990 bis 2002 und dann wieder ab 2005 Mitglied des Deutschen Bundestages war. Ohnehin war Gysi als Nomenklaturkader Teil einer Gruppe von DDR-Systemträgern, deren Rolle banalisiert würde, erschöpfte sich die Bewertung in einer Fokussierung auf eine eventuelle IM-Tätigkeit.

149 Gysi: Das war's, S. 328 f.

150 In den ausgewerteten IM-Unterlagen zu den Berliner Anwälten finden sich fast regelhaft Einschätzungen von anderen IM oder offiziellen Stellen. Dieses ist anhand der Aktenmerkmale nachweisbar.

Bahro und Havemann seien für ihn die Staatsanwaltschaft beziehungsweise das ZK der SED gewesen.[151] Erst nach dem Ende der DDR hätte er erfahren, dass der Staatsanwalt namens »Lohse« in Wirklichkeit ein MfS-Offizier gewesen sei.[152] Über die Gespräche Gysis mit ZK-Mitarbeitern hätten diese an das MfS berichtet. Das MfS hätte die Information dann weiterverarbeitet, was die MfS-Gesprächsvermerke erkläre. Dem steht entgegen, dass weder bei der damaligen Parlamentsuntersuchung Mitte der 1990er-Jahre, noch bei Gerichtsverfahren mit dem BStU SED-Unterlagen vorgelegt oder aufgefunden wurden, die einen derartigen Informationsfluss stimmig belegen würden. Dies verwundert umso mehr, als Gregor Gysi als letzter SED-Vorsitzender über die SED-Akten verfügen konnte, bevor sie an Staatsarchive abgegeben wurden.[153] Unbestritten hat insbesondere Robert Havemann von Gregor Gysi erwartet, dass er in bestimmten Situationen eine Art Botendienst gegenüber der SED wahrnahm.[154] In einzelnen Situationen sind solche Kontakte zwischen dem ZK und Gysi in der Tat überliefert bzw. plausibel. Sie betreffen allerdings, wie dargestellt, Sachverhalte, die parteispezifisch sind. Einmal geht es um den Besuch einer Gedenkveranstaltung zum 35. Jahrestag der Befreiung des Zuchthauses Brandenburg, bei der auch Erich Honecker anwesend war.[155] Ein anderes Mal ging es um das Angebot Robert Havemanns, eine Erklärung gegen die atomare Hochrüstung der

151 Gysi: Das war's, S. 324 f. u. 328 f. Gregor Gysi entschied in den ersten Jahren seines Parteivorsitzes selbst, welcher externe Interessent in Parteiakten Einsicht nehmen durfte. Dieses Prozedere durchlief der Autor als damaliger SFB-Reporter mehrfach.

152 Günther Lohr benutzte in der Tat den Alias-Namen »Lohse«. WKW-Übersicht; BStU, MfS, AIM 9564/86, Bl. 7; Bericht des Ausschusses für Wahlprüfung, Immunität und Geschäftsordnung zum Überprüfungsverfahren des Abgeordneten Dr. Gregor Gysi (Dt. Bundestag, Drs. 13/10893), S. 14. Es ist eher unwahrscheinlich, dass das MfS gegenüber Gysi mit der Legende Staatsanwalt »Lohse« auftrat, da es bei der politischen Staatsanwaltschaft wirklich einen Staatsanwalt Werner Lohse gab, sodass die Legende hätte leicht »auffliegen« können. Die stellvertretenden Leiter der Abt. I A beim Militärstaatsanwalt, 1.6.1986; BStU, MfS, HA IX Nr. 16350, Bl. 14.

153 Gregor Gysi und die Aktion Reißwolf. In: Die Welt vom 10.9.2013.

154 Einmal verabschiedete Havemann Gysi scherzhaft mit den Worten: »Grüßen Sie den Genossen Erich [Honecker] von mir.« Zit. nach: Vollnhals: Fall Havemann, S. 118. Zwei Tage zuvor bot Havemann gegenüber Gysi an, eine Erklärung gegen die atomare Rüstung der USA abzugeben und vorübergehend seine Kritik an der DDR einzustellen, wobei er offenbar erwartete, dass die Verfolgungsmaßnahmen gegen ihn eingestellt würden. Gregor Gysi: Information über das Gespräch mit Robert Havemann am 7.11.1979, Brief an ZK der SED/Abt. Staat und Recht, 18.11.1979; BStU, MfS, AIM 9564/86, Bl. 54–56; Havemanns »Postbote zum ZK«. Hat Gregor Gysi der Stasi zugearbeitet? In: FAZ vom 28.5.2008; Huemer, Ulrich: Die Strategien der DDR-Opposition angesichts der Bedrohung durch das politische Strafrecht in der Ära Honecker. In: Härter, Karl; de Graaf, Beatrice: Vom Majestätsverbrechen zum Terrorismus. Politische Kriminalität, Recht, Justiz und Polizei zwischen Früher Neuzeit und 20. Jahrhundert. Frankfurt/M. 2012, S. 353–364, hier 361 f.

155 Hier beruft sich Gysi auf Instruktionen des ZK. Havemann; Widmann: Robert Havemann, S. 300 f., FN 172.

USA abzugeben. Havemann bot der Partei damals eine Art politischen »Deal« an, auch um möglicherweise juristische Vorteile zu erlangen.[156] Die bekannten Antwortschreiben des ZK an Rechtsanwalt Gysi fallen dabei eher reserviert bis schroff aus und lassen keine Schlüsse auf eine dichte Folge von Informationen für das ZK in anderen Fragen zu.[157] Die Frage, mit wem Gysi nun im Einzelnen sprach, mit dem ZK oder dem MfS, ist ohnehin eine künstliche Verkürzung des Problems.[158] Da das MfS im Auftrage der SED tätig war und hervorgehobene Fälle zwischen den Ermittlungs- und Justizorganen und den zentralen Parteiapparat abgestimmt wurden, gelangten die wichtigsten Informationen über diese Kanäle ohnehin an diejenigen, die für die politische Steuerung der Strafermittlungen wirklich zuständig waren.

Mit dem dritten zentralen Argument stellt Gysi infrage, dass er mit dem in den MfS-Akten genannten Informanten identisch ist. Die Informationen könnten auch durch Abhörmaßnahmen oder dritte Personen gewonnen sein.[159] Insbesondere könnten Informanten aus seiner Anwaltszweigstelle Kanzleivermerke weitergeleitet haben. Für aggregierte MfS-Berichte mag es zutreffen, dass Informationen diverser Art vom MfS zusammengefasst wurden. Vereinzelt sind auch Abhörprotokolle zu Gysi überliefert. Das sind in den gesichteten Unterlagen aber nur Fälle, in denen Gysi mit Mandanten sprach, die ihrerseits abgehört wurden.[160] Eine durchgängige Abhörmaßnahme in der Zweigstelle Gysis war in den gesichteten Akten nicht nachvollziehbar.[161] Als stellvertretender Vorsitzender, später Parteisekretär des Kollegiums hatte Gysi seit Ende der 1970er-Jahre und dann als Vorsitzender ab 1988 zunehmend mit der Verwaltungsstelle zu tun. Im Rahmen dieser Arbeit konnte erstmals festgestellt werden, dass in den 1980er-Jahren in der Tat eine Sekretärin in der Geschäftsstelle des Berliner Kollegiums in der Berliner Littenstraße installiert werden sollte und vermutlich

156 Gregor Gysi: Information über das Gespräch mit Robert Havemann am 7.11.1979. Brief an ZK der SED/Abt. Staat und Recht, 18.11.1979; BStU, MfS, AIM 9564/86, Bl. 54–56.

157 In Bezug auf Bahro beschied das ZK Gysi zur gleichen Zeit schroff, er solle die Sache nach dem Prozessende als erledigt ansehen. »Wir brauchen zu Bahro keine angelehnte Tür.« Raoul Gefroi: Schreiben an Genossen Witteck, Berlin, 19.11.1979; BStU, MfS, AIM 9564/86, Bl. 52 f.

158 Diese Engführung ergibt sich aus der Überspitzung der öffentlichen Wahrnehmung einer inoffiziellen Zusammenarbeit mit dem MfS, die sich auch in den Überprüfungskriterien der Parlamente und des öffentlichen Dienstes niederschlägt.

159 Gysi: Das war's, S. 28 f.; Verwaltungsgericht Berlin, Urteil in der Verwaltungsstreitsache Dr. Gregor Gysi gegen die Bundesrepublik Deutschland, vertreten durch die BStU, 3.5.2006. Berlin, VG 1 A 173.05, S. 19.

160 HA XX, Information, 19.11.1980; BStU, MfS, AU 12485/81, Bd. 1, Bl. 305–308.

161 Bericht des Ausschusses für Wahlprüfung, Immunität und Geschäftsordnung zum Überprüfungsverfahren des Abgeordneten Dr. Gregor Gysi (Dt. Bundestag, Drs. 13/10893), S. 50.

auch eingebaut wurde.[162] Allerdings wurden in der Verwaltungsstelle primär allgemeine Anwaltsangelegenheiten verhandelt, nicht solche, die Mandanten betrafen. Doch auch in der Zweigstelle im Friedrichhain, wo Gysis eigentliche anwaltliche Arbeit stattfand, sollte eine Sekretärin als IM geworben werden, allerdings erst im Jahr 1989.[163] Obwohl von einem Gericht aufgefordert, hat Gysi in dem genannten Verfahren nach Wissen des Autors bisher keine Belege oder substanzielle Indizien dafür vorgelegt, dass er in seiner Kanzlei systematisch abgeschöpft wurde.[164]

### *MfS-Aktenlage: HV A*

Gregor Gysi war im Rahmen eines nachrichtendienstlichen Vorganges eine Zeit lang für die Arbeit der HV A XI eingeplant, die sich mit Spionage gegen Nordamerika beschäftigte.[165] Laut einem MfS-Sachstandsbericht wurde er mit einer mehrdeutigen Formulierung »für die Legende eines juristischen Beraters inoffiziell zur Zusammenarbeit gewonnen«,[166] um einen Vorgang im Operationsgebiet, also im westlichen Ausland, zu überprüfen. Seine »Einbeziehung« endete demnach 1977. Der Vorgang wurde als »OPK« geführt, eine Kategorie, die sich bei der HV A auch auf IM-Kandidaten bezieht, also grundsätzlich auf eine klandestine Zusammenarbeit abzielen konnte.[167] Die Formulierungen sprechen dafür, dass es sich um nicht mehr, aber auch nicht weniger als eine Hilfsleistung gehandelt haben dürfte.[168] Immerhin übermittelte die HV A XI mündlich die

162 BStU, MfS, AIM 5301/91. Die Akte ist mit Ausnahme der Aktendeckel vernichtet. Es existieren nur Karteikarten, die auf eine IM der BV Bln/Abt. XX namens »EVA« bzw. »Kuni« hinweisen. BStU, MfS, Kartei, F 16/F 22, Vorgang Nr. XX 31/87

163 BStU, MfS, Kartei, F 16/F 22, Vorgang Nr. V 1014/89. Bei den übrigen Personen, die die Bezirksverwaltung Berlin dort als Mitarbeiter auflistete, konnte kein weiterer IM nachgewiesen werden. BV Bln/XX, Rechtsanwaltskollegium von Berlin, o. D. (vermutl. nach 1985); BStU, MfS, BV Berlin, Abt. XX Nr. 6065, Bl. 37.

164 In einem Verwaltungsgerichtsverfahren wurde Gregor Gysi aufgefordert, Kopien aus seinen Handakten beizubringen, die plausibel machen könnten, dass Dritte bestimmte Informationen weitergeleitet hätten. Gysi weigerte sich – einer der wesentlichen Gründe dafür, dass er das von ihm angestrengte Verfahren verlor. Verwaltungsgericht Berlin, Urteil in der Verwaltungsstreitsache Dr. Gregor Gysi gegen die Bundesrepublik Deutschland, vertreten durch die BStU, 3.5.2006. Berlin, VG 1 A 173.05, S. 19.

165 Müller-Enbergs: Hauptverwaltung A, S. 179 ff.

166 HV A/XI, Sachstandsbericht, 17.2.1978; BStU, MfS, AIM 9564/86, Bl. 61.

167 Die OPK als eine Form des IM-Vorlaufs ist beschrieben im Kommentar zur Richtlinie 2/79 vom Mai 1980. In: Müller-Enbergs, Helmut: Inoffizielle Mitarbeiter des Ministeriums für Staatssicherheit. Teil 2, S. 585–632, hier 631 f.

168 Gregor Gysi bestreitet eine inoffizielle Zusammenarbeit mit der HV A. Bericht des Ausschusses für Wahlprüfung, Immunität und Geschäftsordnung zum Überprüfungsverfahren des Abgeordneten Dr. Gregor Gysi (Dt. Bundestag, Drs. 13/10893), S. 42 f.

Stasi-interne Einschätzung, »mit ihm wird eng gearbeitet«[169]. Aus der damaligen Einschätzung der HV A wurden die »operativen Aufgaben [...] umsichtig und parteilich gelöst«.[170] Das sagt wenig über den formalen Status aus, deutet aber auf eine »operative« und damit konspirierte Beziehung zum MfS hin. Nach der HVA-Zeit gab es die Überlegung, ihn für die HA XX/1 zu nutzen. An einer inoffiziellen Zusammenarbeit war diese Hauptabteilung nicht interessiert, »da er ihnen dafür ungeeignet«[171] erschien. Nach Ansicht von Gysi ist dies ein deutliches Entlastungsargument.[172] Vielleicht erschien Gysi dieser Diensteinheit des MfS in der Tat zu liberal.[173] Im Rahmen dieser Arbeit zeigte sich aber, dass die Formulierung »nicht geeignet« nicht mehr besagen musste, als dass für die Diensteinheit kein Bedarf bestand oder der Anwalt durch seine SED-Zugehörigkeit zu exponiert war, um für das MfS nützlich zu sein. Explizit negative Charakterisierungen oder gar Warnungen sind in diesem Zusammenhang nicht erkennbar. Im Gegenteil bescheinigte die HV A XI der HA XX noch 1980, dass es keine Einwände »gegen eine erneute Erfassung gäbe«.[174] In der Zeit während der Registrierung bei der HV A soll er zudem von der HA XX/1 für eine »Rechtsanwaltsanalyse im DDR-Maßstab« genutzt worden sein.[175] Diese Anwaltsanalyse konnte bisher in den gesichteten Akten nicht identifiziert werden. Der Vorgang fällt in die Zeit, zu der Anwälte systematisch überprüft werden sollten.

### *MfS-Aktenlage: HA XX*

Im Jahr 1980 wollte die HA XX/OG, die spätere HA XX/9, einen förmlichen IM-Vorlauf anlegen, um Gysi später als IM anzuwerben. Schon seit 1978 war er aus der Strafermittlung gegen den Dissidenten Rudolf Bahro und die Vertretung des Dissidenten Robert Havemann bekannt. Rückblickend stellte die HA XX/OG Gysi eine Beurteilung aus: »So bewies er in der bisherigen Zusammenarbeit Zuverlässigkeit und eine hohe Einsatzbereitschaft, als er [...] unter strenger Einhaltung der Konspiration über geplante Aktivitäten, über das weitere Vorgehen von Verbindungspersonen, Ziele und Absichten, über die Rechtslage und

169 HV A/III, Suchauftrag, 6.2.1978; BStU, MfS, AIM 9564/86, Bl. 9.

170 HV A/XI, Sachstandsbericht, 17.2.1978; ebenda, Bl. 61.

171 Ebenda.

172 Bericht des Ausschusses für Wahlprüfung, Immunität und Geschäftsordnung zum Überprüfungsverfahren des Abgeordneten Dr. Gregor Gysi (Dt. Bundestag, Drs. 13/10893), S. 11 u. 43.

173 Es gab in den 1970er-Jahren bei Gericht derartige IM-Einschätzungen, die der Linie XX vorlagen. GMS »Gerda«, Vermerk zu RA Gysi, 27.8.1974; BStU, MfS, AIM 13957/81, T. I, Bd. 1, Bl. 116 f.

174 HV A/XI, Antwort auf Anfrage der HA XX, 16.9.1980; BStU, MfS, AIM 9564/86, Bl. 15.

175 HV A/XI, Sachstandsbericht, 17.2.1978; ebenda, Bl. 61 f.

ihre Folgen berichtete.«[176] Ein derartiger Werbungsvorschlag ist zweifelsohne von Erwartungen geprägt. Dennoch schrieb hier ein Offizier auch aufgrund bisheriger Erfahrungen. Sein Vorgesetzter, der den Vorlauf üblicherweise kennen musste, folgte bei der Beurteilung Gysis so weit, dass er einen IMS-Vorlauf »Gregor« billigte.[177]

Gysi kam mit der HA XX/OG, der späteren HA XX/9, laut Akten während des Bahro-Verfahrens in Kontakt. Das Mandat, das auf Bitten der geschiedenen Ehefrau des SED-Kritikers zustande kam,[178] war für Gysi doppelt brisant. Der bis dato unbekannte Bahro avancierte durch seine Verhaftung 1977 und Medienberichte im Westen über Nacht zu einem der bedeutendsten Oppositionellen der DDR. Die Verteidigung einer solchen Person barg automatisch existenzielle Risiken, wie sie im Fall von Götz Berger und seinem Havemann-Mandat deutlich wurden. Zudem war die Familie Gysi gerade in dieser Zeit angreifbar. Gysis Schwester, Gabriele, war mit der Familie Bahro befreundet, identifizierte sich offenbar mit dessen Werk. Gabriele Gysi hatte ihren Bruder als Verteidiger vermittelt. Zur gleichen Zeit bemühte sie sich um eine Ausreise in den Westen. Später wurde sie unter anderem deswegen aus der SED ausgeschlossen.[179] Insofern befand sich Gysi in einem Umfeld, dem man wie Götz Berger eine zu große Nähe zu einem dissidenten Mandanten hätte unterstellen können. Klaus Gysi, der Vater von Gregor, stand kurz davor, als Botschafter abgesetzt zu werden. [180] Dies war der Kontext, in dem Klaus Gysi der HV A laut Akten »zu verstehen [gab], dass sein Sohn G., Gregor, zu unserem Organ [dem MfS] direkten Kontakt aufnehmen möchte«.[181] Dieses Bild wird ergänzt durch eine MfS-Information, wonach der Anwalt Gregor Gysi in der U-Haft anlässlich seines ersten Besuches bei Bahro von seinem Mandanten deutlich abrückte und sich geradezu distanzierte. Laut MfS-Protokoll sagte er dem Untersuchungsführer, er hielte Bahro für einen »unverbesserliche[n] Feind […] des Sozialismus« und er bot gegenüber dem MfS-Mann eine Art Vermittlung an, »so ›staatlicherseits‹ ein Interesse daran bestünde«.[182] Entsprechend dieser Aktenlage zeigte Gysi Eigeninitiative, möglicherweise um sich abzusichern oder als Verhandlungspartner ins Spiel zu bringen.

Laut Aktenlage wurde erst nach dem Urteil gegen Bahro, im August 1978, auf dieses angebliche Kooperationsangebot zurückgegriffen. Nach der Veröffentlichung eines Bahro-Briefes im Spiegel, den dieser aus der Haftanstalt Bautzen II herausgeschmuggelt hatte, schlug die HA IX/2 vor, die HA XX/OG solle

176 HA XX/OG, Vorschlag zur Werbung eines IMS, 27.11.1980; ebenda, Bl. 67–70.
177 HA XX/OG, Beschluss über das Anlegen eines IM-Vorlaufs, 18.9.1980; ebenda, Bl. 5.
178 König: Gregor Gysi, S. 159 f.
179 Ebenda, S. 252.
180 Ebenda.
181 HV A/III, Vermerk v. 16.2.1978; BStU, MfS, AIM 9664/86, Bl. 60.
182 Vermerk v. 9.11.1977; BStU, MfS, AU 6890/82, Bd. 1, Bl. 130.

ihre »operativen Möglichkeiten […] nutzen«[183], um Näheres zu erfahren. In der Folgezeit kam es laut Stasi-Berichten zu Treffen der HA XX/OG, unter anderem in Gysis Wohnung.[184] Im Aktenzusammenhang liegen Tonbandprotokolle in Ich-Form vor.[185] Der HA XX ging es zu dieser Zeit insgesamt darum, im Rahmen des OV »Konzeption« die Solidaritätswelle für Bahro unter Kontrolle zu halten und möglichst einzudämmen. In dieses Ziel fügen sich die Akten der HA XX/OG ein. Eine noch dichtere Dokumentenfolge ähnlicher Art gibt es zum Gysi-Mandaten Havemann.[186] Gysi wurde von Robert Havemann in Anspruch genommen, nachdem seine vorherigen zwei Anwälte, unter anderem Götz Berger, an der Ausübung ihres Mandates gehindert worden waren.[187]

Trotz mehrerer Berichte aus dem Umfeld von Robert Havemann wurde die geplante förmliche Werbung des IMS »Notar« vom zuständigen Offizier der HA XX/OG, Günther Lohr, nicht vollzogen.[188] Der Vorgang wurde 1986 sogar abgeschlossen. Im Abschluss-Dokument hieß es, weil »eine ersprießliche und konkrete Zusammenarbeit seitens des Kandidaten nicht zu erwarten«[189] sei. Allerdings sind in der darauffolgenden Periode weitere MfS-Berichte über Gespräche Gysis mit Mandanten bzw. deren Angehörigen gefunden worden, die seinerzeit vom MfS der Quelle »Gregor« bzw. »Notar« zugerechnet wurden.[190] Die

183 HA IX/2, Plan zur Aufklärung der Hintergründe und Zusammenhänge der Veröffentlichung eines angeblichen Briefes des Strafgefangenen Bahro im Nachrichtenmagazin Der Spiegel, 31.10.1978; ebenda, Bd. 17, Bl. 65.

184 Derartige Treffen werden von Gysi als Treffen mit SED-Funktionären bzw. der Staatsanwaltschaft dargestellt. Warum diese in seiner Privatwohnung stattfanden bleibt offen.

185 Die Berichte kreisten immer wieder um die Kassiber-Problematik. Gysi bestreitet nicht, dass er »die Gefahr weiterer Kassiber verringern« wollte. Bericht des Ausschusses für Wahlprüfung, Immunität und Geschäftsordnung zum Überprüfungsverfahren des Abgeordneten Dr. Gregor Gysi (Dt. Bundestag, Drs. 13/10893), S. 19.

186 Ebenda, S. 20 ff.; Vollnhals: Fall Havemann, S. 107 ff.; Havemann; Widmann: Robert Havemann, S. 268 ff.

187 Laut Aussage eines Pfarrers Jahre nach Havemanns Tod, kolportiert durch einen IM, hätte Havemann in Bezug auf Gysi behauptet: »Entweder hat er (RA Gysi) noch ein zweites Gehalt oder seine Bereitschaft, für andere Organe zu arbeiten, trägt dazu bei, dass er gewisse Freiheit hat.« Zit. nach: HA XX/4, Information zu einem Gespräch, 11.12.1986; BStU, MfS, BV Bln, Abt. XX Nr. 2480, Bl. 1 f.

188 Die Aussagen nach 1990 des zuständigen Offiziers der HA XX/9, Günther Lohr, der einen großen Teil der damaligen MfS-Vermerke verfasste, tragen insofern einen Makel an Glaubwürdigkeit, als dass Lohr schriftlich festhielt, »dass ich Menschen nicht verrate, die mir Vertrauen entgegengebracht haben und die davon ausgingen, das Richtige zu tun«. Günter Lohr, Schreiben an Gregor Gysi, 6.2.1992. In: http://www.buskeismus.de/gysi/stasidokumente/gysi_lohr.htm#Lohr%20an%20Gysi (letzter Zugriff: 9.10.2014).

189 HA XX/OG, Abschlussbericht, 13.8.1986; BStU, MfS, AIM 9564/86, Bl. 72.

190 Zum Beispiel HA XX/OG, Vermerk über die Rücksprache mit Robert Havemann (Tonbandabschrift), Quelle: IM-Vorlauf »Gregor«, Entgegengenommen: Major Lohr; BStU, MfS, HA XX/OG Nr. 133, Bl. 144–146; HA XX/9, Gespräch zwischen Rechtsanwalt Gysi und Havemann am 5.1.1982, 7.1.1982; BStU, MfS, HA XX Nr. 134, Bl. 34–36; HA XX/9,

HA XX/OG / HA XX/9 verband diesen Decknamen in ihren Unterlagen offenkundig mit der Person Gregor Gysis.[191] Einer dieser MfS-Berichte gibt entschlüsselt indirekt einen Hinweis auf die Identität des inoffiziellen Informanten als Anwalt Havemanns.[192] Es sind in der Vergangenheit weitere Indizien angeführt worden, die darauf hindeuten, dass die HA XX/OG, später zur HA XX/9 umstrukturiert, Gysi in ihrer Aktenführung intern durchgängig als Informanten ansah und mit »Notar« und »Gregor« eine konkrete Person benannte.

Die Hauptabteilung XX/OG wertete 1979/80 beispielsweise die Listen mit den Besuchern im Hause Havemann aus, die ein Observationsteam des MfS zusammengestellt hatte. Hinter den Besuchernamen wurde vermerkt, ob und wie diese Personen beim MfS verbucht waren. Hinter dem Namen von »Gysi« war handschriftlich ergänzt: »HA XX/OG« und »IM«.[193] Eindrücklich ist eine Skizze aus der HA XX/OG, in der die »IM/GMS, die am OV ›Leitz‹ [Robert Havemann …] arbeiten«, aufgelistet wurden. Sie verweist unter anderem auf »IMS ›Notar‹« bei der HA XX/9.[194] Eine andere Liste, in der die HA XX/9 die IM auflistete, denen sie aus Dankbarkeit oder zur Beziehungspflege Abzeichen und Geschenke zukommen lassen wollte, führt ebenso einen IMS »Notar« auf, dem eine Einzelmünze ausgehändigt werden sollte.[195] Aus demselben Jahr

Vermerk über eine Rücksprache zwischen Dr. Gysi und Herrn Poppe, 15.12.1983; BStU, MfS, AOP 1010/91, Bd. 16, Bl. 173–175.

191 HA XX/OG, Beschluss über das Anlegen eines IM-Vorlaufes, 18.9.1980; BStU, MfS, AIM 9564/86, Bl. 4.

192 Nach einem Gespräch Gysis bei Havemann am 3.10.1979 nahm »der IM« einen der Gesprächsteilnehmer vom Wohnort Havemanns mit dem Auto in die Stadt. Da alle übrigen in dem Vermerk genannten Gesprächsteilnehmer als IM ausscheiden, war offenbar Gysi mit dem IM und Fahrer gemeint. Im Zusammenhang mit einem anstehenden Prozess hat der in dem Dokument genannte Zeitzeuge, Thomas Erwin, der auch vor Gericht aussagen sollte, die Identität des Fahrers, der ihn damals mit in die Stadt nahm, bestätigt. Über weitere Aktivitäten im Zusammenhang mit Robert Havemann, 5.10.1979; BStU, MfS, AOP 26321/91, Bd. 2, Bl. 196 f. Thomas Erwin, heute Thomas Klingenstein, äußerte sich gegenüber ddp am 22.5.2008. Gysi bestreitet, dass sich der Vorgang so zugetragen hat. Gysi, Gregor. »Die haben keinen blassen Dunst«. In: Frankfurter Rundschau vom 6.6.2008. Auch die Anwälte von Gregor Gysi äußerten Zweifel, dass sich das Geschehen so zugetragen hätte. Erwiderung auf einen Schriftsatz der BStU, 19.1.2007. Auf das Verfahren vor dem Berliner Landgericht, in dem dieser Sachverhalt eingeführt werden sollte, wurde von Gregor Gysi im Jahr 2008 jedoch verzichtet. Schreiben an die BStU, 20.5.2008; Verwaltungsvorgang, BStU 137/05 V.

193 HA VIII, Personen, die in der Zeit vom 9.5.1979 bis 30.9.1979 im Zusammenhang mit »Leitz« in Erscheinung traten und identifiziert werden konnten bzw. als Kfz-Halter (Eigentümer) dokumentiert wurden, 8.10.1979; BStU, MfS, AOP 22048/91, Bd. 7, Bl. 111–118, hier 115.

194 IM/GMS, die am OV »Leitz« […] arbeiten, o. D.; BStU, MfS, HA XX/9 Nr. 1631, Bl. 108.

195 HA XX/9, Erinnerungsabzeichen und Ehrengeschenke zum 35. Jahrestag des MfS, 30.1.1985; BStU, MfS, HA XX/9 Nr. 1884, Bl. 2.

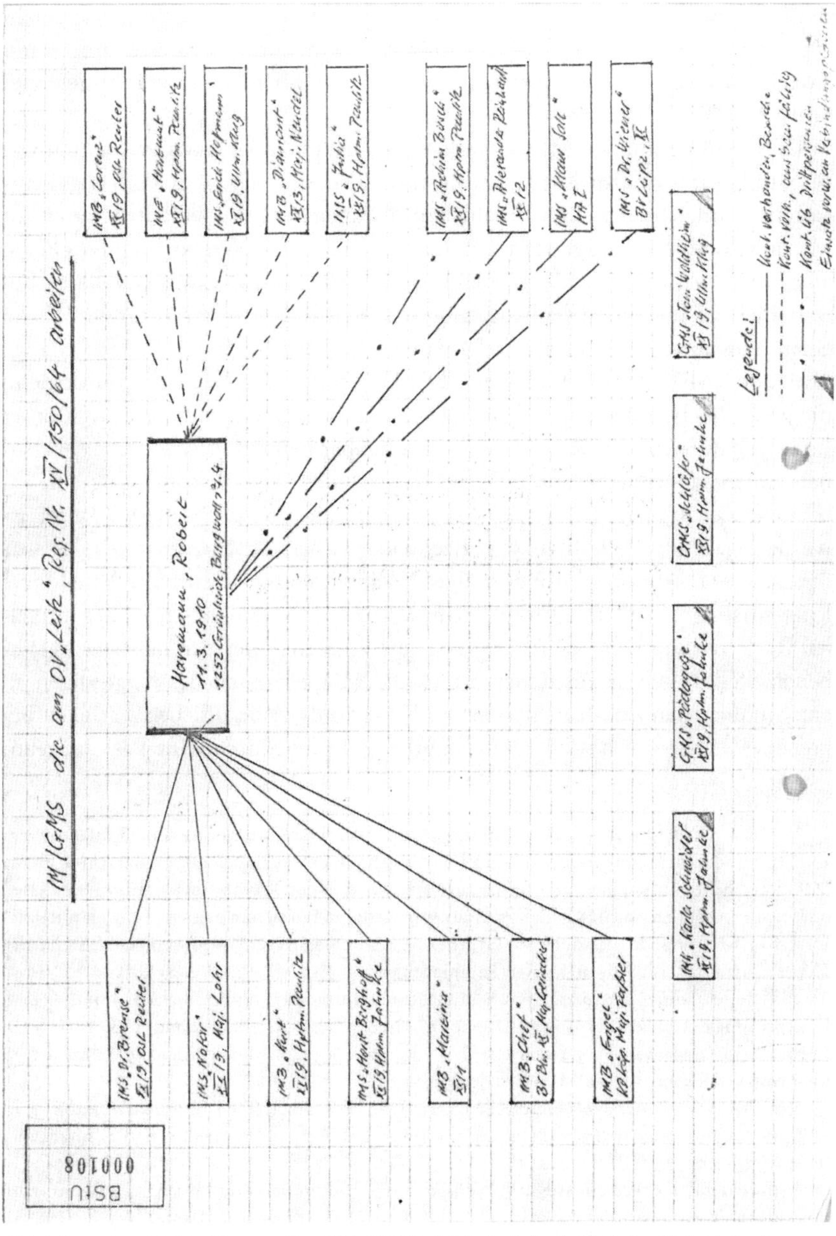


Abbildung 9: IMS »Notar« (der HA XX/9, Maj. Lohr) als Teil des IM-Geflechtes im Operativen Vorgang »Leitz«[196]

196 BStU, MfS, HA XX/9 Nr. 1631, Bl. 108

stammt eine Geldabrechnung, mit der Aufwendungen für »Notar« verbucht wurden.[197] Aus den Jahren 1981 bis 1985 sind neun ähnliche Abrechnungen mit Zweckbestimmungen wie »Präsent«, »Präsent anlässlich Geburtstag« und »operative Auslagen« überliefert.[198]

Diese Indizien in den MfS-Unterlagen stehen in einem gewissen Spannungsverhältnis zur formalen Registrierung als IM-Vorlauf, der schließlich sogar eingestellt wurde. Inoffizielle Kontakte im Rahmen von IM-Vorläufen waren im MfS allerdings nicht ungewöhnlich. Es kam auch vor, dass schon in dieser Phase an das MfS berichtet wurde, dennoch keine förmliche IM-Erfassung folgte. Befremdlich ist in diesem Fall die lange Laufzeit des Schwebezustandes.[199] Bei einer »zentralen Revision zu IM-Vorläufen«[200] fiel MfS-intern 1984 die lange Dauer des IM-Vorlaufes zu Gysi auf. Der Leiter der HA XX entschied trotzdem, diesen Status beizubehalten. Am Verhalten des zuständigen Offiziers, Günther Lohr, gab es in diesem Zusammenhang offenbar keine Kritik. In dessen Personalunterlagen wurde betont, dass die »Gewinnung neuer Patrioten für eine inoffizielle Zusammenarbeit«[201], also die Gewinnung von IM, seine Stärke sei. Es wurde sogar hervorgehoben, wie »ideenreich« er bei der IM-Arbeit sei. Das war durchaus ein Grund, warum er in dieser Zeit zum stellvertretenden Abteilungsleiter aufstieg.[202] Anhaltspunkte dafür, warum das MfS den Schritt der formellen Registrierung zum IM nicht ging, dürften nicht zuletzt in der hervorgehobenen Stellung Gysis zu suchen sein. »Die Möglichkeiten des Kandidaten zu einer inoffiziellen Zusammenarbeit sind aufgrund der beruflichen Tätigkeit begrenzt.«[203] Gysi war in den 1980er-Jahren nicht nur durch seine Parteizugehö-

197 HA XX/9, Operativgeldabrechnung, 27.12.1985. Die Abrechnung von 45,00 Mark war von Lohr und seinem Vorgesetzten, Reuter, abgezeichnet, den Personen, die in den Akten als die MfS-Mitarbeiter auftauchen, die Informationen von »Gregor« bzw. »Notar« entgegennahmen oder nehmen sollten. Solche Geldaufwendungen wiederholten sich in den Folgejahren unter der OPK-Registrierung, die sich auch auf Gysi bezog. S. u. Operativgeldabrechnungen; BStU, MfS, HA XX Nr. 1960, Bl. 301–305 (MfS-Paginierung).

198 Bericht des Ausschusses für Wahlprüfung, Immunität und Geschäftsordnung zum Überprüfungsverfahren des Abgeordneten Dr. Gregor Gysi. (Dt. Bundestag, Drs. 13/10893), S. 46. Derlei Zuwendungen wurden von Gysi bestritten, abgezeichnet wurden die Belege jedoch nicht von Gysi, sondern von MfS-Offizieren.

199 Das Stasi-Unterlagen-Gesetz definiert »IM« nicht über einen förmlichen Status, sondern als Personen, »die sich zur Lieferung von Informationen an den Staatssicherheitsdienst bereiterklärt haben«. StUG, § 6 Abs. 4.

200 Bericht des Ausschusses für Wahlprüfung, Immunität und Geschäftsordnung zum Überprüfungsverfahren des Abgeordneten Dr. Gregor Gysi (Dt. Bundestag, Drs. 13/10893), S. 47.

201 Vorschlag zur Ernennung zum stellv[ertretenden] Abteilungsleiter, 3.11.1982; BStU, MfS, KS 4668/90, Bl. 128–130, hier 128.

202 HA XX/9, Beurteilung, 9.5.1984; ebenda, Bl. 131 f.

203 HA XX/9, Beschluss über die Archivierung des IM-Vorlaufes, 14.8.1986; BStU, MfS, AIM 9564/86, Bl. 5.

rigkeit und seinen prominenten Vater exponiert. Hinzu kam, dass Gysi in jenen Jahren, sichtlich seit 1980, begann Karriere zu machen.

Als Gregor Gysi Ende der 1970er-Jahre die Verteidigung von Rudolf Bahro und Robert Havemann übernahm, war er zumindest im Westen ein noch weitgehend unbekannter Anwalt.[204] Allerdings avancierte er schon wenige Jahre nach der Anwaltszulassung und stieg in den Vorstand im Berliner Kollegium,[205] 1980 als Stellvertreter des Vorsitzenden, auf.[206] Der damalige Vorsitzende wollte Gysi schon 1978 zum Kollegiums-Vorsitzenden machen und sich selbst auf die ZRK-Funktion beschränken.[207] Offenbar scheiterte dieser Vorschlag noch an Vorbehalten in der SED.[208] Durch Beschluss des Vorstandes des Berliner Anwaltskollegiums vom 9. Dezember 1980 war Gysi dann immerhin »als Reservekader für die Funktion des Vorsitzenden vorgesehen«.[209] Damit rückte Gysi in die Reihe der künftigen Nomenklaturkader auf und damit in die Obhut der SED-Bezirksleitung Berlin und der Kontrollnomenklatur des ZK.[210] Im Jahr 1984 war Gysi schon im offiziellen Kaderprogramm des Kollegiums »für die Funktion des Vorsitzenden als Reservekader vorgesehen«.[211] Spätestens 1982 sollte er, als Vorstufe für den Vorsitz, Parteisekretär der Grundorganisation im Kollegium werden,[212] eine Position als Nomenklaturkader der SED-Kreisleitung und Kontrollnomenklaturkader der SED-Bezirksleitung. Diese Karriereschritte können durchaus als Anerkennung für Gysis Verhalten während der

204 Havemann wurde über das Bahro-Verfahren auf Gysi aufmerksam. Gysi: Das war's, S. 41, 45 ff.; König: Gregor Gysi, S. 249 f.; Rudolf Bahro bald vor Gericht. In: Berliner Morgenpost vom 27.11.1977.

205 Gregor Gysi, Personalbogen, 30.12.1977; BStU, MfS, AIM 9564/86, Bl. 18–21.

206 Wolff: Ein Leben, S. 163.

207 Möglicherweise wurde dies durch die SED abgelehnt. Häusler hatte seinen Vorschlag mit dem Mitarbeiter des ZK, Raoul Gefroi, besprechen wollen. MdJ, Bericht über die operative Anleitung und Kontrolle der Vorstandstätigkeit des Kollegiums Berlin vom 12.12.1978, S. 4 f.; BArch, DP1, 3468.

208 Nach Auffassung der SED-BL wurde Gysi als politisch zuverlässig und fachlich geeignet eingeschätzt, ihm fehlte jedoch noch Erfahrung und »insbesondere stört seine Überheblichkeit«. MdJ, Bericht über die Aussprache mit dem Vertreter der SED-Bezirksleitung Berlin, Genossen Sattler, 19.11.1979; BArch, DP1, 4291. Der Vorwurf der »Überheblichkeit« deutet auf eine zu geringe Unterordnung unter den Parteiwillen hin. Es ist unklar, ob das ein Nachhall auf seine studentischen Aktivitäten, eine Reaktion auf eigenwillige Aktivitäten bei der Berufsfindung, sein Vorpreschen bei Mandanten oder andere Vorkommnisse ist.

209 RAK Berlin, Berichterstattung über die Verwirklichung des Kaderprogramms, 10.12.1984, S. 6; BArch, DP1, 4392. Die für derartige Positionen übliche Teilnahme an der Parteischule sollte ihm wegen seines Studiums und der Promotion erlassen werden. RAK Berlin, Schreiben an MdJ, Kaderprogramm, 12.5.1980; BArch, DP1, 4183.

210 Vgl. dazu im Kapitel Die Institutionen zur Steuerung und Kontrolle der Anwaltschaft den Abschnitt zu Nomenklaturkader-Abstimmungen.

211 MdJ, Stellungnahme zum Bericht des Vorstandes des Kollegiums Berlin über die Verwirklichung des Kaderprogramms, 30.11.1984; BArch, DP1, 4395.

212 BV Bln/XX, Schreiben an HA XX/9, 18.2.1982; BStU, MfS, AIM 9564/86, Bl. 30.

Verteidigung der Staatsfeinde Bahro und Havemann interpretiert werden. Bei Fehlhandlungen aus Sicht der SED wäre er kaum so weit gekommen. Weder vom MfS noch von der SED scheint es ein grundsätzliches Veto gegeben zu haben. Mit dem Aufstieg Gysis in die Partei-Nomenklatura waren der Staatssicherheit Grenzen bei der Nutzung Gysis gesetzt. Die erfahrene Familie Gysi spielte den Trumpf der hohen Parteianbindung gegenüber dem MfS offenbar auch aus. Vater Gysi soll 1979 mit Erich Honecker über die Verteidigung Havemanns durch seinen Sohn gesprochen haben. Honecker habe laut Aktenlage die Aktivitäten von Gregor Gysi angeblich »begrüßt«. Diese Information soll laut Akte Gregor Gysi selbst kolportiert haben, wie es in den Akten der HA XX/ OG dokumentiert wurde.[213] Der Vorgang wirkt wie der Versuch von Vater und Sohn, trotz aller Staatsnähe und grundsätzlicher Kooperationsbereitschaft, eine gewisse Distanz zum MfS herzustellen, auch um den eigenen Handlungsspielraum wahren zu können.

### *MfS-Aktenlage: OPK »Sputnik«*

Die Nomenklaturkader-Karriere von Gregor Gysi dürfte eine Rolle gespielt haben, als Gysi 1986 vom MfS in der Operativen Personenkontrolle »Sputnik« erfasst wurde. Gysis politische Einstellung wurde zwar als »positiv« dargestellt, allerdings »im Widerspruch« zu inoffiziellen und offiziellen Aufklärungsergebnissen« stehend.[214] Von seinen beruflichen und privaten Kontakten zu »Personen des politischen Untergrundes und andere[n] operativ interessanten Personen«[215] war vage die Rede. Geklärt werden sollte, ob derartige Personen den Anwalt »für ihre feindlichen Absichten missbrauchen«, ein Interesse, das eher den Klienten als dem Anwalt selbst zu gelten schien. Gregor Gysi behauptet, dass schon der formale Charakter einer OPK mit einer inoffiziellen Tätigkeit nicht in Einklang zu bringen sei.[216] Er akzentuiert, dass er selbst überwacht worden sei.[217] Zu Recht werden operative Personenkontrollen meist als Überprüfungsvorgänge, sogar als Vorstufe einer möglichen Kriminalisierung angesehen.[218] Allerdings konnten sie laut MfS-Regelwerk auch als reine Abwehrmaßnahme

213 HA XX/OG, Bericht über ein Gespräch mit Rechtsanwalt Dr. Gysi, 11.6.1979; BStU, MfS, AU 145/90, Bd. 25, Bl. 15.

214 HA XX/9, Eröffnungsbericht zur OPK »Sputnik«, 1.9.1986; BStU, MfS, HA XX/AKG Nr. 856, Bl. 1 f.

215 Ebenda.

216 Gysi: Das war's, S. 319 f.

217 Gysi, Gregor: »Die haben keinen blassen Dunst«. In: Frankfurter Rundschau v. 6.6.2008.

218 Fricke: MfS intern, S. 47; Siebenmorgen, Peter: »Staatssicherheit« der DDR. Der Westen im Fadenkreuz. Bonn 1993, S. 51 f.

> zur vorbeugende[n] Sicherung von Personen, die in sicherheitspolitischen Positionen oder Bereichen tätig sind oder tätig werden sollen, und bei denen aufgrund vorhandener Ansatzpunkte die Gefahr des Missbrauches durch den Gegner besteht und damit das rechtzeitige Erkennen und die wirksame Bekämpfung feindlicher Angriffe bzw. feindlich negativer Handlungen durch diese Personen[219]

dienen. Vereinfacht ausgedrückt, konnte eine OPK eine Vorsichtsmaßnahme darstellen, um Funktionäre vor feindlichen Angriffen zu schützen. Eine solche OPK musste nicht in einer Eskalation der Ermittlungen, sondern konnte, ganz im Gegenteil, sogar im Anlegen eines IM-Vorlaufes enden.[220] Es ist auffällig, dass zwischen dem Abschluss des IM-Vorlaufes und dem Anlegen der OPK nur circa zwei Wochen lagen, ohne dass ersichtlich wäre, welches Ereignis oder welcher Sachverhalt die HA XX/9 zu einer grundlegenden Änderung ihrer Einschätzung von Gysi veranlasst haben könnte. In dieser Zeit wurde in Führungskreisen des MfS diskutiert, wie hochgestellte Persönlichkeiten aus Staat und Partei und ihre »nächsten Angehörigen« im MfS-Apparat durch die »Erhöhung von Geheimhaltung und Konspiration«[221] geschützt werden könnten. Allgemein verständlich, sollten die wirklichen Beziehungen sogar MfS-intern verschleiert werden.[222] Auf einer Liste der fraglichen Personen wurde seitens der HA XX/9 auch »Gregor« genannt.[223] Möglicherweise waren Vorbehalte, einen engen Verwandten eines Mitgliedes des Ministerrates und Mitgliedes der Volkskammer förmlich als IM zu registrieren, der eigentliche Hintergrund für die Anomalien in den MfS-Akten, die mit Gregor Gysi in Verbindung stehen.

Durch die OPK-Registrierung änderte sich für die HA XX/9 insofern wenig, als alles Relevante im MfS-Apparat, was mit Gysi zu tun hatte, nach wie vor bei ihr anhängig wurde und hier die primäre Verantwortung für diese Person lag. Auf der anderen Seite ließ die Erfassung als OPK den genauen Grund der Erfassung MfS-intern offen. Rätselhaft bleibt der Name der OPK »Sputnik«. Decknamen dienten dem MfS als charakteristische Gedächtnisstütze, um Vorgänge führen zu können, ohne die Identität von Personen preisgeben zu müssen. Wörtlich genommen ist »Sputnik« die Bezeichnung für einen sowjetischen Satelliten oder auf russisch für einen Begleiter oder Weggefährten. Es könnte aber auch eine Anspielung auf die sowjetische Zeitschrift Sputnik sein, die in der DDR vertrieben und seit Mitte der 1980er-Jahre Gedankengut der Perest-

219 Suckut: Wörterbuch, S. 272.

220 Richtlinie 1/81 über die operative Personenkontrolle (OPK). In: Engelmann: Grundsatzdokumente, S. 362–383, hier 376.

221 HA XX, Stellungnahme, 18.8.1986; BStU, MfS, Abt. XII Nr. 6573, Bl. 1.

222 Booß; Pethe: Rote Nelke, S. 49–69.

223 Mit der Registriernummer XV 5647/80, Anlage, o. D.; BStU, MfS, Abt. XII Nr. 6573, Bl. 43.

roika transportierte, bis ihr Vertrieb verboten wurde.[224] Im Berliner Soziolekt werden gelegentlich Kinder als »Sputnik« bezeichnet,[225] was eine Anspielung auf den bekannten Vater sein könnte. Diese möglichen Konnotationen waren Hinweise auf eine untypische Exponiertheit Gysis, die es auch im MfS zu beachten galt. Neben den erwähnten Berichten unter Verweis auf »Notar«, »Gregor« und »Sputnik« finden sich in der OPK-Zeit ab 1986 ähnliche Dokumente wie in der Zeit ab 1978. Aus den Jahren 1987 bis 1989 stammen fünf Geldabrechnungen, je über etwa 100 Mark, davon drei in zeitlicher Nähe zu Gysis Geburtstag, vier mit dem Zusatz »Präsent«. Sie sind auf »Sputnik« bezogen, mit der entsprechenden MfS-Registriernummer versehen.[226] Sie schließen mehr oder minder nahtlos an die vorherigen Kostenabrechnungen an. Auch eine Tonbandabschrift über ein Gespräch von Gysi mit dem Ehemann der zwangsexilierten Vera Wollenberger von 1988, entgegengenommen vom Offizier der HA XX/9, Günter Lohr, bezieht sich auf die »Quelle ›Sputnik‹«[227]; am Ende des Dokuments wird der Informant als »IM« bezeichnet.[228] Auch ein Gespräch mit Bärbel Bohley wurde unter der Quellenbezeichnung »IM ›Sputnik‹« geführt.[229]

Die parallele Karriereentwicklung Gysis liefert aufschlussreiche Hinweise zum uneindeutigen Charakter seiner MfS-Erfassung. Natürlich gab es in seiner Entwicklung auch kleinere Rückschläge. Als Gysi sich 1982 bei der Zuweisung eines Anwaltes in seiner Zweigstelle zunächst nicht durchsetzen konnte, verzichtete er mit einem Brief an die Parteileitung der GO auf den Posten des Parteisekretärs.[230] Dass Gysi damit die Linie der Partei verlassen hätte, indignierte die Parteileitung des Kollegiums sowie die SED-Bezirksleitung und blieb

224 Holzweißig, Gunter: Die schärfste Waffe der Partei. Eine Mediengeschichte der DDR. Köln 2002, S. 147 ff.; Kowalczuk: Endspiel, S. 75 f.

225 In: http://www.mediensprache.net/de/basix/berlinisch/lexikon/index.aspx?abc=s (letzter Zugriff: 30.10.2014).

226 HA XX/9, Operativgeldabrechnungen vom 20.1.1987, vom 22.12.1987, vom 28.1.1988, vom 21.12.1988 sowie vom 17.1.1989; BStU, MfS, HA XX Nr. 1960, Bl. 301–305.

227 HA XX/9, Tonbandabschrift, 3.5.1988; BStU, MfS, HA XX/AKG Nr. 5557, Bl. 115. Gysi behauptete, es gäbe keine Berichte aus dieser Quelle. Gregor Gysi: Stellungnahme vom 9. August hinsichtlich der vom Bundesbeauftragten für die Unterlagen des Staatssicherheitsdienstes der ehemaligen DDR überreichten gutachterlichen Stellungnahme vom 26.5.1995 nebst Anlagen. In: Gysi: Das war's, S. 316–336 u. 322.

228 Noch von November 1989 datiert ein Bericht, den ein allerdings ungenannter IM der HA XX/9 auf Tonband diktierte. Darin wird über Gespräche mit den Oppositionellen Bärbel Bohley und Rainer Eppelmann sowie über deren Aktivitäten und die Aktivitäten von Berliner Künstlern berichtet. An allen drei Begebenheiten nahm laut Bericht Gregor Gysi teil. HA XX/9, Tonbandabschrift, 6.11.1989; BStU, MfS, HA XX/9 Nr. 1535, Bl. 255.

229 HA XX/9, Vermerk über ein Gespräch zwischen Rechtsanwalt Dr. Gysi mit Frau Bohley und Frau Havemann, 15.8.1988 (Tonbandabschrift); BStU, MfS, HA XX Nr. 20565, Bl. 324–326, zit. nach: Kowalczuk, Ilko-Sascha; Polzin, Arno (Hg.): Fasse Dich kurz! Der grenzüberschreitende Telefonverkehr der Opposition in den 1980er-Jahren und das Ministerium für Staatssicherheit. Göttingen 2014, S. 707 f., FN 13.

230 Wolff: Ein Leben, S. 171.

dem MfS keineswegs verborgen. Die HA XX/9 wurde informiert.[231] In dieser Zeit zog auch Gysis Schwester in den Westen. Sie geriet damit selbst in das Fadenkreuz des MfS.[232] Mit zunehmendem Bekanntheitsgrad als Strafverteidiger interessierten sich nicht nur Mandanten aus der Oppositions-Szene für Gysi. Auch die Ständige Vertretung der Bundesrepublik und andere diplomatische Vertretungen luden Gysi ein. Westliche Journalisten, die das MfS geheimdienstlicher Kontakte verdächtigte, wie der Korrespondent des Spiegel, Ulrich Schwarz,[233] suchten seinen Kontakt. Derartige Kontakte wurden wie bei anderen Anwälten von der Abwehrabteilung HA II registriert und ab spätestens 1986 die HA XX/9 entsprechend informiert.[234] Es gab sogar Kreise in der HA II, die 1989 darauf drängten die Kontrolle zu verstärken und einen Sonder-OV,[235] vergleichbar mit der Kontrolle der Kanzlei Vogels,[236] anzulegen. Dazu kam es aber nicht. Der HA XX/9 gelang es, mit der OPK »Sputnik« den Primärzugriff auf Informationen zu Gysi zu behalten und gleichzeitig kritische Stimmen im MfS ruhigzustellen.[237]

### *Der Vorsitzende Gregor Gysi*

Gysi überwand zur gleichen Zeit seine Karriereprobleme. Er wurde 1982 in die Parteileitung aufgenommen, übernahm 1984 die Funktion des Parteisekretärs von Friedrich Wolff. Schließlich löste er diesen 1988 als Vorsitzenden des Berliner Kollegiums ab.[238] Bei der Besetzung der Funktion des Vorsitzenden des

231 BV Bln/XX, Schreiben an HA XX/9, 18.2.1982; BStU, MfS, AIM 9564/86, Bl. 30; Wolff: Ein Leben, S. 171; König: Gregor Gysi, S. 223 f.

232 HV A/XI, Sachstandsbericht, 17.2.1978; BStU, MfS, AIM 9564/86, Bl. 61 f.; Vorgang AOP »Sekretär«; BStU, MfS, AOP 9413/85; Gysi: Das war's, S. 60.

233 Schwarz wurde 1978, nach der Veröffentlichung des sogenannten »Manifestes«, das angeblich von SED-Abweichlern stammt, aus der DDR ausgewiesen und das Spiegel-Büro in Ostberlin für 7 Jahre geschlossen. Als Grund diente eine Bezichtigung der SED, Schwarz arbeite mit dem BND zusammen. Eines Tages. Spiegel online. In: http://einestages.spiegel.de/static/authoralbumbackground/1106/gift_und_galle.html (letzter Zugriff: 14.10.2014).

234 HA XX/9, Eröffnungsbericht zur OPK »Sputnik«, 1.9.1986; BStU, MfS, HA XX/AKG Nr. 856, Bl. 1 f.

235 HA II/AKG, Schreiben an Generalmajor Wolfgang Lohse, 12.5.1989; BStU, MfS, HA II Nr. 45588, o. Bl.

236 Die ZKG des MfS ließ 1986 einen Vorgang mit dem Decknamen »Rubin« anlegen, in dem die Kanzlei Vogel überprüft wurde. MfS/ZKG, Beschluss über das Anlegen eines Sicherungsvorganges, 28.4.1986; BStU, MfS, ASIVO 25326/91, Bl. 1; MfS/Abt. XII, Überprüfungen Kennwort »Rubin«, 9.5.1986; ebenda, Bl. 1 u. 129.

237 Der MfS-Vorgesetzte von Lohr, Wolfgang Reuter, erklärt die OPK durchaus plausibel damit, dass die HA XX/9 Kritik aus anderen Bereichen des MfS an Gysi auffangen wollte. Zit. bei: König: Gregor Gysi, S. 207.

238 Wolff: Ein Leben, S. 173 u. 186 f.

Rates der Vorsitzenden der Rechtsanwälte, die traditionell dem Vorsitzenden des Berliner Kollegiums zufiel, gab es allerdings zunächst Schwierigkeiten. Eingedenk früherer Kaderprobleme präferierte die Fachebene im MdJ den Vorsitzenden des Leipziger Kollegiums für diesen Posten. Gysis Mentor, Friedrich Wolff, schildert, wie er daran mitgewirkt hätte, Justizminister Heusinger zugunsten von Gysi umzustimmen.[239] Zur Letztentscheidung musste die Zustimmung des Abteilungsleiters SuR beim ZK der SED und Parteinomenklatur-Vorgesetzten, Klaus Sorgenicht, eingeholt werden. Es ist schwer vorstellbar, dass solch eine Nomenklaturkader-Entscheidung gefällt wurde, obwohl das MfS parallel einen Überwachungsvorgang betrieb. Üblicherweise holte das ZK bei relevanten Nomenklatur-Beförderungen vorab Auskünfte beim MfS ein.[240]

Mit den neuen Funktionen Gysis waren Reisen in das westliche Ausland verbunden. Im Jahr 1988 ermöglichte ihm die ZK-Abteilung für Sicherheitsfragen eine Grenzpassage nach Westberlin. Dort sollte er einen ehemaligen DDR-Bürger überreden, in die DDR zurückzukehren. Gysi versuchte vergeblich, diese Mission zu erfüllen.[241] Im Zuge der Dialogpolitik der SED reiste der Anwaltsfunktionär seit 1988 unter anderem nach Wien, Istanbul, München. Seitens des MdJ gab es die Erwartung, dass sich die Anwälte an den außenpolitischen Leitlinien der DDR-Politik, vor allem Justizfragen betreffend, orientierten.[242] Auch eine Privatreise Gysis nach Paris fällt in diese Periode.[243] Auf Anweisung unterschiedlicher MfS-Diensteinheiten wurde er in diesen Jahren bei Grenzübergängen avisiert, was ein vereinfachtes Procedere der Grenzpassage ermöglichte. Ab März 1989 galten ständige Avisierungen für den Flughafen Schönefeld und den Grenzübergang Invalidenstraße.[244] Beides waren Grenzübergangsstellen,

239 Ebenda, S. 188. Gysis Biograf behauptet, es hätte Vorbehalte im ZK gegeben, ohne dies zu belegen. König: Gregor Gysi, S. 224 f.

240 Booß; Pethe: Rote Nelke, S. 49–69.

241 SED-ZK/Abt. Sicherheitsfragen/Wolfgang Herger, Schreiben an GO Mittig, StM für Staatssicherheit, 20.5.1988; BStU, MfS, AP 67103/92, Bl. 138 f. Wie Gysi einen DDR-Flüchtling nach Ostberlin zurücklotsen wollte, 19.9.2009. In: http://www.spiegel.de/politik/deutschland/linke-fraktionschef-wie-gysi-einen-ddr-fluechtling-nach-ostberlin-zuruecklotsen-wollte-a-650008.html (letzter Zugriff: 9.10.2014).

242 Direktive für die Teilnahme einer Delegation der Vereinigung der Juristen der DDR am 45. Deutschen Anwaltstag der BRD vom 3.–5.5.1989 in München; SAPMO, DY 64/45; Gregor Gysi, Schreiben an das ZK der SED, Abt. SuR, 13.2.1989; SAPMO, DY 64/ZA mit Österreich; MdJ, Direktive für das Auftreten des Vorsitzenden des Rates der Vorsitzenden der Kollegien der DDR, Dr. Gregor Gysi, auf der Konferenz der Präsidenten der europäischen Rechtsanwaltskammern in Wien, S. 2; BArch, DP1, 1708; Gregor Gysi: Bericht über eine Reise nach Istanbul in der Zeit vom 2.8.1989; BStU, MfS, HA XX Nr. 6886, Bl. 298–307. Auch wenn sich dieser Bericht in den MfS-Unterlagen befindet, ist wahrscheinlich, dass er primär gegenüber dem MdJ abgegeben wurde.

243 Gysi: Das war's, S. 60 ff.

244 HA XX/9, Avisierung, 1.3.1989; ZKG, Avisierung, 29.1.1989; ZKG, Avisierung, 31.5.1988; BStU, MfS, HA VI, Avisierungskartei.

die eine Ausreise in den Westen ermöglichten. Mit einem klassischen Überwachungsvorgang des MfS sind diese für DDR-Bürger und für die meisten Anwälte undenkbaren Freiheiten kaum vereinbar, wohl aber mit klassischen Abwehraufgaben.

Spätestens mit der Funktion des Parteisekretärs, vor allem aber mit der Vorsitzenden-Funktion, war Gysi in die Apparatekommunikation von Partei und Staat eingebunden. Die schriftliche Überlieferung des Kollegiums legen den Schluss nahe, dass Gysi sich darum bemühte, Sach- und Verwaltungsentscheidungen mit dem MdJ und der zuständigen ZK-Mitarbeiterin telefonisch und schriftlich abzustimmen.[245]

Die Unterlagen vermitteln den Eindruck eines geschäftsmäßigen, teilweise beflissen wirkenden und ins System integrierten Anwaltsfunktionärs. Zum Tod der einstigen Justizministerin Hilde Benjamin kondolierte er, indem er die für ihre Schauprozesse berüchtigte Juristin als eine »stets herausragende Persönlichkeit des Rechtslebens in der DDR [... würdigte, deren] fortschrittliche Traditionen«[246] die Anwälte fortsetzen würden. Zum 65. Geburtstag des Genossen Dr. Klaus Sorgenicht, dem Abteilungsleiter im ZK, wurde vorgesehen, dass eine Delegation angeführt von Friedrich Wolff und Gregor Gysi mit einem Sachgeschenk der Anwaltschaft gratulierte.[247] Und 1988, gehörte es zu den Aufgaben des Parteisekretärs, die Beteiligung der Berliner Anwälte an der SED-Demonstration in Gedenken an Rosa Luxemburg und Karl Liebknecht zu sichern.[248] Gysis Autorität kam, ähnlich wie bei Rechtsanwalt Wolff, auch in Disziplinarfragen zum Tragen. Als der DDR-kritische Rolf Henrich wegen einer Buchveröffentlichung aus dem Frankfurter Kollegium entfernt werden sollte, war Gysi zugegen. Es war ungewöhnlich, dass der Ratsvorsitzende an der Sitzung eines anderen Rechtsanwalts-Kollegiums teilnimmt. Mit seiner Anwesenheit als Ratsvorsitzender sicherte er faktisch die rechtlich problematische Entscheidung ab.[249] Schon als Parteisekretär hatte Gysi bei Aussprachen Mitarbeiter wegen ihres Verhalten vor Gericht gemahnt: »Ein Rechtsanwalt, der Mitglied der Partei der Arbeiterklasse ist, muss diese Haltung deutlich machen.«[250]

245 Vgl. z. B. Kommunikation in Disziplinarfällen; BArch, DP1, 21706.

246 Zit. nach: Der Reservekader. In: Der Spiegel 39/2009. In: http://www.spiegel.de/spiegel/print/d-66970427.html (letzter Zugriff: 9.10.2014).

247 RdV, Protokoll der Leitungssitzung vom 24.6.1988; BArch, DP1, 21740.

248 SED/KL Mitte, Schreiben an den Parteisekretär der GO 335, 30.10.1987; LArch Berlin C Rep. 368 Nr. 303.

249 RAK Frankfurt/O., Protokoll über die MV am 21.4.1989, S. 1; BArch. DP1, 21712.

250 Zit. nach: Eisenfeld: Rolle und Stellung, S. 359.

Laut Statuten entsprach ein solches Vorgehen der erzieherischen Aufgabe eines Vorsitzenden.[251]

Nach der schon zitierten informellen Anweisung des MdJ war der Vorsitzende bei Neueinstellungen von Anwälten gehalten, das MfS zu konsultieren.[252] Die Bezirksverwaltung Berlin installierte im Jahr des Amtsantrittes von Gysi einen dynamischen und qualifizierten Sicherungsoffizier in der Abteilung XX/1, der an der Humboldt-Universität studiert hatte und nun für das Berliner Kollegium zuständig war. Gysi behauptet, er hätte ein Treffen mit diesem gehabt, weitere Treffen an seinen Stellvertreter, Lothar de Maizière, delegiert und dann »nie wieder mit ihm gesprochen«.[253] Laut MfS-Akten gab es mindestens drei Gesprächskontakte, in denen es um allgemeine Anwaltsfragen ging:[254] am 16. Februar 1989, am 29. März 1989 und am 12. Oktober 1989.[255]

Gysis Funktionärstätigkeit im Kollegium trug dazu bei, Versachlichungs-, Integrations- und Verrechtlichungsprozesse zu dynamisieren, die zuvor jahrelang ohne greifbares Ergebnis diskutiert wurden. So wurde der Berufspflichtenkanon abgestimmt[256] und, analog zu ähnlichen Kompendien für die Staatsanwalt- und Richterschaft, ein »Handbuch für Rechtsanwälte«[257] herausgegeben. Die Beteiligung der Anwälte an der Ausarbeitung des Strafprozessrechtskommentars von 1987 und der vorgesehenen Strafrechts- und Strafprozessrechtsreformen ging maßgeblich auf das Betreiben Gysis zurück. In derartigen Gremien arbeitete er

251 Lothar de Maizière schildert in einem Beispiel (allerdings) gegen Ende der Ära Honecker, dass eine solche Ermahnung nach seiner Auffassung nur noch eine sinnentleerte Übung darstellte. Schumann: Familie de Maizière, S. 278.

252 MdJ, Schreiben an die Vorsitzenden der Kollegien der Rechtsanwälte, 17.3.1989; BArch, DP1, 21711.

253 Gysi, Gregor: »Die haben keinen blassen Dunst«. In: Frankfurter Rundschau vom 6.6.2008.

254 Der Pressesprecher der Linkspartei-Fraktion im Deutschen Bundestag bestritt zunächst sogar das Gespräch über den Spiegel, räumte dann nur dieses ein und behauptete, weitere Gespräche »lehnte Gregor Gysi übrigens ab und verwies an einen Stellvertreter«, also Lothar de Maizière. Die Linke im Bundestag/Hendrik Thalheim, Pressemitteilung v. 10.2.2013; Hendrik Thalheim, E-Mail an die WamS, 2012. Staatsanwaltschaft ermittelt gegen Gregor Gysi. In: WamS v. 9.2.2013.

255 BV Bln/XX, Information zu Interview Gysis für den Spiegel und zur Konzeption westlicher Medien in diesem Zusammenhang; BStU, MfS, HA II/13 Nr. 2094, Bl. 1–3; BV Bln/XX/1, Information zu internationalen Aktivitäten des Vorsitzenden des Kollegiums der Rechtsanwälte Berlin, Dr. Gysi, 30.3.1989; BStU, MfS, HA XX Nr. 6886, Bl. 39; Information zu Stimmungen und Meinungen im Rechtsanwaltskollegium Berlin zu den Ereignissen am 7./8.10.1989 sowie zur Erklärung des Politbüros; BStU, MfS, BV Bln, Abt. XX Nr. 2471, Bl. 1 f.

256 Berufspflichten des Rechtsanwalts in der DDR. Beschluss des Rates der Vorsitzenden der Kollegien der Rechtsanwälte in der DDR v. 30.6.89. In: NJ 43 (1989) 12, S. 495–499.

257 Handbuch für den Staatsanwalt. Berlin 1977; Handbuch für den Richter. Berlin 1985. Die Publikation erschien allerdings erst 1990 und kann nur bedingt als Zeugnis der Honecker-Ära gelten. Gysi, Gregor: Handbuch für Rechtsanwälte. Berlin 1990.

mit Experten des MfS und von anderen Untersuchungs- und Rechtspflegeorganen eng zusammen.[258]

Gleichzeitig wuchs seine »rechtspropagandistische« Rolle. Seit 1985 gehörte Gysi zu den maßgeblichen Autoren in der Neuen Justiz, die in Aufsätzen den Rahmen der Berufspflichten eines Verteidigers absteckten.[259] In den Jahren 1988/89 häuften sich Interviews in Zeitungen und Zeitschriften wie dem Neuen Deutschland,[260] oder dem Spiegel.[261] Interviewkonzepte reichte er vorher im MdJ ein.[262] Ein ZDF-Reporter erklärte ihn in diesen Tagen zu einem der »Staranwälte«[263] der DDR. Im Westen hob man positiv hervor, dass er mögliche Rechtsveränderungen andeute. Gerade die relative Lockerheit der Interviews bemäntelten aber Justizmissstände in der DDR. So bescheinigte Gysi der DDR im Spiegel »Rechtsstaatlichkeit« und »unterschiedliche Gewalten«[264], also eine Art von Gewaltenteilung. Er bestritt vehement, dass die Partei Einfluss auf Gerichtsurteile nahm. Schon im Jahr zuvor hatte Gysi im SED-Organ Neues Deutschland ein Interview gegeben. Auch dort hatte er zwar offensiv die Rechtslage vertreten, aber vermieden, die Rechtspraxis zu kritisieren.[265] Gysi war in den 1980er-Jahren einer der Berliner Verteidiger, die am häufigsten in MfS-ermittelten Verfahren tätig waren.[266] Er musste also zumindest eine Ahnung von der politischen Einflussnahme auf die Justiz haben. In Prozessen trat er zwar keineswegs immer stromlinienförmig auf, sei es, dass seine Exponiertheit ihn schützte, sei es, dass er nur auf diese Weise vor seinen Mandanten bestehen konnte. Aber ihm musste angesichts der Prozesskultur in derartigen Verfahren die Zweifelhaftigkeit dessen, was er dem Spiegel gegenüber äußerte, bewusst sein. Der Justizminister Heusinger befand denn auch nach der Lektüre des Interviews: »Gefällt mir ausgezeichnet«.[267]

Mitte 1989, bevor die DDR von der friedlichen Revolution erfasst wurde, stand der Nomenklaturkader-Sohn Gregor Gysi auf dem vorläufigen Höhe-

258 Strafprozessrecht der DDR. Kommentar/Hg. vom Ministerium der Justiz. Berlin 1987, Impressum.

259 Gysi, Gregor: Aufgaben des Strafverteidigers bei der Belehrung und Unterstützung des Beschuldigten im Ermittlungsverfahren. In: NJ 39 (1985) 10, S. 416–418.

260 Das Recht auf Verteidigung, ein Grundsatz unserer Gesetzlichkeit. ND-Gespräch mit Rechtsanwalt Dr. Gregor Gysi. In: ND v. 30.8.1988.

261 Gysi: Das war's, S. 66; Spiegel-Gespräch, 13.3.1989. In: Der Spiegel 11/1989.

262 Gregor Gysi: Schreiben an MdJ, 16.2.1989; BArch, DP1, 21740. Das Schreiben ist in Du-Form abgefasst.

263 Michael Schmitz im ZDF vom 18.1.1989, Staatliches Komitee für Rundfunk, Redaktion Monitor; BStU, MfS, ZAIG Nr. 16296, Bl. 12–14; Gysi: Das war's, S. 68 f.

264 Spiegel-Gespräch, 13.3.1989. In: Der Spiegel 11/1989.

265 Das Recht auf Verteidigung, ein Grundsatz unserer Gesetzlichkeit. ND-Gespräch mit Rechtsanwalt Dr. Gregor Gysi. In: ND vom 30.8.1988.

266 Berliner Stichprobe 1984.

267 Hans-Joachim Heusinger, handschriftl. Vermerk auf der Kopie des Spiegel-Artikels, 28.3.1989; BArch, DP1, 21740.

punkt seiner Nomenklaturkader-Karriere. Da er einerseits Anpassungsleistungen und Loyalität zeigte, andererseits über genügend Profil als Anwalt und Jurist verfügte, war er sowohl für die Anwälte, die ihn zum ersten Kollegiumsvertreter wählten, als auch für den zentralen Parteiapparat, der seine Kandidatur vorabgestimmt hatte, akzeptabel. Mit diesen Eigenschaften war im Jahr 1989, so sollte sich zeigen, für einen Mann im idealen Lebensalter eine Entwicklung nach oben hin offen.[268] In gewisser Hinsicht dynamisierte der Herbst 1989 nur eine Karriere, die zuvor schon angelegt war.

## 8.4 Ein Stellvertreter: Lothar de Maizière

De Maizière wurde erst 1976, nach einem Fernstudium an der Humboldt-Universität Berlin Anwalt. Im Jahr 1940 geboren, studierte er zunächst Musik, musste aber seine Karriere als Musiker aus gesundheitlichen Gründen aufgeben.[269] Dass er schon nach kurzer Zeit in die Nomenklatur-Kaderplanung des Kollegiums aufgenommen wurde, ist vermutlich Folge der Vita seines Vaters. Clemens de Maizière, ebenfalls Kollegiums-Anwalt, gehörte als Mitglied der französisch-reformierten Kirche der Synode der evangelischen Kirche Berlin-Brandenburg an und hatte Funktionen in der CDU inne.[270] Er war Vorsitzender der Ortsgruppe Treptow, als sein Sohn der CDU beitrat. Laut einem IM wurde er »durch Vermittlung seines Vaters [...] vom Hauptvorstand der CDU zum Studium [...] delegiert«.[271] Diesen politischen Beziehungen verdankte er es, studieren und Anwalt werden zu dürfen.[272] Lothar de Maizière trat in gewisser Hinsicht die Erbschaft seines Vaters an. Als sich dieser Mitte der 1970er-Jahre teilweise aus dem Anwaltsgeschäft zurückziehen wollte, sollte sein Sohn einen Teil seiner Aufgaben übernehmen.[273] Das traf faktisch auch für kirchliche und politische Funktionen zu. Er wurde ab 1985 Mitglied, ab 1986 Vizepräses der Synode des Bundes der Evangelischen Kirchen. Ab 1987 war er Mitglied der

268 Der Vertraute von Egon Krenz, der ZK-Abteilungsleiter Wolfgang Herger, konnte sich für Gysi angeblich diverse Posten, u. a. Abteilungsleiter im ZK, vorstellen. Wolfgang Herger im Gespräch mit dem Autor, 2009.

269 Biografische Daten, sofern nicht anders angegeben, in: Wer war wer in der DDR? Ein Lexikon ostdeutscher Biografien. In: Wer war wer in der DDR? www.bundesstiftung-aufarbeitung.de/wer-war-wer-in-der-ddr-%2363%3B-1424.html (letzter Zugriff: 7.10.2014). De Maizière hat sich mehrfach zu seinem Werdegang geäußert, z. B. Maizière, Lothar de: Anwalt der Einheit. Berlin 1996.

270 Verw. Gr.-Bln/XX/4, Auskunftsbericht, 2.4.1968; BStU, MfS, AIM 5647/88; T. I, Bd. 5, Bl. 99–107, hier 101; Maizière: Ich will, S. 40.

271 »Ludwig«, Vermerk v. 17.12.1975; BStU, MfS, AIM 1129/89, T. II, Bd. 2, Bl. 80.

272 Schumann: Familie de Maizière, S. 228.

273 Anonym (vermutl. MdJ/Erich Wirth), Vermerk o. D. (vermutl. 1976); BStU, MfS, HA XX Nr. 6893, Bl. 215. Etwas abweichend Maizière: Anwalt der Einheit, S. 36.

Arbeitsgemeinschaft Kirchenfragen beim CDU-Hauptvorstand der DDR und vertrat die Kirche gelegentlich anwaltlich. Lothar de Maizière folgte somit dem Karrieremuster seines Vaters.

Laut MfS-Akten gab es offizielle Kontakte zwischen Lothar de Maizière und dem Berliner MfS.[274] De Maizière bestreitet solche Treffen.[275] Unstrittig jedoch ist, dass de Maizière, der schon seit 1983 im Vorstand des RAK Berlin tätig war, den Vorsitzenden Gysi wegen seiner vielfältigen Aktivitäten in der Berliner Vorstandsarbeit des Kollegiums stark entlastete.[276] Zwischen ihnen bestand eine Freundschaft und in beruflichen Dingen ein Vertrauensverhältnis.[277] Abgesehen von seiner kirchlichen Orientierung unterschieden sich Rolle und Bedeutung de Maizières kaum von anderen führenden Vorstandsmitgliedern. Das Jahr 1968 hatte ihn wie andere mit Erwartungen erfüllt, er strebte in dieser Zeit »nicht nach der Überwindung des Systems, sondern nach Reformen im System«.[278] Es war denn auch die Parteigruppe der SED, die ihn für den Vorstandsposten vorschlug.[279] De Maizière erweckt den Eindruck, dass es wegen seiner Parteizugehörigkeit Vorbehalte gegen seine Wahl gab.[280] Interne Unterlagen besagen freilich, dass das CDU-Mitglied schon seit 1981 als »Nachwuchskader« für den Vorstand, wenn nicht gar als Vorsitzender des Berliner Kollegiums eingeplant war.[281] Ein IM schätzte seine Haltung zu den gesellschaftlichen Verhältnissen der DDR als »positiv«[282] ein. In einer Beurteilung des Kollegiums, die de Maizière persönlich mitzeichnete, hieß es 1987, er leiste »als Rechtsanwalt, als Vorstandsmitglied und in seiner gesellschaftlichen Arbeit einen aktiven Beitrag zur Verwirklichung der Beschlüsse der Partei der Arbeiterklasse und der Beschlüsse der Regierung der DDR«.[283] Zum 40. Jahrestages der DDR 1989 sollte

274 BV Bln/XX/1, Information zu Stimmungen und Meinungen im RA-Kollegium Berlin zu den Ereignissen am 7./8.10.1989 sowie zur Erklärung des Politbüros, 12.10.1989; BStU, MfS, BV Bln, Abt. XX Nr. 2471, Bl. 1 f.; BV Bln/XX/4, Information zur Rechtsanwältin [...], 13.6.1984; BStU, MfS, BV Bln, Abt. XX Nr. 1083, Bl. 89.

275 Müller, Uwe: Gysi gibt jetzt ein Stück der Wahrheit preis. In: Die Welt vom 17.2.2013, zugl. www.welt.de/113684342 (letzter Zugriff: 6.10.2014). Diese Äußerung bezieht sich auf die Akte zum gemeinsamen Treffen mit Gysi.

276 RAK Berlin, Protokoll der Vorstandssitzung vom 19.10.1988, S. 3; BArch, DP1, 21743.

277 Gysi: Das war's, S 66.

278 Schumann: Familie de Maizière, S. 228.

279 RAK Berlin, Protokoll der MV, 20.4.1983; BArch, DP1, 4279.

280 Schumann: Familie de Maizière, S. 275.

281 MdJ, Programm für die kadermäßige Stärkung der Kollegien der Rechtsanwälte zur Erfüllung der Aufgaben des X. Parteitages (Kaderprogramm 1981–1986), 4.3.1981; BArch, DP1, 3158.

282 BV Bln/XX/1, Information, 20.11.1981; BStU, MfS, AIM 1129/89, T. II, Bd. 2, Bl. 245 f.

283 RAK Berlin, Beurteilung, 22.4.1987; BArch, DP1, 23180.

er »als anerkanntes Vorbild in der Anwaltschaft«[284] die Medaille für Verdienste in der Rechtspflege in der Stufe Bronze erhalten, was laut Vermerken von den zuständigen Vertretern der SED-Bezirksleitung, dem ZK der SED, dem Staatssekretariat für Kirchenfragen, dem Parteisekretär und dem Vorsitzenden des Berliner Kollegiums befürwortet wurde.

*MfS-Aktenlage*

Erwartungen wie gegenüber dem Vater hegte das MfS offenbar auch gegenüber dem Sohn. Clemens de Maizière war zuletzt bei der Abteilung XX/4 der MfS Bezirksverwaltung Berlin als IM »Anwalt« vorrangig für Kirchenthemen registriert.[285] Zwei Offiziere besuchten Lothar de Maizière nach dem Tode seines Vaters in dessen Privatwohnung und wollten ihn dazu bewegen, der Stasi künftig Informationen über Mandate im kirchlichen Auftrag zu geben. De Maizière gibt an, er habe dies 1980 abgelehnt.[286] Demgegenüber ließ ein Offizier der BV Berlin, Abteilung XX/4 am 22. September 1981 einen IM-Vorlauf mit dem Decknamen »Junior« anlegen,[287] der schon im November zum förmlichen IM Vorgang »Czerni« hochgestuft wurde,[288] was für eine Verstetigung des Kontaktes spricht. Laut zweier Karteikarten verweist dieser Vorgang auf einen IMB-Status, was eine zusätzliche Aufwertung bedeutete. Dieser Vorgang war laut Karteikarte unter Adressen registriert, an denen de Maizière gemeldet war.[289] Das ist eines von mehreren Indizien, dass Lothar de Maizière aus der Sicht des MfS mit der Person hinter dem Decknamen »identisch«[290] war. Von der IM-Hauptakte ist al-

284 RAK Berlin, Auszeichnungsvorschlag, o. D. (vermutl. Mai 1989); BStU, MfS, AP 14735/92, Bl. 6.

285 Verw. Gr.-Bln, TB mit IM »Anwalt«, 29.4.1974; BStU, MfS, BV Bln, AIM 5647/88, T. I, Bd. 5, Bl. 101–116.

286 Maizière: Ich will, S. 330 f.

287 BV Bln; BStU, MfS, BV Bln, Archiv, Archivregistrierbuch 1980–1982, Bl. 76.

288 Während Süß aus den Akten keinen zwingenden Schluss auf eine IM-Tätigkeit zieht, sieht ihn Aust als »Helfer« des MfS. Aust, Stefan: Deutschland, Deutschland, Expeditionen durch die Wendezeit. Hamburg 2009, S. 243 ff. u. 249; Süß: Staatssicherheit am Ende, S. 579 ff. u. 585.

289 »Als sogenannte Spitzenquelle«. In: Der Spiegel 12/1991; Die Straßenkartei F 78 (Territorialkartei) war eine MfS-Arbeitskartei und erfasste primär von IM bereitgestellte oder sonstig legendierte, konspirative Objekte und Wohnungen von MfS, AG I der Kripo und des BA des MfNV. Die Kartei verzeichnete diese Objekte alphabetisch nach Orten und Straßen. Über die Objektverzeichnung hinaus wurden mit unterschiedlicher Vollständigkeit auch Wohnungen von IM und GMS verzeichnet; BStU, MfS, Kartei, F 78.

290 Der Sonderbeauftragte der Bundesregierung für die personenbezogenen Unterlagen des ehemaligen Staatssicherheitsdienstes, Bericht über die Recherchen im »Fall de Maizière« gemäß dem Auftrag des Bundesministers des Innern, 15.2.1991, S. 6.

lerdings nur der Aktendeckel überliefert.[291] Es gab in der Kirchenabteilung des Berliner MfS während der Umbruchszeit 1989/90 mehrere Befehle, Akten, »die zur Enttarnung von IM geeignet sind«, [292] zu vernichten. Entsprechend sollte der Vorgang »3468«, der laut Karteikarte mit »Czerni« unter der Adresse von Lothar de Maizière korrespondiert, ab dem 11. Dezember 1989 gelöscht werden.[293] In einer Aufstellung über MfS-Beziehungen von Ministern der Regierung Modrow, war de Maizière wie selbstverständlich aber noch als IM aufgelistet.[294] Laut einem Vernichtungsprotokoll umfasste der Vorgang drei Berichtsbände mit einem Umfang von 382, 293 bzw. 307 Seiten.[295] De Maizière hat die inoffizielle Zusammenarbeit mit dem MfS, seit davon öffentlich die Rede war, bestritten.[296] Er führt die Aktensammlung unter anderem darauf zurück, dass das MfS sich über einen IM heimlich in den Besitz eines Schlüssels zur Anwaltszweigstelle brachte, um an Informationen zu gelangen.[297] Es ist zwar zutreffend, dass ein übereifriger IM den Schlüssel besorgte und das MfS einen Nachschlüssel fertigte.[298] Aus den gesichteten Unterlagen wird allerdings nicht deutlich, dass das MfS diesen Schlüsseldiebstahl in Auftrag gegeben oder ihn genutzt hätte. Im Übrigen wäre es für das MfS vollkommen unüblich, einem IM in derartigen Quantitäten Akten oder Informationen zu entwenden, um diese dann als Berichtsakten eben dieses IM abzulegen.

Es ist schwierig, manche MfS-Unterlagen zu de Maizière exakt zuzuordnen.[299] Im Rahmen einer MfS-internen Untersuchung wurden kurz vor dem

291 Aktendeckel; BStU, MfS, BV Bln, AIM 8717/91.

292 BV Bln/XX/4, Vermerk v. 4.1.1990; BStU, MfS, BV Bln, Abt. XX Nr. 2487, Bl. 1.

293 Löschauftrag, 11.12.1989; BStU, MfS, HA XX Nr. 2779, Bl. 1.

294 Ministerrat der DDR, o. D. (vermutl. November 1989); Der Sonderbeauftragte der Bundesregierung für die personenbezogenen Unterlagen des ehemaligen Staatssicherheitsdienstes, Bericht über die Recherchen im »Fall de Maizière« gemäß dem Auftrag des Bundesministers des Innern, 15.2.1991, Anhang, S. 1–3.

295 Vernichtungsprotokoll; BStU, MfS, Karteikarte.

296 Ehrlich, treu, zuverlässig. In: Der Spiegel 50/1990, S. 30–32.

297 Maizière: Ich will, S. 330 f.

298 IM »Justierer«, Abschrift von Memokassette, 4.6.1980; BStU, MfS, AIM 16041/89, T. II, Bd. 4, Bl. 144.

299 Das trifft insbesondere auf Informationen zu, die im öffentlichen Raum oder in Büros ungenügend konspirativ gewonnen wurden. In solchen Fällen ist eine Abgrenzung zwischen inoffiziell und offiziell erhobenen Informationen erschwert. In dieser Arbeit wird mehrfach darauf verwiesen, dass auch sogenannt offiziellen Informationen etwa Informelles anhaften konnte. Zusätzlich verarbeitete die BV Berlin/Abt. XX Informationen auf eine Weise, die einen Bezug auf die Ursprungsquelle nicht mehr zweifelsfrei zulässt. ZAIG/2, Bericht über wesentliche Ergebnisse der Überprüfung in der Abteilung XX der BV Berlin, 5.1.1989; BStU, MfS, BV Bln, Abt. XX Nr. 2484, Bl. 1–30, hier 15 f. Manche Informationen, die vom Inhalt her auf de Maizière zurückgehen könnten, sind nicht mehr eindeutig zuzuordnen. BV Bln/XX/4, Information über einen Empfang des Leiters der StäV der BRD in den Abendstunden des 22.3.1988; 30.3.1988; BStU, MfS, Abt. XX/4, 1981, Bl. 7–9. Die Information berichtet derart kontinuierlich und detailliert über Kontakte von de Maizière an diesem Abend, dass ein Dritter kaum so

Ende der DDR verschiedene Mängel in der IM-Dokumentation der Abteilung XX/4 der BV Berlin festgestellt, die zum Teil auch »Czerni« betrafen. Die Untersuchung wurde sehr gründlich durchgeführt und das Ergebnis an Erich Mielke weitergeleitet. Dennoch gab es in diesen Revisionsberichten keine Kritik, die Identität oder Berichterstattung dieses IM infrage stellte.[300] In Plänen der Abteilung XX tauchte »Czerni« immer wieder als IM auf, der Informationen über Kircheninterna oder kritische Angehörige der evangelischen Kirche beschaffen oder die Synode beeinflussen sollte.[301] »Czerni« war vorrangig zur »Aufklärung der Bundessynode« der evangelischen Kirche und zur »Informationsgewinnung aus kirchenleitenden Kreisen«[302] vorgesehen, weiterhin bei der Überwachung von drei profilierten Oppositionellen im kirchlichen Milieu bzw. Geistlichen.[303] Die Akten zu diesen drei Personen wurden im Zusammenhang mit dieser Arbeit durchgesehen. Relevante Informationen, die eindeutig auf »Czerni« zurückzuführen sind, enthalten sie nicht.[304] Allerdings fand sich eine Informa-

hätte protokollieren können. Als Urheber wird aber eine »inoffizielle Quelle« genannt, mit der sich de Maizière unterhalten hätte. De Maizière führt derartige Berichte auf die Berichterstattung gegenüber dem MdJ zurück. Maizière: Ich will, S. 325 f.

300 ZAIG/2, Bericht über wesentliche Ergebnisse der Überprüfung in der Abteilung XX der BV Berlin, 5.1.1989; BStU, MfS, BV Bln, Abt. XX Nr. 2484 Bl. 1–30; BV Bln/AKG, 26.1.1989; BStU, MfS, BV Bln, Abt. XX Nr. 2485, Bl. 1–8.

301 BV Bln/XX, Arbeitsplan für das Jahr 1989, 19.12.1988; BStU, MfS, BV Bln, Abt. XX Nr. 2486, Bl. 81.

302 BV Bln/XX, Arbeitsplan für das Jahr 1988, 16.12.1987; ebenda, Bl. 29 sowie BV Bln/XX, Arbeitsplan für das Jahr 1989, 19.12.1989; ebenda, Bl. 81.

303 »Czerni« sollte Informationen über den DDR-kritischen Pfarrer Rainer Eppelmann und über den mit ihm zusammenarbeitenden Oppositionellen Ralf Hirsch beschaffen, die vom MfS in den OV »Blues« bzw. »Blauvogel« bearbeitet wurden. BV Bln/XX, Konzept zur weiteren Entwicklung und Qualifizierung von IMB in der Abteilung XX im Zeitraum 1986 bis 1990, 16.7.1986; BStU, MfS, BV Bln, Abt. XX Nr. 2492, Bl. 4; BV Bln/XX/4, Maßnahmeplan zur weiteren Aufklärung der OPK, 10.12.1981; BStU, MfS, BV Bln, AOPK 603/88, Bd. 1, Bl. 109 f. Auch in der OPK »Gustav Adolf«, die sich gegen Probst Friedrich Winter richtete, sollte »Czerni« eingesetzt werden. BV Bln/XX/4, Übersichtsbogen zur operativen Kontrolle »Gustav Adolf«, 9.12.1981; ebenda, Bd. 1, Bl. 5 f. In keinem der drei Operativ-Vorgänge fanden sich konkrete Hinweise auf derartige Aktivitäten. Süß: Staatssicherheit am Ende, S. 584. Es gibt sogar eine Darstellung der Abteilung, wonach Lothar de Maizières Kontakte zu diesen Kirchenkreisen unter »operative[r] Kontrolle« gehalten würden. Allerdings ermöglichte auch ein IM-Verhältnis eine operative Kontrolle. Durch den laufenden Konflikt mit dem MfS wurde eine relativ hohe Kontrolldichte erzielt. BV Bln/XX, Auskunftsbericht, 22.1.1986; BStU, MfS, BV Bln, Abt. XX Nr. 450, Bl. 212 f. Der Einsatz im Rahmen einer sogenannten »Blickfeldarbeit« bei Besuchen der StäV, eher eine Aufgabe der HA II, war wohl mehr »Abfallprodukt« der Zusammenarbeit mit der für Kirchenfragen zuständigen Abteilung. Süß: Staatssicherheit am Ende, S. 582 ff.; BV Bln/XX, Konzeption zur weiteren Entwicklung und Qualifizierung von IMB in der Abteilung XX im Zeitraum 1986 bis 1990, 16.7.1986; BStU, MfS, BV Bln, Abt. XX Nr. 2492, Bl. 4.

304 BStU, MfS, BV Bln, AOP 3319/88; BStU, MfS, BV Bln, AOP 8695/91; BStU, MfS, BV Bln, AOPK 603/88. So auch Süß: Staatssicherheit am Ende, S. 584 ff.

tion über den oppositionellen Pfarrer Rainer Eppelmann, die laut MfS-Vermerk auf »ein Treffen zwischen ihm und dem IM-Vorlauf ›Czerni‹ zurückging«,[305] und bei dem keine dritten Teilnehmer erkennbar sind. Darin werden detailliert Motive Eppelmanns und Hintergründe zur Abrüstungsinitiative »Berliner Appell«, den er 1982 zusammen mit Robert Havemann verfasst hatte, geschildert.[306] Eppelmann sei »jedes Mittel recht«[307]; er wolle gegen die Erziehung in den DDR-Kindergärten und das Unterrichtsfach sozialistische Wehrerziehung vorgehen. Er lehne die Ableistung des Wehrdienstes als Bausoldat ab. Dieser Hinweis lief auf Totalverweigerung hinaus und ist somit ein deutliches Indiz für eine Strafrechtsverletzung.[308] Auch der Hinweis, dass Eppelmann einen Reporter des Stern zu einem DDR-kritischen Artikel inspiriert hätte, konnte in der DDR strafrechtlich interpretiert werden. Durchaus brisant waren die protokollierten Überlegungen Eppelmanns, bei welchen Strafmaßnahmen des Staates er sich eine Übersiedlung in den Westen vorstellen könne und wie seine Ehefrau dazu stünde.[309] Solche Informationen konnten für die Strategiebildung des MfS gegen Oppositionelle nützlich sein, wenn sie außer Landes getrieben werden sollten. Die Informationen gingen bis zum stellvertretenden Minister für Staatssicherheit. Das Dokument war allerdings nicht vom IM verfasst, sondern von dem Offizier protokolliert, der den IM-Vorgang »Czerni« betreute. Es sollte daher in die Personalakte des IM-Vorlaufes eingeheftet werden. Abgesehen von dem erwähnten Dokument über das Gespräch zwischen der BV, Gregor Gysi und de Maizière existiert unter Berufung auf »Czerni« als »Quelle« eine Information über eine Rechtsanwältin. In der Zeit als de Maizière schon im Vorstand des RAK Berlin war, wurden unter dem Vorwand einer Sicherheitsüberprüfung Erkundigungen über die Anwältin eingeholt. Laut Akten verweigerte »Czerni« die Auskunft nicht, gab relativ banale Hinweise über Wohnort und Mandate, knappe Charakteristiken, auch zum familiären Hintergrund. Er schilderte, dass sie zu »impulsiven und temperamentvollen Handlungen«[310] neige, versuchte aber, einen sonst überwiegend positiven bzw. neutralen Eindruck zu vermitteln. Diese Information, wie sie von einem MfS-Mitarbeiter protokolliert wurde, liegt, so kann man schlussfolgern, formal im Grenzbereich zwischen einem of-

305 Neues von Czerni. In: Der Spiegel 9/1992, S. 16.

306 Der Berliner Appell war eine Abrüstungsinitiative, die auch die Rüstung des Warschauer Paktes ablehnte. Er gilt als Verbindung der eher linksorientierten Opposition mit der Kirchenopposition. Neubert: Geschichte der Opposition, S. 405 ff.

307 Zit. nach: BV Bln/XX/4, Information bezüglich Pfarrer Rainer Eppelmann, 19.10.1981; BStU, MfS, BV Bln, Abt. XX Nr. 2503, Bl. 1.

308 Strafgesetzbuch der Deutschen Demokratischen Republik, StGB, vom 12.1.1968. In: DDR-GBl. Teil I (1968)1, § 256 (künftig als »StGB 1968« bezeichnet).

309 BV Bln/XX/4, Information bezüglich Pfarrer Rainer Eppelmann, 19.10.1981; BStU, MfS, BV Bln, Abt. XX Nr. 2503, Bl. 3 f.

310 BV Bln/XX/4, Information zur Rechtsanwältin [...], 13.6.1984; BStU, MfS, BV Bln, Abt. XX Nr. 1083, Bl. 89.

fiziellen und einem inoffiziellen Bericht. Einige Jahre später, im Mai 1989, bedauerte ein Offizier jedoch, IMB »Czerny« [311] würde bisher »nicht«[312] zu interessierenden Personen aus dem Rechtsanwaltskollegium berichten. Entgegen de Maizières eigenen Bekundungen hat der Offizier der Kirchenabteilung XX/4, der den Vorgang »Czerni« von 1981 bis 1988 führte, nach dem Zusammenbruch der DDR 1990 behauptet, dass de Maizière wissentlich mit dem MfS zusammengearbeitet hätte und ihn unter dem Decknamen »Klein« kannte.[313] Er nannte auch eine nachvollziehbare Motivation für eine Kooperation. De Maizière sei es darum gegangen, »ein konfliktfreies Nebeneinander von Staat und Kirche zu ermöglichen«.[314] Der MfS-Offizier behauptete ferner, der Anwalt, der »zwangsläufig mit gesellschaftlichen Problemen zu tun hatte, [habe] über Wehrdienstverweigerer Bericht erstattet«.[315]

### *Mandate*

De Maizière war in zahlreichen MfS-ermittelten Verfahren als Anwalt tätig.[316] Er war »Anwalt der Opposition«, wie er es nennt, er habe beispielsweise junge DDR-Bürger vertreten, weil er als ehemaliger Wehrdienstverweigerer ihre Ziele geteilt hätte.[317] In der Berliner MfS-Kartei, in der die Mandate von Anwälten in Verfahren mit MfS-Bezug aufgelistet sind, konnte keine auffällige Häufung der Verteidigung von Wehrdienstverweigerern nachgewiesen werden.[318] De Maizière dagegen schildert, dass er ungefähr zwei Dutzend Totalverweigerer verteidigt hätte und froh darüber gewesen sei, dass der Berlin-Brandenburger Landesbischof Gottfried Forck 1982 ihn bei diesen Verfahren meist begleitete.[319] Bei einem solchen Mandat konnte man schnell in den Ruch kommen, Wehrkraftzersetzung zu betreiben. Neuerdings wird behauptet, de Maizière habe im Kontakt mit dem Staatssekretariat für Kirchenfragen einen maßgeblichen Anteil daran, dass Totalverweigerer nicht weiter verfolgt wurden.[320] Ein MfS-Eintrag bezeichnete de Maizière 1988 im Ermittlungsverfahren gegen die Oppositio-

311 Die Schreibweise des Decknamens variiert teilweise von »Czerni« zu »Czerny«.

312 Der Entwurf enthält einige Streichungen, nicht jedoch in den zitierten Passagen, in denen es um Kontakte zum Dissidenten Rechtsanwalt Rolf Henrich ging. BV Bln/XX, Maßnahmen zur Aufklärung (Entwurf), 3.5.1989; BStU, MfS, BV Bln, Abt. XX Nr. 2481, Bl. 4 f.

313 Major Hasse am 7.12.1990. Zit nach: Spiegel TV. Die Stasi-Rolle.

314 Ehrlich, treu, zuverlässig. In: Der Spiegel 50/90.

315 Ebenda.

316 Rechtsanwaltskartei; BStU, MfS, Kartei.

317 Maizière: Anwalt der Einheit, S. 34 u. 39 f.

318 Rechtsanwaltskartei; BStU, MfS, Karteien.

319 Maizière: Ich will, S. 43.

320 Schumann: Familie de Maizière, S. 274.

nellen Ralf Hirsch und Bärbel Bohley »offiziell als Verbindungsperson«.[321] Gemeint war offenbar das Verfahren gegen Oppositionelle im Zusammenhang mit der Liebknecht-Luxemburg-Demonstration im Januar 1988.[322] Ob mit »Verbindungsperson« de Maizières Kirchenkontakte, seine Funktion im Kollegium oder gar sein Mandat gemeint ist, erschließt sich nicht. Der Anwalt von Ralf Hirsch war er zu diesem Zeitpunkt jedenfalls nicht.[323] Er war der rechtliche Vertreter des Ehepaars Templin. De Maizière räumt ein, in diesem Fall »selbstverständlich« Verhandlungen mit der Staatssicherheit geführt zu haben. Er argumentiert auch, dass Templin ihm im Nachhinein bestätigt hätte, »keine Hinweise auf treuewidriges Verhalten«[324] in den MfS-Akten gefunden zu haben. Die umgangssprachlich geschraubte Formulierung legt den Schluss nahe, dass es für diese Verhandlungen mit dem MfS keinen unmittelbaren Auftrag und keine Zielvorgaben seines Mandanten gab. Nach einem Erinnerungsprotokoll, war der Anwalt bei der erzwungenen Ausreise der Familie eher begleitend tätig, während die treibende Rolle seinem Kollegen Wolfgang Schnur zukam.[325] Allerdings soll auch er, folgt man der Darstellung Templins, ab einem gewissen Punkt, die Ausreise in den Westen als unvermeidlich dargestellt haben.

Selbst wenn man die IM-Aktenlage als zutreffend unterstellen würde, wäre es zu einfach, anzunehmen, der Anwalt sei in jeder Situation der Mann des MfS gewesen. Im Verfahren gegen den MfS-Offizier Werner Teske wollte dieser ursprünglich de Maizière als Verteidiger nehmen. Teske zog, wie in Militärverfahren durchaus üblich, jedoch zurück, sodass ein dem MfS genehmer Pflichtverteidiger zum Zuge kam.[326] De Maizière konnte in den gesichteten Unterlagen nicht auf einer MfS-Liste der vertrauenswürdigen Pflichtanwälte gefunden werden. Möglicherweise standen dem schon seine Kirchen- und CDU-Mitgliedschaft entgegen. In den Prozessen der Berliner Stichprobe zeigte sich, dass de Maizière im Einzelfall zu den Anwälten gehören konnte, die kritisch plädierten.[327] Das MfS wollte in Erfahrung gebracht haben, dass er aufgrund von Erfahrungen in Strafverfahren »eine neg[ative] Haltung«[328] zum MfS hätte.

De Maizière engagierte sich in Einzelfällen durchaus für eine Verbesserung von Verteidigungsbedingungen, etwa bei der Anwaltswahl. Moderat kam dies gegen Ende der Honecker-Ära in einem Interview mit der Berliner Zeitung zum

321 BStU, MfS, HA XX/AKG, Kartei, VSH/Rückseite.

322 Passens: MfS-Untersuchungshaft, S. 234 ff.

323 E-Mail von Ralf Hirsch, 7.10.2013, im Besitz des Autors.

324 Maizière: Ich will, S. 328.

325 Regina Templin: Brief an die IfM, o. D. (vermutl. 1. Halbjahr 1988); BStU, MfS, AOP 1057/91, Bd. 14, Bl. 393–402, hier 396 f. u. 402.

326 Maizière: Ich will, S. 328; Bästlein: Fall Mielke, S. 235 f.

327 Im sogenannten Storkower Tunnelprozess, vgl. Beispielsammlung im Kapitel Der sozialistische Strafprozess.

328 HA XX/1, Information zu RA de Maizière, o. D. (vermutl. 1985); BStU, MfS, HA XX Nr. 6893, Bl. 21.

Tragen.[329] Obwohl vom Alter in einer Zwischengeneration, war das MdJ der Auffassung, dass er eher mit den kritischeren, »jungen Vorstandsmitgliedern sympathisiert«.[330] Soweit die Aktenfragmente einen Schluss zulassen, deutet alles darauf hin, dass das MfS in »Czerni« vor allem einen Kontakt in Richtung evangelischer Kirchenpolitik sah. Das Arbeitsbuch des Offiziers, der zuletzt den Vorgang »Czerni« führte, verzeichnet für die mehrtägige Bundessynode im September 1989 den Eintrag »täglich Treffs mit ›Czerni‹ (Vizepräsident der Synode)«.[331] Die Abteilung XX/4 verwendete in diesem Jahr mehrfach kleinere Geldbeträge für geheimpolizeiliche Aktivitäten.[332] Für die Treffen mit »Czerni« während der Eisenacher Synode von 1989 wurde solches Operativgeld abgerechnet.[333] Nach Darstellung des Vorgangsführers beim MfS spielte Geld keine Rolle, »de Mazière erhielt aber gelegentlich Geschenke«.[334] Dass das MfS sich oft auf nur eine Quelle stützte, wird als Indiz dafür angesehen, dass »Czerni« »im Rahmen seiner inoffiziellen Zusammenarbeit mit dem MfS wichtige und aktuelle Materialien über innere Vorgänge in der evangelischen Kirche«[335] lieferte. Es wird von manchen als eine Vergünstigung angesehen, dass de Maizière mit Billigung des MfS die Erlaubnis erhielt, seine Familie in der Bundesrepublik zu besuchen. Dies ist insofern ungewöhnlich, da sein Onkel als Generalinspekteur[336] einst der höchste Vertreter der Bundeswehr und damit Nato-Offizier war und Lothar de Maizière durch seine Auftritte in MfS-ermittelten Geheimprozessen faktisch als Geheimnisträger gelten musste.[337]

Es spricht vieles dafür, dass es sich bei der Person mit dem Decknamen »Czerni« um Lothar de Maizière handelt, jedenfalls um eine konkrete Person und keine fiktive.[338] Angesichts des hohen Zerstörungsgrades der IM-Akte

329 Maizière, Lothar de: Vor Gericht ist der Verteidiger unverzichtbar. In: Berliner Zeitung vom 14.10.1988.

330 MdJ, Hausmitteilung an StM, 8.6.1982; BArch, DP1, 4279.

331 BV Bln/XX/Kurt Dohmeyer, Arbeitsbuch, o. D. (vermutl. September 1989); BStU, MfS, BV Bln, Abt. XX Nr. 2551, Bl. 79.

332 BV Bln/XX, Haushaltsüberwachung, Operativgelder, 1989; BStU, MfS, BV Bln, Abt. XX Nr. 2695, Bl. 54, 133.

333 BV Bln/XX/Kurt Dohmeyer, Quittung, 26.9.1989; BStU, MfS, BV Bln, Abt. XX Nr. 2496, Bl. 1.

334 Major Hasse am 7.12.1990. Zit. nach: Spiegel-TV. Die Stasi-Rolle.

335 Der Sonderbeauftragte der Bundesregierung für die personenbezogenen Unterlagen des ehemaligen Staatssicherheitsdienstes, Bericht über die Recherchen im »Fall de Maizière« gemäß dem Auftrag des Bundesministers des Innern, 15.2.1991, S. 20.

336 BV Bln/XX/Kurt Dohmeyer, Quittung, 26.9.1989; BStU, MfS, BV Bln, Abt. XX Nr. 2496, Bl. 1.

337 HA XX, Vermerk v. 23.3.1987; BStU, MfS, HA XX Nr. 6893, Bl. 24; Müller, Uwe: Die Familie de Maizière. Eine deutsche Dynastie. In: Die Welt vom 6.3.2011.

338 Süß: Staatssicherheit am Ende, S. 583 ff. Joachim Gauck, der als Bundesbeauftragter für die Unterlagen der Staatssicherheit Anfang der 1990er-Jahre offiziell mit dem Überprüfungsvorgang befasst war, hält de Maizière rückblickend für »belastet« und meint, dass der da-

bleibt seine Rolle im MfS-Kontext unscharf. Offenkundig wird aus den Protokollen und Planungen des MfS ein Zielkonflikt deutlich: Ein Anwalt, der in Kirchenkreisen, erst recht in staatskritischen, bestehen wollte, konnte keineswegs durchweg stromlinienförmig agieren. Das für Lothar de Maizière typische Lavieren zwischen DDR-Loyalität und gemäßigt eigenständiger Position machte ihn attraktiv für die Kreise der alten CDU-Führung, die im Herbst 1989 einen neuen Parteivorsitzenden suchten, als auch für CDU-Parteikritiker, die auf Erneuerung drängten.[339] Als CDU-Parteivorsitzender begann sein politischer Aufstieg, der ihn mit der Zwischenstation des Ministers für Kirchenfragen in der Regierung Modrow 1990 an die Spitze der DDR-Regierung führte.

malige Innenminister Wolfgang Schäuble, CDU, und die Parteispitze der regierenden CDU »ihren stellvertretenden Bundesvorsitzenden [Lothar de Maizière] offenkundig decken« wollten. Ihm, Gauck, seien als Behördenchef im Geschäftsbereich des Bundesinnenministeriums damals rechtlich die Hände gebunden gewesen. Gauck, Joachim: Winter im Sommer, Frühling im Herbst. München 2009, S. 267 f.

339 De Maizière wurde im November 1989 vom Präsidium der CDU als Alternative zu Gerald Götting durchgesetzt. Den Vorschlag unterbreitete der langjährige stellv. Vorsitzende der SED-abhängigen DDR-CDU, Wolfgang Heyl, der über enge Kontakte zum MfS verfügte. Schmidt, Ute: Von der Blockpartei zur Volkspartei? Opladen 1997, S. 62 ff. u. 66 f., FN 14; Erich Mielke: Information über einige aktuell beachtenswerte Aspekte zur Lage in der CDU; BStU, MfS, ZAIG Nr. 3750, Bl. 11–13.

# 9. Vor dem Prozess

## 9.1 Auswirkung der Normen-Entwicklung im Strafprozessrecht auf die Verteidigung

Das Recht auf Verteidigung und die Rechte der Anwälte waren in der DDR lange Zeit nur schwach normiert. In der DDR-Verfassung von 1949 wurden sie nicht erwähnt.[1] Die war noch als gesamtdeutsche Verfassung konzipiert und lehnte sich an die Weimarer Verfassung an. Die Verfassung ging noch von einem Dualismus Bürger–Staat aus, akzentuierte die Grundrechte, bekannte sich zum Prinzip der Gewalteneinheit und trug insofern noch Kompromisscharakter. Die Verfassungswirklichkeit entfernte sich allerdings stark vom Verfassungstext.[2] Mit dem Rechtspflegeerlass des Staatsrates von 1963 wurde die Anwaltschaft erstmals in einem grundlegenden Dokument als »eine gesellschaftliche Einrichtung der sozialistischen Rechtspflege«[3] gewürdigt. In der Verfassung von 1968 wurde im Artikel 102, Abs. 2 verankert, dass »das Recht auf Verteidigung [...] während des gesamten Strafverfahrens gewährleistet«[4] wird. Allerdings war damit primär das Recht des Beschuldigten beziehungsweise Angeklagten auf Verteidigung gemeint und setzte nach der herrschenden Auffassung in der DDR nicht in jedem Fall einen Verteidiger voraus.[5] Der Rechtspflegeerlass definierte als Aufgabe der Anwälte, Beschuldigte oder Angeklagte »vor Gericht zu vertreten, die entlastenden und die strafrechtliche Verantwortlichkeit mildernden Umstände vorzutragen«.[6] Damit wurde erstmals die Rolle des Strafverteidigers positiv formuliert, während sich die Strafprozessordnung von 1952 noch auf die technischen Rechte des Verteidigers im Ermittlungs- und Gerichtsverfahren beschränkte.[7] In Einzelbestimmungen sind 1968 »erhebliche Unterschiede« gegenüber 1952 festzustellen, die sich jedoch in der Rechtsentwicklung der 1960er-

1 Der Artikel 129 Abs. 1 regelt lediglich das Recht von Angehörigen aller Schichten, die Anwaltsbefähigung zu erlangen. Verfassung der DDR vom 7.10.1949. In: DDR-GBl. (1949) 1, S. 5.

2 Mampel: Sozialistische Verfassung, S. 59 ff.

3 Rechtspflegeerlass 1963, S. 101.

4 Verfassung-DDR 1968.

5 Mampel kommentiert demgegenüber den Art. 102 als Verteidigerrechte. Mampel: Sozialistische Verfassung, S. 1307.

6 Rechtspflegeerlass 1963, S. 101.

7 StPO 1952, §§ 74–82.

Jahre schon abgezeichneten.[8] Der Rechtspflegeerlass schränkte die Rolle des Verteidigers allerdings insofern ein, als dass dieser verpflichtet sei, »zur Aufklärung der Sache«[9] beizutragen. Das konnte so interpretiert werden, dass der Anwalt mit den anderen Justizorganen einen Beitrag zur Wahrheitsfindung zu leisten hätte, was der Parteinahme für seinen Mandanten Grenzen setzte.

### 9.1.1 Die widersprüchliche Entwicklung nach der Verrechtlichung von 1968

Mit der Strafprozessordnung von 1968 fiel die einschränkende Orientierung auf die Wahrheitsfindung fort. Es blieb in der StPO-Fassung von 1974 bis zum Ende der DDR bei der klassischen Formel, wonach das Recht der Verteidigung darin bestehe, »alles vorzubringen, was die erhobene Beschuldigung ausräumen oder seine strafrechtliche Verantwortung mindern kann«.[10] Wie die »sozialistische Verfassung« von 1968 alle Rechte unter einen gesellschaftspolitischen Vorbehalt, den des Sozialismus unter Führung der marxistisch-leninistischen Partei, stellte,[11] galten auch die Verteidigungsrechte nicht ohne Einschränkung. Der Verteidiger war nicht nur »Beauftragter seines Mandanten«, vielmehr gleichzeitig »Angehöriger einer Einrichtung der sozialistischen Rechtspflege«[12] und sollte zur »Festigung der sozialistischen Gesetzlichkeit und des Rechtsbewusstseins der Bürger«[13] beitragen. Damit musste der Anwalt nicht in jedem Fall dem Willen seines Mandanten folgen. Er befand sich in seinem Spannungsfeld. Wie eine so tendenziell »paradoxe«[14] Lage aufzulösen sei, war Gegenstand permanenter Diskussionen der Anwaltschaft und individueller Lösungsstrategien jeden einzelnen Anwaltes, ohne dass das explizit benannt wurde. Die strafprozessualen Spielräume wandelten sich weniger durch Veränderungen der Strafprozessordnung. Der Paragraf 64 StPO, der die Rechte des Verteidigers regelte, blieb von 1968 bis zum Juni 1990 unverändert.[15] Allerdings änderte sich der Gehalt der Rechte aufgrund interner Diskussionen, Kommentierungen, Beschlüsse des Obersten Gerichtes und Änderungen anderer rechtlicher Vorschriften. Anfang der 1970er-Jahre standen diese Interpretationen ganz im Zeichen einer Prozessrationalisierung, das Politbüro hatte eine »zu lange Verfahrensdauer«[16] kritisiert.

8 Luther: Strafprozessrecht, S. 375.
9 Rechtspflegeerlass 1963, S. 101 f.
10 StPO 1968, § 61 Abs. 1.
11 Mampel: Sozialistische Verfassung, S. 74 f.
12 Strafverfahrensrecht. Lehrbuch. Berlin 1982, S. 90.
13 Ebenda, S. 89 f.
14 Rottleuther: Steuerung der Justiz, S. 59 ff.
15 Luther: Strafprozessrecht, S. 383.
16 Protokoll der Politbürositzung vom 24.4.1973; SAPMO, DY 30 J IV 2/2 1445.

Die Verfahrensbeschleunigung höhlte die Unmittelbarkeit der Beweisaufnahme zulasten der Angeklagten aus. Zum Beispiel konnte beim Vorliegen eines Geständnisses auf Zeugenbefragungen verzichtet werden.[17] Weitere faktische Einschränkungen gingen auf die Verschärfung des Strafgesetzbuches ab Mitte der 1970er-Jahre zurück. Insbesondere durch das 3. Strafrechtsänderungsgesetz, das der Abschreckung von ausreisewilligen DDR-Bürgern diente, wurde das politische Strafrecht »bedeutend verschärft«.[18] Die Androhung von Haftstrafen wurde ausgeweitet, damit kam es zur häufigeren Anwendung der Untersuchungshaft,[19] was in der Folge die Abwehrrechte der Beschuldigten gravierend einengte. Während die Anwälte nach 1968 die Stellung des Verteidigers »wesentlich verstärkt«[20] sahen, gab es Ende der 1970er-Jahre Stimmen im Berliner Kollegium, die meinten, dass »dem Anwalt keine Möglichkeiten für die Verteidigung seines Mandanten mehr gegeben sind«.[21]

In den 1980er-Jahren kam erneut Bewegung in die Diskussion der strafprozessualen Verteidigungsrechte. Die Gründe liegen keineswegs auf der Hand. Der X. Parteitag der SED 1981 hatte das Thema sozialistisches Recht mit den traditionellen Floskeln gestreift und keine rechtspolitischen Impulse gesetzt.[22] Die Diskussionen wurden durch routinemäßige Gesetzesüberprüfungen angestoßen, mehr aber durch Fehlentwicklungen in der Rechtsprechung. Die Debatte um die Verteidigerrechte hatte hinter den Kulissen und in der Zeitschrift Staat und Recht schon 1978 einen gewissen Vorlauf unter Fachleuten.[23] Anfang der 1980er-Jahre wurde sie durch eine Strafprozessanalyse auf Fachebene wieder angestoßen. In der DDR war es üblich, Gesetze nach einem gewissen Zeitraum einer fachlichen und wissenschaftlichen Überprüfung zu unterziehen, um gegebenenfalls Gesetzesüberarbeitungen vornehmen zu können. Der vom Minis-

17 Luther führt diese Entwicklung auf einen Beschluss des Präsidiums des Obersten Gerichtes zur höheren Wirksamkeit des Strafrechts vom 7.2.1973 zurück, der aber in Wirklichkeit auf einen gemeinsamen Standpunkt von OG, der GStA und MdI zurückging. Luther: Strafprozessrecht, S. 380 f., auch FN 154.

18 Ebenda, S. 382.

19 Der § 122 Abs. 1 sah als 4. Grund für die Verhängung von Untersuchungshaft eine zu erwartende Freiheitsstrafe vor. StPO 1974, § 122 Abs. 1.

20 Pein, Gerhard: Zur Tätigkeit des Anwaltes im sozialistischen Strafverfahren. In: NJ 26 (1972) 17, S. 508–511, hier 508.

21 HA XX/1, TB mit IM »Dolli«, 1979; BStU, MfS, AIM 8228/91, T. II, Bd. 1, Bl. 114.

22 Honecker, Erich: Die Ergebnisse und Leistungen der Werktätigen und die Verwirklichung unseres sozialistischen Programms seit dem IX. Parteitag. In: Protokoll der Verhandlungen des X. Parteitages der Sozialistischen Einheitspartei Deutschlands, 11.–16.4.1981. Berlin 1981, S. 123.

23 Luther, Horst; Wolff, Friedrich: Das Recht auf Verteidigung im sozialistischen Strafverfahren. In: Staat und Recht 27 (1978) 2, S. 144–152. Die Autoren wurden vom MdJ kritisiert. Der HUB-Professor Horst Luther rechtfertigte gegenüber Konrad Lohmann vom MfS, HA IX, diesen Aufsatz und versuchte ihn auf seine Seite zu ziehen. Horst Luther: Schreiben an Konrad Lohmann persönlich, 9.3.1978; BStU, MfS, HA IX Nr. 2146, Bl. 19–25.

terrat 1982 beschlossene Gesetzgebungsplan sah eine StPO-Analyse vor. In der Arbeitsgruppe beim Ministerium der Justiz waren Vertreter aus Rechtswissenschaft und Justiz versammelt.[24] Das MfS war mit Konrad Lohmann vertreten, nicht jedoch die Anwaltschaft.[25] Das MfS war nicht in allen Unterarbeitsgruppen präsent, aber bestrebt, sich alle Arbeitspapiere zu besorgen, um zumindest im Nachhinein seine »politisch-operativen« Interessen durch Einflussnahme auf das Gesamtergebnis zu sichern.[26] Die meisten innovativen Vorschläge zu Verteidigerrechten wurden vom zuständigen Offizier der HA IX mit kritischen Kommentaren oder Fragezeichen versehen. »Wie bisher lassen«,[27] lautete beispielsweise die MfS-Anmerkung zum Vorschlag, den Verteidiger früher als bisher in die Verfahrensakten Einblick nehmen zu lassen.

Die Runde der Stellvertreter der obersten Justizorgane, bestehend aus dem MdJ, der GStA der DDR und dem Obersten Gericht, legte fest, dass die StPO nicht überarbeitet, sondern nur neu ausgelegt und das durch Schulungen, Orientierungen oder andere Leitungsmaßnahmen in den einzelnen Organen kommuniziert werden sollte.[28] Offenkundig scheute man Gesetzesänderungen, die im Ausland genau verfolgt wurden und baute auf informelle, untergesetzliche Interpretationen. Der Vorschlag des MdJ setzte noch deutlich auf die »Durchsetzung des Rechts auf Verteidigung im Ermittlungsverfahren«.[29] Nachdem die Untersuchungsorgane ins Bild gesetzt waren und offenbar Protest einlegten, musste sich das MdJ jedoch zurücknehmen. Die Verbesserung des Rechts auf Verteidigung »hat dort Grenzen, wo das Ermittlungsverfahren (einschließlich untersuchungs- und vernehmungstaktischer Fragen) gefährdet wird«,[30] hieß es traditionalistisch. Die Wissenschaftler und Justizexperten setzten Akzente dagegen, die in der Tendenz sogar vom Obersten Gericht gestützt wurden.[31] Anfang der 1980er-Jahre waren sie in Gefahr, durch die Interessen der Untersuchungsorgane zurückgedrängt zu werden.

24 Arnold: Normalität. Bd. 2, S. 635.

25 MdJ, Schreiben an MfS/HA IX, Konrad Lohmann, 24.8.1982; BStU, MfS, HA IX Nr. 17507, Bl. 127 f. Eine Kritik an der mangelnden Einbeziehung der Anwälte in derartige Diskussionen findet sich bei Friedrich Wolff: Zu aktuellen Problemen der Verteidigung, 26.11.1984; BStU, MfS, HA IX Nr. 16365, Bl. 76–79.

26 MdJ, Schreiben an MfS/HA IX, Konrad Lohmann, 24.8.1982; BStU, MfS, HA IX Nr. 17507, Bl. 128.

27 MdJ, Entwurf zum Bericht über die Ergebnisse der Analyse der Wirksamkeit von Bestimmungen der Strafprozessordnung, 5.10.1983; ebenda, Bl. 93.

28 MdJ/Herbert Kern, Vermerk v. 14.2.1989; ebenda, Bl. 21 f.

29 MdJ, Anforderungen, die sich aus der Analyse der Anwendung der StPO ergeben, 1.7.1985; BStU, MfS, HA IX Nr. 3127, Bl. 33–47, hier 38 f.

30 Vermerk zur Stellvertreterberatung am 18.7.1989 v. 22.6.1984; BStU, MfS, HA IX Nr. 17507, Bl. 1.

31 OG/Grundsatzabteilung, Stellungnahme zum Bericht über die Ergebnisse der Analyse der Wirksamkeit von Bestimmungen der StPO; ebenda, Bl. 51 f.

Eine Dynamik kam erst durch zwei eklatante Fehlurteile zu Gewaltverbrechen von 1983 in die Debatte. Möglicherweise skandalisieren MdJ und das Oberste Gericht im Verbund mit der Generalstaatsanwaltschaft diese Verfahren, um die Untersuchungsorgane in die Defensive zu bringen.[32] In Halle war ein Mann zu zehn Jahren Freiheitsstrafe verurteilt worden, weil das Gericht glaubte, er hätte seinen Bruder aus Eifersucht vorsätzlich mit einem Messer getötet. Das Urteil zeigte beträchtliche Mängel. Es wurde vom Obersten Gericht aufgehoben, weil es in Abwesenheit des Vorsitzenden Richters, nur in Anwesenheit der Schöffen, verkündet worden war. Eine Berufung war verworfen worden. Wegen eines Suizidversuches, bei dem in einem Abschiedsbrief ein Geständnis hinterlassen wurde, konnte der eigentliche Täter eher zufällig entdeckt werden. In der Rückschau zeigten sich Defizite im Ermittlungsverfahren der Kriminalpolizei und im Beweisaufnahmeverfahren vor Gericht. Wesentliche Grundlage war ein Geständnis des stark betrunkenen Verdächtigen in einem 26,5-Stunden-Verhör. Das Protokoll wurde offenkundig manipuliert, um die Verhörbedingungen zu kaschieren. Die Hauptzeugin, die Ehefrau, die mit dem Opfer eng liiert und damit in das Geschehen involviert war, war dadurch beeinflusst worden, dass die Polizei sie über das Geständnis ihres Mannes informierte. Diesen fragwürdigen Methoden maßen weder die Ermittler noch das Gericht größere Beachtung bei. Gegenläufigen Beweismitteln war wenig Aufmerksamkeit geschenkt worden.[33] Urteile häuften sich seit 1981 derart, dass das Oberste Gericht 80 Freisprüche durch Kassationsurteile aufheben musste. In den Jahren 1983 und 1984 wurden in ähnlich gelagerten Fällen jeweils über 100 000 Mark der DDR an Haftentschädigung fällig.[34]

### 9.1.2 Impuls zur Funktionsdifferenzierung der Justiz- und Ermittlungsorgane

Als Rechtssicherheit wurde seit dem VIII. Parteitag der SED 1971 bis zum X. Parteitag im Jahr 1981 vor allem das leninistische Versprechen gegenüber den Bürgern verstanden, die Einhaltung der Strafgesetze durchzusetzen und Gesetzesbrüche so zu ahnden, »dass auf jede Gesetzesverletzung eine angemes-

32 Zur selben Zeit, als die Analyse zurückgedreht wurde, begannen die drei Justizorgane eine Diskussion über diese Fehlurteile. Hans-Joachim Heusinger, Rede vor den Vorsitzenden der Kollegien der Rechtsanwälte am 29.8.1984; BStU, MfS, HA IX Nr. 19502, Bl. 24–31, hier 24 f.

33 OG/Günter Sarge, Referat Tagung mit den stellvertretenden BG-Direktoren am 5.9.1984; BStU, MfS, HA IX Nr. 19502, Bl. 1–23, hier 2 ff.

34 Ebenda, Bl. 6.

sene Reaktion folgt«.[35] Nunmehr wurde das Augenmerk stärker auf verfahrensrechtliche Aspekte der Rechtssicherheit und der Normativität der »sozialistischen Gesetzlichkeit« gerichtet. Kein Geringerer als der ZK-Abteilungsleiter für Staat und Rechtsfragen, Klaus Sorgenicht, betonte, »die SED ist eine Partei der Gesetzlichkeit«[36] und bemängelte, dass durch strafprozessualen Fehler wie im Hallenser Fall die »Grundprinzipien der Rechtssicherheit in unserem sozialistischen Staat verletzt«[37] würden. Nach internen Vorberatungen fand am 1. August 1984 eine Tagung des Generalstaatsanwaltes Joseph Streit im Beisein von Klaus Sorgenicht für die Staatsanwälte statt. Dem folgte eine Serie ähnlicher Veranstaltungen mit Richtern und Anwälten, in denen die Defizite der Strafverfolgung und die daraus resultierenden Konsequenzen besprochen wurden. In entsprechenden Versammlungen auf Bezirksebene, in die Justizfunktionäre aus den Kreisen einbezogen waren, wurden die neuen Impulse vermittelt, wobei den Reden des Generalstaatsanwaltes, der von Klaus Sorgenicht und der vom Vizepräsidenten des Obersten Gerichtes Leitcharakter zukam. Trotz der weiter angestrebten »kameradschaftlichen Zusammenarbeit der Partnerorgane« sollte die »Eigenverantwortlichkeit jedes Organs« betont und gestärkt werden.[38] Es ging nicht um die Einführung einer Gewaltenteilung, aber um eine stärkere Funktionsdifferenzierung innerhalb der Ermittlungs- und Justizorgane. »Kumpelhaftes Verlassen auf die ›Information‹ durch diesen oder jenen Kriminalisten ist sträflicher Leichtsinn«, kritisierte die Generalstaatsanwaltschaft und mahnte, die Verantwortung des Staatsanwaltes für die »Leitung des Ermittlungsverfahrens ist strikt durchzusetzen«.[39]

Von dieser Entwicklung sollten auch die Rechtsanwälte profitieren. »Wir haben mit darauf zu achten, dass die Rolle des Verteidigers in unserem Lande gestärkt wird«,[40] forderte der Vizepräsident des Obersten Gerichtes vor den Direktoren der Bezirksgerichte. Die Generalstaatsanwaltschaft tadelte Vorbehalte gegenüber der Verteidigung als »sträflich« und hob die wichtige Funktion der Verteidigung zur »Wahrung der Gesetzlichkeit und Gerechtigkeit« hervor: »Der

35 Honecker, Erich: Die Ergebnisse und Leistungen der Werktätigen und die Verwirklichung unseres sozialistischen Programms seit dem IX. Parteitag. In: Protokoll der Verhandlungen des X. Parteitages der Sozialistischen Einheitspartei Deutschlands, 11.–16.4.1981. Berlin 1981, S. 123.

36 ZK/Klaus Sorgenicht, Ausführungen auf der Tagung mit den Staatsanwälten der Bezirke am 1.8.1984; BStU, MfS, HA IX Nr. 19502, Bl. 61–63, hier 61. Sorgenicht bezieht sich auf ein Zitat von Wilhelm Pieck.

37 Ebenda, Bl. 62.

38 OG/Günter Sarge, Referat Tagung mit den stellvertretenden BG-Direktoren am 5.9.1984; ebenda, Bl. 1–23, hier 15.

39 Aus dem Referat auf der Tagung mit den Staatsanwälten der Bezirke, 1.8.1984; ebenda, Bl. 51–60, hier 52 u. 59.

40 OG/Günter Sarge, Referat Tagung mit den stellvertretenden BG-Direktoren am 5.9.1984; ebenda, Bl. 1–23, hier 20.

Staatsanwalt hat die Rechte des Verteidigers zu wahren, [so] dass [ein] Gewinn an Rechtssicherheit entsteht.«[41] Die Anwaltsrechte im Ermittlungsverfahren sollten daher gestärkt werden.

Die Forderung, dem Geständnis nicht die alleinige Beweiskraft zuzusprechen, andere Beweise stärker zu berücksichtigen,[42] sich nicht auf die Ergebnisse der Ermittler oder der Staatsanwaltschaft zu verlassen, die Aufforderung an die Staatsanwaltschaft, das Ermittlungsverfahren stärker zu kontrollieren, richteten sich zwar primär an die Justiz- und Ermittlungsorgane, erweiterten aber auch den Handlungsspielraum des Beschuldigten beziehungsweise Angeklagten und seines Rechtsvertreters. Die ermittlungskritischen Diskussionen befassten sich exemplarisch mit Verfahren zur allgemeinen Kriminalität. Die Kritik und Schlussfolgerungen der Justiz-Spitzenfunktionäre, die auf Stärkung der Staatsanwaltschaft, der Gerichte und der Verteidiger gegenüber den Ermittlungsorganen hinausliefen, richteten sich allgemein an die Untersuchungs- und Justizorgane, bezogen also das MfS indirekt mit ein. Zu den Versammlungen mit den Bezirksstaatsanwälten waren freilich nur die Anklagevertreter der »Abteilungen 3« geladen,[43] die für die Verfolgung der allgemeinen Kriminalität zuständig waren.[44] Eine halböffentliche kritische Diskussion über Praktiken im IA-Bereich war offenbar tabu. Dass das MfS die Kritik duldete, lag offenbar daran, dass die Redner den IA-Bereich mehrfach als vorbildhaft hervorhoben[45] und damit die Rolle des MfS als Untersuchungsorgan würdigten.

### *Das Ermittlungsorgan MfS*

Das MfS hatte sein Ermittlungsfiasko schon hinter sich und daraus einige Schlussfolgerungen gezogen. Im Jahre 1978 wurde durch einen internen Bericht des MfS aufgedeckt, dass seit 1968 insgesamt 144 Beschuldigte wegen konstruierter Spionagevorwürfe verurteilt worden waren. Zehn weitere Ermittlungsverfahren waren noch offen. Mit Drohungen und Versprechen hatten Spionageermittler der HA IX/5 und HA IX/6 Geständnisse von Fahnenflüchtigen

41 Aus dem Referat auf der Tagung mit den Staatsanwälten der Bezirke, 1.8.1984; BStU, MfS, HA IX Nr. 19502, Bl. 51–60, hier 57 f.

42 OG/Günter Sarge, Referat Tagung mit den stellvertretenden BG-Direktoren am 5.9.1984; ebenda, Bl. 1–23, hier 12 f.

43 Hans-Joachim Heusinger, Rede vor den Vorsitzenden der Kollegien der Rechtsanwälte am 29.8.1984; ebenda, Bl. 24–31, hier 25.

44 Behlert, Wolfgang: Die Generalstaatsanwaltschaft. In: Rottleuthner: Steuerung der Justiz, S. 300.

45 Aus dem Referat auf der Tagung mit den Staatsanwälten der Bezirke, 1.8.1984; BStU, MfS, HA IX Nr. 19502, Bl. 51–60, hier 58. Es wurde hervorgehoben, dass in den I-A-Bereichen die Verteidigerrechte wesentlich seltener durch Bedingungserhebungen für die Gespräche mit U-Häftlingen eingeschränkt würden als in anderen Verfahren.

oder Grenzverletzern erzielt und sie als angebliche »Agenten mit spezieller Auftragsstruktur« (AsA) überführt.[46] Die Konstrukte reichten von angeblicher Spionage- und Nahkampfausbildung bis zu vermeintlichen Anlandungen mit Mini-U-Booten an der Ostseeküste. Nachdem der Ermittlungsskandal ruchbar wurde, wetterte Erich Mielke auf einer internen Dienstkonferenz, »wer sich in unserer Arbeit über bestehende Gesetze, Rechtsnormen, Befehle und Weisungen hinwegsetzt, der schadet uns.«[47] Mielke forderte als Konsequenz eine »Beweisführung von strengster Objektivität«, die Überprüfung von Geständnissen und Widerrufen und die alleinige Verwendung gesetzlich zulässiger Beweismittel.[48] Schon in diesem Zusammenhang warb der MfS-Chef für den Strafverteidiger, der »mit der Wahrnehmung der Rechte seines Mandanten gleichzeitig staatliche Interessen«[49] wahrnehme. Mielkes Plädoyer für die Anwälte hatte einen sehr realen Hintergrund. Der Minister wurde auf den Skandal durch einen diskreten Brief von Rechtsanwalt Wolfgang Vogel aufmerksam, weil der als Verteidiger in einem solchen Verfahren Widersprüche in der Beweisführung entdeckt hatte. Über die Fehl-Ermittlungen gegen die vermeintlichen Agenten informierte Vogel den Vertrauten von Erich Mielke, Heinz Volpert, und durch dessen Vermittlung den Leiter der HA IX, Rolf Fister, sodass die Fiktion AsA-Spionagering letztlich zusammenbrach. Es wurden Korrekturen vorgenommen: die Haftstrafen gemindert oder aufgehoben und Strafminderungen in laufenden Verfahren erwirkt. Andererseits verlief die »stillschweigende Bereinigung«[50] dieses Skandals äußerst diskret und wurde gegenüber den Justizorganen »abgedeckt«, also kaschiert. Mielke hatte allen Grund, dem Anwalt dankbar zu sein.

Die Untersuchung der AsA-Fälle führte die Juristische Hochschule des MfS durch. Gleichsam in theoretischer Auswertung der Ermittlungsfehler erarbeitete der Leiter des Lehrstuhls für Strafprozessrecht der JHS, Horst Zank, mit anderen bis 1981 einen Forschungsbericht zur »Gewährleistung der Einheit von Parteilichkeit, Objektivität, Wissenschaftlichkeit und Gesetzlichkeit«[51], der grundlegend für die Ermittlungsarbeit des MfS werden sollte. Anknüpfend an die

46 Beleites, Johannes; Joestel, Frank: Agenten, Iglus, Diversantentaucher. Das Ende eines absurden Ermittlungskonstrukts des DDR-Staatssicherheitsdienstes. In: HuG 62 (2008) 4, S. 56–61.

47 Erich Mielke, Referat auf der zentralen Dienstkonferenz, 24.5.1979; BStU, MfS, BdL/Dok Nr. 6827, Bl. 1–94, hier 40.

48 Ebenda, Bl. 43 ff. u. 57.

49 Ebenda, Bl. 81.

50 Beleites, Johannes; Joestel, Frank: Agenten, Iglus, Diversantentaucher. Das Ende eines absurden Ermittlungskonstrukts des DDR-Staatssicherheitsdienstes. In: HuG 62 (2008) 4, S. 56–61, hier 60.

51 Horst Zank u. a.: Forschungsergebnisse zum Thema: Grundlegende Anforderungen und Wege zur Gewährleistung der Einheit von Parteilichkeit, Objektivität, Wissenschaftlichkeit und Gesetzlichkeit in der Untersuchungsarbeit des MfS im Ermittlungsverfahren, September 1981; BStU, MfS, JHS Nr. 21912.

Mielke-Rede von 1979 wurde an den »Mut zu Objektivität und Wahrheit« appelliert und »die konsequente Durchsetzung und Einhaltung des sozialistischen Strafverfahrensrechts«[52] eingefordert. Diese bemerkenswerte Anleitung blieb allerdings widersprüchlich. Dem geheimpolizeilichen Denken verhaftet, sahen die Autoren die Ermittlungsarbeit dem höchstmöglichen »politischen Nutzen« verpflichtet, der letztlich im Willen der Partei verkörpert war. Sie gingen außerdem wie selbstverständlich davon aus, weiterhin heimliche, nicht strafprozessrechtlich gedeckte Recherchepraktiken für die Ermittlungen zu nutzen.[53]

*Das zurückgesetzte Justizministerium*

Das Justizministerium war an den Diskussionen mit den anderen Justizorganen beteiligt. Der nachrangige Platz auf der Rednerliste machte seine nachgeordnete Bedeutung im Verhältnis zu anderen Justizorganen deutlich.[54] Dabei stand das MdJ wegen eines Problems mit Berliner Anwälten selbst unter Druck.[55] Berliner Verteidiger forderten im Februar 1984 einen Freispruch in einem Prozess, mit dem die SED offenbar ein Präzedenzurteil gegen Anhänger der unabhängigen und kirchlichen Friedensbewegung anstrebte. Die SED Bezirksleitung Berlin kritisierte das Verhalten der Anwälte scharf.[56] Der Justizminister warb nun in Anwesenheit der Spitzen der Justizorgane und des Abteilungsleiters SuR des ZK um Verständnis. Die Anwälte seien bei »politisch-ideologischen Problemen zur sehr auf sich allein gestellt« und mit den Kollegiums-Vorsitzenden sei darüber gesprochen worden, »wem […] einige Verteidiger eigentlich auf ›den Leim‹ gegangen sind«.[57] Die Diskussionen in der Parteigruppe und auf der Jahresversammlung des Berliner Kollegiums hätten aber gezeigt, »dass wir Verbündete haben, die zum Teil auch mangels Informationen noch nicht immer wissen, wie

52 Ebenda, Bd. 1, Bl. 31 u. 62.

53 Ebenda, Bd. 1, Bl. 45 u. 330 ff.

54 Die Tagesordnung ist nicht überliefert. Die Tagung veranstaltete der Generalstaatsanwalt, der Abteilungsleiter des ZK, Sorgenicht, hielt eine Rede. Klaus Sorgenicht, Ausführungen auf der Tagung mit den Staatsanwälten der Bezirke am 1.8.1984; BStU, MfS, HA IX Nr. 19502, Bl. 61–63.

55 In der Rede des Justizministers wird nur »die Sache in Pankow« angesprochen. Aus Prozessanalysen von 1984 ist bekannt, dass ein Verfahren vor dem Stadtbezirksgericht Pankow wegen des Anwaltsverhaltens zu Interventionen der SED führte. Hans-Joachim Heusinger, Diskussionsbeitrag auf der Tagung der Staatsanwälte der Bezirke am 1.8.1984; BStU, MfS, HA IX Nr. 19502, Bl. 69–75, hier 73; Booß: Rechtsanwälte, S. 247 f. Die Prozessakte ist abgelegt unter: BStU, MfS, AU 7790/84.

56 Der Prozess wegen des sogenannten Storkower Tunnels, vgl. dazu auch die Fallbeispiele im Kapitel Der sozialistische Strafprozess.

57 Hans-Joachim Heusinger, Diskussionsbeitrag auf der Tagung der Staatsanwälte der Bezirke am 1.8.1984; BStU, MfS, HA IX Nr. 19502, Bl. 69–75, hier 74.

sie sich zu welchem Zeitpunkt, wann und wo richtig zu verhalten haben«.[58] Der Justizminister machte gegenüber den Justizkadern deutlich, dass die Stärkung der Verteidigerrechte ihre Grenze dort fände, wo die Interessen von Staat und Partei es erforderten.

Am 29. August 1984, beim Treffen mit den Kollegiums-Vorsitzenden, verschanzte sich der Justizminister hinter Zitaten der Vertreter von ZK und Generalstaatsanwalt. Als positive Beispiele anwaltlichen Engagements wurden Gregor Gysi und Lothar de Maizière[59] herangezogen. Diesen Anwälten war es bei einem Tötungsdelikt gelungen, die Klage der Staatsanwaltschaft aufgrund von Widersprüchen zu Fall zu bringen.[60] Das Gericht hatte die Verfahrenseröffnung verweigert. Mit der Eloge des Ministers war auch markiert, wer künftig die Leitfigur für die Anwaltschaft abgäbe. Die eigentliche Stimme der Anwaltschaft war in dieser Situation nicht der Vorsitzende des Rates der Kollegiumsvorsitzenden. Friedrich Wolff war nach einem privaten Fauxpas innerlich angeschlagen,[61] agierte nur hinter den Kulissen. In einem Positionspapier, laut MfS-Vermerk »nur für uns bestimmt«[62], warb Wolff für stärkere Verteidigungsrechte in MfS-ermittelten Verfahren. Beschränkungen der Öffentlichkeit, der Mündlichkeit und der Unmittelbarkeit des Verfahrens, »Ergebnisse der bürgerlichen Revolution«[63] könnten von feindlicher Seite aufgegriffen werden und das Ansehen der DDR-Rechtspflege schädigen.

### 9.1.3 Vogels Vortrag vor der Akademie für Staats- und Rechtswissenschaften

Es war letztlich Wolfgang Vogel, der am 17. Oktober 1985 in der Akademie für Staats- und Rechtswissenschaften in Potsdam-Babelsberg (ASR) ein Grundsatzreferat zur Tätigkeit des Rechtsanwalts in Strafverfahren hielt. Anlass war die Zuerkennung einer Ehrenprofessur.[64] Vogel war ein langjähriger Protegé des Ge-

58 Ebenda, Bl. 69–75, hier 75.

59 Vermerk über eine Beratung des Ministers der Justiz mit den Vorsitzenden der Kollegien der Rechtsanwälte in Berlin v. 30.8.1984; ebenda, Bl. 47–49, hier 47.

60 Es war aufgrund eines falschen Geständnisses ein falscher Täter angeklagt worden. Durch einen Zufall wurde der eigentliche Täter entdeckt. Schumann: Familie de Maizière, S. 271 f.

61 Wolff: Ein Leben, S. 146.

62 So der handschriftliche Vermerk auf dem Papier. Wolff, Friedrich: Zu aktuellen Problemen der Verteidigung, 26.11.1984; BStU, MfS, HA IX Nr. 16365, Bl. 76–79, hier 76.

63 Ebenda, Bl. 77 f.

64 Vogel verwies darauf, dass er exakt 16 Jahre zuvor an der gleichen Stelle gesprochen habe. Das war offenbar anlässlich der Verleihung der Ehrendoktorwürde 1969. Breithaupt: Rechtswissenschaftliche, S. 532; Wolfgang Vogel: Zu Problemen der Tätigkeit des Rechts-

neralstaatsanwaltes und ehemaligen ZK-Funktionärs Joseph Streit[65] und genoss durch seine Ost-West-Aktivitäten das Vertrauen der oberen Parteiorgane und des MfS, wie zuletzt der AsA-Vorfall gezeigt hatte. Anwalt Vogel akzentuierte die Rolle des Verteidigers auf ungewöhnlich deutliche Weise. Er entwickelte sie aus dem Parteien- und dem »kontradiktorischen« Prinzip.[66] Durch diese Argumentation wurde mit der Fiktion der einheitlichen Ziele der Prozessbeteiligten gebrochen und das Widerspruchsprinzip betont, das den Anwalt als Widerpart der Staatsanwaltschaft verpflichtete, zum Verfahren »stets mit dem Ziele der Entlastung seines Mandanten unter Ausschöpfung aller gesetzlich eingeräumten Möglichkeiten beizutragen«.[67] Vogel benutzte mit dem Begriff des kontradiktorischen Verfahrens ein Reizwort, das der bürgerlich-angelsächsischen Rechtssphäre zugerechnet wurde. Vogel nannte keine Quelle. Den Begriff des kontradiktorischen Verfahrens führten schon Friedrich Wolff und der Professor für Strafprozessrecht an der Humboldt-Universität Berlin, Horst Luther, 1978 in die Debatte ein.[68] Nach Angriffen aus dem Justizministerium leitete Luther diesen Begriff als »ebenbürtige«[69] Verteidigung, die der Anwalt auf Basis der Normen des sozialistischen Rechtes realisiere, aus der sowjetischen Rechtsdiskussion her, um ihn hoffähig zu machen. Mitte der 1980er-Jahre wurde das »kontradiktorische Prinzip« in der sowjetischen Fachliteratur ganz offen vertreten, was in der DDR nicht überall auf Zuspruch stieß.[70] Die Rede von Vogel enthielt also bemerkenswerte, in gewisser Hinsicht sogar provokante Akzente. Möglicherweise riefen sie sogar Unmut im hochrangigen Publikum hervor.[71] Im Kontext der Vorgeschichte war es jedoch eine Rede von Gnaden der Partei, wenn nicht sogar eine bestellte Rede.

Vogels Vortrag vor ausgewählten Justizfunktionären wurde nicht zuletzt im MfS rezipiert. Der Leiter der HA IX, Rolf Fister, reichte sie an seine Abteilungsleiter zur »Durcharbeitung und Standpunktbildung«[72] weiter. Soweit nachvollziehbar, wurde der Vortrag bei Reserviertheit in Detailfragen im Grundsatz po-

anwalts im Strafverfahren der Deutschen Demokratischen Republik; BStU, MfS, HA IX Nr. 5290, Bl. 16–59, hier 16; Wolff: Ein Leben, S. 178; Pötzl: Basar, S. 217.

65 Pötzl: Basar, S. 34 ff.; Whitney: Advocatus Diaboli, S. 135.

66 Wolfgang Vogel: Zu Problemen der Tätigkeit des Rechtsanwalts im Strafverfahren der Deutschen Demokratischen Republik; BStU, MfS, HA IX Nr. 5290, Bl. 16–59, hier 21 f.

67 Ebenda, Bl. 20.

68 Luther, Horst; Wolff, Friedrich: Das Recht auf Verteidigung im sozialistischen Strafverfahren. In: Staat und Recht 27 (1978) 2, S. 144–152, hier 145.

69 Horst Luther, Schreiben an Konrad Lohmann persönlich, 9.3.1978; BStU, MfS, HA IX Nr. 2146, Bl. 19–25, hier 22.

70 Reuter, Lothar: Das Recht des Beschuldigten und Angeklagten auf Verteidigung im sozialistischen Strafprozess. In: NJ 39 (1985) 7, S. 299 f.

71 Wolff widerspricht dieser Darstellung von Pötzl. Wolff: Ein Leben, S. 178; Pötzl: Basar, S. 419.

72 HA IX/Leiter, Schreiben an die Leiter der untersuchungsführenden Abteilungen, Bereiche und Arbeitsgruppen, 25.10.1985; MfS, BStU, HA IX Nr. 19116, Bl. 306.

sitiv wahrgenommen.[73] Auch die Thesen von Friedrich Wolff, die vermutlich über seine Kontaktleute bei der HV A ins MfS gelangt waren, lagen der HA IX vor. Im Untersuchungsorgan des MfS wurden die Überlegungen zur Rolle des Anwalts im Strafprozess, sofern sie das Gerichtsverfahren betrafen, als durchaus »berechtigt«[74] angesehen.

Die Diskussionen zum Prozess von Halle blieben keineswegs folgenlos. Auch die Beweisrichtlinie des Obersten Gerichts von 1988, die strengere Maßstäbe an die gerichtliche Beweisaufnahme legte, war eine Folge dieser Diskussion.[75] Schon vorher gab es mehrere weisungsartige Initiativen in den Justiz- und Untersuchungsorganen. Der Generalstaatsanwalt erließ 1985 eine Anweisung zur Leitung des Ermittlungsverfahrens durch den Staatsanwalt. Diese sah nur noch »ausnahmsweise«[76] vor, das Recht des Anwalts zu beschränken, mit einem Verhafteten zu sprechen oder zu korrespondieren. Anwälte sollten schon früh im Ermittlungsverfahren beauftragt werden können. Diese Position ging den Untersuchungsorganen offenbar zu weit. Möglicherweise waren auch innerhalb des MfS die Auffassungen nicht homogen und die der Praktiker restriktiver als die der Offiziere, die sich mit Grundsatzfragen beschäftigten. In einem »Standpunkt zu ausgewählten Problemen des Rechts auf Verteidigung« vom März 1986 einigten sich die Justiz- mit den Sicherheitsorganen schließlich auf Kompromissformeln, die den Praktikern im MfS entgegenkamen; die Beauftragung von Anwälten durch den Beschuldigten wurde durch umständliche Verfahrensregeln verlangsamt.[77] Als weitergehende Einschränkungen nicht durchgesetzt werden konnten,[78] formulierte die HA IX eigenständig Hinweise für ihre Untersuchungsführer, die die Mandatierung von Anwälten kompliziert gestaltete und damit hinauszögerte.[79] Trotz derartiger Einschränkungen »zur Erhöhung der Sicherheit im Strafverfahren«[80] und widersprüchlichen Tendenzen in

73 Einige Bereichs-Stellungnahmen sind überliefert. HA IX/AG BMS, Vermerk v. 20.12.1985; ebenda, Bl. 309–313.

74 Der Vermerk stammt vermutlich aus der Handakte von Konrad Lohman, HA IX, Zum Tagesordnungspunkt 6. Standpunkt zu ausgewählten Problemen der weiteren Erhöhung der Sicherheit im Strafverfahren; BStU, MfS, HA IX Nr. 16356, Bl. 51–53, hier 52.

75 Luther: Strafprozessrecht, S. 384 f.

76 GStA, Anweisung 1/85, Die Leitung des Ermittlungsverfahrens durch den Staatsanwalt, 1.6.1985; BStU, MfS, HA IX Nr. 3131, Bl. 16–27, hier 24.

77 Standpunkt zu ausgewählten Problemen des Rechts auf Verteidigung und der weiteren Erhöhung der Sicherheit im Strafverfahren, 24.3.1986; BStU, MfS, HA XX Nr. 1588, Bl. 11–18, hier 12.

78 HA IX/AKG, Vermerk v. 26.3.1986; BStU, MfS, HA IX Nr. 10722, Bl. 131.

79 HA IX, Hinweise zur Durchsetzung des Standpunktes zu ausgewählten Problemen zur Verwirklichung des Rechts auf Verteidigung und der weiteren Erhöhung der Sicherheit im Strafverfahren; BStU, MfS, HA IX Nr. 10722, Bl. 99–103, hier 99 ff.

80 Standpunkt zu ausgewählten Problemen des Rechts auf Verteidigung und der weiteren Erhöhung der Sicherheit im Strafverfahren, 24.3.1986; BStU, MfS, HA XX Nr. 1588, Bl. 11–18, hier 11.

den Rechtsinterpretationen sind langfristige Wirkungen nicht von der Hand zu weisen. Stete Appelle, die »strikte Durchsetzung der sozialistischen Gesetzlichkeit«[81] zu wahren und die wiederholte Benennung strafprozessualer Vorschriften bewirkten grundsätzlich eine stärkere Orientierung der Ermittler, Staatsanwälte und Richter auf strafprozessualen Normen, ja gesetzliche Normen überhaupt. Das grundsätzliche Vertrauen in die Arbeit der Anwälte wurde damit gestärkt.

Die Anwälte wurden in der Folgezeit, wie schon von Friedrich Wolff angeregt, stärker in Diskussionen um die Ausfüllung der strafprozessualen Normen eingebunden. Zum Autorenkollektiv, das den Kommentar zur Strafprozessordnung von 1987 erarbeitete, der den Kommentar von 1968 ersetzen sollte,[82] zählten Gregor Gysi, Rechtswissenschaftler, Vertreter der Justizorgane und Konrad Lohmann vom MfS.[83] Beim ersten Anlauf zur Analyse des Strafprozessrechtes Anfang der 1980er-Jahre hatten die Justizorgane noch ohne Rechtsanwälte diskutiert.[84] Insbesondere die Verteidigerrechte nach Paragraf 64 StPO wurden jetzt unter dem Einfluss der Anwälte offensiver interpretiert. Während im Kommentar von 1968 das Recht des Verteidigers, mit dem Untersuchungshäftling zu sprechen, »nicht ausgeschlossen werden«[85] durfte, wurde nun positiv formuliert, der Verteidiger habe »von Beginn des Ermittlungsverfahrens an«[86] das Recht, seinen Mandanten in der U-Haft zu sprechen.

Die Diskussion um die StPO-Analyse und den StPO-Kommentar fand ihre Fortsetzung in einer Gesetzgebungskommission zur Neufassung der StPO, die 1988 einen Entwurf vorlegte.[87] In dieser Kommission waren gleich mehrere Anwälte vertreten. Gregor Gysi leitete die Unterarbeitsgruppe »Verteidigung/Geschädigte«.[88] Die Diskussion um dieses Gesetz war insbesondere in der Anfangsphase stark von Rechtswissenschaftlern geprägt, die auf Reformen drängten.[89] Es kam gelegentlich zu »scharfen Kontroversen«.[90] Aufgrund derartiger Gesetzesvorhaben ist behauptet worden, dass die DDR »in jeder Hinsicht bestrebt war, ein

81 Ebenda.

82 Hans-Joachim Heusinger: Schreiben an Erich Mielke, 6.6.1980; BStU, MfS, HA IX Nr. 17506, Bl. 235 f.

83 Strafprozessrecht Kommentar 1987, Impressum.

84 MdJ, Autoren des StPO-Kommentars, 15.7.1981; BStU, MfS, HA IX Nr. 17506, Bl. 161–163.

85 Strafprozessrecht der DDR. Lehrkommentar/Hg. vom Ministerium der Justiz. Berlin 1968.

86 Strafprozessrecht Kommentar 1987, S. 98.

87 Arnold: Normalität. Bd. 2, S. 636 f.; Buchholz: Strafrecht, S. 589.

88 OG/Kontrollgruppe, Protokoll der UAG »Verteidigung/Geschädigte« vom 25.9.1987; SAPMO, DY 64/43.

89 Protokoll über die Verteidigung der Studie zum ZO-Projekt »Grundlinien der weiteren Entwicklung des Strafverfahrens und des Strafverfahrensrechts in der entwickelten sozialistischen Gesellschaft« vor der Arbeitsgruppe im Ministerium der Justiz, 11.12.1987; SAPMO, DY 64/41.

90 Luther: Strafprozessrecht, S. 385.

Rechtsstaat«[91] zu sein. Dies mag den Intentionen einzelner Beteiligter entsprochen haben, auf die DDR als Ganzes trifft dies jedoch nicht zu. Die weiter gehenden Vorschläge aus der StPO-Reformdiskussion wurden erst nach der friedlichen Revolution und der demokratischen Volkskammerwahl vom 18. März 1990 mit dem 6. Strafrechts-Änderungsgesetz realisiert. Ab diesem Zeitpunkt wurde explizit eine »unbeschränkte Kommunikation«[92] zwischen dem Verteidiger und dem inhaftierten Mandanten gesetzlich festgeschrieben. Das Aussageverweigerungsrecht des Angeklagten, das die Untersuchungsorgane zuvor erfolgreich bekämpft hatten, ist erstmals ausdrücklich im Gesetz fixiert. Sogar eine Belehrung über dieses Recht, die auch zu dokumentieren war, wurde nun zu Pflicht.[93]

### 9.1.4 Gründe und Begrenzungen der Funktionsdifferenzierung

Die Diskussion um eine exaktere Beweisführung und eine Akzentuierung der Verantwortung der einzelnen Verfahrensbeteiligten kann nicht aus den Fehlurteilen allein herrühren. Urteile ohne ausreichende Faktenfundierung gab es vor allem im Bereich der politischen Justiz der DDR immer wieder, ohne dass es zu kritischen Diskussionen kam. Impulse aus dem westlichen Ausland, die üblicherweise für Strafrechtsentwicklungen ins Feld geführt werden,[94] sind nicht erkennbar. Die Debatte wurde keineswegs nur mit reformerischen Argumenten geführt, sondern auch mit durchaus traditionellen. Das Argument, dass bei Fehlurteilen Straftaten ungesühnt und die eigentlich Schuldigen unbestraft blieben, entsprach dem leninistischen Verständnis von Rechtsstaatlichkeit,[95] wonach jede Straftat gesühnt werden müsse. Das Argument, dass Haftentschädigungen zu »finanziellen Belastungen für den Staatshaushalt«[96] führen würden, fügte sich nahtlos in den Diskurs über die Prozessökonomie in der frühen Honecker-Zeit ein. Letztlich stand das Ansehen der Justiz, die alte Auffassung von der »Einheit des Wirkens unserer Organe«[97], auf dem Spiel. Die von der SED postulierte Einheitlichkeit der Rechtsprechung war nicht mehr darstellbar, wenn eine größere Anzahl von Urteilen aufgehoben werden muss. Insofern sind diese Diskussionen bestenfalls als ein Kompromiss zwischen den Traditionalis-

91 Buchholz: Strafrecht, S. 592.

92 Luther: Strafprozessrecht, S. 386.

93 Luther: Ebenda; Buchholz: Strafrecht, S. 590, FN 110.

94 Raschka: Justizpolitik, S. 305.

95 Klaus Sorgenicht, Ausführungen auf der Tagung mit den Staatsanwälten der Bezirke am 1.8.1984; BStU, MfS, HA IX Nr. 19502, Bl. 61–63, hier 62.

96 Hans-Joachim Heusinger, Diskussionsbeitrag auf der Tagung der Staatsanwälte der Bezirke am 1.8.1984; ebenda, Bl. 69–75, hier 72.

97 Aus dem Referat auf der Tagung mit den Staatsanwälten der Bezirke, 1.8.1984; ebenda, Bl. 51–60, hier 52.

ten mit jenen zu verstehen, die den Restriktionen der 1970er-Jahre skeptisch gegenüberstanden und in den 1980er-Jahren eine Rechtsmodernisierung hin zu einem »sozialistischen Rechtsstaat« anstrebten.[98] Möglicherweise beeinflusste auch die sowjetische Perestroika mit ihrer Idee, das »Prestige der Gerichte an[zu] heben«[99], die DDR-Justizdiskurse. Diese Diskussionen waren auf jeden Fall ein Symptom für einen sich ankündigenden »Generationswechsel«.[100] In den oberen Justizorganen der DDR kündigte sich die Ablösung der vor 1930 geborenen Aufbaugeneration an.[101] Vor allem in den unteren Rängen der Justizorgane zeichneten sich personelle und professionelle Veränderungen ab. Klaus Sorgenicht skizzierte vorsichtig diesen Umbruch in der Rechtskultur, in dem er eine ständige Lernbereitschaft der Ermittler anmahnte: »Viele Genossen vielleicht unter Euch haben alle angefangen als Staatsanwälte ohne große Vorbedingungen und Vorbereitungen darauf und sicher auch viele Genossen Kriminalisten und andere Genossen an dieser Front des Kampfes. Aber inzwischen haben wir eine solide Ausbildung unserer Kader, wir haben eine solide Qualifizierung.«[102]

Die Anwälte waren Nutznießer dieses Generationswechsels, da ihr Ansehen stieg. Das frühere Misstrauen gegenüber einer Berufsgruppe trat hinter der Tatsache zurück, dass die meisten Anwälte in den 1980er-Jahren schon in der DDR »unter der Macht der Arbeiterklasse gebildet und erzogen wurden«.[103] Die Spitzen der Justiz mussten sich eingestehen, dass damit das Niveau der rechtlichen Auseinandersetzung gestiegen war. Der Verteidiger, so hieß es an die Adresse der Staatsanwälte, »sollte eine Herausforderung an die Fähigkeit des Staatsanwalts sein, das Ermittlungsergebnis zu vertreten«.[104] Als das Politbüromitglied Kurt Hager im Juni 1988 den Slogan vom »sozialistischen Rechtsstaat« ausgab,[105] war das nicht einfach eine Hohlformel.[106] Die Diskussionen über die Fehlurteile

98 Vollnhals wies zu Recht darauf hin, dass Vertreter dieser Richtung, wie Karl A. Mollnau, keineswegs das Primat des Machtstaates infrage stellten. Vollnhals: Die Macht, S. 268.

99 So der DDR-Strafprozessrechtler Horst Luther, vgl. MdJ/AG StPO, Protokoll, 11.12.1987; SAPMO, DY 64/41; Luchterhand, Otto: Die Justiz. In: Handbuch der Geschichte Rußlands. Bd. 5/2; 1945–1991. Hg. von Stefan Plaggenborg. Stuttgart 2003, S. 971–1024, hier 1013 ff.

100 Sarge: Im Dienste, S. 186.

101 Generalstaatsanwalt Joseph Streit und der Präsident des OG, Heinrich Toeplitz, schieden 1987 aus. Staatssekretär Herbert Kern verließ das MdJ 1987, der für die Rechtsanwälte zuständige Erich Wirth ging 1988. Dessen Nachfolger, Udo Rodig, war Jahrgang 1950.

102 Klaus Sorgenicht, Ausführungen auf der Tagung mit den Staatsanwälten der Bezirke am 1.8.1984, BStU, MfS, HA IX Nr. 19502, Bl. 61–63, hier 61.

103 Aus dem Referat auf der Tagung mit den Staatsanwälten der Bezirke, 1.8.1984; ebenda, Bl. 51–60, hier 58.

104 Ebenda, Bl. 58.

105 Raschka: Justizpolitik, S. 255 ff.

106 Raschka rezipiert die 1984er-Debatte nicht und sieht im Begriff der Rechtsstaatlichkeit keinerlei Veränderungen seit dem VIII. Parteitag. Raschka: Justizpolitik, S. 306. Vollnhals spricht von einer »scheinbaren Liberalisierung«. Vollnhals: Die Macht, S. 268.

zeigten, dass Rechtsstaatlichkeit nicht mehr nur im Sinne einer Durchsetzung von Recht und Ordnung, sondern als eine stärkere Geltung von prozessualen Regeln verstanden wurde. Dennoch gab es keine lineare Tendenz zur Verrechtlichung im Sinne einer Verrechtsstaatlichung[107] Angesichts der Tatsache, dass an den Spitzen der Ermittlungs- und Justizinstitutionen sowie der SED immer noch Personen saßen, die durch Krieg, Klassenkampfkonflikte, Nachkriegskonfrontation und Hochstalinismus geprägt waren, trugen Appelle zu mehr Rechtsstaatlichkeit und Eigenverantwortung einen fragilen Charakter. Die aus den 1950er-Jahren überlieferten Aushandlungspraktiken der Partei-, der Untersuchungs- und Justizorgane sollten zwar nicht mehr fahrlässig als »kumpelhaftes Verhalten« missverstanden werden. Zum »kameradschaftlichen« Zusammenwirken von Justiz- und Parteiorganen, dem Gegenentwurf zur bürgerlichen Gewaltenteilung, gab es in dieser Vorstellungswelt jedoch »keine Alternative«, es war »Parteiauftrag«.[108] Das MfS, das sich einer stärkeren Orientierung an Normen keineswegs generell verschloss, betrieb weiterhin geheimpolizeiliche Praktiken vor oder parallel zu den strafprozessual geregelten Ermittlungen.[109] Zwar gab es Bestrebungen, die Geltung der Strafprozessordnung und damit die Kontrolle durch die Staatsanwaltschaft sogar auf die Vorermittlungen zu erstrecken,[110] aber der geheimpolizeilich operative Bereich des MfS blieb in all diesen Diskussionen der Ära Honecker letztlich ein Tabuthema.

### *Diskussionen über den Skinheadprozess 1987*

Ohnehin scheuten sich die justizpolitisch Verantwortlichen nicht, die von ihnen postulierten Prinzipien über Bord zu werfen, sobald ihnen dies politisch opportun schien. Dies wird am (bereits dargestellten) Skinheadprozess, der 1987 parallel zur Strafprozessreformdebatte stattfand, deutlich. Justizfunktionäre, voran Günter Sarge vom Obersten Gericht und Günter Wendland von der Generalstaatsanwaltschaft, die die Reformdebatte maßgeblich vorangetrieben hatten, korrigierten mit der SED-Spitze das erste Skinhead-Urteil, legten das neue Prozessergebnis exakt fest und setzten durch Absprachen mit der unteren Ebene ihrer jeweiligen Institution die Korrekturen um.

Wendland zog aus dem Skinheadprozess die Schlussfolgerung, derartige Verfahren erforderten eine »klare Konzeption« auf Basis einer »Abstimmung [...]

107 Buchholz legt dies für die letzten Jahre der DDR nahe. Buchholz: Strafrecht, S. 592. Auch Markovitz sieht »rechtsstaatliche Tendenzen« in den 1980er-Jahren. Markovitz: Lüritz, S. 221.

108 Alle Zitatbegriffe aus dem Referat auf der Tagung mit den Staatsanwälten der Bezirke, 1.8.1984; BStU, MfS, HA IX Nr. 19502, Bl. 51–60, hier 59.

109 Luther: Strafprozessrecht, S. 387 f.

110 Ebenda, S. 386 f.

durch [...] die Organe«.[111] Diese Konzeptionen wären »mit den zuständigen leitenden Parteiorganen abzustimmen«.[112] Daraufhin sei »in eigener Verantwortung jedes Organs [...] die gemeinsame Linie den Nachgeordneten« zu vermitteln, wobei »nach einheitlichen Maßstäben«[113] zu verfahren sei. Verantwortlich seien die jeweiligen Leiter der zentralen Untersuchungsorgane, der GStA und der Präsident des OG. Diese Schlussfolgerungen waren geradezu der Gegenentwurf zu den Reden von 1984, die jedes Organ zu einer eigenständigen Bewertung der Fakten- und der Rechtslage ermunterten. Die Verteidiger hatten in einem prozessualen Umfeld, in dem das Ergebnis vor Verfahrensbeginn feststand, keine wirklichen Entfaltungsmöglichkeiten. Sie engagierten sich zwar, indem sie den individuellen Tatbeitrag bezweifelten und gegen die Erhöhung des Strafmaßes plädierten.[114] Wenn sie in den Folgeverfahren gegen vermeintliche Skinheads zu stark auf die sozialen Verhältnisse der angeklagten Jugendlichen hinwiesen,[115] wurden sie selbst zur Zielscheibe der Kritik.[116] Die Berichterstattung in der Parteipresse und in der Jungen Welt hatte vor aller Augen deutlich gemacht, dass auf die Justiz politischer Druck ausgeübt wurde. Gerade die Berliner Anwaltschaft sah dies kritisch. Anlässlich einer Festveranstaltung zum 35-jährigen Bestehen des Kollegiums kritisierte Professor Horst Luther die Strafverschärfung und forderte, wie in der Sowjetunion, die Autorität der Gerichte zu stärken. Der anwesende stellvertretende Justizminister Breitbarth ließ Luther noch während der Veranstaltung missbilligend wissen, dass »ihm in mancher Hinsicht nicht beizupflichten«[117] sei. Ein derart offenkundiges politisches Eingreifen in einen Prozess wie im Fall der Skinheads wegen der Zionskirch-Schlägerei wurde aber gegen Ende der Ära Honecker selbst bei parteinahen Juristen als ungewöhnlich empfunden. Der Unmut der Anwälte über diese Verfahren bestimmte monatelang die Diskussionen im Berliner Anwaltskollegium.[118]

Der Skinheadprozess macht deutlich, wie sehr die machtorientierten höheren Justizfunktionäre von den »Paradoxien«[119] des Rechtssystems durchdrungen waren. Geradezu bewusstseinsgespalten propagierten sie in einem Moment

111 GStA der DDR, Vermerk zum Verlauf des Verfahrens gegen Busse und andere, 11.12.1987, S. 2; BArch, DP3, 393.

112 Ebenda, S. 3.

113 Ebenda, S. 2 f.

114 Information über den Prozessverlauf vor dem Stadtgericht Berlin am 22.1.21987; SAPMO, DY 30/IV 2/2.039 219.

115 Schumann: Familie de Maizière, S. 277 f.

116 Die publizistische Kritik an einem Plädoyer von Lothar de Maizière: Moral wird nie im Glashaus wachsen. In: Junge Welt vom 8.7.1989, S. 6.

117 MdJ/StM Hans Breitbarth, Vermerk v. 1.6.1988, S. 4; BArch, DP1, 21743.

118 RAK Berlin, Protokoll der Vorstandssitzung vom 18.5.1988, S. 1; BArch, DP1, 21743.

119 Hubertus Rottleuthner in: Materialien der Enquete-Kommission »Aufarbeitung von Geschichte und Folgen der SED-Diktatur in Deutschland«. Bd. 4/3. Baden-Baden 1995, S. 135 f.

»Gesetzlichkeit« und »Unabhängigkeit der Rechtsprechung«, um im nächsten Moment mit »Parteilichkeit« bei »kameradschaftlicher« Abstimmung die »Einheitlichkeit der Rechtsprechung« auf dem Weisungswege durchzusetzen. In der zweiten Hälfte der 1980er-Jahre scheinen aber Vorstellungen vom sozialistischen Rechtsstaat bei einigen DDR-Juristen schon so weit gegriffen zu haben, dass sie, obwohl im Grundsatz Anhänger des Systems, solch direkte Eingriffe in die Rechtsprechung als befremdlich empfanden. Es kündigte sich hier ein Generationswechsel an, der freilich durch die Altvorderen gebremst wurde.

## 9.2 Zur Praxis der Beschuldigtenvertretung im Ermittlungsverfahren

### 9.2.1 Die Freiheit der Anwaltswahl

Laut Kollegiumsgesetz von 1980 herrschte in der DDR freie Anwaltswahl.[120] Es wurde auch in der Begründung für die SED-Spitze ausdrücklich betont, »dass die Bürger aus den Mitgliedern einen Rechtsanwalt frei auswählen können«.[121] Die Strafprozessordnung von 1968,[122] die auch für politische Prozesse galt, fixierte das Recht des Beschuldigten beziehungsweise Angeklagten, »sich in jeder Lage des Verfahrens eines Verteidigers zu bedienen«.[123] Nach Paragraf 62, Abs. 1 StPO konnte jeder in der DDR zugelassene Anwalt als Verteidiger gewählt werden.[124] Im Prinzip durfte jeder Anwalt Mandanten in fast allen Rechtsfragen[125] und vor allen Gerichten der DDR vertreten.[126] Das Lokalisationsprinzip, die Beschränkung auf einen Gerichtsbereich, gab es in der DDR nicht. Selbst in den abgeschirmten Militärverfahren war es nach MfS-Auffassung grundsätzlich den Angeklagten »überlassen, welchen Anwalt sie wählen«.[127] Diese Regel wurde im Prinzip eingehalten, denn Rechtsanwälte wie Reinhard Preuß und an-

120 KollG 1980, § 1 Abs. 3.

121 Zu den Veränderungen der gesetzlichen Regelung über die Rechtsanwaltschaft, 15.7.1980. Zit. nach: Mollnau, Karl: Normdurchsetzung in osteuropäischen Nachkriegsgesellschaften (1944–1989). Frankfurt/M. Bd. 5; Deutsche Demokratische Republik (1958–1989)/ Mollnau, Karl. Tb. 5/2; Dokumente, 2004, Dokument 72, S. 536–538, hier 537.

122 Diese griff die §§ 74 und 75 der StPO von 1952 auf. Die Kommentare von 1968 und 1979 sprechen an dieser Stelle nicht von freier Anwaltswahl, paraphrasieren allenfalls den Gesetzestext.

123 StPO 1968, § 61 Abs. 1.

124 StPO 1968.

125 Es gab zunächst Einschränkungen im Bereich der Arbeitsgerichtsbarkeit, die sukzessive zurückgenommen wurden. Reich: Entwicklung der Rechtsanwaltschaft, S. 339 ff.; Otterbeck: Freier Beruf, S. 443; Brand: Rechtsanwalt, S. 39.

126 Fricke: Praxis der Anwaltstätigkeit, S. 484.

127 HA IX/5, Schreiben an RS, 17.8.1984; BStU, MfS, RS Nr. 989, Bl. 18 f., hier 18.

dere, die keinen besonders guten Leumund beim MfS hatten, waren noch Anfang der 1970er-Jahre in Verfahren vor Militärobergerichten tätig.[128] Selbst in brisanten Verfahren gegen MfS-Mitarbeiter, die ebenfalls vor Militärgerichten abgehandelt wurden, gelang es dem MfS nicht in jedem Fall, einen bestimmten Verteidiger durchzusetzen.[129] Die Mandatsbetreuung war »nicht zur Freude des MfS«, wie sich ein Anwalt erinnert.[130] MfS-intern erklärte die HA XX/1 einer anderen Diensteinheit noch 1989, in der DDR gelte der »prinzipielle Grundsatz der freien Anwaltswahl«.[131] Mehrere ehemals Inhaftierte bestätigten, »man hatte auch einen Verteidiger seiner Wahl«.[132] Oder sie berichteten, dass sich bei ihnen Anwälte meldeten, die vom Vater oder anderen Verwandten mit der Verteidigung beauftragt waren.[133]

### *Informelle Praktiken*

Immer wieder wird beschrieben, die Ermittler des MfS hätten durch Vorlage von Listen mit ausgewählten Anwälten die Anwaltswahl eingeschränkt.[134] Es wird behauptet, die Mandate wären geradezu »gesteuert«[135] gewesen. Solche Listen gab es für Spezialfälle, für Anwälte für diplomatische Vertretungen oder für Pflichtmandate vor Militärgerichten. Es ist nicht auszuschließen, dass derartige Listen auch Inhaftierten gezeigt wurden. Diese informellen Praktiken sind im Einzelfall belegt: »Da wurde mir eine Liste vorgelegt, 15 oder 18 oder 12, weiß ich nicht, Pflichtverteidiger.«[136] Offenbar wurde in diesem Fall nicht die komplette Anwaltsliste, sondern nur eine Auswahl vorgelegt. Allerdings konnten in den gesichteten MfS-Akten, abgesehen von den erwähnten Speziallisten, keine Sonderlisten nachgewiesen werden. Überwiegend wurde offenbar mit den offiziellen Anwaltsverzeichnissen der DDR hantiert. Zumindest in der Juristischen

128 HA IX/5, Schreiben an HA IX/AG R, 20.12.1972; BStU, MfS, HA IX Nr. 1634, Bl. 173.

129 Im Fall Trebeljahr war vom MfS zunächst Rechtsanwalt Cheim vorgesehen. Trebeljahr wählte aber Anwalt Harry Mettin. Irmen: DDR-Militärjustiz, S. 277 f.; Bästlein: Fall Mielke, S. 228 ff.

130 Harry Mettin in: Johannes B. Kerner. Todesstrafe in der DDR. ZDF vom 19.3.2003.

131 HA XX/1, erteilt ZKG Rechtshinweis laut Musterstatut »Der rechtssuchende Bürger kann sich deshalb eines Anwaltes seiner Wahl bedienen«, 1989; BStU, MfS, HA XX Nr. 7347, Bl. 3

132 Furian, Gilbert: Mehl aus Mielkes Mühlen. Politische Häftlinge und ihre Verfolger. Berlin 2007, S. 171.

133 Hellström, Peter: »... waren sie doch erbärmliche Kreaturen«. In: Das gestohlene Leben. Dokumentarerzählungen über politische Haft und Verfolgung in der DDR. Bamberg 2008, S. 333.

134 Busse, S. 470; Fricke: Praxis der Anwaltstätigkeit, S. 481 u. 484.

135 Lange: Einbindung, S. 637.

136 Interview Hohenschönhausen: J. R.

Hochschule des MfS galt 1989, dass bei der Erstvernehmung ein derartiges Verzeichnis vorzulegen sei: »Hinweise auf bestimmte Rechtsanwälte [...] stellen eine unzulässige Einflussnahme auf den Beschuldigten dar.«[137] Aus Gründen der Prozessrationalität sollte ab 1973 in Berlin aber nur der Auszug aus der »Hauptstadt«, also eine Regionalliste, vorgelegt werden.[138] Zu den informellen Praktiken gehörte, dass die Inhaftierten bei der Verteidigerwahl beeinflusst wurden. In den 1970er-Jahren sollten unentschlossenen Inhaftierten aus dem Westen Anwälte empfohlen werden, »deren Zuverlässigkeit bekannt ist, beziehungsweise wo eine operative Kontrolle möglich ist«.[139]

Erst in den 1980er-Jahren haben sich einige Oppositionelle und Ausreiseantragsteller gezielt auf eine mögliche Festnahme und die Auswahl eines Anwaltes vorbereitet.[140] Viele Inhaftierte waren unsicher und kannten keine Anwälte. In der DDR wurden nur relativ selten Anwälte beauftragt. Nur jeder Zehnte wurde im Strafprozess anwaltlich vertreten.[141] Selbst Anwaltsverzeichnisse waren nur in sehr begrenzter Auflage und überwiegend für die Justiz- und Ermittlungsorgane verfügbar. In den Berliner Telefonbüchern waren unter dem Suchwort »Kollegium der Rechtsanwälte« die Anwälte der Zweigstellen nicht namentlich verzeichnet, nur der Vorstand und die Zweigstellen. Die namentlichen Einzeleinträge waren unvollständig.[142] Waren die Inhaftierten unsicher, welchen Anwalt sie wählen sollten, konnte der Vernehmer das ausnutzen: Dann »hat er auf die Liste getippt und hat gesagt, hier, dieser Rechtsanwalt da, da schreiben

137 Tirk, Klaus: Sich aus der weiteren Entfaltung und Vervollkommnung der sozialistischen Demokratie [...] ergebende Erfordernisse, Aufgaben und Möglichkeiten der weiteren Qualifizierung der Untersuchungstätigkeit des MfS, April 1989 [Abschlussarbeit im Hochschuldirekt-Lehrgang]; BStU, MfS, JHS Nr. 22031, Bl. 116.

138 Entwurf einer Vereinbarung zwischen der Generalstaatsanwaltschaft von Groß-Berlin, dem Direktor des Stadtgerichts und dem Vorstand des RAK von Groß Berlin, 7.6.1973; SAPMO, DY 64/68.

139 Von 3 462 Ermittlungsverfahren der Linie IX im Jahr 1984 richteten sich 135 gegen Ausländer, bei denen in 98 Fällen Konsularbesuche in der Haft stattfanden. HA IX/AKG, Einschätzung der Wirksamkeit der Untersuchungsarbeit im Jahre 1984; BStU, MfS, HA IX Nr. 3711, Bl. 120 u. 127. Zwischen 1974 und August 1982 wurden, Haftanstalten eingeschlossen, in der DDR 1 939 Konsularbesuche (konsularische Betreuungsbesuche) vorgenommen, davon 81 % durch die StÄV. Schlussrapport, 1.10.1982; BStU, MfS, HA IX Nr. 14056, Bl. 312.

140 Interview Hohenschönhausen: U. P.; Tirk, Klaus: Sich aus der weiteren Entfaltung und Vervollkommnung der sozialistischen Demokratie [...] ergebende Erfordernisse, Aufgaben und Möglichkeiten der weiteren Qualifizierung der Untersuchungstätigkeit des MfS, April 1989; BStU, MfS, JHS Nr. 22031, Bl. 111 f.; Passens: MfS-Untersuchungshaft, S. 201; Huemer, Ulrich: Justiziar der Opposition. Gespräch mit Ferdinand Ochsmann. In: HuG 18 (2009) 3, S. 15–19.

141 Gerlach: Die Rechtsanwaltschaft, S. 147. Laut Otterbeck war es ein Fünftel. Otterbeck: Anwaltkollektiv der DDR, S. 127. Diese Quote betrifft alle Strafprozesse, die Vertretungsquote der in der Berliner Stichprobe untersuchten MfS-Verfahren lag deutlich höher.

142 Fernsprechbuch für die Hauptstadt der Deutschen Demokratischen Republik, Berlin, Ausgabe 1989, S. 282.

Sie mal hin«.[143] In der Untersuchungshaftanstalt Hohenschönhausen wurden Inhaftierten gelegentlich Personen suggeriert: »Und da sagte man mir: Einen können Sie nehmen, der tut was für Sie. Ich sage: Wer? – Dr. Gregor Gysi.«[144] Wenn Beschuldigte den Anwalt Wolfgang Vogel vorschlugen, der als potenzieller Garant für eine Ausreise bekannt war, reagierten die Vernehmer unterschiedlich. Es gab Vernehmungssituationen, wo Vogel vom Vernehmer geradezu empfohlen wurde.[145] Anderen Häftlingen versuchte man ihn auszureden: »Ja Vogel: denkst du, der ist nur für dich da, der hat auch anderes [zu tun.] Und außerdem aus der Haft heraus darfst du [das] ja gar nicht.«[146] Es ist nicht ersichtlich, ob die MfS-Vernehmer bei solchen Empfehlungen eine Vorentscheidung für oder gegen eine Ausreise bewusst einkalkulierten. Eine Ausreiseentscheidung fällten andere MfS-Bereiche.[147]

Insbesondere aus dem Bereich der I-A-Verfahren an höheren Militärgerichten ist bekannt, dass Inhaftierte dazu gebracht wurden, den ihrerseits gewählten Anwalt aufzugeben.[148] Stattdessen konnte ein der staatlichen Seite genehmer Pflichtanwalt bestellt werden. Für die Pflichtmandate existierten Listen mit Vertrauensanwälten.[149] Das führte dazu, dass bei Verfahren vor dem Militärkollegium des Obersten Gerichtes Gerhard Cheim 20 Jahre lang als Anwalt auftrat.[150] Cheim, dem MfS jahrzehntelang als IMS »Ludwig« verbunden, war sich offenbar bewusst, wie er an die Mandate gelangte. Er schilderte laut Akte seinem Führungsoffizier, dass der Mandant den Anwalt seiner Wahl, der als »politisch indifferent« galt, aufgab. »Ludwig« hielt »eine Beeinflussung durch Vernehmer durchaus für möglich.«[151] Die meisten Wahlverteidiger am Obersten Militärgericht der 1970er-und 1980er-Jahre hatten besondere Beziehungen zum MfS oder gehörten der Kanzlei Vogel an.[152] Die Berliner Stichprobe der Jahre 1972, 1984 und 1988 zeigt, dass das Spektrum der Anwälte in den unteren Instanzen, an Militärobergerichten und Militärgerichten größer war. Eine gewisse Konzentra-

143 Interview Hohenschönhausen: H. R.

144 Interview Hohenschönhausen: J. R.

145 Interview Hohenschönhausen: H. R.

146 Interview Hohenschönhausen: M. B-F.

147 Wiedmann: Diensteinheiten, S. 302, 464 f. u. 481 f.; Wölbern: Häftlingsfreikauf, S. 141 f.

148 Wagner: Militärjustiz, S. 461.

149 Irmen: DDR-Militärjustiz, S. 157.

150 Wagner: Militärjustiz, S. 461.

151 BV Bln/XX/1, Informationen und Hinweise von »Ludwig«, 7.4.1976; BStU, MfS, AIM 1129/89, T. II, Bd. 2, Bl. 104.

152 Abgleich der Angaben von Wagner mit den MfS-Unterlagen. Wagner: Militärjustiz, S. 436 ff.

tion auf Anwälte mit Sonderbeziehungen zum MfS ist zwar festzustellen, allerdings ist die Fallzahl so gering, dass diese Tendenz zufällig sein kann.[153]

Auch Anwälte konnten zur Niederlegung eines Mandates gedrängt werden. Wenn beispielsweise Fluchthelferorganisationen, im MfS-Sprachgebrauch »Menschenhändlerbanden«, Anwaltsvollmachten für gefangene Fluchthelfer organisierten, konnte den Anwälte unter Androhung eines Disziplinarverfahrens die Rückgabe des Mandates nahegelegt werden. Das MfS unterstellte, dass solche Mandate aus Fluchtgeldern bezahlt und zur Beeinflussung der Inhaftierten genutzt würden.[154] In seltenen Fällen versuchte das MfS,[155] Anwälte von Verfahren fernzuhalten. Der Berliner Anwalt Gerhard Cheim erhielt als IMS »Ludwig« laut Akte den »Auftrag [...,] zu verhindern«,[156] dass bestimmte Anwälte im Norden der DDR durch Untervollmacht einen Fall von ihm übernähmen, da sie dem MfS als unzuverlässig galten. Der Anwalt sollte »im Notfall«[157] die Verteidigung selbst übernehmen. Das MfS empfahl, doch einen ehemaligen Staatsanwalt als Unteranwalt zu bevollmächtigen.

Eine gewisse Steuerungsmöglichkeit eröffnete sich in Verfahren, die in einer Ausreise münden konnten und daher an Wolfgang Vogel gingen und von dem an Unteranwälte vergeben wurden. In der Berliner Stichprobe von 1988 waren alle relevanten Anwälte außerhalb des Berliner Anwaltskollegiums mit vier oder mehr Fällen als Unteranwälte Vogels tätig.[158] Diese DDR-weit 27 Unteranwälte waren vom MfS überprüft und teilweise als IM registriert.[159] Wegen dieser Tatsache wird in dieser Arbeit von einem regelrechten System Vogel ausgegangen, welches bestimmte, MfS-ermittelte Verfahren zunehmend dominierte.

153 Im Jahr 1972 waren 16 Berliner Anwälte in 47 Fällen bei oberen Militärgerichten tätig, 1984 waren es 6 Anwälte in 7 Fällen und 8 Anwälte in 9 Militärgerichtsfällen, 1988 waren es 2 Anwälte bei 3 Militärobergerichtsfällen und 7 bei Militärgerichtsfällen. Berliner Stichprobe 72-84-88.

154 Vermerk zu Prozessvollmachten, o. D. (vermutl. Mitte 1980er-Jahre); BStU, MfS, HA IX Nr. 16365, Bl. 23–25.

155 Zum Beispiel im Fall Wolfgang Harich in den 1950er-Jahren Booß: Schattenmann, S. 62 f.

156 BV Bln/XX/1, TB mit IMS »Ludwig«, o. D. (vermutl. Februar 1974); BStU, MfS, AIM 1129/89, T. II, Bd.1, Bl. 238.

157 Ebenda, Bl. 238.

158 Mit Ausnahme von Wolfgang Schnur. Berliner Stichprobe 1988 im Abgleich mit HA IX/AKG/AuK. Übersicht über die in Untervollmacht Büro Vogel tätigen Rechtsanwälte, 19.9.1988; BStU, MfS, HA IX Nr. 2968, Bl. 1.

159 Wölbern: Häftlingsfreikauf, S. 129. Die Behauptung, dass das MfS Vogel vorschrieb, wen er zu beauftragen habe, beruht auf einer nicht belegten Aussage eines ehemaligen DDR-Anwaltes. Lange: Einbindung, S. 637 f., Eisenfeld: Freikauf, S. 17.

### *Pflichtmandate*

Bei Pflichtmandaten konnte die staatliche Seite »unbemerkt« genehme Anwälte auswählen. Nach Paragraf 63 Abs. 1 StPO[160] galt ab 1968 für Verfahren in erster und zweiter Instanz vor dem OG und in erster Instanz vor dem Bezirksgericht eine Anwaltspflicht. Anwaltspflicht galt nach Abs. 2 vor dem Kreisgericht und dem Bezirksgericht in zweiter Instanz auch, wenn beispielsweise physische oder psychische Mängel zu verzeichnen waren oder bei Sprachproblemen. Durfte der Angeklagte nicht auf einen Anwalt verzichten, musste ein Pflichtverteidiger bestellt werden.[161] Insbesondere für Verhandlungen vor Militär- und Militärobergerichten hatte das MfS durch Listung gewünschter Anwälte vorgesorgt.[162]

Es gab weitere legale Möglichkeiten, die Anwaltswahl zu beeinflussen. Wenn sich Ratsuchende an den Leiter einer Zweigstelle wandten, hatte dieser die Möglichkeit, das Mandat einem Kollegen zuzuteilen.[163] Eine stärkere Kollektivierung im Sinne einer gegenseitigen Vertretung hielten die Anwälte jedoch für »eine falsche Orientierung«.[164] Letztlich blieb es beim Einzelmandat.[165] Auf einen Informanten, der aus dem MdJ kam, wirkte das Kollegium laut MfS-Protokollierung wie ein »Kollektiv von Einzelgängern, die nach persönlichem Erfolg streben«.[166] Einzelne Beispiele zur Beeinflussung von Pflichtmandaten sind bekannt. In dem Prozess gegen eine Anwaltssekretärin, die geflüchtet war und dann in die DDR zurückkehrte, wurde die Beschuldigte in der U-Haft gedrängt, keinen Wahlverteidiger zu nehmen. Die HA IX führte Vorgespräche mit einem IM-Anwalt, der als Pflichtverteidiger tätig werden sollte.[167] Der Anwalt bescheinigte der langjährigen Vorsitzenden des I-A-Senates am Stadtbericht Berlin, Gerda Klabuhn, dass sie »vor dem Einsatz eines Rechtsanwalts in einem ihrer Verfahren prüft, […] ob sie fachlich und politisch für solche Verfahren geeignet sind«.[168] Der Leiter des Grundsatzbereiches empfahl den Ableitungsleitern der HA IX, »bei der Auswahl eines Strafverteidigers beziehungsweise bei der Bestellung eines Pflichtverteidigers« die Anwälte der Zweigstelle Friedrichs-

160 StPO 1968.

161 StPO 1968, § 63 Abs. 1 Abs. 5; Bruhn: Rechtsanwaltschaft, S. 116 ff.

162 Ob diese Liste, wie Eisenfeld behauptet, auch für I-A-Verfahren und an zivilen Gerichten galt ist zweifelhaft. Eisenfeld: Rolle und Stellung, S. 368.

163 Busse: Deutsche Anwälte, S. 439.

164 Stellungnahme der Leitungsorgane der Rechtsanwaltskollegien zur Verwirklichung der Beschlüsse des IX. Parteitages der SED, 28.10.1976, S. 7; BArch, DP1, 23158.

165 Busse: Deutsche Anwälte, S. 413.

166 HA XX/1, TB mit IM-Vorlauf »Franz«, 3.3.1983; BStU, MfS, AIM 1111/91, Beifügung 2, Bl. 16–19, hier 17

167 Bericht IMS »Ludwig«, 26.5.1976; BStU, MfS, AIM 1129 /89, T. II, Bd. 2, Bl. 111.

168 Ebenda, Bl. 161.

hain II in Anspruch zu nehmen.[169] Das war die Zweigstelle unter der Leitung von Friedrich Wolff, die besondere Beziehungen zum MfS pflegte. Die Zahl der Pflichtmandate war nach der Berliner Stichprobe insgesamt eher gering.[170]

### *Beispiel eines Konfliktfalles*

Inhaftierte, die darauf insistierten, konnten den Anwalt ihrer Wahl durchsetzen: »Ich habe mich dann für das Büro Vogel entschieden [...] und nicht für Gysi.«[171] Gerade in Berlin mussten die Ermittler bei Anwaltsmanipulationen vorsichtig sein. Ein Anwalt hatte sich 1978 beschwert. Seinem Mandanten sei mitgeteilt worden, »dieser Anwalt sei für dieses Verfahren nicht zuständig und könne nicht gewählt werden«.[172] Stattdessen sei ihm eine Liste mit acht Anwälten vorgelegt worden. Erst als er die »strikt ablehnte«, wurde ihm Schreiberlaubnis gewährt. Das Kollegium Berlin beschwerte sich beim Generalstaatsanwalt. Es könne nicht sein, dass eine anwaltliche Vertretung erst über die Ständige Vertretung und einen Westberliner Anwalt hergestellt werde. Der Eindruck, »das Recht auf Verteidigung derartiger Bürger sei nicht gewährleistet«, müsse vermieden werden.[173] Auf Veranlassung des Generalstaatsanwalts Joseph Streit wurde vereinbart, dass es für die Wahlverteidigung »keine Beschränkungen«[174] gäbe und die Beschuldigten aus der Gesamtliste auswählen dürften. Im Anschluss an die Debatte über die Fehlurteile von 1984 wurde zwischen den Justiz- und Sicherheitsorganen noch einmal verabredet, dass den Beschuldigten zu Beginn der ersten Vernehmung »unverzüglich«[175] ein Rechtsanwaltsverzeichnis vorzulegen sei. Es konnte in Berlin sogar passieren, dass ein Haftrichter nach einer Beschwerde des Häftlings die Untersuchungsführer zurechtwies, wenn der Vorwurf im Raum stand, dass sie die Anwaltswahl manipuliert hätten.[176]

169 HA IX/8/AG R, Schreiben an die Leiter der Abteilungen der HA IX, 8.1.1980; BStU, MfS, HA IX Nr. 1634, Bl. 50.

170 Berliner Stichprobe 72-84-88.

171 Interview Hohenschönhausen: K. T. Eine Ausnahme war Jürgen Fuchs, der den Havemann-Anwalt Götz Berger wählen wollte. Dieser wurde ihm mit Verweis auf das Alter Bergers verweigert, vermutlich, um gegenüber Fuchs zu kaschieren, dass der seine Anwaltszulassung verloren hatte. Fuchs: Gedächtnisprotokolle, S. 116.

172 RAK Berlin, Vermerk v. 24.4.1978, S. 1; BArch, DP1, 3890.

173 RAK Berlin, Schreiben an den GStA der DDR, 24.4.1978, S. 2; BArch, DP1, 3890.

174 MdJ, Vermerk v. 19.6.1978; BArch, DP1, 3890.

175 Standpunkt zu ausgewählten Problemen des Rechts auf Verteidigung und der weiteren Erhöhung der Sicherheit im Strafverfahren, 24.3.1986; BStU, MfS, HA IX Nr. 3714, Bl. 7–14, hier 8.

176 Interview Hohenschönhausen: H-J. G.

Es ist kaum zu bestreiten, dass es Versuche seitens des MfS und der übrigen Justizorgane gab, brisante oder sicherheitsrelevante Fälle von bestimmten Anwälten oder Anwaltsgruppen betreuen zu lassen. Aber mit Rücksicht auf die internationale Reputation konnte und wurde die freie Anwaltswahl im Grundsatz nicht angetastet. Die Stichprobe von 1984 zeigte, dass 60 Prozent der Berliner Anwälte als Verteidiger tätig waren. Die meisten vertraten nur ein bis zwei Fälle. Neben den 15,3 Prozent Fällen ohne Anwalt lag die größte Ballung mit 45,3 Prozent bei der Kanzlei Vogel und ihren drei Berliner Anwälten.[177] Etwas überzogen wird behauptet, dass außer Vogel nur zwei weitere Berliner Anwälte Strafprozesse betreuten.[178] In der Stichprobe 1988 waren mit 5 bis 15 Fällen Wolfgang Schnur und die Berliner Anwälte Lothar de Maizière und Gregor Gysi beauftragt.[179] Die untergesetzlichen Vorschriften, wonach Ausreiseantragsteller nicht anwaltlich vertreten werden durften, zeigten offenbar Wirkung. Viele Anwälte mieden dieses Feld, wie einige versuchten, sich dem heiklen Gebiet der Strafverfahren überhaupt zu entziehen.[180] Aufwendige Strafverfahren waren durch die Gebührenregelungen zudem schlecht bedacht. Verteidiger konnten zwar über das Bezirksgericht beim MdJ einen Antrag auf Gebührenerhöhung stellen, waren aber auf Entgegenkommen angewiesen. Das stellte einen zusätzlichen Filter dar. »Sein Plädoyer war politisch gut fundiert«,[181] begründete ein Bezirksgericht einen solchen Antrag auf Gebührenerhöhung. Weil viele Anwälte sich entzogen, monierte das MdJ, »es gäbe zu viele Mitglieder, die Strafsachen ablehnen«.[182] Immer wieder wurden auf Mitgliederversammlungen des Kollegiums Mitglieder sogar namentlich genannt und aufgefordert, dass sie »mehr als bisher Verteidigungen übernehmen sollten«.[183]

Nicht zu unterschätzen ist bei der Anwaltswahl, dass oft der Ruf einzelner Anwälte zu einer gewissen Häufung bei Mandaten in MfS-ermittelten Strafverfahren führte. Insbesondere der Kanzlei Vogel haftete der Nimbus der Ausreisekanzlei an. Wolfgang Vogel war nicht zuletzt durch das Westfernsehen in der gesamten DDR bekannt. Anwälte wie Lothar de Maizière[184] oder Wolfgang Schnur galten wegen ihrer Nähe zur evangelischen Kirche als vertrauenswürdig,[185] manch Oppositioneller war sogar mit ihnen befreundet.[186] Friedrich Wolff hatte einen Namen aufgrund seiner Fernsehsendung »Alles, was Recht

177 Berliner Stichprobe 1984 auf Basis von 477 Fällen.

178 Maizière: Anwalt der Einheit, S. 39. Wolfgang Schnur kam erst 1988 von Rostock nach Berlin.

179 Berliner Stichprobe 1988 auf Basis von 166 Fällen.

180 Kögler: Lenkung der Justiz, S. 187.

181 BG Karl-Marx-Stadt, Schreiben an MdJ, 8.3.1973; BArch, DP1, 2966.

182 RdV, Protokoll der Tagung vom 27.9.1985, S. 9; BArch, DP1, 4474.

183 RAK Berlin, Protokoll der MV, 12.9.1973; BArch, DP1, 2972.

184 Maizière: Anwalt der Einheit, S. 38 ff.

185 Klier: Störenfried, S. 97.

186 Kowalczuk: Endspiel, S. 271 f.

ist«[187] und seiner Verteidigung in NS-Verfahren.[188] Gregor Gysi wurde seit seinen ersten Mandaten 1976 in Berliner Oppositionskreisen empfohlen. Ein im OV »Zirkel« bearbeitetes, profiliertes Mitglied aus Oppositionskreisen »äußerte sich lobend über Rechtsanwalt Gysi, da er sich sehr für ihre Probleme interessiere und durch die Verteidigung von [... anderen Gruppenmitgliedern] Erfahrungen auf diesem Gebiet habe«.[189] Gysi war zunehmend als Strafverteidiger profiliert oder wurde privat weitervermittelt.[190] Es kursierten Zettel mit seinen Erreichbarkeiten.[191] So ließ sich manch einer aufgrund ihres Rufes oder weil sie schlicht keinen anderen kannten, von Anwälten vertreten, deren wirkliche oder vermeintliche MfS-Nähe nach 1990 zu Diskussionen führte. Die Bürger konnten nur unter einer verhältnismäßig kleinen und ausgewählten Gruppe von Anwälten wählen. Vor allem in der Provinz hatten die Bewohner nur einen oder wenige Anwälte im Kreis zur Auswahl. Im Jahr 1985 wurde eine Zahl von 575 Rechtsanwälten vom Justizministerium immer noch als »ausreichend« bezeichnet.[192] Bis 1995 sollte die Zahl der Anwälte auf 650 erhöht werden, auf mindestens zwei Anwälte pro Kreis.[193] Die geringe Zahl der Anwälte und die Abneigung vieler Anwälte, sich in Strafverfahren zu exponieren, führten zu einem strukturellen Anwaltsmangel. Diesem wurde auf administrative Weise entgegengesteuert. Die Berufspflichten schrieben schließlich fest: »Der Anwalt ist grundsätzlich zur Aufnahme eines Auftrags verpflichtet.«[194]

### 9.2.2 Der Anwaltskontakt in der U-Haft

Die Strafprozessordnung sicherte zu, dass sich ein Beschuldigter »in jeder Lage des Verfahrens«[195] eines Verteidigers bedienen könne. Zumeist wird die Auffassung vertreten, dass der Verteidiger im krassen Gegensatz zur Rechtslage meist bis zum Abschluss der Ermittlungen[196] oder bis zur Anklageerhebung warten

187 Wolff: Ein Leben, S. 164 u. 167.

188 Przybylski, Peter; Busse, Horst: Mörder von Oradour. Berlin 1984, S. 119 f.

189 HA XX/2, TB mit IM »Monika«, 23.3.1983; BStU, MfS, AOV 1010/91, Bd. 13, Bl. 60 f.

190 Vgl. für den Fall Bahro: Gysi: Das war's, S. 41; im Fall Lutz Rathenow und Frank-Wolf Matthies: HA XX/OG, Bericht, 21.11.1980; BStU, MfS, AU 45456/86, Bd. 1, Bl. 43–45 und im Fall Havemann: Havemann; Widmann: Robert Havemann, S. 270.

191 Kowalczuk: Endspiel, S. 272.

192 MdJ, Vermerk über die Tagung des RdV am 27.9.1985, 4.10.1985; BArch, DP 1, 4474.

193 MdJ, Standpunkte zu den von Rechtsanwalt Dr. Wolff aufgeworfenen Fragen zur Tätigkeit der Rechtsanwälte, 23.10.1985, S. 6; BArch, DP1, 4474.

194 Berufspflichten des Anwalts in der DDR. In: NJ 43 (1989) 12, S. 495.

195 StPO 1968, § 61 Abs. 1.

196 Fricke: Praxis der Anwaltstätigkeit, S. 485; Brand: Rechtsanwalt, S. 116; Otterbeck: Anwaltkollektiv der DDR, S. 128.

musste, bevor er seinen Mandanten sprechen konnte.[197] Diese Auffassung muss differenziert werden. Schulungsmitschriften von MfS-Lehrgängen zeigen, dass im MfS unter dem Recht auf Verteidigung vor allem das Recht des Beschuldigten verstanden wurde, sich selbst zu verteidigen.[198] Man stützte sich ferner auf eine Weisung des Generalstaatsanwaltes von 1969, der »staatsfeindliche Organisationsverbrechen«[199] zum Anlass nahm, einschränkende Bedingungen für Strafverteidiger zu formulieren. Mit diesem Schreiben wurden die vergleichsweise verteidigungsfreundlichen Regelungen der StPO von 1968 für die Staatssicherheitsermittlungen ausgehebelt.[200] Das MfS griff diese Einschränkung gern auf. In den MfS-Ermittlungsverfahren bestand das Ziel traditionell darin, möglichst durch das Überraschungsmoment bei der Erstvernehmung, dem sogenannten »Erstangriff«, zu einem Geständnis zu gelangen.[201] Noch in den 1980er-Jahren wurden 95 Prozent der Geständnisse und Teilgeständnisse bei Erstvernehmungen erzielt.[202] Deswegen wurde noch in den 1980er-Jahren der Anwalt zumindest aus der frühen Phase der Ermittlungen ferngehalten. Die Lehrmaterialien des MfS der 1980er-Jahre sahen zwar vor, dass die Belehrung über das Recht auf einen Verteidiger in der Erstvernehmung stattzufinden habe und zu protokollieren sei.[203] Trotzdem sollte nach wie vor auf Zeit gespielt werden. Im Zuge der Belehrung sollte dem Inhaftierten mitgeteilt werden, dass die Strafprozessordnung der DDR »die Teilnahme des Verteidigers an der Beschuldigtenvernehmung nicht vorsieht«.[204] Die Regelung der StPO, die dem Anwalt die »Teilnahme an von ihm beantragten Beweiserhebungen«[205] im Ermittlungsverfahren gestattete, interpretierte man beim MfS so, dass der Anwalt von Vernehmungen, die das Untersuchungsorgan selbst initiierte, ausgeschlossen war. Im Anschluss an die Belehrung konnte so nach Rechtsauffassung des MfS so-

197 Busse: Deutsche Anwälte, S. 470.

198 Gabriele Tietz: Schulungsmitschrift Straf- u. Strafprozessrecht, 1979; BStU, MfS, HA VI Nr. 17514, Bl. 85.

199 GStA der DDR, Schreiben an die Staatsanwälte der Bezirke, 8.5.1969; BStU, MfS, HA IX Nr. 2948, Bl. 62 f.; Axel Henschke: Entwicklungstendenzen der Rechte des Verteidigers im Strafverfahren der DDR. Diplomarbeit, 30.3.1989; BStU, MfS, JHS Nr. 343/89, Bl. 11 f.

200 Strafprozessrecht Lehrkommentar 1968, S. 105.

201 Die Richtlinie 4/59 für die Arbeit der Untersuchungsabteilungen des MfS von 1959 erwähnt keine Verteidigungsrechte. Vgl. BStU, MfS, HA IX Nr. 4981, Bl. 1–41, hier 20; Spohr: In Haft, S. 270 ff.

202 Horst Zank u. a.: Die weitere Vervollkommnung der Vernehmungstaktik bei der Vernehmung von Beschuldigten und bei Verdächtigenbefragungen in der Untersuchungsarbeit des MfS, Oktober 1986; BStU, MfS, JHS Nr. 21986, Bl. 141.

203 Ebenda, Bl. 231 f.

204 Horst Zank u. a.: Forschungsergebnisse zum Thema: Grundlegende Anforderungen und Wege zur Gewährleistung der Einheit von Parteilichkeit, Objektivität, Wissenschaftlichkeit und Gesetzlichkeit in der Untersuchungsarbeit des MfS im Ermittlungsverfahren, September 1981; BStU, MfS, JHS Nr. 21912, Bd. 1, Bl. 359.

205 StPO 1968, § 64 Abs. 2; Strafprozessrecht Kommentar 1987, S. 109.

fort die Vernehmung beginnen.[206] Die Suche des Beschuldigten nach einem Anwalt hemmte den Gang der Ermittlungen in keiner Weise. Das MfS setzte bewusst auf eine Verzögerung der Beauftragung. Der Mandant musste den Anwalt im Regelfall erst anschreiben, damit dieser ein Vollmachtformular schickte, mit dem er dann bevollmächtigt wurde.

Ehemalige Häftlinge beschreiben überwiegend, dass sie erst spät Kontakt zu einem Anwalt bekamen.[207] Ihnen wurde beim MfS zwar eingeräumt, einen Anwalt anzuschreiben, sie bekamen aber oft »lange keinen Bescheid«[208] oder zunächst eine Ablehnung, sodass sie erneut einen Anwalt suchen mussten.[209] Nicht selten kam der erste Rechtsanwaltskontakt erst wenige Tage vor dem Prozess zustande.[210] In einem Extremfall reagierte der Anwalt nicht, »und am 15. September erfuhr ich dann, dass ich am 19. [...] Verhandlung hätte. [...] Bei mir war aber ein Wochenende dazwischen, also konnte ich überhaupt nichts mehr machen.«[211] Nach Erteilung der Vollmacht musste der Anwalt erst eine Sprechgenehmigung bei der Staatsanwaltschaft beantragen,[212] was wiederum dauerte beziehungsweise den Ermittlungsorganen ermöglichte, den Anwaltskontakt hinauszuschieben. Wolfgang Vogel bezeichnete es 1985 noch als »gängige Praxis«[213], dass die Sprechgenehmigung bis zum Abschluss der Ermittlungen hinausgezögert würde.

Mehrfach gab es Initiativen der Anwälte, die Inhaftierten durch ein Merkblatt über ihr Recht auf Verteidigervertretung zu informieren beziehungsweise den Vorgang durch einen Vollmachtvordruck zu beschleunigen, der den Inhaftierten ausgehändigt werden sollte. Solch ein Vordruck könne »unmöglich«[214] verteilt werden, meinte die HA IX noch 1973 und wusste sich einig mit der Leitung der Generalstaatsanwaltschaft. Der kritisierte Merkblattentwurf hätte die

206 Horst Zank u. a.: Forschungsergebnisse zum Thema: Grundlegende Anforderungen und Wege zur Gewährleistung der Einheit von Parteilichkeit, Objektivität, Wissenschaftlichkeit und Gesetzlichkeit in der Untersuchungsarbeit des MfS im Ermittlungsverfahren, September 1981; BStU, MfS, JHS Nr. 21912, Bd. 1, Bl. 359 u. 362.

207 Gespräch mit Kerstin Hergert. In: Schacht, Ulrich (Hg.): Hohenecker Protokolle. Aussagen zur Geschichte der politischen Verfolgung von Frauen in der DDR. Zürich 1984, S. 296; Sickert, Bernd: Gesprochen wurde nichts, wir nickten nur. In: Furian: Mielkes Mühlen, S. 107 ff.; Booß: Schwein Tolbe, S. 30–33.

208 Gespräch mit Regina Ebert. In: Schacht: Hohenecker Protokolle, S. 228.

209 Faust, Konrad. In: Zeitzeugen. Inhaftiert in Hohenschönhausen/Hg. von der Gedenkstätte Berlin-Hohenschönhausen. Berlin 1998, S. 46.

210 Schmidt, Andreas: Leerjahre. Leben und Überleben im DDR-Gulag. Böblingen 1986, S. 140.

211 Gespräch mit Kerstin Hergert. In: Schacht: Hohenecker Protokolle, S. 295.

212 StPO 1968, § 64 Abs. 3.

213 Wolfgang Vogel: Zu Problemen der Tätigkeit des Rechtsanwalts im Strafverfahren der Deutschen Demokratischen Republik. BStU, MfS, HA IX Nr. 5290, Bl. 16–59, hier 25.

214 HA IX/AG R, Schreiben an einen Abteilungsleiter der HA IX, 20.11.1973; BStU, MfS, HA IX Nr. 16365, Bl. 104.

Betroffenen ermuntert, »rechtzeitig«[215] einen Anwalt zu beauftragen. Nach außen hin brachte die Generalstaatsanwaltschaft das Merkblatt zu Fall, während das OG schon zugestimmt hatte.[216] Nach der Diskussion um die Stärkung der Anwaltsrechte war es diesmal der Generalstaatsanwalt, der 1985 den Vorstoß machte, dass schon das erste Auftragsschreiben des Mandanten als Vollmacht gelten solle.[217] Im Jahr 1986 unternahmen die Anwälte einen erneuten Anlauf, den U-Haftanstalten Vollmachtformulare zur Verfügung zu stellen. Das MdJ duldete dieses Formular zwar, räumte dem MfS aber das Recht ein, es nicht zu verwenden.[218] Nach Konsultationen mit den anderen Justizorganen machten die Untersuchungsorgane die alte Praxis wieder zur Regel.[219] Somit blieb es zumeist bei dem komplizierten Verfahren, dass der Häftling den Anwalt erst um ein Vollmachtformular anschreiben musste. Nur wenn der Häftling insistierte, sollte der Staatsanwalt mündlich über diesen Wunsch informiert werden. Das erlaubte Einzelentscheidungen im Krisenfall.[220]

### *Fälle frühzeitiger Anwaltskontakte*

Es waren eher Ausnahmen, wenn der Anwalt deutlich früher einbezogen wurde. Vor allem gegenüber diplomatischen Vertretungen in der DDR wollte man sich keine Blöße geben. Nachdem Anfang der 1970er-Jahre die StÄV etabliert worden war, wurden für bundesdeutsche Inhaftierte diplomatische Sprecher in der Lichtenberger Haftanstalt des MfS durchgeführt.[221] Noch vor 1980 wurden besondere Regelungen für Verhaftete aus Staaten eingeführt, mit denen Konsularverträge existieren.[222] »Möglichst früh«[223] sollten die Beschuldigten einen

215 Entwurf Merkblatt zur Wahl eines Verteidigers; ebenda, Bl. 107.

216 MdJ, Vermerk, Merkblatt zur Wahl des Verteidigers, 7.12.1976; BArch, DP1, 2964.

217 GStA, Anweisung 1/85, Die Leitung des Ermittlungsverfahrens durch den Staatsanwalt, 1.6.1985; BStU, MfS, HA IX Nr. 3131, Bl. 16–27, hier 24.

218 HA IX/AKG/Bereich GF, Stellungnahme, 14.6.1985; BStU, MfS, HA IX Nr. 16365, Bl. 72 u. 75 (Formular).

219 Standpunkt zu ausgewählten Problemen des Rechts auf Verteidigung und der weiteren Erhöhung der Sicherheit im Strafverfahren, 24.3.1986; BStU, MfS, HA XX Nr. 1588, Bl. 12.

220 Horst Zank u. a.: Forschungsergebnisse zum Thema: Grundlegende Anforderungen und Wege zur Gewährleistung der Einheit von Parteilichkeit, Objektivität, Wissenschaftlichkeit und Gesetzlichkeit in der Untersuchungsarbeit des MfS im Ermittlungsverfahren, September 1981; BStU, MfS, JHS Nr. 21912, Bd. 1, Bl. 358.

221 Spohr: In Haft, S. 252 ff.

222 Von 3 462 Ermittlungsverfahren der Linie IX im Jahr 1984 richteten sich 135 gegen Ausländer, bei denen in 98 Fällen Konsularbesuche in der Haft stattfanden. HA IX/AKG, Einschätzung der Wirksamkeit der Untersuchungsarbeit im Jahre 1984; BStU, MfS, HA IX Nr. 3711, Bl. 120 u. 127.

223 HA IX, Schreiben an die Abteilungen IX der Bezirksverwaltungen, 30.5.1980; BStU, MfS, HA IX Nr. 14056, Bl. 14–15.

Verteidiger wählen, auf jeden Fall vor der Konsultation mit Diplomaten. Damit sollte laut MfS »dem Gegner in dieser Frage keine Angriffspunkte für publizistische Hetzkampagnen«[224] gegeben werden. Notfalls sollte ein Verteidiger gemäß Paragraf 63, Abs. 3 der StPO bestellt werden, »da es die Sache erfordert«.[225] Diese Regelung scheint aber nicht stringent durchgehalten worden zu sein.[226] Ohnehin verbanden einige im MfS damit Erwartungen, Anwälte ins Spiel zu bringen, die zuverlässig oder kontrollierbar seien.[227] Auch wenn der Beschuldigte psychisch angeschlagen war[228] oder eine Überweisung in das Haftkrankenhaus erfolgte,[229] konnte der Anwalt früher zugelassen werden. Die öffentliche Aufmerksamkeit seitens der Kirche oder der Westmedien im Falle einer Inhaftierung in der DDR schien ebenfalls eine anwaltliche Betreuung zu beschleunigen. So wurde die Protagonistin der »Frauen für den Frieden«,[230] Ulrike Poppe, am 13. Dezember 1983 inhaftiert und konnte noch vor Weihnachten mit ihrem Anwalt sprechen.[231] Es gab Einzelfälle, bei denen ein Anwalt gezielt früh eingeschaltet wurde, um eine Aussagebereitschaft herbeizuführen. Einem 26-Jährigen wurde vorgeworfen, mit einer »anarchistisch-pazifistischen Grundposition« andere beeinflusst zu haben, nicht den Militärdienst abzuleisten. Deswegen wurde er wegen Beeinträchtigung staatlicher Tätigkeit[232] und Herabwürdigung[233] verurteilt.[234] Nachdem der Inhaftierte sich weigerte, Aussagen zu machen, notierte der MfS-Untersuchungsführer in seinem Untersuchungsplan, wie das »Aussageverhalten geändert« werden könnte: »Einbeziehung des [... Rechtsanwaltes ...], in dem dieser davon informiert wird, dass [der Inhaftierte ...] keine Aussagen macht, dadurch [... das Ermittlungsverfahren] in

224 HA IX/Rolf Fister, Gewährleistung der Rechte der Beschuldigten auf Verteidigung und Verbindung zu ihren diplomatischen Vertretungen, Mai 1980; BStU, MfS, HA IX Nr. 2751, Bl. 119 f.

225 Das ist die Formulierung des § 63 Abs. 3 StPO, der allerdings für die Bestellung des Anwaltes primär andere Sachverhalte regelte; StPO 1968.

226 Wolfgang Vogel: Zu Problemen der Tätigkeit des Rechtsanwalts im Strafverfahren der Deutschen Demokratischen Republik; BStU, MfS, HA IX Nr. 5290, Bl. 16–59, hier 26.

227 HA IX/8, Absprache MdJ, 17.4.1975; BStU, MfS, HA IX Nr. 3871, Bl. 4–7, hier 5.

228 BStU, MfS, AU 12768/84, Bd. 9, Bl. 102 f.

229 Interview Hohenschönhausen: E. D.-K.

230 Die Friedensgruppe gründete sich als Reaktion auf den Entwurf des Verteidigungsgesetzes der DDR, der eine allgemeine Wehrpflicht im Verteidigungsfall vorsah. Die Gruppe war innerhalb und außerhalb der DDR gut vernetzt. Neubert: Geschichte der Opposition, S. 459 ff.

231 Ulrike Poppe: Schreiben an Gregor Gysi, 14.12.1983; BStU, MfS, AU 14377/84, Bd. 1, Bl. 436; Ulrike Poppe: Schreiben an Gregor Gysi, o. D. (vermutl. 1983); ebenda, Bd. 1, Bl. 437–439.

232 StGB 1979, § 214.

233 StGB 1979, § 220.

234 MG Halle, Urteil, o. D. (vermutl. August 1982); BStU, MfS, AU 14429/84, Bd. 6, Bl. 69–76.

vielen Fragen stagniert«.[235] Bald darauf besuchte der Anwalt Wolfgang Schnur den Häftling. Bei der folgenden MfS-Vernehmung gab der Beschuldigte zu Protokoll: Der Anwalt »riet mir, die Aussage nicht zu verweigern«.[236] Er änderte sein Aussageverhalten. Im MfS wurden in den späteren Jahren Fälle ausgewertet, in denen frühzeitige Anwaltssprecher die Aussagebereitschaft erhöhten. Erst einem Anwalt glaubten Beschuldigte, dass zwei Mitbeschuldigte gestanden hatten und brachen daraufhin ihr Schweigen.[237] In einem anderen Fall überzeugte der Anwalt seinen Mandanten davon, dass seiner Freundin kein Nachteil daraus erwüchse, wenn sie ihn besuchte. Nach dem Besuch gewann das MfS in einem »operativen Gespräch«[238] mit der Lebensgefährtin neue Erkenntnisse über eine Fluchtorganisation.

### *Anwaltssprecher zum Abschluss des Verfahrens*

Laut einer Anweisung für Untersuchungsführer von 1981 war die Entscheidung über einen Anwalt in der »Abschlussphase des Ermittlungsverfahrens herbeizuführen […,] soweit noch nicht geschehen«.[239] Es war aufgrund der rudimentären Aktenlagen nicht möglich, den Zeitpunkt der Anwaltssprecher immer genau zu bestimmen. Die in der Berliner Stichprobe systematisch untersuchten Untersuchungsvorgänge enthielten weder in den Akten der Untersuchungsführer noch in den Handakten der Staatsanwaltschaft regelhaft zuverlässige Angaben. In einer Zufallsstichprobe von 1984 mit 58 Fällen waren in nur 5 Fällen genaue Anwaltstermine nachvollziehbar, die zwischen 19 bis 110 Tagen nach der Verhaftung stattfanden. Bis auf einen Fall lagen Termine 9 bis 72 Tage vor dem Schlussbericht des MfS, also deutlich vor Erhebung der Anklage durch die Staatsanwaltschaft, die auf Basis des Schlussberichtes erfolgte.[240] Im Jahr 1984 war es üblich, den Beschuldigten gegen Ende der Ermittlungen eine selbstverfasste Stellungnahme zum Tatvorwurf abzuverlangen. Drei der fünf Sprecher fanden vor Abfassung dieser Stellungnahme statt, zwei danach. Ein weiteres Indiz für das späte Einschalten von Anwälten im Ermittlungsverfahren ist, dass in den 25 eingestellten Verfahren 9 Betroffene (36 %) noch gar nicht anwaltlich vertreten waren. Die Anwälte kamen im Ermittlungsverfahren in der Regel so

235 HA IX/6, Untersuchungsplan, o. D. (vermutl. 1982); ebenda, Bd. 3, Bl. 97–119, hier 108.

236 Vernehmungsprotokoll, 11.3.1982; ebenda, Bd. 4, Bl. 105–111, hier 105.

237 Axel Henschke: Entwicklungstendenzen der Rechte des Verteidigers im Strafverfahren der DDR. Diplomarbeit, 30.3.1989; BStU, MfS, JHS Nr. 343/89, Bl. 33 f.

238 Ebenda, Bl. 34.

239 HA IX, Merkblatt für Untersuchungsführer. Entwurf, 17.7.1981; BStU, MfS, HA IX Nr. 18536, Bl. 10–25, hier 24.

240 Berliner Stichprobe 1984.

spät ins Spiel, dass die meisten Vernehmungen, zumindest die Erstvernehmung, schon absolviert waren und die Hauptverhandlung in die Nähe rückte. Nur in Einzelfällen wurde davon abgewichen. Die Ermittler scheinen den Anwaltssprecher in den 1980er-Jahren vermehrt als Schlusskontrolle von Beweisführung und Erkenntnisgewinn eingesetzt zu haben, bevor sie die Akten endgültig an die Staatsanwaltschaft abgaben. Gemessen am Wortlaut der Norm bestand das Recht, sich in jeder Lage eines Anwaltes zu bedienen, »nur auf dem Papier«.[241]

### 9.2.3 Bedingungen für Anwaltsgespräche und Akteneinsicht

Laut Strafprozessordnung von 1968 durfte der Verteidiger mit dem Beschuldigten oder Angeklagten sprechen und mit ihm korrespondieren, wenn dieser sich in U-Haft befand. Das war gegenüber der StPO von 1952 ein Fortschritt, die solche Sprecher im Ermittlungsverfahren »nur« unter den vom Staatsanwalt gesetzten Bedingungen vorsah.[242] In der Regelung von 1968 war das in eine Kann-Bestimmung[243] abgemildert. Der Lehrkommentar von 1968 schränkte noch stärker ein, dass der Staatsanwalt nur in »Ausnahmefällen«[244] Begrenzungen des Verteidigerverkehrs vornehmen dürfe, um eine eventuelle Gefährdung der Untersuchung auszuschließen.[245] Doch das erwähnte Schreiben des Generalstaatsanwaltes vom 8. Mai 1969 schraubte die vergleichsweise verteidigungsfreundlichen Regelungen für politische Delikte wieder zurück. Offenkundig kannte die Berliner Anwaltschaft diesen internen Vorgang nicht und bemängelte 1973, dass im Gegensatz zu Zusagen der Generalstaatsanwaltschaft ein bestimmter Staatsanwalt und die Abteilung IA »generell«[246] einschränkende Bedingungen formulierten.

Der Briefverkehr zwischen Mandanten und Anwalt unterlag ähnlichen Restriktionen. Die Mandantenpost wurde kontrolliert, wenn es einschränkende Bedingungen gab.[247] Die Anwälte protestierten dagegen, doch erst im Dezember 1989 konnte gegenüber dem MdJ und der GStA durchgesetzt werden, dass Anwaltspost ungeöffnet weitergeleitet wurde.[248]

241 Busse: Deutsche Anwälte, S. 469 f.

242 StPO 1952, § 80 Abs. 3.

243 StPO 1968, § 64 Abs. 3.

244 Strafprozessrecht Lehrkommentar 1968, S. 109.

245 Otterbeck behauptet entgegen der Norm des § 64 Abs. 3 StPO, dass die Staatsanwaltschaft noch nach Abschluss der Ermittlungen Bedingungen festsetzen konnte. Otterbeck: Anwaltkollektiv der DDR, S. 128.

246 RAK Berlin, Protokoll der Mitgliederversammlung, 12.9.1973; BArch, DP1, 2972.

247 Standpunkt zu ausgewählten Problemen des Rechts auf Verteidigung und der weiteren Erhöhung der Sicherheit im Strafverfahren, 24.3.1986; BStU, MfS, HA IX Nr. 9226, Bl. 8 f.

248 RAK Berlin, Protokoll der Mitgliederversammlung, 4.12.1989, S. 2; BArch, DP1, 21744.

Die Bedingungen der Staatsanwaltschaft konnten Anwaltsgespräche thematisch beschränken, um den »Zweck der Untersuchung«[249] nicht zu gefährden. Faktisch lief dies auf ein Verbot hinaus, über den Verfahrensgegenstand zu sprechen. Ehemalige Inhaftierte erinnerten sich, »dass wir bis zum Abschluss des Ermittlungsverfahrens über alles reden könnten, über Gesundheit und Krankheit, über das Für und Wider von Sauerkirschen, aber nicht über meinen Fall«![250] Zulässig waren Fragen zur Persönlichkeit des Beschuldigten, zum Beispiel das »zerrüttete Elternhaus«.[251] Meist wird in solchen Berichten die Einschränkung herausgestellt, dass man nur Privates besprechen durfte.[252] Anwalt Vogel, der offenbar die Praktiken der Bezirks- und Kreisstaatsanwaltschaften in der gesamten DDR im Blick hatte, kritisierte 1985, üblicherweise würden Anwaltssprecher ohne Bedingungen nur »in den seltensten Fällen« gewährt und dann mit der »Auflage, zur Sache absolut nicht zu sprechen«.[253] Diese Kritik im Rahmen der Festrede hinderte jedoch Vogel nicht im Geringsten, die Bedingungen gegenüber Mandanten in der Haft zu rechtfertigen.[254] In seiner kritischen Rede vor Funktionären in Babelsberg sprach Vogel dagegen provokant von »Besichtigungsterminen«.[255] Es wäre falsch, derartige Aussagen undifferenziert zu verallgemeinern, wie eine Auswertung der Praxis zeigt.

Im Verlauf der 1980er-Jahre zeichnete sich ein gewisses Umdenken ab. Bei internen Anwaltsdiskussionen mit Rechtsexperten wurde das extensive Verhängen von einschränkenden Bedingungen im Anwaltsverkehr mit den inhaftierten Mandanten als rechtswidrig eingestuft.[256] Eine entsprechende Beschwerde Gregor Gysis an die Generalstaatsanwaltschaft von 1980 wurde selbst im MfS diskutiert.[257] Gysi argumentierte, es sei denkbar, dass an dem Anwaltsgespräch ein Vernehmer des Untersuchungsorgans oder ein Staatsanwalt teilnehme, beziehungsweise es dem Verteidiger untersagt werde, über bestimmte einzelne Beweismittel mit dem Beschuldigten zu sprechen: »Der generelle Ausschluss des Gesprächs über den Schuldvorwurf ist dagegen unzulässig und auch unzweck-

249 StPO 1968, § 64 Abs. 3.

250 Ringk, Peter: Herzöge hatten ihre Söldner, Honecker hatte seine Staatssicherheit. In: Furian: Mielkes Mühlen, S. 95.

251 Hellström: Kreaturen, S. 333.

252 Interview Hohenschönhausen: W. R.; Spohr: In Haft, S. 297 f.

253 Wolfgang Vogel: Zu Problemen der Tätigkeit des Rechtsanwalts im Strafverfahren der DDR; BStU, MfS, HA IX Nr. 5290, Bl. 25 f.

254 Interview Hohenschönhausen: J. K.

255 Wolfgang Vogel: Zu Problemen der Tätigkeit des Rechtsanwalts im Strafverfahren der DDR; BStU, MfS, HA IX Nr. 5290, Bl. 25.

256 RAK Berlin, Protokoll der Mitgliederversammlung vom 11.5.1977, S. 7; BArch, DP1, 3288.

257 HA IX/8, Vermerk v. 17.12.1980; BStU, MfS, HA IX Nr. 2146, Bl. 13.

mäßig.«[258] Im Strafprozesskommentar von 1987[259] und in der MfS-internen Interpretation der Strafprozessordnung[260] wurde Gysis Argumentation dann weitgehend übernommen.

| Jahr | Anwaltssprecher in der U-Haft | davon Sprecher mit Auflagen (in %) |
|---|---|---|
| 1980 | 520 | 30 |
| 1981 | 651 | 26 |
| 1982 | 683 | 21 |
| 1983 | 460 | 19 |
| 1984 | 763 | 12 |
| 1985 | 531 | 14 |
| 1986 | 579 | 2 |
| 1987 | 474 | 0,2 |
| 1988 | 919 | 2 Fälle |

Tabelle 10: Anwaltssprecher in den 1980er-Jahren im Bereich der HA IX[261]; Booß, Engelmann, Joestel 2014/2017

In der Debatte um die Stärkung der Rechte der Verteidigung 1984 wurde hervorgehoben, dass im Bereich der Abteilung I des Generalstaatsanwalts bei zentral ermittelten, also vom MfS ermittelten, Staatsverbrechen nur im Verhältnis 84 : 1 Auflagen erteilt würden.[262] Seit den 1980er-Jahren wurden zumindest

258 Gregor Gysi: Beschwerde gemäß § 91 StPO wegen der Festsetzung von Bedingungen in der Strafsache Thomas Erwin, 21.11.1980. Zit. nach: Henschke, Axel: Entwicklungstendenzen der Rechte des Verteidigers im Strafverfahren der DDR. Diplomarbeit, 30.3.1989; BStU, MfS, JHS Nr. 343/89, Bl. 30.

259 Strafprozessrecht Kommentar 1987, S. 99. Busse behauptet basierend auf einer Aussage von Gysi, dass die »Unzulässigkeit« der Bedingungen durch den Kommentar durch Gysis Intervention anerkannt wurde. Das galt aber nicht generell, sondern nur unter den oben geschilderten Einschränkungen. Busse: Deutsche Anwälte, S. 470, FN 564.

260 Lehrbuch für die Hochschulausbildung. Das Strafverfahrensrecht der DDR in seiner Bedeutung für die polit.-operative Tätigkeit, insbes. für die Untersuchungsarbeit des MfS. MfS/JHS. Potsdam 1987, S. 248.

261 Jahresanalyse 1984, 20.2.1985; BStU, MfS, HA IX Nr. 570, Bl. 39–55, hier 45; Jahresanalysen der AG Koordinierung 1983–1988; BStU, MfS HA IX Nr. 517–519 u. 569–571; Engelmann; Joestel: Hauptabteilung IX, S. 199. Der Rückgang im Jahr 1983 ist auf die Verlegung von Häftlingen aus Ostberlin in die U-Haftanstalten der MfS-Bezirksverwaltungen zurückzuführen (Umbau der Haftanstalt II Hohenschönhausen). Die zwei Fälle 1988 betrafen Stefan Krawczyk und Freya Klier. Jahresanalyse 1988, 30.1.1989; BStU, MfS, HA IX Nr. 519, Bl. 38.

262 Vermerk über eine Beratung des Ministers der Justiz mit den Vorsitzenden der Kollegien der Rechtsanwälte in Berlin, 30.8.1984; BStU, MfS, HA IX Nr. 19502, Bl. 47–49. Nach Aussagen der Generalstaatsanwaltschaft der DDR war es überhaupt nur ein Fall. Aus dem Referat auf der Tagung mit den Staatsanwälten der Bezirke, 1.8.1984; ebenda, Bl. 58.

im Untersuchungsbereich des Berliner MfS nur noch ausnahmsweise Anwaltssprecher mit Auflagen versehen. MfS-internen Statistiken zufolge ging in den 1980er-Jahren die Zahl der Anwaltssprecher mit Auflagen bei der HA IX deutlich zurück.[263] In Zeitzeugenberichten werden Sprecher ohne Bewacher erwähnt,[264] die das Einhalten der Bedingungen kontrollierten. Selten werden jedoch Anwaltssprecher so charakterisiert, wie im Fall einer Anwältin, in dem sich die Mandantin »ganze eineinhalb Stunden mit ihr unterhalten konnte und sie mir über alles Auskunft gab, was mich interessierte«.[265]

Eine Stichprobe von 58 Berliner Ermittlungsverfahren aus 1984 zeigt,[266] dass Sprechgenehmigungen ohne Bedingungen gleich häufig vor wie nach der letzten schriftlichen Stellungnahme des Beschuldigten zum Ende der Ermittlungen erteilt wurden, je elf Mal. Von den Sprechgenehmigungen wurden 15 vor dem Schlussbericht des MfS erteilt, aber 4 noch danach, und einige nur einen Tag vor dem Schlussbericht. Die Behauptung von ehemaligen DDR-Anwälten, wonach es in den späten 1980er-Jahren keine Auflagen mehr gab,[267] relativiert sich vor dem Hintergrund solcher Zeitabläufe. Derart späte Anwaltskontakte konnten in den meisten Fällen kaum noch eine Bedeutung für das Ermittlungsverfahren entfalten. Gegenläufig zu diesem Trend stieg die Zahl der Anwaltssprecher, die heimlich überwacht wurden. Die Untersuchungsabteilung des MfS kompensierte dadurch offenkundig die »Liberalisierungen« im Ermittlungsverfahren.

### *Illegale Aufzeichnung der Anwaltsgespräche*

Ob wirklich fast alle Anwaltssprecher[268] abgehört wurden, ist nicht exakt nachvollziehbar. Für die Jahre 1985 und 1986 wird eine vollständige Überwachung angenommen. Zwischen 1982 und 1988 wurden zwischen 460 und 919 Sprechern aufgezeichnet, der Spitzenwert liegt im Jahr 1988,[269] wobei keine lineare Entwicklung vorliegt. Im Vergleich zum Durchschnitt der Vorjahre stieg die Zahl der Aufzeichnungen 1988 deutlich um 57 Prozent.[270] Diese Zahlen beziehen sich wahrscheinlich nur auf die Ermittlungen der Hauptabteilung IX im

263 In bedeutenden Verfahren vor oberen Militärgerichten fanden Sprecher dagegen nur unter Bedingungen statt. Wagner: Militärjustiz, S. 448.

264 Interview Hohenschönhausen: B. G.

265 Gespräch mit Carola Schacht. In: Schacht: Hohenecker Protokolle, S. 179 f.

266 Aus Berliner Stichprobe 1984.

267 Gysi: Das war's, S. 42.

268 Beleites: Abteilung XIV, S. 11.

269 Sélitrenny gibt für 1983 insgesamt 460, für 1984 insgesamt 763 aufgezeichnete Sprecher an. Sélitrenny: Doppelte Überwachung, S. 295, Tabelle 7.

270 Eigenberechnung nach: HA IX/AKG/Bereich K, Jahresanalyse 1988, 30.1.1989; BStU, MfS, HA IX Nr. 519, Bl. 32–40, hier 38.

Berliner Ministerium.[271] Sprecher wurden nicht nur ton-, sondern auch bildmäßig aufgezeichnet.[272] Die Abhörmaßnahmen waren strafprozessrechtlich nicht gedeckt, die Protokolle finden sich nicht in den Akten und wurden offenbar so stark konspiriert, dass sie sich in der Regel nicht einmal in den separaten Ermittlungsakten des MfS finden. Dennoch muss es Anwälten bewusst gewesen sein, dass abgehört wurde. Ehemalige Inhaftierte schildern, wie Anwälte durch ein Zeichen, »eine Handbewegung in einem Besuchszimmer«,[273] oder durch überakzentuierte Fragetechniken[274] ihren Mandanten darauf aufmerksam machten, dass sie im Sprecherraum nicht allein waren. Manche Anwälte sabotierten derartige Maßnahmen, indem sie mit handschriftlichen Notizen operierten.[275] In einem Fall, in dem die Vorbehalte des Anwaltes gegenüber dieser Art von Ermittlungen deutlich wurden, versuchte der Anwalt durch Schmatzgeräusche beim Verzehr von mitgebrachtem Kaffee und Kuchen die Abhörtechnik zu überlisten.[276] Ein anderer brachte sogar eine Art Rassel mit.[277] Die technischen Aufzeichnungen von Vernehmungen konnten aus Personalmangel nicht vollständig ausgewertet werden, 1987 blieb die Hälfte unbearbeitet.[278] Das Interesse an den Anwaltssprechern war größer. 1984 wurden 88 Prozent der Sprecher ausgewertet, sogar 456 durch schriftliche Informationen an die untersuchungsführenden Abteilungen, 55 durch mündliche Informationen. In 158 der Fälle (21 %) werteten die Untersuchungsabteilungen die Anwaltssprecher selber aus.[279] Im Jahr 1988 sollen sogar alle Anwaltssprecher ausgewertet worden sein, wobei mit 411 Sprechern (45 %) sogar deutlich mehr von den untersuchungsführenden Abteilungen selbst ausgewertet wurden.[280] Selbst Gespräche von Anwälten, die

271 Im Jahr 1983 wurden 460 und im Jahr 1984 wurden (vermutl. nur in Berlin) 763 Anwaltssprecher aufgezeichnet. Im selben Jahr bearbeitete die gesamte Linie IX Ermittlungsverfahren gegen 3 462 Personen. Davon entfielen 349 auf das MfS und 301 auf die BV Berlin, der Rest wurde von den anderen BV bearbeitet. Die Zahlen sind nicht ganz kompatibel, da keine identischen Jahresabgrenzungen vorgenommen wurden, zudem waren nicht in allen Verfahren Rechtsanwälte vertreten. HA IX/AKG; Einschätzung der Wirksamkeit der Untersuchungsarbeit im Jahre 1984, Januar 1985; BStU, MfS, HA IX Nr. 3711, Bl. 1–165, hier 4 f. Die Berliner Stichprobe 1984 mit den abgeschlossenen Verfahren, die sich zeitlich nicht exakt deckt, weist 258 U-Haft-Fälle der HA IX mit anwaltlicher Betreuung aus. Berliner Stichprobe 84.

272 HA IX/AKG, Jahresanalyse 1984, 20.2.1985; BStU, MfS, HA IX Nr. 570, Bl. 45.

273 Sickert, Bernd: Gesprochen wurde nichts, wir nickten nur. In: Furian: Mielkes Mühlen, S. 84.

274 Interview Hohenschönhausen: K. T.

275 Interview Hohenschönhausen: U. F.

276 Interview Hohenschönhausen: E. D.-K.

277 Interview Hohenschönhausen: B. G.

278 Sélitrenny: Doppelte Überwachung, S. 296.

279 Eigenberechnung nach: HA IX/AKG, Jahresanalyse 1984, 20.2.1985; BStU, MfS, HA IX Nr. 570, Bl. 39–55, hier 45.

280 Eigenberechnung nach: HA IX/AKG/Bereich K, Jahresanalyse 1988, 30.1.1989; BStU, MfS, HA IX Nr. 519, Bl. 32–40, hier 38.

besondere Beziehungen zum MfS hatten, wurden auf diese Weise abgehört[281] und damit ihre Verlässlichkeit überprüft. Erstaunlicherweise fanden sich kaum derartige Dokumente bei den gesichteten Unterlagen.[282] Die meisten der abgehörten Sprecher hatten keine thematischen Auflagen.[283] In der Regel dürfte also kein MfS-Mitarbeiter im Raum anwesend gewesen sein. Die Entwicklung von Anwaltsterminen ohne Bedingungen und technisch überwachten Terminen verhält sich tendenziell reziprok. Das MfS erhoffte sich, aus scheinbar nicht überwachten Anwaltsgesprächen Ermittlungsstände überprüfen zu können oder Hinweise zu bekommen, die geleistete Ermittlungen nicht erbracht hatten.

### *Akteneinsicht*

Das Recht auf Akteneinsicht war in der DDR äußerst restriktiv geregelt. Laut StPO von 1968 gehörte es zum Recht auf Verteidigung, die Beschuldigung kennenzulernen.[284] Die Information erfolgte zunächst nur mündlich. Erst mit Erststellung der Anklageschrift und des gerichtlichen Eröffnungsbeschlusses konnte der Beschuldigte beziehungsweise Angeklagte die Schriftsätze einsehen.[285] In der Regel war auch der Verteidiger nur nach Abschluss der Ermittlungen, vor Erhebung der Anklage, »befugt«,[286] Akteneinsicht zu nehmen. Eine weiche Formulierung erlaubte zwar Ausnahmen, wenn dadurch das Verfahren nicht gefährdet würde.[287] Wolfgang Vogel bemängelte, dass gerade diese Klau-

281 Von den 1984 abgehörten Anwaltssprechern betrafen 61 % die Kanzlei Vogel, dann folgten Gerhard Cheim, Gregor Gysi, Lothar de Maizière, Friedrich Wolff. Eigenberechnung nach: HA IX/AKG, Jahresanalyse 1984, 20.2.1985; BStU, MfS, HA IX Nr. 570, Bl. 39–55, hier 45. Sélitrenny: Doppelte Überwachung, S. 295.

282 Es konnten faktisch keine Abschriften oder Tonbandmitschnitte zu Gesprächen von Berliner Anwälten mit inhaftierten Mandanten in den Akten oder in den Archiven gefunden werden. Das scheint sowohl ein Indiz für den hohen Geheimhaltungsgrad aber auch die Aktenzerstörung 1989/90 zu sein. Vermutlich wurden die Bänder nur stichpunktmäßig ausgewertet und dann überspielt.

283 Im Jahr 1984 betraf das nur noch 12 %: HA IX/AKG, Jahresanalyse 1984, 20.2.1985; BStU, MfS, HA IX Nr. 570, Bl. 39–55, hier 45.

284 StPO 1968, § 204 Abs. 2.

285 Strafprozessrecht Lehrkommentar 1968, S. 104.

286 StPO 1968, § 64 Abs. 2. Fricke behauptet im Gegensatz zu dieser Norm, dass die Akteneinsicht erst nach Anklage möglich war. Fricke: Praxis der Anwaltstätigkeit, S. 484. Nach Brand wurde entsprechend der StPO verfahren. Brand: Rechtsanwalt, S. 115. Bruhn erwartete aufgrund eines neuen Selbstbewusstseins der Anwälte optimistisch Lockerungen. Bruhn: Rechtsanwaltschaft, S. 118 f. Spohr sieht realistisch nur selten Ausnahmen. Spohr: In Haft, S. 292 f.

287 Es wird davon ausgegangen, dass von dieser Klausel in MfS-initiierten Verfahren kaum Gebrauch gemacht wurde. Busse: Deutsche Anwälte, S. 470; Eisenfeld: Rolle und Stellung, S. 370. Bei der höheren Militärgerichtsbarkeit war eine späte Akteneinsicht festzustellen. Wagner: Militärjustiz, S. 151.

sel missbraucht würde, um die frühe Akteneinsicht zu unterbinden, und forderte demgegenüber eine frühzeitige Akteneinsicht.[288] Im Kommentar von 1987 wurde dann in Nuancen anwaltsfreundlicher formuliert, dass die Staatsanwaltschaft Einsicht zu gewähren »hat«,[289] wenn die Untersuchungen nicht gefährdet seien. Die Akteneinsicht war in der Praxis ein Quell von Konflikten. Zwei Anwältinnen hatten in einem Verfahren auf schnelle Akteneinsicht insistiert und waren deswegen sogar in das Zimmer des Bezirksgerichtsdirektors vorgedrungen. Dieser beschwerte sich bei MdJ und RAK und machte deutlich, dass er den Grundsatz, die Akte müsse jederzeit einsehbar sein, nicht teile. Das Verfahren wäre um 9:00 Uhr angesetzt, sodass eine Akteneinsicht in diesem »beschleunigten Verfahren«[290] zwischen 7.00 und 8.45 Uhr möglich gewesen wäre.[291] Das Berliner Kollegium antwortete dem MdJ, die Stellungnahme des Gerichtsdirektors »befriedigt nicht«[292] und kündigte eine Gegenstellungnahme an. Die Sympathien des Ministeriums waren offenbar eher aufseiten des Gerichtsdirektors, denn dieser wurde einige Jahre später Hauptabteilungsleiter im MdJ mit Zuständigkeit für die Rechtsanwälte. Offenbar waren die Ursachen für die späte Akteneinsicht jedoch nicht so klar, wie es auf den ersten Blick scheint. Ein Mandant musste zum Beispiel selbst Berufung einlegen, »weil der Rechtsanwalt keine Akteneinsicht hatte«.[293] Der Anwalt war sehr kurzfristig berufen worden. Das Kollegium befand aber, er hätte dennoch ausreichend Gelegenheit zur Akteneinsicht gehabt und sprach daher eine Missbilligung aus. Das Kollegium führte Disziplinarverfahren gegen Mitglieder durch, die Aufgaben wie Akteneinsicht vernachlässigten: »Die mangelhafte Wahrung des Rechts auf Verteidigung […] ist besonders schwerwiegend in den Fällen, in denen sich der Angeklagte in Untersuchungshaft befindet und in denen er in besonderem Maße auf Hilfe, Beratung und Unterstützung durch den Anwalt angewiesen ist.«[294] Auch der Untersuchungsbereich des MfS stellte eine »Diskrepanz zwischen dem Wunsch der Rechtsanwälte auf unbeschränkte Akteneinsicht vor Abschluss der Ermittlungen und ihren tatsächlichen Bemühungen«[295] fest. Die Sichtung der gesamten

288 Wolfgang Vogel: Zu Problemen der Tätigkeit des Rechtsanwalts im Strafverfahren der DDR; BStU, MfS, HA IX Nr. 5290, Bl. 16–59, hier 26.

289 Strafprozessrecht Kommentar 1987, S. 99.

290 Nach § 257 waren derartige Verfahren vor dem Kreisgericht möglich, »wenn der Sachverhalt einfach, der Beschuldigte die Tat nicht bestreitet und die sofortige Verhandlung möglich ist«. StPO 1968.

291 BG Frankfurt/O., Schreiben an eine Rechtsanwältin, 24.10.1975, S. 2; BArch, DP1, 3890.

292 RAK Berlin, Schreiben an MdJ, 11.11.1975; BArch, DP1, 3890.

293 RAK Berlin, Schreiben an MdJ, 23.1.1975, S. 5; SAPMO, DY 64/211.

294 RAK Berlin/Der Beschluss in einem Disziplinarverfahren, Dezember 1981, S. 7; SAPMO, DY 64/213.

295 Axel Henschke: Entwicklungstendenzen der Rechte des Verteidigers im Strafverfahren der DDR. Diplomarbeit, 30.3.1989; BStU, MfS, JHS Nr. 343/89, Bl. 37.

Akten beim Abschluss der Ermittlungen sei für die Anwälte übersichtlicher und bequemer, weswegen sie erst zu einem späten Zeitpunkt in die Akten sähen. Demgegenüber zeigte die Linie IX in den späten Jahren durchaus Interesse an Teilvorlagen von Unterlagen, wenn es half, Ermittlungen zu beschleunigen.[296]

Die Akteneinsicht blieb für die Anwälte rein technisch mühselig. Akten wurden nicht zugesandt, sondern mussten bei den Geschäftsstellen der Staatsanwaltschaft oder bei Gericht eingesehen werden, Kopien waren nicht erlaubt.[297] Erst in späteren Jahren waren immerhin Diktate mittels Aufzeichnungsgerät möglich.[298] Bis Mitte der 1980er-Jahre existierten bei den meisten Berliner Gerichten keine separaten Anwaltszimmer.[299] In Verfahren mit Staatssicherheitsinteressen wurden dem Angeklagten und seinem Verteidiger Anklageschrift und Eröffnungsbeschluss nur zur Kenntnis gegeben,[300] wenn die öffentliche Ordnung oder die Sicherheit des Staates als gefährdet angesehen wurden.[301] Bestimmte Akten blieben ganz tabu, wie die sogenannten »Begleitakte«[302]. Die Anwälte monierten, wenn sie von der Akteneinsicht ausgeschlossen würden, sei dies eine »Einschränkung der verfassungsmäßigen Rechte der Bürger«.[303] Diese Befürchtung war berechtigt. Die MfS-Mitarbeiter der Untersuchungsorgane trafen eine Auswahl, bevor sie die Akten an die Staatsanwaltschaft abgaben. Es war sicherzustellen, dass keine Hinweise auf geheimpolizeiliche Methoden und Aktionen oder informelle Absprachen weitergeleitet wurden. Im Jahr 1952 wurde in einer MfS-internen Weisung zur »Wahrung der Konspiration« bemängelt, es sei wiederholt vorgekommen, dass »Unterlagen mitgereicht wurden, aus denen Arbeitsmethoden, Geschäftsgang und andere Zusammenhänge der Arbeit des Ministeriums zu ersehen sind«.[304] Deswegen sollten insbesondere Informationen zu inoffiziellen Mitarbeitern oder Informationen, die Rückschlüsse auf die Struktur des Ministeriums und geheimpolizeiliche Maßnahmen zuließen, aus der Akte herausgezogen werden.[305] Weil diese Vorgänge für die Verteidiger unsichtbar blieben, wurden Ermittlungsergebnisse und Ermittlungspraktiken der Verteidigung vorenthalten. Die Akteneinsicht war auch dadurch beschränkt, dass erst mit der Ladung zur Hauptverhandlung Anklageschrift und

296 Ebenda, Bl. 26.

297 Busse: Deutsche Anwälte, S. 471 f.

298 Strafprozessrecht Kommentar 1987, S. 99.

299 RAK Berlin, Aufstellung zur Zusammenarbeit mit den Gerichten, o. D. (1985); LArch Berlin C Rep. 368 Nr. 183.

300 StPO 1968, § 203 Abs. 3.

301 StPO 1968, § 203 Abs. 3; Brand: Rechtsanwalt, S. 117; Busse: Deutsche Anwälte, S. 472.

302 Busse: Deutsche Anwälte, S. 471.

303 MdJ, Vermerk über die ZRK-Tagung am 17.10.1970, S. 2; BArch, DP1, 2655.

304 Erich Mielke: Dienstanweisung zur Übergabe von Untersuchungsvorgängen, 20.3.1952; BStU, MfS, BdL/Dok Nr. 2032, Bl. 1–5, hier 1.

305 Ebenda, Bl. 5.

Eröffnungsbeschluss zugänglich wurden und die Gerichte oft kurze Ladungsfristen nutzten. Nach Paragraf 204 der StPO lag die Mindestladungsfrist bei fünf Tagen,[306] konnte jedoch durch »begründeten Beschluss«[307] des Gerichtes auf 24 Stunden verkürzt werden.[308]

### 9.2.4 Beschuldigtenerklärung und subjektive Bewertung der Anwaltsvertretung

Zum Abschluss der Ermittlungen wurden die Beschuldigten aufgefordert, eine Erklärung zum Tatvorwurf und zum Ermittlungsprozedere abzugeben.[309] Diese wurde meist in handschriftlicher Form zu den Akten gegeben. In der Regel war das ein mehr oder minder detailliertes schriftliches Geständnis nebst einer persönlichen Stellungnahme zum Tatvorwurf.[310] Auch wenn nicht auszuschließen ist, dass der Untersuchungsführer die Hand führte, wirken sie in Summe wenig stereotyp und lassen eine individuelle »Handschrift« erkennen. Zusätzlich wurde den Beschuldigten eine vorformulierte Erklärung zur Unterschrift vorgelegt.[311] Darin hieß es: »Ich wurde am heutigen Tage nochmals über die [...] vorliegenden Beweismittel in Kenntnis gesetzt.«[312] Es folgte unter anderem eine Aufzählung der Vernehmungsprotokolle. Indirekt bestätigte der Inhaftierte die Korrektheit dieser Beweise, denn er versicherte gleichzeitig, »Beweisanträge möchte ich nicht stellen«.[313] Weiter hieß es: »Die Belehrung über meine Rechte gemäß § 61 und § 91 StPO habe ich verstanden.« Der Paragraf 61 regelte das Recht, sich jeder Zeit eines Anwaltes zu bedienen, der Paragraf 91 das Beschwerderecht des Beschuldigten.[314] Dass ein Anwalt beauftragt wurde, war in diesen wie anderen Beispielen ebenso vermerkt wie die Versicherung, »von meinem [...] Beschwerderecht möchte ich keinen Gebrauch machen. Ich wurde durch das Untersuchungsorgan korrekt behandelt.«[315] Diese Erklärung wurde in der Regel zeitgleich oder nach der Stellungnahme zum Tatvorwurf abgege-

306 StPO 1968, § 204 Abs. 1.

307 StPO 1968, § 204 Abs. 2.

308 Busse: Deutsche Anwälte, S. 471 f.; Fricke: Praxis der Anwaltstätigkeit, S. 484.

309 HA IX, Merkblatt für Untersuchungsführer. Entwurf, 17.7.1981; BStU, MfS, HA IX Nr. 18536, Bl. 10–25, hier 24.

310 Stellungnahme zu der mir zur Last gelegten Straftat, 12.3.1984; BStU, MfS, AU 15342/84, Bd. 2, Bl. 48. Zur Problematik der Vernehmungen und Geständnisse ohne anwaltliche Begleitung Busse: Deutsche Anwälte, S. 472; Otterbeck: Anwaltkollektiv der DDR, S. 128.

311 Diese Aussage bezieht sich durchgängig auf die untersuchten Berliner Unterlagen von 1984. Berliner Stichprobe 1984.

312 Vernehmungsprotokoll, 16.3.1984; BStU, MfS, AU 15342/84, Bd. 2, Bl. 49 f.

313 Ebenda.

314 StPO 1968.

315 Vernehmungsprotokoll, 16.3.1984; BStU, MfS, AU 15342/84, Bd. 2, Bl. 49 f.

ben, in manchen Fällen vorher. Mit der strafprozessualen Erklärung des Beschuldigten wurden dem Anwalt in der DDR die Hände weitgehend gebunden. Wenn er begann, neue Beweisanträge zu stellen, die Aussagen seines Mandanten infrage zu stellen oder diesen gar zu einem Widerruf ermunterte, setzte er sich dem Verdacht aus, ein bisher korrekt verlaufendes Verfahren zu gefährden oder zu verschleppen. Das konnte Beschwerden oder Disziplinarmaßnahmen nach sich ziehen.

### *Qualität der Beratung*

Nach Tagen und Wochen der Isolation[316] waren die Erwartungen der Häftlinge an den Anwaltssprecher nicht selten hoch. »Zuerst war ich ja froh, endlich einen Rechtsanwalt sprechen zu können, der mir ja auf rechtlichem Gebiet einiges erklären konnte.«[317] Allerdings beschreiben ehemalige Häftlinge gerade die juristische Qualität der anwaltlichen Beratung vor den Prozessen selten positiv.[318] Inhaftierte empfanden die Betreuung als so schlecht, dass sie diese nur über sich »ergehen«[319] ließen oder sogar einen anderen Anwalt beauftragten.[320] Das lag sicher an einschränkenden Bedingungen, gelegentlich auch daran, dass die Anwälte von vornherein als Stasi-nah angesehen wurden,[321] oft auch am Verlauf der Gespräche. Es sind eher Ausnahmen, wenn geschildert wird, dass Anwälte für das Verfahren hilfreiche Orientierungen gaben. Hervorgehoben wurde zum Beispiel die Vorbereitung auf die Art, wie die Vorsitzende des I-A-Senates am Stadtgericht ihre Prozesse führte.[322] Auch die Weiterleitung von Informationen über andere Häftlinge wurde dem Anwalt hoch angerechnet.[323] Als wichtiger Hinweis galt die Schilderung von Reaktionen auf die eigene Verhaftung im Westen. Bei derartigen Informationen befand sich der Anwalt aber schon im risikobehafteten Bereich, was den Mandanten durchaus bewusst war.[324] Als hilfreich wurden Hinweise auf die juristische Lage angesehen,[325] selbst nüchtern realistische Einschätzungen der Prozessaussichten wurden als Orientierung auf-

316 Spohr: In Haft, S. 250 ff.

317 Schlicke, Birgit: Knast-Tagebuch. Erinnerungen einer politischen Gefangenen an Stasi-Haft und das Frauenzuchthaus Hoheneck. Wiesbaden 2001, S. 58 f.

318 Booß: Schwein Tolbe, S. 31; Spohr: In Haft, S. 299 f.

319 Schmidt: Leerjahre, S. 140.

320 Gespräch mit Regina Ebert. In: Schacht: Hohenecker Protokolle, S. 228; Schlicke: Knast-Tagebuch, S. 66.

321 Spohr: In Haft, S. 298 f.

322 Interview Hohenschönhausen: M. B. Er charakterisiert die Richterin nach dem Prozess als »Furie«.

323 Interview Hohenschönhausen: E. D.-K.

324 Interview Hohenschönhausen: M. B.

325 Furian: Mielkes Mühlen, S. 166.

genommen: »Der sagte mir vorher: ›Was sollen wir machen?‹, er kann nichts machen, er kann nur dabei sein, er muss ja, und gab so ein paar Hinweise, ich soll die Klappe halten, mich hier nicht irgendwie darstellen und sollte hier bei der Linie bleiben, bei der ich bin und mich auf nichts einlassen, fest den Wunsch haben, wegzugehen. Und das fand ich – also, das war alles hundertprozentig, was der Mann mir sagte, genau auf den Punkt, und nur das und nichts anderes.«[326] Selbst Häftlinge, die Wolfgang Vogel als Anwalt ablehnten, waren froh, wenn man ihnen nüchtern erläuterte, dass es ohne Vogel nicht ging, wenn sie in den Westen wollten. »Viel machen konnte ein Anwalt sowieso nicht, außer eben dieses, ja, an Vogel melden und dadurch dann irgendwie auf die Freikauflisten kommen.«[327] Kritisch wurde immer wieder die Kürze der Sprechtermine gewertet. Es war üblich, dass die Anwälte zu einem Termin mehrere Sprecher durchführten. Anlässlich eines Termins traf ein Anwalt beispielsweise sieben Inhaftierte.[328] Solche Termin-Häufungen dürften vorrangig auf das Verhalten der Kanzlei Vogel zurückzuführen sein. »Dr. Vogel hatte viele Klienten, die er in Fünf-Minuten-Gesprächen abfertigte. Es kam also darauf gar nicht an. Man unterhielt sich kurz.«[329] Obwohl in Einzelfällen die Leistungen von Vogel-Anwälten anerkannt wurden, ist auffällig, dass ehemalige Mandanten immer wieder auf die knappe anwaltliche Betreuung dieser Kanzlei verwiesen.[330] Die anwaltliche Betreuung war bei den Ausreiseinteressierten ein Massengeschäft.

### *Psychosoziale Betreuung*

Viele Gefangene gingen relativ illusionslos an die juristischen Abläufe heran oder wollten sie nur hinter sich bringen, um bald in den Westen zu kommen. Dennoch hofften sie auf Betreuung. Und es gab die soziale Erwartung. Die Inhaftieren gingen davon aus, dass der Anwalt Kontakte zu den Verwandten herstellte und diese über das Schicksal des Verhafteten auf dem Laufenden hielt.[331] Das war keineswegs ohne Risiko für die Anwälte. Wenn Sie Verwandte, zumal im Westen, über Verfahrensgegenstände informierten, riskierten sie Disziplinarmaßnahmen.[332] Bei Unteranwälten von Vogel erwartete das MfS offenbar, dass Vogel Derartiges unterband.[333] Zum zweiten hegten Häftlinge unausgespro-

326 Interview Hohenschönhausen: M. M.

327 Ebenda.

328 HA IX/AKG, Jahresanalyse 1984, 20.2.1985; BStU, MfS, HA IX Nr. 570, Bl. 46.

329 Gespräch mit Carola Schacht. In: Schacht: Hohenecker Protokolle, S. 179 f.

330 Spohr: In Haft, S. 299.

331 Hellström: Kreaturen, S. 333; Gespräch mit Carola Schacht. In: Schacht: Hohenecker Protokolle, S. 179 f.

332 HA IX/9, Aktenvermerk v. 20.7.1976; BStU, MfS, HA IX Nr. 17725, Bl. 13.

333 HA IX, Aktenvermerk v. 12.7.1976; ebenda, Bl. 8.

chen psychosoziale Erwartungen. Man war froh, »nicht wie eine Verbrecherin, sondern als Mensch«[334] behandelt zu werden. Es war psychologisch gut, mit jemandem zu sprechen, der sich »Verteidiger« nannte.[335] Mangels ausreichend objektivierbarer Quellen ist schwer nachvollziehbar, inwieweit die Anwälte dieser Erwartungshaltung entsprachen. Wenn sie es taten, wird das in der Regel mit einer Dankbarkeit erinnert, die sich deutlich von der Tristesse der Schilderungen von Untersuchungshaft und Prozess abhebt. Bezeichnend ist der Dialog eines Gefangenen mit einem Anwalt, der einräumte, dass er persönlich für den Ausreisewunsch nicht viel tun könne und fragte, »ob ich damit einverstanden sei, wenn wir uns einfach so ein bisschen unterhalten. Und da habe ich gesagt: ›Wunderbar‹ und dann hat er mir erzählt, was so in der Kirche abgeht, und es war ja '87 dann noch Kirchentag und 750 Jahre Berlin, und dann haben wir uns über solche Sachen unterhalten.«[336] Vergleichbare Schilderungen deuten darauf hin, dass die psychosoziale Betreuung aus Sicht der Betroffenen die wohl wichtigste Seite und der moralische Beistand manchmal die einzig wirkliche Möglichkeit der anwaltlichen Vertretung waren.[337] Unter diesem Aspekt ist das fließbandartige Abarbeiten von Gefangenenkontakten durch die Kanzlei Vogel kritisch zu sehen.[338] Allerdings war gerade der persönliche Kontakt das Einfallstor jener Anwälte, deren MfS-Nähe nach 1990 bekannt wurde, Empathie mit ihren Mandanten herzustellen. Kirchenanwalt Wolfgang Schnur wurde beispielsweise als »Retter in der Not«, »Christ«, »unabhängiger Anwalt«[339] geradezu überhöht.[340] Er zeigte Emotionen und weckte damit Vertrauen. Dass ausgerechnet er mit dem MfS zusammenarbeiten würde, traute ihm damals kaum ein Mandant zu.

## 9.3 Die anwaltliche Beratung

Nicht selten hatten Inhaftierte das Gefühl, dass Anwälte sie in eine Richtung drängen wollten, die eher staatlichen als ihren Interessen entsprach, wenn beispielsweise auf Aussagebereitschaft oder ungebeten auf Ausreise in den Westen orientiert wurde. »Die Freude [über den Anwaltsbesuch] schlug schnell in Enttäuschung um, dass ich dem ›Untersuchungsorgan‹ alles zu sagen hätte und so

334 Hellström: Kreaturen, S. 333.
335 Ebenda.
336 Interview Hohenschönhausen: M. M.
337 Busse: Deutsche Anwälte, S. 470.
338 Spohr: In Haft, S. 298.
339 Schlicke: Knast-Tagebuch, S. 65.
340 Martin Ferber: Spitzels Opfer. Horst Dietrich – Ein Opfer des Stasi-Spitzels Wolfgang Schnur erzählt. In: Das gestohlene Leben. Dokumentarerzählungen. Bamberg 2008, S. 78.

weiter.«[341] Obwohl sich die Erwartung der Ermittlungsorgane an das Geständnis im Laufe der Jahre deutlich gewandelt hatte, sollten wahrheitswidrige Geständnisse vermieden werden.[342] Das Geständnis blieb allein aus prozessökonomischen Gründen ein wichtiges Ermittlungsziel. Wenngleich die Rolle der Anwälte differenzierter als in früheren Jahren gesehen wurde, die Erwartung, dass der Anwalt die Ermittlungen unterstützt, wurde nie völlig aufgegeben. So wurde dem MdJ im Jahr 1976 über das Oberste Militärgericht und die Militärstaatsanwaltschaft von einer Untersuchungsabteilung des MfS mitgeteilt, dass »Beschuldigte nach der ersten Kontaktaufnahme mit [dem Anwalt in mehreren Fällen …] ihre früheren Geständnisse widerrufen haben«.[343] Das MdJ wandte sich daraufhin an das entsprechende Rechtsanwaltskollegium und vertrat die Auffassung, dass der Anwalt »nicht geeignet ist, die Funktion eines Anwalts in unserer Republik auszuüben«.[344] Das MdJ forderte das Kollegium unverhohlen auf, Disziplinarmaßnahmen zu ergreifen. Im Jahr darauf wurde das Kollegium allerdings vom MdJ aufgefordert, das Verfahren einzustellen. Die »bisherigen Aussprachen in dieser Sache [hätten] eine entsprechende erzieherischen Wirkung [… und der Anwalt] die notwendigen Schlussfolgerungen gezogen«.[345] Der Ablauf der Korrespondenz lässt vermuten, dass nicht das Kollegium oder das MdJ, sondern möglicherweise das MfS den Sinneswandel des Anwaltes herbeiführte.[346]

### 9.3.1 Beratung zu Aussagebereitschaft und Widerruf

Die Beratung zur Aussagebereitschaft und zum Widerruf blieb für die Anwälte ein heikles Thema. In Grundsatzartikeln in der Neuen Justiz wurde eine Gratwanderung unternommen, aber letztlich restriktiv argumentiert. Der Vorsitzende des Erfurter Kollegiums, Gerhard Pein, prangerte es 1972 als »Verstoß gegen die Berufspflichten«[347] an, wenn ein Anwalt seinen Mandanten zum Widerruf eines wahrheitsgemäßen Geständnisses veranlasse. Er dürfe den Mandanten zwar nicht zum Geständnis drängen, seine Pflicht sei es jedoch, ihn zur Wahrheit anzuhalten: »Diese Pflicht verletzt er, wenn er einen Beschuldigten

341 Schlicke: Knast-Tagebuch, S. 58 f.

342 Spohr: In Haft, S. 270 ff.

343 MdJ, Schreiben an das RAK Schwerin, 9.11.1976; BArch, DP1, 3464.

344 Ebenda.

345 MdJ, Schreiben an das RAK Schwerin, 7.4.1977; BArch, DP1, 3464.

346 Laut einer Karteikarte wurde dieser Anwalt 1988 unter dem Rubrum IMB »Curt Elze« geführt. Eine Akte dazu konnte bislang nicht aufgefunden werden. BStU, MfS, BV Schwerin, Kartei, F 16/22, Vorgang Nr. AIM II 381/88.

347 Pein, Gerhard: Zur Tätigkeit des Anwaltes im sozialistischen Strafverfahren. In: NJ 26 (1972) 17, S. 508–511, hier 509.

oder Angeklagten, der gestehen will, davon abzuhalten sucht.«[348] Die Charakterisierung als Pflichtverletzung machte deutlich, dass ein Anwalt das Risiko disziplinarischer Maßnahmen einging, wenn er sich nicht an diesen Maßstäben orientierte.

Mehr als zehn Jahre später setzte sich Gregor Gysi differenziert mit der Beratung des Mandanten zum Aussageverhalten auseinander. Der Artikel war eine Reaktion auf Beschwerden der Generalstaatsanwaltschaft über das Verhalten einer Anwältin.[349] »Nicht ungefragt«[350] würde der Verteidiger auf die Möglichkeit eines Widerrufes hinweisen. Der gleiche Hinweis galt im Text wohl auch für die Möglichkeit auf Aussageverweigerung. Lediglich wenn er gefragt würde, müsse der Anwalt dem Mandanten wahrheitsgemäß mitteilen, dass es eine Aussagepflicht nicht gebe. Damit argumentierte Gysi restriktiver als Pein, der noch eine Belehrung des Mandanten für unkritisch gehalten hatte.[351] Ein aktives Handeln des Anwaltes könne laut Gysi aber als »Aufforderung [zu Widerruf oder Nichtaussage] missverstanden werden«.[352] Lediglich der Widerruf eines aufgrund von anderen Beweismitteln erwiesenermaßen unzutreffenden Geständnisses galt als legitim.[353] Gysi vermied es zwar, vor »Pflichtverstößen« zu warnen, aber weitgehender als Pein verwies er unter dem Rubrum »Beratungspflicht« darauf, dass der Anwalt auf die Vorzüge einer Aussage und eines wahrheitsgemäßen Geständnisses hinzuweisen habe. Diese Auffassung begründete Gysi nicht nur mit prozesstaktischen Überlegungen, sondern mit der vermeintlichen Rechtslage. Ausgehend von dem im Artikel 102 verfassungsmäßig verbürgten Recht auf Verteidigung wies Gysi auf Aussagerechte hin,[354] die dem Beschuldigten beziehungsweise Angeklagten laut Strafprozessordnung zustanden: das Recht, an der Wahrheitsfeststellung teilzunehmen,[355] das Recht auf aktive Mitwirkung am gesamten Strafverfahren,[356] die Regelungen zur Vernehmung, die das Recht, im Ermittlungs- beziehungsweise Hauptverfahren zur Beschul-

348 Ebenda.

349 Vgl. im Kapitel Erziehung zur sozialistischen Anwaltschaft den Abschnitt Steuerungsfunktionen von Beschwerden und Eingaben

350 Gysi, Gregor: Aufgaben des Verteidigers bei der Belehrung, Beratung und Unterstützung des Beschuldigten im Ermittlungsverfahren. In: NJ 39 (1985) 10, S. 416–418, hier 417. Eine legitime Aufforderung zum Widerruf galt als »Ausnahme« nur, wenn das Geständnis im Widerspruch zu anderen Beweismitteln stand. Ebenda.

351 Pein, Gerhard: Zur Tätigkeit des Anwaltes im sozialistischen Strafverfahren. In: NJ 26 (1972) 17, S. 508–511, hier 509.

352 Gysi, Gregor: Aufgaben des Verteidigers bei der Belehrung, Beratung und Unterstützung des Beschuldigten im Ermittlungsverfahren. In: NJ 39 (1985) 10, S. 417.

353 Ebenda.

354 Verfassung-DDR 1968, Art. 102 Abs. 2.

355 StPO 1974, § 8 Abs. 2.

356 StPO 1974, § 15 Abs. 1.

digung beziehungsweise dem Verdacht gehört zu werden,[357] festschrieben.[358] Die Rechte des Beschuldigten beziehungsweise Angeklagten, an der Wahrheitsfindung teilnehmen zu können, interpretierte Gysi, ohne das explizit so zu benennen, als Argumente für ein aktives Aussageverhalten. Man konnte den Text derart verstehen. In MfS-Kreisen wurde er genau in diesem Sinne rezipiert, dass das Recht auf Mitwirkung des Anklagten eine Verpflichtung zur Aussage beinhalte und der Anwalt in dieser Richtung zu beraten habe. Gysi selbst schlussfolgerte, der Anwalt würde »niemals dazu raten, die Aussage zu verweigern«.[359] Die Ausführungen in diesem Artikel waren keineswegs rein theoretischer Natur. Der Vermerk eines Vernehmers, der an dem Treffen eines Anwaltes mit seiner Mandantin in der Untersuchungshaft teilnahm, hielt fest, dass die Mandantin seit einiger Zeit die Aussage verweigerte und keine Protokolle unterzeichnete hat. Darauf argumentierte der Anwalt, dass das Aussageverhalten »ein Strafzumessungskriterium sei, was jedoch nur im positiven Sinne berücksichtigt werden könnte. Sie solle jedoch die Gelegenheit der Vernehmung nutzen, um ihre Position darzulegen.«[360] Der Anwalt meinte laut MfS-Aufzeichnung, die Beschuldigte könne damit beispielsweise klarstellen, dass keine landesverräterische Nachrichtenübermittlung nach Paragraf 99 StGB vorliege, ein Vorwurf der bis dato gar nicht erhoben wurde. »Auch gebe es keinen vernünftigen Grund, Vernehmungsprotokolle, wenn darin ihre Aussagen richtig wiedergegeben sind, nicht zu unterzeichnen.«[361] Ein anderer Mandant schildert, dass ihm von seinem Anwalt nahegelegt wurde, sich durch Aussagen zu entlasten.[362] Dieses war ein riskanter Ratschlag. Die StPO sah zwar die »Teilnahme [des Anwaltes] an von ihm beantragten Beweiserhebungen im Ermittlungsverfahren«[363] vor.[364] Allerdings wurde mit dieser Einschränkung die Teilnahme an Vernehmungen, die die Untersuchungsorgane von sich aus durchführten, ausgeschlossen.[365] Der Be-

357 StPO 1974, §§ 47, 105 u.224.

358 Gysi, Gregor: Aufgaben des Verteidigers bei der Belehrung, Beratung und Unterstützung des Beschuldigten im Ermittlungsverfahren. In: NJ 39 (1985) 10, S. 417. Diese Interpretation stand in einem Spannungsverhältnis zur Interpretation des § 8 Abs. 2 im Strafprozesskommentar von 1969 und 1987: »Das Mitwirkungsrecht des Beschuldigten oder Angeklagten ist keine Rechtspflicht zur Mitwirkung an der Feststellung der Wahrheit.« Strafprozessrecht Kommentar 1987, S. 29; Strafprozessrecht Lehrkommentar 1968, S. 35.

359 Gysi, Gregor: Aufgaben des Verteidigers bei der Belehrung, Beratung und Unterstützung des Beschuldigten im Ermittlungsverfahren. In: NJ 39 (1985) 10, S. 417.

360 HA IX, Vermerk über den Sprecher zwischen der Beschuldigten Ulrike Poppe und Rechtsanwalt Dr. Gysi, 27.12.1983; BStU, MfS, AU 4377/84, Bd. I, Bl. 422–424, hier 424.

361 Ebenda.

362 Interview mit Thomas Klingenstein unter anderem zu seiner Begegnung mit Gregor Gysi. In: HuG 79 (2013) 1, S. 54 f.

363 StPO 1974, § 64 Abs. 2.

364 Strafprozessrecht Kommentar 1987, S. 99.

365 Horst Zank u. a.: Forschungsergebnisse zum Thema: Grundlegende Anforderungen und Wege zur Gewährleistung der Einheit von Parteilichkeit, Objektivität, Wissenschaftlich-

schuldigte in der Untersuchungshaft war also in der Regel bei Vernehmungen auf sich selbst gestellt, das Risiko, sich zu belasten, daher hoch. Unter den Berliner Verteidigern kursierte entsprechend das »Bonmot«: »Ehrlich sitzt am längsten.«[366] Erst Mitte 1989 wurde deutlich klargestellt, dass man den Anwalt nicht anhalten dürfe, einen Mandanten zu »wahrheitsgemäßen Erklärungen aufzufordern«,[367] weil das als ein Drängen zum Geständnis missverstanden werden könne. Die Beratungspflicht zum Schweigerecht des Angeklagten, wiewohl hinter verschlossenen Türen schon länger in der Diskussion, wurde erst kurz vor Ende der DDR Gesetz.[368]

### 9.3.2 Beratung zur Ausreise

Der Oppositionelle Jürgen Fuchs, der sich 1976/77 in Untersuchungshaft befand, bevor er in den Westen ausgebürgert wurde,[369] fühlte sich durch die Worte seines Anwaltes zur Ausreise erpresst: »Die Staatsanwaltschaft geht davon aus, wie ich mitbekommen habe, dass Sie nicht in die DDR entlassen werden können.«[370] Freya Klier sah sich in einer ähnlichen Situation »hintergangen«.[371] Dass Anwälte mit ihren Mandanten die Ausreisefrage erörterten, ist durch Zeitzeugeninterviews mehrfach überliefert. Da den Anwälten durch informelle Weisung des Justizministeriums verboten war, vor einer staatlichen Genehmigung aktiv Ausreiseberatung zu betreiben, ließen Anwälte Vorsicht walten, wenn sie die Frage in der Haftanstalt anschnitten. Sie deuteten Ausreisefragen »nur durch eine Handbewegung«[372] oder heimliche schriftliche Notizen an.[373] Wenn die Frage aufgrund des Deliktes im Raume stand, durfte offenbar darüber gesprochen werden. Manche Anwälte boten dann an, die Angelegenheit an die Kanzlei Vogel abzugeben.[374]

keit und Gesetzlichkeit in der Untersuchungsarbeit des MfS im Ermittlungsverfahren, September 1981; BStU, MfS, JHS Nr. 21912, Bd. 1, Bl. 359.

366 Lothar de Maizière zitiert nach Busse: Deutsche Anwälte, S. 472, FN 577.

367 Berufspflichten des Rechtsanwalts in der DDR. Beschluss des Rates der Vorsitzenden der Kollegien der Rechtsanwälte in der DDR v. 30.6.89. In: NJ 43 (1989) 12, S. 495–499, hier 498.

368 Luther: Strafprozessrecht, S. 383 f.

369 Fuchs wurde im Zusammenhang mit Protesten gegen die Biermann-Ausweisung inhaftiert. Neubert: Geschichte der Opposition, S. 244 f.

370 Wolfgang Vogel nach Jürgen Fuchs: Gedächtnisprotokolle, S. 218.

371 Klier, Freya: Tagebuch einer Haft. In: Zeitzeugen Hohenschönhausen, S. 344.

372 Sickert, Bernd: Gesprochen wurde nichts, wir nickten nur. In: Furian: Mielkes Mühlen, S. 84 f.

373 Interview Hohenschönhausen: U. F.

374 Interview Hohenschönhausen: M. M.

Die bekannten Fälle, in denen Anwälte ihren Mandanten die Ausreise nahe legten, betreffen vor allem Vertreter der DDR-Opposition. Ulrike Poppe kam am 12. Dezember 1983 als Vertreterin der Gruppe »Frauen für den Frieden« in Haft, als die DDR nach dem Beschluss des Deutschen Bundestages zur Stationierung von atomaren Mittelstreckenraketen im November 1983 meinte, keine Rücksicht mehr auf die unabhängige Friedensbewegung nehmen zu müssen.[375] Ulrike Poppe und ihr Ehemann Gerd zählten in den 1980er-Jahren zu den vom MfS am intensivsten verfolgten Oppositionellen. Es war vorgesehen, sie in einem Krisenfall präventiv zu beobachten beziehungsweise festzunehmen, um sie politisch und physisch zu »isolieren«.[376] Gerd wurde in dieser Zeit von Gregor Gysi, dem Anwalt seiner Frau, beraten. Im Beratungsgespräch kam dieser laut MfS-Akten auf die Perspektiven der Eheleute Poppe und ihrer Kinder zu sprechen. Er skizzierte danach gegenüber Gerd Poppe die Alternative, »sich in die gegebenen gesellschaftlichen Verhältnisse in der DDR einzuordnen oder er müsste ständig mit anderen Schwierigkeiten rechnen, wenn entsprechende Aktionen nicht unterlassen werden. [...] Dann aber bestünde nur die Möglichkeit, sich für einen ganz anderen Lebensweg, allerdings außerhalb der DDR, zu entscheiden.«[377] Ob der Anwalt, sofern das Gespräch auf diese Weise stattfand, seinem Mandanten wohlmeinend Alternativen aufzeigte oder sich sein Ratschlag in die Zersetzungsmaßnahmen des MfS einreihte, ist nicht abschließend zu beantworten. Fest steht allerdings, dass dieses Gespräch im Kontext einer Strategie steht, mit der das MfS versuchte, das oppositionelle Ehepaar Poppe durch Kriminalisierung, Druck am Arbeitsplatz und im privaten Bereich zu zermürben und möglicherweise zum Verlassen der DDR zu bewegen.[378] Als die Liedermacherin Bettina Wegner 1983 in der DDR immer größere Schwierigkeiten bekam, besprach ihr Rechtsanwalt laut MfS-Unterlagen mit ihr die Alternative der Ausreise. »Ihr wurde auch nicht davon abgeraten, da es offensichtlich ist, dass ein

375 Verhaftung mit Bärbel Bohley, Irena Kukuz und Jutta Seidel. Neubert: Geschichte der Opposition, S. 496 ff.

376 In Planspielen dichtete das MfS Gerd Poppe sogar terroristische Absichten an. HA XX/2, Alarmübung, 20.12.1985; BStU, MfS, HA XX Nr. 24348. Bl. 96–103, hier 98. »Das Übungsszenario ist völlig unsinnig, denn nie haben wir uns derart militant verhalten. Weder gab es eine ›illegale Kampfleitung‹ noch sollen Waffen beschafft oder Daten von Funktionären gesammelt werden. Es ist ein besonders perfider Versuch der Kriminalisierung, DDR-Oppositionelle in die Nähe von Terroristen oder von NS-Tätern zu rücken.« Gerd Poppe in einer E-Mail vom 10.4.2015 an den Autor.

377 HA XX/9, Vermerk über eine Rücksprache zischen Herrn Poppe und Rechtsanwalt Dr. Gysi, 15.12.1983; BStU, MfS, AOP 1010/91, Bd. 16, Bl. 187 f. Das Dokument ist maschinenschriftlich mit »Notar« gezeichnet.

378 HA XX/2, Abschlussbericht zum OV »Zirkel«, 29.8.1983; ebenda, Bd. 16, Bl. 8–21; HA XX/2, Vermerk v. 15.12.1983; ebenda, Bd. 16, Bl. 166 u. 172. Gerd Poppe erinnert, dass er von MfS-Mitarbeitern in seiner Wohnung aufgesucht und zur Ausreise aufgefordert wurde. Telefonat mit Gerd Poppe am 13.10.2014.

weiteres Leben von Bettina Wegner nur zu Schwierigkeiten für sie und die DDR führen kann.«[379] Im Fall eines Pfarrers wurde die Beratungsmöglichkeit des Anwaltes in die Planspiele des MfS einbezogen, den angehenden Theologen gegebenenfalls in den Westen überzusiedeln. Der Theologe wurde am 13. August 1986, dem Jahrestag des Mauerbaus, durch eine spektakuläre Aktion bekannt.[380] Er hatte sich in Kreuzform in das Obergeschossfenster eines Gebäudes in Sichtweite der Mauer gekettet. Auf der Westseite wurde das Geschehen fotografiert. Das Foto machte in der Presse Furore. Der Protestierer saß in Haft und musste mit einer Freiheitsstrafe von über einem Jahr rechnen. Kirchenkreise bis zum Bischof der evangelischen Kirche von Berlin-Brandenburg setzten sich für ihn ein. Der Staat signalisierte Kompromissbereitschaft. Die Kirche und der Anwalt sollten sich, so die Planung, »für dessen Disziplinierung und umgehende Übersiedlung in die BRD einsetzen«.[381] Später musste die Strategie modifiziert werden, da sich die evangelische Kirche stark engagierte und eine Skandalisierung in der westlichen Presse befürchtet werden musste. Insbesondere der Korrespondent des Spiegel hatte gegenüber dem Anwalt des Theologiestudenten unverhohlen gedroht, dass er »im Westen riesigen Lärm in der Presse machen«[382] würde. Letztlich durfte der Student nach Verurteilung und Aussetzung der Strafe auf Bewährung in der DDR bleiben. Die Kirche, der Bischof in Berlin-Brandenburg persönlich, verpflichteten sich gegenüber staatlichen Stellen zur »Bewährungsbegleitung«.[383] Das MfS erwartete, dass die Kirche den Theologen von weite-

379 HA XX/9, Vermerk über eine Rücksprache zwischen Bettina Wegner und ihrem Rechtsanwalt Dr. Gregor Gysi am 2.3.1983; BStU, MfS, HA XX/AKG Nr. 856, Bl. 11 f.

380 Neubert: Geschichte der Opposition, S. 570 ff.; Kowalczuk: Endspiel, S. 226.

381 Vorschlag zum Abschluss des Strafverfahrens gegen einen Studierenden am Sprachenkonvikt der Evangelischen Kirche in Berlin-Brandenburg, o. D.; BStU, MfS, HA XX/4 Nr. 2525, Bl. 31–34, hier 33. Es handelt sich vermutlich um ein Dokument, das in der HA XX entstand. Die veränderten Vorschläge enthalten keine Daten, sind aber vom Inhalt her chronologisch einzuordnen.

382 »Die Quelle kann auf Schwarz weiteren Einfluss ausüben«. In: Berliner Zeitung vom 30.4.1998. Weitere Dokumenten zum Sachverhalt in: Weigt, Gerhard: Demokratie jetzt. Der schwierige Weg zur deutschen Einheit. Ein Zeitzeuge berichtet. Leipzig 2015, S. 427–431; vgl. insbes. Dok. 10; ebenda, S. 430 f.

383 GStA Berlin/Dieter Simon, Telefon. Rücksprache mit Bischof Dr. Forck, 10.12.1986; BStU, MfS, HA XX/4 Nr. 2525, Bl. 48. Der Spiegel-Korrespondent Ulrich Schwarz hatte sich an den Anwalt Gregor Gysi gewandt. Zu zwei Gesprächen gibt es zwei Informationen der HA XX, deren eine sich auf eine »zuverlässige inoffizielle Quelle« bzw. eine »inoffizielle Quelle« bezieht. Schwarz geht davon aus, dass es sich um Gespräche mit Gysi handelte, bei denen nur Gysi anwesend war und die den Sachverhalt genau wiedergeben. Gysi meint dagegen, die Indizien sprächen »eindeutig« gegen eine Zusammenarbeit mit dem MfS in dieser Sache und schloss eine Quelle in seiner Kanzlei nicht aus. Bericht des Ausschusses für Wahlprüfung, Immunität und Geschäftsordnung zu dem Überprüfungsverfahren des Abgeordneten Dr. Gregor Gysi gemäß § 44 b Abs. 2 Abgeordnetengesetz v. 29.5.1998 (Deutscher Bundestag, Drucksache; 13/10893), S. 41 ff. Zwischen der ersten und der zweiten MfS-»Information« wurde der Prozess aufgrund »zentraler Entscheidung« wegen der laufenden kirchlichen Friedensdekade angehal-

ren Straftaten abhält. Das MfS ging ferner davon aus, dass sich der Freigelassene an den Anwalt wenden würde, wenn er ein Interesse daran hätte, ein Übersiedlungsgesuch zu stellen.[384] Damit ist nicht gesagt, dass der Anwalt in Übersiedlungsfragen die Rolle spielte, die das MfS ihm zugedacht hatte. Es ist nicht einmal eindeutig, dass er die kannte.[385] Allerdings zeigt der Fall, dass ein Anwalt sehr wohl unter den Augen des MfS Ausreisefragen mit seinem Mandanten verhandeln durfte, sofern das den Interessen des MfS entsprach. So wurde trotz des Beratungsverbotes auch von IMS »Martin« erwartet, dass er »unter Legende kostenloser Beratung«,[386] Kontakt zu Ausreisewilligen herstellen könne.

### *Ausreisen im Zusammenhang mit der Luxemburg-Liebknecht-Demonstration 1988*

Das bekannteste Beispiel dafür, wie Ausreiseentscheidungen gefällt wurden, betraf 1988 mehrere Berliner Oppositionelle. Die ersten wurden im Januar 1988 zeitnah mit der traditionellen Demonstration in Gedenken an die Ermordung von Rosa Luxemburg und Karl Liebknecht verhaftet. Der vordergründige Anlass für die Verhaftungswelle waren geplante Protestaktionen von Ausreiseantragstellern und Oppositionellen am Rande dieser politischen Kundgebung. Allerdings beruhten die Festnahmen der Oppositionellen auf schon länger zurückliegenden Planungen des MfS, die dazu dienen sollten, die Berliner Opposition weitgehend auszuschalten.[387] Für Wolfgang Templin und Bärbel Bohley existierten seit 1982, wie für Familie Poppe, Pläne, sie im Krisenfall präventiv zu verhaften und politisch wie physisch zu »isolieren«. In der Untersuchungshaft wurden Bärbel Bohley, Werner Fischer, dem Ehepaar Lotte und Wolfgang Templin, Freya Klier, Stefan Krawczyk sowie Vera Wollenberger und Ralf Hirsch eine Ausreise in den Westen als das kleinere Übel nahegelegt. Letztlich entschlossen sich die meisten zur Ausreise auf Zeit. Nach Ablauf einer gewissen

ten und der neue Kompromiss ausgehandelt. HA XX, Information zur bevorstehenden gerichtlichen Hauptverhandlung gegen […], 8.11.1986; BStU, MfS, HA XX/4 Nr. 2525, Bl. 26 f.; Information zur bevorstehenden gerichtlichen Hauptverhandlung gegen […]. 10.11.1986; ebenda, Bl. 28 f.; Vorschlag zum Abschluss des Strafverfahrens gegen einen Studierenden am Sprachenkonvikt der Evangelischen Kirche Berlin-Brandenburg, o. D. (vermutl. Dezember 1986); ebenda, Bl. 4.

384 Vermerk, o. D. (vermutl. Dezember 1986); BStU, MfS, HA XX/AKG Nr. 856, Bl. 10.

385 Im Prozessplädoyer verwies der Anwalt sogar darauf, dass sein Mandant die DDR nicht verlassen wollte. Stadtbezirksgericht Pankow, Protokoll der Hauptverhandlung, 3.12.1986; BStU, MfS, AU 1914/87, [Teilband] Gerichtsakte, Bl. 35–53, hier 49.

386 HA XX/1, TB mit IMS »Martin«, 18.2.1988; BStU, MfS, AIM 1111/91, Bl. 168 f.

387 Maßnahmen zur Realisierung der Festlegungen zu abgestimmten Personen, Anlage zur Übungseinlage, 22.12.1982; BStU, MfS, HA XX Nr. 24348, Bl. 70; Kowalczuk: Endspiel, S. 263 ff.; Passens: MfS-Untersuchungshaft, S. 235 ff.

Frist war eine Rückkehr in die DDR verabredet.[388] Dies war ein Kompromiss, an dessen Entstehen die evangelische Kirche einen starken Anteil hatte.

Die Regisseurin und Autorin Freya Klier hat auf Basis ihrer Erinnerungen und von MfS-Unterlagen geschildert, wie ihr Anwalt, Wolfgang Schnur, finassierte, um sie und den Liedermacher Stefan Krawczyk, ihren damaligen Partner, zur Ausreise zu bewegen.[389] Der Anwalt stützte sich dabei vordergründig auf Vorgaben des Kirchenkonsistorialpräsidenten Manfred Stolpe.[390] Im Hintergrund aber wirkten MfS und SED. Da sich die evangelische Kirche Berlin-Brandenburg zugunsten einiger Verhafteter eingeschaltet hatte, bekam die für Kirchenfragen zuständige HA XX/4 eine wichtige Koordinierungsfunktion.[391] Deren Leiter, Joachim Wiegand, hielt persönlich den Kontakt zu Kirchenanwalt Schnur, der als IM u.a. für diese Hauptabteilung gebucht war. Wiegands Bereich hielt zur gleichen Zeit konspirativen Kontakt zum Konsistorialpräsidenten Manfred Stolpe, der unter Bischof Gottfried Forck eine maßgebliche Rolle im Krisenmanagement der Kirche spielte. Wiegands Strategie gegenüber der Kirche war: »Wir wollten die Kirchenleute gewinnen, um Konflikte vorbeugend zu verhindern.«[392] In den MfS-Nachweisen wurde er als IMB »Sekretär« zeitweise mit direktem Bezug auf Wiegand geführt.[393] So kam es, dass der von der Kirche beauftragte Wolfgang Schnur eine wichtige Rolle bei der internen Strategiebildung der Kirche, bei der Ausforschung und Beeinflussung der Kirche durch das MfS und bei der Demoralisierung mehrerer Oppositioneller

388 Neubert: Geschichte der Opposition, S. 696 f.; Kowalczuk: Endspiel, S. 262 f.; Kowalczuk: Fasse Dich kurz, S. 84 ff.

389 Klier: Störenfried, S. 91–153; Kobylinski: Verräter, S. 316 ff. Schnur ist einer der wenigen Anwälte, denen wegen dieser Affäre die Zulassung aberkannt wurde. Schnur wurde außerdem vom Landgericht Berlin zu einer Gesamtfreiheitsstrafe von einem Jahr auf Bewährung wegen politischer Verdächtigung verurteilt. In: Pressemitteilung des BGH Nr. 69/96 vom 27.11.1996.

390 HA XX/4, Bericht zu Strafsachen/Vorgängen, 26.1.1988; BStU, MfS, BV Rostock, AIM 3275/90, T. II, Bd. 12, Bl. 145–147. Der Bericht, offenbar von Schnur inspiriert, spricht davon, dass Krawczyk von Stolpe ein entsprechendes vertrauliches Schriftstück vorgelegt wurde. Generell war Schnur vom MfS angewiesen, sich an Stolpe zu orientieren. BV Rostock/XX/4, Aktenvermerk v. 14.8.1987; BStU, MfS, BV Rostock, AIM 3275/90, T. I, Bd. 1, Bl. 227–229. Insofern scheint es nicht unbedingt plausibel, einen generellen Dissens zwischen Stolpe und Schnur zu vermuten, wie im Spiegel behauptet. Vgl. Historisch nicht haltbar. Für die Stasi-Unterlagen-Behörde bleibt Manfred Stolpe ein Zuträger des MfS. Stasi-Vergangenheit im Fokus: Der Historiker Ilko-Sascha Kowalczuk fordert einen anderen Blick auf die Vergangenheit Manfred Stolpes. In: ND v. 21.10.2014.

391 Hempel, Rudolf; Richter, Peter: Vor zwanzig Jahren. Karl und Rosa zwischen den Fronten. In: http://www.blogsgesang.de/2008/01/17/vor-zwanzig-jahren-karl-und-rosa-zwischen-den-fronten (letzter Zugriff: 25.5.2015).

392 Reuth, Ralf Georg: IM »Sekretär«. Die »Gauck-Recherche« und die Dokumente zum »Fall Stolpe«. Frankfurt/M. 1992, S. 172.

393 Ebenda.

spielte, die er anwaltlich betreute. Er hatte Kontakt zu Klier, Krawczyk, Hirsch, Wollenberger und anderen, die in Haft saßen.

Der Sänger Stefan Krawczyk war von der ersten Verhaftungswelle betroffen. Seine Lebensgefährtin Freya Klier wurde später mit anderen inhaftiert, nachdem sie einen Solidaritätsaufruf, einen Künstlerappell, verfasst und für die Medien verlesen hatte.[394] In der U-Haft verheimlichte Schnur ihr Informationen über die Solidaritätsbewegung in der DDR,[395] die sich DDR-weit zu einer der größten Protestbewegungen vor dem Herbst 1989 entwickelte und im Westen eine starke Resonanz entfaltete.[396] Mit diesem Informationsdefizit sollte Klier offenbar die Aussichtslosigkeit ihrer Situation deutlich gemacht werden. Auch gegenüber Stefan Krawczyk übte der Anwalt psychischen Druck aus, um eine Ausreise als einzig vernünftige Lösung erscheinen zu lassen.[397] Wenn es die Ausreiseentscheidung befördern konnte, transportierte Schnur Kassiber zwischen Klier und Krawczyk. Wenn es Zweifel stärkte, wurden die Zettel zurückgehalten oder dem MfS zugespielt. Der Anwalt machte Klier zudem unterschwellig dafür verantwortlich, dass sie mit ihrem demonstrativen Künstlerappell für die zweite Inhaftierungswelle verantwortlich sei. Das Schicksal der Mitinhaftierten hinge allein von ihrer Kompromissbereitschaft ab.[398] Auch das Schicksal der Tochter wurde vom Anwalt psychologisch geschickt ins Spiel gebracht.[399]

Der dem MfS ergebene Anwalt Schnur lieferte vermutlich Psychogramme über die seelische Verfasstheit der Häftlinge. Über einen hieß es: »Er klammerte sich fest an mich und weinte bitterlich.«[400] Es wurde genau dokumentiert, wie die Kirche zu den einzelnen Inhaftierten stand, inwieweit sie politische und rechtliche Rückendeckung gewährte und wie der Stand der innerkirchlichen Lageeinschätzung war. Interne MfS-Ausarbeitungen zeigen, dass diese Informationen analysiert und zur internen Strategiebildung genutzt wurden.[401] Dass Kompromissoptionen zurückgezogen und Anfang Februar plötzlich eine harte

394 Kowalczuk: Endspiel, S. 267 f.

395 Klier: Störenfried, S. 120.

396 Kowalczuk: Endspiel, S. 241 f.; Passens: MfS-Untersuchungshaft, S. 241 f.

397 HA XX/4, Bericht zu Strafsachen/Vorgängen, 26.1.1988; BStU, MfS, BV Rostock, AIM 3275/90, T. II, Bd. 12, Bl. 145–147; Klier: Störenfried, S. 112.

398 Klier: Störenfried, S. 115, 120 u. 130.

399 HA XX/4, Bericht zu Strafsachen/Vorgängen, 26.1.1988; BStU, MfS, BV Rostock, AIM 3275/90, T. II, Bd. 12, Bl. 145–147; Klier: Störenfried, S. 130.

400 HA XX/4, Bericht zu Strafsachen/Vorgängen, 26.1.1988; BStU, MfS, BV Rostock, AIM 3275/90, T. II, Bd. 12, Bl. 145. Kobylinski weist zu Recht darauf hin, dass manche Berichte von MfS-Offizieren protokolliert wurden und nicht auszuschließen ist, dass sie durch Informationen aus Abhörmaßnahmen bei den Anwaltssprechern angereichert wurden. Kobylinski: Verräter, S. 317.

401 HA XX/4, Bericht zu den Inhaftierten, 5.2.1988; BStU, MfS, BV Rostock, AIM 3275/90, T. II, Bd. 12, Bl. 165–168. Der Verfasser, Joachim Wiegand, war der Leiter der HA XX/4 im MfS.

Linie, Ausreise aus der DDR oder lange Haftstrafen, verkündet wurde, mochte damit zusammenhängen, dass das MfS genau wusste, dass die Zermürbungsstrategie erste Erfolge zeigte.

Nach den ersten Urteilen gegen Festgenommene, Ende Januar 1988, resignierte Klier in der Tat. Es gab Andeutungen, dass in ihrem Falle nicht mehr Rowdytum, sondern Landesverrat vorgeworfen werden könnte. Dass nicht mehr Strafen von einigen Monaten, sondern von mehreren Jahren drohten, wirkte beängstigend.[402] Das MfS hatte eine Argumentation erarbeitet, wonach führende Oppositionelle durch Kontakte mit prominenten Exil-Oppositionellen im Westen, wie Roland Jahn, angeblich Geheimdienstkontakte pflegten.[403] »Die Realität, von der ich ausgehe, existiert nicht. Meine Realität ist eine von Schnur geschaffene Fiktion«,[404] beschreibt Klier ihre manipulierte Entscheidungssituation. Angesichts des vom Anwalt mitbetriebenen Psychokrieges resignierten schließlich beide Künstler und erklärten sich am 1. Februar zur Ausreise bereit.[405] Ein Schreiben von Klier an die Generalstaatsanwaltschaft, in dem sie diesen Schritt erwog, um die Lage auszuloten, wurde von Schnur genutzt, um andere Oppositionelle in der U-Haft zu demoralisieren.[406] Schnurs MfS-Führungsoffizier resümierte: »Mehrere Aufgaben wurden von der Leitung des MfS gestellt, sie wurden vom IM gelöst und fanden die Anerkennung des Gen[ossen] Minister [für Staatssicherheit].«[407] Schnur dagegen behauptete in Selbstrechtfertigungen bis zuletzt, er hätte mit der zeitweisen Ausreise bei Erhalt der Staatsbürgerschaft einen eigenständigen Kompromiss zugunsten seiner Mandanten erzielt.[408]

Ähnlich wie Klier schilderten Vera Wollenberger und Lotte Templin die Einflussnahme der Anwälte. Nach den Erinnerungen von Lotte Templin hielt der Anwalt ihres Ehemannes, Lothar de Maizière, eine Entlassung in die DDR für

402 Klier: Störenfried, S. 119 f.

403 Kowalczuk: Fasse Dich kurz, S. 84 f.

404 Klier: Störenfried, S. 120.

405 Klier: Störenfried, S. 131 f. Wegen des Verhaltens im Fall Klier/Krawczyk wurde Schnur 1993 wegen Verstoßes gegen »Grundsätze der Menschlichkeit und der Rechtsstaatlichkeit« die Anwaltszulassung aberkannt. 1996 wurde er nach Bestätigung durch den Bundesgerichtshof wegen politischer Verdächtigung nach § 241a StGB zu einer Gesamtfreiheitsstrafe von einem Jahr auf Bewährung verurteilt. In: Pressemitteilung des Bundesgerichtshofs Nr. 69/96 vom 27.11.1996 zugl.: http://archiv.jura.uni-saarland.de/Entscheidungen/pressem96/BGH/strafrecht/schnur.html (letzter Zugriff: 23.4.2014); Wer war wer in der DDR? Ein Lexikon ostdeutscher Biografien. In: www.bundesstiftung-aufarbeitung.de/wer-war-wer-in-der-ddr-%2363%3B-1424.html (letzter Zugriff: 23.10.2014).

406 Klier: Störenfried, S. 123 f.

407 HA XX/4, TB mit »Ralf Schirmer«, 8.2.1988; BStU, MfS, BV Rostock, AIM 3275/90, T. II, Bd. 12, Bl. 151.

408 Kobylinski: Verräter, S. 321.

unrealistisch, Vogel und Schnur orientierten ebenso auf die Ausreise.[409] Das gilt offenbar auch für Ralf Hirsch, der nach Krawczyk und Klier die DDR für immer verließ.[410] Auch gegenüber Wollenberger redete Anwalt Schnur die Solidarisierungsbewegung klein.[411] Vera Wollenberger war schon zu sechs Monaten Haft abgeurteilt worden. Bald nach dem Urteil informierte Schnur sie über die angebliche Ausreisbereitschaft von Klier und überredete sie, ihm für den Notfall ebenfalls eine Ausreisebereitschaftserklärung auszuhändigen. Das Papier wurde absprachewidrig sofort der Bundesregierung zugänglich gemacht, um die angebliche Ausreisewilligkeit der Bürgerrechtler zu dokumentieren.[412] Dann war plötzlich, wie im Fall Klier,[413] Wolfgang Vogel zur Stelle. Er machte Wollenberger ein konkretes Ausreiseangebot, mit einem befristeten Ultimatum verbunden. Wollenberger lehnte zunächst ab und beharrte darauf, in die DDR entlassen zu werden. Vogel-Anwalt Dieter Starkulla, nicht von ihr mandatiert, suchte Wollenberger auf und riet ihr ebenfalls dringend zur Ausreise.[414] Auch Anwalt Schnur bestritt, dass es für Wollenberger noch Möglichkeiten gäbe, in die DDR entlassen zu werden.[415] Als viele der Oppositionellen die DDR schon verlassen hatten, erwog auch Wollenberger, wie Bärbel Bohley und Werner Fischer, in einen kirchlichen Studienaufenthalt in England einzuwilligen. Allerdings war unklar, was aus Wollenbergers Kindern werden sollte, da ihr Ehemann Knud zunächst in der DDR bleiben wollte.

Just zu diesem Zeitpunkt wurde Vera Wollenberger von Anwalt Gregor Gysi in der Haft aufgesucht. Wer ihn beauftragte, ist bis heute ungewiss.[416] Eines der Treffen soll sich in einem Gästehaus des MfS außerhalb der Haftanstalt abge-

409 Lotte Templin: Brief an die »Initiative Frieden und Menschenrechte«, o. D. (vermutl. Juni 1988); BStU, MfS, AOP 1057/91, Bd. 14, Bl. 393–402, hier 395 ff.

410 Hempel, Rudolf; Richter, Peter: Vor zwanzig Jahren. In: http://www.blogsgesang.de/2008/01/17/vor-zwanzig-jahren-karl-und-rosa-zwischen-den-fronten (letzter Zugriff: 25.5.2015).

411 Vera Wollenberger nahm inzwischen wieder ihren Mädchennamen, Lengsfeld, an. Die nachfolgende Schilderung basiert auf ihrer Erinnerung, ihrer autobiografischen Publikation. Lengsfeld, Vera: Ich wollte frei sein. Die Mauer, die Stasi, die Revolution. München 2011, S. 207.

412 Ebenda, S. 213.

413 Klier: Störenfried, S. 132.

414 Lengsfeld: Ich wollte, S. 213 u. 216.

415 Ebenda, S. 217. Lengsfeld behauptet heute, nach einer Einsicht in ihre Akten, dass ihre Entlassung in die DDR eigentlich kurz bevor gestanden habe, weil die Staatsanwaltschaft am 6.2. einen Beschluss auf Aussetzung der Strafe zur Bewährung erwirkte und sie am 8.2. entlassen werden sollte. Allerdings war das Verfahren im Falle der strafrechtlich Verurteilten auch bei einer Entlassung in die Bundesrepublik erforderlich. Zudem ist es möglicherweise ein weiterer Beleg für die schwankende Strategie des Staates. Wunnicke, Christoph: Wandel, Stagnation, Aufbruch Ost. Berlin im Jahr 1988. Berlin 2008. In: http://www.berlin.de/imperia/md/content/lstu/schriftenreihe/heft25_webvorlage.prn.pdf?start&ts=1406798610&file=heft25_webvorlage.prn.pdf (letzter Zugriff: 23.5.2015).

416 Wollenbergers Ehemann bestritt gegenüber seiner Frau, das Mandat erteilt zu haben. Lengsfeld: Ich wollte, S. 218. Gysi gibt an, vom Ehemann beauftragt worden zu sein, vermei-

spielt haben. Das wirkt wie eine Inszenierung.[417] Gysi handelte zwischen den Ehepartnern einen Kompromiss über den Verbleib der Kinder aus. Diese sollten mit in den Westen kommen, beziehungsweise ihren Schulabschluss in der DDR machen können. Laut Gysis Schilderung, brachte ihm der Vorschlag Ärger mit der Generalstaatsanwaltschaft ein, da diese durch Gysis Vorschlag ihren Zeitplan gefährdet sah.[418] Unter Berufung auf die Generalstaatsanwaltschaft übermittelte Gysi schließlich das mit einem Ultimatum verbundene Angebot, nach England zu einem Studienaufenthalt ausreisen zu können. Ein ähnliches Angebot unterbreitete er zuvor Bärbel Bohley, bezeichnete aber Schnur dabei als den drängenden Part.[419] Auch Gysi argumentierte nach Wollenberger damit, dass es für sie keine Möglichkeit zur Entlassung in die DDR gäbe.[420] Anwalt Schnur ließ sich zum Ende der Gespräche von seiner Mandantin schriftlich bescheinigen, dass er Wollenberger nicht beeinflusst habe. Offenbar wollte er sich gegenüber der evangelischen Kirche, die ihn beauftragt hatte, absichern. Derartige Erklärungen waren auch nützlich, wenn im Nachhinein von westlicher Seite Vorwürfe erhoben werden sollten, dass auf die Inhaftierten unzulässiger Druck ausgeübt worden wäre. Dass Wollenberger schließlich einwilligte, hing nicht zuletzt damit zusammen, dass ihr Ehemann Knud umgeschwenkt war und einer Ausreise nicht mehr im Wege stand. Wollenberger erfuhr später, dass es vor allem Gregor Gysi gewesen sein soll, der auf ihren damaligen Ehemann einredete, sich einer Ausreise nicht entgegenzustellen.[421]

det das Wort Mandat, bezeichnet Wollenberger als formaljuristische »Gegnerin«. Gysi: Das war's, S. 52 f.

417 Lengsfeld: Ich wollte, S. 220.

418 Zuvor machte Gysi das Angebot, dass Wollenberger später über den Aufenthalt der Kinder bestimmen könne, wenn sie dann ausreisen wolle. Sie sieht darin nachträglich eine Finte von Gysi. Lengsfeld: Ich wollte, S. 219 f. Gysi verweist darauf, dass ihm sein Vorschlag als Eigenmächtigkeit ausgelegt wurde, beinahe die Übersiedlungszeitpläne der staatlichen Seite durcheinanderbrachte und ihm bei der Generalstaatsanwaltschaft Ärger eingebracht hätte. Die GStA soll hinter den Kulissen sogar erwogen haben, ihm die Anwaltszulassung zu entziehen, weil er die Pläne des Politbüros gefährdet hätte. Gysi: Das war's, S. 53 f. Das zeigt allerdings, dass es staatlicherseits Erwartungen an das Verhalten der Anwälte gab.

419 Gysi schildert, dass er zu einer schriftlichen Versicherung durch die Staatsanwaltschaft geraten hätte, während Wolfgang Schnur Bärbel Bohley zur sofortigen Ausreise überredet hätte. Gysi: Das war's, S. 51.

420 Lengsfeld: Ich wollte, S. 223.

421 Ebenda, S. 221 f. Knud Wollenberger bestätigte das offenbar gegenüber dem Spiegel. Sie hat nichts merken können. In: Der Spiegel 3/1992. Gysi sieht die Verantwortung vor allem bei Schnur, beschreibt aber, auch auf Knud Wollenberger eingewirkt zu haben. Gysi: Das war's, S. 53.

### 9.3.3 Die Anwälte zwischen staatlicher und Mandantenerwartung

Die Frage, ob die Anwälte im staatlichen Interesse oder gar im Auftrag des MfS handelten,[422] ist, abgesehen von Schnur, nicht abschließend zu beantworten. Aufgrund der zahlreichen Akteure und Handlungsebenen und den Veränderungen der Interessenlagen im Verlauf der Ereignisse dürfte es schwierig sein, überhaupt das staatliche beziehungsweise das Interesse der Geheimpolizei zu ermitteln. Die Strategien veränderten sich situationsabhängig mehrfach. Offenbar gab es selbst an der Spitze des SED-Staates unterschiedliche Lösungsprioritäten.[423] Der letztlich realisierte Vorschlag, DDR-Kritiker zu Studienzwecken auf Zeit ausreisen zu lassen, entstammte früheren Krisenszenarien der evangelischen Kirche.[424] Diese Variante wurde in einer Situation ins Spiel gebracht, als sich andere Krisenlösungsmodelle festgefahren hatten. Sie ähnelte Modellen, die kritischen DDR-Künstlern nach dem Protest gegen die Biermann-Ausbürgerung von der SED angeboten wurden: Arbeitsaufenthalte im Westen mit oder ohne Rückkehroption. Dass es dazu kam, hatte offenbar mehrere Gründe: Im MfS reifte nach der Inhaftierung der Oppositionellen die Überzeugung, »wenn sie im Knast bleiben, halten die Mahnwachen, die Fürbittgottesdienste und anderen Proteste an. Wir hätten ständig damit zu tun gehabt.«[425] Eine Zwangsausweisung der prominenten Bürgerrechtler kam nicht infrage. Das hätte viel diplomatisches Porzellan zerschlagen und die Proteste in der DDR vermutlich weiter entfacht. Offensichtlich waren die Überlegungen an der Spitze der evangelischen Kirche nicht unähnlich. Jedenfalls wird Konsistorialpräsident Manfred Stolpe mit einer Äußerung zitiert, dass das »Kernproblem bei der Lösung der Gesamtsache bei den Leuten Krawczyk«[426] liege. Stolpe orientierte laut IM-Berichten von Schnur schon relativ früh darauf, eine der DDR genehme Lösung zu finden, »weil er persönlich dann davon ausgeht, dass unterschiedliche Möglichkeiten […] für die anderen Personen bestehen«.[427]

MfS-Insider behaupten, es hätte zwischen Kirche und SED ein »Gentlemen's Agreement« gegeben: Wenn die Hauptexponenten der Bürgerbewegung ausreisen, können die »kleineren Fische« in die DDR entlassen werden. Die ursprünglich gegebene Zusage einer Entlassung in die DDR wurde nicht aufrechterhal-

422 Kowalczuk unter Bezug auf Rechtsanwalt Schnur; Kowalczuk: Endspiel, S. 270.

423 Kowalczuk: Fasse Dich kurz, S. 153 ff.

424 Klier: Störenfried, S. 112.

425 Zit. nach: Hempel, Rudolf; Richter, Peter: Vor zwanzig Jahren. In: http://www.blogsgesang.de/2008/01/17/vor-zwanzig-jahren-karl-und-rosa-zwischen-den-fronten (letzter Zugriff: 25.5.2015).

426 HA XX/4, Bericht zu Strafsachen/Vorgängen, 26.1.1988; BStU, MfS, BV Rostock, AIM 3275/90, T. II, Bd. 12, Bl. 145–150, hier 145.

427 Ebenda, Bl. 148.

ten und am 2. Februar ein »neue[r] Kurs«[428] eingeleitet. Laut IM-Berichten von Anwalt Schnur, soll auch Manfred Stolpe in Briefen Krawczyk und Vogel gedrängt haben, dass Krawczyk und Klier im Interesse einer Lösung für die anderen aus der DDR ausreisen.[429] Die SED-Führung war nach dem Meinungsumschwung vom 2. Februar nicht mehr bereit, einen Teil der prominenten Inhaftierten in die DDR zu entlassen.[430] Erich Honecker war offenbar zunächst geneigt, aufgrund der Proteste, des Drängens der Kirche und Angeboten der Bundesregierung nachzugeben. Vor der Politbürositzung vom 2. Februar muss ihn Stasi-Chef Mielke davon überzeugt haben, eine härtere Gangart zu wählen und nur noch die Alternative Verurteilung oder Ausreise anzubieten. Mit dem Ausreiseantrag von Krawczyk/Klier gelang dem MfS am 1. Februar ein Durchbruch. Ab dem Folgetag begann das SED-Zentralorgan in einer Artikelserie, die »westdeutschen Hintergründe«[431] der DDR-Bürgerrechtsbewegung offenzulegen. Eine angebliche Abhängigkeit von westlichen Geheimdiensten wurde nun propagandistisch über die DDR-Medien verbreitet.[432]

### *Die Anwälte zwischen den Fronten*

Bischof Gottfried Forck und Wolfgang Vogel, die vor dem Rückzieher von Honecker den Gefangenen im Vertrauen auf eine Zusage Honeckers noch beide Optionen angeboten hatten, fühlten sich düpiert.[433] Die Kirche und die Bundesregierung waren nicht mehr zur Vermittlung bereit, wenn den Betroffenen nur die zwangsweise Ausreise in die Bundesrepublik angeboten würde und nicht die Alternative Entlassung in die DDR.[434] Sie fürchteten dabei auch um ihre

428 Zit. nach: Hempel, Rudolf; Richter, Peter: Vor zwanzig Jahren. In: http://www.blogsgesang.de/2008/01/17/vor-zwanzig-jahren-karl-und-rosa-zwischen-den-fronten (letzter Zugriff: 25.5.2015).

429 HA XX/4, Bericht, 13.5.1989; BStU, MfS, BV Rostock, AIM 3275/90, T. II, Bd. 14, Bl. 69 u. 75.

430 Kowalczuk: Fasse Dich kurz, S. 154 ff.

431 Wunnicke: Wandel.

432 Namentlich wurden die Exil-DDR-Oppositionellen Jürgen Fuchs, Siegmar Faust und Roland Jahn genannt, die im Westen publizistisch tätig waren. Journalisten auf der Gehaltsliste der BRD-Geheimdienste. In: ND v. 3.2.1988; Wunnicke: Wandel.

Kowalczuk: Endspiel, S. 264; Passens: MfS-Untersuchungshaft, S. 241.

433 Es gibt auch die Version, dass die Generalstaatsanwaltschaft Vogel vorwarf, Honecker missverstanden zu haben. Dies scheint aber eher der Versuch gewesen zu sein, den Linienschwenk zu bemänteln. Hempel, Rudolf; Richter, Peter: Vor zwanzig Jahren. In: http://www.blogsgesang.de/2008/01/17/vor-zwanzig-jahren-karl-und-rosa-zwischen-den-fronten (letzter Zugriff: 25.5.2015).

434 Nach einem IM-Bericht von Schnur bot die Bundesregierung Honecker zunächst Geld, um diese Lösung zu realisieren. Vogel hatte der Kirche und den Inhaftierten ein entsprechendes Angebot gemacht. Auch die SPD orientierte auf eine Konsenslösung, weil sie den Dialog zwi-

eigene Glaubwürdigkeit. Laut Stasi-Unterlagen wurde der Kompromiss, einem Teil der Inhaftierten einen Studienaufenthalt in Großbritannien anzubieten, von Wolfgang Schnur mit einem Vertreter der anglikanischen Kirche ausgehandelt.[435] Schnur brüstete sich später, er habe die eigentliche Lösung für seine Mandanten gefunden. Der Vorschlag war aber nach MfS-Unterlagen schon tags zuvor von Stolpe in die Debatte geworfen worden.[436] Er hatte Ähnlichkeiten mit der Strategie von SED und MfS, die gegenüber kritischen Künstlern nach der Biermann-Ausweisung angewendet wurde. Der Vorschlag scheint im MfS, wo man ursprünglich Haftstrafen und den dauerhaften Landesverweis ins Auge gefasst hatte,[437] zunächst reserviert betrachtet worden zu sein. Als der Beschluss fiel, wurde er als »zentrale Entscheidung« apostrophiert. Mit diesem Terminus bezeichnete man im MfS Weisungen Honeckers, die Mielke im Einzelgespräch auf den Weg gegeben wurden.[438] Im MfS war man mit dem Kompromiss offenbar unzufrieden. Denn entgegen der Entscheidung Honeckers wurde der inoffizielle Mitarbeiter Wolfgang Schnur vom MfS angewiesen, darauf hinzuwirken, »dass dieser Personenkreis nicht in die DDR zurückkehrt«.[439]

Alles deutet auf ein bislang nicht aufgeklärtes Hin und Her an der Spitze des Herrschaftsgefüges hin. Die Spitzenverhandler, die MfS-Kontakte hatten, spekulierten über »erhebliche Gegensätze im Politbüro«,[440] insbesondere zwischen Mielke und Honecker.[441] Auch in den westlichen Medien wurde über einen Wechsel vom »sanften Kurs« Honeckers zu einem Vordringen der »Sicherheitsfraktion im Politbüro«[442] spekuliert. Ein ehemaliger ZK-Abteilungslei-

schen SPD und SED gefährdet sah. HA XX/4, Bericht über ein Gespräch zu den Berliner Ereignissen, 2.2.1988; BStU, MfS, BV Rostock, AIM 3275/90, T. II, Bd. 12, Bl. 158–160.

435 In einem IM-Bericht von Schnur zu den kirchlichen Diskussionen hieß es: »Stolpe fand den vorgenannten Vorschlag fantastisch und will diesen Vorschlag Gysi sofort unterbreiten, und nach Erklärung von Stolpe soll Gysi einen direkten Faden zum Minister für Staatssicherheit haben, und dieser könnte dann einen solchen Vorschlag durchaus bearbeiten.« Gemeint ist offenkundig der Staatssekretär für Kirchenfragen Klaus Gysi. HA XX/4, Zu den »Berlin-Ereignissen«, 3.2.1988; ebenda, T. II, Bd. 12, Bl. 161 f.

436 HA XX/4, Bericht über ein Gespräch zu den Berlin-Ereignissen; ebenda, T. II, Bd. 12, Bl. 159.

437 Passens: MfS-Untersuchungshaft, S. 235, 243.

438 So der ehemalige Abteilungsleiter Sicherheit im ZK, Wolfgang Herger, am 22.5.2015 im Telefonat mit dem Autor. Wölbern: Häftlingsfreikauf, S. 140; Information über geplante Aktivitäten im Zusammenhang mit der Wiedereinreise der Bohley, Bärbel, 22.6.1988; BStU, MfS, BV Bln, Abt. XX Nr. 11413, Bl. 21–23.

439 BV Rostock/XX/4, Aktenvermerk Beratung mit dem IMB »Dr. Ralf Schirmer«, 21.5.1988; BStU, MfS, BV Rostock, AIM 3275/90, T. I, Bd. 1, Bl. 257.

440 HA XX/4, Bericht über ein Gespräch zu den Berlin-Ereignissen; ebenda, T. II, Bd. 12, Bl. 159.

441 HA XX/4, Zu den »Berlin-Ereignissen«, 3.2.1988; ebenda, T. II, Bd. 12, Bl. 162.

442 DDR. Friedhof des Denkens. In: Der Spiegel 6/1988.

ter hält die Behauptung eines Machtkampfes für vollkommen abwegig.[443] Das Thema war Gegenstand der Politbürositzung vom 2. Februar 1988.[444] Die Sitzungsunterlagen legen nahe, dass der Linienschwenk mit dem Verdacht auf landesverräterische Beziehungen der Festgenommenen begründet wurde. Vermutlich konnte Mielke auch plausibel machen, dass eine Entlassung in die DDR, die Bürgerrechtsszene ermutigen und die Lage noch verschlimmern würde.[445] Außerdem hatte das MfS durch die Ausreisewilligkeit von Krawczyk/Klier am 1. Februar einen ersten Erfolg zu verzeichnen. Ob es wirklich eines Machtkampfes bedurfte, um Honecker zu überzeugen, ist angesichts dieser Argumente fraglich. Und so startete am 2. Februar 1988, dem Tag der Politbürositzung, eine Artikelserie im Neuen Deutschland, in der den Inhaftierten »landesverräterische Beziehungen« angedichtet wurden, die Ermordung der KPD-Gründer und der Aufstieg Hitlers bemüht wurden, um das Vorgehen gegen die »Andersdenkenden«[446] zu rechtfertigen. In den Tagen darauf wurde konkretisiert, wie westliche Journalisten angeblich mit Geheimdiensten kooperierten, um in die Opposition hineinzuwirken und die DDR zu destabilisieren.[447] In offenkundig gesteuerten Leserbriefen wurden »hohe Wachsamkeit«, »mehr Konsequenz«, »Strenge und Härte«, schärfere Strafen gefordert und die »Maßnahmen unserer Staatsorgane« begrüßt.[448] Das Politbüro wurde vom Zentralorgan der SED eingestimmt, bevor es zusammentrat. Schon am Vortag traten die Sicherheitsverantwortlichen des ZK Mielke, Krenz, Streletz[449] und Herger zusammen, um im Vorgriff auf den Tag der Staatssicherheit (8. Februar) hohe MfS-Mitarbeiter zu befördern und auszuzeichnen.[450] Gleich dreimal hintereinander wurde das im Zentralorgan vermeldet und betont, wie wichtig das MfS bei der Aufgabe, »alle subversiven Angriffe gegen die verfassungsmäßigen Grundlagen unseres Staates zu durchkreuzen«,[451] sei. Das war ein deutliches Signal für die damalige Priorität

443 So der ehemalige Abteilungsleiter Sicherheit im ZK, Wolfgang Herger, am 22.5.2015 im Telefonat mit dem Autor.

444 Sitzung des Politbüros am 2. Februar 1988; SAPMO, DY 30/J IV 2/2A/3093.

445 Hempel, Rudolf; Richter, Peter: Vor zwanzig Jahren. In: http://www.blogsgesang.de/2008/01/17/vor-zwanzig-jahren-karl-und-rosa-zwischen-den-fronten (letzter Zugriff: 25.5.2015).

446 Kamnitzer, Heinz: »... immer nur Freiheit des Andersdenkenden«. In: ND v. 2.2.1988.

447 Journalisten auf der Gehaltsliste der BRD-Geheimdienste. In: ND v. 3.2.1988.

448 Antworten aus der Bevölkerung auf die jüngsten provokatorischen Handlungen gegen die Rechtsordnung unseres Staates und die dazu in der Presse veröffentlichten Informationen. In: ND v. 2.2.1988.

449 Fritz Streletz war Sekretär des Nationalen Verteidigungsrates der DDR.

450 Generale des Ministeriums für Staatssicherheit befördert und ernannt. In: ND v. 2.2.1988.

451 Erich Honecker. Dank für die Einsatzbereitschaft beim Schutz der Republik. Gruß des Zentralkomitees der SED zum 38. Jahrestag der Bildung des Ministeriums für Staatssicherheit. In: ND v. 6./7.2.1988.

der Parteiführung und ein Indiz dafür, dass der Meinungsumschwung Honeckers schon vor der Politbürositzung erfolgte.[452]

Das Krisenmanagement der SED-Führung bestand letztlich nicht aus souveränen Entscheidungen, sondern aus Aushandlungsprozessen und situationsabhängigen Kompromissen. Selbst ein staatsverbundener Anwalt wie Gregor Gysi empfand die letztlich gefundene Lösung, an der er in gewisser Hinsicht sogar mitwirkte, als zwiespältig. Um die Macht eines Staates sei es nicht weit bestellt, wenn der seine repressiven Ziele nicht mehr durchsetzen könne. Es sei ein Anachronismus gewesen, Oppositionelle als angebliche Verbrecher zu brandmarken und gleichzeitig ins Ausland ausreisen zu lassen, ein Ziel, das sich andere DDR-Bürger erträumten.[453] Gysis Analyse zeigt, dass auch für einen DDR-loyalen Juristen das Interesse der DDR widersprüchlich, widersinnig schien und keineswegs mehr eindeutig auszumachen war. Den Anwälten war einerseits deutlich, dass es sich um einen Fall von höchstem Partei- und Staatsinteresse handelte, der ihnen keine größeren Spielräume ließ. An den Entscheidungen waren, wie heute bekannt ist, der 1. Sekretär der Berliner SED, Günther Schabowski, Generalsekretär Erich Honecker, Erich Mielke und möglicherweise das gesamte Politbüro beteiligt.[454] Die involvierten Anwälte standen überwiegend in mehr oder minder engem Kontakt mit zentralen Institutionen der DDR. Andererseits waren die Anwälte auch durch ihre Mandate gebunden. Kirchenanwalt Schnur traf sich kontinuierlich mit dem Leiter der für Kirchenfragen zuständigen Abteilung des MfS,[455] während er Krawczyk und Klier beriet. Wolfgang Vogel stand bei Ausreisefragen üblicherweise in direkter Verbindung mit dem MfS und der SED-Spitze. Mit Honecker soll Vogel in dieser Angelegenheit zweimal persönlich gesprochen haben. Einmal soll ihm Honecker zugesichert haben, die prominenten Inhaftierten hätten die Wahl, ob sie in die DDR oder in die Bundesrepublik entlassen werden wollen. Nach dem erneuten Gespräch mit Mielke habe er die DDR-Lösung zurückgezogen.[456] Erich Mielke soll dann versucht haben, Wolfgang Vogel über den ZKG-Chef Wolfgang Niebling anzuweisen, auf die Inhaftierten einzuwirken, in die Bundesrepublik überzusiedeln. Vogel will

452 Grundsätzliche Artikel im Zentralorgan der SED, ND, bedurften der Zustimmung des Generalsekretärs bzw. gingen auf sein Betreiben zurück. Die Artikelserie begann schon am Tag der Politbürositzung, insofern wurde das Politbüro schon vor der Sitzung auf die neue Linie eingestimmt.

453 Gregor Gysi will damals gegenüber Kollegen prognostiziert haben, die DDR sei »am Ende«. Gysi: Das war's, S. 54.

454 Kowalczuk: Endspiel, S. 265.

455 Klier: Störenfried, S. 115 f.

456 BV Rostock/XX/4, TB mit IMB »Dr. R. Schirmer«, 3.4.1989; BStU, MfS, BV Rostock, AIM 3275/90, T. II, Bd. 14, Bl. 12–14. Wolfgang Schnur berichtet dem MfS vom Hörensagen, was Vogel gegenüber einem Vertreter der Bundesrepublik über die Ereignisse Anfang 1988 mitteilte.

dies abgelehnt haben. Er nehme keine Anweisungen entgegen, er sei Anwalt. [457] Angeblich soll auch Stolpe versucht haben, ihn in diese Richtung zu beeinflussen.[458] Vogel war zu dieser Zeit von der evangelischen Kirche beauftragt und stand in enger Verbindung zur Bundesregierung. Er legte sein Mandat nieder, als er seine Zusage, die Betroffenen könnten auch in die DDR entlassen werden, nicht mehr einhalten konnte.[459] In Kirchenkreisen wurde damals gemutmaßt, Vogel sei von Honecker und Mielke »zurückgepfiffen«[460] worden. Trat Vogel nun zurück, weil seine Glaubwürdigkeit auf dem Spiel stand? Oder tat er es, um den Häftlingen die Unterstützung zu entziehen, um damit den Druck auf sie zu erhöhen, einer Ausreiselösung endlich zuzustimmen?

Gregor Gysi, damals Parteisekretär im Berliner Anwalts-Kollegium und kurz davor, die nächste Etappe seiner Karriere zu erklimmen, berief sich bei seinem Ausreiseangebot gegenüber Wollenberger auf Kontakte zur Generalstaatsanwaltschaft.[461] Von Vera Wollenberger war er zu einem derartigen Vermittlungsversuch nicht beauftragt. Das wirkte wie eine Intrige der Staatsseite. Was Gysi nicht erwähnte war, dass er in diesen Tagen faktisch einer Art Parteiauftrag unterstand. SED-Generalsekretär Honecker hatte sich vom Politbüro am 2. Februar 1988 eine Erklärung an alle Funktionäre des hauptamtlichen Parteiapparates und alle Parteisekretäre absegnen lassen. Darin wurden die Festgenommenen als Personen »mit feindlicher Einstellung zur sozialistischen Gesellschaftsordnung«, die eine »landesverräterische Tätigkeit« ausübten, eingestuft.[462] Als mögliche Krisenlösungen wurden Haftstrafen oder die Ausreise in die Bundesrepublik beschrieben, die als Maßnahmen vom Politbüro abgesegnet waren. Für Gysi, der Parteisekretär war und sich anschickte, seinen nächsten Karriereschritt zu gehen, musste das eine starke Bindewirkung haben. Einige Monate später informierte Gregor Gysi laut Stasi-Akten die SED-Bezirksleitung allerdings dar-

457 Nach Aussagen des damaligen ZKG-Leiters, Gerhard Niebling, soll Vogel dies mit Verweis auf seinen Anwaltsstatus abgelehnt haben. Whitney: Advocatus Diaboli, S. 286 f. Die Schilderungen von Klier und Wollenberger lassen aber nicht erkennen, dass Vogel von Mielkes Linie abwich.

458 HA XX/4, Bericht, 13.5.1989; BStU, MfS, BV Rostock, AIM 3275/90, T. II, Bd. 14, Bl. 68–70.

459 BV Rostock/XX/4, TB mit IMB »Dr. R. Schirmer«, 3.4.1989; ebenda, T. II, Bd. 14, Bl. 12 f.

460 HA XX/4, Zu den »Berlin-Ereignissen«, 3.2.1988; ebenda, T. II, Bd. 12, Bl. 162.

461 Wollenberger bezweifelte diese Version und vermutet offenbar eine MfS-Verbindung. Angesichts der engen Kooperation von Staatsanwaltschaft und MfS im Rahmen der politischen Justiz scheint diese Unterscheidung in diesem Zusammenhang nicht entscheidend. Lengsfeld: Ich wollte, S. 221 u. 223.

462 Egon Krenz: Information an alle Mitglieder des Politbüros, 29.1.1988. Auf Beschluss des Sekretariates des ZK ausgearbeitete Information für die Grundorganisationen zur »Festnahme von Personen wegen des begründeten Verdachts landesverräterischer Beziehungen«. Anhang Politbüro, Beschluss 5/88 v. 2.2.1988, S. 1; SAPMO, DY 30/5175.

über, dass der Spiegel und andere westliche Medien eine »Pressekampagne«[463] starten würden, wenn seine Mandantin Bärbel Bohley nach ihrem Studienaufenthalt nicht in die DDR zurückkehren dürfe. Besorgte er damit das Geschäft von MfS und SED oder erhöhte er den Druck auf die Machthaber, die ungeliebte Bürgerrechtlerin wieder einreisen zu lassen? In dem Schreiben Gysis hieß es: »... ich würde es für ratsam halten, [... Frau Bohley] Anfang August 1988 – in Übereinstimmung mit dem Versprechen – in die DDR zurückkehren zu lassen. Dies würde nicht nur eine Pressekampagne verhindern, sondern auch für die Zukunft bestimmte Kompromisse unter Mitwirkung von Rechtsanwälten ermöglichen.«[464]

Es scheint, soweit die gesichteten Materialien, das hergeben, eine Gemeinsamkeit unter den Anwälten gegeben zu haben. Keiner von ihnen hat die Inhaftierten über die Solidaritätsbewegung außerhalb der Gefängnismauern informiert, was objektiv deren Durchhaltewillen schwächte. Als die Honecker-Entscheidung für die harte Linie fiel, scheinen alle Anwälte nur noch die Möglichkeit der Ausreise gesehen zu haben und vertraten das auch so. Ob das auf Weisung von MfS oder Partei geschah oder schlicht einer realistischen Sicht der Dinge entsprang, wird kaum abschließend zu klären sein. Es wäre auf jeden Fall verkürzt, die Anwälte nur als Marionetten ihrer Kontaktpartner zu sehen. Jeder Anwalt hatte seine persönliche Note, versuchte sich durch Eigeninitiative zu profilieren und musste sich so verhalten, dass er vor seinen Mandanten beziehungsweise Auftraggebern bestehen konnte. Schnur schob Kassiber und bekundete larmoyant Empathie gegenüber den Inhaftierten.[465] Gysi versuchte eher rational mit verbindlichen staatlichen Zusagen zu überzeugen.[466] Vogel demonstrierte durch seine Person Verlässlichkeit und trat zurück, als die nicht mehr gegeben war. Offenbar aus einer gewissen Verbitterung heraus informierte er dann Vertrauensleute bei der westlichen Presse, dass er sich dagegen verwahrt habe, den Inhaftierten nur die Ausreise anzubieten.[467] Er sicherte sich dadurch in Richtung Westen ab.

Es ist festzuhalten, dass das MfS seit Ende 1987 das Ziel verfolgte, Oppositionelle gezielt zu kriminalisieren und sie unter Strafandrohung zur Ausreise

463 Gregor Gysi: Schreiben an die SED-BL, Anhang, 25.3.1988; BStU, MfS, AOP 10555/91, Bd. 10, Bl. 133–136, hier 135. Das Anschreiben ist nicht unterzeichnet, trägt aber die formalen Merkmale von Schreiben Gysis als Kollegiumsvorsitzenden. Der Bericht ist in Ich-Form, als Anwalt von Bohley, geschrieben. Es existiert zudem ein zweiter Bericht, vermutlich aus dem MdJ, der das Gespräch Gysis mit Journalisten in der StÄV bestätigt. HA XX/1/AKG, Inf[ormation] des Gen. Wirth, 24.3.1988; BStU, MfS, HA XX Nr. 6837, Bl. 222 f.

464 Gregor Gysi: Schreiben an die SED-BL, Anhang, 25.3.1988; BStU, MfS, AOP 10555/91, Bd. 10, Bl. 135 f.

465 Klier: Störenfried, S. 113 f.

466 Gysi: Das war's, S. 51.

467 Whitney: Advocatus Diaboli, S. 287.

zu drängen.[468] Wegen der öffentlichen Proteste, des Engagements der evangelischen Kirche sowie der diplomatischen Bemühungen von Bundesrepublik und SPD musste die SED ihre Pläne modifizieren und der Rückkehr-Option zustimmen.[469] Es gab offenkundig eine begrenzte Zahl von Anwälten, die diese Angebote unter den Augen des MfS unterbreiten durften. Es ist nicht entscheidend, ob sie hierfür jeweils einen konkreten Auftrag hatten oder von sich aus die Option des Übertritts in den Westen ausloteten oder in realistischer Einschätzung der Lage ihren Mandanten zur Ausreise raten wollten. Um das Vertrauen der Mandanten zu gewinnen und wenn Dritte, wie die Kirche, als Verhandlungspartner beteiligt waren, mussten den Anwälten gewisse Gesprächsfreiheiten bleiben, um ihre Rolle ausfüllen zu können. Derartige Mandantengespräche wurden bei diesen Anwälten toleriert, wenn nicht sogar gewünscht. Es ist also davon auszugehen, dass Anwälte, die ohne Disziplinierung eine aktive Ausreiseberatung betreiben konnten, über einen Sonderstatus verfügten.

## 9.4. Der Wandel des Anwaltsbildes beim MfS

Das Rechtsanwaltsbild der Untersuchungs- und Justizorgane änderte sich beim MfS insbesondere seit Ende der 1970er-Jahre deutlich. Lange Zeit galt auch bei den Untersuchungsorganen, dass es »aus Klassenpositionen gewachsen, Situationen [gab], in denen Verteidiger für uns keine Gesprächspartner waren«.[470] Die Vorbehalte aus der Nachkriegsphase machten die Anwälte, schon nach sozialer Herkunft und NS-Verstrickung, in den Augen der neuen Elite verdächtig, allein Interessen der »Bourgeoisie und der Junker«[471] zu vertreten. Zustimmend zitierten Stasioffiziere eine Charakterisierung der bürgerlichen Anwälte als »recht kunstfertige [...] Jongleure [...] des bürgerlichen Klassenrechts, im Solde und im Interesse des jeweils meistbietenden Mandanten«.[472] Noch 1961 schätzte das MfS ein, dass bei den Anwälten »häufig das Interesse [bestehe,] möglichst viel Geld zu verdienen«.[473] Die politisch-ideologische Situation sei unbefriedigend. Entsprechend durchzogen klischeehafte Darstellungen von vermeintlich bürgerlich zurückgebliebenen Anwälten die Überprüfungsdossiers des MfS: An-

468 Krawczyk war wegen seiner Aktivitäten am 17.1.1988 im Nachhinein in diese Pläne einbezogen worden, Klier wegen ihrer Solidaritätsaktion für Krawczyk. Kowalczuk: Endspiel, S. 263 ff.; Passens: MfS-Untersuchungshaft, S. 235.

469 Kowalczuk: Endspiel, S. 266 ff.

470 Aus dem Referat auf der Tagung mit den Staatsanwälten der Bezirke, 1.8.1984; BStU, MfS, HA IX Nr. 19502, Bl. 51–60, hier 58.

471 So eine interne Einschätzung des MdJ ca. 1953. Zit. nach: Otterbeck: Anwaltkollektiv der DDR, S. 60.

472 Grundlagen der Rechtspflege. Lehrbuch. Berlin 1983.

473 HA V, Analyse, 5.12.1961; BStU, MfS, HA XX Nr. 22174, Bl. 8–37.

wälte wurden vor allem in den 1950er-Jahren vom MfS verfolgt,[474] noch in den 1970er-Jahren kam es zu einer neuen Überwachungs- und Disziplinierungswelle gegen Anwälte. Gemäß der sozialistischen Staats- und Rechtslehre von der Einheitlichkeit staatlichen Handelns wurde Anwälten zunächst kaum zugebilligt, Interessen ihrer Mandanten vertreten zu dürfen.[475] Es wurde die Auffassung vertreten, »der Verteidiger sei, nicht anders als der Staatsanwalt, zur Wahrheitsforschung verpflichtet, sogar auch dann, wenn sich das ungünstig für seinen Mandanten auswirken sollte«.[476] Das MfS hielt die Anwälte lange aus Ermittlungen, auf jeden Fall aus den Erstvernehmungen heraus.[477]

Ein grundsätzlicher Wandel setzte erst in den 1980er-Jahren ein. Eine Diplomarbeit der Juristischen Hochschule des MfS von 1989, die erste, die sich ausschließlich dem Recht des Verteidigers widmete, ging so weit, die Rechtsanwälte nicht »als unversöhnliche Gegner«, sondern als »Partner bei der gesetzlichen und rechtlichen Anwendung strafrechtlicher und strafprozessualer Normen«[478] anzusehen. Der Autor hatte sich zu diesem überraschenden Urteil nicht nur von Fachliteratur und »Genossen der Untersuchungspraxis des MfS«[479] inspirieren lassen, sondern sogar durch Minister Mielke, der im Jahr zuvor formulierte: »Die Institution der Verteidigung ist doch eine Waffe für uns, zur Festigung der sozialistischen Gesetzlichkeit.«[480] Internationale Rücksichtnahmen und den Ermittlungsskandal im eigenen Haus vor Augen wollte Mielke Fehl-Ermittlungen vermeiden und verkündete, »dass es unter sozialistischen Verhältnissen zugleich den Interessen des Staates dient, wenn der Rechtsanwalt die Rechte seines Mandanten vertritt – auch streitbar, vorausgesetzt, er bleibt dabei in jeder Hinsicht objektiv«.[481] Informelle Beziehungen zu einer Reihe von Anwälten mochten Mielke dieses Bekenntnis ebenso erleichtert haben, wie der soziale und politische Wandel der Anwaltschaft insgesamt. »Eine neue Generation von Rechtsanwälten [ist] herangewachsen, die eine sozialistische Ausbildung erfahren hat, unter

474 Booß: Schattenmann, S. 62 f.; Fricke: Justizkader, S. 12; Werkentin: Politische Strafjustiz, S. 336 f.; Bästlein: Fall Mielke, S. 192 ff.; Fricke: Praxis der Anwaltstätigkeit, S. 490 f.

475 Rottleuthner: Steuerung der Justiz, S. 18.

476 Wolfgang Vogel: Zu Problemen der Tätigkeit des Rechtsanwalts im Strafverfahren der Deutschen Demokratischen Republik; BStU, MfS, HA IX Nr. 5290, Bl. 16–59, hier 31.

477 Spohr: In Haft, S. 249 f.

478 Henschke, Axel: Entwicklungstendenzen der Rechte des Verteidigers im Strafverfahren der DDR. Diplomarbeit, 30.3.1989; BStU, MfS, JHS Nr. 343/89, Bl. 8.

479 Ebenda, Bl. 3.

480 Erich Mielke: Schlusswort auf der Delegiertenkonferenz der GO in der Hauptabteilung IX, 4.11.1988; BStU, MfS, ZAIG Nr. 4014, Bl. 1–59, hier 57.

481 Mielke, Erich: Referat auf der zentralen Dienstkonferenz zu ausgewählten Fragen der politisch-operativen Arbeit der Kreisdienststellen und deren Führung und Leitung, 11.10.1982; BStU, MfS, ZAIG Nr. 4810, Bl. 1–210, hier 106.

denen sich viele bewährte Kommunisten, Patrioten unseres Staates befinden.«[482] In den 1980er-Jahren änderte sich das Bild des Anwaltes in Teilen des MfS hin zu einem funktionalen und sogar partnerschaftlichen Verständnis.

### 9.4.1 Die funktionale Einbeziehung des Anwaltes in die Ermittlungen

Qualifizierungsarbeiten an der Juristischen Hochschule des MfS gingen davon aus, dass sich durch die Einbeziehung eines Anwaltes die Aussagebereitschaft der Inhaftierten erhöhen lässt. Das wurde an Fällen nachgewiesen, bei denen Straftaten im Zusammenhang mit Übersiedungswünschen begangen wurden. Dabei habe es sich als »vorteilhaft erwiesen, die Begegnung mit dem Rechtsanwalt möglichst frühzeitig zuzulassen«.[483] Erfahrungsgemäß bekomme der Beschuldigte vom Anwalt die Empfehlung, »durch sein Aussageverhalten aktiv zum schnellen Abschluss des Verfahrens beizutragen [...] Manchmal [...] nährt [er] beim Beschuldigten die Hoffnung auf schnelle Übersiedlung nach Abschluss des Strafverfahrens.«[484] Gleich in mehreren Arbeiten an der Juristischen Hochschule des MfS wurden derartige Thesen vertreten. Ihnen kam insofern Leitcharakter zu, da sie teilweise von maßgeblichen Dozenten für Strafprozessrecht mitverfasst und vom Leiter der Sektion Rechtswissenschaften der Juristischen Hochschule sowie dem Leiter der HA IX betreut wurden. Durch die funktionale Einbeziehung des Anwaltes erhofften sich die Ermittler, dass der Anwalt »die Argumentation des Untersuchungsführers unterstützt, dass es für den Beschuldigten von Vorteil ist, alles zu sagen, was er weiß, wenn dieser dazu zur Auskunft bittet«.[485] Das Handeln des Anwaltes sei aufgrund der gesetzlichen Bestimmungen zu erwarten und »nicht aufgrund einer Einflussnahme durch den Untersuchungsführer«.[486] Diese Auffassung war zeitgleich beim MfS und von Gregor Gysi entwickelt worden.[487] Der Gysi-Artikel in der Neuen Jus-

482 Erich Mielke: Referat vor Mitarbeitern für Justizfragen der Bezirks- und Kreisleitungen der SED und den Parteisekretären der Bezirksanwaltschaften und der Bezirksgerichte, 12.11.1982; BStU, MfS, ZAIG Nr. 4315, Bl. 3–124, hier 105.

483 Zank, Horst u. a.: Die weitere Vervollkommnung der Vernehmungstaktik bei der Vernehmung von Beschuldigten und bei Verdächtigenbefragungen in der Untersuchungsarbeit des MfS, Oktober 1986: BStU, MfS, JHS Nr. 21986, Bl. 277.

484 Ebenda.

485 Schulz, Michael; Hübsch, Jörg: Möglichkeiten, im Ermittlungsverfahren das Aussageverhalten des Beschuldigten über Dritte zu beeinflussen, Juni 1985; BStU, MfS, JHS Nr. 20352, Bl. 73.

486 Ebenda, Bl. 74.

487 Die Diplomarbeit der JHS des MfS mit dieser Argumentation, von hauptamtlichen Mitarbeitern der HA IX/9 geschrieben, datiert vom Juni 1985. Im Heft 10 der Neuen Justiz erschien im selben Jahr ein Artikel des Anwaltes. Gysi, Gregor: Aufgaben des Verteidigers bei der

tiz konnte beim Leser den Anschein erwecken, als gäbe es eine Art Verpflichtung des Anwaltes, die Aussagebereitschaft seines Mandanten zu fördern. In einer MfS-Diplomarbeit von 1985 hieß es zugespitzt und vereinfacht, vom Anwalt konnte »aufgrund seines gesetzlichen Auftrages«[488] erwartet werden, dass er dem Angeklagten zur umfänglichen Aussage rate. Die Diplomarbeit von 1989 bezog sich explizit auf die rechtlichen Ausführungen von Gysi. Aufgrund seines »Berufsethos«[489] würde der Anwalt seinen Mandanten darauf hinweisen, dass die Aussagebereitschaft Vorteile hätte. Der Autor der Diplomarbeit von 1989 ging davon aus, durch ein konsequentes Zulassen des Rechts auf Verteidigung die »Autorität der Ermittlungsorgane« und das »Vertrauen in die ›Redlichkeit‹ der Mittel und Methoden des MfS«[490] stärken zu können. Er spekulierte offenbar darauf, dass Anwälte und Beschuldigte das MfS dann nicht verdächtigten, geheimpolizeiliche, informelle Methoden anzuwenden, wenn die strafprozessualen Regeln korrekt eingehalten würden. Schließlich verband sich mit der Einbeziehung der Anwälte die Erwartung, Ausreisewillige umstimmen zu können. In einer weiteren Arbeit wurde die Hoffnung geäußert, dass die Mitwirkung des Verteidigers »gegenüber der Öffentlichkeit die Gesetzlichkeit des Vorgehens des Untersuchungsorgans«[491] dokumentieren würde. Die Autoren beider Diplomarbeiten betonten, dass »die Untersuchungsführer niemals von der Wunschvorstellung ausgehen sollten, dass der Verteidiger den Beschuldigten zum Geständnis überreden sollte«[492] oder dass dies gar »aufgrund einer Einflussnahme durch den Untersuchungsführer«[493] geschehen könne. Das Vertrauensverhältnis zum Mandanten und das gesetzmäßige Agieren des Anwaltes, nicht manipulative Absprachen, sollten laut diesen jüngeren Stasi-Arbeiten das erwünschte Aussageverhalten herbeiführen. Diese Argumentation schloss inoffizielle Absprachen zur Herbeiführung von Geständnissen eigentlich aus, ohne dies freilich explizit

Belehrung, Beratung und Unterstützung des Beschuldigten im Ermittlungsverfahren. In: NJ 39 (1985) 10, S. 416–418.

488 Schulz, Michael; Hübsch, Jörg: Möglichkeiten, im Ermittlungsverfahren das Aussageverhalten des Beschuldigten über Dritte zu beeinflussen, Juni 1985; BStU, MfS, JHS Nr. 20352, Bl. 73.

489 Henschke, Axel: Entwicklungstendenzen der Rechte des Verteidigers im Strafverfahren der DDR. Diplomarbeit, 30.3.1989; BStU, MfS, JHS Nr. 343/89, Bl. 25.

490 Henschke, Axel: Entwicklungstendenzen der Rechte des Verteidigers im Strafverfahren der DDR. Diplomarbeit, 30.3.1989; BStU, MfS, JHS Nr. 343/89, Bl. 25, 31 u. 35.

491 Tirk, Klaus: Sich aus der weiteren Entfaltung und Vervollkommnung der sozialistischen Demokratie [...] ergebende Erfordernisse, Aufgaben und Möglichkeiten der weiteren Qualifizierung der Untersuchungstätigkeit des MfS, April 1989; BStU, MfS, JHS Nr. 22031, Bl. 114.

492 Henschke, Axel: Entwicklungstendenzen der Rechte des Verteidigers im Strafverfahren der DDR. Diplomarbeit, 30.3.1989. BStU, MfS, JHS Nr. 343/89, Bl. 32.

493 Schulz, Michael; Hübsch, Jörg: Möglichkeiten, im Ermittlungsverfahren das Aussageverhalten des Beschuldigten über Dritte zu beeinflussen, Juni 1985; BStU, MfS, JHS Nr. 20352, Bl. 74.

zu formulieren. Die neue, funktionale Sicht auf den Anwalt setzte darauf, dass er aufgrund seiner Rolle im Rechtssystem der DDR auf eine Weise auf den Beschuldigten einwirken würde, die den Interessen des MfS entgegenkam. Das entsprach der Auffassung jüngerer Untersuchungsführer, die durchweg an der Juristischen Hochschule des MfS oder Universitäten juristisch geschult waren und sich stärker an der Rechtsförmigkeit der Verfahren orientierten.[494]

Das MfS trat in den StPO-Diskussionen zur Jahreswende 1988/89 nicht mehr grundsätzlich gegen eine Stärkung der Verteidigerrechte auf. Manch ein MfS-Offizier der Linie IX zeigte sich flexibler als Vertreter der Deutschen Volkspolizei oder anderer Organe.[495] Allerdings wurden Veränderungsvorschläge unter dem Einfluss der Ermittlungspraktiker des MfS immer wieder eingeschränkt. Insbesondere der drastische Anstieg der Ermittlungsvorgänge gegen Ausreisewillige 1988/89 führte dazu, dass der Leiter der HA IX angesichts des Arbeitsaufwandes vor einer stärkeren Einbeziehung der Anwälte in Ermittlungsverfahren warnte.[496] Ohnehin stellten selbst vergleichsweise weitgehende Positionsveränderungen im MfS weder die operativen Methoden noch die einschränkenden Bedingungen,[497] noch das Abhören von Anwaltssprechern, geschweige denn die Erstvernehmung ohne Anwalt generell infrage. »Nach der Erstvernehmung kann einem Rechtsanwaltssprecher durchaus zugestimmt werden, da hier in vielen Fällen ein bestimmter Aussagenstand erreicht wird.«[498] Es ging also allenfalls um eine »Modernisierung« der Ermittlungsmethoden, nicht um eine wirklich grundlegende Reform oder rechtsstaatliche Orientierung.

494 Spohr: In Haft, S. 284 ff.

495 Das MfS hatte sich in der Diskussion um die StPO mit der GStA informell verständigt. In der Stellvertreterberatung vom Mai 1989 erklärten GStA und MdI, »dass die Untersuchungsorgane des MfS zwar weitergehende Rechte [auf Verteidigung] gewährleisten könnten, aber nicht die Untersuchungsorgane des MdI. Sie befürchten, bei der Masse ihrer Verfahren ihre Aufgaben zur Aufklärung und Beschleunigung nicht durchführen zu können. So befürchteten sie z. B., dass die formulierte Einsichtnahme in die Untersuchungsprotokolle zur Schikane durch die Beschuldigten gegenüber dem Untersuchungsorgan ausgenutzt werden könnte«. HA IX/AKG/GF, Stellvertreterberatung am 17.5.1989, 16.5.1989; BStU, MfS, HA IX Nr. 17504, Bl. 68 f.

496 Spohr: In Haft, S. 295.

497 Der Text legt nahe, dass diese Diplomarbeit Positionen zur Vorbereitung der StPO-Diskussionen nutzte bzw. erarbeitete. Henschke, Axel: Entwicklungstendenzen der Rechte des Verteidigers im Strafverfahren der DDR. Diplomarbeit, 30.3.1989; BStU, MfS, JHS Nr. 343/89, Bl. 55.

498 Ebenda, Bl. 45.

### 9.4.2 Die Verteidigerrechte – ein Teilresümee

In der Summe ist bisherigen Auffassungen zuzustimmen, dass die Verteidigungsrechte in politischen Verfahren in der Phase des Ermittlungsverfahrens schwach waren.[499] Die gilt insbesondere wegen der späten Mandatierung und dem Ausschalten des Verteidigers aus weiten Teilen der Beweisaufnahme. Das systematische Fernhalten der Anwälte aus den Erstvernehmungen beziehungsweise aus Vernehmungen generell stellte die Beschuldigten, im Gegensatz zum Wortlaut des Gesetzes, rechtlos. Das ist ein wesentliches Merkmal der MfS-Ermittlungen. Da den Gefangenen in ihrer isolierten Situation ein schriftliches Geständnis, ein schriftlicher Beweismittelverzicht und eine Erklärung über die korrekte Abwicklung des Ermittlungsverfahrens mehr oder minder abgenötigt wurden, blieben weitere Verteidigungsmöglichkeiten stark eingeschränkt. In der zweiten Hälfte der 1980er-Jahre kündigten sich eine Veränderung der Verteidigerfunktion und eine Stärkung der Anwaltsrechte an. Das geschah mit Rücksicht auf die internationale Reputation der DDR. Die »sozialistische Gesetzlichkeit« und die Anwaltsrechte sollten »strikt«[500] durchgesetzt werden, um »Angriffe[n] aufgrund der Menschenrechtsdemagogie« den Boden zu entziehen. Ausländischen Gefangenen und den später Freigekauften, sollten so die Grundlagen entzogen werden, über Rechtsverletzungen in der DDR zu berichten, was im Ausland, in internationalen Gremien und der Presse hätte skandalisiert werden können. Diese Vorsichtsmaßnahmen wirkten sich teilweise mildernd auf die Verhältnisse in der Untersuchungshaft aus. Allerdings ist es überakzentuiert, das als Tendenz zur »Verrechtlichung«[501] zu interpretieren. Manches Zugeständnis war rein taktischer Natur: Die Praxis hinkte hinter den theoretischen Überlegungen hinterher. Die Verteidigerrechte wurden weiter durch geheimpolizeiliche Maßnahmen wie systematisches Abhören der Anwaltssprecher oder dadurch unterlaufen, dass Angeklagten und Verteidigung Erkenntnisse aus geheimpolizeilichen Ermittlungen vorenthalten wurden, die der Untersuchungsführer nutzte oder einsetzte.

499 Brand: Rechtsanwalt, S. 118, Busse: Deutsche Anwälte, S. 469; Eisenfeld: Rolle und Stellung, S. 369 ff.; Fricke: Praxis der Anwaltstätigkeit, S. 481; Spohr: In Haft, S. 296.

500 Standpunkt zu ausgewählten Problemen des Rechts auf Verteidigung und der weiteren Erhöhung der Sicherheit im Strafverfahren, 24.3.1986; BStU, MfS, HA IX Nr. 9226, Bl. 1–10, hier 2.

501 Busse sieht eine solche Verrechtlichungstendenz nach einer Phase des Rechtsnihilismus ab 1972 durch das Streben nach internationaler Anerkennung motiviert. Busse: Deutsche Anwälte, S. 469.

# 10. Der sozialistische Strafprozess

## 10.1 Die normative Entwicklung der Prozessgestaltung

Eine »eindeutig und wesentlich«[1] spürbare Veränderung der zunächst grundsätzlich anwaltsfeindlichen Justiz[2] brachte der Rechtspflegeerlass von 1963. Die Einschätzung von 1966 basiert auf einer Umfrage unter Kollegiums-Anwälten, die generell ihre Rechte im Hauptverfahren gestärkt sahen. In 76,75 Prozent der Urteile sei eine Auseinandersetzung mit den Ausführungen der Verteidiger erfolgt, 25,66 Prozent der Urteile hätten unter dem Strafantrag gelegen.[3] Die Strafprozessordnung von 1968 bestätigte einen schon länger angelegten Trend und wurde daher von den Anwälten begrüßt.[4] Die ZRK lud 1969 zu einen Strafrechtsseminar nach Gera, das mehr als 100 Anwälte besuchten. Die dokumentierte Diskussion zeigt, an welchen Punkten aus Sicht der Anwaltschaft Verbesserungen erwartet wurden: bei der Unschuldsvermutung, dem Fragerecht, der Unmittelbarkeit der Beweisaufnahme, insbesondere im Rahmen der Vernehmung des Angeklagten und den Beweisanträgen.[5]

Im Gegensatz zu der StPO von 1952, die für Verteidiger eher technische Verfahrensabläufe regelte, waren der StPO von 1968 »Grundsatzbedingungen« vorgeschaltet. Der Paragraf 6 legte die Präsumtion der Unschuld fest: »Niemand darf als einer Straftat schuldig behandelt werden, bevor seine strafrechtliche Verantwortlichkeit nachgewiesen und in einer rechtskräftigen Entscheidung festgestellt ist.«[6] Die Anwälte folgerten, dass der Angeklagte nun nicht mehr gehalten sei, einen Gegenbeweis gegen den Anklagevorwurf zu erbringen. Die Abwertung von Einwänden des Angeklagten als »Schutzbehauptungen« müsse da-

1 Gerhard Pein: Die Stellung des Verteidigers in der Praxis, Referat auf der Tagung der ZRK, 10.12.1966, S. 14; BArch, DP1, 2187; Bruhn: Rechtsanwaltschaft, S. 127; Zur allgemeinen Entwicklung der DDR-StPO vgl. Vormbaum: Strafrecht, S. 149 ff., 448 ff., 478 ff. u. 528 ff.

2 Busse: Deutsche Anwälte, S. 468 f.

3 Gerhard Pein: Die Stellung des Verteidigers in der Praxis. Referat auf der Tagung der ZRK, 10.12.1966, S. 15; BArch, DP1, 2187.

4 Pein, Gerhard: Zur Tätigkeit des Anwaltes im sozialistischen Strafverfahren. In: NJ 26 (1972) 17, S. 508–511, hier 508. Bruhn meint vorsichtiger, die neue StPO hätte »in keinem Fall zu einer Schlechterstellung« geführt. Bruhn: Rechtsanwaltschaft, S. 127.

5 Creuzburg, Harry: Strafprozessrechtliches Seminar der Rechtsanwaltskollegien. In: NJ 23 (1969) 23, S. 740–743, hier 741.

6 StPO 1968, § 6 Abs. 2; Bruhn: Rechtsanwaltschaft, S. 113 ff.

mit ein Ende haben.[7] Eine weitere Folge der Unschuldsvermutung war, dass der Freispruch mangels Beweisen zugunsten des glatten Freispruchs entfiel.[8] Eine Stärkung der Angeklagten-Rechte folgte ferner aus der Unmittelbarkeit der Befragung im Hauptverfahren. In der alten StPO konnten Erklärungen des Angeklagten, insbesondere ein Geständnis, »zum Zwecke des Beweises« verlesen werden, danach sollte der Angeklagte nur noch gefragt werden, »ob er etwas zu erklären habe«.[9] Die Strafprozessordnung von 1968 ließ nur noch Vorhalte von früheren Aussagen im Rahmen der Befragung des Angeklagten zu.[10] Ein Geständnis allein, es galt ohnehin nur das im Hauptverfahren mündlich vorgetragene, »befreit das Gericht, den Staatsanwalt [...] nicht von der Pflicht zur allseitigen und unvoreingenommenen Feststellung der Wahrheit im Strafverfahren«.[11]

Mit den Rechten des Angeklagten wuchsen die der Verteidigung. Eng verbunden mit der Unschuldsvermutung war die generelle Rollenzuweisung für den Anwalt, »alle entlastenden oder die Verantwortlichkeit mindernden Umstände«[12] vorzutragen. Die Möglichkeiten waren durch die explizite Benennung des Mitwirkungs- und Fragerechtes erweitert worden.[13] Die alte StPO billigte dem Angeklagten und Verteidiger nur umständlich zu, Fragen an Angeklagte, Zeugen und Sachverständige »durch Vermittlung des Vorsitzenden«[14] zu stellen. Dieses mittelbare Fragerecht machte das »mangelnde Gleichgewicht«[15] zwischen Verteidiger und Staatsanwalt, der über ein direktes Fragerecht verfügte, deutlich. Die Praxis der Befragungen änderte sich schon mit den Rechtspflegeerlassen Anfang der 1960er-Jahre.[16] Laut Auffassung der Kollegiumsanwälte war das direkte Fragerecht bereits 1966 »Selbstverständlichkeit« und wurde in 99,08 Prozent der Fälle praktiziert. Allerdings blieb dem Gericht ein verhältnismäßig großer Spielraum, Fragen als »ungeeignet oder nicht zur Sache gehörig«[17] abzulehnen. Das Recht des Anwaltes und des Angeklagten, Beweisanträge zu stellen, war gegenüber 1952 dadurch gestärkt, dass die Ablehnungsgründe »Verschleppung« und »Verspätung« wegfielen. Mit dieser Argumentation wurden zuvor späte Beweisanträge abgelehnt und das Beweisantragsrecht »ausge-

7 Creuzburg, Harry: Strafprozessrechtliches Seminar der Rechtsanwaltskollegien. In: NJ 23 (1969) 23, S. 740–743, hier 742.

8 StPO 1968, § 244 Abs. 1; Bruhn: Rechtsanwaltschaft, S. 126.

9 StPO 1952, § 209 Abs. 1 u. § 212.

10 StPO 1968, § 224 Abs. 2.

11 StPO 1968, § 23 Abs. 2.

12 StPO 1968, § 16 Abs. 1.

13 StPO 1968, § 64 Abs. 1 u. § 229 Abs. 2.

14 StPO 1952, § 201 Abs. 3.

15 Von der Möglichkeit, ein direktes Fragerecht zuzulassen, wurde nach Ansicht von Brand kaum Gebrauch gemacht. Brand: Rechtsanwalt, S. 126 f.

16 Bruhn: Rechtsanwaltschaft, S. 122 ff.

17 StPO 1968, § 229 Abs. 3.

höhlt«.[18] Mit dem neuen Paragrafen 223 Abs. 1 der StPO war den Beweisanträgen im Grundsatz stattzugeben. Schon 1966 wurden 75,49 Prozent der vor der Hauptverhandlung gestellten Beweisanträge aus Schutzschriften beachtet. In den Hauptverhandlungen selbst wurden Beweisanträge »kaum einmal [...] ungeprüft übergangen. Im Prinzip konnten Beweisanträge bis zum Beginn der Urteilsverkündung gestellt werden.«[19]

Offenbar schufen die neuen rechtlichen Freiheiten aber Unsicherheiten und weckten übergroße Erwartungen. Gerhard Pein, der Vorsitzende des Kollegiums Erfurt, zugleich Mitglied in der ZRK, verfasste für die Neue Justiz Beiträge mit faktischem Leitcharakter: Mit Zeugen, die sich beim Anwalt meldeten, dürfe zwar gesprochen werden. Allerdings schlug der Autor nicht vor, aus der Zeugenaussage einen Beweisantrag zu formulieren. Stattdessen regte er an, derartige Zeugen an den zuständigen Staatsanwalt zu verweisen. Deutlich mahnte Pein, dass es zu einem ernsten Konflikt wegen der »Wahrheitspflicht gegenüber dem Gericht«[20] kommen könne, wenn ein Verteidiger um die Schuld des Angeklagten wissend Entlastendes vortrage oder gar auf Freispruch plädiere. Um die Pflicht zur Verschwiegenheit nicht zu verletzen, bliebe dem Anwalt dann nur, das Mandat nicht zu übernehmen beziehungsweise die Verteidigung niederzulegen, wenn und solange das ohne nachteilige Wirkung für den Angeklagten möglich sei.[21]

Während diese Artikel übergroße Erwartungen der Anwaltschaft dämpfen sollten, kam der Rollback durch die Diskussion zur Verfahrensrationalisierung, die sich mit dem Machtwechsel von Ulbricht zu Honecker vollzog.[22] Danach sollte die gesamte Hauptverhandlung »zügig und konzentriert« durchgeführt werden. »Bei Vorliegen des Geständnisses kann überwiegend auf die Vernehmung von Zeugen verzichtet werden, insbesondere dann, wenn die Richtigkeit des Geständnisses in der Beweisaufnahme durch andere Beweismittel bestätigt wird.«[23] Ohne Rechtsnormen im Gesetzblatt entscheidend zu verändern, kehrte man zu alten Usancen zurück. Wortlaut und Sinn der StPO von 1968, wonach eine Verurteilung allein gestützt auf Geständnisse ausgeschlossen schien,[24] wurden ausgehöhlt. In einem Klima, das wieder die Einheitlichkeit des staatlichen Handelns hervorkehrte, wurden Anwaltsrechte zwangsläufig geschmälert. Das hatte ganz praktische Folgen. Aufgrund einer Eingabe aus Justizkreisen musste

18 Brand: Rechtsanwalt, S. 130.

19 Ebenda, S. 131.

20 Pein, Gerhard: Zur Tätigkeit des Anwaltes im sozialistischen Strafverfahren. In: NJ 26 (1972) 17, S. 508–511, hier 510.

21 Ebenda, S. 511; Bruhn: Rechtsanwaltschaft, S. 127.

22 Weber: Die DDR, S. 77.

23 MdJ, Grundsätze für eine rationelle Gestaltung des gerichtlichen Verfahrens, 16.3.1971, S. 2; BArch, DP1, 2496.

24 StPO 1968, § 23 Abs. 2.

sich zum Beispiel eine Anwältin des Berliner Kollegiums rechtfertigen, »warum sie nach der Zeugenvernehmung [...] die Sache nicht für erledigt erklärt«[25] habe. Ein Kollege musste sich rechtfertigen, warum er einen Beweisantrag für ein Gutachten erst im Verfahren gestellt habe, worauf das Verfahren vertagt werden musste. »Das Verhalten [des Anwaltes ...] wurde kritisiert.«[26] Die Verfahrensrationalisierung hatte Auswirkungen auf die Prozesswirklichkeit und die Entwicklung der Verfahrensdauer, wie hier in den vom Berliner MfS-ermittelten Verfahren gezeigt.

| **Jahr** | **Durchschnittliche Dauer des Prozesses in Stunden** | **Median-Dauer des Prozesses in Stunden** | **Fallzahlen** |
|---|---|---|---|
| 1972 | 5,8 | 5 | 268 |
| 1988 | 3,3 | 3 | 145 |
| Gesamt | 4,9 | 4 | 413 |

Tabelle 11: Entwicklung von Durchschnitt und Median der Dauer des Hauptverfahrens; Booß, Kilian 2014

Dieser Trend zum »kurzen Prozess« war nicht ausschließlich Folge eines Strebens nach ökonomischeren Prozessabläufen. Er spiegelte auch eine Verschiebung zu minder schweren Strafvorwürfen.[27] Beide Einflüsse veränderten die Prozesskultur in der Honecker-Ära gravierend. Der »kurze Prozess« wurde zum typischen Prozessverlauf, insbesondere bei Angeklagten, die die DDR verlassen wollten.

### *Verhärtung des Klimas vor Gericht*

Eine Verhärtung des Klimas vor Gericht und eine Verringerung der strafprozessualen Möglichkeiten waren auch Folgen des 2. und des 3. Strafrechtsänderungsgesetzes von 1977 beziehungsweise 1979, die Strafverschärfungen vor allem zur rechtlichen Verfolgung von Ausreiseantragstellern bewirkten.[28] Im Mai 1977 setzten sich die Berliner Rechtsanwälte mit dem 2. StÄG auseinander. Nach einem Parteilehrjahr zum IX. Parteitag der SED »über die weitere Stärkung des sozialistischen Staates«[29] erläuterte das Vorstandsmitglied des RAK

25 RAK Berlin, Protokoll der Vorstandssitzung vom 17.11.1976, S. 6; BArch, DP1, 3288.

26 RAK Berlin, Protokoll der Vorstandssitzung vom 6.12.1978, S. 2; BArch, DP1, 3468.

27 Raschka: Justizpolitik, S. 227 f.

28 Passens: MfS-Untersuchungshaft; Raschka: Justizpolitik, S. 111 ff.; Joestel, Frank: Verdächtigt und beschuldigt. Statistische Erhebungen zur MfS-Untersuchungstätigkeit 1971–1988. In: Engelmann: Justiz im Dienste, S. 303–327, hier 318.

29 RAK Berlin, Protokoll der Mitgliederversammlung vom 11.5.1977, S. 1, BArch, DP1, 3288.

Berlin, Gregor Gysi, laut Protokoll die »Notwendigkeit« der Gesetzesänderungen in der Mitgliederversammlung.[30] Auf einer weiteren Mitgliederversammlung wurden die veränderten Anforderungen an die Verteidigung diskutiert, wie sie von der ZRK vorformuliert waren. Der Anwalt hätte »im Interesse des Mandanten bei der Aufdeckung der Straftat mitzuwirken«,[31] postulierte der damalige RAK-Vorsitzende Gerhard Häusler. Das klang, als existiere der Grundsatz, wonach der Anwalt Entlastendes vorzutragen habe, gar nicht mehr. Die Aktivitäten des Anwalts müssten vielmehr »prozessökonomisch und wirksam« sein. Die Verfahren sollten in die gesellschaftlich-politische Situation eingeordnet werden. Gefordert wurde vom Anwalt ein politisches Bekenntnis: »Ins Plädoyer gehört auch die gesellschaftliche Würdigung und Einordnung der Straftat.« Wenn der Anwalt verteidigte, sollte der Schwerpunkt seiner Argumentation auf der Persönlichkeit des Angeklagten liegen: »Der Rechtsanwalt verteidigt die Person mit ihren Motiven, aber nicht die Tat selbst.«[32] Diese Diskussion unter den Berliner Anwälten vollzog sich im Beisein von leitenden Vertretern der Generalstaatsanwaltschaft Berlin und des Stadtgerichtes. Vorstandsmitglied Gysi betonte laut Protokoll: »Der Rechtsanwalt muss den Eindruck in der Verhandlung hinterlassen, dass die Vertretung ein gesellschaftlicher Auftrag ist. Er darf nicht Sprachrohr des Mandaten sein.« Ein Kollege assistierte: »Widerrufe [von Angeklagten] sind fast immer mit Klagen über die Vernehmer verbunden. Meines Erachtens sind diese meistens unwahr. Deshalb muss ihnen entgegengewirkt werden.«[33] Auch wenn manch Äußerung vor den Ohren der hohen Justizvertreter taktisch angelegt war, klang es, als würden die Anwälte ihre eigenständige Rolle aufgeben. Diese Sitzung, ein Jahr nach der Disziplinierung von Götz Berger, spiegelt die wohl düsterste Zeit der Rechtsanwälte in der Honecker-Ära. Gegen Ende der 1970er-Jahre verbanden sich die Philosophie der Prozessrationalisierung mit dem Kampf gegen die »ideologische Diversion«, der Antwort der kommunistischen Geheimdienste auf den KSZE-Prozess, die Entspannungspolitik und den Eurokommunismus. Es wirkte wie eine Verteidigungsschrift, wenn Friedrich Wolff 1979 einen Moskauer Anwaltskollegen zitierte: »Das Institut der Anwaltschaft brauchte selbst Verteidigung.«[34] Wolff warb für den gesellschaftlichen Nutzen der anwaltlichen Tätigkeit. Die Anwälte müssten das Recht der Bürger auf Verteidigung verwirklichen. »Zugleich hat der Verteidiger jedoch alles zu unterlassen, was mit der Stellung des Anwalts als Organ der

30 Ebenda, S. 5.

31 RAK, Berlin, Protokoll über die Mitgliederversammlung am 16.11.1977, S. 4; BArch, DP1, 3288.

32 Ebenda, S. 5.

33 Ebenda, S. 6.

34 Wolff, Friedrich: Stellung, Aufgaben und Verantwortung des Verteidigers im Strafverfahren. In: NJ 33 (1979) 9, S. 400–402, hier 400.

Rechtspflege unvereinbar ist«, ein »schmaler Grat« räumte Wolff ein.[35] Ende der 1970er-Jahre muss er besonders schmal gewesen sein. Nach Schulungen und Parteiversammlungen zu den Gesetzesänderungen hielt ein IM die Stimmung unter den Berliner Anwälten fest. Die Diskussion gipfelte in der bitteren Behauptung, dass mangels Verteidigungsmöglichkeiten »eine anwaltliche Tätigkeit bei Strafverfahren aufgrund der Gesetzesveränderungen überhaupt nicht mehr notwendig sei«.[36]

*Kontroverse um Verhandlungen ohne Anwalt*

Die Tendenz, Verteidigungsrechte im Hauptverfahren zurückzudrängen, änderte sich erst mit den Diskussionen zu Fehlurteilen Mitte der 1980er-Jahre. Die Debatten fanden intern statt, aber auch in der Neuen Justiz spiegelten sich Grundpositionen an der Frage, ob das Hauptverfahren fortgeführt werden könne, wenn der Verteidiger der Verhandlung fernblieb. In der DDR wurden Angeklagte vergleichsweise selten anwaltlich vertreten. Nur jeder Zehnte,[37] nach anderen Angaben ein Fünftel,[38] der Angeklagten bediente sich in Strafverfahren eines Anwaltes.[39] Selbst in den 1984 vom Berliner MfS ermittelten Verfahren waren 14,5 Prozent der Angeklagten nicht anwaltlich vertreten. Hier war die Zahl der Verteidigungen untypisch höher, weil die meisten Angeklagten in U-Haft saßen und eine Haftstrafe zu erwarten hatten.[40]

Zwingend vorgeschrieben war eine anwaltliche Vertretung nur unter bestimmten Voraussetzungen.[41] Nach der StPO bestand Anwaltszwang eigentlich nur vor dem Bezirksgericht und dem Obersten Gericht.[42] Ein großer Teil der Prozesse wurde jedoch vor Kreisgerichten verhandelt, in Berlin entsprechend vor den Stadtbezirksgerichten.[43] Das Bestellen eines Verteidigers für das Kreisgericht und das Bezirksgericht in zweiter Instanz war nur dann vorgeschrieben,

35 Ebenda, S. 402.

36 HA XX/1, Information, 3.8.1979; BStU, MfS, AIM 822891, T. II, Bd. 1, Bl. 115.

37 Gerlach: Die Rechtsanwaltschaft, S. 147. Im Kreisgericht Wismar waren 1979 nur 5,6 % aller Angeklagten durch einen Rechtsanwalt vertreten, 1985 waren es 11,8 % und 1988 dort 16 %, vgl. Markovitz: Lüritz.

38 Otterbeck: Anwaltkollektiv der DDR, S. 127.

39 Angeklagte in Militärgerichtsverfahren wurden kaum anwaltlich vertreten. Wagner: Militärjustiz, S. 460.

40 Die U-Haft-Quote sinkt von 87,1 % im Jahr 1972 auf 67,0 % im Jahr 1984. Vermutlich ist die noch niedrigere Quote von 36,3 % im Jahr 1988 durch die Amnestie von 1987 verzerrt.

41 StPO 1968, § 63 Abs. 1; Busse: Deutsche Anwälte, S. 743.

42 StPO 1968, § 63 Abs. 1.

43 In der Berliner Stichprobe wurden 48,3 % (1972), 72,0 % (1984) und 77,8 % (1988) der Fälle vor Stadtbezirksgerichten (das entsprach Kreisgerichten) verhandelt.

wenn »es die Sache erfordert«.[44] Damit sollte eine qualifizierte Verteidigung dann sichergestellt werden, wenn die Sache »in tatsächlicher oder rechtlichen Hinsicht so schwierig ist, dass der Angeklagte sich nicht in dem notwendiger Maße verteidigen kann«.[45] Das galt auch für den Fall, da eine Verteidigung durch psychische, sprachliche oder physische Handicaps des Angeklagten erschwert schien. Anwaltszwang galt ebenso bei Berufungsverhandlungen, wenn das Erscheinen des Angeklagten nicht gerichtlich angeordnet war und er deswegen von Anwälten vertreten wurde.[46] Die fakultative Bestellung wurde allerdings derart selten angewendet, dass die Berliner Anwälte gegen Ende der DDR offensiv die Forderung vertraten, »praktisch sollte es kein Strafverfahren ohne Verteidiger geben«.[47] Das Strafverfahren sollte als »kontradiktorisches« gleichberechtigt und streitig geführt werden. Jahrelang war vom MdJ immer wieder gekontert worden, die Auffassung, es bedürfte eines »›juristischen Profis‹«, der dem Staatsanwalt gegenübertrete, wäre »unter sozialistischen Verhältnissen tiefgründiger zu untersuchen«.[48] Dahinter schimmerte die traditionelle Auffassung von der Einheitlichkeit der Rechtsordnung durch, in der per se die Staatsanwaltschaft die Gesetzlichkeit repräsentierte.

Der Diskussion, ob ein Gericht bei Ausbleiben eines Verteidigers die Hauptverhandlung zu unterbrechen und sich zu vertagen habe, kam vor diesem Hintergrund eine symbolische Bedeutung zu.[49] Es ging um die Wertschätzung der Verteidigung und die Interpretation des Rechts auf Verteidigung an sich. Auf dem Höhepunkt der Rationalisierungsdiskussion wandte sich das damalige Mitglied des Präsidiums des Obersten Gerichts, Fritz Mühlberger, gegen liberale Auslegungen der StPO, wie sie damals selbst am OG en vogue waren.[50] Mühlberger hielt dagegen, dass das Recht auf Verteidigung nicht »einseitig« interpretiert werden dürfe, sondern »Grenzen« bestünden.[51] Nur bei notwendigen Vertretungen nach Paragraf 63 StPO war ein Ersatz zu bestellen, wenn der vorgesehene Anwalt ausfiel. In Fällen ohne Anwaltszwang gäbe es dafür »kein gesellschaftliches Erfordernis«, dem Angeklagten stehe es »in diesem Fall frei, sich selbst zu verteidigen«.[52] Mit der StPO-Novellierung von 1974 war das Gericht

44 StPO 1968, § 63 Abs. 2.

45 Strafprozessrecht Lehrkommentar 1968, S. 107.

46 Bruhn: Rechtsanwaltschaft, S. 116 ff.

47 RAK Berlin, Gedanken zur Arbeitsgruppe stopp, 18.8.1987, S. 1; SAPMO, DY 64/44.

48 MdJ, Information zur Vorbereitung auf das Gespräch mit Rechtsanwalt Dr. Wolff am 13.10.1985; BArch, DP1, 4474.

49 Bruhn sah im Anschluss der StPO von 1968 hier noch kein Problem. Bruhn: Rechtsanwaltschaft, S. 121.

50 Pompoes, Herbert; Schindler, Richard: Zur Wahrung des Rechts auf Verteidigung. In: NJ 25 (1971) 12, S. 671–673. Beide waren als wissenschaftliche Mitarbeiter am OG tätig.

51 Mühlberger, Fritz: Gewährleistung des Rechts auf Verteidigung. In: NJ 27 (1973) 12, S. 634–637, hier 634.

52 Ebenda, S. 635.

bei nicht notwendigen Verteidigungen nur noch verpflichtet zu prüfen, ob bei Ausbleiben des Verteidigers eine Unterbrechung oder Vertagung der Hauptverhandlung vonnöten sei.[53] Die Strafprozessordnung von 1968 gab für diese Fälle vor, einen Ersatzverteidiger zu bestellen und notfalls dafür den Termin zu vertagen.[54] Ab 1974 galt bei Wahlverteidigungen, dass der Grundsatz der »Beschleunigung und der Konzentration der Hauptverhandlung«[55] Vorrang hatte, wenn dem nicht zwingende Gründe entgegenstanden. Es war schließlich Gregor Gysi, der die über zehn Jahre vorherrschende Auffassung Mühlbergers angriff. Er stilisierte das Recht auf Verteidigung zu einem »Grundrecht«, dem daher »höhere Bedeutung« gegenüber anderen Prinzipien zukomme. Es sei unstrittig, »dass die Prinzipien der objektiven und unvoreingenommenen Wahrheitsfeststellung und der Unmittelbarkeit und Mündlichkeit der Beweisaufnahme gleichfalls Vorrang vor dem Prinzip der Rationalität und Zügigkeit des Strafverfahrens haben«.[56] Mühlberger bestritt in einer Replik den Grundrechtscharakter des Rechts auf Verteidigung im Artikel 102 der Verfassung,[57] sah diesen nur als ein Grundprinzip neben anderen wie der »differenzierten Gestaltung und beschleunigten Durchführung des Verfahrens«.[58] Er wiederholte damit im Wesentlichen seine alten Positionen.

Im Grunde stand hinter der verfassungsrechtlichen Kontroverse die Frage, ob das Recht auf Verteidigung ein Selbstverteidigungsrecht sei oder nur durch einen professionellen Anwalt gewährleistet werden könne. Das alte Denken hatte Ende der 1980er-Jahre keinen Vorrang mehr. Und so durften 1986 gleich mehrere Autoren in der Neuen Justiz gegen Mühlberger argumentieren. Martin Hirschfelder,[59] ein angehender Rechtswissenschaftler, untermauerte Gysis Position auf Basis der sozialistischen Grundrechtstheorie.[60] Die Strafrechtsdozentin Irmgard Buchholz, ebenfalls an der Humboldt-Universität Berlin, maß dem Recht auf Verteidigung als »entscheidendem Grundrecht« eine hohe Wertigkeit zu. »Wird die Gewährleistung dieses Rechts verletzt, kann die Gefahr von Fehlurteilen bestehen.«[61] Friedrich Wolff schließlich sah die Verteidigung durch

53 StPO 1974, § 65 Abs. 2.

54 Strafprozessrecht Lehrkommentar 1968, S. 110.

55 Lothar, Franz: Zur Wahrung des Rechts auf Verteidigung beim Ausbleiben des gewählten Verteidigers in der Hauptverhandlung. In: NJ 38 (1984) 11, S. 467 f.

56 Gysi, Gregor: Nochmals. Zur Wahrung des Rechts auf Verteidigung beim Ausbleiben des gewählten Verteidigers in der Hauptverhandlung. In: NJ 39 (1985) 2, S. 77 f.

57 Verfassung-DDR 1968.

58 Mühlberger, Fritz: Wahrung des Rechts auf Verteidigung im Strafverfahren. In: NJ 39 (1985) 8, S. 333–335, hier 333.

59 Breithaupt: Rechtswissenschaftliche, S. 303.

60 Hirschfelder, Martin: Nochmals. Zur Wahrung des Rechts auf Verteidigung im Strafverfahren. In: NJ 40 (1986) 1, S. 30 f.

61 Buchholz, Irmgard: Das Recht auf Verteidigung. Ein verfassungsmäßiges Grundrecht. In: NJ 40 (1986) 1, S. 30.

einen Rechtsanwalt als eine der »Garantien der sozialistischen Gesetzlichkeit«[62] an. Der offizielle Kommentar zur StPO von 1987 verfolgte eine eher pragmatische Linie. Er folgte zwar der StPO von 1974, sah aber entsprechend der Rechtsprechung verschiedene Fälle vor, in denen die Verhandlung nicht einfach fortgesetzt werden könne, wenn Wahlverteidiger ausblieben.[63]

## 10.2 Prozessuale Rahmenbedingungen und Steuerungseinflüsse

Um das Anwaltsverhalten in MfS-ermittelten Verfahren darstellen und beurteilen zu können, sind die prozessualen Rahmenbedingungen, die Rollen der übrigen institutionellen Prozessbeteiligten und die Steuerungseinflüsse auf das allgemeine Verfahrensgeschehen zu klären. Die Prozesswirklichkeit der Verfahren der 1970-/1980er-Jahre ist im Vergleich zu den 1950er-Jahren relativ wenig analysiert worden.[64] Das hat zur Folge, dass oft Praktiken der frühen DDR auch für die Honecker-Ära geschlussfolgert beziehungsweise einzelne Verfahren überbewertet werden. So werden gelegentlich die durch Parteientscheidungen präjudizierten Waldheimer-Prozesse von 1950 als »das Grundmodell« einer politikgesteuerten drakonischen Justiz bezeichnet, der Prozess erscheint als »Inszenierung«.[65] Ähnlich diente die juristische Verfolgung des Regimekritikers Robert Havemann in der zweiten Hälfte der 1970er-Jahre als Beleg für drehbuchartige Fälle, in denen das MfS einen maßgeblichen Einfluss auf das Gesamtgeschehen nahm.

> Auch wenn das Politbüro in der Ära Honecker kaum mehr mit einzelnen Strafprozessen befasst war, so änderte sich doch nichts an der politischen Instrumentalisierung einer willfährigen Justiz. Die Koordination und Anleitung übernahm das MfS, wobei sich an der Stellung des Generalsekretärs der SED als oberstem Gerichtsherr nichts änderte.[66]

Andere spitzen die These der direkten Steuerung der politischen Justiz durch die Partei beziehungsweise stellvertretend das MfS noch zu. Das MfS hätte »den

62 Wolff, Friedrich: Die Bedeutung des Verteidigers für das Recht auf Verteidigung. In: NJ 40 (1986) 6, S. 242.

63 Strafprozessrecht Kommentar 1987, S. 110.

64 Besser erforscht sind zahlreiche Militärprozesse. Wagner: Militärjustiz; Irmen: DDR-Militärjustiz. Für ein Kreisgericht vgl. Markovitz: Lüritz; für politische Prozesse siehe Raschka: Überwachung.

65 Werkentin: Strafjustiz, S. 98 u. 100.

66 Vollnhals: Fall Havemann, S. 138.

Gang eines jeden dieser Verfahren zu jedem Zeitpunkt voll unter Kontrolle«[67] oder das Urteil sei dem Beschuldigten »meist«[68] vorher durch den Vernehmer mitgeteilt worden. Demgegenüber vertritt Rottleuthner die These einer indirekten Steuerung als einem »strukturellen Phänomen«, bei dem »nicht mehr permanent eingegriffen und ferngesteuert werden muss«[69], selbst wenn das in Einzelfällen noch möglich sei. Der Rechtssoziologe betont die Wirkung von Normen, Personalauswahl, Organisation und Konsultationsmechanismen.

Diese scheinbar gegensätzlichen Ansätze akzentuieren jedoch nur verschiedene Aspekte aufgrund unterschiedlicher Quellenlagen. So dürfte einerseits unbestritten sein, dass nicht jeder Prozess auf einer politischen Einzelentscheidung im engeren Sinn beruhte, andererseits wurde bis zum Ende der Honecker-Ära in einzelne Verfahren politisch eingegriffen.[70] Die Annahme einer tendenziell direkten Verfahrenssteuerung legt den Gedanken an einen sehr engen Zusammenhang zwischen dem Ermittlungsergebnis des MfS, Anklage beziehungsweise Strafantrag der Staatsanwaltschaft und Urteil nahe. Rückblickend behauptete ein MfS-Untersuchungsoffizier vollmundig: »Was vor Gericht gegangen ist, das hat man auch durchgezogen. Ich habe nie gehört, dass vor Gericht was anderes rausgekommen wäre [...]. Wenn sie [die Richterin] was falsch macht, war das ihre letzte Verhandlung. Zumindest in so einer Sache. Da verhandelt sie dann eben Karnickeldiebstähle.«[71] Es gibt demgegenüber die subtilere Aussage von einem anderen MfS-Untersuchungsführer, der in wichtigen politischen Verfahren eingesetzt war: »Die Anklageerhebung und alle damit zusammenhängenden Abläufe waren nicht Sache des Untersuchungsführers. Ich habe auf die Abläufe nach den Vernehmungen kaum mehr Einfluss ausüben können.«[72]

67 Behlert, Wolfgang: Die Generalstaatsanwaltschaft. In: Rottleuthner: Steuerung der Justiz, S. 337.

68 Johannsen, Lasse O.: Die rechtliche Behandlung ausreisewilliger Staatsbürger in der DDR. Frankfurt/M. 2007, S. 190.

69 Rottleuthner verwendet nicht diesen Begriff direkt, sondern spricht von »Steuerung« im Gegensatz zu »Lenkung«. Rottleuthner: Steuerung der Justiz, S. 27. Schröder folgt im Wesentlichen Rottleuthner mit einer stärkeren Betonung der politischen Einflussnahme. Schröder: Zivilrechtskultur. Bd. 4, S. 29 ff.

70 Vgl. zum Komplex insgesamt Herzberg; Seifert: Rudolf Bahro; Vollnhals: Fall Havemann; Bästlein: Fall Mielke, S. 208 ff.; Passens: MfS-Untersuchungshaft, S. 234; Mollnau, Karl A.: Ministerium für Staatssicherheit und Justiz. In: Bender, Gerd (Hg.): Recht im Sozialismus. Analysen zur Normdurchsetzung in osteuropäischen Nachkriegsgesellschaften (1944/45–1989). Frankfurt/M. 1999, S. 177–195; Rottleuthner: Havemann-Verfahren, 363 ff.

71 Zit. nach: Furian, Gilbert: Der Richter und sein Lenker. Politische Justiz in der DDR. Berlin 1992, S. 146 f.

72 Joachim Groth. Interview. In: Gursky: Rechtspositivismus, S. 250.

### 10.2.1 Staatsanwaltschaft und MfS

Es ist bis heute umstritten, wie stark das Untersuchungsorgan im MfS die Staatsanwaltschaft in der Rechtswirklichkeit präjudizierte. Teils wird die Position vertreten, die Staatsanwaltschaft sei nur »Staffage«[73] gewesen, die Staatsanwälte hätten sich im »Schlepptau«[74] des MfS befunden und seien deren »Erfüllungsgehilfen«[75] gewesen. Rottleuthner hält dagegen, dass es eine »empirisch ungeklärte Frage« ist,[76] inwieweit die Staatsanwaltschaft wirklich die Ermittlungsergebnisse des MfS »kritiklos [übernahm …] einschließlich der rechtliche[n] Würdigung«.[77]

*Die rechtliche Stellung der Staatsanwaltschaft im Ermittlungsverfahren*

Formell leitete die Staatsanwaltschaft die Ermittlungen in Strafsachen. Der Paragraf 89 der StPO von 1968 räumte ihr detaillierte Weisungsrechte ein: hinsichtlich Einleitung und Durchführung des Ermittlungsverfahrens, hinsichtlich einzelner Ermittlungshandlungen, der Fahndung sowie zu Weiterleitung oder Einstellung der Sache. Der Staatsanwalt hatte weiter de jure das Recht, »ungesetzliche Verfügungen des Untersuchungsorgans aufzuheben oder abzuändern«.[78] Doch schon auf der rechtlichen Ebene waren die Kompetenzen der Staatsanwaltschaft dadurch beschränkt, dass die Untersuchungsorgane Ermittlungsverfahren selbstständig einleiten,[79] von Ermittlungsverfahren absehen,[80] diese einstellen beziehungsweise vorläufig einstellen[81] oder an gesellschaftliche Organe der Rechtspflege[82] abgeben konnten. Nur in gravierenden Fällen, wenn sich der Generalstaatsanwalt die Einstellung des Verfahrens vorbehielt, war das Untersuchungsorgan an der Einstellung gehindert.[83] Es ist zu Recht darauf ver-

73 Asche, Rolf Daniel: Die DDR-Justiz vor Gericht. Eine Bestandsaufnahme. Göttingen 2008, S. 14. Ähnlich Fricke: Justizkader, S. 216. Vollnhals meint, das MfS »kontrollierte« die StA. Vollnhals: Die Macht, S. 236.

74 Lindheim: Bezahlte Freiheit, S. 98.

75 Vollnhals: Die Macht, S. 144 f.

76 Rottleuthner: Havemann-Verfahren, S. 359.

77 Grasemann, Hans-Jürgen: Die Anleitung der Staatsanwaltschaft. In: Materialien der Enquete-Kommission »Aufarbeitung von Geschichte und Folgen der SED-Diktatur in Deutschland« (12. Wahlperiode des Deutschen Bundestages)/Hg. vom Deutschen Bundestag. Bd. 4. Baden-Baden 1995, S. 487–530, hier 530.

78 StPO 1968, § 87 Abs. 1, § 89 Abs. 2,1 u. 2,4.

79 StPO 1968, § 98 Abs. 2.

80 StPO 1968, §§ 95 u. 96.

81 StPO 1968, §§ 141 bzw. 143.

82 StPO 1968, § 142.

83 StPO 1968, § 141 Abs. 2.

wiesen worden, dass dem MfS damit die rechtlichen Möglichkeiten an die Hand gegeben waren, das in der DDR geltende Legalitätsprinzip auszuhöhlen. Rechtlich gebotene Entscheidungen konnten auf diese Weise durch nicht justizielle Formen der Repression oder der repressiven Integration ersetzt werden.[84]

Für die 1950er-Jahre wird von einer »Dominanz« des MfS in der politischen Strafjustiz ausgegangen. Es ist für die damalig starke Stellung des MfS bezeichnend, dass der damals amtierende Generalstaatsanwalt in einem Bericht über ein Verfahren hervorhob, den Prozessvorschlag der Staatssicherheit übernommen zu haben.[85] Daraus wird geschlussfolgert, die Anklage sei im Regelfall mehr oder weniger aus dem Schlussbericht des MfS abgeschrieben.[86] Es ist allerdings fraglich, ob eine solche Praxis für die Honecker-Ära galt. Schlussberichte der Untersuchungsorgane waren laut der StPO von 1968 banal als Resümee der Ermittlungen vorgeschrieben.[87] Das veranlasst manch Autoren zu dem Schluss, dass der Staatsanwalt auch zu dieser Zeit noch dem MfS folgte. Für den Bereich der obersten Militärjustiz wurde auf Basis weniger Fälle festgestellt, dass sich Aufbau und »Tenor des Schlussberichtes«[88] in der Anklageschrift wiederfanden.

### *Schlussberichtsstichprobe 1984*

Eine Zufallsstichprobe aus 32 Fällen der Berliner Stichprobe von 1984 legt gegenüber bisherigen Auffassungen den Schluss nahe, dass MfS-Vorlagen nicht einfach abgeschrieben wurden. Die Schlussberichte enthielten gewöhnlich die biografischen Daten des Beschuldigten, eine Einschätzung seiner persönlichen und beruflichen Entwicklung, eine Sachverhaltsschilderung und die Auflistung der Beweismittel. Konkrete Handlungsempfehlungen beschränken sich auf die Frage, ob der Haftbefehl aufrechtzuerhalten sei, ob ein Ausschluss der Öffentlichkeit im Prozess empfohlen werde oder ob Gegenstände einzuziehen seien. Der MfS-Schlussbericht enthält in der Regel einen Strafbarkeitshinweis, eine Aufzählung der Paragrafen, die Gegenstand oder Ergebnis der Ermittlungen waren.[89] Eine solche Rechtsgrundlage war auch in der DDR erforderlich, um überhaupt ein formelles Ermittlungsverfahren gemäß Strafprozessordnung führen zu können. Das beinhaltete noch keine bindende Vorfestlegung für die Anklage. In der 32er Stichprobe übernahm kein Staatsanwalt vorgeschlagene For-

84 Carsten; Rautenberg: Staatsanwaltschaft, S. 320 f.

85 Engelmann: Staatssicherheitsjustiz, S. 143.

86 StPO 1968, § 146; Werkentin: Politische Strafjustiz, S. 315.

87 StPO 1968, § 146 Abs. 1.

88 Bookjans: Die Militärjustiz, S. 99 u. 107; Wagner: Militärjustiz, S. 449. Wagner fand nur stilistische Abweichungen, meint aber die Empirie sei zu gering für generelle Aussagen.

89 Exemplarisch dafür BStU, MfS, AU 7790/84, Bl. 150–157; Behlert, Wolfgang: Die Generalstaatsanwaltschaft. In: Rottleuthner: Steuerung der Justiz, S. 336.

mulierungen in seine Anklageschrift. In 13 Fällen wurden die herangezogenen Paragrafen nur geringfügig variiert. Allem Anschein nach nahmen die Staatsanwälte das Ermittlungsergebnis des MfS und die Beweismittel zur Kenntnis, und entwarfen anhand dieser Vorlagen eine eigene Anklageschrift. Bei der Gelegenheit wurde offenbar eine juristische Nachbewertung vorgenommen. Zumindest für das Jahr 1984 erscheint daher nicht nachvollziehbar, dass es »gängige DDR-Praxis« war, »weite Passagen des Schlussberichtes«[90] direkt für die Anklage zu übernehmen. Wenn das MfS konkrete Vorschläge für den Verfahrensausgang machte, waren es laut dieser Stichprobe Einstellungsempfehlungen, denen zumeist gefolgt wurde.

### 10.2.2 Abstimmung in der Staatsanwaltschaft

Die unteren Instanzen der IA-Staatsanwaltschaft stimmten ihre Strafvorschläge bei politisch relevanten Verfahren offenbar nicht mit dem MfS, sondern mit ihrer vorgesetzten Instanz ab. Die Bezirksstaatsanwaltschaft berichtete gegenüber der Generalstaatsanwaltschaft der DDR. Manche Fälle wurden Berichtsfälle, einzelne sogar an die ZK-Abteilung SuR gereicht.[91] Eingereicht und von der vorgesetzten Behörde abgezeichnet wurden auch die vorgesehenen Strafanträge. Sie enthielten laut einer Stichprobe aus 1984 in manchen Fällen einen Ermessensspielraum von bis zu zwei Monaten Haft. Im Einzelfall konnte nach der Konsultation mit der übergeordneten Behörde die Mindeststrafe festgelegt werden. Der Vergleich mit der Berliner Stichprobe von 1984 zeigt, dass der Strafantrag in der Regel der abgestimmten Strafhöhe entsprach.[92] Die vertikale Abstimmung innerhalb der weisungsgebundenen Staatsanwaltschaft präjudizierte zweifelsohne die nachgeordneten Staatsanwaltschaften. Dennoch gibt es Beispiele dafür, dass Staatsanwälte im Laufe des Verfahrens abweichend plädierten. Wenn, wie im Skinhead-Verfahren, der Staatsanwalt zu stark von der abgestimmten Linie abwich, wurde das freilich mit Unverständnis quittiert. Die Berichterstattung zu einzelnen politischen Prozessen an das ZK der SED lief in der Regel über die Generalstaatsanwaltschaft und das MdJ. Nur wenn Erich Mielke den Fall im direkten Kontakt mit Erich Honecker besprach, wurde dieser Weg umgangen beziehungsweise verkürzt.

90 Behlert, Wolfgang: Die Generalstaatsanwaltschaft. In: Rottleuthner: Steuerung der Justiz, S. 336; ebenso Grasemann: Anleitung der Staatsanwaltschaft, S. 530.

91 Joseph Streit: Schreiben an Klaus Sorgenicht, 22.5.1985; BArch, DP3, 330.

92 Abgleich von Fällen der Berliner Stichprobe 1984 mit Vorgängen in: BArch, DP3, 330. Markowitz berichtet, dass die Staatsanwälte ihre Strafvorschläge vorab im Staatsanwaltskollegium abstimmten. Markovitz: Lüritz, S. 215.

Vieles spricht dafür, dass die Linie IX des MfS in der Honecker-Ära im Ermittlungsprozess den Gang der Dinge dominierte.[93] Das galt umso mehr, als die Frage, ob überhaupt ein förmliches Verfahren geführt werden sollte, vermehrt von politischen Opportunitätserwägungen beeinflusst wurde. Nach Übernahme der Akten scheint dann die Staatsanwaltschaft Herrin von Ermittlungsverfahren und Anklagevertretung gewesen zu sein. Ein ehemaliger Vernehmer schildert den Vorgang so: »Ich hatte Vernehmungen durchzuführen aufgrund der [vom MfS aus Berlin stammenden] Vorlagen. Und meine Darlegungen wurden wiederum Vorlage für andere Entscheidungsträger im MfS und im Justiz- und Parteiapparat.«[94] Wenngleich hier noch Forschungen ausstehen, scheinen die Änderungen durch die zweite Justizreform Anfang der 1960er-Jahre langfristig deutlichere Spuren im DDR-Justizsystem hinterlassen zu haben, als bisher angenommen.[95] Parallel zu den Rechtspflegeerlassen Anfang der 1960er kritisierte der zentrale Parteiapparat der SED, dass die Abteilung I der Staatsanwaltschaft bislang »ungenügend die Aufsicht«[96] über das MfS ausgeübt hätte. Daher wurden im Rechtspflegeerlass von 1963 und im Gesetz über die Staatsanwaltschaft vom selben Jahr die Stellung der Staatsanwaltschaft gegenüber dem MfS akzentuiert: »Die Staatsanwaltschaft übt die Aufsicht über die Ermittlungstätigkeit [... aus und gewährleistet, dass] kein Bürger ungesetzlich oder unbegründet beschuldigt«[97] wird. Offenbar wurde die Dominanz des MfS seit den 1960er-Jahren zumindest relativiert, was sich im Zusammenspiel von MfS und Staatsanwaltschaft ausdrückte.

Das Gewicht des MfS beschränkte sich nicht auf die eigentliche, strafprozessuale Sphäre. Das symbolisierte schon die Stellung des Ministers für Staatssicherheit, der dem Politbüro angehörte, während es der durchaus einflussreiche Generalstaatsanwalt Joseph Streit nur bis zur Mitgliedschaft im ZK-Plenum brachte. Ob das MfS die Staatsanwaltschaft überwachte und wie weit der Einfluss des MfS auf die Personalauswahl der Staatsanwälte reichte, ist bislang nicht eindeutig geklärt. Dagegen steht fest, dass sich die allgemeine Gesetzlichkeitsaufsicht, die der Staatsanwaltschaft nach sowjetischem Vorbild ab 1952 übertragen war, schon seit 1956 nicht mehr auf das MfS erstreckte.[98] Damit war die Geheimpolizei das einzige staatliche Organ der DDR, das nur von der Partei

93 Nach Zeugnissen ehemals führender MfS-Verantwortlicher wurden nur Ermittlungsergebnisse an die Staatsanwaltschaft weitergeleitet, die als anklagereif galten. Die Sicherheit. Zur Abwehrarbeit des MfS/Hg. von Grimmer, Reinhard u. a. Berlin 2002, S. 443 f.

94 Zit. nach: Gursky: Rechtspositivismus, S. 250.

95 Suckut beschreibt die Kritik der SED an der Verselbstständigung des MfS, schlussfolgert aber, das dürfe nicht als »Grundsatzkonflikt [...] überinterpretiert« werden. Suckut: Generalkontrollbeauftragter, S. 152 ff. u. 167.

96 ZK-Papier, o. D. (vermutl. zweite Hälfte 1962), S. 2–7; SAPMO, DY 30 J IV 2/202/62. Zit. nach: Engelmann: Staatssicherheitsjustiz, S. 160 f.

97 Aufgaben Rechtspflegeerlass 1963, S. 78.

98 Carsten; Rautenberg: Staatsanwaltschaft, S. 314.

kontrolliert wurde. Wegen der diversen Einflussmöglichkeiten des MfS waren die Staatsanwälte im politischen Strafverfahren kontrollierte Kontrolleure, was die Kooperationsbereitschaft auch auf der horizontalen Arbeitsebene sicher begünstigte. Aber die Stellung der Generalstaatsanwaltschaft gegenüber dem ZK und die Praxis der Anklage machen deutlich, dass die Staatsanwaltschaft eine gewisse eigenständige Rolle im System der politischen Justiz einnahm und die internen Abstimmungen zum Strafantrag der Staatsanwälte eher auf der vertikalen Ebene innerhalb des eigenen Apparates stattfanden.

### 10.2.3 Richter, Geschäftsverteilung und MfS

Die Richter waren laut Strafprozessordnung »verpflichtet, jede Strafsache unvoreingenommen zu untersuchen und zu entscheiden«.[99] Die Unabhängigkeit, die sie formell nur an Gesetz und Verfassung band, war vielfach eingeschränkt. Ihre Zuständigkeit ergab sich nicht nur nach dem Ort der Tat oder dem Wohnsitz des Angeklagten.[100] »Auf Anordnung eines staatlichen Organs«[101] konnte verhandelt werden, wo der Angeklagte untergebracht war. Durch Änderung des Untersuchungshaftortes war das MfS in der Lage, das zuständige Gericht festzulegen. Gerichtsdirektoren konnten die Geschäftsverteilung vornehmen und Fälle an sich ziehen.[102] Den Direktoren, die als Nomenklaturkader der Partei in die regionale Leitungsstruktur der SED eingebunden und politisch auch beim ZK angebunden waren, kam eine Schlüsselstellung bei der Justizlenkung zu.[103] In den unteren Instanzen waren die Einzelrichter zudem von Schöffen umgeben, die zum Zeitpunkt ihrer Wahl Nomenklaturkader der SED, also von der Partei ausgewählt waren.[104] Die Schöffen konnten im »Kollegialorgan« sogar den Richter überstimmen.[105]

99 StPO 1968, § 156.

100 StPO 1968, § 9 Abs. 1, § 169 u. § 170 Abs. 1.

101 StPO 1968, § 169 u. § 170 Abs. 3.

102 Roggemann: Gutachterliche Stellungnahme, S. 243 u. 235 ff.

103 Amelin: Einflussnahme, S. 72 ff.; Wilhelm: Kinder unserer Zeit, S. 57.

104 Berlin/SED-BL, Vorlage für das Sekretariat der Bezirksleitung Berlin der SED, 28.10.1987, S. 34; LArch Berlin BPA 03692; Vollnhals: Schein der Normalität, S. 223.

105 StPO 1968, § 9 Abs. 2.

*Kontrolle des Gerichts durch das MfS?*

Als ein Indiz einer Prozessbeeinflussung durch das MfS wird eine angeblich systematische Kontrolle der Richter und Staatsanwälte durch das MfS angesehen. [106] Gelegentlich sind in besonders bedeutsamen Fällen der Honecker-Ära Schilderungen überliefert, in denen das Verhalten aller Verfahrensbeteiligten dargestellt wird. So schrieb zum Beispiel der Untersuchungsführer im Prozess gegen den Regimekritiker Rudolf Bahro ein Protokoll, das sogar Minister Mielke vorgelegt werden sollte. Über die Tatsache, dass das Gericht ein Jahr unter dem Antrag der Staatsanwaltschaft blieb, wurde sachlich berichtet.[107] Vom Wiederholungsprozess gegen die Skinheads aus dem Zionskirchenvorfall liegt ein ähnlicher Prozessbericht vor. Allerdings war der von der Generalstaatsanwaltschaft für das ZK der SED aufbereitet.[108]

In der Berliner Stichprobe 1984 konnte keine regelhafte Prozessberichterstattung des MfS nachgewiesen werden, die der systematischen Kontrolle der Richter hätte dienen können. Zur Ergebnisdokumentation wurde Urteilen gelegentlich der Schlussbericht des MfS beigeheftet, um die Ermittlungen bei Bedarf mit dem Befund im Urteil vergleichen zu können. In den Monatsberichten, in denen die HA IX hausintern ihre Arbeit dokumentierte, sind für die 1950er-Jahre zuweilen Prozessberichte vermerkt. Für die Monatsberichte in den 1970er- und 1980er-Jahren trifft das nicht mehr zu. Diese beschränken sich auf die Ermittlungstätigkeit vor der Hauptverhandlung. In Statistikformularen, die der Untersuchungsführer nach dem Urteil an den Bereich Analyse und Auswertung der AKG der Hauptabteilung IX weiterleitete, taucht gelegentlich der Stichpunkt »antragsgemäß« auf,[109] um die Übereinstimmung von Strafantrag und Urteil zu dokumentieren. In der Auswertungskartei, der Deliktkartei der HA IX, wird dieser Punkt nicht explizit erwähnt, wie eine Stichprobe ergab. Der Schlüssel zu dieser Kartei sieht eine entsprechende Rubrik nicht vor.[110] Das Dokumentationssystem der HA IX erweckt nicht den Anschein, dass das MfS Mitte der 1980er-Jahre noch systematisch Abweichungen von Richtersprüchen dokumentierte und kontrollierte. Das schließt eine Dokumentation im Einzelfall nicht aus.

106 Behlert, Wolfgang: Die Generalstaatsanwaltschaft. In: Rottleuthner: Steuerung der Justiz, S. 377 f.

107 HA IX/2, Bericht über die Ergebnisse der gerichtlichen Hauptverhandlung gegen Bahro, 10.7.1978; BStU, MfS, HA IX/ZMA Nr. 17781, S. 4 f.

108 Auch zu politischen Verfahren vor der höheren Militärgerichtsbarkeit sind Prozessberichte nachgewiesen. Irmen: DDR-Militärjustiz, S. 214 f.

109 BStU, MfS, AU 10294/84, Bd.1, Bl. 102.

110 Befehl Nr. 299/65, Schlüssel zur Grundkartei, o. D.; BStU, MfS, HA IX Nr. 2168, Bl. 69–101, hier 97 ff.

### 10.2.4 Gerichtsinterne Kontrolle und informelle Praktiken

Ähnlich wie bei der Staatsanwaltschaft existierte auch bei den Gerichten eine Abstimmung mit den höheren Instanzen. Basis war hier die Berichterstattung. Die Berliner Stadtbezirksgerichte schickten Wochenberichte an das Stadtgericht Berlin. Neben rein statistischen Angaben waren dort »Verfahren von besonderer Bedeutung« und »besondere Vorkommnisse« ausgewiesen, die IA-Verfahren waren separiert. Aus den Randnotizen der Stadtgerichtsleitung geht hervor, dass manche der mehrzeiligen Anklageschilderungen an Senate des Stadtgerichtes »mit der Bitte um Prüfung u[nd] Anleitung« weitergeleitet wurden. Eine Auswahl wurde vom Sekretariat des Direktors des Stadtgerichtes an die Abteilung Information und Öffentlichkeitsarbeit des Obersten Gerichtes weitergeleitet,[111] um ein ähnliches Prozedere anzustoßen. Ein zeitweiliger Leiter der Unterabteilung »Information und Dokumentation« des Obersten Gerichtes beschrieb die Folgen solcher Informationen folgendermaßen: »Nicht selten wurden in einem aktuellen Verfahren Einzelheiten des Verhandlungsverlaufs, das für notwendig erachtete Strafmaß und die Urteilsbegründung oder die vorgesehene Auswertung in der Öffentlichkeit abgesprochen [...] Der jeweils zuständige Senat ›leitete das nachgeordnete Gericht in diesem Sinne an.«[112] Das musste keineswegs als Eingriff wahrgenommen werden, da es in der DDR eine Tendenz zum »informellen Arbeitsstil«[113] gab. Manch Richter, zuweilen schlecht ausgebildet, nahm Informationen aus Partei und Justiz als Orientierung offenbar dankbar an. Ob die nachgeordneten Gerichte die »Einheitlichkeit der Rechtsprechung« wahrten, wurde vor Ort auch durch die Inspektionsgruppe des OG, später die Kontrollgruppe des MdJ, analysiert und kontrolliert.[114] Abweichungen konnten zu Disziplinarmaßnahmen führen.[115] Dadurch wurde eine intensive vertikale Kontrolldichte erreicht. Ein ehemaliger Richter erinnert sich etwas karikierend: »Da hatte ich manchmal die Akte noch gar nicht gesehen oder hatte an der Akte noch gar nichts gemacht, und schon kam ein Schreiben vom Obersten Gericht

111 Stadtgericht Berlin/Sekretariat des Direktors, Wochenmeldung für die Zeit vom 11.–15.1.1971, 30.12.1970; LArch Berlin.

112 Beckert: Sklave, S. 127.

113 Schröder: Zivilrechtskultur. Bd. 4, S. 43.

114 Die Kompetenz zur Anleitung der Gerichte ging mit Rechtspflegeerlass von 1963 vom MdJ an das OG über. Diese Kompetenzen wurden in den 1970er-Jahren z. T. wieder zurückverlagert. Allerdings gab es auch gemeinsame Kontrollgruppen von MdJ und OG. Roggemann: Gutachterliche Stellungnahme, S. 240 ff.; Gängel: Richter in der DDR, S. 272 ff.; Beckert: Sklave; Strafprozessrecht Kommentar 1987, S. 101. Zu Verhältnissen im Kreisgericht: Markovitz: Lüritz, S. 212 ff.

115 Beckert: Sklave; Strafprozessrecht Kommentar 1987, S. 85 f.; Furian: Mielkes Mühlen, S. 184.

mit der Bitte um Übersendung einer Urteilskopie oder vom Ministerium der Justiz mit der gleichen Bitte [...] man fühlte sich von Anfang an beobachtet.«[116]

## *Informelle Praktiken*

Es gab jenseits der gerichtsinternen Abstimmung andere, informelle Praktiken. In einigen Fällen ließ der Staatsanwalt den Richter wissen, dass »alles mit den Genossen abgesprochen sei«.[117] Als die Staatsanwaltschaft 1988 im Fall Wollenberger versuchte, ein Stadtbezirksgericht auf seine Linie zu bringen, wurde vorgebracht, dass die Strafanträge auf höchster Ebene abgestimmt seien.[118] In einem anderen Fall sollte ein Strafmaßplädoyer auf Intervention der Generalstaatsanwaltschaft im Nachhinein heraufgesetzt werden. Das wurde von der Richterin aber abgelehnt.[119] Solche Versuche der Einflussnahme auf Richter seitens der Staatsanwaltschaft hatten für die Richter keine negativen Auswirkungen. Auch vonseiten der SED-Regionalleitung kam es gelegentlich zu Beeinflussungsversuchen, die Richter aber abwehren konnten.[120]

Zu den informellen Beziehungen zählte der Umstand, dass an kleinen Gerichten Staatsanwälte und Richter der gleichen Parteigruppe angehörten.[121] Ein ehemaliger Richter erinnerte sich, dass das MfS den Staatsanwalt und den Senatsvorsitzenden nach einem erwartungsgemäßen Urteil zu einer kleinen Feier einlud und »mit einem Orden und einer Geldprämie überraschte«.[122] Allerdings konnten plumpe Versuche, ein Gericht von außen zu beeinflussen, durchaus nachteilige Folgen für den Beeinflussenden haben.[123] Die Richter am Obersten Gericht monierten intern, wenn die Generalstaatsanwaltschaft versuchte, an ihnen vorbei einen Einzelrichter zu beeinflussen. Der für Rechtsfragen zuständige ZK-Sekretär Egon Krenz hätte schließlich die Auffassung vertreten, »Gericht bleibt Gericht«.[124] Die Richter des Obersten Gerichtes vertraten 1988 die Auffassung, die Lenkung der unteren Instanzen müsste durch sie erfolgen. Die Kommunikation unter Richtern war im Vergleich zu den Staatsanwaltschaften, die hierarchischer funktionierten, offenbar konsultativer.[125] Der Präsident des

116 Zit. nach: Furian: Mielkes Mühlen, S. 235.

117 Beckert: Sklave; Strafprozessrecht Kommentar 1987, S. 90.

118 Zit. nach: HA XX, Information, 1.2.1989; BStU, MfS, AIM 8192/91, T. II, Bd. 1, Bl. 222 f.

119 Raschka: Überwachung, S. 92 f.

120 Wilhelm: Kinder unserer Zeit, S. 59 ff.

121 Beckert: Sklave, S. 52.

122 Beckert: Sklave; Strafprozessrecht Kommentar 1987, S. 90.

123 Raschka: Überwachung, S. 92 f.; Amelin: Einflussnahme, S. 57.

124 HA XX, Information, 1.2.1989; BStU, MfS, AIM 8192/91, T. II, Bd. 1, Bl. 222 f.

125 Markovitz: Lüritz, S. 213 ff. Organisationssoziologisch handelte es sich bei den weisungsabhängigen Staatsanwaltschaften um ein Einliniensystem, bei den Gerichten abweichend

Obersten Gerichtes lehnte explizite Weisungen an Richter ab, machte ihnen aber deutlich, wie er entscheiden würde.[126] Das blieb sicher nicht ohne Nachhall. Eine Richterin am Kreisgericht erinnert sich: »Der Staatsanwalt war ja weisungsgebunden. Der Richter nicht. Das war der kleine, feine Unterschied, worauf ich immer stolz war.«[127] Die bessere Ausbildung, die dezentere Anleitungskultur scheint zumindest in den weniger politischen Verfahren dazu geführt zu haben, dass sich DDR-Richter in der zweiten Hälfte der 1980er-Jahre etwas eigenständiger verhielten.[128]

## 10.3 Empirie der Berliner Stichprobe 72-84-88 zu Strafantrag und Urteil

Als ein wichtiger Parameter für die Unabhängigkeit des Gerichtes gilt das Verhältnis zwischen Strafantrag und Urteil. Die Stichprobe zu den vom MfS in Berlin ermittelten Verfahren aus dem Jahre 1984 zeigt folgenden Befund:

| Forderung der StA | Richter verhängt Haftstrafe | Richter verhängt keine Haftstrafe | Gesamt | Daten |
|---|---|---|---|---|
| StA fordert Haft | 404 | 2 | 406 | Absolut |
| | 4,0 | -8,4 | | Residuen |
| | 80,3 % | 0,4 % | 80,7 % | Anteil |
| StA fordert keine Haft | 6 | 91 | 97 | Absolut |
| | -8,2 | 17,3 | | Residuen |
| | 1,2 % | 18,1 % | 19,3 % | Anteil |
| Gesamt | 410 | 93 | 503 | Absolut |
| | 81,5 % | 18,5 % | 100 % | Anteil |

Tabelle 12: Zusammenhang von Antrag auf Freiheitsstrafe des Staatsanwaltes und Urteil des Richters, 1984[129]; Booß, Kilian 2014

Es bestand weitgehend Einigkeit zwischen Richter und Staatsanwalt, ob eine Haftstrafe verhängt (80,3 %) oder eine andere Entscheidung (18,1 %) gefällt werden sollte. Zusammengenommen bestand in 98,4 Prozent der Fälle Konsens über die Art der Strafe. Man kann fast von einer Eins-zu-eins-Übereinstimmung sprechen, die sich im Laufe der Jahre kaum veränderte. Es existierte also ein hohes Maß an Übereinstimmung in der Frage, ob verurteilt werden sollte

von der Richtererwartung in Rechtsstaaten um ein modifiziertes Einliniensystem. Booß; Kilian: Verwaltungsakt; Carsten; Rautenberg: Staatsanwaltschaft, S. 308.

126 Sarge: Im Dienste, S. 189.

127 Zit. nach: Furian: Mielkes Mühlen, S. 171.

128 Markovitz: Lüritz, S. 224 ff.

129 Berliner Stichprobe 84.

| Strafmaß | Häufigkeit | Anteil (in Prozent) |
|---|---|---|
| Urteil über 20 Prozent über Antrag | 21 | 5,2 |
| Urteil bis 20 Prozent über Antrag | 10 | 2,5 |
| Urteil gleich Antrag | 329 | 81,8 |
| Urteil bis 20 Prozent unter Antrag | 42 | 10,4 |
| Gesamt | 402 | 100 |

Tabelle 13: Verhältnis von Strafantrag und Urteilsstrafmaß, 1984; Booß, Kilian 2014

und welche Strafart infrage kam. Wenn man dagegen die vorgeschlagene und letztlich ausgeurteilte Strafhöhe bei Freiheitsstrafen vergleicht, zeigt sich, dass in 81,8 Prozent der Fälle eine exakte Übereinstimmung bestand.

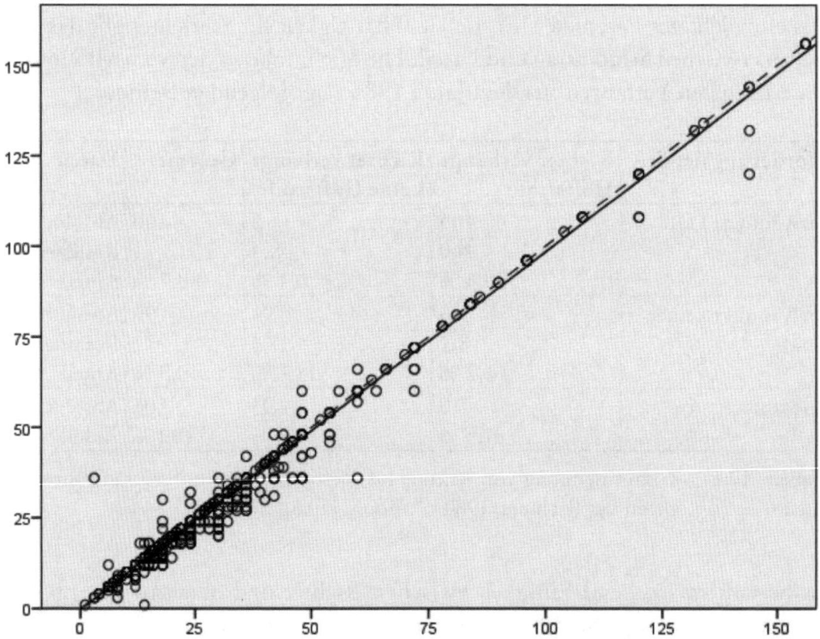


Abbildung 10: Zusammenhang von Strafantrag (x-Achse) und Strafmaß (y-Achse); Grafik Booß, Kilian 2014[130]

Im statistischen Mittel wichen die Richter durchschnittlich um lediglich 3 Prozent, um fast einen halben Monat vom Antrag des Staatsanwaltes ab. Die Veränderungen im Laufe der Jahre sind wenig bedeutsam.

130 Die Kreise symbolisieren die einzelnen Urteile, die durchgezogene Linie den Durchschnitt.

Ein Streudiagramm, das für die Stichprobe 72-84-88 die einzelnen Anträge des Staatsanwalts und die Urteile auf einer x/y-Achse markiert, zeigt, wie nahe die Urteile an der (gestrichelten) »idealen« 45-Grad-Linie liegen, die eine perfekte Übereinstimmung zwischen Strafantrag und Urteil markieren würde. Die Streuung ist eher gering.[131] Der Befund spricht dafür, dass die Urteile in der Regel nur mit einem geringen Strafabschlag erfolgten und damit die unterschiedlichen Rollen der Justizfunktionäre markiert wurden. Es ist schon früher darauf hingewiesen worden, dass in politisch brisanten Verfahren Richter vom Votum des Staatsanwalts allenfalls geringfügig abwichen.[132]

In einer methodisch vergleichbaren Auswertung hat Rottleuthner Strafprozesse an acht Ostberliner Stadtbezirksgerichten im Jahr 1978 analysiert. Danach wichen dort sogar in 40,2 Prozent der Fälle die Urteile von den Anträgen der Staatsanwaltschaft ab.

| **Strafmaß** | **Zahl der Fälle** | **Anteil (in Prozent)** |
|---|---:|---:|
| Urteil nach Antrag | 158 | 59,8 |
| Abweichend | 106 | 40,2 |
| Gesamt | 264 | 100 |

Tabelle 14: Zusammenhang zwischen Strafantrag des Staatsanwalts und Strafmaß im Urteil an Ostberliner Stadtbezirksgerichten; Tabelle nach Rottleuthner: Havemann-Verfahren, S. 379.

Rottleuthner hat dieses Ergebnis mit ähnlichen Untersuchungen aus der NS-Zeit, der Zeit nach dem Zweiten Weltkrieg und der späteren Bundesrepublik verglichen und kommt zu dem Schluss, dass in der DDR sogar bei seiner Stichprobe ein vergleichsweise »höheres Maß an Übereinstimmung«[133] zwischen Antrag und Urteil zu verzeichnen war als an Gerichten in anderen Systemen beziehungsweise zu anderen Zeiten. Auffällig ist, dass die Abweichungen der Stadtbezirks-Stichprobe von 1978 deutlich größer sind als in den MfS-ermittelten Verfahren der Berliner Stichprobe 72-84-88. Diese wurde zwar ebenfalls überwiegend nach Fällen an Stadtbezirksgerichten erhoben.[134] Sie bilden aber die IA-Verfahren im Wesentlichen an den beiden Gerichtsstandorten Pan-

131 Bei höheren Strafen erscheint die Abweichung größer, weil mit absoluten Werten statt mit Prozentwerten gearbeitet wurde.

132 Rudolf Bahro bekam 8 statt 9 Jahren Haft. Das Urteil gegen die Oppositionelle Vera Wollenberger bemaß sich auf 6 statt 9 Monaten Haft. Die Urteile im ersten Berliner Skinheadverfahren von 1987 lagen deutlich unter den Strafanträgen. Rottleuthner: Havemann-Verfahren, S. 385 f.

133 Rottleuthner zieht statistische Auswertungen des NS-Volksgerichtshofes, des Schöffengerichts Mannheim 1977 und des Berliner Amtsgerichtes Mitte 1950 heran. Rottleuthner: Havemann-Verfahren, S. 379 ff.

134 Am Stadtgericht (entsprach der Bezirksebene) zu 23,8 %, bei anderen Berliner Gerichten zu 7,6 %.

kow und Lichtenberg (47,3 %) ab,[135] wo es MfS-Untersuchungshaftanstalten gab und diese Verfahren konzentriert waren. Rottleuthner differenziert in seiner Stichprobe nicht nach MfS-ermittelten Verfahren und solchen, die von anderen Untersuchungsorganen ermittelt wurden. Insofern ist zu schlussfolgern, dass Rottleuthners Ergebnisse von 1978 eher die Rechtsprechung der allgemeinen Kriminalität widerspiegeln und dass in diesem Bereich die Richter stärker vom Strafvorschlag des Staatsanwaltes abwichen, als in MfS-ermittelten Verfahren.

Stärker noch als an zivilen Strafgerichten war die Übereinstimmung von Strafantrag und Urteil in Militärgerichtsverfahren. Bei der Art der Strafe lag sie bei den Militärgerichten bei knapp 99 Prozent, bei den höheren Instanzen bei 100 Prozent. Bei der Strafhöhe stimmten in den Militärgerichten die Urteile und der Strafantrag in 94 Prozent der Fälle überein,[136] bei den Militärobergerichten in 90 Prozent der Fälle[137] und am Militärkollegium des Obersten Gerichtes zu 100 Prozent.[138] Die Statistik differenziert leider nicht zwischen Militär- und IA-Verfahren. Die hohe Übereinstimmung in Militärverfahren verwundert nicht, da es hier eine stärkere personelle Verquickung des MfS mit dem Justizpersonal und dichtere Vorabstimmungen gab. In den MOG-Verfahren wurden fast ausnahmslos MfS-Offiziere als Schöffen eingesetzt.[139] Es ist offenkundig, dass eine sicherheitspolitische Brisanz eines Verfahrens tendenziell zu einer stärkeren Übereinstimmung zwischen Gericht und Staatsanwaltschaft bei der Beurteilung des Sachverhaltes führte. Das »UnA«-Verfahren, ein Urteil nach Antrag,[140] war in der Honecker Ära nicht mehr die ausschließliche Leitlinie, aber die Abweichungen blieben in solchen Verfahren gering. Das hing offenkundig damit zusammen, dass in solchen Verfahren das Personal noch stärker vorausgewählt und die Zusammenarbeit enger war. Aus der Sicht der DDR-Anwaltschaft gab es deutliche Unterschiede zwischen MfS-ermittelten und anderen Strafverfahren, in denen sich seit den 1960er-Jahren eine stärkere Entwicklung abzeichnete. Eine Umfrage bei sechs Kollegien ergab 1966, dass die Urteile in den meisten Fällen auf die Argumentation der Verteidiger eingingen und das Strafmaß in einem Viertel der Fälle unter dem Antrag des Staatsanwaltes blieb.[141] Dieser Befund wurde seinerzeit von den Anwälten als positiver Trend wahrgenommen. Auch rund zehn Jahre später konnten Rechtswissenschaftler der Humboldt-Universität Berlin nach einer Befragung von sechs Berliner An-

135 Da rund ein Fünftel der Verfahren nach den Ermittlungen an Gerichtsstandorte außerhalb Berlins abgegeben wurden, erhöht sich der Anteil sogar.

136 Auf der Basis von 1 502 Fällen.

137 Auf der Basis von 428 Verurteilungen. Wagner: Militärjustiz, S. 407 f.

138 Auf der Basis von 18 Anklagen. Wagner: Militärjustiz, S. 397 f.

139 Wagner: Militärjustiz, S. 388.

140 Werkentin: Strafjustiz, S. 291.

141 Gerhard Pein: Die Stellung des Verteidigers in der Praxis. Referat auf der Tagung der ZRK, 10.12.1966, S. 15; BArch, DP1, 2187.

wälten feststellen, dass die Tätigkeit des Anwalts in der Hauptverhandlung das Prozessergebnis schon beim Antrag des Staatsanwaltes »maßgeblich«[142] beeinflusste. Demgegenüber galten Verfahren mit Staatssicherheitshintergrund nach 1990 den DDR-Anwälten als »Anzugssachen«[143] oder »Schubladenrechtsprechung«[144], in denen »nach Antrag«[145] geurteilt wurde und der Verteidiger statt seiner selbst seinen Anzug im Gerichtssaal hätte aufstellen können.

Bis zum Ende der Ära Honecker gab es eine Reihe von Einzelfällen, die politisch präjudiziert wurden.[146] Eine der letzten politischen Interventionen richtete sich gegen Anzeigen, die Bürger wegen Wahlbetruges stellten, nachdem Manipulationen von Wahlergebnissen der Kommunalwahlen vom 7. Mai 1989 ruchbar wurden.[147] Entsprechend zentraler Vorgaben von SED, MfS und Generalstaatsanwaltschaft wurden diese in der Regel ungeprüft von den Staatsanwaltschaften niedergeschlagen.[148] In besonders hervorgehobenen Fällen, beispielsweise bei drohender Todesstrafe oder im Skinheadprozess, wurde der Strafvorschlag mit dem ZK beziehungsweise dem Generalsekretär der SED abgestimmt. Die Analyse der Berliner Stichprobe von 1984 zeigt auch für diese Fälle eine Modifikation bisheriger Annahmen. Honecker zeichnete gelegentlich Pressemitteilungen ab, in denen schon vor Verfahrensbeginn eine Freiheitsstrafe angekündigt war. Dies wirkte zweifelsohne präjudizierend. Allerdings ging es hier offenbar weniger um eine Vorfestlegung des Urteils, sondern um die Zustimmung zur publizistischen Aus- und Aufwertung von Verfahren, die sowohl innen- als auch außenpolitisch Furore machen konnten. Die Beweislage, beispielsweise bei einer missglückten Flucht, war meist derart eindeutig,[149] dass nach DDR-Recht

142 RAK Berlin, Protokoll der Mitgliederversammlung vom 11.5.1977, S. 8; BArch, DP1, 3288.

143 Gräf, Dieter: Rekrutierung und Ausbildung der Juristen in der SBZ/DDR. In: Deutscher Bundestag (Hg.): Materialien der Enquete-Kommission. Aufarbeitung von Geschichte und Folgen der SED-Diktatur in Deutschland. Bd. 4. Baden-Baden 1995, S. 154 u. 192.

144 Mit Bezugnahme auf präjudizierende Urteile, die aber nicht veröffentlicht waren, vgl. Gräf: Im Namen, S. 11.

145 Wolfgang Vogel: Zu Problemen der Tätigkeit des Rechtsanwalts im Strafverfahren der Deutschen Demokratischen Republik; BStU, MfS, HA IX Nr. 5290, Bl. 16–59, hier 34.

146 Fälle, die in den ZK Beständen, u. a. im Büro Krenz, dokumentiert sind und auf eine politische Beobachtung bzw. Einflussnahme schließen lassen. Rottleuthner: Steuerung der Justiz, S. 365 f.

147 StGB 1979, § 107.

148 Bästlein: Fall Mielke, S. 208 ff.; Müller, Jan: Symbol 89. Die DDR-Wahlfälschungen und ihre strafrechtliche Aufarbeitung. Berlin 2001, S. 160 ff.; Kloth: Zettelfalten; Marxen; Werle: Strafjustiz und DDR-Unrecht. Bd. 5/1, S. 987 ff.

149 Hier die Verhaftung eines Fluchthelfers an einer Grenzübergangsstelle. HA IX/AKG, Erstinformation v. 24.10.1983; BStU, MfS, AU 5405/84, Bd. 2, Bl. 101–106. Die von Honecker abgezeichnete Pressemitteilung, Agent einer kriminellen Bande verurteilt, o. D. (vermutl. 1984); ebenda, Bl. 422.

eine Haftstrafe zu erwarten war. In den von Honecker abgezeichneten Vorschlägen blieb das konkrete Strafmaß offen und konnte entsprechend dem Verfahrensverlauf relativ flexibel gehandhabt werden. Das Offenhalten der Höhe der Freiheitsstrafe im Entwurf der Pressemitteilung signalisiert, dass den beteiligten Justizfunktionären ein gewisser Spielraum zugebilligt wurde. Das war DDR-Lesart der richterlichen Unabhängigkeit. ZK-Sekretär Krenz hielt kurioserweise nach Absprachen zum Strafmaß im Skinhead-Wiederholungsverfahren für Erich Honecker fest, dass laut Generalstaatsanwalt »alle vorgeschlagenen Maßnahmen strikt den Gesetzen der DDR entsprechen«.[150]

Selbst stark politisch beeinflusste Fälle unterscheiden sich im Einzelnen deutlich in den Abstimmungsabläufen.[151] Mal kommunizierte der Generalstaatsanwalt, mal das Oberste Gericht, das MfS oder das MdJ mit dem Parteiapparat und hatte die Federführung für den Verfahrensablauf inne. Die Abstimmungsprozesse haben eines gemeinsam: Auf der oberen Ebene waren die Institutionen und Personen eingebunden, die in den Leiter- oder Stellvertreterberatungen die Nomenklaturkader-Kommunikation prägten und die generelle Abstimmung der rechtlichen Normen und Verfahrensabläufe sicherten. In den Verfahren gegen Robert Havemann formulierte nicht das MfS allein die drehbuchartigen Vorgaben. Es stimmte wichtige juristische Schritte mit den Partnern der Justizorgane ab.[152] Die Besonderheit der Havemann-Verfahren lag darin, dass sie in eine jahrelange Strategie von SED und MfS eingebettet waren,[153] die darauf abzielte, einen Abweichler auf Linie zu bringen oder weitgehend mundtot zu machen. Die Havemann-Verfahren tragen wegen der Prominenz des Verfolgten, der das Machtmonopol der SED infrage stellte und den Generalsekretär persönlich herausforderte, Ausnahmecharakter.[154] Sie können daher nicht als typisch für die MfS-ermittelten Verfahren der 1980er-Jahre angesehen werden. Die justizförmigen Interventionen gegen Havemann waren eher Episoden einer geheimpolizeilichen Gesamtstra-

150 Egon Krenz: Hausmitteilung an Erich Honecker, 4.12.1987; SAPMO, DY 30/IV 2/2.039 219.

151 Rottleuthner: Havemann-Verfahren, S. 365.

152 Zur Abstimmung der Hauptverhandlung und des Berufungsverfahrens im Devisenverfahren von 1979 Vollnhals: Fall Havemann, S. 100 ff. u. 108 ff.; Rottleuthner: Havemann-Verfahren, S. 263 f.

153 Informationen des MfS an die SED-Führung 1962–1964, Nr. 225, 233, 277, 317, 458 u. 813; BStU, MfS, ZAIG Nr. 14384.

154 Havemann forderte Mitte der 1970er-Jahre via westdeutschen Deutschlandfunk, der in die DDR einstrahlte, die Zulassung von Oppositionsparteien und entwickelte ein alternatives politisches Programm. Zu Recht stellt Neubert daher seine prägende Rolle für die Herausbildung der Opposition, selbst der kirchlichen, der späten 1970er- und 1980er-Jahre heraus. Neubert: Geschichte der Opposition, S. 221 f. Havemann war während der NS-Zeit wie Erich Honecker im Zuchthaus Brandenburg inhaftiert. Eine persönliche Befindlichkeit jenseits der politischen Herausforderung wurde schon damals gesehen, als beide an einer Gedenkveranstaltung in Brandenburg teilnahmen. Havemann; Widmann: Robert Havemann, S. 301 ff.

tegie im Auftrag der Partei. Dagegen lag die Primärkompetenz bei den Berliner Skinheadprozessen von 1987 vor allem in den Händen der Generalstaatsanwaltschaft. Zunächst wurde dieses Verfahren als rein kriminalpräventives behandelt. Im Vorfeld des ersten Prozesses war in Abstimmungen zwischen MfS, SED und Staatsanwaltschaft festgelegt worden, das Verfahren als »Rowdy«-Delikt möglichst unspektakulär und ohne Bezug auf politische Hintergründe abzuhandeln. Das spätere Krisenmanagement zur politisch abgestimmten Änderung des Urteils lag in den Händen der Generalstaatsanwaltschaft und nicht beim MfS.

*Zwischenresümee*

Die Mehrheit der Verfahren in der Berliner Stichprobe spricht gegen eine weisungsartige Abhängigkeit auf horizontaler Ebene,[155] die vom MfS-Untersuchungsführer über den Staatsanwalt bis auf den Richter durchgeschlagen hätte. Die unteren Instanzen der Gerichte und der Staatsanwaltschaft unterstanden der Anleitung ihres jeweiligen Institutionengefüges. Die Spitzen der Justiz und der Ermittlungsorgane hatten sich in Leiter- und Stellvertreterberatungen untereinander und mit dem ZK der SED so detailliert auf Normen und Rechtsanwendung verständigt, dass den unteren Instanzen nur ein geringer Spielraum blieb. Interne Anleitungen, vor allem Richtlinien des Obersten Gerichts, gaben den Handelnden einen quasi-normativen Rahmen, der durch persönliche Anleitung und Kontrolle nur noch ergänzt wurde. Diese Steuerung ließ den unteren Instanzen in vielen Fällen eine gewisse Flexibilität, um ihre separate Funktion nach innen und außen markieren zu können. Von einer Gewaltenteilung war eine solche Funktionsdifferenzierung jedoch weit entfernt. Die war explizit nicht erwünscht.[156] Die enge Anlehnung des Richters an die Vorlage des Staatsanwaltes aufgrund vorgegebener Normen wirkte vor allem in den Massenverfahren gegen Ausreiseinteressierte wie ein »Verwaltungsverfahren mit verteilten Rollen«.[157] Die überwiegende Zahl der MfS-ermittelten Verfahren der 1970er- und 1980er-Jahre, die sich vorrangig gegen Personen richtete, die durch Flucht oder Ausreiseantrag die DDR verlassen wollten, scheinen auf diese Weise geführt worden zu sein. Politisch im Einzelfall vor-entschiedene Verfahren erweisen sich nur als besondere Spielart derselben Justizsteuerung. Bei der normativen Steuerung von Einzelverfahren waren an der Spitze dieselben Nomenklaturkader beteiligt. Sie stimmten in einem Fall generelle Regeln ab, im anderen das

155 Deswegen weisen ehemalige DDR-Richter diesen Einfluss in der Regel zurück bzw. verweisen darauf, dass sie sich ihm nicht beugen mussten. Roggemann: Gutachterliche Stellungnahme, S. 255; Beckert: Sklave, S. 71.

156 Rottleuthner: Steuerung der Justiz, S. 18.

157 Booß; Kilian: Verwaltungsakt.

Vorgehen im Einzelfall. Jeder Leiter setzte dann in seiner Institution die Abstimmung »nach unten« um. Die Fokussierung auf das MfS als dem dominanten Akteur, der insbesondere die Staatsanwaltschaft zum »Erfüllungsgehilfen«[158] degradierte, ist demnach zu relativieren.

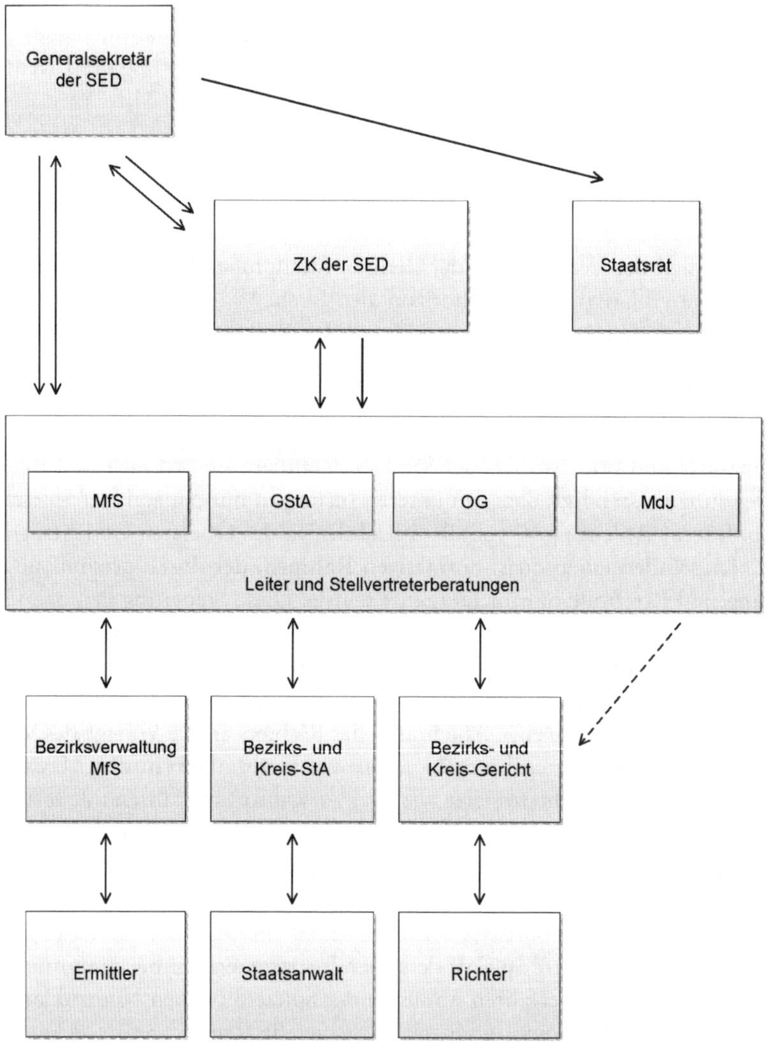


Abbildung 11: Justizsteuerung in politischen Prozessen durch Nomenklaturkader-Kommunikation der obersten Justiz- und Untersuchungsorgane [159]

158 Vollnhals: Fall Havemann, S. 143.

159 Grafik: Booß, eine ähnliche Grafik unter stärkerer Betonung des SED-Einflusses in den Institutionen und auf der regionalen Ebene zeigt Schröder, Rainer: Geschichte des DDR-

## 10.4 Im Hauptverfahren

Anders als es die spektakulären DDR-Schauprozesse vor oberen Gerichten in den 1950er-Jahren suggerieren,[160] war der typische politische Prozess der 1980er-Jahre ein eher kurzer Prozess vor einem unteren Gericht. Es stellt sich die Frage, wie sich die strafprozessualen Diskussionen auf die Rechtswirklichkeit in den MfS-ermittelten Verfahren auswirkten.

### 10.4.1 Anwaltsaktivität Fragerecht

Wolfgang Vogel bemängelte in seiner Rede 1985, dass Staatsanwälte und Vorsitzende Richter den Anwälten »unpassend«[161] die Belehrung erteilten, plädiert werde nach der Beweisaufnahme. Ähnlich wurde einem Anwalt in einem Bezirksgericht außerhalb von Berlin vorgeworfen, ein »Zwischenplädoyer«[162] zu halten. Mit derartigen Hinweisen sollten Verteidigeraktivitäten bei der Beweisaufnahme begrenzt und das in den 1960er-Jahren zugestandene unmittelbare Fragerecht beschnitten werden. Darauf zielte die Auffassung eines Richters am Obersten Gericht ab; man könne nicht die Hauptverhandlung kurz vor dem Ende der Beweisaufnahme unterbrechen, nur um einen bereits vernommenen Zeugen noch einmal zu vernehmen.[163] Einige Jahre zuvor hatten die Anwälte noch optimistisch angenommen, es sei unangebracht, Wiederholungsfragen abzulehnen.[164] Die Praxis war eine andere. Fragen in vermeintlich »anklägerischem«, »höhnischem« oder »ironischem« Tonfall wurden als »unzulässig«[165] angesehen. Sie konnten zurückgewiesen werden. Noch 1984 untersuchte das MdJ, offenbar aufgrund einer richterlichen Beschwerde, das Verhalten eines späteren Berliner Anwalts. Dieser »wollte immer wieder im gleichen Tonfall Fragen stellen, obwohl der Tatablauf eindeutig geschildert wurde«, sein Tonfall sei »provokatorisch« gewesen.[166] Bezeichnenderweise ging es um die Auseinandersetzung zwischen jungen Leuten und Volkspolizisten. Die insistierenden Fragen gal-

Rechts. Straf- und Verwaltungsrecht. Abbildung I. forum historiae iuris (2004). In: http://www.forhistiur.de/zitat/0404schroeder.htm (letzter Zugriff: 11.9.2014).

160 Werkentin: Politische Justiz, S. 41 f.

161 Wolfgang Vogel: Zu Problemen der Tätigkeit des Rechtsanwalts im Strafverfahren der Deutschen Demokratischen Republik; BStU, MfS, HA IX Nr. 5290, Bl. 16–59, hier 28.

162 BG Halle, Schreiben an MdJ, 21.2.1985; BArch, DP1, 4472.

163 Mühlberger, Fritz: Gewährleistung des Rechts auf Verteidigung. In: NJ 27 (1973) 12, S. 634–637, hier 636.

164 Pein, Gerhard: Die Verteidigung in der Hauptverhandlung. In: NJ 24 (1970) 1, S. 50–56, hier 53.

165 Pein kommentiert hier faktisch den § 229 Abs. 3 der StPO von 1968. Ebenda, S. 54.

166 MdJ, Bericht über die operativen Überprüfungen in Dresden und Zittau zum Verhalten von Rechtsanwalt […], 1984; BArch, DP1, 4471.

ten der Glaubwürdigkeit der Polizistenaussagen. Wo die Grenzen zwischen zulässiger und unzulässiger Frage verliefen, war für den Anwalt schwerlich exakt auszumachen. »Die richtige Art und die Grenzen der Fragestellung sind in der sozialistischen Grundhaltung des Verteidigers zu finden«[167], gab ein prominenter Vertreter der Anwaltschaft seinen Kollegen so einschränkend wie vage vor. Beim MfS wurden Beschwerden aufmerksam registriert, sofern das MfS davon erfuhr, dass Anwälte zu engagiert vor Gericht fochten. So wurde einem Anwalt vorgeworfen, dass er »angeblich im Interesse seines Mandanten alle rechtlichen Möglichkeiten ausschöpft«.[168] Dem Anwalt wurde unterstellt, dabei nur mehr verdienen zu wollen, er würde »in keiner Weise an der Wahrheitsfindung« mitwirken.[169]

Das Fragerecht der Anwälte, die Unmittelbarkeit der Beweisaufnahme in der Hauptverhandlung, die Präsumtion der Unschuld, die Relativität des Geständnisses als Beweismittel bestimmten in der normativen Diskussion die strafprozessualen Standards und galten in der Praxis der MfS-ermittelten Verfahren nur eingeschränkt. Die Beschwerden zeugen davon, dass manch Richter und Staatsanwalt alten Praktiken anhing und Impulse zur Prozessrationalisierung schleichend Folgen zeitigten.[170] Ein ehemaliger DDR-Anwalt spricht davon, dass die Anwälte in jenen Jahren »gegenüber ihren eigentlichen Aufgaben«[171] resignierten. Diesen Eindruck hinterlassen auch Prozessschilderungen von Betroffenen. Im Verhältnis zur Darstellung der Haft fällt die Beschreibung der Hauptverhandlung in den Erinnerungen meist knapp aus. Das Engagement der Anwälte im Beweisverfahren erscheint kaum erwähnenswert.[172] Sein Anwalt, so erinnert sich ein ehemaliger politischer Häftling, hätte »ein, zwei Zwischenfragen gestellt, das war es, ja. Dann gab es eine Pause bis zur Urteilsverkündung.«[173] Über eine Verteidigung von Friedrich Wolff hieß es, »der Rechtsanwalt, hat sich am zweiten Prozesstag erstmals geäußert auf eine Frage des Richters oder Staatsanwaltes«.[174] Die Mandanten waren von der Passivität ihres Rechtsvertreters in manchen Fällen derart enttäuscht, dass sie heftig reagierten. Weil sein Verteidiger während der Beweisaufnahme mehrfach einschlief, forderte ein Angeklag-

167 Pein, Gerhard: Die Verteidigung in der Hauptverhandlung. In: NJ 24 (1970) 1, S. 50–56, hier 54. Pein hält auch Suggestiv-, doppelsinnige oder Überlistungsfragen für unzulässig.

168 BV Dresden/KD Görlitz, Auskunft an BV Dresden, 29.4.1985; BStU, MfS, BV Dresden, Abt. XX/ZMA Nr. 3776, Bl. 3 f.

169 Ebenda.

170 Die ehemaligen Angeklagten verwiesen auf die Voreingenommenheit der übrigen Prozessbeteiligten. Raschka: Überwachung, S. 88.

171 Gräf: Im Namen, S. 10.

172 Booß: Schwein Tolbe, S. 31 f.

173 Interview Hohenschönhausen. J. A.

174 Interview Hohenschönhausen. J. R.

ter einen anderen Anwalt.[175] Und der von Wolff Enttäuschte forderte mitten im Hauptverfahren, »dass er geht«.[176] Ein ehemaliger Angeklagter meint, »im Grunde habe ich vieles alleine gemacht«.[177] Die Aktivitäten der Anwälte und deren Wirkung wurden von den Betroffenen in verschiedenen Prozessen als eher passiv beziehungsweise ineffektiv eingeschätzt: Die Verteidigung sei »völlig unwirksam«[178] gewesen. Im Prozess hat der Verteidiger »überhaupt nichts zu unseren Gunsten gesagt.«[179] »Ich hätte auch einen Besenstiel als Verteidiger nehmen können – das Ergebnis wäre nicht anders ausgefallen«, immerhin wurde bei der letzten Wertung konzediert, der Anwalt hätte »nicht den Hauch einer Chance« gehabt.[180] Die negative Wahrnehmung der Verteidigung in der Hauptverhandlung durch die Angeklagten war zweifelsohne von politisch-psychologischen Faktoren beeinflusst. Hafttraumata, die Ablehnung des politischen Systems und seiner Justiz, Ohnmachtsgefühle angesichts eines feindseligen Justiz- und Ermittlungsapparates werden ihre Spuren bei der Bewertung hinterlassen haben.[181] Ohnehin dürften sich überwiegend die ehemaligen Häftlinge öffentlich geäußert haben, die eine eher kritische Haltung zur Justiz der DDR haben. Ehemalige Häftlinge, die Korrumpierungsversuchen nachgaben oder Resozialisierungsangebote annahmen,[182] äußern sich eher nicht.

Die Grundtendenz der Zeitzeugenschilderungen stützt die Analyse der MfS-ermittelten Berliner Verfahren. Der Anteil der Fälle, in denen der Anwalt Zeugen vernahm, betrug 1972 circa 36 Prozent, er sank 1984 auf circa 17 Prozent, um dann 1988 wieder auf 21,7 Prozent zu steigen. Der statistische Befund der ersten zwölf Jahre ist nicht ausschließlich darauf zurückzuführen, dass Anwälte ihr Fragerecht nur verhalten wahrnahmen, sondern darauf, dass generell wenig Zeugen geladen waren.[183] In Teilen sind diese Zahlen darauf zurückzuführen, dass die Anwälte in Verfahren mit mehreren Angeklagten, Mitangeklagte befragten.[184] Dies war 1972 häufig der Fall. In der Summe führte

175 Wolfgang Vogel: Zu Problemen der Tätigkeit des Rechtsanwalts im Strafverfahren der Deutschen Demokratischen Republik; BStU, MfS, HA IX Nr. 5290, Bl. 16–59, hier 29.

176 Interview Hohenschönhausen. J. R.

177 Matthias Tordinic. In: Plogstedt, Sibylle: Das Schicksal von politischen Häftlingen in der DDR nach der deutschen Wiedervereinigung. Gießen 2010, S. 285.

178 Konrad Faust. In: Zeitzeugen. Inhaftiert in Hohenschönhausen/Hg. von der Gedenkstätte Berlin-Hohenschönhausen. Berlin 1998, S. 47.

179 Gespräch mit Regina Ebert. In: Schacht: Hohenecker Protokolle, S. 228.

180 Furian: Mielkes Mühlen, S. 171.

181 Booß: Schwein Tolbe, S. 33.

182 Angesichts der hohen Zahl von Zellen-Informatoren fällt auf, dass dieses Thema in Selbstzeugnissen kaum vorkommt.

183 Raschka: Überwachung, S. 83. MOG- und MKOG-Verfahren, in deren Ergebnis lebenslange Strafen und Todesstrafen verhängt wurden, verzichteten in mehr als der Hälfte der Verfahren auf jede Zeugenvernehmungen. Wagner: Militärjustiz, S. 451.

184 Mithilfe einer dreidimensionalen Analyse, bei der die Größe der Angeklagten-Gruppe als Variable eingeführt wurde, zeigte sich, dass für 1972 eine Beziehung zur Größe der An-

die Rationalisierungsdiskussion zu einer Prozesskultur, in der Anwälte nur selten Zeugen befragten. Es zeigt sich, dass die strafprozessualen Vorschriften über die Reihenfolge der Befragung nicht nur das Prozedere, sondern faktisch die Rangordnung der Verfahrensbeteiligten festlegten. Wolfgang Vogel führte die geringe Nutzung des Fragerechtes auf die Verhandlungsführung der Richter zurück.[185] Nach Paragraf 229 StPO[186] kam das Fragerecht zunächst dem Vorsitzenden, dann den Beisitzern, alsdann dem Staatsanwalt und danach dem Verteidiger zu. Die Analyse der Berliner Stichprobe ergab, dass die Befragungen durch den Vorsitzenden die Verhandlungen in der Regel dominierten,[187] während die Anwälte eher eine Nebenrolle spielten oder passiv waren. IM-Berichte von profilierten IA-Richtern beziehungsweise Staatsanwälten[188] dokumentieren deren Empfindlichkeit bei einem »Überengagement« von Anwälten. »Sie setzt sich trotz eindeutiger Beweislage sehr für die Angeklagten ein«,[189] wurde eine Anwältin kritisiert. Einem Anwaltskollegen wurde vorgeworfen, »mit den Angeklagten eine gewisse Solidarität [zu] zeigen, [... die] für einen Genossen unwürdig ist«.[190] Richter konnten ungehalten auf eine ihrer Meinung nach überzogene Nutzung des Fragerechts reagieren, Berichte schreiben, die sogar zu Disziplinierungen führten.[191] Die Fragehäufigkeit der Anwälte variierte offenbar mit der Art der verhandelten Delikte. Dies zeigen Verfahren, in denen Delikte der allgemeinen Kriminalität, wie Gewalt-, Eigentums- oder Wirtschaftsdelikte verhandelt wurden. Das MfS zog solche Verfahren an sich, wenn es einen Bezug zur Staatssicherheit annahm. Im Verfahren gegen Berliner Bahnpostmitarbeiter ging es um Geldscheine westlicher Währungen, die über Jahre aus westlichen Postsendungen entwendet wurden. Hier fragten alle vier beteiligten Anwälte ak-

geklagten-Gruppe gegeben war, Anwälte offenbar Mitangeklagte befragten. Dies einbezogen, fiele der Trend schwächer aus, da 1972 wegen der Häufung der Grenz- und Fluchthilfedelikte auch eine Häufung von Gruppendelikten festzustellen war. Berliner Stichprobe 72-84-88.

185 Wolfgang Vogel: Zu Problemen der Tätigkeit des Rechtsanwalts im Strafverfahren der Deutschen Demokratischen Republik; BStU, MfS, HA IX Nr. 5290, Bl. 16–59, hier 28. Für Militärverfahren bezweifelt Wagner, dass eine Sachaufklärung überhaupt ein Ziel der Hauptverhandlung darstellte. Wagner: Militärjustiz, S. 466.

186 StPO 1968.

187 Es ist Raschka insofern zuzustimmen, dass die Angeklagten-Befragung durch den Richter das wichtigste Beweismittel war. Allerdings durften Vernehmungsprotokolle vorgehalten werden. Raschka: Überwachung, S. 83 f. u. 87.

188 BV Bln/XX/1, TB mit IM »Lehmann«, 10.9.1974; BStU, MfS, AIM 13986/81, T. II, Bd. 1, Bl. 147 f.

189 BV Bln/XX/1, TB mit GMS »Gerda«, 25.6.1976; BStU, MfS, AIM 2957/84, T. I, Bd. 1, Bl. 132–135, hier 135.

190 BV Bln/XX/1, TB mit GMS »Gerda«, 30.8.1974; ebenda, Bl. 114–117, hier 116.

191 Lange, Roland J.: Einbindung und Behinderung der Rechtsanwälte. In: Deutscher Bundestag (Hg.): Materialien der Enquete-Kommission. Aufarbeitung von Geschichte und Folgen der SED-Diktatur in Deutschland. Bd. 4. Baden-Baden 1995, S. 605–653, hier 643 ff.

tiv, um den jeweils individuellen Tatbeitrag präziser als von der Staatsanwaltschaft geleistet, herauszuschälen. Es ging nicht nur um Fragen der Strafhöhe, sondern auch um potenzielle Schadenersatzleistungen. Dieses Verfahren dauerte drei Tage und erlaubte eine differenziertere Beweisaufnahme.[192] Demgegenüber wurde in Massenverfahren gegen Ausreisewillige oft »kurzer Prozess« gemacht. Den Ablauf eines »normalen« MfS-ermittelten Prozesses schildert ein ehemaliger Häftling folgendermaßen: »Der Lebenslauf und dann wurde man zur Straftat befragt und dann kam das Plädoyer.«[193] Das Diktum aus der Zeit der Prozessrationalisierung, wonach bei Vorliegen des Geständnisses überwiegend auf die Vernehmung von Zeugen verzichtet werden könne, wenn es andere Beweise gäbe,[194] wirkte im MfS-ermittelten Prozess bis in die 1980er-Jahre fort. Das ließ den Anwälten kaum Entfaltungsmöglichkeiten, ihr Fragerecht überhaupt auszuüben.

### 10.4.2 Anwaltsaktivität Anträge

Die Anwälte unternahmen im Hauptverfahren meist keine Anstrengungen, Anträge zu stellen, Zeugen zu laden, wenn Zeugenaussagen nur schriftlich vorlagen und auf die verwiesen wurde. Einer der wichtigsten Befunde zum Anwaltsverhalten ist ein Nichtbefund. Die Analyse der Berliner Stichprobe ergab, dass es seitens der Anwälte so gut wie keine Kritik am Verfahren, wie Richterbesetzung, Terminierung, Befangenheit oder schwerwiegenden Verfahrensmängeln gab. Ein Infragestellen des prozessualen Ablaufes politischer Prozesse war in der DDR offenbar ein absolutes Tabu.

Beweisanträge von Anwälten waren in der 1984er Stichprobe nur in neun von circa 400 Fällen nachweisbar.[195] Eine Umfrage der Humboldt-Universität unter sechs Anwälten Ende der 1970er-Jahre bestätigte, dass nur wenige Anträge gestellt wurden.[196] In Zeitzeugendarstellungen sind derartige Anträge, etwa der erfolgreiche Antrag auf ein erneutes psychologisches Gutachten, nur in seltenen Einzelfällen dokumentiert.[197] Von Zeitzeugen wird sogar erwähnt, dass ein Antrag nicht gestellt wurde, obwohl der Angeklagte darauf drängte.[198] Die Fälle, in denen Anwälte Beweisanträge im Verfahren stellten, sanken von 6,9 Prozent

192 Booß: Rechtsanwälte, S. 234.
193 Interview Hohenschönhausen. L. S.
194 MdJ, Grundsätze für eine rationelle Gestaltung des gerichtlichen Verfahrens, 16.3.1971, S. 2; BArch, DP1, 2496.
195 Booß: Rechtsanwälte, S. 231.
196 RAK, Protokoll vom 25.6.1977, Anlage 4; BArch, DP1, 3310.
197 Interview Hohenschönhausen. M. B.
198 Interview Hohenschönhausen. G. B.

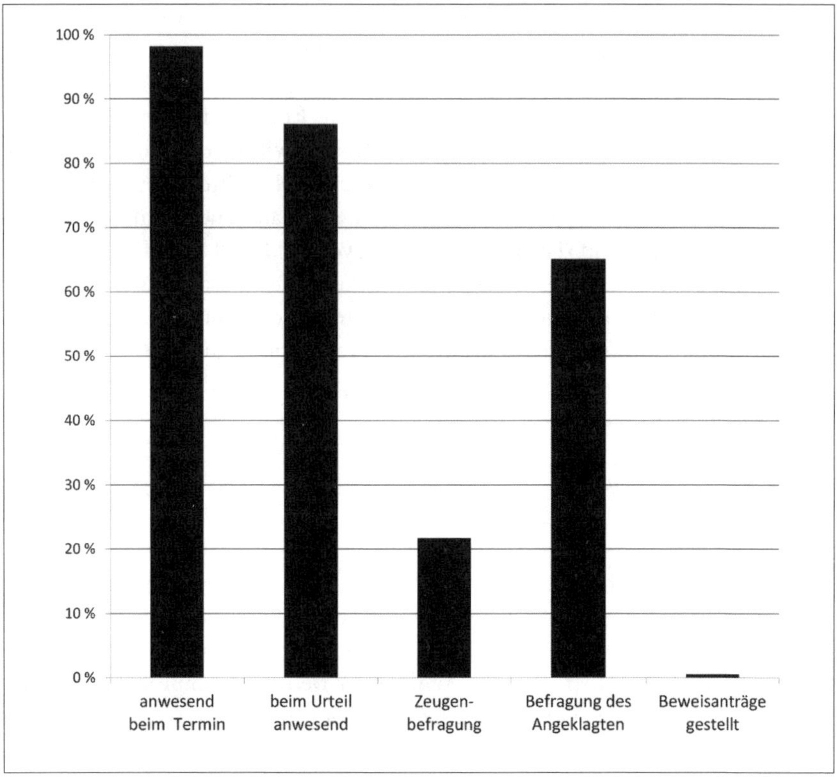


Abbildung 12: Häufigkeit der wichtigsten Anwaltsaktivitäten im Hauptverfahren, 1988; Booß, Kilian 2014

(1972) auf 2,2 Prozent (1984), um dann noch einmal auf 1,2 Prozent (1988) abzusinken.[199] Die Prozessrationalisierung in den 1970er-Jahren scheint hier voll durchgeschlagen zu sein und die kritischen Debatten ab Mitte der 1980er-Jahre bewirkten keine entscheidenden Veränderungen.

Anders als Vogels demonstratives Eintreten für die Belebung der Hauptverhandlung 1985 vermuten ließ, waren es zuweilen Anwaltsfunktionäre, die Initiativen ihrer Kollegen eindämmten. Als »pflichtwidrig« wurde von einem maßgeblichen RAK-Vorsitzenden eingestuft, wenn ein Anwalt »Beweisanträge stellt oder unterstützt, die die Schuld widerlegen sollen [...], obwohl [... der Anwalt] die Schuld des Angeklagten positiv kennt«.[200] Schon seit den 1950er-Jahren waren Beweisanträge im Verfahren dem Verdacht der Prozessverschleppung aus-

199 Berliner Stichprobe 72-84-88 auf Basis von 860 Fällen.

200 Pein, Gerhard: Zur Tätigkeit des Anwaltes im sozialistischen Strafverfahren. In: NJ 26 (1972) 17, S. 508–511, hier 509.

gesetzt.[201] Nur selten wurden Beweisanträge im Verfahren vom Richter akzeptiert.[202] Kritisiert wurde ebenfalls, wenn Beweismittel grundsätzlich angegriffen wurden. Einer Anwältin warf man vor, dass sie das Geständnis als Beweismittel anzweifle. Sie behauptete in einem »Rowdy«-Prozess, die Vernehmer hätten den Zeugen nicht richtig verstanden. Dieser hätte die Aussagen nur gemacht, weil er »müde war und endlich von den Vernehmern in Ruhe gelassen werden wollte«.[203] Schlüsselworte wie »pflichtwidrig« von maßgeblichen Vorstandsmitgliedern der Bezirkskollegien signalisierten, dass hier Verhaltensweisen angeprangert wurden, die zu einem Disziplinarverfahren führen konnten. Kritiken an Anwälten, die »weitergehende Anträge«[204] stellten, oder Anträge angeblich zu spät stellten,[205] sind überliefert.[206]

*Aggregierte Anwaltsaktivitäten*

Um die Verhaltensweisen der Anwälte im Hauptverfahren mit statistischen Methoden beurteilen zu können, wurden in den drei Jahresstichproben sechs Variablen erhoben und ausgewertet: die Anwesenheit des Rechtsanwalts im Prozess und die Anwesenheit zur Urteilsverkündung. Darüber hinaus wurden Aktivitäten ausgewählt, so die einer Zeugenbefragung, einer Befragung des Angeklagten, die Art eines Plädoyers, gegebenenfalls mit Kritik an Beweismitteln oder der Subsumtion. Entsprechende Aktivitäten wurden mit Punkten bewertet, daraus ein Aktivitäten-Index gebildet und entsprechend dem jeweiligen Indexwert in einer 5-stufigen Skala dargestellt.

In deutlich mehr als der Hälfte der Fälle zeigten die Anwälte nur sehr geringe, niedrige oder mäßige Aktivitäten. Eine sehr geringe Aktivität meint beispielsweise eine pure Anwesenheit des Anwalts vor Gericht inklusive einem wenig aussagekräftigen Plädoyer. Schon die Befragung des Angeklagten, ein Plädoyer sowie die Anwesenheit bei der Urteilsverkündung reichten für die Kategorisierung unter »mäßige Anwaltsaktivität«.[207] Das Anwaltsverhalten veränderte sich über die Jahre kaum, wie das Balkendiagramm zeigt, nur die Zahl der »sehr geringen«

201 Bruhn: Rechtsanwaltschaft, S. 124.

202 Gräf: Im Namen, S. 64.

203 K[riminalpolizei], Vermerk v. 6.9.1977; BStU, MfS, AP 1289/856, Bl. 101 f.

204 RAK Berlin, Protokoll der Vorstandssitzung vom 17.11.1976, S. 6; BArch, DP1, 3288.

205 RAK Berlin, Protokoll der Vorstandssitzung vom 6.12.1978, S. 2; BArch, DP1, 3468.

206 Lange, Roland J.: Einbindung und Behinderung der Rechtsanwälte. In: Deutscher Bundestag (Hg.): Materialien der Enquete-Kommission. Aufarbeitung von Geschichte und Folgen der SED-Diktatur in Deutschland. Bd. 4. Baden-Baden 1995, S. 643 ff.

207 Booß: Rechtsanwälte, S. 232.

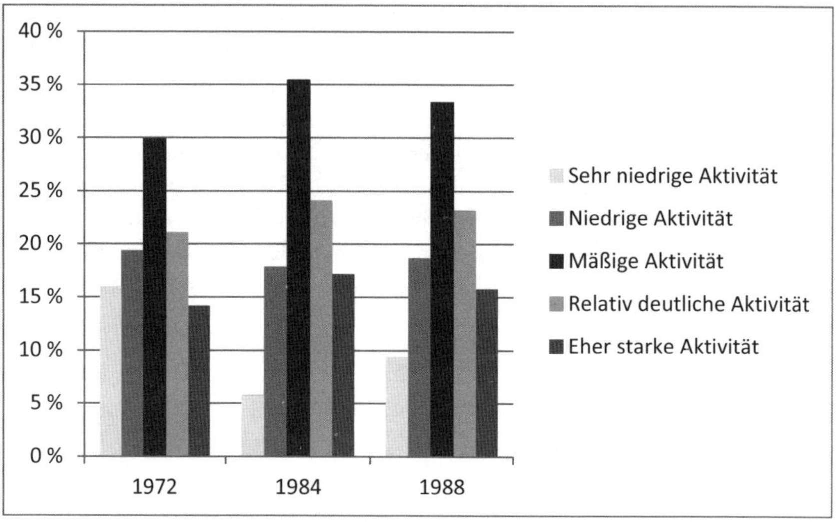


Abbildung 13: Darstellung der Anwaltsaktivitäten nach Falljahren; Booß, Kilian 2014

Aktivitäten nahm ab. Diese Entwicklung ist nicht zuletzt darauf zurückzuführen, dass in den 1980er-Jahren weniger Anwälte bei der Urteilsverkündung fehlten als 1972.[208] Angesichts der Isolation der Angeklagten und der Tatsache, dass zum Zeitpunkt der Urteilsverkündung oft eine Vorentscheidung in der Rechtsmittelfrage gefällt wurde, ist dies keine ganz triviale Entwicklung.

Die aggregierte Bewertung der Anwaltsaktivitäten zeigt, wie schon beim Befund zum Frage- und Antragsverhalten, dass die Anwälte bei etwa der Hälfte der Mandate in MfS-ermittelten Verfahren bestenfalls mäßige Aktivitäten an den Tag legten.

### 10.4.3 Anwaltsaktivität Plädoyer

Wie Wolfgang Vogel 1985 bemängelte, tendierten Richter und Staatsanwälte dazu, die Rolle des Anwaltes kleinzuhalten, und sie mehr oder minder auf das Plädoyer einzuengen.[209] Entsprechend betonte der Lehrkommentar zum Straf Prozessrecht den »großen Wert [des Plädoyers] für die Wahrheitsfeststellung

208 Abwesenheit des Anwaltes bei Urteilsverkündigung: 29 % (1972), 15,3 % (1984), 13,9 % (1988). Berliner Stichprobe 72-84-88.

209 Wolfgang Vogel: Zu Problemen der Tätigkeit des Rechtsanwalts im Strafverfahren der Deutschen Demokratischen Republik; BStU, MfS, HA IX Nr. 5290, Bl. 16–59, hier 28 f.

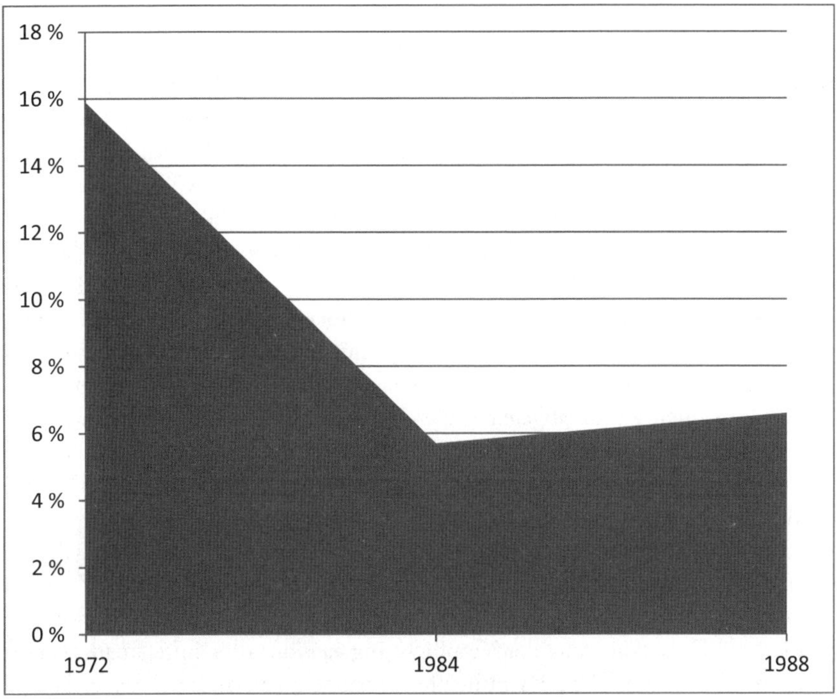


Abbildung 14: Anteile der Anwälte, die der Urteilsverkündung fernblieben; Booß, Kilian 2014

und Entscheidungsfindung durch das Gericht«.[210] Es galt in den 1950er- und 1960er-Jahren sogar als »Höhepunkt« der anwaltlichen Tätigkeit im Hauptverfahren.[211] Anders als bei den übrigen prozessualen Rechten war der Anwalt zum Plädoyer verpflichtet.[212] In einem Artikel mit Leitcharakter in der Neuen Justiz waren Anforderungen an das Plädoyer formuliert. Die kritische und rechtliche Würdigung aller Beweise wurden als »Kernstück«[213] des Plädoyers angesehen, an das sich die Darstellung der Persönlichkeit des Angeklagten und die Stellungnahme zum Strafantrag anschließen sollten. Der Aufsatz ging von einem maximal 20-minütigen Plädoyer für die Mehrzahl aller Fälle aus. Allein diese Orientierung zeigt, wie sehr die Rationalisierungsdiskussion die Plädoyers tangierte. Die Verfahrensdauer, vor allem in Verfahren, die sich gegen Personen richteten,

210 Strafprozessrecht Lehrkommentar 1968, S. 256; Brandt: Ein Traum, S. 128.

211 Bruhn: Rechtsanwaltschaft, S. 125.

212 Brandt: Ein Traum, S. 128. Der § 238 Abs. 1 StPO sah nur das Recht auf einen Schlussvortrag vor. Die anwaltschaftliche Verpflichtung wurde aus § 16 hergeleitet. Strafprozessrecht Lehrkommentar 1968, S. 276 ff.

213 Pein, Gerhard: Die Verteidigung in der Hauptverhandlung. In: NJ 24 (1970) 1, S. 50 f., hier 55.

die die DDR verlassen wollten, ging deutlich zurück.[214] In Verfahren, die auf eine knappe Stunde oder weniger zusammengepresst wurden, blieb kaum Platz für differenzierte Argumentationen. »Nicht die Länge des Plädoyers, sondern der Inhalt ist entscheidend«,[215] hatte ein Richter auf dem Höhepunkt der Rationalisierungsdiskussion vermerkt. Die kurz darauf festgelegte Revisionsrichtlinie, mithilfe derer der Vorstand stichprobenartig die Arbeit der Kollegiumsanwälte kontrollierte, sah vor, dass ebenfalls untersucht werden sollte, wie der Anwalt »sich auf das Plädoyer vorbereitet [hat] und wie, soweit möglich, das Plädoyer selbst zu beurteilen ist«.[216] Nicht nur in Bezug auf die Länge des Plädoyers wurde die Verteidigung bedrängt. Die Diskussionen über den zivilrechtlichen Charakter des Anwaltsvertrages hatten keineswegs nur abstrakte Bedeutung, sondern Konsequenzen für das erwartete Verhalten gegenüber dem Mandanten. Aus diesen Diskussionen wurde abgeleitet, dass der Anwalt eine vom Mandanten unabhängige Rolle einzunehmen habe.[217] Immer wieder wurde in internen Diskussionen hervorgehoben, Mandanten hätten »falsche Erwartungen«,[218] wenn sie davon ausgingen, dass der Anwalt alles vorzutragen habe, was sie wünschten. Der Anwalt dürfe »nicht Sprachrohr des Mandanten«[219] sein. Dies galt insbesondere, wenn der Anwalt um die Schuld des Angeklagten wusste. Zwar sei es nicht pflichtwidrig, wenn der Anwalt »einseitig« zugunsten des Mandanten plädiere.[220] Dies ginge aus der Verpflichtung hervor, alles Entlastende vorzubringen. Aber er dürfe keine Argumente vorbringen, von denen er wisse, dass sie falsch seien beziehungsweise der Schuld des Angeklagten entgegenstünden.[221]

Das Plädoyer wurde als »parteiliche, prinzipienfeste Rede an das Gericht zugunsten des Angeklagten«[222] definiert. Dass Partei- und Staatsinteressen und die Belange des Mandanten gleichermaßen zu berücksichtigen waren, führte zu einer widersprüchlichen Interessenslage, die im Einzelfall kaum aufzulösen war.[223] Entsprechend solcher justizpolitischen Erwartungen wurden in Revisi-

214 Bei der Kanzlei Vogel fiel sie von 6,3 Stunden (1972) auf durchschnittlich 1,7 Stunden (1988). Berliner Stichprobe 72-88.

215 Bezirksgericht Halle/Direktor, Bericht an MdJ, 24.4.1973; BArch, DP1, 2968.

216 Revisionsrichtlinie vom 7.6.1975, Bl. 9; SAPMO, DY 64/103.

217 Wolff, Friedrich: Stellung, Aufgaben und Verantwortung des Verteidigers im Strafverfahren. In: NJ 33 (1979) 9, S. 401.

218 RAK Berlin, Eingabenanalyse des Kollegiums für das Jahr 1978, 5.2.1979, S. 2; BArch, DP1, 3890.

219 RAK, Berlin, Protokoll über die Mitgliederversammlung am 16.11.1977, S. 6; BArch, DP1, 3288.

220 Pein, Gerhard: Zur Tätigkeit des Anwaltes im sozialistischen Strafverfahren. In: NJ 26 (1972) 17, S. 508–511, hier 511.

221 Ebenda, S. 510 f.

222 Pein 1960. Zit. nach: Bruhn: Rechtsanwaltschaft, S. 125.

223 Bruhn spricht von »Gratwanderung«, was einen möglichen Ausgleich dieser Prinzipien unterstellt. Bruhn: Rechtsanwaltschaft, S. 125.

onskritiken und Beschwerden immer wieder »unsachliche Ausführungen«[224] in Plädoyers oder eine »in der Erregung ausgesprochene Formulierung«[225] bemängelt. Als Angriff auf die sozialistische Rechtsordnung wurde offenbar ein Plädoyer gewertet, das das MdJ exemplarisch aufführte: »Im Plädoyer kritisierte [der Rechtsanwalt] lautstark die Ausführungen der Staatsanwältin, behauptete, sie hätte falsche Ausführungen gemacht.«[226] Umgekehrt konnte ein »ungenügendes Plädoyer«[227] in einem Verfahren vor erweiterter Öffentlichkeit Anlass für Kritiken sein. Dies waren Verfahren, von denen sich MfS, Staatsanwaltschaft und SED einen Propaganda- beziehungsweise Erziehungseffekt versprachen. Diese Verfahren ließen sie vor ausgewähltem Publikum stattfinden und entsprechende Presseveröffentlichungen lancieren.

Wie das prozessuale Geschehen, wurde das materielle Recht von den meisten Anwälten als gegeben angesehen. Auch hier ist der Nichtbefund das Interessante. Denn auf übergeordnete oder internationale Normen bezogen sich die DDR-Anwälte so gut wie nie.[228] Prominente ehemalige DDR-Anwälte räumen inzwischen ein, dass dort ihre Grenze lag.[229] Die Anwälte stellten keine Strafnormen durch Vergleich mit internationalen Vereinbarungen, die die DDR im Rahmen von UNO- oder KSZE-Beitritt eingegangen war, infrage. Sie plädierten nicht einmal auf mildernde Umstände oder Verbotsirrtum, wenn sich Ausreiseantragsteller vor Behörden auf diese internationalen Abkommen berufen hatten. Eine Relativierung strafrechtlicher Normen durch verfassungsrechtliche Grundsätze der DDR-Verfassung kam den Anwälten in der Regel ebensowenig in den Sinn.[230] Ein Infragestellen der Strafrechtsparagrafen und ihrer Anwendung fehlt in solchen Verfahren.[231] Unter den Ausreiseantragstellern beriefen sich seit 1976 nicht wenige Beschuldigte beziehungsweise Angeklagte auf internationale Vereinbarungen, die die DDR abgeschlossen hatte.[232] Mehrere ehe-

224 Auswertung der Eingabeanalysen der Kollegien der Rechtsanwälte 2. Halbjahr 1969, 13.2.1970; BArch, DP1, 2588.

225 RAK Berlin, Protokoll der Vorstandssitzung vom 18.1.1984, S. 2; BArch, DP1, 4280.

226 MdJ, Vermerk Beispiel zur Auswertung, o. D. 1984; BArch, DP1, 4472.

227 RAK Berlin, Analyse der Eingaben des Kollegiums für das Jahr 1978, 5.2.1979, S. 4; BArch, DP1, 2657.

228 Lediglich von Wolfgang Schnur ist bekannt, dass er sich in Plädoyers öfter auf übergeordnete Verfassungsnormen bezog. Stadtbezirksgericht Berlin Lichtenberg, Protokoll der Hauptverhandlung, 12.4.1988; BStU, MfS, AU 9089/88, Bd. 9, Bl. 42–90, hier 81 ff. Wolfgang Schnur: Berufungsschrift, 17.4.1988; ebenda, Bd. 9, Bl. 104–108, hier 105 f.

229 Gregor Gysi auf dem ersten Ostdeutschen Juristentag am 28.10.1992. Rechtswissenschaft und Rechtspraxis in der DDR. Versuch einer Analyse/Hg. durch Vereinigung demokratischer Juristen, Ostdeutscher Juristentag. Berlin 1992, S. 25; Maizière: Anwalt der Einheit, S. 40.

230 Eine der seltenen Ausnahmen in den Freispruchplädoyers von 1988, vgl. dazu auch die Fallbeispiele im vorliegenden Kapitel.

231 Berliner Stichprobe 72-84-88; Booß: Rechtsanwälte, S. 231 f.

232 Vom MfS wurde die Riesaer Gruppe um Karl-Heinz Nitschke, die sich auf die Schlussakte von Helsinki stützte, besonders verfolgt. Pötzl: Mission Freiheit, S. 299 f.

malige Häftlinge schildern, dass das von ihren Anwälten nicht aufgenommen wurde: »Der [Anwalt] hat drei, vier Worte hin und wieder gesagt, aber im Prinzip zu meiner Entlastung, würde ich sagen, eigentlich Null. [...] Ich habe das immer wieder versucht, weil ich ja auf die KSZE-Akte auch hingewiesen habe, dass also die Menschen freizügig sich bewegen dürfen. Aber das hat keinen interessiert.«[233] Wenn sie explizit damit konfrontiert wurden, politisch offensiv zu plädieren, lehnten Anwälte das gewöhnlich ab. »Das geht nicht, denn sonst muss ich mit Ihnen die Zelle mir teilen.«[234] Manche Mandanten schienen allerdings Verständnis für eine derartige Zurückhaltung ihrer Anwälte aufzubringen: »Wenn der Rechtsanwalt dasselbe gesagt hätte, was ich geschrieben habe, wäre der auch eingesperrt worden.«[235] Dieses Verhalten der Anwälte wird heute von Juristen unterschiedlich bewertet. Mit Blick auf mögliche berufsrechtliche Folgen und nachteilige Wirkungen für die Mandanten hätten die Anwälte zurückhaltender handeln müssen.[236] Dagegen wird die politisch-moralische Seite solch einer angepassten Verteidigungsstrategie problematisiert: »›Leisetreterei‹ und ›politisches Wohlverhalten‹ sind bei der Verteidigung eines politischen Straftäters Gewissensfragen.«[237]

### *Distanzierung von Mandanten*

Wegen des grundsätzlich erzieherischen Charakters des sozialistischen Rechtes erwartete der Staat, dass der Anwalt das sozialistische Recht verteidigte. Dieser Druck führte im Extremfall dazu, dass sich Anwälte von ihren Mandanten abgrenzten. Ein Anwalt im Bezirk Rostock, der unter den Druck von Verfolgungsorganen geraten war, »distanzierte sich in seinem Plädoyer von den Handlungen des Angeklagten und überließ es dem Militärgericht zu prüfen, ob das Geständnis hinsichtlich der Spionage richtig ist«.[238] Im Verfahren gegen den DDR-Kritiker Rudolf Bahro bezeichnete dessen Verteidiger Gregor Gysi das Verhalten seines Mandanten als »gegen die sozialistische Staats- und Gesellschaftsordnung der DDR«[239] gerichtet. Einem Angeklagten, der mithilfe von Fluchthelfern in den Westen gelangen wollte, wurde von seinem Anwalt im Plädoyer vorgehalten, dass »sein Verhalten [...] nicht angemessen und würdig eines Menschen [sei], der in der sozialistischen [...] Gesellschaft aufgewachsen ist. [Das] Motiv einer sol-

233 Interview Hohenschönhausen. W. R.
234 Interview Hohenschönhausen. G. B.
235 Interview Hohenschönhausen. M. B.
236 Busse: Deutsche Anwälte, S. 445.
237 Gräf: Im Namen, S. 74.
238 OG, Schreiben an MdJ, 1.4.1977, S. 2; BArch, DP1, 3464.
239 Abschrift des Plädoyers von Gregor Gysi; BStU, MfS, AU 6890/82, Bd. 7, Bl. 169–182, hier 172.

chen Straftat ist, die DDR zu schädigen«.[240] Während demonstrative Distanzierungen vom Mandanten vor allem in Berlin eher selten waren, finden sich auch hier zahlreiche Plädoyers, die die Strafbarkeit der Tat im Grundsatz bestätigten. In einem Plädoyer wegen eines Fluchtversuches von Wehrdienstleistenden (Fahnenflucht) wurde vom Anwalt zwar eine günstige Sozialprognose abgegeben, die Handlung selbst als »Tat [...] von erheblicher Schwere«[241] bezeichnet. Ein anderer problematisierte äußerst vorsichtig die Schwere der Tat, räumte aber ein, »müßig wäre es, wenn ich die staatsfeindliche Hetze und deren Aktivitäten übersehe«.[242] Eine implizite Beschuldigung enthielt das Plädoyer des Verteidigers in einem Verfahren gegen einen DDR-Bürger, der kritische Flugschriften in Briefkästen gesteckt hatte und wegen »Herabwürdigung staatlicher Organe« vor Gericht stand: Der »Charakter der Gesellschaftsgefährlichkeit der Straftat [ist dem Angeklagten ...] erst bei Vernehmungen klar geworden«.[243] Typisch für viele Plädoyers waren Formulierungen, die den Vortrag der Staatsanwaltschaft im Wesentlichen bestätigten: »Der Sachverhalt wurde eindeutig und ausreichend festgestellt.«[244] Oder: die »Beweisaufnahme hat [die] Anklage eindeutig bestätigt.«[245] Wie das Plädoyer in einem Fahnenfluchtprozess vor dem Militärgericht zeigt, verzichteten manche Anwälte ganz auf einen Sachvortrag: »Der Sachverhalt wurde in der Beweisaufn[ahme] sehr gründlich herausgearbeitet. Deckt sich mit dem Schlussvortrag des [... Militärstaatsanwaltes], sodass ich mir diesbezügl[ich] Ausführungen spare.«[246] Mit derartigen Plädoyers wurde der Strafanspruch des Staates, zum Beispiel Ausreisewillige oder Flüchtlinge zu bestrafen und abzuschrecken, implizit und manchmal sogar explizit bekräftigt. Diese Art des Plädoyers entsprach der rechtspädagogischen Erwartung an den sozialistischen Verteidiger.

240 Ein Verfahren in Schwerin; BStU, MfS, AU 14910/84, Bd. 3, Bl. 77 f.

241 MG Berlin, Protokoll der Hauptverhandlung, 26.10.1983; BStU, MfS, AU 5579/84, Bd. 7, Bl. 56–87, hier 84.

242 Stadtgericht Berlin, Protokoll der Hauptverhandlung, 23.3.1984; BStU, MfS, AU 14373, Bd. 3, Bl. 33–52, hier 48.

243 StBG Lichtenberg, Protokoll der Hauptverhandlung, 24.1.1984; BStU, MfS, AU 14372/84, Bd. 6, Bl. 11–37, hier 33.

244 BG Magdeburg, Protokoll der Hauptverhandlung, 14.5.1984; BStU, MfS, AU 14915/84, Bd. 5, Bl. 43–75, hier 71.

245 StBG Pankow, Protokoll der Hauptverhandlung, 3.8.1984; BStU, MfS, AU 12009/84, Bd. 5, Bl. 26–39, hier 36.

246 MG Halle, Protokoll der Hauptverhandlung, 2.8.1983; BStU, MfS, AU 2307/84, Bd. 11, Bl. 62–163, hier 154.

*Verteidigung der Täter – nicht der Tat*

»Der Rechtsanwalt verteidigt die Person mit ihren Motiven, aber nicht die Tat selbst.«[247] Dieser Grundsatz wurde den Mitgliedern des Berliner Kollegiums 1977 eingeschärft. Wenn Anwälte den Sachvortrag des Staatsanwaltes im Wesentlichen akzeptiert hatten, blieb ihnen nur noch, die persönlichen Umstände des Angeklagten mildernd ins Feld zu führen. Das spiegelt sich in Erinnerungen von Angeklagten: »Der Rechtsanwalt, also, der verteidigte mich insofern, dass ich halt 'ne harte Jugend hatte und von den Eltern getrennt war und das war so alles, was er so hervorgebracht hat«.[248]

Gerade die Beschränkung der Verteidigung auf rein persönlich mildernde Umstände führte bei Mandanten zu Irritationen, zumal, wenn dadurch der Eindruck eines Schuldeingeständnisses erweckt wurde: »Die [Anwältin] fing dann auf einmal an, dass ich da Reue zeige [...]. Und da war ich völlig überrascht, und das habe ich dann aber in meinem letzten, eigenen Wort alles wieder schön zurückgenommen.«[249] Über den Antrag auf Strafminderung empörte sich ein anderer Angeklagter: »Ich war ja unschuldig.«[250] Die meisten Angeklagten in politischen Verfahren sahen sich offenkundig zu Unrecht auf der Anklagebank. Aller taktischen Einsicht zum Trotz reagierten daher viele empfindlich, wenn sie den Eindruck hatten, dass ihr Anwalt sie indirekt an den Pranger stellte. Ehemalige Häftlinge billigen ihren Anwälten eher selten zu, ein »richtiges Plädoyer gemacht«[251] zu haben. In einem Fall war das Verfahren eskaliert und der Strafantrag der Staatsanwaltschaft deutlich höher ausgefallen, als vom Anwalt erwartet. Er gab seinem Mandanten zu verstehen, dass er sich anders vorbereiten müsse, während er ursprünglich offenbar nur vorhatte, »bloß so ein Dreisätze-Statement zu machen«.[252]

Da die Strafnormen, die in der Regel die Freizügigkeit beschränkten, von den Inhaftierten zumeist als ungerecht empfunden, aber von den Anwälten nicht infrage gestellt wurden, haftete den Plädoyers etwas Affirmatives an. Offenbar ist das der Grund, weshalb ehemalige Angeklagte die Hauptverhandlung als »Inszenierung«[253] ansahen, obwohl in der Regel kein Drehbuch und schon gar keines für den Anwalt vorlag. Der Eindruck der Betroffenen war fast durchgängig

247 RAK, Berlin, Protokoll über die Mitgliederversammlung am 16.11.1977, S. 5; BArch, DP1, 3288.

248 Interview Hohenschönhausen. S. J.

249 Interview Hohenschönhausen. M. M.

250 Interview Hohenschönhausen. H. H.

251 Interview Hohenschönhausen. H-J. G.

252 Interview Hohenschönhausen. H-J. G.

253 Ringk, Peter: Herzöge hatten ihre Söldner, Honecker hatte seine Staatssicherheit. In: Furian: Mielkes Mühlen, S. 95.

negativ. Charakterisierungen als »Schauspiel« oder »Theaterstück«,[254] sogar als »Spuk«[255] dominieren.[256] Die Hauptverhandlungen erweckten nicht den Eindruck offener, rechtsförmiger Verfahren, sondern von Veranstaltungen, in denen der Handlungsablauf mit Rollen festgelegt war. Die Verteidiger werden in dieser Dramaturgie überwiegend mit negativen Etiketten belegt. Charakterisierungen ihrer Rolle als »jämmerlich«, die eines »Statisten«, einer »Wachsfigur«,[257] als »pflichtschuldigst«[258] gegenüber dem Staatsanwalt, weisen auf die geringe Bedeutung hin, die die Angeklagten ihrem Auftritt zuwiesen. Die Verteidiger sahen in ihren Augen angepasst aus. Angezweifelt wird von manchem, die »Bereitschaft [des Anwaltes] dem Recht zu dienen«.[259] Immer wieder wird die Vermutung der Kumpanei mit den anderen Justizvertretern unterstellt. Sie seien »Mitspieler«,[260] einer hätte wie ein »Parteisekretär«[261] ausgesehen. Argwohn erweckt der Anwaltsreferent, den der Mandant beim »Händeschütteln«[262] mit dem Gericht sieht. Es überwog das Gefühl, über keine wirklichen Verteidigungsmöglichkeiten zu verfügen. Immer wieder wird die Distanz zwischen der Strategie des Anwaltes und den Argumenten oder Gefühlen seines Mandanten hervorgehoben, der sich alleingelassen fühlte, allenfalls durch sich »selber verteidigt«.[263] In manchen Stellungnahmen wird deutlich, dass sich die Anwälte selbst unter Druck fühlten oder vom Gericht schlecht behandelt wurden und die Angeklagten daher zur Zurückhaltung mahnten.[264] Man darf die Frage aufwerfen, inwieweit diese Schilderungen die Situation im Gerichtssaal wirklich authentisch spiegeln. Ein ehemaliger Häftling spricht zum Beispiel fast herablassend von einem »Standardplädoyer«,[265] obwohl es eines der seltenen Freispruchplädoyers war. Die Angeklagten befanden sich in der Regel in einer emotionalen Ausnahmesituation. Die meisten kamen aus der U-Haft, waren unter relativ isolierten Bedingungen verhört worden. Der anwaltliche Beistand war stark begrenzt. Nach dem Prozess drohte meist eine Strafhaft. Selbst wer auf Ausreise hoffen

254 Hellström, Peter: »... waren sie doch erbärmliche Kreaturen«. In: Das gestohlene Leben. Dokumentarerzählungen. Bamberg 2008, S. 333; Freymut, Klaus: Ich mach das Geschäft schon dreißig Jahre und hab noch jeden gekriegt. In: Furian: Mielkes Mühlen, S. 72; Bernd Sickert: Gesprochen wurde nichts, wir nickten nur. In: Furian: Mielkes Mühlen, S. 86.

255 Schmidt: Leerjahre, S. 143.

256 Raschka: Überwachung, S. 83.

257 Interview Hohenschönhausen. U. F.

258 Hellström, Peter: »... waren sie doch erbärmliche Kreaturen«. In: Das gestohlene Leben. Dokumentarerzählungen. Bamberg 2008, S. 333.

259 Ringk, Peter: Herzöge hatten ihre Söldner, Honecker hatte seine Staatssicherheit. In: Furian: Mielkes Mühlen, S. 95.

260 Furian: Mielkes Mühlen, S. 172.

261 Schlicke: Knast-Tagebuch, S. 65.

262 Schmidt: Leerjahre, S. 144.

263 Interview Hohenschönhausen. K. A.

264 Raschka: Überwachung, S. 86 f.

265 Interview Hohenschönhausen. H. S.

durfte, war mit Trennung von gewohnten Lebensumständen und nahestehenden Personen konfrontiert. Es ist auffällig, dass es keine Prozess-Literatur, sondern nur Haft-Literatur gibt, in der die Hauptverhandlung mehr gestreift als analysiert wird. Diese erscheint nur als eine Episode in einem illegitimen und schmerzhaften Eingriff in das eigene Leben. Insofern ist diese Erinnerungsliteratur kaum dazu angetan, Nuancen der Strafrechts- und Strafprozessrechtspraxis zu ergründen.[266] Allerdings vermittelt sie einen Gesamteindruck von der Wirkung der Verfahren. Der steht im deutlichen Kontrast zur erzieherischen Wirkung des Strafrechtes, die die SED anstrebte.

### 10.4.4 Das Plädoyer zu Strafmaß und Milde

Zum Strafzumessungsplädoyer hatten die Anwälte keine einheitliche Meinung. Wolfgang Vogel warnte vor der Festlegung auf ein Strafmaß, da der Anwalt mit seinem Vorschlag über den Vorstellungen des Richters liegen könne. Friedrich Wolff dagegen betonte, dass ein Verteidiger alles tun müsse, »damit die Strafe nicht das gerechte Maß überschreitet«.[267] Auch Pein forderte eine »Stellungnahme zum Strafantrag«[268] des Staatsanwaltes.

#### *Der Appell zur Milde*

Der »Appell zur Milde« signalisiert eine besonders vorsichtige Form des Plädoyers. Der Anwalt will sich nicht festlegen, legt die Beurteilung vollkommen in die Hände des Richters. Eine Steigerung ist die Bitte um ein »gerechtes Urteil«,[269] das formallogisch ein härteres Urteil nicht ausschloss. Derartige Formulierungen waren nicht selten, obwohl sie den Anwalt wie einen Bittsteller gegenüber dem Gericht erscheinen ließen. Selbst wenn prozesstaktische Erwägungen bei dieser Art des Plädoyers eine Rolle spielen mochten, wirkten sie auf die Angeklagten unentschlossen: »Und zum Schluss das Plädoyer der Verteidiger, bitten um eine milde Strafe oder was weiß ich, das ist ja für die Katz.«[270] Bei der Kanzlei Vogel blieb der Anteil derartiger Plädoyers mit 43,2 Prozent (1972) bis zu 46,1 Prozent (1984) der Fälle annähernd konstant. Bei den übrigen Anwäl-

266 Booß: Schwein Tolbe, S. 33.

267 Wolff, Friedrich: Stellung, Aufgaben und Verantwortung des Verteidigers im Strafverfahren. In: NJ 33 (1979) 9, S. 402.

268 Pein, Gerhard: Die Verteidigung in der Hauptverhandlung. In: NJ 24 (1970) 1, S. 50–56, hier 56.

269 Stadtgericht Berlin, Protokoll der Hauptverhandlung, 15.9.1983; BStU, MfS, AU 195/84, Bd. 6, Bl. 36–51, hier 49.

270 Interview Hohenschönhausen. H.-J. S.

ten, vor allem in Berlin, zeichnete sich ein verändertes Plädoyer-Verhalten ab. Anfang der 1970er-Jahre baten Berliner Anwälte (ohne Kanzlei Vogel) noch in 73,3 Prozent der Fälle um ein mildes Urteil, bis 1988 reduzierte sich diese Plädoyer-Figur auf 24,2 Prozent.[271] Bei den Nicht-Berliner Anwälten fiel dieser Rückgang nur gering aus.[272] Der Appell zur Milde als Plädoyer-Figur ging dort, wo vorgetragen, mit einem eher lethargischen Anwaltsverhalten im Hauptverfahren einher. Wie die Kreuztabelle für 1988 zeigt, korrespondierte diese Plädoyer-Art deutlich mit »mäßigen« oder »niedrigen« Anwaltsaktivitäten. Mit 73,7 Prozent beziehungsweise 50 Prozent der Fälle liegen sie über dem Durchschnitt von 47 Prozent.

| **Anwalts-aktivität** | **Ohne Appell zur Milde** | **Mit Appell zur Milde** | **Gesamt** | **Daten** |
|---|---|---|---|---|
| Sehr geringe Aktivität | 11<br>2,1<br>100 % | 0<br>-2,3<br>0 % | 11<br><br>100 % | Absolut<br>Residuen<br>Anteil |
| Niedrige Aktivität | 16<br>-0,2<br>50 % | 16<br>0,2<br>50 % | 32<br><br>100 % | Absolut<br>Residuen<br>Anteil |
| Mäßige Aktivität | 15<br>-2,8<br>26,3 % | 42<br>2,9<br>73,7 % | 57<br><br>100 % | Absolut<br>Residuen<br>Anteil |
| Relativ deutliche Aktivität | 26<br>0,9<br>63,4 % | 15<br>-1,0<br>36,6 % | 41<br><br>100 % | Absolut<br>Residuen<br>Anteil |
| Starke Aktivität | 20<br>1,9<br>80 % | 5<br>-2,0<br>20 % | 25<br><br>100 % | Absolut<br>Residuen<br>Anteil |
| Gesamt | 88<br>53 % | 78<br>47 % | 166<br>100 % | Absolut<br>Anteil |

Tabelle 15: Zusammenhang von Appell zur Milde und Anwaltsaktivität, 1988; Booß, Kilian 2014

Während in den 1970er-Jahren eher eine Normenunsicherheit zu dieser vagen Art eines Plädoyers geführt haben dürfte, bildete sich bis in die 1980er-Jahre ein bestimmter Verhaltenstyp heraus, bei dem sich geringe Anwaltsaktivität mit ei-

271 Nominell auf 60 %. Berliner Stichprobe 72-84-88.

272 Von 82,4 % (1972) auf 61,4 % (1988). Eine Untersuchung der Abweichung von der Zufallswahrscheinlichkeit wies auf einen deutlich geringeren Trend hin, während der Trend bei den übrigen Berliner Anwälten deutlich signifikant ist. Berliner Stichprobe 72-84-88 auf der Basis von 456 Fällen.

nem diffusen Plädoyer paarten. Dem stand ein Verhaltenstyp gegenüber, der mit ausgeprägten Anwaltsaktivitäten auf den unspezifischen Appell zur Milde verzichtete. Insgesamt ging die Figur des Appells zur Milde zurück.

### *Strafmaßplädoyers*

Mit dem Rückgang des Plädoyers zur Milde korrespondierte eine Zunahme von Plädoyers, in denen sich die Anwälte konkret mit dem Strafmaß auseinandersetzten. Waren es zunächst nur 10,3 Prozent (1972), wuchs der Anteil auf 30,7 Prozent (1984) und steigerte sich dann noch geringfügig auf 35,5 Prozent.[273]

Wenn die Anwälte sich konkret zum Strafmaß äußerten,[274] wichen sie nicht grundsätzlich vom Strafmaßantrag des Staatsanwaltes ab. Es scheint, dass nicht wenige Anwälte schlicht einen Abschlag vom Antrag der Staatsanwaltschaft abzogen. Das brachte sie in keinen größeren Dissens zur Staatsgewalt, ermöglichte ihnen aber ihre Rolle als Anwalt gegenüber dem Mandanten zu markieren. Im Streudiagramm zeigt die gestrichelte Linie die theoretisch exakte Übereinstimmung von Anwaltsplädoyer und Strafantrag.[275] Die gerade Linie verzeichnet den Durchschnitt der Abweichungen. Im Durchschnitt wichen die Anwälte in ihren Plädoyers 1988 um 27 Prozent vom Strafzumessungsvorschlag ab. Im Jahr 1984 waren es 25 Prozent, im Jahr 1972 dagegen 31 Prozent.[276] Die meisten Abweichungen oszillieren im Bereich des skizzierten Abschlages, nur weniger Plädoyers heben sich ab. Statistisch betrachtet war die Übereinstimmung zwischen Strafantrag und Anwaltsplädoyer in den 1980er-Jahren größer als 1972, im Jahr 1988 sogar am größten.[277]

Das Streudiagramm zu den Strafmaßplädoyers der Verteidigung von 1988 ähnelt dem Diagramm zum Zusammenhang von Strafantrag der Anklage und Strafmaß im Urteil für 1988. Beim Urteil fällt der durchschnittliche Abschlag deutlich geringer aus. Er liegt im Durchschnitt 1988 nur bei 4 Prozent.[278] Die Zahl der stärkeren Abweichungen in Einzelfällen ist deutlich kleiner.

273 Entgegen der geringen Abweichung von der Zufallswahrscheinlichkeit nach dem Chi-Quadrattest bestätigte der Cramérs V-Signifikanztest einen mäßigen Trend. Berliner Stichprobe 72-84-88 auf Basis von 860 Fällen.

274 Dies traf 1972 auf 30, 1984 auf 220 und 1988 auf 59 Fälle zu. Berliner Stichprobe 72-84-88.

275 Die Fälle, die über dem Staatsanwaltsplädoyer liegen, sind auf nicht eindeutige Prozess-Mitschriften zurückzuführen.

276 Gemessen an der Steigung der Abweichung.

277 Nach der Pearson-Korrelation steigt die Relation von 0,92 über 0,94 auf 0,96. Eine Relation von 1 wäre eine exakte Übereinstimmung.

278 Gemessen an der Steigung der Abweichung.

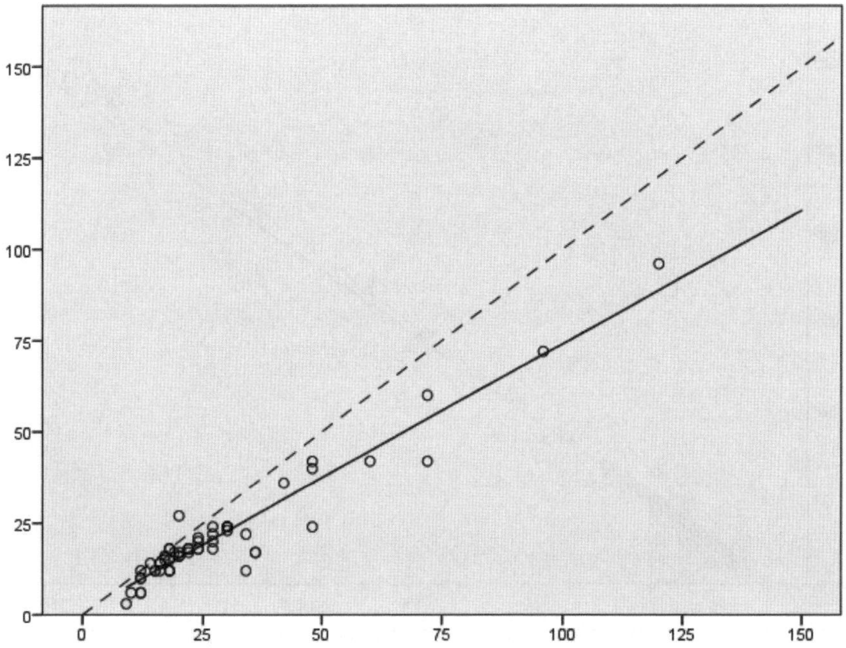


Abbildung 15: Zusammenhang von Strafmaßplädoyers von Anklage (x-Achse) und Verteidigung (y-Achse), 1988; Booß, Kilian 2014

Die Tendenz von einem diffus und untertänig um Milde bittenden Plädoyer zu einer konkreteren Auseinandersetzung mit dem Strafantrag, zeugt einerseits von einer wachsenden Selbstsicherheit der Anwälte. Sie vermieden weniger, sich festzulegen. Andererseits wuchs damit zugleich die tendenzielle Übereinstimmung mit der rechtlichen Beurteilung des Staatsanwaltes. Das spricht dafür, dass die Anwälte besser mit den herrschenden Normen vertraut waren, diese als gegeben akzeptierten, abschätzten, nach welchen Maßstäben Staatsanwaltschaft und Gericht die Handlungen ihrer Mandanten beurteilen würden und dabei relativ zielgenau einen Strafabschlag anpeilten. Es zeigte offenkundig Wirkung, dass die Vereinbarungen der obersten Justiz- und Untersuchungsorgane, in denen Straftatbestände und Strafzumessungen informell festgelegt wurden, auf dem Wege von internen Schulungen in den Kollegien und als Informationen des Obersten Gerichtes den Anwälten zugänglich gemacht wurden. Während das Plädoyer in den 1970er-Jahren sich den Gegebenheiten eher durch Vagheit anpasste, war das Plädoyer der 1980er-Jahre stärker an die herrschenden Normen angepasst. Allerdings gibt es neben dem Trend zu höherer Konformität einen gegenteiligen Trend. Dies zeigt das Plädoyer zur Art der Strafe. Wenn der Staatsanwalt für Haftstrafen plädierte, stimmten in 70,9 Prozent der Fälle die An-

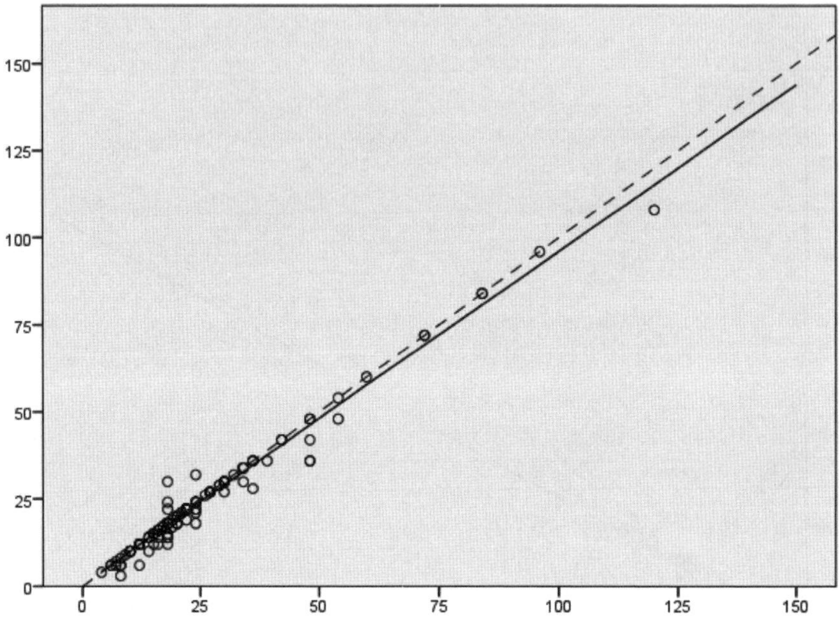


Abbildung 16: Zusammenhang von Strafmaßplädoyer der Anklage (x-Achse) und Strafmaß (y-Achse) im Urteil, 1988; Booß, Kilian 2014

wälte mit dieser Strafart überein. Beantragte der Staatsanwalt anders, bestand die Übereinstimmung zu 7,8 Prozent, zusammen also 78,7 Prozent. Die Akzeptanz der Strafart, wie sie der Staatsanwalt vorgab, war also sehr hoch.

Im Jahr 1988 kam es allerdings mit 43,9 Prozent zu einer erstaunlichen Zunahme von Anwaltsplädoyers, in denen ein Bezug zu Freiheitsstrafen nicht erkennbar ist, obwohl die Haftstrafe die dominierende Strafart in derartigen Verfahren blieb.[279]

| **Forderung der StA** | **Anwalt mit Freiheitsstrafe konform** | **Anwalt gegen Freiheitsstrafe** | **Gesamt** | **Daten** |
|---|---|---|---|---|
| StA fordert Freiheitsstrafe | 283 | 78 | 361 | Absolut |
| | 1,3 | -2,1 | | Residuen |
| | 70,9 % | 19,5 % | 90,5 % | Anteil |
| StA fordert keine Freiheitsstrafe | 7 | 31 | 38 | Absolut |
| | -3,9 | 6,4 | | Residuen |
| | 1,8 % | 7,8 % | 9,5 % | Anteil |
| Gesamt | 290 | 109 | 399 | Absolut |
| | 72,7 % | 27,3 % | 100 % | Anteil |

Tabelle 16: Zusammenhang von Strafantrag der Anklage und Rechtsanwaltsplädoyers, 1984; Booß, Kilian 2014

279 In 90,5 % der Fälle. Berliner Stichprobe 88 auf Basis von 190 Fällen.

| Jahr | Explizit haftbejahend | Ohne Haftbejahung | Gesamt | Daten |
|---|---|---|---|---|
| 1972 | 220 | 24 | 244 | Absolut |
| | 2,7 | -4,7 | | Residuen |
| | 90,2 % | 9,8 % | 100 % | Anteil |
| 1984 | 294 | 110 | 404 | Absolut |
| | -0,4 | 0,7 | | Residuen |
| | 72,8 % | 27,2 % | 100 % | Anteil |
| 1988 | 88 | 69 | 157 | Absolut |
| | -2,7 | 4,6 | | Residuen |
| | 56,1 % | 43,9 % | 100 % | Anteil |
| Gesamt | 602 | 203 | 805 | Absolut |
| | 74,8 % | 25, 2 % | 100 % | Anteil |

Tabelle 17: Tendenz der Anwaltsplädoyers nach Jahrgängen[280]; Booß, Kilian 2014

### 10.4.5 Das Engagement unterschiedlicher Anwaltsgruppen

Das Verhalten in der Hauptverhandlung unterschied sich nach Anwaltsgruppen. Es zeigt sich, dass die Aktivitäten der an der Stichprobe beteiligten Berliner Anwälte über die Jahre zunahmen. Im Jahr 1988 liegt ein Schwerpunkt im Bereich der relativ deutlichen Aktivitäten. Demgegenüber lag das Verhalten der Anwälte der Kanzlei Vogel im unteren Bereich mittlerer Aktivitäten.

Eine Korrespondenzanalyse für die Stichprobe von 1988 stellt die Relation zwischen den Anwaltsaktivitäten und Anwaltsgruppen her. Je geringer der Abstand der Punkte, die das Anwaltsverhalten charakterisieren, desto typischer ist es für die jeweilige Anwaltsgruppe. Es zeigt sich, dass die Berliner Anwälte häufiger »relativ deutliche« oder »starke« Aktivitäten an den Tag legten als die Kanzlei Vogel, die vor allem »mäßige« oder »niedrige Aktivitäten« charakterisieren. Die Nicht-Berliner Anwälte liegen mit ihren Aktivitäten dazwischen.

Die geringeren Anwaltsaktivitäten der Kanzlei Vogel dürften weniger in der juristischen Qualifikation der beteiligten Anwälte zu suchen sein[281] als in

280 In der Kategorie ohne Haftbejahung wurden Geldstrafen-, Freispruch-, Bewährungs-, Tadelplädoyers und solche aggregiert, die nicht explizit auf Freiheitsstrafen plädierten. Die Diskrepanz der Angaben für 1984 zur Tabelle darüber ist Folge einer größeren Fallzahl, da großzügiger gefiltert werden konnte als bei einem Vergleich der Anwälte zu den Staatsanwälten.

281 Es gibt auch Einzelbeispiele für Verfahren, die Vogel selbst führte, die wegen seines anwaltlichen Engagements zu Kritik von MfS-Mitarbeitern führten. HA IX/3, Bericht über die Verteidiger des Angeklagten S. eingebrachten Beweisanträge; BStU, MfS, HA IX Nr. 17779, Bl. 1–8. Im Jahr 1972 führte Vogel die Verfahren noch überwiegend selbst, in den 1980er-Jahren wurde er von zwei Anwälten unterstützt und nahm persönlich nur noch einen geringen Teil der Mandate wahr. Berliner Stichprobe 72-84-88.

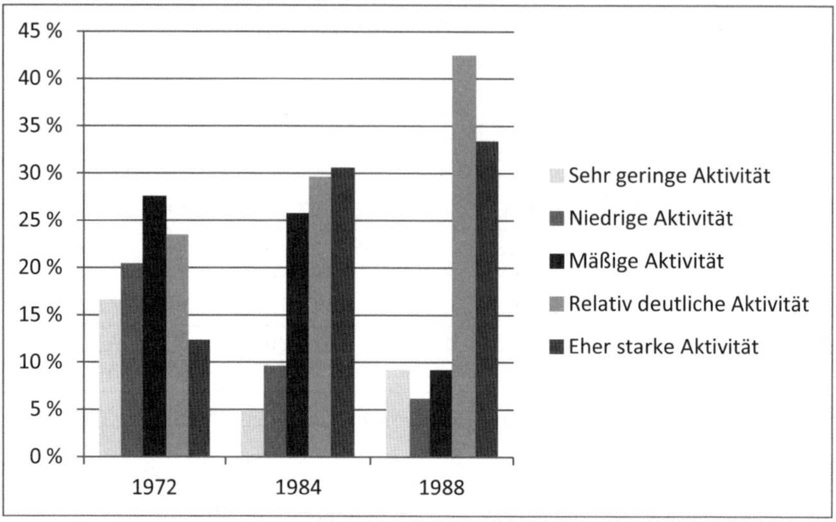


Abbildung 17: Entwicklung der Aktivitäten der Berliner Anwälte; Booß, Kilian 2014

strukturellen Gründen. Die Kanzlei Vogel mit ihren schließlich drei Anwälten stieg von 1972 bis Mitte der 1980er-Jahre zur dominierenden Kanzlei bei den vom Berliner MfS ermittelten Verfahren auf. In der Stichprobe 1984 vertrat die Kanzlei 45,3 Prozent dieser Verfahren. Das war mehr als die Hälfte aller anwaltlichen Betreuungen, da 15,3 Prozent der Personen, die strafrechtlich verfolgt wurden, keinen Anwalt in Anspruch nahmen.[282] Die wichtigsten Nicht-Berliner Anwälte in dieser Stichprobe waren von einer Ausnahme abgesehen als Unteranwälte von Vogel tätig.[283] Das Vordringen des Systems Vogel ging eindeutig zulasten der übrigen Berliner Anwälte.

Die Verdrängung beziehungsweise Umschichtung erfolgte nicht gleichmäßig, sondern bei verschiedenen Deliktarten unterschiedlich stark. Berliner Anwälte wurden durch die Ausweitung der Kanzlei Vogel vor allem aus den Segmenten der Grenzdelikte und politischen Delikte zur Abschreckung der Ausreiseantragsteller zurückgedrängt. Jedoch wurden sie nicht völlig aus diesen Bereichen entfernt, ein Indiz für einen eher informellen Differenzierungs- und Spezialisierungsprozess. Die Berliner Anwälte waren stärker als die anderen An-

282 Berliner Stichprobe 84 auf Basis von 477 Fällen.

283 Die sieben Nicht-Berliner Anwälte mit mehr als einem Fall in der Stichprobe von 1988 waren sämtlich Unteranwälte von Vogel. Die Ausnahme bildete Wolfgang Schnur, der als Einzelanwalt mit MfS-Anbindung handelte. HA IX/AKG, Übersicht über in Untervollmacht Büro Vogel tätige Rechtsanwälte, 19.9.1988; BStU, MfS, HA IX Nr. 2969, Bl. 1; Berliner Stichprobe 1988.

waltsgruppen in Militärverfahren und der allgemeinen Kriminalität tätig.[284] Das zunehmend deutlichere Engagement der Berliner Anwälte im Hauptverfahren ist nicht zuletzt auf diese Entwicklung zurückzuführen.[285]

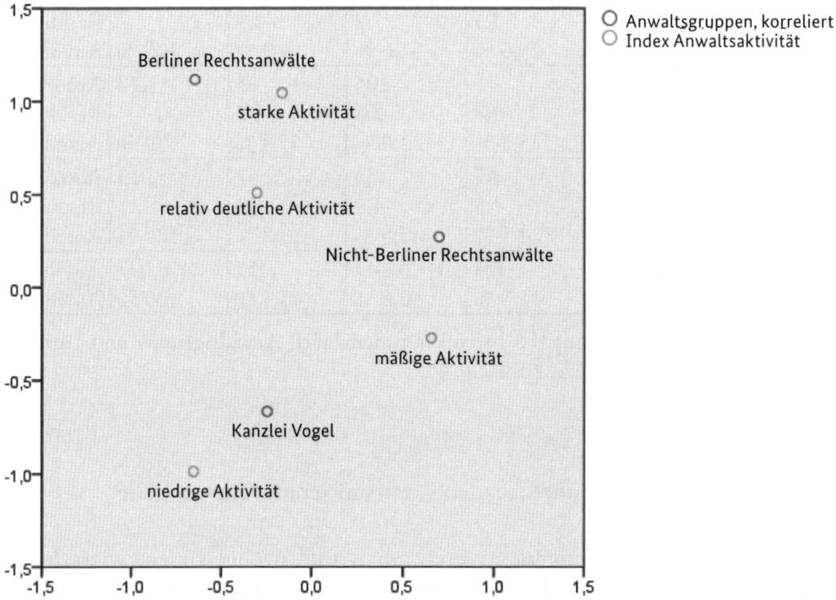


Abbildung 18: Zusammenhang von Anwaltsgruppe und Anwaltsaktivität, 1988; Booß, Kilian 2014

284 Wegen der vergleichsweise geringen Fallzahl mussten Militärdelikte, allgemeine Kriminalität und sonstige Delikte aggregiert werden, s. Anlage 1. Bei den Militärdelikten ist nicht nach Gerichtstyp, sondern der Deliktart unterschieden worden, offenkundige Grenzdelikte und politische Delikte wurden nicht berücksichtigt. Berliner Stichprobe 72-84-88.

285 Eine multivariate Kontrollrechnung ergab einen starken Zusammenhang zwischen Deliktart und Anwaltsaktivität.

| Jahr | Kanzlei Vogel | Kein Anwalt | Berliner Anwälte | Nicht-Berliner Anwälte | Gesamt | Daten |
|---|---|---|---|---|---|---|
| 1972 | 97 | 54 | 179 | 17 | 347 | Absolut |
| | -3,0 | -0,5 | 7,2 | -4,9 | | Residuen |
| | 28,0 % | 15,6 % | 51,6 % | 4,9 % | 100 % | Anteil |
| 1984 | 216 | 73 | 105 | 83 | 477 | Absolut |
| | 2,8 | -0,8 | -3,4 | 1,2 | | Residuen |
| | 45,3 % | 15,3 % | 22,0 % | 17,4 % | 100 % | Anteil |
| 1988 | 76 | 47 | 33 | 57 | 213 | Absolut |
| | -0,4 | 1,9 | -4,0 | 4,3 | | Residuen |
| | 35,7 % | 22,1 % | 15,5 % | 26,8 % | 100 % | Anteil |
| Gesamt | 389 | 174 | 317 | 157 | 1 037 | Absolut |
| | 37,5 % | 16,8 % | 30,6 % | 15,1 % | 100 % | Anteil |

Tabelle 18: Entwicklung des Fallaufkommens nach Anwaltsgruppe und Jahrgang; Booß, Kilian 2014

### 10.4.6 Verfahrensdauer, Rechtsmittel und Ausreisefälle

Am Beispiel der Militärgerichtsverfahren wurde nachgewiesen, wie sehr das »Zeitmoment [...] den Ablauf des Verfahrens bestimmt«.[286] In der Berliner Stichprobe ist eine dramatische Verringerung der durchschnittlichen Prozessdauer der Hauptverhandlung deutlich nachvollziehbar. Die Verfahrensdauer ging bei Beteiligung der Kanzlei Vogel von 6,3 Stunden (1972) auf 1,7 Stunden (1988) zurück, während die Verfahrensdauer bei den übrigen Berliner Anwälten im Wesentlichen stabil blieb, mit einer geringen Tendenz nach oben.[287] Eine Analyse,[288] die die verteidigten Delikte einbezieht, zeigt, dass die Unterschiede weniger auf die Anwaltsgruppen als auf die Deliktspezifik zurückzuführen sind. Ungefähr die Hälfte der Vogel-Prozesse in der Stichprobe dauerte Ende der 1980er-Jahre maximal eine Stunde, in nicht wenigen wurden nach einer halben Stunde Hafturteile von ein bis zwei Jahren ausgesprochen.[289]

286 Wagner spricht von »Fließbandarbeit im Akkord«. Wagner: Militärjustiz.

287 Berliner Stichprobe 72-84-88 auf Basis von 337 Fällen.

288 Es handelt sich um eine sogenannte multivariate Analyse, bei der drei Einflussfaktoren berücksichtigt werden statt nur zweien.

289 Die Einschätzung von Raschka, die Verfahren würden nur wenige Stunden dauern, ist für diese Art Verfahren noch deutlich untertrieben. Raschka: Überwachung, S. 83.

| Jahr | Anwalts-gruppe | Median der Verhandlungs-dauer in Stunden | Durchschnitt der Verhand-lungsdauer in Stunden | Fallzahl |
|---|---|---|---|---|
| 1972 | | | | |
| | Kanzlei Vogel | 4 | 6,3 | 28 |
| | Berliner Anwälte | 5 | 5,7 | 176 |
| | Nicht-Berliner Anwälte | 8 | 8,6 | 13 |
| | Alle | 5 | 6,0 | 217 |
| 1988 | | | | |
| | Kanzlei Vogel | 1 | 1,7 | 52 |
| | Berliner Anwälte | 4 | 6,1 | 27 |
| | Nicht-Berliner Anwälte | 4 | 3,9 | 41 |
| | Alle | 3 | 3,4 | 120 |

Tabelle 19: Entwicklung der Verfahrensdauer nach Anwaltsgruppen; Booß, Kilian 2014

Im Gegensatz zu seiner Babelsberger Rede vor Justizfunktionären im Jahr 1985, trugen gerade die von der Kanzlei Vogel betreuten Massenverfahren gegen Ausreisewillige zum Niedergang der Prozesskultur in der DDR bei.

Es ist durch mehrere ehemalige Mandanten belegt, dass Vogel aktiv auf sie einwirkte, ihnen noch kurz vor der Übersiedlung in die Bundesrepublik beschwichtigende Verhaltensregeln gab.[290] Im Verfahren orientierte er darauf, einen möglichst geringen Aufwand zu betreiben. So gab er einem Mandanten als Strategie vor: »Kein unnötiger Aufwand, es ist eine unnötige Belastung.«[291] Oder er mahnte: »Ich brauche Ihnen ja keinen Vortrag zu halten, wie das hier abläuft, wir können da nicht viel machen. Meine Arbeit beginnt erst, wenn das Urteil da ist.«[292] Das Wolfgang Vogel zugeschriebene Bonmot. »Wir könnten einen Freispruch erreichen, aber dann kommen sie nicht in den Westen«[293], bringt auf den Punkt, wie Vogel seine Mandanten mit der Aussicht, die DDR

290 Thomas Reschke; Eleonore Pudenz. In: Plogstedt: Das Schicksal, S. 247; Marion Hanke. In: ebenda, S. 268.

291 Interview Hohenschönhausen. H.-J. G.

292 Interview Hohenschönhausen. C.-W. H. So auch Marion Hanke. In: Plogstedt: Das Schicksal, S. 225.

293 Diese Schilderung eines Zeitzeugen vermerkt Huemer, Ullrich: »Freiheitsstrafen haben ihre abschreckende Wirkung gegenüber hartnäckigen Übersiedlungsersuchenden weitgehend eingebüßt«. Vortrag. Stuttgart 2010.

verlassen zu können, einzudämmen versuchte. Der Vergleich der Fallzahlen, in denen Rechtsmittel gegen das Urteil eingelegt wurden, zeigt: Bei Mandaten der Kanzlei Vogel wurde zu 88,2 Prozent auf Rechtsmittel verzichtet, bei den übrigen Berliner Anwälten zu 63,6 Prozent.[294]

| **Anwaltsgruppe** | **Rechtsmittel eingelegt** | **Ohne Rechtsmittel** | **Gesamt** | **Daten** |
|---|---|---|---|---|
| Kanzlei Vogel | 9<br>-1,8<br>11,8 % | 67<br>0,9<br>88,2 % | 76<br><br>100 % | Absolut<br>Residuen<br>Anteil |
| kein Anwalt | 4<br>-1,9<br>8,5 % | 43<br>1,0<br>91,5 % | 47<br><br>100 % | Absolut<br>Residuen<br>Anteil |
| Berliner Anwälte | 12<br>1,9<br>36,4 % | 21<br>-1,0<br>63,6 % | 33<br><br>100 % | Absolut<br>Residuen<br>Anteil |
| Nicht-Berliner Anwälte | 20<br>2,3<br>35,1 % | 37<br>-1,2<br>64,9 % | 57<br><br>100 % | Absolut<br>Residuen<br>Anteil |
| Gesamt | 45<br>21,1 % | 168<br>78,9 % | 213<br>100 % | Absolut<br>Anteil |

Tabelle 20: Rechtsmitteleinsatz nach Anwaltsgruppen, 1988; Tabelle: Booß, Kilian 2014

Die Bewertung der Tätigkeit Vogels und seiner Kanzlei durch seine Mandanten fällt unterschiedlich aus. Manche akzeptierten Vogels Verhalten als taktisches Zugeständnis bei dem Versuch, ihnen den Weg aus der DDR zu ebnen: »Also [... der Anwalt] hat nichts weiter gesagt, er hat ein paar Äußerungen gemacht zum Strafmaß, aber ansonsten nichts [...], ich wollte ja die Verurteilung, ich wollte dieses Procedere, ich wollte diesen Weg, weil er mir eben den Weg in die Freiheit eröffnete.«[295] Nicht wenige Mandanten sahen sich durch das geringe Engagement der Kanzlei Vogel schlecht vertreten, sogar hintergangen, ins »Bockshorn«[296] gejagt und in ihrer Würde verletzt.[297] »Dr. Vogel hat also nicht sehr viel [...] verteidigt. [...] Er hat aber noch von meiner Mutter Geld ange-

294 Berliner Stichprobe 72-84-88.

295 Interview Hohenschönhausen. K. A. Ähnlich Thomas Reschke. In: Plogstedt: Das Schicksal, S. 261.

296 Interview Hohenschönhausen. J. K.

297 Es ist nicht nachvollziehbar, warum Wölbern, offenbar aufgrund kleiner empirischer Basis, Vogel eine eindeutig positive Mandantenresonanz zuspricht. Wölbern: Häftlingsfreikauf, S. 132.

nommen, weil meine Mutter annahm, dass er dann mehr machen würde.«[298] Nach dem Richterspruch meinte ein Verurteilter zu Vogel, »das Urteil ist menschenentwürdigend. Und da hat er zu mir gesagt, ›Das kann ich nicht schreiben‹.«[299] Allerdings dürften manche der Abqualifizierungen, in denen Vogel zugespitzt als »aufgetakelt wie ein Pfau«,[300] »kalt, abgebrüht, [...] ein Geschäftemacher«[301] oder als »Menschenhändler«[302] dargestellt wird, auf Wissen aus der Zeit nach 1990 beruhen.

Zweifelsohne konnten die Vogel-Anwälte 1984 darauf setzen, dass viele ihrer Berliner Mandanten über kurz oder lang in die Bundesrepublik ausreisen durften. In der Stichprobe von 1984 waren es über 80 Prozent.[303] Für die Anwälte dürfte aber nicht von vornherein ersichtlich gewesen sein, wer ausreisen durfte.[304] Es konnte nachgewiesen werden, dass selbst in Fällen mit geringer Anwaltsaktivität, Angeklagte nach der Strafverbüßung nicht in die Bundesrepublik entlassen wurden. Es gibt sogar den irritierenden Befund, dass Vogel-Anwälte bei später nicht Ausgereisten »sehr geringe Prozessaktivitäten« zeigten. Aus der möglicherweise zu erwartenden Ausreise ergibt sich also keine Begründung oder Rechtfertigung für das geringe anwaltliche Engagement. Es spricht viel dafür, dass es eine Folge von Überlastung war. Allein Anwalt Dieter Starkulla, der zu den profilierten Strafverteidigern zählte, erledigte 1984 ungefähr ein Drittel aller Fälle der Stichprobe.[305] Allerdings scheint gerade Wolfgang Vogel den Erwartungen der staatlichen Seite, den Prozess ökonomisch zu gestalten, entgegengekommen zu sein. Die Verfahren, die in der Regel mit Haftstrafen endeten, sollten Ausreisewillige abschrecken beziehungsweise den Ausreisedruck kanalisieren. Nicht zuletzt durch das Verhalten der Kanzlei Vogel wurden die Massenverfahren gegen Menschen, die die DDR verlassen wollten, zu einer Episode in einer Kette von Verwaltungsentscheidungen, von der Festnahme bis zur Ausreise in die Bundesrepublik. Das Gerichtsverfahren erschien dabei selbst als Verwaltungsakt, in dem die Verfahrensbeteiligten nur geringfügig differenzierte Rollen einnahmen.[306] Insofern gab es eine deutliche Diskrepanz zwischen den 1985 vom SED-ZK durchaus erwünschten justizpolitischen Äußerungen Vogels und seiner eigenen Praxis.

298 Interview Hohenschönhausen. S. K.

299 Interview Hohenschönhausen. R. K.

300 Interview Hohenschönhausen. E. D.-K.

301 Interview Hohenschönhausen. H. R.

302 Interview Hohenschönhausen. M. M.

303 Booß: Rechtsanwälte, S. 242.

304 Einen Fall, in dem Vogel explizit falsche Erwartungen weckte, schildert Eleonore Pudenz. In: Plogstedt: Das Schicksal, S. 247. Wölbern schildert, dass die ZKG 1984 darauf orientierte, dass vor einem Urteil Ausreiseversagungsgründe geprüft waren. Das muss aber nicht heißen, dass Vogel und seine Anwälte davon Kenntnis hatten. Wölbern: Häftlingsfreikauf, S. 333.

305 Wegen der Fälle ohne Anwalt war der Anteil an den Mandaten noch höher. Insgesamt 155 von 472 Fällen. Berliner Stichprobe 84.

306 Booß; Kilian: Verwaltungsakt.

### *Anwälte mit konspirativen MfS-Kontakten: inoffizielle Mitarbeiter und andere*

Die öffentliche Wahrnehmung ist von Prozessen gegen Havemann, Bahro oder Massenfestnahmen im Zusammenhang mit der Luxemburg-Liebknecht-Demonstration von 1988 geprägt, in denen jeweils Anwälte mit besonderen Beziehungen zum MfS eine wichtige Rolle spielten. Diese Wahrnehmung spiegelt sich sogar in wissenschaftlichen Publikationen wider.[307] Es liegt daher die Frage nahe, ob besondere MfS-Kontakte des Anwaltes dessen Verhalten im Hauptverfahren beeinflussten. Berücksichtigt wurden vor allem Anwälte, die vom MfS laut MfS-Akten als inoffizieller Kontakt registriert oder laut MfS-Akten inoffiziell genutzt wurden. In einem frühen Stadium der quantitativen Analyse der Berliner Stichprobe bestanden noch Zweifel, ob Anwälte mit einer besonderen Beziehung zum MfS »eine systemisch [andere] und systematische Rolle in den Verfahren gespielt haben, die die Linie IX des MfS, betreute«.[308] Vergleicht man die Intensität der Anwaltsaktivitäten im Hauptverfahren in den drei Jahrgangsstichproben, sind unterschiedliche Verhaltensweisen nicht sehr stark ausgeprägt, aber nachweisbar.[309] Es zeigt sich, dass bei Berliner Anwälten, zu denen das MfS eine besondere Beziehung konstatierte, ein »relativ deutliches« (30,3 %) oder »starkes« Engagement (19,7 %) stärker ausgeprägt ist als im Durchschnitt der übrigen Anwälte (22,9 bzw. 15,1 %).[310]

Auch den »Appell zur Milde« setzten Anwälte mit Sonder-Kontakten zum MfS vor allem in den letzten Jahren der DDR weniger als andere ein. Die Berufungsquote steigerte sich bei den Anwälten mit MfS-Beziehungen[311] und war in den 1980er-Jahren mehr als doppelt so hoch wie bei Anwälten ohne derartige Beziehungen.[312] Zumindest einzelnen Anwälten aus diesem Kreis wird vonseiten einiger Mandanten zugebilligt, sich deutlich engagiert zu haben: »Und der Schnur hat tatsächlich Freispruch für mich beantragt, und das in der DDR.«[313] Negative Einschätzungen solcher Anwälte sind erkennbar oft Folge der Erkenntnisse nach 1989/90.[314] Auch Gregor Gysi wurde von einem Teil seiner Mandan-

307 Vollnhals: Die Macht; Eisenfeld: Rolle und Stellung; Fricke: Praxis der Anwaltstätigkeit, S. 487 ff.

308 Booß: Rechtsanwälte, S. 236 ff.

309 Die Kreuztabelle zeigt einen Befund, der sich aber bei Signifikanztests als relativ schwach erweist, weil die Fallzahl gering ist und die Verteilung nur gering von der Zufallsverteilung abweicht.

310 Dieses Bild bestätigt sich, wenn man die übrigen Nicht-Berliner Anwälte einbezieht. Eine signifikante Änderung im Verlaufe der Jahre konnte, außer bei der Minderung der »sehr geringen Aktivitäten«, nicht ausgemacht werden. Berliner Stichprobe 72-84-88.

311 Von 14,5 % (1972) auf über 41 % 1984 und 1988. Berliner Stichprobe 72-84-88.

312 21,4 % zu 41,2 % (1988). Berliner Stichprobe 72-84-88.

313 Interview Hohenschönhausen. L. S.

314 Booß: Schwein Tolbe, S. 31–33.

| **Anwalts-aktivität** | **Keine MfS-Beziehung** | **Besondere MfS-Beziehungen** | **Gesamt** | **Daten** |
|---|---|---|---|---|
| Sehr geringe Aktivität | 47<br>-0,1<br>9,1 % | 18<br>0,1<br>9,6 % | 65<br><br>9,2 % | Absolut<br>Residuen<br>Anteil |
| Niedrige Aktivität | 124<br>1,7<br>24,1 % | 21<br>-2,9<br>11,2 % | 145<br><br>20,6 % | Absolut<br>Residuen<br>Anteil |
| Mäßige Aktivität | 171<br>0,4<br>33,2 % | 55<br>-0,7<br>29,3 % | 226<br><br>32,1 % | Absolut<br>Residuen<br>Anteil |
| Relativ deutliche Aktivität | 104<br>-1,3<br>20,2 % | 57<br>2,1<br>30,3 % | 161<br><br>22,9 % | Absolut<br>Residuen<br>Anteil |
| Eher starke Aktivität | 69<br>-1,0<br>13,4 % | 37<br>1,6<br>19,7 % | 106<br><br>15,1 % | Absolut<br>Residuen<br>Anteil |
| Gesamt | 515<br>73,3 % | 188<br>26,7 % | 703<br>100 % | Absolut<br>Anteil |

Tabelle 21: Zusammenhang von Aktivität und MfS-Nähe von Anwälten; Booß, Kilian 2014

ten bestätigt, sich in ihrem Sinne engagiert zu haben.[315] Selbst wenn es diesen Trend zur offensiveren Verteidigungshaltung gegeben haben sollte, ist er nicht eindeutig interpretierbar. Es bleibt offen, ob der in der Gewissheit des Anwalts begründet ist, über MfS-Kontakte abgesichert zu sein oder ob es sich um eine individuelle Besonderheit, eine Art Kompensationshandlung oder gar taktische Verhaltensweise im Sinne des MfS handelte.

Es gab im MfS vereinzelt nachweisbare Überlegungen, Anwälten eine offensivere Verhaltensweise nahezulegen, damit sie besser in staatsfeindliche Kreise eindringen konnten. Der Grundsatzbereich der HA IX plädierte 1975 dafür, dass Rechtsanwälte »mehr Aktivitäten« entwickeln. Die MfS-Juristen sahen darin die Chance, »die Gewährleistung des Rechtes auf Verteidigung in der DDR nach außen sichtbar werden zu lassen und im bestimmten Maße die Wirkungsmöglichkeiten des Gegners einzuengen (oder unter Kontrolle zu bringen)«.[316] Die-

315 Thomas Klein. Erklärung. 9.11.1992; Jutta Braband. Erklärung. 9.11.1992. Beide in: Gysi/Gauck. Widerspruch gegen das neue Gutachten/Hg. von d. PDS. Berlin o. D. (vermutl. 1995); Bahro, Rudolf: Notwendiger Nachtrag zu dem Gespräch über Gregor Gysi. In: ND vom 14.5.1992. Zit. nach: Telegraph 6 (1992), S. 24 f., hier 24.

316 HA IX/8/AG R, Probleme im Zusammenhang mit Rechtsanwälten, 10.4.1975; BStU, MfS, HA IX Nr. 3871, Bl. 12–15, hier 13.

ses Postulat bezog sich in erster Linie auf ausländische Inhaftierte, war aber auf andere Situationen taktisch übertragbar. In einer Arbeit der Juristischen Hochschule des MfS wurde 1989 die Ansicht vertreten, dass ein Verteidiger, der sich für seinen Mandanten einsetzt, dessen Vertrauen gewinnt und damit dessen Aussagebereitschaft erhöht, für das MfS von Nutzen wäre.[317] Anwalt Wolfgang Schnur, alias IM »Torsten«, wurde in einem Verfahren vom MfS explizit der Auftrag erteilt, »dass er alle seine Möglichkeiten im Prozess [...] nutzen soll. Die [... Angeklagte] muss den Eindruck gewinnen, dass der IME absolut ihr Mann ist.«[318] Auch bei IMS »Martin« hob die HA XX lobend hervor, dass »durch das Auftreten und Verhalten des IM während des Verfahrens [...] vonseiten des Mandanten ein Vertrauensverhältnis zum IM«[319] entstand.

Dass das MfS in manchen Fällen geradezu eine demonstrative Rolle der Verteidigung anstrebte, wird auch im Falle bei einer nicht vom MfS verpflichteten Anwältin in einem Spionagefall vor dem Militärobergericht Berlin deutlich. Der Anwältin wurde »zur Hervorhebung der Rolle des Verteidigers im sozialistischen Strafverfahren«[320] ein günstiges Urteil für ihren Mandanten zugeschanzt. Aus dem Bezirk Karl-Marx-Stadt ist bekannt, dass das MfS einem Anwalt mit IM-Anbindung zur Ausreise eines der Kirche nahestehenden Mandanten verhalf. Der Rechtsanwalt, sollte diesen »Erfolg« nutzen, um »aufgrund seiner Hilfe bei der evtl. Übersiedlung [...] seinen Kontakt zur ev[angelisch]-luth[erischen] Kirche«[321] auszubauen. Gegenüber der Kirche sollten die Vermittlungsdienste für deren Angestellte zur Aufwertung des Anwaltes führen. Das Beispiel zeigt, wie perfide das MfS Zugeständnisse bei der anwaltlichen Vertretung plante, um den Anwalt mit dem Nimbus des humanitären Helfers auszustatten.

### *Zwischenresümee*

In der Beurteilung der Verfahren, die vom MfS ermittelt wurden, sind sich die DDR-Anwälte im Nachhinein auf den ersten Blick relativ einig. De Maizière verweist auf »Zwänge«,[322] denen die Anwälte unterlagen, Gysi schildert ein sol-

317 Axel Henschke: Entwicklungstendenzen der Rechte des Verteidigers im Strafverfahren der DDR. Diplomarbeit, 30.3.1989; BStU, MfS, JHS 343/89, Bl. 25 u. 31.

318 BV Rostock/XX/4, TB mit IME »Torsten«, 28.1.1977; BStU, MfS, BV Rostock, AIM 3275/90, T. II, Bd. 18/2.

319 HA XX/1, TB mit IMS »Martin«,14.10.1985; BStU, MfS, AIM 111/91, Bl. 108–110, hier 109.

320 HA IX, Vorschlag zur Durchführung eines Prozesses vor dem Militärgericht Berlin, 10.1.1977; BStU, MfS, HA IX Nr. 3721, Bl. 29–36. Zit. nach: Irmen: DDR-Militärjustiz, S. 154 u. 364.

321 Zit. nach: Booß: Sündenfall, S. 529.

322 Maizière: Anwalt der Einheit, S. 42.

ches Verfahren als »gespenstische Inszenierung«.[323] Wolff meint, dass es für »die Verteidigung frustrierend« war, in Prozessen aufzutreten, die durch »einen Tarif« weitgehend vorbestimmt waren.[324] Auch bei Anwaltsfunktionären gibt es zumindest ex post eine partiell kritische Sicht auf das eigene Tun: »Immer wieder beschlich uns das Gefühl als quasi-rechtsstaatliches Feigenblatt missbraucht zu werden.«[325] Kritische Anwälte, die letztlich die DDR verließen, schildern ihre Rolle eher als ein unauflösliches ethisches Dilemma, der »Versuch, [als Anwalt Unabhängigkeit zu bewahren] sei zum Scheitern« verurteilt gewesen.[326] Anwälte, die blieben, bezogen ihre Motivation aus der Erfahrung, dass es »im Einzelfall [gelang,] einzelnen Menschen zu helfen«.[327] Dagegen ist bei Anwaltsfunktionären auch eine Bereitschaft zum Arrangement zu erkennen, »innerhalb eines bestimmten Rechts und Staates und damit innerhalb eines politischen Systems [zu] vertreten und verteidigen, [und damit] steht immer nur die Frage, was sie innerhalb des Systems für ihre Mandantinnen und Mandanten erreichen können«.[328] Wolff machte trotz seiner Verfahrenskritik keinen Hehl daraus, dass er gegenüber bestimmten Tätergruppen, die sich gegen die DDR richten, eine erhebliche Distanz hatte.[329] Wolff rettet sich in seiner Gesamtbewertung in ein Bonmot: Was er als Anwalt sagte, mochte »zwar erfolglos sein, [...] aber belanglos war es nicht«.[330] Mancher mag das für geistreich halten, es geht aber an der dramatischen Verarmung der Prozesskultur in der Honecker-Zeit vorbei: »dem Abbau von Rechten [... und einer] massiven Behinderung der Arbeit der Rechtsanwaltschaft«,[331] die vor allem von denen thematisiert wird, die die DDR letztlich verließen. Diese Entwicklung des Prozessgeschehens war letztlich nur möglich, weil sich die Mehrheit der Anwälte anpasste. »Die Masse meinte, man müsse sich in sein Schicksal fügen.«[332] Die Anwaltsfunktionäre trugen, trotz aller Kritik im Hintergrund, zu dieser Entwicklung bei, indem sie das sozialistische Anwaltsbild propagierten. Die Verteidigung in der DDR war letztlich auf

323 Gysi: Das war's, S. 42.

324 Wolff: Verlorene Prozesse, S. 127 u. 129.

325 Maizière: Anwalt der Einheit, S. 45.

326 Gräf: Im Namen, S. 10.

327 Rüdiger Wiedemann. In: Deutscher Bundestag (Hg.): Materialien der Enquete-Kommission. Aufarbeitung von Geschichte und Folgen der SED-Diktatur in Deutschland. Bd. 4. Baden-Baden 1995, S. 163. Ähnlich Brigitta Kögler; ebenda. S. 187.

328 Gregor Gysi auf dem ersten Ostdeutschen Juristentag am 28.10.1992. Rechtswissenschaft und Rechtspraxis in der DDR/Hg. durch Vereinigung demokratischer Juristen. Berlin 1992, S. 21.

329 Wolff: Verlorene Prozesse, S. 128 f.

330 Friedrich Wolff. Zit. nach: Busse: Deutsche Anwälte, S. 477.

331 Lange, Roland J.: Einbindung und Behinderung der Rechtsanwälte. In: Deutscher Bundestag (Hg.): Materialien der Enquete-Kommission. Aufarbeitung von Geschichte und Folgen der SED-Diktatur in Deutschland. Bd. 4. Baden-Baden 1995, S. 605–653, hier 652 f.

332 Rüdiger Wiedemann. In: ebenda, Bd. 4, S. 159; Otterbeck: Anwaltkollektiv der DDR, S. 128.

Kooperation mit den anderen Justizorganen, nicht auf Konfrontation ausgelegt. »Die Verteidigung im Sozialismus [ist] keine Show«[333], postulierte Friedrich Wolff in Abgrenzung zur bürgerlichen Verteidiger-Rolle. Es ist nicht zu verkennen, dass die Rahmenbedingungen für die Verteidigung äußerst schwierig waren. Es zeigte sich, dass dieser knappe Rahmen in der Mehrheit der Fälle kaum ausgeschöpft wurde und selbst die psychosoziale Betreuung durch manche Anwälte nur äußerst knapp geleistet wurde. Insofern sind exkulpierende Pauschalurteile zurückzuweisen, die DDR-Anwälte seien ihrer »wichtigen Aufgabe [als Strafverteidiger] in der Regel gerecht geworden«.[334] Auch der immer wieder vorgebrachte Topos von den wenigen »mutigen«[335] Anwälten ist zu relativieren. Zumindest in der Spätphase der DDR mochten manche MfS-Kreise offensiven Verteidigern durchaus etwas abgewinnen, wenn sie sich sonst kooperativ verhielten oder die Kooperationsbereitschaft ihrer Mandanten förderten. Insofern konnte zwischen Zivilcourage und Verrat ein teilweise nur sehr schmaler Grat liegen.

## 10.5 Fallbeispiele aus den Jahren 1976 bis 1988

Die Einzelanalysen von Strafverfahren bestätigen im Wesentlichen die statistischen Befunde über die Massenverfahren. Sie zeigen, dass in Verfahren im Bereich der allgemeinen Kriminalität die Beweisaufnahme und -würdigung differenzierter verlaufen konnte. Im Gegensatz zu den schematisch ablaufenden Verfahren, waren Prozesse von hoher politischer Brisanz Teil eines Krisenmanagements von SED, MfS, und Justizorganen. Hier wurde durch politische Entscheidung gesteuert, wobei offenbar auch Erwartungen gegenüber dem Verteidiger gehegt wurden. Besonders hermetisch waren die Bedingungen in höchstinstanzlichen Militärgerichtsverfahren. Die DDR-Justiz verfolgte mit den Hauptverhandlungen nicht zuletzt politisch-pädagogische Ziele. Das wird in spektakulären Prozessen deutlich, die auf öffentliche Wirkung ausgerichtet waren. Es gab darüber hinaus die Erwartung, dass die Justiz erzieherisch auf den Beschuldigten einwirkte und die sich auch an den Anwalt richtete. Neben den stereotypen Massenverfahren gibt es einzelne, die aus dem Rahmen fallen, weil sich die Anwälte bis hin zum Freispruch engagierten.

333 Wolff, Friedrich: Stellung, Aufgaben und Verantwortung des Verteidigers im Strafverfahren. In: NJ 33 (1979) 9, S. 400–402, hier 402.

334 Busse: Deutsche Anwälte, S. 478.

335 Fricke: Justizkader, S. 14; Eisenfeld: Rolle und Stellung, S. 373; Otterbeck: Anwaltkollektiv der DDR, S. 127.

*Stereotype Verfahren gegen Ausreisewillige*

Wegen des Vorwurfs der Beeinträchtigung staatlicher Tätigkeit nach Paragraf 214 StGB-DDR wurde 1984 ein junger Mann angeklagt, der aus der DDR ausreisen wollte. Um seinem Ausreisewunsch Nachdruck zu verleihen, ging er in der naiven Annahme die Bewachung durch DDR-Uniformierte umgehen zu können, nachts zum Gebäude der Ständigen Vertretung der Bundesrepublik in Ostberlin. Als der Missionsschutz der DDR ihn aufforderte, zum Posten zu kommen, weigerte er sich und klammerte sich am Gitter des Haupteinganges der StÄV fest. Er wurde »mit körperlicher Gewalt vom Gitter entfernt«.[336] Es stellte sich später durch eine Blutuntersuchung heraus, dass der Mann mit 1,4 Promille erheblich alkoholisiert war. Das Verfahren vor dem Stadtbezirksgericht Pankow gegen die mehrfach vorbestrafte Person dauerte 30 Minuten. Der Angeklagte wurde vom Vorsitzenden und dem Staatsanwalt zur Person und zur Sache befragt. Der Anwalt aus der Kanzlei Vogel schwieg bis zum Plädoyer, in dem er laut Protokoll feststellte, dass »sachl[ich] und rechtl[ich] den Ausführungen des StA nichts entgegenzusetzen« sei.[337] Immerhin bat er, die Strafzumessung zu prüfen und unter dem Antrag des Staatsanwaltes zu bleiben. Als dreieinhalb Stunden später das Urteil verkündet wurde – gemäß Staatsanwaltsantrag ein Jahr und sechs Monate, – war der Anwalt nicht zugegen.[338] Soweit aus den vorliegenden MfS-Unterlagen ersichtlich, durfte der Angeklagte später nicht ausreisen.[339] Angesichts seines alkoholisierten Zustandes zum Zeitpunkt der Festnahme stellt sich die Frage nach der Zurechnungsfähigkeit des Angeklagten. Vom Sachverhalt hätte man klären müssen, ob sich der Angeklagte nicht schon auf dem Gelände der StÄV, folglich außerhalb des Zugriffsbereiches der DDR, befand. Die Frage der Verhältnismäßigkeit des gewaltsamen Zugriffs, möglicherweise wurden die Uniformierten selbst übergriffig, wäre zu klären gewesen. Es hätte nahe gelegen, sie als Zeugen zu befragen. Stattdessen wurde der Vermerk eines Majors über die Festnahme zum Gegenstand der Beweisaufnahme gemacht und verlesen.[340] Es war in solchen Verfahren üblich, Zeugenaussagen von Amtspersonen nur schriftlich einzuführen was dem Grundsatz der Unmittelbarkeit der Bewei-

336 StBG Berlin-Pankow, Urteil v. 6.4.1984; BStU, MfS, AU 15341/84, Bd. 3, Bl. 19–22, hier 21.

337 StBG Berlin-Pankow, Protokoll der Hauptverhandlung, 6.4.1984; BStU, MfS, AU 15341/84, Bd. 3, Bl. 11–18, hier 15; Urteil v. 6.4.1984; ebenda, Bd. 3, Bl. 20.

338 Das Strafmaß war für vergleichbare Fälle durchaus üblich, zumal in diesem Fall auch Vorstrafen zu bewerten waren. StBG Pankow, Protokoll der Hauptverhandlung, 6.4.1984; ebenda, Bd. 3, Bl. 17.

339 Im Ermittlungsvorgang und in den einschlägigen Karteien war kein entsprechender Hinweis zu finden.

340 StBG Berlin-Pankow, Protokoll der Hauptverhandlung, 6.4.1984; ebenda, Bd. 3, Bl. 14.

saufnahme entgegenstand. Das Urteil machte sich die schriftlichen Aussagen zum Teil wörtlich zu eigen.

### *Ein MfS-ermitteltes Verfahren der allgemeinen Kriminalität*

Fünf junge Arbeiter, um die 20 Jahre alt, wurden 1987 angeklagt, weil sie, oft unter Alkoholeinfluss, anderen mehrfach Geld abgepresst hatten.[341] Die HA IX/5 des MfS führte in diesem Verfahren, das eigentlich dem Bereich der allgemeinen Kriminalität zuzuordnen war, die Ermittlungen. Vermutlich lag der Grund darin, dass die Straftaten in Gegenden stattfanden, in denen zahlreiche MfS-Mitarbeiter wohnten und weil zeitweise auch ein MfS-Ausweis verwendet wurde. Das Hauptverfahren fand 1987 vor dem Stadtbezirksgericht Lichtenberg statt. Anders als bei stereotypen Verfahren gegen Ausreiseantragsteller waren die drei anwesenden Rechtsanwälte hier verhältnismäßig aktiv.[342] Mehrfach richteten sie Fragen an ihre Mandanten, Mitangeklagte und Zeugen. In bestimmten Phasen des Prozesses lag die Initiative geradezu bei den Anwälten. Die Erklärung dafür dürfte sein, dass für den Tatbeitrag des Einzelnen die Beweislage keineswegs so eindeutig auf der Hand lag wie beispielsweise in Fällen von Republikflucht. Die Anwälte konnten hoffen, durch Zweifel an der individuellen Schuld ihres Mandanten Strafen zu mindern oder zumindest den Schadenersatz senken zu können.[343] In diesem Fall war die Konstellation insofern günstig für die Angeklagten, da sich die Kollektivvertreter aus den Betrieben überwiegend positiv über die Angeklagten äußerten, für einen Lehrling sogar eine Bürgschaft anboten.[344] Bürgschaften konnten im Sinne des Erziehungsgedankens zu Strafen ohne Freiheitsentzug oder zu Bewährungsstrafen führen.[345] Im DDR-Strafverfahren war es üblich, Stellungnahmen vom Arbeitsplatz einzuholen.[346] Das MfS beziehungsweise die Staatsanwaltschaft pflegte Kollektive vor der Hauptverhandlung aufzusuchen und das Strafverfahren gemeinsam auszuwerten. Die drei Anwälte bestritten im Verfahren einzelne Tatvorwürfe der Anklage insbesondere dort, wo ein Geständniswiderruf vorlag. Sie plädierten für deutlich ge-

341 StBG Berlin-Lichtenberg, Urteil v. 17.7.1987; BStU, MfS, AU 7282/88, Bd. 19, Bl. 1–30, hier 2 f. u. 8 ff.

342 StBG Berlin-Lichtenberg, Protokoll der Hauptverhandlung, 2.7.1987; ebenda, Bd. 18, Bl. 165–281. Fragen der Anwälte an Angeklagte und Zeugen: ebenda, Bd. 18, Bl. 171 ff., 175, 178 f., 187, 190 ff., 194 f., 197 ff., 207, 210 ff., 217 u. 221.

343 In DDR-Strafprozessen wurde über Schadenersatzansprüche entschieden. Die Entscheidung über die Höhe des Anspruchs konnte an ein zuständiges Gericht verwiesen werden, das dann an die Vorentscheidung des Strafgerichtes gebunden war. StPO 1968, § 242 Abs. 5.

344 StBG Berlin-Lichtenberg, Protokoll der Hauptverhandlung, 2.7.1987; BStU, MfS, AU 7282/88, Bd. 18, Bl. 165–281, hier 178, 181 f. u. 189.

345 StPO 1968, § 57 Abs. 1.

346 StPO 1968, § 227.

ringere Freiheits- beziehungsweise Geld- und Bewährungsstrafen.[347] Diese Verteidigungsstrategie war keineswegs erfolglos. Im Urteil lag die Strafzumessung mit drei Jahren bis zu sechs Monaten Haft auf Bewährung deutlich unter dem Antrag der Staatsanwaltschaft, die Freiheitsstrafen von einem Jahr und sechs Monaten bis zu vier Jahren gefordert hatte.[348] Beim MfS löste die Diskrepanz zwischen Antrag und Urteil offenbar keine Reaktion aus. Der Untersuchungsführer hatte der Hauptverhandlung beigewohnt und einen Prozessbericht verfasst. Während der Plädoyers war »der Unterzeichnende nicht anwesend, da er dienstlich verhindert war«.[349] Wie im Beispiel der Bahnpostbediensteten, die aus Postsendungen Geld stahlen, waren die Anwälte hier deutlich aktiver als in politisierten Verfahren.

### *Ein bekenntnishaftes Plädoyer: Bahro-Prozess*

Ende der 1970er-Jahre war der Druck auf die Anwaltschaft besonders groß. Wie sich der auswirkte, zeigt der bedeutendste politische Prozess der Honecker-Ära, der Prozess gegen den SED-Dissidenten Rudolf Bahro.[350] Bahro wurde von einem Tag auf den anderen bekannt, als Der Spiegel im Sommer 1977 einen Teilabdruck seiner DDR-kritischen Bestandsaufnahme »Die Alternative« veröffentlichte. Flankierend erschienen in der Bundesrepublik Interviews mit ihm. Kurz darauf wurde Bahro verhaftet. Fast ein Jahr saß er in Untersuchungshaft. Vor dem Stadtgericht Berlin wurde er 1978 zu einer achtjährigen Freiheitsstrafe verurteilt, aufgrund internationaler Proteste aber nach einem Jahr in die Bundesrepublik entlassen.[351] Der Prozess gegen Bahro war eine Machtdemonstration der SED, die deutlich machen sollte, dass öffentliche, zumal im Westen verbreitete, ideologische Abweichung nicht geduldet werde.[352] Bahro »schockte [...] als Ein-

347 StBG Berlin-Lichtenberg, Protokoll der Hauptverhandlung, 2.7.1987; BStU, MfS, AU 7282/88, Bd. 18, Bl. 274 f.

348 StBG-Lichtenberg, Protokoll der Hauptverhandlung, 2.7.1987; ebenda, Bd. 18, Bl. 263; StBG Berlin-Lichtenberg, Urteil v. 17.7.1987; ebenda, Bd. 19, Bl. 1–30, hier 2 f.

349 Prozessbericht, 22.7.1987; ebenda, Bd. 3, Bl. 312 f.

350 In den 1970er- und 1980er-Jahren konnte die Bekämpfung von Oppositionellen im Vorfeld der eigentlichen Prozesse in alternativen Repressionsmaßnahmen und diskreten »Zersetzungsmethoden« enden und mündete, wie bei Jürgen Fuchs und Roland Jahn, nicht selten in der mehr oder minder erzwungenen Ausreise in die Bundesrepublik. Selbst die wohl bestdokumentierten, bekannten Strafverfahren gegen Robert Havemann, die geradezu als »Lehrstück« für manipulierte politische Prozesse jener Jahre anzusehen sind, spielten sich auf einem vergleichsweise niedrigem Prozessniveau ab. Havemann kam nie in Haft, die erste Strafe bestand in einem dreijährigen Hausarrest, die zweite Strafe wegen Devisenvergehens war eine Geldstrafe. Neubert: Geschichte der Opposition, S. 487 f., 224 ff., 696 ff. u. 771 f.; Vollnhals: Fall Havemann; Havemann; Widmann: Robert Havemann, S. 253 f.

351 Herzberg; Seifert: Rudolf Bahro, S. 314 ff.

352 Abgedruckt im ND vom 25.8.1977. Zit. nach: Herzberg; Seifert: Rudolf Bahro, S. 192.

zelopponent die Herrschenden. [... Er legte] neben Havemann die erste innerparteiliche [...] Kritik an dem etablierten Parteibild und dem realen Sozialismus vor.«[353] Formell wurden ihm nachrichtendienstliche Tätigkeit nach Paragraf 98 (Sammlung von Nachrichten) in Tateinheit mit Paragraf 245 StGB[354] (Geheimnisverrat) vorgeworfen.

Das Verfahren wurde von der HA IX mit Minister Mielke vorher abgestimmt, der seinerseits den SED-Generalsekretär konsultiert hatte. Honecker soll den Prozessvorschlag korrigiert haben, »indem er mit Filzstift die vorgeschlagene Freiheitsstrafe von neun Jahren durchstrich und ›mindestens zehn Jahre‹ darüberschrieb«.[355] Um die Verhandlungsführung abzusichern, wurde der Direktor des Stadtgerichtes aus dem Urlaub zurückgeholt, der Vertreter der Generalstaatsanwaltschaft wurde von vorgesetzten Kollegen im Hintergrund beraten.[356]

Über private Kontakte gewann die geschiedene Ehefrau Bahros Rechtsanwalt Gregor Gysi als Wahlverteidiger.[357] In der Presseberichterstattung wird gelegentlich verbreitet, Gregor Gysi hätte damals Freispruch für seinen Mandanten beantragt.[358] Gysi ist nicht unbeteiligt an dieser Version.[359] Ein Bahro-Biograf ging so weit zu resümieren, dass sich »Bahro zu dieser Zeit in der DDR keinen

353 Klein, Thomas; Otto, Wilfriede; Grieder, Peter: Visionen. Repression und Opposition in der SED (1949–1989). Frankfurt/O., S. 416.

354 StGB 1979.

355 Diese Angabe beruht auf einer nicht ganz präzisen und nicht gut dokumentierten Aussage des Untersuchungsführers Joachim Groth, die sich jedoch teilweise nachvollziehbar in den Akten spiegelt. Der Prozessvorschlag des MfS enthält in der Tat handschriftlich Redigiertes, das allerdings nicht genau zugeordnet werden kann. Vernehmergespräche II. Die Papiere des Herrn Bahro. In: Telegraph 7/1992, S. 12–19, hier 16 f.; HA IX, Vorschlag zur Durchführung eines Prozesses vor dem 1. Strafsenat des Stadtgerichts Berlin, 29.5.1978; BStU, MfS, AU 6890/82, Bd. 7, Bl. 11–22, hier 11 u. 17.

356 Das waren die I-A-Abteilungsleiterin beim Generalstaatsanwalt der DDR, Eleonore Heyer, und der stellvertretende Generalstaatsanwalt, Günter Wieland, so der MfS-Untersuchungsführer Jochen Groth nach einem Bericht. In: Vernehmergespräche II. Die Papiere des Herrn Bahro. In: Telegraph 7/1992, S. 12–19, hier 17.

357 Gysi: Das war's, S. 41.

358 Der Trick der Juristen. In: Berliner Zeitung vom 6.7.1996; »Dann sind wir die Trottel«. In: Der Spiegel 47/1994.

359 Laut einem Zeitungsbericht sagte Gysi: »Ich war es, der für Rudolf Bahro Freispruch beantragt hat. Ich war es, der für Robert Havemann Freispruch beantragt hat, und nicht diejenigen, die jetzt die Kübel über mich ausschütten.« Gysi: Keine inoffizielle Zusammenarbeit mit Stasi. In: Die Welt vom 23.2.2013. In einem Buch von 1990 hieß es: »Ich habe den Freispruch gefordert, weil ich der Meinung war, Bahro musste wenigstens das Recht auf eine Stimme in diesem Verfahren haben.« Gysi, Gregor; Falkner, Thomas M.: Sturm aufs Große Haus. Der Untergang der SED. Berlin 1990, S. 14. In seiner Autobiografie schreibt Gysi vorsichtiger: »Als Anwalt begründete ich, weshalb die Straftatbestände nach meiner Auffassung nicht erfüllt seien. Die Konsequenz wäre Freispruch gewesen.« Gysi: Das war's, S. 43.

besseren Verteidiger wünschen konnte«.[360] Entgegen der Freispruchthese endete das Anwalts-Plädoyer laut Hauptverhandlungsprotokoll mit dem Appell an das Gericht, eine »wesentlich geringere«[361] als vom Staatsanwalt beantragte Freiheitsstrafe zu verhängen. Die Abschrift des Tonbandmitschnittes bestätigt diese Version.[362] Lediglich in der Berufungsschrift argumentierte der Anwalt, dass Bahro vom Tatvorwurf nach Paragraf 98, Abs.1 »freigesprochen« werden sollte. Den Geheimnisverrat hielt er für »sachverhaltsmäßig durch den Angeklagten bestätigt«.[363] Gysi plädierte also in der Berufungsschrift für einen Teilfreispruch[364] und für den wahrscheinlichen Fall, dass das Gericht ihm nicht folgen würde, für eine geringere Strafe, als von der Staatsanwaltschaft gefordert. Die plädierte auf neun Jahre, das Urteil lautete acht Jahre.[365] Wie es dazu kam, ist nicht nachvollziehbar. Möglicherweise lagen die Gründe in Schwächen der Beweisführung oder die eigenständige Rolle des Gerichtes sollte nach außen hin demonstrativ dargestellt werden.

Der Untersuchungsführer des MfS, der in der Hauptverhandlung einen Bericht für Erich Mielke erstellte, hielt nur nüchtern fest, dass der Anwalt »eine niedrigere Freiheitsstrafe«[366] beantragt hätte. Gysi hatte in der Sache durchaus engagiert argumentiert und bestritten, dass wesentliche Tatbestandsmerkmale des Paragrafen 98, Abs.1 erfüllt seien. Bahro hätte die Informationen für eine wissenschaftliche Arbeit zusammengetragen, nicht zum Zweck der Übermittlung an die Bundesrepublik. Den Vorwurf des Geheimnisverrates versuchte Gysi kleinzureden.[367] Allerdings erbrachte Gysi für diese Argumentation in der Sache eine Art Gegenleistung. Er bestätigte, dass das Gericht »unvoreingenommen, allseitig und gründlich die Beweisaufnahme durchgeführt hat, bei der stets der Angeklagte seine Rechte wahrnehmen konnte« und legte ferner dar, dass Bahro das Recht gehabt hätte, einen Verteidiger seiner Wahl zu benen-

360 Herzberg; Seifert: Rudolf Bahro, S. 294 ff.

361 Stadtgericht Berlin, Protokoll der öffentlichen Hauptverhandlung, 26.6.1978; BStU, MfS, AU 6890/82, Bd. 44, Bl. 48–152, hier 142.

362 Abschrift des Plädoyers von Gregor Gysi; ebenda, Bd. 7, Bl. 169–182, hier 182.

363 Ebenda, Bl. 211.

364 Auch Bahro erinnerte sich später an Teilfreispruchs-Argumentationen. Chance im Kampf gegen die Krise der Menschheit. Interview mit Rudolf Bahro. In: Berliner Zeitung vom 30.11.1989.

365 Auch den Biografen von Gysi und Bahro ist das Schillernde an Gysis Selbstdarstellungen aufgefallen. Herzberg; Seifert: Rudolf Bahro, S. 257. Gysis Biograf versucht die Widersprüche zwischen Akten und den verschiedenen Selbstzeugnissen zumindest zu erklären: »Gysi meint wohl, jeder geschulte Jurist hätte als logische Folge seiner Argumentation [...] das Plädoyer als eine Forderung nach Freispruch verstehen müssen.« König: Gregor Gysi, S. 168.

366 Gregor Gysi: Nachgereichte Begründung des RA Gysi auf die Berufung des Urteils vom 30.6.1978 in der Strafsache Bahro, 13.7.1979; BStU, MfS, AU 6890/82, Bd. 44, Bl. 194–212, hier 211.

367 Stadtgericht Berlin, Protokoll der öffentlichen Hauptverhandlung, 26.6.1978; ebenda, Bd. 44, Bl. 48–152, hier 141 u. 211.

nen.[368] Der Anwalt begann sein Plädoyer mit einer Eloge auf die Verteidigungsmöglichkeiten in der DDR. Er distanzierte sich von seinem Mandanten auf eine Weise, die selbst in MfS-ermittelten Verfahren nicht alltäglich war: »Als Bürger der DDR, als Mitglied der SED und als Rechtsanwalt im besten Sinne des Wortes [lehne ich] die politischen Ziele des Angeklagten« ab. [369] Bei der Distanzierung beschrieb der Anwalt die Handlungen seines Mandanten in einer Art und Weise, die als Anklage wirken konnten: »Selbstverständlich erkennt auch die Verteidigung vollständig an, dass sich die Handlungen des Angeklagten gegen die sozialistische Staats- und Gesellschaftsordnung der DDR richten. Sein Kampf war ja ausschließlich dem real existierenden Sozialismus gewidmet [..., damit hat er] Einrichtungen in der BRD eine Hetzkampagne gegen die DDR objektiv ermöglicht.«[370] In puncto Geheimnisverrat stellte sich der Anwalt hinter wesentliche Aussagen der Anklageschrift.[371] Nach den Erfahrungen der Berliner Anwaltschaft im Fall Berger, wählte Gysi offenbar eine Doppel-Strategie. Durch Bekenntnisse zum Justizsystem und Distanzierungen vom Mandanten bot er keine Angriffsfläche, während er seinem Ruf als Strafverteidiger in der Sachargumentation zur Beweisführung gerecht zu werden suchte.

Der Protokollant vom MfS wertete das Plädoyer als eine Bestätigung dafür, dass die angeklagten Tatbestände »erfüllt wurden« und »dass sich die Handlungen Bahros gegen die sozialistische Staats- und Gesellschaftsordnung der DDR richteten«.[372] Folgt man der Sicht des MfS-Protokollanten, entsprach Bahros Anwalt den Erwartungen an einen sozialistischen Anwalt insofern, als er den grundsätzlichen Strafanspruch des Staates bestätigte, sich von den Handlungen seines Mandanten distanzierte und gleichzeitig den korrekten Verfahrensablauf bestätigte. Mit seinem Plädoyer trat der Anwalt expressis verbis der Vorberichterstattung in der westlichen Presse entgegen. In einer Westberliner Zeitung war zuvor der Eindruck erweckt worden, dass Bahro nicht angemessen verteidigt würde. Ein Wahlverteidiger des Verlages sei ihm verweigert, statt seiner ein »bisher nicht bekannter Pflichtverteidiger«[373] benannt worden. Gysis Plädoyer wirkte demgegenüber wie eine Rechtfertigung. Die Sachargumentation in Gysis Plädoyer war dennoch so engagiert, dass Bahro seinen Anwalt selbst dann noch für »vertrauenswürdig«[374] hielt, als nach 1992 MfS-Dokumente über den

368 Abschrift des Plädoyers von Gregor Gysi; BStU, MfS, AU 6890/82, Bd. 7, Bl. 169–182, hier 172.

369 Ebenda, Bl. 169 ff.

370 Ebenda, Bl. 172.

371 Ebenda, Bl. 181 f.

372 HA IX, Bericht über die Ergebnisse der gerichtlichen Hauptverhandlung gegen Bahro, 10.7.1978; BStU, MfS, HA IX/ZMA Nr. 17781, Bl. 1–5, hier 3.

373 Rudolf Bahro bald vor Gericht. In: Berliner Morgenpost vom 27.11.1977.

374 Bahro, Rudolf: Notwendiger Nachtrag zu dem Gespräch über Gregor Gysi. In: ND v. 14.5.1992.

Fall Bahro öffentlich wurden, die die Rolle Gysis ins Zwielicht zogen. Die relativ offensive Verteidigung in der Sache führte dazu, dass Rudolf Bahro sich nach der Verurteilung seinem Anwalt mehrfach anvertraute. Während der Haft in Bautzen tauschte er sich durch Briefe, heimliche Notizen und bei Anwaltsbesuchen mündlich mit seinem Anwalt aus.[375] Relativ vertrauliche Informationen über die finanzielle Absicherung seiner Familie, Informationen an die westliche Presse und Überlegungen zur Übersiedlung in die Bundesrepublik erreichten auf die eine oder andere Weise das MfS und flossen in dessen Strategiebildung ein. Das MfS gelangte an diese Gesprächsinhalte über Abhörmaßnahmen in der Haft, die Mitschrift eines MfS-Offiziers bei Anwaltssprechern, Briefkontrollen und Informanten. Umstritten ist, ob Anwalt Gysi als Informant für das MfS fungierte oder ob er mit einem Mitarbeiter des ZK der SED sprach, der die Informationen an das MfS weitergab, wie Gysi behauptet. [376] Unstrittig ist, dass die meisten Informationen letztlich beim MfS landeten. Die bereits zitierte Studie der JHS erkannte in einem derartigen Vertrauensverhältnis zwischen Mandant und Anwalt durchaus Vorteile für das MfS.[377] Aus Sicht des MfS machte es durchaus Sinn, wenn Gysi durch eine offensive Verteidigung in der Sache seinen Mandanten für sich einnahm, weil das MfS damit auf die eine oder andere Weise zusätzlich Informationen abschöpfen konnte. Generell standen die Anwälte in jenen Jahren stark unter Druck, in ihrem Plädoyer die Straftat gesellschaftlich einzuordnen, was auf ein Bekenntnis zu den gesellschaftlichen Verhältnissen in der DDR hinauslief.[378] Aus der Perspektive des MfS-Untersuchungsführers, der der damaligen Hauptverhandlung beiwohnte, entsprach das Plädoyer offenbar dieser Erwartung.[379]

### *Militärverfahren: höchste Geheimhaltung*

Wenn ein MfS-Offizier überlief oder flüchtete, wurde das vom Minister für Staatssicherheit Erich Mielke als »Verrat« angesehen. Als Abschreckung drohte den »Verrätern« die Todesstrafe: »Und das Geschwafel von wegen und so weiter [...] nicht hinrichten und nicht Todesurteil ist alles Käse, Genossen. Hinrich-

375 Herzberg; Seifert: Rudolf Bahro, S. 294 ff.

376 Bericht des Ausschusses für Wahlprüfung, Immunität und Geschäftsordnung zu dem Überprüfungsverfahren des Abgeordneten Dr. Gregor Gysi gemäß § 44 b Abs. 2 Abgeordnetengesetz v. 29.5.1998 (Deutscher Bundestag, Drucksache; 13/10893), S. 1–50, hier 13–16; Herzberg; Seifert: Rudolf Bahro, S. 294 ff.

377 Axel Henschke: Entwicklungstendenzen der Rechte des Verteidigers im Strafverfahren der DDR. Diplomarbeit, 30.3.1989; BStU, MfS, JHS 343/89, Bl. 25, 31.

378 RAK Berlin, Protokoll über die Mitgliederversammlung am 16.11.1977, S. 5; BArch, DP1, 3288.

379 Herzberg; Seifert: Rudolf Bahro, S. 200.

ten, die Menschen, ohne [irgend]welche Gesetze, ohne Gerichtsbarkeit und so weiter.«[380] Es liegt auf der Hand, dass in diesen Fällen die Interessen des MfS das Verfahren bestimmten. Insofern wurde nicht nur das Urteil vom MfS präjudiziert, sondern der Verfahrensgegenstand manipuliert. Verfahren vor einem Militärgericht unterlagen einem besonders hohen Geheimhaltungsgrad, um das Ansehen des MfS in keiner Weise zu gefährden. Dies hatte Folgen für die Verteidigung. Der letzte MfS-Offizier, der zum Tode verurteilt wurde, war Werner Teske. Es war das letzte vollstreckte Todesurteil in der DDR, obgleich die Todesstrafe in der DDR bis 1987 fortbestand. In einem kurzen Geheimverfahren vor dem 1. Militärsenat des Obersten Gerichtes wurde Teske am 10. Juni 1981 verurteilt. Er wurde von Gerhard Cheim als Pflichtverteidiger vertreten, der als IM »Ludwig« bei der Abt. XX der Bezirksverwaltung Berlin registriert war.[381] Der Fall des HV A-Hauptmanns Teske war insofern brisant, als nach der Flucht des HV A-Offiziers Werner Stiller 1979[382] und dem Korruptions- und Fluchtversuchsfall von Gert Trebeljahr binnen Kurzem der dritte MfS-Offizier auffällig wurde.[383] Diese Vorfälle warfen ein bezeichnendes Licht auf die innere Verfasstheit der DDR-Geheimpolizei. Werner Teske hatte im großen Stil »Operativgelder«, für Beköstigung und Bezahlung von IM gedacht, unterschlagen. Er brachte 20 800 DM und 21 478 Mark der DDR auf die Seite.[384] Demotiviert und durch seine Korruptionshandlungen überfordert, sprach er immer mehr dem Alkohol zu und trug sich mit Fluchtgedanken. Immerhin hatte er 700 Blatt interner Vorgänge und über 2 000 Blatt operativer Unterlagen gesammelt, um sich der Gegenseite anbieten zu können. Als er eine Zeit lang nicht im Dienst erschien, wurde eine Kette von Untersuchungen in Gang gesetzt, die die Unterschlagungen und die entwendeten Materialien bei einer konspirativen Durchsuchung förderten. Nach intensiven Verhören gestand Teske, Materialien für den BND gesammelt und Fluchtgedanken gehegt zu haben.

Der Anwalt von Teske, Gerhard Cheim, war vom MfS für den Einsatz bei Militärgerichten »bestätigt«[385] worden. Offenbar genügte für diese Beurtei-

380 Abschrift der Tonbandaufzeichnung der erweiterten Kollegiumssitzung am 19.2.1982. Zit. nach: Gieseke, Jens: Abweichende Verhalten in der totalen Institution. Delinquenz und Disziplinierung der hauptamtlichen MfS-Mitarbeiter in der Ära Honecker. In: Vollnhals: Die Macht, S. 535.

381 BStU, MfS, AIM 1129/89.

382 Bästlein: Fall Mielke, S. 230 ff.; Müller-Enbergs: Hauptverwaltung A, S. 207 f.; Herbstritt, Georg: Bundesbürger im Dienst der DDR. Spionage. Göttingen 2007, S. 364.

383 Bästlein: Fall Mielke, S. 232 ff.; Fricke, Karl Wilhelm: »Jeden Verräter ereilt sein Schicksal«. Die gnadenlose Verfolgung abtrünniger MfS-Mitarbeiter. In: DA 27 (1994) 3, S. 258–265, hier 264 f. Fricke schenkt im Gegensatz zu Bästlein den Korruptions-Tatbeständen keine Beachtung. Wagner: Militärjustiz, S. 288 ff.; Bookjans: Die Militärjustiz, S. 165 ff.; Irmen: DDR-Militärjustiz, S. 277 ff., 279 ff.

384 Bästlein: Fall Mielke, S. 233.

385 HA XX/1, Vermerk, o. D. (vermutl. 1975); BStU, MfS, HA XX Nr. 6886, Bl. 237.

lung die Information, dass Cheim als IM »Ludwig« registriert war. »IM – keine Einwände«,[386] teilte der Mitarbeiter der BV Berlin seinem Kollegen in der HA XX/1 mit. Schon vor Beginn der Hauptverhandlung stand das Strafmaß fest: Teske wurde nach Paragraf 97, Abs. 3 StGB angeklagt, der die Todesstrafe für Spionage in besonders schweren Fällen vorsah, ebenso fragwürdig wie die Anklage wegen Fahnenflucht nach Paragraf 254 StGB.[387] Denn weder gab es Kontakte zum BND noch gab es konkrete »Vorbereitungen« oder »Versuche« der Fahnenflucht, wie sie für eine Verurteilung nach Paragraf 254, Abs. 3 StGB erforderlich gewesen wären. Im Gegenteil hatte der HV A-Offizier die Gelegenheit nicht genutzt, bei einem Agententreffen auf dem vom Westen zugänglichen Teil des Bahnhofs die DDR zu verlassen.[388] Aus der Zeit des Strafverfahrens existieren diverse Treffberichte mit IMS »Ludwig«, teilweise handschriftlich abgezeichnet. Keines dieser Schriftstücke aus dem Bereich der Abt. XX/1 der BV Berlin thematisiert den Teske-Prozess. Die Berichte handeln von Empfängen in der StÄV in Ostberlin und Problemen im Kollegium,[389] also klassischen Abwehraufgaben des Sicherungsbereiches Rechtsanwälte. Absprachen oder gar Anweisungen zum Fall Teske konnten in den gesichteten Akten nicht nachgewiesen werden. In einem anderen, minder bedeutsamen Verfahren gegen einen ehemaligen MfS-Mitarbeiter hatte Cheim sogar Berufung eingelegt. Seine Loyalität gegenüber dem MfS bewies »Ludwig« dadurch, dass er laut MfS-Protokoll der HA XX riet, »derartige Delikte ernster zu nehmen, gründlicher vorzubereiten, um Berufung zu vermeiden«.[390]

Im Teske-Verfahren war Cheim keineswegs passiv, versuchte durch Befragung des Sachverständigen und Angeklagten Schwachstellen der Anklage aufzudecken.[391] Im Plädoyer wandte er sich zu Recht eindeutig gegen die Todesstrafe, da weder Material der anderen Seite übergeben noch die Flucht realisiert wurde. Außerdem sei der Angeklagte geständig. Der Anwalt machte aber deutlich, dass sich der Angeklagte eines »Verbrechens schuldig«[392] gemacht hätte. Er sprach, angepasst an die MfS-Sprache, vom »Gegner«[393], wenn er die westliche Seite meinte. Die Unterschlagung der Operativgelder blieb im Verfahren ausgeklammert und trat hinter dem Spionagevorwurf zurück. Sogar die mit-

386 HA XX/1, F-10-Suchauftrag v. 7.7.1975; ebenda, Bl. 236.

387 StGB 1979.

388 Ein Richter und der Militäroberstaatsanwalt wurden wegen des Todesurteils daher 1998 wegen Rechtsbeugung rechtskräftig verurteilt. Bästlein: Fall Mielke, S. 234, 240.

389 Exemplarisch: IMS »Ludwig«, Empfang in der Ständigen Vertretung am 21.1.1981; BStU, MfS, AIM 1129/89, T. II, Bd. 1, Bl. 235–237; IMS »Ludwig«, Verhalten der Genossen [...]. Über die außerordentliche Parteiversammlung am 9.6.1981; ebenda, Bl. 238 f.

390 HA XX/1, TB mit IMS »Ludwig«, 23.1.1975; ebenda, T. II, Bd. 1, Bl. 48.

391 OG/1. Militärstrafsenat, Protokolle der Hauptverhandlung, 10.6.1981; BStU, MfS, AU 26/90, Bd. 7, Bl. 34–113, hier 43 ff., 50 ff., 60 ff.

392 Ebenda, Bl. 106 ff.

393 Ebenda, Bl. 109.

telbare Tatbeteiligung der Ehefrau wurde fallengelassen.[394] Offenkundig sollte vertuscht werden, dass es Korruption im MfS gab. Eigentlich hätte der Anwalt diese Dinge vorbringen müssen. Tatbegünstigende Umstände waren nach Paragraf 61, Abs. 1 StGB in das Verfahren einzubringen und konnten sich strafmildernd auswirken. Die Fluchtüberlegungen waren im Fall Teske eindeutig eine Folge der Korruption. Interne Abläufe des MfS hatten es dem Offizier leicht gemacht, Geld beiseite zu schaffen. Cheim respektierte jedoch die Grenzen, die das MfS diesem Verfahren auferlegt hatte. Das MfS rechnete offenbar mit der Verschwiegenheit des bestätigten Anwalts. Der Fall war wahrlich kein Ruhmesblatt für das MfS. Er offenbarte Demoralisierungstendenzen und Ansatzpunkte für gegnerische Dienste. Wie schon im Fall Trebeljahr[395] wurde deutlich, dass das MfS korrupte Tendenzen nicht in den Griff bekam. Eine Verteidigung war in gewissen Grenzen selbst in einem solchen Fall möglich. Das auf höchster Ebene abgesprochene Todesurteil konnte der Anwalt freilich nicht abwenden.

### *Ein Ausnahmeverfahren: Robert Havemann*

Robert Havemann war zweifelsohne der profilierteste DDR-Oppositionelle der 1970er- und frühen 1980er-Jahre. Seine Vorlesungen an der Humboldt-Universität über einen undogmatischen Marxismus in der Tauwetterperiode machten ihn Mitte der 1960er-Jahre einer breiten Öffentlichkeit auch außerhalb der DDR bekannt. Brisant wurde Havemann für die SED durch seine Kontakte zu Eurokommunisten und seine Publikationstätigkeit im Westen, die über den Rundfunk in die DDR zurückschallte.[396] Seine Wissenschaftskarriere, seine Haft im Nationalsozialismus, seine langjährige Mitgliedschaft in der SED exponierten ihn. Jahrelang schickte das MfS immer wieder Berichte zu Havemann an die Parteispitze.[397] Insofern war die Bekämpfung Havemanns ein politisch besonders herausgehobener Fall.

In den 1970er-Jahren entwickelte das MfS mehrere Modelle einer Exilierung von Biermann und Havemann. An Biermann wurde diese Maßnahme exekutiert.[398] Für Havemann wurden über die Jahre verschiedene Repressionsvarianten ersonnen, letztlich alle mit dem Ziel, ihn mundtot zu machen. Die eigentliche Kriminalisierung begann am 26. November 1976, zehn Tage nach der Ausbürgerung Biermanns. Die Staatsanwaltschaft hatte schon zuvor mit rechtlichen Schritten gedroht, sollte Havemann nicht von seinen publizistischen Pro-

394 Bästlein: Fall Mielke, S. 239.
395 Ebenda, S. 222 ff.
396 Neubert: Geschichte der Opposition, S. 220 ff.
397 BStU, MfS, ZAIG Nr. 14384, Bl. 252–343; BStU, MfS, ZAIG Nr. 14385, Bl. 52–278.
398 Vollnhals: Fall Havemann, S. 28 ff.

vokationen ablassen. Im November 1976 wurde in einem Kurzverfahren wegen einer Veröffentlichung im Spiegel[399] ein unbefristeter Hausarrest gegen ihn verhängt. Als Rechtsgrundlage wurde die Aufenthaltsbeschränkungsverordnung (ABVO) bemüht, da er die »öffentliche Sicherheit und Ordnung«[400] bedroht hätte. Der Straftatbestand war nach politischen Opportunitätserwägungen aus einer Reihe von Möglichkeiten der strafrechtlichen Verfolgung ausgewählt worden. Am 19. April 1979 beschlagnahmte die Abteilung IA der Generalstaatsanwaltschaft der DDR gemeinsam mit der Zollfahndung Bücher, Ton- und Bildträger sowie Manuskripte und andere Schriftstücke bei Havemann, offenkundig, um dessen Arbeitsmöglichkeiten zu beeinträchtigen. Die Hausdurchsuchung diente der Vorbereitung eines Verfahrens wegen des Besitzes von Devisenwerten, die er als Honorare im Westen verdient hatte.[401] Am 9. Mai bot die Generalstaatsanwaltschaft Havemann die Aussetzung des Vollzuges der Aufenthaltsbeschränkung an. Die wurde an die Bedingung geknüpft, dass Havemann keine Kontakte zu ausländischen Medien unterhielte.[402] Offenbar sollte Havemann mit einer Mischung aus Druck und Angeboten beeinflusst und seine Aktivitäten eingedämmt werden. Am 25. Mai 1979 wurde er auf Antrag der Staatsanwaltschaft zu einem Strafbefehl von 10000 Mark der DDR verurteilt.[403] Der Einspruch Havemanns führte am 14. Juni zu einem Eklat vor dem Kreisgericht Fürstenwalde. Havemann wagte wegen der Disziplinierung seines Anwaltes Götz Berger im Verfahren wegen der Aufenthaltsbeschränkung nicht, einen anderen DDR-Anwalt zu beauftragen. Er könne keinen Anwalt der Gefahr aussetzen »ebenso behandelt zu werden wie Dr. Götz Berger«.[404] Durch die Vermittlung spanischer Eurokommunisten wurde ihm ein Anwalt aus Barcelona gestellt. Der reiste heimlich in die DDR ein. Das Gericht lehnte ihn ab, weil nach der StPO nur in der DDR zugelassene Anwälte vor Gericht tätig werden durften.[405] Havemann stand ohne Anwalt da. Das Gericht ging davon aus, dass er sich selbst verteidigen könne. Das Gericht griff damit auf die DDR-Rechtsinterpretation zurück, wonach das Recht auf Verteidigung nach Paragraf 61 StPO durch Selbstverteidigung gewährleistet sei. Havemann sah dagegen sein Recht auf Verteidigung unzulässig beschränkt. In dieser Situation brachte er

399 Havemann forderte unbestritten eine Woche zuvor mit einem zweiseitigen namentlich gezeichneten Artikel im Hamburger Magazin: »Biermann muss Bürger der DDR bleiben«. Robert Havemann appelliert an Erich Honecker. In: Der Spiegel 48/1976.

400 Zit. nach: Marxen; Werle: Strafjustiz und DDR-Unrecht. Bd. 5/1, S. 752; Havemann; Widmann: Robert Havemann, S. 155.

401 Vollnhals: Fall Havemann, S. 85.

402 Generalstaatsanwaltschaft der DDR, Vermerk o. D., zit. nach: Vollnhals: Fall Havemann, S. 228.

403 Ebenda, S. 85 f.

404 Havemann vor dem Kreisgericht. Zit. nach: Vollnhals: Fall Havemann, S. 93 f.

405 StPO DDR 1979, § 62 Abs. 1.

Gregor Gysi vor Gericht als denkbaren Anwalt ins Spiel.[406] Mit dieser Finte gelang es Havemann, das Verfahren vertagen zu lassen. Gysi wurde offiziell vom Gericht bestellt. Bei der Fortsetzung der Verhandlung am 20. Juni weigerte sich Havemann, Gysi als Anwalt zu akzeptieren, da das MdJ noch nicht abschließend über die Bestellung seines spanischen Wahlverteidigers befunden hätte.[407] Da beim Kreisgericht kein Anwaltszwang herrschte,[408] wurde ohne Verteidiger verhandelt und der Strafbefehl bestätigt. Das Verfahren über den Strafbefehl war in MfS-Szenarien mit der Generalstaatsanwaltschaft und dem Obersten Gericht abgestimmt und in wesentlichen Zügen von Erich Honecker gebilligt worden. Die unteren Justizfunktionäre agierten in diesem »Drehbuch«-Verfahren rollengemäß.[409]

Im Berufungsverfahren sollte jedoch ein Anwalt hinzugezogen werden. Havemann hatte von dem jungen, weitgehend unbekannten Anwalt Gysi durch das Bahro-Verfahren gehört. Gysi wirkte auf die Familie Havemann einerseits sympathisch, andererseits riet Götz Berger von Gysi ab, weil er ihn für allzu SED-linientreu hielt.[410] Havemann hatte daher zunächst Vorbehalte, Gysi in Strafsachen und vertrauliche Angelegenheiten des engsten Freundeskreises einzuweihen.[411] Letztlich beauftragte Havemann Gysi mit der Berufung im Devisenverfahren und mit diversen Beschwerden gegen die Beschlagnahmungen und die kurzzeitige, neuerliche Aufenthaltsbeschränkung.[412] Havemann war bewusst, dass Gysi Parteiverbindungen hatte. In MfS-Akten wird kolportiert, dass Havemann Gysi mit den Worten verabschiedete: »Grüßen Sie mir den Genossen ›Erich‹.«[413] Laut MfS-Akten soll er der Ansicht gewesen sein, dass »gerade durch ein Mitglied der SED […] als Rechtsanwalt […] viel eher die Chance eines Erfolgs bestünde, weil auch ein Gericht von diesen Bürgern viel eher ein Argument annimmt, als von Gleichgesinnten seiner Art«.[414] Es ist durchaus

406 Vollnhals: Fall Havemann, S. 97.

407 Havemann; Widmann: Robert Havemann, S. 102. Die Ablehnung erfolgte nach Abstimmung des MdJ mit dem ZK. Vollnhals: Fall Havemann, S. 98.

408 StPO 1974, § 63 Abs. 1.

409 Vollnhals: Fall Havemann, S. 107 ff. Das Landgericht Frankfurt/O. sah in seinem Verfahren 1997 eine Eigenverantwortlichkeit der Richter und wies den Vorwurf der Rechtsbeugung zurück. Urteil des Landgerichts Frankfurt/O. vom 30.9.1997. In: Rottleuthner: Havemann-Verfahren, S. 25–208, hier 189 f., 201 ff.

410 Havemann; Widmann: Robert Havemann, S. 270 u. 272.

411 Ebenda, S. 273.

412 Vollnhals: Fall Havemann, S. 107 ff., 112 ff. Der Hausarrest war wieder verschärft worden, um zu verhindern, dass der DDR-Kritiker Rudolf Bahro in der Phase zwischen Haftentlassung und Übersiedlung in die Bundesrepublik persönlichen Kontakt mit Havemann aufnehmen konnte.

413 HA XX, Information über ein Gespräch des Rechtsanwaltes Genossen Dr. Gysi mit Robert Havemann, 9.11.1979. Zit. nach: Vollnhals: Fall Havemann, S. 118.

414 HA XX/OG, Auszug aus einem Bericht, 28. Juni 1979; BStU, MfS, AU 145/90, Bd. 10, Bl. 453a.

nachweisbar, dass Havemann Gysi für bestimmte Zwecke nutzte, um mit der offiziellen Seite ins Gespräch zu kommen. Einmal bot Havemann der SED an, seine Kritik an westlichen Aufrüstungsprogrammen zu verschärfen, offenbar in der Hoffnung, dass Restriktionen gegen ihn gelockert würden.[415] Später ging es um seinen Besuch einer Gedenkfeier anlässlich der Befreiung des Zuchthauses Brandenburg.[416] Beide Komplexe tragen eher den Charakter politischer Deals, in denen es nicht um juristische Details ging. Gysi stellt sich in seiner Autobiografie als Figur in Havemanns Schachspiel dar: »Durch mich ließ er Nachrichten befördern, er speiste mich für meine Gespräche in der Abteilung Staat und Recht im ZK, die ich in seinem Auftrage zu führen hatte. Ich war sein Vermittler, und dafür war er mir dankbar.«[417] Aus Sicht des MfS, der MfS-Akten, erfüllte Gysi darüber hinaus auch eine Funktion gegenüber dem MfS. Jedenfalls verhielt sich Gysi anders als sein Vorgänger Götze Berger. Seit der Kontaktaufnahme Havemanns zu Gysi verfolgte das MfS die juristischen Schritte.[418] Im Unterschied zu Berger tat die Vertretung Havemanns dem jungen Gysi jedoch keinen Abbruch. Im Gegenteil, lag sein eigentlicher Karrierebeginn genau in jenen Jahren, in denen er Havemann und Bahro anwaltlich betreute. Er wurde stellvertretender Vorsitzender des Berliner Anwaltskollegiums[419] und war bald darauf als dessen SED-Parteisekretär vorgesehen.[420]

Ein Vergleich zwischen beiden Anwälten zeigt Gemeinsamkeiten wie Unterschiede: Götz Bergers zweiseitige Berufungsschrift an das Kreisgericht Fürstenwalde in der Aufenthaltsbestimmungssache war juristisch schwach untersetzt. Er verwendete Plausibilitätsargumente und argumentierte in formellen Fragen eher kursorisch. So bemängelte er, dass der Paragraf 2 einer Verordnung nur die Möglichkeit vorsehe, den Aufenthalt auf bestimmte Orte, nicht auf Grundstücke, zu beschränken. Gemeint war offenbar die Aufenthaltsbestimmungsverordnung. Weder Verordnung, noch Fundstelle oder Wortlaut der Verordnung wurden von Berger angegeben.[421] Gysi dagegen analysierte in seiner elfseitigen Berufungsschrift an das Bezirksgericht Frankfurt/O. den Urteilsspruch des Kreisgerichtes im Devisenverfahren juristisch akribisch, geradezu pedantisch.

415 Gregor Gysi: Schreiben an die Abteilung SuR des ZK der SED, 18.11.1979; BStU, MfS, AIM 9564/86, Bd. 1, Bl. 46–48.

416 Havemann; Widmann: Robert Havemann, S. 300 ff.

417 Gysi: Das war's, S. 47.

418 Über die Beauftragung Gysis vom 27.6. liegt eine Operative Information vom 27.6.1979, basierend auf den Angaben von IM »Chef« vor. Ebenso ein Bericht in Ich-Form aus der Perspektive des Anwaltes. Vollnhals: Fall Havemann, S. 107, FN 291; HA XX/OG, Auszug aus einem Bericht, 28.6.1979; BStU, MfS, AU 145/90, Bd. 10, Bl. 453a.

419 HA XX/OG, Vorschlag zur Werbung eines IM, entsprechend der RL 1/79, 27.11.1980; BStU, MfS, AIM 9564/86, Bd. 1, Bl. 67–70, hier 68.

420 Eisenfeld: Rolle und Stellung, S. 357.

421 Berufungsschrift von Rechtsanwalt Götz Berger an das Kreisgericht Fürstenwalde, bei Gericht eingegangen am 30.11.1976. Zit. nach: Vollnhals: Fall Havemann, S. 183 f., hier 184.

Der Angeklagte sei nicht ausreichend über die Vorwürfe informiert, angehört und belehrt worden. Das Urteil benenne nicht vollständig die herangezogenen Bestimmungen des Devisenrechtes. Zudem seien die aufgeführten Beweise nicht aussagekräftig genug. Summa summarum forderte Gysi aufgrund fehlender Beweise einen Freispruch, ersatzweise eine Reduzierung der Geldstrafe.[422] Angeblich konnte sich Gysi bei dieser offensiven Verteidigung darauf berufen, dass Erich Honecker für eine »juristisch konsequente Verteidigung«[423] Havemanns plädiert habe, um »ein Vertrauensverhältnis zu Havemann herzustellen mit dem Ziel, dass dieser seine Außenpropaganda einstellt«.[424] Gysis Schrift war zweifelsohne die juristisch konsistentere. Berger dagegen versah seine Berufungsschrift mit politisch zugespitzten Formulierungen. Das beschleunigte Verfahren apostrophierte er als »Schnellverfahren«, die Aufenthaltsbeschränkung als eine »Art Haft«.[425] Götz Berger bezog sich positiv auf den internationalen Protest gegen die Biermann-Ausbürgerung, den auch DDR-Intellektuelle und Künstler teilten und nicht strafrechtlich verfolgt wurden. Der Anwalt bemühte in diesem Zusammenhang den Grundsatz der Gleichheit vor dem Gesetz und verwies auf die im Artikel 27 der DDR-Verfassung verbürgte Meinungsfreiheit.[426] Eine vergleichbar politische Argumentation trug Havemann auch seinem Anwalt Gysi an. Doch der akzeptierte laut MfS-Akten nur eine Freispruchstrategie, nicht eine politische Verteidigung:[427]

> Da er im Prinzip von der Sache her nicht geständig ist, musste ich ihm zusichern, dass auch [… ich] davon ausgehen werde, letztlich also den Freispruch beantragen muss. Er verlangte von mir, zusätzlich zu rügen, dass die Öffentlichkeit des Verfahrens nicht gegeben sei und dass hinter den Vorwürfen im Grunde genommen der Versuch stecke, ihn politisch zum Schweigen zu bringen. Die beiden Dinge habe ich abgelehnt. Er hat dafür wohl auch Verständnis gezeigt.[428]

422 Berufungsschrift von Rechtsanwalt Gregor Gysi an das Bezirksgericht Frankfurt/O. 1.7.1979. Zit. nach: Vollnhals: Fall Havemann, S. 276–286, hier insbes. S. 284.

423 HA XX/OG, Bericht über ein geführtes Gespräch mit Rechtsanwalt Dr. Gysi am 10.7.1979, 11.7.1979; BStU, MfS, AU 145/ 90, Bd. 25, Bl. 15.

424 Diese Behauptung beruht auf der Kolportage eines Gespräches von Klaus Gysi mit Erich Honecker. HA XX/OG, Bericht über ein geführtes Gespräch mit Rechtsanwalt Dr. Gysi am 10.7.1979, 11.7.1979; ebenda.

425 Berufungsschrift von Rechtsanwalt Götz Berger an das Kreisgericht Fürstenwalde, bei Gericht eingegangen am 30.11.1976. Zit. nach: Vollnhals: Fall Havemann, S. 183 f.

426 Ebenda, S. 184.

427 Havemann; Widmann: Robert Havemann, S. 281 f.

428 HA XX/OG, Auszug aus einem Bericht, 28. Juni 1979; BStU, MfS, AU 145/90, Bd. 10, Bl. 453a. In Gysis autobiografischer Darstellung wird im Unterschied zu den Stasi-Akten behauptet, dass »die Berufungsschrift [Havemanns …] ungeteilte Zustimmung fand. Gysi: Das war's, S. 46.

Ausweislich der Berufungsschrift hielt sich der Anwalt an diese Selbstbeschränkung. Eine politische Argumentation im Sinne Havemanns oder eine verfassungsrechtlich fundierte Argumentation gegen die Rechtsanwendung der Staatsanwaltschaft oder des Gerichtes findet man bei Gysi nicht.

In der Zeit der juristischen Auseinandersetzung fühlte sich das MfS offenbar über Gysis Schritte ausreichend informiert.[429] Es gibt aus jenen Jahren Berichte, die dem MfS nach Gesprächen zwischen Havemann und Gysi dem MfS übermittelt wurden und ausweislich der Dokumentenköpfe nicht auf Abhörmaßnahmen beruhten.[430] Einzelne sind sogar in der Ich-Form geschrieben. »Die Staatssicherheit war [...] über Inhalt und Verlauf der Gespräche Gysis mit Havemann, die größtenteils unter vier Augen stattfanden, eingehend unterrichtet.«[431] An einer Stelle ist in den Akten zudem davon die Rede, dass Gysi einen Kontakt zu Havemann »auftragsgemäß«[432] hergestellt habe. Da offenkundig nicht der Mandant der Veranlasser war, kann eigentlich nur die staatliche Seite als die beauftragende Seite gemeint sein.[433] Daraus wurde geschlossen, dass es »konzeptionelle Vorgaben für das weitere Agieren von Rechtsanwalt Gysi [gab ...] die, wie sich aus dem zeitlichen Ablauf ergibt, auch erfüllt wurden«.[434] Die MfS-Akten der HA XX/OG, zur Person Gysi, zeigen, dass es im MfS-Apparat durchaus unterschiedliche Sichtweisen zu Gysi gab.[435] Die HA XX/OG, für die Bearbeitung wichtiger Oppositionsvorgänge zuständig, hatte ihn im Zuge der Maßnahmen gegen Bahro und Havemann als IM-Vorlauf »Gregor» registrieren lassen.[436] Dazu benötigte der zuständige Offizier, Günter Lohr, nach dama-

429 HA XX/OG, Vorschlag zur Werbung eines IM, entsprechend der RL 1/79, 27.11.1980; BStU, MfS, AIM 9564/86, Bd. 1, Bl. 67–70, hier 69.

430 HA XX/OG, Bericht über ein Gespräch mit Rechtsanwalt Dr. Gysi am 10.7.1979, 11.7.1979; BStU, MfS, AU 145/90, Bd. 25, Bl. 15; Bericht über ein Gespräch mit Robert Havemann am 9.7.1979, 10.7.1979; ebenda, Bd. 25, Bl. 16–16a.

431 Vollnhals: Fall Havemann, S. 121.

432 HA XX, Information über einen Besuch des GMS »Gregor« bei Robert Havemann in Grünheide, 25.4.1980; BStU, MfS, AIM 2712/89, Bd. 7, Bl. 103.

433 Vollnhals legt den Schluss nahe, dass Gysi seinen Bericht über die Ablehnung der Berufung durch die Staatsanwaltschaft Fürstenwalde, den er Havemann auf dessen Drängen kurzzeitig aushändigen sollte, vorher mit der staatlichen Seite abgestimmt hat. Vollnhals: Fall Havemann, S. 117 ff. Gysi gab gegenüber dem Deutschen Bundestag an, dass ein ZK-Mitarbeiter um die Weitergabe dieser Information an Havemann gebeten hätte. Bericht des Ausschusses für Wahlprüfung, Immunität und Geschäftsordnung zu dem Überprüfungsverfahren des Abgeordneten Dr. Gregor Gysi gemäß § 44 b Abs. 2 Abgeordnetengesetz v. 29.5.1998 (Deutscher Bundestag, Drucksache; 13/10893), S. 1–50, hier 23.

434 Vollnhals: Fall Havemann, S. 125.

435 Zwei Jahre zuvor hatte die HA XX/1 kein Interesse an einer inoffiziellen Zusammenarbeit mit Gysi gezeigt, »da er dafür ungeeignet erscheint«. HV A/XI, Sachstandsbericht, 17.2.1978; BStU, MfS, AIM 9564/86, Bd. 1, Bl. 61–62; HA XX/OG, Vorschlag zur Werbung eines IMS, entsprechend der RL 1/79, 27.11.1980; ebenda Bl. 68.

436 Gysi bestreitet die Identität mit dem IM-Vorlauf. Stellungnahme durch den Abgeordneten Dr. Gregor Gysi hinsichtlich der vom Bundesbeauftragten für die Unterlagen des Staats-

ligem Reglement die Unterschrift des OG-Leiters der HA XX/OG. Lohr, der Gysi unter Legende »als Vertreter der Generalstaatsanwaltschaft«[437] oder unmittelbar als MfS-Offizier in der Zeit des Bahro- und dann des Havemannprozesses persönlich kennenlernte,[438] wollte Gysi 1980 förmlich zum IM umregistrieren lassen.[439] Unabhängig von der Frage, welche MfS-Erfassungsart für Gysi belegt ist,[440] verdeutlicht dieses Dokument, wie hoch die Erwartungen der Offiziere der HA XX/OG beziehungsweise HA XX/9 funktional an einen Anwalts-IM gestellt und wie diese auf die Überwachung von wichtigen Oppositionellen beziehungsweise Oppositionszusammenhängen spezialisiert waren.[441]

Aus der damaligen Sicht des Offiziers der HA XX/OG, nach Akteninhalt widergespiegelt, wurden als positiv herausgestellt:[442]

- eine »Zuverlässigkeit und eine hohe Einsatzbereitschaft« in der »Zusammenarbeit«,
- eine »strenge […] Einhaltung der Konspiration«,
- die »Notwendigkeit einer inoffiziellen Zusammenarbeit« erkannt,
- die Berichterstattung über »das weitere Vorgehen von Verbindungspersonen, Ziele und Absichten, über die Rechtslage und ihre Folgen«.

An Erwartungen formulierte der Vorgangs-Offizier:

sicherheitsdienstes der ehemaligen DDR überreichten gutachterlichen Stellungnahme vom 26.5.1995 nebst Anlagen. 9.8.1995. In: http://www.buskeismus.de/gysi/gysi_gutachten.htm (letzter Zugriff: 10.1.2014).

437 Günter Loh, Schreiben an Gregor Gysi, 06.02.1992. In: http://www.buskeismus.de/gysi/gysi_gutachten.htm (letzter Zugriff: 10.1.2014).

438 Die bekannten Dokumente jener Zeit enthalten keinen Hinweis auf eine Legende des MfS, teilweise aber den Hinweis, sie seien vom jeweiligen MfS-Offizier »entgegengenommen« worden. HA XX/9, Tonbandabschrift, 26.3.1985; BStU, MfS, AOV 56269/92, Bd. 192, Bl. 360 f.

439 HA XX/OG, Vorschlag zur Werbung eines IM, entsprechend der RL 1/79, 27.11.1980; BStU, MfS, AIM 9564/86, Bd. 1, Bl. 67–70. Von den bisherigen Äußerungen Günter Lohrs ist in der Frage, ob Gysi als IM fungierte oder nicht keine ehrliche Antwort zu erwarten. 1992 schrieb er an Gregor Gysi, dass er grundsätzlich »Menschen nicht verrate die mir Vertrauen entgegengebracht haben und die davon ausgingen, das Richtige zu tun.« Günter Lohr: Schreiben an Gregor Gysi, 06.02.1992. In: http://www.buskeismus.de/gysi/gysi_gutachten.htm (letzter Zugriff: 10.1.2014). Aus den bislang vorliegenden MfS-Dokumenten ist allerdings auch nicht abzuleiten, dass es eine förmliche Verpflichtung Gysis zum IM »Notar« gegeben hat.

440 Eine Zeit lang wurde Gysi in den Akten als GMS »Gregor« geführt. Dieses lässt darauf schließen, dass die HA XX/OG ihn als den parteiverbundenen Genossen »Gregor« ansah, um hieran anknüpfend mit ihm zu kooperieren. Bericht des Ausschusses für Wahlprüfung, Immunität und Geschäftsordnung zu dem Überprüfungsverfahren des Abgeordneten Dr. Gregor Gysi gemäß § 44 b Abs. 2 Abgeordnetengesetz v. 29.5.1998 (Deutscher Bundestag, Drucksache; 13/10893), S. 1–50, hier 21.

441 Es geht bei dieser Funktionsanalyse nicht darum, was Gysi über die Identität und Intentionen der MfS-Offiziere wusste, sondern was diese erwarteten.

442 Die folgenden Zitate entstammen dem Werbungsvorschlag: HA XX/OG, Vorschlag zur Werbung eines IM, entsprechend der RL 1/79, 27.11.1980; BStU, MfS, AIM 9564/86, Bd. 1, Bl. 67–70, hier 69.

- eine Rechtsberatung des Mandanten »unter Einhaltung seiner anwaltlichen Pflicht«,
- eine politisch-ideologische »positive« Beeinflussung des Mandanten,
- dass er Pläne, Absichten und Vorhaben des Mandanten und seines Umfeldes »in Erfahrung bringt«,
- dass er alle rechtlichen Maßnahmen »abstimmt«.

Die Ziele, die sich die HA XX/OG setzte, waren ehrgeizig. Sie wollte Havemann dazu bringen, die Verbindungen zu »negativ-feindlichen« Personen einzustellen. Im Spiegel der Akteninformationen sah sich Lohr in seiner Erwartung bestätigt. So hatte Gysi laut einem dieser Berichte Havemann im Zusammenhang mit den Devisenverfahren von der Einschaltung der Westpresse »dringend abgeraten und erklärt, dass damit die Chancen des Erfolgs einer Berufung nur geringer werden könnten. Er hat mir zugesichert, sich daran zu halten.«[443] Gysi legte laut einem anderen Dokument Havemann ebenfalls nahe, angesichts der atomaren Aufrüstung im Westen seine Kritik am real existierenden Sozialismus einzustellen. Dort wurde an anderer Stelle geschildert, wie Gysi Havemann angeblich riet, »die Gesetzeslage der DDR und die ihm erteilte[n] Auflagen strikt«[444] einzuhalten. Aus Sicht des MfS erfüllte der Anwalt seine justizpädagogische Aufgabe. Aus der Zeit der Nachbetreuung durch Gysi nach dem Abschluss des Devisenverfahrens finden sich weitere Dokumente, aus denen sich ableiten lässt, dass Lohr und seine Abteilung noch mit »Gregor« oder IM »Notar« rechneten. In Maßnahmenplänen aus dem Jahr 1980 wurde »Gregor« beziehungsweise »Notar« weiter zur Bearbeitung Havemanns eingeplant.[445] Man ging davon aus, dass »Notar« für die Beeinflussung von Havemann zur Verfügung stünde.[446]

Die unterschiedlichen Karriereverläufe von Götz Berger und Gregor Gysi zeigen, dass offenbar weniger die juristische Vertretung im engeren Sinne Götz

443 HA XX/OG, Auszug aus einem Bericht, 28.6.1979; BStU, MfS, AU 145/90, Bd. 10, Bl. 453a.

444 Gregor Gysi: Schreiben an die Abteilung SuR des ZK der SED, 18.11.1979; BStU, MfS, AIM 9564/86, Bd. 1, Bl. 46–48.

445 Vollnhals: Fall Havemann, S. 212.

446 Günter Lohr behauptete nach dem Ende der DDR, »Notar« sei ein Sammelbegriff für mehrere Personen. Auch Gysi bestritt in seiner Stellungnahme für den Deutschen Bundestag, mit der Person hinter diesem Decknamen identisch zu sein. Es ist allerdings nicht nachvollziehbar und würde MfS-Praktiken widersprechen, IM-Vorgänge zu mehreren Personen zu führen, geschweige, ihnen in Plänen Aufgaben zuzuweisen. Pläne spiegeln allerdings nur die Erwartungshaltung des Offiziers und sagen nichts über die wirkliche Erfassung Gysis oder sein Wissen über seinen Status beim MfS aus. Stellungnahme durch den Abgeordneten Dr. Gregor Gysi hinsichtlich der vom Bundesbeauftragten für die Unterlagen des Staatssicherheitsdienstes der ehemaligen DDR überreichten gutachterlichen Stellungnahme vom 26.5.1995. 9.8.1995. In: http://www.buskeismus.de/gysi/gysi_gutachten.htm (letzter Zugriff: 10.1.2014); Günter Lohr: Schreiben an Gregor Gysi, 06.2.1992. In: http://www.buskeismus.de/gysi/gysi_gutachten.htm (letzter Zugriff: 10.1.2014).

Bergers Schicksal besiegelte. Die MfS-Offiziere konnten sich offenbar sogar mit Gysis Freispruch-Schriftsatz arrangieren, der gegenüber dem Mandanten eine engagierte Verteidigung glaubhaft machte. Die Rechtsnormen und den Strafanspruch des Staates hatte Gysi nicht infrage gestellt, in der Sicht des MfS orientierte der Anwalt seinen Mandanten auf Einhaltung der Gesetze. Berger dagegen war unterstellt worden, sich mit den Zielen Havemanns zu identifizieren. Er hatte sich, anders als Gysi, der Strategie der Partei widersetzt und den Strafanspruch des Staates durch Verweis auf Verfassungsnormen bestritten.

### *Politischer Prozess für die Öffentlichkeit*

Vom MfS ermittelte Prozesse wurden in den 1970er- und 1980er-Jahren üblicherweise nicht öffentlich verhandelt.[447] Auch der klassische Schauprozess, in dem der Staat bestimmte Verhaltensweisen demonstrativ ächtete, gehörte der Vergangenheit an. Allerdings entsprach es justizpädagogischen und justizpropagandistischen Interessen der SED, bestimmte Verfahren vor »erweiterter Öffentlichkeit« stattfinden zu lassen, um die »breite politisch-ideologische Einwirkung des Gerichts«[448] zu gewährleisten. In Strafverfahren gegen NS-Täter ging es nicht nur um die Verurteilung von Schuldigen, sondern darum, die DDR innen- und außenpolitisch als antifaschistischen Staat zu profilieren.[449] In derartigen Verfahren mit erweiterter Öffentlichkeit gab es die Erwartungen an die Anwälte, als Verteidiger eine gute Figur zu machen.[450] Das wird am Beispiel des Oradour-Prozesses von 1983, in dem Friedrich Wolff und Gerd Graubner als Verteidiger auftraten, besonders deutlich.

Der »Prozess vor erweiterter Öffentlichkeit«[451] richtete sich gegen den der Kriegsverbrechen beschuldigten Heinz Barth, der 1944 gegen Kriegsende als Angehöriger der Waffen-SS an dem Massaker gegen die französische Zivilbevölkerung von Oradour-sur-Glane beteiligt war. Damals kamen Hunderte von Menschen ums Leben. Barth war schon 1953 in Abwesenheit von einem Militärtribunal in Bordeaux zum Tode verurteilt worden, lebte aber unerkannt in der DDR, da er seine Personalpapiere gefälscht hatte. Im Rahmen einer Routineüberprüfung von Rekruten stieß das MfS 1976 auf die Personalakte von

447 Wolfgang Behlert: Die Generalstaatsanwaltschaft. In: Rottleuthner: Steuerung der Justiz, S. 337 f.

448 Luther, Horst (Hg.): Strafverfahrensrecht. Lehrbuch. Berlin 1982, S. 230; Irmen: DDR-Militärjustiz, S. 209 ff.

449 Leide: NS-Verbrecher und Staatssicherheit, S. 413 ff.

450 RAK Berlin, Eingaben-Analyse des Kollegiums für das Jahr 1978, 5.2.1979, S. 4; BArch, DP1, 2657.

451 HA IX/AG VgM, Vorschlag zur Durchführung eines Prozesses vor erweiterter Öffentlichkeit, 28.3.1983; BStU, MfS, ZUV 66, Bd. 57, Bl. 138–143.

Heinz Barth. Sie befand sich seit 1954 unerkannt in den Beständen des MfS. Barth wurde 1981 festgenommen. 1983 fand der Prozess vor dem Stadtgericht Berlin statt.[452] Friedrich Wolff wurde von der Familie Barths gebeten, die Verteidigung zu übernehmen. Wegen des großen Umfanges an Beweismaterial setzte sich Wolff dafür ein, dass Gerd Graubner als Pflichtverteidiger beigeordnet wurde. Eine solche Pflichtverteidigung neben einem Wahlverteidiger war in der DDR nicht üblich.[453] Der Prozess war von vornherein nicht nur auf Strafverfolgung angelegt, sondern hatte eine propagandistische und außenpolitische Komponente. Entsprechend einer Konzeption der Generalstaatsanwaltschaft, die mit der HA IX/AG Verbrechen gegen die Menschlichkeit und NS-Verbrechen des MfS abgestimmt war, wurde neben der Sühne eines Verbrechens die »Festigung der Beziehungen der DDR zu fortschrittlichen Kräften der Republik Frankreich«[454] als Prozess-Ziel genannt. Insgesamt sollte das internationale Ansehen der DDR gestärkt werden, da die Bundesrepublik Deutschland keine Verantwortlichen für das Massaker strafrechtlich zur Verantwortung gezogen hatte. Schon im Vorfeld der Hauptverhandlung wurde nichts dem Zufall überlassen. Monate vor Prozessbeginn hatte MfS-Chef Erich Mielke die anvisierte Strafe mit einem »Einverstanden« gebilligt: »Aufgrund des Umfanges und der Schwere der vom Angeklagten Barth begangenen Verbrechen ist der Ausspruch einer lebenslangen Freiheitsstrafe zu erwarten.«[455]

Staatsanwaltschaft und MfS hatten sich mit der Festnahme mehr als vier Jahre Zeit gelassen, weil, wie bei derartigen Verfahren in der DDR üblich, eine Verurteilung sichergestellt sein sollte, bevor der Vorgang bekannt wurde.[456] Mittels Rechtshilfeersuchen, eigener Recherchen und der geheimdienstlichen Beschaffung französischer Gerichtsdokumente war eine dichte Beweisdokumentation zusammengestellt worden. Diese belegt Barths Beteiligung an Kriegsverbrechen gegen tschechische Zivilisten und gegen die Einwohner von Oradour. Auf Basis des Materials wurde Barth verhaftet. Der hatte es in der DDR bis zu Leitungsfunktionen im staatlichen Einzelhandel gebracht. Nach der Verhaftung war Barth sofort geständig. Er räumte ein, dass er den Befehl gab, auf etwa 20 bis 25 männliche Bewohner Oradours, die in einer Scheune oder Garage zusammengetrieben waren, zu schießen. Er selber habe geschossen

452 Leide: NS-Verbrecher und Staatssicherheit, S. 131 ff. Eine Propagandaschrift der DDR-Staatsanwaltschaft verfassten Przybylski, Peter; Busse, Horst: Mörder von Oradour. Berlin 1984.

453 Wolff: Verlorene Prozesse, S. 176 ff.

454 GStA/Abt I A, Konzeption für den Abschluss der Strafsache gegen Heinz Barth wegen Kriegsverbrechen und Verbrechen gegen die Menschlichkeit, 29.11.1983. Zit. nach: Leide: NS-Verbrecher und Staatssicherheit, S. 138.

455 HA IX/AG VgM, Vorschlag zur Durchführung eines Prozesses vor erweiterter Öffentlichkeit, 28.3.1983 mit Billigung von Erich Mielke v. 29.3.1983; BStU, MfS, ZUV 66, Bd. 57, Bl. 138–143, hier 141.

456 Leide: NS-Verbrecher und Staatssicherheit, S. 133.

und das Gebäude, in dem sich Personen befanden, anzünden lassen.[457] Die Familie von Barth hatte zunächst eine Anwältin als Verteidigerin favorisiert. Laut Wolff hatte diese sich aus der Strafverteidigung zurückgezogen und empfahl ihren Kollegen Wolff aus einer anderen Zweigstelle im Stadtbezirk.[458] Angesichts der geringen Auswahl an Anwälten geriet die Familie Barths an einen Anwalt mit einer besonderen Nähe zu Partei und MfS. Inwieweit der Pflichtanwalt, Gerd Graubner, gezielt vom Gericht bestellt wurde, lässt sich anhand der gesichteten Akten derzeit nicht nachvollziehen. Er war mehrere Jahre beim MfS als IM »Ernst« registriert.[459] Das IM-Verhältnis lief zum Zeitpunkt des Gerichtsverfahrens zwar gerade aus, das MfS bescheinigte ihm jedoch, 1983 im Strafverfahren gegen Barth »die Durchsetzung der Interessen des MfS wirksam unterstützt«[460] zu haben.

In den Unterlagen der MfS-Rechtsstelle, mit der Graubner nach dem IM-Verhältnis eng zusammenarbeitete, findet sich ein Entwurf des Plädoyers der beiden Verteidiger. Er ist auf den 13. Mai 1983 datiert, stammt also aus der Zeit vor Beginn der Hauptverhandlung. Wie dieser Entwurf zum MfS gelangte, ist nicht nachvollziehbar.[461] In dem letztlich am 2. Juni von Wolff und Graubner gehaltenen Plädoyer fehlen ganze Passagen des Entwurfs, vor allem solche, in denen sich die Anwälte ursprünglich kritisch mit Rechtsfragen bei NS-Verfahren auseinandersetzen wollten.[462] Der Entwurf in den Akten der Rechtsstelle des MfS enthält handschriftliche Kommentierungen, was auf Änderungswünsche des MfS hindeuten könnte, aber nicht muss.[463] Wolff selbst bezeichnet Graubner als sein »Regulativ, einen der nicht in meine Thesen verliebt war, der kritisch sagen konnte, das ist Blödsinn«.[464] Es ist also nicht ausgeschlossen, dass Wünsche des MfS über Graubner in Wolffs Plädoyers gelangten. Zumindest war das MfS vorab über die Tendenz des Plädoyers informiert. Obgleich eine Verteidigungsabsprache in den gesichteten Akten nicht nachweisbar ist, steht fest, dass die Strafverfolgungsorgane der DDR mit diesem Verfahren die Justiz der DDR und speziell die Verteidigung profilieren wollten. In einer »Grundkonzeption« zum Verfahren, die sich bei den MfS-Unterlagen findet, war als Botschaft festgehalten: »Die Rechtsprechung der DDR hütet ihre unverrückbaren Prinzipien

457 Ebenda, S. 135.

458 Wolff: Verlorene Prozesse, S. 55, 176; Verzeichnis Rechtsanwälte, S. 6.

459 BStU, MfS, AIM 15047/83.

460 MfS/RS, Schreiben an Erich Mielke, 27.12.1983; BStU, MfS, RS Nr. 57, Bl. 16–18, hier 16.

461 Entwurf, 13.5.1983; BStU, MfS, RS Nr. 830, Bl. 205–226.

462 Friedrich Wolff: Plädoyer der Verteidiger des Angeklagten Heinz Barth, 2.6.1983; ebenda, Bl. 105–131.

463 Zum Plädoyer, o. D.; ebenda, Bl. 227.

464 Wolff: Verlorene Prozesse, S. 179.

der Gesetzlichkeit und Gerechtigkeit.«[465] Im Rahmen der propagandistisch herauszustellenden justizpolitischen Prozessziele waren neben Präsumtion der Unschuld und Wahrung der Menschenwürde[466] explizit »das Recht auf Verteidigung«[467] genannt. Der Barth-Prozess sollte der DDR-Rechtsprechung ein internationales Gütesiegel verschaffen. Im Vorentwurf der Verteidigerplädoyers waren diese Ziele so zugespitzt noch nicht enthalten. Das letztlich von Wolff in der Hauptverhandlung gehaltene Plädoyer begann, den Erwartungen entsprechend, mit einem Plädoyer für das Recht auf Verteidigung in der DDR: »Wir haben vom Gesetz her die Aufgabe, nur pro, nur für den Angeklagten zu sein und das entspricht dem humanistischen Charakter unseres Strafverfahrens.«[468] Friedrich Wolff liefert für diese Einleitung eine eigene Erklärung. Er bezeichnet dieses Strafverfahren als eines von seinen »schwierigsten«. Der einst tragisch Verfolgte sah sich offenbar persönlich unter Druck: »Verteidigung drohte zur Mittäterschaft zu werden.«[469] Wolff löste dieses Problem, indem er sich differenziert mit der Schuldzuweisung und dem Strafmaß auseinandersetzte und zugleich die Verteidigung bei NS-Verbrechen grundsätzlich erörterte.

Den Nachweis eines Vorsatzes sah er im Fall der ebenfalls angeklagten standrechtlichen Erschießung von tschechoslowakischen Bürgern als nicht erwiesen an. Angesichts des Geständnisses von Barth und seiner untadeligen DDR-Biografie stellte er ihn als einen »Belehrten« dar, was bei der Strafzumessung zu berücksichtigen sei. »Als Kommunisten werden wir nicht einen Faschisten oder den Faschismus verteidigen, sondern den Menschen [...] im Rahmen der Gesetze und dem Maß seiner Schuld.«[470] Wolff setzte sich damit indirekt von Verteidigern und angeblichen pro-nazistischen Verteidigungsstrategien in der Bundesrepublik während des Frankfurter Auschwitzprozesses von 1963 bis 1965 ab.[471] Wolff diente mit seinem Plädoyer nicht nur dem Ziel, die DDR-Justiz als die bessere im Vergleich zu der Bundesrepublik darzustellen. Er zeigte sich auch gegenüber der Staatsanwaltschaft auf eine keineswegs selbstverständliche Weise kooperativ. Der Verteidigung war vor der Verhandlung ein kurz zuvor erschienenes Buch aus der Bundesrepublik zur Verfügung gestellt worden, das die Schüsse auf die Bürger von Oradour als unmittelbare Reaktion auf einen Angriff

465 Grundkonzeption des Verfahrens gegen den ehemaligen SS-Obersturmführer Barth, o. D.; BStU, MfS, RS Nr. 830, Bl. 202–204, hier 203.

466 HA IX/AG VgM, Vorschlag zur Durchführung eines Prozesses vor erweiterter Öffentlichkeit, 28.3.1983; BStU, MfS, ZUV 66, Bd. 57, Bl. 138–143.

467 Grundkonzeption des Verfahrens gegen den ehemaligen SS-Obersturmführer Barth, o. D.; BStU, MfS, RS Nr. 830, Bl. 202–204, hier 204.

468 Friedrich Wolff: Plädoyer der Verteidiger des Angeklagten Heinz Barth, 2.6.1983; ebenda, Bl. 105–131, hier 106.

469 Wolff: Verlorene Prozesse, S. 177 u. 179.

470 Friedrich Wolff: Plädoyer der Verteidiger des Angeklagten Heinz Barth, 2.6.1983; BStU, MfS, RS Nr. 830, Bl. 105–131, hier 103.

471 Ebenda, Bl. 108 f.

der Résistance darzustellen sucht.[472] Wenn sich dies bewahrheitet hätte, wäre der Vorwurf eines planvollen, aber vollkommen willkürlichen Massakers relativiert worden. Heute wird dieses Buch als »apologetisches Machwerk«[473] oder Werk eines »Revisionisten«[474] eingestuft. Offenbar setzten die Verwandten von Barth darauf, dass Wolff Argumente aus diesem Buch in seine Verteidigungsstrategie einbaute, als sie es ihm zugänglich machten. Wolff wählte eine eigene Prozessstrategie und verzichtete auf eine Relativierung der damaligen Geschehnisse. Solches getan zu haben, warf er bundesrepublikanischen Anwälten in vergleichbaren NS-Verfahren vor.[475] Wolff ging noch einen Schritt weiter. Laut MfS-Unterlagen informierte er die Staatsanwaltschaft über diese Materialien.[476] Das ermöglichte den Strafverfolgungsorganen der DDR, Argumente aus dem Buch aufzulisten und Gegenargumente zu entwickeln. Zwar wurde den Anwälten in diesem Prozess ein Spielraum gelassen. Ihr grundsätzlich kooperatives Verhalten gegenüber den Justizorganen garantierte allerdings, dass letztlich nichts dem Zufall überlassen blieb.

Die justizpropagandistische Absicht der SED ging auf. Das Presseecho, vom MfS genau dokumentiert, war überwiegend positiv: »Dies war alles andere als ein Schauprozess«, kommentierte Wolfgang Klein in der ARD-Tagesschau.[477] Der SFB-Hörfunk berichtete, dass »das Berliner Stadtgericht nach DDR-Gesetzen ein Urteil nach einem fairen Prozess gefällt hat, der Respekt verdient«.[478] Und der Vorwärts kommentierte: »Es gibt selten Anlass, auf Zustände in der DDR neidisch zu sein. Der Fall [...] war ein Lehrstück für die würdevolle Bewältigung faschistischer Vergangenheit.«[479] Das MfS und die Generalstaatsanwaltschaft hatten Dokumentationen und Statistiken vorbereitet, die sie der Presse zur Verfügung stellten.[480] Agenturen wie die Deutsche Presseagentur

472 Es ging um das Buch von Taege, Herbert: »Wo ist Kain«. Stuttgart 1981. HA IX/AG VgM, Vorschlag zur publizistischen Auswertung eines Prozesses wegen vergangener Nazi- und Kriegsverbrechen, o. D.; BStU, MfS, ZUV 66, Bd. 57, Bl. 123–137, hier 130.

473 Lieb, Peter: Konventioneller Krieg oder NS-Weltanschauungskrieg? München 2007, S. 364.

474 Elliger, Lars: Das Massaker von Oradour. Die deutsche Rezeption des Prozesses in Bordeaux 1953. München 2012, S. 14.

475 Friedrich Wolff: Plädoyer der Verteidiger des Angeklagten Heinz Barth, 2.6.1983; BStU, MfS, RS Nr. 830, Bl. 105–131, hier 108 f.

476 Vorschlag zur publizistischen Auswertung eines Prozesses wegen vergangener Nazi- und Kriegsverbrechen, o. D.; BStU, MfS, ZUV 66, Bd. 57, Bl. 123–137, hier 130 ff.

477 ARD-Tagesschau vom 7.6.1983 nach Monitor-Tagesdienst vom 8.6.1983; BStU, MfS, RS Nr. 830, Bl. 163 f., hier 164. Vermutlich handelte es sich bei dem Monitor-Tagesdienst um einen staatlichen Dienst der DDR außerhalb des MfS.

478 Heiner Lichtenstein im SFB-Hörfunk vom 7.6.1983 nach Monitor-Tagesdienst vom 8.6.1983; ebenda, Bl. 164.

479 Henrik Bussiek: Ein DDR-Prozess als Vorbild. In: Vorwärts vom 6.6.1983. BStU, MfS, RS 830, Bl. 156.

480 Leide: NS-Verbrecher und Staatssicherheit, S. 140 f.

(dpa) und Associated Press (AP) meldeten, dpa sogar ohne Quellenangabe, dass auf dem Gebiet der DDR seit 1945 »12 868 Menschen unter der Beschuldigung verurteilt [worden seien], an Kriegsverbrechen beteiligt gewesen zu sein«.[481] Die undifferenzierte Einbeziehung aller Verfahren seit den 1940er-Jahren täuscht über die gravierenden Rechtsmängel vieler dieser Verfahren hinweg. Die wurden durch das juristisch zweifelsohne korrekter geführte Verfahren gegen Heinz Barth im Nachhinein geradezu legitimiert. Nur der profunde Kenner der politischen Justiz der DDR, Karl Wilhelm Fricke, erinnerte in seinem Kommentar für den Deutschlandfunk an den Unrechtscharakter der Sonderjustiz von Waldheim in den 1950er-Jahren. Sogar er räumte aber ein, »dass das Ostberliner Strafgericht zu einem Urteil kommt, das auch nach rechtsstaatlichen Kriterien als gerecht empfunden wird«.[482]

Im Zuge der Ermittlungen zum Komplex Oradour hatten MfS und Generalstaatsanwaltschaft zwei weitere Tatverdächtige ermittelt, beschlossen aber, diese nicht anzuklagen. Das blieb selbst kritischen Beobachtern bis zum Ende der DDR verborgen.[483] Offenbar scheute sich die DDR zuzugeben, dass es auch in diesem Teil Deutschlands zahlreiche Menschen gab, die sich einer Strafverfolgung über Jahre entziehen konnten. Das zeigt den instrumentellen Charakter solcher Verfahren noch in der Spätphase der DDR. Der Image-Gewinn für die DDR infolge des Oradour-Prozesses war enorm. Die Generalstaatsanwaltschaft der DDR verstärkte die Wirkung und gab zum Oradour-Prozess eine Informationsborschüre heraus.[484] Nicht zuletzt Friedrich Wolff trug zum Öffentlichkeitserfolg bei. Den Prozessverteidigern wurden »Plädoyers mit hohem Niveau«[485] bescheinigt und zuweilen Wolffs Verteidigung explizit gewürdigt: »Hier plädierte ein erklärter Antifaschist auf Milde für einen ehemals faschistischen Mörder. Das Urteil erscheint gerecht.«[486] Gerade die differenzierte Betrachtung des Angeklagten durch den Verteidiger verlieh der Argumentation, dass die DDR sich intensiv um die juristische Aufarbeitung von NS-Verbrechen bemühe, Glaubwürdigkeit.

481 dpa, ehemaliger SS-Obersturmführer vor Ostberliner Gericht, 25.5.1983 nach ADN-Information; BStU, MfS, RS Nr. 830, Bl. 144–146, hier 145; AP-Agentur vom 25.5.1983; ebenda, Bl. 146 f.

482 Fricke, Karl Wilhelm: Prozess gegen SS-Kriegsverbrecher Heinz Barth. Deutschlandfunk vom 27.5.1983. Redaktion Monitor des Staatlichen Komitees für Rundfunk; BStU, MfS, RS Nr. 830, Bl. 153 f., hier 153.

483 Leide: NS-Verbrecher und Staatssicherheit, S. 138 f.

484 Przybylski, Peter; Busse, Horst: Mörder von Oradour. Berlin 1984.

485 Robert Röntgen im SFB-Hörfunk am 7.6.1983 nach Monitor-Tagesdienst, 8.6.1983; BStU, MfS, RS Nr. 830, Bl. 163 f.

486 Henrik Bussiek in Vorwärts vom 16.6.1983; ebenda, Bl. 156.

*Der Fall Rathenow: Anwaltliche Vertretung als Erziehungsaufgabe*

Von DDR-Anwälten wurde erwartet, dass sie rechtspädagogisch auf die Bevölkerung und auf ihre Mandanten einwirkten.[487] In der Regel dürfte sich das auf die Erläuterung der Rechtslage beschränkt haben. Im Rahmen geheimpolizeilicher Strategien zur »Zersetzung«[488] oppositioneller Kreise bezog das MfS in Einzelfällen Möglichkeiten von Anwälten in seine Überlegungen ein, Einfluss auf Mandanten zu nehmen. Das zeigt zum Beispiel die anwaltliche Betreuung von Lutz Rathenow in den 1980er-Jahren.

Rathenow war Teil der literarischen Szene im Prenzlauer Berg, die vielfach mit Vertretern der oppositionellen Szene verflochten war. Das MfS dämmte die Ausweitung dieser Szene nicht nur mit repressiven Methoden ein. Sie wurde kontrolliert und verunsichert, es wurde als Spielart versucht, sie »derart in den offiziellen Kulturbetrieb einzubauen, dass sie politisch neutralisiert werden konnte [...]«.[489] Zusammen mit Frank-Wolf Matthies und Thomas Erwin wurde Rathenow 1980 aufgrund seiner Kontakte zu DDR-Oppositionellen und Veröffentlichungen im Westen verhaftet. Gegen Rathenow wurde ein Ermittlungsverfahren wegen des Vorwurfs der feindlichen Verbindungsaufnahme nach Paragraf 219, Abs. 2 eingeleitet.[490] Der Schriftsteller hatte, an den DDR-Institutionen vorbei, das Buch »Mit dem Schlimmsten wurde schon gerechnet« in der Bundesrepublik veröffentlicht. Unmittelbarer Anlass für die Verhaftung der drei war eine Lesung, die Matthies in Privaträumen veranstaltete. Zu der waren die Schriftsteller Günter Grass und Johano Strasser aus Westberlin eingereist.[491] Beide engagierten sich damals für die Zeitschrift L'76 beziehungsweise L'80, die enge Kontakte zur Dissidenten-Literaturszene in Osteuropa hielt. Auf dem besagten Treffen war die politisch brisante Frage angesprochen worden, ob die polnische Solidarność-Opposition ein Vorbild für die Entwicklung der DDR sein könne.[492] So berichtete das MfS im Zuge der Festnahmemeldung an Erich Honecker.[493] Die Inhaftierung der jungen DDR-Literaten provozierte Proteste und Fürsprache sogar von etablierten DDR-Schriftstellern wie Franz Fühmann.[494] Die Schriftstellerin Christa Wolf setzte sich in einem Brief an Erich Honecker, der von ih-

487 Brand: Rechtsanwalt, S. 46.

488 Vgl. Stichwort »Zersetzung«, MfS-Lexikon.

489 Neubert: Geschichte der Opposition, S. 350; Walther, Joachim: Sicherungsbereich Literatur. Berlin 1996, S. 108 ff.

490 StPO 1979.

491 MfS, Information 545/80, 20.11.1980; BStU, MfS, Z 3072, Bl. 1–5. Zit. nach: Schlüter, Kai: Günter Grass im Visier. Die Stasi-Akte. Berlin 2010, S. 173–175.

492 Lutz Rathenow. Zit. nach: ebenda, S. 177.

493 MfS, Information 545/80, 20.11.1980; BStU, MfS, Z 3072, Bl. 1–5. Zit. nach: ebenda, S. 173.

494 Vollnhals: Die Macht, S. 265.

rem Kollegen Stephan Hermlin überbracht wurde, für die Inhaftierten ein.[495] Die Presse in der Bundesrepublik berichtete ausführlich, was von den Ermittlungsorganen aufmerksam registriert wurde.[496] Durch politische Entscheidung kamen die Festgenommenen frei. Aufgrund der Drucksituation entschieden sich Frank-Wolf Matthies und Thomas Erwin für die Ausreise in den Westen.[497] Matthies wurde schon zuvor im Zusammenhang mit Biermann im OV »Reptil« und nach seiner Wehrdienstverweigerung im OV »Wolf« überwacht. Das MfS verdächtigte ihn, ein »Zentrum« zur Verbreitung oppositioneller Literatur schaffen zu wollen und hielt ihn offenbar für unverbesserlich.[498]

Rathenows Vita ähnelte der von Matthies. In Jena hatte er politisch-literarische Kontakte zum Kreis um Jürgen Fuchs und war wegen Protesten gegen die Biermann-Ausweisung von der Friedrich-Schiller-Universität-Jena (FSJ) relegiert worden. Das MfS überwachte ihn im OV »Assistent« und warf dem kritischen Kopf vor, Kontakte zu Dissidenten innerhalb und außerhalb der DDR zu halten und bei bundesdeutschen Verlagen zu publizieren. Der »Nötigung zur Westausreise«[499] widersetzte sich Lutz Rathenow hartnäckig und musste schließlich aufgrund des öffentlichen Druckes auch in westlichen Medien aus der Haft in die DDR entlassen werden. Enge Verwandte der drei Inhaftierten hatten Rechtsanwalt Gregor Gysi nach der Festnahme kontaktiert, damit er das Mandat übernahm. Zeitgleich zur Haftentlassung wurde Rathenow von der Staatsanwaltschaft die Vollmacht Gysis ausgehändigt.[500] Man wollte rechtspädagogisch auf Rathenow einwirken. Er wurde von der Staatsanwaltschaft rechtlich belehrt, Veröffentlichungen im Westen und die Teilnahme an Veranstaltungen zu unterlassen, die den Gesetzen der DDR widersprachen. Dann wurde er aufgefordert, »dass er sich bei seinem Rechtsanwalt melden möge, mit dem er auch die noch offenen rechtlichen Fragen besprechen könne«.[501] Rechtsanwalt Gysi hatte von Beginn der Vertretung an offensiv und energisch Anträge gestellt.[502] Die Staatsanwaltschaft kam diesen teilweise entgegen.[503] Das war keine schlechte Basis für das erste Zusammentreffen von Anwalt und Man-

495 Walther: Sicherungsbereich Literatur, S. 107.

496 In den Beständen der Generalstaatsanwaltschaft der DDR, z. B.: Mit dem Schlimmsten gerechnet. Zur Verhaftung von Rathenow und Matthies in der DDR. In: Stuttgarter Zeitung vom 21.11.1989; BArch, DP3, 1491.

497 Walther: Sicherungsbereich Literatur, S. 108.

498 Ebenda, S. 107 f.

499 Lutz Rathenow in einer Stellungnahme an den BStU zur Aktenlage, 5.1.2016.

500 Verfügung, 1.12.1980; BArch, DP3, 1491.

501 Ebenda.

502 Gregor Gysi: Schreiben an die Generalstaatsanwaltschaft der DDR, 15.12.1980; BArch, DP3, 1491.

503 Verfügung, 25.3.1981; BArch, DP3, 1491.

dant.[504] Der Kontakt zu seinem Anwalt blieb offenbar nicht ohne Einfluss auf Rathenows Taktik. Er informierte die Staatsanwaltschaft »nach Absprache mit seinem Rechtsanwalt Dr. Gysi«[505] darüber, dass er Besuch aus Westberlin bekommen, diesem aber mitteilen würde, dass »keine weiteren Veröffentlichungen seiner Schriften bis auf weiteres erfolgen sollen«.[506] Da die DDR weiter unter öffentlichem Druck stand, musste sie das Verfahren gegen den jungen Schriftsteller Anfang Februar 1981 gänzlich einstellen, um weitere »feindliche [...] Aktivitäten gegnerischer Massenmedien«[507] zu unterbinden. Floskelhaft wurde in den Akten der Staatsanwaltschaft festgehalten, dass Rathenow »bestrebt [gewesen sei], an der Aufklärung der von ihm in diesem Zusammenhang begangenen Handlungen mitzuwirken«.[508] Die Justiz versuchte auf diese Weise, eine Entscheidung aus übergeordneten politischen Gründen juristisch zu bemänteln. Um die Verfahrenseinstellung plausibel zu machen, wurde zu den Akten gegeben, dass die Generalstaatsanwaltschaft aus »strafpolitischen Erwägungen«[509] letztlich zu der Auffassung gelangt sei, dass Rathenow »die Fehlerhaftigkeit seines strafbaren Verhaltens erkannt hat«.[510] GMS »Notar« schätzte laut MfS-Akten Rathenow »klüger und vernünftiger« als die anderen Verhafteten ein. »In Rathenow sieht der GMS keinen potentiellen Feind.«[511] Rathenow schreibt dieses Statement seinem damaligen Anwalt Gregor Gysi zu. Das MfS, das sich mit der repressiven Strategie nicht hatte durchsetzen können, schätzte ein, dass Rathenow »keine klare politische Haltung«[512] besitze. Es wurde zumindest vorübergehend versucht, ihn zu integrieren. Nach der Freilassung führte das Ministerium für Kultur mehrere Gespräche mit Rathenow und machte Angebote, »auf dem Boden der sozialistischen Gesellschaftsordnung zu schreiben«.[513] In diese Bemühungen schaltete sich sogar der stellvertretende Kulturminister,

504 Rathenow bestätigt solche Treffen. Lutz Rathenow in einer Stellungnahme an den BStU zur Aktenlage, 5.1.2016.

505 Generalstaatsanwaltschaft der DDR, Verfügung, 8.12.1980; BArch, DP3, 1491.

506 Ebenda.

507 HAIX/2, Vorschlag zum Abschluss des Strafverfahrens gegen Lutz Rathenow, 9.2.1981; BStU, MfS, AU 11099/81, Bd. 1, Bl. 296–301. Zit. nach: Vollnhals: Die Macht; S. 265 f. Die Einstellung wurde von Erich Mielke vermutlich nach Rücksprache mit Erich Honecker vor einer internationalen PEN-Tagung, wo dies Thema zu werden drohte, verfügt.

508 HA IX, Schreiben an Generalstaatsanwaltschaft der DDR, 16.2.1981; BArch, DP3, 1491.

509 HA XX/5, Auskunftsbericht, 29.7.1981; BStU, MfS, HA XX/9 Nr. 676, Bd. 2, Bl. 351–354, hier 352.

510 Generalstaatsanwaltschaft der DDR, Verfügung, 17.2.1981; BArch, DP3, 1491; HA IX, Schreiben an Generalstaatsanwaltschaft der DDR, 16.2.1981; BArch, DP3, 1491.

511 Zit. nach: Lutz Rathenow: Stasi-Streit. Gregor Gysi und die gesäuberten Akten. In: Focus 43/1994.

512 HA XX/5, Auskunftsbericht, 29.7.1981; BStU, MfS, HA XX/9 Nr. 676, Bd. 2, Bl. 351 f.; Walther: Sicherungsbereich Literatur, S. 367 f.

513 HA XX/5, Auskunftsbericht, 29.7.1981; BStU, MfS, HA XX/9 Nr. 676, Bd. 2, Bl. 352.

Klaus Höpcke, persönlich ein. Das MfS hegte die Erwartung, dass auch der Anwalt von Rathenow Integrationsbemühungen unterstützen würde. Das MfS formulierte, »dass er die nächsten Gespräche nutzen soll, um Rathenow weiterhin positiv zu beeinflussen mit dem Ziel, die bei Rathenow zum Teil noch vorhandene Konfrontation zu den gesellschaftlichen Verhältnissen abzubauen und ihm zu helfen, damit er besser begreift, dass eine berufliche Perspektive in der DDR liegt und er sich nicht vom Feind missbrauchen lässt«.[514] Die Strategie gegenüber Rathenow blieb widersprüchlich. Das MfS sah bald, dass der Schriftsteller nicht von seinen Aktivitäten abließ und sich nur geschickter verhielt. Das MfS meinte, er würde die ihm angebotenen »Möglichkeiten, sich auf dem Boden der sozialistischen Gesellschaftsordnung schriftstellerisch zu profilieren«,[515] nicht nutzen. Die Wertung des MfS wurde im Laufe der Jahre immer schärfer, offenkundig in dem Bemühen, doch noch eine Kriminalisierung durchsetzen zu können. Er sei eine »zentrale Figur im politischen Untergrund«,[516] in subjektiver und objektiver Hinsicht seien die Voraussetzung für eine Anklage nach Paragraf 99 (landesverräterische Nachrichtenübermittlung), Paragraf 100 (landesverräterische Agententätigkeit) und Paragraf 219 (ungesetzliche Verbindungsaufnahme)[517] gegeben.[518] Da die meisten Beweise durch IM erhoben waren und sich daher für eine offizielle Prozesseröffnung nicht eigneten, blieb es bei verdeckten Kontrollmaßnahmen.

Die Staatsanwaltschaft lud Rathenow in Absprache mit dem MfS erneut vor, um ihn rechtlich zu belehren und zu verwarnen.[519] Auch Gregor Gysi war offenbar bewusst, was von einem sozialistischen Anwalt erwartet wurde, als er Rathenow einige Zeit später zufällig in der Ständigen Vertretung der Bundesrepublik traf. Rathenow war gerade dabei, aktuelle Verfolgungsmaßnahmen der Repressionsorgane zu kritisieren.[520] Gysi belehrte Rathenow laut einer Stasi-Akte und der Erinnerung von Rathenow, der solle »sich lieber Gedanken […] über seine literarische Arbeit [machen, da] er sich ja, wie er genau weiß, nicht immer im Rahmen unserer Gesetze bewegen würde«.[521] Rathenow meint heute:

514 BStU, MfS, HA XX/9 Nr. 1601, Bl. 258. Zit. nach: Walther: Sicherungsbereich Literatur, S. 108.

515 HA XX/9, Auskunft, 6.11.1981; BStU, MfS, HA XX/9 Nr. 676, Bd. 2, Bl. 365 f.

516 HA XX/9, Auskunft, 7.1.1985; BStU, MfS, AP 55249/92, Bl. 5–7, hier 6.

517 StGB 1979.

518 HA XX/9, Auskunft, 7.1.1985; BStU, MfS, AP 55249/92, Bl. 6.

519 Vermerk über im Zusammenhang mit der Realisierung der staatsanwaltlichen Aussprache mit Rathenow durchzuführende politisch-operative Maßnahmen, 28.6.1983; BArch, DP3, 1491.

520 Sturm, Daniel: Erneut Vorwürfe gegen Gysi. Schriftsteller Rathenow fordert Überprüfung in puncto Mandantenverrat. In: Die Welt vom 25.1.2002.

521 HA XX/9, Information über den Empfang der Ständigen Vertretung der BRD in der DDR am 16. Dezember 1987, 19.12.1987; BStU, MfS, HA XX/9, Bl. 7. Zit. nach: Sturm, Daniel: Erneut Vorwürfe gegen Gysi. In: Die Welt vom 25.1.2002. Gysi bestreitet, den Inhalt des

> Der Kontakt zu Gregor Gysi nach dem Ermittlungsverfahren war zunächst vom Erfolg des eingestellten Verfahrens getragen. In gewisser Weise bremste Gregor Gysi bei den Rechtsberatungen in den Jahren darauf meinen (ihm nur gefiltert übermittelten) Subversionseifer mehr und mehr [...]. Nach einer merkwürdigen Begegnung in der Ständigen Vertretung der Bundesrepublik in Ostberlin suchte ich Gregor Gysi als Anwalt nicht mehr auf.[522]

Das Kulturministerium schwankte zwischen Lockangeboten und Überlegungen, Schriftsteller wie Rathenow auszubürgern.[523] Bis 1989 wollte der stellvertretende Kulturminister Klaus Höpcke mit weiteren Publikationsmöglichkeiten in der DDR locken, bis ihn Politbüromitglied Kurt Hager stoppte.[524] In dem letztlich missglückten Versuch, den Schriftsteller zu integrieren, war der Anwalt anfangs vom MfS explizit eingeplant. Ob es wirklich zu einer Absprache Gysis mit dem MfS kam ist ungewiss. Es wäre denkbar, dass ein DDR-Anwalt entsprechend seinem Rollenverständnis auch von sich aus seinen Mandanten auf den legalen Weg verwies. Eine Beratung durch einen sozialistischen Anwalt, auf die bestehende Rechtslage orientiert, der fügte sich in die zeitweilig vom MfS favorisierte Integrationsstrategie ein. Die Staatssicherheit verfügte auch im Fall der drei Schriftsteller über Informationen zur Verteidigungslinie der Angeklagten. »Bevor man eine hohe Freiheitsstrafe riskiere, würde man doch lieber freiwillig in die BRD übersiedeln«,[525] hieß es in einem verschriftlichten Tonbandbericht über das Gespräch von Verwandten der Inhaftierten mit dem Anwalt. Wie dieser Gesprächsinhalt zum MfS gelangte, muss angesichts der nicht eindeutigen Aktenlage offen bleiben.

### *Freispruch-Plädoyers*

Die Zahl der Freispruchplädoyers nahm 1988 mit 23 Fällen (12,7 %) deutlich zu. Diese Tendenz, von Plädoyers mit Bezug auf Freiheitsstrafen abzugehen, scheint mit einem engagierteren Verteidiger-Typ zu korrespondieren, der

Gesprächs an die Stasi weitergegeben zu haben. An die Unterhaltung könne er sich beim besten Willen nicht erinnern, teilte ein PDS-Sprecher mit. Törne, Lars von: Wieder Stasi-Vorwürfe gegen künftigen Senator Gysi. Schriftsteller Rathenow belastet Gysi. In: Der Tagesspiegel vom 13.1.2002.

522 Lutz Rathenow in einer Stellungnahme an den BStU zur Aktenlage, 5.1.2016.

523 Generalstaatsanwaltschaft der DDR, Vermerk v. 19.12.1984; BArch, DP3, 1491.

524 HA XX/7, Vermerk über ein Gespräch mit dem Stellv[ertretenden] Minister für Kultur, Genossen Höpcke, zu Lutz Rathenow, 6.2.1989, Bl. 112 f. Dem Autor durch Rathenow zur Verfügung gestellt.

525 HA XX/OG, Bericht. Tonbandabschrift, 21.11.1980; BStU, MfS, AP 45456/92, Bl. 43 f.

auf diffuse Appelle zur Milde verzichtet und höhere Aktivitäten zeigt.[526] Das geht mit einer höheren Bereitschaft, nicht auf Haft zu plädieren und Rechtsmittel gegen das Urteil einzulegen, einher.[527] Allerdings ist die Fallzahl eher klein. Andererseits scheinen die Freispruchplädoyers bemerkenswert genug, sie gesondert zu betrachten.

In deutlichem Kontrast zu den zahlreichen Verfahren, in denen kaum Anwaltsaktivitäten zu verzeichnen waren, stehen Verfahren mit Freispruchplädoyers der Verteidiger. Die sind in MfS-ermittelten Verfahren verhältnismäßig selten zu verzeichnen. Die Ratschläge der Anwaltsfunktionäre waren in diesem Punkt widersprüchlich. Einerseits wurden die Anwälte angehalten, auf Freispruch zu plädieren, wenn es »keinen Schuldnachweis«[528] in der Hauptverhandlung gegeben hätte. Andererseits wurde indirekt davor gewarnt, »auf Freispruch [zu] plädieren, wenn [... der Verteidiger] von der Schuld des Angeklagten positiv weiß«.[529] Diese Handlungsrichtlinie war nur scheinbar eindeutig. Doch in vielen Verfahren war keineswegs eindeutig ersichtlich, ob eine Schuld im Sinne des Gesetzes vorlag oder nicht. Gerade bei den Abschreckungsstrafen gegen Ausreiseantragsteller legten die obersten Justiz- und Sicherheitsorgane untergesetzlich materielle Normen fest, ohne dass diese für die Anwälte, geschweige denn für die Angeklagten, immer transparent waren. Ein Anwalt, der auf Freispruch plädierte, riskierte, sich dem Vorwurf pflichtwidrigen Verhaltens auszusetzen. Trotz dieser Unsicherheit ist in der Berliner Stichprobe über die Jahre eine deutliche Zunahme an Freispruchplädoyers zu verzeichnen.

Zu Beginn der Ära Honecker sind in der Berliner Stichprobe von 1972 gerade 8 (2,7 %) Freispruchplädoyers bei 294 Angeklagten festzustellen. In der Stichprobe zwölf Jahre später waren es 20 (4,9 %) bei 405 Fällen.[530] Im vorletzten Jahr der DDR, 1988, erreichte die Zahl der Freispruchplädoyers mit 23 (13,8 %) bei 167 Fällen einen Höhepunkt. Auch wenn in den Akten von 1988 aufgrund der Amnestie von 1987 nur relativ wenige Gerichtsverfahren dokumentiert sind, ist der Anstieg der Freispruchplädoyers über die Jahre signifikant.[531] Die Berliner Anwälte, die Anfang der 1970er-Jahre auf Freispruch plädierten, waren relativ heterogen zusammengesetzt. Drei der acht Berliner Anwälte hatten nie

526 Im Jahr 1988 sind es 20 Fälle, auf die diese beiden Charakteristiken zutreffen. Berliner Stichprobe 88 auf Basis von 166 Fällen.

527 Im Jahr 1988 sind es 24 Fälle, auf die diese beiden Charakteristiken zutreffen. Berliner Stichprobe 88 auf Basis von 166 Fällen.

528 Pein, Gerhard: Zur Tätigkeit des Anwaltes im sozialistischen Strafverfahren. In: NJ 26 (1972) 17, S. 508–511, hier 511.

529 Ebenda, S. 510.

530 Im Aufsatz von 2011 wurden andere Prozentzahlen angegeben, weil die Freispruchplädoyers auf die gesamte Stichprobe bezogen waren. Hier wurden die eingestellten Verfahren und die ohne Anwälte herausgefiltert. Booß: Rechtsanwälte, S. 245.

531 Ob dieser linear verlief oder ob in den strengen 1970er-Jahren möglicherweise ein Rückgang zu verzeichnen ist, lässt sich mit der bisherigen Datenbasis nicht beantworten.

Sonderbeziehungen zum MfS oder waren wie Reinhard Preuß sogar Opfer von Ausspähungen. Zwei waren in Spitzenfunktionen des RAK Berlin tätig, einer Vertreter in der Kanzlei Vogel, drei zeitweise als IM registriert, einer war Götz Berger, der jedoch 1972 dem MfS schon als suspekt galt.

Im Jahr 1984 hatten Anwälte mit Freispruchplädoyers laut Aktenlage fast alle eine Zeit lang Sonderbeziehungen zum MfS, waren in Spitzenfunktionen der Gremien des Kollegiums vertreten beziehungsweise Mitglieder der Kanzlei Vogel. Diejenigen, auf die das nicht zutrifft, standen in dem Verfahren nicht allein, sondern im Verbund mit solchen Anwälten zusammen im Gericht. Es erscheint nicht abwegig, davon auszugehen, dass sich mit Freispruchplädoyers exponierte, wer durch eine herausgehobene Position oder durch entsprechende Kollegen an der Seite abgesichert war.[532] Noch deutlicher zeigt sich 1988, dass die acht Berliner Anwälte, die an Freispruchplädoyers beteiligt waren, in irgendeiner Form alle, zumindest laut MfS-Akten, Sonderbeziehungen zum MfS unterhielten, sich in Spitzenfunktionen des Kollegiums engagierten oder der Kanzlei Vogel angehörten. Nur ein geringer Teil dieser Anwaltsvoten, in jedem der ausgewerteten Jahre je zwei Fälle, war durch Geldstrafen- oder Bewährungsplädoyers der Staatsanwaltschaft zu Freispruchplädoyers ermutigt worden. Schon die veränderte Zusammensetzung der Anwälte, die so plädierten, ist ein Indiz dafür, dass die Freispruchplädoyers in der frühen und späten Honecker-Ära unterschiedlich motiviert waren. Die möglichen Gründe, die Anwälte zu einem eigenständigen Engagement im Schlussplädoyer veranlassten, verschoben sich über die Jahre.

### *Fallbeispiel aus dem Jahr 1972*

Alle 1972 archivierten Fälle standen noch im Zeichen der Justizreformen der späten Ära Ulbricht. Die Anwälte sahen ihre Rechte aufgewertet und manche versuchten, sie offensiv zu nutzen. Dies verdeutlicht ein Fall, den Reinhard Preuß anwaltlich betreute:

Ein Student plante 1969 über die ČSSR in den Westen zu fliehen. Im Jahr zuvor hatte er unentdeckt Protestparolen gegen den Einmarsch der sowjetischen Truppen in die ČSSR gemalt und eine FDJ-Unterschriftenliste gegen den Vietnamkrieg als vermeintliche Bekundung »Gegen Besetzung der ČSSR« manipuliert. Er schwankte bei seinen Überlegungen, die DDR endgültig zu verlassen. Vor der Abfahrt Richtung Grenze rief er anonym beim MfS an und denunzierte sich selbst unter Namensnennung. In Dresden wurde er daraufhin im Zug festgenommen. Dieses widersinnige Benehmen war offenbar durch Lektüre des russischen Schriftstellers Dostojewski angeregt. Aus der hatte der Student ex-

532 Booß: Rechtsanwälte, S. 246.

zentrisch geschlussfolgert, dass eine Haft seinen Charakter festigen könne.[533] Rechtsanwalt Reinhard Preuß verwies im Plädoyer auf die Nichtbewältigung innerer Konflikte, warb ebenso dafür, zumindest den Fluchtvorwurf nach Paragraf 25, Abs. 1[534] fallen zu lassen. Danach konnte von der Strafverfolgung abgesehen werden, wenn der Beschuldigte ernsthafte Anstrengungen zur Beseitigung der Straftatfolgen an den Tag lege. Der Angeklagte habe die Flucht angezeigt, sodass es jetzt »nicht richtig [sei], dass der Verrat an der DDR in den Vordergrund gestellt wird«.[535] Mit derartigen Formulierungen stellte der Anwalt nicht nur die Beweisaufnahme, sondern den Strafanspruch des Staates infrage. In der DDR wurde der Versuch einer Republikflucht ebenso geahndet, wie dessen Vollendung.[536] Während der Hauptverhandlung machte der Anwalt von der neu gewonnenen Freiheit des anwaltlichen Fragerechtes rege Gebrauch. Auf diese Weise enthüllte der Angeklagte fragwürdige Vernehmungspraktiken des MfS: So berichtete der Student: »Ich war zur Zeugenvernehmung geladen, daraus wurde dann eine Beschuldigtenvernehmung.« Der Vernehmer hätte ihn mit dem Argument zur Aussage verleitet, »dass es nicht so auf das Wort ankam«. Zudem sei die Anwaltswahl behindert worden: »[Der Vernehmer ...] sagte, wenn ich nichts zu verbergen habe, brauche ich keinen Anwalt.«[537] Offenbar versuchte der Verteidiger, Anwaltsrechte nicht nur zum Vorteil seines Mandanten zu nutzen, sondern griff indirekt sogar noch die Methoden der politischen Justiz an. Der Verurteilte wurde alsbald begnadigt und konnte in die Bundesrepublik ausreisen.[538] In den 1970er-Jahren wurden derart offensive Verteidigungen zunehmend unterbunden. Disziplinierungen, Rationalisierungsdruck und die Erwartung an geradezu bekenntnishaft staatsbejahende Plädoyers wirkten sich entsprechend aus. In den 1980er-Jahren häuften sich dann dennoch Freispruchplädoyers.

### *Ein Freispruchplädoyer 1984*

Ein Vorfall, der 1984 mehrere Strafermittlungen mit Freispruchplädoyers nach sich zog, spielte sich am Ostberliner S-Bahnhof Storkower Straße ab. Der ehedem

533 Stadtgericht Berlin, Urteil v. 11.11.1971; BStU, MfS, AU 12772/72, Bl. 50 f.

534 StGB 1968.

535 Stadtgericht Berlin, Protokoll der Hauptverhandlung, 9.11.1971; BStU, MfS, AU 12772/72, Bl. 21–45, hier 41.

536 Nach StGB der DDR von 1968, § 21 Abs. 1 war der Versuch dann strafbar, wenn das Gesetz das explizit vorsah. Laut § 213 Abs. 3 waren auch Vorbereitung und Versuch des ungesetzlichen Grenzübertritts strafbar.

537 Stadtgericht Berlin, Protokoll der Hauptverhandlung, 9.11.1971; BStU, MfS, AU 12772/72, Bl. 21–45, hier 35–37.

538 Stichprobe 1972.

als Zentralviehhof bekannte Bahnhof ist nur über eine etwa 500 Meter lange, stelzengeständerte Fußgängerbrücke über das Vieh- und Schlachthofgelände erreichbar. Zusätzlich existierten Untertunnelungen, die Schlachthofmitarbeiter auf ihrem Weg zum und vom Bahnhof nutzen konnten. Im November 1983 hatten dort 20 junge Leute aus dem Umfeld der unabhängigen Friedens- und Umweltgruppen während eines künstlerischen Happenings die grauen Wände bemalt.[539] Ein Bild mit »eindeutig verständlicher politischer Botschaft«[540] zielte auf die atomaren Mittelstreckenraketen in Ost und West ab. Mehrere Beteiligte wurden wegen des Vorwurfs »Rowdytum« in Haft genommen,[541] die meisten jedoch bald wieder freigelassen. Der Strafvorwurf wurde in Sachbeschädigung umgewandelt und damit abgemildert. Die Schriftsätze wirken allerdings, als hätte man sie gemäß dem ursprünglich ins Auge gefassten Paragrafen verfasst, dann den Strafvorwurf in Paragraf 163 (vorsätzliche Schädigung sozialistischen Eigentums) geändert, ohne die Sachverhaltsdarstellung entsprechend zu modifizieren. Den Verhafteten wurde Wiederholungsgefahr unterstellt,[542] obwohl einzelne schriftlich distanzierende Stellungnahmen abgegeben oder zugesagt hatten, derartige Aktionen ohne staatliche Billigung nicht mehr durchführen zu wollen.[543] Die Mehrheit der jungen Leute wurde im Januar 1984 per Strafbefehl zu Geldstrafen von 1200 bis 1500 Mark der DDR plus Schadenersatz verurteilt,[544] während die Übrigen in Haft blieben. Diese Ungleichbehandlung entfachte Proteste in Verwandten-, Freundes- und Kirchenkreisen.[545] Gründe für die unterschiedliche Strafverfolgung waren aus dem Tatvorwurf in mehreren Fällen nicht ersichtlich. Offenbar ging es den Strafermittlern hier ums Prinzip der »Differenzierung«,[546] also strafpädagogisch abgestufte Strafen. Doch wurde nicht der individuelle Tatbeitrag, sondern eher ein divide et impera als Prinzip zur Abschreckung angewendet. Die drei Anwälte plädierten in einem Teilverfahren im Februar 1984 auf Freispruch, da es sich bei der Aktion objektiv um

539 Halbrock nennt die Gruppe durchweg Jugendliche, was im juristischen Sinne auf die hier diskutierten Verfahren nicht zutrifft. Halbrock, Christian: Rehabilitierung zweiten Grades. Laufzeitverlängerung für DDR-Unrecht? Der Fall der Storkower Tunnelmaler. In: HuG 20 (2011) 71, S. 66–69. Passens: MfS-Untersuchungshaft, S. 191 ff.

540 Halbrock, Christian: Rehabilitierung zweiten Grades. Laufzeitverlängerung für DDR-Unrecht? Der Fall der Storkower Tunnelmaler. In: HuG 20 (2011) 71, S. 66 ff.

541 Ebenda, S. 68.

542 Stadtbezirksgericht Berlin-Pankow, Haftbefehle, 28.11.1983; BStU, MfS, AU 7790/84, Bd. 7.

543 Stellungnahme, 15.12.1983; BStU, MfS, AU 7790/84, Bd. 5.

544 Stadtbezirksgericht Berlin-Friedrichshain, Strafbefehl, 16.1.1984; BStU, MfS, AU 15027/84, Bl. 21.

545 BStU, MfS, AU 7790/84, Bd. 1, Bl. 27 ff., Bd. 2, Bl. 54 f.

546 Nach dem Differenzierungsprinzip sollten sowohl die individuelle Schuld als auch Tatumstände und Persönlichkeit gewürdigt und eine Wiedereingliederungsperspektive berücksichtigt werden. Das eröffnete einen Strafbemessungsspielraum, der aber an eine differenzierte Bewertung geknüpft war. Art. 5 Abs. 2 StGB 1979.

eine »Verschönerungsaktion« und subjektiv um ein künstlerisches Verhalten gehandelt habe. Das »positive Anliegen der Angeklagten [...] kann nicht kriminalisiert werden«,[547] argumentierte ein Anwalt. Da mit diesem Verfahren offenbar ein abschreckendes Exempel gegen die unabhängige Friedenbewegung statuiert werden sollte,[548] folgte das Gericht dem Antrag der Staatsanwaltschaft. Es liegt nahe, dass die fragwürdige Beweisführung, die wechselnde juristische Beurteilung, die exzessive Strafverfolgung und die Inhaftierung von Heranwachsenden aber auch die Erwartungshaltung des Umfeldes der Angeklagten zu einer offensiveren Haltung der Anwälte führten. Hinzu kam, dass die staatliche Seite durch Ungleichbehandlung Zweifel am juristischen Beurteilungsmaßstab gesät hatte. Zudem fand der Prozess 1984 zu einem Zeitpunkt statt, als in Kreisen von Partei und Justiz darüber diskutiert wurde, die Prozesskultur zu verbessern und den Anwälten mehr Rechte zu geben. Es ist plausibel, dass die partei- und staatsnahen Anwälte um diese Diskussionen hinter den Kulissen wussten und versuchten, Spielräume auszuloten. Dabei gingen sie in den Augen der Partei aber offenbar zu weit. Das Prozessverhalten der Anwälte hatte ein Nachspiel vor allem für die SED-Mitglieder unter ihnen. Sie mussten sich gegenüber dem Vorsitzenden des Berliner Kollegiums, Friedrich Wolff, rechtfertigen und wurden ermahnt, dass »man jederzeit merken muss, dass ein Rechtsanwalt auch ein Genosse ist«.[549] Der damalige Parteisekretär Gregor Gysi sekundierte, ein Parteimitglied müsse »auf seinen Mandanten entsprechend einwirken«.[550] Sein Monitum hob auf die Vernachlässigung der erzieherischen Rolle des sozialistischen Anwaltes ab. Ein IM beobachtete im Kollegium zeitgleich »heftige Auseinandersetzungen«[551], hinter denen auch die Bezirksleitung der SED steckte. In der Folge musste einer der Verteidiger im Tunnel-Prozess seinen Posten als stellvertretender Vorsitzender aufgeben. Er habe den Strafvorwurf »bagatellisiert und ins Lächerliche gezogen«.[552] Selbst wenn dieser Konflikt langfristig keine negativen Konsequenzen für die Betreffenden hatte, so war es doch beiderseits ein Kräftemessen, in dem abgesteckt wurde, wo die zulässige Linie anwaltlichen Handelns im Strafprozess verlaufen sollte.

547 Stadtbezirksgericht Berlin-Pankow, Protokoll der Hauptverhandlung, 17.2.1984; BStU, MfS, AU 15027/84, Bd. 7, Bl. 86–112, hier 101 f.

548 Halbrock, Christian: Rehabilitierung zweiten Grades. Laufzeitverlängerung für DDR-Unrecht? Der Fall der Storkower-Tunnelmaler. In: HuG 20 (2011) 71, S. 66 ff.

549 Friedrich Wolff. Zit. nach: Eisenfeld: Rolle und Stellung, S. 358.

550 Ebenda.

551 BV Bln/XX/4, TB mit IMS »Ludwig«, 20.8.1984; BStU, MfS, AIM 1129/89, T. II, Bd. 2, Bl. 324 f., hier 325.

552 Ebenda, Bl. 324.

*Weitere Fälle 1984*

Während bei den Freispruchplädoyers 1972 noch Fälle wegen des Vorwurfes der Republikflucht dominierten,[553] galten Freispruchplädoyers 1984 und 1988 Verfahren, mit denen Ausreiseantragsteller abgeschreckt werden sollten.[554] In vielen Verfahren wirkten die Vorwürfe der Ermittlungsorgane konstruiert. In einem Fall hatte ein DDR-Bürger von den Fluchtplänen eines Verwandten erfahren. Die Flucht wurde abgesagt, sodass deren Nichtanzeige kaum strafbar sein konnte.[555] Verurteilt wurde trotzdem. In einem weiteren Fall wurde den Angeklagten ein geplanter Schweigemarsch in Berlin-Mitte vorgeworfen. Das MfS wusste durch Abhörmaßnahmen vorab Bescheid und hatte zwei Personen von der Polizei vorführen lassen, »um möglichen strafrechtlich relevanten Handlungen [...] vorzubeugen.«[556] Einer wurde nach der Vernehmung durch das MfS freigelassen und ihm mitgeteilt, »dass kein Ermittlungsverfahren«[557] eingeleitet wird. Das war aktenkundig. Dennoch wurde später ein Strafverfahren eröffnet. Die Verteidigung kritisierte, dass die »Provokation« ja »nicht stattgefunden hätte«,[558] daher könne sie nicht abgeurteilt werden.

Durch die Aufwertung, die die Anwälte im Jahr 1984 »von oben« erfuhren, sahen sie sich offenbar legitimiert, selbst in MfS-ermittelten Verfahren Schwächen der Beweisführung aufzudecken. Es kamen prompt Reaktionen von der Generalstaatsanwaltschaft, die ein Überborden anwaltlicher Aktivitäten einzudämmen versuchte. Bei Freispruchplädoyers zugunsten von Personen, die die DDR verlassen wollten, spielten auch politische Begleitumstände eine Rolle. Anlässlich der Besetzung der Botschaft der USA entschied Erich Honecker 1984 wegen anstehender Staatsbesuche, die Besetzer umgehend nach Westberlin ausreisen zu lassen. Es war die Zeit, in der die DDR auf Kredite angewiesen war. Wolfgang Vogel hatte noch versucht, Honecker durch ein Telefonat in der Botschaftsfrage umzustimmen, da er Nachahmungstäter befürchtete.[559] In der Tat machte das Beispiel Schule. Auch in der StÄV mussten Besetzungen nach demselben Muster beendet werden. Die außenpolitisch motivierten Vorzugsregelungen für Botschaftsbesetzer rieben sich mit einer Verschärfung des Kurses gegen

553 In 4 von 8 Fällen ging es um den § 213 StGB 1968.

554 Im Jahr 1984 bezogen sich 10 der 20 Fälle auf den § 214 (Beeinträchtigung staatlicher Tätigkeit) bzw. § 218 (Zusammenschluss zur Verfolgung gesetzeswidriger Ziele), StGB 1979.

555 Stadtbezirksgericht Berlin-Prenzlauer Berg, Protokoll der Hauptverhandlung, 15.4.1983; BStU, MfS, AU 2498/84, Bd. 3, Bl. 18–28, hier 27; StBG Berlin-Prenzlauer Berg, Urteil v. 26.4.1983; ebenda, Bd. 3, Bl. 31–33, hier 32 f.

556 BV Bln/IX, Information, 19.8.1983; BStU, MfS, AU 3637/84, Bd. 1, Bl. 114–117, hier 116 u. 114.

557 Belehrung, 19.8.1983; ebenda, Bd. 1, Bl. 243–245, hier 243.

558 StBG Berlin-Pankow, Protokoll der Hauptverhandlung, 8.12.1983; ebenda, Bd. 8, Bl. 59–79, hier 69 f.

559 Whitney: Advocatus Diaboli, S. 268 f.; Pötzl: Basar, S. 305 ff.

Antragsteller, der zu einer Verhaftungswelle und einem Anstieg der Verurteilten-Zahlen um 375 Prozent führte.[560] Bürger die insistierend, im MfS-Sprachgebrauch »hartnäckig«, an ihren Ausreiseanträgen festhielten, kamen vor Gericht, während Botschaftsbesetzer bevorzugt behandelt ausreisen durften. Bei jedem entsprechenden Gerichtsverfahren stand latent die Frage nach der Ungleichbehandlung im Raum.

### *Fälle 1988*

Bei den Freispruchplädoyers von 1988, überwiegend auf Prozesse wegen Ausreisebemühungen bezogen, dominierten mit 13 Fällen Anklagen nach Paragraf 214 (Beeinträchtigung staatlicher Tätigkeit).[561] Gerade diese Strafnorm war zunehmend umstritten, wie sich in den Verfahren zeigte.

Einem Angeklagten wurde vorgeworfen, dass er am 22. Februar 1988 mit anderen Ausreise-Antragstellern in der Nähe des Brandenburger Tors demonstriert hätte.[562] Allerdings gelangte der Angeklagte nicht in diesen Bereich, sondern hatte sich nach einer Volkspolizeikontrolle entfernt. Erst zwei Tage danach wurde er festgenommen.[563] Der Angeklagte blieb dabei, er hätte nicht demonstrieren wollen, sondern nur Personen gesucht, die ihn hätten beraten können. Im Plädoyer bemängelte Anwalt Klaus Hartmann von der Kanzlei Vogel, dass der Vorsatz zu demonstrieren, nicht nachgewiesen sei.[564] In der Berufungsschrift führte er an, dass bei gleichgelagertem Sachverhalt statt Freiheitsstrafe Geld- oder Bewährungsstrafen verhängt worden seien. Das stehe nicht im Einklang mit der »sozialistischen Gerechtigkeit«.[565] In ähnlich gelagerten Fällen von Übersiedlungswilligen gab es weitere Freispruchplädoyers.[566]

In einem Verfahren gegen vier Mitglieder der Arbeitsgruppe »Staatsbürgerschaftsrecht«[567] wurden den Angeklagten die Aktivitäten der Gruppe vorgewor-

560 Wölbern: Häftlingsfreikauf; Raschka: Justizpolitik, S. 216 f.

561 Nach StGB der DDR von 1979, 5 Fälle wegen Zusammenrottung (§ 217), 3 Fälle wegen Republikflucht (§ 213) bzw. Fahnenflucht (§ 254).

562 StBG Berlin-Lichtenberg, Urteil v. 4.3.1988; BStU, MfS, AU 6123/88, Bd. 2, Bl. 81–83.

563 Einlieferungsanzeige, 24.2.1988; ebenda, Bd. 2, Bl. 6 f.

564 StBG Berlin-Lichtenberg, Protokoll der Hauptverhandlung, 3.3.1988; ebenda, Bd. 2, Bl. 64–80, hier 76 f.

565 Klaus Hartmann: Berufungsschrift, 29.3.1988; ebenda, Bd. 2, Bl. 95 f.

566 So das Plädoyer von Gregor Gysi, vgl. StBG Berlin-Lichtenberg, Protokoll der Hauptverhandlung, 2.3.1988; BStU, MfS, AU 5132/88, Bl. 12–25, hier 20 f.

567 Die AG bildete sich 1987. Ihre politische Brisanz erhielt sie nicht nur dadurch, dass sich in ihr Ostberliner Ausreiseantragsteller zusammenfanden, sondern auch dadurch, dass das mit Unterstützung von Mitgliedern der Oppositionsgruppe Initiative für Frieden und Menschenrechte (IFM) und letztlich logistischer Unterstützung der evangelischen Kirche geschah. Neubert: Geschichte der Opposition, S. 672 ff.

fen: Zusammenkünfte, in denen über vorgesehene Demonstrationen diskutiert wurde, das Betreiben von Kontakttelefonen und das Verfertigen von Schreiben an die Kirche und an Staatsvertreter.[568] Dass die Angeklagten an solchen Handlungen persönlich teilnahmen, war nicht Gegenstand der Anklage. Anwalt Lothar de Maizière monierte daher, die »Anklage hat sich nicht bestätigt«.[569] Weiter plädierte er auf Verbotsirrtum. Die Angeklagten wären davon ausgegangen, sich nicht strafbar zu machen, da der Staat auf die Arbeitsgruppe »Staatsbürgerschaftsrecht« monatelang nicht negativ reagiert hätte. In der Gruppe demonstrierten Ausreiseantragsteller für ihr Anliegen. Die Anwälte kritisierten, dass die Strafvorschläge auf nicht nachvollziehbare Weise differenziert waren. Für zwei der Angeklagten forderte die Staatsanwaltschaft Haft bis zu einem Jahr und zehn Monaten, für zwei Personen beantragte sie Bewährungs- beziehungsweise Geldstrafen, obwohl sich die Vorwürfe stark ähnelten und die beanstandeten Aktivitäten zum Teil gemeinschaftlich begangen wurden. Selbst der zweite Anwalt, Dieter Starkulla, beanstandete das. Starkulla hatte anders als de Maizière im alten Stil eingeräumt, es gäbe einen »eindeutige[n …] Sachverhalt.«[570]

In einem ähnlichen Verfahren bezog sich Rechtsanwalt Wolfgang Schnur auf Artikel 20 (Gleichheit vor dem Gesetz), Artikel 27 (Meinungsfreiheit), Artikel 39 (Glaubensfreiheit) der Verfassung der DDR.[571] Da sich die Aktivitäten zunächst an Kirchenverantwortliche gerichtet hätten, ginge es um eine innerkirchliche Angelegenheit, die nicht als Beeinträchtigung der staatlichen Tätigkeit gewertet werden dürfe.[572] Eine Berufung auf übergeordnete Normen war in der DDR unüblich. Man ließ es Schnur durchgehen, weil das MfS ein Interesse daran hatte, dass Schnur das Vertrauen kirchlicher Mandatskreise behielt.

Bei den Freispruchplädoyers dürften nicht nur Beweisführungsdefizite oder durchsichtige Ungleichbehandlungen und das vermehrte Selbstbewusstsein der Anwaltschaft eine Rolle gespielt haben. Es gab offenkundig Normenunsicherheiten und Normendiskussionen im Herrschaftsbereich. Die Verfahren fanden parallel zum Abschluss der KSZE-Verhandlungen von Wien statt. Im Jahr 1988 zeichnete sich ab, dass die Sowjetunion unter Gorbatschow den westlichen Vorschlägen weitgehend entgegenkam und die DDR sich dem nicht verschließen konnte, wollte sie nicht völlig isoliert werden. Da in Wien nicht nur die Freizügigkeit, sondern auch rechtsstaatssichernde Vereinbarungen auf der Tagesord-

568 StBG Berlin-Lichtenberg, Urteil v. 19.4.1988; BStU, MfS, AU 7532/88, Bd. 9, Bl. 62–70.

569 StBG Berlin-Lichtenberg, Protokoll der Hauptverhandlung, 18.4.1988; ebenda, Bd. 9, Bl. 45–61, hier 59.

570 Ebenda, Bd. 9, Bl. 58.

571 Verfassung DDR 1974.

572 StBG Berlin-Lichtenberg, Protokoll der Hauptverhandlung, 12.4.1988; BStU, MfS, AU 9089/88, Bd. 9, Bl. 42–90, hier 81 ff.; Wolfgang Schnur: Berufungsschrift, 17.4.1988; ebenda, Bd. 9, Bl. 104–108, hier 105 f.

nung standen, setzten bei den Juristen in der DDR Überlegungen ein, wie sich das auf das Straf- und Strafprozessrecht der DDR auswirken müsse.[573] Die Diskussionen betrafen vor allem Paragrafen, wie den Paragraf 214 (Beeinträchtigung staatlicher Tätigkeit),[574] die Ende der 1970er-Jahre als Sanktionen gegen Ausreiseantragsteller akzentuiert wurden.[575] Selbst in der HA IX des MfS waren flexiblere Juristen um die Jahreswende 1988/89 der Auffassung, dass bei der Anwendung des Paragraf 214 künftig »höhere Anforderungen [... an die] tatsächliche [...] Eignung von Handlungen zur Beeinträchtigung der Tätigkeit staatlicher Organe«[576] geknüpft werden müssten. Sie regten an, zu prüfen, ob nicht »klassische« Delikte, wie Beleidigung, Verleumdung, Körperverletzung, Sachbeschädigung, Hausfriedensbruch, Widerstand gegen die Staatsgewalt oder öffentliche Herabwürdigung, angewendet werden könnten.[577] Zwar wagte im MfS auf der Fachebene keiner, den Paragraf 214 komplett infrage zu stellen. Aber er lief faktisch ins Leere und wurde 1989 kaum noch angewendet.[578] Die Bundesrepublik hatte angekündigt, für Häftlinge, die nach dem Paragraf 214 verurteilt waren, keine Freikaufzahlungen mehr zu tätigen.[579]

In der zweiten Hälfte der 1980er-Jahre wurde die politisch motivierte Deeskalationspraxis durch Freikäufe in der staatlichen Verwaltung, von Juristen, auch im MfS kritisch gesehen, weil sie den Präventionsgedanken unterhöhle.[580] Der Chef der Untersuchungshauptabteilung des MfS, der für die Vorbereitung der politischen Prozesse zuständig war, beklagte schon 1987, dass Gefängnisstrafen durch den Freikauf »ihrer abschreckenden Wirkung gegenüber hartnäckigen

573 Eine Zusammenfassung in: Booß: Haarrisse, S. 109–114.

574 Dies betrifft auch die §§ 219 (ungesetzliche Verbindungsaufnahme) u. 220 (öffentliche Herabwürdigung) nach StGB 1979.

575 Raschka: Justizpolitik, S. 111 ff. u. 148 ff.

576 HA IX/AKG, Zu ersten Überlegungen, Konsequenzen und Schlussfolgerungen aus dem abschließenden Dokument des Wiener Treffens, 26.1.1989; BStU, MfS, HA IX Nr. 4961, Bl. 71–74, hier 74.

577 HA IX/AKG/B GF, Fragen zu rechtlichen Konsequenzen aus dem Abschließenden Dokument des Wiener Treffens – speziell aus der Sicht der Verantwortung der Linie IX, 20.2.1989; BStU, MfS, HA IX Nr. 4961, Bl. 6–23, hier 21 f.

578 In Verfahren nach § 214 ging die Zahl der EV von 31 im Januar auf 12 im Mai 1989 und auf 3 im Juli zurück. Im Falle des § 219 reduzierte sich die Zahl der EV von 7 im Januar, auf einen im Mai, im Juli verschwand diese Rubrik ganz aus der Statistik. Monatsberichte der HA IX; BStU, MfS, HA IX Nr. 1073, Bl. 19, 131 u. 189.

579 Wolfgang Vogel; Walter Priesnitz: Vereinbarung nach Abschluss der Konferenz in Wien und nach den Verordnungen der DDR vom 30.11.1988, 1.2.1989; BStU, MfS, ZKG Nr. 9644, Bl. 1 f. Die Vereinbarung umfasste nach Auffassung der Bundesregierung alle Verurteilungen im Zusammenhang mit Ausreisebemühungen.

580 Booß: Haarrisse, S. 109–114; Huemer, Ullrich: »Freiheitsstrafen haben ihre abschreckende Wirkung gegenüber hartnäckigen Übersiedlungsersuchenden weitgehend eingebüßt«. Vortrag. Stuttgart 2010; Wölbern: Häftlingsfreikauf, S. 418 ff.

Übersiedlungssuchenden weitgehend«[581] beraubt worden seien. Wie es scheint, reflektierten die Freispruchplädoyers von 1984 und 1988 auf ihre Weise derart Bedenken. Da sie von Anwälten getragen waren, die im System verankert waren, begegneten sich im Gerichtssaal zwei unterschiedliche Konzeptionen, wie mit dem Problem der Ausreiseantragsteller umzugehen sei. Es schien immer widersinniger, zu bestrafen, wenn bald die Ausreise lockte. Die Amnestie von 1987[582] ließ die steigenden Verhaftungen von 1988[583] strafsystematisch widersinnig erscheinen. Meinungsverschiedenheiten unter den Juristen dürfen jedoch nicht darüber hinwegtäuschen, dass sich an der grundsätzlichen Verurteilungspraxis nichts änderte.[584] Eine signifikante Wirkung auf die Urteilspraxis hatten die Freispruchplädoyers der Anwälte nicht. Die Entkriminalisierung war erst eine Folge der friedlichen Revolution.

581 Rolf Fister: Zur Zurückdrängung von Übersiedlungsersuchen und zur Bekämpfung damit verbundener Straftaten durch die Linie IX, Vortrag, 9.2.1987. Zit. nach: Raschka: Justizpolitik, S. 287.

582 Raschka: Justizpolitik, S. 245.

583 Passens spricht unverständlicherweise von einer »Erosion«. Hier werden offenbar die Verfahren gegen prominente Oppositionelle überfokussiert, während es nach wie vor zu Massenverfahren gegen Personen kam, die die DDR verlassen wollten. Passens: MfS-Untersuchungshaft, S. 269. Zu den Ermittlungszahlen Joestel: Strafrechtliche Verfolgung, S. 32 ff.

584 Diese Aussage bezieht sich auf das Einzelverfahren. Insgesamt gab es die Tendenz, dass die Strafhöhe zurückging. Engelmann; Joestel: Hauptabteilung IX, S. 136.

# 11. Zwischen Anpassung und Aufbegehren. Anwälte im Umbruchjahr 1989

Gysis Stellvertreter im Kollegium, Lothar de Maizière, wurde am 10. November 1989 vom Hauptvorstand der CDU zum neuen Vorsitzenden der Partei gewählt.[1] Seit dem 17. November 1989 war er zudem stellvertretender Vorsitzender des Ministerrates und im Kabinett Modrow zuständig für Kirchenfragen.[2] Er übernahm damit eine Funktion, die Gysis Vater von 1978 bis 1988 als Staatssekretär ausübte. Gysi und de Maizière verfügten schon als Anwälte über einen Nomenklatur-Status. Die friedliche Revolution sollte ihre Karriere nur ungewöhnlich beschleunigen. Mit dem Ende der Ära Honecker wandelte sich die Welt des Berliner Kollegiums. Der Vorsitzende des Kollegiums, Gregor Gysi, wurde am 9. Dezember Vorsitzender der einstigen Monopol-Partei SED.[3] Auch andere, voran der stellvertretende Kollegiumsvorsitzende de Maizière, stiegen in politischen Ämtern auf. Die Position des Vorsitzenden im Berliner Anwaltskollegium nahm wieder der »Anwaltspatriarch« Friedrich Wolff ein. Mit 53 von 54 möglichen Stimmen wurde er in geheimer Wahl[4] gewählt; das war ein deutliches Vertrauensvotum. Ob Wolff zu diesem Zeitpunkt ahnte, dass er ein Dreivierteljahr später zum Abwickler des Berliner Kollegiums würde, ist zweifelhaft. Jedenfalls stand Wolff damit am Anfang und am Ende dem Kollegium vor.[5]

In Berlin waren die Karrieresprünge groß. Aber auch Anwälte in anderen Regionen wurden im Laufe des Jahres 1989 politisch tätig, das lässt sich an Akten und Veröffentlichungen nachvollziehen. Die bekannteste Persönlichkeit war Rolf Henrich aus dem Bezirk Frankfurt/O. Sein Freund und Kollege Reinhard Zarneckow engagierte sich zunächst beim Neuen Forum, dann in der SPD.[6] Die ein Jahr zuvor aus der Anwaltschaft entlassene Brigitta Kögler aus Jena stand schließlich an der Seite von Wolfgang Schnur dem Demokratischen Aufbruch vor.[7] Herbert Schiefferdecker war für die SED als Berater am Runden Tisch tä-

1 Schmidt: Blockpartei, S. 69. Er wurde auf einem Sonderparteitag im Dezember 1989 als Vorsitzender bestätigt. Ebenda, S. 80.

2 Neubert, Ehrhart: Unsere Revolution. München 2008, S. 257.

3 Booß: Sonderparteitag. Dort auch weitere Literatur genannt.

4 Wolff: Ein Leben, S. 196.

5 Zur Abwicklung vgl. Busse: Deutsche Anwälte, S. 510 f.; Dombek: Zusammenführung der Anwaltschaft, S. 527 f.; Booß: Schwierigkeiten.

6 Handbuch des Landtages Brandenburg. Wahlper. 1, 1990/94/Hg. vom Präsidenten des Landtages. Potsdam 1994, S. 49.

7 Neubert: Geschichte der Opposition, S. 860.

tig,[8] Hans-Joachim Vormelker war in Rostock als Vermittler an der Besetzung der Stasi-Bezirksverwaltung beteiligt.[9] Der RAK-Vorsitzende aus Potsdam, Roland Hück, wurde von der SED zu verschiedenen Podien geladen.[10] Anwälte blieben auch bei Auslandsreisen im Westen beziehungsweise schlossen sich denen an, die in Ungarn die Grenze passierten.[11]

## 11.1 Anwälte als Frühwarnsystem der gesellschaftlichen Entwicklung

Entgegen der Dynamik des Jahres 1989 verlief der Jahreswechsel 1988/89 im Berliner Kollegium eher unspektakulär, routinemäßig. Das Protokoll vermeldete »gegenwärtig keine erheblichen politischen Diskussionen«[12] unter den Rechtsanwälten und deren Mitarbeitern. Die Zahl der Anwälte in Berlin sollte moderat erhöht werden, für zwei neue Zweigstellen mit acht Rechtsanwälten wurden Räume mithilfe des Oberbürgermeisters gesucht.[13] Mit diesem Aufwuchs sollten auch die neuen verwaltungsrechtlichen Anforderungen bewältigt werden. Anwaltskandidaten wurden angehört und zuweilen aus politischen Gründen nach der Vorprüfung durch MdI, SED und Stasi abgelehnt.[14] Allerdings hatten die Berliner Anwälte durchaus ein Sensorium für die gesellschaftlichen Veränderungen. Wenn auch staatsnah eingebunden, waren sie wegen ihrer Mandantenkontakte doch mit Stimmungen und Trends in der Bevölkerung vertraut. Als Vertreter einer überdurchschnittlich gebildeten und weltläufigen Gruppe, machten sie sich ohnehin ihre eigenen Gedanken. Die Verhaftungen anlässlich der Liebknecht-Luxemburg-Demonstration im Januar 1988 und »ihre weitere konzeptionslose Behandlung (Abschiebung ins Ausland) weckten bei mir wie bei vielen anderen Zweifel an der Richtigkeit des Kurses des Politbüros«,[15] schrieb Friedrich Wolff im Nachhinein. Und Gregor Gysi formulierte mit dem Wissen um das Ende der DDR:

8 Thaysen, Uwe: Der Runde Tisch oder wo blieb das Volk? Opladen 1990, S. 208.

9 Laut Zeitungsartikel wurde er von seinem Sohn als Vermittler ins Spiel gebracht, laut dem damaligen MfS-Leiter durch diesen. Menge, Marlies: Mit der Geduld am Ende. In: Die Zeit vom 15.12.1989; Amthor, Arthur: Ruhe in Rostock? Von wegen. Ein Oberst a. D. berichtet. Berlin 2009, S. 228.

10 Grahn, Gerlinde (Hg.): »Wir bleiben hier, gestalten wollen wir«. Der Runde Tisch im Bezirk Potsdam 1989/90. Schkeuditz 2006, S. 272 u. 275.

11 »Karl Friedrichs«, Information zu Fragen des Kollegiums [Dresden], o. D. (vermutl. Oktober 1989); BStU, MfS, BV Dresden, AIM 2772/90, T. II, Bd. 1, Bl. 34–36.

12 RAK Berlin, Protokoll der Vorstandssitzung, 22.11.1988, S. 1; BArch, DP1, 21743.

13 RAK Berlin/Gregor Gysi: Schreiben an die SED-BL Berlin, 9.1.1989; BArch, DP1, 21744.

14 RAK Berlin, Protokoll der Vorstandssitzung vom 26.4.1989; BArch, DP1, 21744.

15 Wolff: Ein Leben, S. 189.

> Eine Ohnmacht der Partei- und Staatsführung der DDR war sichtbar geworden. Einerseits sah sie sich außerstande, die Verhaltensweise der Menschen, die auf der Karl-Liebknecht-Rosa-Luxemburg-Demonstration protestieren wollten, zu dulden, andererseits war sie auch nicht mehr fähig, solche Handlungen zu unterbinden oder zu bestrafen. Ein System, das beides nicht kann, ist offenkundig am Ende.[16]

In seinem Tagebuch fragte sich Wolff angesichts der aufkeimenden Perestroika seinerzeit noch tastend: »Was wird bei uns?«[17] Wolff hatte seinerzeit, bei seiner hohen Identifikation mit der DDR nicht verwunderlich, offenbar auch die Risiken der Veränderung im Blick. Die Verunsicherung der Juristen begann schon mit den Prozessen zu den Skinheadübergriffen vor der Ostberliner Zionskirche 1987/88, in welche die Partei offenkundig eingegriffen hatte. Die Anwälte plädierten im Wiederholungsprozess gegen die Erhöhung des Strafmaßes.[18] In Anbetracht der politischen Vorfestlegungen,[19] konnten sie jedoch nichts ausrichten. Die Anwälte sahen sich offenbar als Vorkämpfer einer stärkeren Normengeltung in der Justiz. Selbst das offizielle Protokoll der Mitgliederversammlung des RAK berichtet von einer »lebhaften und offenen Diskussion«. Kritisiert wurde, dass die Presseberichterstattung zu den Skinheadprozessen »dem Ansehen unserer Rechtsprechung geschadet hat«.[20] Auf einer Anwaltstagung fielen vor dem stellvertretenden Justizminister ähnliche Äußerungen.[21] Intern monierten die Anwälte, dass es »inzwischen Tendenzen gäbe, jugendliche Rowdys zu schnell in die Kategorie sogenannter Skinheads einzuordnen«.[22] Mehrfach wurde über soziale Hintergründe und Verteidigungsmöglichkeiten gesprochen.[23] Doch wenn Anwälte versuchten, mit eigenständigen Argumenten um Verständnis für jugendliche Angeklagte zu werben, riskierten sie eine Beschwerde der Generalstaatsanwaltschaft[24] oder wurden sogar in der SED-Presse angeprangert.[25] Die Diskussion war noch in vollem Gange, als sie durch die Ereignisse um die Liebknecht-Luxemburg-Demonstration 1988 neue Nahrung erhielt. Im Vorstandsprotokoll hieß es zu den »jüngsten Provokationen und Vorfällen in der Hauptstadt [..., dass] politische Probleme in erster Linie mit politischen Mitteln gelöst werden müssen. Gesetzesverletzungen können nicht ge-

16 Gysi: Das war's, S. 54.

17 Zit. nach: Wolff: Ein Leben, S. 190.

18 Information über den Prozessverlauf vor dem Stadtgericht Berlin am 22.12.1987; SAPMO, DY 30/IV 2/2.039 219.

19 Ebenda.

20 RAK Berlin, Protokoll der Mitgliederversammlung vom 6.1.1988; BArch, DP1, 21743.

21 MdJ, Hans Breitbarth, Vermerk v. 1.6.1988, S. 3; BArch, DP1, 21743.

22 RAK Berlin, Protokoll der Vorstandssitzung vom 18.5.1988, S. 1; BArch, DP1, 21744.

23 RAK Berlin, Protokoll der Vorstandssitzung vom 19.10.1988, S. 6; BArch, DP1, 21743; Schumann: Familie de Maizière, S. 277.

24 RAK Berlin, Protokoll der Vorstandssitzung vom 22.11.1988, S. 2; BArch, DP1, 21743.

25 Schumann: Familie de Maizière, S. 277 f.

duldet werden. In der Praxis der Strafverfolgungsorgane wird jedoch zum Teil eine klare Orientierung vermisst.«[26] In der Mitgliederversammlung kritisierte ein Anwalt, selbst SED-Mitglied, er wäre »nicht der Meinung, dass die Provokateure vom 17.1.1988 als Feinde abgestempelt werden«,[27] sie hätten nur ihr Luxemburg-Bild zum Ausdruck bringen wollen. In den »Medien werden die Menschen verdummt«.[28] Von dieser Kritik in Anwesenheit des Verantwortlichen von der SED-BL distanzierten sich die Anwesenden vorsichtshalber. Allerdings scheinen mehrere so gedacht zu haben. In einem Verfahren gegen drei weniger prominente Verhaftete trugen die Anwälte in einem Freispruchplädoyer vor: »Es gibt kein Land, in dem es keine Probleme gibt. Es kommt darauf an, Probleme nicht nur zu kritisieren, sondern andere Bürger zu gewinnen, diese zu ändern.«[29] In »persönlichen Gesprächen«, die zwei Vertreter der SED-Parteileitung der Berliner Rechtsanwaltskammer mit 17 Genossinnen und Genossen führten, äußerten sich sechs besorgt über die politische Lage. Manche wünschten, dass die Beschlüsse der KPdSU, »klarer umfassender und tiefgründiger diskutiert, beziehungsweise erläutert«[30] würden. SED-Entscheidungen, wie das Vertriebsverbot für die sowjetische Zeitschrift Sputnik verstärkten die Befürchtungen.[31] Das Bekenntnis der SED-Führung zu einem Sozialismus »in den Farben der DDR« hatte allen verdeutlicht, dass die Partei der Moskauer Perestroika nicht folgen wollte. Die Sputnik-Entscheidung stieß auf »Unverständnis«.[32] Die DDR-Anwälte, selbst die SED-Mitglieder waren keineswegs einer Meinung.[33] Die einen setzten offenbar eher auf Veränderung, während andere sich sorgten, dass die Unstimmigkeiten in der Politik die Verhältnisse verschlimmern könnten. Der kritische Tenor schien alle zu einen. Und das war wohl das Grundschema, nach dem die Anwaltschaft, insbesondere die Berliner, auch im Jahr 1989 zusammenhielt.

26 RAK Berlin, Protokoll der Vorstandssitzung vom 16.3.1988, S. 1; BArch, DP1, 21743.

27 HA XX/1, TB mit IMS »Dolli«, 15.2.1988; BStU, MfS, AIM 82/28/91, T. II, Bd. 1, Bl. 650.

28 Ebenda, T. II, Bd. 1, Bl. 651.

29 StBG Berlin-Lichtenberg, Protokoll der Hauptverhandlung, 29.1.1988; BStU, MfS, AU 11556/88, Bd. 9, Bl. 44–80, hier 75.

30 Friedrich Wolff, Bericht, o. D. (Sommer 1988). Zit. nach: Wolff: Ein Leben, S. 190.

31 Wolff: Ein Leben, S. 190.

32 HA XX/1, TB mit IMS »Dolli«, 5.12.1988; BStU, MfS, AIM 82/28/91, T. II, Bd. 1, Bl. 691.

33 Diskussionen z. B. im Dresdener Kollegium Ende 1989, vgl. BV Dresden/XX, Vermerk v. 9.11.1989; BStU, MfS, BV Dresden, AIM 2772/90, T. II, Bd. 1, Bl. 10–14.

### 11.1.1 Der Fall Rolf Henrich

Ende März 1989 wurde das MfS durch zwei Meldungen aufgeschreckt. Eine Zollkontrolle in Berlin beschlagnahmte den Vorabdruck eines Buches, das der Eisenhüttenstädter Rechtsanwalt Rolf Henrich verfasst hatte.[34] Tags darauf erschien im Tagespiegel ein Artikel, der, gestützt auf die Agentur dpa, Genaueres über das Buchprojekt berichtete. Unter dem Titel »Der vormundschaftliche Staat, vom Versagen des ›real existierenden Sozialismus‹« sollte es im April im Rowohlt Verlag erscheinen. Aufrüttelnd wirkte allein schon der thesenhafte Titel. In seinen Ausführungen hielt Henrich Sozialismus und individuelle Freiheiten für »bis heute unvereinbare Größen«[35] und qualifizierte die Geheimpolizei als »Staat im Staate« ab.[36] Das MfS traf diese Meldungen unvorbereitet, obwohl Rolf Henrich kein Unbekannter war.

Mitte der 1970er-Jahre plante das MfS noch, Henrich als IM anzuwerben, das Ansinnen scheiterte.[37] Seit Februar 1988 wurde er in der OPK »Psyche« erfasst.[38] Der Codename dürfte auf die enge Bekanntschaft des Ehepaars Henrich mit dem Hallenser Psychoanalytiker Hans-Joachim Maaz zurückzuführen sein.[39] Derartige Bekanntschaften und für das MfS undurchsichtige Kontakte in die Bundesrepublik machten Henrich verdächtig. Er vertrete »im internen Kern eine negative bis feindliche Haltung zu unserer Politik«.[40] An anderer Stelle hieß es, er sei »überheblich«.[41] In seinem Wochenendhaus würden »Zusammenkünfte mit seinem negativ-dekadenten Umgangskreis«[42] stattfinden.

34 BV Frankfurt/O./XX, Fernschreiben an HA XX, 23.3.1989; BStU, MfS, HA XX Nr. 6891, Bl. 203; Henrich, Rolf: Der Vormundschaftliche Staat. Reinbek 1989.

35 SED-Mitglied bezeichnet DDR als reaktionär. In: Der Tagesspiegel vom 24.3.1989, zugl. BStU, MfS, HA XX Nr. 6891, Bl. 206.

36 Ebenda.

37 HA XX, F-10-Suchauftrag, 9.7.1975; BStU, MfS, HA XX Nr. 6891, Bl. 198.

38 BV Frankfurt/O./XX, Fernschreiben an HA XX, 23.3.1989; BStU, MfS, HA XX Nr. 6891, Bl. 203.

39 BV Frankfurt/O., Fernschreiben an HA XX, o. D. (vermutl. 24.3.1989); BStU, MfS, HA XX Nr. 6891, Bl. 204 f. Hans-Joachim Maaz war ein DDR-Psychiater und eine Zeit lang im Bezirk Frankfurt/O. tätig. Als Chefarzt in einer Klinik der Diakonie in Halle war es ihm möglich, tiefenpsychologisch Therapieformen anzuwenden. Bekannt wurde er 1989 durch sein Buch »Der Gefühlsstau. Ein Psychogramm der DDR«. Berlin 1990. Im genannten Buch finden sich gewisse Parallelen zu Henrichs Herrschaftsanalyse. Wer war wer in der DDR? In: http://www.bundesstiftung-aufarbeitung.de/wer-war-wer-in-der-ddr-%2363%3B-1424.html (letzter Zugriff: 9.2.2015).

40 BV Frankfurt/O./XX/1, Einleitungsbericht, 12.2.1988; BStU, MfS, BV Frankfurt/O., Abt. XX Nr. 116, Bl. 59–64, hier 59.

41 BV Frankfurt/O., Fernschreiben an HA XX, o. D. (vermutl. 24.3.1989); BStU, MfS, HA XX Nr. 6891, Bl. 204 f., hier 205.

42 Vermerk, o. D. (vermutl. 1988); BStU, MfS, HA XX Nr. 1588, Bl. 7.

Seit der Zeit gab es im MfS Pläne, Henrich zu kriminalisieren.[43] Dem MfS lagen sogar inoffizielle Informationen vor, dass Henrich ein Buch plane.[44] Bei einer konspirativen Wohnungsdurchsuchung konnte jedoch nichts gefunden werden.[45] Nachdem das Buchprojekt publik war, strich das MfS zur Selbstentlastung heraus, wie sehr Henrich seine Umwelt »getäuscht«[46] und sich getarnt hätte. Jahrelang hielten SED und MfS Henrich offenbar für einen der Ihren.

Dessen Vita deutete in der Tat auf eine parteiverbundene DDR-Karriere hin, die der des etwas jüngeren Gregor Gysi in manchem nicht unähnlich war. Rolf Henrich, 1944 in Magdeburg geboren,[47] wuchs in Hannover auf und siedelte als Jugendlicher mit seiner Mutter in die DDR über.[48] In Werdau bei Zwickau wurde er im Bergbau zum Facharbeiter mit Abitur als Hauer ausgebildet. Im Jahr 1964 trat er in die SED ein und nahm in Jena ein Jura-Studium auf.[49] Den Mauerbau sah Henrich zu dieser Zeit noch als eine »notwendige, wenngleich vorübergehende Maßnahme politischer Machtausübung an«.[50] In Jena verpflichtete er sich 1966 als geheimer Informant des MfS unter dem Decknamen »Streit«.[51] Die Abwehr des MfS erwog, ihn wegen seiner Westerfahrung längere Zeit in der Bundesrepublik einzusetzen. Er wurde als Westagent geschult. Während eines Einsatzes in München soll IM »Streit« laut einem Tonbandprotokoll des MfS versucht haben, einen Münchner mit dessen unehelichem Verhältnis in der DDR zur Zusammenarbeit mit dem MfS zu erpressen.[52] Da Henrich es ablehnte, kleine Aufgaben für das MfS durchzuführen und keine Berichte über seinen Bekanntenkreis fertigen wollte,[53] stellte das MfS die Zusammenarbeit

43 BV Frankfurt/O./XX/1, Einleitungsbericht, 12.2.1988; BStU, MfS, BV Frankfurt/O., Abt. XX Nr. 116, Bl. 59–64, hier 64.

44 BV Frankfurt/O./XX/1, Eröffnungsbericht, 5.1.1989; ebenda, Bl. 118–135.

45 Henrich hatte Manuskripte rechtzeitig beiseitegeschafft. Rolf Henrich im Gespräch mit dem Autor 2009; BV Frankfurt/O./XX, Fernschreiben an HA XX, 23.3.1989; BStU, MfS, HA XX Nr. 6891, Bl. 203.

46 Information zur Person, o. D. (vermutl. März 1989); BStU, MfS, HA IX Nr. 17401, Bl. 12–15, hier 14 f.

47 Die Daten stammen, sofern nicht anders angegeben, aus: Wer war wer in der DDR? In: http://www.bundesstiftung-aufarbeitung.de/wer-war-wer-in-der-ddr-%2363%3B-1424.html (letzter Zugriff: 18.11.2014).

48 BV Gera/II/2, Vorschlag zur Werbung als GI, 10.3.1966; BStU, MfS, BV Gera, AGI 814/69, T. I, Bd. 1, Bl. 63–67; Information über erste Überprüfungsergebnisse im Zusammenhang mit der geplanten Veröffentlichung eines gegen die DDR gerichteten Buches in der BRD von dem DDR-Bürger Henrich, 27.1.1989; BStU, MfS, HA IX Nr. 3316, Bl. 109 f.

49 Vermerk v. 15.6.1989; BStU, MfS, AOP 1631/91, Bl. 80 f.

50 Henrich: Vormundschaftlicher Staat, S. 311.

51 Rolf-Rüdiger Henrich, Verpflichtung, 29.3.1966; BStU, MfS, BV Gera, AGI 814/69, T. I, Bd.1 , Bl. 71.

52 BV Gera/II/2, IM »Streit«, Tonbandabschrift, 11.6.1968; BStU, MfS, BV Gera, AGI 814/69, T. II, Bd. 1, Bl. 59–62.

53 HA II/2, TB mit IM »Streit«, 27.2.1969; BStU, MfS, BV Gera, AGI 814/69, T. I, Bd. 1, Bl. 95 f.

wegen »politisch-ideologischer Unklarheiten sowie seiner fehlenden tschekistischen Charaktereigenschaften«[54] schließlich ein. Henrich setzte später sein Studium an der Humboldt-Universität Berlin fort. Im Rahmen von Diskussionen zum »Prager Frühling« 1968 wurde ihm nach eigenen Bekundungen der Vorwurf des »Revisionismus wegen Psychologisierung des Rechts« gemacht.[55] Nach Einschätzungen eines für das MfS tätigen Mitstudenten kritisierte er das Vorgehen der SED allerdings von links und fühlte sich in dieser Zeit den Ideen der westlichen Studentenbewegung und den Revolutionsbewegungen in der Dritten Welt verbunden.[56] »Der Glaube an die historische Überlegenheit des Sozialismus«[57] war durch die Niederschlagung des Prager Frühlings immerhin erschüttert. Die Karriere von Henrich wurde durch diese Episode gebremst. Von 1969 bis 1972 arbeitete er, unterbrochen durch einen anderthalbjährigen Wehrdienst, als Assistent an der Deutschen Akademie für Staats- und Rechtswissenschaft in Babelsberg. Während seines Wehrdienstes war er als Militärschöffe tätig.[58] Ab 1972 war er zunächst als Praktikant, dann als Kollegiums-Anwalt in Eisenhüttenstadt. Bereits 1973 wurde er sehr schnell Parteisekretär, besuchte die Bezirksparteischule[59] und war trotz gewisser Vorbehalte im MdJ im Notfall als Nomenklaturkader für die Funktion des Kollegiumsvorsitzenden im Bezirk Frankfurt/O. designiert.[60] Dennoch inspirierte ihn das Buch von Rudolf Bahro »Die Alternative«. Allerdings kritisierte er ihn als »inkonsequent«,[61] weil er zu traditionell auf die stufenmäßige Entwicklung zum Sozialismus setzte. Seit dieser Lektüre arbeitete Henrich auf ein eigenes Buch hin. Seine innere Wandlung blieb unbemerkt, sodass er noch 1985 nach einer Überprüfung durch das MfS als Anwalt für ausländische Vertretungen zugelassen[62] und Anwalt in mehreren MfS-ermittelten Prozessen war.[63] Im Jahr 1988 wurde ihm, wenn

54 HA II/2, Schreiben an BV Gera, 8.5.1969; BStU, MfS, BV Gera, AGI 814/69, T. I, Bd. 1, Bl. 125; BV Gera/II/2, Beschluss, 3.6.1969; ebenda, Bl. 126 f.

55 Zit. nach: Henrich: Vormundschaftlicher Staat, S. 315.

56 BV Frankfurt/O., Einschätzung des ehemaligen Studenten Henrich, 27.5.1969; BStU, MfS, BV Gera, AGI 814/69, T. I, Bd. 1, Bl. 128–133, hier 129 ff.; Vermerk v. 15.6.198; BStU, MfS, AOP 1631/91, Bl. 80 f.

57 Henrich: Vormundschaftlicher Staat, S. 312. Henrich sprach damals noch vom Einmarsch deutscher Truppen. Das entsprach der DDR-Propaganda. In Wirklichkeit wurden die DDR-Truppen von der Invasion abgehalten. Wolle, Stefan: Aufbruch nach Utopia. Alltag und Herrschaft 1961–1971. Berlin 2011, S. 368 ff.

58 Vermerk, o. D; BStU, MfS, HA IX Nr. 17721, Bl. 57 f.

59 Henrich: Vormundschaftlicher Staat, S. 315.

60 MdJ, Vermerk über die Instruktion beim Vorstand des Kollegiums Frankfurt, 27.11.1980; BArch, DP1, 4183.

61 Henrich: Vormundschaftlicher Staat, S. 312 ff.

62 BV Frankfurt/O./XX, Bestätigung von Rechtsanwälten zur Wahrnehmung von Aufträgen ausländischer Vertretungen, 4.3.1985; BStU, MfS, HA XX Nr. 6891, Bl. 171.

63 Rechtsanwalt Henrich, Verfahren Linie IX, o. D. (vermutl. 1989); BStU, MfS, HA IX Nr. 17721, Bl. 53.

auch gegen den Einspruch des MfS, sogar eine Verwandtenreise in den Westen genehmigt.[64] Von Eisenhüttenstadt aus war Henrich in einen Freundeskreis integriert,[65] der soziale Ähnlichkeiten mit anderen Gesprächs- und Freundeskreisen in akademischen Milieus trug.[66] Zu Henrichs Kreis gehörten der Psychologe Hans-Joachim Maaz, die Psychologin Erika Drees, der Frankfurter Theologen-Sohn und Anwalt Reinhart Zarneckow und andere.[67] In diesem Kreis und privat beschäftigte sich Henrich verstärkt mit philosophischen und psychologischen Fragen und mit anthroposophischem Gedankengut. Bekannte beschrieben eine Hinwendung zu einer inneren Religion.[68] Nach Darstellung des MfS zog sich Henrich in den 1980er-Jahren »schrittweise aus konkreter Leitungsverantwortung zurück«.[69]

Mit der Veröffentlichung seines Buches im Westen war der politisch erfahrene Jurist wissentlich das Risiko eingegangen, den Machthabern als »Verräter« mit den daraus resultierenden Konsequenzen zu erscheinen.[70] Wenngleich Henrich zweifelsohne auf die sowjetische Perestroika und entsprechende Veränderungen innerhalb der SED und ihres Personals spekulierte,[71] hatte er doch weit mehr aufs Spiel gesetzt, als zeitgenössische reformorientierte Parteimitglieder, die innerhalb der von der SED tolerierten Grenzen blieben.[72] Insofern ging Henrich bewusst den Schritt in die Dissidenz und Opposition.

Die Buch-Veröffentlichung war professionell organisiert. Duplikate des Manuskriptes waren im Garten vergraben, Spuren beseitigt.[73] Parallel zur Buchveröffentlichung waren, ähnlich wie im Fall sein Vorbildes Bahro, ein Fernsehin-

64 BV Frankfurt/O./XX, Schreiben an HA XX/1, 28.1.1988; BStU, MfS, HA XX Nr. 7347, Bl. 157.

65 R. Kusch nennt diesen nach dem Wochenendgrundstück von Henrich »Hammerforter Freundeskreis«. Kusch, Reinhardt: Kollaps ohne Agonie. Das Ende des SED-Regimes im Bezirk Frankfurt/O. Jacobsdorf 1998, S. 22.

66 Großbölting, Thomas: SED-Diktatur und Gesellschaft. Bürgertum, Bürgerlichkeit und Entbürgerlichung in Magdeburg und Halle. Halle 2001. Die romanhafte Schilderung eines solchen Milieus im Dresden der 1980er-Jahre findet sich bei Tellkamp, Uwe: Der Turm. Geschichte aus einem versunkenen Land. Stuttgart 2008.

67 Gespräch mit dem Autor 2009.

68 Zit. nach: Vermerk v. 15.6.1989; BStU, MfS, AOP 1631/91, Bl. 80 f.

69 Information zur Person, o. D. (vermutl. März 1989); BStU, MfS, HA IX Nr. 17401, Bl. 12–15, hier 15.

70 Henrich: Vormundschaftlicher Staat, S. 316 f.

71 Staatliches Komitee für Rundfunk/Redaktion Monitor, Transkription eines Interviews im RIAS, 13.4.1989; BStU, MfS, HA IX Nr. 3316, Bl. 11–13, hier 13.

72 Kowalczuk ordnet Henrich als SED-Reformer ein. Kowalczuk: Endspiel. Neubert nennt ihn überzeugender einen »Konvertiten« und SED-Dissidenten, dem die Opposition aber skeptisch gegenüberstand. Neubert: Geschichte der Opposition, S. 773 f.

73 Gespräch mit dem Autor 2009.

terview aufgezeichnet[74] und eine Vorveröffentlichung im Spiegel arrangiert[75] worden. In der Folgezeit gab er Interviews und konnte im Rahmen von Kirchenveranstaltungen sogar Lesungen durchführen.[76] Seit Sommer 1988 traf Henrich nach Erkenntnissen des MfS auf Alt-Oppositionelle, die später mit ihm das Neue Forum gründen sollten.[77] Dort konnte er einen Teil seiner Thesen über Herrschaftsstrukturen darlegen.[78] Auch an der »Begrüßungsfete« für die nach dem erzwungenen Studienaufenthalt zurückgekehrte Bärbel Bohley nahm Henrich teil.[79] In der Folgezeit wurden die Kontakte zu Oppositionellen enger.[80] Schließlich verfasste er mit dem Molekularbiologen Jens Reich maßgeblich den Entwurf des Reform- und Dialog-Aufrufs, mit dem das Neue Forum am 2. September 1989 als Gruppierung an die Öffentlichkeit trat. Henrich war Mitautor mehrerer Grundsatzpapiere des Neuen Forum,[81] begleitete rechtlich beratend den Versuch, das Forum auf Basis des DDR-Rechtes zu legalisieren, wenn auch offiziell sein Ex-Kollege Gysi vom Neuen Forum betraut war. Wenngleich Henrich durchaus auf Veränderungen setzte, war die Entwicklung vom Herbst 1989 im März 1989 nicht absehbar, als seinen Worten zufolge, »die Stimme des Gewissens lauter klingt als der Ruf der Partei«.[82] Die Reaktion kam prompt. Schon am 23. März 1989 alarmierte die BV Frankfurt/O. die SED-Bezirksleitung und die Hauptabteilung XX des MfS in Berlin.[83] Am 24. und 27. des Monats suchten der Vorsitzende des Kollegiums Frankfurt/O., Klaus Klasen, und der für Staatsfragen zuständige Mitarbeiter der SED-Bezirksleitung, Hans Hörath, das Gespräch mit Henrich, anfangs offenbar in der Hoffnung, ihn umzustimmen und die Lage auszuloten.[84] Schon am 27. März 1989 beschloss der Vorstand des Kollegiums, Henrich auszuschließen und ihn mit sofortiger Wir-

74 BV Frankfurt/O., Fernschreiben an HA XX, o. D. (vermutl. 24.3.1989); BStU, MfS, HA XX Nr. 6891, Bl. 204 f., hier 205.

75 »Wo Gewalt ist, schweigen die Rechte«. Der SED-Mann und DDR-Regimekritiker Rolf Henrich über die Erstarrung des politischen Lebens in der DDR. In: Der Spiegel 13/1989.

76 Vgl. z. B. Staatliches Komitee für Rundfunk/Redaktion Monitor, Transkription eines Interviews im RIAS, 13.4.1989; BStU, MfS, HA IX Nr. 3316, Bl. 11–13.

77 BV Frankfurt/O./XX/1, Eröffnungsbericht, 5.1.1989; BStU, MfS, BV Frankfurt/O., Abt. XX Nr. 116, Bl. 118–135, hier 119 ff.

78 MfS, Information über erste Überprüfungsergebnisse im Zusammenhang mit der geplanten Veröffentlichung eines gegen die DDR gerichteten Buches in der BRD von dem DDR-Bürger Henrich, 27.1.1989; BStU, MfS, HA IX Nr. 3316, Bl. 109 f.

79 BV Frankfurt/O./XX/1, Eröffnungsbericht, 5.1.1989; BStU, MfS, BV Frankfurt/O., Abt. XX Nr. 116, Bl. 118–135, hier 128.

80 Kowalczuk: Endspiel, S. 316 f.

81 Ebenda, S. 357 ff. u. 362 f.

82 Henrich: Vormundschaftlicher Staat, S. 317 f.

83 BV Frankfurt/O./XX, Fernschreiben an HA XX, 23.3.1989; BStU, MfS, HA XX Nr. 6891, Bl. 203.

84 Information zur Person, o. D. (vermutl. März 1989); BStU, MfS, HA IX Nr. 17401, Bl. 12–15, hier 12.

kung von der Arbeit zu suspendieren.[85] Der SED-Ausschluss folgte im April.[86] Die SED in Frankfurt/O. brandmarkte ihn als »Verräter«.[87] Das MfS im Bezirk Frankfurt/O. stufte die Überwachung von einer OPK zum OV hoch.[88] Die Lesungen, die Henrich in den Folgemonaten überall in der DDR hielt, verbot man zwar nicht, aber man überwachte sie und mobilisierte Anwälte aus dem regionalen Kollegium als »gesellschaftliche Kräfte«, die »diese[n] Banditen [...] in die Furche ducken«[89] sollten. Negative Rezensionen in Samisdat-Blättern sollten seinen Ruf bei der Opposition beschädigen, was möglicherweise nicht ohne den angepeilten Nachhall blieb.[90] In Berlin wurden vor allem Henrichs Kontakte zu Westjournalisten und Oppositionellen vom MfS akribisch dokumentiert.[91] Schon am 3. April legte die HA IX/2 eine rechtliche Einschätzung des Buches vor, wonach der Tatbestand der staatsfeindlichen Hetze[92] objektiv und subjektiv gegeben wäre. Falls die Verfolgung als Staatsverbrechen »aus rechtspolitischen Gründen [...] nicht zweckmäßig«[93] wäre, könne ebenso wegen öffentlicher Herabwürdigung und ungesetzlicher Verbindungsaufnahme,[94] gegebenenfalls auch wegen der Verletzung devisen- und ordnungsrechtlicher Bestimmungen verfolgt werden. Die Aufzählung der juristischen Möglichkeiten zeigt, wie sehr das Strafrecht in derartigen Fällen als eine beliebig nach politischen Vorgaben ein-

85 MdJ, Information zur Lage im Kollegium der Rechtsanwälte Frankfurt/O., 29.3.1989; BStU, MfS, HA XX Nr. 6891, Bl. 168 f.

86 Kowalczuk: Endspiel, S. 317.

87 Christa Zellmer, erste Sekretärin der SED-BL Frankfurt/O. auf dem Plenum der SED-BL am 5.4.1989. Zit. nach: Kusch: Kollaps, S. 22 f.

88 BV Frankfurt/O./XX/1, Eröffnungsbericht, 5.1.1989; BStU, MfS, BV Frankfurt/O., Abt. XX Nr. 116, Bl. 118–135.

89 So der Leiter der BV Karl-Marx-Stadt, Siegfried Gehlert, auf einer Dienstbesprechung mit Erich Mielke. ZAIG, Dienstbesprechung beim Minister für Staatssicherheit, 31.8.1989, zit. nach: Mitter, Armin; Wolle, Stefan (Hg.): Ich liebe Euch doch alle! Befehle und Lageberichte des MfS Januar–November 1989. Berlin 1990, S. 113–138, hier 130.

90 BV Frankfurt/O./XX, Bearbeitung OV »Psyche«, 14.11.1989; BStU, BV Frankfurt/O., Abt. XX Nr. 116, Bl. 184 f. Nach diesem Plan sollte Henrich in der Berliner Oppositions-Zeitschrift »Umweltblätter« diskreditiert werden. In der Tat erschien dort ein anonymer Artikel, der eine Protektion Henrichs durch das MfS suggerierte, was seinen Niederschlag in der Sekundärliteratur bis heute findet. Neubert: Geschichte der Opposition, S. 774.

91 HA II, Dokumentensammelkartei zu Rolf Henrich; BStU, MfS, HA II/AKG, Kartei, VSH/Dok.

92 Gesetz zur Änderung und Ergänzung straf- und strafverfahrensrechtlicher Bestimmungen (2. Strafrechtsänderungsgesetz) v. 7.4.1977. In: DDR-GBl. Teil I (1977) 10, S. 100 (künftig als »StGB 1977« bezeichnet), hier § 106.

93 HA IX/2, Rechtliche Einschätzung, 3.4.1989; BStU, MfS, HA IX Nr. 17401, Bl. 2–11, hier 8.

94 Gesetz zur Änderung und Ergänzung straf- und strafverfahrensrechtlicher Bestimmungen und des Gesetzes zur Bekämpfung von Ordnungswidrigkeiten (3. Strafrechtsänderungsgesetz) v. 28.6.1979. In: DDR-GBl. Teil I (1979) 17, S. 139 (künftig als »StGB 1979« bezeichnet), hier §§ 220 bzw. 219.

zusetzende taktische Variante bei der Eindämmung staatskritischer Aktivitäten angesehen wurde. Von einer strafrechtlichen Verfolgung wurde, anders als von Henrich erwartet,[95] ganz abgesehen. Der ZK-Sekretär für Staats- und Rechtsfragen, Egon Krenz, riet gegenüber Erich Honecker und dem Politbüro davon ab und wies das MfS entsprechend an.[96] Mit dem Staatssekretär im MdJ besprach er, dass »keine staat[lichen] Zwangsmaßn[ahmen]« erfolgen sollten, um dem »Westen keine Angriffsziele [zu] bieten«.[97] »Die bewährten Instrumente parteidisziplinarischer Einschüchterung [begannen 1989 ...] an Wirksamkeit einzubüßen.«[98] Die Medien im Westen reagierten prompt und deutlich: »Nichts da mit Perestroika und Glasnost in der DDR. [...] Der DDR-Rechtsanwalt Rolf Henrich ist jetzt aus der Partei, der SED, ausgeschlossen worden und mit einem Berufsverbot belegt worden.«[99] Möglicherweise war eine Zeit lang sogar offen, ob die Partei den Ausschluss nicht »aufheben«[100] würde.

Die Entfernung aus der Anwaltschaft durch die »Selbstverwaltungs«-Gremien des Frankfurter Kollegiums war offenbar der dosierte Versuch, Reaktion zu zeigen, ohne Staat und Partei zu desavouieren. Laut Disziplinarordnung von 1981 hätte die Mitgliederversammlung den Beschluss als Beschwerdeinstanz des Vorstandes aufheben können.[101] Das Justizministerium und das MfS waren sich des Frankfurter Kollegiums nicht vollkommen sicher. Von den 24 Mitgliedern, ohne Henrich, wurden nur sieben zum »positiven Kern« gezählt, ein nicht geringer Teil als »schwankend«, »schwer einzuschätzen« beziehungsweise als Anhänger einer »nicht zu akzeptierenden Position« eingeschätzt.[102] Henrich verfügte aus der Vergangenheit zudem über »Anerkennung«[103] unter den Kollegen. Er war mit einigen Anwälten befreundet, seine Frau Heidelore gehörte ebenfalls dem RAK Frankfurt/O. an. Auch mit der Autorität des Vorsitzenden stand es

95 Henrich: Vormundschaftlicher Staat, S. 316.

96 Krenz, Egon: ZK-Hausmitteilung an Erich Honecker, 28.3.1989. In: Im Namen des Volkes? Über die Justiz im Staat der SED/Hg. vom Bundesministerium der Justiz. Leipzig 1994. [Bd.]; Katalog zur Ausstellung des Bundesministeriums der Justiz, S. 246; Süß: Staatssicherheit am Ende, S. 139, FN 342.

97 Handschriftlicher Vermerk, o. D. (vermutl. Ende März 1989); BStU, MfS, HA XX Nr. 6891, Bl. 170. Ob es sich bei diesem Vermerk um einen des MdJ handelt oder ein MfS-Mitarbeiter über das Gespräch informiert wurde, ist unklar.

98 Ebenda.

99 Staatliches Komitee für Rundfunk/Redaktion Monitor. Transkription eines SFB-Beitrages von Hartwig Heber, 30.3.1989; BStU, MfS, HA XX Nr. 6891, Bl. 208.

100 Handschriftlicher Vermerk, o. D. (vermutl. Ende März 1989); BStU, MfS, HA XX Nr. 6891, Bl. 170.

101 MdJ, Disziplinarverfahrensordnung für Rechtsanwälte, 27.2.1981, § 13, Abs. 2 u. 3; BStU, MfS, BdL/Dok Nr. 7436, Bl. 1–6, hier 5.

102 Vgl. Verzeichnis der Rechtsanwälte; MdJ, Einige Überlegungen zur Lage im Frankfurter Kollegium, 31.3.1989; BStU, MfS, HA XX Nr. 6891, Bl. 158–162, hier 161.

103 Information zur Person, o. D. (vermutl. März 1989); BStU, MfS, HA IX Nr. 17401, Bl. 12–15, hier 15.

nicht zum Besten. »Es heben nicht mehr [alle Mitglieder] also so die Hand wie früher.«[104] Rolf Henrich selbst vermochte vor seinen Kollegen gut zu argumentieren und verstand es, ihnen ins Gewissen zu reden.[105] Zur Bewältigung der bevorstehenden Aufgaben sollte der Vorstand laut MdJ unterstützt werden, indem »gezielt Referenten in Mitgliederversammlungen auftreten«, ergänzt wurde: »Dr. Gysi hat bereits zugesagt.«[106] Angesichts der veränderten politischen und internationalen Lage konnte die Disziplinierung von Henrich nicht mehr wie bei Götz Berger mittels Staats- und Parteieinfluss demonstrativ durchgedrückt werden. Zur Mitgliederversammlung des Frankfurter Kollegiums, am 21. April 1989 in Berlin,[107] eilte zum Tagesordnungspunkt »Information über das Disziplinarverfahren gegen Rolf Henrich« der Abteilungsleiter des MdJ, Udo Rodig, herbei. Unterstützt wurde er auf ungewöhnliche Weise durch den Vorsitzenden des Rates der Vorsitzenden, Gregor Gysi, der laut Protokoll eine Stellungnahme abgab.[108] Die Sitzung, sieben Monate vor dem Mauerfall, verlief gespenstisch. Alle Anwesenden sollten sich reihum von Henrich distanzieren. Wer das MfS »Geheimpolizei« nenne, dürfe sich über die Folgen nicht wundern, da könne Henrich keiner helfen, soll, wie mehrere Teilnehmer übereinstimmend berichten, Gysi gesagt haben. Gysi hat an die Episode eine andere Erinnerung: Er habe mit dem Ausschluss nichts zu tun gehabt, er habe sich nach seiner Erinnerung in der entscheidenden Sitzung zu dem Fall gar nicht geäußert.[109] Im Fall Henrich musste die SED 1989 taktische Zugeständnisse machen, das Disziplinierungsschema blieb jedoch noch im gewohnten Rahmen. Das MfS ermittelte Berliner Anwälte, die mit Henrich befreundet waren. Es wurde sogar erwogen, eine OPK anzulegen,[110] die erste gegen Berliner Anwälte seit den 1970er-Jahren. Der beim MfS beschäftigte Ehemann einer Anwältin musste sich rechtfertigen.[111] Seine Ehefrau wurde im Kollegium unter Druck gesetzt, den persönlichen Kontakt zu Henrich aufzugeben.[112] Auf der nachfolgenden Berliner

104 Zit. nach: MdJ, Einige Überlegungen zur Lage im Frankfurter Kollegium, 31.3.1989; BStU, MfS, HA XX Nr. 6891, Bl. 158–162, hier 160.

105 MdJ, Information zur Lage im Kollegium der Rechtsanwälte Frankfurt/O., 29.3.1989; ebenda, Bl. 168.

106 MdJ, Einige Überlegungen zur Lage im Frankfurter Kollegium, 31.3.1989; ebenda, Bl. 162.

107 Ebenda. Da der Bezirk Frankfurt/O. an Ostberlin angrenzte, tagte das RAK Frankfurt/O. traditionell in den Räumen des Ostberliner RAK in der Nähe vom Alexanderplatz. Reinhart Zarneckow im Gespräch mit dem Autor 2009.

108 RAK Frankfurt/O., Protokoll der MV am 21.4.1989; SAPMO, DY 64, Kollegium Frankfurt/O. 1989. Das Wortprotokoll konnte bislang nicht gefunden werden.

109 Wensierski, Peter: Der Reservekader. In: Der Spiegel 39/2009.

110 BV Bln/XX, Maßnahmen zur Aufklärung, Entwurf 2.5.1989; BStU, MfS, BV Berlin, Abt. XX Nr. 2482, Bl. 4 f., hier 5.

111 Vermerk v. 15.6.1989; BStU, MfS, AOP 1631/91, Bl. 80 f.

112 BV Bln/XX, Zusammenfassende Information, 10.5.1989; BStU, MfS, BV Berlin, Abt. XX Nr. 2484, Bl. 1 f., hier 1.

Mitgliederversammlung nahm der Vorsitzende Gysi »eine sehr ausführliche Auswertung«[113] der jüngsten Disziplinarverfahren im Kollegium Frankfurt/O. vor. Auch auf der Versammlung des Rates der Vorsitzenden gab Gysi laut Protokoll einen Überblick über die Disziplinarverfahren.[114] Ein Exempel gegen unruhige Geister war statuiert worden und das sollte jeder Anwalt mitbekommen.

Als von mehreren Einzelpersonen und Standesorganisationen aus dem Westen besorgte bis protestierende Nachfragen kamen, wurden diese teilweise gar nicht,[115] teilweise offenbar irreführend beantwortet. Objektiv reihten sich Anwaltsfunktionäre damit in die Diskreditierungsstrategie gegen Henrichs ein.[116] Rolf Henrich und Gregor Gysi, einstmals befreundet, standen sich nunmehr als Gegner gegenüber. Während der eine die Regeln des Systems bewusst durchbrach, hielt der andere sie, wenn auch geschmeidiger als früher, aufrecht, obwohl ihm klar sein musste, dass die bisherigen Wege kaum mehr gangbar waren. Am Zentralen Runden Tisch, Anfang Dezember 1989, sollten sie wieder einander gegenübersitzen, um über Wege aus der Existenzkrise der DDR zu befinden.

### 11.1.2 Der Fall Wolfgang Schnur

Die Entwicklung des Kirchenanwaltes Wolfgang Schnur verlief von außen betrachtet ähnlich, wie die des ehemaligen SED-Anwaltes. Er wurde über seine Kirchenkontakte in die Vorbereitung zur Gründung der Oppositionsgruppierung Demokratischer Aufbruch (DA) hineingezogen. Das MfS gab seine Zurückhaltung auf und gestattete dem Anwalt die Umsiedlung nach Ostberlin. Dort sollte er vor allem die Kirchenleitung und »feindliche Personen, die sich derzeit um Führungspositionen im Bereich politische Untergrundtätigkeit bemühen«,[117] auskundschaften. Manfred Stolpe seitens der Kirche und Gregor Gysi aus dem Kollegium heraus unterstützten Schnurs Umsiedlung nach Ostberlin.[118] Die Bundesregierung erklärte sich laut Schnurs Stasiberichten kurioserweise bereit, dieses Vorhaben mit einer fünfstelligen DM-Summe zu unterstützen.[119] Derart abgesichert war Schnur bei seinen Aktivitäten im Demo-

113 RAK Berlin, Protokoll der MV vom 16.6.1989, S. 2; BArch, DP1, 21744.

114 RdV, Protokoll vom 11. u. 12.5.1988, S. 1; BArch, DP1, 21713.

115 Republikanischer Anwältinnen- und Anwälteverein, Schreiben an den RdV-Vorsitzenden Gregor Gysi, 18.4.1989; BArch, DP1, 21712. Laut Auskunft des RAV gegenüber dem Autor 2009 gab es keine Reaktion des RdV.

116 Die Wiederaufnahme von Henrich in das Kollegium Frankfurt/O. betrieben im November 1989 dieselben Personen in Kollegien und MdJ, die im März seine Entfernung veranlassten. MdJ, Schreiben an das RAK Frankfurt/O., 21.11.1989; BArch, DP1, 21712.

117 BV Rostock/XX/4, Aktenvermerk zur Festlegung der weiteren Haupteinsatzrichtungen, 21.5.1988; BStU, MfS, BV Rostock, AIM 3275/90, T. I, Bd. 1, Bl. 256–258, hier 257.

118 HA XX/4, Bericht zu einer Sachinformation, 24.4.1989; ebenda, T. II, Bd. 14, Bl. 41 f.

119 HA XX/4, Bericht, 13.5.1989; ebenda, T. II, Bd. 14, Bl. 68 f.

kratischen Aufbruch nicht gefährdet. Geradezu als Gegenbild zu Henrich war Schnur dem MfS nachweislich bis in den Oktober 1989 hinein ergeben. Insofern ist es fraglich, ob Schnur bewusst »auf die Seite der Gewinner wechselte«[120] oder nur weitermachte wie bisher, wenngleich die Umweltbedingungen sich änderten. In dichter Reihenfolge berichtete er mehreren Führungsoffizieren in Rostock und Berlin über kircheninterne Strategiediskussionen, über Aktivitäten zur Aufdeckung des Wahlbetruges,[121] über Ausreiseantragsteller[122] und schließlich über die ersten Überlegungen zur oppositionellen Gruppenbildung. Dass der Pfarrer Markus Meckel »mit anderen Personen [...] darüber nachdenkt, eine Initiativgruppe zur Gründung einer sozialdemokratischen Partei zu bilden«,[123] wurde von ihm ebenso vermeldet, wie die ersten Bemühungen zur Bildung des Demokratischen Aufbruch. Dass die geplante Gründungsversammlung des DA am 1. Oktober 1989 im Chaos mündete, war auch sein Werk. Schnur hatte den geheimen Treffpunkt verraten. Das MfS und die Polizei umstellten den Ort und alternativen Treffpunkte, sodass die Gründer zersplittert an verschiedenen Orten landeten. Das MfS hielt sein Verhalten für »vorbildlich [..., er hätte] maßgeblichen Anteil daran, dass am 1.10.89 die politische Opp[osition] ›DA‹ nicht gebildet wurde«.[124] Das Selbstlob des MfS kaschierte einen Pyrrhussieg. Denn einige aus der DA-Initiative durchkreuzten die Stasi-Strategie, indem sie gegenüber den Westmedien die Entstehung des DA erklärten.[125] Somit war beides in der Welt: die neue Gruppe und die Stasi-Schikanen. Die Oppositionellen, die ganz überwiegend aus Kirchenkreisen stammten, schöpften keinerlei Verdacht und wählten schließlich Schnur, einen Nicht-Pfarrer, sogar zum Vorsitzenden.[126] Er galt als aussichtsreicher Hoffnungsträger an der Seite der West-CDU, bis seine MfS-Beziehung Anfang 1990 aufflog.[127]

120 Süß: Staatssicherheit am Ende, S. 699.

121 HA XX/4, Bericht zu den Vorgängen der Volkswahlen, 11.5.1989; BStU, MfS, BV Rostock, AIM 3275/90, T. II, Bd. 14, Bl. 60–65.

122 Vermerk, o. D. (vermutl. 1989); ebenda, T. II, Bd. 14, Bl. 82.

123 »Dr. R. Schirmer«, Bericht Nr. 4 vom 3.7.1989; ebenda, T. II, Bd. 14, Bl. 159.

124 HA XX/4, TB mit »Dr. Schirmer«, 7.10.1989; ebenda, T. II, Bd. 12, Bl. 230.

125 HA XX/4, Bericht zu den Vorgängen des 1.10.1989 in Berlin zur Gründung der Initiative Demokratischer Aufbruch, 2.10.1989; ebenda, T. II, Bd. 12, Bl. 234–237.

126 Neubert: Geschichte der Opposition, S. 860.

127 Süß: Staatssicherheit am Ende, S. 699 ff.

## 11.2 Entwicklung im Kollegium: Taktieren und Sondieren

Das Jahr 1989 gewann für die Anwälte früher an Dynamik als das in der Wahrnehmung der breiteren Öffentlichkeit der Fall war. Anlass waren Rechtsvorschriften, die im Zuge der KSZE-Folgekonferenz von Wien erlassen wurden. Das Gesetz zur Überprüfung von Verwaltungsentscheidungen,[128] das Mitte 1989 in Kraft treten sollte und schon vorher bekannt war, weitete die anwaltlichen Vertretungsmöglichkeiten. Es wurde vom Kollegiums-Vorstand begrüßt,[129] schließlich winkten nicht nur neue rechtsstaatliche Möglichkeiten, sondern auch Einkommensquellen. Die Reiseverordnung vom November 1988[130] sorgte bei den Interessierten zunächst für Protest, da die Zulassungskriterien gegenüber früheren Zeiten zunächst verengt wurden.[131] Schon seit Februar 1989 mehrten sich »zahlreiche Anfragen von Bürgern«[132] wegen der Reiseverordnung. In den Folgemonaten war diese regelmäßig Thema der Mitgliederversammlungen. Rein quantitativ »belaste[ten Ausreiseantragsteller] immer mehr die Sprechstunden der Rechtsanwälte«.[133] Hinzu kamen Rechtsunsicherheiten. Gregor Gysi informierte seine Kollegen nach Rücksprache mit dem Bereich Inneres der Berliner Stadtverwaltung, dem Magistrat, »dass eine Vertretung nicht erst im Rechtsmittelverfahren, sondern bereits im Antragsverfahren möglich ist«.[134] Das war ein Novum. In der Praxis verspürten die Anwälte aber Unsicherheit, gar Willkür in der Verwaltung, da »die örtlichen Organe [...] den persönlichen Besuch durch die Bürger verlangen und nicht akzeptieren [würden], dass der Antrag mit Begründung durch den Rechtsanwalt eingereicht wird«.[135] Durch ihre Mandanten erfuhren sie, dass die »Hinweise der Rechtsanwälte zum Verhalten dieser Bürger nicht identisch mit den verwaltungsrechtlichen Ergebnissen sind«.[136] Das war eine vorsichtige Umschreibung dafür, dass die Verwaltung die Rechtsvorschriften nicht einhielt. In der Sorge der Anwaltschaft, dass »Bürger, die sich aggressiv und unverschämt verhalten, schneller mit ihrer Antragstellung Erfolg haben als jene, die ein diszipliniertes Verhalten an

128 Gesetz über die Zuständigkeit und das Verfahren der Gerichte zur Nachprüfung von Verwaltungsentscheidungen vom 14.12.1988. In: DDR-GBl. Teil I (1988) 28, S. 327.

129 RAK Berlin, Protokoll der Vorstandssitzung vom 18.1.1989, S. 1; BArch, DP1, 21743.

130 Verordnung über die Reisen von Bürgern der DDR nach dem Ausland v. 30.11.1988. In: DDR-GBl. Teil I (1988) 25, S. 127.

131 Hertle, Hans-Hermann: Chronik des Mauerfalls. Die dramatischen Ereignisse um den 9. November 1989. Berlin 2009. S. 59 f.

132 RAK Berlin, Protokoll der Vorstandssitzung v. 15.2.1989, S. 1; BArch, DP1, 21743.

133 RAK Berlin, Protokoll der Vorstandssitzung v. 21.6.1989, S. 1; BArch, DP1, 21744.

134 RAK Berlin/Gysi, Schreiben an alle Mitglieder der RAK-Kollegien, 17.2.1989; BArch, DP1, 21740.

135 RAK Berlin, Protokoll der Vorstandssitzung v. 24.5.1989, S. 1; BArch, DP1, 21744.

136 RAK Berlin, Protokoll der Vorstandssitzung v. 21.6.1989, S. 2; BArch, DP1, 21744.

den Tag legen«,[137] drückte sich der Kompromiss der unterschiedlichen Anwaltsgruppierungen aus. Während einige auf die Weitung der rechtlichen Möglichkeiten drängten, waren andere besorgt, die Rechtspraxis könne zur Eskalation führen. Man fand sich in der gemeinsamen Kritik. Gregor Gysi wurde beauftragt, staatliche Stellen zu konsultieren. Es wurde begrüßt, dass er sich zusätzlich an das ZK wandte.[138] Weitgehend unbemerkt von der Öffentlichkeit wurde das Kollegium im Frühjahr 1989 zu einer Art Frühwarnsystem für die Ausreiseproblematik, die sich zu einer der wichtigsten Triebfedern der friedlichen Revolution entwickeln sollte. Die Berliner Anwaltschaft wuchs damit unbewusst in die Rolle einer intermediären Organisation[139] herein, die im Kern allerdings stark dem alten System verhaftet war. Die Bindungen einiger Rechtsanwälte an das MfS hielten lange, IMS »Dolli« berichtete beispielsweise bis in den Oktober 1989 hinein,[140] IMS »Martin« war laut Akte noch Ende November bereit, Berichte zu liefern. Er machte es laut Akten aber zur Bedingung, dass ein handschriftlicher Bericht zur Anwaltschaft und seine Verpflichtungserklärung vernichtet würden.[141] Offenbar kamen seine Führungsoffiziere dem nach.[142]

### *Anzeigen gegen die manipulierte Kommunalwahl 1989*

Vor den Kommunalwahlen im Mai 1989 warben oppositionelle Kreise und Kirchengruppen dafür, gegen die Einheitsliste der Nationalen Front oder mit ungültiger Stimme zu votieren.[143] Nicht nur die kritische Stimmung im Lande, sondern auch Wahlrechtsreformen in der Sowjetunion und in Polen wirkten inspirierend. Bei Anwälten des Berliner Kollegiums suchten Bürger in dieser Zeit »verstärkt« Rechtsauskünfte zum Wahlvorgang, insbesondere dahingehend, »wie ungültige und Gegenstimmen abgegeben werden«.[144] Am Wahltag, dem 7. Mai 1989, kontrollierten Bürger in zahlreichen Wahllokalen die Stimmauszählung. Das gelang in einigen Stimmbezirken fast flächendeckend, sodass erst-

137 RAK Berlin, Protokoll der Vorstandssitzung v. 24.5.1989, S. 1; BArch, DP1, 21744.

138 RAK Berlin, Protokoll der Vorstandssitzung v. 22.3.1989, S. 1; BArch, DP1, 21744.

139 Zum Begriff intermediär vgl. Niedermeyer, Oskar (Hg.): Intermediäre Strukturen in Ostdeutschland. Opladen 1996, Vorwort, S. 9 f.

140 HA XX/1, Information zur Lage im Kollegium der Rechtsanwälte Berlin, 6.10.1989; BStU, MfS, AIM 8228/91, T. II, Bl. 740 f.

141 HA XX/1, TB mit IMS »Martin«, 27.11.1989; BStU, MfS, AIM 1111/91 [Rekonstruktion], Bl. 215 f.

142 Es gibt zwar entsprechende Berichte der MfS-Offiziere, auch einem Bericht über die Werbung am 30.12.1983, nicht aber die erwähnten Originale. HA XX/1, Bericht, 11.1.1984; ebenda, Bl. 326.

143 Kowalczuk: Endspiel, S. 318 ff.; Kloth, Hans Michael: Vom »Zettelfalten« zum freien Wählen. Die Demokratisierung der DDR und die »Wahlfrage«. Berlin 2000, S. 183 ff.

144 RAK Berlin, Protokoll der Vorstandssitzung v. 26.4.1989, S. 1; BArch, DP1, 21744.

mals in der Geschichte der DDR die Manipulation der Wahlergebnisse nachgewiesen werden konnte.[145] Laut Paragraf 211 des Strafgesetzbuches der DDR waren Wahlfälschung und deren Versuch strafbar.[146] Daher erstatteten Wahlkritiker, vorwiegend aus Berlin und Potsdam, Strafanzeige. Insgesamt waren es 84 Anzeigen.[147] Bei Berliner Anwälten meldeten sich Bürger, die die Wahlergebnisse anzweifelten »und diesbezüglich Rechtsauskünfte verlangen, aber auch rechtliche Vertretung bei Anzeigen gegen die Vorsitzenden der Wahlkommission«.[148] Das Kollegium reagierte in dieser brisanten Zeit vorsichtig und wollte dazu einen gemeinsamen Standpunkt erarbeiten.[149] Dieser Standpunkt konnte bislang nicht aufgefunden werden.

Das tastende Anwaltsverhalten illustriert eine Strafanzeige, die der oppositionelle Pfarrer Rainer Eppelmann gestellt hatte.[150] Der mit Eppelmann gut bekannte Kirchenanwalt Schnur berichtete dem MfS laufend über die Aktivitäten des Pfarrers. Schnur verabredete mit dem MfS, dass er Eppelmann anwaltlich nicht vertreten würde.[151] Offenbar sollte Eppelmann nicht durch einen Kirchenanwalt in seinem Tun bestärkt werden. Das passte in die zentral vorgegebene Linie. Danach war die Staatsanwaltschaft gehalten, die Anzeigen niederzuschlagen.[152] Die Wahlunterlagen wurden von der Wahlkommission unter Egon Krenz zeitnah vernichtet. Das MfS nahm unterdessen die Wahlkritiker ins Visier.[153] Das strafpolitische Vorgehen im Fall Eppelmann wurde von Erich Honecker persönlich entschieden.[154] Eppelmanns Anzeige wurde wie die anderen abgelehnt. Er legte daraufhin Beschwerde ein. In der Anwaltssprechstunde von Gregor Gysi, unweit von Eppelmanns Kirche abgehalten, bat der Pfarrer bei der Staatsanwaltschaft nachzuhaken und Akteneinsicht in die Wahlunterlagen zu nehmen.[155] Eppelmann hatte Gysi schon einmal als Anwalt eingeschaltet, als er

145 Kowalczuk: Endspiel, S. 326 ff.; Kloth: Zettelfalten, S. 266 ff.

146 StGB 1979.

147 Kowalczuk: Endspiel, S. 328 f. Kloth nennt nur acht Strafanzeigen. Kloth: Zettelfalten, S. 282.

148 RAK Berlin, Protokoll der MV vom 24.5.1989, S. 2; BArch, DP1, 21744.

149 Ebenda. Der Standpunkt sollte in der nächsten Mitgliederversammlung diskutiert werden, konnte im entsprechenden Protokoll aber nicht nachgewiesen werden.

150 Kloth: Zettelfalten, S. 282.

151 HA XX/4, Bericht zu den Vorgängen der Volkswahlen, 11.5.1989; BStU, MfS, BV Rostock, AIM 3275/90, T. II, Bd. 14, Bl. 60–65, hier 61.

152 Kloth meint, die Anweisung kam vom MfS, nach anderen Aussagen holte sich die Generalstaatsanwaltschaft über den ZK-Sekretär Egon Krenz die Zustimmung von Erich Honecker ein. Kloth: Zettelfalten, S. 284 f.; Reuter, Lothar: Der widersprüchliche Prozess der Erneuerung der Staatsanwaltschaft. In: NJ 44 (1990) 8, S. 322–324, hier 323.

153 Kowalczuk: Endspiel, S. 330; Kloth: Zettelfalten, S. 283 f.

154 Rottleuthner: Steuerung der Justiz, S. 326; Reuter, Lothar: Der widersprüchliche Prozess der Erneuerung der Staatsanwaltschaft. In: NJ 44 (1990) 8, S. 322–324, hier 323.

155 Gysi: Das war's, S. 67. Gysi meint, Eppelmann hätte die Anzeige erst gestellt und ihn dann kontaktiert.

eine Wanze in seinem Amtszimmer gefunden hatte.[156] Gysi spielte laut Akten offenbar auf Zeit. Er machte die Übernahme des Mandates von der Akteneinsicht bei der Staatsanwaltschaft abhängig, um danach »entweder den bei Herrn Eppelmann entstandenen Irrtum auszuräumen oder ihn bei seinem Anliegen zu vertreten«.[157] Eigentlich musste Gysi von Anfang an wissen, dass sein Wunsch, Akten einzusehen abgelehnt würde. Da Eppelmann im Strafermittlungsverfahren kein Verfahrensbeteiligter war, stand ihm keine Akteneinsicht zu.[158] Gysi lavierte nicht ungeschickt zwischen den Fronten. Er hatte Eppelmanns Anfrage wie gewünscht weitergeleitet, vermittelte letztlich auch das Negativ-Votum »von oben« nach unten. »Weil Sie die Beschwerde selbst eingelegt haben, [beschied Gysi dem engagierten Pfarrer], gehe ich davon aus, dass durch mich eine weitere Tätigkeit nicht erforderlich ist.«[159] Kurzzeitig schien Gysi durch diese Geschichte sogar in Verruf zu geraten. Seine Aktivität für Eppelmann wurde im Juli in der ZDF-Sendung Kennzeichen D thematisiert. Das Neue Deutschland dementierte darauf, dass in dieser Sache Gysi der Anwalt von Eppelmann sei. – Zu seinem »Erstaunen«,[160] wie Gysi rückschauend behauptet. Laut einem Vermerk des MdJ gab es in dieser Sache allerdings »direkte Kontakte zwischen Gen[ossen] Egon Krenz und Dr. Gysi«. Es wurde daraufhin ein Dementi vorbereitet, welches »der internationalen Presse angeboten wurde«.[161] Gysi stellt es so dar, als sei beim Treffen mit Krenz »nur kurz«[162] auf die Wahl eingegangen worden, vielmehr hätte er, Gysi, ausgiebig über Justizreformen referiert. Laut einem MdJ-Vermerk erklärte Gysi im ZK, dass er, »auch um Eppelmann von weiteren Schritten abzuhalten, seine Anfrage an den GStA gerichtet hätte«.[163] ZK und MdJ gingen wohl davon aus, dass Gysi dämpfend auf Eppelmann, einen der

156 Legale Wanzen. In: Der Spiegel 9/1989.

157 Gregor Gysi: Schreiben an GStA von Berlin, 31.5.1989; StAufarb, Bestand Rainer Eppelmann, Nr. 66.

158 Gysi beschreibt, wie ihm mit einer fragwürdigen juristischen Begründung die Akteneinsicht verwehrt wurde, liefert kurioserweise aber eine juristisch stichhaltige hinterher. Gysi: Das war's, S. 67 f.

159 Gregor Gysi (Unterschrift durch eine Kollegin i. V.): Schreiben an Rainer Eppelmann, 28.6.1989; StAufarb, Bestand Rainer Eppelmann, Nr. 66.

160 Gysi: Das war's, S. 68.

161 Der Vermerk des MdJ basiert auf einem Telefonat mit der politischen Mitarbeiterin in der Abteilung Staat und Rechtsfragen im ZK, Ursula Jung, die (dem Vermerk folgend) mit Gysi nach seinem Kontakt mit Krenz sprach. Der Vermerk wurde im MdJ bis zum Justizminister paraphiert. MdJ/Abt. 7, Vermerk für StM Breitbarth v. 18.7.1989; BArch, DP1, 21738. Da die Protokolle zu diesen Gesprächen bislang nicht vorliegen, muss die Frage offen bleiben. Egon Krenz, der vermutlich über eine Mitschrift verfügt, stuft den Gesprächsinhalt als »nicht für Außenstehende gedacht« ein. E-Mail von Egon Krenz an den Verfasser vom 1.10.2012.

162 Gysi: Das war's, S. 68.

163 MdJ/Abt. 7, Vermerk für StM Breitbarth v. 18.7.1989; BArch, DP1, 21738.

hartnäckigsten Wahlkritiker, eingewirkt und sich »in dieser Sache korrekt verhalten« habe.[164] Das heikle Agieren sollte für Gysi ohne Konsequenzen bleiben.

Das Berliner Kollegium stellte auch beim Wahlthema faktisch ein Frühwarnsystem dar, denn die Protokolle über die Bürgeranfragen gingen unter anderem an das MdJ.[165] Der Fall Eppelmann zeigt, dass es für Anwälte durchaus riskant war sich zu engagieren und dass Staat und Partei allenfalls eine Beschwichtigung der Ratsuchenden tolerierten. In anderen Bezirken waren stärkere Auflösungserscheinungen zu beobachten. Im Bezirk wurde der ehemalige Rechtsanwalt Henrich im Zusammenhang mit den Wahlen unter verstärkte Überwachung gestellt.[166] In Jena arbeitete die ehemalige Rechtsanwältin Brigitta Kögler seit Anfang 1989 mit einer kleinen informellen Gruppe an einem neuen Wahlgesetz.[167] Kögler wurde Ende 1988 aus dem Kollegium in Gera ausgeschlossen.[168] Als stellvertretende Vorsitzende des DA sollte sie später im Rahmen der alten Volkskammer und des Runden Tisches an Wahlreformvorschlägen mitarbeiten.[169]

### 11.2.1 Neues Denken und justizpolitische Anstöße

Im Kollegium begann es Anfang 1989, politisch und justizpolitisch zu gären. In offiziellen Protokollen der Mitgliederversammlung wurden die Beschlüsse des 7. ZK-Plenums zwar begrüßt.[170] Ein IM hielt dies jedoch für »Unehrlichkeit in der Berichterstattung«, denn in Wirklichkeit gebe es ein »tiefes Misstrauen gegenüber der Politik und der Partei«.[171] So traf Friedrich Wolff laut Quelle die Stimmung, als er kritisierte, »dass sich die täglichen Lebenserfahrungen nicht mit den Aussagen des Plenums decken. Wolff erhielt für diese Aussage donnernden Applaus!«[172] Der Abgesandte der Berliner SED-BL, Helge Sattler, wurde laut Akten »mehrmals unterbrochen und aufgefordert, zur Sache

164 Ebenda.

165 Die Mitgliederprotokolle des RAK Berlin wurden aus dem Bestand der für die Rechtsanwälte zuständigen Abteilungen im MdJ im BArch, DP1 zitiert.

166 BV Frankfurt/O., Vermerk zum OV »Psyche«, 28.4.1989; BStU, MfS, BV Frankfurt/O., Abt. XX Nr. 116, Bl. 43.

167 Kögler, Brigitta: »Der zentrale runde Tisch war keine Artusrunde«. In: Jesse, Eckhard (Hg.): Zwischen Konfrontation und Konzession. Friedliche Revolution und deutsche Einheit in Sachsen. Berlin 2010, S. 39–56, hier 41 f.

168 Angeblich, weil sie ihre in Westdeutschland lebende Mutter verschwiegen haben soll. Busse: Deutsche Anwälte, S. 451; Kögler: Der zentrale runde Tisch, S. 42.

169 Kloth: Zettelfalten, S. 532 ff.; Kögler: Der zentrale runde Tisch, S. 42 ff.

170 RAK Berlin, Protokoll der Vorstandssitzung vom 18.1.1989; BArch, DP1, 21743.

171 HA XX/1, Information zum Kollegium der Rechtsanwälte, 3.2.1989; BStU, MfS, BV Bln, Abt. XX Nr. 6093, Bl. 71 f.

172 Ebenda.

zu sprechen«,[173] noch ein Jahr zuvor undenkbar. Selbst im offiziellen Protokoll zum Parteilehrjahr lassen sich Spuren neuen Denkens dechiffrieren. Lebhaft diskutiert wurden »der untrennbare Zusammenhang von Macht der Arbeiterklasse, Demokratie, Freiheit und Sicherung der Menschenrechte« und auch die Ansicht, das Berliner Stadtparlament solle »die Prozesse der Entscheidungsfindung transparenter und damit für den Bürger einsichtiger machen«.[174] Nach dem Massaker gegen Demonstranten in Peking im Juni 1989 auf dem Platz des Himmlischen Friedens gab es »unterschiedliche Auffassungen«,[175] in einem offiziellen Protokoll Hinweise auf eine deutliche Kontroverse. Bis zum September 1989 entwickelten sich Unzufriedenheit und Kritik an der Politik der Partei auf eine Weise, wie es der altgediente Anwaltsfunktionär Friedrich Wolff noch nie erlebte. Ein Mitglied trat sogar aus.[176]

Justizpolitisch entwickelten die Kollegien ihre Positionen weiter. Insbesondere die Berliner Anwälte gründeten mehrere Arbeitsgruppen zum Straf-, Strafprozess-, Zivil- und Familienrecht beziehungsweise waren sie in interinstitutionellen Arbeitsgruppen unter Leitung des MdJ mit Mitgliedern vertreten.[177] Hinter den Kulissen gab es einen akademischen Juristendiskurs, wonach sich im Strafverfahren die »Menschenrechte [...] stärker niederschlagen«[178] müssten. Gregor Gysi konnte sich auf derartige Diskurse stützen, als er von Günter Böhme, dem stellvertretenden Abteilungsleiter für Staats- und Rechtsfragen, ins ZK eingeladen wurde.[179] Wie Gysis unmittelbare Ansprechpartnerin für die Anwaltschaft im ZK, Ursula Jung, gehörte Böhme zu der Generation, die unter Egon Krenz im Apparat des Zentralrates der FDJ gearbeitet hatte und mit diesem ins ZK aufstieg.[180] Schließlich bekam der antichambrierende[181] Gregor Gysi die Gelegenheit, vor dem damaligen ZK-Sekretär Egon Krenz zu referie-

173 Ebenda.

174 RAK Berlin, Protokoll der Vorstandssitzung vom 11.1.1989, S. 6; BArch, DP1, 21743.

175 RAK Berlin, Protokoll der Vorstandssitzung vom 21.6.1989; BArch, DP1, 21744.

176 Die Aussage basiert auf persönlichen Gesprächen der Parteileitung mit Mitgliedern. Wolff: Ein Leben, S. 193.

177 RAK Berlin, Protokoll der Vorstandssitzung vom 21.6.1989, S. 3; BArch, DP1, 21744.

178 Professor Lothar Reuter von der FSJ. Protokoll über die Verteidigung der Studie zum ZO-Projekt »Grundlinien der weiteren Entwicklung des Strafverfahrens und des Strafverfahrensrechts in der entwickelten sozialistischen Gesellschaft« von der Arbeitsgruppe im Ministerium der Justiz, 11.12.1987; SAPMO, DY 64/41.

179 König: Gregor Gysi, S. 243 f.

180 Wer war wer in der DDR? In: http://www.bundesstiftung-aufarbeitung.de/wer-war-wer-in-der-ddr-%2363%3B-1424.html (letzter Zugriff: 19.11.2014); Rottleuthner: Steuerung der Justiz, S. 538.

181 Die ZK-Sekretärin Ursula Jung meinte: »Gysi hat sich uns einfach immer wieder angedient; er hat mit allem versucht, sich Sporen zu verdienen.« Wensierski, Peter: Der Reservekader. In: Der Spiegel 39/2009. Gysi meint, er sei von Krenz herbeizitiert worden. Gysi: Das war's, S. 68 f.

ren.[182] Gysi warb laut Bericht zunächst für die üblichen Forderungen der Anwälte: Erhöhung der Anwaltszahlen und Rechtsbeistand für jugendliche Angeklagte. Als er merkte, dass Krenz offen für ein neues Strafgesetzbuch war, regte er mutiger eine »weitgehende ›Entkriminalisierung‹« an. Das Strafrecht sollte sich bei der Sicherheit und Ordnung »auf das in heutiger Sicht unbedingt Nötige beschränken«.[183] Gysi vertrat damit Argumente, die er und andere Anwälte in Einzelfällen schon in ihren Plädoyers verwendet hatten. Modernisierer unter MfS-Juristen verfochten Anfang 1989 die Auffassung, es sei besser, statt diffuser politischer Paragrafen »klassische« Straftatbestände anzuwenden, um die Akzeptanz des Strafrechtes zu verbessern.[184] Gysi plädierte ferner für eine Aufwertung der Richter und rügte »eklatante Angriffe«[185] auf deren Unabhängigkeit. Er kritisierte damit offensichtlich die Richterschelte im Fall der Skinheadprozesse, ohne zu ahnen, wie sehr sein Gesprächspartner in diesen Vorgang involviert war. Böhme und Krenz, auf dem Felde des Rechts offenbar wenig bewandert, sammelten bei den Anwälten Argumente für den kommenden XII. SED-Parteitag, den Erich Honecker für das Jahr 1990 plante. Die Gruppe um Krenz stand vor der Ablösung von Honecker ohne Programm da.[186] Gespräche über justizpolitische Innovationen fanden zunächst weitgehend im Verborgenen unter Nomenklatur-Kadern, zumindest staats- und parteinahen Personen, statt. Lediglich im Justizministerium und im Anwaltsvorstand wurde intern darüber berichtet.[187]

Im Oktober 1989, als Erich Honecker abgesetzt und der Umbruch in der DDR in vollem Gange war, trat die Anwaltschaft an die Öffentlichkeit. Da hatten die Besetzer der Botschaft in Prag schon ihre spektakuläre Ausreise in den Westen durchgesetzt und sich die Leipziger Bürger am 9. Oktober ihr Demonstrationsrecht endgültig erkämpft. Oppositionelle, vom MfS immer noch misstrauisch beobachtet, gründeten Organisationen und Vereinigungen, wie das Neue Forum, den Demokratischen Aufbruch und die SDP.[188] Maßgeblich beteiligt waren zuvor disziplinierte Anwälte wie Rolf Henrich und Brigitta Kögler. Die etablierten Anwälte hinkten der Entwicklung hinterher. Es ist zu fragen, ob deren öffentliche Bekundungen nicht Versuche waren, integrierend in die Bewegung einzugreifen, um zu retten, was zu retten, war – und sei es nur

182 König meint, Gysi sei sogar zweimal bei Krenz gewesen. König: Gregor Gysi, S. 244.

183 MdJ, Hans Breitbarth, Vermerk über den Besuch des Vorsitzenden des Rates der Vorsitzenden der Anwaltskollegien Dr. Gysi bei Minister Dr. Heusinger am 31.7.1989, 2.8.1989, S. 5; BArch, DP1, 21455.

184 Booß: Haarrisse, S. 109–114.

185 Ebenda.

186 Günter Schabowski im Gespräch mit dem Autor 2009.

187 RAK Berlin, Protokoll der Vorstandssitzung vom 30.8.1989; BArch, DP1, 21744; MdJ, Hans Breitbarth, Vermerk über den Besuch des Vorsitzenden des Rates der Vorsitzenden der Anwaltskollegien Dr. Gysi bei Minister Dr. Heusinger am 31.7.1989, 2.8.1989; BArch, DP1, 21455.

188 Kowalczuk: Endspiel S. 377 ff., 401 ff., 362 ff. u. 379 ff.

der eigene Ruf. Dennoch war die DDR-Anwaltschaft eine der ersten offiziellen Institutionen, die sich kritisch am Diskurs des Herbstes 1989 beteiligte. Im Oktober baten Gysi und sein Stellvertreter de Maizière den MfS-Offizier, der in der Berliner Bezirksverwaltung für Staatssicherheit für die Anwaltschaft zuständig war, zum Gespräch. So steht es zumindest in den Akten. Neben Floskeln zu Entscheidungen des Politbüros schilderten beide Übergriffe beim Polizeieinsatz gegen Demonstranten vom 7. Oktober 1989 in Berlin.[189] Besonders die Attacke auf den Theologieprofessor an der Humboldt-Universität Berlin, Heinrich Fink, der eher zufällig in die Geschehnisse geriet und eigentlich beruhigend auf Studenten einwirken wollte, wurde drastisch dargestellt. De Maizière äußerte laut Akte sein Unverständnis, denn Fink »gelte in Kirchenkreisen als staatsloyal [...] Er stehe im Ruf, für das MfS zu arbeiten«.[190]

### 11.2.2 Dialogpolitik und Großdemonstrationen

Bei dem aktenmäßig dargestellten Kontakt mit dem MfS sicherte sich Gysi ab und informierte über eine Einladung der Schauspielergewerkschaft. Er sei noch unschlüssig, könne sich aber vorstellen, »dass seine Teilnahme vielleicht beruhigend wirken könne«.[191] Offenbar kam in den Folgetagen kein Widerspruch von MfS oder SED. Am 15. Oktober 1989 nahm Gysi im Deutschen Theater in Ostberlin vor Hunderten von Theatermachern und Kulturschaffenden rechtlich zu den Polizeiübergriffen vom 7. und 8. Oktober Stellung. Gysis heutige Äußerungen suggerieren, dass er es war, der in dieser Runde den Gedanken einer Großdemonstration in Berlin aufbrachte.[192] Das Wortprotokoll weist aus, dass Gysi in der Theaterversammlung künftig mehr Demonstrationen vorhersagte und sich eine Polizei wünschte, die »friedliche Demonstrationen schützt«, auf Nachfrage einer Schauspielerin präzisierte er: »Ich finde es lohnt sich, es mal zu versuchen [eine friedliche Demonstration anzumelden], bevor man immer den an-

189 Bei Protestdemonstrationen am Tag der Feierlichkeiten zum 40. Jahrestag der DDR kam es an mehreren Orten, u. a. in Ostberlin, zu Polizeiübergriffen und Massenfestnahmen. Neubert: Geschichte der Opposition, S. 851 ff.

190 BV Bln/XX/1, Information zu Stimmungen und Meinungen im RA-Kollegium Berlin zu den Ereignissen am 7./8. Oktober 1989 sowie zur Erklärung des Politbüros, 12.10.1989; BStU, MfS, BV Bln, Abt. XX Nr. 2471, Bl. 2. Heinrich Fink war in der Tat von 1968 bis 1989 vom MfS als IM »Heiner« erfasst. Wer war wer in der DDR? In: http://www.bundesstiftung-aufarbeitung.de/wer-war-wer-in-der-ddr-%2363%3B-1424.html (letzter Zugriff: 19.11.2014).

191 BV Bln/XX/1, Information zu Stimmungen und Meinungen im RA-Kollegium Berlin zu den Ereignissen am 7./8.10.1989 sowie zur Erklärung des Politbüros, 12.10.1989; BStU, MfS, BV Bln, Abt. XX Nr. 2471, Bl. 1 f.

192 Auf einer Zeitzeugendiskussion am 2.11.2014 im Deutschen Theater: Das Rad der Geschichte dreht sich. Ziele und Hoffnungen am 4. November 1989; Gysi: Das war's, S. 68 f.

deren Weg geht und sich damit [...] ins Unrecht setzt [...].«[193] Gysi kam damit einem Antrag zuvor, den die Schauspielerin Jutta Wachowiak stellen wollte. Die Idee stammte ursprünglich aus dem Gründerkreis des Neuen Forums. Dort war diskutiert worden, ein Berliner Pendant zur Leipziger Montagsdemonstration zu schaffen. Aus Angst vor Kriminalisierung wollten die Gründer aber nicht das Neue Forum als Veranstalter benennen. Deswegen hatten sie den Vorschlag an die Ostberliner Schauspielerin Jutta Wachowiak weitergeleitet, mit der sie seit einiger Zeit in Kontakt standen.[194] Wachowiak kam erst circa eine Stunde nach Gysi zu Wort. Sie brachte den Demonstrationsvorschlag ein. Aus Vorsicht verheimlichte sie aber die wahren Urheber und behauptete, er stamme von Einzelmitgliedern aus dem Verband bildender Künstler.[195] Er sollte »grundlegenden Veränderungen der Medienpolitik in der DDR Nachdruck«,[196] also der Meinungsfreiheit Ausdruck verleihen. Gysi hatte diese Idee per Zufall oder gezielt vorweggenommen und inmitten der wilden Demonstrationskultur des Herbstes 1989 die Anregung beigesteuert, »doch einmal ganz legal eine Demonstration zu beantragen«.[197] Gysi will das spontan vorgetragen haben. Ein solcher Vorschlag lag allerdings auf der gesetzlichkeitskonformen Linie, die von einem sozialistischen Anwalt erwartet wurde. Gysi hatte laut MfS-Akten schon früher ermahnt, dass bei Veranstaltungen »eine Anmeldeplicht vorliegt«,[198] als ihn ein Ratsuchender aus der Opposition konsultierte. Gysi rekapitulierte also bei seinem Diskussionsbeitrag im Theater 1989 die Bestimmungen der DDR-Veranstaltungsverordnung, als er eine legale Demonstration empfahl.[199] Rückwärtsgewandte Vertreter des Systems empfanden den Demonstrationsvorschlag in

193 Rübesame, Hans (Hg.): Antrag auf Demonstration. Die Protestversammlung im Deutschen Theater am 15. Oktober 1989. Berlin 2010, S. 61 f. u. 63.

194 So Jutta Wachowiak auf einer Zeitzeugendiskussion am 2.11.2014 im Deutschen Theater: Das Rad der Geschichte dreht sich. Ziele und Hoffnungen am 4. November 1989; Süß, Walter: Die Demonstration am 4. November 1989. Ein Unternehmen von Stasi und SED? In: DA 28 (1995) 12, S. 1240–1252, hier 1242 f. Die Literaturwissenschaftlerin Ines Geipel hat Aktenhinweise, wonach der Demonstrationsvorschlag angeblich schon vor dem 15.10. bei der Polizei eingereicht worden sein soll. Dies ließ sich anhand der gesichteten Akten jedoch nicht abschließend verifizieren. Der damalige Polizeipräsident Bachmann gibt an, über die Demonstration erst nach der Theaterveranstaltung gesprochen zu haben. Ines Geipel auf einer Zeitzeugendiskussion am 2.11.2014 im Deutschen Theater: Das Rad der Geschichte dreht sich. Ziele und Hoffnungen am 4. November 1989; Dirk Bachmann. E-Mail an den Autor vom 24.12.2014; 4. November 1989. 25 Jahre legendäre Alexanderplatz-Demo. In: Berliner Zeitung v. 3.11.2014.

195 Wachowiak ging davon aus, dass Bärbel Bohley vom Neuen Forum noch Mitglied des Verbandes war, sodass diese Behauptung nicht ganz falsch war. Jutta Wachowiak im Telefonat mit dem Autor am 12.6.2015.

196 Rübesame: Antrag auf Demonstration, S. 108.

197 Gysi: Das war's, S. 76.

198 HA XX/2, Vermerk v. 1.12.1983; BStU, MfS, AOP 1010/91, Bd. 5/13, Bl. 42–45, hier 43.

199 Knabe: Rechtsstelle, S. 343 f.

den letzten Herrschaftstagen Honeckers als »provokatorisch«.[200] Doch Gysi vertrat letztlich die legalistische Linie, Bürger zur Gesetzestreue anzuhalten. Gleichzeitig warb er damit indirekt für die »Dialog-Strategie« zwischen den Herrschenden und protestierenden Bürgern, die die Gruppierung um Egon Krenz und Günter Schabowski anstrebte, als sie Honecker einige Tage später, am 17./18. Oktober 1989 absetzte.[201] Gysi sagte schon am 15. Oktober vor den Künstlern prophetisch: »Entscheidungen der Macht können nur auf der Grundlage des Rechts gefällt werden […] und da kommen bald Änderungen!«[202] Das entsprach vom Tenor dem, was Gysi mit Egon Krenz im September besprochen hatte und es klang, als ob Gysi wusste oder zumindest ahnte, dass in den Folgetagen ein Machtwechsel anstünde. Ohnehin ist es wenig wahrscheinlich, dass Gregor Gysi, der sich als oberster Anwaltsfunktionär aufs Engste mit dem ZK abstimmte und seinen Besuch im Deutschen Theater laut Aktenlage dem MfS ankündigte, seinen heiklen Vorschlag zur Demonstration ohne jedwede Rückversicherung machte. Wie der Demonstrationsvorschlag lag auch das Mandat, das Gysi von Bärbel Bohley übertragen bekam auf der legalistischen Linie, um eine Zulassung des Neuen Forums beim Innenministerium zu erreichen. Das gelang erst nach dem Umschwung zu Krenz.[203]

### *Erklärung der Anwaltschaft*

Am 25. Oktober 1989 kam dann der Rat der Vorsitzenden der Anwaltskollegien mit einer Erklärung heraus, über die auch bei ADN berichtet wurde.[204] Die Anwälte begrüßten den Weg des Dialoges »als richtigen Weg« aus der Krise, bekannten sich aber zum »Sozialismus als einzige[r] Alternative zum Kapitalis-

200 Süß, Walter. Die Demonstration am 4. November 1989. Ein Unternehmen von Stasi und SED? In: DA 28 (1995) 12, S. 1243 f.

201 Richter, Michael: Die friedliche Revolution. Aufbruch zur Demokratie in Sachsen 1989/90. Göttingen 2009, S. 399 f.

202 Rübesame: Antrag auf Demonstration, S. 60.

203 Im Auftrag von Bärbel Bohley verfasste Rechtsanwalt Gregor Gysi am 3.10.1989 eine Eingabe an das Ministerium des Innern wegen Nichtzulassung des von Bohley angemeldeten Neuen Forum. Die Pressestelle des Innenministeriums teilt am 31.10.1989 die Prüfung der Eingabe mit. Am 8.11.1989 wurden Bärbel Bohley, Jutta Seidel und ihrem Rechtsanwalt, Gregor Gysi, vom DDR-Innenministerium die Anmeldung des Neuen Forum bestätigt. König meint, allerdings ohne Quellenbeleg, dass man im ZK wegen der Eingabe den Parteiausschluss Gysis erwogen hätte. König: Gregor Gysi, S. 21 u. 240; http://www.ddr89.de/ddr89/nf/inhalt_nf.html (letzter Zugriff: 25.3.2014); Kukutz, Irena: Chronik der Bürgerbewegung Neues Forum. 1989–1990. Berlin 2009, S. 253 u. 232.

204 Vorschläge für den Ausbau der Rechtsordnung. Erklärung der Mitglieder des Rates der Vorsitzenden der Kollegien der Rechtsanwälte in der DDR. In: ND v. 27.10.1989.

mus«.[205] Die Erklärung mahnte Rechtsreformen an, die teils wörtlich an den Vortrag Gysis bei Krenz anknüpften und teils darüber hinausgingen: Es wurden ein Wahlgesetz, offenbar nach sowjetischem Vorbild, ein Organ zur Verfassungskontrolle von Gesetzen und staatlichen Entscheidungen, eine Ausdehnung der Verwaltungsgerichtsbarkeit auf den Inhalt der Entscheidungen[206] und eine Überarbeitung des Strafrechtes bei Staatsverbrechen und Straftaten gegen die staatliche Ordnung gefordert. Diese Erklärung war relativ ausdifferenziert. Allerdings reagierte man damit nur auf Themen, die das Neue Forum in seinem »offenen Problemkatalog« vom 1. Oktober 1990 bereits zum Thema Recht artikuliert hatte.[207]

Es wirkte schließlich wie eine Inszenierung, als der Schauspieler Jan Josef Liefers bei der Kundgebung nach der Demonstration vom 4. November 1989 auf dem Berliner Alexanderplatz umstrittene Strafrechtsparagrafen vorlas und Gysi als unmittelbar nachfolgender Redner daran anschloss: »Diese Strafbestimmungen sind geprägt von einem übertriebenen und falsch verstandenen Sicherheitsbedürfnis, obwohl doch klar ist, dass die beste Staatssicherheit immer noch die Rechtssicherheit ist.«[208] Es ist anhand der bisher bekannten Überlieferung schwer auszumachen, ob diese Dramaturgie von den Künstlern stammte oder der Strategie der SED entsprang. Die Demonstration konnte angesichts des Dialog-Angebotes von Egon Krenz nicht mehr verboten werden. Daher hatte der Polizeipräsident, der ursprünglich ein Verbot bevorzugte,[209] schon einen Tag nach dem Rücktritt Honeckers vorgeschlagen, »die geplante Demonstration […] unter Nutzung anerkannter Persönlichkeiten des politischen und kulturellen Lebens zu organisieren und damit in die Verwirklichung der Politik der Partei einzuordnen«.[210] Nachdem das Politbüro entschied, dass die Demonstration stattfinden könne, organisierte die SED-Bezirksleitung Treffen mit den Leitern, Gewerkschafts- und Parteisekretären der an der Demonstrationsvorbereitungen beteiligten kulturellen Institutionen, um Einfluss auf die Rednerliste und Inhalte der Reden zu nehmen. Die Kundgebung sollte dazu dienen, »im Einklang

205 Erklärung der Mitglieder des Rates der Vorsitzenden der Kollegien der Rechtsanwälte in der DDR vom 25.10.1989; BStU, MfS, HA IX Nr. 17170, Bl. 4–8, hier 4.

206 Die Überprüfung von Verwaltungssachen sollte sich zunächst nur auf ein Einhalten der Rechtsförmigkeit erstrecken. Raschka: Justizpolitik, S. 279 ff.; Süß: Staatssicherheit am Ende, S. 144.

207 Neues Forum, Offener Problemkatalog, 1.10.1989. In: Krone, Tina: »Sie haben so lange das Sagen, wie wir es dulden«. Briefe an das Neue Forum. September 1989 bis März 1990. Berlin 1999, S. 389 ff.

208 Rednerliste und Redetexte. In: http://www.dhm.de/ausstellungen/4november1989/htmrede.html (letzter Zugriff: 9.6.2015).

209 Süß: Staatssicherheit am Ende, S. 387 ff.

210 Präsidium der Volkspolizei Berlin/Der Präsident/Friedhelm Rausch, Entscheidungsvorschlag für das Sekretariat der Bezirksleitung Berlin der SED, 19.10.1989; BStU, MfS, HA XX/AKG Nr. 1465, Bl. 56 f.

mit den begonnenen [...] Prozessen zur Veränderung in unserer sozialistischen Gesellschaft auf der Grundlage der Erklärung des Generalsekretärs des ZK der SED, Genossen Egon Krenz, [...] beizutragen«.[211] Mit seiner Mischung aus kritischer Analytik und Witz war Gysi spätestens seit dieser Demonstration eine der Leitfiguren im Herbst '89. Dagegen wurden Vertreter des Systems wie Günter Schabowski und Markus Wolf als Redner ausgepfiffen und ihre mangelnde Akzeptanz für jedermann sichtbar. Kaum einer in der DDR wusste oder ahnte damals, wie sehr Gysi als Nomenklaturkader Teil des Systems war und dass er in unmittelbarem Kontakt zu ZK und Egon Krenz persönlich stand. Der redegewandte Anwalt stach sogar rhetorisch schwache Redner des Neuen Forum wie Jens Reich aus. Gysi warf ganz im Sinne der SED-Strategie, seine neu erworbene Autorität explizit für den neuen Mann, Egon Krenz, in die Waagschale, der nach Gysis Worten »doch eine Chance und das Maß an Vertrauen [verdient], das zur Ausübung seiner Funktion nötig wird«.[212] Er hob zu Beginn der Herrschaft von Krenz die »größte Demonstration in der Geschichte der DDR [heraus], die als erste nicht von oben, sondern von unten organisiert, aber auf dem Rechtsweg beantragt und genehmigt worden ist«.[213] Durchaus strategisch zielte dieses Argument darauf, im Sinne einer legalistischen Integrationsstrategie an der Seite der neuen SED-Führung, den Leipziger Montagsdemonstrationen den Rang abzulaufen. Gysi sah sich in der Ergebenheit gegenüber Egon Krenz noch in Übereinstimmung mit der Mehrheit des Berliner Kollegiums. In der Parteiversammlung vom 25. Oktober 1989 wurde dort die von Krenz eingeleitete Veränderung »von ganzem Herzen«[214] begrüßt. Neben dem nunmehr offenen Bekenntnis zur Perestroika wurden eine »klare Konzeption«[215] und weitere Personenwechsel an der Spitze angemahnt, um der SED neues Vertrauen zu verschaffen. Wie sehr ein Teil des Kollegiums noch befangen war, zeigt, dass man nicht wagte, die Erklärung als Resolution der SED-Grundorganisation zu deklarieren. Sie wurde, um negative Reaktionen zu vermeiden, als persönlicher Brief von Friedrich Wolff an Egon Krenz geschickt.

Die Autorität der kleinen Anwaltschaft als vermeintlich oder wirklich intermediäre Gruppierung wuchs seit Tagen beträchtlich. »Anwälte proben den Auf-

211 BV Bln, Schreiben an Minister Erich Mielke, 20.10.1989; BStU, MfS, HA XX/AKG 1465, Bl. 59–62, hier Bl. 61.

212 In: http://www.dhm.de/ausstellungen/4november1989/htmrede.html (letzter Zugriff: 9.2.2015).

213 In: http://www.dhm.de/ausstellungen/4november1989/htmrede.html (letzter Zugriff: 9.2.2015). Kowalczuk bezweifelt, dass die Zahl der Demonstranten so hoch war und damit den Leipziger Demonstrationen den Rang ablief. Kowalczuk: Endspiel, S. 451 ff.

214 Friedrich Wolff: Schreiben an Egon Krenz, 25.10.1989, zit. nach: Wolff: Ein Leben, S. 194 ff.

215 Ebenda.

stand – Rechtsreform in der DDR angemahnt«,[216] lautete der Titel eines Zeitungsartikels in Westberlin. Selbst bei Juristen im MfS fanden die Vorschläge der Anwälte, wenngleich mit Einschränkungen, »Zustimmung«.[217] Manch Rechtsreformidee lag auf der Hand und wurde sogleich von der Entwicklung überholt. Andere dienten als Anregung, anachronistische Strafvorschriften im letzten Quartal 1989 nicht mehr anzuwenden und 1990 im Zuge des 6. Strafrechtsänderungsgesetzes, das der »Bereinigung des politischen Strafrechts der DDR«[218] diente, endgültig aus dem DDR-Strafrecht zu tilgen. Freilich war diese »Reform« kurz vor der deutschen Einheit nur noch »ein marginales Glied des Übergangs der Strafrechtspflege«.[219]

### 11.2.3 Die Anwälte und die Ausreisebewegung (II)

Ausgerechnet beim ehemaligen Tabu-Thema Ausreise entfalteten die Anwälte 1989 die größte politische Bedeutsamkeit. Die Zahl der Ratsuchenden in den Berliner Anwaltszweigstellen stieg zu Jahresanfang »sprunghaft«[220] an, jeder Zweite kam mit derartigen Fragen. Zudem gab es schon länger Unzufriedenheit über die Reisemöglichkeiten von Anwälten. Eine IM beklagte die »Unmündigkeit der DDR-Bürger«,[221] da immer nur bevorrechtete Anwälte reisen dürften. Im Jahresverlauf 1989 drängten die Probleme. Angehörige von Anwälten kehrten von genehmigten Reisen nicht zurück.[222] Ein Anwalt stellte einen Antrag auf ständige Ausreise in die Bundesrepublik. Das sah das Kollegium als »unverständlich«[223] an, verdeutlichte aber die Krisensymptome. Im September 1989 kehrte schließlich eine Berliner Anwältin nicht aus dem Ungarn-Urlaub in die DDR zurück. Sie wurde daraufhin, wie noch üblich,[224] aus dem Kollegium ausgeschlossen.[225]

216 Anwälte proben den Aufstand. Rechtsreform in der DDR angemahnt. In: Volksblatt Berlin v. 27.10.1989.

217 Zur Erklärung des Rates der Vorsitzenden der Kollegien der Rechtsanwälte in der DDR vom 25.10.1989; BStU, MfS, RS Nr. 167, Bl. 1–3, hier 1.

218 Buchholz: Strafrecht, S. 337 ff. sowie DDR-GBl. Teil I (1990) 39.

219 Reuter, Lothar: DDR-Strafrecht zwischen friedlicher Revolution und Deutscher Einheit. In: NJ 46 (1992) 1, S. 15–18, hier 16.

220 HA XX/1, Tb mit IMS »Dolli«, 10.3.1989; BStU, MfS, AIM 8228/91, T. II, Bl. 707–709, hier 709.

221 HA XX/1, Tb mit IMS »Dolli«, 12.8.1988; ebenda, Bl. 653.

222 HA XX/1, Tb mit IMS »Dolli«, 23.9.1989; ebenda, Bl. 734.

223 HA XX/1, Tb mit IMS »Dolli«, 10.3.1989; ebenda, Bl. 708.

224 Busse: Deutsche Anwälte, S. 451.

225 RAK Berlin, Protokoll der Vorstandssitzung v. 27.9.1989; BArch, DP1, 21744.

Die Überarbeitung der Reiseverordnung vom April 1989 brachte trotz Antragserleichterungen keine Entspannung.[226] Sie blieb zu restriktiv, zumal Ungarn seit Mai 1989 buchstäblich begann, den Eisernen Vorhang zu demontieren.[227] Hunderte, ab August 1989 Tausende von DDR-Bürgern besetzten diplomatische Vertretungen der Bundesrepublik Deutschland in Ostberlin, Warschau, Budapest und Prag. Es kündigte sich eine Eskalation der Ausreisefrage an, die das Ausmaß von 1984 noch übertreffen sollte.[228] Anfang September 1989 kam es daher zu einem Treffen von Wolfgang Vogel und Gregor Gysi mit maßgeblichen Vertretern des MfS, des MdJ, des ZK und der Generalstaatsanwaltschaft der DDR.[229] Laut einem Vorschlag, den das MfS entworfen und vorabgestimmt hatte,[230] sollte in »Pilotfällen« Straffreiheit und Ausreise gewährt werden, sofern die Botschaftsbesetzer freiwillig in die DDR zurückkehrten. Dieses Beispiel sollte Vertrauen für eine Lösung stiften, wie sie schon 1984 erfolgreich realisiert wurde. Angesichts der Auflösung des Eisernen Vorhangs wurde die Situation jedoch immer schwieriger. Die Zahl der Botschaftsflüchtlinge wuchs, deren Haltung gegenüber Kompromissangeboten wurde immer feindseliger.[231] Vogel und Gysi warben im Kreise der Innenpolitikexperten dafür, dass die Antragsteller nicht wie »Angeklagte« behandelt und die Anwälte nicht der »ethische[n] Verurteilung« durch die Abteilungen für Innere Angelegenheiten ausgesetzt würden.[232] Insbesondere Gysi schlug rechtstechnische Möglichkeiten der Krisenbewältigung vor. Die beiden Anwälte konnten in der Runde erstaunlich offensiv argumentieren, da man ihrer Hilfe bedurfte. Die Anwälte in den Bezirken sollten eingewiesen werden, kompromissbereite Botschaftsbesetzer adäquat zu betreuen. Der Justizminister bat die Anwälte um Hilfe, diese erklärten sich prompt dazu bereit.[233] Das Szenario entsprach geradezu einer Umkehrung der Verhältnisse von 1984. Die Anwälte wurden nun Garanten für ein faires Ausreiseverfahren. Der Weg über die legale Ausreise sollte der DDR im Moment der Niederlage noch staatliche Legitimation verschaffen. Angesichts der faktisch offenen Grenze in Ungarn verfingen die Angebote der DDR-Seite aber nicht. Rechtsanwalt Vogel reiste nach Prag und Warschau. Dabei war diesmal Gregor

226 Raschka: Justizpolitik, S. 294.

227 Vodicka, Karel: Die Prager Botschaftsflüchtlinge 1989. Göttingen 2014, S. 39.

228 Raschka: Justizpolitik, S. 287; Booß: Haarrisse, S. 109–114.

229 Vermerk über die Beratung bei Minister Heusinger am 4.9.1989, 4.9.1989; BStU, MfS, ZAIG Nr. 22488, Bl. 1–5.

230 Vermerk v. 1.9.1989; ebenda, Bl. 8 f.

231 Vodicka: Prager Botschaftsflüchtlinge, S. 67 ff.

232 Vermerk über die Beratung bei Minister Heusinger am 4.9.1989; BStU, MfS, ZAIG Nr. 22488, Bl. 1–5, hier 2 f.

233 Ebenda, Bl. 4 f.

Gysi.[234] Vogel wähnte ihn als Aufpasser.[235] Ganz abwegig erscheint das nicht. Er hatte auf Drängen der Bundesregierung kurz zuvor eine Ausreise-Garantie nach sechs Monaten vorgeschlagen, was die DDR-Regierung immer vermeiden wollte.[236] Das war eine sichtbare Privilegierung gegenüber den Normalbürgern. Der Empfang beider Spitzenanwälte in Prag am 23. September 1989 verlief anders als Vogels frühere Vermittlungen. Die Besetzer waren fordernder, nur noch eine Minderheit zu Kompromissen bereit.[237] Manche schubsten und bespuckten die Anwälte sogar.[238] Da die von der DDR favorisierte Lösung nicht akzeptiert wurde, kam es zu der auf internationaler diplomatischer Ebene mitverhandelten Ausreise der Prager Flüchtlinge. Sie durften am 4. Oktober 1989 mit dem Zug durch die DDR in die BRD ausreisen.[239] Was als Befreiungsschlag kurz vor dem Republik-Feiertag gedacht war, vergrößerte die Widersprüche im Inneren. Die Züge, die mit den Botschaftsflüchtlingen durch die DDR gen Bundesrepublik fuhren, waren der Anstoß für eine regelrechte Demonstrationswelle.[240]

Angesichts der durch Botschaftsbesetzungen ertrotzten Ausreisen, wussten die Anwälte in der DDR immer weniger, wie sie Hilfesuchende beraten sollten. Für sie bestand ein »Widerspruch zwischen Straffreiheit einerseits [... und der] ›normale[n]‹ Auslegung gegenüber Straftaten an der Grenze«.[241] Selbst wenn Anwälte noch einer Erziehung zur sozialistischen Gesetzlichkeit nachkommen wollten, wurde dies zunehmend unmöglich. Gesetzeswortlaut und Staatspraxis drifteten immer weiter auseinander. Ein überloyaler Spitzen-IM wie Wolfgang Schnur war nach der Ausreise der Botschaftsflüchtlinge demoralisiert. Bei dem letzten dokumentierten Treffen mit einem seiner Führungsoffiziere brachte er »deutliche Zweifel an der Führung der Partei zum Ausdruck [... und bewertete die Entscheidung als ein] Aushebeln der Rechtsstaatlichkeit in der DDR«.[242] Andere meinten, die Partei- und Staatsführung sei »ohne Konzept«.[243] Schon beim Treffen mit Egon Krenz im Juli 1989 sprach Gysi laut Akten die Ausrei-

234 Laut König auf Vorschlag Vogels. Diese Reise nährte das Gerücht, dass Gysi ein Nachfolger Vogels werden könnte. König: Gregor Gysi, S. 17; Gysi: Das war's, S. 20; Whitney: Advocatus Diaboli, S. 294; Mayer, Wolfgang: Flucht und Ausreise. Botschaftsbesetzungen als Form des Widerstands gegen die politische Verfolgung in der DDR. Berlin 2002, S. 169.

235 Pötzl: Mission Freiheit, S. 421.

236 Vodicka: Prager Botschaftsflüchtlinge, S. 66 f.; Whitney: Advocatus Diaboli, S. 293.

237 Vodicka: Prager Botschaftsflüchtlinge, S. 67 f.

238 Whitney: Advocatus Diaboli, S. 293.

239 Vodicka: Prager Botschaftsflüchtlinge, S. 87 ff.

240 Richter: Friedliche Revolution, S. 258 ff.

241 HA XX/1, Information zur Lage im Kollegium der Rechtsanwälte Berlin, 6.10.1989; BStU, MfS, AIM 8228/91, T. II, Bl. 740.

242 BV Rostock/XX/4, Tb mit IMB »Dr. Schirmer«, 11.10.1989; BStU, MfS, BV Rostock, AIM 3275/90, T. II, Bd. 12, Bl. 245.

243 HA XX/1, Information zur Lage im Kollegium der Rechtsanwälte Berlin, 6.10.1989; BStU, MfS, AIM 8228/91, T. II, Bl. 740.

seproblematik an. Er schilderte die Konflikte, die sich für die Anwälte aus der neuen Rechtslage ergäben, da sie sich »für Anliegen zu engagieren haben, die im Widerspruch zu unseren Auffassungen über das Verhältnis der Bürger zu diesem Staat stehen«.[244] Gysi warnte vor den Folgen der Ungleichbehandlung. Diese »halte er nicht mehr länger für möglich. Wer ›brav' seinen Antrag stelle, habe – von Ausnahmen abgesehen – keinen Erfolg. Wer dagegen provokativ auftritt, um das Erstrebte mit Gewalt zu erzwingen, erreiche sein Ziel.«[245] Diese Analyse Gysis, so denn zutreffend protokolliert, war nicht unbedingt als Aufforderung zu einer liberaleren Reiseregelung zu verstehen. Im geschilderten interministeriellen Treffen Anfang September 1989 trug er laut Protokoll auch nichts Entsprechendes vor. Erst nach der Ausreise der Prager Botschaftsbesetzer sowie den Demonstrationen vom 4. und 7. Oktober 1989 regten Gysi und sein Stellvertreter de Maizière gegenüber einem Vertreter des MfS an, »schleunigst« die Reiseverordnung zu überarbeiten. Man solle »die legale Ausreise gegenüber der illegalen dadurch privilegieren [...], dass legal ausgereisten Personen die Wiedereinreise gestattet werden soll«.[246]

### *Auf dem Weg zu Reisegesetz und Maueröffnung*

Von den prominenten Anwälten schlug als erster Kirchenanwalt und IM Wolfgang Schnur Alarm. Er forderte angesichts der Ungleichbehandlung gegenüber den Botschaftsbesetzern »förmlich die Freilassung all seiner Mandanten«, die wegen Flucht im Gefängnis oder in U-Haft saßen.[247] Einige Tage vor der Absetzung Honeckers wagte sich auch Wolfgang Vogel aus der Deckung. Seit der Liebknecht-Luxemburg-Demonstration hatte Vogels Glaubwürdigkeit als Verhandlungsführer gelitten, weil mit Honecker besprochene Zusagen nicht eingehalten wurden. Jetzt ging er vorsichtig auf Distanz zur Regierung der DDR.[248] Er ließ über eine Agenturmeldung seine Kritik an der Kriminalisierung von Ausreisewilligen verbreiten.[249] Nachdem diese Bresche geschlagen war, wiesen die Anwälte, nun schon in der Amtszeit von Egon Krenz, in einer Erklärung kri-

244 MdJ, Hans Breitbarth, Vermerk über den Besuch des Vorsitzenden des Rates der Vorsitzenden der Anwaltskollegien Dr. Gysi bei Minister Dr. Heusinger am 31.7.1989, 2.8.1989, S. 1; BArch, DP1, 21455.

245 Ebenda, S. 2.

246 BV Bln/XX/1, Information zu Stimmungen und Meinungen im RA-Kollegium Berlin zu den Ereignissen am 7./8.10.1989 sowie zur Erklärung des Politbüros, 12.10.1989; BStU, MfS, BV Bln, Abt. XX Nr. 2471, Bl. 1 f.

247 ADN-Information, Interne Dienstmeldung, 2.10.1989; BStU, MfS, BV Rostock, AIM 3275/90, T. II, Bd. 14, Bl. 238.

248 Der IM-Bericht von Schnur beruht auf dem Hörensagen kolportierter Aussagen Dritter. BV Rostock/XX/4, Tonbandabschrift, 3.4.1989; ebenda, T. II, Bd. 14, Bl. 12 f.

249 Whitney: Advocatus Diaboli, S. 298.

tisch auf die Ungleichbehandlung bei Republikfluchtversuchen hin.[250] Die offizielle Nachrichtenagentur der DDR, ADN, berichtete darüber noch sinnentstellend verkürzt.[251] Auf der Großdemonstration vom 4. November 1989 sprach auch Gregor Gysi als Redner das heikle Thema Ausreise nicht an.[252] Das sollte sich binnen 24 Stunden grundlegend ändern. Gysis Stellvertreter, Lothar de Maizière, machte ihn am Wochenende der Berliner Großdemonstration darauf aufmerksam, dass der Entwurf für ein neues Reisegesetz, der am 6. November 1989 im Neuen Deutschland veröffentlicht werden sollte, kein wirkliches Reiserecht garantiere und »eine Katastrophe [... sei, die] den Druck im Kessel noch erhöhen«[253] würde. Gysi nahm daraufhin Kontakt mit Politbüromitglied Günter Schabowski, dem zweiten Mann hinter Krenz auf. Diesen hatte er am Rande der Großkundgebung vom 4. November kennengelernt. Er formulierte für diesen einen Neuentwurf, wonach jeder Bürger der DDR ab dem 14. Lebensjahr einen Reisepass erhalten sollte, »der es gestattet, in jedes Land der Welt zu fahren«.[254] Schabowski war von Gysis Auftritt auf der Großkundgebung beeindruckt und suchte nach dem Fiasko der Großdemonstration nach einem »Knüller«[255], um die Bevölkerung doch noch für die SED-Erneuerungspolitik zu gewinnen. Er informierte Egon Krenz. Der wollte den Entwurf jedoch nicht mehr ändern[256] und ließ ihn in der Presse veröffentlichen.[257] Gysi sollte sich nach Auffassung von Krenz an der folgenden Diskussion beteiligen. Dazu erhielt Gysi, möglicherweise durch Vermittlung von Schabowski,[258] am Abend des 6. November 1989 in einer Talkrunde des zweiten DDR-Fernsehprogramms die Gelegenheit. Er vertrat dort seinen Vorschlag eines Reiserechts für jedermann eloquent in aller Öffentlichkeit.[259] In der Runde saßen Ministeriumsmitarbeiter, die am nun vorgelegten Entwurf der Reiseverordnung gearbeitet hatten.[260] Experten aus diesem Kreis und MfS-Mitarbeiter, mit denen Gysi schon zur Lösung der Botschaftsfrage zusammensaß, formulierten schließlich die nächste Fassung der Reiseverordnung. Jene führte durch Schabowskis Veröffentlichung letztlich zum Volksauflauf am Grenzübergang Bornholmer Straße

250 Erklärung der Mitglieder des Rates der Vorsitzenden der Kollegien der Rechtsanwälte in der DDR vom 25.10.1989; BStU, MfS, HA IX Nr. 17170, Bl. 4–8, hier 5.

251 Vorschläge für den Ausbau der Rechtsordnung. Erklärung der Mitglieder des Rates der Vorsitzenden der Kollegien der Rechtsanwälte in der DDR. In: ND v. 27.10.1989.

252 In: http://www.dhm.de/ausstellungen/4november1989/htmrede.html.

253 Zit. nach: Gysi: Das war's, S. 66.

254 Gysi: Das war's, S. 71; Schabowski, Günter: Das Politbüro. Reinbek 1990, S. 135.

255 Günter Schabowski im Gespräch mit dem Autor 2009.

256 Schabowski: Politbüro, S. 135.

257 Gesetz über die Reisen von Bürgern der Deutschen Demokratischen Republik in das Ausland. In: ND v. 6.11.1989; inhaltsgleicher Abdruck in: Berliner Zeitung v. 6.11.1989.

258 König: Gregor Gysi, S. 17; Gysi: Das war's, S. 73.

259 Hertle: Chronik, S. 109.

260 »Und im Übrigen: die Grenze ist auf«. In: FAZ v. 9.11.2013.

und zur Maueröffnung.[261] Bekanntermaßen begingen Experten von MfS und MdI, die diesen Reisegesetzentwurf zu überarbeiten hatten, Eigenmächtigkeiten.[262] Sie liberalisierten den Entwurf über die ursprüngliche ZK-Vorgabe hinaus, indem sie nicht nur eine Regelung für die ständige Ausreise, sondern, wie von den Anwälten vorgeschlagen, auch für die zeitweilige Ausreise entwarfen. Zwei Tage nach der Maueröffnung legten die Anwälte ihren Gesetzesentwurf öffentlich vor, den sie auf der Basis von Gysis Vorlage entwickelt hatten. Jeder DDR-Bürger, ab dem 14. Lebensjahr sollte demnach einen Reisepass erhalten, der ihn zu Reisen ins Ausland berechtigt. Ausnahmen seien gesetzlich »exakt« zu regeln.[263] Der Vorschlag war durch die Realität des 9. November 1989 überholt.

## 11.3 Gegeneliten aus der Anwaltschaft – Wendekarrieren

Gysi und de Maizière versuchten den Massenprotest einzudämmen indem sie vorschlugen, das Reisegesetz zu weiten. Ein reformiertes Reiserecht sollte die Menschen befrieden und auf den legalen Weg zurückführen und, so kann man schlussfolgern, der DDR damit neue Legitimität verschaffen. Das lag immer noch auf der Linie der sozialistischen Anwaltschaft. Zusätzlich sollte die Paradoxie aufgehoben werden, dass Botschaftsbesetzer eher eine Chance hatten auszureisen, als geduldige Antragsteller. Das war rechtsimmanent konsequent gedacht. Faktisch räumten die Aktivitäten aber eine weitere Barriere aus dem Weg, der letztlich Richtung Deutsche Einheit führte. Friedrich Wolff, der in vielem »seiner« DDR nachtrauerte, merkte nicht zu Unrecht bissig an, dass Gysi ein glänzender Agitator, aber kein guter Stratege gewesen wäre.[264] In einer relativ kurzen Phase, als der SED-Apparat ratlos und ohne Verankerung in der eigenen Basis dastand und die neuen politischen Gruppen noch keine Gesprächspartner waren, kam den Anwälten die Rolle einer intermediären Gruppierung zu.

Das Spektrum der Anwaltsmeinungen war nicht homogen. An dem einen Ende der Skala standen ehemalige Anwälte als Teil der neuen Gegeneliten und formulierten Fragen. Am anderen Ende versuchten Kollegiums-Funktionäre, allen voran Gregor Gysi, als Reserveelite die SED-Spitze zu beraten. Mit der Maueröffnung lief die politische Justiz, die sich vorrangig gegen Ausreisewillige richtete, zunehmend ins Leere. Die Generalstaatsanwaltschaft und das Oberste Gericht setzten die Anwendung des Republikfluchtparagrafen ohne Gesetzes-

261 Die Mitarbeiter waren Gerhard Lauter und Gotthardt Hubricht vom MdI und Udo Lemme, der Leiter der RS des MfS. Hertle: Chronik, S. 119 f.

262 Ebenda.

263 Interview mit dem Anwalt Dr. Gregor Gysi. Zwischenregelung mit Licht und Schatten. In: Berliner Zeitung v. 11.11.1989. Die Ankündigung zum Reisegesetz der Anwälte erschien in: Berliner Zeitung v. 13.11.1989.

264 Wolff: Ein Leben, S. 204.

änderung faktisch außer Kraft.[265] Ende Oktober 1989 gab es die erste Amnestie für Grenzverletzer.[266] Die MfS-Statistik, die im September 1989 mit 1 109 neuen Ermittlungsverfahren wegen versuchter Republikflucht (§ 213 StGB) noch einen Spitzenwert erreichte, ging im nachfolgenden Monat drastisch zurück. Für November 1989 ist keine Statistik überliefert. Die 100 sonstigen, neuen Ermittlungsverfahren vom Oktober 1989[267] spiegeln nicht annähernd die Dramatik der gesellschaftlichen Auseinandersetzung wider, sei es, dass das MfS die ordnungs- und strafrechtliche Verfolgung der Deutschen Volkspolizei überließ oder solche schlicht unterblieb. Die Ära Honecker ging nach dem Rücktritt des Generalsekretärs auch strukturell zu Ende. Neue politische Gruppierungen und Parteien pluralisierten das politische Leben. Die SED verlor die verfassungsmäßig garantierte Prärogative. Politbüro und ZK gingen unter, das MfS wurde zurückgebaut und schließlich von den Bürgern sukzessive zur Auflösung gezwungen.[268]

### *Wende- und Revolutionskarrieren*

Die Anwaltschaft polarisierte sich, was nicht zuletzt die politischen Karriereläufe verdeutlichten. Gregor Gysi war durch seinen Fernsehauftritt im Zusammenhang mit dem Reisegesetz zu einem Medien- und Politikstar der Umbruchzeit geworden. Gut einen Monat später wurde er als Nachfolger von Egon Krenz und Erich Honecker zum Parteivorsitzenden der SED gewählt. In seiner Bewerbungsrede vor dem Parteitag versuchte Gysi den Eindruck zu erwecken, er »kenne dieses Haus nicht«[269]. Gemeint war das sogenannte »Große Haus«, der ZK-Apparat. In Wirklichkeit verfügte Gysi seit Jahren über Kontakte zu politischen Mitarbeitern im Zentralkomitee. Seit Juli 1989 hatte er diese Kontakte bis in die Abteilungs-, Sekretariats- und Politbüroebene weiterentwickelt. Die Mannschaft um Egon Krenz hatte schon lange seine Talente entdeckt. Seit Mitte November 1989 stand sein Name auf Listen mit Personalvorschlägen zur Erneuerung der SED-Parteispitze. Als ZK-Abteilungsleiter konnte man ihn sich

265 Sarge: Im Dienste, S. 206.

266 Markovitz: Lüritz, S. 291.

267 Klassische Abschreckungsparagrafen gegen Ausreiseantragsteller wie Beeinträchtigung staatlicher Tätigkeit (§ 214 StGB) oder ungesetzliche Verbindungsaufnahme (§ 219 StGB) wurden 1989 kaum mehr angewendet (zwei Fälle im Oktober). Die Hauptdelikte Rowdytum, Zusammenrottung, öffentliche Herabwürdigung (insgesamt 82 Fälle im Oktober) können auf das Protestgeschehen aber auch auf unpolitische Verhaltensweisen zurückgehen. HA IX, Bericht über die Tätigkeit der Linie Untersuchung im Monat Oktober 1989, November 1989; BStU, MfS, HA IX Nr. 1073, Bl. 248–252, hier 249.

268 Kowalczuk: Endspiel, S. 453 ff.; Süß: Staatssicherheit am Ende, S. 414 ff., 605 ff.

269 Zit. nach: Hornbogen, Lothar (Hg.): Außerordentlicher Parteitag der SED/PDS. Protokolle der Beratungen am 8./9. und 16./17. Dezember 1989. Berlin 1999, S. 54.

vorstellen.[270] Als ZK und Politbüro abtraten, wurde Gysi von den Leuten, die aus dem ZK-Apparat heraus den Übergang organisierten, wiederum gesetzt.[271] Er wurde in den Arbeitsausschuss, der das Erbe des Politbüros verwaltete, berufen. Dort arbeiteten ihm die zuvor für die Anwälte zuständige Mitarbeiterin, Ursula Jung, und die Tochter von Friedrich Wolff, seine Anwaltskollegin Barbara Erdmann, zu.[272]

Die Karriere Gysis war sicher ungewöhnlich, aber in seiner Nomenklaturkader-Karriere angelegt. Sein Anwaltskollege Wolfgang Schnur wurde am 17. Dezember 1989 zum Vorsitzenden des Demokratischen Aufbruch gewählt, als diese Gruppierung sich zu einer konservativen Wahlpartei entwickelte.[273] Rolf Henrich aus der Gründergruppe des Neuen Forum war Mitautor mehrerer Grundsatzpapiere,[274] begleitete rechtlich beratend den Versuch, das Forum auf Basis des DDR-Rechtes zu legalisieren. Lothar de Maizière wurde ähnlich wie Gysi aus dem Blockparteiapparat rekrutiert. Er trat mit der Synode von Eisenach in die Öffentlichkeit. Allerdings war er nicht Teil der christlichen Basisbewegung, die Erneuerung forderte. De Maizière versuchte nach der Synode mit einem Zeitungsartikel die kritische Parteistimmung aufzufangen.[275] Sein Aufruf zum Dialog, »der besser nicht auf der Straße stattfinden sollte«, wurde just an dem Tag veröffentlicht, an dem Erich Honecker im Politbüro zum Rücktritt gedrängt wurde.[276] Als Integrationsfigur schlug ihn am 2. November 1989 der alte stellvertretende Vorsitzende der DDR-CDU, Thomas Heyl, der lange mit dem MfS und eventuell dem KGB zusammenarbeitete, vor.[277] Dank dieser Kaderpolitik von oben musste de Maizière vom Parteitag im November 1989 nur noch als Parteivorsitzender akklamiert werden. Sogar seine Ernennung zum Minister für Kirchenfragen wurde von Ministerpräsident Hans Modrow noch mit der SED abgestimmt.[278] Ihre Qualifikation und die intermediäre Stellung zwischen Staat und Mandat, die sie mit dem tendenziellen Rückzug der SED ein-

270 Wolfgang Herger im Gespräch mit dem Autor im Frühjahr 2009.

271 Booß: Sonderparteitag, S. 996.

272 Ebenda, S. 998.

273 Wer war wer in der DDR? In: http://www.bundesstiftung-aufarbeitung.de/wer-war-wer-in-der-ddr-%2363%3B-1424.html (letzter Zugriff: 20.11. 2014).

274 Kowalczuk: Endspiel, S. 357 ff. u. 362 f.

275 Maizière: Anwalt der Einheit, S. 58 ff.

276 Lothar de Maizière. Der Beschluss der Bundessynode vom 19.9.1989 und die Fragen unserer Zeit. In: Neue Zeit v. 17.10.1989. De Maizière datiert den Artikel fälschlicherweise auf den 18.10.1989 und hält das Veröffentlichungsdatum für einen Zufall. Er schreibt heute, dass er nicht mehr mit der Veröffentlichung des im September verfassten Artikels gerechnet hatte und überrascht war. Maizière: Ich will, S. 51; Maizière, Lothar de: Anwalt der Einheit. In: Heise, Joachim (Hg.): Geschichte, die man erzählen muss. Berlin 2011, S. 58; Schumann: Familie de Maizière, S. 295 f.

277 Schmidt: Blockpartei, S. 294.

278 Neubert: Revolution, S. 257.

nehmen konnten, prädestinierten diese Anwälte für derartige Karrieren. Ob die Anwälte wirklich, wie Gysi auf der Großdemonstration behauptete, das Vertrauen der Bevölkerung genossen, ist mangels ausreichender Quellen schwer abzuschätzen. Der hohe SED-Anteil unter den Anwälten mag diesem Vertrauen Grenzen gesetzt haben. In den politischen Gremien jener Zeit waren DDR-Altanwälte nicht so stark vertreten, wie man angesichts ihrer Qualifikation vermuten könnte. In die zeitweilige Kommission, die die Stadtverordnetenversammlung in Ostberlin zur Aufklärung der Polizeiübergriffe vom 7. und 8. Oktober 1989 einsetzte, wurde Friedrich Wolff berufen. Für die unabhängige Untersuchungskommission, die die neuen Gruppierungen, die Kirche sowie Intellektuelle ins Leben riefen, wurde ein Anwalt aus dem Prenzlauer Berg gewonnen.[279] Wenn man den Akten der »Sicherheit« folgt, informierte dieser als IMS »Martin« das zum Amt für Nationale Sicherheit (AfNS) gewandelte MfS über die Gründungsaktivitäten der Untersuchungskommission.

Die höchste Gremienrepräsentanz hatten die Anwälte am Zentralen Runden Tisch, während in der Volkskammer von 1990 ihre Zahl deutlich zurückging. Das beschreibt ihre Rolle in einer begrenzten Zwischenphase. Im Plenum des Runden Tisches trafen vier prominente Anwälte aufeinander. Gysi für die SED, de Maizière für die ehemalige Block-CDU auf der Seite der Altgruppierungen, Rolf Henrich saß für das Neue Forum und Wolfgang Schnur für den Demokratischen Aufbruch auf der Seite der Neugruppierungen. Weitere Anwälte wirkten als Berater im Hintergrund.[280] Mit teilweise ähnlichen Karriereläufen, doch nun in unterschiedlichen Lagern, waren sie daran beteiligt, die DDR geordnet aus der Existenzkrise zu führen.

In der erstmals 1990 frei gewählten Volkskammer, waren mit Gregor Gysi, Lothar de Maizière und Brigitta Kögler nur noch drei DDR-Altanwälte präsent.[281] Sei es, dass die ersten MfS-Enthüllungen wirkten,[282] dass sich Anwälte

279 Namentlich war das Rechtsanwalt Lothar Franz. Vgl. dazu Und diese verdammte Ohnmacht. Report der unabhängigen Untersuchungskommission zu den Ereignissen vom 7./8. Oktober 1989 in Berlin. Berlin 1991, S. 48 f. Es ist davon auszugehen, dass auch in anderen Bezirken Anwälte in ähnliche Übergangsgremien eingebunden wurden. So war der RAK-Vorsitzende, Roland Hück, am 6.11.1989 Gast auf einem SED-Forum zur Rechtssicherheit und wurde von der SED am 4.12.1989 in einen Ausschuss zur Untersuchung von Verletzungen der Gesetzlichkeit und des Parteistatutes berufen. Grahn: Wir bleiben, S. 272 u. 275.

280 Thaysen: Runde Tisch, S. 203 ff. Nachweisbar sind auch Brigitta Kögler, Herbert Schiefferdecker. Andere sind mangels Geburtsdaten nicht eindeutig identifizierbar. Es waren jedoch noch weitere Juristen, Kirchenjuristen oder solche aus wissenschaftlichen Einrichtungen involviert.

281 Der DSU-Abgeordnete und spätere DDR-Innenminister, Peter-Michael Diestel, war Justiziar und wurde erst mit der Liberalisierung des Anwaltsrechtes 1990 Anwalt. Wer war wer in der DDR? In: http://www.bundesstiftung-aufarbeitung.de/wer-war-wer-in-der-ddr-%2363%3B-1424.html (letzter Zugriff: 19.11.2014).

282 Die ersten Gerüchte über IM-Verstrickungen von Spitzenpolitikern bzw. Anwälten, u. a. Wolfgang Schnur und Lothar de Maizière betreffend, kamen ab Januar 1990 auf. Schnur

eher beruflich auf die neuen Zeiten einzustellen suchten, sei es, dass sie in den neuen und umgebildeten politischen Parteien und Gruppierungen nicht auf Akzeptanz stießen. Die letzten IM-Berichte zum Berliner Kollegium machen deutlich, dass die Meinungen spätestens ab Oktober 1989 keineswegs so einheitlich waren, wie es Stellungnahmen der Anwaltschaft suggerierten. Neben den Traditionalisten, die mangelnde Parteiloyalität beklagten,[283] waren ab Anfang Oktober 1989 mehrere Anhänger des noch illegalen Neuen Forum wahrnehmbar.[284] Parteisekretär Martin Baumann zeigte sich nach IM-Angaben orientierungslos, da sich die SED-Bezirksleitung schon seit einiger Zeit zurückgezogen hätte. Die taktierende Art von Wolff, Gysi und de Maizière verkörperte eine mittlere Position. Solange es um die Stärkung der Anwaltsrechte, um mehr Bürgerrechte und Rechtssicherheit ging, überwogen zumindest in Ostberlin die Gemeinsamkeiten, während in der Provinz schon Unmut aufkam.[285] Spätestens ab November 1989 drifteten die Anwälte politisch endgültig auseinander. Das wurde in den DDR-Regionen deutlicher, wo die Anwälte oft allein oder mit wenigen Kollegen Zweigstellen in Kreisstädten betrieben und eher den Charakter von Kleinstadtnotabeln trugen. Im Bezirk Dresden schilderte IM »Karl Friedrichs« in einem seiner letzten Berichte, wie sich das Kollegium entmischte. Neben »reaktionärsten Kräften«[286] gab es solche, die aus der SED austraten oder in andere Parteien wechselten. Ehemals »parteigetreue Hardliner« strebten ebenso wie »Klüngel« und »Familienclans« Machtpositionen im Kollegium gegen die »konsequente parteiliche Linie oder marx[istisch]/lenin[istische] Linie« an.[287] Unterstützer der Krenz'schen Wende und Kritiker der »Inquisitionsjustiz« und des »Diktator[s] und Stalinisten Honecker«, die die Führungsrolle der SED »für eine Anmaßung« hielten,[288] standen sich gegenüber und fanden allenfalls in gemeinsamen beruflichen Interessen zueinander. Die Flügelkämpfe waren nur ein Vorspiel zur Auflösung der Kollegien, die knapp ein Jahr nach dem Ende der Ära Honecker endgültig ihre Funktion verloren.

musste im März 1990, noch vor der Volkskammerwahl, von allen politischen Ämtern zurücktreten. Das war 'ne Top-Quelle. In: Der Spiegel 11/1990.

283 HA XX/1, Information zum Kollegium der Rechtsanwälte, 3.2.1989; BStU, MfS, BV Bln, Abt. XX Nr. 6093, Bl. 72.

284 HA XX/1, Information zur Lage im Kollegium der Rechtsanwälte Berlin, 6.10.1989; BStU, MfS, AIM 8228/91, T. II, Bl. 740 f.

285 BV Dresden/Abt. XX, Vermerk v. 9.11.1989; BStU, MfS, BV Dresden, AIM 2772/90, T. II, Bd. 1, Bl. 10.

286 »Karl Friedrichs«, Zur Lage im Kollegium, 16.11.1989; ebenda, T. II, Bd. 1, Bl. 4.

287 Rechtschreibung nach dem Original; ebenda, Bl. 5.

288 BV Dresden/Abt. XX, Vermerk v. 9.11.1989; ebenda, T. II, Bd. 1, Bl. 10 u. 12.

# 12. Epilog: Die DDR-Anwaltschaft im Prozess der deutschen Vereinigung und ihre Überprüfung nach 1990

Nach der deutschen Vereinigung gab es in der Bundesrepublik in einzelnen Standesorganisationen der Rechtsanwälte einen Aufschrei: »Wir könnten eine komplette Regierungsmannschaft der DDR stellen«, bilanzierte beispielsweise die Hauptgeschäftsführerin der Berliner Anwaltskammer.[1] Die etablierte Westberliner Anwaltskammer wurde über Nacht wieder zur Gesamtberliner Kammer. Durch den Einigungsvertrag wuchs ihr die Ostberliner Anwaltschaft zu. Das Vertragswerk, das die Transformation des DDR-Systems in den bundesdeutschen Rechtsstaat regelte, sah durch Übernahme des DDR-Rechtsanwaltsgesetzes (RAG)[2] als Überleitungsgesetz eine Bestandsgarantie für ostdeutsche Anwaltszulassungen vor.[3] Der Aufschrei der Kammervertreter, vor allem in den Ländern Berlin und Sachsen,[4] schien Aktenbefunde von Anfang 1990 zu bestätigen. Nach den Besetzungen der Stasi-Gebäude und ersten Aktenfunden kam der Verdacht auf, dass unter den Neupolitikern der DDR, darunter ehemalige Rechtsanwälte, mehrere ehemals dem MfS verpflichtet waren.

*Neuzulassungen vor der deutschen Vereinigung 1990*

Allerdings war die Anwaltschaft vom 3. Oktober 1990 nur noch bedingt mit der in der Ära Honecker vergleichbar. Damals gab es rund 600 Anwälte. Bis zur Vereinigung kamen etwa 1 500 Neuzulassungen hinzu, allein in Ostberlin erhöhte sich die Zahl der Anwälte von knapp 80 auf 727.[5] In einer geheimen Mitteilung an die Bundesregierung warnte der Bundesnachrichtendienst schon im März

1 Gib mir 'nen Stempel. Hochbelastete SED-Richter, die in Ostdeutschland ihr Amt verloren haben, machen nun Karriere als Rechtsanwälte. In: Der Spiegel 33/1991.

2 Rechtsanwaltsgesetz vom 13. September 1990 (RAG) (künftig als »RAG-1990« bezeichnet). In: DDR-GBl., Teil I (1990) 61, S. 1504.

3 Vertrag zwischen der Bundesrepublik Deutschland und der Deutschen Demokratischen Republik über die Herstellung der deutschen Einheit. Einigungsvertrag vom 31.8.1990. 6. Anl. II, Kapitel III, Abschnitt III. In: BGBl. II (1990) 35, S. 889. Die Ostberliner Anwälte wurden direkt der BRAO und der Berliner Anwaltskammer unterstellt. Ebenda, Anl. I, Abschnitt IV.

4 Dombek hängt erstaunlicherweise den Berliner Anteil tief. Dombek: Zusammenführung der Anwaltschaft, S. 540; Booß: Schwierigkeiten.

5 Busse: Deutsche Anwälte, S. 518; Dombek: Zusammenführung der Anwaltschaft, S. 551.

1990 davor, dass es sich bei der Hälfte der Bewerber um ehemalige Angehörige des MfS oder um frühere SED-Mitglieder handele, die hofften, »aufgrund ihres noch vorhandenen Einflusses auf die administrativen alten Strukturen bevorzugt behandelt zu werden«.[6]

Schon ab Ende 1989 beantragten Juristen, viele auch aus der Wirtschaft, beim MdJ mit Verweis auf den Reformbedarf des Justizsystems eine Zulassung als Einzelanwalt.[7] Das MdJ kam dem aufgrund der veränderten politischen Lage sukzessive nach. Ab Februar 1990 begann die DDR-Regierung noch unter Hans Modrow, das Zulassungsrecht Schritt für Schritt auf dem Verordnungswege zu liberalisieren. Das Kollegium verlor mit dem Rechtsanwaltsgesetz vom 15. September 1990 seine Funktion bei der Anwaltszulassung und damit seine Existenzberechtigung.[8] In der kurzen Übergangsphase bis zum 3. Oktober ließ das Justizministerium der DDR Anwälte zu. Zulassungsberechtigt waren nun alle DDR-Diplomjuristen, die eine ausreichende Berufspraxis nachweisen konnten. Einer der bekanntesten und umstrittensten Neuanwälte war der ehemalige Direktor des Stadtbezirksgerichts von Berlin-Lichtenberg, Jürgen Wetzenstein-Ollenschläger. Er war oft als Vorsitzender in I-A-Verfahren tätig. Wetzenstein-Ollenschläger machte vor allem Furore, weil er zwei Jahre zuvor noch die Bürgerrechtlerin Vera Wollenberger verurteilt hatte.[9] »Vom Rechtsbeuger zum Rechtsanwalt«,[10] titelte das ARD-Fernsehmagazin »Kontraste« daher im August 1990. Opfer der DDR-Justiz hatten unter diesem Motto vor dem Ostberliner Justizministerium demonstriert und vor zweifelhaften Anwaltskarrieren gewarnt. Die allgemeine Erkenntnis, dass in postkommunistischen Ländern, in denen die kommunistische Herrschaft schnell zerfiel, auch das Aussieben von Justizfunktionären, die »Lustration«, besonders weitgehend ausfiel,[11] lässt sich auf die Anwaltschaft der DDR gerade nicht anwenden. Die Warnungen des BND blieben offenbar bei der Verhandlung des Einigungsvertrages ungehört. Nach Auffassung des Nachrichtenmagazins Der Spiegel las sich die Liste der ostdeutschen Anwälte nach der Vereinigung teilweise wie ein Who is Who des SED-Unrechtsstaates.[12] Unter den Zugelassenen fanden sich Namen von ehemaligen Richtern und Staatsanwälten, vor allem solchen, die Anteil an

6 BND, Meldung DDR-Innenpolitik, hier: Justizwesen, 2.3.1990; BArch B 206-536. Recherche von Ilko-Sascha Kowalczuk.

7 BArch, DP1, 23182.

8 Busse: Deutsche Anwälte, S. 518 ff.

9 Die Verurteilung 1988 stand im Zusammenhang mit der Luxemburg-Liebknecht-Demonstration und führte zum zeitweiligen Landesverweis von Wollenberger. Neubert: Geschichte der Opposition, S. 696 ff.

10 Jahn, Roland: Vom Rechtsbeuger zum Rechtsanwalt. Die Karriere von DDR-Juristen. In: SFB-Kontraste v. 7.8.1990.

11 Ebenda.

12 Gib mir 'nen Stempel. Hochbelastete SED-Richter, die in Ostdeutschland ihr Amt verloren haben, machen nun Karriere als Rechtsanwälte. In: Der Spiegel 33/1991.

der politischen Justiz hatten. Sogar ehemalige hauptamtliche Mitarbeiter des MfS konnten die Regelungen des Einigungsvertrages nutzen. MfS-Offiziere mit einem MfS-Diplom waren zwar nach dem 3. Oktober 1990 nicht mehr zulassungsberechtigt.[13] Wer aber seine Zulassung vor diesem Stichtag erlangte, konnte sich auf eine Bestandsgarantie berufen. Für MfS-Mitarbeiter mit einem regulären universitären Abschluss gab es keine grundsätzlichen Einschränkungen. Daher erhielten im vereinigten Deutschland sogar MfS-Untersuchungsführer eine Anwaltszulassung.[14]

### *Die Praxis der Rechtsanwaltszulassung in den letzten Tagen der DDR*

Das RAG wollte dem Wortlaut nach Vorbehalte an der Rechtsanwaltszulassung zerstreuen. Vor einer Entscheidung waren die Anwaltskammern durch ein Gutachten einzubeziehen, in dem mögliche Versagungsgründe erörtert werden sollten.[15] Der Passus lief aber ins Leere, weil die Kammern im Aufbau begriffen beziehungsweise in Ostberlin zumeist noch nicht zuständig waren.[16] Eine Zulassung war zu versagen, wenn »sich der Bewerber eines Verhaltens schuldig gemacht hat, das ihn unwürdig erscheinen lässt, den Beruf eines Rechtsanwaltes auszuüben«.[17] Der Passus orientierte sich, wie das ganze Gesetz, an der Bundesrechtsanwaltsordnung (BRAO). Es fehlten Kriterien, die eine Nichteignung aufgrund der DDR-Justizgeschichte spezifizierten. Ebenso fehlten Verfahrensregelungen, eine solche Nichteignung zu ermitteln. Für eine Anwalts-Zulassung in den letzten Wochen vor der deutschen Einheit entfalteten die Vorbehaltsklauseln offenbar keine Wirkung. Selbst die eindeutige Regelung, dass ein künftiger Anwalt eine ausreichende Berufspraxis nachweisen musste, wurde durch Gefälligkeitsbescheinigungen von Justizkollegen unterlaufen.[18] Wer »minimalen Anforderungen« genügte, so merkte der altgediente DDR-Anwalt Friedrich Wolff kritisch an, wurde vom Justizministerium »noch schnell zugelassen«.[19]

Die Volkskammer-Parlamentarier waren offenbar der Ansicht, dass eine Zulassung beim Justizministerium in guten Händen lag. Das beruhte offenbar

13 Die Diplome wurden nicht als gleichwertig anerkannt. Vertrag zwischen der Bundesrepublik Deutschland und der Deutschen Demokratischen Republik über die Herstellung der deutschen Einheit – Einigungsvertrag vom 31.8.1990, 5 Anl. I, 8, y, hh. In: BGBl. II (1990) 35, S. 889.

14 Booß: Schwierigkeiten.

15 RAG-1990, § 8, Abs. 2.

16 Dombek: Zusammenführung der Anwaltschaft, S. 535 ff.; Schümann, Dietrich: Ein Beitrag zur Geschichte der mecklenburgischen Anwaltschaft. München 2000, S. 247.

17 RAG-1990, § 7, Abs. 2.

18 Dombek: Zusammenführung der Anwaltschaft, S. 534 f.

19 Gib mir 'nen Stempel. Hochbelastete SED-Richter, die in Ostdeutschland ihr Amt verloren haben, machen nun Karriere als Rechtsanwälte. In: Der Spiegel 33/1991.

auf der irrigen Annahme, dass wenige Personalwechsel an der Spitze ausreichten, um dessen Apparat in ein Instrument des Rechtsstaates zu verwandeln. Die Ministerialen, die die neuen Anwaltszulassungen bearbeiteten, trugen zu DDR-Zeiten pflichtbewusst dafür Sorge, dass nur SED-konforme Juristen in die Kollegien gelangten. In der Literatur heißt es beschönigend, »Sachbearbeiter« wären dafür zuständig gewesen.[20] Doch mit diesen Fragen befasste Personen wie Udo Rodig und Matthias Treffkorn[21] waren laut Aktenlage SED-Parteimitglieder, kooperierten mit dem MfS und waren lange im Justizapparat der DDR tätig.[22] Deren Einschätzung einer Anwaltseignung prägten offenkundig diese Traditionen. Es passierten nicht wenige Juristen das Zulassungsverfahren, die eher alten DDR-Maßstäben genügten als denen einer rechtsstaatlichen Justiz. Die Schlusszeichnung für die letzten DDR-Anwaltszulassungen lag bei einem Neupolitiker. Nach dem Rücktritt der letzten beiden Justizminister[23] bekleidete Manfred Walther diesen Posten. Walther war zuvor als Rechtsanwalt im Bezirk Cottbus tätig und Mitglied der CDU in der DDR. Lange war nicht bekannt, dass Walther von 1980 bis 1982/83 als Inoffizieller Mitarbeiter »Freddy« für die Hauptverwaltung Aufklärung des MfS registriert war. Das MfS bescheinigte ihm damals eine »kontinuierliche und zielstrebige Zusammenarbeit, in deren Ergebnis operativ interessante Ergebnisse, vorwiegend im Abwehrbereich, erarbeitet wurden [... und] ein spezifisch ausgeprägtes Feindbild«.[24] Dieses Trio »mit Vergangenheit« ließ im MdJ die letzten Anwälte zu. Selbst wurden sie, wie auch der damalige Regierungschef, Anwälte im vereinigten Berlin.[25] Die Verantwortung für die Regierung lag damals beim ehemaligen DDR-Anwalt Lothar de Maizière, in MfS-Karteien und Akten als »Czerni« bezeichnet. Da er die letzten Jahre zuvor stellvertretender Vorsitzender des Berliner Kollegiums war, dürften ihm die Zuständigkeiten im MdJ grundsätzlich vertraut gewesen sein. Das Zulassungsverfahren der DDR-Regierung ist daher kaum als »Betriebsunfall« der Deutschen Einheit zu bewerten. Es waren strukturelle und personelle Faktoren, die die Zulassung von Anwälten begünstigten, die in der DDR an der politischen Indienstnahme der Justiz teilhatten.

20 Dombek: Zusammenführung der Anwaltschaft, S. 534.

21 Ebenda.

22 Vgl. Kapitel Die Institutionen zur Steuerung und Kontrolle der Anwaltschaft.

23 Hans Joachim Heusinger hatte das Amt noch im Kabinett Modrow inne. Im Kabinett de Maizière war sein Vorgänger, Kurt Wünsche, Minister und musste nach Diskussionen über seine Vergangenheit demissionieren. Wer war wer in der DDR? In: http://www.bundesstiftung-aufarbeitung.de/wer-war-wer-in-der-ddr-%2363%3B-1424.html (letzter Zugriff: 20.1.2015).

24 HA XX/8, Aktenauszug zu Walther, Manfred, 30.7.1984; BStU, MfS, HA XX Nr. 6353, Bl. 37–47, hier 37.

25 Anwälte und ihre Geschichte. Zum 140. Gründungsjahr des Deutschen Anwaltvereins/ Hg. vom Deutschen Anwaltverein. Tübingen 2011, S. 534.

*Standesrechtliche Kontroverse in der Bundesrepublik*

Ob man diese Zulassungen infrage stellen dürfe, ob es überhaupt gerechtfertigt sei, Anwälte einer Eignungsprüfung zu unterziehen, war auch in der Altbundesrepublik umstritten. Jahrelang hatten sich Standespolitiker der Anwaltschaft dafür eingesetzt, das Berufsrecht von obrigkeitsstaatlichen Formeln zu entschlacken. Das Bundesverfassungsgericht kam dem ein Jahr vor dem Umbruch in der DDR weitgehend entgegen. Der grundgesetzlich garantierte Status als freier Beruf war für die Anwälte 1987 durch die sogenannten »Bastille«-Beschlüsse des Bundes-Verwaltungsgerichtes gefestigt worden.[26] Der Anspruch der Staatsferne und ein liberales Zugangsrecht standen 1989 dem Ansinnen gegenüber, durch einen staatlichen Filter ebenjenen Zugang im Nachhinein zu beschränken. Verbände wie der Deutsche Anwaltverein beriefen sich auf das Überleitungsrecht und sprachen sich gegen eine erneute Überprüfung der zugelassenen Anwälte aus.[27] Die Besonderheit des gesellschaftlichen Umbruchs, die Sensibilität gegenüber den Leidtragenden der DDR-Justiz kam bei derart grundsätzlich geführten Diskussionen oft zu kurz. Zuweilen dominierte das berufsständische Interesse, die DDR-Juristen möglichst friktionsfrei in den eigenen Verband zu integrieren. Allerdings waren Wissen um die Realität der DDR-Anwaltschaft und die Mängel der Anwaltszulassung noch gering ausgeprägt, der verhältnismäßig freie Zugang zu MfS-, MdJ- und SED-Akten noch nicht gegeben.

Gedrängt vor allem durch die ostdeutschen Landesregierungen legte der Bundesjustizminister, Klaus Kinkel, schließlich ein Rechtsanwaltsüberprüfungsgesetz (ReNotPrüfG) vor. Er forderte vor dem 46. Anwaltstag im Mai 1991: »Die Anwaltschaft darf nicht zum Auffangbecken für Stasi-Offiziere und gnadenlose Richter und Staatsanwälte werden.«[28] Kinkel sprach sich allerdings gegen eine Pauschalverurteilung aus und formulierte damit Zweifel an einer Regelüberprüfung. Die Standesvertreter willigten letztlich nur ein, um verlorengegangenes Vertrauen wieder gutzumachen.[29] Das ReNotPrüfG regelt in verschiedenen Fallgruppen, Zulassungen zur Rechtsanwaltschaft zu widerrufen, wenn sich der Rechtsanwalt »eines Verhaltens schuldig gemacht hat, das ihn unwürdig erscheinen lässt, den Beruf des Rechtsanwalts auszuüben, weil er gegen die Grundsätze der Menschlichkeit oder der Rechtsstaatlichkeit insbesondere im Zusammenhang mit einer Tätigkeit als hauptamtlicher oder inoffizieller Mitar-

26 »Bastille«, weil alte Hemmnisse geschleift wurden. Busse: Deutsche Anwälte, S. 248.

27 Busse: Deutsche Anwälte, S. 527 f.; Stellungnahme des Deutschen Anwaltvereins zur Forderung nach Überprüfung von Rechtsanwälten in den ostdeutschen Bundesländern. In: NJ 46 (1992) 1, S. 24.

28 Zit. nach: Stellungnahme des Deutschen Anwaltvereins zur Forderung nach Überprüfung von Rechtsanwälten in den ostdeutschen Bundesländern. In: ebenda.

29 Dombek: Zusammenführung der Anwaltschaft, S. 540.

beiter des Staatssicherheitsdienstes verstoßen hat«.[30] Das Stasi-Unterlagen-Gesetz (StUG), das ein halbes Jahr zuvor in Kraft trat, ermöglichte bis zum Jahr 2005, Stasi-Akten zur Überprüfung heranzuziehen.[31] Bei Neuzulassungen bildeten in einer Übergangszeit das RAG, dann die BRAO die Überprüfungsgrundlage.

### *Überprüfungspraxis in den ostdeutschen Bundesländern und Berlin*

Die Überprüfung lag nach der Bildung der Länder anfangs in den Händen der Länderjustizministerien.[32] Diese behalfen sich zunächst mit Fragebögen und der freiwilligen Selbstauskunft der Anwälte. Mit der Zeit driftete die Praxis aber auseinander. Während Bundesländer wie Sachsen und Thüringen tendenziell eine Regelüberprüfung bei Alt- und Neuzulassungen durchführten,[33] überprüfte Brandenburg Altfälle selektiv. Nur wer im Fragebogen die Frage, ob er Kontakte zur Staatssicherheit gehabt habe, mit »Ja« oder nicht beantwortet hatte, wurde ab 1992 einer genaueren Untersuchung unterzogen.[34] Schon auf Basis der ersten Auskünfte des Bundesbeauftragten für die Unterlagen des Staatssicherheitsdienstes der ehemaligen DDR (BStU) hätte deutlich werden müssen, dass über die Hälfte der Stasi-Belasteten in Brandenburg keine oder falsche Auskünfte gab. Doch das Ziel der Überprüfung war in den Bundesländern von vornherein verschieden. Während Sachsen und Thüringen zunächst alle Zulassungen von Anwälten widerriefen, die MfS-belastet waren, erklärte ein mit der Überprüfung im Land Brandenburg Beauftragter: »Wir wollten die Leute in die neue Zeit mitnehmen.«[35] Daher wurden eine »Enge und Strenge«[36] bei den Widerrufs- und Rücknahmevoraussetzungen angelegt, dass eine »Tätigkeit für das MfS als solche«[37] in diesem Bundesland nicht reichte, um eine Zulassung als Anwalt zu versagen. So kam es dazu, dass in Thüringen 17 Zu-

30 Gesetz zur Prüfung von Rechtsanwaltszulassungen, Notarbestellungen und Berufungen ehrenamtlicher Richter (ReNotPrüfG) v. 24. Juli 1992. In: BGBl., Teil I (1992) 36, S. 1386.

31 Gesetz über die Unterlagen des Staatssicherheitsdienstes der ehemaligen Deutschen Demokratischen Republik (StUG) i.d.F.v. 1.3.2012. In: BGBl., Teil I (2012) 12, S. 442.

32 Später wurden die Kompetenzen auf die OLG bzw. Kammern verlagert. Antworten der Landesregierung Brandenburg an den Verfasser v. 2.2.2012 u. 14.4.2011.

33 Dombek: Zusammenführung der Anwaltschaft, S. 540.

34 Der spätere brandenburgische OLG-Präsident Wolfgang Farke war zeitweise mit der Überprüfung betraut. Interview mit dem Verfasser 2011.

35 Wolfgang Farke, Gespräch mit dem Verfasser 2011.

36 Faupel, Rainer: Zehn Jahre Brandenburgisches Oberlandesgericht. Blick zurück und Blick nach vorn. In: Clavée, Klaus-Christoph u. a. (Hg.): 10 Jahre Brandenburgisches Oberlandesgericht. Festschrift zum 10-jährigen Bestehen. Baden-Baden 2003, S. 42.

37 Ebenda.

lassungen widerrufen wurden, in Brandenburg keine.[38] Wegen solch unterschiedlichen Auffassungen konnten die ostdeutschen Länder nicht mit einer einheitlichen Stimme bei der gerichtlichen Überprüfung vor dem BGH und dem Bundesverfassungsgericht auftreten. Einerseits erklärte das Verfassungsgericht mit seiner Entscheidung vom 9. August 1995 das ReNotPrüfG grundsätzlich für verfassungsgemäß. Auf der anderen Seite beanstandete es eine teilweise zu weite Anwendung der Widerrufskriterien. Die bloße MfS-Mitgliedschaft eines Rechtsanwaltes und eine »normale« Tätigkeit als inoffizieller Mitarbeiter reichen nicht aus. Es müsse ein über die bloße Weitergabe von Informationen hinausgehender besonderer Vertrauensmissbrauch stattgefunden haben.[39] Ein Verstoß könne erst vorliegen,

> wenn die Weitergabe von Informationen denunziatorischen Charakter hatte und mit der Erwartung verbunden war, dass dem Betroffenen unmenschliche und rechtsstaatswidrige Folgen drohten. Außerdem kann sich ein Verstoß gegen die Grundsätze der Menschlichkeit oder Rechtsstaatlichkeit aus der Art der Mittel zur Informationsbeschaffung, aus dem Inhalt der weitergegebenen Information und aus der Schadensprognose ergeben.[40]

Ein Großteil der Zulassungswiderrufe wurde aufgrund der höchstrichterlichen Rechtsprechung aufgehoben beziehungsweise musste zurückgenommen werden. Die weiteren Überprüfungen verflachten daraufhin. Offen ist, welche Verwaltungspraxis bei der Überprüfung herrschte. Geschäftsordnungen sind nicht nachgewiesen oder wurden nicht erst festgelegt. Neben der Überprüfung auf Stasi-Aktivitäten konnten bei einschlägigem Tätigkeitsprofil Gerichtsakten angefordert sowie grundsätzlich in der Zentralen Beweismittel- und Dokumentationsstelle der Landesjustizverwaltungen, der Zentralen Erfassungsstelle in Salzgitter (ZESt), angefragt werden. Die ZESt dokumentierte seit den 1960er-Jahren Unrechtstatbestände in der DDR. Ob derartige Anfragen systematisch durchgeführt wurden, ist derzeit nicht nachvollziehbar. Zumindest im Land Brandenburg kam es bei den Überprüfungen der hauptamtlichen Mitarbeiter des MfS zu gravierenden handwerklichen Mängeln. Es wurde nur der Tätigkeitsbereich registriert, nicht aber untersucht, was sie wirklich getan hatten.[41] Nach

38 Es gibt Diskrepanzen zwischen Aussagen des brandenburgischen MdJ und Anwälten, wonach möglicherweise ein Widerruf stattfand, der gerichtlich aufgehoben wurde. Peter-Michael Diestel, Gespräch mit dem Verfasser 2012.

39 20 Jahre Deutsche Einheit. Bilanz und Ausblick aus der Sicht des Bundesministeriums der Justiz. In: http://www.bmjv.de/SharedDocs/Downloads/DE/pdfs/20_Jahre_Deutsche_Einheit.pdf?__blob=publicationFile (letzter Zugriff: 31.12.2014); Will, Rosemarie: Die DDR-Rechtsanwälte, das Bundesverfassungsgericht und die juristische Aufarbeitung der kommunistischen Vergangenheit. In: NJ 50 (1996) 4, S. 177–180, hier 180.

40 BVerfG, 9.8.1995, Az. 1 BvR 2263/94, 1 BvR 229/95, 1 BvR 534/95. www.jurist.de/portal/portal/t/21vy/page/jurisw.psml?action=controls.jw (letzter Zugriff: 3.3.2011).

41 Booß: Schwierigkeiten.

den höchstrichterlichen Beschränkungen wurde es stiller um die Überprüfung. Transparente Bilanzen liegen kaum vor. Die brandenburgische Rechtfertigung für eine weitmaschige Überprüfungspraxis erwies sich als Beschwichtigung. Der brandenburgische Justizminister, Hans Otto Bräutigam, brachte vor, es sei »niemand gezwungen, sich einen Anwalt zu wählen, von dem auch nur die geringste Belastung bekannt ist«.[42] Das Argument lief ins Leere, da die Ergebnisse der Überprüfungen in der Regel nicht öffentlich bekannt wurden.

Insgesamt führte die Überprüfung in Brandenburg zu einem merkwürdigen Ergebnis: Nach Angaben des BStU[43] stellte das Land bis zum Auslaufen des Überprüfungsgesetzes 1998 insgesamt 242 Anfragen zu Anwälten. Von den Angefragten galten 123 den Erkenntnissen nach als formal belastet,[44] also jeder zweite. Vergleicht man die Zahl der formal Belasteten mit der Zahl der 1 419 Anwälte, die es 1998 in Brandenburg gab, kommt man auf eine Belastungsquote von fast 9 Prozent. In der Sekundärliteratur war nur für Mitte der 1970er-Jahre eine Quote von 7,5 Prozent von DDR-Anwälten mit damals aktuellen besonderen MfS-Kontakten bekannt. In den drei Bezirken, die später das Land Brandenburg konstituierten, waren es 5,6 Prozent.[45] Im Rahmen dieser Arbeit wurde für die gesamte DDR ein Durchschnitt von 16,9 Prozent von Anwälten in den 1970er- und 1980er-Jahren berechnet, die aktenkundig eine Zeit lang MfS-Kontakte hatten. Im Falle der Anwälte in den drei Bezirken, die später das Land Brandenburg bildeten, beträgt die Rate 19 Prozent.[46] Zu DDR-Zeiten waren in den 1970er- und 1980er-Jahren nur 158 Anwälte in den drei, später Brandenburg bildenden Bezirken tätig. Angesichts der neunmal höheren Anwaltszahl Ende der 1990er-Jahre erscheint die Quote der formalen MfS-Belastungen nach den Überprüfungen erstaunlich hoch und vermittelt den Eindruck, dass die Quote vor allem wegen des Zuwachses an Anwälten und weniger durch Überprüfung zustande kam.

42 Faupel: Brandenburgisches Oberlandesgericht, S. 42.

43 Für eine Enquete des Landtages Brandenburg teilte der BStU die Zahlen auf Nachfrage des Autors mit.

44 Ergebnis diverser Auskünfte an den Verfasser 2011/12. Formale Belastung bedeutet, dass der Betreffende beim MfS als Mitarbeiter registriert war bzw. als solcher agierte. Damit ist keine Aussage über »Belastungen« im moralischen oder gar juristischen Sinne getroffen.

45 Eisenfeld: Rolle und Stellung, S. 362; Eigenberechnung nach HA XX/1, Analyse zur operativen Situation bei den in der DDR zugelassenen RA, o. D. (vermutl. 1976); BStU, MfS, HA XX Nr. 7363, Bl. 228–232, hier 232.

46 Zum Berechnungsmodus vgl. den Abschnitt zu Informanten des MfS.

*Beispiele für in Brandenburg zugelassene Anwälte mit deutlicher DDR-Systemnähe*

Insgesamt waren mindestens 24 ehemals hauptamtliche MfS-Mitarbeiter in Brandenburg als Rechtsanwälte zugelassen. Selbst 2012 waren aus dem Kreis noch mindestens 14 Anwälte aktiv.[47] Aus keinem anderen Bundesland sind bisher derart hohe Zahlen bekannt. Offenbar hatte Brandenburg eine gewisse Magnetwirkung für Stasi-belastete Juristen. Auch die Tatsache, dass die Juristische Hochschule des MfS im ehemaligen DDR-Bezirk Potsdam lag, wirkte sich entsprechend aus.

- Norbert Lindner war Referatsleiter in der Abteilung IX der Bezirksverwaltung für Staatssicherheit Potsdam, dem sogenannten MfS-Untersuchungsorgan.[48] Lindner ist in Brandenburg Anwalt.
- Wilhelm Pilz erhielt in den 1990er-Jahren seine Anwaltszulassung etwa zu der Zeit, als die Ermittlungen wegen seiner Beteiligung als Staatsanwalt im Verfahren gegen den Regimekritiker Robert Havemann aufgenommen wurden. Pilz wurde im Jahr 2000 wegen Rechtsbeugung und Freiheitsberaubung zu einem Jahr Haft auf Bewährung verurteilt.[49] Nach seinem Ausscheiden aus der Staatsanwaltschaft war er laut Aktenlage dem MfS als IME »Willy« gefällig.[50]
- Horst Zank war Professor für Strafprozessrecht an der MfS-Hochschule in Potsdam-Eiche (Golm). Zank, Jahrgang 1936, trat 1956 der SED bei und war ab 1955 als operativer Mitarbeiter beim MfS tätig. Er diente sich in der HA IX des MfS vom Hilfssachbearbeiter zum stellvertretenden Abteilungsleiter hoch. Ab 1977 leitete Zank den Lehrstuhl an der Juristischen Hochschule des MfS, seit 1988 im Rang eines Obersten. Seine juristische Ausbildung absolvierte er vor allem an der JHS. 1988 wurde er vom Minister für Hoch- und Fachschulwesen zum Professor ernannt.[51] Im Jahr 1981 verfasste Zank zusammen mit sechs weiteren MfS-Offizieren die umfangreiche Forschungsarbeit »Grundlegende Anforderungen und Wege zur Gewährleistung der Einheit von Parteilichkeit, Objektivität, Wissenschaftlichkeit und Gesetzlichkeit in der Untersuchungsarbeit des MfS im Ermittlungsverfahren«.[52]

47 Wendler, Simone: Grenzüberschreitungen in der Robe. In: Lausitzer Rundschau v. 3.1.2012.

48 BStU, MfS, HA KuSch, Kaderkarteikarte.

49 Marxen: Strafjustiz und DDR-Unrecht. Bd. 5/2, S. 741.

50 Wilhelm Pilz, Verpflichtung, 7.4.1988; BStU, MfS, BV Frankfurt/O., KD Fürstenwalde, V 222/88, T. I, Bd. 1, Bl. 230 f.

51 BStU, MfS, HA KuSch, Kaderkarteikarte.

52 Horst Zank, u. a. Forschungsergebnisse zum Thema: Grundlegende Anforderungen und Wege zur Gewährleistung der Einheit von Parteilichkeit, Objektivität, Wissenschaftlichkeit und Gesetzlichkeit in der Untersuchungsarbeit des MfS im Ermittlungsverfahren. September 1981. BStU, MfS, JHS Nr. 21912.

Für MfS-Verhältnisse war diese Arbeit sicher ein Fortschritt. Allerdings rieten die Autoren an mehreren Stellen zur Verschränkung der gesetzlich verankerten Ermittlungstätigkeit mit operativen, das heißt geheimdienstlichen, Ermittlungserkenntnissen, die in keiner Weise durch die Strafprozessordnung der DDR legitimiert waren.[53]

- Udo Lemme, war in den letzten Dienstjahren Leiter der Rechtsstelle des MfS und der Justiziar von Erich Mielke. Später wurde er in Brandenburg Rechtsanwalt.[54]
- Hendrik Poller musste Anfang der 1990er-Jahre sein Mandat für Bündnis 90 im Landtag Brandenburg wegen einer IM-Belastung zurückgeben. Im Magazin »Kontraste« war berichtet worden, dass Poller in jungen Jahren die angeblichen Fluchtpläne von Freunden verriet, die daraufhin verhaftet wurden. Nach einem Jura-Studium von 1994 bis 1998 erhielt Poller die Zulassung als Rechtsanwalt.[55]
- In Nordwestbrandenburg behielt ein Rechtsanwalt seine Zulassung, der 1978 als IM »Steiner« geworben wurde und während seines Studiums an der Ostberliner Humboldt-Universität Listen von Kommilitonen an das MfS weitergereicht hatte. Diese wurden laut Akten alle vom MfS überprüft.[56]
- Die ehemalige Staatsanwältin Eva-Maria Müller wurde vom Landgericht Cottbus im Jahr 2000 wegen Rechtsbeugung zu einem Jahr und zehn Monaten auf Bewährung verurteilt, da sie an der Verhängung von Haftstrafen gegen Ausreisewillige beteiligt war.[57]
- Der ebenfalls an diesen Urteilen beteiligte Richter Alfred Czerwiatiuk ist seit 2006 in Brandenburg als Anwalt zugelassen. Jahrelang wurde er wegen der Unrechtsurteile mit internationalem Haftbefehl gesucht. Einer Strafverfolgung entzog er sich bis zur Verjährung durch Flucht nach Polen.[58]
- Interessant ist die Vita von Karl Pfannenschwarz. Laut Berliner Zeitung wurde er von der SED in die Bundesrepublik geschickt, um dort im Sinne von SED und DKP als Rechtsanwalt zu wirken. Nach dem Zusammenbruch des SED-Regimes bezog er ein Haus des ehemaligen DDR-Innenministers Friedrich Dickel in Dolgenbrodt im Land Brandenburg und ließ sich dort nieder.[59]

53 Ebenda, Bd. 2, Bl. 4.

54 Wer war wer in der DDR? In: http://www.bundesstiftung-aufarbeitung.de/wer-war-wer-in-der-ddr-%2363%3B-1424.html (letzter Zugriff: 9.1.2015).

55 Booß, Christian: Nach der Enttarnung. SFB-Kontraste v. 15.6.1992.

56 Verpflichtung, 2.8.1978; BStU, MfS, AIM 27155/80, T. I, Bd. 1, Bl. 74 f., TB mit KP »Steiner«, 22.3.1978; ebenda, T. II, Bd. 1, Bl. 8–11.

57 Gabi Probst in RBB-Klartext, zit. nach: Rechtsbeuger im Rechtsstaat. In: Potsdamer Neueste Nachrichten v. 13.5.2011.

58 Ebenda.

59 Herr Pfannenschwarz beim heiklen Zeugen. In: Berliner Zeitung v. 24.10.1995; Die Terroristin und Herr Pfannenschwarz. In: Berliner Zeitung v. 6.9.1997.

| Bundesland und Datenquelle | DDR-Anwälte | Überprüft | Belastet | Belastet von Gesamtzahl/Überprüften (in %) | Widerrufe* |
|---|---|---|---|---|---|
| Land Berlin | | | | | |
| | | | | | 4 |
| Dombek | 727 | 536 (74 %) | - | - | - |
| Busse | 727 | 536 (74 %) | - | - | 4 |
| Senat | - | 528 | 203 (von 523) | 18/38 | 4 (2) |
| BStU | - | 939 | 338 | 36 | - |
| Land Brandenburg | | | | | |
| | | | | | 0 |
| Anfrage 1994 | - | - | 14 (von 61) | 4/23 | 0 |
| MJ 2010 | 327 | 148 (45 %) | 61 | 19/41 | - |
| BStU 2011 | - | 242 | 123 | 51 | - |
| Land Mecklenburg-Vorpommern | | | | | |
| | | | | | 8 |
| Dombek | - | 73 | - | - | 1 |
| Busse | - | 210 | - | - | 1 (1) |
| MJ 2011 | 433** Okt. 1991 | 210 | - | - | 8 (4) |
| BStU 2011 | - | 917 | 121 | 13 | - |
| Land Sachsen-Anhalt | | | | | |
| | | 303 | | | 7 |
| RAK | - | - | 180 | - | mind. 7 (0) |
| BStU 2011 | - | 1425 | 139 | 10 | - |
| Land Sachsen | | | | | |
| | | | | | 5 |
| MJ 1996 | 2674 | 2560 | 283 | 11 | - |
| MJ 2011 | 2674** | 2277 | 283 | 11/12 | 5 (1) |
| Berliner Zeitung | - | - | - | - | - |
| BStU 2011 | - | 1723 | 227 | 13 | - |

| Bundesland und Datenquelle | DDR-Anwälte | Überprüft | Belastet | Belastet von Gesamtzahl/Überprüften (in %) | Widerrufe* |
| --- | --- | --- | --- | --- | --- |
| Land Thüringen | | | | | |
| | | | | | 15 |
| Busse | - | 241 | - | - | 15 (2) |
| BStU 2011 | - | 450 | 104 | 23 | - |
| MJ bis 1993 | 860** (520+340) | - | 90 | 11 | 15 (3) |
| MJ 2011 | 140 Ende 1990 | - | 20 | 14 | - |
| Gesamt | - | - | - | - | 39 |
| BMJ | 1212 | - | - | - | 17 |

Tabelle 22: Rechtsanwaltsüberprüfungen in den östlichen Bundesländern, Stand: Januar 2012[60]
Legende: * In Klammern die rechtskräftigen Widerrufe, es wurde die höchste, verifizierbare Zahl von Widerrufen berechnet. ** Zahlen beziehen sich auf Anwälte aus Ost und West, teilw. in Klammern differenziert.

Schon bei dieser unvollständigen Auflistung drängt sich die Frage auf, ob Brandenburg in den 1990er-Jahren nicht eine Art Rückzugsgebiet für Juristen mit einschlägiger Vergangenheit war. Kaum zu bestreiten ist, dass die sehr an den liberalen Normen der Altbundesrepublik orientierte höchstrichterliche Rechtsprechung zur Rechtsanwaltsüberprüfung Mitte der 1990er-Jahre ebenso in den anderen Bundesländern zu einer modifizierten Praxis der Überprüfung führte. Ein Blick auf die Zahlen zeigt, dass die Bilanz dennoch unterschiedlich ausfiel.

*Zwischenresümee*

Ziel der Rechtsanwaltsüberprüfung nach 1990 war, das Vertrauen der Bevölkerung in Anwaltschaft und Rechtspflege insgesamt zu stärken. Das sollte durch Transparenz, Nichtzulassung in eindeutigen Fällen und eine Art Unbedenklichkeitserklärung, eigentlich der Sinn einer staatlichen Zulassung, verwirklicht

60 Angaben nach Busse: Deutsche Anwälte, S. 529 ff.; Dombek: Zusammenführung der Anwaltschaft, S. 540 f. Zu Parlamentsdrucksachen und Anfragen des Autors bei den Justizministerien der Länder und Rechtsanwaltskammern im Jahr 2011 vgl. Booß: Schwierigkeiten.

werden. Dieses Ziel wurde wenngleich in den genannten Bundesländern in unterschiedlichem Maße verfehlt. Es gibt bis heute keine wirkliche Transparenz über Verfahren und Ergebnisse, nicht einmal eine öffentliche Schlussbilanz der Überprüfungen. Es war sicher ein schwieriges Aufeinandertreffen zweier Welten. Die auf dem Boden einer gefestigten Demokratie erwachsene Rechtsprechung zu einem freien Beruf sollte den Übergang von einer nicht-rechtsstaatlich verfassten Justiz organisieren. Das sollte nicht um den Preis geschehen, rechtsstaatliche Prinzipien zu ramponieren. Gerade in Deutschland hatte man in Ost und West je ein Modell der Entnazifizierung vor Augen, die sich nach 1990 beide kaum empfahlen. Selbst dieser Schwierigkeiten eingedenk, lassen einzelne Personalien doch den Eindruck aufkommen, dass mit Zulassung und Zulassungsüberprüfung nach 1990 der Öffentlichkeit und insbesondere denen, die unter der DDR-Justiz zu leiden hatten, Scheingewissheiten vorgespielt wurden. Andererseits zeigt ein nüchterner Blick auch, dass vielen Themen, die im Kontext mit der DDR-Anwaltschaft nach 1990 die Gemüter erregten, sehr unterschiedliche Sachverhalte zugrunde lagen. Einige der umstrittenen Personen waren zu DDR-Zeiten keine Anwälte, manche hatten zumindest nicht über ihre Mandanten mit dem MfS gesprochen. Mit dieser Arbeit ist insofern die Hoffnung verbunden, einen Beitrag zur Versachlichung der Diskussion beitragen zu wollen.

# 13. Resümee und theoretische Einordnung

Der Schauprozess gilt als herausragendes Charakteristikum der politischen Justiz der DDR in den 1950er-Jahren.[1] In der Honecker-Ära prägten Verfahren gegen prominente Dissidenten wie Rudolf Bahro und Robert Havemann das Bild der politischen Justiz. Das waren eher Ausnahmeerscheinungen. Typisch war der kurze Prozess unter Ausschluss der Öffentlichkeit in vom MfS ermittelten Verfahren der späten 1970er- und 1980er-Jahre. Die Zeitdauer der Hauptverfahren, die auf MfS-Ermittlungen basierten, ging zwischen 1972 und 1988 deutlich von 6 auf 3,5 Stunden zurück.[2] Dies war nicht nur die Folge einer Verschiebung zu minder schweren Strafvorwürfen, sondern vor allem die einer strengen Prozessökonomie. Massenverfahren gegen Bürger, die die DDR verlassen wollten, wirkten oft wie eine Verwaltungsetappe zwischen abschreckender Verhaftung und Freikauf. Die durchschnittliche Prozessdauer, bei der die auf solche Fälle spezialisierte Kanzlei Vogel vertrat, ging sogar von 6,3 auf 1,7 Stunden zurück.[3] Die Hälfte dieser Verhandlungen, die üblicherweise mit Haftstrafen endeten, dauerte maximal eine Stunde. Sie waren deutlich unterkomplex, die Anklage dominierte der Staatsanwalt, den Ablauf der Hauptverhandlung der Richter. Dem Verteidiger blieb schon zeitlich kaum Spielraum. Das Verfahren war meist durch Geständnis und Beweismittelverzicht des Angeklagten präjudiziert. Die Hauptverhandlung beschränkte sich im Kern auf die Befragung der Angeklagten, das Prinzip der Unmittelbarkeit der Beweisaufnahme war ausgehöhlt. Das Urteil lag im statistischen Durchschnitt mit einem geringen Abschlag unter dem Strafantrag. Das politische Strafverfahren der 1980er-Jahre hatte eine Tendenz zum Banalen. Es war kürzer und wurde nicht mehr vor dem Obersten Gericht inszeniert. Es fand selten vor dem Bezirksgericht (in Berlin: Stadtgericht), vielmehr vor Kreisgerichten (in Berlin: Stadtbezirksgerichten) statt. Der Abschlag, den Anwälte forderten, wenn sie sich konkret zum Strafmaß äußerten, war höher als der des Richters, folgte aber oft der Logik des Strafantrages. Verfahrensfragen wurden nicht aufgeworfen, die Strafrechtsnormen nicht unter Bezugnahme auf internationales oder höheres Recht infrage gestellt. Der Anwalt verteidigte den Täter, nicht die Tat. Nicht wenige Verteidiger beschränkten sich auf Argumente zur Person, baten allgemein um Milde, in späteren Jahren um eine konkrete Strafminderung. Während der Anwalt zu Beginn der Honecker-Ära offensichtlich unsicher war, in welchem Spiel er sich befand, schien er gegen Ende ein

1 Werkentin: Politische Justiz, S. 41 f.
2 Berliner Stichprobe 72–88.
3 Ebenda.

besseres Gefühl für das Realistische zu haben. Das heißt aber auch, dass er sich stärker normenkonform verhielt. Auf die meisten Mandanten wirkte das, als sei der Anwalt Teil einer Inszenierung. Es gab aber auch Ausnahmen. Vor allem in der zweiten Hälfte der 1980er-Jahre brachen einzelne, meist staatsnahe Anwälte in einigen Verfahren aus und plädierten offensiver bis hin zum Freispruch. Es überwog jedoch die Anpassung an eine ärmliche Prozesskultur.

## 13.1 Kollegiumszwang und überwachte politische Subordination

Die Anwaltschaft in der DDR wandelte sich seit dem Zweiten Weltkrieg deutlich, auch in der Wahrnehmung der maßgeblichen Justizfunktionäre. Wurden Anwälte zunächst als bürgerlich oder gar als NS-verstrickte Gegner des sozialistischen Aufbaus verdächtigt, erfuhren sie seit den 1960er-Jahren eine Aufwertung und galten in der Honecker-Ära grundsätzlich als »untrennbar zu unserer Rechtsordnung«[4] gehörig. Der Minister für Staatssicherheit, Erich Mielke, bezeichnete die Verteidigung 1988 sogar als »eine Waffe für uns«.[5] Die DDR-Anwaltschaft durchlief verschiedene Entwicklungsetappen:

- Restriktive Zulassungspolitik unter dem Vorzeichen der Entnazifizierung seit 1945.
- Gründung, Förderung und Konsolidierung der bezirklichen Kollegien bei gleichzeitigem »Aussterben« von Einzelkanzleien und exemplarischer Verfolgung von einzelnen Anwälten ab 1953.
- Wachsende prozessuale Rechte und eine zunehmende Akzeptanz seit der sogenannten zweiten Justizreform Anfang der 1960er-Jahre, die in dem Verrechtlichungsschub von 1968 mündete.
- Mit Übergang zur Ära Honecker Begrenzung der in den 1960er-Jahren gewonnenen Möglichkeiten durch Einführung einer strengeren Prozessökonomie. Verstärkung dieses Trends durch die Verschärfung des politischen Strafrechtes in der zweiten Hälfte der 1970er-Jahre.
- Symbolische Aufwertung und Verrechtlichung der anwaltlichen Stellung seit 1980/81, verbunden mit grundsätzlichen Zugeständnissen und prozessualen Spielräumen seit Mitte der 1980er-Jahre.
- Neue Funktionen im Zuge der rudimentären Verwaltungsgerichtsbarkeit rücken die Anwaltschaft ab Ende 1988 in gesellschaftliche Brennpunkte.
- Sichtbare Politisierung von Teilen der Anwaltschaft ab Mitte 1989.

4 Heusinger, Hans-Joachim: Sozialistischer Rechtsanwalt. Fester Bestandteil der sozialistischen Rechtsordnung, 1980. In: NJ 35 (1981) 1, S. 4 f.

5 Erich Mielke: Schlusswort auf der Delegiertenkonferenz der GO in der Hauptabteilung IX, 4.11.1988; BStU, MfS, ZAIG Nr. 4014, Bl. 1–59, hier 57.

- Liberalisierung des Anwaltsrechtes seit 1990.
- Auflösung der Kollegien mit dem 15. September 1990.[6]

Gemessen am Vorkriegsniveau mit seiner zahlenmäßigen Überbesetzung an Anwälten stürzte die Zahl der Anwälte in den ersten Nachkriegsjahren auf ein Viertel ab. Bis in die 1970er-Jahre hinein war die Gesamtzahl der Anwälte rückläufig. Schon im Rahmen der Entnazifizierung schlichen sich in die Zulassung politische Kriterien ein. Die Anpassung an die Maßstäbe der Staatspartei SED erfolgte bei den Anwälten später als bei Richtern und Staatsanwälten. Der Anteil der SED-Mitglieder unter den Rechtsanwälten überschritt erst nach 1973 die 50-Prozent-Marke, ohne je den Grad der Parteibindung von Richtern und Staatsanwälten zu erreichen. Die geringe Zahl der Anwälte und deren vergleichsweise verminderte politische Bedrängung können auch als Geringschätzung seitens der Staatsgewalt gelesen werden, die den Anwälten wie den Individualrechten der Bürger entgegengebracht wurde.

*Das Kollegium*

Im Zuge der ersten Justizreform nahm die SED Anleihen beim sowjetischen Modell auf. Mit Gründung der 15 Anwaltskollegien in den Bezirken beziehungsweise in Ostberlin wurde 1952/53 dauerhaft mit dem westlichen Modell der freien Advokatur gebrochen. Das Kollegium mischte Funktionen einer Anwaltskammer mit denen einer genossenschaftsähnlichen Kanzleigemeinschaft. Nominell waren die Kollegien selbstverwaltet, doch Staat und Partei konnten stark einwirken. Der Einfluss erfolgte vor allem über die Kollegiumsvorsitzenden und die Parteisekretäre, die als Nomenklaturkader einer doppelten Loyalität unterlagen. Das Kollegium entsprach nicht ganz dem sowjetischen Vorbild vom staatsnahen Anwaltskollektiv. Die Beziehung zwischen Mandant und Anwalt blieb bis zuletzt eigenständig. Obwohl Erwartungen an den »sozialistischen Anwalt« meist von außen an die Anwaltschaft herangetragen wurden, ist nicht zu unterschätzen, wie stark die Kollegien an der Formung der Anwaltschaft mitwirkten. Sie waren nicht nur an der Weiterentwicklung berufsrechtlicher Normen beteiligt. Die Aufgabe der Vorstände und insbesondere des Vorsitzenden, »erzieherisch« auf die Mitglieder einzuwirken, war keine bloße Phrase. Im Rahmen von Schulungen oder Aussprachen nach Aktenrevisionen oder Beschwerden und Disziplinarmaßnahmen wurde auf erwünschte Verhaltensweisen und die Grenzen des Zulässigen orientiert. Die entsprechenden Normen waren keinesfalls alle exakt ausformuliert. Was nach außen hin den Ruf des DDR-Justiz-

6 Mit dem Inkrafttreten des neuen Rechtsanwaltsgesetzes der DDR (RAG-1990). Busse: Deutsche Anwälte, S. 518.

systems hätte schädigen können, wurde durch untergesetzliche Leitlinien des Justizministeriums oder durch exemplarische Disziplinierungsaktionen durchgesetzt. Mit dem Ausschluss des Havemann-Verteidigers Götz Berger wurden die Grenzen der politischen Verteidigung markiert. Mit dem Ausschluss von Reinhard Preuß wurde verdeutlicht, dass Anwälte keine Ausreiseantragsteller zu beraten und eigene Freikaufinitiativen gegenüber dem Westen zu unternehmen hatten. Das war nur ausgewählten Anwälten vorbehalten.

Die Gründung von Rechtsanwaltskollegien sollte als spontane Initiative von fortschrittlichen Anwälten wirken. Faktisch wurden die Kollegien durch Partei und Staat initiiert und das Aufbaupersonal bestimmt. Am Beispiel des Berliner Kollegiums konnte gezeigt werden, dass eine kleine Ingroup seit den Anfangsjahren die Steuerung des Kollegiums dominierte. Stellvertretend für diese Gruppe steht Friedrich Wolff, der seit Gründung beteiligt war und 1990 die Auflösung des Kollegiums organisierte. Man setzte außer auf die Avantgardefunktion der Überzeugten auf den Opportunismus der Anderen, ließ anfangs ehemals NS-Belastete zu, die durch Anpassung eine Chance bekamen. Unter Erich Honecker wuchsen nicht nur die Zahlen der Parteimitglieder in den Kollegien (in Berlin auf fast 70 %), sondern auch der Einfluss von Parteigruppe und Parteileitung. Der Einfluss auf die Kollegien und innerhalb der Kollegien erzielte seine Wirkung auch deshalb, weil Anwälte Spitzenverdiener in der DDR waren und ihren Arbeitsalltag freier gestalten konnten als andere Berufe. Diese Privilegien wollte keiner verlieren. Entscheidungen, die unter Mitwirkung oder auf Druck von außen gefällt wurden, erschienen bei geschickter Handhabung als Entscheidungen der Anwaltschaft. Diese Form der Selbstdisziplinierung hatte in der Ära Honecker zweifelsohne eine integrierende und stabilisierende Funktion.

Das Kollegium führte weniger zur Gleichschaltung der Anwaltschaft. Die Einzelanwälte wurden ausgetrocknet, in der Regel keine neuen Einzelanwälte zugelassen. Offiziell galt das Anwaltskollektiv als Leitbild. Allerdings existierten in Kreisstädten der DDR-Provinz Kollegiums-Zweigstellen mit nur einem Anwalt. Das oft gebrauchte Schlagwort von der Kollektivierung muss daher differenziert betrachtet werden. Neben den Kollegien existierten die staatlichen Notariate, Patentanwälte und die zahlenmäßig relativ starke Gruppe der in Betrieben angestellten Wirtschaftsjustitiare. Sie bildeten in der Ära Honecker ein arbeitsteiliges Anwaltssystem, das von einem neuen Typ von Einzelanwalts- und Spezialbüros ergänzt wurde. Denn seit Ende der 1960er-Jahre entstanden angesichts der Belebung der Ost-West-Beziehungen SED-nahe Einzel- beziehungsweise Spezialkanzleien, die staatliche oder parteibezogene Interessen vertraten und gegenüber dem Westen besonders abgeschirmt bleiben sollten. Hierher gehört die nahezu monopolartige Stellung der Kanzlei von Wolfgang Vogel bei Häftlingsaustausch und Freikaufverhandlungen zugunsten von Häftlingen und

Ausreisewilligen. In den 1970er-Jahren dominierte das System »Vogel« in diesem Bereich zunehmend auch die politischen Prozesse.

*Die Einbettung der Anwaltschaft in die Institutionen von MdJ und SED*

Justizministerium, SED und MfS wirkten auf die Anwaltschaft in einer Weise ein, die aus den berufsrechtlichen Normen nicht ersichtlich war, teilweise sogar bewusst verschleiert wurde. Staat und Partei ging es von Anfang an darum, die Anwaltschaft über das Kollegium mithilfe der »ideologischen Arbeit«[7] in ihrem Sinne politisch zu sozialisieren und anzuleiten. Das MdJ erhielt in den 1950er-Jahren auf der berufsrechtlichen Ebene relativ starke Eingriffsrechte. Anleitung und Kontrolle der Kollegien blieben, als die Anwaltschaft 1980 durch ein Kollegiums-Gesetz formal aufgewertet wurde. Das MdJ gehörte zu den Gremien, die das Strafrecht und das Strafprozessrecht formulierten und interpretierten und insofern den Rahmen für die Verteidigung setzten. Berufsrechtsnormen, untergesetzliche Anweisungen, aber auch Beschwerden wurden über das Ministerium formuliert. Die Steuerung des Juristennachwuchses lag in den Händen des MdJ, auf die Personalpolitik der Kollegien hatte es starken Einfluss. Wichtige Disziplinarentscheidungen wurden zwischen dem Vorsitzenden und dem MdJ abgestimmt. Aber es bestand kein reines Hierarchie-Verhältnis von oben nach unten. Die Anwaltschaft wurde an Diskussionen über neue Gesetze beteiligt, zunehmend in den 1980er-Jahren. Sie durfte hinter verschlossenen Türen eigene Vorschläge machen und in Grenzen sogar Kritik üben. Gelegentlich setzten sich die Anwälte durch, verhinderten beispielsweise die Handaktenrevision durch das Ministerium. Derart kleine Siege verzeichnete die Anwaltschaft in Berlin, die aufgrund von Dienstleistungen für Partei und Stasi vielfach mit Einflussträgern vernetzt war, sodass sie das MdJ gelegentlich überspielen konnte. Wenn das Justizministerium sich mit dem zentralen Apparat der SED einig wusste, setzte es sich durch, auch grobschlächtig. Das zeigen Eingriffe in einzelnen Disziplinarfällen und Durchsetzung von Weisungen wie das Vertretungsverbot für Ausreiseantragsteller. Das Ministerium der Justiz war keineswegs so machtlos, wie gelegentlich dargestellt.

Das MdJ wusste die Partei mit ihrer herrschenden Rolle an seiner Seite beziehungsweise über sich. Erich Honecker hatte Kontakte zu exponierten Einzelanwälten, wurde bei kleinteilig wirkenden Einzelentscheidungen und generellen, rechtlichen Weichenstellungen konsultiert. Die eigentliche Steuerungskompetenz lag in der Abteilung Staat und Recht des zentralen Parteiapparates, seit Ulbrichts Zeiten geleitet von Klaus Sorgenicht. Bei Routinen war für das Kollegium die jeweilige SED-Bezirksleitung zuständig. Dass die Abteilung Staat und Rechts-

7 Helm: Anwalt des Volkes, S. 207.

fragen erstaunlich klein für ihre umfassenden Aufgaben war, macht deutlich, welche Rolle die Personalpolitik für die nachgeordneten Bereiche spielte. Der Abteilungsleiter war zugleich Kontrollnomenklatur-Vorgesetzter, zunächst des Berliner Kollegiums-Vorsitzenden, in den späteren 1980er-Jahren aller Kollegiums-Vorsitzenden. Ohne Zustimmung des zentralen Parteiapparates konnte diese Position nicht besetzt werden. Aus der politischen Unterstellung ergab sich ein politisches Weisungsrecht. Auch der Parteisekretär des Kollegiums war Nomenklaturkader. Wenn die Parteileitung ihre Grundorganisation in die Verantwortung nahm, waren die Mehrheitsverhältnisse in der Mitgliederversammlung präjudiziert. In Einzelfällen ist ein Parteibefehl »von oben« auf der Ebene der Parteiorganisation des Kollegiums nachweisbar. Trotzdem war die Arbeitsweise nicht ausschließlich von oben nach unten angelegt. Ein geschickter Parteisekretär wie Friedrich Wolff erkundete in persönlichen Gesprächen die Stimmung an der Basis und kommunizierte seine Erkenntnisse an die übergeordneten Parteiinstanzen. Sowohl die Partei, als auch das MdJ waren auf die politisch-fachliche Beratung »ihrer« Anwälte angewiesen. Die Abstimmung fand im Kern zwischen den Nomenklatur-Kadern statt, denn sie waren das eigentliche Rückgrat der SED-Herrschaft. Durch ihre unterschiedliche fachliche Qualifikation und Anbindung, ihre individuellen Eigenheiten brachten sie gewiss auch eigene Gesichtspunkte und Interessen in die Abstimmungen ein. Die Partei verklammerte diesen Prozess und grundsätzlich galt die Letztentscheidung der Parteiführung. Ohne den Unterbau von qualifizierten und im Grundsatz loyalen Nomenklatur-Kadern war ein komplexes System wie die Justiz mit ihrer Anwaltschaft durch die Partei nicht zu steuern.

### *Anwälte und das MfS*

Anders als manche Darstellung von der Allmacht des MfS suggeriert, ist dessen Rolle genauer zu bestimmen und oft zu relativieren. Sicher war der Einfluss des MfS in den Ermittlungsverfahren, die es selber durchführte, stark, sofern die Parteispitze nicht andere Vorgaben machte. Beim Studium der angehenden Juristen, der Steuerung des Kollegiums, bei der Personalauswahl, bei einzelnen Disziplinarverfahren war das MfS als Einflussgröße beteiligt, während die Primärkompetenzen bei MdJ und Partei lagen. Grundsätzlich war die MfS-Linie XX/1 für die Anwälte zuständig, die sich um relevante Teile des Staatsapparates, so auch um die Justiz kümmerte. Da Kompetenzen intern zwischen MfS-Zentrale, Bezirksverwaltung und Kreisdienststelle verteilt waren, wirkten die Verfahren oft bürokratisch. Wenn es notwendig schien, konnte das MfS allerdings nahezu beliebig Ressourcen mobilisieren und durch Spitzel, Post- und andere Kontrollen in Poren des Lebens eindringen, die anderen Institutionen verschlossen waren. Im »Normalbetrieb« erschien die MfS-Überwachung der Anwälte in der Honecker-Ära eher locker gestrickt. Wenige Rechtsanwalts-IM, vereinzelt IM unter Angestellten waren auf die Kollegien angesetzt. In seltenen Fällen wurde das MfS aktiv, um Personal im Kollegium unterzubringen oder zu entfernen oder um Regelungen durchzusetzen. Meist ging es dann um Eigeninteressen und Kompetenzen des MfS im engeren Sinn. Sobald aber Anwälte Häftlinge vertraten, die in den Untersuchungshaftanstalten des MfS einsaßen, wurde der Anwaltsverkehr komplett kontrolliert, sei es durch Anwesenheit von Vernehmern beim Anwaltssprecher, sei es durch elektronische Mittel. Mitte der 1970er-Jahre gab es einen Impuls, die Anwälte systematischer in Karteien und Dossiers zu erfassen. Ob der Anstoß auf die Systematisierung der SED-Kaderpolitik, MfS-interne Interessen oder rein technologisch bedingte Möglichkeiten der Informationsverarbeitung zurückzuführen ist, muss derzeit offen bleiben. Zumeist wurden die Anwälte stärker kontrolliert, die Aufgaben wie Pflichtmandate vor Militärgerichten, Mandate für ausländische Vertretungen oder die Rolle des Kollegiumsvorsitzenden annehmen sollten. Verfolgungsmaßnahmen von auffälligen Anwälten waren selten, konnten aber im Einzelfall sehr aufwendig und ein Anstoß zum Ausschluss aus dem Kollegium und damit zu einem Berufsverbot sein.

Die begrenzte Kontrollroutine des MfS kontrastierte mit der unerwartet hohen Zahl von 34,8 Prozent der Berliner Anwälte, zu denen das MfS eine Zeit lang Sonderbeziehungen unterhielt. Mit 15,3 Prozent Sonderbeziehungen lag der entsprechende Anteil in den Bezirken der DDR bei den Anwälten der 1970er- und 1980er-Jahre deutlich niedriger. Manche MfS-Kontakte rührten aus Zeiten, als die Betroffenen noch nicht als Anwälte tätig waren oder erstreckten sich nicht unmittelbar auf die Anwaltstätigkeit. Dennoch kann hier eine zumindest zeitweise Affinität, eine faktische Kooperationsbereitschaft unterstellt werden. Es gab MfS-Diensteinheiten, die Anwälte explizit nicht rekrutierten, da sie ihnen zu exponiert erschienen. Anwälte, die auf der Linie XX/1 eingesetzt waren, berichteten überwiegend über das Geschehen im Kollegium und über einzelne Kollegen. Berichte über Mandanten und Verfahren blieben nicht vollkommen tabu. Aber nur wenige verpflichtete Anwälte berichteten regelmäßig über Mandate oder Rechtsratsuchende, sodass daraus keine systematische Prozessbeeinflussung abgeleitet werden kann. Ein gewisser Schwerpunkt des Informationsinteresses lag offenbar bei den Ausreisewilligen. Es ragten einzelne Unteranwälte von Wolfgang Vogel heraus, die vom MfS installiert und geradezu fließbandmäßig Informationen über Ausreisewillige preisgaben und vom MfS Handlungsempfehlungen erhielten. Auch andere MfS-Diensteinheiten nutzten Anwälte als IM. Oft waren es jedoch die vielfältigen Kontakte, die diese Berufsgruppe hatte und sie ins Blickfeld des MfS brachte, als ihre anwaltliche Tätigkeit. Die Interessen der MfS-Diensteinheiten orientierten sich an ihren spezifischen Schwerpunkten. Das gilt insbesondere für die HA XX/9, die sich speziell mit Oppositionellen befasste oder für die Linie XX/4, die gerade Kirchenoppositionelle, Wehrdienstverweigerer und Ausreisewillige aus dem kirchlichen Bereich verfolgte. Auch in der DDR gab es eine anwaltliche Schweigepflicht. Sie wurde oft als Pflicht, über staatliche Geheimnisse zu schweigen, interpretiert. Die ihr entgegenstehende Anzeigepflicht bei Straftaten ging in der DDR sehr weit und war in einzelnen Fällen für Anwälte die Brücke, Informationen aus Mandaten an die staatliche Seite zu geben. Doch können die zahlreichen Schweigepflichtverletzungen nicht auf diese Weise erklärt werden. Jenseits objektivierbarer Kriterien für den Mandantenverrat, wie sie in den Überprüfungen nach der Wiedervereinigung von 1990 zum Tragen kommen mussten, gibt es die subjektive Seite, die Wahrnehmung des Mandanten. Was ein Mandant als Vertrauensbruch empfindet, kann nur er entscheiden. Das zeigt sich darin, dass einige Mandanten es akzeptierten oder sogar wünschten, dass ihr Anwalt mit der Stasi Kontakt hielt oder gar über politische »Deals« verhandelte. Allerdings kann man gerade bei MfS-Verfolgten derartige Kontakte ohne Einverständnis kaum als selbstverständlich ansehen.

Beim Einsatz von Anwalts-IM durch das MfS zeigten sich mehrere Steuerungsparadoxien: Anwälte, die offensichtlich DDR- beziehungsweise SED-loyal waren, konnten kaum das Vertrauen von staatsfernen Mandanten gewinnen. Anwälte, die durch ihr Auftreten diese Mandanten für sich einnehmen konnten, liefen Gefahr sich zu verstricken oder verhielten sich derart auffällig, dass das zu Komplikationen führte. Das mochte dazu führen, dass Versuche, Anwälte zur Manipulation von Verfahren zu nutzen, eher dosiert erfolgten und äußerst selten nachweisbar sind. Anders als erwartet, war das Interesse der Linie XX/1 an konkreten politischen Strafverfahren, von spektakulären Einzelfällen abgesehen, verhältnismäßig gering. Der Grund ist nicht zuletzt in der internen Arbeitsteilung des MfS zu suchen. Die Linie XX/1 war von der Qualifikation ihres Personals, vom Aufgabenzuschnitt und vom Denken her nicht auf diese Aufgabe ausgerichtet. Nur selten finden sich qualifizierte Einschätzungen zur juristischen Kompetenz. Dagegen war es der Linie IX, dem Ermittlungsorgan, nicht gestattet, außerhalb der Untersuchungshaft Informanten wie beispielsweise Anwälte zu werben. Das Untersuchungsorgan überwachte die Anwälte allerdings während ihrer Beratungstätigkeit in der Untersuchungshaft. Das MfS kontrollierte die Verfahrensbeteiligten von Prozessen in der Ära Honecker offenbar deutlich weniger, als bislang oft unterstellt. Das gilt insbesondere für die Massenverfahren gegen Ausreisewillige. Auf das Mandat selbst wurde trotz aller sonstigen Kontrollen und Einwirkungsmöglichkeiten offenbar nur sehr selten direkt Einfluss genommen. Allerdings konnten sich Partei und Staat, vor allem in den IA- und in Militärverfahren, auf grundsätzlich loyale Justizfunktionäre unter Richtern und Staatsanwälten stützen. Offenbar waren auch diese selten als IM verpflichtet. Die eher geschäftsmäßige Kontrolle durch eine Verbindung von Aufsicht des MdJ mit der Disziplinar- und Erziehungsfunktion der Kollegiums-Spitze entfaltete durchaus ihre Wirkung und ist bisher unterschätzt worden. Wenn man von Kontrolle der Anwälte spricht, kann man die jedenfalls nicht auf das MfS reduzieren, sondern muss das Zusammenspiel von verschiedenen Justiz- und Ermittlungsinstitutionen und dem SED-Apparat mit seinen Nomenklaturkadern in Betracht ziehen.

*Ausbildung und Anwaltsrekrutierung*

Nach der Konsolidierung der Kollegien Ende der 1950er-Jahre wurde der geringe Ersatzbedarf an Anwälten aus dem Kreis der Wirtschaftsjuristen und Juristen aus dem Staatsdienst gedeckt. Erst in den 1970er-Jahren versuchte das MdJ, die Nachwuchsrekrutierung zu systematisieren. Die Studienanwärterauswahl erfolgte meist während der Schulzeit über die Bezirksgerichte in enger Abstimmung mit dem MdJ. Im Hintergrund war auch das MfS beteiligt. Das vierjährige Diplomstudium war stark verschult und wies hohe ideologische Studienanteile auf. Die Studenten unterlagen einer engen sozialen Kontrolle. Sie wurden primär durch Studentenfunktionäre, Dozenten, FDJ und SED, eher sekundär durch das MfS kontrolliert. Auch wenn Auswahl und Kontrolle eher konformes Denken förderten, konnten kulturoppositionelle Einflüsse im Umfeld der Humboldt-Universität Berlin, westliches Gedankengut und die Faszination der Perestroika auf Dauer von den Studenten und jüngeren Dozenten nicht ferngehalten werden, was zu Spannungen und einer Intensivierung der Überwachung durch das MfS führte.

In der Mitte der 1970er-Jahre wurde die Kaderpolitik stärker formalisiert, die Anwaltsrekrutierung glich der von Staatsangestellten in hervorgehobenen Positionen. Die »Rewi«-Studenten waren an das Votum der Absolventenkommission gebunden, wenn sie Staatsjuristen oder Anwälte werden wollten. Gerade der Wunsch, Anwalt zu werden, um Menschen zu helfen, wurde von den staatlichen Entscheidern als Argument gegen eine Anwaltsperspektive gewertet. Denn die Auswahlentscheidung traf im Wesentlichen das MdJ in Absprache mit der SED, nach Konsultation mit dem MfS und nach Einschätzungen der Universität und ihrer politischen Institutionen. Kandidaten aus anderen Berufen wurden einer analogen Vorprüfung unterzogen. Auch die Vorsitzenden der Kollegien waren beteiligt. Diese Prozedur war nicht vom Berufsrecht gedeckt, das grundsätzlich dem Vorstand und der Mitgliederversammlung das Selbstverwaltungsrecht der Neuaufnahme zusprach. Der parteiliche Vorfilter blieb den meisten Anwälten weitgehend verborgen, sodass sich manche in Selbstverwaltungsillusionen wiegen konnten. Das Kollegium entschied im Grundsatz nur über die Neuzugänge, die andere für gut befunden hatten. In Einzelfällen setzten MfS und SED Anwaltszulassungen nach eigenem Ermessen gegen den expliziten Wunsch des Kollegiums durch. Die mit einer ständigen politischen Kontrolle und Auslese verbundene Anwaltsrekrutierung führte zu einer Homogenisierung der Anwaltschaft. Andererseits wurden auch Juristen, die im Staatsdienst nicht tragbar waren, in die Anwaltschaft abgeschoben. Der in der DDR allgemein zu beobachtende Trend einer Elitenselbstrekrutierung war gerade in der Berliner Anwaltschaft zu beobachten. Gut ausgebildete Abkömmlinge von parteiloyalen Eltern legten teils ein Selbstbewusstsein an den Tag, das traditionellen Erwartungen an Funktionären entgegenstand. Das führte im Berliner Kollegium Mitte der 1980er-Jahre zu einem regelrechten Generationskonflikt.

Eine Kohortenanalyse der inoffiziellen Mitarbeiter zeigt, dass sich Bindungen an das System zumindest dieser Gruppe stark veränderten. Die Älteren, vor allem die im Nationalsozialismus Verfolgten, zeigten aufgrund ihrer Erfahrungen eine hohe Identifikation mit dem Staat. Die Nachgeborenen, denen die DDR nach dem Krieg eine gute Ausbildung und Aufstiegschancen unter ideologischen Vorzeichen ermöglichte, wiesen ebenfalls eine starke Bindung an den Staat auf. Bei labilen Personen konnte das in eine geradezu emotionale Abhängigkeit vom MfS münden. Andere erschienen nüchterner sogar distanzierter als die Aufbaugeneration. Die Jüngeren schienen vordergründig Anpassungsleistungen zu vollbringen, um ihr Fortkommen zu befördern. Ohnehin zeigte sich, dass die politische, geheimpolizeiliche und soziale Kontrolle nicht so perfekt war, lediglich vollkommen angepasste Juristen als Anwälte zuzulassen.

### *Die Vorsitzenden*

Beim Finassieren zwischen MdJ, SED sowie dem MfS einerseits und den Mitgliedern der Kollegien andererseits, kamen dem Vorsitzenden und dem Parteisekretär des Kollegiums besondere Bedeutungen zu. Die Kunst bestand darin, als Nomenklaturkader Interessen des Kollegiums »nach oben« zu tragen sowie die Absprachen, die mit den bestimmenden Instanzen getroffen wurden, auf eine Weise diskret im Kollegium einzuspeisen, dass sie nicht als Affront angesehen wurden. Diese Funktion der Nomenklaturkader wirkt zuweilen politischer und diplomatischer als es schematische Vorstellungen von einer Ein-Parteien-Diktatur erwarten lassen. Sie forderte politisches, fachliches und menschliches Geschick und eine gewisse Persönlichkeit. Anwaltsfunktionäre wie der langjährige Vorsitzende Friedrich Wolff oder Gregor Gysi meisterten diese Integrationsleistung, während Gerhard Häusler letztlich scheiterte. Die integrative Leistung des Vorsitzenden war wichtig, um die politisch-administrative Anleitung des Kollegiums zu gewährleisten, aber gleichzeitig den Anwälten das Gefühl zu vermitteln, ihre Geschicke weitgehend selbst zu bestimmen.

## 13.2 Die Anwälte im System der sozialistischen Justiz Honeckers

Ein regelrechter Kanon von erwünschten Verhaltensweisen des sozialistischen Anwaltes existierte nicht. Grundsätzlich sollte er den Sozialismus akzeptieren und stärken. Aus berufsrechtlichen Vorschriften, Aufsätzen, internen Leitlinien und Konfliktfällen lassen sich folgende Kernforderungen ablesen. Der sozialistische Rechtsanwalt sollte:

- für die »Einhaltung und Durchsetzung des sozialistischen Rechts«[8] eintreten,
- »die Bürger zur freiwilligen und bewussten Einhaltung«[9] des sozialistischen Rechts anhalten,
- die Aussagebereitschaft der Beschuldigten fördern,
- nichts unternehmen, was dem Mandanten schadete, ihn aber nicht aktiv über sein Schweigerecht aufklären,
- Verschwiegenheit, vor allem gegenüber dem Ausland, Dritten, unter Umständen sogar gegenüber dem Mandanten üben,
- keine Vertretung von Ausreisewilligen übernehmen, es sei denn mit ausdrücklicher staatlicher Billigung,
- gegebenenfalls, auch gegen den Willen des Mandanten, seinen Ermessensspielraum als sozialistischer Anwalt nutzen,
- Straftaten nach § 225 StGB der DDR anzeigen,
- zur Prozessökonomie beitragen,
- vor Gericht nicht den Streit um des Streites willen suchen, sondern eher Kooperationsbereitschaft gegenüber den Justizorganen zeigen,
- rechtliche Normen und Verfahren des sozialistischen Rechts nicht infrage stellen,
- sich nicht mit den Zielen des Mandanten identifizieren,
- nicht die Tat, sondern den Täter verteidigen,
- erforderlichenfalls den rechtspropagandistischen Rahmen von Prozessen, insbesondere bei Verfahren mit besonderer Öffentlichkeit, berücksichtigen und unterstützen,
- rechtsberatend und rechtspropagandistisch tätig sein.

Es gab selbstverständlich Vorstellungen, die dem Wandel unterlagen: Der Beitrag zur Wahrheitsfindung wurde in den früheren Jahren eher als aktive Mithilfe an der Seite von Staatsanwaltschaft und Gericht aufgefasst. In späteren Jahren lag der Akzent eher darauf, »alle entlastenden oder die Verantwortlichkeit min-

8 KollG 1980, § 1 Abs. 2; MSt 1980, § 5 Abs. 1.
9 KollG 1980, § 2 Abs. 2; analog MSt 1980, § 5 Abs. 2.

dernden Umstände vorzutragen«.[10] Ein Frage- und Antragsrecht des Anwaltes wurde 1968 formell zugestanden, allerdings in den Folgejahren faktisch wieder eingeschränkt. Während unter sozialistischer Gesetzlichkeit immer die gerade gängige Interpretation des Rechtes zu verstehen war, konnte man sich zuletzt stärker auf die Geltung der Norm an sich berufen. Allerdings schien das kaum auf die MfS-ermittelten Verfahren durchzuschlagen. Das MfS hatte über die allgemeinen Vorstellungen hinausgehende Erwartungen an »positive« Anwälte: Entgegen der Schweigeverpflichtung, sollten Informationen zu »operativ« relevanten Sachverhalten und Personen fließen; der Verfahrensstand sollte begrenzt bleiben; es galt absolute Verschwiegenheit gegenüber Dritten; in bestimmten Fällen durfte oder sollte auf eine Übersiedlung in den Westen orientiert werden; die materiellen Interessen der DDR sollten gewahrt werden. Da derartige Verhaltensweisen konträr zum Berufsrecht standen, kann man zumindest eine faktische informelle Beziehung zwischen MfS und Anwalt unterstellen, wenn MfS-Erwartungen erfüllt wurden. Andere MfS-Erwartungen, wie die Orientierung des Mandanten auf die Rechtslage und Rechtsordnung, waren identisch mit allgemeinen staatlichen Anforderungen an den sozialistischen Anwalt. Wenn Anwälte insofern auf ihre Mandanten einwirkten, ist das nicht per se als Indiz für eine besondere Beziehung des Anwaltes zum MfS zu werten.

### *Das Verfahren*

Bislang ist die Dynamik der Entwicklung des Strafprozessrechtes in der Ära Honecker eher unterschätzt worden. Vereinfacht formuliert, vollzog sich diese in zwei Phasen. Von Beginn an wurde in Abgrenzung zur Prozesskultur der späten Ulbricht-Zeit auf eine größere Prozessrationalisierung gedrängt. Das führte nicht nur zu zeitlichen Einschränkungen der Verfahren, sondern beschränkte auch die Prozesskultur. Die Unmittelbarkeit der Beweisaufnahme und Verteidigungsrechte wurden wieder geschmälert.

Vor allem Ausreise- und Fluchtwillige waren von kurzen Verfahren betroffen, die ab der zweiten Hälfte der 1970er-Jahre immer häufiger im Freikauf mündeten. Insofern entsteht der Eindruck, dass diese Hauptverhandlungen auch im ökonomischen Sinne nur noch eine rationelle Etappe im Freikaufgeschäft darstellten, weniger ein ergebnisoffenes Strafverfahren. Die Kanzlei Vogel, die einen großen Teil der Mandate vertrat, trägt eine nicht geringe Mitverantwortung am Niedergang der Prozesskultur. Ab Mitte der 1980er-Jahre sollten die Verfahrensbeteiligten mehr Spielräume erhalten, um Fehlurteile zu vermeiden. Damit wurde indirekt die Rolle des Anwalts aufgewertet. Die Ursachen sind komplex: Fehl-Ermittlungen beim MfS, Fehlurteile bei Fällen allgemeiner Kriminali-

10 StPO 1968, § 16 Abs. 1.

tät, ein schleichender Generationswechsel hin zu besser ausgebildeten Juristen. Auch die Perestroika mit der Stärkung von Recht und Gerichten dürfte Ende der 1980er-Jahre ausgestrahlt haben. Anwälte wie Wolfgang Vogel, Anwaltsfunktionäre wie Friedrich Wolff und Anwälte, die als IM oder offiziell mit dem MfS kooperierten, wirkten nunmehr als unentbehrliche Systemstützen. Die Impulse für Lockerungen kamen aus dem zentralen Justiz- und Parteiapparat des ZK. Dennoch blieb das Verhältnis zu den Anwälten nicht konfliktfrei, zumal die Anwälte selbstbewusster wurden.

Die MfS-ermittelten Verfahren betrafen nur einen Bruchteil der anwaltlichen Tätigkeit. Insofern spiegeln die in dieser Arbeit zitierten kritischen Mandantenäußerungen nicht die gesamte Anwaltsrealität. Wie mehrfach erwähnt, scheinen die Spielräume der Verfahrensbeteiligten in Strafverfahren der allgemeinen Kriminalität größer gewesen zu sein als in den MfS-ermittelten, ganz zu schweigen von Verfahren, die vor I A-Kammern der Militärgerichtsbarkeit verhandelt wurden. Das zeigten unter anderem die Urteilsabweichungen vom Strafantrag bei Ostberliner Stadtbezirksgerichten.[11] Nicht zuletzt wegen der schwierigen Quellenlage stehen genauere Untersuchungen noch aus. Aber es ist zu vermuten, dass hier Spielräume der Anwälte generell höher waren. Im DDR-Zivilprozess stieg die Erfolgsquote von Klägern beziehungsweise Beklagten statistisch nachweisbar, wenn sie durch einen Rechtsanwalt begleitet wurden.[12] Reich resümiert: »Dort wo die Einhaltung von Gesetzen nicht gegenüber politischer Machterhaltung zurücktrat, bestand auch in der DDR die gesellschaftliche Funktion der Rechtsanwaltschaft in der Aufrechterhaltung der Normgeltung durch Verwirklichung individueller Rechte.«[13] Diese Aussage darf nicht so verstanden werden, dass es klar umrissene Rechtsräume gegeben hätte, die politisch interventionsfrei waren. Selbst Ehescheidungen und andere Familienrechtssachen konnten zum Politikum werden.[14] Unter dieser Einschränkung ist der vereinfachenden Aussage zuzustimmen: »Recht funktionierte in unpolitischen Materien ordentlich.«[15] Insofern ist zu vermuten, dass das Urteil von Mandanten, bezogen auf die gesamte Palette der anwaltlichen Tätigkeit, freundlicher ausfallen würde, als geschildert. Auch die Anwälte bezogen aus den politikferneren Mandaten einen Teil ihrer Legitimation. Für die Beurteilung des Justizsystems der DDR wie des politischen Systems kommt den Verteidigungsrechten des Einzelnen in den MfS-ermittelten Verfahren eine hervorgehobene Bedeutung zu. Sie sind ein Gradmesser für die politischen und zivilen Freiheiten, zumal sie meist mit In-

11 Rottleuthner: Havemann-Verfahren, S. 379 ff.

12 Schröder: Zivilrechtskultur. Bd. 4, S. 341 f.

13 Reich: Entwicklung der Rechtsanwaltschaft, S. 366.

14 Gräf, Dieter: »Positiv, loyal, schwankend, negativ?« In: Der Spiegel 20/1985.

15 Schröder, Rainer: Geschichte des DDR-Rechts. Straf- und Verwaltungsrecht, forum historiae iuris (2004). In: http://www.forhistiur.de/zitat/0404schroeder.htm (letzter Zugriff: 11.9.2014).

haftierungen und damit einem fundamentalen Eingriff in die persönlichen Freiheitsrechte verbunden waren.

### *Das Ermittlungsverfahren*

Auch in der Ära Honecker versuchte das MfS, Anwälte weitgehend aus den Ermittlungsverfahren herauszuhalten. Das stand dem Wortlaut des Strafprozessrechtes entgegen. Zwar wurde die Rechtsbelehrung sorgfältig dokumentiert, um internationalen Standards zu entsprechen. Aber vor allem von der Erstvernehmung sollte der Anwalt ferngehalten werden. Das schnelle Geständnis blieb oberstes Ziel, auch wenn es nicht mehr um das Abpressen womöglich falscher Geständnisse, im Extremfall durch Anwendung physischer Gewalt ging. Vielmehr sollte durch Überrumpelung, Ausnutzen psychischer Zwangslagen und eine scheinbar erdrückende Beweislast, die »objektive Wahrheit« in einem Geständnis dokumentiert werden. Am Ende der Prozedur standen in der Regel zwei persönliche Erklärungen des Beschuldigten: ein Geständnis und die Bestätigung der strafprozessualen Korrektheit des Verfahrens. Damit war das Verfahren »juristisch dicht«. Teilweise wurden Verfahren aus politischen und geheimdienstlichen Gründen entgegen dem in der DDR geltenden Legalitätsprinzip eingestellt. Bei all dem wollte man keinen Anwalt als »Zeugen« haben.

Grundsätzlich herrschte in der DDR die freie Anwaltswahl. Wegen der begrenzten Zahl an Anwälten, Manipulationen und »Ratschlägen« von Untersuchungsführern, dem prinzipiellen Verbot, Ausreisewillige anwaltlich zu beraten, und exemplarischen Strafaktionen gelang es schließlich, eine große Zahl von Beschuldigten auf bestimmte Anwälte zu konzentrieren. Dazu trug nicht unwesentlich bei, dass sich manch Anwalt aus heiklen Mandaten zurückzog. Auch zog das Image von bekannten Anwälten bestimmte Mandanten geradezu an. Darüber hinaus wurden bei Anfragen von Botschaften oder Pflichtmandaten vor allem in Militärgerichtsverfahren gern vorausgewählte Anwälte suggeriert, die das Vertrauen von SED und MfS genossen. Für Anwaltstermine gab es in MfS-ermittelten Verfahren keine klaren Regeln. Oft scheinen Berliner Untersuchungsführer in den 1980er-Jahren den Anwaltssprecher kurz vor Abschluss der Ermittlungen dafür genutzt zu haben, um eventuell neue Fakten zu erfahren und die Stichhaltigkeit der eigenen Argumentation zu überprüfen. Auf jeden Fall wurde ein großer Teil der Anwaltssprecher physisch oder elektronisch überwacht. Allerdings gab es Fälle, in denen Anwälte schon vorher tätig werden durften. Wenn Verträge mit anderen Staaten über die konsularische Vertretung von Inhaftierten existierten, in Fällen von besonderem öffentlichem Interesse oder wenn der Häftling psychisch gefährdet schien, konnten Anwälte früher Haftzutritt erlangen. Das MfS machte im Laufe der Jahre die Erfahrung, dass Anwälte nützlich sein konnten, um die Aussagebereitschaft von Häftlingen zu verbessern. Das Berufsrecht der DDR-Anwaltschaft vermied es, die Anwälte explizit zu verpflichten, ihren Mandanten die Aussage nahezulegen. Aber prominente Anwaltsfunktionäre wie Gregor Gysi rieten auf eine Weise zur Förderung der Aussagebereitschaft, dass das in manchen Ohren wie eine Verpflichtung klingen mochte. Ohnehin war es verpönt, Mandanten offensiv über ihr Schweigerecht zu belehren. Das Strafprozessrecht gab der Staatsanwaltschaft in enger Absprache mit dem Untersuchungsführer die Möglichkeit, den Anwaltsverkehr ganz oder thematisch durch sogenannte Bedingungen zu beschränken. Gerade Anwaltssprecher, während derer nicht über den Verfahrensgegenstand gesprochen werden durfte, wirkten auf die Betroffenen befremdlich. Die Zahl der Anwaltssprecher mit Bedingungen ging in der zweiten Hälfte der 1980er-Jahre deutlich, fast auf null zurück. Allerdings kamen die Anwälte oft erst sehr spät in Kontakt mit dem Häftling. Außerdem wurden die Sprecher abgehört. Es war also ein nur eingeschränkter Fortschritt, der zudem mit rechtswidrigen Methoden unterlaufen wurde. Wegen solcher Beschränkungen blieb es beim ersten Kontakt oft bei allgemeinen Rechtsbelehrungen, menschlichen Gesprächen, der Regelung persönlicher Angelegenheiten wie dem Kontakt zu Angehörigen. Schilderungen ehemaliger Inhaftierter unterstreichen, wie wichtig die menschlichen Fragen für die in Isolation Gefangenen waren. Bei der fließbandmäßigen Betreuung durch die Kanzlei Vogel bestehen Zweifel, ob dafür in jedem Fall ausreichend Zeit vorgesehen war.

### *Der kurze Prozess und die Anwaltschaft*

Grundsätzlich engagierten sich Anwälte verhalten und meist nur hinter verschlossener Tür für eine Ausweitung von Anwalts- und Beschuldigtenrechten. Es ist nicht erkennbar, dass sie sich gegen die Verarmung der Strafprozesskultur in MfS-gesteuerten Prozessen in den 1970er-Jahren aufgelehnt hätten. Die nicht rechtliche, aber faktische Beschränkung des Fragerechtes in der unmittelbaren Beweisaufnahme wurde in der Praxis offenbar hingenommen. Verfahrensmängel waren nicht Gegenstand von Hauptverhandlungen. Friedrich Wolff hat zwar im Nachhinein seine Abneigung gegen Verfahren, in denen die »Tarife« vorher so gut wie feststanden, zum Ausdruck gebracht. Aber es war bei ihm eine doppelte Abneigung: Diejenigen, die den Staat verlassen wollten, mit dem Wolff sich identifizierte, mochte er ohnehin nicht gern verteidigen. »Menschen zu verteidigen, die zumeist verurteilt werden wollten, um dadurch in den Westen zu kommen, machte für mich keinen Sinn.«[16] Wolff, der sich zu DDR-Zeiten durchaus beherzt engagieren konnte schwieg an diesem Punkt, obwohl er eine besonders gewichtige Stimme der DDR-Anwaltschaft gewesen wäre.

16 Wolff: Verlorene Prozesse, S. 128.

Es gab Ausnahmen, in denen sich Anwälte stärker entfalten konnten. Wenn Fälle weniger politisch waren, trotz MfS-Ermittlung eher zum Bereich der allgemeinen Kriminalität tendierten, wenn die Beweislage diffus war und zusätzlich Wiedergutmachungsansprüche im Raum standen, war die Beweisaufnahme komplexer, wurden die Anwälte aktiver. Selbst wenn Schauprozesse eigentlich der Vergangenheit angehörten, gab es Verfahren, die derart im Rampenlicht der Öffentlichkeit standen oder sogar stehen sollen, dass man den Anwälten mehr Spielraum ließ. Im Oradour-Kriegsverbrecherprozess trug das Auftreten von Friedrich Wolff dazu bei, das internationale Ansehen der DDR zu stärken. Glaubt man den MfS-Akten, gab es ebenso politisch brisante Fälle, in denen von den Anwälten erwartet wurde, dass sie mäßigend auf ihren Mandanten einwirkten. Eine andere Kategorie von Hauptverhandlungen fiel statistisch signifikant aus dem Rahmen. Insbesondere in der zweiten Hälfte der 1980er-Jahre kam es gerade bei parteiloyalen Anwälten zum juristischen Dissens im Plädoyer. Vor allem Anwälte der mittleren Altersgruppe kritisierten Widersprüchlichkeiten in der Rechtsprechung. Dass Besetzer von diplomatischen Vertretungen faktisch amnestiert und bei der Ausreise begünstigt wurden, während die nur nachdrücklich auf ihren Ausreisewunsch Hinweisenden zu Haftstrafen verurteilt werden sollten, reizte zum Widerspruch. Noch ging es nicht um das Infragestellen der DDR-Gesetze an sich. Zunächst wurde nur die widerspruchsfreie Anwendung eingefordert. Unter weitsichtigeren Juristen aus MfS wie Anwaltschaft war es ausgemacht, dass solche politischen Opportunitätsentscheidungen von Mielke und Honecker jedes Strafrechtssystem ad absurdum führen würden. Diese Auffassung führte zu einer deutlichen Häufung von Freispruchplädoyers von Verteidigern. Die Anwälte mochten sich dabei durch strafrechtsprozessuale Diskussionen hinter den Kulissen ermuntert fühlen, die Spielräume vorsichtig auszuweiten. Statistisch wurde nachgewiesen, dass sich Anwälte mit MfS-Sonderbeziehungen im Prozess in späteren Jahren aktiver zeigten. Ob sie das taten, weil sie exzentrischer waren als andere oder weil sie es sich wegen ihrer Gegenleistung herausnehmen konnten oder ob sie ermuntert wurden, das Vertrauen der Mandanten zu gewinnen und den Anschein der Verteidigung zu verbessern, ist mit abschließender Gewissheit nicht zu beurteilen. Dass es solche Strategien im MfS gab, konnte belegt werden. In manchen Fällen drängt sich der Verdacht auf, dass es ein abgekartetes Spiel war. Bewiesen ist es nur im Fall Schnur. Aber gerade der Fall zeigt, wie eine konspirative Täuschungsstrategie zu Widersprüchlichkeiten führte: Mandanten fühlten sich oft bestärkt, auf Rechten zu bestehen, die ihnen der Staat nicht zugestehen wollte. Und Justizfunktionäre und MfS-Mitarbeiter, die nicht eingeweiht waren, beschwerten sich über das scheinbar regelwidrige Verhalten des Anwaltes.

*Prozesssteuerung*

Die Vorstellung von einer Telefonjustiz, bei der Einzelrichter vor dem Prozess eine Anweisung von der Partei bekamen, scheint für die Justiz der 1980er-Jahre naiv. Aber es gab solche Fälle. Das waren zuweilen Angelegenheiten, in denen Richter derartige Interventionen geradezu ablehnten.[17] Die These von der eindeutigen Dominanz des MfS in politischen Verfahren bedarf ebenso der Differenzierung. Selbst in brisanten Verfahren, wie gegen Robert Havemann, agierte das MfS in Abstimmung mit der Staatsanwaltschaft und vor allem der SED-Führung. Die Verbindung des Politbüromitglieds Erich Mielke zu Erich Honecker, die die Funktion eines informellen Sicherheitskabinetts hatte, war keineswegs der einzige Draht der politischen Justiz in den zentralen Parteiapparat. Die Ansicht, dass es verschiedene Einflusswege gab,[18] bestätigte sich. Im Stadium vor der Anklage lag die Kompetenz eher beim MfS, besonders wenn die strafrechtliche Verfolgung in politisch-repressive Gesamtstrategien eingebettet war. Im Anklage- und Prozessstadium hatte die Staatsanwaltschaft dann offenbar eine gewisse eigenständige Kompetenz. Strafanträge wurden innerhalb der Staatsanwaltschaft abgestimmt. Sofern informelle, mündliche Absprachen stattfanden, erfolgten sie nach bisherigen Erkenntnissen weniger auf der horizontalen Ebene, sondern vertikal in den einzelnen Ermittlungs- beziehungsweise Justizorganen,[19] jedenfalls was die untere Ebene angeht. Staatsanwälte unterstanden dem Weisungsrecht. Richter waren in ein Berichterstattungs-, Kontroll- und Konsultationssystem gegenüber den Gerichtsdirektoren und in übergeordnete Instanzen eingebunden. In einem System, das die juristische Linie eher im Konsens statt im juristischen Konflikt suchte und statt Gewaltenteilung die Einheitlichkeit staatlichen Handelns betonte, war diese Form der Kooperation offensichtlich üblich. Die horizontalen Abstimmungen zwischen den Justiz- und Ermittlungsorganen und der Partei fanden im Wesentlichen auf der oberen Ebene unter Nomenklatur-Kadern statt. Um mit vergleichsweise kleinem Aufwand die Justiz in ihrer Breite steuern zu können, bildeten Normen keinen Gegensatz zur direkten politischen Steuerung, sondern einen wesentlichen Teil der Justizsteuerung. Entwicklung, Veränderung und Interpretation der Normen lagen in den Händen der Funktionärselite der Justiz- und Ermittlungsorgane, die mit dem Parteiapparat eng verzahnt waren. Unter Honecker wurde diese Ebene als Leiter- und Stellvertretertagung geradezu institutionalisiert und formalisiert und zu einer Art justizpolitischen Pendant zum Nationalen Verteidigungsrat. Mittels dieser Anleitungen konnten die unteren Untersuchungs- und Justiz-

17 Raschka: Überwachung, S. 92 f.; Amelin: Einflussnahme, S. 56 f.

18 Rottleuthner: Havemann-Verfahren, S. 367 ff.

19 Es gibt bislang keine ausreichende Forschung zur Thematik der Abstimmungen auf Bezirks- und Kreisebene.

ebenen gesteuert werden, ohne permanent in Einzelverfahren eingreifen zu müssen. Es gehört zu den Steuerungsparadoxien der Ära Honecker, dass von diesem Gremium Impulse ausgingen, die Strafjustiz stärker an der Gesetzlichkeit auszurichten und gleichzeitig ebendieser Personenkreis in Einzelverfahren politisch intervenierte, wenn dies geboten schien. Normensteuerung und Einzelfallintervention waren keine Gegensätze, sondern widersprüchliche Seiten eines Systems. Vom Anwalt wurde offenbar erwartet, dass er einen Verfahrensablauf, der entweder in komplizierten Verfahren vorgeplant oder in Routineverfahren durch zeitliche Begrenzungen eng getaktet war, grundsätzlich nicht gefährdete. In raren Einzelfällen gab es Hinweise auf Absprachen mit Anwälten, um unbequeme Verteidiger zu ersetzen, um auf formale Einsprüche oder die Berufung zu verzichten, um Verfahrensabläufe zu straffen oder eine Verständigung über ein Plädoyer herzustellen, um eine entsprechende öffentliche Wirkung zu sichern. Die Erwartung an den Anwalt blieb im Wesentlichen im Rahmen dessen, was von einem sozialistischen Anwalt ohnehin erwartet wurde und musste in der Regel nicht durch Absprachen oder informelle Praktiken geklärt werden. Im MfS gab es in den 1980er-Jahren eine Tendenz, das »normale« Verhalten des sozialistischen Anwalts schlicht in die Untersuchungsstrategie einzuplanen.

Eine weitere Steuerungsparadoxie bestand darin, dass der Generalsekretär aus politischer Rücksichtnahme gegenüber dem Ausland immer wieder strafmindernd oder mildernd in die strafrechtliche Verfolgung eingriff. Damit untergrub er eine klassische Funktion des Strafrechts, nämlich die der Abschreckung. Mit diesem Verhalten waren gegen Ende der Honecker-Ära sowohl die unzufrieden, die strenge Regeln durchsetzen wollten, als auch die, die das Straf- und Strafprozessrecht reformieren wollten und ohnehin jene, die ein solches Strafrecht überhaupt ablehnten. Das politische Strafrecht erodierte schon vor der friedlichen Revolution.

## 13.3 Theoretische Einordnung

Gesellschaftstheoretische Ansätze können dazu beitragen, das Justizsystem der DDR und Veränderungen der Rolle des Anwalts besser zu verstehen. Allerdings vermögen bisherige Ansätze nicht voll zu befriedigen, zumal manche anhand anderer historischer Gegenstände entwickelt wurden. Auch Versuche, klassische Modelle solange umzuformen, bis sie auf die späte DDR zutreffen, sind kritisch zu bewerten.

These vom Unrechtsstaat DDR

Vor allem im publizistisch-politischen Raum wird die These vom Unrechtsstaat DDR immer wieder kontrovers diskutiert.[20] Der Haupteinwand, es würden alle ehemaligen DDR-Bürger unter Verdacht geraten oder alle Rechtsakte der DDR infrage gestellt,[21] macht deutlich, dass es eher um eine politisch motivierte Kontroverse geht. Der Begriff »Unrechtsstaat« ist vereinzelt auch in die rechtshistorische Diskussion,[22] meist unter Rechtspraktikern, eingegangen, um die Dimensionen des Rechtsbruches in der DDR deutlich zu machen. Hier werden eher unverbunden unstrittige Rechtsstaatdefizite aufgelistet: die systematische Instrumentalisierung des Rechts, das Beiseiteschieben von Recht, das Fehlen unabhängiger Richter, von Gewaltenteilung oder einer Verwaltungsgerichtsbarkeit.[23] Die Fragestellung, »Wie viel Unrecht macht einen Staat zum Unrechtsstaat?«, macht deutlich, dass es sich hier weniger um einen analytischen Begriff oder eine Theorie handelt, die systematisch Zusammenhänge, Folgen und Ursachen in Verbindung bringen will, sondern um ein Aufaddieren und Abqualifizieren zweifelsohne grob rechtsstaatswidriger Einzelsachverhalte.[24]

Totalitarismustheorie

Die verschiedenen Ansätze, das Totalitarismus-Theorem anzuwenden, haben ihren Ursprung zeitgleich im stalinistischen Terror beziehungsweise im Zusammenbruch des Nationalsozialismus, sind von der Genese durch diese aktuellen und drängenden Ereignisse geprägt.[25] Die Theorie durchlief politisch bedingte Konjunkturen.[26] Doch ›nüchtern‹ betrachtet, stand am Anfang das Problem,

20 Hansack, Robert: Unrechtsstaat DDR. Zur Genesis des Terminus politicus Unrechtsstaates nach der Transformation 1989. Frankfurt/M. 2015.

21 Schwan, Gesine: In der Falle des Totalitarismus. Wer die DDR einen »Unrechtsstaat« nennt, stellt ihre ehemaligen Bürger unter einen moralischen Generalverdacht. In: Die Zeit v. 30.6.2009 zugleich in: http://www.zeit.de/2009/27/Oped-Schwan (letzter Zugriff: 18.2.2015).

22 Bei Werkentin ist er gekennzeichnet als »Verfassungsverrat, [der] das politische Grundprinzip« darstellte. Werkentin: Politische Strafjustiz, S. 404.

23 Wassermann, Rudolf: Wieviel Unrecht macht einen Staat zum Unrechtsstaat? In: NJW 50 (1997) 33, S. 21–53. Ähnlich Sendler, Horst: Über Rechtsstaat, Unrechtsstaat und anderes. Das Editorial der Herausgeber im Meinungsstreit. In: NJ 45 (1991) 9, S. 379–382.

24 Werkentin: Politische Strafjustiz, S. 397.

25 Die Hauptwerke von Carl Joachim Friedrich und Hannah Arendt entstanden zwar erst später, es gab jedoch Vorarbeiten. Vollnhals, Clemens: Der Totalitarismusbegriff im Wandel. In: APuZ (2006) 39, S. 24 ff.

26 Ebenda, S. 26 ff.; Eisenfeld, Bernd; Kowalczuk, Ilko-Sascha; Neubert, Ehrhart: Die verdrängte Revolution. Der Platz des 17. Juni 1953 in der deutschen Geschichte. Bremen 2004, S. 70; Richter: Friedliche Revolution. Bd. 2, S. 1 458 f.; Baberowski, Jörg; Patel, Kiran Klaus: Jenseits der Totalitarismustheorie? Nationalsozialismus und Stalinismus im Vergleich. In ZfG 57 (2009) 12, S. 971; Jesse, Eckhard (Hg.): Totalitarismus im 20. Jahrhundert. Eine Bilanz der internationalen Forschung. Bonn 1996.

dass der klassische Kanon der Herrschaftstypologien eine solche, moderne Form der Herrschaftsausübung nicht erfasste.[27] Mit den modernen Weltanschauungsdiktaturen entstand ein neuer Herrschaftstypus, in dem sich der Autokrat zur Integration und Repression der Bevölkerung moderner, pseudodemokratischer, plebiszitärer Methoden bediente und gleichzeitig mit großer Brutalität gegen seine Gegner vorging. Totalitär im engeren Sinne und begriffsbildend war der umfassende Anspruch, der die Gesellschaft stärker »durchherrschte«[28] als vormalige Staatsgebilde. Es scheint wenig sinnvoll, diese in ihren Ursprüngen brillante Theorie durch Adjektiv-Totalitarismen[29] oder Modifikationen auf die Spät-DDR anzuwenden. Gerade für die spätere DDR ist es reizvoll, signifikante Abweichungen von den berühmten theoriestiftenden sechs Merkmalen herauszuarbeiten: »Eine Ideologie, eine [auf eine Person zugeschnittene] Partei, eine terroristische Geheimpolizei, ein Nachrichtenmonopol, ein Waffenmonopol und eine zentralgelenkte Wirtschaft«.[30] Es ist offenkundig, dass insbesondere die politische Justiz von einem ideologisierten Herrschaftsanspruch von oben durchdrungen war. Andererseits war die späte DDR finanziell und wirtschaftlich vom Westen abhängig.[31] Sie war der kritischen Berichterstattung insbesondere der elektronischen Medien ausgesetzt.[32] Die Kirchen fungierten als »Gesellschaftsersatz«.[33] Hier entwickelte sich eine alternative Öffentlichkeit. Die SED konnte ihr Machtmonopol also nicht unbeschränkt durchsetzen. Die Methoden der Geheimpolizei wurden modifiziert, abgesehen von den Mauerto-

27 Friedrich, Carl Joachim: Totalitäre Diktatur. Stuttgart 1957, S. 13 f.; Vollnhals: Totalitarismusbegriff, S. 24 f.

28 Der Begriff wurde von Jürgen Kocka in Hinblick auf die DDR gewählt. Kocka, Jürgen: Eine durchherrschte Gesellschaft. In: Kaelble, Hartmut u. a. (Hg.): Sozialgeschichte der DDR. Stuttgart 1994, S. 547–553.

29 Eisenfeld: Verdrängte Revolution, S. 70 ff., 74. Einige dieser Wortschöpfungen lauten: »posttotalitär«. Václav Havel, zit. nach: Richter: Friedliche Revolution. Bd. 2, S. 1460; »(spät) totalitärer Versorgungs- und Überwachungsstaat« in: Schroeder: SED-Staat, S. 643 ff.; »tendenziell totalitär« in: Wentker: SBZ/DDR, S. 605; »sanfter« Totalitarismus« in: Vollnhals, Clemens: Das Ministerium für Staatssicherheit. Ein Instrument totalitärer Herrschaftsausübung. In: Kaelble, Hartmut u. a. (Hg.): Sozialgeschichte der DDR. Stuttgart 1994, S. 514; »›subtile‹ totalitäre […] Diktatur« in: Pingel-Schliemann, Sandra: Zersetzen. Strategie einer Diktatur. Berlin 2002, S. 70; »autalitär« in: Jesse, Eckard: War die DDR totalitär? In: APuZ (1994) 40, S. 23.

30 Friedrich: Totalitäre Diktatur, S. 19.

31 Steiner, André: Von Plan zu Plan. Eine Wirtschaftsgeschichte der DDR. München 2004, S. 198 ff.

32 Staadt, Jochen; Voigt, Tobias; Wolle, Stefan: Operation Fernsehen. Die Stasi und die Medien in Ost und West. Göttingen 2008. Auch Gräßler beschreibt den Einfluss der Westmedien, geht aber weiter von einem Medienmonopol der SED aus, was sich in seine Gesamtcharakterisierung der DDR als totalitär einfügt. Gräßler, Florian: War die DDR totalitär? Eine vergleichende Untersuchung des Herrschaftssystems der DDR anhand der Totalitarismuskonzepte von Friedrich, Linz, Bracher, Kielmannsegg. Baden-Baden 2014, S. 171 ff.

33 Neubert: Geschichte der Opposition, S. 309 ff.

ten[34] waren sie zwar willkürlich, aber in der Regel nicht terroristisch im eigentlichen Sinne. Die Justiz agierte regelkonformer, was jedoch jederzeit durchkreuzt werden konnte. Machtwille, der durch die Realitäten immer wieder infrage gestellt wurde, erklärt das Schwanken zwischen Festnahme- und Freikaufwellen, das Wechselbad von Repression und Zugeständnissen.

Doppelstaattheorie

Nicht zuletzt wegen der Unzulänglichkeiten der Totalitarismus-Theorie ist die Doppelstaatthese, die Ernst Fraenkel anhand des frühen Nationalsozialismus entwickelte,[35] auf die DDR-Justiz angewendet worden. Analog zu Fraenkels »Normenstaat« hat Falco Werkentin als einer der Ersten beschrieben, dass in der DDR der Maßnahmestaat herrschte, der »durch keine wirksamen rechtlichen Garantien, eingeschränkte Willkür und politische Gewalt«[36] gekennzeichnet war. Daneben jedoch waren »weite Rechtsbereiche, wie z. B. das Familien-, Arbeits- und sogar Teile des Strafrechts im Sinne des Normenstaates in der Regel eingriffsfest, also verbindlich«.[37] Auf den ersten Blick erscheint es plausibel, beide Pole des »Doppelstaates« für die DDR auszumachen. In Analysen zu verschiedenen Gebieten der DDR-Herrschaft wurde versucht, bestimmte gesellschaftliche Bereiche und Phänomene maßnahme- und ausnahmestaatlich zu charakterisieren.[38] Aber schon des Öfteren ist auf die Schwierigkeiten der Übertragbarkeit hingewiesen worden.[39] So hat die DDR anders als der Nationalsozialismus von Anfang an

34 Kowalczuk: Endspiel, S. 303.

35 Fraenkel, Ernst: Der Doppelstaat. Recht und Justiz im »Dritten Reich«. Frankfurt/M. 1984.

36 Werkentin: Politische Strafjustiz, S. 398.

37 Ebenda.

38 Sélitrenny beispielsweise ordnet dem Maßnahme-Staat folgende Phänomene zu: außergesetzliche Ermittlungsmethoden wie Zellenspitzel und richterlich nicht angeordnete Abhörmaßnahmen; rechtlich gedeckte aber exzessiv angewendete Methoden wie Untersuchungshaft oder Zuführung; übermäßige Ausdehnung von Straftatbestandsmerkmalen; das Aushöhlen rechtlicher Normen wie der Verteidigerrechte, des Akteneinsichtsrechtes u. a.; strukturelle Defizite wie fehlende Unabhängigkeit der Richterschaft; schließlich die Rolle des MfS als »Richter ohne Rechtsgrundlage«, das über Strafen entscheiden konnte; »Kriminalisierung«, »Rückgewinnung«, »Wiedergutmachung« oder als schärfste Waffe die »Zersetzung« eines Menschen«. Sélitrenny: Doppelte Überwachung, S. 419; vgl. ferner Budde, Heidrun: Willkür. Die Schattenseite der DDR. Rostock 2002, S. 13 ff.; Brey, Hans-Michael: Doppelstaat DDR. Menschenrechtsverletzungen der Deutschen Volkspolizei. Frankfurt/M. 1999; Masuch, Christina: Doppelstaat DDR. Eine Untersuchung anhand der Verfolgungsgeschichte der Zeugen Jehovas in der SBZ/DDR 1945–1990. Berlin 2009.

39 Werkentin: Politische Strafjustiz, S. 402; Wentker: SBZ/DDR, S. 602–605. Kritisch auch Schröder: Geschichte des DDR-Rechts. Ulrich Huemer hat dies in seiner sorgfältigen Analyse verschiedener Arbeiten auf dem Gebiet der Polizei, der Innenbehörden und der Verfolgung der Zeugen Jehovas überzeugend herausgearbeitet. Huemer, Ulrich: Doppelstaat DDR? Zur Übertragung der von Ernst Fraenkel geprägten Begriffe »Normenstaat« und »Maßnahmenstaat« auf die DDR, Ms., S. 17 ff.

Normen, Institutionen und das Personal des bürgerlichen Rechtswesens radikal ersetzen wollen. Manchen Normen, wie der Begrenzung der Freizügigkeit durch den Republikfluchtparagrafen, haftet selbst Willkürlichkeit an. Die sozialistische Gesetzlichkeit brachte es mit sich, dass Normen parteilich auszulegen waren. Wie in dieser Arbeit nachgewiesen, wurden wichtige Normen im Strafrecht von der gleichen Nomenklaturgruppierung unter dem Primat der Machtausübung der SED festgelegt wie die willkürlichen Eingriffe in einzelnen Strafverfahren. Geheimpolizeiliche Methoden wurden beim MfS mit strafprozessualen vermischt. Unter der Vorherrschaft des »Politischen«[40] ist daher die normen- und die maßnahmenstaatliche Sphäre in der DDR nur schwer abzugrenzen. Schon das Strafrecht gegen die allgemeine Kriminalität konnte von politischen Prämissen durchzogen sein, sodass neuerdings sinnvollerweise von fließenden, »skalierten«[41] Stufen und nicht von einer bipolaren Gegenüberstellung ausgegangen wird.

These vom Normensimulationsstaat

Angesichts der Schwierigkeiten bei der Anwendung der Doppelstaattheorie wurde auf die These vom »Normensimulationsstaat« ausgewichen.[42] Da im Prinzip jede Norm durchkreuzt und ausgehöhlt werden konnte, wurde der Begriff vom »simulierten Verfassungsstaat«[43] geprägt, vom »Als-Ob-Recht«[44] oder von der »legitimitätsstiftenden Fiktion des Normenstaates«[45] gesprochen. Vollnhals sieht hinter der rechtsförmigen Fassade die latente Notstandsplanung des MfS mit den Methoden des »totalitären Maßnahme-Staates«.[46] Die Normensimulationsthese hat sicher bestechende Momente. Die DDR wollte international anerkannt sein und unterzeichnete in diesem Zusammenhang internationale Abkommen, die rechtsstaatliche Vorgaben beinhalteten. Zwischen scheinbarer Rechtstreue nach dem Buchstaben des Gesetzes und der Rechtspraxis klaffte

40 Fraenkel: Doppelstaat, S. 98.

41 Vormbaum: Strafrecht, S. 667.

42 Sélitrenny: Doppelte Überwachung, S. 420. Auch Gursky hat am Begriff von der »sozialistischen Gesetzlichkeit« aufgezeigt, wie sehr Normatives und Politisches verzahnt waren, sodass nicht von zwei wirklich getrennten Sphären gesprochen werden kann. Gursky: Rechtspositivismus, S. 161.

43 Werkentin: Politische Strafjustiz, S. 401. Huemer kritisiert, dass die klaren Begrifflichkeiten Fraenkels durch diese Thesen aufgelöst würden. Ohne genaue begriffliche Schärfe modifiziert Sélitrenny die Begriffe, indem sie beispielsweise vom »dichtomen Maßnahmestaat« spricht, ohne dies genau zu definieren. Sélitrenny: Doppelte Überwachung, S. 412; Huemer: Doppelstaat DDR? Ms., S. 16 ff.

44 Marxen, Klaus: »Recht« im Verständnis des Ministeriums für Staatssicherheit der DDR. In: Engelmann, Roger u. a. (Hg.): Justiz im Dienste der Parteiherrschaft. Berlin 1999, S. 20 ff.

45 Vollnhals: Die Macht, S. 270.

46 Ebenda, S. 271. Auch Wentker spricht von gerichtlichen Fassaden. Wentker: SBZ/DDR, S. 603. Huemer hat die Frage aufgeworfen, ob diese Ansätze nicht auf dem Umweg über die Doppelstaatstheorie und die Normensimulationsthese bei der analytisch relativ unergiebigen Unrechtsstaatsthese gelandet sind. Huemer: Doppelstaat DDR? Ms., S. 25.

aufgrund der Herrschaftssicherungsinteressen der SED, wie an mehreren Beispielen dargelegt, oft eine Lücke. Auch im Bereich der Verteidigungs- und Verteidigerrechte ist zu beobachten, wie diese nominell garantiert durch informelle Praktiken ausgehöhlt wurden.

Die Funktion der straf- und strafprozessrechtlichen Normen

Die These vom Schein der Normen begründet nicht, weshalb die SED letztlich dem Recht eine viel größere Bedeutung zubilligte als die Nationalsozialisten und warum es eine Tendenz zu einer stärkeren rechtlichen Verregelung gab. Die Regelungsdichte der rechtlichen Normen nahm gerade im Bereich des politischen Strafrechtes über die Jahre zu. Zumindest die Rechtsförmigkeit hatte in der DDR einen »hohen Stellenwert«[47] auch in politischen Verfahren. Statt die Norm zur bloßen Fassade herabzustufen, kommt es darauf an, ihren spezifischen Stellenwert im Herrschafts- und Justizsystem herauszuarbeiten. Folgende Punkte wären zu beachten:

- Das Recht diente dem Machterhalt. Das Recht diente generalpräventiv zur Absicherung des sozialistischen Systems.
- Selbstverständlich diente das Strafrecht sowohl im Bereich der allgemeinen Kriminalität als auch im Bereich der politischen Delikte klassisch der spezialpräventiven Abschreckung.[48] Nicht zufällig richteten sich in der Ära Honecker die meisten politischen Verfahren gegen Personen, die die DDR verlassen wollten.
- Das Recht diente auch in einem nicht zu unterschätzenden Ausmaß der staatlichen Justiz-Steuerung.[49] Beim späten Lenin[50] lag die Funktion des Staatsapparats darin, den Willen der Partei in die entlegensten Regionen des Herrschaftsbereiches zu transportieren: »Es muss so sein, dass sie, die [...] Kommunisten, den Apparat beherrschen, an dessen Spitze sie gestellt sind.«[51] Diese Herrschaftsausübung erfolgte nach Auffassung Lenins in Form des Rechtes.[52] Wie in früheren Gesellschaften üblich, lassen sich »Befehle und Normsetzung«[53] kaum unterscheiden. Die Norm garantierte im

47 Ebenda, S. 20.

48 Schröder: Geschichte des DDR-Rechts.

49 Rottleuthner: Steuerung der Justiz, S. 27. Für die frühe DDR wird eher die direkte Steuerung durch Anweisungen hervorgehoben. Wentker: SBZ/DDR, S. 581 f.

50 Im frühen Werk, Staat und Revolution, setzte Lenin noch auf das Absterben des Staates, der durch eine Arbeiterselbstverwaltung ersetzt werden sollte. Lenin, Wladimir Iljitsch: Staat und Revolution. 1917/18. In: Lenin: Werke. Bd. 25. Berlin 1970, S. 393–507.

51 Lenin, Wladimir Iljitsch: Rede in der Plenarsitzung des Moskauer Sowjets. 20.11.1922. In: ebenda. Bd. 33, Berlin 1970, S. 428.

52 Ebenda.

53 Luhmann geht der Entwicklung zum »Rechtspositivismus« nach, der hier vereinfachend mit Rechtsstaatlichkeit gleichgesetzt wird. Luhmann, Niklas: Rechtssoziologie. Reinbek 1972, S. 194.

»Normalfall«, dass der Staat ohne Einzelintervention im Sinne der Partei funktionierte.

- Das Strafrecht sollte auch in der DDR Rechtssicherheit bieten. Damit war im Lenin'schen Sinne aber vorrangig gemeint, dass der Staat die Durchsetzung des Rechtes garantierte.[54] Das galt im Grundsatz gleichermaßen für die Bereiche des Strafrechtes, die Herrschaftsansprüche von Staat und Partei sicherten, wie für die Kapitel des Strafrechtes, die Leib und Leben und den Besitz des Einzelnen gegenüber Straftaten schützten.[55] Es gab in der DDR-Rechtsgeschichte immer wieder Ansätze, mit Rechtssicherheit auch ein Mehr an Verfahrenssicherheit zu verbinden. Die wurden jedoch durch den Herrschaftsanspruch der Partei regelmäßig wieder durchkreuzt.

Es wurde zutreffend darauf hingewiesen, dass insbesondere die herrschaftssichernden Funktionen des Rechtssystems der DDR und die daraus erwachsenden Praktiken »mit der europäischen Rechtstradition seit der Aufklärung nichts gemein«[56] haben. Die »Funktion des Rechts, [...] den Einzelnen vor Übergriffen anderer, von Organisationen beziehungsweise des Staates zu schützen, [...wurde daher] in der DDR ebensowenig erfüllt, wie in anderen Diktaturen«.[57] Man kann es vereinfacht ausdrücken: Rechtsförmigkeit war in der DDR zunächst nur eine Form des Administrierens, die keineswegs mit Rechtsstaatlichkeit im liberalen Sinne gleichzusetzen ist. Deswegen ist bei allen Thesen, die der DDR und ihrem Anwaltsrecht eine Tendenz zur »Verrechtlichung«[58] oder »Liberalisierungsbestrebungen«[59] zubilligen, Vorsicht angezeigt. Es konnte nicht nur am Beispiel der Anwaltsrekrutierung gezeigt werden, wie informelle Praktiken zur Routine wurden, die geradezu im Gegensatz zu eben verabschiedeten anwaltsrechtlichen Regelungen standen.

Systemtheoretisches

Systemtheoretisch orientierte Ansätze interpretieren die gesellschaftlichen Verhältnisse in der DDR als »Gegenläufigkeit von politisch-ideologischer Homogenisierung und funktionalen Differenzierungsprozessen«.[60] In Phasen, in denen der politische Druck geringer war und die Ideologie der Einheitlichkeit staatlichen Handelns sowie der Justiz nur in abgeschwächter Form propagiert wurde, traten in der DDR Merkmale der Funktionsdifferenzierung zutage. Hier wurde

54 Lekschas, John u. a. (Hg.): Strafrecht der DDR. Lehrbuch. Berlin 1988, S. 66 f.

55 Kern, Herbert; Sarge, Günter: Die Aufgaben der Gerichte nach dem X. Parteitag der SED. In: NJ 35 (1981) 7, S. 290–292, hier 291.

56 Vollnhals: Die Macht, S. 269.

57 Schröder: Geschichte des DDR-Rechts.

58 Busse: Deutsche Anwälte, S. 469.

59 Markovitz: Lüritz, S. 224.

60 Pollack, Detlef: Kirche in der Organisationsgesellschaft. Köln 1994, S. 31.

den jeweiligen Verfahrensbeteiligten, auch den Anwälten, ein größeres Maß an Eigenständigkeit zugebilligt. Eine Reform des Strafprozessrechtes, die diesen Namen verdienen würde, kam jedoch nicht zustande, da die homogenisierenden Kräfte im zentralen Partei- und Staatsapparat nach wie vor stärker waren beziehungsweise die und Bindung an Gesetz und Parteilichkeit weiterbestand. Es blieb im Bereich der politischen Justiz beim sogenannten »›Feind‹-Strafrecht«.[61] Die Verarmung der Prozess-Kultur in der Honecker-Ära hatte ihren Preis. Nach Luhmann hängt die Akzeptanz von Verfahren, deren Legitimität davon ab, inwieweit die Beteiligten im Verfahren interagieren können und Konflikte ausagiert werden.[62] Doch die Erinnerungen der Angeklagten zeigen unisono, dass die »Unterkomplexität«[63] der MfS-gesteuerten Verfahren in keiner Weise überzeugen konnte. Sie hatten allenfalls Abschreckungscharakter. Die Steuerung der Justiz über Normen war nur im technischen Sinne eine Verrechtlichung. Luhmann hat darauf hingewiesen, dass sich eine wirkliche Bindung an rechtliche Normen nur dann herausbilden kann, wenn die »Einrichtung rechtsstaatlich geordneter Gesetzgebungsverfahren als permanenter Funktionsbestandteil der Staatsapparatur«[64] gewährleistet ist. Die klassischen Voraussetzungen für rechtsstaatliche Rechtssetzung wie parlamentarische Gesetzgebungsverfahren und das Richterrecht waren in der DDR nicht gegeben. Es ist eine offene Frage, inwieweit der allmähliche Generationswechsel von der Volksrichtergeneration zur jüngeren akademisch gebildeten Generation unter den Juristen eine Funktionsdifferenzierung begünstigte.[65] Es schien eher eine Frage der Zeit, dass die durch Parteihomogenisierung gestaute Differenzierung aufbrechen würde.[66] Aufgrund weiterwirkender Loyalitäten und Repression brauchte es dazu eines Anstoßes von außen. Erst nachdem die zentrale DDR-Führung durch die Erkrankung Honeckers geschwächt war, Widersprüche selbst im zentralen SED-Parteiapparat und vor allem Veränderungen im Zentrum und an der Peripherie des sowjetischen Machtbereiches sichtbar wurden,[67] lockerte sich der Homogenisierungsdruck. Es ist die Phase, in der die DDR-Anwaltschaft für eine Weile mit eigenen Reformvorstellungen Furore machen konnte, bevor die Dynamik der Revolution über sie hinwegging.

61 Luther: Strafprozeßrecht, S. 391.

62 Luhmann: Legitimation, S. 82 ff., 102 ff. u. 126.

63 Booß; Kilian: Verwaltungsakt, Ms., S. 31.

64 Luhmann geht der Entwicklung zum »Rechtspositivismus« nach, der hier vereinfachend mit Rechtsstaatlichkeit gleichgesetzt wird. Luhmann: Rechtssoziologie, S. 202.

65 Markovitz: Lüritz, S. 294.

66 Booß, Christian: Die gestaute Republik. Missglückter Generationswechsel und Reformstau als Voraussetzungen der Friedlichen Revolution. In: http://www.bpb.de/geschichte/zeitgeschichte/deutschlandarchiv/189455/die-gestaute-republik (letzter Zugriff: 5.6.2014).

67 Kowalczuk: Endspiel, S. 66 ff.

*Das letzte Jahr der Ära Honecker: 1989*

Anfang 1989 wurden die Anwälte zum Seismografen für die gesellschaftlichen Spannungen, die sich im Herbst 1989 entladen sollten. Diese machten sich in den Sprechstunden bemerkbar, da die Anwälte stärker als andere Justizberufe mit Mandanten und Ratsuchenden im Gespräch standen. Ihre Qualifikation, die Mandantenbindung, die Kompetenzerweiterung im Bereich des Verwaltungsrechtes, interne Rechtsreformdiskussionen ließen sie feinfühliger werden für die Widersprüche der Justizpolitik in der Spätphase der Ära Honecker, als die traditionellen Funktionäre. Die Meinungsfreude und das Spektrum der Ansichten in der Anwaltschaft nahmen im Verlauf des Jahres 1989 deutlich zu. Außerhalb Ostberlins war die Bandbreite, wie am Beispiel Dresden aufgezeigt, sogar noch größer. Die Zwangsgemeinschaft des Kollegiums, die zahlreichen Kontrollen durch Staat, SED und Stasi und die erwünschte Parteimitgliedschaft hatten verdeckt, dass es auch unter den SED-Genossen Anhänger der DDR gab, die in der Krise das Land durch Bereitschaft zu Veränderungen retten wollten und solche, die dem skeptisch gegenüberstanden. In vorsichtigen Kritiken und Reformansätzen fand man sich dennoch monatelang zusammen, trat für eine kurze Phase in die Öffentlichkeit, um sich dann zu differenzieren.

Die Karrieresprünge, die einzelne Anwälte in der zweiten Jahreshälfte 1989 machten, wurden teilweise noch aus den alten Apparaten heraus betrieben. Insbesondere bei Gregor Gysi und Lothar de Maizière wirkten sie wie eine Beschleunigung ihrer schon zu Anwaltszeiten angelegten Nomenklaturkader-Karrieren. Selbst die Oppositionskarriere von Wolfgang Schnur ging anfangs noch an der Seite des MfS vonstatten. Anwälte galten als institutionell erfahren und gleichzeitig als nicht so kompromittiert wie das Personal aus den alten Apparaten. Sie waren freier als Inhaber kirchlicher Ämter, um sich politisch zu engagieren. Typisch anwaltliche Fähigkeiten wie rhetorisches Vermögen, Rechtskenntnisse auch über den Status quo hinaus, das Agieren zwischen den Linien erklären, warum Anwälte in verschiedenen Gruppierungen im Herbst 1989 reüssierten. Weil die organisierte Anwaltschaft zu den ersten Institutionen gehörte, die sich öffentlich artikulierte, gab sie während der Aufschwungsphase der Revolution durchaus Reformimpulse, selbst wenn diese eher als Rettungsstrategien für die DDR gemeint waren. Die faktische, später auch rechtliche Suspendierung von Paragrafen des politischen Strafrechts war eher eine Folge der politischen Ereignisse, der Protestdemonstrationen und der Maueröffnung, als eine der Reformdiskussionen. Die eigentliche Reform des Strafrechtes, die umstrittene Paragrafen des politischen Strafrechtes tilgte, erfolgte 1990 eher symbolisch, als die Weichen schon in Richtung Deutsche Einheit gestellt waren. Mit dem Ende der Ära Honecker waren nicht nur die Tage des politischen Strafrechtssystems gezählt, sondern gleichfalls die des Kollegiums als Institution. Ab Anfang 1990 wurden wieder mehr Einzelanwälte zugelassen, das Kollegium verlor sein Monopol. Schon kurz vor der deutschen Vereinigung wurden die Kollegien zugunsten von Länderanwaltskammern aufgegeben. Nachdem das Recht, insbesondere das Strafrecht, die Funktion verloren hatte, den Sozialismus abzusichern, hatte sich die exklusive Zwangsgemeinschaft des Kollegiums erübrigt.

*Überprüfungen*

In den letzten Monaten der DDR wurden das Anwaltsrecht liberalisiert, vermehrt Juristen zugelassen, im September 1990 die Kollegien abgeschafft. Diese Phase nutzten DDR-Juristen, die aufgrund ihrer Funktionen nicht mit einer Weiterbeschäftigung im Rechtsstaat rechnen konnten, um sich als Anwälte niederzulassen. Darunter waren Diplomjuristen des MfS, die nur an der JHS des MfS studiert hatten, sogar einzelne MfS-Untersuchungsführer. Die MfS-Mitarbeiter mit einem rechtswissenschaftlichen Diplom der Humboldt-Universität hatten laut Einigungsvertrag ohnehin gute Startchancen für eine Anwaltskarriere. Für die Zulassung war das MdJ zuständig. Dort saßen zum Teil noch die Personen, die zu Honeckers Zeiten für eine SED-konforme Anwaltsrekrutierung gesorgt hatten. Trotz öffentlicher Diskussionen und nichtöffentlicher Warnungen, wurden im Einigungsvertrag dagegen kaum Vorkehrungen getroffen. Aufgrund des öffentlichen Druckes wurden 1992 Überprüfungen nachgeholt. Da sich diese aber mit der bundesdeutschen Auffassung vom Freien Beruf des Anwaltes rieben, verloren letztlich nur einzelne Anwälte die Zulassung. Bei Neuzulassungen dürften die Überprüfungskriterien eine schwer messbare Abschreckungswirkung gehabt haben. Insgesamt hat die Überprüfung nicht zu der Transparenz geführt, die sich gerade Justizopfer der DDR erhofft hatten.

## 13.4 Fazit: Im goldenen Käfig

Die Ostberliner Anwälte, vor allem diejenigen, die in den Selbstverwaltungsgremien tätig waren und diejenigen, die mit dem MfS kooperierten, aber auch einfache Kollegiums-Mitglieder identifizierten sich offenbar mit den Gegebenheiten der sozialistischen Justiz. Zumindest arrangierten sie sich spätestens ab der zweiten Hälfte der 1970er-Jahre überwiegend. »Wir waren ziemlich diszipliniert, und wir waren natürlich auch angepasst«,[68] räumte Gregor Gysi im Rückblick ein. Zu dem Arrangement trug bei, dass Anwälte »Spitzenverdiener im Sozialis-

68 Gregor Gysi auf dem ersten Ostdeutschen Juristentag am 28.10.1992. Rechtswissenschaft und Rechtspraxis in der DDR. Versuch einer Analyse/Hg. durch Vereinigung demokratischer Juristen, Ostdeutscher Juristentag. Berlin 1992, S. 25.

mus«[69] waren. Sie verdienten im Durchschnitt das Mehrfache eines DDR-Angestellten, Arbeiters oder Richters der ersten Instanz.[70] »Die guten Verdienstmöglichkeiten haben uns auch immer diszipliniert«,[71] konstatierte noch 1990 Gregor Gysi. Selbst wenn man dem alten Stasi-Klischee vom bürgerlich geprägten Anwalt nicht folgt, zeigen die aus Datenschutzgründen nicht zitierfähigen Passagen aus Akten mit Schilderungen von Antiquitätenkäufen, Bar-Besuchen, Kauf von West-Pkw und Immobilien, dass sich manch Anwalt im Sozialismus behaglich einzurichten wusste. In seinem Zweigstellenbüro mit »seinen« Mandanten blieb dem Anwalt im Verhältnis zu Angestellten immer ein noch relativ großer eigenständiger Raum. Der rare Anwaltsberuf war in der DDR privilegiert und attraktiv. Ein Anwalt aus Potsdam beschrieb als IM für das MfS, warum es für die Anwälte ein »erstrebenswertes Ziel« sei, diesen Beruf zu ergreifen. Sie würden »gesellschaftliche Anerkennung« genießen, denn:

- »in der Bevölkerung [haben sie] ein hohes Ansehen«,
- »in der Justiz stehen sie an der Spitze, da Richter und Staatsanwälte neidvoll auf ihren Berufsstand blicken«,
- »finanziell sind sie gesichert aufgrund ihres hohen Einkommens«.[72]

Anwälte konnten heikle Rechtsgebiete meiden, indem sie auf das Verkehrs-, Zivil- oder Familienrecht oder das allgemeine Strafrecht auswichen. Eine Zeit lang wurde dieses Ausweichen kritisiert, zum Ende der DDR war es im Interesse einer Arbeitsteilung toleriert oder sogar erwünscht, dass Anwälte, die nicht als unbedingt zuverlässig galten, sich von staatssicherheitsrelevanten Verfahren fernhielten. Die politisch heiklen Fälle machten nur einen geringen Bruchteil aller Mandate aus. Insofern konnte man sich die Welt bei Bedarf ein wenig schönreden. Ohnehin gab es eine Anzahl von Anwälten, die sich mit der politischen Strafjustiz abfanden oder diese guthießen, da die dem richtigen Ziel, dem Schutz der DDR und des Sozialismus, diente.

Die Organisationsform des Kollegiums war, anders als gelegentlich dargestellt, nicht nur eine Zwangsgemeinschaft. Sie gewährte begrenzt Freiräume: Kritik in Maßen war zugelassen, wenn sie hinter verschlossenen Türen blieb. Das galt für justizpolitische Fragen wie für Plädoyers im politischen Strafprozess. In Grenzen konnten die Anwälte durchaus ihre Angelegenheiten mitbestimmen. Es waren die von ihnen gewählten Anwaltsfunktionäre, die Grenzen zogen und Grenzüberschreitungen ahndeten. Insofern war das Kollegium ein Instrument der Selbststeuerung und Selbstdisziplinierung. Es war elastisch

69 Gerlach: Die Rechtsanwaltschaft, S. 145.

70 Busse: Deutsche Anwälte, S. 496 ff.; Schröder: Zivilrechtskultur. Bd. 4, S. 28.

71 Gregor Gysi auf dem ersten Ostdeutschen Juristentag am 28.10.1992. Rechtswissenschaft und Rechtspraxis, S. 22.

72 Alle Zitate: BV Potsdam, Einschätzung der Zusammenarbeit mit IMS »Adam«, 29.5.1986; BStU, MfS, BV Potsdam IV/1573/78, Bd. I, Bl. 361 f.

genug, Stimmungen aufzunehmen, wenn es nicht um grundsätzliche Interessen der Partei- und Staatsführung ging. Nicht immer war allen Mitgliedern bewusst, in welchen Einzelfragen die politischen Kontrollinstanzen, gelegentlich auch das MfS, mehr oder minder dominierend mitwirkten. Die Selbstverwaltung war nicht nur Illusion und nicht ohne Wirkung. Insofern saßen die Anwälte umgeben von Gitterstäben, deren Weite sie selbst mit festlegten, in einem goldenen Käfig.

# 14. Schlussbemerkung und Danksagung

Das erste Mal hatte ich als geborener Westberliner mit DDR-Anwälten indirekt Mitte der 1970er-Jahre zu tun. Ein bekannter Fernsehjournalist vom ZDF bot mir an, ein befreundetes Ehepaar, das die DDR verlassen wollte, auf die »Liste« von Rechtsanwalt Wolfgang Vogel setzen zu lassen. Irgendwie klappte das auch. Die Familie durfte ausreisen. In den späten 1980er-Jahren berichtete ich als Sonderkorrespondent für den Sender Freies Berlin (SFB) über den Umbruch – direkt aus der DDR. So kam ich beruflich mit einigen der Anwälte in Kontakt die Shootingstars der friedlichen Revolution waren. In den Folgejahren wurde freilich auch darüber Bericht erstattet, wie manch ein Politik-Komet aufgrund seiner zweifelhaften Vergangenheit verglühte. Insofern war ich bereits eingestimmt, als ich im Jahr 2009 die Gelegenheit erhielt, mich im Rahmen eines Forschungsprojektes beim Bundesbeauftragten für die Unterlagen des Staatssicherheitsdienstes der ehemaligen Deutschen Demokratischen Republik genauer mit den Rechtsanwälten der späten DDR zu befassen. Ich nahm die Herausforderung an, hinter den Fassaden der aktuellen Wahrnehmung zu forschen, um Kontexte und strukturelle Zusammenhänge aufzeigen zu können.

In die vorliegende Arbeit ist eine empirische Untersuchung zu politischen Prozessen und dem Prozessverhalten der Anwälte integriert. Diese habe ich als wissenschaftlicher Projektkoordinator beim BStU konzipiert, angeleitet und mithilfe von anderen durchgeführt. Die wesentlichen Gesamtergebnisse werden hier erstmals zusammenfassend vorgestellt.

Einen wichtigen Anstoß verdanke ich Manfred Weigelt aus dem Archiv des BStU, der mich auf den Aktenbestand der archivierten MfS-Untersuchungsvorgänge aufmerksam machte und mit seinen Kollegen einen unbürokratischen Zugang ermöglichte. Bedanken möchte ich mich vor allem bei meinen drei aufeinanderfolgenden Mitarbeiterinnen Martina Schulze, Susan Pethe und Karin Michalek, die mir halfen, die MfS-Akten für dieses Projekt zu recherchieren und heranzuziehen. In die Vorsichtung von registrierten Vorgängen außerhalb Berlins wurden Studentenpraktikanten einbezogen. Die Erfassung der Daten aus den Untersuchungsvorgängen erfolgte mithilfe von Marlene Weiß, Karoline Kouril, Jan Schenkenberger, und Jacob Harnitzsch. Am technischen Erstellen der Datenbank war Peter Donner beteiligt. Bei den Korrekturarbeiten unterstützten mich Karin Michalek und Jan-Philip Blumenscheit. Ich danke für die freundliche Unterstützung durch die Präsenzbibliothek des BStU. Das Team war sehr geduldig mit mir und beschaffte die benötigte Fachliteratur schnell, schreckte auch nicht vor exotisch anmutenden Titeln zurück. Den maßgeblichen Anteil an der statistischen Auswertung hatte Thomas Kilian, dem ich zu besonderem Dank verpflichtet bin. In der Archiv-, Auskunfts- und Forschungsabteilung einschließlich der BStU-Außenstellen gab es zahlreiche Kollegen, die mich mit Rat und Tat und insbesondere bei der Aktenbereitstellung unterstützt haben. Von den vielen Kollegen, die mich im Hause fachkundig berieten, möchte ich Julia Spohr, Frank Joestel, Roger Engelmann und Helmut Müller-Enbergs Pars pro toto nennen. Das Publikationsreferat des BStU, insbesondere Martin Erdmann und Thomas Heyden, sorgte mit großer Fachkunde für das Endlektorat und die Druckfertigstellung des Manuskriptes.

Im Bundesarchiv (BArch) konnte ich besonders davon profitieren, dass die Akten des Rates der Vorsitzenden der Anwaltskollegien just in dem Moment von Grit Ulrich und ihren Kolleginnen erschlossen und zugriffsfähig gemacht wurden, als ich zu recherchieren begann. Kerstin Risse und andere berieten mich gern und ausführlich zu den SED-Beständen. Bei den Erschließungsarbeiten der Akten des Ministeriums der Justiz konnte man der Gruppe um Marcus Benhaimi faktisch über die Schulter sehen und musste trotz des »work in progress« nie länger auf eine Aktenbereitstellung warten. Das Landesarchiv Berlin ermöglichte mir interessante Einblicke in Akten des Berliner Anwalts-Kollegiums, der SED und in bislang unerschlossene Justizakten.

Besonderem Dank verpflichtet bin ich der Rechtswissenschaftlichen Fakultät der Humboldt-Universität. Hier bot man mir die Gelegenheit, als Quereinsteiger im Bereich Grundlagen der Rechtswissenschaften zu diesem Thema zu promovieren. Das ist vor allem dem Engagement von Professor Rainer Schröder zu verdanken. Er hat mich durch sein umfangreiches Projekt zur Zivilrechtskultur der DDR methodisch inspiriert, noch bevor wir uns persönlich kennenlernten. Umso bedauerlicher und tragischer ist es, dass Prof. Schröder, der mein Manuskript und die Dissertation über weite Strecken mit freundlich vorgetragenem Rat betreute, die Drucklegung nicht mehr erleben darf.

# Anhang

# Anlage 1

*Datenbankerfassung – Berliner Stichprobe 72-84-88*
*Codierung der Variablen*

## 1. Hauptverfahren

### Formalien

Aktenzeichen: (Urteil) (num)
BStU-Signatur: (num)
paginiert: (j/n)
Bände: (num)
abgebende DE: (sich generierende Auswahlliste)
bestellt, noch nicht bekommen: (j/n)

### Gericht

Gerichtstyp: (KG, BG,OG, MG, MOG, MG IA, MOG IA, OMG, gesellschaftliches Gericht) (Auswahlliste)
Ort: (sich generierende Extra-Teildatenbank [TB])
Bezirk: (Extra-TB)
Instanz: (Erste, Berufung, Protest, Kassation)
Hauptdelikt §: (Extra-TB) (numerisch) (sich generierende Tabelle)
Delikte: (Memo-Text)
Hinweis auf pol. Straftat: (j/n)
nur Versuch: (j/n)
Verbindung zu ÜSE: o. ä. (j/n)
Vorstrafen: (j/n)
zur Tatzeit Jugendlicher: (j/n)
U-Haft: (j/n)
Erst-/Rechtsmittelinstanz: (Auswahlliste)
Urteilsdatum: (Datum)

Angaben zur Person

mehrere Angeklagte: (j/n)
Name: (Text)
Vorname: (Text)
Alter/Geburtsdatum: (XX.XX.)
Geburtsjahr: (XXXX)
Geschlecht: (m/w) (Auswahlliste)
Staatszugehörigkeit: (DDR, BRD, NSW, SW) (Auswahlliste)
Parteizugehörigkeit: (SED, LDPD, NDPD, DBD, CDU, keine) (Auswahlliste)

Sozialer Status

Sozialer Status: sozialistische Dienstklasse, bewaffnete Organe (NVA, VP, MfS, Zoll), Arbeiter, LPG-Bauer, PGH-Handwerker, Intelligenz, Angestellte, Selbstständige, sozial/politisch marginalisierte Auswahlliste)
Status: (Kind, Jugendlicher, Auszubildender, Student, Berufstätiger, ohne Arbeit, Rentner, Hausfrau) (Auswahlliste)
soziale Herkunft: sozialistische Dienstklasse, bewaffnete Organe (NVA, VP, MfS, Zoll), Arbeiter, Bauern/Handwerker in PGH, Intelligenz, Angestellte, Selbstständige (Auswahlliste)

Prozessbeteiligte

gesellschaftlicher Kläger: (j/n)
gesellschaftlicher Verteidiger: (j/n)

Anwalt

Name: (Name) (sich generierende extra TB) Vorname, Ort, Bezirk
Pflicht/Wahlverteidiger: (Auswahlliste)
Verteidigung vorgeschrieben: (j/n)
Anwalt anwesend: (j/n)
anwaltlich vertreten, aber nicht im Termin: (j/n)
anwaltlich vertreten, aber nicht bei Urteil: (j/n)

Prozessgeschehen

Geständnis vorhanden: (j/n)
Geständnis im Verfahren: (bestätigt, Widerruf, nicht erkennbar) (Auswahlliste)
Strafantrag der StA: (Einstellung, Freispruch, Freiheitsstrafe, Bewährungsstrafe, Geldstrafe, Tadel) (Auswahlliste)
Antrag Freiheitsstrafe: (Monate)
Urteil: (Einstellung, Freispruch, Freiheitsstrafe, Geldstrafe/Hauptstrafe, Tadel) (Auswahlliste)
Gesamtstrafe: (j/n)
Urteil Freiheitsstrafe: (Monate)
Aussetzung zur Bewährung: (j/n)
Öffentlichkeit: (im ganzen Verfahren, beim Urteil, nein)(Auswahlliste)
Verfahrenseinstellung vor Prozess: (j/n)
Besonderheiten: (Memo-Feld)
Dauer des Verfahrens (in Stunden nur 1972–1988)

Anwaltsverhalten

Befragung der Zeugen: (j/n)
Befragung des Angeklagten: (j/n)

Anwalt im Verfahren: (j/n)

Eigene Beweisanträge: (j/n)
Bewertung der Beweismittel: (j/n)
Bekräftigung des Widerrufs: (j/n)
Distanzierung vom Widerruf: (j/n)

Anwaltsplädoyer

Plädoyer gesellschaftlicher Anwalt (teilweise Kollektivvertreter): (positiv, negativ, neutral für Angeklagten) (Auswahlliste)
Bürgschaft: (j/n)
Anwaltsplädoyer
Gerichtsprotokoll vorhanden: (j/n)
Kritik an Beweismitteln: (j/n)
Kritik an Subsumtion: (j/n)
Kritik an Verfahrensregeln/-mängeln: (j/n)

Kritik an gravierenden Verfahrensmängeln (Verfahren komplett infrage stellen): (j/n)
Angreifen der Strafnorm auf Grund universeller Normen: (j/n)
Distanzierung vom Angeklagten: (j/n)
Distanzierung von Tat: (j/n)
nur allgemeiner Appell zur Milde aus personenbezogenen Gründen: (j/n)
Strafmaß: (minderes Strafmaß allgemein, Einstellung (statt), Freispruch (statt), Freiheitsstrafe (geringer), Bewährungsstrafe (statt), Geldstrafe (statt), Tadel (statt)) (Auswahlliste)
Strafmaßempfehlung bei Freiheitsstrafen: (Monate)
Strafmaßempfehlung bei Geldstrafe: (num)
Andere: (Memo-Feld)
Besonderheiten: (Memo-Text)

Rechtsmittel (evtl. nur Auswahl)

Rechtsmittel (Berufung) eingelegt: (j/n)
Rechtsmittel: (Protest, Berufung, Kassation)
In Rechtsmittelinstanz: (Zurückweisung, Einstellung, Freispruch, deutliche Minderung, Minderung, Verschärfung, Zurückverweisung)
Rückverweisungsurteil: (Einstellung, Freispruch, deutliche Minderung, Minderung, Verschärfung)
Begnadigung: (ja/nein)
(erfolgreich/nicht erfolgreich) (Auswahl)

2. Vor-Verfahren (nur Auswahl der Fälle, ca. jeder 10. Fall, wenn keine Akten plus X)

Schlussbericht des Untersuchungsorgans
Strafempfehlung: (j/n)
bei Freiheitsstrafe Strafhöhe: (Monate)

Anwaltsverhalten vor/während Prozess, U-Haft/Ermittlungsverfahren

Anwalt in EV: (j/n)
sichtbarer Einfluss des MfS auf Anwaltswahl: (j/n)
Fundstelle/Art: (Memo-Text)
Anwaltskontakt: Auswahl (Anwalt kontaktiert/Häftling kontaktiert/unklar)
erster Anwaltstermin in Haft: (Monate/Tage vor Termin)

erster Anwaltstermin in Haft: (Monate nach Festnahme)
Bedingungen für Anwalt bei erstem Sprecher: j/n (nicht zu Verfahren)
Hinweis auf Sprecherabhören: (j/n)
Hinweis auf Sprecherkontrolle: (j/n)
Art/Fundstelle: (Memo-Text)
Haftbeschwerde: (j/n)
Beschwerde gegen Haftbedingungen: (j/n)
Beschwerde wegen ärztlicher Versorgung: (j/n)
Teilnahme an Beweisverfahren des Anwaltes: (j/n)
Ermittlungsbeweisanträge des Anwaltes: (j/n)
Art/Fundstelle: (Memo-Text)
Akteneinsicht des Anwaltes: (Monate/Tage vor Termin, gar nicht)
Übermittlung Anklageschrift an Anwalt: (unmittelbar nach Fertigstellung, X Tage vor Termin)

Besonderheiten des Anwaltsverhaltens

Kassiber durch RA: (j/n)
Herstellung von Verwandtenkontakt: (j/n)
Betreuung in persönlichen Angelegenheiten: (j/n)
Kontakt zu Rechtsschutzstelle der Bundesregierung oder Westanwälten: (j/n)
Art/Fundstelle: (Memo-Text)

Prozessbezogener Einfluss auf den Anwalt

Gespräche mit MfS: (j/n)
DE: (sich generierende Auswahlliste)
Gespräche mit StA: (j/n)
Gespräche mit Gericht: (j/n)
Gespräche mit SED: (j/n)
Disziplinierung des Anwaltes im Kontext des Verfahrens: (j/n)
Mandatsniederlegung: (j/n)
Mandatsentzug: (j/n)
Art/Fundstelle: (Memo-Text)

Operativ-Vorgang (OPK, OV usw.) zu Angeklagten

Art: (Auswahlliste) (OPK, OV, andere)
Operative Maßnahmen im EV: (j/n)
Operative Partner: DE (Auswahl selbst generierend)
Fundstelle/Art: (Memo-Text)
Einbeziehung des Anwaltes in Operatives Verfahren im EV: (j/n)
Fundstelle/Art: (Memo-Text)

# Anlage 2

Zur Auswertung der Untersuchungsvorgänge wurde ein Codierungsbuch erstellt (vgl. Anlage 1). Die Variablen werden aus der Strafprozessordnung, der Fachliteratur zum Straf- und Strafprozessrecht und der probeweisen Analyse einzelner Akten entwickelt. Neben den Prozessformalien sind Variablen erfasst, die es erlauben, Hypothesen zu überprüfen. Die Daten sind unter Aufsicht des Autors und Projektleiters von studentischen Kräften beziehungsweise einer Mitarbeiterin des Bundesbeauftragten für die Stasiunterlagen erfasst worden. Zur Datenerfassung und weiteren Datenbearbeitung dient eine Access-Datenbank. Die Daten wurden sodann in eine SPSS-Statistikdatenbank übertragen und von einem in rechtshistorisch und statistisch erfahrenen Soziologen nach Absprache ausgewertet.[1]

Wenn alle Variablen in allen Fällen ausgefüllt wären, dann würden allein für das Jahr 1984 fast 90 000 Einzeldaten erfasst. Diese Zahl kann von vornherein wegen fehlender Angaben, vor allem in der Phase des Ermittlungsverfahrens, nicht erreicht werden. Für die Auswertungen müssen die Daten auch immer wieder nach bestimmten Kriterien vorgefiltert werden. Insofern geht nahezu jede Rechnung von einer eigenen Zahl von validen Fällen aus, die in der Regel nur einer Teilmenge der Jahresgrundgesamtheit entspricht.

Mit aufwendigen, aber gängigen statistischen Methoden, wird nach der Datenerfassung geprüft, inwieweit »Wenn-dann«-Hypothesen wirklich belastbar sind oder nur auf der Normalverteilung beruhen und daher Scheinzusammenhänge suggerieren. Diese Methode, die über die deskriptive Beschreibung der Daten hinausgeht, wird im Wesentlichen in vier Schritten angewendet:

Aussagen werden zunächst auf ihre logische und empirische Plausibilität geprüft, wobei auch die Analyse von Einzelverfahren bemüht wird.

Zum Zweiten wird geprüft, ob Scheinkorrelationen oder Fehler der 1. Art vorliegen. Durch mathematische Verfahren soll dabei ausgeschlossen werden, dass ein Befund rein zufällig existiert. Nur so kann die Aussagefähigkeit, die Signifikanz, einer Hypothese behauptet werden. In dieser Studie werden in der Regel konservativ nur 1 Prozent solcher Scheinkorrelationen zugelassen, somit Fehlbefunde zu 99 Prozent ausgeschlossen.[2] In den dargestellten Kreuztabellen

1 Zu seiner Tätigkeit im Rahmen des Zivilrechtskulturprojektes Kilian, Thomas: Einführung in eine »Geheimwissenschaft«. Ein Blick hinter die Kulissen der empirischen Sozialforschung im Projekt »Zivilrechtskultur der DDR«. In: Schröder: Zivilrechtskultur, Bd. 2, S. 195–252.

2 Es gibt verschiedene Signifikanztests, die sich an der Art der Daten orientieren wie den Chi-Quadrat-Test, nicht-parametrische Tests, den Spearman'schen Signifikanztest und die Regressionsanalyse. Den Signifikanztests nachgeschaltet, können Korrelationskoeffizienten ermittelt werden. Das sind Maßzahlen für einen Zusammenhang zwischen zwei Variablen. Sie

geben standardisierte Residuen unterhalb der absoluten beziehungsweise Prozentzahlen einen Anhaltspunkt für die Signifikanz des Befundes. Residuen sind Maßzahlen, die ausdrücken, inwieweit die jeweilige Besetzung einer Zelle von der Zahl abweicht, die dort nach einer Zufallsverteilung zu erwarten wäre. Nur bei Werten die über (+) zwei oder unter (–) zwei liegen, liegt eine wirklich belastbare Aussage vor.

Es wurden alle Zusammenhänge daraufhin überprüft, ob nicht eine dritte Variable die Zusammenhänge dominiert. Im Rahmen von derartigen multivariaten Tests erweist es sich als sinnvoll zu prüfen, ob nicht in Wirklichkeit das Delikt die eigentlich entscheidende Variable ist, die Zusammenhänge dominiert. Dies bewahrheitet sich in manchen Fällen, was auch dazu führt, dass voreilige Schlussfolgerungen fallen gelassen werden müssen.

Aufgrund der Zufälligkeit der Stichprobe kann natürlich ein Zusammenhang übersehen werden, der in Wirklichkeit besteht. Für solche Fehler der 2. Art gibt es jedoch kein mathematisches Ausschluss-Verfahren. Generell gilt jedoch: Je mehr Fehler der 1. Art man zulässt, desto geringer ist die Wahrscheinlichkeit, dass Fehler der 2. Art auftreten. Aus diesem Grund wird in Einzelfällen auch von dem strengen Maßstab der einprozentigen Irrtumswahrscheinlichkeit abgesehen, um probeweise die Plausibilität von dann auftretenden Zusammenhängen zu überprüfen.

Nach dieser relativ strengen und damit statistisch konservativen Hypothesenprüfung müssen über 80 Prozent der Pseudohypothesen als nicht hinreichend belastbar verworfen werden. So können in der Regel aus der sozialen Herkunft des Angeklagten oder dem Gerichtsstandort keine relevanten Schlussfolgerungen gezogen werden. Die vorliegende Arbeit stützt sich daher, der besseren Lesbarkeit willen, im Wesentlichen nur auf die Ergebnisse, die belastbare Erkenntnisse für das Kernthema des Anwaltsverhaltens liefern.

Wegen der relativ geringen Fallzahl für die jeweiligen Einzeldelikte ist es bedauerlicherweise nicht möglich, jedes Delikt separat statistisch weiterzubearbeiten. Daher werden sie zu folgenden Deliktgruppen zusammengefasst: Grenzdelikte, politische Delikte, eher kriminelle Delikte, Militärdelikte und sonstige. Eine solche Zusammenfassung ist, statistisch gesehen zwar sinnvoll, aber natürlich

drücken die Stärke dieser Beziehung aus. Je nach Art der Daten kommen Pearsons Maßkorrelationskoeffizient, der Spearman'sche Rangkorrelationskoeffizient oder das Assoziationsmaß Phi und Cramér inFrage. Generell gilt, dass betragsmäßig sehr niedrige Korrelationskoeffizienten schwer zu interpretieren sind. Als Faustformel gilt, dass Werte unter 0,3 im Allgemeinen nichts aussagen. Das gilt besonders für Cramérs V. Zur statistischen Methodik Kilian, Thomas: Einführung in eine »Geheimwissenschaft«. Ein Blick hinter die Kulissen der empirischen Sozialforschung im Projekt »Zivilrechtskultur der DDR«. In: Schröder: Zivilrechtskultur, Bd. 2, S. 195–252; Bühl, Achim: SPSS 18. Einführung in die moderne Datenanalyse. Berlin 2019, S. 292 ff.

nicht unproblematisch. Ein Delikt wie »Rowdytum«[3] kann genutzt werden, um politische Demonstrativhandlungen von Gruppen zu verfolgen, es kann aber auch schlicht der Verfolgung von Vandalismus dienen. Konservativ wird dieses Delikt den »sonstigen« Delikten zugeordnet, was sicher nicht jedem Einzelfall gerecht wird. Bei allen Unzulänglichkeiten, die dieser Gruppenbildung anhaftet, zeigten die weiteren Berechnungen, dass sie zu durchaus plausiblen Ergebnissen führen. Im Anschluss ist aufgelistet, welche Delikte welcher Gruppe zugeordnet wurden.

*Datenaggregierung (alle nach StGB-DDR 1968)*

Die Gruppen wurden wie folgt zusammengefasst:

Die typischen Grenzdelikte mit dem erwähnten Paragraf 213 im Zentrum. Darüber hinaus wurden hier die zwei Menschenhandelsparagrafen (§§ 105 und 132) sowie die staatsfeindliche Verbindungsaufnahme (§ 100) hinzugefügt, weil sie oft in Verbindung mit sogenannten Grenzverletzungen und Ausreisebegehren verwendet wurden.

Die eindeutig politischen Delikte, wie Beeinträchtigung staatlicher Tätigkeit (§ 214), ungesetzliche Verbindungsaufnahme (§ 219), Herabwürdigung (§ 220), Vereinsbildung zu gesetzwidrigen Zwecken (§ 218), staatsfeindliche Hetze (§ 106), Widerstand (§ 212), Missachtung staatlicher Symbole (§ 222) und Landesverrat (§ 99), bilden eine weitere Gruppe.

Die im jeweiligen Kontext eher kriminellen Delikte mit Mord (§ 112), Terror (§ 101) als Gewaltverbrechen, Eigentumskriminalität mit Beschädigung sozialistischen Eigentums (§ 163), Diebstahl sozialistischen Eigentums (§ 158), Betrug zum Nachteil des sozialistischen Eigentums (§ 159), Vergehen zum Nachteil des sozialistischen Eigentums (§ 161), aber auch Diebstahl des persönlichen Eigentums (§ 177) sind zusammengefasst.

Eine besondere Bedeutung spielte in der DDR das Militär, was sich hier in einer eigenen Kategorie für Militärdelikte niederschlägt, zumal auch an Militärgerichten verhandelt wurde. Das häufigste Delikt war die Fahnenflucht (§ 254), gefolgt von Delikten, die nicht unbedingt von Militärangehörigen ausgehen mussten, wie Beeinträchtigung der Kampftechnik (§ 273) und unbefugter Waffenbesitz (§ 206).

Einen geringen Umfang nehmen die sonstigen »Straftaten« vom Unterlassen einer Anzeige (§ 225) über die Urkundenfälschung (§ 240) und verschiedene Formen fälschlicher Aussagen und Anschuldigungen bis zur Bestechung (§ 247) ein.

3 StGB 1968, § 215.

# Anlage 3

Rechtsanwälte, die am 30. Mai 1953 im Plenarsaal des Kammergerichts, anlässlich der Gründung des Ost-Berliner Kollegiums beitraten:[4]

Bell [, vermutl. Erna]
Bernhard
Bork
Bernhard
Bork [, Heinz]
Brunner, Ernst
Butte [, Fritz][5]
Fiedler, Horst
Haase, Willy
Heinecke, Günter
Klausch, Heinz
Korbe, Heinz
Leopold, Rolf
Münchhausen, Marie-Luise von
Preuss, Reinhard
Puwalla, Heinz-Werner
Reimer
Schimpff, Gisela
Strodt, Bernhard
Wand
Wittenberg
Wolff, Friedrich

Als Vorstand wurden in offener Abstimmung im Beisein von Vertretern des MdJ, Magistrats von Ost-Berlin, der Staatsanwaltschaft und der Presse folgende Anwälte gewählt:

Brunner, Ernst (Vorsitzender)
Haase, Willy
Butte[, Fritz]

4 RAK Berlin. Protokoll. 30.5.1953. Zit: nach: Erdmann, Barbara; Kossack, Susanne. 75. Geburtstag. Gratulation für Rechtsanwalt Dr. Friedrich Wolff. 30. Juli 1997. In: ND, Extra Ausgabe.

5 Vornamenergänzung nach: digital.zlb.de; Neue Zeit, 2.6.1953, 9. Jahrgang/Ausgabe 125/ Seite 6.

# Anlage 4

**Dokument**

**Rechtsanwaltskollegium Berlin, Beschluss in dem Disziplinarverfahren Dr. Reinhardt Preuss**
**12.9.1973**

Archivbestand/Signatur: BArchiv/SAPMO, DY 64/213
Hinweis: Stempelauftrag auf dem Dokument mit folgendem Inhalt: Fachanwaltskollegium von 1020 Groß-Berlin, Der Vorstand, Berlin Littenstr. 16/17

Beschluß
In dem Disziplinarverfahren
./.
Herrn Rechtsanwalt Dr. Reinhard Preuss, geb. am 7.6.1928, wohnhaft in 1055 Berlin, Prenzlauer Allee 194,
Mitglied des Rechtsanwaltskollegiums von Gross-Berlin

hat der Vorstand des Rechtsanwaltskollegiums von Gross-Berlin in der Disziplinarverhandlung vom 5.9.1973 beschlossen:
Herr Rechtsanwalt Dr. Reinhard Preuss wird wegen schwerer Verstöße gegen die Pflichten eines Rechtsanwalts sowie gegen seine Verpflichtungen gegenüber dem Kollegium aus dem Rechtsanwaltskollegium von Gross-Berlin ausgeschlossen.

Begründung:

I.
Herr Rechtsanwalt Dr. Preuss ist seit dem 1.6.1953 Mitglied des Rechtsanwaltskollegiums von Gross-Berlin. Zuletzt war er in der Zweigstelle Mitte I tätig.
Er gehörte der Rechtskommission des Kollegiums an.

II.
In dem Disziplinarverfahren wurden folgende Feststellungen getroffen:

1. Herr Rechtsanwalt Dr. Preuss hat Informationen aus den Ermittlungsakten und aus Gesprächen mit inhaftierten Mandanten in 4 Fällen an Personen in Berlin-West weitergegeben, in denen die Übermittlungen solcher Informationen im Interesse der Sicherheit unseres Staates zu unterlassen waren. Es handelt sich um Verfahren wegen Straftaten gegen die staatliche Ordnung, in denen der Ausschluß der Öffentlichkeit nach § 211, Absatz 3 StPO zu erwarten war.

In weiteren 5 Fällen hat er an Personen in Berlin-West Informationen über Strafurteile gegen Bürger der DDR weitergegeben, ohne daß eine Vollmacht zur Verteidigung oder Übermittlung derartiger Informationen erteilt war. In einem dieser Fälle handelt es sich um Informationen über einen Mittäter, von dessen Verteidigung Rechtsanwalt Dr. Preuss auch wegen Interessenkollision ausgeschlossen war.
In einem weiteren Fall hat Rechtsanwalt Dr. Preuss in Kenntnis des Antrages des Staatsanwalts, dem Angeklagten Anklageschrift und Eröffnungsbeschluß nach § 203, Absatz 3 StPO nicht zu übersenden, einen Auszug der Anklageschrift, von Zeugenaussagen und Gegenüberstellungsprotokollen an den Angeklagten schriftlich übermittelt.
Hierdurch hat Rechtsanwalt Dr. Preuss Berufspflichten verletzt. Als Organ der Rechtspflege ist der Rechtsanwalt verpflichtet, die Aufgaben der Rechtspflege durch seine spezifische Tätigkeit der Interessenwahrnehmung durch Beratung und Vertretung zu unterstützen. Dabei darf der Rechtsanwalt den Aufgaben der Rechtspflege keinesfalls zuwiderhandeln. Im Interesse der Rechtspflege und des Sicherheitsbedürfnisses unseres Staates liegt die Geheimhaltung bestimmter Tatsachen. Es ist deshalb eine Berufspflichtverletzung, wenn ein Rechtsanwalt solche geheimzuhaltenden Tatsachen aus Verfahren, in denen die Öffentlichkeit ausgeschlossen wurde oder in denen nach Lage des Falles mit dem Ausschluß der Öffentlichkeit zu rechnen ist, gegenüber Dritten offenbart. Das betrifft insbesondere Angaben über den öffentlich verkündeten Urteilstenor hinaus, wie Art und Weise der Tatbegehung und auch über Namen von Bürgern der DDR, die im Zusammenhang mit dem Strafverfahren in den Ermittlungsakten genannt werden.
Die Übermittlung solcher Informationen hat mit der Wahrnehmung des Rechts auf Verteidigung und der Vertretung der Interessen der Angeklagten nichts zu tun; sie ist im Rahmen der Verteidigung weder notwendig noch zulässig.
In der Disziplinarverhandlung wurde durch die Erklärung des Rechtsanwalts Dr. Preuss auch festgestellt, daß es sich bei den Empfängern der unzulässigen Informationen nicht um Auftraggeber hinsichtlich der Übernahme der Verteidigung handelte, so daß damit sein Einwand widerlegt wird, diese Informationen seien im Rahmen der Verteidigung zur Beurteilung der Sach- und Rechtslage und zur Entschließung über Rechtsmittel notwendig gewesen. Ungeachtet dessen würde auch das Bestehen eines Mandatsverhältnisses die Weitergabe von Informationen, die die Interessen der Rechtspflege und die Sicherheit des Staates verletzen, nicht rechtfertigen.
Rechtsanwalt Dr. Preuss kann sich auch nicht darauf berufen, daß er solche geheimzuhaltenden Informationen an Personen weitergegeben hat, die ihrerseits beruflich zur Verschwiegenheit verpflichtet sind. Seine Berufsverpflichtungen bestehen als persönliche Verpflichtungen des Rechtsanwalts inner-

halb der Rechtspflege der DDR, deren Interessen zu wahren Rechtsanwalt Dr. Preuss als Rechtsanwalt und Mitglied des Kollegiums verpflichtet ist. Er kann die Erfüllung und Wahrung einer ihm obliegenden Berufsplicht nicht auf andere übertragen.
Ebenso ist der Versuch, die erwartete Anwendung des § 203, Absatz 3 StPO durch Mitteilung schriftlicher Auszüge aus den Strafakten zu umgehen, als Berufspflichtverletzung zu werten.
In den Fällen, in denen zur Weitergabe von Informationen über Verfahrensergebnisse Vollmachten der Verurteilten nicht vorlagen, ist gleichzeitig die anwaltliche Pflicht zur Verschwiegenheit verletzt worden. Der Rechtsanwalt hat über alle Tatsachen, die ihm im Zusammenhang mit seiner Berufsausübung bekannt geworden sind, Verschwiegenheit zu wahren. Von dieser Verpflichtung kann ihn nur eine ausdrückliche Vollmacht des Betroffenen entbinden. Diese Verschwiegenheitspflicht als Berufspflicht geht weiter als die strafrechtlich relevante Verschwiegenheitspflicht des § 136 StPO, so daß hinsichtlich der Weitergabe der Informationen die Interessenlage der Betroffenen nicht zu untersuchen war.

2. Rechtsanwalt Dr. Preuss hat in 71 Fällen einen Schriftverkehr mit Auftraggebern geführt, zum Teil auch Auftraggeber in einer Strafvollzugsanstalt besucht, ohne daß er hierüber Akten in der Zweigstelle des Rechtsanwaltskollegiums führte, wie es nach den Festlegungen des Vorstandes erforderlich ist. Er hat in einem dieser Fälle und in weiteren 15 Fällen dem Mandanten oder Angehörigen mitgeteilt, daß er erforderliche Maßnahmen veranlaßt habe, ohne daß erkennbar ist, ob überhaupt eine Tätigkeit und gegebenenfalls welche entfaltet wurde. Auch in anderen 25 Fällen, in denen Akten geführt wurden, ist die Art der Erledigung des Auftrages aus der Akte nicht erkennbar.
In weiteren Fällen sind entgegen den Hinweisen des Vorstandes Vermerke über das Entstehen des Auftragsverhältnisses in der Akte nicht gemacht worden. In 10 Fällen hat Rechtsanwalt Dr. Preuss sich im Schriftverkehr auf Personen als Auftraggeber bezogen, die den Auftrag gar nicht erteilt haben.
Durch diese Handlungsweise hat Rechtsanwalt Dr. Preuss seine Verpflichtungen gegenüber dem Kollegium verletzt. Gemäß § 33 der Geschäftsordnung war er verpflichtet, für jede Sache eine besondere Akte anzulegen, die den Gang des Verfahrens widerzuspiegeln hat. Unter grober Mißachtung dieser Bestimmung und entsprechender Ordnungsvorschriften des Vorstandes hat Rechtsanwalt Dr. Preuss einen umfangreichen Teil seiner anwaltlichen Tätigkeit bewußt verschleiert.
Das Mitglied des Kollegiums ist in der Rechtsanwendung und Rechtsausübung bei der Vertretung der Interessen der Mandanten unabhängig, es unterliegt hierbei nicht Weisungen des Vorstandes. Hinsichtlich der Einhaltung der Berufspflicht jedoch, insbesondere der Verpflichtungen aus dem Statut

und der Gebührenordnung, unterliegt das Mitglied des Kollegiums der Kontrolle des Vorstandes als einem von der Mitgliederversammlung gewählten Organ. Jeder Rechtsanwalt im Kollegium erfüllt seine Aufgaben gleichzeitig als Mitglied des Kollegiums. Durch die Begründung des Mandatsverhältnisses entstehen auch Ansprüche und Verpflichtungen des Kollegiums, hierzu gehören z. B. der Gebührenanspruch nach § 23, Absatz 2 des Statuts und die zivilrechtliche Haftung des Kollegiums nach § 9 des Statuts. Die Aktenführung des Mitgliedes muß deshalb so sorgfältig und übersichtlich sein, daß die Einhaltung der Berufspflichten und das Entstehen und die Erfüllung der Ansprüche des Kollegiums nachprüfbar sind.
Herr Rechtsanwalt Dr. Preuss hat in den genannten Fällen als Mitglied des Kollegiums einen erheblichen Teil seiner Tätigkeit bewußt der Kontrolle der Einhaltung der Berufspflichten und der kostenmäßigen Abwicklung entzogen. Er hat damit auf einem entscheidenden Gebiet wesentliche Prinzipien und Interessen des Kollegiums mißachtet, dem er sich freiwillig angeschlossen und dessen Statut und Geschäftsordnung er anerkannt hat.

III.
Die festgestellten Berufspflichtsverletzungen und Verletzungen der Verpflichtungen gegenüber dem Kollegium sind deshalb besonders schwerwiegend, weil es sich nicht um einzelne Verstöße, sondern um eine Vielzahl von Fällen handelt. Die festgestellten Pflichtverletzungen sind Ausdruck einer grundsätzlichen Mißachtung wesentlicher Interessen der Rechtspflege der DDR sowie der Bedeutung und Funktion des Kollegiums. Rechtsanwalt Dr. Preuss hat auch im Disziplinarverfahren zu erkennen gegeben, daß er nicht bereit ist, wesentliche Verpflichtungen gegenüber dem Kollegium zu erfüllen. So hat er die Erteilung von Auskünften verweigert, die zur Sachaufklärung in den Fällen notwendig waren, in denen Akten nicht oder nicht vollständig geführt wurden. Er hat als Mitglied des Kollegiums die Ausübung einer anwaltlichen Tätigkeit, die der Kontrolle des Vorstandes hinsichtlich der Einhaltung der Berufspflichten und der finanziellen Abwicklung entzogen ist, grundsätzlich für zulässig gehalten. Er hat aber auch erkennen lassen, daß er die Befriedigung des Informationsbedürfnisses Außenstehender für wichtiger ansieht, als die Wahrung der Verschwiegenheitspflicht und der Sicherheitsinteressen unseres Staates. Die im Disziplinarverfahren abgegebene Erklärung, es sei in dem genannten Falle der Mitteilung des Aktenauszuges nicht seine Sache, ob und wie die schriftlichen Informationen weiter verwertet würden, kennzeichnet ein hohes Maß an Leichtfertigkeit in der Beurteilung gesellschaftlicher Interessen und beruflicher Verpflichtungen.
Damit bietet Rechtsanwalt Dr. Preuss nicht die Gewähr für die zukünftige Wahrung seiner Pflichten als Rechtsanwalt und Mitglied des Kollegiums. Er war deshalb nach § 29 des Statuts aus dem Kollegium auszuschließen.

Unterschrift (Häusler)
Unterschrift (Haase)
Unterschrift (Strodt)
Unterschrift (Eckart)
Unterschrift (Puwalla)

Rechtsmittelbelehrung:
Gegen diesen Beschluß ist nach § 29, Absatz 3, des Musterstatuts der Einspruch an die Mitgliederversammlung zulässig. Der Einspruch ist innerhalb einer Frist von 8 Wochen ab Zustellung durch Übergabe des Beschlusses schriftlich beim Vorstand des Rechtsanwaltskollegiums einzulegen.

# Tabellenverzeichnis

# Abbildungsverzeichnis

# Abkürzungsverzeichnis

| | |
|---|---|
| A | Arbeits- und Berichtsakte, Teil II einer IM-Akte |
| AB | Arbeitsbereich |
| ABF | Arbeiter-und-Bauern-Fakultät |
| Abs. | Absatz |
| Abt. | Abteilung |
| ABV | Abschnittsbevollmächtigter (DVP) |
| ABVO | Aufenthaltsbeschränkungsverordnung |
| ADN | Allgemeiner Deutscher Nachrichtendienst |
| AG | Arbeitsgruppe |
| AG BKK | Arbeitsgruppe Bereich Kommerzielle Koordinierung |
| AGMS | Archivierte GMS-Akte |
| AGM/S | Arbeitsgruppe des Ministers/ Sicherheit |
| AG R | Arbeitsgruppe Recht |
| AG S | Arbeitsgruppe Sonderaufgaben |
| AIM | Archivierter IM-Vorgang |
| AK | Arbeitsbereich Kontrolle |
| AKG | Auswertungs- und Kontrollgruppe |
| AKK | Archiviertes Material zu einer Kerblochkarteierfassung |
| AKP | Auskunftsperson |
| AOP | Archivierte Operative Personenkontrolle |
| AOPK | Archivierte Operative Personenkontrolle |
| AOV | Archivierter Operativer Vorgang |
| AP | Allgemeine Personenablage |
| | Associated Press |
| APuZ | Aus Politik und Zeitgeschichte |
| AsA | Agent mit spezieller Auftragsstruktur |
| ASR | Akademie für Staats- und Rechtswissenschaft der DDR |
| Ast. | Außenstelle des BStU |
| AU | Archivierter Untersuchungsvorgang |
| AVA | Archivierte Akte des Bereichs Aufklärung (des MfNV) |
| Az. | Aktenzeichen |
| | |
| BArch | Bundesarchiv |
| Bd. | Band |
| BdL | Büro der Leitung |
| BdVP | Bezirksbehörde (DVP) |
| BG | Bezirksgericht |
| BGBl. | Bundesgesetzblatt |
| BGH | Bundesgerichtshof |
| BKG | Bezirkskoordinierungsgruppe (MfS) |

| | |
|---|---|
| BL | Bezirksleitung |
| Bl. | Blatt |
| Bln | Berlin |
| BMJ | Bundesministerium der Justiz |
| BND | Bundesnachrichtendienst |
| BPA | Bezirksparteiarchiv (SED) |
| BPO | Betriebsparteiorganisation (SED) |
| BRAO | Bundesrechtsanwaltsordnung |
| BStU | Der Bundesbeauftragte für die Unterlagen des Staatssicherheitsdienstes der ehem. DDR |
| BV | Bezirksverwaltung |
| | |
| DA | Demokratischer Aufbruch |
| | Deutschland Archiv |
| | Dienstanweisung |
| DAV | Deutscher Anwaltverein |
| DBD | Demokratische Bauernpartei Deutschlands |
| ddp | Deutscher Depeschendienst |
| DE | Diensteinheit |
| DFA | Reise in dringenden Familienangelegenheiten |
| Diss. | Dissertation |
| DJV | Deutsche Justizverwaltung der sowjetischen Besatzungszone |
| DKP | Deutsche Kommunistische Partei |
| Dok. | Dokument |
| dpa | Deutsche Presse-Agentur |
| Drs. | Drucksache |
| DSF | Gesellschaft für Deutsch-Sowjetische Freundschaft |
| DSU | Deutsche Soziale Union |
| DVP | Deutsche Volkspolizei |
| | |
| EV | Ermittlungsverfahren |
| | |
| F | Formblatt |
| FDGB | Freier Deutscher Gewerkschaftsbund |
| FDJ | Freie Deutsche Jugend |
| FfF | Frauen für den Frieden |
| Fhi | forum historiae iuris |
| FIM | Führungs-IM |
| FN | Fußnote |
| FSJ | Friedrich-Schiller-Universität Jena |
| FU | Freie Universität Berlin |

| | |
|---|---|
| GBl. | Gesetzblatt der DDR |
| Gen. | Genosse |
| GHI | Geheimer Hauptinformator |
| GI | Geheimer Informator |
| GMS | Gesellschaftlicher Mitarbeiter Sicherheit |
| GO | Grundorganisation (SED) |
| GStA | Generalstaatsanwalt(schaft) |
| GVS | Geheime Verschlusssache |
| | |
| HA | Hauptabteilung |
| Hg. | Herausgeber |
| HUB | Humboldt-Universität zu Berlin |
| HuG | Horch und Guck |
| HV A | Hauptverwaltung Aufklärung |
| | |
| I A | Eins A, Gerichtsabteilung für politische Strafverfolgung |
| i. E. | im Erscheinen |
| IFM | Initiative Frieden und Menschenrechte |
| IG | Industriegewerkschaft |
| IM | Inoffizieller Mitarbeiter |
| IMB | Inoffizieller Mitarbeiter der Abwehr mit Feindverbindung |
| IME | Inoffizieller Mitarbeiter im besonderen Einsatz |
| IMS | Inoffizieller Mitarbeiter zur Sicherung |
| IMV | Inoffizieller Mitarbeiter mit vertraulichen Beziehungen |
| | |
| JAK | Justizaktenkartei |
| JHS | Juristische Hochschule (MfS) |
| | |
| KD | Kreisdienststelle (MfS) |
| KG | Kreisgericht |
| KGB | Komitee für Staatssicherheit beim Ministerrat der UdSSR |
| KK | Kerblochkartei |
| KL | Kreisleitung |
| Koko | Kommerzielle Koordinierung |
| KollG | Kollegiumsgesetz |
| KP | Kontaktperson |
| KPD | Kommunistische Partei Deutschlands |
| KPdSU | Kommunistische Partei der Sowjetunion |
| KSZE | Konferenz über Sicherheit und Zusammenarbeit in Europa |
| KuSch | Kader und Schulung |

| | |
|---|---|
| LArch | Landesarchiv |
| LDPD | Liberal-Demokratische Partei Deutschlands |
| LPG | Landwirtschaftliche Produktionsgenossenschaft |
| | |
| M-Kontrolle | Post- und Paketkontrolle (MfS) |
| MdI | Ministerium des Innern |
| MdJ | Ministerium der Justiz |
| MfAA | Ministerium für Auswärtige Angelegenheiten |
| MfNV | Ministerium für Nationale Verteidigung |
| MfS | Ministerium für Staatssicherheit |
| MG | Militärgericht |
| MGB | Sowjetisches Ministerium für Staatssicherheit |
| MJ | Ministerium der Justiz |
| MKOG | Militärkollegium des Obersten Gerichtes |
| MOG | Militärobergericht |
| MS | Manuskript |
| MSt | Musterstatut |
| MV | Mitgliederversammlung |
| | |
| ND | Neues Deutschland |
| NDPD | National-Demokratische Partei Deutschlands |
| NF | Nationale Front |
| | Neues Forum |
| NJ | Neue Justiz |
| NJW | Neue Juristische Wochenschrift |
| NKFD | Nationalkomitee Freies Deutschland |
| NKWD | Volkskommissariat für innere Angelegenheiten der UdSSR |
| NSW | nichtsozialistisches Wirtschaftsgebiet |
| NVA | Nationale Volksarmee |
| | |
| O. D. | Ohne Datum |
| OdF | Opfer des Faschismus |
| OG | Oberstes Gericht der DDR |
| OG | Operativgruppe (im MfS) |
| OibE | Offizier im besonderen Einsatz |
| O. J. | Ohne Jahresangabe |
| OLG | Oberlandesgericht |
| OPK | Operative Personenkontrolle |
| O. T. | Ohne Titel |
| OV | Operativer Vorgang |

| | |
|---|---|
| P | Personalakte, Teil einer IM-Akte (ident. mit Teil I) |
| PDS | Partei des Demokratischen Sozialismus |
| PEN | Internationale Schriftstellervereinigung (poets, essayists, novelists) |
| PGH | Produktionsgenossenschaft des Handwerks |
| ProvZulO | Provisorische Zulassungsverordnung für die Rechtsanwaltschaft in der SBZ |
| PUT | Politische Untergrundtätigkeit |
| | |
| RA | Rechtsanwalt |
| RAG | Rechtsanwaltsgesetz |
| RAK | Rechtsanwaltskollegium |
| RAV | Republikanischer Rechtsanwältinnen und Rechtsanwälteverein |
| RBB | Rundfunk Berlin-Brandenburg |
| RBIZ | Rechtsanwaltsbüro für internationale Zivilrechtsangelegenheiten |
| RdV | Rat der Vorsitzenden (der Kollegien der Rechtsanwälte) |
| Red. | Redaktion |
| Reg.-Nr. | Registriernummer |
| ReNotPrüfG | Gesetz zur Prüfung von Rechtsanwaltszulassungen, Notarbestellungen und Berufungen ehrenamtlicher Richter v. 24.7.1992 |
| RGBl. | Reichsgesetzblatt |
| RGW | Rat für gegenseitige Wirtschaftshilfe |
| RHG | Robert-Havemann-Gesellschaft |
| RK | Rechtsanwaltskollegium |
| RL | Richtlinie des MfS |
| RRAO | Reichs-Rechtsanwaltsordnung |
| RS | Rechtsstelle des MfS |
| | |
| SAPMO | Stiftung Archiv der Parteien und Massenorganisationen der DDR im Bundesarchiv |
| SBZ | Sowjetische Besatzungszone |
| SDP | Sozialdemokratische Partei (DDR) |
| SED | Sozialistische Einheitspartei Deutschlands |
| SFB | Sender Freies Berlin |
| SfS | Staatssekretariat für Staatssicherheit |
| SIRA | System der Informationsrecherche der HV A |
| SiVo | Sicherungsvorgang |
| SMAD | Sowjetische Militäradministration in Deutschland |
| SOV | Sonder(operativ)vorgang |
| SPSS | Statistical Package for the Social Sciences (Software) |
| StA | Staatsanwalt(schaft) |
| StÄG | Strafrechtsänderungsgesetz |
| StAufarb | Bundesstiftung zur Aufarbeitung der SED-Diktatur |

| | |
|---|---|
| StÄV | Ständige Vertretung der BRD |
| StBG | Stadtbezirksgericht |
| StEG | Strafrechtsergänzungsgesetz |
| StG Berlin | Stadtgericht Berlin |
| StGB | Strafgesetzbuch |
| StM | Stellvertreter des Ministers |
| StPO | Strafprozessordnung |
| StUG | Gesetz über die Unterlagen des Staatssicherheitsdienstes der ehem. DDR |
| StVA | Strafvollzugsanstalt |
| SU | Sowjetunion |
| SuR | Staats- und Rechtsfragen |
| SW | sozialistisches Wirtschaftsgebiet |
| | |
| T. | Teil |
| taz | Die Tageszeitung |
| TB | Tabelle |
| | Treffbericht |
| TDB | Teildatenbank |
| TV | Teilvorgang |
| | |
| UAG | Unterarbeitsgruppe |
| UdSSR | Union der Sozialistischen Sowjetrepubliken |
| UfJ | Untersuchungsausschuss freiheitlicher Juristen |
| U-Haft | Untersuchungshaft |
| UnA | Urteil nach Antrag |
| ÜSE | Übersiedlungsersuchen |
| UV | Untersuchungsvorgang |
| | |
| VdJ | Vereinigung der Juristen der DDR |
| VEB | Volkseigener Betrieb |
| VG | Verwaltungsgericht |
| VgM | Verbrechen gegen die Menschlichkeit |
| VO | Verordnung |
| VP | Volkspolizei |
| VSH | Vorverdichtungs-, Such- und Hinweiskartei |
| VVS | Vertrauliche Verschlusssache |
| | |
| WamS | Welt am Sonntag |
| WKW-Schema | „Wer kennt wen?“-Schema (grafische Darstellung der persönlichen Verbindungen und Spezialkenntnisse von Personen) |

| | |
|---|---|
| ZA | Zentralarchiv |
| ZAIG | Zentrale Auswertungs- und Informationsgruppe |
| ZERV | Zentrale Ermittlungsstelle Regierungs- und Vereinigungskriminalität |
| ZESt | Zentrale Beweismittel- und Dokumentationsstelle der Landesjustizverwaltungen in der BRD (1961-1992), Salzgitter-Bad |
| ZfG | Zeitschrift für Geschichtswissenschaft |
| ZI | Zelleninformator |
| ZK | Zentralkomitee (SED) |
| ZKG | Zentrale Koordinierungsgruppe |
| ZMA | Zentrale Materialablage (MfS) |
| ZOV | Zentraler Operativer Vorgang |
| ZPDB | Zentrale Personendatenbank (MfS) |
| ZPKK | Zentrale Parteikontrollkommission |
| ZRK | Zentrale Revisionskommission (der Kollegien der Rechtsanwälte) |
| ZUV | Zentraler Untersuchungsvorgang |
| ZV | Zivilverteidigung |

# Quellenverzeichnis

## Literaturverzeichnis

Ahbe, Thomas: Gemeinsame Nachkriegsgeschichte? Deutsche Generation nach 1945. In: APuZ 57 (2007) 3, S. 38–46.

Albin, Wolf; Wieland, Wolfgang: Die Justiz und das Erbe der Diktatur. In: HuG 19 (2010) 2 (68), S. 4–8.

Alisch, Steffen: Strafvollzug im SED-Staat. Das Beispiel Cottbus. Frankfurt/M. 2014 (Studien des Forschungsverbundes SED-Staat; 20).

Altrichter, Helmut; Wentker, Herrmann (Hg.): Der KSZE-Prozess. München 2011.

Amberger; Alexander: Bahro – Harich – Havemann. Marxistische Systemkritik und politische Utopie in der DDR. Paderborn 2014.

Amelin, Annette: Die Einflussnahme der Kreis- und Bezirksleitungen der SED auf die Zivil-, Familien- und Arbeitsrechtsverfahren der Kreis- und Bezirksgerichte. In: Schröder, Rainer (Hg.): Zivilrechtskultur der DDR.
Bd. 2; Zivilrechtskultur der DDR. Berlin 2000, S. 51–81.

Amos, Heike: Politik und Organisation der SED-Zentrale 1949–1963. Struktur und Arbeitsweise von Politbüro, Sekretariat, Zentralkomitee und ZK-Apparat. Münster 2003.

Amos, Heike: Vertriebenenverbände im Fadenkreuz. Aktivitäten der DDR-Staatssicherheit 1949–1989. München 2011.

Amthor, Artur: Ruhe in Rostock? Von wegen. Ein Oberst a. D. berichtet. Berlin 2009.

Andresen, Knud: Widerspruch als Lebensprinzip. Der undogmatische Sozialist Heinz Brandt (1909–1986). Bonn 2007.

Anordnung über die Aufgaben und die Tätigkeit der Einzelanwälte, vom 18.12.1980. In: DDR-GBl., Teil I (1981) 1.

Anordnung über die Bestätigung des Statuts des Rechtsanwaltsbüros für internationale Zivilrechtsvertretungen, 18.8.1967. In: DDR-GBl. Teil II (1967) 79.

Anordnung über die Bestätigung des Statuts des Rechtsanwaltsbüros für internationale Zivilrechtsvertretungen vom 18. Dezember 1980. In: DDR-GBl. Teil I (1981) 1.

Ansorg, Leonore u. a. (Hg.): »Das Land ist still – noch!«. Herrschaftswandel und politische Gegnerschaft in der DDR (1971–1989). Köln 2009 (Zeithistorische Studien; 40).

Anwälte und ihre Geschichte. Zum 140. Gründungsjahr des Deutschen Anwaltvereins/Hg. vom Deutschen Anwaltverein. Tübingen 2011.

Anwaltsverzeichnis 1990. Verzeichnis der in der DDR zugelassenen Rechtsanwälte sowie Justizorgane und Vertragsgerichte/Hg. vom Rat der Vorsitzenden der Kollegien. Essen 1990.

Arendt, Hannah: Elemente und Ursprünge totaler Herrschaft. München 1995.

Aris, Nancy; Heitmann, Clemens (Hg.): Via Knast in den Westen. Das Kaßberg-Gefängnis und seine Geschichte. Leipzig 2013.

Arnold, Jörg (Hg): Das Oberste Gericht der DDR. Rechtsprechung im Dienste des Volkes. Berlin 1989.

Arnold, Jörg: Die Normalität des Strafrechts der DDR. 2 Bde. Freiburg 1995.

Asche, Rolf Daniel: Die DDR-Justiz vor Gericht. Eine Bestandsaufnahme. Göttingen 2008.

Aufgaben und Arbeitsweise der Rechtspflegeorgane. Rechtspflegeerlass des Staatsrates der Deutschen Demokratischen Republik über die grundsätzlichen Aufgaben und die Arbeitsweise der Organe der Rechtspflege vom 4. April 1963/Hg. vom Ministerium der Justiz. Berlin 1963.

Baberowski, Jörg; Patel, Kiran Klaus: Jenseits der Totalitarismustheorie? Nationalsozialismus und Stalinismus im Vergleich. In: ZfG 57 (2009) 12, S. 965–972.

Barkleit, Gerhard: Anfällige Aufsteiger. Inoffizielle Mitarbeiter des MfS in Betrieben der Hochtechnologie. Dresden 1998.
Bästlein, Klaus: Der Fall Mielke. Die Ermittlungen gegen den Minister für Staatssicherheit. Baden-Baden 2002.
Bästlein, Klaus: Zur »Rechts«-Praxis des Schleswig-Holsteinischen Sondergerichtes 1937–1945. In: Ostendorf, Heribert (Hg.): Strafverfolgung und Strafverzicht. Festschrift zum 125jährigen Bestehen der Staatsanwaltschaft Schleswig-Holstein. Köln 1992, S. 93–167.
Bath, Matthias: Gefangen und freigetauscht. 1197 Tage als Fluchthelfer in der DDR-Haft. München 1981.
Bauer, Babett: Kontrolle und Repression. Individuelle Erfahrungen in der DDR (1971–1989). Historische Studie und methodologischer Beitrag zur Oral History. Göttingen 2006.
Beckert, Rudi: Die erste und letzte Instanz. Schau- und Geheimprozesse vor dem Obersten Gericht der DDR. Goldbach 1995.
Beckert, Rudi: Glücklicher Sklave. Eine Justizkarriere in der DDR. Berlin 2011.
Behlert, Wolfgang: Die Generalstaatsanwaltschaft. In: Rottleuthner, Hubertus: Steuerung der Justiz in der DDR. Einflussnahme der Politik auf Richter, Staatsanwälte und Rechtsanwälte. Köln 1994, S. 287–350.
Behnke, Klaus; Fuchs, Jürgen (Hg.): Zersetzung der Seele, Psychologie und Psychiatrie im Dienste der Stasi. Hamburg 1995.
Beleites, Johannes: Die Rolle des MfS im Bereich des Untersuchungshaft- und Strafvollzug in der DDR. In: HuG 7 (1998) 3, S. 46–55.
Beleites, Johannes: Der Untersuchungshaftvollzug des Ministeriums für Staatssicherheit der DDR. In: Engelmann, Roger u. a. (Hg.): Justiz im Dienste der Parteiherrschaft. Rechtspraxis und Staatssicherheit in der DDR. Berlin 1999, S. 433–465.
Beleites, Johannes: Schwerin, Demmlerplatz. Die Untersuchungshaftanstalt des Ministeriums für Staatssicherheit in Schwerin. Schwerin 2001.
Beleites, Johannes: Abteilung XIV. Haftvollzug. Berlin 2004 (BStU. MfS-Handbuch; III/9).
Beleites, Johannes; Joestel, Frank: Agenten, Iglus, Diversantentaucher. Das Ende eines absurden Ermittlungs-Konstrukts des DDR-Staatssicherheitsdienstes. In: HuG 18 (2009) 1 (63), S. 56–61.
Benjamin, Hilde (Hg.): Zur Geschichte der Rechtspflege der DDR 1949–1961. Berlin 1980.
Benz, Wolfgang: Überleben im Dritten Reich. Juden im Untergrund und ihre Helfer. München 2003.
Berger, Gabriel: Ich protestiere also bin ich. Berlin 2008.
Berghofer, Wolfgang: Keine Figur im Schachspiel. Wie ich die »Wende« erlebte. Berlin 2014.
Bergmann, Christian: Zum Feindbild des Ministeriums für Staatssicherheit in der DDR. In: APuZ 47 (1997) 50, S. 27–34.
Bericht des Ausschusses für Wahlprüfung, Immunität und Geschäftsordnung zu dem Überprüfungsverfahren des Abgeordneten Dr. Gregor Gysi gemäß § 44 b Abs. 2 Abgeordnetengesetz v. 29.5.1998 (Deutscher Bundestag. Drucksache; 13/10893).
Beschlussempfehlung und Bericht des 1. Untersuchungsausschusses nach Artikel 44 des Grundgesetzes. Bericht des KoKo-Untersuchungsausschusses. Bonn 1994 (Verhandlungen des Deutschen Bundestages. Drucksachen; 12/7600).
Bilinsky, Andreas: Die Organisation der sowjetischen Anwaltschaft. Berlin 1959.
Bischoff, Ulf: Die Kunst und Antiquitäten GmbH im Bereich Kommerzielle Koordinierung. Berlin 2003.
Bisky, Lothar u. a. (Hg.): Unrechtsstaat? Politische Justiz und die Aufarbeitung der DDR-Vergangenheit. Hamburg 1994.
Bohlken, Amanda: Die dritte Dimension der Tränen. DDR-Flucht, Haft und Trauma, Heilungswege. Leipzig 2007.

Bookjans, Jan Henrik: Die Militärjustiz in der DDR 1963–1990. Eine empirisch gestützte strafrechtliche Untersuchung. Regensburg 2006.

Booß, Christian: Was ist Aufarbeitung? In: HuG 15 (2006) 4 (56), S. 47–51.

Booß, Christian: Der Sonderparteitag der SED im Dezember 1989. In: DA 42 (2009) 6, S. 993–1002.

Booß, Christian: Kollege Judas? Oder: trau keinem über 40? In: HuG 19 (2010) 3 (69), S. 52–55.

Booß, Christian: Vom »Schwein Tolbe« und anderen Anwälten. Rechtsanwälte in der späten DDR aus der Sicht der politisch Verfolgten. In: HuG 19 (2010) 2 (68), S. 30–33.

Booß, Christian: Haarrisse in der Mauer. Wie der Wiener KSZE-Prozess die Strafermittler des MfS verwirrte. In: Journal der juristischen Zeitgeschichte (2011) 3, S. 109–114.

Booß, Christian: Der Schattenmann. Der frühe Wolfgang Vogel. In: HuG 20 (2011) 1 (71), S. 60–65.

Booß, Christian: Sündenfall der organisierten Rechtsanwaltschaft. Die DDR-Anwälte und die Ausreiseantragsteller. In: DA 44 (2011) 4, S. 525–535.

Booß, Christian: Rechtsanwälte und politische Prozesse in der späten DDR. Eine quantitative Auswertung von MfS-ermittelten Prozessen 1984. In: Historical Social Research 37 (2012) 2, S. 211–253.

Booß, Christian: Schwierigkeiten mit der Wahrheit. Die Überprüfung der DDR-Rechtsanwälte und die Enquete des Landtages im Land Brandenburg, 2012. In: http://www.bpb.de/geschichte/zeitgeschichte/deutschlandarchiv/140072/schwierigkeiten-mit-der-wahrheit?p=all (letzter Zugriff: 28.4.2015).

Booß, Christian: Der Sonnenstaat des Erich Mielke. Die Informationsverarbeitung des MfS. In: ZfG 60 (2012) 5, S. 441–457.

Booß, Christian: Stasi-Karteien. Eine Herausforderung nicht nur für den Historiker. In: Der Archivar 65 (2012) 2, S. 166–168.

Booß, Christian: Der Vertreter der »Normalität« des DDR-Strafrechts. Zu den Stasiindizien zum Strafrechtsforscher Jörg Arnold. In: HuG 22 (2013) 1 (79), S. 70.

Booß, Christian: Vom FDGB-Ferienplatz zum Hausbuch: Gesellschaftliche Kontrolle und Überwachung. In: Apelt, Andreas H.; Grünbaum, Robert; Gutzeit, Martin (Hg.): Schöner Schein und Wirklichkeit. Berlin 2013, S. 10–120.

Booß, Christian: Dichtung und Wahrheit. Wie Gregor Gysi von Heldentaten als DDR-Anwalt erzählt. In: HuG 23 (2014) 1 (80), S. 52–55.

Booß, Christian: Der Anwalt des Dissidenten. Götz Bergers Berufsverbot. In: Florath, Bernd (Hg.): Annäherungen an Robert Havemann. Biographische Studien und Materialien. Göttingen 2016, S. 209–226. (BStU. Analysen und Dokumente; 43).

Booß, Christian; Kilian, Thomas: Ein Verwaltungsakt mit verteilten Rollen. Politische Prozesse in der späten DDR als organisierte Unterkomplexität. In: Journal der juristischen Zeitgeschichte 9 (2015), S. 47–57.

Booß, Christian; Müller-Enbergs, Helmut: Die indiskrete Gesellschaft. Studien zum Denunziationskomplex und zu inoffiziellen Mitarbeitern. Frankfurt/M. 2014.

Booß, Christian; Pethe, Susan; unter Mitarbeit von Michalek, Karin: Der Vorgang »Rote Nelke«. Geheimakten des MfS zu hohen SED-Funktionären. In: Booß, Christian; Müller-Enbergs, Helmut: Die indiskrete Gesellschaft. Studien zum Denunziationskomplex und zu inoffiziellen Mitarbeitern. Frankfurt/M. 2014, S. 49–69.

Borkenau, Franz: The totalitarian enemy. New York 1982 (Reprint der Originalausg. v. 1940).

Boysen, Jaqueline: Das »weiße Haus« in Ost-Berlin. Die Ständige Vertretung der Bundesrepublik bei der DDR. Berlin 2010.

Brand, Peter-Andreas: Der Rechtsanwalt und der Anwaltsnotar in der DDR. Ihre Stellung und Funktion im sozialistischen Rechtssystem. Köln 1985.

Brandt, Heinz: Ein Traum, der nicht entführbar ist. Mein Weg zwischen Ost und West. München 1967.

Braun, Matthias: Vorbeugende Bearbeitung. Das MfS an den Hochschulen der DDR. In: DA 30 (1997) 6, S. 912–922.
Breithaupt, Dirk: Rechtswissenschaftliche Biographie DDR. Berlin 1993.
Brenner, Michael: Justitielle Aufarbeitung in rechtstatsächlicher Hinsicht am Beispiel der Verwaltungsgerichtsbarkeit. In: Materialien der Enquete-Kommission »Aufarbeitung von Geschichte und Folgen der SED-Diktatur in Deutschland« (12. Wahlperiode des Deutschen Bundestages)/Hg. vom Deutschen Bundestag.
Bd 2. Baden-Baden 1995, S. 1602–1715.
Brentzel, Marianne: Die Machtfrau. Hilde Benjamin 1902–1989. Berlin 1997.
Brey, Hans-Michael: Doppelstaat DDR. Menschenrechtsverletzungen der Deutschen Volkspolizei. Frankfurt/M. 1999.
Brückner, Ulf: Anwalt ohne Recht. Schicksale jüdischer Rechtsanwälte im Bezirk des heutigen Oberlandesgerichts Oldenburg. Oldenburg 2007.
Bruhn, Hans-Henning: Die Rechtsanwaltschaft in der DDR. Stellung und Aufgaben. Köln 1972.
Brunn, Hellmut; Kirn, Thomas: Rechtsanwälte – Linksanwälte. 1971 bis 1981 – Das Rote Jahrzehnt vor Gericht. Frankfurt/M. 2004.
Brunner, Georg: Einführung in das Recht der DDR. München 1979.
Buchholz, Erich: Strafrecht im Osten. Berlin 2008.
Bugiel, Britta: Rechtsextremismus Jugendlicher in der DDR und in den neuen Bundesländern von 1982 bis 1998. Münster 2002.
Bühl, Achim: SPSS 18. Einführung in die moderne Datenanalyse. Berlin 2009.
Bülow, Ulrich von u. a. (Hg.): DDR-Literatur. Eine Archivexpedition. Berlin 2014.
Buschfort, Wolfgang: Parteien im Kalten Krieg. Die Ostbüros von SPD, CDU und FDP. Berlin 2000.
Busse, Felix: Deutsche Anwälte. Geschichte der deutschen Anwaltschaft 1945–2009, Entwicklungen in West und Ost. Berlin 2010.
Buthmann, Reinhard: Die Arbeitsgruppe Bereich Kommerzielle Koordinierung. Berlin 2004. (BStU. MfS-Handbuch; III/11).

Carsten, Ernst; Rautenberg, Erardo: Die Geschichte der Staatsanwaltschaft in Deutschland bis zur Gegenwart. Ein Beitrag zur Beseitigung ihrer Weisungsabhängigkeit von der Regierung im Strafverfahren. Baden-Baden 2012.
Catrain, Elise: Hochschule im Überwachungsstaat. Struktur und Aktivitäten des Ministeriums für Staatssicherheit an der Karl-Marx-Universität Leipzig (1968/69–1981). Leipzig 2010.
Coburger, Karli; Skiba, Dieter: Die Untersuchungsorgane des MfS (HA IX im MfS/Abt. IX der BV). In: Grimmer, Reinhard u. a. (Hg.): Die Sicherheit. Zur Abwehrarbeit des MfS. Bd. 2. Berlin 2003, S. 426–494.
Combe, Sonia: Une société sous surveillance. Les intellectuels et la Stasi. Paris 1999.
Csizmas, Michael: Die Rechtsanwaltschaft in der Sowjetunion. Zürich 1976.
Czerny, Jochen (Red.): Ein Jurist mit aufrechtem Gang. Götz Berger zum 90. Geburtstag. Berlin 1995.

Der lange Arm der Stasi. Folter, Psychoterror, DDR-Nostalgie. Persönliche Zeugnisse. Aachen 2009.
Der Prozess gegen N. Sargin und H. Kutlu und die Auseinandersetzung um die Menschenrechte in der Türkei/Hg. von BEM. Berlin 1988.
Diekmann, Kai (Hg.): Freigekauft. Der DDR-Menschenhandel. München 2012.
Diewald-Kerkmann, Gisela: Vertrauensleute, Denunzianten, Geheime und Inoffizielle Mitarbeiter in diktatorischen Regimen. In: Bauerkämper, Arnd u. a. (Hg.): Doppelte Zeitgeschichte. Deutsch-deutsche Beziehungen 1945–1990. Bonn 1998, S. 282–295.

Dokumente des Unrechts/Hg. vom Bundesministerium für Gesamtdeutsche Fragen. Berlin 1951 (mit Folgebänden bis 1964).

Dokumente zur Deutschlandpolitik/Hg. vom Bundesministerium des Innern. Sonderedition »Besondere Bemühungen« der Bundesregierung, Bd. 1; 1962–1969, Häftlingsfreikauf, Familienzusammenführung, Agentenaustausch/Bearb. von Elke-Ursel Hammer. München 2012.

Dölemeyer, Barbara: Die Gleichschaltung und Anpassung der Anwaltschaft. In: Anwälte und ihre Geschichte/Hg. vom Deutschen Anwaltverein. Tübingen 2011, S. 265–284.

Dölling, Birger: Strafvollzug zwischen Wende und Wiedervereinigung. Kriminalpolitik und Gefangenenprotest im letzten Jahr der DDR. Berlin 2009.

Dombek, Bernhard: Zusammenführung der Anwaltschaft Ost und West. In: Anwälte und ihre Geschichte/Hg. vom Deutschen Anwaltverein. Tübingen 2011, S. 523–543.

Drath, Martin: Totalitarismus als Volksdemokratie. In: Richert, Ernst: Macht ohne Mandat. Der Staatsapparat in der Sowjetischen Besatzungszone Deutschlands. 2., erw. u. überarb. Aufl., Köln 1963.

Eberhardt, Andreas: Verschwiegene Jahre. Biographische Erzählungen von Gefangenschaft und dem Leben danach. Berlin 1998.

Eckert, Hans-Joachim: Einfluss der Rechtsanwaltschaft auf die Prozessrechtsgestaltung. In: Schröder, Rainer (Hg.): Zivilrechtskultur der DDR. Bd. 3; Zivilrechtskultur der DDR. Berlin 2001, S. 51–55.

Eckert, Rainer: Die Berliner Humboldt-Universität und das Ministerium für Staatssicherheit. In: DA 26 (1993) 7, S. 770–785.

Eisenfeld, Bernd: Die Ausreisebewegung. Eine Erscheinungsform widerständigen Verhaltens. In: Poppe, Ulrike u. a. (Hg.): Zwischen Selbstbehauptung und Anpassung. Formen des Widerstandes und der Opposition in der DDR. Berlin 1995, S. 192–223.

Eisenfeld, Bernd: Die Zentrale Koordinierungsgruppe. Bekämpfung von Flucht und Übersiedlung. Berlin 1995 (BStU. MfS-Handbuch; III/17).

Eisenfeld, Bernd: Flucht und Ausreise, Macht und Ohnmacht. In: Kuhrt, Eberhard u. a. (Hg.): Opposition in der DDR von den 70er Jahren bis zum Zusammenbruch der SED-Herrschaft. Opladen 1999, S. 381–424.

Eisenfeld, Bernd: Rolle und Stellung der Rechtsanwälte in der Ära Honecker im Spiegel kaderpolitischer Entwicklungen und Einflüsse des MfS. In: Engelmann, Roger u. a. (Hg.): Justiz im Dienste der Parteiherrschaft. Berlin 1999, S. 347–373.

Eisenfeld, Bernd: Die Kriminalisierung der Antragssteller auf Ausreise. In: Recht und Rechtsprechung in der DDR? Vorträge in der Gedenkstätte »Roter Ochse« Halle/S./Hg. vom Ministerium des Innern des Landes Sachsen-Anhalt. Magdeburg 2002, S. 63–76.

Eisenfeld, Bernd: Freikauf politischer Häftlinge. In: Buchstab, Günter (Hg.): Repression und Haft in der SED-Diktatur und die »gekaufte Freiheit«. St. Augustin 2005, S. 11–35.

Eisenfeld, Bernd: Das Ministerium für Staatssicherheit und die Anwaltschaft. In: Krach, Tillmann (Hg.): Anwaltsalltag in der DDR. Münster 2005, S. 33–62.

Eisenfeld, Bernd: Reaktionen der DDR-Staatssicherheit auf den KSZE-Prozess. In: DA 38 (2005) 6, S. 1000–1008.

Eisenfeld, Bernd; Kowalczuk, Ilko-Sascha; Neubert, Ehrhart: Die verdrängte Revolution. Der Platz des 17. Juni 1953 in der deutschen Geschichte. Bremen 2004 (BStU. Analysen und Dokumente; 25).

Engelmann, Roger: Grundsatzdokumente des MfS. Berlin 1995 (BStU. MfS-Handbuch; V/5).

Engelmann, Roger: Zum Wert der MfS-Akten. In: Materialien der Enquete-Kommission »Aufarbeitung von Geschichte und Folgen der SED-Diktatur in Deutschland« (12. Wahlperiode des Deutschen Bundestages)/Hg. vom Deutschen Bundestag. Bd. 8. Baden-Baden 1995, S. 243–296.

Engelmann, Roger: Staatssicherheitsjustiz im Aufbau. Zur Entwicklung geheimpolizeilicher und justitieller Strukturen im Bereich der politischen Strafverfolgung 1950–1963. In: Engelmann, Roger u. a. (Hg.): Justiz im Dienste der Parteiherrschaft. Berlin 1999, S. 133–164.

Engelmann, Roger; Fricke, Karl Wilhelm: »Konzentrierte Schläge«. Staatssicherheitsaktionen und politische Prozesse in der DDR 1953–1956. Berlin 1998 (BStU. Analysen und Dokumente; 11).

Engelmann, Roger; Joestel, Frank: Hauptabteilung IX. Untersuchung. Berlin 2016 (i.E.) (BStU. MfS-Handbuch; III/8).

Engelmann, Roger u. a. (Hg.): Justiz im Dienste der Parteiherrschaft. Rechtspraxis und Staatssicherheit in der DDR. Berlin 1999 (BStU. Analysen und Dokumente; 16).

Engert, Jürgen; Rehlinger, Ludwig A.: Freikauf. Das Geschäft der DDR mit politisch Verfolgten. DA 44 (2011) 7 (Sonderheft), S. 153–159.

Enzensberger, Hans Magnus: Hammerstein oder der Eigensinn. Eine deutsche Geschichte. Frankfurt/M. 2008.

Erdmann, Volker: Die »Zelleninformatoren« in der MfS-Untersuchungshaftanstalt der MfS-Bezirksverwaltung Halle/S. 1981–1989. Magdeburg 1998.

Eser, Albin; Arnold, Jörg: Die deutsche Strafrechtswissenschaft vor neuen Herausforderungen. Teil 1. In: NJ 47 (1993) 6, S. 245–252.

Eser, Albin; Arnold, Jörg: Die deutsche Strafrechtswissenschaft vor neuen Herausforderungen. Teil 2. In: NJ 47 (1993) 7, S. 289–295.

Faupel, Rainer: Zehn Jahre Brandenburgisches Oberlandesgericht. Blick zurück und Blick nach vorn. In: Clavée, Klaus-Christoph u. a. (Hg.): 10 Jahre Brandenburgisches Oberlandesgericht. Festschrift zum 10-jährigen Bestehen. Baden-Baden 2003, S. 57–96.

Feth, Andrea: Die Volksrichter. In: Rottleuthner, Hubert (Hg.): Steuerung der Justiz in der DDR. Köln 1994, S. 351–377.

Feth, Andrea: Hilde Benjamin. Eine Biographie. Berlin 1997.

Florath, Bernd (Hg.): Annäherungen an Robert Havemann. Biographische Studien und Materialien. Göttingen 2016 (BStU. Analysen und Dokumente; 43).

Förster, Günter: Bibliographie der Diplomarbeiten und Abschlussarbeiten an der Hochschule des MfS. Berlin 1998 (BStU. Reihe A; 1/98).

Förster, Günter: Die Dissertationen an der »Juristischen Hochschule« des MfS. Eine annotierte Bibliographie. Berlin 1994 (BStU. Reihe A; 2/94).

Foucault, Michel: Überwachen und Strafen. Die Geburt des Gefängnisses. Frankfurt/M. 1998.

Fraenkel, Ernst: Der Doppelstaat. Recht und Justiz im »Dritten Reich«. Frankfurt/M. 1984.

Fricke, Karl Wilhelm: Politik und Justiz in der DDR. Köln 1979.

Fricke, Karl Wilhelm: MfS intern. Macht, Strukturen, Auflösung der DDR-Staatssicherheit. Köln 1991.

Fricke, Karl Wilhelm: Kein Recht gebrochen? Das MfS und die politische Strafjustiz der DDR. In: APuZ 44 (1994) 40, S. 9–16.

Fricke, Karl Wilhelm: Zur politischen Strafrechtsprechung des Obersten Gerichts der DDR. Heidelberg 1994.

Fricke, Karl Wilhelm: Akten-Einsicht. Rekonstruktion einer politischen Verfolgung. Berlin 1995 (BStU. Analysen und Dokumente; 2).

Fricke, Karl Wilhelm: Der Rechtsanwalt als »Justizkader«. Zur Rolle des Verteidigers im politischen Strafverfahren der DDR. In: APuZ 45 (1995) 38, S. 9–16.

Fricke, Karl Wilhelm: Zur Manipulierung und Präjudizierung politischer Strafurteile durch das MfS. In: DA 29 (1996) 6, S. 887–896.

Fricke, Karl Wilhelm: Verfolgung und Überwachung. Ein biographischer Rückblick. In: Die Akten und die Wahrheit. Fünf Jahre Stasi-Unterlagen-Gesetz/Hg. von Konrad-Adenauer-Stiftung. St. Augustin 1997, S. 39–44.

Fricke, Karl Wilhelm: Meine Wege nach Bautzen II. In: Hussock, Peter-Alexander (Hg.): Das gestohlene Leben. Dokumentarerzählungen über politische Haft und Verfolgung in der DDR. Bamberg 2008, S. 45–64.

Fricke, Karl Wilhelm: Praxis der Anwaltstätigkeit in der SBZ und in der DDR. In: Anwälte und ihre Geschichte/Hg. vom Deutschen Anwaltverein. Tübingen 2011, S. 469–492.

Fricke, Karl Wilhelm; Engelmann, Roger: Der »Tag X« und die Staatssicherheit. 17. Juni 1953. Reaktionen und Konsequenzen im DDR-Machtapparat. Bremen 2003 (BStU. Analysen und Dokumente; 24).

Fricke, Karl Wilhelm; Klewin, Silke: Bautzen II. Sonderhaftanstalt unter MfS-Kontrolle 1956–1989. Bericht und Dokumentation. Dresden 2007.

Friedrich, Carl Joachim unter Mitarbeit von Brzeziński, Zbigniew K.: Totalitäre Diktatur. Stuttgart 1957.

Fuchs, Jürgen: Gedächtnisprotokolle, Vernehmungsprotokolle. Reinbek 1978.

Fulbrook, Mary: Generationen und Kohorten in der DDR. Protagonisten und Widersacher des DDR-Systems aus der Perspektive biographischer Daten. In: Schüle, Annegret u. a. (Hg.): Die DDR aus generationsgeschichtlicher Perspektive. Eine Inventur. Leipzig 2006, S. 113–130.

Furian, Gilbert: Der Richter und sein Lenker. Politische Justiz in der DDR. Berlin 1992.

Furian, Gilbert: Mehl aus Mielkes Mühlen. Politische Häftlinge und ihre Verfolger. Erlebnisse, Briefe, Dokumente. Berlin 2007.

Gängel, Andreas: Das Oberste Gericht der DDR. Leitungsorgan der Rechtssprechung. In: Rottleuthner, Hubert (Hg.): Steuerung der Justiz in der DDR. Köln 1994, S. 253–286.

Gängel, Andreas: Richter in der DDR. Wunschbild und Realitätsausschnitte. In: Rottleuthner, Hubert (Hg.): Steuerung der Justiz in der DDR. Köln 1994, S. 395–408.

Gauck, Joachim: Winter im Sommer – Frühling im Herbst. Erinnerungen. München 2009.

Geißler, Rainer: Die Sozialstruktur Deutschlands. Zur gesellschaftlichen Entwicklung mit einer Bilanz zur Vereinigung. Bonn 2002.

Gerber, Stefan: Zur Ausbildung der Diplomjuristen an der Hochschule des MfS (Juristische Hochschule Potsdam). Berlin 2000.

Gerick, Gunter: SED und MfS. Das Verhältnis der SED-Bezirksleitung Karl-Marx-Stadt und der Bezirksverwaltung für Staatssicherheit 1961 bis 1989. Berlin 2013.

Gerlach, Christian: Die Rechtsanwaltschaft. In: Im Namen des Volkes? Über die Justiz im Staat der SED/Hg. vom Bundesministerium der Justiz. Leipzig.
Wissenschaftlicher Begleitband zur Ausstellung des Bundesministeriums der Justiz. 1994, S. 141–148.

Gesellschaftliche Gerichte. Konfliktkommissionen, Schiedskommissionen/Hg. vom Ministerium der Justiz. Berlin 1989.

Gesetz über die Staatsanwaltschaft der DDR v. 17.4.1963. In: DDR-GBl. Teil I (1963) 4, S. 57–62.

Gesetz über die Kollegien der Rechtsanwälte der DDR v. 17.12.1980. In: DDR-GBl. Teil I (1981) 1, S. 1.

Gesetz über die Unterlagen des Staatssicherheitsdienstes der ehemaligen Deutschen Demokratischen Republik (StUG) i.d.F.v. 1.3.2012. In: BGBl. Teil I (2012) 12, S. 442.

Gesetz über die Zuständigkeit und das Verfahren der Gerichte zur Nachprüfung von Verwaltungsentscheidungen v. 14.12.1988. In: DDR-GBl. Teil I (1988) 28, S. 327.

Gesetz zur Änderung der Strafprozeßordnung der DDR (StPO) v. 19.12.1974. In: DDR-GBl. Teil I (1974) 64, S. 597.

Gesetz zur Änderung des Strafgesetzbuches … v. 19.12.1974. In: DDR-GBl. Teil I (1974) 64, S. 591.

Gesetz zur Änderung und Ergänzung straf- und strafverfahrensrechtlicher Bestimmungen (2. Strafrechtsänderungsgesetz) v. 7.4.1977. In: DDR-GBl. Teil I (1977) 10, S. 100.

Gesetz zur Änderung und Ergänzung straf- und strafverfahrensrechtlicher Bestimmungen und des Gesetzes zur Bekämpfung von Ordnungswidrigkeiten (3. Strafrechtsänderungsgesetz) v. 28.6.1979. In: DDR-GBl. Teil I (1979) 17, S. 139.

Gesetz zur Prüfung von Rechtsanwaltszulassungen, Notarbestellungen und Berufungen ehrenamtlicher Richter (ReNotPrüfG) v. 24.7.1992. In: BGBl. Teil I (1992) 36, S. 1386.

Geulen, Dieter: Politische Sozialisation in der DDR. Opladen 1998.

Das gestohlene Leben. Dokumentarerzählungen über politische Haft und Verfolgung in der DDR/Red. Hussock, Peter. Bamberg 2008.

Gieseke, Jens (Hg.): Wer war wer im Ministerium für Staatssicherheit. Kurzbiographien des MfS-Leitungspersonals 1950–1989. Berlin 1995 (BStU. MfS-Handbuch; V/4).

Gieseke, Jens: Abweichendes Verhalten in der totalen Institution. Delinquenz und Disziplinierung der hauptamtlichen MfS-Mitarbeiter in der Ära Honecker. In: Engelmann, Roger u. a. (Hg.): Justiz im Dienste der Parteiherrschaft. Berlin 1999, S. 532–553.

Gieseke, Jens: Die hauptamtlichen Mitarbeiter der Staatssicherheit. Personal und Lebenswelt 1950–1989/90. Berlin 2000 (BStU. Analysen und Dokumente; 20).

Gieseke, Jens: Mielke-Konzern. Die Geschichte der Stasi 1945–1990. München 2001.

Gieseke, Jens: Der Mielke-Konzern. Die Geschichte der Stasi 1945–1990. München 2006.

Gneist, Rudolf: Freie Advocatur. Berlin 1867.

Glaeßner, Gert-Joachim: Herrschaft durch Kader. Leitung der Gesellschaft und Kaderpolitik in der DDR. Opladen 1977.

Gräf, Dieter: Das Recht auf Verteidigung in der DDR. Interview. In: Helwig, Gisela (Hg.): Jugendkriminalität in beiden deutschen Staaten. Köln 1985, S. 135–141.

Gräf, Dieter: Im Namen der Republik. Rechtsalltag in der DDR. München 1988.

Gräf, Dieter: Rekrutierung und Ausbildung der Juristen in der SBZ/DDR. In: Materialien der Enquete-Kommission »Aufarbeitung von Geschichte und Folgen der SED-Diktatur in Deutschland« (12. Wahlperiode des Deutschen Bundestages)/Hg. vom Deutschen Bundestag.
Bd. 4. Baden-Baden 1995, S. 399–450.

Grahn, Gerlinde (Hg.): »Wir bleiben hier, gestalten wollen wir«. Der Runde Tisch im Bezirk Potsdam 1989/90. Schkeuditz 2006.

Grasemann, Hans-Jürgen: Die Anleitung der Staatsanwaltschaft. In: Materialien der Enquete-Kommission »Aufarbeitung von Geschichte und Folgen der SED-Diktatur in Deutschland« (12. Wahlperiode des Deutschen Bundestages)/Hg. vom Deutschen Bundestag.
Bd. 4. Baden-Baden 1995, S. 487–530.

Gräßler, Florian: War die DDR totalitär? Eine vergleichende Untersuchung des Herrschaftssystems der DDR anhand der Totalitarismuskonzepte von Friedrich, Linz, Bracher und Kielmansegg. Baden-Baden 2014.

Gries, Sabine: Inoffizielle Mitarbeiter des Ministeriums für Staatssicherheit der DDR. Täter oder Opfer? Eine Analyse von Diplomarbeiten und Dissertationen der Juristischen Hochschule Potsdam. In: Mertens, Lothar; Voigt, Dieter: Opfer und Täter im SED-Staat. Berlin 1998, S. 169–198.

Großbölting, Thomas: SED-Diktatur und Gesellschaft. Bürgertum, Bürgerlichkeit und Entbürgerlichung in Magdeburg und Halle. Halle 2001.

Grünbaum, Robert: Wolf Biermann 1976. Die Ausbürgerung und ihre Folgen. Erfurt 2006.

Gursky, André: Rechtspositivismus und konspirative Justiz als politische Strafjustiz in der DDR. Frankfurt/M. 2001.

Güstrow, Dietrich: Tödlicher Alltag. Strafverteidiger im Dritten Reich. München 1984.

Gutfleisch, Ulf: Staatsschutzrecht in der Bundesrepublik Deutschland 1951–1968. Berlin 2014

Gysi, Gregor (Hg.): Handbuch für Rechtsanwälte. Berlin 1990.

Gysi, Gregor: Das war's. Noch lange nicht! Autobiographische Notizen. Düsseldorf 1995.

Gysi, Gregor; Falkner, Thomas M.: Sturm aufs Große Haus. Der Untergang der SED. Berlin 1990.

Gysi, Gregor; Schorlemmer, Friedrich: Was bleiben wird. Ein Gespräch über Herkunft und Zukunft. Berlin 2015.

Haerendel, Holger: Gesellschaftliche Gerichtsbarkeit in der Deutschen Demokratischen Republik. Eine rechtshistorische Betrachtung. Frankfurt/M. 1997.

Hagemann, Frank: Der Untersuchungsausschuß Freiheitlicher Juristen 1949–1969. Frankfurt/M. 1994.

Hahn, Reinhardt O.: Ausgedient. Ein Stasi-Major erzählt. Mit e. Nachw. von Pfarrer H.-J. Hansewinckel. Leipzig 1990.

Halbrock, Christian: Die »Storkower Tunnelmaler«. Inhaftierung und Verurteilung der »Storkower Tunnelmaler« durch das MfS vor 20 Jahren und deren ausstehende Rehabilitierung. In: HuG 12 (2003) 4 (44), S. 54–60.

Halbrock, Christian: Mielkes Revier. Stadtraum und Alltag rund um die MfS-Zentrale in Berlin-Lichtenberg. Berlin 2010.

Halbrock, Christian: Rehabilitierung zweiten Grades. Laufzeitverlängerung für DDR-Unrecht? Der Fall der Storkower-Tunnelmaler. In: HuG 20 (2011) 1 (71), S. 66–69.

Handbuch des Landtages Brandenburg. Wahlper. 1, 1990/94/Hg. vom Präsidenten des Landtages. Potsdam 1994.

Hannemann, Simone: Robert Havemann und die Widerstandsgruppe »Europäische Union«. Eine Darstellung der Ereignisse und deren Interpretation nach 1945. Berlin 2001.

Hannover, Heinrich: Die Republik vor Gericht. Erinnerungen eines unbequemen Rechtsanwalts.
Bd. 1; 1954–1974. Berlin 1998.
Bd. 2; 1975–1995. Berlin 2000.

Hansack, Robert: Unrechtsstaat DDR. Zur Genesis des Terminus politicus Unrechtsstaates nach der Transformation 1989. Frankfurt/M. 2015.

Harich, Wolfgang: Keine Schwierigkeiten mit der Wahrheit. Berlin 1993.

Harich, Wolfgang: Ahnenpaß. Versuch einer Autobiographie. Berlin 1999.

Haritonow, Alexandr: Unter Aufsicht. SED und SMAD in Berlin 1946. In: DA 29 (1996) 6, S. 896–906.

Härter, Karl (Hg.): Vom Majestätsverbrechen zum Terrorismus. Politische Kriminalität, Recht, Justiz und Polizei zwischen Früher Neuzeit und 20. Jahrhundert. Frankfurt/M. 2012.

Hartewig, Karin: Zurückgekehrt. Die Geschichte der jüdischen Kommunisten in der DDR. Köln 2000.

Hauptabteilung XX. Staatsapparat, Blockparteien, Kirchen, Kultur, »politischer Untergrund«/ Auerbach, Thomas u. a. Berlin 2008 (BStU. MfS-Handbuch; III/12).

Havemann, Katja; Widmann, Joachim: Robert Havemann oder wie die DDR sich erledigte. München 2003.

Havemann, Robert: Die Stimme des Gewissens. Texte eines deutschen Antifaschisten/Hg. von Rüdiger Rosenthal. Reinbeck bei Hamburg 1990.

Robert Havemann. Dokumente eines Lebens/Zsgest. u. eingeleitet von Dirk Draheim. Berlin 1991.

Hecht, Jochen; Sündram, Birgit: Überlieferungslage. In: Knabe, Hubertus (Hg.): Die West-Arbeit des MfS. Zusammenspiel von »Aufklärung« und »Abwehr«. Berlin 1999, S. 42–52.

Hegedüs, András B. u. a. (Hg.): Satelliten nach Stalins Tod. Der »Neue Kurs«, 17. Juni 1953 in der DDR, Ungarische Revolution 1956. Berlin 2000.

Heinemann, Winfried: Die DDR und ihr Militär. München 2011.

Hellström, Peter: »... waren sie doch erbärmliche Kreaturen«. In: Das gestohlene Leben. Dokumentarerzählungen über politische Haft und Verfolgung in der DDR/Hg. von Help e.V. Bamberg 2008, S. 333.
Helm, Rolf: Anwalt des Volkes. Erinnerungen. Berlin 1978.
Henrich, Rolf: Der vormundschaftliche Staat. Reinbek 1989.
Henrich, Rolf-Rüdiger: Die Justiz im totalitären Staat. Gerichtspraxis in der DDR. In: Im Namen des Volkes? Über die Justiz im Staat der SED/Hg. vom Bundesministerium der Justiz. Leipzig.
Wissenschaftlicher Begleitband zur Ausstellung des Bundesministeriums der Justiz. 1994, S. 209–219.
Herbstritt, Georg: Bundesbürger im Dienst der DDR. Spionage. Göttingen 2007.
Herrmann, Rudolf; Hinderer, Hans; Lehmann, Ulrich: Das Geständnis. Berlin 1967.
Hertle, Hans-Hermann: Der Fall der Mauer. Die unbeabsichtigte Selbstauflösung des SED-Staates. Opladen, 1999.
Hertle, Hans-Hermann: Chronik des Mauerfalls. Die dramatischen Ereignisse um den 9. November 1989. Berlin 2009.
Herzberg, Guntolf; Seifert, Kurt: Rudolf Bahro. Glaube an das Veränderbare, eine Biographie. Berlin 2002.
Herzog, Felix: Gesellschaftliche Gerichte in der DDR. humboldt spektrum 6 (1999) 4, S. 20–26.
Heuer, Uwe-Jens: Überlegungen zur sozialistischen Demokratie. Berlin 1987.
Heuer, Uwe-Jens (Hg.): Rechtsordnung in der DDR. Anspruch und Wirklichkeit. Baden-Baden 1995.
Hoeck, Joachim: Verwaltung, Verwaltungsrecht und Verwaltungsrechtsschutz in der Deutschen Demokratischen Republik. Berlin 2003.
Hoffmann, Dierk: Die DDR unter Ulbricht. Gewaltsame Neuordnung und gescheiterte Modernisierung. Zürich 2003.
Holzweißig, Gunter: Die schärfste Waffe der Partei. Eine Mediengeschichte der DDR. Köln 2002.
Honecker, Erich: Bericht des Zentralkomitees an den VIII. Parteitag der SED. Berlin 1971.
Hornung, Ela: Denunziation als soziale Praxis. Wien 2010.
Huemer, Ulrich: »Ehrlich sitzt am Längsten«. Der Umgang der DDR-Opposition mit der MfS-Untersuchungshaft in den achtziger Jahren. In: Ansorg, Leonore u. a. (Hg.): »Das Land ist still – noch!«. Köln 2009, S. 303–325.
Huemer, Ulrich: Justiziar der Opposition. Gespräch mit Ferdinand Ochsmann. In: HuG 18 (2009) 3 (65), S. 15–19.
Huemer, Ulrich: Haft als Teil der Grenzsicherung in der DDR der 80er Jahre. Vortrag, Konferenz: »Grenzen« als Dimension von Policey, Strafjustiz und Kriminalität vom Mittelalter bis zur Gegenwart. Fachtagung »Historische Kriminalitätsforschung« u. a., 17.–19.6.2010. Stuttgart 2010.
Huemer, Ulrich: Doppelstaat DDR. Zur Übertragung der von Ernst Fraenkel geprägten Begriffe »Normenstaat« und »Maßnahmenstaat« auf die DDR. In: Osterkamp, Jana (Hg.): Sozialistische Staatlichkeit. Kongressdokument. München 2012, S. 225–249.
Hürtgen, Renate: Ausreise per Antrag. Der lange Weg nach drüben. Eine Studie über Herrschaft und Alltag in der DDR-Provinz. Göttingen 2014.
Hurwitz, Harold: Robert Havemann. Eine persönlich-politische Biographie.
[Bd.]; Teil I. Die Anfänge. Berlin 2012.
Hüttenberger, Peter: Nationalsozialistische Polykratie. In: Geschichte und Gesellschaft 2 (1976) 4, S. 417–442.

Illichmann, Jutta: Die DDR und die Juden. Frankfurt/M. 1997.
Information Nr. 421/77 über Verhaltensweisen des Schauspielers Armin Mueller-Stahl. In: Bispinck, Henrik (Bearb.): Die DDR im Blick der Stasi 1977. Die geheimen Berichte an die SED-Führung. Göttingen 2012. Dokumente, Dok. v. 27.6.1977.
Im Namen des Volkes? Über die Justiz im Staat der SED/Hg. vom Bundesministerium der Justiz. Leipzig 1994.
[Bd.]; Katalog zur Ausstellung des Bundesministeriums der Justiz.
[Bd.]; Wissenschaftlicher Begleitband zur Ausstellung des Bundesministeriums der Justiz.
Irmen, Helmut: Stasi und DDR-Militärjustiz. Der Einfluss des Ministeriums für Staatssicherheit auf Strafverfahren und Strafvollzug in der Militärjustiz. Berlin 2014. Zugl. Dissertation, Fernuniversität Hagen 2012/13.

Janka, Walter: Schwierigkeiten mit der Wahrheit. Reinbek 1990.
Jesse, Eckard: War die DDR totalitär? In: APuZ 44 (1994) 40, S. 12–23.
Jesse, Eckhard (Hg.): Totalitarismus im 20. Jahrhundert. Eine Bilanz der internationalen Forschung. Bonn 1996.
Jesse, Eckhard: Die Periodisierung der DDR. In: Brunner, Detlev; Niemann, Mario (Hg.): Die DDR. Eine deutsche Geschichte. Wirkung und Wahrnehmung. Paderborn 2011.
Jessen, Ralph; Gieseke, Jens: Die SED in der staatssozialistischen Gesellschaft. In: Gieseke, Jens; Wentker, Hermann (Hg.): Die Geschichte der SED. Eine Bestandsaufnahme. Berlin 2011, S. 16–60.
Joestel, Frank: Verdächtigt und beschuldigt. Statistische Erhebungen zur MfS-Untersuchungstätigkeit 1971–1988. In: Engelmann, Roger u. a. (Hg.): Justiz im Dienste der Parteiherrschaft. Berlin 1999, S. 303–327.
Joestel, Frank: Die »Rechtspfleger« von der Sicherheit. Zur Rolle der MfS-Untersuchungsorgane bei der strafrechtlichen Verfolgung von widerständigem Verhalten in den späten achtziger Jahren. In: Recht und Rechtsprechung in der DDR? Vorträge in der Gedenkstätte »Roter Ochse« Halle/S./Hg. vom Ministerium des Innern des Landes Sachsen-Anhalt. Magdeburg 2002, S. 44–62.
Joestel, Frank (Hg.): Strafrechtliche Verfolgung politischer Gegner durch die Staatssicherheit im Jahre 1988. Der letzte Jahresbericht der MfS-Hauptabteilung Untersuchung. Berlin 2003 (BStU. Reihe A; 1/2003).
Johannsen, Lasse O.: Die rechtliche Behandlung ausreisewilliger Staatsbürger in der DDR. Frankfurt/M. 2007.
Jordan, Carlo: Kaderschmiede Humboldt-Universität zu Berlin. Aufbegehren, Säuberungen und Militarisierung 1945–1989. Berlin 2001.
Judt, Matthias (Hg.): DDR-Geschichte in Dokumenten. Berlin 1997.
Judt, Matthias: Koko, Mythos und Realität. Das Imperium des Alexander Schalck-Golodkowski. Berlin 2015.
Jung, Kay-Torsten: Studieren dürfen bei uns nur sozialistische Persönlichkeiten! In: Schnell, Gabriele: Das »Lindenhotel«. Berichte aus dem Potsdamer Geheimdienstgefängnis. Berlin 2005, S. 100–107.
Ein Jurist mit aufrechtem Gang. Götz Berger zum 90. Geburtstag/Hg. von Helle Panke e. V. Berlin 1995.

Kaiser, Monika: Machtwechsel von Ulbricht zu Honecker. Berlin 1997.
Kaiser, Monika: 1972. Knockout für den Mittelstand. Berlin 1990.
Kaiser, Regina; Karlstedt, Uwe: 12 heißt »Ich liebe dich«. Der Stasi-Offizier und die Dissidentin. Köln 2003.
Kaiser, Tobias; Mestrup, Heinz (Hg.): Politische Verfolgung an der Friedrich-Schiller-Universität Jena von 1945–1989. Berlin 2012.
Karau, Gisela: Stasiprotokolle. Gespräche mit ehemaligen Mitarbeitern des »Ministeriums für Staatssicherheit« der DDR. Frankfurt/M. 1992.
Kästner, Annett: Eingaben im Zivilrecht der DDR. Eine Untersuchung von Eingaben zu mietrechtlichen Ansprüchen aus den Jahren 1986 und 1987. Berlin 2006.
Keppler, Birte E.: Die Leitungsinstrumente des Obersten Gerichts der DDR. Unter besonderer Berücksichtigung von Richtlinien und Beschlüssen zum Recht der Untersuchungshaft. Freiburg i. Br. 1998.
Kerz-Rühling, Ingrid: Sozialistische Diktatur und psychische Folgen. Psychoanalytisch-psychologische Untersuchungen in Ostdeutschland und Tschechien. Tübingen 2000.
Kerz-Rühling, Ingrid; Plänkers, Tomas: Verräter oder Verführte. Eine psychoanalytische Untersuchung inoffizieller Mitarbeiter der Stasi. Berlin 2004.
Kessler, Dietrich: Stasi-Knast. Berlin 2001.
Kilian, Thomas: Einführung in eine »Geheimwissenschaft«. Ein Blick hinter die Kulissen der empirischen Sozialforschung im Projekt »Zivilrechtskultur der DDR«. In: Schröder, Rainer: Zivilrechtskultur der DDR.
Bd. 2; Zivilrechtskultur der DDR. Berlin 2000, S. 195–252.
Kirchheimer, Otto: Politische Justiz. Verwendung juristischer Verfahrensmöglichkeiten zu politischen Zwecken. Berlin 1965.
Kittke, Horst-Dieter: Zur (Wieder-)Einführung einer Verwaltungsgerichtsbarkeit in der DDR. In: DA 22 (1989) 2, S. 174–179.
Klein, Thomas; Otto, Wilfriede; Grieder, Peter: Visionen. Repression und Opposition in der SED (1949–1989). 2 Bde. Frankfurt/O. 1996.
Kleibert, Kristin: Die Juristische Fakultät der Humboldt-Universität zu Berlin im Umbruch. Die Jahre 1948 bis 1951. Berlin 2010.
Klier, Freya: Aktion »Störenfried«. Die Januar-Ereignisse von 1988 im Spiegel der Staatssicherheit. In: Schädlich, Hans-Joachim (Hg.): Aktenkundig. Berlin 1992, S. 91–153.
Kloth, Hans Michael: Vom »Zettelfalten« zum freien Wählen. Die Demokratisierung der DDR 1989/90 und die »Wahlfrage«. Berlin 2000.
Knabe, Bernd: Willfährige Juristen. Zum politischen Strafrecht in der Honecker-Ära. In: Zeitschrift des SED-Forschungsverbundes 36 (2015) 1, S. 155–181.
Knabe, Hubertus: Die Rechtsstelle des MfS. Berlin 1999 (BStU. MfS-Handbuch; III/4).
Knabe, Hubertus (Hg.): West-Arbeit des MfS. Das Zusammenspiel von »Aufklärung« und »Abwehr«. Berlin 1999 (BStU. Analysen und Dokumente; 18).
Knabe, Hubertus: Die Täter sind unter uns. Über das Schönreden der SED-Diktatur. Berlin 2008.
Knabe, Hubertus: Die vergessenen Opfer der Mauer. Inhaftierte DDR-Flüchtlinge berichten. Berlin 2009.
Kneip, Danuta S.: Im Abseits. Berufliche Diskriminierung und politische Dissidenz in der Honecker-Ära. Köln 2009.
Kobylinski, Alexander: Der verratene Verräter. Wolfgang Schnur. Bürgerrechtsanwalt und Spitzenspitzel. Halle/S. 2015.
Koch, Alexander: Der Häftlingsfreikauf. Eine deutsch-deutsche Beziehungsgeschichte. München 2014.
Koch, Arnd: Denunciatio. Zur Geschichte eines strafprozessualen Rechtsinstituts. Frankfurt/M. 2006.

Koch, Arnd: Denunziation als Straftat nach 1945 und 1989. In: Schröter, Michael (Hg.): Der willkommene Verrat. Beiträge zur Denunziationsforschung. Weilerswist 2007, S. 185–202.

Kocka, Jürgen: Eine durchherrschte Gesellschaft. In: Kaelble, Hartmut u. a. (Hg.): Sozialgeschichte der DDR. Stuttgart 1994, S. 547–553.

Kögler, Brigitta: o. T. [Protokoll der 40. Sitzung. Die Lenkung der Justiz in der DDR. Zeitzeugenbefragung]. In: Materialien der Enquete-Kommission »Aufarbeitung von Geschichte und Folgen der SED-Diktatur in Deutschland« (12. Wahlperiode des Deutschen Bundestages)/Hg. vom Deutschen Bundestag.
Bd. 4. Baden-Baden 1995, S. 147–152.

Kögler, Brigitta: »Der zentrale runde Tisch war keine Artusrunde«. In: Jesse, Eckhard (Hg.): Zwischen Konfrontation und Konzession. Friedliche Revolution und deutsche Einheit in Sachsen. Berlin 2010, S. 39–56.

Kommentar zum Musterstatut der LPG Tierproduktion vom 28.7.1977/ Krauß, Erich u. a. (Bearb.). Berlin 1981.

König, Jens: Gregor Gysi. Eine Biographie. Berlin 2005.

König, Stefan: Vom Dienst am Recht. Rechtsanwälte als Strafverteidiger im Nationalsozialismus. Berlin, New York 1987.

Königseder, Angelika: Recht und nationalsozialistische Herrschaft. Berliner Anwälte 1933–1945. Ein Forschungsprojekt des Berliner Anwaltvereins e.V. Bonn 2001.

Kösters, Christoph: Caritas in der SBZ/DDR 1945–1989. Paderborn 2001.

Kowalczuk, Ilko-Sascha: Freiheit und Öffentlichkeit: Politischer Samisdat in der DDR 1985–1989. Berlin 2002.

Kowalczuk, Ilko-Sascha: Geist im Dienste der Macht. Hochschulpolitik in der SBZ/DDR 1945-1961. Berlin 2003.

Kowalczuk, Ilko-Sascha: 17. Juni 1953 – Volksaufstand in der DDR. Ursachen – Abläufe – Folgen. Bremen 2003.

Kowalczuk, Ilko-Sascha: Endspiel. Die Revolution von 1989 in der DDR. München 2009.

Kowalczuk, Ilko-Sascha: Die Humboldt-Universität und das Ministerium für Staatssicherheit. In: Bruch, Rüdiger vom u. a. (Hg.): Geschichte der Universität Unter den Linden. 1810–2010.
Bd. 3; Biographie einer Institution. Sozialistisches Experiment und Erneuerung in der Demokratie, Die Humboldt-Universität zu Berlin 1945–2010/Konrad H. Jarausch u. a. Berlin 2012, S. 437–554.

Kowalczuk, Ilko-Sascha; Polzin, Arno (Hg.): Fasse Dich kurz! Der grenzüberschreitende Telefonverkehr der Opposition in den 1980er Jahren und das Ministerium für Staatssicherheit. Göttingen 2014. (BStU. Analysen und Dokumente; 41).

Krach, Tillmann (Hg.): Anwaltsalltag in der DDR. Münster 2005.

Krach, Tillmann: Viel Glanz und große Not. Die Lage der deutschen Anwaltschaft am Ende der Weimarer Republik. In: Anwälte und ihre Geschichte/Hg. vom Deutschen Anwaltverein. Tübingen 2011, S. 207–236.

Kramer, Heinz: Die Europäische Gemeinschaft und die Türkei. Entwicklung, Probleme und Perspektiven einer schwierigen Partnerschaft. Baden-Baden 1988.

Krätzner, Anita: Der Mauerbau und die Universitäten der DDR. Leipzig 2014.

Krüger, Waltraud: Ausreiseantrag. Köln 1989.

Kühl, Martin: Die strafrechtliche Diskussion in der DDR in Zeitschriften und Entscheidungssammlungen des Obersten Gerichts. In: Arnold, Jörg: Die Normalität des Strafrechts der DDR.
Bd. 2; Die gerichtliche Überprüfung von Geständnis und Geständniswiderruf im Strafverfahren. Freiburg 1995, S. 37–61.

Kukutz, Irena: Die Bewegung »Frauen für den Frieden« als Teil der unabhängigen Friedensbewegung in der DDR. In: Materialien der Enquete-Kommission »Aufarbeitung von Geschichte und Folgen der SED-Diktatur in Deutschland« (12. Wahlperiode des Deutschen Bundestages)/Hg. vom Deutschen Bundestag.
Bd. 7/2. Baden-Baden 1995, S. 1285–1408.

Künzel, Werner: Das Ministerium der Justiz im Mechanismus der Justizsteuerung 1949 bis 1976. In: Rottleuthner, Hubert (Hg.): Steuerung der Justiz in der DDR. Einflußnahme der Politik auf Richter, Staatsanwälte und Rechtsanwälte. Köln 1994, S. 167–252.

Kuo, Xing-Hu. Ein Chinese in Bautzen II. 2675 Nächte im Würgegriff der Stasi. Böblingen 1990.

Kusch, Reinhardt: Kollaps ohne Agonie. Das Ende des SED-Regimes im Bezirk Frankfurt/O. Jacobsdorf 1998.

Ladwig-Winters, Simone: Anwalt ohne Recht. Das Schicksal jüdischer Rechtsanwälte in Berlin nach 1933. Berlin 2007.

Ladwig-Winters, Simone: Vertreibung und Verfolgung jüdischer Anwälte. In: Anwälte und ihre Geschichte/Hg. vom Deutschen Anwaltverein. Tübingen 2011, S. 285–304.

Lange, Roland J.: Einbindung und Behinderung der Rechtsanwälte. In: Materialien der Enquete-Kommission »Aufarbeitung von Geschichte und Folgen der SED-Diktatur in Deutschland« (12. Wahlperiode des Deutschen Bundestages)/Hg. vom Deutschen Bundestag.
Bd. 4. Baden-Baden 1995, S. 605–653.

Lapp, Peter Joachim: Der Ministerrat der DDR. Aufgaben, Arbeitsweisen und Struktur der anderen deutschen Regierung. Opladen 1982.

Laufer, Jochen: Die Ursprünge des Überwachungsstaates in Ostdeutschland. Zur Bildung der Deutschen Verwaltung des Innern in der Sowjetischen Besatzungszone. In: Florath, Bernd u. a. (Hg.): Die Ohnmacht der Allmächtigen. Geheimdienste und politische Polizei in der modernen Gesellschaft. Berlin 1992, S. 146–168.

Lehmann, Hans-Dietrich: Leitung und Lenkung der Rechtsprechung durch das Oberste Gericht der DDR. In: Drobnig, Ulrich (Hg.): Die Strafrechtsjustiz der DDR im Systemwechsel. Partei und Justiz, Mauerschützen und Rechtsbeugung. Berlin 1998, S. 43–48.

Leide, Henry: NS-Verbrecher und Staatssicherheit. Die geheime Vergangenheitspolitik der DDR. Göttingen 2005 (BStU. Analysen und Dokumente; 28).

Lekschas, John u. a. (Hg.): Strafrecht der DDR. Lehrbuch. Berlin 1988.

Lengsfeld, Vera: Verfolgung und Überwachung. Ein biographischer Rückblick. In: Die Akten und die Wahrheit. Fünf Jahre Stasi-Unterlagen-Gesetz/Hg. von der Konrad-Adenauer-Stiftung. St. Augustin 1997, S. 45–51.

Lengsfeld, Vera: Von nun an ging's bergauf. Mein Weg zur Freiheit. In: Die Politische Meinung 47 (2002) 395, S. 56–58.

Lengsfeld, Vera: Ich wollte frei sein. Die Mauer, die Stasi, die Revolution. München 2011.

Lenin, Wladimir Iljitsch. Werke. Berlin 1970.

Leske, Hanns: Erich Mielke, die Stasi und das runde Leder. Der Einfluß der SED und des Ministeriums für Staatssicherheit auf den Fußballsport in der DDR. Göttingen 2004.

Leupolt, Söhnke: Die rechtliche Aufarbeitung des DDR-Unrechts. Münster 2003.

Liebe, Günther: Entwicklung von Nachwuchskadern für die örtlichen Staatsorgane. Auswahl, Vorbereitung und Erprobung von Nachwuchskadern. Berlin 1973.

Liebernickel, Martin: Erpressung ausreisewilliger DDR-Bürger. Die strafrechtliche Bewertung staatlichen Zwangs zur Grundstücksveräußerung zur Erlangung der Ausreise aus der DDR. Baden-Baden 2000.

Lindenberger, Thomas: Die Diktatur der Grenzen. Zur Einleitung. In: Lindenberger, Thomas (Hg.): Herrschaft und Eigen-Sinn in der Diktatur. Köln 1999, S. 13–43.

Lindenberger, Thomas: SED-Herrschaft als soziale Praxis, Herrschaft und Eigen-Sinn. Problemstellung und Begriffe. In: Gieseke, Jens (Hg.): Staatssicherheit und Gesellschaft. Studien zum Herrschaftsalltag in der DDR. Göttingen 2007, S. 23–47 (BStU. Analysen und Dokumente; 30).

Lindheim, Thomas von: Bezahlte Freiheit. Der Häftlingsfreikauf zwischen beiden deutschen Staaten. Baden-Baden 2011.

Lindner, Bernd: Zwischen Integration und Distanzierung. Jugendgeneration in der DDR in den sechziger und siebziger Jahren. In: APuZ 53 (2003) 45, S. 33–39.

Liwinska, Malgorzata: Die juristische Ausbildung in der DDR. Im Spannungsfeld von Parteilichkeit und Fachlichkeit. Berlin 1997.

Lochen, Hans-Hermann; Meyer-Seitz, Christian (Hg.): Die geheimen Anweisungen zur Diskriminierung Ausreisewilliger. Dokumente der Stasi und des Ministeriums des Innern. Köln 1992.

Lochen, Hans-Hermann: »Nachwuchskader«. Zur Auswahl und Ausbildung von Juristen in der DDR. In: Im Namen des Volkes? Über die Justiz im Staat der SED/Hg. vom Bundesministerium der Justiz. Leipzig.
Wissenschaftlicher Begleitband zur Ausstellung des Bundesministeriums der Justiz. 1994, S. 123–136.

Loest, Erich: Durch die Erde ein Riss. Ein Lebenslauf. Leipzig 1990.

Loest, Erich: Prozesskosten. Bericht. Göttingen 2007.

Lohmann, Ulrich: Zur Staats- und Rechtsordnung der DDR. Wiesbaden 2015.

Lolland, Jörg; Rödiger, Frank S. (Hg.): Gesicht zur Wand! Berichte und Protokolle politischer Häftlinge der DDR. Stuttgart 1977.

Lorenz, Thomas: Die »Kollektivierung« der Rechtsanwaltschaft als Methode zur systematischen Abschaffung der freien Advokatur. In: Rottleuthner, Hubert (Hg.): Steuerung der Justiz in der DDR. Köln 1994, S. 409–428.

Lorenz, Thomas: Die Rechtsanwaltschaft in der DDR. Berlin 1998.

Lubini, Julian: Die Verwaltungsgerichtsbarkeit in den Ländern der SBZ/DDR 1945–1952. Tübingen 2015.

Luchterhand, Otto: Die Justiz. In: Handbuch der Geschichte Rußlands/Hg. von Manfred Hellmann u. a.
Bd. 5/2; 1945–1991. Vom Ende des Zweiten Weltkriegs bis zum Zusammenbruch der Sowjetunion/Hg. von Stefan Plaggenborg. Stuttgart 2003, S. 971–1024.

Luhmann, Niklas: Rechtssoziologie. Reinbek 1972.

Luhmann, Niklas: Legitimation durch Verfahren. Frankfurt/M. 1983, S. 29ff.

Luther, Horst: Grundlinien der Weiterentwicklung des Strafverfahrens und des Strafverfahrensrechts in der DDR. Staat und Recht 37 (1988) 12, S. 994–1001.

Luther, Horst: Strafprozeßrecht. In: Heuer, Uwe-Jens (Hg.): Die Rechtsordnung in der DDR. Anspruch und Wirklichkeit. Baden-Baden 1995, S. 341–394.

Madlener, Kurt: Die Institution des Verteidigers in rechtsvergleichender Sicht. In: Zeitschrift für die gesamte Strafrechtswissenschaft 93 (1981), S. 275–308.

Mählert, Ulrich: Kleine Geschichte der DDR. München 1998.

Maizière, Lothar de: Anwalt der Einheit. Berlin 1996.

Maizière, Lothar de: Zivilrechtsalltag in der DDR aus Sicht eines Rechtsanwalts. In: NJ 52 (1998) 9, S. 454–457.

Maizière, Lothar de: Ich will, dass meine Kinder nicht mehr lügen müssen. Meine Geschichte der deutschen Einheit. Freiburg 2010.

Maizière, Lothar de: Anwalt der Einheit. In: Heise, Joachim (Hg.): Geschichte, die man erzählen muss. Berlin 2011, S. 9–37.

Malycha, Andreas: Die SED in der Ära Honecker. München 2014.

Malycha, Andreas; Winters, Peter Jochen: Die SED. Geschichte einer deutschen Partei. München 2009.
Mampel, Siegfried: Die sozialistische Verfassung der Deutschen Demokratischen Republik. Kommentar. Frankfurt/M. 1982.
Mampel, Siegfried: Der Untergrundkampf des Ministeriums für Staatssicherheit gegen den Untersuchungsausschuß Freiheitlicher Juristen in West-Berlin. 4., neubearb. u. erw. Aufl., Berlin 1999.
Markovitz, Inga: Gerechtigkeit in Lüritz. Eine ostdeutsche Rechtsgeschichte. München 2006.
Markovitz, Inga: Die Juristische Fakultät im Sozialismus. In: Bruch, Rüdiger vom u. a. (Hg.): Geschichte der Universität Unter den Linden. 1810–2010.
Bd. 6; Selbstbehauptung einer Vision/Hg. von Tenorth, Heinz-Elmar. Berlin 2012, S. 91–135.
Martin, Elisabeth: »Ich habe mich nur an das geltende Recht gehalten«. Herkunft, Arbeitsweise und Mentalität der Wärter und Vernehmer der Stasi-Untersuchungshaftanstalt Berlin-Hohenschönhausen. Baden-Baden 2014.
Marxen, Klaus: »Recht« im Verständnis des Ministeriums für Staatssicherheit der DDR. In: Engelmann, Roger u. a. (Hg.): Justiz im Dienste der Parteiherrschaft. Berlin 1999, S. 15–24.
Marxen, Klaus; Werle, Gerhard (Hg.): Strafjustiz und DDR-Unrecht.
Bd. 5/1 u. 5/2; Rechtsbeugung/Unter Mitarb. von Boris Burghardt u. a. Berlin 2007.
Masuch, Christina: Doppelstaat DDR. Eine Untersuchung anhand der Verfolgungsgeschichte der Zeugen Jehovas in der SBZ/DDR 1945–1990. Berlin 2009.
Mayenburg, Ruth von: Hotel Lux. Die Menschenfalle. München 2011.
Mayer, Wolfgang: Flucht und Ausreise. Botschaftsbesetzungen als Form des Widerstands gegen die politische Verfolgung in der DDR. Berlin 2002.
Merkel, Ina: Leitbilder und Lebensweisen von Frauen in der DDR. In: Kaelble, Hartmut u. a. (Hg.): Sozialgeschichte in der DDR. Stuttgart 1994, S. 359–382.
MfS von A bis Z. Ein Lexikon. Berlin 2011.
Das MfS-Lexikon. Begriffe, Personen und Strukturen der Staatssicherheit der DDR/Hg. vom BStU. Berlin 2012.
Middendorf, Stefan: Recht auf Arbeit in der DDR. Von den theoretischen Grundlagen bis zu den Berufsverboten für Ausreisewillige. Berlin 2000.
Mierau, Johannes: Die juristischen Abschluß- und Diplomprüfungen in der SBZ/DDR. Frankfurt/M. 2001.
Moldt, Dirk: »Keine Konfrontation!«. Die Rolle des MfS im Zusammenhang mit dem Überfall von Skinheads auf ein Konzert in der Berliner Zionskirche am 10. Oktober 1987. In: HuG 11 (2002) 4 (40), S. 14–25.
Mollnau, Karl A.: Sozialistischer Rechtsstaat. Versuch einer Charakterisierung. In: NJ 43 (1989) 10, S. 393–397.
Mollnau, Karl A.: Sozialistische Gesetzlichkeit in der DDR. Theoretische Grundlagen und Praxis. In: Bender, Gerd (Hg.): Recht im Sozialismus. Analysen zur Normdurchsetzung in osteuropäischen Nachkriegsgesellschaften (1944/45–1989).
Bd. 3; Sozialistische Gesetzlichkeit. Frankfurt/M. 1999, S. 59–195.
Mollnau, Karl A.: Normierung der Anwaltstätigkeit in der DDR. In: Anwälte und ihre Geschichte/Hg. vom Deutschen Anwaltverein. Tübingen 2011, S. 493–522.
Mollnau, Marcus: Gründe und Hintergründe des DDR-Rechtsanwaltsgesetzes. forum historiae juris (1.7.1997). In: http://www.forhistiur.de/1997-09-mollnau/?l=de (letzter Zugriff: 15.12.2014).
Morgner, Martin: DDR-Studenten zwischen Anpassung und Ausrasten. Disziplinarfälle an der Friedrich-Schiller-Universität Jena von 1965 bis 1989. Leipzig 2012.
Morisse, Heiko: Rechtsanwälte im Nationalsozialismus. Zur Funktion der Ehrengerichtsbarkeit. Dargestellt am Beispiel des Oberlandesgerichtsbezirks Hamburg. Augsburg 2010.

Mörke, Gerhard: Die offizielle und inoffizielle Zusammenarbeit zwischen Volkspolizei und Staatssicherheit. Jena 2011.

Müller, Frohmut; Wünsche, Kurt: Grundfragen der Stellung, Funktion und Tätigkeit der Gerichte, der Staatsanwaltschaft und der Rechtsanwaltshaft in der DDR. Beiträge zum Lehrbuch Grundlagen der Rechtspflege. Dissertation. Potsdam 1982.

Müller, Jan: Symbol 89. Die DDR-Wahlfälschungen und ihre strafrechtliche Aufarbeitung. Berlin 2001.

Müller, Jörg: Strafvollzugspolitik und Haftregime in der SBZ und in der DDR. Sachsen in der Ära Ulbricht. Göttingen 2012.

Müller, Reinhardt: Herbert Wehner. Moskau 1937. Hamburg 2004.

Müller, Reinhardt: Hitlers Rede vor der Reichswehrführung 1933. In: Mittelweg 36 (2001) 1, S. 73–90.

Müller-Enbergs, Helmut: Warum wird einer IM? Zur Motivation bei der inoffiziellen Zusammenarbeit mit dem Staatssicherheitsdienst. In: Behnke, Klaus u. a. (Hg.): Zersetzung der Seele. Psychologie und Psychiatrie im Dienste der Stasi. Hamburg 1995, S. 102–129.

Müller-Enbergs, Helmut: Inoffizielle Mitarbeiter des Ministeriums für Staatssicherheit.
[Bd.] Teil 1; Richtlinien und Durchführungsbestimmungen/Hg. von Müller-Enbergs, Helmut. 3., durchges. Aufl., Berlin 2001.
[Bd.] Teil 2; Anleitungen für die Arbeit mit Agenten, Kundschaftern und Spionen in der Bundesrepublik Deutschland/Hg. von Müller-Enbergs, Helmut. 2. Aufl., Berlin 1998.
[Bd.] Teil 3; Statistiken/Unter Mitarb. von Susanne Muhle. Berlin 2008.

Müller-Enbergs, Helmut: Inoffizielle Mitarbeiter der DDR-Staatssicherheit. Motive für geheimpolizeiliche und nachrichtendienstliche Kooperation. In: Litzcke, Sven Max u. a. (Hg.): Nachrichtendienstpsychologie.
[Bd.] Teil 3; Brühl 2005, S. 7–42.

Müller-Enbergs, Helmut: Hauptverwaltung A (HV A). Berlin 2008 (BStU. MfS-Handbuch; III/18).

Müller-Enbergs, Helmut: Zur Kunst der Verweigerung. In: Booß, Christian; Müller-Enbergs, Helmut: Die indiskrete Gesellschaft. Studien zum Denunziationskomplex und zu inoffiziellen Mitarbeitern. Frankfurt/M. 2014, S. 203–238.

Mueller-Stahl, Armin: Unterwegs nach Hause. Erinnerungen. Düsseldorf 1997.

Musterstatut der Kollegien der Rechtsanwälte der Deutschen Demokratischen Republik vom 17. Dezember 1980. In: DDR-GBl. Teil I (1981) 1, S. 4.

[Musterstatut für die Kollegien der Rechtsanwälte] Anordnung zur Änderung des Musterstatuts i.d.F.v. 22. März 1958. In: DDR-GBl. Teil I (1958) 24, S. 311.

[Musterstatut für Kollegien der Rechtsanwälte] Verordnung über die Bildung von Kollegien der Rechtsanwaltschaft [mit] Musterstatut für Kollegien der Rechtsanwälte vom 15. Mai 1953. In: DDR-GBl. (1953) 66, S. 726.

Neubacher, Frank: Jugend und Rechtsextremismus in Ostdeutschland vor und nach der Wende. Bonn 1994.

Neubert, Ehrhart: Geschichte der Opposition in der DDR 1949–1989. Bonn 1998.

Neubert, Ehrhart: Unsere Revolution. München 2008.

Neumann, Franz: Demokratischer und autoritärer Staat. Beiträge zur Soziologie der Politik. Frankfurt/M. 1967.

Niemann, Mario: Die Sekretäre der SED-Bezirksleitungen 1952–1989. Paderborn 2007.

Niethammer, Jens: Der Staatsanwalt in der DDR. Aufgaben und Tätigkeit auf dem Gebiet der Strafverfolgung. Hochschulschrift, Freie Universität. Berlin 1989.

Niether, Hendrik: Leipziger Juden und die DDR. Eine Existenzerfahrung im Kalten Krieg. Göttingen 2015.

Nooke, Maria u. a. (Hg.): Fluchtziel Freiheit. Berichte von DDR-Flüchtlingen über die Situation nach dem Mauerbau, Aktionen der Girrmann-Gruppe. Berlin 2011.
Normdurchsetzung in osteuropäischen Nachkriegsgesellschaften (1944–1989). Einführung in die Rechtsentwicklung mit Quellendokumentation. Frankfurt/M.
Bd. 5; Deutsche Demokratische Republik (1958–1989)/Mollnau, Karl.
Tbd. 5/1; Recht und Juristen im Spiegel der Beschlüsse des Politbüros und Sekretariats des Zentralkomitees der SED, 2003.
Tbd. 5/2; Dokumente, 2004.

Oldenbürger, Hartmut-A.: Exploratorische, graphische und robuste Datenanalyse. In: Erdfelder, Edgar u. a. (Hg): Handbuch quantitativer Methoden. Weinheim 1998, S. 71–86.
Osterburg, Daniel: Das Notariat in der DDR. Aufgaben, Funktion, Ausbildung, Herkunft und Kontrolle der Notare. Köln 2004.
Otterbeck, Franz Norbert: Das Anwaltkollektiv der DDR. Über die rechtliche Struktur und politische Funktion genossenschaftlicher Advokatur unter den Bedingungen sozialistischer Gesetzlichkeit. Köln 2000.
Otterbeck, Franz Norbert: Das Spektrum anwaltlicher Tätigkeit in der DDR. Freier Beruf im Sozialismus. In: Krach, Tillmann (Hg.): Anwaltsalltag in der DDR. Münster 2005, S. 9–21.
Otterbeck, Franz Norbert: Freier Beruf im Sozialismus? Rechtsanwälte in der DDR und ihr Berufsspektrum. In: NJ 59 (2005) 10, S. 442–444.
Otto, Wilfriede: Erich Mielke. Berlin 2000.

Passens, Katrin: MfS-Untersuchungshaft. Funktionen und Entwicklung von 1971 bis 1989. Berlin 2012.
Pfütze, Peter: Besuchszeit. Westdiplomaten in besonderer Mission. Berlin 2007.
Piesiur, Rudolf: Ich bin ein Spion und weiß es nicht. Als angeblicher Geheimagent im Stasi-Knast Gera, 1977/78. Erfurt 2000.
Pingel-Schliemann, Sandra: Zersetzen. Strategie einer Diktatur. Eine Studie. Berlin 2002.
Pleitgen, Fritz (Hg.): Die Ausbürgerung. Anfang vom Ende der DDR. München 2001.
Plogstedt, Sibylle: Knastmauke. Das Schicksal von politischen Häftlingen in der DDR nach der deutschen Wiedervereinigung. Gießen 2010.
Plogstedt, Sibylle: Das Schicksal von politischen Häftlingen in der DDR nach der deutschen Wiedervereinigung. Gießen 2010.
Podewin, Norbert: Walter Ulbricht. Eine neue Biographie. Berlin 1995.
Pohl, Dieter: Justiz in Brandenburg 1945–1955. Gleichschaltung und Anpassung. München 2001.
Politische Haft in der DDR. Befragung ehemaliger politischer Gefangener aus der DDR über ihre Inhaftierung in der DDR, Stand 1986/Hg. von der Internationalen Gesellschaft für Menschenrechte, Deutsche Sektion e.V. Frankfurt/M. 1986.
Poppe, Ulrike: Frauen für den Frieden. In: Veen, Hans-Joachim u. a. (Hg.): Lexikon Opposition und Widerstand in der SED-Diktatur. Berlin 2000, S. 135–137.
Pötzl, Norbert F.: Mission Freiheit, Wolfgang Vogel. Anwalt der deutsch-deutschen Geschichte. München 2014.
Pötzl, Norbert F.: Basar der Spione. Die geheimen Missionen des DDR-Unterhändlers Wolfgang Vogel. Hamburg 1997.
Prokop, Siegfried: Ich bin zu früh geboren. Auf den Spuren Wolfgang Harichs. Berlin 1997.

Quillfeldt, Hendrik von: Dissidenten für Devisen. Häftlingshandel zwischen DDR und Bundesrepublik Deutschland. Erfurt 2010.

Raschka, Johannes: Einschüchterung, Ausgrenzung, Verfolgung. Zur politischen Repression in der Amtszeit Honeckers. Dresden 1998.

Raschka, Johannes: Justizpolitik und SED-Staat. Justizpolitik und Wandel des Strafrechts während der Amtszeit Honeckers. Köln 2000.

Raschka, Johannes: Zwischen Überwachung und Repression. Politische Verfolgung in der DDR 1971 bis 1989. Opladen 2001.

Rechtsanwaltsgesetz vom 13. September 1990. In: DDR-GBl., Teil I (1990) 61, S. 1504.

Rechtswissenschaft und Rechtspraxis in der DDR. Versuch einer Analyse/Hg. durch Vereinigung demokratischer Juristen, Ostdeutscher Juristentag. Berlin 1992.

Rehlinger, Ludwig A.: Freikauf. Die Geschäfte der DDR mit politisch Verfolgten 1963–1989. Berlin 1991.

Reich, Torsten: Die Entwicklung der Rechtsanwaltschaft in der DDR. In: Schröder, Rainer (Hg.): Zivilrechtskultur der DDR.
Bd. 1; Zivilrechtskultur der DDR. Berlin 1999, S. 315–366.

Reich, Torsten: Die Erforschung der objektiven Wahrheit. Zivilprozessualer Wandel in der DDR. Berlin 2004.

Reichert, Steffen: Unter Kontrolle. Die Martin-Luther-Universität und das Ministerium für Staatssicherheit 1968–1989. Halle 2007.

Reuß, Ernst: Berliner Justizgeschichte. Berlin 2000.

Reuth, Ralf Georg: IM »Sekretär«. Die »Gauck-Recherche« und die Dokumente zum »Fall Stolpe«. Frankfurt/M. 1992.

Reuth, Ralf Georg; Bönte, Andreas: Das Komplott. Wie es wirklich zur deutschen Einheit kam. München 1993.

Richarz, Monika: Juden in der Bundesrepublik Deutschland und in der Deutschen Demokratischen Republik. In: Brumlik, Micha (Hg.): Jüdisches Leben in Deutschland seit 1945. Frankfurt/M. 1986, S. 14–30.

Richter, Michael: Die friedliche Revolution. Aufbruch zur Demokratie in Sachsen 1989/90. 2 Bde. Göttingen 2010.

Ringel, Maik: Gesetz und Gerechtigkeit. Kann der Rechtsstaat Unrecht bewältigen? In: HuG 19 (2010) 2 (68), S. 10–15.

Roenne, Hans Hubertus von: »Politisch untragbar …?«. Die Überprüfung von Richtern und Staatsanwälten der DDR im Zuge der Vereinigung Deutschlands. Berlin 1997.

Roggemann, Herwig: Gutachterliche Stellungnahme. Lenkungsmechanismen in der DDR-Justiz insbesondere im Hinblick auf die Richter und Staatsanwälte in den siebziger Jahren. In: Rottleuthner, Hubertus (Hg.): Das Havemann-Verfahren. Das Urteil des Landgerichts Frankfurt (Oder) und die Gutachten der Sachverständigen H. Roggemann und H. Rottleuthner. Baden-Baden 1999, S. 209–334.

Rosskopf, Annette: Strafverteidigung als ideologische Offensive. Das Leben des Rechtsanwalts Friedrich Karl Kaul (1906–1981). Berlin 1998. In: www.s6.rewi.hu-berlin.de/fhi /articles (letzter Zugriff: 6.10.2009).

Rosskopf, Annette: Friedrich Karl Kaul. Anwalt im geteilten Deutschland 1906–1981. Berlin 2002.

Rottleuthner, Hubert: Einführung in die Rechtssoziologie. Die Rechtswissenschaft. Darmstadt 1987.

Rottleuthner, Hubert (Hg.): Steuerung der Justiz in der DDR. Einflußnahme der Politik auf Richter, Staatsanwälte und Rechtsanwälte. Köln 1994.

Rottleuthner, Hubert: Zum Aufbau und zur Funktionsweise der Justiz in der DDR. In: Engelmann, Roger u. a. (Hg.): Justiz im Dienste der Parteiherrschaft. Berlin 1999, S. 25–35.

Rottleuthner, Hubertus (Hg.): Das Havemann-Verfahren. Das Urteil des Landgerichts Frankfurt (Oder) und die Gutachten der Sachverständigen H. Roggemann und H. Rottleuthner. Baden-Baden 1999.

Roxin, Claus: Strafverfahrensrecht. München 1998.
Roxin, Claus; Schünemann, Bernd: Strafverfahrensrecht. 27. Aufl., München 2012.
Rübesame, Hans (Hg.): Antrag auf Demonstration. Die Protestversammlung im Deutschen Theater am 15. Oktober 1989. Berlin 2010.
Rüping, Hinrich: Rechtsanwälte im Bezirk Celle während des Nationalsozialismus. Berlin 2007.
Rüping, Hinrich: Die Freiheit der Advokatur im politischen Umbruch 1945. In: Anwälte und ihre Geschichte/Hg. vom Deutschen Anwaltverein. Tübingen 2011, S. 339–354.
Rüter, Christiaan Frederik: Das Gleiche. Aber anders. Die Strafrechtsverfolgung von NS-Verbrechen im deutsch-deutschen Vergleich. In: DA 43 (2010) 2, S. 213–222.

Sarge, Günther: Im Dienste des Rechts. Der oberste Richter der DDR erinnert sich. Berlin 2013.
Schabowski, Günter u. a.: Das Politbüro. Ende eine Mythos, eine Befragung. Reinbek 1990.
Schacht, Ulrich (Hg.): Hohenecker Protokolle. Aussagen zur Geschichte der politischen Verfolgung von Frauen in der DDR. Zürich 1984.
Schekahn, Jenny; Wunschik, Tobias: Die Untersuchungshaftanstalt der Staatssicherheit in Rostock. Ermittlungsverfahren, Zelleninformatoren und Haftbedingungen in der Ära Honecker. Berlin 2012 (BStU. BF informiert; 31).
Schilling, Walter: Auch inoffizielle Mitarbeiter hatten ehrenwerte Motive. Über Stasi-Praktiken, Konspiration und Einfallstore in die Kirche. In: Volz, Reiner (Hg.): Stasi und kein Ende? Kirche und Staat in der früheren DDR und im vereinigten Deutschland. Bochum 1993, S. 6–14.
Schimmeck, Kerstin: Oberstes Gericht der DDR (1949–1990). Koblenz 2005.
Schißau, Roland: Strafverfahren wegen MfS-Unrechts. Die Strafprozesse bundesdeutscher Gerichte gegen ehemalige Mitarbeiter des Ministeriums für Staatssicherheit der DDR. Berlin 2006.
Schlabrendorff, Fabian von: Offiziere gegen Hitler. München 1994.
Schlicke, Birgit: Knast-Tagebuch. Erinnerungen einer politischen Gefangenen an Stasi-Haft und das Frauenzuchthaus Hoheneck. Wiesbaden 2001.
Schlotter, Peter: Die KSZE im Ost-West-Konflikt. Wirkung einer internationalen Institution. Frankfurt/M. 1999.
Schlüter, Kai: Günter Grass im Visier. Die Stasi-Akte. Berlin 2010.
Schmeidel, John C.: Stasi. Shield and sword of the party. London 2008.
Schmidt, Andreas: Leerjahre. Leben und Überleben im DDR-Gulag. Sindelfingen 1986.
Schmidt, Karin: Zur Frage der Zwangsarbeit im Strafvollzug der DDR. Die »Pflicht zur Arbeit« im Arbeiter- und Bauernstaat. Hildesheim 2011.
Schmidt, Susanne: Die Juristenausbildung in der DDR an den Universitäten. Berlin 2008.
Schmidt, Ute: Von der Blockpartei zur Volkspartei? Die Ost-CDU im Umbruch 1989–1994. Opladen 1997.
Schmidthammer, Jens: Rechtsanwalt Wolfgang Vogel. Mittler zwischen Ost und West. Hamburg 1991.
Schmole, Angela. Hauptabteilung VIII. Beobachtung, Ermittlung, Durchsuchung, Festnahme. Berlin 2008 (BStU. MfS-Handbuch; III/19, 1).
Schneider, Heinz Jürgen; Schwarz, Erika; Schwarz, Josef: Die Rechtsanwälte der Roten Hilfe Deutschlands. Politische Strafverteidiger in der Weimarer Republik, Geschichte und Biografien. Bonn 2002.
Schneider, Rolf: Der Rechtsanwalt, ein unabhängiges Organ der Rechtspflege. Berlin 1976.
Schnetz, Peter: Der Prozess um des Urteils Schatten. Meine Stasi-Akte. Bamberg 2010.
Schöne, Jens: Frühling auf dem Lande? Die Kollektivierung der DDR-Landwirtschaft. Berlin 2005.

Schöne, Jens: Die DDR. Eine Geschichte des »Arbeiter und Bauernstaates«. Berlin 2014.

Schöneburg, Karl-Heinz: Ein Jurist mit aufrechtem Gang. In: Demokratie und Recht 18 (1990) 4, S. 461–474.

Schöneburg, Volkmar: Gesetzlichkeit und Parteilichkeit. Herrschende Rechtsauffassung und Herrschaftssicherung in der DDR. In: Utopie kreativ 8 (1997) 81/82, S. 148–157.

Schreiber, Willy Hieronymus: Im Visier. Chronik einer Flucht. Jena 2009.

Schröder, Rainer: Die DDR-Ziviljustiz im Gespräch. 26 Zeitzeugeninterviews. Frankfurt/M. 2008.

Schröder, Rainer: Gerechtigkeit in (oder für?) Lüritz. Zu Markovits' Schilderung eines DDR-Gerichts, forum historiae juris. In: http://www.forhistiur.de/media/zeitschrift/0712schroeder.pdf (letzter Zugriff: 2.12.2014).

Schröder, Rainer: Geschichte des DDR-Rechts: Straf- und Verwaltungsrecht, forum historiae iuris (2004). In: http://www.forhistiur.de/zitat/0404schroeder.htm (Zugriff am 11.9.2014).

Schröder, Rainer: Zivilrechtskultur der DDR. Berlin (Zeitgeschichtliche Forschungen; 2).
Bd. 1; Zivilrechtskultur der DDR, 1999 (Zeitgeschichtliche Forschungen; 2/1).
Bd. 2; Zivilrechtskultur der DDR, 2000 (Zeitgeschichtliche Forschungen; 2/2).
Bd. 3; Zivilrechtskultur der DDR, 2001 (Zeitgeschichtliche Forschungen; 2/3).
Bd. 4; Vom Inkasso- zum Feierabendprozess. Der DDR-Zivilprozess, 2008 (Zeitgeschichtliche Forschungen; 2/4).

Schröder, Steffen: Die Juristenausbildung in der DDR. In: Bender, Gerd u. a. (Hg.): Recht im Sozialismus. Analysen zur Normdurchsetzung in osteuropäischen Nachkriegsgesellschaften (1944/45–1989). Frankfurt/M.
Bd. 2; Justizpolitik, 1999, S. 441–485.

Schroeder, Friedrich-Christian: Das Strafrecht des realen Sozialismus. Eine Einführung am Beispiel der DDR. Opladen 1983.

Schroeder, Friedrich-Christian: Die Entwicklung des politischen Strafrechts. In: Im Namen des Volkes? Über die Justiz im Staat der SED/Hg. vom Bundesministerium der Justiz. Leipzig. Wissenschaftlicher Begleitband zur Ausstellung des Bundesministeriums der Justiz. 1994, S. 107–111.

Schroeder, Friedrich-Christian: »Verräter und räudige Hunde«. Die Justiz im Stalinismus. In: Piazolo, Michael; Weber, Jürgen: Justiz im Zwielicht. Ihre Rolle in Diktaturen und die Antwort des Rechtsstaates. München 1998, S. 151–160.

Schroeder, Friedrich-Christian; Verrel, Torsten: Strafprozessrecht. 5., neubearb. Aufl., München 2011.

Schroeder, Klaus: Der SED-Staat. Partei, Staat und Gesellschaft 1949–1990. München 1998.

Schröter, Michael (Hg.): Der willkommene Verrat. Beiträge zur Denunziationsforschung. Weilerswist 2007.

Schuhmann, Silke: Vernichten oder Offenlegen? Zur Entstehung des Stasi-Unterlagen-Gesetzes. Eine Dokumentation der öffentlichen Debatte 1990/1991. Berlin 1995.

Schuller, Wolfgang: Geschichte und Struktur des politischen Strafrechts der DDR bis 1968. Ebelsbach 1980.

Schüle, Annegret u. a. (Hg.): Die DDR aus generationengeschichtlicher Perspektive. Eine Inventur. Leipzig 2006.

Schulz, Joachim: Der Funktionär in der Einheitspartei. Berlin 1956.

Schulz, Tobias: »Sozialistische Wissenschaft«. Die Berliner Humboldt-Universität 1960–1975. Köln 2010.

Schumann, Andreas: Familie de Maizière. Zürich 2014.

Schümann, Dietrich: Ein Beitrag zur Geschichte der mecklenburgischen Anwaltschaft. München 2000.

Schümann, Dietrich: Strafrechtsalltag in der DDR aus der Sicht eines Rechtsanwalts. In: NJ 55 (2001) 10, S. 505–508.

Schwabe, Klaus: Die Allmacht der Funktionärshierarchie in der SED. In: HuG 4 (1995) 4 (17), S. 21–25.
Schwießelmann, Christian: Zwischen Fremdsteuerung und Mitverantwortung. Innenansichten der CDU im Norden der DDR. In: http://www.kas.de/upload/ACDP/HPM/HPM_16_09/HPM_16_09_6.pdf (letzter Zugriff: 28.4.2015).
Seidel, J. Jürgen: Diener zweier Herren? Theologen als »Inoffizielle Mitarbeiter« (IM) des Ministeriums für Staatssicherheit (MfS) der DDR in Zürich. Zürich 2002.
Sélitrenny, Rita: Doppelte Überwachung. Geheimdienstliche Ermittlungsmethoden in den DDR-Untersuchungshaftanstalten. Berlin 2003.
Sélitrenny, Rita: Die DDR. Ein Normensimulationsstaat? Politische Strafverfolgung, außerjustitielle Strafverfolgung, Offizialisierung als Schnittstelle zwischen Normen und Maßnahmestaat DDR. In: DA 38 (2005) 1, S. 112–120.
Sendler, Horst: Über Rechtsstaat, Unrechtsstaat und anderes. Das Editorial der Herausgeber im Meinungsstreit. In: NJ 45 (1991) 9, S. 379–382.
Die Sicherheit. Zur Abwehrarbeit des MfS/Hg. von Grimmer, Reinhard u. a. 2 Bde. Berlin 2002.
Siebenmorgen, Peter: »Staatssicherheit« der DDR. Der Westen im Fadenkreuz. Bonn 1993.
Sieber, Sven: Walter Janka und Wolfgang Harich. Zwei DDR-Intellektuelle im Konflikt mit der Macht. Berlin 2008.
Skierka, Volker: Armin Mueller-Stahl. München 2010.
Solga, Heike: Auf den Weg in eine klassenlose Gesellschaft? Klassenlagen und Mobilität zwischen Generationen in der DDR. Berlin 1995.
Spohr, Julia: In Haft bei der Staatssicherheit. Das Untersuchungsgefängnis Berlin-Hohenschönhausen 1951–1989. Göttingen 2015. (BStU. Analysen und Dokumente; 44).
Staadt, Jochen: Furchtbare Juristen des SED-Staates. Teil I. In: Zeitschrift des Forschungsverbundes SED-Staat 14 (2009) 25, S. 22–34.
Staadt, Jochen: Furchtbare Juristen des SED-Staates. Teil II. In: Zeitschrift des Forschungsverbundes SED-Staat 14 (2009) 26, S. 84–96.
Staadt, Jochen: Furchtbare Juristen des SED-Staates. Teil III. In: Zeitschrift des Forschungsverbundes SED-Staat 15 (2010) 27, S. 71–83.
Staadt, Jochen; Voigt, Tobias; Wolle, Stefan: Feind-Bild Springer. Ein Verlag und seine Gegner. Göttingen 2009.
Staadt, Jochen; Voigt, Tobias; Wolle, Stefan: Operation Fernsehen. Die Stasi und die Medien in Ost und West. Göttingen 2008.
Staatsrecht der DDR/Akademie für Staats-und Rechtswissenschaft (Hg.). Berlin 1984.
Stadelmann-Wenz, Elke: Widerständiges Verhalten und Herrschaftspraxis in der DDR. Vom Mauerbau bis zum Ende der Ulbricht-Ära. Paderborn 2009.
Stan, Lavina u. a. (Hg.): Post-communist transitional justice. Lessons from twenty-five years of experience. New York 2015.
Statistisches Jahrbuch der DDR. Berlin 1990.
Steinbach, Peter: Der 20. Juli 1944. München 2004.
Steiner, André: Von Plan zu Plan. Eine Wirtschaftsgeschichte der DDR. München 2004.
Steinke, Jörg: Die Steuerung der Militärjustiz in der DDR. München 1997.
Stickel, Ellen: Entnazifizierung in der Sowjetischen Besatzungszone Deutschlands. München 2013.
Stolleis, Michael: Sozialistische Gesetzlichkeit. Staats- und Verwaltungsrechtswissenschaft in der DDR. München 2009.
Strafgesetzbuch der DDR/Hg. vom Ministerium der Justiz. Berlin 1968.
Strafgesetzbuch der DDR in der Fassung des 3. Strafrechtsänderungsgesetzes vom 28. Juni 1979/Hg. vom Ministerium der Justiz. Berlin 1986.
Strafprozessordnung vom 2. Oktober 1952/Hg. vom Ministerium der Justiz. Berlin 1952.

Strafprozessordnung der DDR/Hg. vom Ministerium der Justiz. Berlin 1968.
Strafprozeßordnung der Deutschen Demokratischen Republik – StPO vom 12.1.1968. In: DDR-GBl. Teil I (1968) 2, S. 97.
Strafprozessrecht der DDR. Lehrkommentar/Hg. vom Ministerium der Justiz. Berlin 1968.
Strafprozessrecht der DDR. Kommentar/Hg. vom Ministerium der Justiz. Berlin 1987.
Strafrecht der DDR. Kommentar/Hg. vom Ministerium der Justiz. Berlin 1987.
Strafverfahrensrecht. Lehrbuch/Hg. von Luther, Horst u. a. Berlin 1982.
Suckut, Siegfried (Hg.): Wörterbuch der Staatssicherheit. Definitionen zur »politisch-operativen Arbeit«. Berlin 1996 (BStU. Analysen und Dokumente; 5).
Suckut, Siegfried: Generalkontrollbeauftragter der SED oder gewöhnliches Staatsorgan? Probleme der Funktionsbestimmung des MfS in den 1960er Jahren. In: Suckut, Siegfried u. a. (Hg.): Staatspartei und Staatssicherheit. Berlin 1997, S. 151–167.
Suckut, Siegfried u. a. (Hg.): Staatspartei und Staatssicherheit. Zum Verhältnis von SED und MfS. Berlin 1997 (BStU. Analysen und Dokumente; 8).
Suckut, Siegfried (Hg.): Die DDR im Blick der Stasi 1976. Die geheimen Berichte an die SED-Führung. Göttingen 2009.
Süß, Walter: Staatssicherheit am Ende. Warum es den Mächtigen nicht gelang, 1989 eine Revolution zu verhindern. Berlin 1999 (BStU. Analysen und Dokumente; 15).
Süß, Walter: Die Wiener KSZE-Folgekonferenz und der Handlungsspielraum des DDR-Sicherheitsapparates 1989. In: Peter, Matthias u. a. (Hg.): Die KSZE im Ost-West-Konflikt. München 2012, S. 219–232.
Süß, Walter; Selvage, Douglas: Staatssicherheit und KSZE-Prozess. Göttingen 2017 i.E.

Tauchert, Stephanie: Jüdische Identitäten in Deutschland. Berlin 2007.
Tellkamp, Uwe: Der Turm. Geschichte aus einem versunkenen Land. Stuttgart 2008.
Thaysen; Uwe: Der Runde Tisch oder wo blieb das Volk? Der Weg der DDR in die Demokratie. Opladen 1990.
Theuer, Werner; Polzin, Arno: Aktenlandschaft Havemann. Berlin 2008.
Timmermann, Heiner: Die DDR. Recht und Justiz als politisches Instrument. Berlin 2000.
Timmermann, Heiner (Hg.): Die DDR in Europa. Zwischen Isolation und Öffnung. Münster 2005.
Tischler, Carola: »Die Gerichtssäle müssen zu Tribunalen gegen die Klassenrichter gemacht werden«. Die Rechtsberatungspraxis der Roten Hilfe Deutschlands. In: Hering, Sabine u. a. (Hg.): Die Rote Hilfe. Die Geschichte der internationalen kommunistischen »Wohlfahrtsorganisation« und ihrer sozialen Aktivitäten in Deutschland (1921–1941). Opladen 2003, S. 105–130.

Unverhau, Dagmar: Vom Lob der politisch-operativen Archivarbeit. Schulungsvortrag eines Offiziers der Abteilung XII des MfS von 1975. In: Archivalische Zeitschrift 81 (1998) 1, S. 138–173.

Verfassung der Deutschen Demokratischen Republik v. 6.4.1968. In: DDR-GBl. Teil I (1968) 8, S. 199.
Verfassung der Deutschen Demokratischen Republik v. 7.10.1949. In: DDR-GBl. (1949) 1, S. 5.
Verfassung der Deutschen Demokratischen Republik v. 6.4.1968 in der Fassung v. 7.10.1974. In: DDR-GBl. Teil I (1974) 47, S. 432.
Der Verfassungsentwurf der SED. Akademie für Staats- und Rechtswissenschaft der DDR (Hg.). Potsdam 1988.
Vergau, Jutta: Aufarbeitung von Vergangenheit. Marburg 2000.
Verordnung über die Bildung von Kollegien der Rechtsanwälte v. 15.5.1953. In: DDR-GBl. (1953) 66, S. 725.

Verordnung über die Reisen von Bürgern der DDR nach dem Ausland v. 30.11.1988. In: DDR-GBl. Teil I (1988) 25, S. 127.

Verordnung über die Vorbereitung und Durchführung des Einsatzes der Hoch- und Fachschulabsolventen des Direktstudiums und die Förderung der Absolventen beim Übergang vom Studium zur beruflichen Tätigkeit (Absolventenordnung) v. 3.2.1971. In: DDR-GBl. Teil II (1971) 37, S. 297.

Verordnung zur Änderung des Musterstatuts für die Kollegien der Rechtsanwälte v. 22.3.1958. In: DDR-GBl. Teil I (1958) 24, S. 311.

Vertrag zwischen der Bundesrepublik Deutschland und der Deutschen Demokratischen Republik über die Herstellung der deutschen Einheit (Einigungsvertrag) v. 31.8.1990. In: BGBl. II (1990) 35, S. 889.

Verwaltungsrecht. Lehrbuch. Akademie für Staats- und Rechtswissenschaft der DDR (Hg.). Berlin 1988.

Verzeichnis der in der Deutschen Demokratischen Republik zugelassenen Rechtsanwälte. Berlin 1987.

Vodicka, Karel: Die Prager Botschaftsflüchtlinge 1989. Geschichte und Dokumente. Göttingen 2014.

Voigt, Tobias: Medizin hinter Gittern. Das Stasi-Haftkrankenhaus in Berlin-Hohenschönhausen. Berlin 2011.

Völklein, Ulrich: Honecker. Eine Biographie. Berlin 2003.

Vollnhals, Clemens: Der Schein der Normalität. Staatssicherheit und Justiz in der Ära Honecker. In: Suckut, Siegfried u. a. (Hg.): Staatspartei und Staatssicherheit. Berlin 1997, S. 213–247.

Vollnhals, Clemens: Der Fall Havemann. Ein Lehrstück politischer Justiz. Berlin 1998 (BStU. Analysen und Dokumente; 13).

Vollnhals, Clemens: Nomenklatur und Kaderpolitik. Staatssicherheit und die »Sicherung« der DDR-Justiz. In: Piazolo, Michael; Weber, Jürgen: Justiz im Zwielicht. München 1998, S. 212–239.

Vollnhals, Clemens: »Die Macht ist das Allererste«. Staatssicherheit und Justiz in der Ära Honecker. In: Engelmann, Roger u. a. (Hg.): Justiz im Dienste der Parteiherrschaft. Berlin 1999, S. 227–271.

Vollnhals, Clemens: Der Totalitarismusbegriff im Wandel. In: APuZ 56 (2006) 39, S. 21–28.

Völter, Bettina: Judentum und Kommunismus. Deutsche Familiengeschichte in drei Generationen. Opladen 2003.

Vom Roten Ochsen geprägt/Hg. vom Landesbeauftragten für die Unterlagen des Staatssicherheitsdienstes der ehemaligen DDR Sachsen-Anhalt.
[Bd.] Teil 2; Berichte politisch Inhaftierter in den achtziger Jahren. Magdeburg 1997.

Von der SED-Diktatur zum Rechtsstaat. Der Umgang mit Recht und Justiz in der SBZ/DDR. Hg. von Andreas H. Apelt u. a. Berlin 2012.

Vormbaum, Moritz: Das Strafrecht der Deutschen Demokratischen Republik. Tübingen 2015.

Wagner, Heinz Josef: Die Militärjustiz der DDR. Unter besonderer Berücksichtigung der Rechtsprechung der Militärgerichte. 2 Bde. Berlin 2006.

Wagner, Matthias: Gerüst der Macht. Das Kadernomenklatursystem als Ausdruck der führenden Rolle der SED. In: Hornbostel, Stefan (Hg.): Gesellschaft ohne Eliten? Führungsgruppen in der DDR. Berlin 1997, S. 87–108.

Wagner, Matthias: Das Kadernomenklatursystem als Ausdruck der führenden Rolle der SED. In: Herbst, Andreas u. a. (Hg.): Die SED. Geschichte, Organisation, Politik. Ein Handbuch. Berlin 1997, S. 148–157.

Wagner, Matthias: Ab morgen bist du Direktor. Das System der Nomenklaturkader in der DDR. Berlin 1998.

Wagner, Matthias: Das Kadernomenklatursystem als Ausdruck der führenden Rolle der SED. In: Hornbostel, Stefan (Hg.): Sozialistische Eliten. Horizontale und Vertikale Differenzierungsmuster in der DDR. Opladen 1999, S. 45–58.
Wagner, Matthias: Das Stasi-Syndrom. Berlin 2001.
Wagner, Walter: Der Volksgerichtshof im nationalsozialistischen Staat. Oldenburg 2011.
Wagner-Kyora, Georg: Vom »nationalen« zum »sozialistischen« Selbst. Zur Erfahrungsgeschichte deutscher Chemiker und Ingenieure im 20. Jahrhundert. Stuttgart 2009.
Waibel, Harry: Rechtsextremismus in der DDR bis 1989. Köln 1996.
Walther, Joachim: Sicherungsbereich Literatur. Berlin 1996.
Warnecke, Marie-Luise: Zwangsadoptionen in der DDR. Berlin 2009.
Wassermann, Rudolf: Wieviel Unrecht macht einen Staat zum Unrechtsstaat? In: NJW 50 (1997) 33, S. 2152 f.
Weber, Herrmann: Die DDR 1945–1986. München 1988.
Weber, Max: Rechtssoziologie. Aus dem Manuskript. Neuwied 1962.
Wedel, Reymar von (Hg.): Wolfgang Vogel. Eine Festgabe. Berlin 2005.
Wehler, Hans-Ulrich: Deutsche Gesellschaftsgeschichte 1949ˉ1990. München 2008.
Weidenfeld, Werner u. a. (Hg.): Handbuch zur deutschen Einheit 1949–1989–1999. Frankfurt/M. 1993.
Weidig, Rudi: Sozialstruktur der DDR. Berlin 1988.
Weill, Francesca: Zielgruppe Ärzteschaft. Ärzte als inoffizielle Mitarbeiter des Ministeriums für Staatssicherheit. Göttingen 2008.
Weinke, Annette: Die DDR-Justiz im Umbruch 1989/90. In: Engelmann, Roger u. a. (Hg.): Justiz im Dienste der Parteiherrschaft. Berlin 1999, S. 411–432.
Weinke, Annette: Einzelanwälte und Einzelnotare in der DDR. Gutachterliche Stellungnahme im Auftrag der BVS. Berlin 2004 [unveröff. Ms.].
Weinke, Annette: Strafrechtspolitik und Strafrechtspraxis in der Honecker-Ära. In: Ansorg, Leonore u. a. (Hg.): »Das Land ist still – noch!«. Köln 2009, S. 37–55.
Wentker, Hermann: Die Neuordnung des Justizwesens in der SBZ/DDR 1945–1952/3. In: Engelmann, Roger u. a. (Hg.): Justiz im Dienste der Parteiherrschaft. Berlin 1999, S. 93–114.
Wentker, Hermann: Justiz in der SBZ/DDR 1945–1953. München 2001.
Wenzke, Rüdiger: Ab nach Schwedt! Die Geschichte des DDR-Militärstrafvollzugs. Berlin 2011.
Wer war wer in der DDR? Ein biographisches Lexikon. Hg. von Helmut Müller-Enbergs u. a. Überarb. u. erw. Neuausg., Berlin 2000. Als elektron. Quelle: http://www.bundesstiftung-aufarbeitung.de/wer-war-wer-in-der-ddr-%2363%3B-1424.html.
Werkentin, Falco: Strafjustiz in der DDR. In: Rottleuthner, Hubert (Hg.): Steuerung der Justiz in der DDR. Köln 1994, S. 93–133.
Werkentin, Falco: Politische Strafjustiz in der Ära Ulbricht. Vom bekennenden Terror zur verdeckten Repression. Berlin 1997.
Werkentin, Falco: Politische Justiz in der DDR. Erfurt 2012.
Werth, Nicolas: Ein Staat gegen sein Volk. In: Courtois, Stéphane u. a. (Hg.): Das Schwarzbuch des Kommunismus. München 1998, S. 51–298.
Whitney, Craig R.: Advocatus Diaboli. Wolfgang Vogel, Anwalt zwischen Ost und West. Berlin 1998.
Widera, Thomas: Justiz und politische Haft in der DDR. In: DA 44 (2011) 3, S. 453–458.
Wiedmann, Roland: Die Diensteinheiten des MfS 1950–1989. Eine organisatorische Übersicht. Berlin 2012 (BStU. MfS-Handbuch; V/3).
Wiedmann, Roland: Die Organisationsstruktur des Ministeriums für Staatssicherheit 1989. Berlin 1995 (BStU. MfS-Handbuch; V/1).
Wierling, Dorothee: Opposition und Generation im Nachkriegsdeutschland. Achtundsechziger in der DDR und in der Bundesrepublik. In: Kleßmann, Christoph u. a. (Hg.): Deutsche

Vergangenheiten, eine gemeinsame Herausforderung. Der schwierige Umgang mit der doppelten Nachkriegsgeschichte. Berlin 1999, S. 238–252.
Wierling, Dorothee: Geboren im Jahr Eins. Berlin 2002.
Wilhelm, Marion: »Wir sind Kinder unserer Zeit«. Qualitative Analyse narrativer Interviews von Justizjuristen der DDR. Berlin 2002.
Will, Rosemarie: Studie über die Rolle des Staates in der politischen Organisation der sozialistischen Gesellschaft [Hochschulschrift, Humboldt-Universität]. Berlin 1983.
Will, Rosemarie: Interessen und staatlicher Entscheidungsprozess. In: Vervollkommnung der sozialistischen Demokratie. Triebkraft der sozialistischen Gesellschaft/Hg. Akademie der Wissenschaften. Berlin 1985, S. 44–47.
Will, Rosemarie: Die DDR-Rechtsanwälte, das Bundesverfassungsgericht und die juristische Aufarbeitung der kommunistischen Vergangenheit. In: NJ 50 (1996) 4, S. 177–180.
Windmüller, Joachim: Ohne Zwang kann der Humanismus nicht existieren. »Asoziale« in der DDR. Zugl. Dissertation an d. HUB. Frankfurt/M. 2006.
Winkler, Heinrich August: Geschichte des Westens. München 2014.
Wippermann, Wolfgang: Faschismustheorien. Zum Stand der gegenwärtigen Diskussion. Darmstadt 1995.
Wölbern, Jan Philipp: Die Entstehung des »Häftlingsfreikaufs« aus der DDR 1962–1964. In: DA 41 (2008) 5, S. 856–867.
Wölbern, Jan Philipp: Der Häftlingsfreikauf aus der DDR 1962/63–1989. Zwischen Menschenhandel und humanitären Aktionen. Göttingen 2014 (BStU. Analysen und Dokumente; 38).
Wolff, Friedrich: Ein Leben, vier mal Deutschland. Erinnerungen. Köln 2013.
Wolff, Friedrich: Verlorene Prozesse. Meine Verteidigungen in politischen Verfahren 1953–1998. Berlin 2009.
Wolle, Stefan: Aufbruch nach Utopia. Alltag und Herrschaft in der DDR 1961–1971. Berlin 2011.
Wolle, Stefan: Die heile Welt der Diktatur. Alltag und Herrschaft in der DDR 1971–1989. Berlin 1998.
Wünsche, Kurt u.a. (Hg.): Grundlagen der Rechtspflege. Lehrbuch. Berlin 1983.
Wunnicke, Christoph: Wandel, Stagnation, Aufbruch Ost. Berlin im Jahr 1988. Berlin 2008. In: http://www.berlin.de/imperia/md/content/lstu/schriftenreihe/heft25_webvorlage.prn.pdf?start&ts=1406798610&file=heft25_webvorlage.prn.pdf (letzter Zugriff: 23.5.2015).
Wunschik, Tobias: Hauptabteilung VII. Ministerium des Innern, Deutsche Volkspolizei. Berlin 2008 (BStU. MfS-Handbuch; III/15).
Wurschi, Peter: Rennsteigbeat. Jugendliche Subkulturen im Thüringer Raum 1952–1989. Köln u. a. 2007.

Zahn, Hans-Eberhard: Haftbedingungen und Geständnisproduktion in den Untersuchungshaftanstalten des MfS. Psychologische Aspekte und biographische Veranschaulichung. Berlin 1999.
Zeitzeugen. Inhaftiert in Hohenschönhausen/Hg. von der Gedenkstätte Berlin-Hohenschönhausen. Berlin 1998.
Ziehm, Herbert: Die Einflussnahme des Ministeriums für Staatssicherheit auf gerichtliche Entscheidungen. In: Die Steuerung der Justiz im SED-Staat. Fortbildungsveranstaltung am 15. April 1994 in Magdeburg. Calbe 1994, S. 69–114.
Zimmermann, Hartmut (Hg.): DDR Handbuch. Köln 1985.
Zimmermann, Monika (Hg.): Was macht eigentlich …? 100 DDR-Prominente heute. Berlin 1994.
Zuckermann, Moshe (Hg.) Zwischen Politik und Kultur. Juden in der DDR. Göttingen 2002.
Zweiter Tätigkeitsbericht des Bundesbeauftragten für die Unterlagen des Staatssicherheitsdienstes der ehemaligen Deutschen Demokratischen Republik, 1995. Berlin 1995.

## Nicht gedruckte Quellen

Aus den Beständen der nachfolgend aufgeführten Archive wurden Dokumente verwendet. Die spezifischen Herkunftsnachweise wurden jeweils mit den Dokumentenquellen verknüpft und sind in den quellenbelegenden Fußnoten vermerkt.

| Archiv | Bestandsteil | Inhaltliche Schwerpunkte |
|---|---|---|
| BStU | MfS-Karteien der Zentralstelle, Dezentrale Karteien von MfS-Diensteinheiten | Personen- und Vorgangsinformationen |
| | Hauptabteilungen: I, II, V, VII, VIII, IX, XVIII, XX | IM-Vorgänge, MfS-Vorgangsakten, Sachakten div. Diensteinheiten |
| | Abteilungen:XII | dito |
| | Andere Diensteinheiten: AG beim 1. StM, HV A, KS/KuSch, RS, ZAIG, ZKG | dito |
| | Bezirksverwaltungen des MfS: Berlin, Cottbus, Dresden, Erfurt, Frankfurt/O., Gera, Karl-Marx-Stadt, Potsdam, Schwerin, Rostock | dito |
| BArch | DP 1 | ZK/SuR, MdJ, RAK Berlin |
| | DP 3 | GStA |
| | DY 30, 45, 64 | SAPMO (Politbüro, MdJ, RAK Berlin) |
| LArch Berlin | C | RAK Berlin, SED-GO |
| | IV | SED-BL, SED-KL (Stadtbezirke) |
| | BPA | SED-BL |
| RHG | | Robert Havemann |
| Helle Panke e.V., Berlin | Nachlass Berger | Götz Berger |
| Bundesstiftung Aufarbeitung, Berlin | | Rainer Eppelmann |

# Angaben zum Autor

Christian Booß wurde 1953 in Berlin (West) geboren. Er studierte an der Freien Universität Berlin Geschichte und Germanistik. Ab 1980 arbeitete er als Hörfunkjournalist für den SFB. Ab dem Jahr 1989 berichtete er als DDR-, Brandenburg- und Hauptstadtkorrespondent des SFB, teils ARD-weit, über den gesellschaftlichen und politischen Umbruch in Ostdeutschland. Beim RBB-Fernsehmagazin »Klartext« bearbeitete er nicht zuletzt Stasi- und zeitgeschichtliche DDR- sowie Tranformationsthemen. Fünf Jahre war er Leiter der Presse- und später auch Öffentlichkeitsarbeit bei der Stasi-Unterlagenbehörde, bevor er als Forschungskoordinator in die Abteilung Bildung und Forschung des BStU wechselte, wo auch die vorliegende Arbeit entstand.